工程建设标准规范分类汇编

城镇燃气热力工程规范

（修 订 版）

中国建筑工业出版社　编

中 国 建 筑 工 业 出 版 社
中 国 计 划 出 版 社

图书在版编目（CIP）数据

城镇燃气热力工程规范/中国建筑工业出版社编．修订版．
—北京：中国建筑工业出版社，中国计划出版社，2003
（工程建设标准规范分类汇编）
ISBN 7-112-06014-1

Ⅰ.城… Ⅱ.中… Ⅲ.城镇燃气-设计规范-汇编-中国
Ⅳ.TU412.3-65

中国版本图书馆 CIP 数据核字（2003）第 080339 号

工程建设标准规范分类汇编
城镇燃气热力工程规范
（修订版）
中国建筑工业出版社 编

*

中国建筑工业出版社
中国计划出版社 出版
新 华 书 店 经 销
北京云浩印刷有限责任公司印刷

*

开本：787×1092毫米 1/16 印张：71¾ 插页：2 字数：1780千字
2003年11月第二版 2003年11月第五次印刷
印数：7001—10500册 定价：**145.00**元

ISBN 7-112-06014-1
TU·5287（12027）

本社网址：http://www.china-abp.com.cn
网上书店：http://www.china-building.com.cn

修 订 说 明

“工程建设标准规范汇编”共35分册，自1996年出版（2000年对其中15分册进行了第一次修订）以来，方便了广大工程建设专业读者的使用，并以其“分类科学，内容全面、准确”的特点受到了社会的好评。这些标准是广大工程建设者必须遵循的准则和规定，对提高工程建设科学管理水平，保证工程质量和工程安全，降低工程造价，缩短工期，节约建筑材料和能源，促进技术进步等方面起到了显著的作用。随着我国基本建设的发展和工程技术的不断进步，国务院有关部委组织全国各方面的专家陆续制订、修订并颁发了一批新标准，其中部分标准、规范、规程对行业影响较大。为了及时反映近几年国家新制定标准、修订标准和标准局部修订情况，我们组织力量对工程建设标准规范分类汇编中内容变动较大者再一次进行了修行。本次修订14册，分别为：

《混凝土结构规范》

《建筑结构抗震规范》

《建筑工程施工及验收规范》

《建筑工程质量标准》

《建筑施工安全技术规范》

《室外给水工程规范》

《室外排水工程规范》

《地基与基础规范》

《建筑防水工程技术规范》

《建筑材料应用技术规范》

《城镇燃气热力工程规范》

《城镇规划与园林绿化规范》

《城市道路与桥梁设计规范》

《城市道路与桥梁施工验收规范》

本次修订的原则及方法如下：

(1) 该分册内容变动较大者；

(2) 该分册中主要标准、规范内容有变动者；

(3) “▲”代表新修订的规范；

(4) “●”代表新增加的规范；

(5) 如无局部修订版，则将“局部修订条文”附在该规范后，不改动原规范相应条文。

修订的2003年版汇编本分别将相近专业内容的标准汇编于一册，便于对照查阅；各册收编的均为现行标准，大部分为近几年出版实施的，有很强的实用性；为了使读者更深刻地理解、掌握标准的内容，该类汇编还收入了有关条文说明；该类汇编单本定价，方便各专业读者购买。

该类汇编是广大工程设计、施工、科研、管理等有关人员必备的工具书。

关于工程建设标准规范的出版、发行，我们诚恳地希望广大读者提出宝贵意见，便于今后不断改进标准规范的出版工作。

中国建筑工业出版社

2003年8月

目　录

"▲"代表新修订的规范；"●"代表新增加的规范。

中华人民共和国国家标准

住宅厨房及相关设备基本参数

The fundamental paramenters
for kitchen and related equipment
of housing

GB 11228—89

国家技术监督局批准
国家技术监督局发布

1989—03—31 批准　1989—03—31 发布　1990—01—01 实施

目　次

本标准参照采用国际标准 ISO　3055《厨房设备—协调尺寸》并参考了 ISO　5731《厨房设备（机具）的界限尺寸》ISO　5732《嵌入设备（机具）的洞口尺寸》。

本标准是协调住宅厨房中的厨房家具水、暖、电、燃气、排气管道构配件等的设计、制造、施工、安装的标准。

本标准的制订考虑了人类工效学与建筑模数协调的原则。

1　主题内容与适用范围

1.1　主题内容　本标准规定了四种典型布置的住宅厨房及家具、设备的尺寸:

a.　厨房净宽最小尺寸;

b.　厨房家具外形标志尺寸;

c.　厨房设备外形标志尺寸;

d.　连接尺寸。

1.2　适用范围:

1.2.1　适用于下列各种情况的住宅厨房

a.　有供、排水、燃气设备管线的新建城镇住宅;

b.　计划于近期内安装上述各类设备管线的城镇住宅;

c.　改建的住宅厨房也可参照执行。

1.2.2　适用于采用各种类别材质的工业化生产，商品化供应的住宅厨房家具、设备的设计、生产与安装。

2　引用标准

本标准配合我国的国家标准:

GBJ　2—86　建筑模数协调统一标准;

GBJ 96—86 住宅建筑设计规范。

3 术语、符号、代号

3.1 厨房家具 厨房中不需与设备管线相接，用于膳食制作和储藏功能使用的柜体。包括：

a. 低柜：其顶面即为操作面。低柜系指柜体、台板和底座的总称。

b. 吊柜：悬吊在上部空间的储柜。

c. 高柜：置于地面，其顶面接近吊柜顶面标高的储柜。

3.2 厨房设备 系指商品化供应的机具，该机具需与房屋土建设备管线相连接，与厨房家具相组合，如电冰箱、燃气灶、烤箱、洗涤池、洗碗机、排烟器等等的总称。

3.3 厨房设备管线 系指随土建工程同时施工的水、暖、电、气及通风管线的总代名称。

3.4 管线区 将厨房内各种设施管线相对集中于一较小范围内，以便掩蔽的区域。

3.5 管线接口，是专指设备管线与厨房设备相接的接口。

3.6 操作台 供准备、配餐和烹调等操作过程所必须的柜台。

3.7 灶台 放置灶具并便于灶具连接燃气管线设施的柜台。

3.8 洗涤台 台面合洗涤池的柜台。

3.9 辅助台 供放置物品或小型设备的辅助台柜，其附近应设有单相三线插座。

3.10 连接尺寸（或称调整间隙）即为保证家具、设备安装后正常使用和装修接头处理的必要空隙尺寸。

4 厨房家具、设备标志尺寸(见图1)

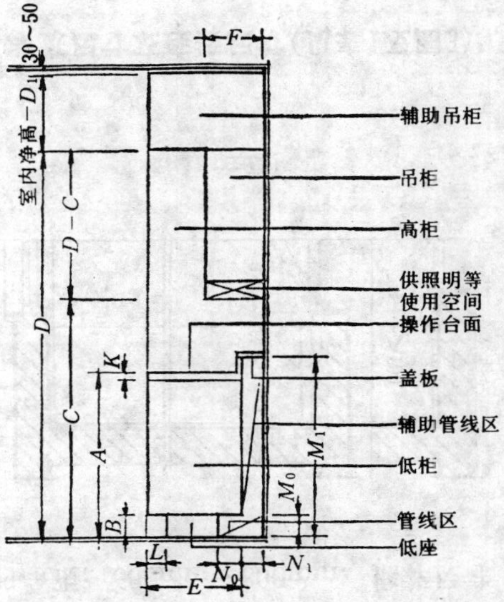

图1 厨房家具、设备布置剖视图

4.1.1 高度尺寸

A——操作台顶面标高，包括灶具表面和洗涤台高均为：

$8M$、$8.5M$及$9M$，推荐尺寸$8.5M$。灶台高等于操作台顶面标高减去台式燃气灶高；

B——操作台底座高度：

大于等于$1M$；

C——地面至吊柜底面间净空距离。其最小尺寸：

$C=13M$（最小值）$+n\times M$。n为正整数。但当

F 小于 3*M* 时不在此限；

D——高柜与吊柜顶面标高。其最小尺寸为：*D*＝19*M*（最小值）+*n*+*M*，推荐尺寸 21*M*。也可增设辅助吊柜，其高度可直做至天棚底，但需留出安装缝隙。

注：*M* 是国际通用的建筑模数符号，其值等于 100mm，下同。

4.1.2 宽度尺寸

E——操作台、辅助台、低柜及高柜的宽度：

$E=4.5M$、$5M$、$6M$。推荐尺寸 5*M*；

F——吊柜宽度

$F=2.5M$、$3M$、$3.5M$。推荐尺寸 3*M*，辅助吊柜宽度也可同 *E*。

4.1.3 长度尺寸 各种家具、设备长度的标志尺寸，均应为 *M* 的倍数，即 $n\times M$，$3<n<12$。

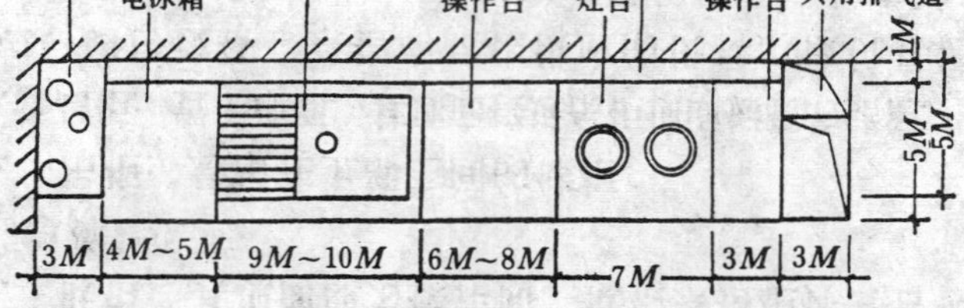

图 2 平面布置示例

推荐尺寸：灶台 7*M*；洗涤台 9*M*；操作台 6*M*（见图 2）。

4.2 设备净尺寸需视其所在位置参照 ISO5731 及 ISO5732 确定，如燃气灶尺寸应与灶台尺寸协调等。

4.3 住宅厨房宜设置竖向管线区，其掩蔽体外形截面尺寸及共用排气道外形截面尺寸，均不宜大于 $3M\times 6M$，6*M* 是沿灶台的宽度方向。

4.4 其它尺寸 如图 1 示

K ——操作台板的厚度及洗涤台板池厚度的优选尺寸为 30mm；

L ——操作台前边缘的底座凹口，不得小于 50mm；

M_0——横向管线区高度不宜小于 1*M*；

N_0——横向管线区宽度不宜小于 1*M*；

M_1——辅助管线区高度不宜小于 *A*；

N_1——辅助管线区宽度为 1*M*。

4.5 排烟器的罩底口尺寸宜与灶台尺寸相同。罩口底边与灶眼间的净距：600mm～800mm，推荐尺寸 700mm。

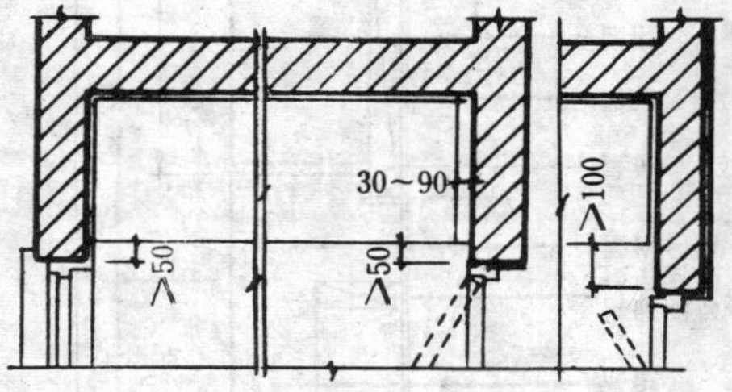

图 3 连接尺寸

5 厨房最小净宽尺寸及连接尺寸（见表1及图3）

5.1 新建住宅厨房，根据不同典型平面布置形式分类，其最小宽度应符合表 1 的规定。

5.2 确定厨房门、窗位置时，需满足操作台高 *A* 值，

宽 E 值的要求。还要满足为保证安装和操作时需要的连接尺寸。

6 技术要求

厨房最小净宽尺寸　　表 1

典型布置形式分类	典型布置平面简图	厨房最小净宽 B_R		
		$E=4.5M$ 不设辅助管线区	$E=5M$ 不设辅助管线区	$E=6M$ 或 $E=5$ 设辅助管线
单排型	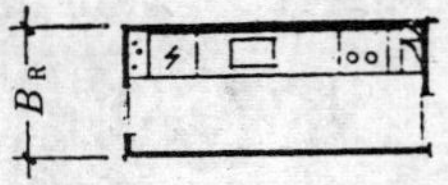	1400	1400	1500
双排型	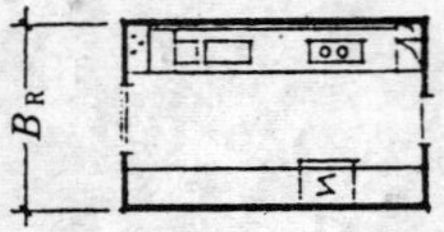	1700	1800	2100
L 型	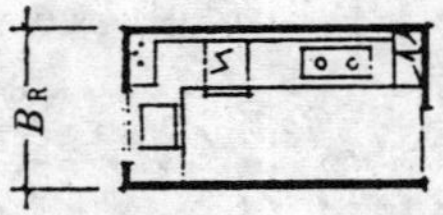	1700	1700	1800
U 型	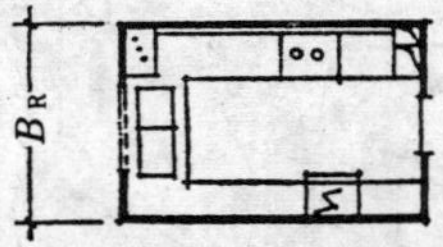	2100	2200	2400

6.1 厨房内应具备安装下列厨房家具、设备的条件:

6.1.1 操作台　一般布置在灶台与洗涤台之间。有条件时增设辅助台，并宜设于灶台与洗涤台的另一侧。厨房也可布置成 L 型和双排型的，其尺寸均需符合模数。

6.1.2 灶台　宜靠近共用排气道布置，无共用排气道时宜靠外墙布置，此时外墙上宜留有横向排气道出口。

6.1.3 洗涤台　可选用双池型，也可选用较大尺寸的单池型，均宜附有带沥水槽的台板，或在池上置沥水网篮。

6.2 竖向管线区，宜设在近外墙一侧。如与卫生间共用时，宜与排气道统一布置。接设备竖管应布置在辅助管线区范围内。

6.2.1 竖向管线区布置宜便于掩蔽，掩蔽后应便于检修设备管线及便于燃气管道通风。

6.3 设备与管线的接口　燃气、排水管宜采用柔性接头，洗涤台柜底板应预留排水管出口。供水管可固定在墙体或支撑体上，水龙头高度最小应高出洗涤台面 150mm。

6.4 灶台柜内空间分隔应便于储存炊具，其上方需为安装排烟器提供条件。

6.5 洗涤台柜体空间宜考虑安装洗碗机及垃圾破碎压缩机的条件。还需考虑洗涤池与供、排水管接头的吻合条件。

6.6 吊柜底部宜考虑安装照明灯具和敷设电线的条件。

附加说明

本标准由中国建筑技术发展中心归口，并负责起草。

本标准主要起草人：马韵玉

中华人民共和国国家标准

城镇燃气设计规范

Code for design of city gas engineering

GB 50028—93

（2002 年版）

主编部门：中华人民共和国建设部
批准部门：中华人民共和国建设部
施行日期：1 9 9 3 年 1 1 月 1 日

中华人民共和国建设部公告

第 51 号

关于国家标准《城镇燃气设计规范》局部修订的公告

根据建设部《关于印发〈二〇〇〇至二〇〇一年度工程建设国家标准制订、修订计划〉的通知》（建标[2001]87 号）的要求，为适应我国西气东输工程中城市天然气工程建设的需要，中国市政工程华北设计研究院会同有关单位对《城镇燃气设计规范》GB 50028—93进行了局部修订。我部组织有关单位对该规范局部修订的条文进行了审查，现予批准，自 2002 年 8 月 1 日起施行。经此次修改的原条文规定同时废止。其中：2.2.1A（第 1 款）、2.2.1、2.2.3、5.1.5、5.1.6、5.3.1、5.3.1A、5.3.2、5.3.7、5.3.8（第 1 款）、5.3.9（第 2 款）、5.3.10（第 2、4 款）、5.3.13、5.3.15（第 1、3 款）、5.4.2（第 6 款）、5.4.3、5.4.3A、5.4.3B（第 2、3 款）、5.4.3D（第 5、8 款）、5.4.7（第 2、3、6 款）、5.4.7A、5.4.12、5.4.12A（第 1、2、3、6 款）、5.4.13、5.4.14（第 1 款）、5.4.14A、5.4.14B、5.6.2（第 2、6 款）、5.6.3、5.6.8（第 2、5、7、8 款）、5.7.1、5.9.4（第 2、6 款）、5.9.6、5.9.7、5.9.8、5.9.9、5.9.11、5.9.12、5.9.13、5.9.19 为强制性条文，必须严格执行；原强制性条文 5.5.3、5.5.4、5.5.5、5.5.8 同时废止。

局部修订的具体内容，将在近期出版的《工程建设标准化》刊物上登载。

现予公告。

中华人民共和国建设部
2002 年 6 月 26 日

工程建设国家标准局部修订公告

第 13 号

国家标准《城镇燃气设计规范》GB 50028—93，由中国市政工程华北设计研究院会同有关单位进行了局部修订，已经有关部门会审，现批准局部修订的条文，自 1998 年 10 月 1 日起施行，该规范中相应的条文同时废止。现予公告。

中华人民共和国建设部
1998 年 4 月 1 日

关于发布国家标准《城镇燃气设计规范》的通知

建标[1993]211 号

根据国家计委计综[1986]250 号文的要求，由中国市政工程华北设计院会同有关单位对《城市煤气设计规范》TJ 28—78 进行了修订，改名为《城镇燃气设计规范》，已经有关部门会审。现批准《城镇燃气设计规范》GB 50028—93 为强制性国家标准，自 1993 年 11 月 1 日起施行。原《城市煤气设计规范》TJ 28—78 同时废止。

本规范由建设部城建司负责管理，其具体解释等工作由中国市政工程华北设计院负责，出版发行由建设部标准定额研究所负责组织。

中华人民共和国建设部

1993 年 3 月 15 日

修 订 说 明

本规范是根据国家计委计综[1986]250 号文的通知，由我部负责主编，具体由中国市政工程华北设计院会同有关单位共同对《城市煤气设计规范》TJ 28—78 修订而成。在修订过程中，修订组根据党的方针和政策，结合我国城镇燃气的实际情况，进行了广泛的调查研究，认真总结了规范执行十多年来的经验，开展了不少专题研究，吸取了部分科研成果，参考了国际上先进国家的规范，广泛征求了全国有关单位的意见，最后由我部会同有关部门审查定稿。

本规范共分 7 章和 8 个附录。其主要内容有：总则、用气量和燃气质量、制气、净化、燃气输配系统、液化石油气供应、燃气的应用等。

这次修订的主要内容有：

1. 第 2 章用气量和燃气质量引用了天然气、液化石油气质量标准；

2. 第 3 章制气增加了煤的气化制气，取消了原规范中的立箱炉制气；

3. 第 4 章净化增加了放散和液封；

4. 第 5 章燃气输配系统增加了燃气管道计算、门站、燃气钢质管道和储罐的防腐、监控及数据采集；

5. 第 6 章液化石油气供应增加了液态液化石油气运输、建构筑物的防火间距、消防、给排水、电器防爆防雷防静电等；

6. 第 7 章燃气的应用增加了燃烧烟气的排除；

7. 第 3、4、6 章分别增加了火灾及爆炸危险分类等级。

本规范在执行过程中，如发现需要修改和补充，请将意见和有关资料寄送：天津市气象台路　中国市政工程华北设计院城市煤气设计规范国家标准管理组　邮政编码：300074　以便今后修订时参考。

中华人民共和国建设部

1993 年 2 月

目　次

主要符号

CP——燃烧势；
C_s——煤气中硫化氢体积百分含量；
f——新脱硫剂中活性氧化铁含量；
ΔH——燃气管道终起点高程差所引起的燃气附加压力；
K——燃气管道管壁内表面的当量绝对粗糙度；
K_d——日高峰系数；
K_h——小时高峰系数；
K_m——月高峰系数；
k——燃具同时工作系数；
k_t——不同类型用户的同时工作系数；
L、l——燃气管道计算长度；
L_m——液化石油气压缩机活塞排气量；
N——同一类型燃具数目；
n——年燃气最大负荷利用小时数；
P——燃气设计压力；
P_b——液化石油气始端贮罐最高工作温度下的液化石油气饱和蒸气压力；
P_n——低压燃具的额定压力；
ΔP——燃气管道摩擦阻力损失；
ΔP_d——从调压站到最远燃具的管道允许阻力损失；
Q——燃气管道计算流量；
Q_a——年燃气用量；
Q_h——燃气小时计算流量；
Q_L——液态液化石油气卸车强度；
Q_n——燃具的额定流量；
ST——灰熔融性软化温度；
TS——煤热稳定性；
V——每小时 $1000m^3$ 煤气所需脱硫剂体积；
V_h——液化石油气贮罐的几何体积；
W——华白数；
X——焦块最终收缩度；
Y——胶质层最大厚度；
y——计算温度下液化石油气气相中 C_2 和 C_3 体积百分组成；
λ——燃气管道的摩擦阻力系数。

1 总　　则

1.0.1 为使城镇燃气工程设计符合安全生产、保证供应、经济合理和保护环境的要求，制定本规范。

1.0.2 本规范适用于向城市、乡镇或居民点供给居民生活、商业、工业企业生产、采暖通风和空调等各类用户作燃料用的新建、扩建或改建的城镇燃气工程设计。

注：①本规范不适用于城镇燃气门站以前的长距离输气管道工程，但由长距离输气管道气体分输站至城镇门站（或大用户）且管道设计压力不大于4.0MPa的管道工程设计，宜按本规范执行；

②本规范不适用于工业企业自建供生产工艺用且燃气质量不符合本规范质量要求的燃气工程设计，但自建供生产工艺用且燃气质量符合本规范要求的燃气工程设计，可按本规范执行。

工业企业内部自供燃气给居民使用时，供居民使用的燃气质量和工程设计应按本规范执行；

③本规范不适用于海洋和内河轮船、铁路车辆、汽车等运输工具上的燃气装置设计。

1.0.3 城镇燃气工程设计，应在不断总结生产、建设和科学实验的基础上，积极采用行之有效的新工艺、新技术、新材料和新设备，做到技术先进，经济合理。

1.0.4 城镇燃气工程规划设计应遵循我国的能源政策，根据城镇总体规划进行设计，并应与城镇的能源规划、环保规划、消防规划等相结合。

1.0.5 城镇燃气工程设计，除应遵守本规范外，尚应符合国家现行的有关标准和规范的规定。

2 用气量和燃气质量

2.1 用　气　量

2.1.1 设计用气量应根据当地供气原则和条件确定，包括下列各种用气量：

(1)居民生活用气量；

(2)商业用气量；

(3)工业企业生产用气量；

(4)采暖通风和空调用气量；

(5)燃气汽车用气量；

(6)其他气量。

注：当电站采用城镇燃气发电或供热时，尚应包括电站用气量。

2.1.1A 各种用户的燃气设计用气量，应根据燃气发展规划和用气量指标确定。

2.1.2 居民生活和商业的用气量指标，应根据当地居民生活和商业用气量的统计数据分析确定。

2.1.3 工业企业生产的用气量指标，可根据实际燃料消耗量折算，或按同行业的用气量指标分析确定。

2.1.3A 采暖和空调用气量指标，可按国家现行标准《城市热力网设计规范》CJJ 34或当地建筑物耗热量指标确定。

2.1.3B 燃气汽车用气量指标，应根据当地燃气汽车种类、车型和使用量的统计数据分析确定。当缺乏用气量的实际统计资料时，可按已有燃气汽车城镇的用气量指标分析确定。

2.2 燃　气　质　量

2.2.1A 城镇燃气质量指标应符合下列要求：

(1)城镇燃气(应按基准气分类)的发热量和组分的波动应符合城镇燃气互换的要求；

(2)城镇燃气偏离基准气的波动范围宜按现行的国家标准《城市燃气分类》GB/T 13611 的规定采用，并应适当留有余地。

2.2.1 采用不同种类的燃气做城镇燃气除应符合第 2.2.1A 条外，还应分别符合下列第 1～4 款的规定。

(1)天然气的质量指标应符合下列规定：

1)天然气发热量、总硫和硫化氢含量、水露点指标应符合现行国家标准《天然气》GB 17820 的一类气或二类气的规定；

2)在天然气交接点的压力和温度条件下：天然气的烃露点应比最低环境温度低 5℃；天然气中不应有固态、液态或胶状物质。

(2)液化石油气质量指标应符合现行国家标准《油气田液化石油气》GB 9052.1 或《液化石油气》GB 11174 的规定；

(3)人工煤气质量指标应符合现行国家标准《人工煤气》GB 13612的规定；

(4)液化石油气与空气的混合气做主气源时，液化石油气的体积分数应高于其爆炸上限的 2 倍，且混合气的露点温度应低于管道外壁温度 5℃。硫化氢含量不应大于 20mg/m^3。

注：本条各款指标的气体体积的标准参比条件是 101.325kPa，0℃。

2.2.2 本条删除。

2.2.3 城镇燃气应具有可以察觉的臭味，燃气中加臭剂的最小量应符合下列规定：

(1)无毒燃气泄漏到空气中，达到爆炸下限的 20%时，应能察觉；

(2)有毒燃气泄漏到空气中，达到对人体允许的有害浓度时，应能察觉；

对于以一氧化碳为有毒成分的燃气，空气中一氧化碳含量达到 0.02%(体积分数)时，应能察觉。

2.2.3A 城镇燃气加臭剂应符合下列要求：

(1)加臭剂和燃气混合在一起后应具有特殊的臭味。

(2)加臭剂不应对人体、管道或与其接触的材料有害。

(3)加臭剂的燃烧产物不应对人体呼吸有害，并不应腐蚀或伤害与此燃烧产物经常接触的材料。

(4)加臭剂溶解于水的程度不应大于 2.5%(质量分数)。

(5)加臭剂应有在空气中能察觉的加臭剂含量指标。

3 制　　气

3.1 一般规定

3.1.1 本章适用于煤的干馏制气、煤的气化制气与重油蓄热裂解制气等工程设计。

3.1.2 制气车间主要生产场所火灾及爆炸危险分类等级，除应符合本规范附录C规定以外，还应符合现行有关标准和规范的规定。

3.2 煤的干馏制气

3.2.1 煤的干馏炉装炉煤的质量，应符合下列要求：

(1)直立炉：

挥发分(干基)　>25%；

坩埚膨胀序数　$1\frac{1}{2}\sim4$；

葛金指数　$F\sim G_1$；

灰分(干基)　<25%；

粒度　<50mm(其中小于10mm的含量应小于75%)。

注：①生产铁合金焦时，应选用低灰分、弱黏结性的块煤。

灰分(干基)　<10%；

粒度　15～50mm；

热稳定性(TS)　>60%。

②生产电石焦时，应采用灰分小于10%的煤种，粒度要求与直立炉装炉煤粒度相同。

③当装炉煤质量不符合上述要求时，应做工业性的单炉试验。

(2)焦炉：

挥发分(干基)　26%～32%；

胶质层厚度(Y)　>13mm；

焦块最终收缩度(X)　28～33mm；

水分　<10%；

灰分(干基)　<10%；

硫分(干基)　<1%；

粒度(0～3mm的含量)　75%～80%。

注：采用焦炉炼制气焦时，其灰分(干基)可小于16%。

3.2.2 采用直立炉制气的煤准备流程，应设破碎和配煤装置。

3.2.3 采用焦炉制气的煤准备宜采取先配煤后粉碎流程。

在寒冷地区，当原料煤为洗精煤时，煤准备流程宜设解冻装置和破碎装置。

3.2.4 当采用炭化室有效容积小于 $6m^3$ 的焦炉制气时，其煤准备流程宜设干燥装置，将煤的水分干燥至6%。

3.2.5 原料煤的装卸和倒运应采用机械化运输设备。卸煤设备的能力，应按日用煤量、供煤不均衡程度和供煤协议的卸煤时间确定。

注：当铁路来煤无协议时，一次卸车的时间，可按3h计算。

3.2.6 贮煤场场地的确定，宜符合下列要求：

(1)贮煤场的操作容量：

当由铁路来煤时，宜采用10～20d用煤量。

当由水路来煤时，宜采用15～20d用煤量。

当由公路来煤时，宜采用30～40d用煤量；

(2)煤堆的高度应根据贮煤场机械设备的工作高度确定；

(3)贮煤场的操作容量系数，宜采取65%～70%；

(4)多雨地区宜设非燃烧材料制成的遮雨设施。

3.2.7 贮煤场的地面，应做人工地坪，并应设排水设施。

3.2.8 配煤槽和粉碎机室的设计，应符合下列要求：

(1)配煤槽的总容量，应根据日用煤量和允许的检修时间等因素确定；

(2)配煤槽的个数,应根据采用的煤种数、配煤比和煤的倒换等因素确定;

(3)在粉碎装置前,必须设置电磁分离器;

(4)粉碎机室必须设置除尘装置。

3.2.9 煤准备流程的各胶带运输机及其相连的运转设备之间,应设联锁装置。

3.2.10 每座直立炉顶层的贮煤仓总容量,宜按36h用煤量计算。辅助煤箱的总容量,应按2h用煤量计算。贮焦仓的总容量,宜按一次加满四门炭化室的装焦量计算。

3.2.11 焦炉的贮煤塔,宜按两座炉共用一个设计,其总容量应按16h用煤量计算。

3.2.12 贮煤塔和焦粉贮仓内均应设震动装置。

在寒冷地区对贮煤塔的漏嘴,应采取防冻措施。

3.2.13 装炉煤进贮煤塔前宜设置计量装置。

3.2.14 煤干馏炉的炉型及炉组的选择,应根据原料煤的品种、数量、焦炭用途与市场需求,按不同炉型的特点,经技术经济方案比较后确定。

3.2.15 煤干馏的主要产品的产率指标,可按表3.2.15采用。

煤干馏的主要产品的产率指标 **表3.2.15**

主要产品名称	单位	产率指标	
		直立炉	焦炉
煤气	m^3/t	350～380	320～340
全焦	%	71～74	72～75
焦油	%	3.3～3.7	3.2～3.7
硫铵	%	0.9	1.0
粗苯	%	0.8	1.0

注:①直立炉煤气其低热值为16.3MJ/m^3。
②焦炉煤气其低热值为17.9MJ/m^3。
③直立炉生产的焦为气焦。
④水分为7%的煤计。

3.2.16 焦炉的加热煤气系统,应采用复热式。

3.2.17 煤干馏炉的加热煤气,宜采用发生炉煤气。

煤干馏炉的耗热量指标,宜按表3.2.17选用。

煤干馏炉的耗热量指标[kJ/kg(煤)] **表3.2.17**

加热煤气种类	焦炉			直立炉		适用范围
	炭化室有效容积(m^3)					
	>20	≈10	<6	—	—	
焦炉煤气	2340	2600	2930	—	—	作为计算生产消耗用
发生炉煤气	2640	2930	3260	3010	—	
焦炉煤气	2570	2850	3180	—	—	作为计算加热系统设备用
发生炉煤气	2850	3140	3470	—	—	

注:①直立炉的指标系按热发生炉煤气计算。
②水分为7%的煤计。

3.2.18 当焦炉采用发生炉煤气加热时,加热煤气管道上宜设置混入回炉煤气的装置。

当焦炉采用回炉煤气加热时,加热煤气管道上宜设置煤气预热器。

3.2.19 加热煤气管道的设计,应符合下列要求:

(1)应设置压力自动调节装置和流量计;

(2)必须设置低压报警信号装置,其取压点应设在压力自动调节装置的蝶阀前的总管上。管道末端应设爆破膜;

(3)应设置蒸气清扫和水封放散装置;

(4)加热煤气的总管,宜采用架空方式引入室内。

3.2.20 直立炉的荒煤气管、焦炉的集气管上,均必须设置煤气放散管。

3.2.21 炉顶荒煤气总管,应设压力自动调节装置。调节蝶阀前,必须设置氨水喷洒装置。调节蝶阀与煤气鼓风机室应有联系装置。

3.2.22 直立炉炉顶捣炉与炉底放焦之间应有联系信号。

3.2.23 焦炉宜设高压氨水消烟加煤装置和上升管隔热装置。

3.2.24 氨水喷洒系统的设计，应符合下列要求：

(1)低压氨水的喷洒压力，不应低于 0.15MPa。氨水的总耗用量指标应按表 3.2.24-1 选用；

氨水的总耗用量指标[m^3/t(煤)] **表 3.2.24-1**

炉型	直立炉	焦炉			
		炭化室有效容积(m^3)			
		>20		≈10	<6
		单集气管	双集气管		
氨水总耗用量	4	6	8	6～6.5	7～8

注：水分为 7%的煤计。

(2)直立炉的氨水总管，应布置成环形；

(3)低压氨水应设事故用水管；

(4)焦炉无烟装煤用高压氨水的总耗用量为低压氨水总耗用量的 3.4%～3.6%，其喷洒压力等级应按表 3.2.24-2 选用。

氨水喷洒压力等级(MPa) **表 3.2.24-2**

焦炉	炭化室有效容积(m^3)	
	>20	≤10
压力等级	>2.5～3.0	1.5～2.5

3.2.25 废热锅炉的设置应符合下列规定：

(1)每座直立炉的废热锅炉，应设置在废气总管附近；

(2)废热锅炉的废气进口温度，宜取 800～900℃，废气出口温度宜取 200℃；

(3)废热锅炉宜设置 1 台备用；

(4)废热锅炉应有清灰与检修的空间；

(5)废热锅炉的引风机应采取防震措施。

3.2.26 直立炉熄焦系统的设计，应符合下列要求：

(1)熄焦水的总管，应布置成环形。熄焦水应循环使用，其用水量宜按 3～4m^3/t(水分为 7%的煤)计算；

(2)排焦箱的容量，宜按 4h 的排焦量计算。

采用弱黏结性煤时，应设排焦控制器；

(3)排焦门的启闭，应采用机械化装置；

(4)排出的焦炭运至胶带机以前，应有大于 80s 的沥水时间。

3.2.27 焦炉宜采用直接送水的熄焦方式，并应设自动控制装置。

熄焦水应循环使用，其用水量宜按 2m^3/t(水分为 7%的煤)计算。

3.2.28 焦炉的焦台设计宜符合下列要求：

(1)每两座焦炉宜设置 1 个焦台；

(2)焦台的宽度，宜为炭化室高度的两倍；

(3)焦台上焦炭的停留时间，不宜小于 30min；

(4)焦台的水平倾角，宜为 28°。

3.2.29 焦炭处理系统，应设置筛焦楼及其贮焦场地或贮焦设施。

筛焦楼内应设有除尘通风设施。

3.2.30 焦炭筛分设施，宜按筛分后的粒度大于 40mm、40～25mm、25～10mm 和小于 10mm，共 4 级设计。

注：生产冶金焦时，焦炭筛分设施宜增加大于 60mm 或 80mm 的一级。

3.2.31 筛焦楼内贮焦槽总容量的确定，应符合下列要求：

(1)直立炉和炭化室有效容积小于 6m^3 的焦炉的贮焦槽，均宜按 10～12h 产焦量计算；

(2)炭化室有效容积大于 20m^3 的焦炉或近似 10m^3 的焦炉的贮焦槽，宜按 6～8h 产焦量计算。

3.2.32 贮焦场的地面，应做人工地坪并应设排水设施。

3.2.33 贮焦场的操作容量应符合下列规定：

(1)当铁路运输时，宜采用15d产焦量；

(2)当公路运输时，宜采用20d产焦量。

3.2.34 自产的中、小块气焦，宜用于生产发生炉煤气。自产的大块气焦，宜用于生产水煤气。

3.3 煤的气化制气

3.3.1 煤气站气化用原料的主要质量指标应符合表3.3.1的要求。

气化用煤主要质量指标 **表3.3.1**

指标项目	水煤气发生炉	煤气发生炉
粒度(mm)		
1. 无烟煤	25～100	6～13、13～25、25～50
2. 焦炭	25～100	6～10、10～25、25～40
质量指标		
1. 灰分(干基)	<33%(焦) <24%(无烟煤)	<35%(焦) <24%(无烟煤)
2. 热稳定性(*TS*)	>60%	>60%
3. 机械强度(粒度大于25mm)	>60%	>60%
4. 灰熔点(*ST*)	>1300℃	>1200℃(冷煤气) >1250℃(热煤气)
5. 全硫(干基)	<2%	<2%
6. 挥发分(干基)	<9%	—

注：①煤气站包括水煤气站和发生炉煤气站。

②发生炉入炉煤或焦，粒度不得超过相邻两级。

③本节所指的煤包括焦炭。

3.3.2 煤气站煤场的贮煤量，应根据煤源远近、供应的不均衡性和交通运输方式等条件确定，宜符合下列要求：

(1)当采用铁路、公路和水路运输时宜为10～30d的用煤量；

(2)当使用本厂焦炭时，宜小于1d的用焦量。

注：本节所指的煤包括焦炭。

3.3.3 当气化炉按三班制运行时，贮煤斗的有效贮量应符合表3.3.3的要求。

贮煤斗的有效贮量 **表3.3.3**

备煤系统工作班制	贮煤斗的有效贮量
一班工作	20～24h气化炉用煤量
二班工作	14～16h气化炉用煤量

注：用煤量应按设计产量计算。

3.3.4 气化炉贮煤斗前应设筛分装置和煤屑斗，其总贮量不宜小于煤气站的1d筛出量。

在寒冷地区的煤屑斗应采取防冻措施。

3.3.5 煤气站灰渣斗的总贮量不宜小于煤气站的1d灰渣排出量。

在寒冷地区的灰渣斗应采取防冻措施。

3.3.6 气化炉煤气产气率指标可按表3.3.6采用。水煤气低热值不应小于$10MJ/m^3$，发生炉煤气低热值不应小于$5MJ/m^3$。

气化炉煤气产气率指标 **表3.3.6**

原料	产气率(m^3/t)(干基)		灰分含量(%)
	水煤气	发生炉煤气	
无烟煤	1500～1700	3000～3400	15～25
气焦	1300～1500	2600～3000	25～35
焦炭	1500～1650	3100～3400	13～21

3.3.7 水煤气站的设计产量应符合下列要求：

(1)当水煤气站仅作为掺混气源时，其设计产量应根据主气源最大掺混量确定；

(2)当水煤气站作为掺混气源，并兼作调峰气源时，其设计产量还应根据主气源最大掺混量和所承担的调峰量确定。

3.3.8 发生炉煤气站的设计产量应根据对主气源加热用和掺混用的最大用气量确定。

3.3.9 煤气站的气化炉工作台数每1～4台宜另设1台备用。

3.3.10 各种气化炉宜采用单排布置。

3.3.11 煤气站的位置，应符合下列要求：

(1)位于厂区主要建筑物和构筑物夏季最小频率风向的上风侧；

(2)靠近煤气负荷比较集中的地点；

(3)便于煤、灰渣煤屑的运输和贮存以及循环水的处理；

(4)便于与锅炉房共用煤和灰渣的贮运设施以及煤屑的利用；

(5)有扩建的可能性。

3.3.12 煤气站主厂房的迎风面，宜垂直夏季盛行风向；室外煤气净化设备宜布置在主厂房夏季盛行风向的下风侧。

3.3.13 循环水系统和煤场的建筑物和构筑物，宜布置在煤气站主厂房、煤气排送机室、空气鼓风机室和机泵房等夏季盛行风向的下风侧，并应考虑冷却塔散发的水雾对周围的影响。

3.3.14 煤气排送机室、空气鼓风机室和机泵间等宜与主厂房分开设置。

排送机室与鼓风机室宜分开布置在单独的房间内，其设备宜单排布置，并应留有安装检修场地。

3.3.15 煤气站洗涤塔出口煤气温度不应大于35℃，发生炉热煤气至用气设备前煤气温度不应小于300℃。

3.3.16 煤气站出口煤气中的灰尘和液态焦油等杂质含量，冷煤气应小于$20mg/m^3$；热煤气应小于$300mg/m^3$。

3.3.17 煤气的冷却宜采用直接冷却。

冷却用水和洗涤用水应采用封闭循环系统。

3.3.18 水煤气缓冲气罐的容积应为0.5～1倍水煤气小时产气量。

3.3.19 水煤气站应设蒸气蓄能器，并应设有备用的蒸气系统。

3.3.20 发生炉煤气站中电气滤清器应设有冲洗装置或能连续形成水膜的湿式装置。

3.3.21 煤气排送机和空气鼓风机的并联工作台数不宜超过3台，并应另设1台备用。

3.3.22 煤气净化设备应设放散管，其位置应能使设备内的介质吹净。

注：当净化设备相联处无隔断装置时，可仅在较高的设备上装设放散管。

3.3.23 煤气管道和设备上放散管管口高度，应符合下列要求：

(1)高出煤气管道和设备及其走台4m，并离开地面不小于10m；

(2)厂房内或距厂房10m以内的煤气管道和设备上的放散管管口，高出厂房顶4m。

3.3.24 煤气系统中应设置可靠的隔断煤气装置，并应设置相应的平台。

3.3.25 在发生炉煤气系统中，电气滤清器上必须装有爆破阀。洗涤塔上应设有爆破阀，其装设位置应符合下列要求：

(1)装在设备的薄弱处或易被爆破气浪直接冲击的位置；

(2)离地面的净空高度小于2m时，应设有防护设施；

(3)爆破阀的端部不应正对建筑物的门或窗。

3.3.26 厂区煤气管道与空气管道应架空敷设。热煤气管道上应设有清灰装置。

3.3.27 空气总管末端应设有爆破膜。

3.3.28 煤气设备水封的高度，不应小于表3.3.28的规定。

煤气设备水封有效高度 **表 3.3.28**

最大工作压力(Pa)	水封的有效高度(mm)
<3000	最大工作压力(以水柱表示)+150 但不得小于 250
3000～10000	最大工作压力(以水柱表示)×1.5
>10000	最大工作压力(以水柱表示)+500

3.3.29 发生炉煤气钟罩阀内放散水封的有效高度，应等于煤气发生炉出口最大工作压力(以水柱表示)加 50mm。

3.3.30 煤气净化系统的冷循环水进口温度不宜大于 28℃；热循环水进口温度不宜小于 55℃。

3.3.31 余热锅炉和生产蒸汽的水夹套，其给水水质应符合现行的国家标准《低压锅炉水质标准》GB 1576 中关于锅壳锅炉水质标准的规定。

3.3.32 水夹套中水温小于 100℃时，给水水质应符合现行的国家标准《低压锅炉水质标准》GB 1576 中关于热水锅炉水质标准的规定。

3.3.33 煤气站应设置下列仪表和安全设施：

(1)设置空气、蒸汽、给水和煤气等介质的计量装置；

(2)设置气化炉进口空气压力检测仪表；

(3)设置煤气发生炉进口饱和空气温度及其自动调节装置；

(4)设置气化炉进口蒸汽和出口煤气的温度与压力检测仪表；

(5)设置水煤气缓冲气罐的高、低位限位器分别与自动控制机和煤气排送机联锁装置，并应设报警装置；

(6)设置水煤气站高压水罐的压力与自动控制机联锁装置，并应设有报警装置；

(7)设置发生炉煤气排送机(或直立炉引风机)与空气总管压力或空气鼓风机联锁装置，并应设报警装置；

(8)设置当煤气中含氧量大于 1%(体积)或电气滤清器的绝缘箱温度低于规定值时，能立即切断高压电源的装置，并应设报警装置；

(9)设置发生炉煤气站的低压煤气总管压力与煤气排送机联锁装置，并应设报警装置；

(10)在连续式机械化的运煤和排渣系统中，各机械之间应设电气联锁装置或微机控制。

3.4 重油蓄热裂解制气

3.4.1 重油蓄热裂解制气用原料油的质量，宜符合下列要求：

碳氢化(C/H)	<7.5；
残碳	<12%；
开口闪点	>120℃；
密度	900～970kg/m³。

3.4.2 原料油的贮存量，宜按 15～25d 的用油量计算。

3.4.3 原料油贮罐的数量，不应少于 2 个。

3.4.4 制造城镇燃气的重油蓄热裂解装置，宜采用催化裂解制气工艺，其炉型应为三筒炉。

用做掺混合增热煤气时，宜采用热裂解制气工艺。

3.4.5 油制气炉的年操作日，应按 300d 计算。

3.4.6 油制气工艺主要设计参数应符合下列要求：

(1)反应器液体空间速度($m^3/m^3 \cdot h$)：

当采用催化裂解制气工艺时，宜为 0.6～0.65。

当采用热裂解制气工艺时，宜为 0.5～0.55；

(2)反应器内催化剂层的高度，宜为 0.6～0.7m；

(3)燃烧室热强度宜采用(500×10^4～700×10^4)$kJ/m^3 \cdot h$；

(4)加热油用量占总用油量的比例：

当采用催化裂解制气工艺且每台炉子制气量大于或等于

$5\times10^4m^3/d$时，宜为10%～15%。

小于或等于$2.5\times10^4m^3/d$时，宜小于18%。

当采用热裂解制气工艺时，宜为10%～15%；

（5）过程蒸汽量与制气油量之比值：

当采用催化裂解制气工艺时，宜为1.0～1.2。

当采用热裂解制气工艺时，宜为0.4～0.6。

注：催化裂解制气工艺选用的催化剂是以电熔镁砂及三氧化二铝为担体的含镍量为3%～7%的镍系催化剂。

3.4.7 重油蓄热裂解制气的主要产品产率指标，可按表3.4.7采用。

重油蓄热裂解制气的主要产品产率指标

（按总用油量计） **表3.4.7**

主要产品名称	单位	产率指标		产率指标
		催化裂解制气工艺		热裂解制气工艺
煤气	m^3/t(油)	每台产气量$\geq5\times10^4m^3/d$	1200	550
		每台产气量$\leq2.5\times10^4m^3/d$	1100	
粗苯	%	6～8		8～10
焦油	%	10～15		25～30

注：催化裂解制气工艺生产的油制气，其低热值为$21MJ/m^3$；热裂解制气工艺生产的油制气，其低热值为$40MJ/m^3$。

3.4.8 重油蓄热裂解制气的烟气系统，应设置废热回收和除尘装置。

3.4.9 重油蓄热裂解制气的蒸汽系统，应设置蒸汽蓄能器，并应设置备用蒸汽系统。

3.4.10 每2台油制气炉，应编为1组，合用1套冷却系统和动力设备。

冷却系统和动力设备的能力，应按1台炉的瞬时流量计算。

3.4.11 煤气的冷却，宜采用间接式冷却设备。冷却后的煤气温度不应大于35℃。

冷却水应循环使用。

3.4.12 空气鼓风机的选择，应符合下列要求：

（1）风量应按1台炉的空气瞬时用量确定；

（2）风压应按油制气炉加热期的空气废气系统阻力和废气出口压力之和确定；

（3）每1～2组炉应设置1台备用的空气鼓风机；

（4）空气鼓风机应有减震和消音措施。

3.4.13 油泵的选择，应符合下列要求：

（1）流量应按1台炉的重油瞬时用量确定；

（2）压力应按输油系统的阻力和喷嘴的要求压力之和确定；

（3）每1～3台油泵，应另设1台备用。

3.4.14 输油系统应设置中间油罐，其容量宜按1d的用油量确定。

3.4.15 煤气系统应设置缓冲气罐，其容量宜按30min的产气量确定。

缓冲气罐的水槽，应设置集油、排油装置。

3.4.16 在空气管道上，应采取防止炉内煤气窜入空气管道的措施，并应设爆破膜。

3.4.17 油制气炉宜露天布置。

主烟囱和副烟囱高出油制气炉炉顶高度不应小于4m。

3.4.18 油制气炉的控制室，不应与空气鼓风机室布置在同一建筑物内。

控制室应布置在油制气夏季最大频率风向的上风侧。

3.4.19 油水分离池应布置在油制气区夏季最小频率风向的上风侧。

3.4.20 对油水分离池及焦油沟，应采取减少挥发性气体散发的措施。

3.4.21 每台油制气炉产量大于或等于 $5\times10^4m^3/d$ 时，其油水分离池，宜设置机械化澄清槽。

3.4.22 控制室内应设置下列仪表：

(1)应设置检测工艺介质(原料油、蒸汽和空气)的温度、压力和流量仪表；

(2)应设置检测油制气炉各部位的温度和压力仪表；

(3)应设置检测传动介质的工作压力仪表；

(4)应设置缓冲气罐限位的显示和报警信号；

(5)每台油制气炉产气量为 $10\times10^4m^3/d$，可设置主要工艺参数的远距离操纵调节仪表。

3.4.23 自动控制装置的程序控制器的设计，应符合下列要求：

(1)能手动和自动切换操作；

(2)能调节循环周期和阶段百分比；

(3)设置循环中各阶段比例和阀门动作的指示信号；

(4)设置主要阀门的检查和联锁装置；在发生故障时应有显示和报警信号，并能恢复到安全状态；

(5)每 1～2 组油制气炉的各台程序控制器之间，应设置联锁装置。

3.4.24 自动控制装置的传动系统的设计，应符合下列要求：

(1)传动系统的型式，应根据程序控制器的型式和本地区具体条件确定；

(2)应设置贮能设备。当采用液压传动时，宜采用压缩气做缓冲气源；

(3)传动系统的控制阀、自动阀和其他附件的选用或设计，应能适应油制气炉工艺生产的特点。

3.5 调 峰

3.5.1 气源厂应具有调峰能力，调峰气量应与外部调峰能力相配合，并应根据燃气输配要求确定。

在选定主气源炉型时，应留有一定的余量的产气能力以满足用气高峰负荷需要。

3.5.2 调峰装置必须具有快开、快停能力，调度灵活，投产后质量稳定。

3.5.3 气源厂的原料和产品的贮量应满足用气高峰负荷的需要。

3.5.4 气源厂设计时，各类管线的口径应考虑用气高峰时的处理量和通过量。

混合前、后的出厂煤气，均应设置煤气计量装置。

3.5.5 气源厂应设置调度室。

3.5.6 季节性调峰时出厂燃气组分应符合现行的国家标准《城市燃气分类》GB/T 13611 的规定。

4 净 化

4.1 一 般 规 定

4.1.1 本章适用于煤干馏制气的净化工艺设计。

4.1.2 煤气净化工艺的选择，应根据煤气的种类、处理量和煤气中杂质的含量，并结合当地条件和煤气掺混情况等因素，经技术经济方案比较后确定。

煤气净化工艺流程可为煤气冷凝冷却、煤气排送、焦油雾脱除、氨脱除、粗苯吸收、萘最终脱除和硫化氢及氰化氢脱除。

4.1.3 煤气净化设备的能力，应按小时最大煤气处理量和其相应的杂质含量确定。

4.1.4 煤气净化装置的设计，应做到当净化设备检修和清洗时，出厂煤气中杂质含量仍能符合现行的国家标准《人工煤气》GB 13612的规定。

4.1.5 煤气净化工艺设计，应与化工产品回收设计相结合。

4.1.6 煤气净化车间主要生产场所火灾及爆炸危险分类等级应符合本规范附录D的规定。

4.2 煤气的冷凝冷却

4.2.1 煤气的冷凝冷却宜采用间接式冷凝冷却工艺。当处理煤气量较少，且脱氨工艺为水洗涤法时，可采用直接式冷凝冷却工艺。在有条件时，也可采用先间接式冷凝冷却，后直接式冷凝冷却工艺。

4.2.2 间接式冷凝冷却工艺的设计，应符合下列要求：

(1)煤气经冷凝冷却后的温度，当采用半直接法回收氨以制取硫铵时，应小于35℃；当采用水洗涤法回收氨时，应小于25℃；

(2)初冷器的冷却水出口温度，应根据工艺要求或冷却水中碳酸盐含量确定；

(3)冷却水宜循环使用，对水质应进行稳定处理；

(4)初冷器台数的设置原则，应当其中1台检修时，其余各台仍能满足煤气冷凝冷却的要求；

(5)宜采用轻质焦油除去管壁上的萘。

4.2.3 直接式冷凝冷却工艺的设计，应符合下列要求：

(1)煤气经冷却后的温度，应小于35℃；

(2)开始投产及补充用冷却水的总硬度，不宜大于0.02mmol/L；

(3)洗涤水应循环使用。

4.2.4 焦油氨水分离系统的工艺设计，应符合下列要求：

(1)煤气的冷凝冷却为直接式冷凝冷却工艺时，初冷器排出的焦油氨水和荒煤气管排出的焦油氨水，宜采用分别澄清分离系统；

(2)煤气的冷凝冷却为间接式冷凝冷却工艺时，初冷器排出的焦油氨水和荒煤气管排出的焦油氨水的处理，当脱氨为硫酸吸收法时，可采用混合澄清分离系统；当脱氨为水洗涤法时，可采用分别澄清分离系统；

(3)剩余氨水应除油后再进行溶剂萃取脱酚和蒸氨；

(4)焦油氨水分离系统的排放气应设置处理装置。

4.3 煤 气 排 送

4.3.1 煤气鼓风机的选择，应符合下列要求：

(1)风量应按小时最大煤气处理量确定；

(2)风压应按煤气系统的最大阻力和煤气罐的最高压力的总和确定；

(3)煤气鼓风机的并联工作台数不宜超过3台。每1～3台，宜另设1台备用。

4.3.2 离心式鼓风机宜设置无级调速装置。

4.3.3 煤气循环管的设置，应符合下列要求：

（1）当采用离心式鼓风机时，必须在鼓风机的出口煤气总管至初冷器前的煤气总管间设置大循环管。数台风机并联时，宜在鼓风机的进出口煤气总管间，设置小循环管；

注：当设有无级调速装置，且风机转速的变化能适应输气量的变化时可不设小循环管。

（2）当采用容积式鼓风机时，每台鼓风机进出口的煤气管道上，必须设置旁通管。数台风机并联时，应在风机出口的煤气总管至初冷器前的煤气总管间，设置大循环管，并在风机的进出口煤气总管间设置小循环管。

4.3.4 用电动机带动的煤气鼓风机，其供电系统应符合现行的国家标准《供电系统设计规范》GB 50052的“一级负荷”设计的规定；电动机应采取防爆措施。

4.3.5 离心式鼓风机应设有必要的联锁和信号装置。

4.3.6 鼓风机房的布置，应符合下列要求：

（1）鼓风机安装高度，应能保证进口煤气管道内冷凝液排出通畅。当采用离心式鼓风机时，鼓风机进口煤气的冷凝液排出口与水封槽满流口中心高差不应小于鼓风机全压（以水柱表示）；

（2）鼓风机机组之间和鼓风机与墙之间的通道宽度，应根据鼓风机的型号、操作和检修的需要等因素确定；

（3）鼓风机机组的安装位置，应能使鼓风机前阻力最小，并使各台初冷器阻力均匀；

（4）鼓风机房宜设置起重设备；

（5）鼓风机应设置单独的仪表操作间；

当仪表操作间设置在鼓风机房内时，仪表操作间应设置能观察鼓风机运转的隔音玻璃窗；

（6）离心鼓风机用的油站宜布置在底层，楼板面上留出检修孔或安装孔。油站的安装高度应满足鼓风机主油泵的吸油高度。

鼓风机应设置事故供油装置。

4.4 焦油雾的脱除

4.4.1 煤气中焦油雾的脱除设备，宜采用电捕焦油器。电捕焦油器不得少于2台，并应并联设置。

4.4.2 电捕焦油器设计，应符合下列要求：

（1）电捕焦油器应设置泄爆装置、放散管和蒸汽管；

（2）电捕焦油器宜设有煤气含氧量的自动测量仪；

（3）当煤气中含氧量大于1%（体积）或电捕焦油器的绝缘箱温度低于规定值时，应有能立即切断电源的措施。

4.5 硫酸吸收法氨的脱除

4.5.1 采用硫酸吸收法进行氨的脱除和回收时，宜采用半直接法。当采用饱和器时，其设计应符合下列要求：

（1）煤气预热器的煤气出口温度，宜为70～80℃；

（2）煤气在饱和器环形断面内的流速，应为0.7～0.9m/s；

（3）饱和器出口煤气中含氨量应小于30mg/m³；

（4）循环母液的小时流量，不应小于饱和器内母液容积的3倍；

（5）氨水中的酚宜回收。酚的回收可在蒸氨工艺之前进行；蒸氨后的废氨水中含氨量，应小于300mg/L。

4.5.2 硫铵工段布置应符合下列要求：

（1）硫铵工段可由硫铵、吡啶、蒸氨和酸碱贮槽等组成，其布置应考虑运输方便；

（2）硫铵工段应设置现场分析台；

（3）吡啶操作室应与硫铵操作室分开布置，可用楼梯间隔开；

（4）蒸氨设备宜露天布置并应布置在吡啶装置一侧。

4.5.3 饱和器机组布置宜符合下列要求：

（1）饱和器中心与主厂房外墙的距离，应根据饱和器直径确定，并宜符合表4.5.3-1的规定；

饱和器中心与主厂房外墙的距离　　表 4.5.3-1

饱和器直径(mm)	6250	5500	4500	3000	2000
饱和器中心与主厂房外墙距离(m)	＞12	＞10	7～10		

(2)饱和器中心间的最小距离，应根据饱和器直径确定，并宜符合表 4.5.3-2 的规定；

饱和器中心间的最小距离　　表 4.5.3-2

饱和器直径(mm)	6250	5500	4500	3000
饱和器中心距(m)	12	10	9	7

(3)饱和器锥形底与防腐地坪的垂直距离应大于 400mm；

(4)泵宜露天布置。

4.5.4　离心干燥系统设备的布置宜符合下列要求：

(1)硫铵操作室的楼层标高，应满足下列要求：

1)由结晶槽至离心机母液能顺利自流；

2)离心机分离出母液能自流入饱和器。

(2)2 台连续式离心机的中心距不宜小于 4m。

4.5.5　蒸氨和吡啶系统的设计宜符合下列要求：

(1)吡啶生产宜负压操作；

(2)各溶液的流向宜保证自流。

4.5.6　硫铵系统设备的选用和设置宜符合下列要求：

(1)饱和器机组必须设置备品，其备品率为 50%～100%；

(2)硫铵系统宜设置 2 个母液贮槽；

(3)硫铵结晶的分离应采用耐腐蚀的连续式离心机，并应设置备品；

(4)硫铵结晶的干燥设备宜采用沸腾干燥器；

(5)硫铵系统必须设置粉尘捕集器。

4.5.7　设备和管道中硫酸浓度小于 75%时，应采取防腐蚀措施。

4.5.8　离心机室的墙裙、各操作室的地面、饱和器机组母液贮槽的周围地坪和可能接触腐蚀性介质的地方，均应采取防腐蚀措施。

4.5.9　对酸焦油、废酸液等应分别处理。

4.6　水洗涤法氨的脱除

4.6.1　煤气进入洗氨塔前，应脱除焦油雾和萘。进入洗氨塔的煤气含萘量应小于 500mg/m^3。

4.6.2　洗氨塔出口煤气含氨量，应小于 100mg/m^3。

4.6.3　洗氨塔出口煤气温度，宜为 25～27℃。

4.6.4　新洗涤水的温度应小于 25℃；总硬度不宜大于 0.02mmol/L。

4.6.5　水洗涤法脱氨的设计宜符合下列要求：

(1)洗涤塔不得少于 2 台，并应串联设置；

(2)两相邻塔间净距不宜小于 2.5m；当塔径超过 5m 时，塔间净距宜取塔径的一半；当采用多段循环洗涤塔时，塔间净距不宜小于 4m；

(3)洗涤泵房与塔群间净距不宜小于 5m；

(4)蒸氨和黄血盐系统除泵、离心机和碱、铁刨花、黄血盐等储存库外，其余均宜露天布置；

(5)当采用废氨水洗氨时，废氨水冷却器宜设置在洗涤部分。

4.6.6　富氨水必须妥善处理，不得造成二次污染。

4.7　煤气最终冷却

4.7.1　煤气最终冷却宜采用直接式冷却或间接式冷却。

4.7.2　煤气经最终冷却后，其温度宜小于 27℃。

4.7.3　当煤气最终冷却采用直接式冷却时，其设计应符合下列要求：

(1)最终冷却水用量，应按煤气入塔温度和煤气中含萘量等因素确定；

(2)入塔的最终冷却水温度宜小于 25℃，最终冷却水宜循环使用；

(3)最终冷却水在冷却降温时，必须采取防止氰化氢等有毒物质污染大气的措施。

4.7.4 直接式最终冷却塔宜采用空塔或金属隔板塔。

4.7.5 煤气在直接式最终冷却塔中萘的脱除宜采用水洗法或油洗法。

4.7.6 直接式最终冷却水中萘分离，当采用焦油洗萘时，其设计应符合下列要求：

(1)洗萘用焦油量，应按最终冷却水量的 5%计算；

(2)焦油洗萘器的容量，宜按 1h 洗萘用焦油量的 6～8 倍计算。

4.7.7 当煤气最终冷却采用横管式间接冷却时，其设计应符合下列要求：

(1)煤气在管间宜自上向下流动，冷却水在管内宜自下向上流动。在煤气侧宜有清除管壁上萘的设施；

(2)横管内冷却水可分为两段，其下段水入口温度，宜小于 20℃；

(3)冷却器煤气出口处宜设捕雾装置。

4.8 粗苯的吸收

4.8.1 煤气中粗苯的吸收，宜采用溶剂常压吸收法。

4.8.2 吸收粗苯用的洗油，宜采用焦油洗油。

4.8.3 洗油循环量，应按煤气中粗苯含量和洗油的种类等因素确定。循环洗油中含萘量宜小于 5%。

4.8.4 采用不同类型的洗苯塔时，应符合下列要求：

(1)当采用木格填料塔时，不应少于 2 台，并应串联设置；

(2)当采用钢板网填料塔或塑料填料塔时，宜采用 2 台并宜串联设置；

(3)当煤气流量比较稳定时，可采用筛板塔。

4.8.5 洗苯塔的设计参数，应符合下列要求：

(1)木格填料塔：煤气在木格间有效截面的流速，宜取 1.6～1.8m/s；吸收面积宜按 1.0～1.1m^2/m^3h(煤气)计算；

(2)钢板网填料塔：煤气的空塔流速，宜取 0.9～1.1m/s；吸收面积宜按 0.6～0.7m^2/m^3h(煤气)计算；

(3)筛板塔：煤气的空塔流速，宜取 1.2～2.5m/s。每块湿板的阻力，宜取 200Pa。

当处理干馏气时，塔板数应取 24 块。

4.8.6 本系统必须设置相应的粗苯蒸馏装置。

4.9 萘的最终脱除

4.9.1 萘的最终脱除，宜采用溶剂常压吸收法。

4.9.2 洗萘用的溶剂宜采用直馏轻柴油或低萘焦油洗油。

4.9.3 最终洗萘塔，宜采用填料塔，可不设备用。

4.9.4 最终洗萘塔，宜分为两段。第一段可采用循环溶剂喷淋；第二段应采用新鲜溶剂喷淋，并设定时定量控制装置。

4.9.5 当进入最终洗萘塔的煤气中含萘量小于 400mg/m^3 和温度小于 30℃时，最终洗萘塔的设计参数应符合下列要求：

(1)煤气的空塔流速，宜取 0.65～0.75m/s；

(2)吸收面积宜按大于 0.35m^2/m^3h(煤气)计算。

4.10 湿 法 脱 硫

4.10.1 以煤或重油为原料所产生的人工煤气的脱硫脱氰宜采用氧化再生法。

4.10.2 氧化再生法的脱硫液，应选用硫容量大、副反应小、再生性能好、无毒和原料来源比较方便的脱硫液。

4.10.3 当采用氧化再生法脱硫时，煤气进入脱硫装置前，应脱除油雾。

当采用氨型的氧化再生法脱硫时，脱硫装置应设在氨的脱除装置之前。

4.10.4 当采用蒽醌二磺酸钠法常压脱硫时，其吸收部分的设计应符合下列要求：

(1)脱硫液的硫容量，应根据煤气中硫化氢的含量，并按照相似条件下的运行经验或试验资料确定；

注：当无资料时，可取 0.2～0.25kg(硫)/m^3(溶液)。

(2)脱硫塔宜采用木格填料塔或塑料填料塔；

(3)煤气在木格填料塔内空塔流速，宜取 0.5m/s；

(4)脱硫液在反应槽内停留时间，宜取 8～10min；

(5)脱硫塔台数的设置原则，应在操作塔检修时，出厂煤气中硫化氢含量仍能符合现行的国家标准《人工煤气》GB 13612 的规定。

4.10.5 蒽醌二磺酸钠法常压脱硫再生设备，宜采用高塔式或喷射再生槽式。

(1)当采用高塔式再生设备时，其设计应符合下列要求：

1)再生塔吹风强度宜取 100～130m^3/m^2h。空气耗量可按 9～13m^3/kg(硫)计算。

2)脱硫液在再生塔内停留时间，宜取 25～30min。

3)再生塔液位调节器的升降控制器，宜设在硫泡沫槽处。

4)宜设置专用的空气压缩机。入塔的空气应除油；

(2)当采用喷射再生设备时，其设计宜符合下列要求：

1)再生槽吹风强度，宜取 80～145m^3/m^2h；空气耗量可按 3.5～4m^3/m^3(溶液)计算。

2)脱硫液在再生槽内停留时间，宜取 6～10min。

4.10.6 脱硫液加热器的设置位置，应符合下列要求：

(1)当采用高塔式再生时，加热器宜位于富液泵与再生塔之间；

(2)当采用喷射再生槽时，加热器宜位于贫液泵与脱硫塔之间。

4.10.7 蒽醌二磺酸钠法常压脱硫中硫磺回收部分的设计，应符合下列要求：

(1)硫泡沫槽不应少于 2 台，并轮流使用。硫泡沫槽内应设有搅拌装置和蒸气加热装置；

(2)硫磺成品种类的选择，应根据煤气种类、硫磺产量并结合当地条件确定；

(3)当生产熔融硫时，可采用硫膏在熔硫釜中脱水工艺。熔硫釜宜采用夹套罐式蒸气加热。

硫渣和废液应分别回收并应设废气净化装置。

4.10.8 事故槽的容量，应按系统中存液量大的单台设备容量设计。

4.10.9 煤气脱硫脱氰溶液系统中副产品回收设备的设置，应按煤气种类及脱硫副反应的特点进行设计。

4.11 常压氧化铁法脱硫

4.11.1 脱硫剂的选择应根据当地资源条件确定。可选用藻铁矿、钢厂赤泥、铸铁屑或与铸铁屑有同样性能的铁屑。

藻铁矿脱硫剂中活性氧化铁含量宜大于 15%。当采用铸铁屑或铁屑时，必须经氧化处理。

配制脱硫剂用的疏松剂宜采用木屑。

4.11.2 常压氧化铁法脱硫设备可采用箱式或塔式。

4.11.3 当采用箱式常压氧化铁法时，其设计应符合下列要求：

(1)当煤气通过脱硫设备时，流速宜取 7～11mm/s；当进口煤气中硫化氢含量低于 1.0g/m^3 时，其流速可适当提高；

(2)煤气与脱硫剂的接触时间，宜取 130～200s；

(3)每层脱硫剂的厚度，宜取 0.3～0.8m；

(4)氧化铁法脱硫剂需用量不应小于下式的计算值：

$$V=\frac{1673\sqrt{C_s}}{f\cdot\rho} \tag{4.11.3}$$

式中 V——每小时 $1000m^3$ 煤气所需脱硫剂的容积(m^3)；

C_s——煤气中硫化氢含量(体积百分数)；

f——新脱硫剂中活性氧化铁含量，可取 15%～18%；

ρ——新脱硫剂密度(t/m^3)。当采用藻铁矿或铸铁屑脱硫剂时，可取 0.8～0.9。

(5)常压氧化铁法脱硫设备的操作设计温度，可取 25～35℃。每个脱硫设备应设置蒸气注入装置。寒冷地区的脱硫设备，应有保温措施；

(6)每组脱硫箱(或塔)，宜设有一个备用。连通每个脱硫箱间的煤气管道的布置，应能依次向后轮环输气。

4.11.4 脱硫箱宜采用高架式。

4.11.5 箱式和塔式脱硫装置，其脱硫剂的装卸，应采用机械设备。

4.11.6 常压氧化铁法脱硫设备，应设有煤气安全泄压装置。

4.11.7 常压氧化铁法脱硫工段应设有配制和堆放脱硫剂的场地；场地应采用混凝土地坪。

4.11.8 脱硫剂采用箱内再生时，掺空气后煤气中含氧量应由煤气中硫化氢含量确定。但出箱时煤气中含氧量应小于 1%(体积)。

4.12 放散和液封

4.12.1 严禁在厂房内放散煤气和有害气体。

4.12.2 设备和管道上的放散管管口高度应符合下列要求：

(1)当放散管直径大于 150mm 时，放散管管口应高出煤气管道、设备和走台 4m 以上；

(2)当放散管直径小于或等于 150mm 时，放散管管口应高出煤气管道、设备和走台 2.5m 以上。

4.12.3 煤气系统中液封槽液封高应符合下列要求：

(1)煤气鼓风机出口处，应为鼓风机全压(以水柱表示)加 500mm；

(2)硫铵工段满流槽内的液封高度和水封槽内液封高度应满足煤气鼓风机全压(以水柱表示)要求；

(3)其余处均应为最大操作压力(以水柱表示)加 500mm。

5 燃气输配系统

5.1 一般规定

5.1.1 本章适用于压力不大于4.0MPa(表压)的城镇燃气(不包括液态燃气)室外输配工程的设计。

5.1.2 城镇燃气输配系统一般由门站、燃气管网、储气设施、调压设施、管理设施、监控系统等组成。城镇燃气输配系统设计,应符合城镇燃气总体规划,在可行性研究的基础上,做到远、近期结合,以近期为主,经技术经济比较后确定合理的方案。

5.1.3 城镇燃气输配系统压力级制的选择,门站、储配站、调压站、燃气干管的布置,应根据燃气供应来源、用户的用气量及其分布、地形地貌、管材设备供应条件、施工和运行等因素,经过多方案比较,择优选取技术经济合理、安全可靠的方案。

城镇燃气干管的布置,应根据用户用量及其分布,全面规划,宜按逐步形成环状管网供气进行设计。

5.1.3A 采用天然气做气源时,平衡城镇燃气逐月、逐日的用气不均匀性,应由气源方(即供气方)统筹调度解决。

需气方对城镇燃气用户应做好用气量的预测,在各类用户全年的综合用气负荷资料的基础上,制定逐月、逐日用气量计划。

5.1.4 平衡城镇燃气逐小时的用气不均匀性,除应符合5.1.3A条要求外,城镇燃气输配系统尚应具有合理的调度供气措施,并应符合下列要求:

(1)城镇燃气输配系统的调度气总容量,应根据计算月平均日用气总量、气源的可调量大小、供气和用气不均匀情况和运行经验等因素综合确定。

(2)确定调度气总容量时,应充分利用气源的可调量(如主气源的可调节供气能力,调峰气源能力和输气干线的调峰能力等措施)。采用天然气做气源时,平衡小时的用气不均所需调度气量宜由供气方解决,不足时由城镇燃气输配系统解决。

(3)储气方式的选择应因地制宜,经方案比较,择优选取技术经济合理、安全可靠的方案。对来气压力较高的天然气系统宜采用管道储气的方式。

5.1.5 城镇燃气管道应按燃气设计压力 P 分为7级,并应符合表5.1.5的要求。

城镇燃气设计压力(表压)分级 **表 5.1.5**

名称		压力(MPa)
高压燃气管道	A	$2.5<P\leqslant4.0$
	B	$1.6<P\leqslant2.5$
次高压燃气管道	A	$0.8<P\leqslant1.6$
	B	$0.4<P\leqslant0.8$
中压燃气管道	A	$0.2<P\leqslant0.4$
	B	$0.01\leqslant P\leqslant0.20$
低压燃气管道		$P<0.01$

5.1.6 燃气输配系统各种压力级制的燃气管道之间应通过调压装置相连。当有可能超过最大允许工作压力时,应设置防止管道超压的安全保护设备。

5.2 燃气管道计算流量和水力计算

5.2.1 城镇燃气管道的计算流量,应按计算月的小时最大用气量计算。该小时最大用气量应根据所有用户燃气用气量的变化叠加后确定。

独立居民小区和庭院燃气支管的计算流量宜按本规范第7.2.6条规定执行。

5.2.2 居民生活和商业用户燃气小时计算流量(0℃和101.325kPa),宜按下式计算:

$$Q_h=\frac{1}{n}Q_a \quad (5.2.2)$$

式中 Q_h——燃气小时计算流量(m^3/h)；

Q_a——年燃气用量(m^3/a)；

n——年燃气最大负荷利用小时数(h)；其值为：

$$n=\frac{365\times 24}{K_m K_d K_h}$$

K_m——月高峰系数。计算月的日平均用气量和年的日平均用气量之比；

K_d——日高峰系数。计算月中的日最大用气量和该月日平均用气量之比；

K_h——小时高峰系数。计算月中最大用气量日的小时最大用气量和该日小时平均用气量之比。

5.2.3 居民生活和商业用户用气的高峰系数，应根据该城镇各类用户燃气用量(或燃料用量)的变化情况，编制成月、日、小时用气负荷资料，经分析研究确定。

工业企业和燃气汽车用户燃气小时计算流量，宜按每个独立用户生产的特点和燃气用量(或燃料用量)的变化情况，编制成月、日、小时用气负荷资料确定。

5.2.3A 采暖通风和空调所需燃气小时计算流量，可按国家现行标准《城市热力网设计规范》CJJ 34 有关热负荷规定并考虑燃气采暖通风和空调的热效率折算确定。

5.2.4 低压燃气管道单位长度的摩擦阻力损失应按下式计算：

$$\frac{\Delta P}{l}=6.26\times 10^{7}\lambda\frac{Q^2}{d^5}\rho\frac{T}{T_0} \quad (5.2.4)$$

式中 ΔP——燃气管道摩擦阻力损失(Pa)；

λ——燃气管道摩擦阻力系数，宜按式(5.2.5-2)和附录A第A.0.1条第一、二款计算；

l——燃气管道的计算长度(m)；

Q——燃气管道的计算流量(m^3/h)；

d——管道内径(mm)；

ρ——燃气的密度(kg/m^3)；

T——设计中所采用的燃气温度(K)；

T_0——273.15(K)。

5.2.5 高压、次高压和中压燃气管道的单位长度摩擦阻力损失，应按下式计算：

$$\frac{P_1^2-P_2^2}{L}=1.27\times 10^{10}\lambda\frac{Q^2}{d^5}\rho\frac{T}{T_0}Z \quad (5.2.5\text{-}1)$$

式中 P_1——燃气管道起点的压力(绝压 kPa)；

P_2——燃气管道终点的压力(绝压 kPa)；

Z——压缩因子，当燃气压力小于1.2MPa(表压)时，Z取1；

L——燃气管道的计算长度(km)；

λ——燃气管道摩擦阻力系数，宜按下式计算：

$$\frac{1}{\sqrt{\lambda}}=2\lg\left(\frac{K}{3.7d}+\frac{2.51}{Re\sqrt{\lambda}}\right) \quad (5.2.5\text{-}2)$$

式中 lg——常用对数；

K——管壁内表面的当量绝对粗糙度(mm)；

Re——雷诺数(无量纲)。

注：当燃气管道的摩擦阻力系数采用手算时，宜采用附录A公式。

5.2.6 室外燃气管道的局部阻力损失可按燃气管道摩擦阻力损失的5%～10%进行计算。

5.2.7 城镇燃气低压管道从调压站到最远燃具的管道允许阻力损失，可按下式计算：

$$\Delta P_d=0.75P_n+150 \quad (5.2.7)$$

式中 ΔP_d——从调压站到最远燃具的管道允许阻力损失(Pa)；

P_n——低压燃具的额定压力(Pa)。

注：ΔP_d含室内燃气管道允许阻力损失，室内燃气管道允许阻力损失应按本规范第7.2.9条执行。

5.3 压力不大于 1.6MPa 的室外燃气管道

5.3.1 中压和低压燃气管道宜采用聚乙烯管、机械接口球墨铸铁管、钢管或钢骨架聚乙烯塑料复合管，并应符合下列要求：

(1)聚乙烯燃气管应符合现行国家标准《燃气用埋地聚乙烯管材》GB 15558.1 和《燃气用埋地聚乙烯管件》GB 15558.2 的规定；

(2)机械接口球墨铸铁管应符合现行国家标准《水及燃气管道用球墨铸铁管、管件和附件》GB/T 13295 的规定；

(3)钢管采用焊接钢管、镀锌钢管或无缝钢管时，应分别符合现行的国家标准《低压流体输送用焊接钢管》GB/T 3091、《输送流体用无缝钢管》GB/T 8163 的规定；

(4)钢骨架聚乙烯塑料复合管应符合国家现行标准《燃气用钢骨架聚乙烯塑料复合管》CJ/T 125 和《燃气用钢骨架聚乙烯塑料复合管件》CJ/T 126 的规定。

5.3.1A 次高压燃气管道应采用钢管，其管材和附件应符合本规范第 5.9.4 条的要求。次高压钢质燃气管道直管段计算壁厚应按公式(5.9.6)计算确定。最小公称壁厚不应小于表 5.3.1A 的规定。

钢质燃气管道最小公称壁厚　　表 5.3.1A

钢管公称直径(mm)	公称壁厚(mm)
100～150	4.0
200～300	4.8
350～450	5.2
500～550	6.4
600～900	7.1
950～1000	8.7
1050	9.5

5.3.2 地下燃气管道不得从建筑物和大型构筑物的下面穿越。

注：不包括架空的建筑物和大型构筑物(如立交桥等)。

地下燃气管道与建筑物、构筑物或相邻管道之间的水平和垂直净距，不应小于表 5.3.2-1 和表 5.3.2-2 的规定。

地下燃气管道与建筑物、构筑物或相邻管道之间的水平净距(m)　　表 5.3.2-1

项目		地下燃气管道 低压	中压 B	中压 A	次高压 B	次高压 A
建筑物的	基础	0.7	1.0	1.5	—	—
	外墙面(出地面处)	—	—	—	4.5	6.5
给水管		0.5	0.5	0.5	1.0	1.5
污水、雨水排水管		1.0	1.2	1.2	1.5	2.0
电力电缆(含电车电缆)	直埋	0.5	0.5	0.5	1.0	1.5
	在导管内	1.0	1.0	1.0	1.0	1.5
通信电缆	直埋	0.5	0.5	0.5	1.0	1.5
	在导管内	1.0	1.0	1.0	1.0	1.5
其他燃气管道	$DN \leqslant 300$mm	0.4	0.4	0.4	0.4	0.4
	$DN > 300$mm	0.5	0.5	0.5	0.5	0.5
热力管	直埋	1.0	1.0	1.0	1.5	2.0
	在管沟内(至外壁)	1.0	1.5	1.5	2.0	4.0
电杆(塔)的基础	≤35kV	1.0	1.0	1.0	1.0	1.0
	>35kV	2.0	2.0	2.0	5.0	5.0
通讯照明电杆(至电杆中心)		1.0	1.0	1.0	1.0	1.0
铁路路堤坡脚		5.0	5.0	5.0	5.0	5.0
有轨电车钢轨		2.0	2.0	2.0	2.0	2.0
街树(至树中心)		0.75	0.75	0.75	1.20	1.20

地下燃气管道与构筑物或相邻管道之间垂直净距(m)　　表 5.3.2-2

项目		地下燃气管道（当有套管时，以套管计）
给水管、排水管或其他燃气管道		0.15
热力管的管沟底(或顶)		0.15
电缆	直埋	0.50
	在导管内	0.15
铁路轨底		1.20
有轨电车轨底		1.00

注：①如受地形限制无法满足表 5.3.2-1 和表 5.3.2-2 时，经与有关部门协商，采取行之有效的防护措施后，表 5.3.2-1 和表 5.3.2-2 规定的净距，均可适当缩小，但次高压燃气管道距建筑物外墙面不应小于 3.0m，中压管道距建筑物基础不应小于 0.5m 且距建筑物外墙面不应小于 1.0m，低压管道应不影响建(构)筑物和相邻管道基础的稳固性。且次高压 A 燃气管道距建筑物外墙面 6.5m 时，管道壁厚不应小于 9.5mm；管壁厚度不小于 11.9mm 或小于 9.5mm 时，距外墙面分别不应小于表 5.9.12 中地下燃气管道压力为 1.61MPa的有关规定。

②表 5.3.2-1 和表 5.3.2-2 规定除地下燃气管道与热力管的净距不适于聚乙烯燃气管道和钢骨架聚乙烯塑料复合管外，其他规定也均适用于聚乙烯燃气管道和钢骨架聚乙烯塑料复合管道。聚乙烯燃气管道与热力管道的净距应按国家现行标准《聚乙烯燃气管道工程技术规程》CJJ 63 执行。

5.3.3　地下燃气管道埋设的最小覆土厚度(路面至管顶)应符合下列要求：

(1)埋设在车行道下时，不得小于0.9m；

(2)埋设在非车行道(含人行道)下时，不得小于 0.6m；

(3)埋设在庭院(指绿化地及载货汽车不能进入之地)内时，不得小于 0.3m；

(4)埋设在水田下时，不得小于 0.8m。

注：当采取行之有效的防护措施后，上述规定均可适当降低。

5.3.4　输送湿燃气的燃气管道，应埋设在土壤冰冻线以下。燃气管道坡向凝水缸的坡度不宜小于 0.003。

5.3.5　地下燃气管道的地基宜为原土层。凡可能引起管道不均匀沉降的地段，其地基应进行处理。

5.3.6　地下燃气管道不得在堆积易燃、易爆材料和具有腐蚀性液体的场地下面穿越，并不宜与其他管道或电缆同沟敷设。当需要同沟敷设时，必须采取防护措施。

5.3.7　地下燃气管道穿过排水管、热力管沟、联合地沟、隧道及其他各种用途沟槽时，应将燃气管道敷设于套管内。套管伸出构筑物外壁不应小于表 5.3.2-1 中燃气管道与该构筑物的水平净距。套管两端应采用柔性的防腐、防水材料密封。

5.3.8　燃气管道穿越铁路、高速公路、电车轨道和城镇主要干道时应符合下列要求：

(1)穿越铁路和高速公路的燃气管道，其外应加套管；

(2)穿越铁路的燃气管道的套管，应符合下列要求：

1)套管埋设的深度：铁路轨底至套管顶不应小于 1.20m，并应符合铁路管理部门的要求；

2)套管宜采用钢管或钢筋混凝土管；

3)套管内径应比燃气管道外径大 100mm 以上；

4)套管两端与燃气管的间隙应采用柔性的防腐、防水材料密封，其一端应装设检漏管；

5)套管端部距路堤坡脚外距离不应小于 2.0m。

(3)燃气管道穿越电车轨道和城镇主要干道时宜敷设在套管或地沟内；穿越高速公路的燃气管道的套管、穿越电车轨道和城镇主要干道的燃气管道的套管或地沟，并应符合下列要求：

1)套管内径应比燃气管道外径大 100mm 以上，套管或地沟两端应密封，在重要地段的套管或地沟端部宜安装检漏管；

2)套管端部距电车道边轨不应小于 2.0m；距道路边缘不应小于 1.0m。

(4)燃气管道宜垂直穿越铁路、高速公路、电车轨道和城镇主要干道。

5.3.9 燃气管道通过河流时，可采用穿越河底或采用管桥跨越的形式。当条件许可也可利用道路桥梁跨越河流，并应符合下列要求：

(1)利用道路桥梁跨越河流的燃气管道，其管道的输送压力不应大于0.4MPa。

(2)当燃气管道随桥梁敷设或采用管桥跨越河流时，必须采取安全防护措施。

(3)燃气管道随桥梁敷设，宜采取如下安全防护措施：

1)敷设于桥梁上的燃气管道应采用加厚的无缝钢管或焊接钢管，尽量减少焊缝，对焊缝进行100%无损探伤；

2)跨越通航河流的燃气管道管底标高，应符合通航净空的要求，管架外侧应设置护桩；

3)在确定管道位置时，应与随桥敷设的其他可燃的管道保持一定间距；

4)管道应设置必要的补偿和减震措施；

5)过河架空的燃气管道向下弯曲时，向下弯曲部分与水平管夹角宜采用45°形式；

6)对管道应做较高等级的防腐保护；

对于采用阴极保护的埋地钢管与随桥管道之间应设置绝缘装置。

5.3.10 燃气管道穿越河底时，应符合下列要求：

(1)燃气管道宜采用钢管；

(2)燃气管道至规划河底的覆土厚度，应根据水流冲刷条件确定，对不通航河流不应小于0.5m；对通航的河流不应小于1.0m，还应考虑疏浚和投锚深度；

(3)稳管措施应根据计算确定；

(4)在埋设燃气管道位置的河流两岸上、下游应设立标志。

(5)燃气管道对接安装引起的误差不得大于3°，否则应设置弯管，次高压燃气管道的弯管应考虑盲板力。

5.3.11 跨越河流的燃气管道的支座(架)应采用非燃烧材料。

5.3.12 穿越或跨越重要河流的燃气管道，在河流两岸均应设置阀门。

5.3.13 在次高压、中压燃气干管上，应设置分段阀门，并在阀门两侧设置放散管。在燃气支管的起点处，应设置阀门。

5.3.14 地下燃气管道上的检测管、凝水缸的排水管、水封阀和阀门，均应设置护罩或护井。

5.3.15 室外架空的燃气管道，可沿建筑物外墙或支柱敷设。并应符合下列要求：

(1)中压和低压燃气管道，可沿建筑耐火等级不低于二级的住宅或公共建筑的外墙敷设；次高压B、中压和低压燃气管道，可沿建筑耐火等级不低于二级的丁、戊类生产厂房的外墙敷设。

(2)沿建筑物外墙的燃气管道距住宅或公共建筑物门、窗洞口的净距：中压管道不应小于0.5m，低压管道不应小于0.3m。燃气管道距生产厂房建筑物门、窗洞口的净距不限。

(3)架空燃气管道与铁路、道路、其他管线交叉时的垂直净距不应小于表5.3.15的规定。

架空燃气管道与铁路、道路、其他管线交叉时的垂直净距 **表5.3.15**

建筑物和管线名称		最小垂直净距(m)	
		燃气管道下	燃气管道上
铁路轨顶		6.00	—
城市道路路面		5.50	—
厂区道路路面		5.00	—
人行道路路面		2.20	—
架空电力线，电压	3kV以下	—	1.50
	3～10kV	—	3.00
	35～66kV	—	4.00

续表 5.3.15

建筑物和管线名称		最小垂直净距(m)	
		燃气管道下	燃气管道上
其他管道，管径	≤300mm	同管道直径，但不小于 0.10	同管道直径，但不小于 0.10
	>300mm	0.30	0.30

注：①厂区内部的燃气管道，在保证安全的情况下，管底至道路路面的垂直净距可取 4.5m；管底至铁路轨顶的垂直净距，可取 5.5m。在车辆和人行道以外的地区，可在从地面到管底高度不小于 0.35m 的低支柱上敷设燃气管道。

②电气机车铁路除外。

③架空电力线与燃气管道的交叉垂直净距尚应考虑导线的最大垂度。

(4)输送湿燃气的管道应采取排水措施，在寒冷地区还应采取保温措施。燃气管道坡向凝水缸的坡度不宜小于 0.002。

(5)工业企业内燃气管道沿支柱敷设时，尚应符合现行国家标准《工业企业煤气安全规程》GB 6222 的规定。

5.4 门站和储配站

5.4.1 本节适用于城镇燃气输配系统中，接受气源来气并进行净化、加臭、贮存、控制供气压力、气量分配、计量和气质检测的门站和储配站的工程设计。

5.4.2 门站和储配站站址选择应符合下列要求：

(1)站址应符合城市规划的要求；

(2)站址应具有适宜的地形、工程地质、供电、给排水和通信等条件；

(3)门站和储配站应少占农田、节约用地并应注意与城市景观等协调；

(4)门站站址应结合长输管线位置确定；

(5)根据输配系统具体情况，储配站与门站可合建；

(6)储配站内的储气罐与站外的建、构筑物的防火间距应符合现行国家标准《建筑设计防火规范》GBJ 16 的有关规定。

5.4.3 储配站内的储气罐与站内的建、构筑物的防火间距应按表 5.4.3 执行。

储气罐与站内的建、构筑物的防火间距(m)　　表 5.4.3

储气罐总容积(m^3)	<1000	>1000 至 <10000	>10000 至 <50000	>50000 至 <200000	>200000
明火或散发火花地点	20	25	30	35	40
调压间、压缩机间、计量间	10	12	15	20	25
控制室、配电间、汽车库等辅助建筑	12	15	20	25	30
机修间、燃气锅炉房	15	20	25	30	35
综合办公生活建筑	18	20	25	30	35
消防泵房、消防水池取水口	20				
站内道路(路边)	10	10	10	10	10
围墙	15	15	15	15	18

注：①低压湿式储气罐与站内的建、构筑物的防火间距，应按本表确定。

②低压干式储气罐与站内的建、构筑物的防火间距，当可燃气体的密度比空气大时，应按本表增加 25%；比空气小或等于时，可按本表确定。

③固定容积储气罐与站内的建、构筑物的防火间距应按本表的规定执行。总容积按其几何容积(m^3)和设计压力(绝对压力，10^2kPa)的乘积计算。

④低压湿式或干式储气罐的水封室、油泵房和电梯间等附属设施与该储罐的间距按工艺要求确定。

⑤露天燃气工艺装置与储气罐的间距按工艺要求确定。

5.4.3A 储气罐或罐区之间的防火间距，应符合下列要求：

(1)湿式储气罐之间、干式储气罐之间、湿式储气罐与干式储气罐之间的防火间距，不应小于相邻较大罐的半径；

(2)固定容积储气罐之间的防火间距，不应小于相邻较大罐直径的 2/3；

(3)固定容积储气罐与低压湿式或干式储气罐之间的防火间距，不应小于相邻较大罐的半径；

(4)数个固定容积储气罐的总容积大于 200000m^3 时，应分组布置。组与组之间的防火间距：卧式储罐，不应小于相邻较大罐长度的一半；球形储罐，不应小于相邻较大罐的直径，且不应小于 20.0m；

(5)储气罐与液化石油气罐之间防火间距应符合现行国家标准《建筑设计防火规范》GBJ 16 的有关规定。

5.4.3B 门站和储配站总平面布置应符合下列要求：

(1)总平面应分区布置，即分为生产区(包括储罐区、调压计量区、加压区等)和辅助区。

(2)站内的各建构筑物之间以及与站外建构筑物之间的防火间距应符合现行国家标准《建筑设计防火规范》GBJ 16 的有关规定。站内建筑物的耐火等级不应低于现行国家标准《建筑设计防火规范》GBJ 16"二级"的规定。

(3)储配站生产区应设置环形消防车通道，消防车通道宽度不应小于 3.5m。

5.4.3C 当燃气无臭味或臭味不足时，门站或储配站内应设置加臭装置。加臭量应符合本规范第 2.2.3 条的有关规定。

5.4.3D 门站和储配站的工艺设计应符合下列要求：

(1)功能应满足输配系统输气调度和调峰的要求；

(2)站内应根据输配系统调度要求分组设置计量和调压装置，装置前应设过滤器；门站进站总管上宜设置分离器；

(3)调压装置应根据燃气流量、压力降等工艺条件确定设置加热装置；

(4)站内计量调压装置和加压设备应根据工作环境要求露天或在厂房内布置，在寒冷或风沙地区宜采用全封闭式厂房；

(5)进出站管线应设置切断阀门和绝缘法兰；

(6)储配站内进罐管线上宜设置控制进罐压力和流量的调节装置；

(7)当长输管道采用清管工艺时，其清管器的接收装置宜设置在门站内；

(8)站内管道上应根据系统要求设置安全保护及放散装置；

(9)站内设备、仪表、管道等安装的水平间距和标高均应便于观察、操作和维修。

5.4.3E 站内宜设置自动化控制系统，并宜作为输配系统的数据采集监控系统的远端站。

5.4.4 站内燃气计量和气质的检验应符合下列要求：

(1)站内设置的计量仪表应符合表 5.4.4 的规定；

站内设置的计量仪表　　　　表 5.4.4

进、出站参数	功能		
	指示	记录	累计
流量	+	+	+
压力	+	+	
温度	+	+	

注：表中"+"为应规定设置。

(2)宜设置测定燃气组分、发热量、密度、湿度和各项有害杂质含量的仪表。

5.4.5 燃气储存设施的设计应符合下列要求：

(1)储配站所建储罐容积应根据输配系统所需储气总容量、管网系统的调度平衡和气体混配要求确定；

(2)储配站的储气方式及储罐型式应根据燃气进站压力、供气规模、输配管网压力等因素，经技术经济比较后确定；

(3)确定储罐单体或单组容积时，应考虑储罐检修期间供气系统的调度平衡；

(4)储罐区宜设有排水设施。

5.4.6 低压储气罐的工艺设计，应符合下列要求：

(1)低压储气罐宜分别设置燃气进、出气管，各管应设置关闭性能良好的切断装置，并宜设置水封阀，水封阀的有效高度应取设计工作压力(以水柱表示)加 500mm。燃气进、出气管的设计应能适应气罐地基沉降引起的变形；

(2)低压储气罐应设储气量指示器。储气量指示器应具有显示储量及可调节的高低限位声、光报警装置；

(3)储气罐高度超越当地有关的规定时应设高度障碍标志；

(4)湿式储气罐的水封高度应经过计算后确定；

(5)寒冷地区湿式储气罐的水封应设有防冻措施；

(6)干式储气罐密封系统，必须能够可靠地连续运行；

(7)干式储气罐应设置紧急放散装置；

(8)干式储气罐应配有检修通道。稀油密封干式储气罐外部应设置检修电梯。

5.4.7 高压储气罐工艺设计，应符合下列要求：

(1)高压储气罐宜分别设置燃气进、出气管，不需要起混气作用的高压储气罐，其进、出气管也可合为一条；燃气进、出气管的设计宜进行柔性计算；

(2)高压储气罐应分别设置安全阀、放散管和排污管；

(3)高压储气罐应设置压力检测装置；

(4)高压储气罐宜减少接管开孔数量；

(5)高压储气罐宜设置检修排空装置；

(6)当高压储气罐罐区设置检修用集中放散装置时，集中放散装置的放散管与站外建、构筑物的防火间距不应小于表 5.4.7-1 的规定；集中放散装置的放散管与站内建、构筑物的防火间距不应小于表 5.4.7-2 的规定；放散管管口高度应高出距其 25m 内的建构筑物 2m 以上，且不得小于 10m；

(7)集中放散装置宜设置在站内全年最小频率风向的上风侧。

集中放散装置的放散管与站外建、构筑物的防火间距 表 5.4.7-1

项目		防火间距(m)
明火或散发火花地点		30
民用建筑		25
甲乙类液体储罐、易燃材料堆场		30
室外变配电站		30
甲乙类物品库房、甲乙类生产厂房		25
其他厂房		20
铁路用地界		30
公路用地界	高速、Ⅰ、Ⅱ级	15
	Ⅲ、Ⅳ级	10
架空电力线	＞380V	2.0 倍杆高
	≤380V	1.5 倍杆高
架空通信线	国家Ⅰ、Ⅱ级	1.5 倍杆高
	Ⅲ、Ⅳ级	1.5 倍杆高

集中放散装置的放散管与站内建、构筑物的防火间距 表 5.4.7-2

项目	防火间距(m)
明火或散发火花地点	30
综合办公生活建筑	25
可燃气体储气罐	20
室外变配电站	30
调压间、压缩机间、计量间及工艺装置区	20
控制室、配电间、汽车库、机修间和其他辅助建筑	25
燃气锅炉房	25
消防泵房、消防水池取水口	20
站内道路(路边)	2
站区围墙	2

5.4.7A 站内工艺管道应采用钢管。其技术性能应分别符合现行的国家标准《石油天然气工业输送钢管交货技术条件》GB/T 9711、《输送流体用无缝钢管》GB/T 8163、《低压流体输送用焊接钢管》GB/T 3091 的规定。

阀门等管道附件的压力级别不应小于管道设计压力。

5.4.8 燃气加压设备的选型应符合下列要求：

(1)储配站燃气加压设备应结合输配系统规划采用的工艺流程、设计负荷及排气压力，并按照实际供气规模及调度要求确定；

(2)加压设备应根据吸排气压力、排气量选择机型。所选用的设备应便于操作维护、安全可靠，并符合节能、高效、低震和低噪音的要求；

(3)加压设备的排气能力应按厂方提供的实测值为依据。站内加压设备的型式应一致，加压设备的规格应能满足运行调度要求，并不宜多于两种。

储配站内装机总台数不宜过多。每 1～5 台压缩机宜另设 1 台备用。

5.4.9 压缩机间的工艺设计应符合下列要求：

(1)压缩机宜按独立机组配置进、出气管、阀门、旁通、冷却器、安全放散、供油和供水等各项辅助设施；

(2)压缩机的进、出气管道宜采用地下直埋或管沟敷设，并宜采取减震降噪措施；

(3)管道设计应设有能满足投产置换，正常生产维修和安全保护所必需的附属设备；

(4)压缩机及其附属设备的布置应符合下列要求：

1)压缩机宜采取单排布置；

2)压缩机之间及压缩机与墙壁之间的净距不宜小于 1.5m；

3)重要通道的宽度不宜小于 2m；

4)机组的联轴器及皮带传动装置应采取安全防护措施；

5)高出地面 2m 以上的检修部位应设置移动或可拆卸式的维修平台或扶梯；

6)维修平台及地坑周围应设防护栏杆；

(5)压缩机间宜根据设备情况设置检修用起吊设备；

(6)当压缩机采用燃气为动力时，其设计应符合现行国家标准《输气管道工程设计规范》GB 50251 和《原油和天然气工程设计防火规范》GB 50183 的有关规定；

(7)压缩机组前必须设有紧急停车按钮。

5.4.10 压缩机的控制室宜设在主厂房一侧的中部或主厂房的一端。控制室与压缩机室之间应设有能观察各台设备运转的隔音耐火玻璃窗。

5.4.11 储配站控制室内的二次检测仪表及操作调节装置宜按表 5.4.11 规定设置。

储配站控制室内二次检测仪表及调节装置　　表 5.4.11

参数名称		现场显示	控制室		
			显示	记录或累计	报警联锁
压缩机室进气管压力			+		+
压缩机室出气管压力			+	+	
机组	吸气压力	+			
	吸气温度	+			
	排气压力	+	+		+
	排气温度	+			
压缩机室	供电压力		+		
	电流		+		
	功率因数		+		
	功率		+		
机组	电压	+	+		
	电流	+	+		
	功率因数		+		
	功率		+		
压缩机室	供水温度		+		
	供水压力		+		+

续表 5.4.11

参数名称		现场显示	控制室		
			显示	记录或累计	报警联锁
机组	供水温度	+			
	回水温度	+			
	水流状态	+	+		
润滑油	供油压力	+			+
	供油温度	+			
	回油温度	+			
电机防爆通风系统排风压力			+		+

注：表中“+”为应规定设置。

5.4.12 压缩机间、调压计量间等具有爆炸危险的生产用房应符合现行国家标准《建筑设计防火规范》GBJ 16 的“甲类生产厂房”设计的规定。

5.4.12A 门站和储配站内的消防设施设计应符合现行国家标准《建筑设计防火规范》GBJ 16 的规定，并符合下列要求：

（1）储配站在同一时间内的火灾次数应按一次考虑。储罐区的消防用水量不应小于表 5.4.12A 的规定。

储罐区的消防用水量表　　表 5.4.12A

储罐容积（m^3）	>500 至≤10000	>10000 至≤50000	>50000 至≤100000	>100000 至≤200000	>200000
消防用水量（L/s）	15	20	25	30	35

注：固定容积的可燃气体储罐以组为单位，总容积按其几何容积（m^3）和设计压力（绝对压力，10^2kPa）的乘积计算。

（2）当设置消防水池时，消防水池的容量应按火灾延续时间 3h 计算确定。当火灾情况下能保证连续向消防水池补水时，其容量可减去火灾延续时间内的补水量。

（3）储配站内消防给水管网应采用环形管网，其给水干管不应少于 2 条。当其中一条发生故障时，其余的进水管应能满足消防用水总量的供给要求；

（4）站内室外消火栓宜选用地上式消火栓；

（5）门站的工艺装置区可不设消防给水系统；

（6）门站和储配站内建筑物灭火器的配置应符合现行的国家标准《建筑灭火器配置设计规范》GBJ 140 的有关规定。储配站内储罐区应配置干粉灭火器，配置数量按储罐台数每台设置 2 个；每组相对独立的调压计量等工艺装置区应配置干粉灭火器，数量不少于 2 个。

注：①干粉灭火器指 8kg 手提式干粉灭火器。
②根据场所危险程度可设置部分 35kg 手推式干粉灭火器。

5.4.13 门站和储配站供电系统应符合现行的国家标准《供配电系统设计规范》GB 50052 的“二级负荷”设计的规定。

5.4.14 门站和储配站电气防爆设计符合下列要求：

（1）站内爆炸危险场所的电力装置设计应符合现行的国家标准《爆炸和火灾危险环境电力装置设计规范》GB 50058 的规定。

（2）其爆炸危险区域等级和范围的划分宜符合本规范附录 B 的规定。

（3）相关厂房和装置区内应装设可燃气体浓度检测报警装置。

5.4.14A 储气罐和压缩机间、调压计量间等具有爆炸危险的生产用房应有防雷接地设施，其设计应符合现行的国家标准《建筑物防雷设计规范》GB 50057 的“第二类防雷建筑物”设计的规定。

5.4.14B 门站和储配站的静电接地设计应符合国家现行标准《化工企业静电接地装置设计规范》HGJ 28 的规定。

5.4.14C 门站和储配站边界的噪声应符合现行的国家标准《工业企业厂界噪声标准》GB 12348 的规定。

5.5 本节删除，相关内容合并至 5.4 节

5.6 调压站与调压装置

5.6.1 本节适用于城镇燃气输配系统中不同压力级制管道之间

连接的调压站、调压箱(或柜)和调压装置的设计。

5.6.2 调压装置的设置,应符合下列要求:

(1)自然条件和周围环境许可时,宜设置在露天,但应设置围墙、护栏或车挡;

(2)设置在地上单独的调压箱(悬挂式)内时,对居民和商业用户燃气进口压力不应大于0.4MPa;对工业用户(包括锅炉)燃气进口压力不应大于0.8MPa;

(3)设置在地上单独的调压柜(落地式)内时,对居民、商业用户和工业用户(包括锅炉)燃气进口压力不宜大于1.6MPa;

(4)符合本规范第5.6.10条的要求时,可设置在地上单独的建筑物内;

(5)当受到地上条件限制,且调压装置进口压力不大于0.4MPa时,可设置在地下单独的建筑物内或地下单独的箱内,并应分别符合本规范第5.6.12条和5.6.4A条的要求;

(6)液化石油气和相对密度大于0.75的燃气调压装置不得设于地下室、半地下室内和地下单独的箱内。

5.6.3 调压站(含调压柜)与其他建筑物、构筑物的水平净距应符合表5.6.3的规定。

调压站(含调压柜)与其他建筑物、构筑物水平净距(m) **表5.6.3**

设置形式	调压装置入口燃气压力级制	建筑物外墙面	重要公共建筑物	铁路(中心线)	城镇道路	公共电力变配电柜
地上单独建筑	高压(A)	18.0	30.0	25.0	5.0	6.0
	高压(B)	13.0	25.0	20.0	4.0	6.0
	次高压(A)	9.0	18.0	15.0	3.0	4.0
	次高压(B)	6.0	12.0	10.0	3.0	4.0
	中压(A)	6.0	12.0	10.0	2.0	4.0
	中压(B)	6.0	12.0	10.0	2.0	4.0
调压柜	次高压(A)	7.0	14.0	12.0	2.0	4.0
	次高压(B)	4.0	8.0	8.0	2.0	4.0
	中压(A)	4.0	8.0	8.0	1.0	4.0
	中压(B)	4.0	8.0	8.0	1.0	4.0
地下单独建筑	中压(A)	3.0	6.0	6.0	—	3.0
	中压(B)	3.0	6.0	6.0	—	3.0
地下调压箱	中压(A)	3.0	6.0	6.0	—	3.0
	中压(B)	3.0	6.0	6.0	—	3.0

注:①当调压装置露天设置时,则指距离装置的边缘。

②当建筑物(含重要公共建筑物)的某外墙为无门、窗洞口的实体墙,且建筑物耐火等级不低于二级时,燃气进口压力级制为中压(A)或中压(B)的调压柜一侧或两侧(非平行),可贴靠上述外墙设置。

③当达不到上表净距要求时,采取有效措施,可适当缩小净距。

5.6.4 调压箱(和调压柜)的设置应符合下列要求:

(1)调压箱(悬挂式)。

1)调压箱的箱底距地坪的高度宜为1.0~1.2m,可安装在用气建筑物的外墙壁上或悬挂于专用的支架上;当安装在用气建筑物的外墙上时,调压器进出口管径不宜大于*DN*50。

2)调压箱到建筑物的门、窗或其他通向室内的孔槽的水平净距应符合下列规定:

当调压器进口燃气压力不大于0.4MPa时,不应小于1.5m;

当调压器进口燃气压力大于0.4MPa时,不应小于3.0m;

调压箱不应安装在建筑物的门、窗的上、下方墙上及阳台的下方;不应安装在室内通风机进风口墙上。

3)安装调压箱的墙体应为永久性的实体墙，其建筑物耐火等级不应低于二级。

4)调压箱上应有自然通风孔。

(2)调压柜(落地式)。

1)调压柜应单独设置在牢固的基础上，柜底距地坪高度宜为0.30m。

2)距其他建筑物、构筑物的水平净距应符合表5.6.3的规定。

3)体积大于1.5m^3的调压柜应有爆炸泄压口，爆炸泄压口不应小于上盖或最大柜壁面积的50%(以较大者为准)。爆炸泄压口宜设在上盖上。通风口面积可包括在计算爆炸泄压口面积内。

4)调压柜上应有自然通风口，其设置应符合下列要求：

当燃气相对密度大于0.75时，应在柜体上、下各设1%柜底面积通风口；调压柜四周应设护栏；

当燃气相对密度不大于0.75时，可仅在柜体上部设4%柜底面积通风口；调压柜四周宜设护栏。

(3)安装调压箱(或柜)的位置应能满足调压器安全装置的安装要求。

(4)安装调压箱(或柜)的位置应使调压箱(或柜)不被碰撞，不影响观瞻并在开箱(或柜)作业时不影响交通。

5.6.4A 地下调压箱的设置应符合下列要求：

(1)地下调压箱不宜设置在城镇道路下，距其他建筑物、构筑物的水平净距应符合表5.6.3的规定；

(2)地下调压箱上应有自然通风口，其设置应符合本规范第5.6.4条第二款4)项规定；

(3)安装地下调压箱的位置应能满足调压器安全装置的安装要求；

(4)地下调压箱设计应方便检修；

(5)地下调压箱应有防腐保护。

5.6.5 单独用户的专用调压装置除按本规范第5.6.2、5.6.3、5.6.4条设置外，尚可按下列形式设置，但应符合下列要求：

(1)当商业用户调压装置进口压力不大于0.4MPa，或工业用户(包括锅炉)调压装置进口压力不大于0.8MPa时，可设置在用气建筑物专用单层毗连建筑物内：

1)该建筑物与相邻建筑应用无门窗和洞口的防火墙隔开，与其他建筑物、构筑物水平净距应符合表5.6.3的规定。

2)该建筑物耐火等级应符合现行的国家标准《建筑设计防火规范》GBJ 16的不低于“二级”设计的规定，并应具有轻型结构屋顶爆炸泄压口及向外开启的门窗。

3)地面应采用不会产生火花的材料。

4)室内通风换气次数每小时不应小于2次。

5)室内电气、照明装置应符合现行的国家标准《爆炸和火灾危险环境电力装置设计规范》GB 50058的“1区”设计的规定。

(2)当调压装置进口压力不大于0.2MPa时，可设置在公共建筑的顶层房间内：

1)房间应靠建筑外墙，不应布置在人员密集房间的上面或贴邻，并满足本条第一款2)、3)、5)项要求。

2)房间内应设有连续通风装置，并能保证每小时通风换气次数大于3次。

3)房间内应设置可燃气体浓度检测监控仪表及声、光报警装置。该装置应与通风设施和紧急切断阀联锁，并将信号引入该建筑物监控室。

4)调压装置应设有超压自动切断保护装置。

5)室外进口管道应设有阀门，并能在地面操作。

6)调压装置和燃气管道应采用钢管焊接和法兰连接。

(3)当调压装置进口压力不大于0.4MPa，且调压器进出口管径不大于*DN*100时，可设置在用气建筑物的平屋顶上，但应符合下列条件：

1)应在屋顶承重结构受力允许的条件下，且建筑物耐火等级不应低于二级。

2)建筑物应有通向屋顶的楼梯。

3)调压箱、柜(或露天调压装置)与建筑物烟囱的水平净距不应小于 5m。

(4)当调压装置进口压力不大于0.4MPa 时，可设置在单层建筑的生产车间、锅炉房和其他工业生产用气房间内，或当调压装置进口压力不大于 0.8MPa 时，可设置在单独、单层建筑的生产车间或锅炉房内，但应符合下列条件：

1)应满足本条第一款 2)、4)项要求。

2)调压器进出口管径不应大于 *DN*80。

3)调压装置宜设不燃烧体护栏。

4)调压装置除在室内设进口阀门外，还应在室外引入管上设置阀门。

注：当调压器进出口管径大于 *DN*80 时，应将调压装置设置在用气建筑物的专用单层房间内，其设计应符合本条第一款的要求。

5.6.5A 调压箱(柜)或调压站的设计，其噪声应符合现行的国家标准《城市区域环境噪声标准》GB 3096 的规定。

5.6.6 设置调压器场所的环境温度应符合下列要求：

(1)当输送干燃气时，无采暖的调压器的环境温度应能保证调压器的活动部件正常工作；

(2)当输送湿燃气时，无防冻措施的调压器的环境温度应大于0℃；当输送液化石油气时，其环境温度应大于液化石油气的露点。

5.6.7 调压器的选择，应符合下列要求：

(1)调压器应能满足进口燃气的最高、最低压力的要求；

(2)调压器的压力差，应根据调压器前燃气管道的最低设计压力与调压器后燃气管道的设计压力之差值确定；

(3)调压器的计算流量，应按该调压器所承担的管网小时最大输送量的 1.2 倍确定。

5.6.8 调压站(或调压箱或调压柜)的工艺设计应符合下列要求：

(1)低压管网不成环的区域调压站和连续生产使用的用户调压装置宜设置备用调压器，其他情况下的调压器可不设备用。

调压器的燃气进出口管道之间应设旁通管，用户调压箱(悬挂式)可不设旁通管。

(2)高压和次高压燃气调压站室外进、出口管道上必须设置阀门；

中压燃气调压站室外进口管道上应设置阀门。

(3)调压站室外进、出口管道上阀门距调压站的距离：

当为地上独立建筑时，不宜小于 10m(当为毗连建筑物时，不宜小于 5m)；

当为调压柜时，不宜小于 5m；

当为露天调压站时，不宜小于 10m；

当通向调压站的支管阀门距调压站小于 100m 时，室外支管阀门与调压站进口阀门可合为一个。

(4)在调压器燃气入口处应安装过滤器。

(5)在调压器燃气入口(或出口)处，应设防止燃气出口压力过高的安全保护装置(当调压器本身带有安全保护装置时可不设)。

(6)调压器的安全保护装置宜选用人工复位型。安全保护(放散或切断)装置必须设定启动压力值并具有足够的能力。启动压力应根据工艺要求确定，当工艺无特殊要求时应符合下列要求：

1)当调压器出口为低压时，启动压力应使与低压管道直接相连的燃气用具处于安全工作压力以内；

2)当调压器出口压力小于 0.08MPa 时，启动压力不应超过出口工作压力上限的 50%；

3)当调压器出口压力等于或大于 0.08MPa，但不大于 0.4MPa 时，启动压力不应超过出口工作压力上限 0.04MPa；

4)当调压器出口压力大于 0.4MPa 时，启动压力不应超过出口工作压力上限的10%。

(7)放散管管口应高出调压站屋檐1.0m以上。

调压柜的安全放散管管口距地面的高度不应小于4m;设置在建筑物墙上的调压箱的安全放散管管口应高出该建筑物屋檐1.0m;

地下调压站和地下调压箱的安全放散管管口也应按地上调压柜安全放散管管口的规定设置。

注:清洗管道吹扫用的放散管、指挥器的放散管与安全水封放散管属于同一工作压力时,允许将它们连接在同一放散管上。

(8)调压站内调压器及过滤器前后均应设置指示式压力表。调压器后应设置自动记录式压力仪表。

5.6.9 调压站内调压器的布置应符合下列要求:

(1)调压器的水平安装高度应便于维护检修;

(2)2台以上调压器平行布置时,相邻调压器外缘净距宜大于1m;调压器与墙面之间的净距和室内主要通道的宽度均宜大于0.8m。

5.6.10 地上式调压站的建筑物设计应符合下列要求:

(1)建筑耐火等级应符合现行的国家标准《建筑设计防火规范》GBJ 16的不低于"二级"设计的规定;

(2)调压器室与毗连房间之间应用实体隔墙隔开,其设计应符合下列要求:

1)隔墙厚度不应小于24cm,且应两面抹灰。

2)隔墙内不得设置烟道和通风设备。

3)隔墙有管道通过时,应采用填料箱密封或将墙洞用混凝土等材料填实。

4)调压器室的其他墙壁也不得设有烟道;

(3)调压器室及其他有漏气危险的房间,应采取自然通风措施,每小时换气次数不应小于2次;

(4)调压器室及其他有燃气泄漏可能的房间电气防爆等级应符合现行的国家标准《爆炸和火灾危险环境电力装置设计规范》GB 50058"1区"设计的规定;

(5)调压器室内的地坪应采用不会产生火花的材料;

(6)调压器室应有泄压措施,其设计应符合现行的国家标准《建筑设计防火规范》GBJ 16的规定;

(7)调压器室的门、窗应向外开启,窗应设防护栏和防护网;当门采用木质材料制成时,则应包敷铁皮或以其他防火材料涂覆;

(8)重要调压站宜设保护围墙;

(9)设于空旷地带的调压站及采用高架遥测天线的调压站应单独设置避雷装置,其接地电阻值应小于10Ω。

5.6.11 输送湿燃气调压站的调压器室室内温度不能满足本规范第5.6.6条的要求时,严禁在调压室内用明火采暖,但可采用集中供热或在调压站内设置燃气、电气采暖系统,其设计应符合下列要求:

(1)燃气采暖锅炉可设在与调压器室毗连的房间内;

调压器室的门、窗与锅炉室的门、窗不应设置在建筑的同一侧;

(2)采暖系统宜采用热水循环式;

采暖锅炉烟囱排烟温度严禁大于300℃;烟囱出口与燃气安全放散管出口的水平距离应大于5m;

(3)燃气采暖锅炉应有熄火保护装置或设专人值班管理;

(4)采用防爆式电气采暖装置时,可对调压器室或单体设备用电加热采暖。电采暖设备的外壳温度不得大于115℃。电采暖设备应与调压设备绝缘。

5.6.12 地下式调压站的建筑物设计应符合下列要求:

(1)室内净高不应低于2m;

(2)宜采用混凝土整体浇筑结构;

(3)必须采取防水措施;在寒冷地区应采取防寒措施;

(4)调压器室顶盖上必须设置两个呈对角位置的人孔,孔盖应能防止地表水浸人；

(5)室内地坪应为不会产生火花的材料，并应在一侧人孔下的地坪上设置集水坑；

(6)调压器室顶盖应采用混凝土整体浇筑的结构形式。

5.6.13 当调压站内、外燃气管道为绝缘连接时，调压器及其附属设备必须接地，接地电阻应小于100Ω。

5.7 钢质燃气管道和储罐的防腐

5.7.1 钢质燃气管道和储罐必须进行外防腐。其防腐设计应符合国家现行标准《钢质管道及储罐腐蚀控制工程设计规范》SY 0007的规定。

5.7.2 地下燃气管道防腐设计，必须考虑土壤电阻率。对高、中压输气干管宜沿燃气管道途经地段选点测定其土壤电阻率。应根据土壤的腐蚀性、管道的重要程度及所经地段的地质、环境条件确定其防腐等级。

5.7.3 本条删除。

5.7.4 地下燃气管道的外防腐涂层的种类，根据工程的具体情况，可选用石油沥青、聚乙烯防腐胶带、环氧煤沥青、聚乙烯防腐层、氯磺化聚乙烯、环氧粉末喷涂等。当选用上述涂层时，应符合国家现行的有关标准的规定。

5.7.5 本条删除。

5.7.6 采用涂层保护埋地敷设的钢质燃气干管宜同时采用阴极保护。

市区外埋地敷设的燃气干管，当采用阴极保护时，宜采用强制电流方式，其设计应符合国家现行标准《埋地钢质管道强制电流阴极保护设计规范》SY/T 0036 的规定。

市区内埋地敷设的燃气干管，当采用阴极保护时，宜采用牺牲阳极法，其设计应符合国家现行标准《埋地钢质管道牺牲阳极阴极保护设计规范》SY/T 0019 的规定。

5.7.7 地下燃气管道与交流电力线接地体的净距不应小于表5.7.7的规定。

地下燃气管道与交流电力线接地体的净距(m) 表5.7.7

电压等级(kV)	10	35	110	220
铁塔或电杆接地体	1	3	5	10
电站或变电所接地体	5	10	15	30

5.7.8 本条删除。

5.7.9 本条删除。

5.8 监控及数据采集

5.8.1 城市燃气输配系统，宜设置监控及数据采集系统。

5.8.2 监控及数据采集系统应采用电子计算机为基础的装备和技术。其设计应符合国家现行标准的规定，并与同期的计算机技术水平相适应。

5.8.3 监控及数据采集系统应采用分级结构。

5.8.4 监控及数据采集系统应设主站、远端站。主站应设在燃气企业调度服务部门，并宜与城市公用数据库连接。远端站宜设置在区域调压站、专用调压站、管网压力监测点、储配站、门站和气源厂等。

5.8.5 按照监控及数据采集系统拓扑结构设计的需要，在等级系统中可在主站与远端站之间设置通信或其他功能的分级站。

5.8.6 监控及数据采集系统的通信中信息传输介质及方式应根据当地通信系统条件、系统规模和特点、地理环境，经全面的技术经济比较后确定。宜利用城市公共数据通信网络作为通信方式。

5.8.7 监控及数据采集系统所选用的设备、器件、材料和仪表应选用通用性产品。

5.8.8 监控及数据采集系统的电路和接口设计应符合国家有关标准的规定，并具有通用性、兼容性，系统应具有可扩性。

5.8.9 监控及数据采集系统应从硬件和软件两方面充分提高可靠性，并应设置系统自身诊断功能，对关键设备应采用冗余技术。

5.8.9A 监控及数据采集系统的应用软件宜配备实时瞬态模拟软件，对系统进行调度优化、泄漏检测定位、工况预测、存量分析、负荷预测及调度员培训等。

5.8.10 监控及数据采集系统远端站应具有数据采集和通信功能。对需要进行控制或调节的对象点，应有对选定的参数或操作进行控制或调节功能。

5.8.11 本条删除。

5.8.12 主站硬件和软件设计应具有良好的人机对话功能，可及时调整参数或处理紧急情况。

5.8.13 远端站数据采集等工作信息的类型和数量应按实际需要予以合理地确定。

5.8.14 设置监控和数据采集设备的建筑应符合现行的国家标准《计算站场地技术要求》GB 2887 和《电子计算机机房设计规范》GB 50174 以及《计算机机房用活动地板技术条件》GB 6550 的有关规定。

5.8.15 监控及数据采集系统的主站机房，应设置可靠性较高的不间断电源和后备电源。

5.8.16 远端站的设置应符合不同地点防爆、防护的相关要求。

5.9 压力大于 1.6MPa 的室外燃气管道

5.9.1 本节适用于压力大于 1.6MPa（表压）但不大于 4.0MPa（表压）的城镇燃气（不包括液态燃气）室外管道工程的设计。

5.9.2 城镇燃气管道通过的地区，应按沿线建筑物的密集程度，划分为四个地区等级，并依据地区等级作出相应的管道设计。

5.9.3 城镇燃气管道地区等级的划分应符合下列规定：

（1）沿管道中心线两侧各 200m 范围内，任意划分为 1.6km 长并能包括最多供人居住的独立建筑物数量的地段，按划定地段内的房屋建筑密集程度，划分为四个等级。

注：在多单元住宅建筑物内，每个独立住宅单元按一个供人居住的独立建筑物计算。

（2）地区等级的划分：

1）一级地区：有 12 个或 12 个以下供人居住建筑物的任一地区分级单元。

2）二级地区：有 12 个以上，80 个以下供人居住建筑物的任一地区分级单元。

3）三级地区：介于二级和四级之间的中间地区。有 80 个和 80 个以上供人居住建筑物的任一地区分级单元；或距人员聚集的室外场所 90m 内铺设管线的区域。

4）四级地区：地上 4 层或 4 层以上建筑物普遍且占多数的任一地区分级单元（不计地下室层数）。

（3）二、三、四级地区的长度可按如下规定调整：

1）四级地区的边界线与最近地上 4 层或 4 层以上建筑物相距 200m。

2）二、三级地区的边界线与该级地区最近建筑物相距 200m。

（4）确定城镇燃气管道地区等级应为该地区的今后发展留有余地，宜按城市规划划分地区等级。

5.9.4 高压燃气管道采用的钢管和管道附件材料应符合下列要求：

（1）燃气管道所用钢管、管道附件材料的选择，应根据管道的使用条件（设计压力、温度、介质特性、使用地区等）、材料的焊接性能等因素，经技术经济比较后确定。

（2）燃气管道选用的钢管，应符合现行的国家标准《石油天然气工业输送钢管交货技术条件第 1 部分：A 级钢管》GB/T 9711.1（L175 级钢管除外）、《石油天然气工业输送钢管交货技术条件第 2 部分：B 级钢管》GB/T 9711.2 和《输送流体用无缝钢管》GB/T 8163 的规定，或符合不低于上述三项标准相应技术要求的其他钢管标准。

(3)燃气管道所采用的钢管和管道附件应根据选用的材料、管径、壁厚、介质特性、使用温度及施工环境温度等因素，对材料提出冲击试验和(或)落锤撕裂试验要求。

(4)当管道附件与管道采用焊接连接时，两者材质应相同或相近。

(5)管道附件中所用的锻件，应符合国家现行标准《压力容器用碳素钢和低合金钢锻件》JB 4726、《低温压力容器用低合金钢锻件》JB 4727 的有关规定。

(6)管道附件不得采用螺旋焊缝钢管制作，严禁采用铸铁制作。

5.9.5 燃气管道强度设计应根据管段所处地区等级和运行条件，按可能同时出现的永久载荷和可变载荷的组合进行设计。当管道位于地震设防烈度 7 度及 7 度以上地区时，应考虑管道所承受的地震载荷。

5.9.6 钢质燃气管道直管段计算壁厚应按式(5.9.6)计算，计算所得到的厚度应按钢管标准规格向上选取钢管的公称壁厚。最小公称壁厚不应小于表 5.3.1A 的规定。

$$\delta=\frac{PD}{2\sigma_s\phi F} \qquad (5.9.6)$$

式中 δ——钢管计算壁厚(mm)；

P——设计压力(MPa)；

D——钢管外径(mm)；

σ_s——钢管的最低屈服强度(MPa)；

F——强度设计系数，按表 5.9.8 和表 5.9.9 选取。

ϕ——焊缝系数。当采用符合第 5.9.4 条第二款规定的钢管标准时取 1.0。

5.9.7 对于采用经冷加工后又经加热处理的钢管，当加热温度高于 320℃(焊接除外)时；或采用经过冷加工或热处理的管子煨弯成弯管时，则在计算该钢管或弯管壁厚时，其屈服强度应取该管材最低屈服强度(σ_s)的 75%。

5.9.8 城镇燃气管道的强度设计系数 F 应符合表 5.9.8 的规定。

城镇燃气管道的强度设计系数　　表 5.9.8

地区等级	强度设计系数 F
一级地区	0.72
二级地区	0.60
三级地区	0.40
四级地区	0.30

5.9.9 穿越铁路、公路和人员聚集场所的管道以及门站、储配站、调压站内管道的强度设计系数，应符合表 5.9.9 的规定。

穿越铁路、公路和人员聚集场所的管道以及门站、储配站、调压站内管道的强度设计系数　　表 5.9.9

管道及管段	地区等级 一	二	三	四
	强度设计系数 F			
有套管穿越Ⅲ、Ⅳ级公路的管道	0.72	0.6	0.4	0.3
无套管穿越Ⅲ、Ⅳ级公路的管道	0.6	0.5		
有套管穿越Ⅰ、Ⅱ级公路、高速公路、铁路的管道	0.6	0.6		
门站、储配站、调压站内管道及其上、下游各 200m 管道，截断阀室管道及其上、下游各 50m 管道(其距离从站和阀室边界线起算)	0.5	0.5		
人员聚集场所的管道	0.4	0.4		

5.9.10 下列计算或要求应符合现行的国家标准《输气管道工程设计规范》GB 50251 的相应规定：

(1)受约束的埋地直管段轴向应力计算和轴向应力与环向应力组合的当量应力校核；

(2)受内压和温差共同作用下弯头的组合应力计算；

(3)管道附件与没有轴向约束的直管段连接时的热膨胀强度校核；

(4)弯头和弯管的管壁厚度计算；

(5)燃气管道径向稳定校核。

5.9.11 一级或二级地区地下燃气管道与建筑物之间的水平净距不应小于表5.9.11的规定。

一级或二级地区地下燃气管道与建筑物之间的水平净距(m) **表5.9.11**

燃气管道公称直径 DN (mm)	地下燃气管道压力(MPa)		
	1.61	2.50	4.00
$900<DN\leqslant1050$	53	60	70
$750<DN\leqslant900$	40	47	57
$600<DN\leqslant750$	31	37	45
$450<DN\leqslant600$	24	28	35
$300<DN\leqslant450$	19	23	28
$150<DN\leqslant300$	14	18	22
$DN\leqslant150$	11	13	15

注:①如果燃气管道强度设计系数不大于0.4时,一级或二级地区地下燃气管道与建筑物之间的水平净距可按表5.9.12确定。

②水平净距是指管道外壁到建筑物出地面处外墙面的距离。建筑物是指供人使用的建筑物。

③当燃气管道压力与表中数不相同时,可采用直线方程内插法确定水平净距。

5.9.12 三级地区地下燃气管道与建筑物之间的水平净距不应小于表5.9.12的规定。

三级地区地下燃气管道与建筑物之间的水平净距(m) **表5.9.12**

燃气管道公称直径和壁厚 δ(mm)	地下燃气管道压力(MPa)		
	1.61	2.50	4.00
A. 所有管径 $\delta<9.5$	13.5	15.0	17.0
B. 所有管径 $9.5\leqslant\delta<11.9$	6.5	7.5	9.0
C. 所有管径 $\delta\geqslant11.9$	3.0	3.0	3.0

续表5.9.12

注:①如果对燃气管道采取行之有效的保护措施,$\delta<9.5$mm的燃气管道也可采用表中B行的水平净距。

②水平净距是指管道外壁到建筑物出地面处外墙面的距离。建筑物是指供人使用的建筑物。

③当燃气管道压力与表中数不相同时,可采用直线方程内插法确定水平净距。

④管道材料钢级不低于现行的国家标准GB/T 9711.1或GB/T 9711.2规定的L245。

5.9.13 高压地下燃气管道与构筑物或相邻管道之间的水平和垂直净距,不应小于表5.3.2-1和表5.3.2-2次高压A的规定。但高压A和高压B地下燃气管道与铁路路堤坡脚的水平净距分别不应小于8m和6m;与有轨电车钢轨的水平净距分别不应小于4m和3m。

注:当达不到本条净距要求时,采取行之有效的防护措施后,净距可适当缩小。

5.9.14 四级地区地下燃气管道输配压力不宜大于1.6MPa(表压)。其设计应遵守本规范5.3节的有关规定。

5.9.15 高压燃气管道的布置应符合下列要求:

(1)高压燃气管道不宜进入城市四级地区;不宜从县城、卫星城、镇或居民居住区中间通过。当受条件限制需要进入或通过本款所列区域时,应遵守下列规定:

1)高压A地下燃气管道与建筑物外墙面之间的水平净距不应小于30m(当管道材料钢级不低于GB/T 9711.1、GB/T 9711.2标准规定的L245,管壁厚度$\delta\geqslant9.5$mm且对燃气管道采取行之有效的保护措施时,不应小于20m);

2)高压B地下燃气管道与建筑物外墙面之间的水平净距不应小于16m(当管道材料钢级不低于GB/T 9711.1、GB/T 9711.2标准规定的 L245，管壁厚度 $\delta \geqslant 9.5\mathrm{mm}$ 且对燃气管道采取行之有效的保护措施时，不应小于 10m）；

3）管道分段阀门应采用遥控或自动控制。

（2）高压燃气管道不应通过军事设施、易燃易爆仓库、国家重点文物保护单位的安全保护区、飞机场、火车站、海（河）港码头。当受条件限制管道必须在本款所列区域内通过时，必须采取安全防护措施。

（3）高压燃气管道宜采用埋地方式敷设。当个别地段需要采用架空敷设时，必须采取安全防护措施。

5.9.16 当管道安全评估中危险性分析证明，可能发生事故的次数和结果合理时，可采用与表 5.9.11、表 5.9.12 和 5.9.15 条不同的净距和采用与表 5.9.8、表 5.9.9 不同的强度设计系数 F。

5.9.17 焊接支管连接口的补强应符合下列规定：

（1）补强的结构型式可采用增加主管道或支管道壁厚或同时增加主、支管道壁厚、或三通、或拔制扳边式接口的整体补强型式，也可采用补强圈补强的局部补强型式。

（2）当支管道公称直径大于或等于 1/2 主管道公称直径时，应采用三通。

（3）支管道的公称直径小于或等于 50mm 时，可不作补强计算。

（4）开孔削弱部分按等面积补强，其结构和数值计算应符合现行的国家标准《输气管道工程设计规范》GB 50251 的相应规定。其焊接结构还应符合下述规定：

1）主管道和支管道的连接焊缝应保证全焊透，其角焊缝腰高应大于或等于 1/3 的支管道壁厚，且不小于 6mm；

2）补强圈的形状应与主管道相符，并与主管道紧密贴合。焊接和热处理时补强圈上应开一排气孔，管道使用期间应将排气孔堵死，补强圈宜按国家现行标准《补强圈》JB/T 4736 选用。

5.9.18 燃气管道附件的设计和选用应符合下列规定：

（1）管件的设计和选用应符合国家现行标准《钢制对焊无缝管件》GB 12459、《钢板制对焊管件》GB/T 13401、《钢制法兰管件》GB/T 17185、《钢制对焊管件》SY/T 0510 和《钢制弯管》SY/T 5257 等有关标准的规定。

（2）管法兰的选用应符合国家现行标准《钢制管法兰》GB/T 9112～9124、《大直径碳钢法兰》GB/T 13402 或《钢制法兰、垫片、紧固件》HG 20592～20635 的规定。法兰、垫片和紧固件应考虑介质特性配套选用。

（3）绝缘法兰、绝缘接头的设计应符合国家现行标准《绝缘法兰设计技术规定》SY/T 0516 的规定。

（4）非标钢制异径接头、凸形封头和平封头的设计，可参照现行国家标准《钢制压力容器》GB 150 的有关规定。

（5）除对焊管件之外的焊接预制单体（如集气管、清管器接收筒等），若其所用材料、焊缝及检验不同于本规范所列要求时，可参照现行的国家标准《钢制压力容器》GB 150 进行设计、制造和检验。

（6）管道与管件的管端焊接接头型式宜采用现行国家标准《输气管道工程设计规范》GB 50251 的相应规定。

（7）用于改变管道走向的弯头、弯管应符合现行国家标准《输气管道工程设计规范》GB 50251 的相应规定，且弯曲后的弯管其外侧减薄处应不小于按式（5.9.6）计算得到的计算厚度。

5.9.19 燃气管道阀门的设置应符合下列要求：

（1）在高压燃气干管上，应设置分段阀门；分段阀门的最大间距：以四级地区为主的管段不应大于 8km；以三级地区为主的管段不应大于 13km；以二级地区为主的管段不应大于 24km；以一级地区为主的管段不应大于 32km。

（2）在高压燃气支管的起点处，应设置阀门。

（3）燃气管道阀门的选用应符合有关国家现行标准。应选择适用于燃气介质的阀门。

(4)在防火区内关键部位使用的阀门，应具有耐火性能。需要通过清管器或电子检管器的阀门，应选用全通径阀门。

5.9.20 高压燃气管道及管件设计应考虑日后清管或电子检管的需要，并宜预留安装电子检管器收发装置的位置。

5.9.21 埋地管线的锚固件应符合下列要求：

(1)埋地管线上弯管或迂回管处产生的纵向力，必须由弯管处的锚固件、土壤摩阻，或管子中的纵向应力加以抵消。

(2)若弯管处不用锚固件，则靠近推力起源点处的管子接头处应设计成能承受纵向拉力。若接头没采取此种措施，则应加装适用的拉杆或拉条。

5.9.22 高压燃气管道的地基、埋设的最小覆土厚度、穿越铁路和电车轨道、穿越高速公路和城镇主要干道、通过河流的形式和要求等应符合本规范 5.3 节有关条款的规定。

5.9.23 市区外地下高压燃气管道沿线应设置里程桩、转角桩、交叉和警示牌等永久性标志。

市区内地下高压燃气管道应设立管位警示标志。在距管顶不小于 500mm 处应埋设警示带。

6 液化石油气供应

6.1 一般规定

6.1.1 本章适用于液化石油气供应工程设计：

(1)液化石油气运输工程；

(2)液化石油气储存站、储配站和灌瓶站；

(3)液化石油气气化站、混气站和瓶装供应站；

(4)液化石油气用户。

6.1.2 本章不适用于下列液化石油气工程和装置设计：

(1)炼油厂、石油化工厂、油气田、天然气气体处理装置的液化石油气加工、储存、灌装和运输工程；

(2)液化石油气全冷冻式储存、灌装和运输工程(液化石油气供应基地的全冷冻式贮罐与基地外建、构筑物的防火间距除外)；

(3)海洋和内河的液化石油气运输；

(4)用于轮船、铁路车辆和汽车上的液化石油气装置。

6.2 液态液化石油气运输

6.2.1 液态液化石油气由生产厂或供应基地至接收站可采用管道、铁路槽车、汽车槽车或槽船运输。运输方式的选择应经技术经济比较后确定。条件接近时，应优先采用管道输送。

6.2.2 液态液化石油气管道应按设计压力 P 分为 3 级，并应符合表 6.2.2 的要求。

液态液化石油气管道设计压力(表压)分级 **表 6.2.2**

名　称	压力(MPa)
Ⅰ级管道	$P>4.0$
Ⅱ级管道	$1.6\leqslant P\leqslant 4.0$
Ⅲ级管道	$P<1.6$

6.2.3 输送液态液化石油气管道的设计压力应按管道系统起点的最高工作压力确定，可按下式计算：

$$P=H+P_b \tag{6.2.3}$$

式中 P——管道设计压力(MPa)；

H——所需泵的扬程(MPa)；

P_b——始端贮罐最高工作温度下的液化石油气饱和蒸气压力(MPa)。

6.2.4 液态液化石油气采用管道输送时，泵的扬程应大于按公式6.2.4的计算值。

$$H_j=\Delta P_z+P_y+\Delta H \tag{6.2.4}$$

式中 H_j——泵的计算扬程(MPa)；

ΔP_z——管道总阻力损失，可取1.05～1.10倍管道摩擦阻力损失(MPa)；

P_y——管道终点余压，可取0.2～0.3(MPa)；

ΔH——管道终、起点高程差引起的附加压力(MPa)。

6.2.5 液态液化石油气管道摩擦阻力损失，应按下式6.5.2-1计算：

$$\Delta P=10^{-6}\lambda\frac{lu^2\rho}{2d} \tag{6.2.5-1}$$

式中 ΔP——管道摩擦阻力损失(MPa)；

l——管道计算长度(m)；

u——管道中液态液化石油气的平均流速(m/s)；

d——管道内径(m)；

ρ——最高工作温度下液态液化石油气的密度(kg/m^3)；

λ——管道的摩擦阻力系数。

$$\lambda=0.11\left(\frac{K}{d}+\frac{68}{Re}\right)^{0.25} \tag{6.2.5-2}$$

式中 K——管壁内表面当量绝对粗糙度，对钢管取0.2mm；

Re——雷诺数。

$$Re=\frac{du}{\nu} \tag{6.2.5-3}$$

式中 ν——最高工作温度下液态液化石油气的运动黏度(m^2/s)。

6.2.6 液态液化石油气在管道内的平均流速，应经技术经济比较后确定，可取0.8～1.4m/s，最大不应超过3m/s。

6.2.7 液态液化石油气输送管线不得穿越居住区和公共建筑群。

6.2.8 液态液化石油气管道宜采用埋地敷设，其埋设深度应在土壤冰冻线以下，且覆土厚度(路面至管顶)不应小于0.8m。

6.2.9 地下液态液化石油气管道与建、构筑物和相邻管道等之间的水平净距和垂直净距不应小于表6.2.9-1和表6.2.9-2的规定。

地下液态液化石油气管道与建、构筑物和相邻管道等之间的水平净距(m)　　表6.2.9-1

项目		管道级别		
		Ⅰ级	Ⅱ级	Ⅲ级
特殊建、构筑物(危险品库、军事设施等)		200		
居民区、村镇、重要公共建筑		75	50	30
一般建、构筑物		25	15	10
给水管		2	2	2
排水管		2	2	2
暖气管、热力管等管沟外壁		2	2	2
埋地电缆	电力	10	10	10
	通讯	2	2	2
其他燃料管道		2	2	2

续表 6.2.9-1

项目		管道级别		
		Ⅰ级	Ⅱ级	Ⅲ级
公路路边	高速、Ⅰ、Ⅱ级	10	10	10
	Ⅲ、Ⅳ级	5	5	5
国家铁路（中心线）	干线	25	25	25
	支线	10	10	10
架空	电力线（中心线）	1倍杆高，且不小于10		
	通讯线（中心线）	2	2	2
树木		2	2	2

注：执行本表有困难时，采取有效的安全措施后，其间距可适当减少。

地下液态液化石油气管道与构筑物和相邻管道等之间的垂直净距(m) 表 6.2.9-2

项目	垂直净距
给水管、排水管	0.20
暖气管、热力管（管沟）	0.20
直埋电缆	0.50
铠装电缆	0.20
其他燃料管道	0.20
铁路（轨底）	1.2
公路（路面）	0.80

6.2.10 输送液态液化石油气的管道，在下列地点应设置阀门：

(1)起、终点和分支点；

(2)穿越国家铁路线、高速公路、Ⅰ、Ⅱ级公路和大型河流两侧；

(3)管道沿线每隔 5000m 左右处。

6.2.11 地上液态液化石油气管道两阀门之间的管段上应设置管道安全阀。

地下管道分段阀门之间应设置放散阀，其放散管管口距地面不应小于 2m。

6.2.12 地下液态液化石油气管道的防腐应符合本规范第 5 章的有关规定。

6.2.13 液化石油气铁路槽车和汽车槽车应符合国家现行的标准《液化气体铁路槽车技术条件》HG 5—1472 和《液化石油气汽车槽车技术条件》HG 5—1471 的规定。

6.3 液化石油气供应基地

6.3.1 液化石油气供应基地按其功能可分为储存站、储配站和灌瓶站。

6.3.2 液化石油气供应基地的规模应以城镇燃气总体规划为依据，根据供应用户类别、户数和用气量指标等因素确定。

6.3.3 液化石油气供应基地的贮罐设计总容量应根据其规模、气源情况、运输方式和运距等因素确定。

6.3.4 当液化石油气供应基地贮罐设计总容量超过 $3000m^3$ 时，宜将贮罐分别设置在储存站和灌瓶站。灌瓶站的贮罐设计容量宜为 1 周左右的计算月平均日供应量，其余为储存站的贮罐设计容量。

当贮罐设计总容量小于 $3000m^3$ 时，可将贮罐全部设置在储配站。

6.3.5 液化石油气供应基地的布局应符合城市总体规划的要求，且应远离城市居住区、村镇、学校、工业区和影剧院、体育馆等人员集中的地区。

6.3.6 液化石油气供应基地的站址应选择在所在地区全年最小频率风向的上风侧，且应是地势平坦、开阔、不易积存液化石油气的地段。同时，应避开地震带、地基沉陷、废弃矿井和雷区等地区。

6.3.7 液化石油气供应基地的贮罐与基地外建、构筑物的防火间距应符合下列规定：

（1）液化石油气供应基地的全压力式贮罐与基地外建、构筑物的防火间距不应小于表6.3.7-1的规定；半冷冻式贮罐的防火间距可按表 6.3.7-1 的规定执行；

（2）液化石油气供应基地的全冷冻式贮罐与基地外建、构筑物的防火间距不应小于表6.3.7-2的规定；

（3）液化石油气全冷冻式贮罐与基地外建、构筑物、堆场的防火间距不应小于表 6.3.7-3 的规定。

液化石油气供应基地的全压力式贮罐与基地外建、构筑物的防火间距(m)　　表 6.3.7-1

间距(m) 名称 \ 总容积(m^3)		≤50	51～200	201～500	501～1000	1001～2500	2501～5000	>5000
单罐容积(m^3)		≤20	≤50	≤100	≤200	≤400	≤1000	—
居住区、村镇、学校、影剧院、体育馆等人员集中的地区(最外侧建、构筑物外墙)		60	70	90	120	150	180	200
工业区(最外侧建、构筑物外墙)		50	60	70	90	120	150	180
铁路(中心线)	国家线	60	70		80		100	
	企业专用线	25	30		35		40	
公路(路肩)	高速、Ⅰ、Ⅱ级	20	25					30
	Ⅲ、Ⅳ级	15	20					25

续表 6.3.7-1

间距(m) 名称 \ 总容积(m^3)	≤50	51～200	201～500	501～1000	1001～2500	2501～5000	>5000
单罐容积(m^3)	≤20	≤50	≤100	≤200	≤400	≤1000	—
架空电力线路(中心线)	1.5倍杆高		1.5倍杆高，但35kV及以上架空电力线应大于40m				
Ⅰ、Ⅱ级通讯线路(中心线)	30		40				

注：①防火间距应按本表总容积和单罐容积较大者确定。

②居住区系指 1000 人或 300 户以上居民区。与零星民用建筑的防火间距可按本规范第 6.3.8 条执行。

③地下贮罐防火间距可按本表减少 50%。

④地下贮罐单罐容积应小于或等于 $50m^3$，总容积应小于或等于 $400m^3$。

⑤与本表以外的其他建、构筑物的防火间距应按现行的国家标准《建筑设计防火规范》GBJ 16 执行。

⑥间距的计算应以贮罐的最外侧为准。

液化石油气供应基地的全冷冻式贮罐与基地外建、构筑物的防火间距(m)　　表 6.3.7-2

间距(m) 名称 \ 单罐容积	居住区、村镇、学校、影剧院、体育馆等人员集中的地区(最外侧建、构筑物的外墙)	工业区(最外侧建、构筑物外墙)	铁路(中心线) 国家线	铁路(中心线) 企业专用线	公路(路肩) 高速、Ⅰ、Ⅱ级	公路(路肩) Ⅲ、Ⅳ级	架空电力线路(中心线)	Ⅰ、Ⅱ级通讯线路(中心线)
>$5000m^3$	200	180	100	40	30	25	1.5倍杆高但35kV及以上架空电力线应大于40m	40

注：①本表所指贮罐为设有防液堤的全冷冻式液化石油气贮罐。当单罐容积小于或等于 $5000m^3$ 时，其防火间距可按表 6.3.7-1 中总容积小于或等于 $5000m^3$ 的防火间距执行。

②居住区系指 1000 人或 300 户以上的居民区。

液化石油气全冷冻式贮罐与基地外建、构筑物、堆场的防火间距(m)　表 6.3.7-3

间距(m) 名称 / 单罐容积	明火、散发火花地点和民用建筑	甲、乙类液体贮罐、甲类物品库房、易燃材料堆场	丙类液体贮罐可燃气体贮罐	助燃气体贮罐可燃材料堆场	其他建筑 耐火等级 一、二级	三级	四级
>5000m³	120	95	85	75	50	65	75

注：①本表所指贮罐为设有防液堤的全冷冻式液化石油气贮罐，当单罐容积小于或等于 5000m³ 时，应按现行国家标准《建筑设计防火规范》GBJ 16 执行。

②民用建筑系指零星民用建筑。

6.3.8 液化石油气供应基地贮罐与明火、散发火花地点和基地内建、构筑物的防火间距应符合下列规定：

(1)全压力式贮罐的防火间距不应小于表 6.3.8 的规定；

(2)半冷冻式贮罐的防火间距可按表 6.3.8 的规定执行；

(3)全冷冻式贮罐与基地围墙的防火间距可按表 6.3.8 的有关规定执行。

液化石油气供应基地的全压力式贮罐与明火、散发火花地点和基地内建、构筑物的防火间距(m)　表 6.3.8

间距(m) 总容积(m³) / 单罐容积(m³) / 项目	≤50	51～200	201～500	501～1000	1001～2500	2501～5000	>5000
	≤20	≤50	≤100	≤200	≤400	≤1000	—
明火、散发火花地点	45	50	55	60	70	80	120
民用建筑(最外侧建、构筑物外墙)	40	45	50	55	65	75	100
罐瓶间、瓶库、压缩机室、汽车槽车库(外墙)	18	20	25		30	40	50

续表 6.3.8

间距(m) 总容积(m³) / 单罐容积(m³) / 项目		≤50	51～200	201～500	501～1000	1001～2500	2501～5000	>5000
		≤20	≤50	≤100	≤200	≤400	≤1000	—
空压机室、变配电室、仪表间、汽车库、机修间、新瓶库、门卫、值班室(外墙)		18	20	25		30	40	50
汽车槽车装卸台(柱)(装卸口)		18	20	25		30		40
基地内铁路槽车装卸线(中心线)		20						30
消防泵房、消防水池(外墙)		40				50		60
基地内道路(路肩)	主要	10	15					20
	次要	5	10					15
基地围墙		10	15					20

注：①防火间距应按本表总容积和单罐容积较大者确定。

②地下贮罐的防火间距可按本表减少 50%。

③地下贮罐单罐容积应小于或等于 50m³，总容积应小于或等于 400m³。

④与本表以外的其他建、构筑物的防火间距应按现行的国家标准《建筑设计防火规范》GBJ 16 执行。

6.3.8A 液化石油气供应基地内设有防液堤的全冷冻式贮罐与基地内全压力式贮罐的防火间距不宜小于相邻较大贮罐的直径，且不应小于35m。

6.3.9 液化石油气供应基地总平面必须分区布置，即分为生产区(包括贮罐区和灌装区)和辅助区。

生产区宜布置在站区全年最小频率风向的上风侧或上侧风侧。

灌瓶间的气瓶装卸平台前应有较宽敞的汽车回车场地。

6.3.10 液化石油气供应基地的四周和生产区与辅助区之间应设置高度不低于 2m 的非燃烧体实体围墙。

6.3.11 液化石油气供应基地的生产区应设置环形消防车通道。消防车通道宽度不应小于3.5m。当贮罐总容积小于 $500m^3$ 时，可设置尽头式消防车通道和面积不应小于 12m×12m 的回车场。供大型消防车使用的回车场面积不应小于 15m×15m。

6.3.12 液化石油气供应基地的生产区和辅助区至少应各设置 1 个对外出入口。当液化石油气贮罐总容积超过 $1000m^3$ 时，生产区应设置 2 个对外出入口，其间距不应小于 30m。

出入口宽度不应小于 4m。

6.3.13 液化石油气供应基地的生产区内严禁设置地下和半地下建、构筑物（地下贮罐和消防水泵接合器除外）。

生产区内的地下管沟必须采用干砂填充。

6.3.14 站内铁路引入线和装卸线的设计应符合现行的国家标准《工业企业标准轨距铁路设计规范》GBJ 12 的有关规定。

站内铁路装卸线应设计成直线，其终点距铁路槽车装卸栈桥的端部不应小于 20m，并应设置具有明显标志的车档。

6.3.15 铁路槽车装卸栈桥应采用非燃烧材料建造，其长度可取一次装卸槽车数量与车身长度的乘积，宽度不应小于 1.2m，两端应设置宽度不小于 0.8m 的斜梯。

6.3.16 铁路槽车装卸栈桥上的液化石油气装卸鹤管应设置便于操作的机械吊装设施。

6.3.17 液化石油气贮罐和罐区的布置应符合下列要求：

(1)地上贮罐之间的净距不应小于相邻较大罐的直径。地下贮罐之间的净距不宜小于相邻较大罐的半径，且不应小于 1m；

(2)数个贮罐的总容积超过 $3000m^3$ 时，应分组布置。组内贮罐宜采用单排布置。组与组之间的距离不应小于 20m；

(3)贮罐组四周应设置高度为 1m 的非燃烧体实体防护墙；

(4)防护墙内贮罐超过 4 台时，至少应设置 2 个过梯，且应分开布置。

6.3.18 贮罐应设置钢梯平台，其设计应符合下列要求：

(1)卧式贮罐组宜设置联合钢梯平台。当组内贮罐超过 4 台时，至少应设置 2 个斜梯；

(2)单罐容积为 $400m^3$ 或 $400m^3$ 以上的球形贮罐宜采用钢制盘梯平台。

6.3.19 液化石油气泵宜露天设置在贮罐区内。当设置泵房时，其外墙与贮罐的间距不应小于 15m。当泵房面向贮罐一侧的外墙采用无门窗洞口的防火墙时，其间距可减少至 6m。

6.3.20 液态液化石油气泵的安装高度应按下式计算：

$$H_b \geqslant \frac{102\times10^3}{\rho}(\sum\Delta P+\Delta h)+\frac{u^2}{2g} \qquad (6.3.20)$$

式中 H_b——贮罐最低液面与泵中心线的高程差(m)；

$\sum\Delta P$——贮罐出口至泵入口管段的总阻力损失(MPa)；

Δh——泵的允许气蚀余量(MPa)；

u——液态液化石油气在管道中的平均流速，可取小于 1.2(m/s)；

g——重力加速度(m/s^2)；

ρ——液态液化石油气的密度(kg/m^3)。

6.3.21 液态液化石油气泵的进、出口均应安装长度为 0.5m 左右的高压耐油铠装橡胶管或采取其他防止振动措施。

6.3.22 液态液化石油气泵进出口管段上阀门及附件的设置应符合下列要求：

(1)泵进、出口管应设置操作阀和放气阀；

(2)泵进口管应设置过滤器；

(3)泵出口管应设置止回阀和液相安全回流阀。

6.3.23 灌瓶间和瓶库与明火、散发火花地点和站内建、构筑物的防火间距不应小于表6.2.23的规定。

灌瓶间和瓶库与明火、散发火花地点和站内建、构筑物的防火间距(m)　　　表 6.3.23

项目 ＼ 总存瓶量(t)	≤10	>10～30	>30
明火、散发火花地点、民用建筑	25	30	40
站内铁路装卸线(中心线)	20	25	30
汽车装卸台(柱)(装卸口)	15	20	30
压缩机室、仪表间、汽车槽车库、空压机室、配电室	12	15	18
变电室、锅炉房、机修电气焊间、汽车库	25	30	40
新瓶库、真空泵房、备件库等非明火建筑	12	15	18
消防水池、消防泵房	25	30	
站外道路(路肩)	15		
站内道路(路肩) 主要	10		
站内道路(路肩) 次要	5		
站内围墙	10	15	

注:①瓶库与灌瓶间之间的距离不限。

②计算月平均日灌瓶量小于 500 瓶的灌瓶站其压缩机室和仪表间与灌瓶间可合建成一幢建筑物,但其间应采用无门窗、洞口的防火墙隔开,同时,仪表间与灌瓶间、压缩机室门、窗开口之间的距离不应小于 6m。

③当计算月平均日灌瓶量小于 200 瓶时,汽车槽车装卸柱可附设在灌瓶间山墙的一侧,山墙必须是无门窗洞口的防火墙。

④与铁路、电力架空线和Ⅰ、Ⅱ级通讯线的防火间距按本规范表 6.3.7 执行。

6.3.24　灌瓶间内气瓶存放量宜取 1～2d 的计算月平均日供应量。当总存瓶量(实瓶)超过 3000 瓶时,宜另外设置瓶库。

灌瓶间和瓶库内的气瓶应按实瓶区、空瓶区分组布置。

6.3.25　灌瓶作业线上应设置灌瓶量复检装置,且应设置检漏装置或采取检漏措施。

6.3.26　储配站和灌瓶站应设置残液倒空和回收装置。

6.3.27　装卸槽车所需的液化石油气压缩机活塞排气量可按下式计算:

$$L_m = a(5-4y)Q_L^b\left(\frac{100}{T}\right)^c \qquad (6.3.27)$$

式中　L_m——液化石油气压缩机活塞排气量(m^3/h);

y——在计算温度下液化石油气气相中 C_2 和 C_3 体积百分组成;

Q_L——液态液化石油气卸车强度(m^3/h);

T——计算温度,采用冬季通风室外计算温度(K);

a、b、c——条件系数,按表 6.3.27 取值。

液化石油气压缩机卸车条件系数　　　表 6.3.27

槽车几何容积(m^3) ＼ 条件系数	a	b	c	卸车强度 Q_L 范围 $t<0$℃时	卸车强度 Q_L 范围 $t\geq0$℃时
61.9	11.88×10^3	1.19	10.17	$Q_L\leq50+t$	$Q_L>20+t$
51.7	11.03×10^3	1.19	10.20	$Q_L\leq50+t$	$Q_L\geq20+t$
22.4	18.18×10^3	1.22	10.14	$Q_L\leq25+0.5t$	$Q_L\geq15+0.5t$
11.9	13.37×10^3	1.17	10.17	$Q_L\leq12+0.2t$	$Q_L\geq6+0.2t$
5.7	6.04×10^3	1.20	9.87	$Q_L\leq12+0.2t$	$Q_L\geq6+0.2t$

6.3.28　液化石油气压缩机进口应设置气液分离器,出口应设置油气分离器。

在寒冷地区气液分离器和油气分离器宜设置在压缩机室内。

6.3.29　液化石油气压缩机进、出口管道阀门及附件的设置应符合下列要求:

(1)进出口管道应设置阀门;

(2)进口管道应设置过滤器;

(3)出口管道应设置止回阀和安全阀;

(4)进出口管之间应设置旁通管及旁通阀。

6.3.30　液化石油气压缩机室的布置应符合下列要求:

(1)压缩机机组间的净距不应小于 1.5m；

(2)机组操作侧与内墙的净距不应小于 2.0m；其余各侧与内墙的净距不应小于 1.2m；

(3)气相阀门组宜设置在与贮罐、设备及管道连接方便和便于操作的地点。

6.3.31 液化石油气汽车槽车库与汽车槽车装卸台(柱)之间的距离不应小于 6m。

注：当两者毗连时，且邻向装卸台一侧的汽车槽车库外墙采用无门窗洞口的防火墙时，其间距不限。

6.3.32 汽车槽车装卸台(柱)的胶管接头应采用与汽车槽车配套的快装接头，该接头与胶管之间应设置阀门。

6.3.33 液化石油气储配站和灌瓶站应配置备用气瓶，其数量宜取总供应户数的 2%左右。

6.3.34 新瓶库和真空泵房应设置在辅助区。新瓶和检修后的气瓶首次灌瓶前应将其抽至 83.0kPa 真空度以上。

6.3.35 使用液化石油气或残液做燃料的锅炉房，其附属贮罐应设置在独立的贮罐室内。贮罐设计总容积不应超过 1d 的使用量，且不应大于 $10m^3$。

6.3.36 锅炉房与附属贮罐室之间的防火间距不应小于 12m，且贮罐室面向锅炉房一侧的外墙应采用无门窗、洞口的防火墙。

贮罐室与其他建、构筑物的防火间距应按本规范第 6.4.3 条执行。

6.3.37 液化石油气气化室可与锅炉房毗连，但必须采用无门窗、洞口的防火墙隔开。两者门、窗开口之间的距离不应小于 6m。

6.4 气化站和混气站

6.4.1 液化石油气气化站和混气站的贮罐设计总容量，应符合下列要求：

(1)由液化石油气生产厂供气时，其贮罐设计总容量应根据其规模、气源情况、运输方式和运距等因素确定；

(2)由液化石油气供应基地供气时，其贮罐设计总容量可按计算月平均日 2～3d 的用气量计算确定。

6.4.2 气化站和混气站站址的选择应按本规范第 6.3.6 条的规定执行。

站区四周应设置高度不小于 2m 的非燃烧实体围墙。

6.4.3 气化站和混气站的液化石油气贮罐与明火、散发火花地点和建、构筑物的防火间距不应小于表 6.4.3 的规定。

气化站和混气站的液化石油气贮罐与明火、散发火花地点和建、构筑物的防火间距(m)　　表 6.4.3

项目 ＼ 间距(m) ＼ 总容积(m^3)		≤10	11～30
明火、散发火花地点、重要公共建筑		35	40
站外民用建筑		30	35
站内生活、办公用房		15	20
气化间、混气间、调压室、配电室、仪表间、值班间等非明火建筑		12	15
明火气化间、供气化器用的燃气热水炉间		12	18
站内道路(路肩)	主要	10	10
	次要	5	5

注：①当贮罐总容积超过 $30m^3$ 或单罐容积超过 $10m^3$ 时，与建、构筑物的防火间距应按本规范第 6.3.7 条和 6.3.8 条的规定执行。

②与本表之外的其他建、构筑物的防火间距应符合现行的国家标准《建筑设计防火规范》GBJ 16 的规定。

③地下贮罐的防火间距可按本表规定减少 50%。

④供气化器用燃气热水间的门不得面向贮罐。

⑤采用气瓶组向气化器供应液化石油气时，瓶组间与建、构筑物的防火间距应按本规范第 6.6.8 条执行。其瓶组间与气化间的间距不限。

6.4.4 气化站和混气站的液化石油气贮罐不应小于 2 台。贮罐的布置和间距应按本规范第 6.3.17 条执行。

6.4.5 汽车槽车装卸柱可附设在贮罐室、气化间或混气间山墙的一侧，其山墙应为无门窗洞口的防火墙。

6.4.6 工业企业内的液化石油气气化站的贮罐总容积不大于 $10m^3$ 时，可设置在独立建筑物内，并应符合下列要求：

(1) 贮罐之间及贮罐与外墙之间的净距，均不应小于相邻较大罐的半径，且不应小于 1m；

(2) 贮罐室与相邻厂房之间的防火间距不应小于表 6.4.6 的规定；

总容积不大于 $10m^3$ 的贮罐室与相邻厂房之间的防火间距(m) **表 6.4.6**

相邻厂房的耐火等级	一、二级	三级	四级
防火间距	10	12	14

(3) 贮罐室与相邻厂房的室外设备之间的防火间距，不应小于 10m；

(4) 非直火式气化间可与贮罐室毗连，但应采用无门窗洞口的防火墙隔开。

6.4.7 气化站和混气站采用地下贮罐时，其覆土厚度(自罐顶算起)不应小于 0.5m。

贮罐外壁应采取有效的防腐措施。

当贮罐采用牺牲阳极保护时，应符合国家现行标准《镁合金牺牲阳极应用技术标准》SYJ 19的规定。

6.4.8 气化装置的总气化能力宜取高峰小时用气量的 1.5 倍。气化器台数不应少于 2 台，其中至少应有 1 台备用。

6.4.9 独立设置的气化间、混气间与站内非明火建、构筑物的防火间距不应小于 10m，与站内生活、办公用房的防火间距不应小于 12m。

6.4.10 气化间的布置应符合下列要求：

(1) 气化器之间的净距不应小于相邻较大者的直径，且不应小于 0.6m；

(2) 气化器操作侧与内墙之间的净距不应小于 1.2m；

(3) 气化器其余各侧与内墙的净距不应小于 0.8m；

(4) 调压器可布置在气化间内。

6.4.11 混气间的布置应符合下列要求：

(1) 混合器之间的净距不应小于 0.6m；

(2) 混合器操作侧与墙的净距不应小于 1.2m；

(3) 混合器其余各侧与墙的净距不应小于 0.8m。

6.4.12 液化石油气可与空气或其他可燃气体混合配制成所需的混合气。混气系统的工艺设计应符合下列要求：

(1) 液化石油气与空气的混合气体中，液化石油气的体积百分含量必须高于其爆炸上限的 1.5 倍；

(2) 混合气作为城镇燃气补充气源或代替其他气源时，应符合现行的国家标准《城市燃气分类》GB/T 13611 的规定；

(3) 在混气系统中应设置当参与混合的任何一种气体突然中断或液化石油气体积百分含量接近爆炸上限的 1.5 倍时，能自动报警并切断气源的安全装置。

6.4.13 采用管道供应气态液化石油气或液化石油气与其他气体的混合气时，其管道外壁温度应比管道内气体露点温度高 5℃以上。

6.5 瓶装供应站

6.5.1 液化石油气瓶装供应站的供应范围宜为 5000～10000 户。

6.5.2 瓶装供应站的四周应设置高度不低于 2m 的非燃烧体实体围墙。

6.5.3 瓶装供应站存瓶数量应符合下列要求：

(1)实瓶存瓶数量取计算月平均日销售量的 1.5 倍；

(2)空瓶存瓶数量取计算月平均日销售量的 1 倍。

6.5.4 瓶装供应站的瓶库应分区布置，即分为实瓶区和空瓶区。

6.5.5 瓶装供应站的瓶库与站外建、构筑物的防火间距不应小于表 6.5.5 的规定。

瓶装供应站的瓶库与站外建、构筑物的防火间距(m) **表 6.5.5**

项目 \ 总存瓶容积(m^3)	≤10	>10
明火、散发火花地点	30	35
民用建筑	10	15
重要公共建筑	20	25
主要道路	10	10
次要道路	5	5

注:总存瓶容积应按实瓶个数与单瓶几何容积的乘积计算。

6.5.6 瓶装供应站的瓶库与高层民用建筑的防火间距按现行的国家标准《高层民用建筑设计防火规范》GBJ 45 执行。

6.5.7 瓶装供应站的瓶库与修理间和生活用房的防火间距不应小于 10m。

管理室可与瓶库的空瓶区侧毗连,但应采用无门窗洞口的防火墙隔开。

6.6 用　　户

6.6.1 单瓶供应系统的气瓶应设置在符合本规范第 7.4.5 条规定的厨房或房间内,其温度不应高于 45℃。

6.6.2 设置在室内的单瓶供应系统气瓶的布置应符合下列要求:

(1)气瓶与燃具的净距不应小于 0.5m;

(2)气瓶与散热器的净距不应小于 1m,当散热器设置隔热板时,可减少到 0.5m;

(3)气瓶不得设置在地下室、半地下室或通风不良的场所。

6.6.3 单瓶供应系统的气瓶设置在室外时,应设置在专用的小室内。

6.6.4 瓶组供应系统的气瓶组应由使用瓶组和备用瓶组成。

注:备用瓶组可由临时供气瓶组代替。

6.6.5 使用瓶组的气瓶配置数量,应根据高峰用气时间内平均小时用气量、高峰用气持续时间和高峰用气小时单瓶自然气化能力计算确定。

备用瓶组的气瓶配置数量,应和使用瓶组的气瓶配置数量相同。

当采用临时瓶组代替备用瓶组供气时,其气瓶配置数量可根据更换使用瓶组所需要的时间、高峰用气时间内平均小时用气量和临时供气时单瓶自然气化能力计算确定。

6.6.6 当瓶组供应系统的气瓶总容积小于 $1m^3$ 时,可将其设置在建筑物附属的瓶组间或专用房间内,并应符合下列要求:

(1)建筑耐火等级应符合现行的国家标准《建筑设计防火规范》GBJ 16 的不低于“二级”设计的规定;

(2)应是通风良好,并设有直通室外的门;

(3)与其他房间相邻的墙应为无门窗洞口的防火墙;

(4)室温不应高于 45℃,并不应低于 0℃。

6.6.7 当瓶组供应系统的气瓶总容积超过 $1m^3$ 时,应将其设置在高度不低于 2.2m 的独立瓶组间内。

6.6.8 独立瓶组间与建、构筑物的防火间距不应小于表 6.6.8 的规定。

独立瓶组间与建、构筑物的防火间距(m) **表 6.6.8**

项目 \ 瓶组间的总容积(m^3)	<2	2～4
明火、散发火花地点	25	30
民用建筑	8	10
重要公共建筑	15	20
道路	5	5

注:瓶组总容积大于 $4m^3$ 时,其防火间距应符合本规范第 6.5.5 条的规定。

6.7 管道及附件、贮罐、容器和检测仪表

6.7.1 液态液化石油气管道和最高工作压力在0.6MPa以上的气态液化石油气管道应采用钢号为10、20或具有同等性能以上的无缝钢管，其技术性能应符合现行的国家标准《优质碳素结构钢钢号和一般技术条件》GB 669、《无缝钢管》YB 231和其他有关标准的规定。

最高工作压力在0.6MPa以下的气态液化石油气管道可采用钢号为Q23.5－A的镀锌水、煤气钢管，其技术性能应符合现行的国家标准《普通碳素结构钢、技术条件》GB 700和国家现行标准《水、煤气钢管》YB 234的规定。

6.7.2 管道宜采用焊接连接。管道与贮罐、容器、设备及阀门可采用法兰或螺纹连接。

6.7.3 阀门及附件的配置应按液化石油气系统设计压力提高一级。

6.7.4 液化石油气贮罐、容器、设备和管道上严禁采用灰口铸铁阀门，寒冷地区应采用钢制阀门。

注：最高工作压力在0.6MPa以下的气态液化石油气管道上设置的阀门和附件除外。

6.7.5 液化石油气管道系统上的胶管应采用耐油胶管，其最高允许工作压力应大于系统设计压力的4倍(内含4倍)。

6.7.6 站区室外液化石油气管道宜采用单排低支架敷设，其管底与地面的净距可取0.3m。

跨越道路采用高支架时，其管底与地面的净距不应小于4.5m。

管道埋地敷设时，应符合本规范第6.2.8条的规定。

6.7.7 液化石油气贮罐和容器本体及附件的材料选择和设计应符合国家现行标准《压力容器安全监察规程》和现行国家标准《钢制压力容器》GB 150的规定。

6.7.8 液化石油气贮罐的设计压力应取1.6MPa。

注：对极端最高气温大于43℃的地区，其贮罐设计压力应适当提高。

6.7.9 液化石油气贮罐最大设计允许充装质量应按下式计算：

$$G=0.9\rho V_h \tag{6.7.9}$$

式中 G——最大设计允许充装质量(kg)；

ρ——40℃时液态液化石油气密度(kg/m^3)；

V_h——贮罐的几何体积(m^3)。

6.7.10 液化石油气贮罐必须设置安全阀。安全阀的开启压力应取贮罐最高工作压力的1.10～1.15倍，其阀口总通过面积应符合国家现行标准《压力容器安全监察规程》的规定。

6.7.11 液化石油气贮罐安全阀的设置应符合下列要求：

(1)必须选用全启封闭弹簧式；

(2)容积为$100m^3$或$100m^3$以上的贮罐应设置2个或2个以上安全阀；

(3)安全阀应装设放散管，其管径不应小于安全阀出口的管径。放散管管口应高出贮罐操作平台2m以上，且应高出地面5m以上；

(4)安全阀与贮罐之间必须装设阀门。

6.7.12 贮罐应设置检修用的放散管，其管口高度应符合本规范第6.7.11条第(3)款的规定。

6.7.13 液化石油气气液分离器、油气分离器和气化器应设置封闭弹簧式安全阀。

安全阀应设置放散管，其管口高度应符合本规范第6.7.11条的第(3)款的规定。

6.7.14 液化石油气贮罐仪表的设置，应符合下列要求：

(1)必须设置就地指示的液位计和压力表；

液位计宜采用能直接观察贮罐全液位的玻璃板液位计；

(2)宜设置就地指示液化石油气液温的温度计；

(3)容积为$100m^3$和$100m^3$以上的贮罐，宜设置远传显示的液位计和压力表，且宜设置液位上、下限报警装置和压力上限报警装置。

6.7.15 液化石油气气液分离器、油气分离器和容积式气化器等应设置直观式液位计和压力表。

6.7.16 液化石油气泵、压缩机、气化、混气和调压装置的进、出口应设置压力表。

液化石油气和空气及其他可燃气体的混气系统应设置气体成分分析仪、热量计和混气比例调节装置。

6.7.17 爆炸危险场所应设置可燃气体浓度检测器。报警器应设置在值班室或仪表间等经常有值班人员的场所。

小型液化石油气灌瓶站、气化站、混气站、瓶装供应站、瓶组间等可采用手提式可燃气体浓度检测报警器。

液化石油气的报警浓度应取爆炸下限的20%。

6.8 建、构筑物的防火、防爆

6.8.1 具有爆炸危险的建、构筑物的防火、防爆设计应符合下列要求：

(1)建筑耐火等级应符合现行的国家标准《建筑设计防火规范》GBJ 16 的不低于"二级"设计的规定；

(2)门、窗应向外开；

(3)封闭式建筑物应采取泄压措施，其设计应符合现行的国家标准《建筑设计防火规范》GBJ 16 的规定；

(4)封闭式建筑物的长度小于18m，宽度小于6m时，其顶棚和其中任一对面两侧的内墙宜设置金属防爆减压板；

(5)地面应采用不会产生火花的材料，其技术要求应符合现行的国家标准《地面与楼面工程施工及验收规范》GBJ 209 的规定。

6.8.2 具有爆炸危险的封闭式建筑物应采取良好的通风措施。

当采用强制通风时，其装置通风能力，在工作期间按每小时换气10次，非工作期间按每小时换气3次计算。

当采用自然通风时，通风口总面积不应小于 $300cm^2/m^2$ 地面。通风口不应少于2个，并应靠近地面设置。

6.8.3 非采暖地区的灌瓶间及附属瓶库、汽车槽车库、瓶装供应站的瓶库等宜采用敞开或半敞开式建筑。

6.8.4 具有爆炸危险的建筑物应采用钢筋混凝土柱、钢柱承重的框架或排架结构，钢柱应采用防火保护层。

6.8.5 液化石油气贮罐应牢固地设置在基础上。

卧式贮罐的支座应采用钢筋混凝土支座。球形贮罐的钢支柱应采用非燃烧隔热材料保护层，其耐火极限不应低于2h。

6.8.6 在地震烈度为7度或7度以上的地区建设液化石油气站时，其建筑物、构筑物的抗震设计，应符合现行的国家标准《室外给水排水和煤气热力工程抗震设计规范》TJ 32 的规定。

6.9 消防给水、排水和灭火器材

6.9.1 液化石油气供应基地在同一时间内的火灾次数应按一次考虑，其消防用水量应按贮罐区一次消防用水量确定。

液化石油气贮罐区消防用水量应按其贮罐固定喷淋装置和水枪用水量之和计算，其设计应符合下列要求：

(1)总容积超过 $50m^3$ 或单罐容积超过 $20m^3$ 的液化石油气贮罐或贮罐区和设置在贮罐室内的小型贮罐应设置固定喷淋装置。喷淋装置的供水强度不应小于 $0.15L/s \cdot m^2$。着火贮罐的保护面积按其全表面积计算；距着火贮罐直径(卧式贮罐按其直径和长度之和的一半)1.5倍范围内的相邻贮罐按其表面积的一半计算；

(2)水枪用水量不应少于表6.9.1的规定。

水枪用水量　　表6.9.1

总容积(m^3)	<500	501～2500	>2500
单罐容积(m^3)	≤100	≤400	>400
水枪用水量(L/s)	20	30	45

注：①水枪用水量应按本表总容积和单罐容积较大者确定。

②总容积小于 $50m^3$ 或单罐容积小于或等于 $20m^3$ 的贮罐或贮罐区，可单独设置固定喷淋装置或移动式水枪，其消防用水量应按水枪用水量计算。

6.9.2 液化石油气供应基地的消防给水系统应包括：消防水池（或其他水源）、消防水泵房、给水管网、地上式消火栓和贮罐固定喷淋装置等。

液化石油气供应基地的消防给水管网应采用环形管网，其给水干管不应少于两条。当其中一条发生事故时，其余干管仍能供给消防总用水量。

6.9.3 消防水池的容量应按火灾连续时间6h计算确定。但总容积小于220m³且单罐容积小于或等于50m³的贮罐或罐区其消防水池的容量可按3h计算确定。当火灾情况下能保证连续向消防水池补水时，其容量可减去火灾连续时间内的补水量。

6.9.4 消防水泵房的设计应符合现行的国家标准《建筑设计防火规范》GBJ 16的有关规定。

6.9.5 液化石油气球形贮罐固定喷淋装置宜采用喷雾头。

贮罐固定喷淋装置的布置必须保证喷淋时，将其贮罐全部覆盖。同时对玻璃板液位计等其他重点部位应另采取淋水保护措施。

6.9.6 贮罐固定喷淋装置的供水压力不应小于0.2MPa。水枪的供水压力对球形贮罐不应小于0.35MPa，对卧式贮罐不应小于0.25 MPa。

6.9.7 液化石油气供应基地生产区的排水系统应采取防止液化石油气排入其他地下管道或低洼部位的措施。

6.9.8 液化石油气站内具有火灾和爆炸危险的建、构筑物应设置小型干粉灭火器和其他简易消防器材。

小型干粉灭火器的设置数量可按表6.9.8规定。

小型干粉灭火器的设置数量 **表6.9.8**

场　所	干粉灭火器数量
铁路装卸栈桥	按栈桥长度，每12m设置1个，分两处
贮罐区	按贮罐台数，每台设置2个，每个放置点不应超过5个
贮罐室	按贮罐台数，每台设置2个
汽车装卸台(柱)	2个
罐瓶间及附属瓶库、压缩机室、烃泵房、汽车槽车库、气化间、混气间、调压间、瓶装供应站的瓶库和瓶组间	按建筑面积，每50m² 设置1个，但不应少于2个，每个放置点不应超过5个
其他建筑	按建筑面积，每80m² 设置1个

注：①小型干粉灭火器指8kg手提式干粉型、卤代烷型灭火器。

②根据场所危险程度可设置部分35kg手推式干粉灭火器。

③生产区的门卫附近应设置适当数量的干粉灭火器和简易消防器材。

6.10 电气防爆、防雷和防静电

6.10.1 液化石油气站的用电负荷应符合现行的国家标准《供电系统设计规范》GB 50052的"三级"负荷设计的规定。但站内消防水泵用电负荷应为"二级"负荷。当按"二级"负荷设计有困难时，可采用内燃机作动力。

6.10.2 液化石油气站爆炸危险场所的电力装置设计应符合现行的国家标准《爆炸和火灾危险环境电力装置设计规范》GB 50058和《中华人民共和国爆炸危险场所电气安全规程》的规定。

液化石油气站用电场所爆炸危险区域范围和等级的划分应符合本规范附录E的规定。

6.10.3 液化石油气站具有爆炸危险建、构筑物的防雷等级应符合现行的国家标准《建筑物防雷设计规范》GBJ 57的"第二类"设计的规定。

防雷接地装置的冲击接地电阻应小于10Ω。

6.10.4 液化石油气站的静电接地设计应按国家现行的标准《化工企业静电接地设计技术规定》GD 90A3执行。

静电接地体的接地电阻应小于100Ω。

当金属导体与防雷、电气保护接地(零)等接地系统有连接时，可不另采取专门的静电接地措施。

6.10.5 液化石油气站的下列设备应采取防止静电灾害的措施并应符合下列要求：

(1)铁路槽车装卸栈桥和汽车槽车装卸台(柱)应设置静电接地栓(卡)；

(2)容积为 $50m^3$ 或 $50m^3$ 以上的液化石油气贮罐应设置内梯或能中和罐内积聚电荷的设施；

贮罐内突起物的曲率半径不应小于 10mm；

(3)装卸液化石油气用的胶管两端(装卸接头与金属管道)间应采用断面不小于 $6mm^2$ 的铜丝跨接；

(4)烃泵和压缩机的外部金属保护罩应与接地线连接。

6.11 通讯和绿化

6.11.1 液化石油气供应基地至少应设置 1 台直通外线的电话。

6.11.2 液化石油气供应基地内宜设置电话机组，具有爆炸危险场所的电话应采用防爆型。

6.11.3 液化石油气供应基地的绿化应符合下列要求：

(1)生产区内严禁种植易造成液化石油气积存的植物；

(2)生产区四周和局部地区可种植不易造成液化石油气积存的植物；

(3)生产区围墙 2m 以外可种植乔木。

7 燃气的应用

7.1 一般规定

7.1.1 本章适用于城镇居民住宅、公共建筑和工业企业内部的燃气系统设计。

7.1.2 调压、计量、燃烧等设备，应根据使用的燃气类别及其特性、安装条件和用户要求等因素选择。

7.2 室内燃气管道

7.2.1 用户室内燃气管道的最高压力不应大于表 7.2.1 的规定。

用户室内燃气管道的最高压力(表压 MPa)　　**表 7.2.1**

燃气用户	最高压力
工业用户及单独的锅炉房	0.4
公共建筑和居民用户(中压进户)	0.2
公共建筑和居民用户(低压进户)	≤0.01

注：当进户管道燃气使用户燃具前燃气压力超过燃具最大允许工作压力时，在用户燃气表或燃具前应加燃气调压器。

7.2.2 燃气供应压力应根据用气设备燃烧器的额定压力及其允许的压力波动范围确定。

用气设备的燃烧器的额定压力可按表 7.2.2 采用。

用气设备燃烧器的额定压力(表压 kPa)　　**表 7.2.2**

燃气 / 燃烧器	人工煤气	天然气：矿井气、液化气混空气	天然气：天然气、油田伴生气	液化石油气
低压	1.0	1.0	2.0	2.8 或 5.0
中压	10 或 30	10 或 30	20 或 50	30 或 100

7.2.3 在城镇供气管道上严禁直接安装加压设备。

7.2.4 当供气压力不能满足用气设备要求而需要加压时，必须符合下列要求：

(1)加压设备前必须设浮动式缓冲罐。缓冲罐的容量应保证加压时不影响地区管网的压力工况；

(2)缓冲罐前应设管网低压保护装置；

(3)缓冲罐应设贮量下限位与加压设备联锁的自动切断阀；

(4)加压设备应设旁通阀和出口止回阀。

7.2.5 室内中、低压燃气管道应采用镀锌钢管。

中压燃气管道宜采用焊接或法兰连接。

7.2.6 室内燃气管道的计算流量应按下式计算：

$$Q_h = k_t(\sum kNQ_n) \quad (7.2.6)$$

式中 Q_h——燃气管道的计算流量(m^3/h)；

k_t——不同类型用户的同时工作系数；当缺乏资料时，可取 $k_t=1$；

k——燃具同时工作系数，居民生活用燃具可按附录 F 确定。公共建筑和工业用燃具可按加热工艺要求确定；

N——同一类型燃具的数目；

Q_n——燃具的额定流量(m^3/h)。

7.2.7 室内燃气管道的阻力损失，可按本规范第 5.2.4 条、5.2.5 条和 5.2.6 条的规定计算。

7.2.8 计算低压燃气管道阻力损失时，应考虑因高程差而引起的燃气附加压力。燃气的附加压力可按下式计算：

$$\Delta H = 10 \times (\rho_k - \rho_m) \times h \quad (7.2.8)$$

式中 ΔH——燃气的附加压力(Pa)；

ρ_k——空气的密度(kg/m^3)；

ρ_m——燃气的密度(kg/m^3)；

h——燃气管道终、起点的高程差(m)。

7.2.9 当由调压站供应低压燃气时，室内低压燃气管道允许的阻力损失，不应大于表 7.2.9 的规定。

低压燃气管道允许的阻力损失　　表 7.2.9

燃 气 种 类	从建筑物引入管至管道末端阻力损失(Pa)	
	单层建筑	多层建筑
人工煤气、矿井气、液化石油气混空气	150	250
天然气、油田伴生气	250	350
液化石油气	350	600

注：①阻力损失包括燃气计量装置的损失。

②当由楼幢调压箱供应低压燃气时，室内低压燃气管道允许的阻力损失，也可按本规范第 5.2.7 条计算确定。

7.2.10 燃气引入管不得敷设在卧室、浴室、地下室、易燃或易爆品的仓库、有腐蚀性介质的房间、配电间、变电室、电缆沟、烟道和进风道等地方。

燃气引入管应设在厨房或走廊等便于检修的非居住房间内。当确有困难，可从楼梯间引入，此时引入管阀门宜设在室外。

7.2.11 燃气引入管进入密闭室时，密闭室必须进行改造，并设置换气口，其通风换气次数每小时不得小于 3 次。

7.2.12 输送湿燃气的引入管，埋设深度应在土壤冰冻线以下，并应有不低于 0.01 坡向凝水缸或燃气分配管道的坡度。

7.2.13 燃气引入管穿过建筑物基础、墙或管沟时，均应设置在套管中，并应考虑沉降的影响，必要时应采取补偿措施。

7.2.14 燃气引入管的最小公称直径，应符合下列要求：

(1)当输送人工煤气和矿井气等燃气时，不应小于 25mm；

(2)当输送天然气和液化石油气等燃气时，不应小于 15mm。

7.2.15 燃气引入管阀门的设置，应符合下列要求：

(1)阀门宜设置在室内，对重要用户尚应在室外另设置阀门。阀门应选择快速式切断阀；

(2)地上低压燃气引入管的直径小于或等于 75mm 时，可在室外设置带丝堵的三通，不另设置阀门。

7.2.16 建、构筑物内部的燃气管道应明设。当建筑或工艺有特殊要求时，可暗设，但必须便于安装和检修。

7.2.17 暗设燃气管道应符合下列要求：

(1)暗设的燃气立管，可设在墙上的管槽或管道井中，暗设的燃气水平管，可设在吊平顶内或管沟中；

(2)暗设的燃气管道的管槽应设活动门和通风孔；暗设的燃气管道的管沟应设活动盖板，并填充干沙；

(3)工业和实验室用的燃气管道可敷设在混凝土地面中，其燃气管道的引进和引出处应设套管。套管应伸出地面5～10cm。套管两端应采用柔性的防水材料密封；

管道应有防腐绝缘层；

(4)暗设的燃气管道可与空气、惰性气体、上水、热力管道等一起敷设在管道井、管沟或设备层中。此时燃气管道应采用焊接连接；

燃气管道不得敷设在可能渗入腐蚀性介质的管沟中；

(5)当敷设燃气管道的管沟与其他管沟相交时，管沟之间应密封，燃气管道应敷设在钢套管中；

(6)敷设燃气管道的设备层和管道井应通风良好。每层的管道井应设与楼板耐火极限相同的防火隔断层，并应有进出方便的检修门；

(7)燃气管道应涂以黄色的防腐识别漆。

7.2.18 室内燃气管道不得穿过易燃易爆品仓库、配电间、变电室、电缆沟、烟道和进风道等地方。

7.2.19 室内燃气管道不应敷设在潮湿或有腐蚀性介质的房间内。当必须敷设时，必须采取防腐蚀措施。

7.2.20 燃气管道严禁引入卧室。当燃气水平管道穿过卧室、浴室或地下室时，必须采用焊接连接的方式，并必须设置在套管中。燃气管道的立管不得敷设在卧室、浴室或厕所中。

7.2.21 当室内燃气管道穿过楼板、楼梯平台、墙壁和隔墙时，必须安装在套管中。

7.2.22 燃气管道敷设高度(从地面到管道底部)应符合下列要求：

(1)在有人行走的地方，敷设高度不应小于2.2m；

(2)在有车通行的地方，敷设高度不应小于4.5m。

注：燃气管道有保温层时，敷设高度指地面到保温层底部。

7.2.23 沿墙、柱、楼板和加热设备构架上明设的燃气管道应采用支架、管卡或吊卡固定。燃气钢管的固定件间距不应大于表7.2.23的规定。

燃气钢管固定件的最大间距 **表7.2.23**

管道公称直径(mm)	无保温层管道的固定件的最大间距(m)
15	2.5
20	3
25	3.5
32	4
40	4.5
50	5
70	6
80	6.5
100	7
125	8
150	10
200	12
250	14.5
300	16.5
350	18.5
400	20.5

7.2.24 燃气管道必须考虑在工作环境温度下的极限变形。当自

然补偿不能满足要求时，应设补偿器，但不宜采用填料式补偿器。

7.2.25 输送干燃气的管道可不设置坡度。输送湿燃气（包括气相液化石油气）的管道，其敷设坡度不应小于0.003。

必要时，燃气管道应设排污管。

输送湿燃气的燃气管道敷设在气温低于0℃的房间或输送气相液化石油气管道处的环境温度低于其露点温度时，均应采取保温措施。

7.2.26 室内燃气管道和电气设备、相邻管道之间的净距不应小于表7.2.26的规定。

燃气管道和电气设备、相邻管道之间的净距　　表7.2.26

管道和设备		与燃气管道的净距(cm)	
		平行敷设	交叉敷设
电气设备	明装的绝缘电线或电缆	25	10(注)
	暗装的或放在管子中的绝缘电线	5(从所作的槽或管子的边缘算起)	1
	电压小于1000V的裸露电线的导电部分	100	100
	配电盘或配电箱	30	不允许
相邻管道		应保证燃气管道和相邻管道的安装、安全维护和修理	2

注：当明装电线与燃气管道交叉净距小于10cm时，电线应加绝缘套管。绝缘套管的两端应各伸出燃气管道10cm。

7.2.27 地下室、半地下室、设备层和25层以上建筑的用气安全设施应符合下列要求：

（1）引入管宜设快速切断阀；

（2）管道上宜设自动切断阀、泄漏报警器和送排风系统等自动切断联锁装置；

（3）25层以上建筑宜设燃气泄漏集中监视装置和压力控制装置，并宜有检修值班室。

7.2.28 地下室、半地下室、设备层敷设人工煤气和天然气管道时，应符合下列要求：

（1）净高不应小于2.2m；

（2）应有良好的通风设施。地下室或地下设备层内应有机械通风和事故排风设施；

（3）应设有固定的照明设备；

（4）当燃气管道与其他管道一起敷设时，应敷设在其他管道的外侧；

（5）燃气管道应采用焊接或法兰连接；

（6）应用非燃烧体的实体墙与电话间、变电室、修理间和储藏室隔开；

（7）地下室内燃气管道末端应设放散管，并应引出地上。放散管的出口位置应保证吹扫放散时的安全和卫生要求。

防雷接地应符合本规范第7.2.31条的要求。

7.2.29 液化石油气管道不应敷设在地下室、半地下室或设备层内。

7.2.30 室内燃气管道阀门的设置位置应符合下列要求：

（1）燃气表前；

（2）用气设备和燃烧器前；

（3）点火器和测压点前；

（4）放散管前；

（5）燃气引入管上，并符合本规范第7.2.15条要求。

7.2.31 工业企业用气车间、锅炉房以及大中型用气设备的燃气管道上应设放散管；放散管管口应高出屋脊1m以上，并应采取防止雨雪进入管道和吹洗放散物进入房间的措施。

当建筑物位于防雷区之外时，放散管的引线应接地，接地电阻应小于10Ω。

7.2.32 高层建筑的燃气立管应有承重支撑和消除燃气附加压力的措施。

7.2.33 燃气燃烧设备与燃气管道的连接宜采用硬管连接。

7.2.34 当燃气燃烧设备与燃气管道为软管连接时，其设计应符合下列要求：

(1)家用燃气灶和实验室用的燃烧器，其连接软管的长度不应超过2m，并不应有接口；

(2)工业生产用的需要移动的燃气燃烧设备，其连接软管的长度不应超过30m，接口不应超过2个；

(3)燃气用软管应采用耐油橡胶管；

(4)软管与燃气管道、接头管、燃烧设备的连接处应采用压紧螺帽（锁母）或管卡固定；

(5)软管不得穿墙、窗和门。

7.3 燃气的计量

7.3.1 计量装置应根据燃气的工作压力、温度、燃气的最大流量和最小流量和房间的温度等条件选择。

7.3.2 由管道供应燃气的用户，应单独设置计量装置。

民用建筑宜采用集中显示的计量装置。

7.3.3 用户计量装置的安装位置，应符合下列要求：

(1)宜安装在非燃结构的室内通风良好处；

(2)严禁安装在卧室、浴室、危险品和易燃物品堆存处，以及与上述情况类似的地方；

(3)公共建筑和工业企业生产用气的计量装置，宜设置在单独房间内；

(4)安装隔膜表的工作环境温度，当使用人工煤气和天然气时，应高于0℃；当使用液化石油气时，应高于其露点。

7.3.4 燃气表的安装应满足抄表、检修、保养和安全使用的要求。当燃气表装在燃气灶具上方时，燃气表与燃气灶的水平净距不得小于30cm。

7.3.5 计量保护装置的设置应符合下列要求：

(1)当输送燃气过程中可能产生尘粒时，宜在计量装置前设置过滤器；

(2)当使用加氧的富氧燃烧器或使用鼓风机向燃烧器供给空气时，应在计量装置后设置止回阀或泄压装置。

7.4 居民生活用气

7.4.1 居民生活使用的各类用气设备应采用低压燃气。

7.4.2 居民生活用气设备严禁安装在卧室内。

7.4.3 居民住宅厨房内宜设置排气扇和可燃气体报警器；装有直接排气式热水器时应设排气扇。

7.4.4 新建居民住宅内厨房的允许容积热负荷指标，可取2.1 $MJ/m^3 \cdot h$；对旧建筑物内的厨房或其他房间，其允许的容积热负荷指标可采用表7.4.4所列数据；当不能满足要求时，应设置排气扇或其他有效的排烟装置。

房间允许的容积热负荷指标 **表7.4.4**

厨房换气次数（次/h）	1	2	3	4	5
容积热负荷指标（$MJ/m^3 \cdot h$）	1.7	2.1	2.5	2.9	3.3

7.4.5 燃气灶的设置应符合下列要求：

(1)燃气灶应安装在通风良好的厨房内，利用卧室的套间或用户单独使用的走廊作厨房时，应设门并与卧室隔开；

(2)安装燃气灶的房间净高不得低于2.2m；

(3)燃气灶与可燃或难燃烧的墙壁之间应采取有效的防火隔热措施；

燃气灶的灶面边缘和烤箱的侧壁距木质家具的净距不应小于20cm；

燃气灶与对面墙之间应有不小于1m的通道。

7.4.6 燃气热水器应安装在通风良好的房间或过道内，并应符合下列要求：

(1)直接排气式热水器严禁安装在浴室内；

(2)烟道排气式热水器可安装在有效排烟的浴室内。浴室体积应大于7.5m^3；

(3)平衡式热水器可安装在浴室内；

(4)装有直接排气式热水器或烟道式热水器的房间，房间门或墙的下部应设有效截面积不小于0.02m^2的格栅，或在门与地面之间留有不小于30mm的间隙；

(5)房间净高应大于2.4m；

(6)可燃或难燃烧的墙壁上安装热水器时，应采取有效的防火隔热措施；

(7)热水器与对面墙之间应有不小于1m的通道。

7.4.7 燃气采暖装置的设置应符合下列要求：

(1)采暖装置应有熄火保护装置和排烟设施；

(2)容积式热水采暖炉应设置在通风良好的走廊或其他非居住房间内，与对面墙之间应有不小于1m的通道；

(3)采暖装置设置在可燃或难燃烧的地板上时，应采取有效的防火隔热措施。

7.5 公共建筑用气

7.5.1 公共建筑用气设备应安装在通风良好的专用房间内。当安装在地下室和内厨房(没有直接通向室外的门和窗)时，应符合本规范第7.2.27、7.2.28条的有关规定。

公共建筑用气设备不得安装在卧室和易燃、易爆物品的堆存处。

7.5.2 公共建筑用气设备的布置应符合下列要求：

(1)用气设备之间及用气设备与对面墙之间的净距应满足操作和检修的要求；

(2)用气设备与可燃或难燃的墙壁、地板和家具之间应采取有效的防火隔热措施。

7.5.3 公共建筑用气设备的安装应符合下列要求：

(1)大锅灶和中餐炒菜灶应有排烟设施。大锅灶的炉膛和烟道处必须设爆破门；

(2)大型用气设备的防爆设施，应符合本规范第7.6.5条的规定。

7.6 工业企业生产用气

7.6.1 工业企业生产用气设备的燃气用量，应根据热平衡计算确定；或参照同类型用气设备的用气量确定；或由原有加热设备使用其他燃料的消耗量折算确定。

7.6.2 工业企业生产用气设备的燃烧器选择，应根据加热工艺要求、用气设备类型、燃气供给压力及附属设施的条件等因素，经技术经济比较后确定。

7.6.3 工业企业生产用气设备的烟气余热应加以利用。

7.6.4 每台用气设备，应设置观察孔和点火装置，并宜设置自动点火装置和熄火保护装置。

7.6.5 工业企业生产用气设备的防爆设施，应符合下列要求：

(1)用气设备的烟道和封闭式炉膛，均应设置爆破门；

(2)用气设备的燃气总阀门与燃烧器阀门之间，应设置放散管；

(3)机械鼓风的燃烧器的主风管道，应设置爆破膜；

(4)鼓风机和空气管道应设静电接地装置。接地电阻不应大于100Ω。

7.6.6 工业企业生产用气设备，应有热工检测仪表。

在加热工艺需要和条件允许时，应设置燃烧过程的自动调节装置。

采用机械鼓风的用气设备的燃气总管上，宜设置燃气压力下限自动切断阀。

7.6.7 工业企业生产用气设备，不宜设置在地下室、半地下室或通风不良的场所。当特殊情况需要设置时，应有机械通风和相应的防火、防爆安全措施，并应符合下列要求：

(1)地下室用气的安全措施要求应符合本规范第 7.2.27、7.2.28 条的要求；

(2)地下室的用气设备应有自动点火、熄火保护和自动切断装置。

7.7 燃烧烟气的排除

7.7.1 燃具燃烧所产生的烟气应排出室外。

7.7.2 安装生活用的直接排气式燃具的厨房，应符合燃具热负荷对厨房容积和换气次数的要求。当不能满足要求时，应设置机械排烟设施。

7.7.3 浴室用燃气热水器的给排气口应直接通向室外。排气系统与浴室必须有防止烟气泄漏的措施。

7.7.4 公共建筑用厨房中的燃具上方应设排气扇或吸气罩。

7.7.5 用气设备的排烟设施应符合下列要求：

(1)不得与使用固体燃料的设备共用一套排烟设施；

(2)每台用气设备宜采用单独烟道；当多台设备合用一个总烟道时，应保证排烟时互不影响；

(3)在容易积聚烟气的地方，应设置防爆装置；

(4)应设有防止倒风的装置。

7.7.6 高层建筑的共用烟道，各层排烟不得互相影响。

7.7.7 当用气设备的烟囱伸出室外时，其高度应符合下列要求：

(1)当烟囱离屋脊小于 1.5 m 时(水平距离)，应高出屋脊 0.5m；

(2)当烟囱离屋脊 1.5～3.0m 时(水平距离)，烟囱可与屋脊等高；

(3)当烟囱离屋脊的距离大于 3.0m 时(水平距离)，烟囱应在屋脊水平线下 10°的直线上；

(4)在任何情况下，烟囱应高出屋面 0.5m；

(5)当烟囱的位置临近高层建筑时，烟囱应高出沿高层建筑物 45°的阴影线；

(6)烟囱出口应有防止雨雪进入的保护罩。

7.7.8 用气设备排烟设施的烟道抽力应符合下列要求：

(1)热负荷 30kW 以下的居民用气设备；烟道的抽力不应小于 3Pa；

(2)热负荷为 30kW 以上的公共建筑用气设备，烟道抽力不应小于 10Pa；

(3)工业企业生产用气设备的烟道抽力应按工艺要求确定。

7.7.9 水平烟道的设置长度应符合下列要求：

(1)居民用气设备的水平烟道长度不宜超过 3m；

(2)公共建筑用气设备的水平烟道长度不宜超过 6m；

(3)工业企业生产用气设备的水平烟道长度，应根据现场情况和烟囱抽力确定。

7.7.10 水平烟道应有 0.01 坡向用气设备的坡度。

7.7.11 烟道排气式热水器的安全排气罩上部，应有不小于 0.25m的垂直上升烟气导管，其直径不得小于热水器排烟口的直径。热水器的烟道上不应设置闸板。

7.7.12 居民用气设备的烟道距难燃或非燃顶棚或墙的净距不应小于 5cm；距易燃的顶棚或墙的净距不应小于 25cm。

注：当有防火保护时，其距离可适当减小。

7.7.13 有安全排气罩的用气设备不得设置烟道闸板。

无安全排气罩的用气设备，在烟道上应设置闸板，闸板上应有直径大于 15mm 的孔。

7.7.14 烟囱出口的排烟温度应高于烟气露点 15℃以上。

7.7.15 烟囱出口应设置风帽或其他防倒风装置。

附录 A　燃气管道摩擦阻力计算

A.0.1　低压燃气管道：

根据燃气在管道中不同的运动状态，其单位长度的摩擦阻力损失采用下列各式计算：

(1)层流状态：$Re \leqslant 2100 \quad \lambda = 64/Re$

$$\frac{\Delta P}{l} = 1.13 \times 10^{10} \frac{Q}{d^4} \nu \rho \frac{T}{T_0} \qquad (A.0.1\text{-}1)$$

(2)临界状态：$Re = 2100 \sim 3500$

$$\lambda = 0.03 + \frac{Re - 2100}{65Re - 10^5}$$

$$\frac{\Delta P}{l} = 1.9 \times 10^6 \left(1 + \frac{11.8Q - 7 \times 10^4 d\nu}{23Q - 10^5 d\nu}\right) \frac{Q^2}{d^5} \rho \frac{T}{T_0} \qquad (A.0.1\text{-}2)$$

(3)湍流状态：$Re > 3500$

1)钢管：

$$\lambda = 0.11 \left(\frac{K}{d} + \frac{68}{Re}\right)^{0.25}$$

$$\frac{\Delta P}{l} = 6.9 \times 10^6 \left(\frac{K}{d} + 192.2 \frac{d\nu}{Q}\right)^{0.25} \frac{Q^2}{d^5} \rho \frac{T}{T_0} \qquad (A.0.1\text{-}3)$$

2)铸铁管：

$$\lambda = 0.102236 \left(\frac{1}{d} + 5158 \frac{d\nu}{Q}\right)^{0.284}$$

$$\frac{\Delta P}{l} = 6.4 \times 10^6 \left(\frac{1}{d} + 5158 \frac{d\nu}{Q}\right)^{0.284} \frac{Q^2}{d^5} \rho \frac{T}{T_0} \qquad (A.0.1\text{-}4)$$

式中　Re——雷诺数；

ΔP——燃气管道摩擦阻力损失(Pa)；

λ——燃气管道的摩擦阻力系数；

l——燃气管道的计算长度(m)；

Q——燃气管道的计算流量(m^3/h)；

d——管道内径(mm)；

ρ——燃气的密度(kg/m^3)；

T——设计中所采用的燃气温度(K)；

T_0——273.15(K)；

ν——0℃和101.325kPa时燃气的运动粘度(m^2/s)；

K——管壁内表面的当量绝对粗糙度，对钢管：输送天然气和气态液化石油气时取0.1mm；输送人工煤气时取0.15mm。

A.0.2　次高压和中压燃气管道：

根据燃气管道不同材质，其单位长度摩擦阻力损失采用下列各式计算：

(1)钢管：

$$\lambda = 0.11 \left(\frac{K}{d} + \frac{68}{Re}\right)^{0.25}$$

$$\frac{P_1^2 - P_2^2}{L} = 1.4 \times 10^9 \left(\frac{K}{d} + 192.2 \frac{d\nu}{Q}\right)^{0.25} \frac{Q^2}{d^5} \rho \frac{T}{T_0} \qquad (A.0.2\text{-}1)$$

(2)铸铁管：

$$\lambda = 0.102236 \left(\frac{1}{d} + 5158 \frac{d\nu}{Q}\right)^{0.284}$$

$$\frac{P_1^2 - P_2^2}{L} = 1.3 \times 10^9 \left(\frac{1}{d} + 5158 \frac{d\nu}{Q}\right)^{0.284} \frac{Q^2}{d^5} \rho \frac{T}{T_0} \qquad (A.0.2\text{-}2)$$

式中　L——燃气管道的计算长度(km)；

A.0.3　高压燃气管道的单位长度摩擦阻力损失，宜按现行的国家标准《输气管道工程设计规范》GB 50251有关规定计算。

注：除附录A所列公式外，其他计算燃气管道摩擦阻力系数(λ)的公式，当其计算结果接近本规范式(5.2.5-2)时，也可采用。

附录B 燃气输配系统生产区域用电场所的爆炸危险区域等级和范围的划分

本附录根据现行的国家标准《爆炸和火灾危险环境电力装置设计规范》GB 50058 的规定，结合燃气工程运行介质的特性、工艺过程特征、运行经验及释放源等因素，对燃气输配系统生产区域用电场所的爆炸危险区域等级和范围进行划分。

（1）本附录适用于运行介质相对密度小于或等于 0.75 的燃气。相对密度大于 0.75 的燃气爆炸危险区域等级和范围的划分宜符合本规范附录 E 的有关规定。

（2）燃气输配系统生产区域所有场所的释放源属第二级释放源。存在第二级释放源的场所可划为 2 区，少数通风不良的场所可划为 1 区。其区域的划分宜符合以下典型示例的规定。

1）露天设置的固定容积储气罐的爆炸危险区域等级和范围的划分见附图 B-1。

以储罐安全放散阀放散管管口为中心，当管口高度 h 距地坪大于 4.5m 时，半径 b 为 3m，顶部距管口 a 为 5m（当管口高度 h 距地坪小于等于 4.5m 时，半径 b 为 5m，顶部距管口 a 为 7.5m）以及管口到地坪以上的范围为 2 区。

储罐底部至地坪以上的范围（半径 c 不小于 4.5m）为 2 区。

2）露天设置的低压储气罐的爆炸危险区域等级和范围的划分见附图 B-2(a) 和附图 B-2(b)。

干式储气罐内部活塞或橡胶密封膜以上的空间为 1 区。

储气罐外部罐壁外 3m 内，罐顶（以放散管管口计）以上 7.5m 内的范围为 2 区。

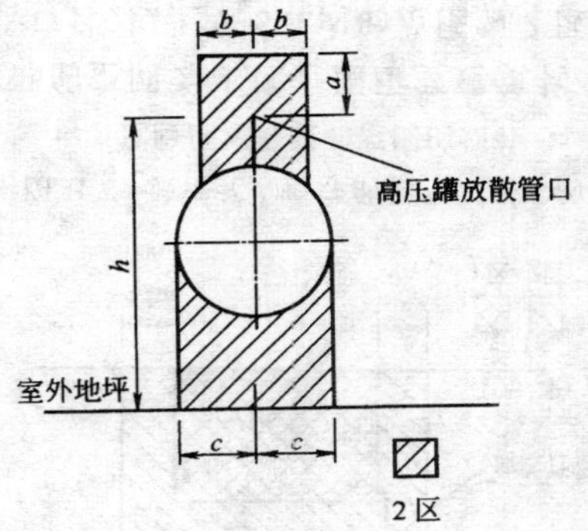

附图 B-1 露天设置的固定容积储气罐的爆炸危险区域等级和范围的划分

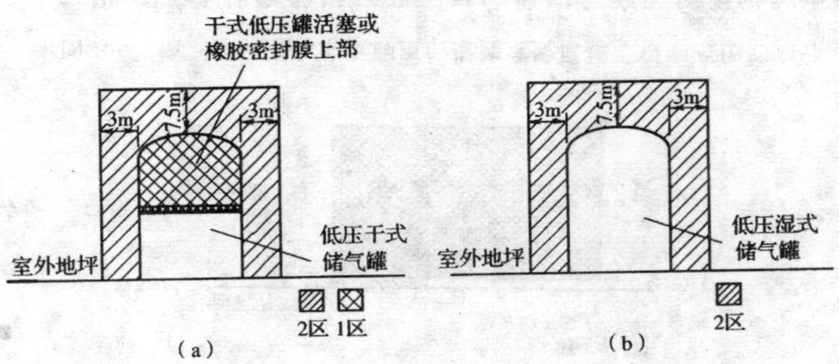

附图 B-2 露天设置的低压储气罐的爆炸危险区域等级和范围的划分

3）低压储气罐进出气管阀门间的爆炸危险区域等级和范围的划分见附图 B-3。

阀门间内部的空间为 1 区。

阀门间外壁 4.5m 内，屋顶（以放散管管口计）7.5m 内的范围为 2 区。

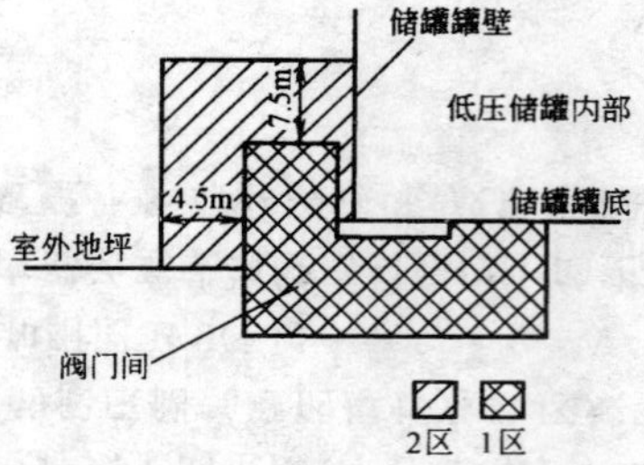

附图 B-3 低压储气罐进出气管阀门间的爆炸危险区域等级和范围的划分

4）通风良好的压缩机室、调压室、计量室等生产用房的爆炸危险区域等级和范围的划分见附图 B-4。

建筑物内部及建筑物外壁 4.5m 内，屋顶（以放散管管口计）以上 7.5m 内的范围为 2 区。

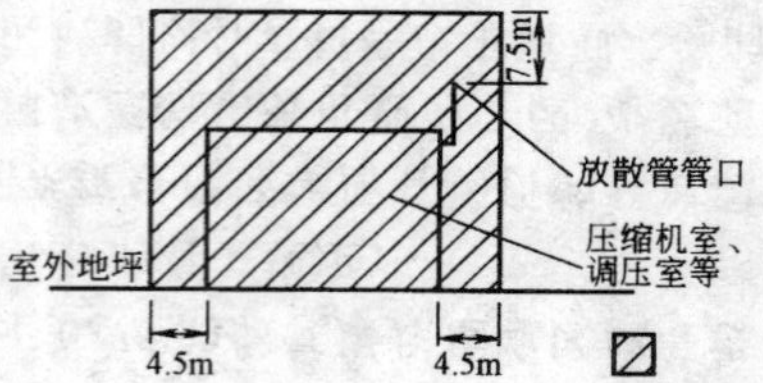

附图 B-4 通风良好的压缩机室、调压室、计量室等生产用房的爆炸危险区域等级和范围的划分

5）露天设置的工艺装置区的爆炸危险区域等级和范围的划分见附图 B-5。

工艺装置区边缘外 4.5m 内，放散管管口以上（或最高的装置）7.5m 内的范围为 2 区。

6）地下调压室和地下阀室的爆炸危险区域等级和范围的划分见附图 B-6。

地下调压室和地下阀室内部的空间为 1 区。

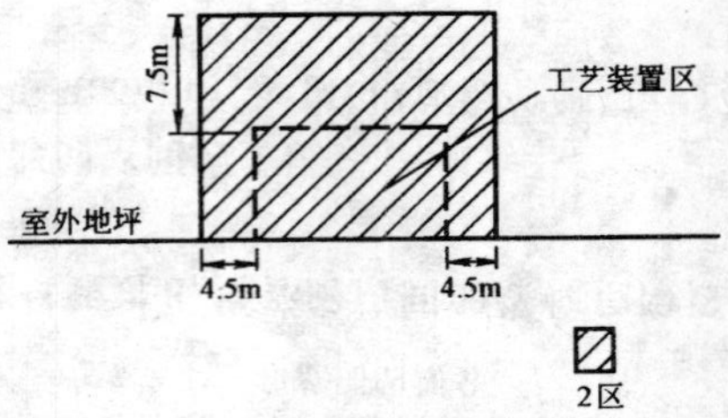

附图 B-5 露天设置的工艺装置区的爆炸危险区域等级和范围的划分

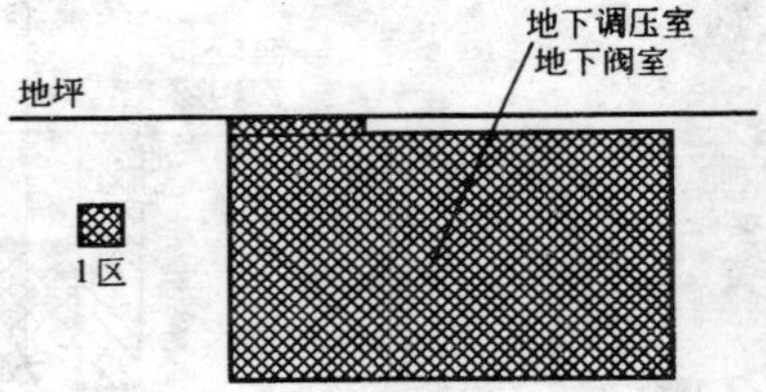

附图 B-6 地下调压室和地下阀室的爆炸危险区域等级和范围的划分

7）城市无人值守的燃气调压室的爆炸危险区域等级和范围的划分见附图 B-7。

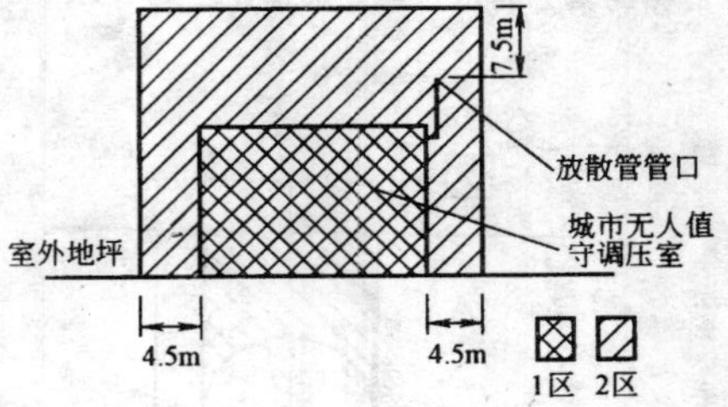

附图 B-7 城市无人值守的燃气调压室的爆炸危险区域等级和范围的划分

调压室内部的空间为 1 区。调压室建筑物外壁 4.5m 内，屋顶（以放散管管口计）以上 7.5m 内的范围为 2 区。

(3) 下列用电场所可划分为非爆炸危险区域：

1)没有释放源，且不可能有可燃气体侵入的区域；

2)可燃气体可能出现的最高浓度不超过爆炸下限的 20％的区域；

3)在生产过程中使用明火的设备的附近区域，如燃气锅炉房等；

4)站内露天设置的地上管道区域。但设阀门处应按具体情况确定。

附录 C 制气车间主要生产场所火灾及爆炸危险分类等级

制气车间主要生产场所火灾及爆炸危险分类等级

附表 C

车间	场所或装置		生产类别	耐火等级	等级 室内	等级 室外
备煤及筛焦	煤场		丙	二		23 区
	破碎机、粉碎机		乙	二	22 区	
	胶带通廊、转运站		丙	二	22 区	
	配煤室、煤库		丙	二	22 区	
	贮焦仓		丙	二	22 区	
焦炉	焦炉地下室、煤气水封室、封闭煤气预热室		甲	二	1 区	
	焦炉分烟道走廊	下喷式	甲	二	2 区	
		侧喷式	甲	二	1 区	
	煤塔下直接式计器室(或计器变运器室)		甲	二	1 区	
	煤塔、炉间台和炉端台底层		甲	二	2 区	
	集气管直接式计器室		甲	二	2 区	
直立炉	煤仓、焦仓、操作层		甲	二	22 区	
	炉顶操作层		甲	二		
	直立炉顶部				1 区	
	其他空间				2 区	
	其他操作层				2 区	

续附表 C

车间	场所或装置	生产类别	耐火等级	等级 室内	等级 室外
油制气	油制气排送机室	甲	二	1区	
	泵房	丙	二	21区	
	油制气缓冲气罐				1区
	油制气室外设备				2区
	油制气控制室	丙	二	1区	
水煤气	水煤气生产厂房	甲	二	1区	
	水煤气排送机间	甲		1区	
	水煤气管道排水器间	甲	二	1区	
	煤斗室、破碎筛分间运煤胶带通廊			22区	
	缓冲气罐、罐顶和罐壁外 3m 以内				1区
	煤气计量器室	甲		1区	
	室外设备				2区
发生炉	主厂房贮煤层：封闭建筑且有煤气漏入	乙	二	2区	
	主厂房贮煤层：敞开、半敞开建筑或无煤气漏入	乙	二	22区	
	煤气排送机间	乙	二	2区	
	煤气管道排水器室	乙	三	2区	
	室外设备				2区
	运煤胶带通廊、煤筛分间		二	22区	
	煤气计量器室	乙		2区	

附录D　煤气净化车间主要生产场所火灾及爆炸危险分类等级

煤气净化车间主要生产场所火灾及爆炸危险分类等级

附表 D.1

类别	生产场所名称
甲	初冷器、鼓风机室上下层、电捕焦油器、硫铵饱和器和终冷、洗氨、洗苯、脱硫和终脱萘等煤气区、粗苯生产区、吡啶生产区和溶剂脱酚生产区
乙	冷凝泵房、氨水泵房、蒸氨区、脱硫再生区、硫磺仓库
丙	化验室和鼓风冷凝、焦油罐区

煤气净化车间主要生产场所火灾及爆炸危险分类等级

附表 D.2

生产场所名称	等级 室内	等级 室外
初冷器		2区
焦油氨水分离装置及贮槽		21区
鼓风机	1区	
电捕焦油器		2区
硫铵饱和器		2区
吡啶回收装置及贮槽	1区	2区
洗萘、终冷、洗氨、洗苯和脱硫等塔		2区
终冷洗萘油贮槽		21区

续附表 D.2

生产场所名称	等级	
	室内	室外
蒸氨装置		2区
氨水泵房		2区
浓氨水槽		1区
粗苯洗涤泵房	2区	
粗苯蒸馏装置		2区
粗苯产品泵房	1区	
粗苯油水分离器		2区
粗苯贮槽		2区
洗油贮槽		21区
脱硫塔		2区
再生塔		2区
硫磺仓库	11区	
煤气放散装置		2区
干法脱硫箱	1区	2区
脱硫剂再生装置		10区
化验室	21区	
萃取脱酚萃取塔等		2区
萃取脱酚泵房	1区	

附录E 液化石油气站用电场所爆炸危险区域范围和等级的划分

(1)0 区:1 区中比地面低洼、易积存液化石油气的部位;

(2)1 区:

1)封闭式的灌瓶间、瓶库、压缩机室、烃泵房、贮罐室、气化间、混气间、调压室、瓶装供应站的瓶库和瓶组间等内部空间;

2)敞开或半敞开式灌瓶间的内部空间以及敞开面向外水平距离 15m 以内,距室内地面垂直高度 3m 以下的空间;

3)敞开式或半敞开式的瓶库、压缩机室、烃泵房、贮罐室、气化间、混气间、调压室、瓶装供应站的瓶库和瓶组间等内部空间以及敞开面向外水平距 7.5m,距室内地面垂直高度 3m 以下的空间;

4)铁路槽车装卸口以外,水平距离 15m 以内,装卸口以下的空间;

5)汽车槽车装卸口以外,水平距离 15m 以内,距地面垂直高度 2m 以内的空间;

6)露天设置的贮罐和容器安全阀阀口和排污阀排放口处,以 3m 为半径的空间;

7)2 区中比地面低洼、易积存液化石油气的部位。

(3)2 区:

1)1 区 1)项所列的封闭式建筑物 1 区以外,在自然通风良好的条件下,通向室外的门窗向外水平距离 3m 以内,门窗开口以下的空间。在自然通风不良条件下,其水平距离应延至7.5m;

2)1 区 2)项和 3)项所列的敞开式、半敞开式建筑物 1 区以外,水平距离 7.5m 和门窗开口以下的空间;

3)封闭式汽车槽车库内部空间。在自然通风良好的条件下,通向室外的门窗水平距离 1m，通风不良时其水平距离应延至 3m 门窗开口以下的空间；

敞开、半敞开式汽车槽车内部空间；

4）铁路槽车装卸口 1 区以外，水平距离 7.5m 以内装卸口以下的空间；

5）汽车槽车装卸口 1 区以外，水平距离 7.5m 以内距地面垂直高度 2m 以下的空间；

6）露天设置的贮罐、容器和设备自外壁以外水平距离 3m，垂直高度 3m 以下的空间；

7）设置露天的贮罐和容器安全阀放散口和排污阀排放口 1 区以外加 3m 为半径的空间；

（4）与爆炸危险区域相邻场所的区域防爆等级划分：

与爆炸危险区域相邻的建筑物之间的隔墙应是密实坚固的非燃烧实体墙。隔墙的门应是坚固的非燃烧材料制成，且有密封措施和自动关闭装置。该相邻建筑物防爆等级划分见附表 E。

与爆炸危险区域相邻场所防爆等级划分 **附表 E**

危险区域	用有门的墙隔开的相邻场所等级		备注
等级	一道有门的墙	两道有门的墙（走廊或套间）	
0 区	0 区	1 区	两道隔墙门框净距不应小于 2m
1 区	2 区	无危险场所	
2 区	无危险场所	无危险场所	

液化石油气站用电场所爆炸危险区域范围和等级划分示例如附图 E 所示。

注：下列场所可视为无爆炸危险区：

①以液化石油气或残液为燃料的锅炉房。

②以液化石油气为燃料的工业厂房内部空间。

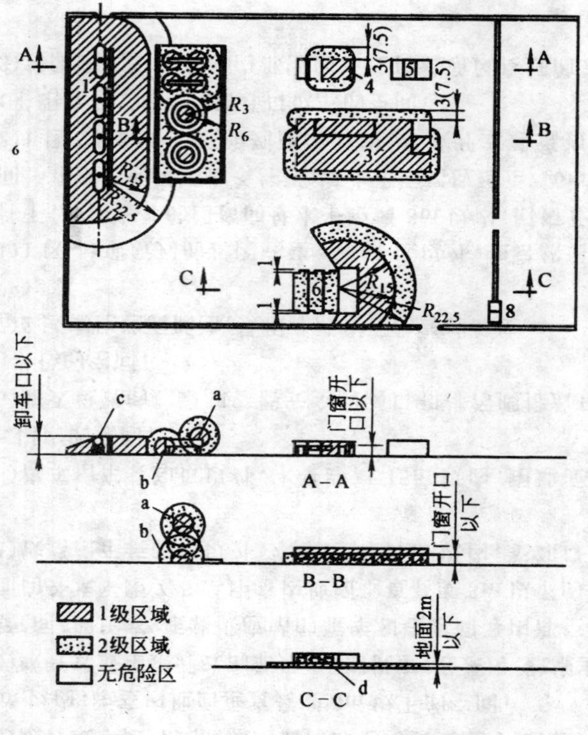

附图 E　液化石油气站用电场所爆炸危险区域范围和等级的划分

1—铁路槽车装卸线；2—贮罐区；3—灌瓶间及附属瓶库；4—压缩机室、仓库及仪表间；5—空气压缩机室；6—汽车槽车库；7—汽车槽车装卸柱；8—门卫；a—安全阀放散口；b—排污阀排放口；c—铁路槽车装卸口；d—汽车槽车装卸口

附录F　居民生活用燃具的同时工作系数 k

居民生活用燃具的同时工作系数 k　　附表F

同类型燃具数目 N	燃气双眼灶	燃气双眼灶和快速热水器	同类型燃具数目 N	燃气双眼灶	燃气双眼灶和快速热水器
1	1.00	1.00	40	0.39	0.18
2	1.00	0.56	50	0.38	0.178
3	0.85	0.44	60	0.37	0.176
4	0.75	0.38	70	0.36	0.174
5	0.68	0.35	80	0.35	0.172
6	0.64	0.31	90	0.345	0.171
7	0.60	0.29	100	0.34	0.17
8	0.58	0.27	200	0.31	0.16
9	0.56	0.26	300	0.30	0.15
10	0.54	0.25	400	0.29	0.14
15	0.48	0.22	500	0.28	0.138
20	0.45	0.21	700	0.26	0.134
25	0.43	0.20	1000	0.25	0.13
30	0.40	0.19	2000	0.24	0.12

注：①表中"燃气双眼灶"是指一户居民装设一个双眼灶的同时工作系数；当每一户居民装设两个单眼灶时，也可参照本表计算。

②表中"燃气双眼灶和快速热水器"是指一户居民装设一个双眼灶和一个快速热水器的同时工作系数。

附录G　名词解释

名词解释　　附表G

名　词	曾用名词	说　明
城镇燃气	城市煤气 城市燃气	指符合本规范燃气质量要求的，供给居民生活、商业和工业企业生产作燃料用的，公用性质的燃气。城镇燃气一般包括天然气、液化石油气和人工煤气（人工煤气又简称为煤气）
居民生活用气		指城、镇居民住宅内的用气。当前一般为做饭和热水的用气
商业用气	公共建筑用气 公用设施用气 公共福利用气	指城、镇商业用户（含公共建筑）内生产和生活用气
直立炉	伍德炉、炭化炉	指 W—D 式连续式直立炭化炉的简称
坩埚膨胀序数		是表示煤的黏结性的一项指标。这项指标用于国际烟煤分类中的组别的划分
葛金指数	葛金氏焦条	是表示煤的结焦性的一项指标。这项指标用于国际烟煤分类中的组别的划分
气　焦	熟煤、半焦	是焦炭的一种，其质量低于冶金焦或铸造焦，直立炉所生产的焦一般称为气焦，当焦炉或立箱炉大量配入气煤时，所产生的低质的焦炭也是气焦
电气滤清器	电捕（除）焦油器静电除尘器	用高压直流电除去煤气中焦油和灰尘的设备

续附表 G

名　词	曾用名词	说　明
调度气		指为了平衡用气量高峰，供做调度手段使用的燃气
计算月		指逐月平均的日用气量中出现最大值的月份
月高峰系数		计算月的平均日用气量和年的日平均用气量之比
日高峰系数		计算月中的日最大用气量和该月日平均用气量之比
小时高峰系数		计算月中最大用气量日的小时最大用气量和该日平均小时用气量之比
单独用户		系指主要有一个专用用气点，如一个锅炉房、一个食堂或一个车间等的用气单位
调压装置		指调压器及其附属设备。将较高燃气压力降至所需的较低压力调压单元总称
调　压　站		包括调压装置及调压室的建筑物（构筑物）等。将调压装置放置于专用的调压室建筑物（构筑物）中，承担用气压力的调节
调压箱 调压柜		包括调压装置和铁箱。将调压装置放置于专用箱子中，设于用气居民或公共建筑附近，承担用气压力的调节。悬挂式箱称为调压箱，落地式箱称为调压柜
重要的公共建筑		指性质重要、人员密集，发生火灾后损失大、影响大、伤亡大的公共建筑物。如省市级以上的机关办公楼、电子计算机中心、通讯中心以及体育馆、影剧院、百货大楼等

续附表 G

名　词	曾用名词	说　明
用气建筑物的毗连建筑物		指与用气建筑物紧密相连又不属于同一个建筑结构整体的建筑物，也称附属建筑物
液化石油气供应基地		城镇液化石油气储存站储配站和灌瓶站的统称
液化石油气储存站		液化石油气储存基地，其主要功能是储存液化石油气，并将其输给灌瓶站、气化站和混气站
液化石油气储配站		液化石油气储存站和灌瓶站的统称，并兼有两者全部功能
液化石油气灌瓶站		液化石油气灌瓶基地，其主要功能是进行液化石油气灌瓶作业，并将其送至瓶装供应站或用户。同时，也灌装汽车槽车，并将其送至汽车槽车灌瓶车、气化站和混气站
单瓶供应系统		配有 2 个或 2 个以下 15kg 气瓶的用户供应系统
瓶组供应系统		配有 2 个以上 15kg 和 2 个或 2 个以上 50kg 气瓶的用户供应系统
气　化　站		指采用自然或强制气化方法，使液化石油气转变为气态供出的基地
混　气　站		指生产液化石油气混合气的基地
液化石油气混合气		指以液化石油气为主，与空气或其他发热值较低的可燃气体混配在一起，并符合城镇燃气气质指标要求的燃气
液化石油气站		泛指液化石油气供应基地、气化站、混气站、瓶装供应站等
引　入　管		指从室外庭院燃气支管引向用户室内燃气总阀门之间的管道

附录H　本规范用词说明

H.0.1　为便于在执行本规范条文时区别对待，对要求严格程度不同的用词说明如下：

H.0.1.1　表示很严格，非这样做不可的用词：

正面词采用"必须"；

反面词采用"严禁"。

H.0.1.2　表示严格，在正常情况下均这样做的用词：

正面词采用"应"；

反面词采用"不应"或"不得"。

H.0.1.3　对表示允许稍有选择，在条件许可时首先应这样做的用词：

正面词采用"宜"或"可"；

反面词采用"不宜"。

H.0.2　条文中指定应按其他有关标准、规范执行时，写法为"应符合……的规定"或"应按……执行"。

附加说明

本规范主编单位、参加单位和主要起草人名单

主编单位： 中国市政工程华北设计院

参加单位： 上海市煤气公司
沈阳市煤气总公司
成都市煤气公司
北京市煤气热力工程设计院
苏州城建环保学院

主要起草人： 金石坚　陈贤仁　冯长海　戚大明　高　勇
梁安馨　王昌遒　沈仲棠　严铭卿　宋怀芳
粟锦康　龙惠琼　刘振华　李天凡　李振玖
陈文桂　赵圭复　朱芝芬　苗树园　宣民治
李猷嘉　曹永根　于国平　濮胜利　韩锦昌

第 13 号公告主编单位、参编单位和主要起草人名单

主编单位： 中国市政工程华北设计研究院

参编单位： 公安部消防局

主要起草人： 金石坚　徐　良　何伯康　冯长海　陈贤仁　贾秋明　潘　丽

第 51 号公告（规范第一、二、五章）主编单位、参编单位和主要起草人名单

主编单位： 中国市政工程华北设计研究院

参编单位： 上海燃气设计院
香港中华煤气有限公司
成都市煤气总公司
天津市煤气工程设计院
沈阳市城市燃气设计研究院
北京市煤气热力工程设计院
西安市天然气总公司
新兴铸管股份有限公司
亚大塑料制品有限公司
华创天元实业发展有限责任公司
华北石油钢管厂
沈阳光正工业有限公司
天津新科成套仪表有限公司

主要起草人： 金石坚　李颜强　孙欣华　王　啟　徐　良　李猷嘉　李建勋　陈云玉　贾秋明　刘松林　应援农　沈仲棠　周也路　田大栓　吴　珊　杨永慧　孙宗浩　李绍海　王　华　牛铭昌　王晓香　孟　光　孙建勋

中华人民共和国国家标准

城镇燃气设计规范

GB 50028—93

条文说明

前　言

根据国家计委计综[1986]第 250 号文的要求，由建设部负责主编，具体由中国市政工程华北设计院会同有关单位共同编制的《城镇燃气设计规范》GB 50028—93，经建设部 1993 年 3 月 15 日以建标[1993]211 号文批准发布。

为便于广大设计、施工、科研、学校等有关单位人员在使用本规范时能正确理解和执行条文规定，《城镇燃气设计规范》编制组根据国家计委关于编制标准、规范条文说明的统一要求，按《城镇燃气设计规范》的章、节、条的顺序，编制了规范条文说明，供国内各有关部门和单位参考。在使用中如发现本条文说明有欠妥之处，请将意见函寄中国市政工程华北设计院《城镇燃气设计规范》国标管理组（天津市气象台路，邮政编码 300074）。

本《条文说明》仅供有关部门和单位执行本规范时使用，不得外传和翻印。

1993 年 3 月

目　次

1 总 则

1.0.1 提出使城镇燃气工程设计符合安全生产、保证供应、合理用气、保护环境的要求，这是结合城镇燃气特点提出的。

由于燃气是公用的，它具有压力，又具有易燃易爆和有毒等特性，所以强调安全生产是非常必要的。

保证供应这个要求是与安全生产密切联系的。要求城镇燃气在质量上要有一定的质量指标，同时，在量的方面要能满足任何情况下的需要，做到持续、稳定的供气，满足用户的要求。

1.0.2 本规范适用范围明确为“城镇燃气工程”。所谓城镇燃气，是指城市、乡镇或居民点中，从地区性的气源点，通过输配系统供给居民生活、商业、工业企业生产、采暖通风和空调等各类用户作燃料用的，公用性质的，且符合本规范燃气质量要求的气体燃料。

1.0.3 如何积极采用行之有效的新技术、新工艺、新材料和新设备，早日改变城镇燃气落后面貌，为实现国民经济发展的高速度，把我国建设成为社会主义的现代化强国，需要在设计方面加以强调，故做此项规定。

1.0.4 城镇燃气工程牵涉到城市能源、环保、消防等的全面布局，城镇燃气管道、设备建设后，也不应轻易更换，应有一个经过全面系统考虑过的远期规划做指导，使近期建设不致于盲目进行，避免今后的不合理或浪费。因而提出应遵循能源政策，根据城镇总体规划进行设计，并应与城镇能源规划、环保规划、消防规划等相结合，处理好远、近的结合等。

2 用气量和燃气质量

2.1 用 气 量

2.1.1 供气原则是一项与很多重大设计原则有关联的复杂问题，它不仅涉及到国家的能源政策，而且和当地具体情况、条件密切相关。从我国已有煤气供应的城市来看，例如在供给工业和民用用气的比例上就有很大的不同。工业和民用用气的比例是受城市发展包括燃料资源分配、环境保护和市场经济等多因素影响形成的，不能简单做出统一的规定。故本规范对供气原则不做硬性规定。在确定气量分配时，一般应优先发展民用用气，同时也要发展一部分工业用气，两者要兼顾，这样做有利于提高气源厂的效益，减少储气容积，减轻高峰负荷，增加售气收费，有利于节假日负荷的调度平衡等。那种把城镇燃气单纯地看成是民用用气是片面的。

采暖通风和空调用气量，在气源充足的条件下，可酌情纳入。燃气汽车用气量仅指以天然气和液化石油气为气源时才考虑纳入。

其他气量中主要包括了两部分内容：一部分是管网的漏损量；另一部分是因发展过程中出现没有预见到的新情况而超出了原计算的设计供气量。其他气量中的前一部分是有规律可循的，可以从调查统计资料中得出参考性的指标数据；后一部分则当前还难掌握其规律，暂不能做出规定。

（原表1删除）

2.1.2 居民生活和商业的用气量指标，应根据当地居民生活和商业用气量的统计数据分析确定。这样做更加切合当地的实际情况，由于燃气已普及故一般均具备了统计的条件。对居民用户调查时：

1. 要区分用户有无集中采暖设备。有集中采暖设备的用户一般比无集中采暖设备用户的用气量要高一些，这是因为无集中采暖设备的用户在采暖期采用煤火炉采暖兼烧水、做饭，因而减少了燃气用量。一般每年差 10%～20%，这种差别在采暖期比较长的城市表现得尤为明显；

2. 一般瓶装液化石油气居民用户比管道供燃气的居民用户用气量指标要低 10%～15%；

3. 根据调研表明，居民用户用气量指标增加是非常缓慢的，个别还有下降的情况，平均每年的增长率小于 1%，因而在取用气量指标时，不必对今后发展考虑过多而加大用气量指标。

2.2 燃 气 质 量

2.2.1A 城镇燃气是供给城镇居民生活、商业、工业企业生产、采暖通风和空调等做燃料用的，在燃气的输配、储存和应用的过程中，为了保证城镇燃气系统和用户的安全，减少腐蚀、堵塞和损失，减少对环境的污染和保障系统的经济合理性，要求城镇燃气具有一定的质量指标并保持其质量的相对稳定是非常重要的基础条件。

为保证燃气用具在其允许的适应范围内工作，并提高燃气的标准化水平，便于用户对各种不同燃具的选用和维修，便于燃气用具产品的国内外流通等，各地供应的城镇燃气（应按基准气分类）的发热量和组份应相对稳定，偏离基准气的波动范围不应超过燃气用具适应性的允许范围，也就是要符合城镇燃气互换的要求。具体波动范围，根据燃气类别宜按现行的国家标准《城市燃气分类》GB/T 13611 的规定采用并应适当留有余地。

现行的国家标准《城市燃气分类》GB/T 13611，详见增表 1（华白数按燃气高发热量计算）。

《城市燃气分类》GB/T 13611—92（干，0℃，101.3kPa）　增表 1

类别		华白数 W[MJ/m³(kcal/m³)] 标准	华白数 W[MJ/m³(kcal/m³)] 范围	燃烧势 CP 标准	燃烧势 CP 范围
人工煤气	5R	22.7(5 430)	21.1(5 050)～24.3(5 810)	94	55～96
	6R	27.1(6 470)	25.2(6 017)～29.0(6 923)	108	63～110
	7R	32.7(7 800)	30.4(7 254)～34.9(8 346)	121	72～128
天然气	4T	18.0(4 300)	16.7(3 999)～19.3(4 601)	25	22～57
	6T	26.4(6 300)	24.5(5 859)～28.2(6 741)	29	25～65
	10T	43.8(10 451)	41.2(9 832)～47.3(11 291)	33	31～34
	12T	53.5(12 768)	48.1(11 495)～57.8(13 796)	40	36～88
	13T	56.5(13 500)	54.3(12 960)～58.8(14 040)	41	40～94
液化石油气	19Y	81.2(19 387)	76.9(18 379)～92.7(22 125)	48	42～49
	22Y	92.7(22 152)	76.9(18 379)～92.7(22 152)	42	42～49
	20Y	84.2(20 113)	76.9(18 379)～92.7(22 152)	46	42～49

注：6T 为液化石油气混空气，燃烧特性接近天然气。

以常见的天然气 10T 和 12T 为例（相当于国际联盟标准的 L 类和 H 类），其成分主要由甲烷和少量惰性气体组成，燃烧特性比较类似，一般可用单一参数（华白数）判定其互换性。增表 1 中所列华白数的范围是指 GB/T 13611—92 规定的最大允许波动范围，但作为商品天然气供给作城镇燃气时，应适当留有余地，参考英国规定，留有 3%～5%的余量，则 10T 和 12T 作城镇燃气商品气时华白数波动范围如增表 2，此表可作为确定商品气波动范围的参考。

10T 和 12T 天然气华白数波动范围（MJ/m³）　增表 2

类别	标准（基准气）	GB/T 13611—92 范围	城镇燃气商品气范围
10T	43.80	41.20～47.30；−5.94%～8.00%	42.49～45.99；−3%～5%
12T	53.50	48.10～57.80；−10.10%～8.00%	50.83～56.18；−5%～5%

2.2.1 本条对作为城镇燃气且已有产品标准的燃气引用了现行

的国家标准，并根据城镇燃气要求做了适当补充；对目前尚无产品标准的燃气提出了质量安全指标要求。

(1)天然气的质量技术指标应符合国家现行标准《天然气》GB 17820 的一类气或二类气的规定。详见增表 3。

天然气的技术指标　　增表 3

项　目	一类	二类	三类	试验方法
高位发热量(MJ/m^3)	＞31.4			GB/T 11062
总硫(以硫计，mg/m^3)	≤100	≤200	≤460	GB/T 11061
硫化氢(mg/m^3)	≤6	≤20	≤460	GB/T 11060.1
二氧化碳(%，体积分数)	≤3.0			GB/T 13610
水露点(℃)	在天然气交接点的压力和温度条件下，天然气的水露点应比最低环境温度低 5℃			GB/T 17283

注：①标准中气体体积的标准参比条件是 101.325kPa，20℃。

② 取样方法按 GB/T 13609。

本规范历史上对燃气中含硫化氢的要求为小于等于$20mg/m^3$，因而符合二类气的要求是允许的；但考虑到今后户内燃气管的暗装等要求，进一步降低 H_2S 含量以减少腐蚀，也是适宜的。故在此提出应符合一类气或二类气的规定。应补充说明的是：一类或二类天然气对含二氧化碳的要求为小于等于 3%(体积分数)，作为燃料用的城镇燃气对这一指标要求是不高的，其含量应根据天然气的类别而定，例如对 10T 天然气，二氧化碳加氮等惰性气体之和不应大于 14%，故本款对惰性气体含量未做硬性规定。对于含惰性气体较多、发热量较低的天然气，供需双方可在协议中另行规定。

(3)人工煤气的质量技术指标中关于煤气通过电捕焦油器时氧含量指标和规模较小的人工煤气工程煤气发热量等需要适当放宽的问题，将于正在进行修订中的《人工煤气》GB 13621 标准中表达，故本规范在此采用引用该标准。

(4)采用液化石油气与空气的混合气做主气源时，液化石油气的体积分数应高于其爆炸上限的 2 倍(例如液化石油气爆炸上限如按 10%计，则液化石油气与空气的混合气做主气源时，液化石油气的体积分数应高于 20%)以保证安全，这是参照原苏联建筑法规的规定制定的。

2.2.3　本条规定了燃气具有臭味的必要及其标准。

1. 关于空气一燃气中臭味"应能察觉"的含义。"应能察觉"与空气中的臭味强度和人的嗅觉能力有关。臭味的强度等级国际上燃气行业一般采用 Sales 等级，是按嗅觉的下列浓度分级的：

0 级——没有臭味；

0.5 级——极微小的臭味(可感点的开端)；

1 级——弱臭味；

2 级——臭味一般，可由一个身体健康状况正常且嗅觉能力一般的人识别，相当于报警或安全浓度；

3 级——臭味强；

4 级——臭味非常强；

5 级——最强烈的臭味，是感觉的最高极限。超过这一级，嗅觉上臭味不再有增强的感觉。

"应能察觉"的含义是指嗅觉能力一般的正常人，在空气一燃气混合物臭味强度达到 2 级时，应能察觉空气中存在燃气。

2. 对无毒燃气加臭剂的最小用量标准。美国和西欧等国，对无毒燃气(如天然气、气态液化石油气)的加臭剂用量，均规定在无毒燃气泄漏到空气中，达到爆炸下限的 20%时，应能察觉。故本标准也采用这个规定。在确定加臭剂用量时，还应结合当地燃气的具体情况和采用加臭剂种类等因素，有条件时，宜通过试验确定。

据国外资料介绍，空气中的四氢噻吩(THT)为 $0.08mg/m^3$ 时，可达到臭味强度 2 级的报警浓度。以爆炸下限为 5%的天然气为例，则 5%×20%＝1%，相当于在天然气中应加 THT 8mg/m³，这是一个理论值。实际加入量应考虑管道长度、材质、腐蚀情况和天然气成分等因素，取理论值的2～3倍。以下是国外几个国家天然气加臭剂量的有关规定：

(1)比利时：加臭剂为四氢噻吩(THT)18～20mg/m³；

(2)法国：加臭剂为四氢噻吩(THT)，低热值天然气 20mg/m³；高热值天然气 25mg/m³。

当燃气中硫醇总量大于 5mg/m³时，可以不加臭。

(3)德国：加臭剂为四氢噻吩(THT)17.5mg/m³；加臭剂为硫醇(TBH)4～9mg/m³。

(4)荷兰：加臭剂为四氢噻吩(THT)18mg/m³。

据资料介绍，北京市天然气公司、齐齐哈尔市天然气公司也采用四氢噻吩(THT)作为加臭剂，加入量北京为 18mg/m³，齐齐哈尔为 16～20mg/m³。

根据上述国内外加臭剂用量情况，对于爆炸下限为5%的天然气，取加臭剂用量不宜小于 20mg/m³。并以此作为推论，当不具备试验条件时，对于几种常见的无毒燃气，在空气中达到爆炸下限的20%时应能察觉的加臭用量，不宜小于增表4的规定，可做确定加臭剂用量的参考。

几种常见的无毒燃气的加臭剂用量 **增表 4**

燃气种类	加臭剂用量(mg/m³)
天然气(天然气在空气中的爆炸下限为5%)	20
液化石油气(C_3和C_4各占一半)	50
液化石油气与空气的混合气(液化石油气：空气＝50：50；液化石油气成分为C_3和C_4各占一半)	25

注：①本表加臭剂按四氢噻吩计。

②当燃气成分与本表比例不同时，可根据燃气在空气中的爆炸下限，对比爆炸下限为5%的天然气的加臭剂用量，按反比计算出燃气所需加臭剂用量。

3. 对有毒燃气加臭剂的最少用量标准。有毒燃气一般指含CO的可燃气体。CO对人体毒性极大，一旦漏入空气中，尚未达到爆炸下限20%时，人体早就中毒，故对有毒燃气，应按在空气中达到对人体允许的有害浓度之时应能察觉来确定加臭剂用量。关于人体允许的有害浓度的含义，根据"一氧化碳对人体影响"的研究，其影响取决于空气中CO含量、吸气持续时间和呼吸的强度。为了防止中毒死亡，必须采取措施保证在人体血液中决不能使碳氧血红蛋白浓度达到65%，因此，在相当长的时间内吸入的空气中CO浓度不能达到0.1%。当然这个标准是一个极限程度，空气中CO浓度也不应升高到足以使人产生严重症状才发现，因而空气中CO报警标准的选取应比0.1%低很多，以确保留有安全余量。

含有CO的燃气漏入室内，室内空气中CO浓度的增长是逐步累计的，但其增长开始时快而后逐步变缓，最后室内空气中CO浓度趋向于一个最大值 X，并可用下式表示：

$$X=\frac{V\cdot K}{I}(\%)$$

式中 V——漏出的燃气体积(m³/h)；

K——燃气中CO含量(%，体积分数)；

I——房间的容积(m³)。

上式是在时间 $t\to\infty$，自然换气次数 $n=1$ 的条件下导出的。

对应于每一个最大值 X，有一个人体血液中碳氧血红蛋白浓度值，其关系详见增表5。

空气中不同的CO含量与血液中最大的碳氧血红蛋白浓度的关系 **增表 5**

空气中CO含量 X(%)(体积分数)	血液中最大的碳氧血红蛋白浓度(%)	对人影响
0.100	67	致命界限
0.050	50	严重症状

续增表 5

空气中 CO 含量 X(%)（体积分数）	血液中最大的碳氧血红蛋白浓度(%)	对人影响
0.025	33	较大症状
0.018	25	中等症状
0.010	17	轻度症状

德、法和英等发达国家，对有毒燃气的加臭剂用量，均规定为在空气中一氧化碳含量达到 0.025%（体积分数）时，臭味强度应达到 2 级。以便嗅觉能力一般的正常人能察觉空气中存在燃气。

从增表 5 可以看到，采用空气中 CO 含量 0.025%为标准，达到平衡时人体血液中碳氧血红蛋白最高只能到 33%，对人一般只能产生头痛、视力模糊、恶心等，不会产生严重症状。据此可理解为，空气中 CO 含量 0.025%作为燃气加臭理论的"允许的有害浓度"标准，在实际操作运行中，还应留有安全余量，本规范推荐采用 0.02%。

一般含有 CO 的人工煤气未经深度净化时，本身就有臭味，是否应补充加臭，有条件时，宜通过试验确定。

（原表 2 删除）

2.2.3A 本条(1)～(4)款对加臭剂的要求是按美国联邦法规第 49 号 192 部分和美国联邦标准 ANSI/ASMEB 31.8 规定等效采用的。

3 制 气

3.1 一 般 规 定

3.1.1 本章节内容属人工制气气源，其在工艺生产上是成熟的，在运行时是安全可靠的，所采用的炉型有焦炉、水煤气炉、发生炉与三筒式重油裂解炉等。国外虽有新的工艺、新的炉型，但由于我国目前尚未引进或在各城市的煤气供应方面尚未普遍应用，因此还不宜在本规范中编写此类内容。

本章节内炉型属大、中、小规模气源厂的人工制气炉型。中、小气源厂的制气规模一般在 $10\times10^4\sim5\times10^5 m^3/d$ 之间。上述其他各类炉型，互相配合后，气源厂的最终规模也能达到 $5\times10^5\sim10\times10^5 m^3/d$ 以上。

关于采用大型焦炉制气，除本章内结合城镇燃气设计特点，重点列出的条文以外，还可参照焦化耐火材料研究设计院编制的规范中有关条文。

3.1.2 各种不同专业规范已对主厂房与重点设备的火灾场所类别、电气防爆与耐火等级作出相应的规定，但不完全统一，条文依据的基础也不一致，因此本规范附录 C 内拟列一汇总表，将主要厂房、设备作出规定，明确防火级别，电气防爆与耐火等级。在设计主厂房与设备时，以便掌握重点，有利于设计的经济、合理与保证安全生产。

气源厂的主厂房结构，一般分为钢结构、混凝土结构或二者相结合，各有优缺点。由于气源不同，危险性质不同，厂房危险性分类、电气防爆、耐火等级的划分为下述三种情况：

1. 在正常情况与条件下，有爆炸的可能性；

2. 在不正常情况与条件下，有爆炸的可能性；

3. 虽然在不正常情况与条件下，也不可能产生爆炸。

但在查阅其他有关资料时，我们认为国家标准《爆炸性环境用电气设备的规定》GB 3836—83，以防为主，对标准的要求似乎更高些。

上述标准中区别四种情况为：

1)按在正常情况下，爆炸性气体混合物连续地、短时间频繁地出现或长时间存在的场所划为0区；可能出现的场所划为1区；不会出现而仅在不正常情况之下偶尔短时间出现的场所划为2区；在各区中再划分为A、B、C三级。

2)按其引燃温度又可分为T_1、T_2、T_3、T_4、T_5、T_6六组。

3)焦、煤、粉尘爆炸危险场所另行划分为三区，每区又分为A、B二级。按其引燃温度共分为T_{1-1}、T_{1-2}、T_{1-3}。

下例参照GB 3836—83

民用煤气	ⅡB	T_1
焦炉煤气	ⅡB	T_1
水煤气	ⅡC	T_1
焦	ⅢB	T_{1-1}
煤	ⅣB	T_{1-2}

4)其他粉尘与易燃纤维爆炸性分区为10、11二级。

①上述情况可能出现时，划分为10级区；

②上述情况不会出现，仅在不正常情况下偶尔短时间出现的场所，划分为11级区。

因此，除本章列出附录中的有关规定以外，还应参照与遵守的规范有：

《建筑设计防火规范》GBJ 16；

《供电系统设计规范》GB 50052；

《爆炸和火灾危险环境电力装置设计规范》GB 50058；

电力装置安装工程施工及验收规范第十六篇《爆炸和火灾危险场所电力装置篇》的有关规定GBJ 232；

化工部《化工企业爆炸和火灾危险场所电力设计技术规定》CD 90A4；

《爆炸性环境用电气设备的规定》GB 3836；

《工业企业煤气安全规程》GB 6222等。

3.2 煤的干馏制气

3.2.1 本条提出了煤干馏炉装炉煤的质量要求。

(1)直立炉装炉煤的坩埚膨胀序数、葛金指数等指标规定的理由：

因直立炉是连续干馏制气的炉型，它对装炉煤要求和焦炉有所不同。对直立炉装炉煤的黏结性和结焦性的化验指标习惯上均采用国际上通用的指标。在坩埚膨胀序数和葛金指数方面，从我国有关煤气厂几十年的生产经验来看，装炉煤的坩埚膨胀序数以在“$1\frac{1}{2}$～4”之间为好。特别是“3～4”时更适用于直立炉的生产。此时煤的行速正常、操作顺利，生产的焦炭块度大小适当。其中块度为25～50mm的焦炭较多。但煤的黏结性和结焦性所表达的内容还有所不同，故还必须要得到葛金指数指标。葛金指数中A、B、C型表明是不黏结或黏结性差的，所产焦块松碎。这种煤装入炉内将使生产操作不正常，容易脱煤，甚至造成炉子爆炸的恶性事故。1963年某制气厂就因此发生过一起事故，造成死伤数人。其主要原因就是用煤不合要求(当时使用的主要煤种是阜新煤，其坩埚膨胀序数为$1\frac{1}{2}$，葛金指数为B，颗粒小于10mm的煤占重量的80%以上)。因此，对连续式直立炉的装炉煤作本条规定。

原规范条文规定的直立炉用煤安全指标，特别强调葛金焦条必须属于F～G的范围，现改为F～G_1的范围。有关葛金焦条的规定是由于1963年严重爆炸事故的经验教训而对煤质分析作出的安全技术要求。在1973年编制规范时，将此指标列入条文内以保证安全生产。经过十余年的运行管理与科学研究，通过排焦机械装置的改进与对煤种提出了新的质量要求，同时为开发焦炭新品种，鞍山热能研究所与大连市煤气公司、大同矿务局与杨树浦煤气厂在不同时间、不同地点相继对弱黏结性的大同煤块在直立炉中作了多次成功的试验。炼制出合格的高质量铁合金焦。因此对原条文中炼制铁合金焦时的装炉煤质安全指标作出修改。在注中明确煤种可选用弱黏结性煤，但宜用15～50mm块煤。灰分含量应小于10%，并具有热稳定性大于60%的煤种。目前大同市已在建设连续直立式碳化炉，并采用大同煤块。

原条文中直立炉的原料块度为小于75mm已改为小于50mm，以防止过大的煤块堵塞辅助煤箱上的煤阀进口。

(2)焦炉装炉煤的各项主要指标是由其中各单种煤的性质及配比决定的。过去配煤工艺都是沿用国外"以焦煤为主，把气、肥、焦、瘦煤种按一定比例进行配制"的原则。新要求的装炉煤指标中，挥发分(干基)一般在24%～28%左右，胶质层厚度(Y)在15～16mm以上。但我国气煤的贮量较多，焦煤的贮量较少，而且分布又不平衡，因此，国外的配制比例并不符合我国国情。目前我国炼焦工业的配煤大多数是立足本省、本区域的煤炭资源，在满足生产工艺要求的范围内，原则上要求充分利用我国贮量较多、具有一定黏结性的高挥发分煤(如肥气煤)进行配煤，并在配煤中适当增加了弱黏结性煤的用煤量(它有利于扩大弱黏结性煤的有效利用)。由于配煤中增大了气煤用量，故装炉煤的挥发分有所提高，而胶质层厚度(Y)则略有下降。近年来，冶金工业中炼焦装炉煤的挥发分(干基)已达到了30%左右，胶质层厚度大致在14mm以上。

对于城市煤气的制气厂，装炉煤的配煤比也经历了这种演变过程。随着我国钢铁工业的飞速发展，焦炭的需求量大大增加，优质炼焦煤首先须保证冶金炼焦企业的需要，然后才能照顾到城市煤气制气厂的要求。一般说来，制气厂装炉煤中的气、肥煤种的配入量要更多一些，一般都在70%～80%左右，当前大连、丹东、沈阳等地情况均为如此。有的城市例如上海，其制气厂所用的原料煤是依靠各地供应的，煤种变动比较频繁，但所采用的气煤及气肥煤配比的数量也达到了较高的程度。再以沈阳某制气厂为例，焦煤配入量的比例1970年为37.6%；1973年减至12.1%，气煤及肥气煤的配入量的比例则自62.4%增至87.9%，相应的装炉煤挥发分(干基)由24.65%增至31.33%，胶质层厚度(Y)由14.5mm降至13.4mm(计算值)。

从目前情况看，不只是煤气厂，还有不少的中小型焦化厂，装炉煤中的气煤配入量也都很高，因此装炉煤挥发分有时达到32%～34%，而胶质层厚度(Y)甚至也有低于13mm的。

在制订本条文时，对装炉煤的挥发分(干基)规定为"26%～32%"及胶质层厚度指标规定为"大于13mm"，是综合以上所述情况后作出的规定。

焦炉用煤的灰分、硫分、粒度等指标：

灰分指标对冶金企业和煤气厂都很重要。有的焦化厂用灰分在20%以上的原煤炼焦供出的焦炭灰分越高，则高炉焦比越大，致使高炉生产效率降低。对制气厂的指标要求可以低于焦化厂，但所产生的焦炭灰分过高时也会影响发生炉的正常运转。例如，北京751厂1976年因受唐山地震影响，曾由唐山煤改用"鹤岗煤"，焦炭中灰分一度增至50%，以这种煤作发生炉原料，操作时氧化层上移，整个水夹套被烧坏。所以要求装炉煤灰分不大于10%。

由于原煤中85%～90%的硫将残留在焦炭中，如果配煤中硫分太高时，则所生产的焦炭硫含量也高，用之炼铁则易使生铁变脆，降低了生铁质量。例如焦炭中硫含量大于1.6%时，每增加1%含硫量，炼铁焦炭就多消耗18%，高炉生产能力则相应降低1.5%～2.0%，所以规定煤中硫含量应小于1%。

所要求的粒度指标主要是为保证焦炭质量。城镇煤气气源厂，采用焦炉时，所生产的焦可供应水煤气炉与发生炉作气化原料。由于所产的焦为气焦，原料煤中的灰分可从10%增至16%。

3.2.2 直立炉对所使用装炉煤的粒度大小及其级配含量有一定的要求，目的在于保证正常生产。煤气厂使用的最低标准为：粒度大于50mm的含量小于5%，粒度小于10mm的含量小于75%。所以在煤准备流程中应设置破碎和配煤等有关装置，以满足这方面的工艺要求。

由于直立炉煤料供应的稳定性不够，有时因供煤脱节，不得不采用一些黏结性差的煤，为了安全目的，必须配以强黏结性的煤种；同时为适应高峰供气的需要，也可适当增加一定配比的挥发物含量大于30%的煤种。因此直立炉车间应设置配煤装置。例：葛金焦条为0的统煤，可配以1∶1G_3的煤种或配以1∶2G_2的煤种，使混配后的混合煤葛金焦条接近$F-G_1$。

3.2.3 对于干馏用煤的煤准备工艺流程基本上有两种，其根本区别在于是混合粉碎，还是分级粉碎。就相互比较而言，第一种流程具有如下两方面的特点：

1.过程简单、布置紧凑，使用设备少、操作便利、劳动定员少、投资节约并且操作费节省。

2.对于城市煤气的制气厂，目前大量使用的气煤，所得焦炭质量一般符合铸造焦或气化焦的指标；煤气的质量在经过净化处理后也能符合城市煤气的标准(煤气的质量不会因煤准备工艺流程的不同而产生较大的差别)。因此，采用这种流程既简单又能满足工艺要求。

我国现有的各城市制气厂的煤准备工艺流程，无论工艺过程有多有少，机械装备水平有高有低，都毫无例外地采用“先配煤、后粉碎”的工艺流程。多年来的生产实践已证明了这是一种切实可行、比较好的工艺流程。

用焦炉制气时，当进厂煤料为精粒煤时，煤的粒度已控制，所以煤准备流程中经粉碎后一般即能达到粒度的要求，而无须设置破碎装置。但在寒冷地区，精煤与车皮四壁往往会冻结，此时可用解冻装置将煤卸下。从车上卸下结成大块的冻煤，需要设破碎装置，以便为备煤粉碎系统的操作创造条件和保证装炉煤的质量指标。

3.2.4 煤干燥工艺是指煤料通过干燥使其水分含量降至6%的工艺过程。我国从1959年以来就开始进行了大量的试验研究工作，积累了丰富的经验。例如吴淞煤气厂曾在工业生产上成功地运转了十余年。这种工艺使水分含量降低后，缩短了结焦时间，增加了堆积比重，提高了煤气和其他产品的产量，改善了焦炭的耐磨性能。例如在保证焦炭质量相同的前提下，高挥发分弱黏结性煤可多配15%～20%。在目前大量使用气煤的情况下，采用这种工艺对于改善产品质量是有好处的；此外还能延长炉体寿命，减少外排的废水量，并创造了保护环境的有利条件。

吴淞煤气厂装炉煤的含水量保持在4%～5%(并外加1%～3%的重油)，这和含水量10%的装炉煤相比较，能使装炉煤量增加10%、结焦时间缩短20min、生产能力提高14%。

采用干燥工艺后，焦炉操作会出现煤尘太多和焦炉沉积石墨较快等缺点。但只要加强生产管理、合理控制操作各环节以及设置无烟装煤装置等，则上述缺点是能够克服的。吴淞煤气厂的多年经验已证明了这一点。

由于国内采用煤干燥机为转筒干燥机，设备笨重，因此只适用于用煤量不大的小型焦炉。煤干燥工艺一般在南方多雨地区采用。

3.2.5 我国城市煤气制气厂在贮煤场装卸倒运方面的机械装备水平原来是较低的。近年来，通过各厂的努力，装备水平已有所提高，但个别制气厂仍未摆脱人工装卸倒运的落后局面。这种情况不仅造成劳动强度大、定员多、煤种易混、单位面积贮煤量小和劳动生产率低的落后状况，而且费用还很大。例如某焦化车间日用煤量是560t，卸煤全部包给铁路部门，每一年付出的人工卸煤费用6万元；倒运由该厂自理，需70人专门做这项工作。尽管如此还不能适应生产的需要，特别在来煤较集中或冬季严寒的时候，不能及时卸完，引起车辆积压，无法保证焦炉用煤的数量和质量。沈阳煤气二厂 1969 年 2 号焦炉投产初期新增卸煤设备尚未建成，又因冬季的卸煤条件较差，故不得不临时增加人力进行卸车，该厂这一冬季不仅支付了临时卸煤费用15000元左右，而且占用了不少农村劳动力。

原来采用人工卸煤的煤气厂，例如长春、沈阳等地制气厂，先后发扬“自立更生、奋发图强”的精神，自己制造煤场机械设备，扭转了生产被动局面。长春煤气厂使用了自制的链斗式卸煤机之后，改善了操作条件，减少定员 20 多人，功效提高 3 倍，而且在进厂煤的均衡性有较大幅度变化时也能保证生产，省去了过去每月外包卸车的人工费用数千元左右。因此，实现煤场机械化是很必要的。

3.2.6 本条规定了贮煤场场地确定的原则。

(1)影响贮煤量大小的因素是很多的，与工厂的性质和规模、距供煤基地的远近、运输情况、使用的煤种数等因素都有关系。

制气厂的生产正常与否是关系到工业用气和居民用气的大事。煤气的供应必须是连续的，不能中断，要求备煤系统随时保证装炉煤的供应。

各制气厂的原料煤除上海外都立足于本省本地区。如长春煤气公司曾使用本省的湾沟和铁厂的煤；丹东煤气公司曾使用本省抚顺等地的煤以及丹东地区小煤窑的煤。所以，制气厂与供煤基地的距离都不太远。

但是，从原料煤运输情况来看，供煤均衡程度一般又都较差。70 年代锦州煤气公司日用煤量为 130t，实际上常常三五天没有煤进厂。长春煤气公司日用煤量为 330t，每日来煤应为 7～8 列车皮，而实际上连续四五天每天只进煤二三列车皮是常有的事。其他各制气厂的情况都相类似。来煤不均衡情况和运煤距关系不明显，考虑到今后的运输不均衡性将日益改善，若采取加大贮煤量的措施，则又要增加占地面积，多占农田，并且原煤堆存时间长也没有任何好处。根据以上情况，故规定了对于铁路来煤，贮煤场的操作容量“一般采用 10～20d 用煤量”计算；对于水路来煤，因为有中途转运的麻烦，并还会受到如雾天、台风等恶劣天气的限制，所以它的操作容量“一般采用 15～20d 用煤量”计算。

(2)煤堆高度的确定，原则上应根据机械设备的工作高度确定。目前煤场各种机械设备一般堆煤高度如下：

推煤机	7～9m
履带抓斗、起重机	7m
扒煤机	7～9m
桥式抓斗起重机，根据具体情况	一般 7～9m
门式抓斗起重机，根据具体情况	一般 7～9m
装卸桥	9m
斗轮堆取料机	10～12m

由于机械设备在不断革新，故本条对堆煤高度不做硬性规定。

(3)贮煤场操作容量系数的确定：

贮煤场操作容量系数即贮煤场的操作容量（即有效容量）和总容量之比。

根据某机械化贮煤场来煤供应比较及时的情况下，实际生产数据的分析如下：

表 3

日期	总容量（万 t）	操作容量（万 t）	操作容量系数
某年 1～6 月	25.5	17.87	0.7
某年 9～10 月	25.5	18.4	0.72

根据上述分析并参考国内其他焦化厂的实践数据，为此规定机械化贮煤场的操作容量系数为 0.7。

各贮煤场的装备水平都不相同，装备水平低的煤场，操作容量系数也就小些。因此一般可按 0.65～0.7 进行选用，即操作量按总容量的65%～70%进行计算。

根据操作容量、堆煤高度和操作容量系数可以大致确定需要的贮煤场面积。可按下式计算：

$$F_H=\frac{W}{KH_m r_0} \tag{1}$$

式中 W ——操作容量(t)；

H_m——实际可能的最大堆煤高度(m)；

K ——与堆煤形状有关的系数；

梯形断面的煤堆 $K=0.75\sim0.8$；

三角形断面的煤堆 $K=0.45$；

r_0 ——煤的堆积密度(t/m^3)。

煤场的总面积 F 可按下式计算：

$$F=\frac{F_H}{0.65\sim0.7}(m^2) \tag{2}$$

(4)原规范考虑贮煤场设置遮雨设施，基本建设投资增加较大，当时条件不太成熟，此要求没有采纳。现经十余年来的实践后，普遍一致认为，在多雨地区，如不设遮雨设施，煤中水分过高会影响生产操作、产品的产量与质量，在台风暴雨期间煤的流散损失也非常严重，所以本条中新增(4)予以修改补充。

3.2.7 本条规定主要是防止煤的渗漏流失，减少地脚煤的损失并有利于贮煤场设备的操作。地坪处理的方法较多，应根据地下水位的高低和土质及其他因素确定，难以作硬性规定。

3.2.8 本条规定了关于配煤槽和粉碎机室的设计要求。

(1)配煤槽设计容量如果正确合理，对于稳定生产和提高配煤质量都有很大的好处。如容量过小，就使得配煤前的机械设备的允许检修时间过短，适应不了生产上的需要，甚至影响正常生产。所以应根据煤气厂具体条件来确定。

(2)配煤槽个数如果少了就不能适应生产上的需要，也不能保证配煤的合理和准确。如果个数太多并无必要且增加投资和土建工程量。因此，各厂应根据本身具体条件按照所用的煤种数目、配煤比以及清扫倒换等因素来决定配煤槽个数。

(3)煤料中常混有或大或小的铁器，如铁块、铁棒、铁丝之类。这类东西如不除去，影响粉碎机的操作，熔蚀炉墙，损害炉体。故必须设置电磁分离器。

(4)粉碎机运转时粉尘大，从安全和工业卫生要求必须有除尘装置。

3.2.9 煤准备系统中各工段生产过程的连续性是很强的，全部设备的启动或停止都必须按一定的顺序和方向来操作。在生产中各机械设备均有出现故障或损坏的可能。当某一设备发生故障时就破坏了整个工艺生产的连续性，进而损坏设备。故作本条规定以防止这一恶性事故的发生。

3.2.10 直立炉的贮煤仓位于炉体的顶层，其形状受到工艺条件的限制及相互布置上的约束而设计为方形。这就造成了下煤时出现“死角”现象，实际下煤的数量只有全仓容量的1/2～2/3(现也有在煤仓底部的中间增加锥形的改进设计)。直立炉的上煤设备检修时间一般为8h。综合以上两项因素，贮煤仓总容量按36h用量设计一般均能满足了。长春煤气公司新建直立炉贮煤仓按32h设计，一般情况下操作正常，但当原煤中水分较大不易下煤时操作就较为紧张。所以在本条中推荐贮煤仓总容量按36h用煤量计算。

规定辅助煤箱的总容量按2h用煤量计算。这就是说，每生产1小时只用去箱内存煤量的一半，保证还余下一半煤量可起到密封作用，用以在炉顶微正压的条件下防止炉内煤气外窜，并保证直立炉的安全正常操作。

直立炉正常操作中每两日需轮换两门炭化室停产烧空炉，以便烧去炉内石墨(俗称烘煤垢)，保证下料通畅。烧垢后需先加焦，然后才能加煤投入连续生产。另外，在直立炉的全年生产过程中，往往在供气量减少时安排停产检修，在这种情况下，为了适应开工投产的需要，故规定“贮焦仓总容量按一次加满四门炭化室的装焦量计算”。

3.2.11 本条对于焦炉贮煤塔总容量的设计规定，基本上是依据鞍山焦耐院多年来从设计到生产实践的经验总结。炭化室有效容积大于 $20m^3$ 和近似 $10m^3$ 的焦炉总容量一般都是按 16h 用煤量计算的。对炭化室有效容积小于 $6m^3$ 的焦炉，过去曾采用过按 12h 用煤量设计的规定。但根据实际情况分析采用炭化室有效容积小于 $6m^3$ 的焦炉煤气厂一般机械化程度都比较低，设备的检修和维修条件也比较差，其贮煤塔总容量适当加大至 16h 是必要的。

规定贮煤塔的容量均按 16h 用量计算，主要是为了保证备煤系统中的设备（运煤的卷扬设备等）有足够的允许检修时间。

3.2.12 设置震动装置是为了保证下料畅通。目前国内已广泛应用风力震动装置，代替了繁重的体力劳动，并较有效地消除了煤的“棚料”现象。

3.2.13 原料煤在城市煤气厂中占生产成本的比例较大。由于煤价的不断调整，影响企业成本的上升。为此消耗煤数量多的制气厂，必须考核每 $1000m^3$ 制气用煤的定额指标。一般情况下，制气厂的煤气计量装置已基本具备。因此，对制气或炼焦用煤也提出设置计量装置的要求。

3.2.14 本条规定了炉型选择的原则。

目前我国的煤干馏炉型比较成熟的有两种：即直立炉、焦炉。

各种炉型一般常用的炉组数举例如下：

炭化室有效容积大于 $20m^3$ 的焦炉：2×42 孔，2×65 孔。

炭化室有效容积近似 $10m^3$ 的焦炉：4×32 孔，2×32 孔。

炭化室有效容积小于 $6m^3$ 的焦炉：4×25 孔，2×25 孔。

直立炉：1×30 门，1×40 门。

4×20 门，2×20 门。

以上两种炉型对于原料煤、钢材、机械设备、耐火材料等方面的要求各不相同，在炉体结构、生产操作的弹性等方面又各有特点。

例如：

直立炉对煤种要求不太严格，且可选用比较单一的煤种，具有备煤系统简单、生产调节幅度大、有利于产供平衡、布置紧凑、操作环境较好等一系列优点。但是与焦炉相比，直立炉也有基建投资大、耗用钢材量多、副产品粗苯的质量较差等缺点。

焦炉具有基建投资不高、不需要大型钢材、炉子使用年限较长等优点；但对煤种要求严格（如果配煤不合适直接影响焦炭质量），且备煤系统较复杂、机械设备多、生产操作弹性小等缺点。

因为目前国内比较成熟的就是这两种炉型，各有优缺点，而各地区、城市具体条件又各不相同，需要根据原料煤的品种及其数量，并结合耐火材料、设备供应等条件全面分析，进行技术经济方案比较后合理地选择，故本条对炉型及炉组的选择不作硬性规定。

3.2.15 煤干馏制气产品产率的影响因素很多，有条件时应作煤种配煤试验来确定。但在考虑设计方案而缺乏实测数据时可采用条文中的规定。

因为煤气厂要求的主要产品是煤气，气煤配入量一般较多，配煤中挥发分也相应增加，因而单位煤气发生量一般比焦化厂要大。根据多年操作实践证明，配煤挥发分与煤气发生量之间有如下关系：

根据一些焦化厂的生产统计数据证明：当配煤挥发分在“28%～30%”时，煤气发生量平均值为“$345m^3/t$”。但南方一些煤气厂和焦化厂操作条件有所不同，即使在配煤情况相近时，煤气发生量也不相同，因此只能规定其波动范围。

全焦产率随配煤挥发分增加相应要减少，焦炭中剩余挥发分的多少也影响全焦率的大小。在正常情况下，全焦率的波动范围较小，实际全焦率大于理论全焦率，其差值称为校正系数“a”。煤料的初次产物（荒煤气）遇到灼热的焦炭裂解时会生成石墨沉积于焦炭表面；挥发分越高，其裂解机会越多，"a"值也就愈大。

全焦率计算公式：

$$B_{焦}=\frac{100-V_{干煤}}{100-V_{干焦}}\times100+a \tag{3}$$

$$a=47.1-0.58\frac{100-V_{干煤}}{100-V_{干焦}}\times100 \tag{4}$$

式中 $B_{焦}$——全焦率%；

$V_{干煤}$——配煤的挥发分(干基)(%)；

$V_{干焦}$——焦炭中的挥发分(干基)(%)；

本规范所订全焦率指标就是根据此公式计算的。

此公式经焦化厂验证，实际全焦率与理论计算值是比较接近的。生产统计中所得校正系数"a"与公式中"a"相差不超过1%。

直立炉所产的煤气及气焦的产率与挥发分、水分、灰分、煤的粒度及操作条件有关。条文中所规定各项指标也都是根据历年生产统计资料制定的。

焦炉煤气的产率 **表4**

挥发分(V_f.%)	27	28	29	30
煤气生产量(m^3/t)	324	326	348	360

3.2.16 焦炉的结构有单热式和复热式两种。焦炉的加热煤气耗用量一般要达到自身产气量的45%～60%。如果利用其他热值较低的煤气来代替供加热用的优质回炉煤气，不但能提高出厂焦炉气的产量达一倍左右，而且也有利于焦炉的调火操作。上海、丹东等地煤气公司就是采用这种办法。此外，城市煤气的供应在1年中是不均衡的。在南方地区一般是寒季半年里供气量较大。此时焦炉可用热值低的煤气加热；而在暑季的半年里供气量较小，此时又可用回炉煤气加热。所以针对煤气厂的条件来看以采用复热式的炉型较为合适。

3.2.17 本条规定了加热煤气的耗热量指标。

当采用热值较低的煤气作为煤干馏炉的加热煤气以顶替回炉煤气时，以使用机械发生炉煤气最为相宜，因为它具有燃烧火焰长，可用自产的中小块气焦来生产等项优点。上海、长春、丹东、天津、青岛、南京等煤气公司加热煤气都是采用机械发生炉煤气。

煤干馏炉的加热煤气的耗热量指标是一项综合性的指标。焦炉的耗热量指标是按鞍山焦耐院多年来的经验总结资料制定的。例如，对炭化室有效容积大于20m^3的焦炉，用焦炉煤气加热时规定耗热量指标为2340kJ/kg。而根据本钢4号焦炉实测数据，当均匀系数和安定系数均在0.95以上时，3个月平均的耗热量为2260kJ/kg；当全年的均匀系数和安定系数均在0.90以上时，耗热量为2350kJ/kg。这说明本条规定的指标是符合实际情况的。

对炭化室有效容积小于6m^3的焦炉用焦炉煤气加热，根据五个焦化厂测定结果，耗热量(kJ/kg)分别为：枣庄2880；南京2610；萍乡3010；柳州2980；黄石2690。以上五个厂平均为：2840。故在本条中规定指标为：2930kJ/kg。

过去直立炉的加热一直使用人工发生炉热煤气，近几年通过上海杨厂技术革新已改用机械发生炉热煤气，但还缺乏测定资料。在制定本条规定时只能根据几十年来生产上使用热煤气的实际数据(每吨煤经干馏需要耗用180～210kg的焦)，经换算耗热量为2590～3010kJ/kg。考虑影响耗热量的因素较多，故指标按上限值规定为3010kJ/kg。

上面所提到的耗热量是作为计算生产消耗时使用的指标。在设计加热系统时，还需稍留余地，应考虑增加一定的富裕量。根据鞍山焦耐院的总结资料，作为生产消耗指标与作为加热系统计算指标的耗热量之间相差为210～250kJ/kg。本条规定的加热系统计算用的耗热量指标就是根据这一数据制定的。

3.2.18 本条要求设置混入回炉煤气的装置，其目的是适当地提高加热煤气的热值，有利于炉体的加热。

在回炉煤气加热总管上装设预热器。在天冷时，可用以适当提高煤气温度，防止萘和冷凝物从煤气中析出而堵塞了管件或管道。

3.2.19 本条规定了加热煤气管道的设计要求。

（1）在加热煤气系统中设压力自动调节装置是为了保持煤气压力的稳定，从而使进入炉内的煤气流量维持不变，以满足加热的要求。

（2）整个加热管道中必须经常保持正压状态，避免由于出现负压而窜入空气，引起爆炸事故。因此必须规定在加热煤气管道上设煤气的低压报警信号装置，并在管道末端设置爆破膜，以减少爆破时的损坏程度。

（4）加热煤气管道一般都是采用架空方式，这主要是考虑到便于排出冷凝物和清扫管道。

3.2.20 直立炉与焦炉均为砖砌结构，不能承受较高的煤气压力。炉顶压力要求基本上为±0 大气压，防止砖缝由于炉内煤气压力过高而受到破坏，导致泄漏而缩短炉体寿命并影响煤气产率或质量。制气厂的生产工艺过程极为复杂，各种因素也较多，如偶尔逢电气故障、设备事故、管道堵塞时，干馏炉生产的煤气无法确保安全畅通地送出，而制气设备仍在连续不断地生产；同时，产气量无法瞬时压缩减产，因此必须采取紧急放散的措施以策安全。放散装置一般有自动与人工的两种。

3.2.21 本条规定了荒煤气导出系统的设计要求。

1. 荒煤气导出系统上设压力自动调节装置的主要理由如下：

①煤干馏炉的荒煤气的导出流量是不均匀的，其中焦炉的气量波动更大，需要设该项装置以稳定压力；否则将影响焦炉及净化回收设备的正常生产。

②正常操作时要求炭化室始终保持微正压，同时还要求尽量降低炉顶空间的压力，使荒煤气尽快导出。这样才能达到减轻煤气二次裂解，减少石墨沉积，提高煤气质量和增加化工产品的产量和质量等目的，因此需要设置压力调节装置。

③为了维持炉体的严密性也需要设置压力调节装置以保持炉内的一定压力。否则空气窜入炉内，造成炉体漏损严重、裂纹增加，将大大降低炉体寿命。

2. 因为煤气中含有大量焦油，为了保证调节蝶阀动作灵活就要防止阀上黏结上焦油，因此必须采取氨水喷洒措施。

3. 由于煤气产量不够稳定，煤气总管蝶阀或调节阀的自动控制调节是很重要的安全措施。尤其是当排送机室、鼓风机室或调节阀失常时，必须加强联系并密切注意，相互配合。当调节阀用人工控制调节时，更应加强信号联系。

3.2.22 捣炉与放焦的时间，在同一碳化炉上应绝对错开。捣炉或放焦时，炉顶或炉底的压力必须保持正常。任何一操作都会影响炉顶或炉底的压力，当炉顶与炉底压力不正常，偶尔空气渗入时，煤气与空气混合成爆炸性混合气遇火源发生爆炸，从而使操作人员受到伤害。因此捣炉与放焦之间应有联系信号。应避免在同一的炉子上同时操作。

3.2.23 设置隔热装置是为了减少上升管散发出来的热量，便于操作工人的测温和调火。

原规范中利用蒸汽喷射，由于蒸汽喷射无烟装煤使集气系统焦油渣增多且废水量增大，初冷系统负荷增加，现大型焦炉在加煤时，已采用 0.8MPa 高压氨水冲扫形成无烟加煤的效果，这一措施能达到减少冒烟，使初冷的负荷降低，冷凝的酚水量减少，但在焦炉中的游离碳有所增加。采用循环氨水比原用蒸汽的措施，每年可节约生产费约 13 万元。

3.2.24 焦炉的氨水总耗用量是根据鞍山焦耐院的资料制定的（1997 年炼焦化学工厂设计规定）。

直立炉的氨水总耗用量主要是从上海历年生产实测得来的数据。指标定为“$4m^3/t$（干煤）”比焦炉低，这是因为直立炉系中温干馏，相应的氨水用量就少一些。

事故用水一般是由生产所要求设置的清水管来供应的。过去作法是清水管与氨水管是连通的，中间设有逆止阀。这种做法往往因逆止阀被腐蚀而失去作用，出现很多问题。针对这种情况，有的厂已经进行了改革。例如上海吴淞厂就采用单独设置清水管的做法，因此只要清水管与氨水管没有直接连接，便可保证清水管阀门不被氨水腐蚀，氨水也没有倒灌清水管的可能。

直立炉氨水总管以环网形式连通安装，可以避免管道末端氨水压力降得太多使流量减少。

关于焦炉无烟装煤高压氨水耗用量及氨水压力参数等级的确定，该条文是根据首都钢铁公司"高压氨水消烟装煤"试验报告及鞍山钢铁公司化工总厂"高压氨水无烟装煤"试验总结为依据，并参考了中国市政工程华北设计院在工程设计中所采取的设计数据，进行综合分析而编制的。

1979 年首钢、鞍钢为了改善焦炉的环境污染和节约能源，开始进行以高压氨水代替高压蒸汽进行无烟装煤的冷模试验。1981 年首钢在 2 号焦炉（共 31 个炭化室）每个炭化室装煤量为 12.2t（干煤），及鞍钢化工总厂在 65 孔炭化室双集气管的 58－Ⅱ型焦炉上进行热态试验均得到了良好的效果。实践证明焦炉采用高压氨水喷射代替蒸汽进行无烟装煤在技术上是可行的，经济上是合理的，并改善了焦炉炉顶操作条件。高压氨水喷洒试验指出：高压氨水泵扬程的选择，应随大、中、小焦炉炭化室容积不同而不同，一般为 2.3～3.0MPa。因此条文中规定了不同炭化室有效容积与高压氨水喷洒压力的等级关系。规范中表 3.2.24-2 表示每个工程设计确定最优数据时与焦炉氨水喷嘴安装位置的几何标高、氨水喷嘴的构造型式以及管线阻力有关。

高压氨水的流量一般为低压氨水总耗量的 1/30（即 3.4％～3.6％）左右。这个数据是一个生产消耗定额，是以一个炭化室的每吨干煤计，当选择高压氨水泵的小时流量时应考虑氨水喷嘴的孔径、在一定压力作用下所产生的流量以及焦炉加煤和平煤所需的时间。

该条文中所规定的高压氨水的压力和流量指标均以当前几种常用的喷嘴为依据。如果喷嘴形式有较大变化，而设计时，若将高、低压氨水合用一个喷嘴，那么喷嘴的设计其性能既要满足高压氨水喷射消烟除尘要求，又要保证低压氨水喷洒冷却的效果。

注：该说明还可详见"炼焦化学第 13 卷第 5 期"及"首钢科技 1982 年第 4 期"。

3.2.25 废热锅炉的设置地点与锅炉的出力有很大关系。上海杨树浦煤气厂对此在实际生产中有过深刻的体会。同样型式的两台废热锅炉由于安装高度不一样，结果在产气量上有明显差别（见表 5）。

废热锅炉产气量的比较 **表 5**

放置地点	废气进口温度产气量		蒸气压力 (MPa)	引风机功率 (kW)
	℃	t/h		
±14m 标高处	900	6～7	0.637	23
±0m 标高处	800	5～6	0.558	55

注：废气总管标高为＋8.5m 处。

废热锅炉有卧式、立式水管式与火管式、高压与低压等种类。采用火管式废热锅炉时，应留有足够的周围场地与清灰的措施，有利于清灰。

在定期检修或抢修期间，检修动力机械设备、各种类型的泵、调换火管等工作要求周围必须留有富裕的场地，便利吊装，有利于改善工作环境，并缩短检修周期。一般每一台废热锅炉的安全运行期为六个月，直立炉附属废热锅炉的每小时蒸气产量可达 6t 左右。

采用钢结构时，结构必须牢固，在运行中不应有震动，防止机械设备损坏，影响使用寿命或造成环境噪声。

3.2.26 本条规定了直立炉熄焦系统的设计要求。

（1）本款规定主要是保证熄焦水能够均衡供应。从三废处理角度出发，熄焦水中含酚水应循环使用，以减少外排的含酚污水量。

（2）当排焦机械设备一旦发生故障而停止运转进行抢修1～2h时，还能保持直立炉的生产正常进行。因此，排焦箱容量须按4h排焦量计算。

采用弱黏结性块煤时，为防止炉底排焦轴失控，造成脱煤、行速不均匀甚至造成爆炸的事故，炉底排焦箱内必须设置排焦控制器。现国内外已在W—D连续直立炉的排焦箱内推广应用。

（3）为了减轻劳动强度、减少定员，上海杨树浦煤气厂经过技术革新已将原来的人工放焦改成液压机械排焦。为此，本款规定排焦门的启闭应采用机械化设备，这是必要和可能的。

（4）熄焦过程是在排焦箱内不断地利用循环水进行喷淋，每2h放焦一次，焦内含水量一般在15%左右。当焦中含水分过高、含屑过多时，筛焦设备在分筛统焦过程中就会遇到困难，不易按级别分筛完善，不利于气化生产的原料要求与保证出售商品焦的质量。因此，不论采取什么运输方式，在运输过程中应有一段沥水的过程，以便逐步减少统焦中的水分，一般应考虑80s的沥水时间，从而有利于分筛。80s系杨树浦煤气厂三组碳化炉自放焦、吊焦至筛焦的实测沥水时间的平均值。

3.2.27 焦炉一般都采取直接送水和熄焦用水循环使用（减少外排水）的熄焦方式。直接送水方式是由水泵自清水池抽水直接向喷水管内送水；另一种方式是间歇熄焦方式，先由泵将水送至高位槽，然后再由高位槽经喷水管内给水。当炭化室容积较大，每炉操作时间较短时，则需功率很大的水泵，在动力消耗上间歇熄焦是不合算的。为此在条文中规定："宜采取直接送水的熄焦方式"。焦炉熄焦用水量根据实际测定：每吨干煤约1.3m^3。但熄焦水管易被堵塞，为此将指标放宽为2m^3/t（干煤）。目前大多数这样做的都运转正常。

3.2.28 焦台设计各项数据都是按鞍山焦耐院对放焦过程的研究资料，以及该院对各厂的生产实践归纳出来的经验和数据而做出的。经测定及生产经验得知，运焦皮带能承受的温度一般是70～80℃，因此要求焦炭在焦台上须停留30min以上，以保证焦炭温度由100～130℃降至70～80℃。

3.2.29 城市煤气厂生产的焦炭必须要有贮存场地以保证正常生产。对于采用直立炉的制气厂，厂内一般都设置配套的水煤气炉和发生炉设施。故中、小块以及大块焦都直接由本厂自用，经常存放在贮焦场地上的仅为低谷生产任务时的大块焦和一部分中、小块焦。因此贮焦场地的容量为"按3～4d"产焦量计算就够了。

采用炭化室有效容积大于20m^3或近似10m^3焦炉的制气厂焦炭总产量中很大部分是供给某一固定钢铁企业用户的。一般是按计划定期定量地采用铁路运输方式由制气厂向钢铁企业直接输送焦炭。

只有在采取非铁路（如汽车、手拉车、马车等）运焦或在铁路车皮一时调转不开的情况下，才需要将必须落地的焦炭存放在贮焦场内。然而这部分焦炭量为数并不多。如沈阳煤气二厂的贮焦场容量就约为3～4d的产焦量。

一般说来，采用炭化室有效容积小于6m^3的焦炉制气厂的焦炉用户都比较分散，既有本市的又有农村的，既有工业的又有农业的，往往造成焦炭外运很不均衡或用户运焦不及时的情况，使焦炭堆放时间较长，因此相应的贮焦场地也要大一些。

3.2.30 焦炉生产的焦炭筛分等级是根据冶金部"对焦炭产品的质量指标"按四级筛分提出的。直立炉生产的焦炭当前尚未纳入国家的产品规格指标，其筛分等级在条文中暂沿用冶金部的有关规定。

炼制焦炭时，大块焦炭的产量有所增加。为提高块焦商品量，增加收入，有利于经济效益与综合利用，宜增添大于60mm（或大于80mm）的分筛等级。

3.2.31 对于直立炉和炭化室有效容积小于 $6m^3$ 焦炉的贮焦槽容量规定按 10～12h 产焦量确定，这是根据目前生产厂的生产实践经验提出的。如上海杨树浦煤气厂扩建的第二座筛焦楼，其贮焦槽容量约为 11h 产焦量，从历年生产情况看已能满足要求。

对炭化室有效容积大于 $20m^3$ 或近似 $10m^3$ 焦炉的贮焦槽容量按 6～8h 产焦量的规定，基本上是按照鞍山焦耐院历年来对各厂的生产总结资料确定的。如沈阳煤气二厂贮焦槽容量为 7.5h 产焦量，生产实践证明不会影响焦炉的正常操作。

3.2.32 贮存场地应平整光洁，有排除积水的有效措施。在南方多雨地区，更应考虑。

3.2.34 气焦用于制气时一般可采用两种工艺：一为生产发生炉煤气，二为生产水煤气。发生炉的原料要求使用中、小块气焦，既有利于加焦，又有利于气化，另外成本也较低，因此将自产气焦制作发生炉煤气是较为合理的。水煤气的原料要求一般是大块焦。用它生产的水煤气成本高，作为城市煤气的气源是不经济的。所以规定这部分生产的水煤气只供作为调峰气，以适应不经常的短期高峰用气的要求。

3.3 煤的气化制气

3.3.1 气化用煤的粒度是根据煤炭工业部制定的“煤炭质量规格粒级煤的划分”，并结合国内煤气站生产经验而定的。

根据气化原理，要求气化炉内料层的透气性均匀，为此选用的粒度应相差不太悬殊，所以在条文中水煤气和发生炉煤气两种气化炉燃料粒度均未超过两级。

从煤气厂整体经济利益考虑并结合两种气化炉对粒度的实际要求，粒度 25mm 以上的焦炭用于水煤气炉，而不用于发生炉。当煤气厂自身所产焦炭或气焦，其粒度能平衡时发生炉也可使用大于 25mm 的焦炭或气焦。其粒度的上、下限不应超过两级。

煤的质量指标：

灰分：按行业标准《发生炉煤气站设计规范》JBJ 11—82 规定，发生炉用煤中含灰分的要求小于 25%。由于煤气厂采用直立炉作气源时，要求煤中含灰分小于 25%，制成半焦后，其灰分上升至 33%。从煤气厂总体经济利益出发，这种高灰分半焦应由厂内自身平衡，做水煤气炉和发生炉的原料。由于中块以上的焦供水煤气炉，小块焦供发生炉，条文中规定水煤气炉用煤含灰分小于 33%；发生炉用煤含灰分小于 35%。

灰熔点（ST）：在煤气厂中，发生炉热煤气的主要用途是作直立炉的加热燃料气，加热火道中的调节砖温度约 1200℃，热煤气中含尘量较高，当灰熔点低于 1250℃时，灰渣在调节砖上熔融，造成操作困难。所以在条文中规定，当发生炉生产热煤气时，灰熔点（ST）应大于 1250℃。

3.3.3 本条文是按气化炉为三班连续运行规定的，否则，煤斗中有效贮量相应减少。

按《发生炉煤气站设计规范》JBJ 11—82 规定，运煤系统为一班制工作时，贮煤斗的有效贮量为气化炉 18～20h 耗煤量；运煤系统为二班制工作时，贮煤斗的有效贮量为气化炉 12～14h 耗煤量；而本条文的有效贮煤量的上、下限分别增加 2h。因为在煤气厂中，干馏炉、气化炉和锅炉等四大炉的上煤系统基本是共用的，在运煤系统前端运输带出故障修复后，四大炉需要依次供煤，排在最后供煤系统的气化炉，煤斗容量应适当增大。

3.3.4 在第 3.3.1 条文中虽已经规定入炉煤的机械强度应大于 60%，但在煤气厂中，从全厂整体利益出发，气化炉用煤基本是本厂干馏炉所产焦炭或气焦，运输距离长、转运点多、破碎厉害。煤屑多带入气化炉中会影响气化炉正常操作。故本条文中规定在气化炉贮煤斗前应设筛分装置和煤屑斗。如上海吴淞煤气厂、上海杨树浦煤气厂均增设了筛分装置，青岛煤气厂和天津煤气一厂原设计未设筛分装置，厂方正准备增设。

通常煤屑用火车或汽车运出厂外时采用一班工作制，故本文规定煤屑斗的总贮量不小于煤气站1d煤屑产量。当煤屑供厂内锅炉房使用时，运输距离短，其总贮量可酌情减小。

为防止煤屑冻结，规定在寒冷地区的煤屑斗应设有防冻设施。根据东北地区一些工厂的经验，在煤屑斗内加装蒸汽管道，防冻效果良好。

3.3.7 本条规定了水煤气站设计产量的要求。

(1)规定了水煤气站仅作为掺混气源时设计产量的确定。

(2)水煤气站兼作调峰气源时，有两种情况：一种情况是调峰量大大超过掺混量且仅有水煤气作调峰气时，设计产量可按所承担的调峰量来确定，不考虑掺混量。另一种情况是，调峰煤气有两种以上，除水煤气外，其他调峰气的热值比水煤气热值高，在这种情况下，设计产量应据水煤气站最大掺混量和其所承担的调峰量的总和来确定。

3.3.9 按《发生炉煤气站设计规范》JBJ 11—82 规定，煤气站发生炉工作台数每6台或6台以下，宜另设1台备用。而本条文规定每1～4台宜另设1台备用，主要是煤气厂供气不允许间断，且近年来气化炉订货不供应备件。

对水煤气炉来说，以3台为一组再备用1台最佳，因为鼓风阶段约占1/3，3台炉共用一台鼓风机比较合理。从其检修率的角度出发，归纳上海杨树浦煤气厂的检修规程，水煤气炉的检修情况如下：

大修	35d/a
中修	20d/a
小修	12d/a
烘炉	10d/a
试车	15d/a
共计	90d/a

对发生炉来说，归纳上海杨树浦煤气厂的检修情况：

大修与中修	60d/a
小修	12d/a
试车	15d/a
共计	87d/a

综上检修率约25%，所以条文规定1～4台，宜另设备用1台。

3.3.10 本条提出了单排布置比双排布置优越。

1.在同一地区相同气候条件下，单排比双排布置室内温度要低2～5℃，且热空气易于排除；

2.单排比双排布置的自然通风条件较好；

3.单排布置比双排布置便于设备检修；

4.单排布置比双排布置简单。单排布置时，净化设备可集中布置在主厂房一侧，管道短、布置紧凑；而双排布置时，设备及管道须布置在主厂房的两侧，比较复杂。

综合上述分析，单排布置具有操作环境好、设备检修方便、布置紧凑、便于操作等优点，在站区布置面积允许的情况下以单排布置为佳。

3.3.11 本条规定了煤气站的位置要求。

(1)考虑到煤气站散发到大气中的有害气体经风的传播会影响工厂主要生产厂房，故将站区布置在工厂主要建筑物和构筑物最小频率风向的上风侧。最小频率风向说明该风向的吹风次数小，在大气中向该风向传播的有害物质的量相对最小，即污染的影响最小，故采用最小频率风向来考虑布置比较合理；

(2)靠近煤气负荷比较集中的地区设立煤气站，可节省煤气管道的投资；

(3)煤气站的煤、灰渣和煤屑等的贮运数量较大，站区位置的确定应综合考虑上述物料的合理贮运，同时应考虑有足够的场地便于冷热循环水系统的建筑物和构筑物的布置以及循环水水质处理设施的布置；

(4)煤气站的位置应尽量接近锅炉房布置，便于与锅炉房共同采用煤及灰渣的贮运设施，同时可减少煤屑在沿途运输的损失并节约投资；

(5)在确定站区的位置时，应根据全厂发展情况，考虑有扩建的可能性。

3.3.12 煤气站主厂房是散发焦油蒸气、煤气、煤尘、灰尘的地方，而煤气发生炉、汽包、旋风除尘器、集尘器、竖管、燃烧室及废热锅炉等又是散热的设备。因此，主厂房室内的环境较差，操作温度很高，夏季一般在40～43℃之间，炎热地区煤气站主厂房操作层温度高达45℃以上。

为充分利用自然通风排除室内余热，改善工人操作环境，故煤气站主厂房的迎风面宜垂直于夏季盛行风向。考虑到室外煤气净化设备，冷、热循环水和焦油系统都是污染源，为减少水沟、焦油沟散发的有害气体对主厂房操作工人的影响，条文规定净化设备宜布置在下风侧。

3.3.13 循环水系统、焦油系统和煤场等的建筑物和构筑物，如沉淀池、调节池、水沟、冷却塔和水泵房等会散发有害气体，煤场会散发出煤粉尘。为了保护煤气站主厂房、煤气排送机室、空气鼓风机室及机泵房等室内环境卫生，故作本条文的规定。

当循环水直接上冷却塔冷却时，煤气站的冷却塔散发的水雾中含有酚和氰化物等有害物质，设计人员在布置冷却塔时，应结合冷却塔型式的大小及水质等具体情况确定冷却塔的防护间距。

3.3.14 煤气排送机、空气鼓风机与水泵等震动对附设在主厂房的生产辅助间内有防震要求的化验室、仪表室、仪表修理室的设备有影响，且噪声对主厂房及生产辅助间内工作人员不利，故本条文规定：煤气排送机室、空气鼓风机室和机泵房宜与主厂房分开布置。

本条文还规定排送机与鼓风机宜分开布置在单独的房间内，其原因如下：

1.煤气排送机和空气鼓风机在运转时发出较大的噪声，各类型煤气排送机的噪声一般在83～99dB(A)，平均93dB(A)；而空气鼓风机的噪声大于煤气排送机的噪声，多数超过100dB(A)，本条文规定煤气排送机和空气鼓风机分开布置在单独的房间内，其目的之一是为了减少噪声的影响；

2.煤气排送机间属于防爆危险场所，必须考虑防爆。而空气鼓风机间不必防爆，两者分开可减少防爆设备及其他防爆必须采取的措施和投资费用。

3.3.15 在煤气厂中，水煤气一般作为掺混气，掺混量约1/3。与干馏气掺混后经过脱硫才能供居民使用，而干法脱硫的最佳操作温度为25～30℃，极限温度为45℃。在煤气厂内干馏煤气在干法脱硫箱前将煤气冷却至25℃左右，与35℃的水煤气混合后的温度约28.3℃，仍在脱硫最佳操作温度的范围内。

在煤气厂中发生炉冷煤气除作干馏气的掺混气外，主要作焦炉的加热气。如果发生炉煤气的温度增高，将影响煤气排送机的输送能力和煤气热量的利用，最终将影响焦炉加热火道的温度，造成燃料的浪费，故规定冷煤气温度不宜超过35℃。

热煤气在煤气厂中用作直立炉的加热气，发生炉燃料多采用直立炉的半焦，焦油含量少，故规定热煤气不低于300℃（近年来，煤气厂发生炉煤气站多选用W—G型炉，其出口温度约300～400℃）。

3.3.16 煤气厂的热煤气一般供直立炉加热，而热煤气目前只能作到一级除尘（旋风除尘器除尘），所以煤气中含尘量仍很高，约300mg/m^3。因此，在设计煤气管道时沿管道应设置灰斗和清灰口，以便清除灰尘。

3.3.17 煤气厂中，煤气站基本采用焦炭和半焦为原料，所产焦油流动性极差，如用间接冷却器冷却，焦油和灰尘沉积在间冷器的管壁上，使冷却效果大大降低，且这种沉积物坚如岩石，很难清除，故本条规定煤气的冷却与洗涤宜采用直接式。

3.3.18 水煤气炉为间歇生产，在生产过程中，每个瞬时的产气量和质量都不均匀，为了用户能得到稳定的质量和气量，在系统中必须设置缓冲柜，其容积为 0.5～1 倍水煤气小时产量已足够。

3.3.19 水煤气站因系间歇生产，作为气化剂的蒸汽也是间歇供应的，但锅炉是连续生产的，而水煤气站又是全厂最大的用汽车间，故应设置蒸汽蓄能器，作为蒸汽的缓冲容器。由于蒸汽蓄能器不设备用，其系统中配套装置与仪表一旦损坏，就无法向水煤气炉供应蒸汽。因此，水煤气站应另设一套备用的蒸汽系统，以保证水煤气站正常生产。

3.3.20 煤气厂中的发生炉煤气站一般采用无烟煤或本厂所产焦炭、半焦作原料，所得焦油流动性极差。当煤气通过电气滤清器时，焦油与灰尘沉降在沉淀极上结成岩石状物，不易流动，很难清理。所以本条文规定发生炉煤气站中电气滤清器应采用有冲洗装置或能连续形成水膜的湿式装置。如上海浦东煤气厂的气化炉以焦炭为原料，采用这种形式的电气滤清器已运转两年，电气滤清器本身无焦油灰尘沉淀积块和管道无堵塞现象。

3.3.21 由于并联工作台数过多，其不稳定因素增加，根据国内实际情况考虑，本条文规定并联工作台数不宜超过 3 台。

3.3.23 放散管管口的高度应考虑放散时排出的煤气对放散操作的工人及周围人员的影响，防止中毒事故的发生。因此，规定必须高出煤气管道和设备及走台 4m，并离地面不少于 10m。

本条文还规定厂房内或距离厂房 10m 以内的煤气管道和设备上的放散管管口必须高出厂房顶部 4m，这也是考虑在煤气放散时，屋面上的人员不致因排出的煤气中毒，煤气也不会从建筑物天窗、侧窗侵入室内。

3.3.24 为适应煤气净化设备和煤气排送机检修的需要，应在系统中设置可靠的隔断煤气措施，以防止煤气漏入检修设备而发生中毒事故，所以在条文中作出了这方面的规定。

3.3.25 电气滤清器内易产生火花，操作上稍有不慎即有爆炸危险，根据《发生炉煤气设计规范》JBJ 11—82 规范组所调查的 65 个电气滤清器均设有爆破阀，生产工厂也确认电气滤清器的爆破阀在爆炸时起到了保护设备或减轻设备损伤的作用。所以，本条文规定电气滤清器必须装设爆破阀。《发生炉煤气设计规范》JBJ 11—82规范组调查中，多数工厂单级洗涤塔设有爆破阀，但在某些工厂发生了几起由于误操作或动火时不按规定造成严重爆炸事件，所以条文中规定“应装有爆破阀”以防止误操作时发生爆炸事故。

3.3.26 本条文规定厂区煤气管道与空气管道应架空敷设。其理由如下：

1. 水煤气与发生炉煤气一氧化碳含量很高，前者高达 37%，后者约 23%～27%，毒性大且地下敷设漏气不易察觉，容易引起中毒事故。

2. 水煤气与发生炉煤气中杂质含量较高，冷煤气的凝结水量较大，地下敷设不便于清理、试压和维修，容易引起管道堵塞影响生产；

3. 地下敷设基本费用较高，而维护检修的费用更高。

因此，厂区煤气管道和空气管道采用架空敷设既安全又经济，在技术上完全能够做到。

由于热煤气除旋风除尘器外，无其他更有效的除尘设备，而旋风除尘器的效率约 70%。当产量降低时，除尘器的效率更低，因此旋风除尘器后的热煤气管道沿线应设有清灰装置，以便定时清除沿线积灰，保证管道畅通。

3.3.27 本条文规定空气总管末端应设有爆破膜，是作为空气管道爆炸时泄压之用。材料可用铝板或橡皮膜，其安装位置应在空气流动方向的管道末端。

3.3.28 根据我国煤气站几十年的经验，本条文规定的水封高度是能达到安全生产要求的。

热煤气站使用的湿式盘阀水封高度有低于本规范表 3.3.28 第一项的规定，这种盘阀之所以允许采用，有下列几种原因：

1. 由于大量的热煤气经过湿式盘阀，要考虑清理焦油渣的方便，为了经常掏除数量较多的渣，水封不能太高；

2. 热煤气站煤气的压力比较稳定，一般不产生负压，水封安全高度低一些，也不致进入空气引起爆炸；

3. 湿式盘阀只能装在室外，不允许装在室内，以防止炉出口压力过高时水封被突破，大量煤气逸出引起事故。

这种盘阀的有效水封高度不受表 3.3.28 的限制，但不应小于最大工作压力的水柱高度加 50mm 水柱。由于这种盘阀只能在室外安装，允许降低其水封高度，并限于在热煤气系统中使用，所以本条文中不予列入。

3.3.29 钟罩阀的结构特点是当煤气发生炉出口压力达到最大工作压力时，阀体内的钟罩重量与悬挂下阀体外的砝码重量达到平衡，当炉出口煤气压力大于煤气最大工作压力时，钟罩被自动顶起，使煤气得以放散。但当机械机构发生故障时，由于阀体内的放散水封被煤气压力冲破得以放散而保持其安全的作用。所以，此放散水封的高度，应等于煤气发生炉出口最大工作压力（水柱高度计）加 50mm。

3.3.30 按本规范第 3.3.15 规定冷煤气温度不应高于 35℃。因此，作为煤气站最终冷却的冷循环水，其进口温度不宜高于 28℃，这个条件对煤气厂来说是做得到的，因为煤气厂主导气的冷却系统基本设有制冷设备，适当增加制冷设置容量在夏季煤气站的冷循环水进口水温即可满足不高于 28℃的要求。

热循环水主要供竖管净化冷却煤气用。水温高时，水的蒸发系数大，水中焦油黏度小，水系统堵塞的机会少，而且其表面张力小，较易润湿灰尘，便于除尘。故规定热循环水温度不应低于 55℃。热循环水系统除了由冷循环水补充的部分冷水及自然冷却降温外，没有冷却设备，在正常情况下，热平衡的温度均不小于 55℃。

3.3.33 本条规定了煤气站设置仪表和安全设施的要求。

（5）水煤气缓冲柜位于水煤气炉与煤气排送机之间，缓冲柜到高限位时，如不停止自动控制机运转将有顶翻缓冲柜的危险。所以本条文规定水煤气缓冲柜的高位限位器应与自动控制机联锁。当水煤气缓冲柜下降到低限位时，如果不停止煤气排送机的运转将发生抽空缓冲柜的事故。因此规定水煤气缓冲柜的低位限位器应与煤气排送机联锁。

（6）水煤气站高压水泵出口设有高压水罐，目的是保持稳定的压力，供自动控制机正常工作，但当压力下降到规定值时，便无法开启和关闭有关水压阀门，将导致危险事故发生。因此规定水煤气高压水罐的压力应与自动控制机联锁。

3.4 重油蓄热裂解制气

3.4.1 本条规定了原料油的质量要求。

我国虽然规定了商品重油的各种牌号及质量标准，但实际供应的重油质量还不稳定，有时甚至是几种不同油品的混合物。为了满足工艺生产的要求，本条文中针对作为裂解原料的重油规定了几项必要的质量指标要求。

条文中所列的指标是从各使用单位历年实际生产情况中总结出来的。目前我国各炼油厂生产的重油基本上符合要求，见表 6。

对条文的规定分别说明如下：

1. 碳氢比（C/H）指标：我国当前还没有进行过不同 C/H 的原料油对产气率影响的系统试验工作，因此缺乏系统的定量数据，现在仅能通过调查，收集了一些主要重油裂解制气车间实际使用原料油的 C/H 指标资料做综合对比工作。绝大多数厂所用重油的 C/H 指标都在 7.5 以下，其中只有少数厂较高些。如北京 751 厂等单位为 8.5。C/H 越低，产气率越高、越适合作为制气原料。根据上述情况，又参照了上海吴淞炼焦制气厂对“1 万 m^3/台日油制气炉”试验测定的结果，做出“C/H 宜小于 7.5”的规定。

2. 残碳指标：除胜利油田生产的重油残碳为 10％～14％外，

我国各炼油厂生产的重油质量指标与本规范规定指标比较表 **表 6**

厂名	碳氢比(C/H)	残碳(%)	开口闪点(℃)	密度(kg/L)	备注
上海炼油厂	6.8	10.2	226～287	0.93	上海杨树浦煤气厂、吴淞炼焦制气厂及上海县化肥厂使用
南京炼油厂	8.3	10.1	242	0.95～0.97	南京化肥厂、丹阳化肥厂及常州石化厂使用
抚顺石油二厂	6.9	8.4	—	0.91①	
大庆石油化工总厂	—	—	218～349	0.92～0.93	
东方红炼油厂	8.5	7.8	351	0.93	北京751厂、北京内燃机厂、北京建筑机械厂、北京化工三厂及北京机车车辆厂使用
长岭炼油厂	—	6.4～8.5②	333	0.91～0.93②	
胜利炼油厂	—	10～14①	180～210①	0.93～0.96	郑州第二砂轮厂、洛阳轴承厂及西北第一印染厂使用
大连石油七厂	6.95	7.65	333	0.91～0.92	大连煤气公司一厂使用
茂名炼油厂	—	7～8②	>100②	0.92～0.95②	
本规范规定	<7.5	<12	>120	0.9～0.97	

注:①数据系引自北京石化总厂设计院编《重油贮运资料》。

②数据系通过函调,由生产厂方提供。

③注:①、②之外的其余数据均由使用厂方提供。

其他各炼油厂的指标较低。残碳量的大小决定积碳量的多少,如果积碳量多就会降低催化剂的效果,并提高焦油产品中游离碳的含量,造成处理上的困难。一般说来残碳值比较低的重油适宜于造气。故对残碳的上限值,应有所限制,规定了"小于12%"的指标要求。

3.硫对设备具有很大的腐蚀性,而且会使催化剂中毒,因此要限制原料油中的含硫量。但由于没做过测试工作,提不出使催化剂中毒时的含硫指标。上海"1万 m^3/台日油制气炉"生产用的原料油也曾规定有含硫指标。一般重油含硫指标大部分小于1%。仅胜利油田重油含量为1.32%;江汉油田重油含硫量为3.0%。另外,标准牌号的国产重油,其含硫量均大于1%,200# 重油含硫则高达3.0%,但在实际生产中上述油品均可采用,所以条文中暂不规定含硫指标。

3.4.2 确定原料油贮存量的因素较多,总的来说要根据原料油的供应情况(即炼油厂的生产情况)、运输方式、运距以及用油的不均衡性等条件进行综合分析后确定。

炼油厂的检修期一般为15d左右,在这一期间制气厂的原料用油只能由自己的贮存能力来解决。

目前,各厂原料油贮存设备的容量大小不一,如沈阳煤气一厂的原料油贮存天数为15d;北京751厂为10d;上海吴淞炼焦制气厂则为20d。既要考虑满足生产需要,又要考虑占地与基建投资的节约。综合以上因素,确定为:"一般按15～25d的用油量计算",这样规定也是符合"(71)燃分字第15号"及"(72)燃分字第1号"等文件精神的。

3.4.4 本条规定了工艺和炉型的选择要求。

重油催化裂解制气工艺所生产的油制气组分与煤干馏制取的城市煤气组分较为接近,可适应目前使用的煤干馏气灶具。且由于催化裂解制气的产气量较大,粗苯质量较好,所以经济效果也是比较好的。另外,副产焦油含水较低,这对综合利用提供了有利条件。因此用于城市煤气的生产大部分都采用了催化裂解制气工艺。目前虽然有些煤气厂仍在采用热裂解制气工艺，主要是因为客观方面还存在一些暂时解决不了的困难问题（如催化剂供应暂时还无法解决）。

采用催化裂解制气工艺时，要求催化剂床温度均匀，上下层温度差应在±100℃范围内不宜再大；同时要求催化剂表面尽量少积碳，以防止局部温度升高；也不允许温度低的蒸汽直接与催化剂接触。以上这些要求是一般单、双筒炉难以达到的，而三筒炉则容易满足。再则，如果催化剂暂时不能供应时，三筒炉也可改为热裂解工艺生产煤气。鉴于以上理由，催化裂解工艺炉型应为三筒炉。

当需要生产供掺混和增热使用的煤气时，则宜采用热裂解制气工艺。热裂解制气生成的煤气组成中烃含量较多且热值高，宜用于煤气的增热。其炉型采用双筒、三筒炉均可，故条文中不做规定。

3.4.5 油制气炉的年操作日是标志该装置能否达到正常运行的一项综合指标，也是计算各种产品产量的主要依据之一。通过调查，按照目前油制气炉生产的装备及管理水平，扣除平时零星的停产维修外，一般的开工率可达90%以上。例如沈阳煤气一厂1974年末至1975年初共124d(2976h)的生产过程中，由于设备本身的维修而停产的时间为170h；由于气量调度的原因而停产的时间为60h；由于缺乏原料而停产的时间为70h，开工率达到89.8%。若扣除由于调度和缺油而停产的时间，则实际开工率为94%。

一般油制气炉每年需中修一次，时间约20～30d。如按25d计则一年实际操作日为：

$$365\times0.9-25=303.5\text{d}$$

300d的年操作日指标一般都能达到。故本条规定年操作日“应按300d计算”。

3.4.6 本条规定了油制气工艺主要设计参数。

我国采用油制气生产工艺的时间较短，对现有不同规模炉型的操作条件均未做过系统的标定工作。对油制气工艺的计算还没有统一的方法，但对于一些基本参数的选取则比较一致。本条有关的主要设计指标是按照十几年来生产的统计数据、实践经验及有关资料提出的。

第(1)款、反应器的液体空间速度。

反应器液体空间速度的选取对确定炉体的大小有着直接关系。国内已投产的油制气炉实际液空速数据一般均偏小，尤其是热裂解炉，在进行工艺计算时往往因采用了较高的液空速数据而影响反应器格子砖的层高选取偏高、炉体的实际液空速有所降低。催化裂解炉实际液空速与工艺计算选用的液空速一般相差不大，就不存在上面所说的问题。表7是国内几个厂的实际液空速的数据。故本条规定热裂解制气和催化裂解制气的液空速分别为0.5～0.55m^3/m^3h和0.6～0.65m^3/m^3h。

本条文中的“注”主要表明催化剂主要性能指标。我国已有催化剂的专业性生产厂，其含镍量可根据油裂解制气工艺要求而不同。目前使用的催化剂含镍量为3%～7%。

(4)关于加热油量占总用油量的比例。加热油量占总用油量的比例与炉子大小有关也与操作管理水平有关。现有几个厂的加热油量占总用油量的实际比例如表8。

近几年来，表8的比例数值逐渐趋向于降低，故根据现有各厂实际情况规定了条文中的范围。

(5)过程蒸汽量与制气油量之比值。

重油裂解主要产物为煤气和焦油，它受到裂解温度、液体空间速度和过程蒸汽量等较多条件和因素的综合影响，如处理不好就会产生积碳和炭黑。因此不能孤立地确定水蒸汽与油量之比值，它要受裂解温度、液体空间速度和催化床厚度等具体条件的约束，应综合考虑煤气热值和产气率的相互关系，随着过程蒸汽量与油量之比值的增加将会提高裂解炉的得热，同时对煤气的组成也有很大的影响。采用过程蒸汽的目的是促进炉内产生水煤气反应，同时要控制油在炉内停留时间以保证正常生产。

几个厂的实际液空速数据　　表7

厂　名	上海吴淞炼焦制气厂	沈阳煤气公司一厂	大连煤气公司一厂	北京751厂	酒泉钢厂
制气工艺	催化裂解	催化裂解	热裂解	催化裂解	催化裂解
格子砖砌体体积催化剂层体积(m^3)	14	7.6		11.5	
原料油流量(m^3/h)	6.9	3.82		6.8	
液空速(m^3/m^3h)	0.48	0.5	0.3	0.58	0.63（尚未投产）

各厂加热油量占总用油量的比例　　表8

单位名称	上海吴淞炼焦制气厂	上海杨树浦煤气厂	北京751厂	沈阳煤气公司一厂	大连煤气公司一厂	上海1万m^3/台 d试验炉
催化裂解(%)	~15		15	13~15	8	15
热裂解(%)		13				
炉型大小(万m^3/d)	10	2.5	10	5	1.5	1

据国外资料报道：1.日本北港厂建的13.2万m^3/日·台蓄热式裂解炉，从平衡含氢物质的计算中推算出过程蒸汽中水蒸汽分解率仅为23%，可说明在一般情况下，过程蒸汽在炉内之作用和控制在炉内停留时间二者间的数量关系；2.根据日本冈崎建树所作的"油催化裂解实验的曲线"中可看出随着水蒸汽和油比例的增加而汽化率直线增加，热值直线下降，而总热值则以缓慢的二次曲线的坡度增加。其中：H_2的增加最明显；CO的增加极少；CO_2几乎不变；CH_4和重烃类的组分有降低。说明了水蒸汽和碳反应生成的H_2和CO都不多，主要是热分解促进了H_2的生成。所以过多的水蒸汽对炉内温度、油的停留时间都不利。一般蒸汽与油的比值应为1.0~1.2范围，实际多取1.1~1.2较为适宜。

3.4.7　影响油制气产品产率的因素较多，主要与制气工艺、炉型大小、原料油的性质和操作条件等因素有关。当缺乏实测数据的情况下可按本条规定的指标进行计算。

本规范表3.4.7所列的指标，除根据现有厂的生产统计数据外，主要参考了上海吴淞炼焦制气厂对产气量为1万m^3/台·d的试验炉测定的数据。其所用原料油的质量是符合本规范的质量指标的。由于表3.4.7中数据不是在同一操作温度下标定的，因此注明了煤气的热值，以此表示操作条件。表中所列数据系指未经净化的煤气。

3.4.8　油制气炉在加热期产生的燃烧废气温度较高，对余热应加以利用。对于1台10万m^3/台·d的油制气装置，废气温度如按550℃计，每小时大约可生产2.3t蒸汽（饱和蒸汽压为0.4MPa）。鼓风期产生的燃烧废气中含有的热量大约相当于燃烧时所需用加热油热量的80%。如2台油制气炉设1台废热锅炉，则其产生的蒸汽可满足过程蒸汽需要量的一半，因此这部分相当可观的热量应该予以回收和利用。另外，制气期产生的裂解气余热可回收利用，例如南京化肥厂油制气炉的生产就是这样做的。

原规范编制时，做为城市煤气系统的油制气炉装置尚缺乏配套的定型废热锅炉，但鉴于三废治理和节能的重要性，在条文中仍做了明确肯定的规定。近年来我国已有了配套的定型废热锅炉，生产运行效果较好，产汽量大（对10万m^3/日油制气装置可产汽2~5t/h），如上海、大连、北京、沈阳等均已安装投产。

因油制气炉生产过程中会散出大量的尘粒（碳粒）污染周围环境，根据环境保护的要求应设置除尘装置。北京751厂采用文氏管及水膜除尘器，再经过30m以上的高烟囱排放，经环境部门测定基本上达到排放标准要求。

3.4.9 重油蓄热裂解装置生产是间歇的，生产过程中蒸汽的需要也是间歇的，而且瞬时用汽量较大，而锅炉则是连续生产的，因此应设蒸汽蓄能器做为蒸汽的缓冲容器，由于蒸汽蓄能器不设备用，所以应另设一套备用的蒸汽系统以保证油制气炉装置的正常生产。已投产的大连煤气一厂、北京751厂、上海杨厂、广州和天津所建项目中均已采用。

3.4.10 油制气炉的生产系间歇式制气，为了保持产气均衡、节约投资、管理方便，所以规定每2台炉编为一组，合用一套煤气冷却系统和动力设备，这种布置已经在实践中证明是经济合理的。

3.4.11 油制气的冷却自采用油制气技术后的十几年里，一直选用煤气直接式冷却的方法。直接式冷却对焦油和萘的洗涤、冷凝都是有利的，可以洗下大量焦油和萘，减少净化系统的负荷及管道的堵塞现象，所以原规范中规定了“煤气的冷却宜采用直接式冷却设备”的条文。

近些年来，考虑大气污染的防治，设计中改用了间接冷却方法并已投入生产使用，效果较好，减少了大量的污水，同时也消除了水冷却过程中的二次污染现象，有利于对大气污染的防治，以日产30万m^3油制气为准，每小时可减少污水量约100t。

至于采用间冷工艺后管道堵塞问题，可以采取措施解决。如北京751厂的运行经验，在设备上加热循环水喷淋，冬季进行定期的蒸汽吹扫，几年来没有因堵塞而停止运行。另外，大连煤气一厂1983年新建油制气工程也采用了间接冷却工艺，使用效果很好。近年，新设计工程项目如广州、天津均采用间接冷却工艺，因此本条文做了修改。

3.4.12 本条规定了空气鼓风机的选择。

空气鼓风机的风压应按空气、燃烧废气通过反应器、蒸汽蓄热器、废热锅炉等设备的阻力损失和炉子出口压力之和来确定。也就是应按加热期系统的全部阻力确定，风压一般在“12000Pa”一档，已能满足安全生产的要求，且是经济合理的。

在仅设置1台炉的设计中，曾按制气期的系统阻力选择风机的风压。因制气期的炉内压力度，风机的风压应选得高一些，以保证空气管道内有较高的压力，防止炉内煤气窜入空气管道而产生爆炸事故。当设置2台炉以上时，在2台炉合用1台风机的情况下，1台炉为制气期时，另1台则为加热期，即使风机的风压是按制气期选用的，但空气管道内仍保持不了该压力，而是维持加热期系统的阻力。所以风机的风压应按加热期的情况来考虑，对于空气管道的安全须采取其他措施解决。

3.4.14 本条规定是根据现有各厂的实际情况确定的。一般规模的厂原料油系统除设置总的贮油罐外，均另设中间油罐。原料油经中间油罐升温至80℃，再经预热器进入炉内，这样既保证了入炉前油温符合要求，也节省了加热用的蒸汽量。对于规模小的输油系统也有个别不设中间油罐，而直接从总贮油罐处将重油加热到入炉要求的温度，这种个别情况也是允许的。

3.4.15 设置缓冲气罐的主要目的是为了保证煤气排送机安全正常运转，起到稳定煤气压力的作用，有利于整个生产系统的操作。缓冲气罐的容积各厂不一，其容量相当于20min到1h产气量的范围。目前有的厂选用了较大容量的气罐，其原因或是利用已有的气罐（如沈阳煤气一厂）或是为预留扩建容量（如北京751厂）。根据各地调查，从历年生产经验来看，该罐不是用作储存煤气，而是仅作缓冲用的，因此容量不应太大。一般按30min产气量计算已能满足生产要求。

据沈阳、上海等厂的实际生产情况，都发现进入缓冲气罐的煤气杂质较多，有大量的油（包括轻、重油）沉积在气罐底部，故应设集油、排油装置。如大连煤气一厂“1万m^3/日·台炉子”运行数年后（1966～1969年），在300m^3的缓冲罐中放出焦油达30t。

3.4.17 油制气炉的操作人员经常都在仪表控制室内进行工作，很少在炉体部分直接操作，因此没有必要将炉体设备安设在厂房内。采取露天设置后的主要问题是解决自控传送介质的防冻问题，例如在严寒地区若采用水压控制系统时，就必须同时考虑水的防冻措施（如加入防冻剂等）。

国内现有的油制气炉一般都布置在露天。大连、沈阳煤气厂由于历史条件、场地所限等原因，利用了原有的水平炉厂房设置了油制气炉；大连煤气一厂 1974 年新投产的油制气炉也建了厂房，但根据近年来生产实践均感到在厂房内的操作条件较差，尤其是夏季，厂房很热，焦油蒸汽的气味很大，同时还增加了不少投资。因此除有特殊要求外，炉体设备不建厂房，所以本条规定："宜露天布置"。

3.4.18 本条规定"控制室不应与空气鼓风机室布置在同一建筑物内"。这是由于空气鼓风机的振动和噪声很大，对仪表的正常运行及使用寿命都有影响，对操作人员的身体健康也有影响。有的单位的空气鼓风机室均设在控制室的楼下，振动和噪声的影响也是很大的。上海吴淞炼焦制气厂、北京 751 厂的空气鼓风机室是单独设置的，与控制室不在同一建筑物内，就减少了这种影响，效果较好。

条文中规定了"控制室应布置在油制气区夏季最大频率风向的上风侧"，主要是防止油制气炉生产时排出的烟尘、焦油蒸汽等影响控制室的仪表和控制装置。

3.4.19 焦油分离池经常散发焦油蒸汽，气味很大，而且在分离池附近还进行外运焦油、掏焦油渣作业，使周围环境很脏。故规定"应布置在油制气区夏季最小频率风向的上风侧"，以尽量减少相邻设置的污染和影响。

3.4.21 本条作了修改，明确规定了大于 5 万 m^3/日·台规模时宜设机械化澄清槽。随着生产的迅速发展，促使生产过程自动化水平的提高。采用机械化澄清槽，可使整个焦油、水分离系统实现连续自动化生产过程。北京 751 厂自 1980 年投产以来使用效果较好。广州、天津新建油制气工程设计中均采用了机械化澄清槽。

3.4.22 关于控制设置仪表的技术要求是根据国内现有各厂油制气安全生产的经验和工艺设计的要求编制的。

（2）规定 10 万 m^3/台日油制气炉设置主要工艺参数的远距离操纵调节仪表。这不仅是为了进一步减轻操作人员的体力劳动，而且还为了要在生产过程中易于调节工艺参数。例如掌握更为合理的物料配比、调节一次加热油和二次空气、制气油和过程蒸汽的比例等。当建有多台炉时，在产量调节幅度较大的情况下更有必要设置远距离操纵调节仪表。上海吴淞炼焦制气炉设置了这种仪表已使用多年。

（4）限位的显示和报警信号属一般性的安全设施，煤气缓冲气罐是制气和回收两工段间的煤气缓冲容器，目前各厂所采用的均为低压水槽式煤气罐，有直立和螺旋导轨升降两种结构型式，容积一般为 500～1000m^3，大容积有 5000m^3、10000m^3 等。当制气与回收操作管理不协调时，会影响缓冲气罐产生越轨、跑气、抽瘪等事故。为了使操作人员便于控制不致发生意外，故规范中规定了本款，但目前对螺旋导轨升降式罐安装高、低限位装置还有一些具体问题有待进一步改进。

3.4.23 本条规定了设置程序控制器的技术要求。

油制气炉自控装置中的程序控制器国内已采用的型式有电气、电子、射流和机械等几种。这几种程序控制器经过长时间的运转表明了都能满足工艺生产的要求。由于各种程序控制器具有不同的特点，各地的具体条件也互不相同，不宜于统一规定采用程序控制器的型式，因此本条仅规定工艺对程序控制器的基本技术要求。

油制气炉生产过程是"加热——吹扫——制气——吹扫——加热……"周而复始进行的，在各阶段中几十个阀门都要循环动作，就需要设程序控制器自动操作运行。又因在生产过程中有时需要单独进入某一操作阶段（如升温、烧炭等），故程序控制器还应能手动操作。

生产操作上要求能够根据运行条件灵活调节每一循环时间和每阶段百分比分配。例如催化裂解制气的每一循环时间可在6～8min内调节；双筒热裂解制气可在12～16min内调节；每循环中各阶段时间的分配可在一定范围内调节。故提出程序控制器的设计应“能调节循环周期和阶段百分比”。

油制气工艺过程在按照预定的程序自动或手动连续进行操作，为保证生产过程的安全，还需要对操作完成的正确性进行检查。故规定了“应设置循环中各阶段比例和阀门动作的指示信号”。主要阀门和空气阀、油阀、煤气阀等应设置“检查和联锁装置”，以达到防止因阀门误动作而造成爆炸和其他意外事故，在控制器的设计上还规定了“在发生故障时应有显示和报警信号，并能恢复到安全状态（顶吹或底吹阶段）”，使操作人员能及时处理故障。

规定“每1～2组油制气炉的各台程序控制器之间，应设置联锁装置”的目的，是由于2台油制气炉合用一套动力设备须保证2台炉交替运行，一般2台油制气炉联锁时，每一循环时间相差50％，4台炉联锁时相差25％，从而在保证油制气炉正常生产的基础上节省了投资、劳动力和能源。

在设计程序控制器时应考虑传动系统的技术要求。如阀门的信号检查设施、动作时间等；在采用电子——液压自动控制装置时，还应考虑电液换向阀的工作功率等。

3.4.24 本条规定了设计自控装置的传动系统的技术要求。

国内现采用的传动系统有气压、水压、油压式几种，各有其优缺点，在设计前应考虑所建的地区、炉子大小、厂的条件、程序控制器型式等综合条件合理选择。

在传动系统中设置贮能设备，既是安全上的技术措施，又是节省动能的手段，贮能设备是传送介质管理系统的缓冲机构，其中贮备一部分能量以适应在启闭大容量装置的阀门时压力急剧变化的需要，满足大负荷容量，减少传动泵功率。当传动泵发生故障或停电时，贮能设备还可起到应急的动力能源作用，使油制气炉处于安全状态。

在采用液压传动（水压或油压）时，一般采用压缩空气做缓冲气体，定时供入贮能设备，以稳定传动系统的工作压力，并在传动泵发生故障时，作为执行安全停炉各项动作的可靠保证，使各个阀门处于安全状态的位置。

由于油制气炉是间歇循环生产的，生产过程中的流量瞬时变化大、阀门换向频繁，因此传动系统中采用的控制阀、工作缸、自动阀和附件等都应和这种特点相适应，使生产过程能顺利进行。

4 净　化

4.1 一般规定

4.1.1 本章内容是为了满足本规范第 2.2.1 条规定的人工煤气质量的指标要求，所需进行的净化工艺设计内容而作出的相应规定；并不包括天然气或液化石油气等属于外部气源的净化工艺设计内容。

4.1.4 本章节对煤气初冷器、电捕焦油器、硫铵饱和器等主要设备的有关备用设计问题都已分别作了具体规定。但是对于泵、机及槽等一般设备则没有一一作出有关备用的规定，以避免过于繁琐。净化设备的类型繁多，并且各种设备都需有清洗、检修等问题，所以本规定要求“应”指的是在设计中对净化设备的能力和台数要本着经济合理的原则适当考虑“留有余地”，也允许必要时可以利用另一台的短时间超负荷、强化操作来做到出厂煤气的杂质含量仍能符合《人工煤气》GB 13612—92 的规定要求。

4.1.5 煤气的净化是将煤气中的焦油雾、氨、萘、硫化氢等主要杂质脱除至允许含量以下，以保证外供煤气的质量符合指标要求，在此同时还生成一些化工产品，这些产品的生成是与煤气净化相辅相成的，所以煤气净化有时也通称为“净化与回收”。

事实上，在有些净化工艺过程中，往往因未考虑回收副反应所生成的化工产品而使正常的运行难以维持，因此煤气净化设计必须与化工产品回收设计相结合。这里所指的化工产品实质上包括两种：一种是净化过程中直接生成的化工产品如硫铵、焦油等；另一种是由于副反应所生成的化工产品如硫代硫酸钠、硫氰酸钠等。

4.1.6 本条所列之防火、防爆等级其分类法参照《爆炸和火灾危险环境电力装置设计规范》GB 50058 并按该篇原则针对煤气净化各部分情况确定。

本条所列之防火、防爆等级基本类同于冶金部“焦化安全规程”中的有关规定。

本条中粗苯洗涤泵房室内原“焦化安全规程”为 1 区，产品泵房也为 1 区。产品泵主要是苯类其闪点小于 45℃定为 1 区，而洗涤泵房主要是洗油其闪点大于 94℃，是大于 45℃的，故本条定为 2 区。而目前国内一般厂对洗涤泵房大多数是按 2 区设防的。

4.2 煤气的冷凝冷却

4.2.1 煤干馏气的冷凝冷却工艺型式，在我国少数制气厂、焦化厂（如镇江焦化厂、南沙河焦化厂、上海吴淞炼焦制气厂等）曾经采用直接冷凝冷却工艺。这些工厂处理的煤气量一般较少（多为 $5000m^3/h$），故煤气中氨的脱除采用水洗涤法。

水洗涤法直接冷却煤气工艺的优点是，洗涤水在冷却煤气的同时，还起到冲刷煤气中萘的作用；其缺点是，制取的浓氨水销售不畅，增加了废气和废水的处理负荷。所以，煤干馏气的冷凝冷却一般推荐间接冷凝冷却工艺。

高于 50℃的粗煤气宜采用间接冷却，此阶段放出的热量主要为水蒸汽冷凝热，传热效率高，萘不会凝结造成设备堵塞。当粗煤气低于 50℃时，水汽量减少，间冷传热效率低，萘易凝结，此阶段宜采用直接冷却。日本川铁千叶工场在 60 年代首创了“间一直混冷工艺”；1979 年石家庄焦化厂建成了间直混冷的试验装置；上海宝山钢铁厂焦化分厂的焦炉煤气就依据上述原理采用间冷和直冷相结合的初冷工艺。煤气进入横管式间接冷却器被冷却到 50～55℃，再进入直冷空喷塔冷却到 25～35℃。在直冷空喷塔内向上流动的煤气与分两段喷洒下来的氨水焦油混合液密切接触而得到冷却。循环液经沉淀析出除去固体杂质后，并用螺旋板换热器冷却到 25℃左右，再送到直冷空喷塔上、中两段喷洒。由于采用闭路液流系统，故减少了环境的污染。

4.2.2 为了保证煤气净化设备的正常操作和减轻煤气鼓风机的负荷，要求在冷却煤气时尽可能多地把萘、焦油等杂质冷凝下来并从系统中排出。为了达到这一目的就需对初冷器后煤气温度有一定的限制，一般控制在20～25℃为好。如石家庄东风焦化厂因为采取了严格控制初冷器出口温度为20±2℃范围之内的措施，进入各净化设备之前煤气中萘含量就很少，保证了净化设备的正常运行，见表9。

东风焦化厂各净化设备后煤气中萘含量　　表9

取样点	萘含量(mg/m³)	温度(℃)	备注
鼓风机后	1088	>25(煤气)	
2洗氨塔后	651		
终冷塔后	353	18～21	终冷水上水温度15℃

(1)冷却后煤气的温度。当氨的脱除是采用硫酸吸收法时，一般来说煤气处理量往往较大(大于或等于10000m³/h)。在这种情况下，若要求初冷器出口煤气温度太低(25℃)，则需要大量低温水(23～24t/1000m³干煤气)，这是十分困难的(尤其对南方地区)。再则煤气在进入饱和器之前还需通过预热器把煤气加热到70～80℃。故在工艺允许范围内初冷器出口煤气温度可适当提高。

当氨的脱除是采用水洗涤法时，一般来说煤气处理量往往较少(一般为5000m³/h)，需要的冷却水量不太多，故欲得相应量的低温水而把煤气冷却到25℃是有可能的。再如若初冷时不把煤气冷却到25℃，则当洗氨时也仍须把煤气冷却到25℃左右，而这样做是十分不合理的(因煤气中萘和焦油会将洗氨塔堵塞)。故要求初冷器出口煤气温度应小于25℃。

(2)初冷器的冷却水出口温度。为了防止初冷器内水垢生成，又要照顾到对冷却水的暂时硬度不宜要求过分严格(否则导致水的软化处理投资过高)，因此需要控制初冷器出口水的温度。排水温度与水的硬度有关，见表10。

排水温度与水硬度关系　　表10

碳酸盐硬度〔mmol/L(meq/L)〕	排水温度(℃)
≤2.5(5)	45
3(6)	40
3.5(7)	35
5(10)	30

在实际操作中一般控制小于50℃。在设计时应权衡冷却水的暂时硬度大小及通过水量这两项因素，选取一经济合理的参数，而不宜做硬性规定。

(3)本款制定原则是根据节约用水角度出发的。我国许多制气厂、焦化厂的初冷器冷却水是采用循环使用的。例如大连煤气公司、鞍钢化工总厂、南京梅山焦化厂等均采用凉水架降温，循环使用皆有一定效果。但我国地域广大，各地气象条件不一，尤其南方气温高，湿度大，凉水架降温作用较差。

在冷却水循环使用过程中，由于蒸发浓缩水中可溶解性的钙盐、镁盐等盐类和悬浮物的浓度会逐渐增大，容易导致换热设备和管路的内壁结垢或腐蚀，甚至菌藻类生物的生长。为了消除换热设备和管路内壁结垢堵塞或减弱腐蚀被损坏，延长设备使用寿命，提高水的循环利用率，国内外大多在循环水中投加药剂进行水质的稳定处理。

不同地区的水质不尽相同，因此在循环水中投加的药剂品种和数量亦不相同，可选用的阻垢缓蚀的药剂举例如下：

1.有机磷酸盐：如氨基三甲叉磷酸盐(ATMP)，羟基乙叉磷酸盐(HEDP),能与成垢离子 Ca^{++}、Mg^{++} 等形成稳定的化合物或络合物,这样提高了钙、镁离子在水中的溶解度,促使产生一些易被水冲掉的非结晶颗粒,抑制 $CaCO_3$、$MgCO_3$ 等晶格的生长,从而阻止了垢物的生成;

2. 聚磷酸盐:如六偏磷酸钠,添入循环水中,既有阻垢作用也有缓蚀作用;

3. 聚羧酸类:如聚丙烯酸钠(TS—604)添入循环水中也有阻垢作用和缓蚀作用。

循环水中投加阻垢缓蚀的药剂,一般是复合配制的。

在设计中,如初冷器的循环冷却水系统中,一般有加药装置,配好的药剂由泵送入冷却器的出水管中,加药后的冷却水再流入吸水池内,再用循环水泵抽送入初冷器中循环使用。

循环冷却水中添加适宜的药剂,都有良好的阻垢和缓腐蚀作用。例如平顶山焦化厂于 1989 年 3～9 月间对初冷器循环水的稳定处理进行了标定总结:循环水量为 $1050m^3/h$,加药运行阶段用的药剂为羟基乙叉磷酸盐(HEDP)、聚丙烯酸钠(TS—604)及六偏磷酸钠等,运行取得了良好的效果,阻垢率达 99%,腐蚀速度小于 0.01mm/年,循环水利用率为 97%,达到了国内外同类循环水处理技术的先进水平。又如,上海宝钢焦化厂循环冷却水采用了水质稳定处理技术,投产数年后,初冷器水管内壁几乎光亮如初,获得了显著的阻垢和缓蚀效果。

4.2.3 本条规定了直接冷凝冷却工艺的设计要求。

(1)冷却后煤气的温度。洗涤水与煤气直接接触过程中,除起冷却煤气的作用外,还同时能起到洗萘与洗焦油雾的作用。如果把煤气冷却到同一温度时,直接式冷凝冷却工艺的洗萘、洗焦油雾的效果比间接式冷凝冷却工艺的效果来得好。如在脱氨工艺都是水洗涤法时,在基本保证煤气净化设备的正常操作前提下,可以允许直接式初冷塔出口煤气温度比间接式初冷器出口煤气温度高10℃左右,间冷和直冷在初冷后煤气中萘含量基本相当。

(2)含有氨的煤气在直接与水接触过程中,氨会促使水中的碳酸盐发生反应,加速水垢的生成而容易堵塞初冷塔。故对水的硬度应加以规定,但又不宜要求太高。所以本条规定的洗涤水的硬度指标采用了锅炉水的最低一级标准,即《低压锅炉水质标准》GB 1576 规定的不大于 0.02mmol/L;

(3)本款是执行《室外给水设计规范》和《室外排水设计规范》的有关规定。

4.2.4 本条规定了焦油氨水分离系统的设计要求。

(1)、(2)当采用水洗涤法脱氨时,为了保证剩余氨水中氨的浓度,不论初冷方式采用直接式或间接式冷凝冷却工艺,对初冷器排出的焦油氨水均应单独进行处理,而不宜与从荒煤气管排出的焦油氨水合并在一起处理,其原因有二:

1. 当初冷工艺为间接式时,其冷凝液中氨浓度为 6～7g/L,而当与荒煤气管排出的焦油氨水混合后则氨的浓度降为 1.5～2.5g/L(本溪钢铁公司焦化厂分析数据)。

2. 当初冷工艺为直接式时,出初冷塔的洗涤水温度小于60℃,为了保证集气管喷淋氨水温度大于 75℃,则两者也不宜掺混。所以规定宜"分别澄清分离"。

采用硫酸吸收法脱氨时,初冷工艺一般采用间接式冷凝冷却工艺,则初冷器排出的焦油氨水与荒煤气管排出的焦油氨水可采用先混合后分离系统。其原因是,间接式初冷器排出的焦油氨水冷凝液较少,且含有 $(NH_4)_2S$、NH_4CN、$(NH_4)_2CO_3$ 等挥发氨盐,而荒煤气管排出的焦油氨水冷凝液中含有 NH_4Cl、NH_4CNS、$(NH_4)_2S_2O_3$ 等固定氨盐,其浓度为 30～40g/L。若将两者分别分离则焦油中固定氨盐浓度较大,必将引起焦油在进一步加工时严重腐蚀设备。如将两者先混合后分离,则可以保持焦油中固定氨盐浓度为 2～5g/L 左右,在焦油进一步加工时,对设备内腐蚀程度可以大大减轻。

(3)含油剩余氨水进行溶剂萃取脱酚容易乳化溶剂,增加萃取脱酚的溶剂消耗。含油剩余氨水进入蒸氨塔蒸氨，容易堵塞蒸氨塔内的塔板或填料。剩余氨水除油的方法，一般为澄清分离法或过滤法。剩余氨水澄清分离法除油需要较长的停留时间，需要建造大容积澄清槽，投资额和占地面积都较大，而且氨水中的轻油和乳化油也不能用澄清法除去。上海市杨树浦煤气厂从60年代开始用焦炭过滤器过滤剩余氨水，除油效果较好但至少需半年调换焦炭一次，此项工作既脏又累。

(4)氨水焦油分离系统的澄清槽、分离槽、贮槽等都会散发有害气体(如氰化氢、硫化氢、轻质吡啶等等)而污染大气、妨碍职工身体健康。为此，应将氨水焦油分离系统的槽体封闭，把所有的放散管集中，使放散气进入洗涤塔处理，洗涤塔后用引风机使之负压操作，洗涤水掺入工业污水进行生化处理。上海宝钢焦化厂的氨水焦油分离系统的排放气处理装置的运行状况良好。

4.3 煤气排送

4.3.1 本条规定了煤气鼓风机的选择原则。

(1)当若干台鼓风机并联运行时，其风量因受并联影响而有所减少，在实际操作中，两台容积式鼓风机并联时的流量损失约为10%左右，两台离心式鼓风机并联时的流量损失则大于10%。

鼓风机并联时流量损失值决定于下列三个因素：

1. 管路系统阻力(管路特性曲线)；
2. 鼓风机本身特性(风机特性曲线)；
3. 并联风机台数。

所以在设计时应从经济角度出发，一般将流量损失控制在20%内较为合理。

(3)关于备用鼓风机的设置。大型焦化厂中，煤气的排送一般采用离心式鼓风机，每2台鼓风机组成一输气系统，其中1台备用。煤制气厂采用容积式鼓风机，往往是每2～4台组成一输气系统(内设1台备用)，如上海市杨树浦煤气厂。考虑到各厂规模大小不同，对煤气鼓风机备用要求也不同，故本条规定台数的幅度较大。

4.3.2 本条规定了离心式鼓风机宜设置无级调速装置的要求。

上海市浦东煤气厂和大连市第二煤气厂的冷凝鼓风工段，在离心式鼓风机上配置了无级调速装置。生产实践表明，不仅能使风机便于启动、噪声低、运转稳定可靠，而且不用"煤气小循环管"即能适应煤气产量的变化，节约大量的电能。无级调速装置的应用可延长鼓风机的检修周期，又便于煤气生产的调度，因此有明显的综合效益。

无级调速装置一般可采用液力偶合器。

4.3.3 本条规定了煤气循环管的设置要求。由于输送的煤气种类不同，鼓风机构造不同，所要求设置循环管的形式也不相同。

(1)离心式鼓风机在其转速一定的情况下，煤气的输送量与其总压头有关。对应于鼓风机的最高运行压力，煤气输送量有一临界值，输送量大于临界值，则鼓风机的运行处于稳定操作范围；输送量小于临界值，则鼓风机操作将出现"喘动"现象。

另外，为了保证煤干馏制气炉炉顶吸气管内压力稳定，可以采用鼓风机煤气进口管阀门的开度调节，也可用鼓风机进出口总管之间的循环管(小循环器)来调节，但此法只适宜在循环量少时使用。

目前大连煤气公司选用D 250—42离心式鼓风机，配置了无级调速装置，调速范围1～5，所以本条注规定只有在风机转速变化能适应流量变化时，才可不设小循环管。

当煤干馏制气炉刚开工投产或者因故需要延长结焦时间时的煤气发生量较少，为了保证鼓风机操作的稳定，同时又不使煤气温上升过高，通常采用煤气"大循环"的方法调节，即将鼓风机压出的一部分煤气返回送至初冷器前的煤气总管道中。虽然这种调节方法将增加鼓风机能量的无效消耗，还会增加初冷器处理负荷和冷却水用量，但是能保证循环煤气温度保持在鼓风机允许的温度范围之内，各厂（例如南京煤气厂、青岛煤气厂等）的实际经验说明了这个“大循环管道”设置的必要性；

（2）当冷凝鼓风工段的煤气处理量较小时，一般可选用容积式鼓风机（如罗茨鼓风机），此种鼓风机在电动机功率及转速一定时其输气量与风机升压无关。

目前生产的罗茨鼓风机的机体轴孔密封性能较差，用于冷凝鼓风工段生产时，易产生较严重的泄漏煤气和焦油的现象，因此设计选用时应采取以下措施：

1. 为了便于排除罗茨式鼓风机壳内的焦油冷凝液，宜采用出气口在鼓风机下部一侧，进气口在风机上部的结构形式。如结构形式与此相反，可将风机的正旋转方向改为反旋转方向，并按改变后的风机旋转方向进行接管设计。

2. 罗茨鼓风机的管道设计，除应有空气试车管和煤气“大循环管”之外，还应有“小循环管”，以便于鼓风机开工或多机组运转时的换机操作。煤气“小循环管”的设计管径可选择如下：

输送煤气量小于 $80m^3/min$ 的风机配管为 $Dg150$；

输送煤气量大于 $120m^3/min$ 的风机配管为 $Dg250$。

3. 为避免煤气中的焦油漏入鼓风机的轴承和齿轮箱，设计时宜选用轴孔密封与轴承齿轮箱分开结构的鼓风机。

4.3.4 煤气鼓风机是煤气生产的关键设备，若因停电而引起鼓风机停转，迫使大量荒煤气放空则将严重污染大气，迫使回炉煤气中断，将破坏焦炉的正常操作。对直立炉来说，若鼓风机突然停止运转，会造成炉内煤气外窜，当工人正在捣炉时就会造成人为伤亡。故为“一级”负荷。

人工煤气厂中除发生炉煤气工段之外，皆属“甲类生产”，所以带动鼓风机的电动机应采取防爆措施。如鼓风机的排送煤气量大，无防爆电机可配备时，国内目前采用主电机配置通风系统来解决。

4.3.5 离心式鼓风机机组运行要求的电气联锁及信号系统如下：

1. 鼓风机的主电机与电动油泵联锁。当电动油泵起动，油压达到正常稳定后，主电机才能开始合闸启动；当主电机达到额定转数主油泵正常工作后，电动油泵停车；主电机停车时，电动油泵自启运转；

2. 机组的轴承温度达到65℃时，发出声、光预告信号；轴承温度达到75℃时，发出声光紧急信号，鼓风机主电机自动停车；

3. 轴承润滑系统主进油管油压低于0.06MPa时，发出声光预告信号，电动油泵自启运转；当主进油管油压降至鼓风机机组润滑系统规定的最低允许油压时，发出声、光紧急信号，鼓风机的主电机自动停车。鼓风机转子的轴向位移达到规定允许的低限值时，发出声、光预告信号；当达到规定允许的高限值时，发出声光紧急信号，鼓风机主电机自动停车；

4. 润滑油油箱中的油位下降到比低位线高100mm时，发出声、光信号；

5. 鼓风机的主电机与其通风机联锁。当通风机正常运转后，进风压力达到规定值时，主电机再合闸启动；

6. 鼓风机主电机通风系统。当进口风压降至400Pa或出口风压降至200Pa时发出声、光信号。

4.3.6 本条规定了鼓风机房的布置要求。

（1）规定对鼓风机机组安装高度要求，是对鼓风机正常运转的必要措施。如果冷凝液不能畅通外排时，会引起机内液量增多，从而会破坏鼓风机的正常操作，产生严重事故。《煤气设计手册》规定，当采用离心鼓风机时，煤气管底部标高在3m以上，机前煤气吸入管阀门后的冷凝液排出口与水封槽满流口中心高差应大于2.5m，就是考虑到鼓风机的最大吸力，防止水封液被吸入煤气管和鼓风机内所需要的高度差；

（2）鼓风机机组之间和鼓风机与墙之间的距离，应根据操作和检查的需要而确定，一般设计尺寸见表11。

鼓风机之间距离 **表 11**

鼓风机型号	D1250—22	D750—23	D250—23	D60×4.8—120/3500
机组中心距(m)	12	8	8	6
厂房跨距(m)	15	12	12	9

(5)规定“应设置单独的仪表操作间”是为了改善工人操作条件和保持一个比较安静的生产操作环境，便于与外界联系工作。在以往设计中，凡仪表间与鼓风机房设在同一房间内且无隔墙分开的，鼓风机运转时，其噪声大大超过人的听力保护标准及语言干扰标准，长期在这样的环境中操作对工人健康和工作均不利。所以近来的设计有所改进，深受工人欢迎。

4.4 焦油雾的脱除

4.4.1 煤气中的焦油雾在冷凝冷却过程中，除大部分进入冷凝液中外，尚有一部分焦油雾以焦油气泡或粒径 1～7μm 的焦油雾滴悬浮于煤气气流中。为保证后续净化系统的正常运行，在冷凝鼓风工段设计中，应选用电捕焦油器清除煤气中的焦油雾。

电捕焦油器按沉淀极的结构形式分为管式、同心圆(环板)式和板式三种。我国通常采用的是前两种电捕焦油器。

虽然可以采用机捕焦油器捕除煤气中的焦油雾，但效率不甚理想，目前国内新建煤气厂中已不采用。

本条文规定“电捕焦油器不得少于 2 台”，是为了当其中 1 台检修时仍能保证有效地脱除焦油雾的要求。

各厂实践证明，设有 3 台及 3 台以上并联的电捕焦油器时，在实际操作中可以不设置备品。电捕焦油器具有操作弹性较大的特点。例如，煤气在板式电捕焦油器内流速为 0.4～1 m/s，停留时间为 3～6s；煤气在管式电捕焦油器内流速为 1～1.5m/s，停留时间为 2～4s；故只要在设计时充分运用这一特点，虽然不设备品仍能维持正常生产。

4.4.2 电捕焦油器内煤气侧电瓷瓶周围可采用氮气保护，在国外(如日本国)或国内(如上海宝山钢铁总厂焦化分厂)，其绝缘箱保温已采用自动控制，并设有自动报警装置，温度低于 100℃时发出警告信号，低于 90℃时自动切断电源。

冶金工业部于 1986 年 5 月 10 日颁布的《焦化安全规程》中第 14.2.15 条规定：“电捕焦油器应设煤气含氧量超过 0.8%时的报警信号，和含氧量超过 1.0%时自动断电的联锁。无自动测氧仪表时，应建立定期分析制度。”国家标准《工业企业煤气安全规程》GB 6222—66 中第 2.1.3.11 条也规定了“煤气含氧量达到 1%”时，电捕焦油器应设“即能切断电源的装置”。

4.5 硫酸吸收法氨的脱除

4.5.1 塔式硫酸吸收法脱除煤气中的氨，这种装置在我国已有好几家工厂在运行。如上海宝山钢铁总厂焦化分厂、天津第二煤气厂等正在总结经验，以便推广。不过，半直接法采用饱和器生产硫酸铵已是我国各煤气厂、焦化厂普遍采用的成熟工艺，这不仅回收煤气中的氨，而且也能回收煤气冷凝水中的氨，所以本规范目前仍推荐这一工艺。

(1)确定进入饱和器前的煤气温度的指标为“70～80℃”。这是根据饱和器内水平衡的要求，总结了各厂实践经验而确定的。一般资料中这一指标数据为“60～80℃”。1986 年 12 月第一版的《煤气设计手册》为“60～70℃”，1980 年 11 月第一版的《焦化设计参考资料》的数据为“60～70℃”。这一指标与蒸氨塔氨气分缩器出气温度的控制有关。

(3)凡采用硫铵工艺的，饱和器出口煤气含氨量都能达到小于 30mg/m^3 的要求，例如沈阳煤气二厂、上海杨树浦煤气厂、鞍钢化工总厂等。

(4)母液循环量是影响饱和器内母液搅拌的一个重要因素，特别是当气量不稳定时尤其突出。在以往设计中采用的小时母液循环量一般为饱和器内母液量的两倍，实践证明这是不能满足生产要求的，会引起饱和器内酸度不均、硫铵颗粒小、饱和器底部结晶、结块等现象，故目前各厂在生产实践中逐步增大了母液循环量，例如上海杨树浦煤气厂将母液循环量由 2 倍改为 3 倍，丹东煤气公司为 5 倍，均取得良好效果。但随着母液循环量的增大，动力消耗也相应增大，所以应在满足生产基础上选择一个适当值，一般来说规定循环量为饱和器内母液量 3 倍已能满足生产的要求。

(5)煤气厂一般对含酚浓度高的废水多采取溶剂萃取法回收酚，效果较为理想。故条文规定“氨水中的酚宜回收”。

先回收酚后蒸氨的生产流程有下列优点：

1. 可避免在蒸氨过程中挥发酚的损失，减少氨类产品受酚的污染；

2. 氨水中轻质焦油进入脱酚溶剂中，能减轻轻质焦油对蒸氨塔的堵塞。但也有认为这项工艺的蒸汽消耗量稍大；氨气用于提取吡啶对吡啶质量有影响。因此条文规定“酚的回收宜在蒸氨之前进行”。

废氨水中含氨量的规定是按照既要尽可能多回收氨，又要合理使用蒸气，而且还应能达到此项指标的要求等项原则而制定的。表 12 列举各厂蒸氨后的废氨水中含氨量。

废氨水中含氨量 **表 12**

脱氨工艺	厂名	蒸氨塔塔型	原料氨水含氨(%)	废氨水含氨(%)	备注
1	2	3	4	5	6
硫铵	北京焦化厂	泡罩	0.08～0.09	0.02	
硫铵	上海杨树浦煤气厂	瓷环	0.3	0.03	
硫铵	上海焦化厂	浮阀	0.1～0.15	<0.01	
硫铵	梅山焦化厂	瓷环	0.18	0.005	
硫铵	鞍钢化工总厂二回收	泡罩	0.0925～0.128	0.0139～0.0234	1973 年概况
硫铵	鞍钢化工总厂三回收	泡罩	0.12～0.147	0.091～0.115	1973 年概况
硫铵	鞍钢化工总厂四回收	泡罩	0.11～0.12	0.0122～0.0148	1973 年概况
硫铵	鞍钢化工总厂二回收	泡罩	0.126～0.1398	0.01～0.012	1975 年 5 月
硫铵	鞍钢化工总厂三回收	泡罩	0.21～0.238	0.008～0.01	1975 年 5 月
硫铵	鞍钢化工总厂四回收	泡罩	0.086～0.156	0.019～0.014	1975 年 5 月
水洗氨	桥西焦化厂	泡罩	0.82	0.03	1966～1971 年平均值
水洗氨	东风焦化厂一回收	栅板	0.5	0.007	1972 年 9 月测定
水洗氨	东风焦化厂二回收	栅板	0.61	0.048	1972 年 9 月测定
水洗氨	东风焦化厂二回收	栅板	0.3	0.0435	1974 年 9 月测定
水洗氨	东风焦化厂一回收	泡罩	0.795	0.0097	1973 年 5 月测定
水洗氨	东风焦化厂二回收	栅板	0.92	0.017	1973 年 5 月测定

4.5.2 本条规定了硫铵工段的工艺布置要求。

(3)吡啶生产虽然属于硫铵工段的一个组成部分,但不宜由硫铵的泵工和卸料工来兼任,宜由专职的吡啶生产工人进行操作,并切实加强防毒、防泄漏、防火工作,设单独操作室为宜。

(4)蒸氨塔的位置应尽量靠近吡啶装置,方便吡啶生产操作。

4.5.3 本条规定了饱和器机组的布置。

(1)、(2)规定饱和器与主厂房的距离和饱和器中心距之间的距离,考虑到检修设备应留有一定的回转余地。

(3)规定锥形底与防腐地坪的垂直距离,以便于饱和器底部敷施保温层。冲洗地坪时,尽可能避免溅湿饱和器底部。

(4)为防止硫酸和硫铵母液的输送泵在故障或检修时,流散或溅出的液体腐蚀建筑物或构筑物,故硫铵工段的泵类宜集中布置在露天。对于寒冷地区则可将泵成组设置在泵房内。

4.5.4 本条规定了离心干燥系统设备的布置要求。

(2)规定2台连续式离心机的中心距是考虑到结晶槽的安装距离,并能使结晶料浆直接通畅地进入离心机,同时也保证了设备的检修和安装所需的空间。

4.5.5 吡啶蒸汽有毒,含硫化氢、氰化氢等有毒气体,故吡啶系统皆应在负压下进行操作。中和器内吸力保持500～2000Pa为宜。其方法可将轻吡啶设备的放散管集中在一起接到鼓风机前的负压煤气管道上,即可达到轻吡啶设备的负压状态。

4.5.6 本条规定了硫铵系统的设备要求。

(1)饱和器机组包括饱和器、满流槽、除酸器、母液循环泵、结晶液泵、硫酸泵、结晶槽、离心分离机等。由于皆易损坏,为在检修时能维持正常生产,故都需要设置备品。以各厂的实践经验来看,二组中一组生产一组备用,或三组中二组生产一组备用是可行的。而结晶液泵和母液循环泵的管线设计安装中,也可互为通用。

(2)硫铵工段设置的两个母液储槽,一个是为满流槽溢流接受母液用的;另一个是必须能容纳一个饱和器机组的全部母液,作为待抢修饱和器抽出母液储存用。

(3)规定了硫铵结晶的分离方法。

(4)国内已普遍采用沸腾床干燥硫酸铵结晶,效果良好,上海市杨树浦煤气厂、上海市浦东煤气厂和上海焦化厂都建有这种装置。

(5)硫铵工段的沸腾干燥系统都配备有结晶粉尘的收集和热风洗涤装置,运行效果都较好。

4.5.7 从上海市杨树浦煤气厂和上海焦化厂的生产实践来看,紫铜管、防酸玻璃钢制成的满流槽、中央管、泡沸伞和结晶槽的耐腐蚀效果较好;用普通不锈钢的泵管和连续式离心机的筛网,损坏较快。92%以上的浓硫酸用硅钢翼片泵和碳钢管其使用寿命较长。

4.5.8 上海杨树浦煤气厂硫铵厂房改造时,以花岗岩石块用耐酸胶泥沟缝做成室内外地坪,用江苏省常熟市碧溪漆厂生产的双熊牌防腐涂料做成室内墙面,防腐蚀效果良好。具有广谱抗腐蚀性能的"中国清漆",不仅无毒可用于食品容器的表面涂料,还具有耐酸耐碱耐有机溶剂的性能,在各行各业设备的防腐蚀中得到广泛应用。

4.5.9 硫铵工段的酸焦油尚无妥善处理方法,一般当燃料使用。包钢焦化厂硫铵工段的酸焦油,曾经配入精苯工段的酸焦油中,作为橡胶的黏合剂。

废酸液是指饱和器机组周围的漏失酸液和洗刷设备、地坪的含酸废水,流经地沟汇总在地下槽里,作为补充循环母液的水分而重复使用。在国外某些炼焦制气厂里,连雨水也汇总经过沉淀处理除去杂质,如有害物质的含量超过排放标准,则也要掺入有害物质浓度较高的废水中去活性污泥处理。因此硫铵工段的含氨并呈酸性的废水不能任意排放。

4.6 水洗涤法氨的脱除

4.6.1 煤气中焦油雾和萘是使洗氨塔堵塞的主要因素。例如石家庄东风焦化厂、首钢焦化厂等洗氨塔木格填料曾经被焦油等杂质堵塞，每年都需清扫一次，而且清扫不易彻底。而长春煤气公司在洗氨塔前设置了电捕焦油器，故木格填料塔连续操作两年多还未发生堵塞现象。为了保证木格塔的洗氨除萘效果，故规定“煤气进入洗氨塔前，应脱除焦油雾及萘”。

按本规范第 4.1.1 条规定脱除焦油雾最好是采用电捕焦油器，但也有不采用电捕焦油器脱焦油的。例如唐山焦油化厂和石家庄原桥西焦化厂等厂未设置电捕焦油器时期，是利用低温水使初冷器出口煤气温度降低到 25℃以下，使大量焦油和萘在初冷器中被冲洗下来，再通过机械脱焦油器脱焦油，这样处理也能保证正常操作。脱除萘是指水洗萘或油洗萘。一般规模小的生产厂均采用水洗萘，这样可与洗氨水合在一起，减少一个油洗系统。水中的萘还需人工捞出，但操作环境很差，对环境污染较大；规模较大的生产厂一般采用油洗萘流程，在这方面莱芜焦化厂、攀钢焦化厂等均有成功的经验，油洗萘后煤气中萘含量均能达到本条要求的“小于 500mg/m^3”的指标。这需说明的是：当采用洗萘时应在终冷洗氨塔中同时洗萘和洗氨，以达到小于 500mg/m^3 的指标。

4.6.2 这是因为煤气中的氨在洗苯塔中会少量地溶入洗油中，容易使洗油老化。当溶解有氨的富油升温蒸馏时，氨将析出腐蚀粗苯蒸馏设备。所以要求尽量减少进入洗苯塔煤气中的含氨量，以保证最大程度地减轻氨对粗苯蒸馏设备的腐蚀作用和洗油的老化作用。为此，在洗氨塔的最后一段要设置净化段，用软水进一步洗涤粗煤气中的氨。

4.6.3 本条规定“洗氨塔出口煤气温度，宜为 25～27℃”的根据如下：

1. 与煤气初冷器煤气出口温度相适应，从而避免大量萘的析出而堵塞木格填料；

2. 便于煤气中氨能充分地被洗涤水吸收下来。塔后煤气温度若高于 27℃，则会使煤气中含氨量增加，以使粗苯吸收工段的蒸馏部分设备腐蚀。

4.6.4 本条规定了洗涤水的水质要求。

在一定的洗涤水量条件下水温低些对氨吸收有利，这是早经理论与实践证实的一条经验。从上海吴淞炼焦制气厂的生产实践表明：随着水温从 21℃上升到 33～35℃则洗氨塔后煤气中含氨量从“50～120mg/m^3 上升为 250～500mg/m^3”，详见表 13。

洗涤水温度与塔后煤气中含氨量关系 **表 13**

冷却水种类	冷却后废水温度（℃）	2# 终冷洗氨塔后煤气温度（℃）	煤气中氨含量(g/m^3)		
			1# 终冷洗氨塔前	1# 终冷洗氨塔后	2# 终冷洗氨塔后
深井水（21℃）	21～23	23～25	1～2	0.15～0.5	0.05～0.12
制冷水（23～25℃）	25～28	28～30	2.5～5	0.3～0.7	0.2～0.4
黄浦江水（33～35℃）	35～38	38～40	2.5～5	0.45～1.5	0.25～0.5

临汾钢铁厂的《氨洗涤工艺总结》中指出，“只有控制洗涤水温度在 25℃左右时，才能依靠调节水量来保证塔后煤气中含氨量小于 30mg/m^3，从降温水获得的可能性来说也是以 25℃为宜，否则成本太高”。

过去对洗涤水中硬度指标无明确规定，但从实践中了解到，含氨煤气会促使洗涤水生成水垢，堵塞管道和塔填料，故有些工厂（例如临汾钢铁厂）采用软化水作为洗涤水，经过长期运转未发现有水垢堵塞现象，确定水的软化程度需从技术和经济两个方面来考虑，目前很难得出确切的结论。因为洗涤水是循环使用的，所以补充水量不大，故对小型煤气厂来说，为了节约软化设备投资，采取从锅炉房中获得如此少量的软化水是可能的。因此本条规定对软化水指标即按锅炉用水最低一级标准，即《低压锅炉水质标准》GB 1576 中水总硬度不大于 0.02mmol/L(0.04meq/L)。

4.6.5 本条规定了水洗涤法脱氨的设计要求。

(1)规定了洗氨塔的设置不得少于2台，并应串联设置，这是为了当其中一台清扫时，其余各台仍能起洗氨作用，从而保证了后面工序能顺利进行。

4.6.6 如采用水洗涤法回收煤气中的氨时，有的厂将全部洗涤水进行蒸馏(如莱芜焦化厂、1987年以前的上海吴淞煤气厂等)。这种流程中原料富氨水中含氨量可达5g/L左右。也有的厂将部分洗氨水蒸馏回收氨，而将净化段之洗涤水直接排放(如以前的桥西焦化厂、攀钢焦化厂等)，这种流程中原料富氨水中含氨量可达8～10g/L左右，也有少数煤气厂由于氨产量少没有加工成化肥(如以前的北京751厂、大连煤气一厂等)，曾将洗氨水直接排放。煤气的洗氨水中，含有大量的氨、氰、硫、酚和COD等成分，严重污染环境，危害人民身体健康，故必须经过处理，达到排放标准后才能外排。

在洗氨的同时，煤气中的氰化物也同时被洗下来，如上海吴淞煤气厂的洗氨水中含氰化物250～400mg/L；石家庄东风焦化厂一回收工段的洗氨水含氰化物约300mg/L，二回收工段的洗氨水含氰化物200～600mg/L，鉴于目前从氨水中回收黄血盐的工艺已经成熟，故在本条中明确规定"不得造成二次污染"。

4.7 煤气最终冷却

4.7.1 我国大多数煤气厂、焦化厂的煤气最终冷却是采用直接式冷却工艺，它具有设备简单，投资低等优点。然而当煤气中萘含量较低而采用直接冷却时，终冷水不但难于有效地将煤气中萘冲刷下来，反而要有大量有害污水外排。所以近年来采用间接式横管冷却器作终冷手段的厂逐渐增多。为了防止间接式冷却器中萘的沉积，有的工厂采用喷洒轻质焦油除萘。故本章同时推荐两种冷却形式。

4.7.2 终冷器出口煤气温度的高低，是决定煤气中萘在终冷器内净化和粗苯在洗涤塔内被吸收的效果的极重要因素。萘的脱除与煤气出终冷器的温度有关。其温度越低，终冷后煤气中萘含量就越少。而对粗苯而言，煤气温度越高，吸收效率越差。由于吸苯洗油温度与煤气温度差是一定值，在表14《洗油温度与吸苯效率关系》中反映了终冷后煤气温度高低对吸苯效率的影响。

洗油温度与吸苯效率的关系 **表14**

洗油温度(℃)	20	25	30	35	40	45
吸收效率 η(%)	96.4	95.15	93.96	87.7	83.7	69.6

当然终冷后温度太低(如小于15℃)也会导致洗油性质变化，而使吸苯效率降低，且温度低会影响横管冷却器内喷洒的轻质焦油冷凝液的流动性。

现在规定的宜小于27℃是参照上海吴淞炼焦制气厂在1965年出塔煤气温度为25～27℃时洗苯塔运行良好，塔后煤气中萘含量小于400mg/m^{3}而定的。

4.7.3 规定煤气终冷为直接式冷却时设计的要求：

(1)终冷前高温煤干馏气萘含量1500～2000mg/m^{3}之间，温度在55℃以上，直接终冷水水量一般采用6.5t/h·1000m^3(煤气)。这一指标是沿用原苏联过去的规定。该水量超过热平衡需用水量一倍以上，其目的是为了冲刷煤气中萘，但是大量的终冷水冲刷煤气会使部分苯溶解于水中，当部分外排时造成污染环境。现原苏联也早已改为3t/h·1000m^3(煤气)，这一规定仅是热平衡所需的用水量。根据我国国内的一些实践经验，对各种煤气在采用直接终冷时的水用量主要采取按热平衡选用所需用水量是可行的；

(2)直接终冷水含有较多的酚(150～500mg/L)、氰化物(100～200mg/L)等有毒物质。按《室外排水设计规范》和《工业企业设计卫生标准》的有关规定，终冷塔采用直流供水的方式是不允许的，而应采用封闭循环的用水方式。然而在终冷器中有大量的煤气冷凝液产生，这部分水量必须外排，此外夏季还需补充部分低温新鲜水，以调节水温。由以上原因必须有一定量的水外排，本条对终冷水作出“宜循环使用”的规定；

(3)在采用凉水架冷却终冷水时，曾因终冷水中氰化物等有害气体从凉水架顶部逸出污染了大气，严重影响工人身体健康，故目前各厂都在积极采取措施进行改进。例如将终冷水在进入凉水架前先行脱除其中的氰化物制取黄血盐。

4.7.4 终冷塔有空塔、金属隔板塔和木格填料塔等。空塔和金属隔板塔不需木材，且不易堵塞，在实践操作中已被证明各方面均优于木格填料塔，故本规范推荐空塔或金属隔板塔。

4.7.5 本条规定了煤气在直接式最终冷却塔中萘的脱除宜采用水洗法或油洗法。过去常规设计均采用水洗涤法，所谓水洗涤法，即实际上是煤气在最终冷却时，煤气中萘也同时被洗刷下来，它的设计参数同第4.7.3条。

近年来有一些煤气厂萘的脱除采用了油洗法，如其中一种流程为预终冷、富油脱萘、终冷流程。此流程中富油采用洗苯后部分富油，洗萘后送回粗苯蒸馏部分。

4.7.6 直接式最终冷却水中萘的分离在设计中有下列三种方式：

1.萘沉淀池；2.焦油洗萘；3.机械化刮萘槽。

萘沉淀池结构简单但操作条件差，在采用人工捞萘过程中劳动条件较恶劣，对环境污染大。故仅对煤气处理量不大或煤气中萘含量较低的时候才适用的，本规范不作推荐。

机械化刮萘槽及焦油洗萘能适用于处理量大，煤气中含萘量高的场合，但刮萘槽机械设备复杂，特别当夏天时周围环境被萘污染十分有害，不利于环境保护。

焦油洗萘在大、中型煤气厂有使用，本规范中所提宜采用水洗法主要是指焦油洗萘。

4.7.7 本条规定了煤气最终冷却采用横管式间接冷却的设计要求。

(1)采用煤气自上向下流动使煤气与冷凝液同向流动便于冷凝液排出，条文中所列“在煤气侧宜有清除管壁上萘的设施”。目前国内设计及使用的有轻质焦油喷洒来脱除管壁上萘，但考虑喷洒焦油后会有焦油雾进入洗苯工段，故也可采用喷富油来脱除管壁上萘的措施。

(2)冷却水可分两段，上段可用凉水架冷却水，下段需用低温水目的是减少低温水的消耗量。

(3)冷却器煤气出口设捕雾装置可将喷洒液的雾状液滴及随煤气冷却后在煤气中未被冲刷下去的杂质捕集，一些厂选用旋流板捕雾器效果较好。

4.8 粗苯的吸收

4.8.1 对于煤气中粗苯的吸收，国内外有固体吸附法、溶剂常压吸收法及溶剂压力吸收法。

溶剂压力吸收法吸收效率较高、设备较小，但是国内的煤气净化系统一般均为常压，若再为提高效率增加压力在经济上就不合理了。固体吸附国内有活性炭法，此法适用于小规模而且脱除苯后净化度较高的单位，此法成本较高。

4.8.2 洗苯用洗油目前可以采用焦油洗油和石油洗油两种。我国绝大多数煤气厂、焦化厂是采用焦油洗油，该法十分成熟；有少数厂使用石油洗油。例如北京751厂，但洗苯效果不理想而且再生困难。

我国目前煤气厂大量发展仅依赖于焦化厂生产的洗油，出现了洗油供不应求的状况。故在本条中用“宜”表示对没有焦油洗油来源的厂留有余地。

4.8.3 本条规定了洗油循环量和其质量要求。

在相同的吸收温度条件下，影响循环洗油量的主要因素有以下两项：一是煤气中粗苯含量，其二是洗油种类。循环洗油量大小与上述两方面的因素有关。一般情况下对煤干馏气焦油洗油循环量取为1.6～1.8L/m³(煤气),石油洗油2.1～2.2L/m³(煤气);油制气(催化裂解)为2L/m³(煤气)。

"循环洗油中含萘量宜小于5%"是为了使洗苯塔后煤气含萘量可以达到"小于400mg/m³"的指标要求,从而减少了最终除萘塔轻柴油的喷淋量。

从平衡关系图看出,当操作温度为30℃、洗油中含萘为5%时,焦油洗油洗萘则与之相平衡的煤气含萘量为150～200mg/m³,石油洗油则为200～250mg/m³。当然实际操作与平衡状态是有一定差距的,但400mg/m³还是能达到。从国内各厂中已采用循环洗油含萘小于5%者均能使煤气含萘量小于400mg/m³。

4.8.4 本条规定了洗苯塔型式的选择。

(1)木格填料塔是吸苯的传统设备,它操作稳定,弹性大,因而为我国大多数制气厂、焦化厂所采用。但木格填料塔设备庞大,需要消耗大量的木材,近年来有一些工厂先后采用筛板塔、钢板网塔、塑料填料塔成功地代替了木格填料塔。木格填料塔的木格清洗、检修时间较长,一般应设置不小于2台并且应串联设置。

(2)钢板网填料塔在国内一些厂经过一段时间使用有了一定的经验。塑料填料塔以聚丙烯花型填料为主的填料塔,近年来逐渐得到应用。该两种填料塔都具有操作稳定、设备小、节约木材之优点。但该设备要求进塔煤气中焦油雾的含量少,否则会造成填料塔堵塞,需要经常清扫。为考虑1台检修时能继续洗苯宜设2台串联使用。当1台检修时另1台可强化操作。

(3)筛板塔比木格填料塔及钢板网填料塔有节约木材、钢材之优点。清扫容易,检修方便,但要求煤气流量比较稳定,而且塔的阻力大(约为4000Pa),所以煤气鼓风机压头计算时应予以考虑。

4.8.5 本条规定了洗苯塔的设计参数要求。

(1)所列木格填料塔的各项设计参数是长期操作经验积累数据所得,比较可靠。

(2)钢板网填料塔设计参数是经"吸苯用钢板网填料塔经验交流座谈会"上,九个使用工厂和设计单位共同确定的。

(3)本条所列数据是近年来筛板塔设计及实践操作经验的总结,一般认为是合适的。各厂筛板塔的空塔气速,见表15。

各厂筛板塔的煤气空塔气速表 **表15**

厂　名	空塔气速(m/s)
大连煤气公司一厂	1
吉林电石厂	2～2.5
沈阳煤气公司二厂	1.3
本规范推荐值	1.2～2.5

4.8.6 粗苯蒸馏装置是获得符合质量要求的循环洗油和回收粗苯必不可少的装置,它与吸苯装置有机结成一体不可分割。因此本系统必须设置相应的粗苯蒸馏装置,其具体设计参数应遵守有关专业设计规范的规定。

4.9 萘的最终脱除

4.9.1 煤气中萘的含量虽在原规范中早已有规定,但是在我国很多城市对煤气中萘的最终脱除尚未加以重视。因此出现萘堵塞管道及灶具现象。

萘的最终脱除方法,一般采用的是溶剂常压吸收法。此外也可用低温冷却法,即使煤气温度降低脱除其中的萘,低温冷却法由于生产费用较高,国内尚未推广。

4.9.2 最终洗涤用油在实际应用中以直馏轻柴油为好。一般新鲜的直馏轻柴油无萘,吸收效果较好。而且在使用过程中不易聚合生成胶状物质防止堵塞设备及管道。近年来有些直立炉干馏气厂考虑直馏轻柴油的货源以及价格问题,经比较效益较差。因此也有用直立炉的焦油蒸馏制取低萘洗油作为最终洗萘用油。此法脱萘效果较无萘直馏轻柴油差，但也可以使用，故本规范规定，宜用直馏轻柴油或低萘焦油洗油。

直馏轻柴油之型号视使用厂所在地区之寒冷程度，一般选用0号或一10号直馏轻柴油。

4.9.3 最终除萘塔可不设备品，因为进入最终除萘塔时的煤气其杂质已很少，一般不易堵塔，而且在操作制度上，每年冬季当洗苯塔操作良好时，可以允许最终除萘塔暂时停止生产，进行清扫而不影响煤气净化效果。当最终除萘为独立工段时，一般将单塔改为双塔，此时，最终除萘可一塔检修另外一塔操作。

4.9.4 轻柴油喷淋方式在国外采用塔中部循环，塔顶定时、定量喷淋、国内有的厂仅有塔顶定时喷淋不设中部循环，也有的厂设有中部循环、顶部定时、定量喷淋甚至将洗萘塔变换为两个串联的塔，前塔用轻柴油循环喷淋，后塔用塔顶定时、定量喷淋。

塔顶定时、定量喷淋是在洗油喷淋量较少，又能保证填料湿润均匀而采取的措施。一般电器对泵起动采取定时控制装置。

4.9.5 本条规定了最终除萘塔设计参数和指标要求。

上海吴淞炼焦制气厂控制进入最终除萘塔煤气中含萘量(即出洗苯塔煤气中含萘量)小于400mg/m^3，以便在可能条件下达到降低轻柴油耗量的目的，上海焦化厂也采用类似的做法。因为目前吸萘后的轻柴油出路尚未很好解决，而以低价出售做燃料之用，经济亏损较大。根据70年代价格10号轻柴油售价380元/t，经吸萘后卖价200元/t，亏损180元/t。若把洗萘后轻柴油加工重蒸以收得合格的轻柴油，按收率70%～80%计，加工费为104元/t，则亏损160元/t，两者亏损基本相当。日本一般是把吸萘后的轻柴油做裂化原料，而我国尚未应用。所以当吸萘后的轻柴油尚无良好出路之前，设计时应贯彻尽可能降低进入最终除萘塔前煤气中的含萘量的原则。

最终除萘塔的设计参数是按上海吴淞炼焦制气厂实践操作经验总结得出的。

4.10 湿法脱硫

4.10.1 常用的湿法脱硫有直接氧化法、化学吸收法和物理吸收法。由于煤或重油为原料的制气厂一般操作压力为常压，而化学吸收法和物理吸收法在压力下操作较适宜，因此本规范规定宜采用氧化再生脱硫工艺。当采用鲁奇炉等压力下制气工艺时可采用物理或化学吸收法脱硫工艺。

4.10.2 目前国内直接氧化法脱硫方法较多，因此本规范作了一般原则性规定，希望脱硫液硫容量大、副反应小，再生性能好、原料来源方便以及脱硫液无毒等。

目前国内使用较多的直接氧化法是改良蒽醌(改良A·D·A)法，栲胶法、苦味酸法及萘醌法等在一些厂也有应用。

4.10.3 焦油雾的带入会使脱硫液及产品受污染并且使填料表面积降低，因此无论哪一种脱硫方法都希望将焦油雾除去。

直接氧化法有氨型和钠型两种，当采用氨型(如氨型的苦味酸法及萘醌法)时必须充分利用煤气中的氨，因此必须设在氨脱除之前。

原规范本条规定采用蒽醌二磺酸钠法常压脱硫时煤气进入脱硫装置前应脱除苯类，本条不用明确规定。由于仅仅是油煤气未经脱苯进入蒽醌法脱硫装置内含有部分轻油带入脱硫液中使脱硫液产生恶臭。但大多数的煤气厂该现象不明显，所以国内已有一些新建厂已将蒽醌二磺酸钠法常压脱硫放在吸苯之前。

4.10.4 本条规定了蒽醌二磺酸钠法常压脱硫吸收部分的设计要求：

(1)硫容量是设计脱硫液循环量的主要依据。影响硫容量的因素不仅是硫化氢的浓度、脱硫效率，还有脱硫液的成分和操作控制条件等。

1979年规范编制说明中列举了上海及四川几个厂的不同煤气及不同气量的硫容量数据约为0.17～0.26kg/m^3(溶液)。设计过程中如有条件在设计前根据运行情况进行试验，则应按试验资料确定硫容量进行计算选型。如果没有条件进行试验则应从实际出发，其硫容量可根据煤气中硫化氢含量按照相似条件下的运行经验数据，在 0.2～0.25kg/m³(溶液)中选取。

(2)目前国内蒽醌法脱硫的脱硫塔普遍采用木格填料塔，个别厂采用旋流板塔、喷射塔以及空塔等。木格填料塔具有操作稳定、弹性大之优点，但需要消耗大量木材。为此近年来有些厂采用竹格以及其他材料来代替木格。在上海宝山钢铁厂和天津第二煤气厂所采用的萘醌法和苦味酸法脱硫中脱硫塔填料均采用了塑料填料，因此本条文只提“宜采用填料塔”，这就不排除今后新型塔的选用。

(3)空塔速度采用 0.5m/s，经实践证明是合理指标。

(4)反应槽内停留时间的长短是影响到脱硫液中氢硫化物的含量能否全部转化为硫的一个关键。国内各制气厂均认为槽内停留时间不宜太短。表 16 是各厂蒽醌法脱硫液在反应槽内的停留时间。

脱硫液在反应槽内停留时间　　表 16

厂名	上海杨树浦煤气厂	上海吴淞炼焦制气厂	四川化工厂	衢州化工厂	上海焦化厂
停留时间(min)	8	10～12	3.9～11	6～10	10

按国外资料报道，对于不同硫容量和反应时间消耗氢硫化物的百分比，见图 1。

因此规定采用“在反应槽内的停留时间一般取 8～10min”。

(5)原规范中考虑木格清洗时间较长，规定宜设置 1 台备用塔，本条中没写此项。考虑常压木格填料塔都比较庞大，木材用量也大，因此基建投资费用较高，平时闲置 1 台备品的必要性应在设计中予以考虑。是设置 1 台备用塔还是设计中做成 2 塔同时生产，在检修时一个塔加大喷淋强化操作，由设计时统一考虑。因此本条文中未加规定。

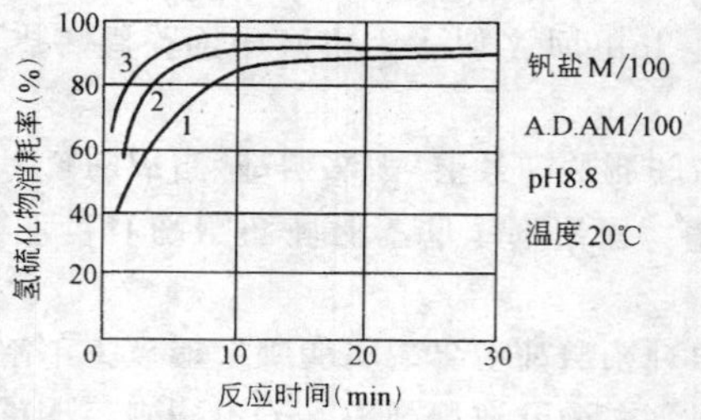

图 1　不同硫容量和反应时间消耗氢硫化物的百分比图

硫容量：1—0.33kg/m³；2—0.25kg/m³；3—0.20kg/m³

4.10.5　近年来喷射再生槽在国内已有大量使用。但高塔式再生在国内使用时间较长，仍为较成熟可靠之设备。故本规范对两者均加以肯定。

(1)条文中规定采用 9～13m³/kg(硫)的空气用量指标，来源于目前国内几个设计院所采用的经验数据。

空气在再生塔内的吹风强度定为 100～130m³/m²h 是参考“南京化工公司化工研究院合成氨气体净化调查组”在 1975 年总结对鲁南、安阳、宣化、盘锦、本溪等地化肥厂的蒽醌法脱硫实地调查后所确定的。

由表 17 可见“再生塔内的停留时间，一般取 25～30min”是可行的。

脱硫液在再生塔内的停留时间统计表　　表 17

厂名	上海杨树浦煤气厂	上海吴淞炼焦制气厂	四川化工厂	衢州化工厂	上海焦化厂
停留时间(min)	24	25～30	36	29～42	32

“宜设置专用的空气压缩机”是根据大多数煤气厂和焦化厂的操作经验制定的。湿法脱硫工段如果没有专用的空气压缩机而与其他工段合用时，则容易出现空气压力的波动，引起再生塔内液面不稳定现象，因而硫泡沫可能进入脱硫塔内。例如南化公司合成氨气体净化组1975年的报告内有下列记载：“安阳、宣化等化肥厂其压缩空气要供仪表、变换、触媒等部门使用，因此进入再生塔的空气很不稳定，再生的硫不能及时排出，大量沉积于循环槽及脱硫塔内造成堵塔”。在这次编制规范的普查中，很多煤气厂都反映发生过类似情况。

规定“入塔的空气应除油”的理由在于避免油质带入脱硫液与硫黏合后堵塞脱硫塔内的木格填料，所以一般都设有除油器。如采用无油润滑的空气压缩机就没有设置除油装置的必要了。

(2)蒽醌二磺酸钠法常压脱硫再生部分的设计中对喷射再生设备的选用近年来已逐渐增多，本条所列举数据是根据广西大学以及广西、浙江的化肥厂使用经验汇总的。由于该喷射再生槽在制气厂、焦化厂正在逐渐使用，因此还有很多设计数据本处未列，待使用一段时间后加以总结补充。

4.10.6 脱硫液的加热器除与脱硫系统的反应温度有关以外还取决于系统中水平衡的需要。

在以往采用高塔再生时该加热器宜设于富液泵与再生塔之间。而再生塔与脱硫塔之间的溶液靠液体之高差，由再生塔自流入脱硫塔，若在此间设加热器，一则设置的位置不好放置(在较高的平台上)，二则由于自流速度较小使其传热效率较低。

当采用喷射再生槽时该加热器可以设于贫脱硫液泵与脱硫塔之间或富液泵与喷射再生槽之间，由于喷射再生槽目前大多是自吸空气型，则要求泵出口压力比脱硫液泵出口压力高。在富液泵后设加热器还应增加泵的扬程，故不经济。另外加热器设于富液管道系统较设于贫液管道上容易堵塞加热器，因为加热器宜设于贫脱硫液泵与脱硫塔之间。

4.10.7 本条规定了蒽醌二磺酸钠法常压脱硫回收部分的设计要求：

(1)设置两台硫泡沫槽的目的是可以轮流使用，即使在硫泡沫槽的中修、大修的时候，也不致影响蒽醌脱硫正常运行；

(2)煤干馏气、水煤气、油煤气等硫化氢含量各不相同，处理气量也有多有少，所以不宜对生产粉硫或融熔硫做硬性规定。在气量少且硫化氢含量低的地方以及如机械发生炉煤气中所含焦油在前工序较难脱除，因此不宜生产融熔硫；

(3)近年来在上海焦化厂等厂采用了取消真空过滤器而硫膏的脱水工作在熔硫釜中进行，先脱水后将水在压力下排放并半连续加料最后再熔硫，这样在不增加能耗情况下可简化一个工序，提高设备利用率。

由于对废液硫渣的处理方法很多，因此在本条中仅规定“硫渣和废液应分别回收并应设废气净化装置”。

4.10.9 各种煤气含氰化氢、氧等杂质浓度不同，并且操作温度也不相同，所以副反应的生成速度不同。有的必须设置回收硫代硫酸钠、硫氰酸钠等副产品的设备，以保持脱硫液中杂质含量不致过高而影响脱硫效率和正常操作。有的副反应速度缓慢，则可不设置回收副产品的装置。

在设置中对硫代硫酸钠、硫氰酸钠等副产品的加工深度应是以保护煤气厂或焦化厂的脱硫液为主，一般加工到粗制产品即可，至于进一步的加工或精制品应随市场情况因地制宜确定。

4.11 常压氧化铁法脱硫

4.11.1 常压氧化铁法脱硫(下简称干法脱硫)常用的脱硫剂有藻铁矿(来自伊春、蓟县、怀柔等地)、氧化铸铁屑、钢厂赤泥等等。

天然矿如藻铁矿由于不同地区及矿井，其活性氧化铁的含量是有差异的，脱硫效果不同，钢厂赤泥也随着不同的钢厂其活性也有差异，再则脱硫工场与矿或钢厂地理位置不同，有交通运输等各种问题。因此干法脱硫剂的选择强调要根据当地条件，因地制宜选用。

氧化铸铁屑是较常用的脱硫剂，有的厂认为氧化后的钢屑也有较好的脱硫性能。氧化后的铸铁屑一般控制在 Fe_2O_3/FeO 大于 1.5 作为氧化合格的指标。条文只原则地提出“当采用铸铁屑或铁屑时，必须经过氧化处理”。

由于不同的脱硫剂或即使相同品种的脱硫剂产地不同，脱硫剂的品位也会有较大的差异。因此本条只原则规定脱硫剂中活性氧化铁重量含量应大于 15%。

疏松剂可用木屑，小木块、稻糠等等，由于考虑表面积的大小以及吸水性能，本条规定为“宜采用木屑。”

关于其他新型高效脱硫剂尚在试验阶段，故暂不列入规范。

4.11.2 常压氧化铁法脱硫设备目前大多采用箱式脱硫设备。而箱式脱硫设备中又以铸铁箱比钢板箱使用得多。目前国内个别厂使用塔式脱硫设备，但该设备在装、卸脱硫剂时机械化程度较差。随着新型、高效脱硫剂的使用，塔式脱硫设备将逐渐得到推广。塔式设备在应用推广过程中应逐渐提高装卸机械化的水平。因此本条定为“可采用箱式和塔式两种”。

4.11.3 本条规定了采用箱式常压氧化铁法的设计要求。

(1)煤气通过干法脱硫箱的气速，本条规定宜取 7～11mm/s，参考了美国的数据为 $u=7\sim16$mm/s，英国的数据为 $u=7$mm/s，日本的数据为 $u=6.6$mm/s 而定的。

当处理的煤气中硫化氢含量低于 1g/m³ 时，如仍采用 7～11mm/s 就过于保守了，事实上无论国内与国外的实践证明，当硫化氢含量较低时可以适当提高流速而不影响脱硫效率，如日本的 4 个煤气厂箱内流速分别为 16.2mm/s、28.6mm/s、37.7mm/s、47.4mm/s，上海杨树浦煤气厂箱内流速为 20.5mm/s(见表 18)。

几个进箱硫化氢含量低的生产实况表　　**表 18**

干箱 \ 厂名	上海杨树浦煤气厂	北京751	日本(1)厂	日本(2)厂	日本(3)厂	日本(4)厂
1	2	3	4	5	6	7
长×宽(m²) 高(m)	148.8 2.13	2.5×3.5 3.0	13.0×8.0 4.0	15.0×11.0 4.1	15.0×11.0 4.1	6.0×7.0 4.0
使用箱数	二组分8箱	3(一箱备用)	2	3	2	4
气流方式	每组串连	串连	串连	并连	串连	串连
每箱内脱硫剂(m³)	208	17.55	208	330	396	100
每箱脱硫剂层数	2	5	2	2	4	8
每层脱硫剂厚度(mm)	700	400	1000	1000	600	300
处理煤气种类	直立炉煤气水煤气油煤气	立箱炉气	发生炉煤气	发生炉煤气及油煤气	煤煤气	发生炉煤气
处理量(m^3/h)	22000	2400	14100	22000及7000	17000	7170
煤气在箱内流速(mm/s)	20.5	76.5	37.7	16.2	28.6	47.4
接触时间(s)	272	79	106	123	168	200
进口 H_2S (g/m^3)	0.3～0.5	0.8～1.4	0.147	0.509	0.5	0.13
出口 H_2S (g/m^3)	<0.008	<0.02	<0.02	<0.02	<0.04	0.0

(2)煤气与脱硫剂的接触时间，本规定为宜取 130～200s，这是参考了国内外一些厂的数据综合的。如原苏联为 130～200s，日本四个厂为 106～200s，国内一些厂最小的为 45.5s，最多的为 382s，一般为 130～200s。因此本规定为 130～200s，从各厂使用情况看在 130～200s 之间的脱硫效率都较高(见表 19)。

脱硫箱内气速和接触时间实况表 **表 19**

厂名	进口 H_2S (g/m³)	出口 H_2S (g/m³)	箱内气速 (mm/s)	接触时间 (s)	备注
上海吴淞炼焦制气厂	0.02～1.0	<0.008	13	115	
上海焦化厂	0.3	0.01	7.4	324	
上海杨树浦煤气厂	0.3～0.5	<0.008	20.5	272	
北京 751 厂①	0.8～1.4	<0.02	76.5	79	
大连煤气二厂②	2.0～4.0	0.02	8.6	210	
鞍山煤气公司化工厂	4.0	0.02	6.3	382	
沈阳煤气二厂	2.2	0.008～0.48	9.8	1.33	
沈阳煤气一厂	未测	0.07～0.2	17.7	45.5	
鞍山煤气公司铁西厂	4.0	0.2～0.3	62.5	103	
大连煤气一厂②	0.4～1.0	0.2～0.8	13.1	92.5	
北京玻璃总厂	未测	未测	19.0	12.6	

注：①使用天然活性铁泥。

②使用颜料厂的下脚铁泥。其余各厂都使用人工氧化铁脱硫剂。

(3)每层脱硫剂厚度。

日本《都市煤气工业》介绍脱硫剂厚度为 0.3～1.0m，但根据北京、鞍山、沈阳、大连、丹东、上海等煤气公司的实况，多数使用脱硫剂高度在 0.4～0.7m 之间，所以将这一指标制定为"0.3～0.8m"之间。

(4)干法脱硫剂量的计算公式。

干法脱硫剂量的计算公式较多，可供参考的有如下四个公式：

1)米特公式：

一组四个脱硫箱，每箱内脱硫剂 3′6″～4′，每个箱最小截面积是：

当 H_2S 量 500～700 格令 100 英尺³ 时为

0.5 英尺²/1000 英尺³ 日

当 H_2S 量<200 格令 100 英尺³ 时为

0.4 英尺²/1000 英尺³ 日

注：1 格令/100 英尺³＝22.9mg/m³。

2)爱佛里公式：

$$R=\frac{\text{每小时煤气通过量(英尺}^3\text{)}}{\text{一个干箱内的氧化铁脱硫剂量(英尺}^3\text{)}} \quad (5)$$

R＝25～30(箱式)

R>30(塔式)

3)斯蒂尔公式：

$$A=\frac{GS}{3000(D+C)} \quad (6)$$

式中 A——煤气经过一组串联箱中任一箱内截面积(英尺²)；

G——需要脱硫的最大煤气量(标准英尺³/时)；

S——进口煤气中 H_2S 含量的校正系数。

当煤气中 H_2S 含量为 4.5～23g/m³ 时 S 值为 480～720；

D——气体通过干箱组的氧化铁脱硫剂总深度(英尺)；

C——因素对 2.3.4 个箱时分别为 4.8.10。

4)密尔本公式：

$$V=\frac{1673\sqrt{C_s}}{f\rho} \quad (7)$$

式中 V——每小时处理 1000m³ 煤气所需脱硫剂(m³)；

C_s——煤气中 H_2S 含量(体积%)；

f——新脱硫剂中活性三氧化二铁重量含量(%)；

ρ——新脱硫剂的密度(t/m³)。

以上四个公式比较，米特和爱佛里公式较粗糙，而且不考虑煤气中 H_2S 含量的变化，故不宜推荐，斯蒂尔公式虽在 S 校正系数

中考虑了 H_2S 的变化，但 S 值仅是 H_2S 在 4.5～23g/m³ 间才适用，对干法脱硫箱常用的低 H_2S 值时就不能适用了，经过一系列公式和实际情况对照演算认为密尔本公式较为适宜。

按《焦炉气及其他可燃气体的脱硫》一书说明，密尔本公式只适用于 H_2S 含量小于 0.8%体积比（相当于 12g/m³ 左右），这符合一般人工煤气的范围；

(5)脱硫箱的设计温度。根据一般资料介绍，干箱的煤气出口温度宜在 28～30℃，温度过低时将使硫化反应速度缓慢，煤气中的水分大量冷凝造成脱硫剂过湿，煤气与氧化铁接触不良，脱硫效率明显下降。这里制定了"25～35℃"的操作温度，即说明在设计时对于寒冷地区的干箱需要考虑保温。至于应采取哪些保温措施则需视具体情况决定，不做硬性规定。

规定"每个干箱宜设蒸气注入装置"是在必要时可以增加脱硫剂的水分和保持脱硫反应温度，有利于提高和保持脱硫效率；

(6)规定每组干法脱硫设备宜设置一个备用箱是从实际出发的，考虑到我国幅员辽阔，生产条件各不相同。干法脱硫剂的配制、再生的时间也各不相同，为保证顺利生产，应设置备用箱，以做换箱时替代用。

条文中规定了连接每个脱硫箱间的煤气管道的布置应能依次向后轮换输气。向后轮换输气是指Ⅰ、Ⅱ、Ⅲ、Ⅳ→Ⅳ、Ⅰ、Ⅱ、Ⅲ→Ⅲ、Ⅳ、Ⅰ、Ⅱ→Ⅱ、Ⅲ、Ⅳ、Ⅰ（Ⅰ、Ⅱ、Ⅲ、Ⅳ代表干箱之号）。

煤气换向依次向后轮换输气之优点：

1. 保证在第Ⅰ、Ⅱ箱内保持足够的反应条件；

2. 煤气将渐渐冷却，由于后面箱中氧仍能发挥作用使硫化铁能良好再生；

3. 可有效避免脱硫剂着火的危险。

上海杨树浦煤气厂、北京 751 厂等均是向后轮换输气的，操作情况良好。

当采用赤泥时，虽然赤泥干法脱硫剂具有含活性氧化铁量较藻铁矿高，通过脱硫剂的气速可以较藻铁矿大，与脱硫剂的接触时间可以缩短以及通过脱硫剂的阻力降比藻铁矿的小等优点，但由于该脱硫剂在国内使用的不少厂仅仅停留在能较好替换原藻铁矿等，而该脱硫剂对一些生产参数尚需做进一步的工作。本规定赤泥脱硫剂仍可按公式 4.11.3 设计。但由于其密度为 0.3～0.5t/m³ 会造成计算后需用脱硫剂体积增加，这与实际情况有差异，因此在设计中可取脱硫剂厚度的上限、停留时间的下限从而提高箱内气速。

4.11.4 干法脱硫箱有高架式、半地下式及地下式等型式。高架式便于脱硫剂的卸料也可用机械设备较半地下式及地下式均优越。本条规定宜采用高架式。

4.11.5 塔式的干法脱硫设备同样宜用机械设备装卸从而减少劳动强度和改善工人劳动环境。

4.11.6 为安全生产，干法脱硫箱应有安全泄压装置，其安装位置为：

1. 在箱前或箱后的煤气管道上安装水封筒（如北京 751 厂）；

2. 在箱的顶盖上设泄压安全阀（如上海杨树浦煤气厂）。

4.11.7 干法脱硫工段应有配制、堆放脱硫剂的场地。除此之外该场地还应考虑脱硫剂再生时翻晒用的场地。一般该场地宜为干箱总面积的 2～3 倍。

4.11.8 当采用脱硫剂箱内再生时，根据煤气中硫化氢的含量来确定煤气中氧的增加量，但从安全角度出发，一般出箱煤气中含氧量不宜大于 1%（体积）。

4.12 放散和液封

4.12.2 设备和管道上的放散管管口高度应考虑放散出有害气体对操作人员有危害及对环境有污染。《工业企业煤气安全规程》GB 6222—86 中第 4.3.1.2 条中规定放散管管口高度必须高出煤气管道、设备和走台 4m 并且离地面不小于 10m。本规定考虑

GB 6222—86 中第 4.3.1.2 条对一些小管径的放散管高出 4m 后其稳定性较差，因此本规定中按管径给予分类，公称直径大于 150mm 的放散管定为高出 4m，不大于 150mm 的放散管按惯例设计定为 2.5m 而 GB 6222—86 规定离地不小于 10m，所以在本规定中就不做硬性规定，应视现场具体情况而定，原则是考虑人员及环境的安全。

4.12.3 煤气系统中液封槽高度在《工业企业煤气安全规程》GB 6222—86 中第 4.2.2.1 条规定水封的有效高度为煤气计算压力加 500mm。本规定中根据气源厂内各工段情况做出的具体规定，其中第(2)款硫铵工段由于满流槽中是酸液其密度大，液封高度相应较小，而且酸液漏出会造成腐蚀。因此该液封高度按习惯做法定为鼓风机的全压。

5 燃气输配系统

5.1 一般规定

5.1.1 城镇燃气管道压力范围是根据长输高压天然气的到来和参考国外城市燃气经验制订的。

据西气东输长输管道压力工况，压缩机出口压力为10.0MPa，压缩机进口压力为 8.0MPa，这样从输气干线引支线到城市门站，在门站前能达到 6.0MPa 左右，为城镇提供了压力高的气源。提高输配管道压力，对节约管材，减少能量损失有好处，但从分配和使用的角度看，降低管道压力有利于安全，为了适应天然气用气量显著增长和节约投资、减少能量损失的需要，提高城市输配干管压力是必然趋势，但面对人口密集的城市过多提高压力也不适宜，适当地提高压力以适应输配燃气的要求，又能从安全上得到保障，使二者能很好地结合起来应是要点。参考和借鉴发达国家和地区的经验是一途径。一些发达国家和地区的城市有关长输管道和城市燃气输配管道压力情况如增表 6。

燃气输配管道压力(MPa) **增表 6**

城市名称	长输管道	地区或外环高压管道	市区次高压管道	中压管道	低压管道
洛杉矶	5.93～7.17	3.17	1.38	0.138～0.410	0.0020
温哥华	6.62	3.45	1.20	0.41	0.0028 或 0.0069 或 0.0138
多伦多	9.65	1.90～4.48	1.20	0.41	0.0017

增续表 6

城市名称	长输管道	地区或外环高压管道	市区次高压管道	中压管道	低压管道
香港	—	3.50	A.0.40～0.70 B.0.24～0.40	0.0075～0.2400	0.0075 或 0.0020
悉尼	4.50～6.35	3.45	1.05	0.21	0.0075
纽约	5.50～7.00	2.80	—	0.10～0.40	0.0020
巴黎	6.80(一环以外整个法兰西岛地区)	4.00(巴黎城区向外 10～15km 的一环)	0.4～1.9	A.≤0.40 B.≤0.04(老区)	0.0020
莫斯科	5.5	2.0	0.3～1.2	A.0.1～0.3 B.0.005～0.100	≤0.0050
东京	7.0	4.0	1.0～2.0	A.0.3～1.0 B.0.01～0.30	＜0.0100

从上表中九个特大城市看，门站后高压输气管道一般成环状或支状分布在城市外围，其压力为 2.00～4.48MPa 不等，一般不需敷设压力大于 4.0MPa 的管道，由此可见，门站后城市高压输气管道的压力为 4.0MPa 已能满足特大城市的供气要求，故本规范把门站后燃气管道压力适用范围定为不大于 4.0MPa。

但不是说城镇中不允许敷设压力大于 4.0MPa 的管道。对于个别特大城市，如经论证在工艺上确实需要且在技术、设备和管理上有保证，在门站后也可敷设压力大于 4.0MPa 的管道，另外门站以前肯定会需要和敷设压力大于 4.0MPa 的管道。城镇敷设压力大于 4.0MPa 的管道，设计宜按《输气管道工程设计规范》GB 50251 并参照本规范执行（由输气管道分输站至城镇门站，且管道设计压力不大于 4.0MPa 的管道设计，宜按本规范执行）。

5.1.3 “城镇燃气干管的布置，宜按逐步形成环状管网进行设计”，这是为保证可靠供应的要求，否则在管道检修和新用户接管安装时，影响用户用气的面就太大了。城镇燃气都是逐步发展的，故在条文中只提“逐步形成”，而不是要求每一期工程都必须完成环状管网；但是要求每一期工程设计都宜在一项最后“形成干线环状管网”的总体规划指导下进行，以便最后形成干线环状管网，避免各期工程因盲目进行而造成的不合理或浪费现象。

5.1.3A、5.1.4 城镇各类用户的用气量是不均匀的，随月、日、小时而变化，平衡这种变化，需要有调度供气措施（调峰措施）。以往一般由城镇燃气公司统管气源、输配和应用，平衡用气的不均匀性也由当地燃气公司统筹调度解决。在天然气来到之后，城镇燃气属于整个天然气系统的下游（需气方），长输管道为中游，天然气开采净化为上游（中游和上游可合称为城镇燃气的供气方）。上、中、下游有着密切的联系，应作为一个系统工程对待，调峰问题作为整个系统中的问题，需从全局来解决，以求得天然气系统的优化，达到经济合理的目的。

5.1.3A 条所述逐月、逐日的用气不均匀性，主要表现在采暖和节假日等日用气量的大幅度增长，其日用量可为平常的 2～3 倍，平衡这样大的变化，除了改变天然气田采气量外，国外一般采用天然气地下储气库和液化天然气储库。液化天然气受经济规模限制，我国一般在沿海液化天然气进口地附近才有可能采用；而天然气地下库受地质条件限制也不可能在每个城市兴建。由于受用气城市分布和地质条件因素影响，故本条规定应由供气方统筹调度解决（在天然气地下库规划分区基础上）。

为了做好对逐月、逐日的用气量不均匀性的平衡，城镇燃气部门（需气方），应经调查研究和资料积累，在完成各类用户全年综合用气负荷资料(含计划中缓冲用户安排)的基础上,制订逐月、逐日用气量计划并应提前与供气方签订合同。据国外经验这个合同在实施中可根据近期变化进行调整,地下储气库和天然气气井可以用来平衡逐日用气量的变化,如果地下储气库距离城市近,还可以用来平衡逐小时用气量的变化,这些做法经国外的实践表明是可行的。

5.1.4 条所述平衡逐小时的用气量不均匀性,采用天然气做气源时,一般要考虑长距离输气干管的储气条件和地下储气库的利用条件,输气干管向城镇小时供气量的允许调度幅度和安排等,本规范规定宜由供气方解决,在发挥长距离输气干管和地下储气库等设施的调节作用基础上,不足时由城镇燃气部门解决。

储气方式多种多样,本条强调应因地制宜,经方案比较确定。高压罐的储气方式在很多发达国家(包括以前采用高压罐较多的原苏联)已不再建于天然气工程,应引起我们的重视。

5.1.5 本条对城镇燃气管道的压力分级做出了规定。

1.根据现行的国家标准《管道和管路附件的公称压力和试验压力》GB 1048,将高压管道分为 $2.5<P\leqslant4.0$ 和 $1.6<P\leqslant2.5$ MPa 两档,以便于设计选用。

2.把低压管道的压力由≤0.005 提高到<0.01MPa。这是考虑为今后提高低压管道供气系统的经济性和为高层建筑低压管道供气解决高程差的附加压头问题提供方便。

低压管道压力提高到<0.01MPa 在发达国家和地区是成熟技术,发达国家和地区低压燃气管道采用<0.01MPa 的有:比利时、加拿大、丹麦、西德、匈牙利、瑞典、日本等;采用 0.0070～0.0075MPa 有英国、澳大利亚、香港等。由于管道压力比原先低压管道压力提高不多,故仍可在室内采用钢管丝扣连接;此系统需要在用户燃气表前设置低—低调压器,用户燃具前压力被稳定在较佳压力下,也有利于提高热效率和减少污染。

3.城镇燃气输配系统压力级制选择应在本条所规定的范围内进行,这里应说明的是:

(1)不是必须全部用上述压力级制,例如:

一种压力的单级低压系统;

二种压力的:中压 B—低压两级系统;中压 A—低压两级系统;

三种压力的:次高压 B—中压 A—低压系统;次高压 A—中压 A—低压系统。

四种或四种以上压力的多级系统等都是可以采用的。各种不同的系统有其各自的适用对象,我们不能笼统地说哪种系统好或坏,而只能说针对某一具体城镇,选用哪种系统更好一些。

(2)也不是说在设计中所确定的压力上限值必须等于本条所规定的上限值。一般在某一个压力级范围内还应做进一步的分析与比较。例如中压 B 的取值可以在 0.010～0.200MPa 中选择,这应根据当地情况做技术经济比较后才能确定。

(原表 20 删除)

5.2 燃气管道计算流量和水力计算

5.2.1 为了满足用户小时最大用气量的需要,城镇燃气管道的计算流量,应按计算月的小时最大用气量计算。即对居民生活和商业用户宜按第 5.2.2 条计算,对工业用户和燃气汽车用户宜按第 5.2.3 条计算。

对庭院燃气支管和独立的居民点所接用具的种类和数量一般为已知,此时燃气管道的计算流量宜按本规范第 7.2.6 条规定计算,这样更加符合实际情况。

5.2.3A 燃气作为建筑物采暖通风和空调的能源时,其热负荷与采用热水(或蒸汽)供热的热负荷是一致的,故可采用《城市热力网设计规范》中有关热负荷的规定,但生活热水的热负荷不计在内,因为生活热水的热负荷在燃气供应中已计入用户的用气量指标中。

5.2.4、5.2.5 本条以柯列勃洛克公式替代原来的阿里特苏里公式。柯氏公式是至今为世界各国在众多专业领域中广泛采用的一个经典公式，它是普朗德半经验理论发展到工程应用阶段的产物，有较扎实的理论和实验基础，在规范的正文中作这样的改变，符合中国加入 WTO 以后技术上和国际接轨的需要，符合今后广泛开展国际合作的需要。

柯列勃洛克公式是个隐函数公式，其计算上产生的困难，在计算机技术得到广泛应用的今天已经不难解决，但考虑到使用部门的实际情况，给出一些形式简单便于计算的显函数公式仍是需要的，在附录 A 中列出了原规范中的阿里特苏里公式，阿氏公式和柯式公式比较偏差值在 5%以内，可认为其计算结果是基本一致的。

公式中的当量粗糙度 K，反映管道材质、制管工艺、施工焊接、输送气体的质量、管材存放年限和条件等诸多因素使摩阻系数值增大的影响，因此采用旧钢管的 K 值。

对于我国使用的焊接钢管，其新钢管当量粗糙度多数国家认定为 $K=0.045$mm 左右，1990 年的燃气设计规范专题报告中，引用了两组新钢管实测数据，计算结果与 $K=0.045$mm 十分接近。在实际工程设计中参照其他国家规范对天然气管道采用当量粗糙度的情况，取 $K=0.100$mm 较合适。取 $K=0.100$mm 比新钢管取 $K=0.045$mm，其 λ 值平均增大 10.24%。

考虑到人工煤气气质条件，比天然气容易造成污塞和腐蚀，根据 1990 年的燃气设计规范专题报告中的两组旧钢管实测数据，反推当量粗糙度 K 为 0.14～0.18mm。

本规范对人工煤气使用钢管时，取 $K=0.150$mm，它比新钢管 $K=0.045$mm，λ 值平均增大 18.58%。

5.2.7 本条所述的低压燃气管道是指和用户燃具直接相接的低压燃气管道（其中间不经调压器）。我国目前大多采用区域调压站，出口燃气压力保持不变，由低压分配管网供应到户就是这种情况。

1. 国内几个有代表性城市低压燃气管道计算压力降的情况见表 21。燃具额定压力 P_n 为 800Pa 时，燃具前的最低压力为 600Pa，约为 P_n 的 600/800＝75%左右。低压管道总压力降取值：北京较低、沈阳较高、上海居中。这有种种原因，如北京是 1958 年开始建设的，又为首都，对今后的发展留有较大余地；又如沈阳是沿用旧有的管网，由于用户在不断的增加，要求不断提高输气能力，不得不把调压站出口压力向上提，这是迫不得已采取的一种措施；上海市的情况界于上述两城市之间，其压力降为 900Pa，约为 P_n 的 1.0 倍。

几个城市低压管道压力降(Pa)　　表 21

项目　　压力和压力降　　城市	北京（人工煤气）	上海（人工煤气）	沈阳（人工煤气）	天津（天然气）
燃具的额定压力 P_n	800	900	800	2000
调压站出口压力	1100～1200	1500	1800～2000	3150
燃具前最低压力	600	600	600	1500
低压管道总压力降 ΔP	550	900	1300	1650
其中：干管	150	500	1000	1100
支管	200	200	100	300
户内管	100	80	80	100
煤气表	100	120	120	150

2. 原苏联建筑法规《燃气供应、室内外燃气设备设计规范》(1977 年)对低压燃气管道的计算压力降规定如表 22，其总压力降约为燃具额定压力的 91%。

3. 从我国有关部门对居民用的人工煤气燃具、天然气燃具、液化石油气燃具所做的测定表明，当燃具前压力波动为 0.5～1.5P_n 时，燃烧器的性能达到燃具质量标准的要求，燃具的这种性能，在我国的家用燃气灶具标准(GB 16410)中已有明确规定。

但在征求意见时，不少同志提出，在实践使用中不宜把燃具长期置于 $0.5P_n$ 下工作，因为这样不合乎中国人炒菜的要求，且使做饭时间加长，参照表 21 的情况，可见取 $0.75P_n$ 是可行的。这样一个压力相当于燃气灶热负荷比额定热负荷仅仅降低了 13.4%，即相当于 $10.5\times(1-13.4\%)=9MJ/m^3$（指煤气灶一个火眼的热负荷），实践表明这个热负荷是能基本满足用户使用要求的，而且这只是对距调压站最远用户而言，在一年中也仅仅是在计算月的高峰时出现，对用户不会产生影响。

低压燃气管道的计算压力降(Pa)　　表 22

所用燃气种类及燃具额定压力	从调压站到最远燃具的总压力降	管道中包括 街区	庭院和室内
天然气、油田气、液化石油气与空气的混合气以及其他低热值为 33.5～41.8MJ/m³ 的燃气。民用燃气燃具前额定压力为 2000Pa 时	1800	1200	600
同上述燃气民用燃气燃具前额定压力为 1300Pa 时	1150	800	350
低热值为 14.65～18.8MJ/m³ 的人工煤气与混合气民用燃气燃具前额定压力为 1300Pa	1150	800	350

综上所述燃气灶具前的实际压力允许波动范围取为 $0.75P_n \sim 1.5P_n$ 是比较合适的。

4. 因低压燃气管道的计算压力降必须根据民用燃气灶具压力允许的波动范围来确定，则有 $1.5P_n-0.75P_n=0.75P_n$。

按最不利情况即当用气量最小时，靠近调压站的最近用户处有可能达到压力的最大值，但由调压站到此用户之间最小仍有约 150Pa 的阻力（包括煤气表阻力和干、支管阻力），故低压燃气管道（室内和室外都在内）总的计算压力降最少还可加大 150Pa，故 $\Delta P_d=0.75P_n+150$。

5. 根据本条规定，低压管道压力情况如表 23。

低压燃气管道压力数值表(Pa)　　表 23

燃气种类	人工煤气		天然气
燃气灶额定压力 P_n	800	1000	2000
燃气灶前最大压力 P_{max}	1200	1500	3000
燃气灶前最小压力 P_{min}	600	750	1500
调压站出口最大压力	1350	1650	3150
低压燃气管道总的计算压力降（室内和室外都在内）	750	900	1650

6. 应当补充说明的是，本条所给出的只是低压燃气管道的总压力降，至于其在街区干管、庭院管和室内管中的分配，还应根据情况进行技术经济分析比较后确定。作为参考，现将原苏联建筑法规推荐的数列如表 24。

《原苏联建筑法规》规定的低压燃气管道压力降分配表　　表 24

燃气种类及灶具额定压力	总压力降 ΔP(Pa)	街区	单层建筑		多层建筑	
			庭院	室内	庭院	室内
人工煤气 1300Pa	1150	800	200	150	100	250
天然气 2000Pa	1800	1200	350	250	250	350

对我国的一般情况参照原苏联建筑法规，推荐的数列如表 25 供参考。

低压燃气管道压力降分配参考表　　表 25

燃气种类及灶具额定压力		总压力降 ΔP(Pa)	街区	单层建筑		多层建筑	
				庭院	室内	庭院	室内
人工煤气	800Pa	750	400	200	150	100	250
	1000Pa	900	550	200	150	100	250
天然气 2000Pa		1650	1050	350	250	250	350

5.3 压力不大于1.6MPa的室外燃气管道

5.3.1 中、低压燃气管道因内压较低，其可选用的管材比较广泛；其中聚乙烯管由于质轻、施工方便、使用寿命长而被广泛使用在天然气输送上。机械接口球墨铸铁管是近年来开发并得到广泛应用的一种管材，它替代了灰口铸铁管，这种管材由于在铸铁熔炼时在铁水中加入少量球化剂，使铸铁中石墨球化，使其比灰口铸铁管具有较高的抗拉、抗压强度，其冲击性能为灰口铸铁管10倍以上。钢骨架聚乙烯塑料复合管是近年我国新开发的一种新型管材，其结构为内外两层聚乙烯层，中间夹以钢丝缠绕的骨架，其刚度较纯聚乙烯管好。根据目前产品标准的压力适应范围和工程实践，本规范将上述3种管材均列于中、低压燃气管道之列。

5.3.1A 次高压燃气管道一般在城镇中心城区或其附近地区埋设，此类地区人口密度相对较大，房屋建筑密集，而次高压燃气管道输送的是易燃、易爆气体且管道中积聚了大量的弹性压缩能，一旦发生破裂，材料的裂纹扩展速度极快，且不易止裂，其断裂长度也很长，后果严重。因此必须采用具有良好的抗脆性破坏能力和良好的焊接性能的钢管，以保证输气管道的安全。

最小公称壁厚是考虑满足管道在搬运和挖沟过程中所需的刚度和强度要求，这是参照钢管标准和有关国内外标准确定的，并且该厚度能满足在输送压力0.8MPa，强度系数不大于0.3时的计算厚度要求。例如在设计压力为0.8MPa，选用L245级钢管时，对应$DN100$～$DN1050$最小公称壁厚的强度设计系数为0.05～0.21。详见增表7。

5.3.2 本条规定了敷设地下燃气管道的净距要求。

地下燃气管道在城市道路中的敷设位置是根据当地远、近期规划综合确定的，厂区内煤气管道的敷设也应根据类似的原则，按工厂的规划和其他工种管线布置确定。另外，敷设地下燃气管道还受许多因素限制，例如：施工、检修条件，原有道路宽度与路面的种类、周围已建和拟建的各类地下管线设施情况、所用管材、管接口型式以及所输送的燃气压力等。在敷设燃气管道时需要综合考虑，正确处理以上所提出的要求和条件。本条规定的水平净距和垂直净距是在参考各地燃气公司和有关其他地下管线规范以及实践经验后，在保证施工和检修时互不影响及适当考虑燃气输送压力影响的情况下而确定的，基本沿用原规范数据，现补充说明如下：

L245级钢管、设计压力P为0.8MPa、1.6MPa对应的强度设计系数F **增表7**

$DN(D)$	δ_{min}	$F(=\frac{PD}{2\sigma_s\delta_{min}})$	
		$P=0.8$MPa	$P=1.6$MPa
100(114.3)	4.0	0.05	0.10
150(168.3)		0.07	0.14
200(219.1)	4.8	0.07	0.14
300(323.9)		0.11	0.22
350(355.6)	5.2	0.11	0.22
400(406.4)		0.13	0.26
450(457)		0.14	0.28
500(508)	6.4	0.13	0.26
550(559)		0.14	0.28
600(610)	7.1	0.14	0.28
900(914)		0.21	0.42
950(965)	8.7	0.18	0.36
1000(1016)		0.19	0.38
1050(1067)	9.5	0.18	0.36

注：如果选用L210级钢管，强度设计系数F'为表中F值乘1.167。

1. 地下燃气管道与建筑物及地下构筑物的净距。长期实践经验与燃气管道漏气中毒事故的统计资料表明，压力不高的燃气管道漏气中毒事故的发生在一定范围内并不与燃气管道与建筑物的净距有必然关系，采用加大管道与房屋的净距的办法并不能完全避免事故的发生，相反会增加设计时管位选择的困难或使工程费用增加（如迁移其他管道或绕道等方法来达到规定的要求）。实践经验证明，地下燃气管道的安全运行与提高工程施工质量、加强管理密切相关。考虑到中、低压管道是市区中敷设最多的管道，故本次修订中将原规定的中压管道与建筑物净距予以适当减小，在吸收了香港的经验并采取行之有效的防护措施后，把次高、中、低压管道与建筑物外墙面净距，分别降至应不小于3m、1m(距建筑物基础0.5m)和不影响基础的稳固性。行之有效的防护措施是指：

(1)增加管壁厚度，钢管可按表5.3.1A酌情增加，但次高压A管道与建筑物外墙面为3m时，管壁厚度不应小于11.9mm；对于聚乙烯管、球墨铸铁管和钢骨架聚乙烯塑料复合管可不采取增加厚度的办法。

(2)提高防腐等级；

(3)减少接口数量；

(4)加强检验(100%无损探伤)等。

以上措施根据管材种类不同可酌情采用。

本条原规范是指到建筑物基础的净距，考虑到基础在管道设计时不便掌握，且次高压管道到建筑物净距要求较大，不会碰到建筑物基础，为有利于管道布置，故改为到建筑物外墙面；中、低压管道净距要求较小，有可能碰到建筑物的基础，故规定仍指到建筑物基础的净距。

应该说明的是，本规范规定的至建筑物净距综合了南北各地情况，低压管取至建筑物基础的净距为0.7m，对于北方地区，考虑到在开挖管沟时不至于对建筑物基础产生影响，应根据管道埋深适当加大与建筑物基础的净距。并不是要求一律按表5.3.2-1水平净距进行设计，在条件许可时（如在比较宽敞的道路上敷设燃气管道）宜加大管道到建筑物基础的净距。

2. 地下燃气管道与相邻构筑物或管道之间的水平净距与垂直净距。

(1)水平净距：基本上是采用原规范规定，与现行的国家标准《城市工程管线综合规划规范》GB 50289—98基本相同。

(2)垂直净距：与现行的国家标准《城市工程管线综合规划规范》GB 50289—98完全一致。

（原表26删除）

5.3.3 对埋深的规定是为了避免因埋设过浅使管道受到过大的集中轮压作用，造成设计浪费或出现超出管道负荷能力而损坏。

按我国铸铁管的技术标准进行验算，条文中所规定的覆土深度，对于一般管径的铸铁管，其强度都是能适应的。如上海地区在车行道下最小覆土深度为0.8m的铸铁管，经长期的实践运行考验，情况良好。此次修编中将埋在车行道下的最小覆土深度由0.8m改为0.9m，主要是考虑到今后车行道上的荷载将会有所增加。对埋设在庭院内的地下燃气管道的深度同埋设在非车行道下的燃气管道深度原先的规定是均不能小于0.6m。但在我国土壤冰冻线较浅的南方地区，埋设在街坊内泥土下的小口径管道（指口径50mm以下的）的覆土厚度一般为0.3m，这个深度同时也满足砌筑排水明沟的要求，参照中南地区、上海市煤气公司与四川省城市煤气设计施工规程，在上次修订中增加了对埋设在庭院内地下燃气管道覆土厚度0.3m的规定，以节约工程投资。这里所说的“庭院”是指绿化地及载货汽车不能进入之地。“车行道”或“非车行道”分别是指载货汽车能或不能通行的道路，这对于城市道路是容易区分的，对于居民住宅区内道路，按如下区分掌握：如果是载货汽车以正常行驶速度通行的主要道路则属于车行道；住宅区内由上述主要道路到住宅楼门之间的次要道路，载货汽车只是缓行进入或停放的，可视为非车行道。目前国内外有关燃气管道埋设深度的规定如表27所示。

国内外燃气管道的埋设深度(至管顶)(m)　　表 27

地点	条件	埋设深度	最大冻土深度	备　注
北京	主干道　干线 　　　　支线 非车行道	≮1.20 ≮1.00 ≮0.80	0.85	北京市地下煤气管道设计施工验收技术规定
上海	车行道 人行道 街坊泥土路	0.80 0.60 0.40	0.06	上海市城市煤气管道工程技术规程(DBJ 08—10)
大连		≮1.00	0.93	煤气管道安全技术操作规程
鞍山		1.40	1.08	
沈阳	DN250mm 以下 DN250mm 以上	≮1.20 ≮1.00		
长春		1.80	1.69	
哈尔滨	向阳面 向阴面	1.80 2.30	1.97	
中南地区	车行道 非车行道 水田下 街坊泥土路	≮0.80 ≮0.60 ≮0.60 ≮0.40		城市煤气管道工程设计、施工、验收规程(城市煤气协会中南分会)
四川省	车行道　直埋 　　　　套管 非车行道 郊区旱地 郊区水田 庭院	0.80 0.60 0.60 0.60 0.80 0.40		城市煤气输配及应用工程设计、安装、验收技术规程

续表 27

地点	条件	埋设深度	最大冻土深度	备　注
美国	一级地区 二、三、四级地区 (正常土质/岩石)	0.762/0.457 0.914/0.610		美国联邦法规 49-192 气体管输最低安全标准
日本	干管 特殊情况供气管 车行道 非车行道	1.20 0.60 >0.60 >0.30		道路施行法第 12 条及本支管指针(设计篇);供给管、内管指针(设计篇)
原苏联	高级路面街道 非高级路面街道 运输车辆不通行之地	≮0.80 ≮0.90 0.60		燃气供应建筑法规 CHnII Ⅱ—37
原东德	一般 采取特别防护措施	0.8～1.0 0.6		DINZ 470

5.3.4 原规定燃气管道敷设于冻土层以下，是防止燃气中冷凝液被冻结堵塞管道，影响正常供应。但在燃气中有些是干气，如天然气等。故修改为只限于湿气时才须敷设在冻土层以下。但管道敷设在地下水位高于输气管线敷设高度的地区时，无论是对湿气还是干气，都应考虑地下水从管道不严密处或施工时灌入的可能，故为防止地下水在管内积聚也应敷设有坡度，使水容易排除。

为了排除管内燃气冷凝水，要求管道保持一定的坡度。目前国内外有关燃气管道坡度的规定如表 28 所列，地下燃气管道的坡度国内外一般所采用的数值大部分都不小于 0.003。但在很多旧城市中的地下管线一般都比较密集，往往有时无法按规定坡度敷设。在这种情况下允许局部管段坡度采取小于 0.003 的数值，故本条规范用词为“不宜”。

国内外室外地下燃气管道的坡度　表 28

地点	管别	坡度	备注
北京市	干管、支管 干管、支管 （特殊情况下）	>0.0030 >0.0015	北京市地下煤气管道设计施工验收技术规定
上海市	中压管 低压管 绝缘镀锌管 引入管	>0.004 >0.003 >0.005 >0.010	上海市标准《城市煤气管道工程技术规程》（DBJ 08—10）
沈阳市	干管、支管	0.003～0.005	
长春市	干管	>0.003	
大连市	干管、支管 逆气流方向 顺气流方向 引入管	<0.003 >0.002 >0.010	煤气管道安全技术操作规程
天津市		>0.003	天津市煤气化工程管道安装技术规定
中南地区		>0.003	城市煤气管道工程设计、施工、验收规程（城市煤气协会中南地区分会）
四川省		>0.003	城市煤气输配及应用工程设计、安装、验收技术规程

续表 28

地点	管别	坡度	备注
英国	配气干管 支管（引入管）	0.005 0.003	配气干管规程 IGE/TD/3 第二版 煤气支管规程 IGE/TD/4 第二版
日本		0.001～0.003	本支管指针（设计篇）JGA—201
原苏联	室外地下煤气管道	≮0.002	建筑法规《燃气供应》（CHnII2.04.08）

5.3.6　地下燃气管道在堆积易燃、易爆材料和具有腐蚀性液体的场地下面通过时，不但增加管道负荷和容易遭受侵蚀，而且当发生事故时相互影响，易引起次生灾害。

燃气管道与其他管道或电缆同沟敷设时，如燃气管道漏气易引起燃烧或爆炸，此时将影响同沟敷设的其他管道或电缆使其受到损坏；又如电缆漏电时，使燃气管道带电，易产生人身安全事故。故对燃气管道说来不宜采取和其他管道或电缆同沟敷设；而把同沟敷设的做法视为特殊情况，必须提出充足的理由并采取良好的通风和防爆等防护措施才允许采用。

5.3.7　地下燃气管道不宜穿过地下构筑物，以免相互产生不利影响。当需要穿过时，穿过构筑物内的地下燃气管应敷设在套管内，并将套管两端密封，其一是为了防止燃气管破损或腐蚀而造成泄漏的气体沿沟槽向四周扩散，影响周围安全；其二若周围泥土流入安装后的套管内后，不但会导致路面沉陷，而且燃气管的防腐层也会受到损伤。

关于套管伸出构筑物外壁的长度原规范规定为不小于 0.1m，考虑到套管与构筑物的交接处形成薄弱环节，并且由于伸出构筑物外壁长度较短，构筑物在维修或改建时容易影响燃气管道的安全，且对套管与构筑物之间采取防水渗漏措施的操作较困难，故此次修订时将套管伸出构筑物外壁的长度由原来的0.1m改为表5.3.2-1燃气管道与该构筑物的水平净距，其目的是为了更好地保护套管内的燃气管道和避免相互影响。

5.3.8 本条规定了燃气管道穿越铁路、高速公路、电车轨道和城镇主要干道时敷设要求。

套管内径裕量的确定应考虑所穿入的燃气管根数及其防腐层的防护带或导轮的外径、管道的坡度、可能出现的偏弯以及套管材料与顶管方法等因素。套管内径比燃气管道外径大100mm以上的规定系参照：①加拿大燃气管线系统规程中套管口径的规定：燃气管外径小于168.3mm时，套管内径应大于燃气管外径50mm以上；燃气管外径大于或等于168.3mm时，套管内径应大于燃气管外径75mm以上；②原苏联建筑法规关于套管直径应比燃气管道直径大100mm以上的规定；③我国西南地区的《城市煤气输配及应用工程设计、安装、验收技术规定》中关于套管内径应大于输气管外径100mm的规定等，是结合施工经验而定的。

燃气管道不应在高速公路下平行敷设，但横穿高速公路是允许的，应将燃气管道敷设在套管中，这在国外也常采用。

套管端部距铁路堤坡脚的距离要求是结合各地经验并参照《石油天然气管道保护条例》第五章第二节第4条的规定编制。

5.3.9 燃气管道通过河流时，目前采用的有穿越河底、敷设在桥梁上或采用管桥跨越等三种形式。一般情况下，北方地区由于气温较低，采用穿越河底者较多，其优点是不需保温与经常维修，缺点是施工费用高，损坏时修理困难。南方地区则采用敷设在桥梁上或采用管桥跨越形式者较多，据统计，上海市煤气和天然气管道通过河流采用敷设于桥梁上的方式很多。南京、广州、湘潭和四川亦有很多燃气管道采用敷设于桥梁上，其输气压力为0.1～1.6MPa。上述敷设于桥梁上的燃气管道在长期（有的已达百年）的运行过程中没有出现什么问题。利用桥梁敷设形式的优点是工程费用低，便于检查和维修。

上述敷设在桥梁上通过河流的方式实践表明有着较大的优点，但与《城市桥梁设计准则》规定燃气管道不得敷设于桥梁上有矛盾。为此2001年6月5日由建设部标准定额研究所召开有建设部城市建设研究院、《城镇燃气设计规范》主编单位中国市政工程华北设计研究院和《城市桥梁设计准则》主编单位上海市政工程设计研究院，以及北京市政工程设计研究院、部分城市煤气公司和市政工程设计和管理部门等参加的协调会，与会专家经过讨论达成如下共识，一致认为"两个标准的局部修订协调应遵循以下三个原则：①安全适用、技术先进、经济合理；②必须符合国家有关法律、法规的规定；③必须采取具体的安全防护措施。确定条文改为：当条件许可，允许利用道路桥梁跨越河流时，必须采取安全防护措施。并限定燃气管道输送压力不应大于0.4MPa。"

本条文是按上述协调会结论和会后协调修订的，并补充了安全防护措施规定。

5.3.10 原规范规定燃气管道穿越河底时，燃气管道至规划河底的覆土深度只提出应根据水流冲刷条件确定并不小于0.5m，但水流冲刷条件的提法不具体又很难界定，此次修订增加了对通航河流及不通航河流分别规定了不同的覆土深度，目的是不使管道裸露于河床上。另外根据有关河、港监督部门的意见，以往有些过河管道埋于河底，因未满足疏浚和投锚深度要求，往往受到破坏，故规定"对通航的河流还应考虑疏浚和投锚深度"。

穿越河底的"燃气管道对接安装引起的误差不得大于3°"的规定是根据《石油天然气管道保护条例实施手册》第二章第四节二、管道敷设第4条编制的。

5.3.12 对于穿越和跨越重要河流的燃气管道，从船舶运行与水流冲刷的条件看，要预计到它受到损坏的可能性，且损坏之后修复时间较长。而重要河流必然担负着运输等项重大任务，不能允许受到燃气管道破坏时的影响，为了当一旦燃气管道破坏时便于采取紧急措施，故规定在河流两侧均应设置阀门。

5.3.13 本条规定了阀门的布置要求

在次高压、中压燃气干管上设置分段阀门，是为了便于在维修或接新管操作时切断气源，其位置应根据具体情况而定，一般要掌握当两个相邻阀门关闭后受它影响而停气的用户数不应太多。

将阀门设置在支管上的起点处，当切断该支管供应气时，不致影响干管停气；当新支管与干管连接时，在新支管上的起点处所设置的阀门，也可起到减少干管停气时间的作用。

在低压燃气管道上，切断燃气可以采用橡胶球阻塞等临时措施，故装设闸门的作用不大，且装设阀门增加投资、增加产生漏气的机会和日常维修工作。故对低压管道是否设置阀门不做硬性规定。

5.3.14 地下管道的检测管、凝水缸的排水管均设在燃气管道上方，且在车行道部分的燃气管经常遭受车辆的重压，由于检测和排水管口径较小，如不进行有效保护，容易受损，因此应在其上方设置护罩。并且管口在护罩内也便于检测和排水时的操作。

水封阀和阀门由于在检修和更换时人员往往要至地下操作，设置护井可方便维修人员操作。

5.3.15 燃气管道沿建筑物外墙敷设的规定，是参照原苏联建筑法规《燃气供应》CHnII 2.04.08—87 确定的。

与铁路、道路和其他管线交叉时的最小垂直净距是按《工业企业煤气安全规程》GB 6222 和上海市的规定而定的；与架空电力线最小垂直净距是按《66kV 及以下架空电力线路设计规范》GB 50061—97 的规定而定的。

5.4 门站和储配站

5.4.1 本节规定了门站和储配站的设计要求。在城镇输配系统中，门站和储配站根据燃气性质、供气压力、系统要求等因素，一般具有接收气源来气，控制供气压力、气量分配、计量等功能。当接收长输管线来气并控制供气压力、计量时，称之为门站。当具有贮存燃气功能并控制供气压力时，称之为储配站。两者在设计上有许多共同的相似之处，为使规范简洁起见，本次修改将原规范第 5.4 节和 5.5 节合并。

站内若设有除尘、脱萘、脱硫、脱水等净化装置，液化石油气储存，增热等设施时，应符合本规范其他章节相应的规定。

5.4.2 门站和储配站站址的选择应征得规划部门的同意并批准。在选址时，如果对站址的工程地质条件以及与邻近地区景观协调等问题注意不够，往往会增大了工程投资和破坏了城市的景观。

(6)现行国家标准《建筑设计防火规范》GBJ 16 第 4.5.1 条规定了有关要求。

5.4.3 为了使本规范的适用性和针对性更强，制定了表 5.4.3。本表规定与现行国家标准《建筑设计防火规范》的规定是基本一致的。表中的储罐容积是指公称容积。

5.4.3A 本条规定与现行国家标准《建筑设计防火规范》的规定是一致的。

(5)现行国家标准《建筑设计防火规范》GBJ 16 第 4.6.2 条规定了有关要求。

5.4.3B 本条规定了站区总图布置的相关要求。

5.4.3D 本条规定了门站和储配站的工艺设计要求。

(3)调压装置流量和压差较大时，由于节流吸热效应，导致气体温度降低较多，常常引起管壁外结露或结冰，严重时冻坏装置，故规定应考虑是否设置加热装置。

(7)本款系指门站作为长输管道的末站时，将清管器的接收装置与门站相结合时布置紧凑，有利于集中管理，是比较合理的，故予以推荐。但如果在长输管道到城镇的边上，由长输管道部门在城镇边上又设有调压计量站时，则清管器的接收装置就应设在长输管道的调压计量站，而不应设在城镇的门站。

(8)当放散点较多且放散量较大时，可设置集中放散装置。

5.4.5 本条规定了燃气储存设施的设计要求。

(2)鉴于储罐造价较高而各型储罐造价差异也较大，因此在确定储气方式及储罐型式时应进行技术经济比较。

(3)各种储罐的技术指标随单体容积增加而显著改善。在确定各期工程建罐的单体容积时，应考虑气罐停止运行(检修)时供气系统的调度平衡，以防止片面追求增加储罐单体容积。

(4)罐区排水设施是指储罐地基下沉后应能防止罐区积水。

5.4.6 本条规定了低压储气罐的工艺设计要求。

(2)为预防出现低压储气罐顶部塌陷而提出此要求。

(4)湿式储气罐水封高度一般规定应大于最大工作压力(以水柱表示)的1.5倍，但实际证明这一数值不能满足运行要求，故本规范提出应经计算。

(7)干式储气罐由于无法在罐顶直接放散，故要求另设紧急放散装置。

(8)为方便干式储气罐检修，作此规定。

5.4.7 本条规定了高压储气罐的工艺设计要求。

(1)由于进、出气管受温度、贮罐沉降、地震影响较大，故宜进行柔性计算。

(4)高压储气罐开孔过多影响罐体整体性能。

(5)高压储罐检修时，由于工艺所限，罐内余气较多，故作此规定。可采用引射器等设备尽量排空罐内余气。

(6)大型球罐($3000m^3$和$3000m^3$以上)检修时罐内余气较多，为排除罐内余气，可设置集中放散装置。

5.4.8 本条规定了燃气加压设备选型的要求

(3)规定压缩机组设置备用是为了保证安全和正常供气。“每1～5台燃气压缩机组宜设置1台备用”。这是根据北京、上海、天津与沈阳等地的备用机组的设置情况而规定的。如北京东郊储配站第一压缩车间的8台压缩机组中有2台为备用；天津千米桥储配站设计的14台压缩机组中有3台备用；上海水电路储配站的6台压缩机中有1台为备用等。从多年实际运行经验来看，上述各地备用数量是能适应生产要求的。

5.4.9 本条规定了压缩机室的工艺设计要求。

(1)、(3)系针对工艺管道施工设计有时缺少投产置换及停产维修时必需的管口及管件而作出此规定。

(4)规定“压缩机宜采取单排布置”，这样机组之间相互的干扰少，管理维修方便，通风也较好。但考虑新建、扩建时压缩机室的用地条件不尽相同，故规定“宜”。

5.4.10 按照建筑设计防火规范要求，压缩机室与控制室之间应设耐火极限不低于3h的非燃烧墙。但是为了便于观察设备运转应设有生产必需的隔音玻璃窗。本条文与《工业企业煤气安全规程》GB 6222—86第5.2.1条要求是一致的。

5.4.12A 本条规定了门站和储配站内的消防设施要求。

(1)此款与《建筑设计防火规范》GBJ 16的规定是一致的。

储配站内设置的燃气气体储罐类型一般按压力分为两大类，即常压罐(压力小于5kPa)和压力罐(压力通常为0.5～1.6MPa)。常压罐按密封形式可分为湿式和干式储气罐，其储气几何容积是变化的，储气压力变化很小。压力罐的储气容积是固定的，其储气量随储气压力变化而变化。

从燃气介质的性质来看，与液态液化石油气有较大的差别。气体储罐为单相介质储存，过程无相变。火灾时，着火部位对储罐内的介质影响较小，其温度、压力不会有较大的变化。从实际使用情况看，气体储罐无大事故发生。因此，气体储罐可以不设置固定水喷淋冷却装置。

由于储罐的类型和规格较多，消防保护范围也不尽相同，表5.4.12A的消防用水量，系指消火栓给水系统的用水量，是基本安全的用水量。

5.4.13 原规范规定门站和储配站为“一级负荷”，主要是为了提高供气的安全可靠性。实际操作中，要达到“一级负荷”(应由两个电源供电，当一个电源发生故障时，另一个电源不应同时受到损坏）的电源要求十分困难，投资很大。“二级负荷”（由两回线路供电）的电源要求从供电可靠性上完全满足燃气供气安全的需要，当采用两回线路供电有困难时，可另设燃气或燃油发电机等自备电源，且可以大大节省投资，可操作性强。

5.4.14 本条是在《爆炸和火灾危险环境电力装置设计规范》GB 50058的基础上，结合燃气输配工程的特点和工程实践编制的。根据 GB 50058 的有关内容，本次修订将原规范部分爆炸危险环境属“1 区”的区域改为“2 区”。由于爆炸危险环境区域的确定影响因素很多，设计时应根据具体情况加以分析确定。

5.6 调压站与调压装置

5.6.1 为了保证安全供气和保持给定的压力水平，应通过调压装置来实现不同压力级别管道之间的连接。

5.6.2 调压装置的设置形式多种式样，设计时应根据当地具体情况，因地制宜地选择采用，本条对调压装置的设置形式（不包括单独用户的专用调压装置设置形式）及其条件做了一般规定。调压装置宜设在地上，以利于安全和运行、维护。其中：

（1）在自然条件和周围环境条件许可时，宜设在露天。这是较安全和经济的形式。对于大、中型站其优点较多。

（2）、（3）在环境条件较差时，设在箱子内是一种较经济适用的形式。分为调压箱（悬挂式）和调压柜（落地式）两种。对于中、小型站优点较多。具体做法见第 5.6.4 条。

（4）设在地上单独的建筑物内是我国以往用得较多的一种形式（与采用人工煤气需防冻有关）。

（5）、（6）当受到地上条件限制燃气相对密度不大于 0.75，且压力不高时才可设置在地下，这是一种迫不得已才采用的形式。

5.6.3 本条调压站（含调压柜）与其他建、构筑物水平净距的规定，是参考了荷兰天然气调压站建设经验和规定，并结合我国实践，对原规范进行了补充和调整。表 5.6.3 中所列净距适用于按规范建设与改造的城镇，对于无法达到该表要求又必须建设的调压站（含调压柜），本规范留有余地，提出采取有效措施，可适当缩小净距。有效措施是指：有效的通风，每小时换气次数不小于 3 次；加设燃气泄漏报警器；有足够的防爆泄压面积（泄爆方向必要时还应加设隔爆墙）；严格控制火源等。各地可根据具体情况与有关部门协调解决。

5.6.4 本条是调压箱和调压柜的设置要求。其中体积大于 $1.5m^3$ 调压柜爆炸泄压口的面积要求，是等效采用英国气体工程师学会标准 IGE/TD/10 和香港中华煤气公司的规定，当爆炸时能使柜内压力不超过 3.5kPa，并不会对柜内任何部分（含仪表）造成损坏。

调压柜自然通风口的面积要求，是等效采用荷兰天然气调压站（含调压柜）的建设经验和规定。

5.6.5 “单独用户的专用调压装置”系指该调压装置主要供给一个专用用气点（如一个锅炉房、一个食堂或一个车间等），并由该用气点兼管调压装置，经常有人照看，且一般用气量较小，可以设置在用气建筑物的毗连建筑物内或设置在生产车间、锅炉房及其他生产用气厂房内。对于公共建筑也可设在建筑物的顶层内，这些做法在国内外都有成熟的经验，修订时根据国内的实践经验，补充了设在用气建筑物的平屋顶上的形式。

5.6.6 我国最早使用调压器（箱）的省份都在南方，其环境温度影响较小。近年来北方省份也拟使用调压箱来降低输配投资费用，则环境温度的影响是不可低估的。对于输送干燃气应主要考虑环境温度，介质温度对调压器皮膜及活动部件的影响；而对于输送湿燃气，应防止冷凝水的结冻；对于输送气态液化石油气，应防止液化石油气的冷凝。

5.6.8 本条规定了调压站（或调压箱）的工艺设计要求。

（1）调压站的工艺设计主要应考虑该调压站在确保安全的条

件下能保证对用户的供气。有些城市的区域调压站不分情况均设置备用调压器，这就加大了一次性建设投资。而有些城市低压管网不成环，其调压器也不设旁通管，一旦发生故障只能停止供气，更是不可取的。对于低压管网不成环的区域调压站和连续生产使用的用户调压装置宜设置备用调压器，比之旁通管更安全、可靠。

（2）、（3）调压器的附属设备较多，其中较重要的是阀门，各地对于调压站外设不设阀门有所争议。本条根据多数意见并参考国外规范，对高压和次高压室外燃气管道使用“必须”用语，而对中压室外进口燃气管道使用“应”的用语给予强调。并对阀门设置距离提出要求，以便在出现事故时能在室外安全操作阀门。

（6）调压站的超压保护装置种类很多，目前国内主要采用安全水封阀，一旦放散对环境的污染及周围建筑的火灾危险性是不容忽视的，一些管理部门反映，在超压放散的同时，低压管道压力仍然有可能超过500mm水柱，造成一些燃气表损坏漏气事故，说明放散法并不绝对安全，设计宜考虑使用能快速切断的安全阀门或其他防止超压的设备。调压的安全保护装置提倡选用人工复位型，在人工复位后应对调压器后的管道设备进行检查，防止发生意外事故。

本款对安全保护装置（切断或放散）的启动压力规定，是等效采用美国联邦法规49—192《气体管输最低安全标准》的规定。

5.6.10 本条规定了地上式调压站的建筑物设计要求

（3）关于地上式调压站的通风次数，曾有过不同规定。北京最初定为6次，但冬季感到通风面积太大，操作人员自动将进风孔堵上；后改为3次，但仍然认为偏大。上海地上调压室内通风次数为2次，他们认为是能够满足运行要求的，冬季最冷的时候，调压器皮膜虽稍感有些僵硬，但未影响使用。《原苏联建筑法规（1977年）》对地上调压站室内通风定为3次。

上海市煤气公司曾用“臭敏检漏仪”对调压站室内煤气浓度进行测定，在正常情况下（通风次数为2次），地上调压站室内空气中的煤气含量是极少的，详见表29。

上海市部分调压站室内煤气浓度的测定记录（体积%）　　表29

煤气浓度 / 时间 / 调压站地址	刚打开时	5min后	10min后	15min后	备　注
宜川四村	0	0	0	0	地上式
大陆机器厂光复四路	0	0	0	0	地上式
横滨路、四川北路	0.2/1000	0	0	0	地上式
常熟路、淮海中路	80/1000	18/1000	12/1000	4/1000	地下式
江西中路、武昌路	2.4/1000	2/1000	2/1000	1.4/1000	地下式

综上所述，对地上式调压站室内通风次数规定为每小时不应小于2次。

5.6.11 我国北方城市输送湿燃气的调压站采暖问题不易解决，所以本条规定了使用燃气锅炉进行自给燃气式的采暖要求，以期在无法采用集中供热时用此办法解决实际问题，对于中、低调压站，宜采用中压燃烧器作自给燃气式采暖锅炉的燃烧器，可以防止调压器故障引起停止供热事故。

调压器室与锅炉室门、窗开口不应设置在建筑物的同一侧；烟囱出口与燃气安全放散管出口的水平距离应大于5m；这些都是防止发生事故的措施，应予以保证。

5.6.12 本条给出地下式调压站的建筑要求。设计中还应要求调压器进、出口管道与建筑本身之间的密封要求，以防地下水渗漏事故。

5.6.13 当调压站内外燃气管道为绝缘连接时，室内静电无法排除，极易产生火花引起事故，因此必须妥善接地。

5.7 钢质燃气管道和储罐的防腐

5.7.1 金属的腐蚀是一种普遍存在的自然现象，它给人类造成的损失和危害是十分巨大的。据国家科委腐蚀科学学科组对200多个企业的调查表明，腐蚀损失平均值占总产值的3.97%。某市一条$\phi 325$输气干管，输送混合气（天然气与发生炉煤气），使用仅4年曾3次爆管，从爆管的部位查看，管内壁下部严重腐蚀，腐蚀麻坑直径5～14mm，深度达2mm，严重的腐蚀是引起爆管的直接原因。

设法减缓和防止腐蚀的发生是保证安全生产的根本措施之一，对于城镇燃气输配系统的管线、储罐、场站设备等都需要采用优质的防腐材料和先进的防腐技术加以保护。对于内壁腐蚀防治的根本措施是将燃气净化或选择耐腐蚀的材料以及在气体中加入缓蚀剂；对于净化后的燃气，则主要考虑外壁腐蚀的防护。本条明确规定了对钢质燃气管道和储罐必须进行外防腐，其防腐设计应符合《钢质管道及储罐腐蚀控制工程设计规范》SY 0007 的规定。

5.7.2 关于土壤的腐蚀性，我国还没有一种统一的方法和标准来划分它。目前国内外对土壤的研究和统计指出，土壤电阻率、透气性、湿度、酸度、盐分、氧化还原电位等都是影响土壤腐蚀性的因素，而这些因素又是相互联系和互相影响的。但又很难找出它们之间直接的，甚至定量的相关性。所以，目前许多国家和我国也基本上采用土壤电阻率来对土壤的腐蚀性进行分级，表30列出的分级标准可供参考。

土壤腐蚀等级划分参考表 **表30**

国别 \ 等级 电阻率(Ω/m)	极强	强	中	弱	极弱
美国	<20	20～45	45～60	60～100	
原苏联	<5	5～10	10～20	20～100	>100
中国		<20	20～50	>50	

注：中国按大庆油田分级标准。

土壤电阻率和土壤的地质、有机质含量、含水量、含盐量等有密切关系，它是表示土壤导电能力大小的重要指标。测定土壤电阻率从而确定土壤腐蚀性等级。这为选择防腐蚀涂层的种类和结构提供了依据。

5.7.4 随着科学技术的发展，地下金属管道防腐材料已从初期单一的沥青材料发展成为以有机高分子聚合物为基础的多品种、多规格的材料系列，各种防腐蚀涂层都具有自身的特点及使用条件，各类新型材料也具有很大的竞争力。条文中提出的外防腐涂层的种类，在国内应用较普遍。因它们具有技术成熟，性能较稳定，材料来源广，施工方便，防腐效果好等优点。设计人员可视工程具体情况选用。另外也可采用其他行之有效的防腐措施。

5.7.6 地下燃气管道的外防腐涂层一般采用绝缘层防腐，但防腐层难免由于不同的原因而造成局部损坏，对于防腐层已被损坏了的管道，防止电化学腐蚀则显得更为重要。美国、日本等国都明确规定了采用绝缘防腐涂层的同时必须采用阴极保护。石油、天然气长输管道也规定了同时采用阴极保护。实践证明，采取这一措施都取得了较好的防护效果。阴极保护法已被推广使用。

阴极保护的选择受多种因素的制约，外加电流阴极保护和牺牲阳极保护法各自又具有不同的特性和使用条件，从我国当前的实际情况考虑，长输管道采用外加电流阴极保护技术上是比较成熟的，也积累了不少的实践经验，而对于城镇燃气管道系统，由于地下管道密集，外加电流阴极保护对其他金属管道构筑物干扰大、互相影响，技术处理较难，易造成自身受益，他家受害的局面，而牺牲阳极保护法的主要优点在于此管道与其他不需要保护的金属管道或构筑物之间没有通电性，互相影响小，因此提出城市市区内埋地敷设的燃气干管宜选用牺牲阳极保护。

5.7.7 接地体是埋入地中并直接与大地接触的金属导体。它是电力装置接地设计主要内容之一，是电力装置安全措施之一。其埋设地位置和深度、形式不仅关系到电力装置本身的安全问题，而且对地下金属构筑物都有较大的影响，地下钢质管道必将受其影响，交流输电线路正常运行时，对与它平行敷设的管道将产生干扰电压。据资料介绍，对管道的每10V交流干扰电压引起的腐蚀，相当于0.5V的直流电造成的腐蚀。在高压配电系统中，甚至可产生高达几十伏的干扰电压。另外，交流电力线发生故障时，对附近地下金属管道也可产生高压感应电压，虽是瞬间发生，也会威胁人身安全，也可击穿管道的防腐涂层，故对此作了这一规定。

5.8 监控及数据采集

5.8.1 城市燃气输配系统的自动化控制水平，已成为城市燃气现代化的主要标志。为了实现城市燃气输配系统的自动化运行，提高管理水平，城市燃气输配系统有必要建设先进的控制系统。

5.8.2 随着电子计算机技术的快速发展，作为城市燃气输配系统的自动化控制系统，必须跟上技术进步的步伐，与同期电子技术的发展水平同步。

5.8.4 SCADA系统一般由主站（MTU）和远端站（RTU）组成，远端站一般由微处理机（单板机或单片机）加上必要的存贮器和输入/输出接口等外围设备构成，完成数据采集或控制调节功能，有数据通信能力。所以，远端站是一种前端功能单元，应该按照气源点、储配站、调压站或管网监测点的不同参数测、控或调节需要确定其硬件和软件设计。主站一般由微型计算机（主机）系统为基础构成，特别对图像显示部分的功能应有新扩展，以使主站适合于管理监视的要求。在一些情况下，主机配有专用键盘更便于操作和控制。主站还需有打印机设备输出定时记录报表、事件记录和键盘操作命令记录，提供完善的管理信息。

5.8.5 SCADA系统的构成（拓扑结构）与系统规模、城镇地理特征、系统功能要求、通信条件有很密切的关系，同时也与软件的设计互相关联。SCADA系统中的MTU与RTU结点的联系可看成计算机网络，但是其特点是在RTU之间可以不需要互相通信，只要求各RTU能与MTU进行通信联系。在某些情况下，尤其是系统规模很大时在MTU与RTU之间增设中间层次的分级站，减少MTU的连接通道，节省通信线路投资。

5.8.6 通信方式是监控和数据采集系统的重要组成部分。通信方式可以采用有线及无线通信方式。由于国内城市公用数据网络的建设发展很快，且租用价格呈下降趋势，所以充分利用已有资源来建设监控和数据采集系统是可取的。

5.8.7 设备器件材料仪表立足于国内市场，这不但是必要的且是可能的。近年以来，国内市场上微处理机、微型机，各种系列的功能电路板、器件、芯片都有充足的货源。设计构成一个SCADA系统是不成问题的，要注意的问题是所选用的机型要符合国家优选系列。以达到从系统的性能价格比、备品备件供应、资源共享等方面都处于有利地位。

5.8.8 达到标准化的要求有利于通用性和兼容性，也是质量的一个重要方面。标准化的要求指对印刷电路板、接插件、总线标准、输入/输出信号、通信协议、变送器仪表等等逻辑的或物理的技术特性凡属有标准可循的都要做到标准化。

5.8.9 SCADA是一种连续运转的管理技术系统。借助于它，城镇燃气供应企业的调度部门和运行管理人员得以了解整个输配系统的工艺。因此，可靠性是第一位的要求，这要求SCADA系统从设计、设备器件、安装、调试各环节都达到高质量，提高系统的可靠性。从设计环节看，提高可靠性要从硬件设计和软件设计两方面都采取相应措施。硬件设计的可靠性可以通过对关键部件设备（如主机、通信系统、CRT操作接口，调节或控制单元、各级电源）采取双重化（一台运转一台备用），故障自诊断，自动备用方式（通过监视单元Watch Dog Unit）控制等实现。此外，提高系统的抗干扰能力也属于提高系统可靠性的范畴。在设计中应该分析干扰的种类、来源和传播途径，采取多种办法降低计算机系统所处环境的干扰电屏。如采用隔离、屏蔽、改善接地方式和地点等，改进通信电缆的敷设方法等。在软件设计方面也要采取措施提高程序的可靠性。在软件中增加数字滤波也有利于提高计算机控制系统的抗干扰能力。

5.8.9A 系统的应用软件水平是系统功能水平高低的主要标志。采用实时瞬态模拟软件可以实时反映系统运行工况，进行调度优化，并根据分析和预测结果对系统采取相应的调度控制措施。

5.8.10 SCADA 系统中每一个 RTU 的最基本功能要求是数据采集和与主站之间的通信。对某些端点应根据工艺和管理的需要增加其他功能，如对调压站可以增设在远端站建立对调压器的调节和控制回路，对压缩车间运行进行监视或设置由远端站进行的控制和调节。

随着 SCADA 技术应用的推广及设计、运行经验的积累，SCADA 的功能设计可以逐渐丰富和完善。

从参数方面看，对燃气输配系统最重要的是压力与流量。在某些场合需要考虑温度、浓度以及火灾或人员侵入报警信号。具体哪些参数列入 SCADA 的范围，要因工程而异。

5.8.12 一般的 SCADA 系统都应有通过键盘 CRT 进行人机对话的功能。在需经由主站控制键盘对远端的调节控制单元组态或参数设置或紧急情况进行处理和人工干预时，系统应从硬件及软件设计上满足这些功能要求。

5.8.13 RTU 的信息量应按运行的实际需要，并结合国内 SCADA技术的可能性和技术经济合理诸方面综合考虑而提出。凡规定要有的或选择的，都是在仪器设备性能和市场上能办到的；凡规定不应有的都是从技术经济角度看不需要的，可参见表 31：

远端站信息设置 表 31

测控对象和功能	远端站分类				
	气源点	燃气调压站		气源或储配站的压缩车间	监测点
		高、中压	高、中、低压		
测量					
进口燃气压力	～	+	+	+	+
出口燃气压力	+	+	+	+	—
燃气流量	+	～	～	+	—
燃气温度	+	—	—	+	—
储罐容量	～	—	—	+	—
信号					
界限燃气浓度	—	—	—	～	—
过滤器界限压差	—	～	～	～	—
压缩机开停状态	—	—	—	+	—
监控系统电源	～	～	～	～	～
控制与调节					
燃气管道调压器	～	～	～	—	—

注：表中"＋"为规定设置，"—"为不设置，"～"为需要时设置。

5.9 压力大于 1.6MPa 的室外燃气管道

5.9.1～5.9.3 我国城镇燃气管道的输送压力均不高，本规范原规定的压力范围为≤1.6MPa，保证管道安全主要是控制管道与周围建筑物的距离，在实践中管道选线有时遇到困难。随着长输天然气的到来，输气压力必然提高，如果单纯保证距离则难以实施。在规范的修订中，吸收和引用了国外发达国家和我国 GB 50251 规范的成果，采取以控制管道自身的安全性、主动预防事故的发生为主，但考虑到城市人员密集、交通频繁、地下设施多等特殊环境以及我国的实际情况，规定了适当控制管道与周围建筑物的距离（详见本规范第 5.9.11～5.9.12 条说明），一旦发生事故时使恶性事故减少或将损失控制在较小的范围内。

控制管道自身的安全性，如美国联邦法规 49 号 192 部分《气体管输最低安全标准》、美国国家标准 ANSI/ASME B 31.8 和英国气体工程师学会标准 IGE/TD/1 等，采用控制管道及构件的强度和严密性，从管材设备选用、管道设计、施工、生产、维护到更新改造的全过程都要保障好，是一个质量保障体系的系统工程。其中保障管道自身安全的最重要设计方法，是在确定管壁厚度时按管道所在地区不同级别，采用不同的强度设计系数（计算采用的许用应力值取钢管最小屈服强度的系数）。因此，管道位置的地区等级如何划分，各级地区采用多大的强度设计系数，就是问题要点。

管道地区等级的划分英、美有所不同，但大同小异。美国联邦法规和美国国家标准 ANSI/ASME B 31.8 是按不同的独立建筑物（居民户）密度将输气管道沿线划分为四个地区等级，其划分方法是以管道中心线两侧各 220 码（约 200m）范围内，任意划分为 1 英里（约 1.6km）长并能包括最多供人居住独立建筑物（居民户）数量的地段，以此计算出该地段的独立建筑物（居民户）密度，据此确定管道地区等级；我国国家标准《输气管道工程设计规范》GB 50251—94 的划分方法与美国法规和 ANSI/ASME B 31.8 标准相同，但分段长度为 2km；英国气体工程师学会标准 IGE/TD/1 是按不同的居民人数密度将输气管道沿线划分为三个地区等级，其划分方法是以管道中心线两侧各 4 倍管道距建筑物的水平净距（根据压力和管径查图）范围内，任意划分为 1 英里（约 1.6km）长并能包括最多数量居民的地段，以此计算出该地段每公顷面积上的居民密度，并据此确定管道地区等级。从以上划分方法看，美国法规和标准划分合理，简单清晰，容易操作，故本规范管道地区等级的划分方法等同采用美国法规规定。

管道各级地区范围密度指数说明见第 5.9.8 条。

5.9.4 本条是对高压燃气管道的材料提出的要求。

（2）钢管标准《石油天然气工业输送钢管交货技术条件第 1 部分：A 级钢管》GB/T 9711.1 中 L175 级钢管有三种与相应制造工艺对应的钢管：无缝钢管、连续炉焊钢管和电阻焊钢管。其中连续炉焊钢管因其焊缝不进行无损检测，其焊缝系数仅为 0.6，并考虑到 175 级钢管强度较低，不适用于高压燃气管道，因此规定高压燃气管道材料不应选用 GB/T 9711.1 标准中的 L175 级钢管。为便于管材的设计选用，将该款规定的标准钢管的最低屈服强度列于增表 8。

钢管的最低屈服强度 **增表 8**

钢级或钢号				最低屈服强度① $\sigma_s(R_{t0.5})$，MPa
GB/T 9711.1	GB/T 9711.2	ANSI/AP15L②	GB/T 8163	
L210		A		210
L245	L245…	B		245
L290	L290…	X42		290
L320		X46		320
L360	L360…	X52		360
L390		X56		390
L415	L415…	X60		415
L450	L450…	X65		450
L485	L485…	X70		485
L555	L555…	X80		555
			10	205
			20	245
			Q295	295（$S>16$ 时，285）③
			Q345	325（$S>16$ 时，315）

注：①GB/T 9711.1、GB/T 9711.2 标准中，最低屈服强度即为规定总伸长应力 $R_{t0.5}$。

②在此列出与 GB/T 9711.1、GB/T 9711.2 对应的 ANSI/AP15L 类似钢级，引自标准 GB/T 9711.1、GB/T 9711.2 标准的附录。

③S 为钢管的公称壁厚。

（3）材料的冲击试验和落锤撕裂试验是检验材料韧性的试验。冲击试验和落锤撕裂试验可按照《石油天然气工业输送钢管交货技术条件第 1 部分：A 级钢管》GB/T 9711.1 标准中的附录 D 补充要求 SR3 和 SR4 或《石油天然气工业输送钢管交货技术条件第 2 部分：B 级钢管》GB/T 9711.2 标准中的相应要求进行。GB/T 9711.2 标准将韧性试验作为规定性要求，GB/T 9711.1 将其作为补充要求（由订货协议确定），GB/T 8163 未提这方面要求。试验温度应考虑管道使用时和压力试验（如果用气体）时预测的最低金属温度，如果该温度低于标准中的试验温度（GB/T 9711.1 为10℃，GB/T 9711.2 为0℃），则试验温度应取其较低温度。

5.9.5 管道的抗震计算可参照国家现行标准《输油（气）钢质管道抗震设计规范》SY/T 0450。

5.9.6 直管段的壁厚计算公式与《输气和配气管线系统》ASMEB 31.8、《输气管道工程设计规范》GB 50251 等规范中的壁厚计算式是一致的。该公式是采用弹性失效准则，以最大剪应力理论推导得出的壁厚计算公式。因城镇燃气温度范围对管材强度没有影响，故不考虑温度折减系数。在确定管道公称壁厚时，一般不必考虑壁厚附加量。对于钢管标准允许的壁厚负公差，在确定强度设计系数时给予了适当考虑并加了裕量；对于腐蚀裕量，因本规范中对外防腐设计提出了要求，因此对外壁腐蚀裕量不必考虑，对于内壁腐蚀裕量可视介质含水分多少和燃气质量酌情考虑。

5.9.7 经冷加工的管子又经热处理加热到一定温度后，将丧失其应变强化性能，按国内外有关规范和资料，其屈服强度降低约25%，因此在进行该类管道壁厚计算或允许最高压力计算时应予以考虑。

5.9.8 强度设计系数 F，根据管道所在地区等级不同而不同，并根据各国国情（如地理环境、气候等）其取值也有所不同。几个国家管道地区分级标准和强度设计系数 F 的取值情况详见增表 9。

从增表 9 可知，各标准对各级地区范围密度指数是不尽相同的。

1. 从美、英、法和我国 GB 50251 标准看，一级和二级地区的范围密度指数相差不大（其中 GB 50251 的二级地区密度指数与国外相比标准差别稍大一些，这是编制该规范时根据我国农村实际情况确定的），强度设计系数的取值基本相同。

本规范根据上述情况，对一级和二级地区的范围密度指数取与 GB 50251 相同，相应的强度设计系数取为 0.72 和 0.60，与上述标准相同。

2. 对三级地区，英国标准比法、美和我国 GB 50251 标准控制严，其强度设计系数依次分别为 0.3、0.4、0.5、0.5。但考虑到三级和四级地区的分界线是以 4 层或 4 层以上建筑是否多数为标准，而我国每户平均住房面积比发达国家要低很多，同样建筑面积的一幢 4 层楼房，我国的住户数应比发达国家多，而其他≤3 层的低层建筑，在发达国家大多是独门独户，我国则属多单元住宅居多，因而当我国采用发达国家这一分界线标准时，不少划入三级地区的地段实际户数已相当于进入发达国家四级地区规定的户数范围（地区分级主要与户数有关，但为了统计和判断方便又常以住宅单元建筑物数为尺度）；另外城镇的三级地区人口是仅次于四级地区并具有较快增长潜力的特点，参考英、法标准和多伦多、香港等地的规定，本规范对三级地区强度设计系数取为 0.4。

另外，根据美国联邦法规 49-192，对距人员聚集的室外场所 100 码（约 91m）范围也应定为三级地区，本规范等效采用（取为 90m）。人员聚集的室外场所是指运动场、娱乐场、室外剧场或其他公共聚集场所等。

3. 对四级地区英国标准比法、美和我国 GB 50251 标准控制更严，规定燃气管道压力不应超过 0.7MPa（最近 2001 年该标准第四版已改为 1.6MPa）。由于管道敷设有最小壁厚的规定，按 L245 级钢管和设计压力为 0.7MPa 时反算强度设计系数约为 0.05～0.19（设计压力为 1.6MPa 时，约为 0.11～0.43），比其他标准0.4一般低很多。香港采用英国标准，多伦多燃气公司市区燃气管道强度设计系数采用 0.3。我国是一个人口众多的大国，城市人口（特别是四级地区）普遍比较密集，多层和高层建筑较多，交通频繁，地下设施多，高压燃气管道一旦破坏，对周围危害很大，为了提高安全度，保障安全，故要适当降低强度设计系数，参考英国标准和多伦多燃气公司规定，本规范对四级地区取为 0.3。

管道地区分级标准和强度设计系数 *F*

增表 9

标准及使用地	一级地区	二级地区	三级地区	四级地区
美国联邦法规 49—192 和标准ANSI/ASME B 31.8	户数≤10 $F=0.72$	10<户数<46 $F=0.6$	户数≥46 $F=0.5$	4 层或 4 层以上建筑占多数的地区 $F=0.4$
英国气体工程师学会IGE/TD/I标准(第四版)	户数<54[注] $F\leqslant0.72$		中间地区 $F=0.3$	城市中心区 管道压力≤1.6MPa
法国燃料气管线安全规程	户数≤4 $F=0.73$	4<户数<40 $F=0.6$		户数≥40 $F=0.4$
我国《输气管道工程设计规范》GB 50251—94	户数≤12[注] $F=0.72$	12<户数<80[注] $F=0.6$	户数≥80[注] $F=0.5$	4 层或 4 层以上建筑普遍集中、交通频繁、地下设施多的地区$F=0.4$
香港中华煤气公司	户数<54[注] $F=0.72$		中间地区 $F=0.3$	本岛区管道压力≤0.7MPa
多伦多燃气公司	—		多伦多市区 $F=0.3$	
洛杉矶南加州燃气公司	没有人住的地区 $F=0.72$	—	低层建筑(≤3 层)为主的地区$F=0.5$	多层建筑为主的地区 $F=0.4$
本规范采用值	户数≤12 $F=0.72$	12<户数<80 $F=0.6$	户数≥80 的中间地区 $F=0.4$	4 层或 4 层以上建筑普遍且占多数的地区$F=0.3$

注:为了便于对比,我们均按美国标准要求计算,即折算为沿管道两边宽各 200m,长 1600m 面积内($64\times10^4m^2$)的户数计算(多单元住宅中,每一个独立单元按 1 户计算,每 1 户按 3 人计算)。表中的“户数”在各标准中表达略有不同,有“居民户数”、“居住建筑物数”和“供人居住的独立建筑物数”等。

5.9.9 本条根据美国联邦法规 49—192 和我国 GB 50251 标准并结合本规范第 5.9.8 条规定确定。

5.9.11、5.9.12 关于地下燃气管道到建筑物的水平净距的要求。

控制管道自身安全是从积极的方面预防事故的发生，在系统各个环节都按要求做到的条件下可以保障管道的安全。但实际上管道难以做到绝对不会出现事故，从国内和国外的实践看也是如此。造成事故的主要原因是：外力作用下的损坏，管材、设备及焊接缺陷，管道腐蚀，操作失误及其他原因。外力作用下的损坏常常和法制不健全、管理不严有关，解决尚难到位；管材、设备和施工中的缺陷以及操作中的失误应该避免，但也很难杜绝；管道长期埋于地下，目前城镇燃气行业对管内、外的腐蚀情况缺乏有效的检测手段和先进设备，使管道在使用后的质量得不到有效及时的监控，时间一长就会给安全带来隐患；而城市又是人群集聚之地，交通频繁、地下设施复杂，燃气管道压力越来越高，一旦破坏，危害甚大。因此，适当控制高压燃气管道与建筑物的距离，是当发生事故时将损失控制在较小范围，保护人身安全的一种有效手段。在条件允许时要积极去实施，在条件不允许时也可采取增加安全措施适当减少距离。为了处理好这一问题，结合国情，在本规范第 5.9.11 条、5.9.12 条等效采用了英国气体工程师学会 IGE/TD/1《高压燃气输送钢管》标准的成果。

1. 从表 5.9.11 可见，由于高压燃气管道的弹性压缩能量主要与压力和管径有关，因而管道到建筑物的水平净距根据压力和管径确定。

2. 三级地区房屋建筑密度逐渐增大，采用表 5.9.11 的水平净距有困难，此时强度设计系数应取 0.4（IGE/TD/1 标准取0.3），即可采用表 5.9.12 中的数值（此时在一、二区也可采用）。其中：

(1)采取行之有效的保护措施，表 5.9.12 中 A 行管壁厚度小于 9.5mm 的燃气管道可采用 B 行的水平净距。据 IGE/TD/1 标准介绍，"行之有效的保护措施"是指沿燃气管道的上方设置加强钢筋混凝土板（板应有足够宽度以防侧面侵入）等措施，可以减少管道被破坏，或当管壁厚度达到 9.5mm 以上后可取得同样效果。因此在这种条件下，可缩小高压燃气管道到建筑物的水平净距。

(2)据英国气体工程师学会人员介绍：经实验证明，在三级地区允许采用的挖土机，不会对强度设计系数不大于 0.3（本规范取为 0.4）管壁厚度不小于 11.9mm 的钢管造成破坏，因此采用强度设计系数不小于 0.3（本规范为 0.4）、管壁厚度不小于 11.9mm 的钢管，基本上不需要安全距离，高压燃气管道到建筑物 3m 的最小要求，是考虑挖土机的操作规定和日常维修管道的需要以及避免以后建筑物拆建对管道的影响。如果采用更高强度的钢管，原则上可以减少管壁的厚度（采用比 11.9mm 小），但采用前，应反复对它防御挖土机破坏管道的能力作出验证。

5.9.14、5.9.15 这两条对不同压力级别燃气管道的宏观布局作了规定，以便创造条件减少事故及危害。规定四级地区地下燃气管道输配压力不宜大于 1.6MPa，高压燃气管道不宜进入城市四级地区、不宜从县城、卫星城、镇或居民居住区中间通过，不应从军事设施、易燃易爆仓库、国家重点文物保证区、机场、火车站、码头通过等，都是从有利于安全上着眼。但以上要求在受到条件限制时也难以实施（例如有要求燃气压力为高压 A 的用户就在四级地区，不得不从此通过，否则就不能供气或非常不合理等）。故本规范对管道位置布局只是提倡但不做硬性限制，对这些个别情况应从管道的设计、施工检验、运行管理上加强安全防护措施，例如采用优质钢管、强度设计系数不大于 0.3、防腐等级提高、分段阀门采用遥控或自动控制、管道到建筑物的距离予以适当控制、严格施工检验、管道投产后对管道的运行状况和质量监控检查相对多一些等。条文中高压 A 燃气管道到建筑物的水平净距 30m 是参考温哥华、多伦多市的规定确定的。几个城市高压燃气管道到建筑物的水平净距见增表 10。

几个城市高压燃气管道到建筑物的水平净距　　增表 10

城市或标准	管道压力、管径与到建筑物的水平净距	备　注
温哥华	管道输气压力 3.45MPa，至建筑物净距约为 30m(100 英尺)	经过市区
多伦多	管道输气压力≤4.48MPa，至建筑物净距约为 30m(100 英尺)	经过市区
洛杉机	管道输气压力≤3.17MPa，至建筑物净距约为 6～9m(20～30 英尺)	洛杉矶市区 90% 以上为三级地区(估计)
香港	管道输气压力 3.5MPa，采用 AP15LX42 钢材，管径 DN700，壁厚 12.7mm。至建筑物净距最小为 3m	在三级或三级以下地区敷设，不进入居民点和四级地区
《原油天然气工程设计防火规范》GB 50183—93	管道输气压力 1.6～4.0MPa，管道 DN<200、200≤DN≤400、DN>400，至 100 人以上的居民区间距分别为 20m、40m、60m。	当达不到间距要求时，可采取降低强度设计系数，增加管道壁厚的措施

本条中所述"对燃气管道采取行之有效的保护措施"，是指沿燃气管道的上方设置加强钢筋混凝土板(板应有足够宽度以防侧面侵入)等措施。

5.9.16　在特殊情况下突破规范的设计今后可能会遇到，本条等效采用英国 IGE/TD/1 标准，对安全评估予以提倡，以利于我国在这方面制度和机构的建设。承担机构应具有高压燃气管道评估的资质，并由国家有关部门授权。

5.9.18　管道附件的国家标准目前还不全，为便于设计选用，列入了有关行业标准。

5.9.19　本条对燃气管道阀门的设置作了要求。

(1)分段阀门的最大间距是等效采用美国联邦法规 49—192 的规定。

5.9.20　对于管道清管装置工程设计中已普遍采用，而电子检管目前国内很少见。电子检管现在发达国家已日益普遍，已被证实为一有效的管道状况检查方法，且无需挖掘或中断燃气供应。对暂不装设电子检管装置的高压燃气管道，宜预留安装电子检管器收发装置的位置。

6 液化石油气供应

6.1 一般规定

6.1.1 规定了本章适用范围。这里要说明的是新建工程应严格执行本章规定;扩建和改建工程执行本章规定确有困难时,可与当地有关部门协商采取可靠的安全措施后可适当降低要求。

6.1.2 规定了本章不适用的液化石油气工程和装置设计,其原因是:

(1)炼油厂、石油化工厂、油气田、天然气气体处理装置的液化石油气加工、储存、灌装和运输是指这些企业内部的工艺过程,应遵循有关专业规范。

(2)国外对低温常压储存称为全冷冻式储存,故本规范局部修订时,采用国际上通用命名。括弧内是新增加内容。液化石油气全冷冻式储存国外早就使用,且有成熟的安全管理经验。我国目前也有不少企业引进全冷冻式储存方式。但在设计时,全冷冻式液化石油气贮罐与基地外建、构筑物间距确定比较混乱。各地有关部门强烈要求这一防火间距规范化。为此,在制定这一防火间距时,根据我国国情,其间距比国外规定值适当增大。

(3)目前虽然广州、珠海、深圳已开始采用常温压力槽船运输液化石油气,但尚无成熟经验,故暂未纳入本规范。

(4)用于轮船、铁路车辆和汽车上的液化石油气装置,应另行编制专业规范。

6.2 液态液化石油气运输

6.2.1 本条规定了运输方案的选择要求。

液化石油气由生产厂或供应基地至接收站(指储存站、储配站、灌瓶站、气化站和混气站)可采用管道、铁路槽车、汽车槽车和槽船运输。在进行液化石油气供应系统方案设计和初步设计时,运输方式的选择是首先要解决的问题之一。运输方式主要根据接收站的规模、运距、交通条件等因素,经过基建投资和常年运行管理费用等方面经技术经济比较确定。当条件接近时应优先采用管道输送。

1.管道输送:这种运输方式一次投资较大、管材用量多(金属耗量大),但运行安全、管理简单、常年费用低。适用于运输量大的液化石油气运输,也适用于虽运输量不大,但靠近气源厂的接收站。

2.铁路运输:这种运输方式的运输能力较大、费用较低,当站区距铁路较近、具有较好接轨条件时,可选用。而当距铁路线较远、接轨投资较大、运距较远、编组次数多时,不宜选用。

3.汽车槽车运输:这种运输方式虽然运输量小、常年费用较高,但灵活性较大,便于调度,通常广泛用于各类小型液化石油气站。同时也可作为大中型液化石油气供应基地的辅助运输工具。

在实际工程中液化石油气供应基地通常采用两种运输方式,即以一种运输方式为主,另一种运输方式为辅。小型液化石油气灌瓶站、气化站、混气站采用汽车槽车运输为宜。

6.2.2 液态液化石油气管道设计压力 P(表压)分为:小于1.6MPa;1.6～4.0MPa 和大于4.0MPa三级,其根据有三:

1.符合目前我国压力容器、阀门和附件等压力级别划分;

2.与现行的《工业管道工程施工及验收规范(金属管道篇)》的管道压力分类相一致;

3.符合目前我国液化石油气输送管道设计压力级别的现状。

6.2.3 液态液化石油气输送管道的设计压力应按输送压力和液

化石油气饱和蒸气压力之和确定。输送压力即所需泵的扬程，它应大于条文中公式(6.2.4)的计算值。液化石油气饱和蒸气压力应取始端贮罐最高工作温度下的计算值。按上述方法算得管道起点最高工作压力后，应圆整成6.2.2规定的相应压力级制，作为输送管道的设计压力。

6.2.4 液态液化石油气输送泵的扬程应大于所需泵的计算扬程。关于泵的计算扬程的计算公式说明如下：

1.管道总阻力损失包括了摩擦阻力损失和局部阻力损失。在实际工作中不需详细计算每个阀门及附件的局部阻力损失，而根据设计经验取5%～10%的摩擦阻力损失。当管道较长时取较小值，管道较短时取较大值；

2.管道终点的余压是指液态液化石油气进入接收站贮罐前的剩余压力。为保证一定的进罐速度，根据运行经验取0.2～0.3MPa。

3.计算管道终起点高程差引起的附加压头是为了防止液态液化石油气在输送过程中发生气化。同时还应验算中间高点的管道压力。

6.2.5 液态液化石油气管道摩擦阻力损失计算公式中的摩擦阻力系数λ值，采用原苏联建筑法规《煤气供应(室内外煤气设备设计规范)》中过渡区的计算公式。公式中管道内表面当量绝对粗糙度K值，根据我国实际情况对无缝钢管取0.2mm。

6.2.6 液态液化石油气在管道中的经济流速取0.8～1.4m/s，主要根据基本建设投资和常年运行费用等经技术经济比较确定的。

管道内最大流速小于3m/s时，为安全流速，以确保液态液化石油气在管道内流动过程中所产生的静电有足够的时间导出，防止静电电荷集聚和电位增高。

国内外有关规范规定的烃类液体在管道内的最大流速如下：

美国《烃类气体和液体的管道设计》规定为2.3～2.4m/s；

原苏联建筑法规《煤气供应(室内外煤气设备设计规范)》规定最大流速不应超过3m/s；

原石油部《炼油厂设计标准》规定各类油品最大流速为3m/s；

《石油化工厂生产中静电危害及其预防止》规定油品管道最大允许流速为3.5～4m/s是合适的。据此本规范规定液态液化石油气在管道中的最大流速不超过3m/s。

6.2.7 液态液化石油气输送管道不得穿越居住区和公共区建筑群主要考虑安全问题。因为在较高压力下液态液化石油气输送管道一旦发生断裂引起大量液化石油气泄漏，其危险性较一般燃气管道危险性和破坏性大得多。

在国内外这类管线都尽力避开居住区和公共建筑群。

6.2.8 本条规定了液态液化石油气管道的最小埋设深度。

因为液化石油气能溶解少量水分，在输送过程中，当温度降低时其溶解水将析出，为防止析出水结冻而堵塞管道，应将其埋设在冰冻线以下。此外，为防止外部动荷载破坏管道，特规定管顶覆土厚度不应少于0.8m。

6.2.9 条文中表6.2.9-1和6.2.9-2按不同压力级别，分三个档次分别规定了地下液态液化石油气管道与建、构筑物及相邻管道等之间的水平和垂直净距，其依据如下(详见专题报告)：

1.关于地下液态液化石油气管道与建、构筑物及相邻管道等之间的水平净距。

1)国内现状。我国一些城市地下液态液化石油气管道与建、构筑物的防火间距见表32。

2)几个国家类似管道的防火间距见表33。

在美国敷设输气管道时，按建筑物密度划定地区等级，以此确定管道结构类型和试压方法。计算管道壁厚时，则按地区等级采取不同设计系数(F)求出所需的壁厚以此保证安全，而对安全间距无明确规定。

3)国内天然气管道防火间距见表34。

我国一些城市地下液态液化石油气管道与建、构筑物的防火间距(m)　　表 32

城市 名称	北京	天津	南京	武汉	宁波
一般建、构筑物	15	15	25	15	25
铁路干线	15	25	25	25	10
铁路支线	10	20	10	10	10
公路	10	10	10	10	10
高压架空电力线	1～1.5 倍杆高	10	10	10	—
低压架空电力线	2	2	—	1	—
埋地电缆	2	2.5	—	1	—
其他管线	2	1	—	2.5	—
树木	2	1.5	—	1.5	—

几个国家类似管道的防火间距(m)　　表 33

建、构筑物名称	原苏联①	英国②	瑞士③	日本④
居民区、工厂	75	12.2*　18.3**	15	3～5
铁路干线	75	—	—	—
铁路支线及公路	30	—	—	—
输电线	1 倍杆高	—	—	—

注：①摘自原苏联《天然气输气干线》$DN<300$ $Pg=1.2\sim2.5$MPa 的安全防火间距。

②＊摘自英国《高压输气管线敷设推荐准则(1965 年)》中 18～24 英寸管道安全防火间距。

＊＊摘自英国 BS(暂行)中 18～24 英寸天然气管道安全防火间距。

③乙烯管道防火间距。

④天然气管道防火间距。

4)考虑管道断裂大量液化石油气泄漏，遇到点火源发生爆炸并引起火灾时，其辐射热对人的影响。火焰热辐射对人的影响主要与泄漏量、地形、风向和风速等因素有关。一般情况下，火焰辐射热强度可视为半球形分布，随距离的增加其强度减弱。当辐射热强度为 22000kJ/h・m^2 时，人在 3s 后感觉到灼痛。为了安全不应使人受到大于 16000kJ/h・m^2 的辐射热强度，故应让人有足够的时间跑到安全地点。计算表明，当安全距离为 15m 时，相当于每小时有 1.5t 液态液化石油气从管道泄漏，全部气化而着火，此相当于管道直径为 $DN200$ 的 1h 泄漏量。这是相当大的事故。因此，液态液化石油气管道与居住区、村镇和重要公共建筑之间的防火间距规定要大些，而与有人活动的一般建、构筑物的防火间距规定的小些，是安全和切实可行的。

四川天然气管道安全防火间距(m)　　表 34

管道压力(MPa) 建、构筑物名称	$P<16$	$1.6<P<4.0$	$P\geq4.0$
炸药及危险品仓库、军事设施等	大于 200 并与有关单位协商确定		
居民点、工厂等	25	50	50
铁路干线	10	25	25
公路及铁路支线	大于 10 并与有关单位协商确定		

5)与给水、排水、暖气、热力及其他燃料管道的水平净距均不小于 2m，主要考虑施工安装和检修时互不干扰，同时也考虑设置阀门井的需要。

6)与电力线的水平净距。管道与地下电力线之间的水平净距主要考虑交流输电线路运行时对液化石油气管道产生感应电位的影响，据此其间距不少于 10m 足够。

对架空电力线还要考虑倒杆的影响，参考国内外规范规定不小于 1 倍杆高且不小于 10m。

通讯线对液化石油气管道影响很小，此其间距规定不应小于 2m。

7)与国家铁路线和企业专用线的水平净距，与铁路、公路的水平净距分别不应少于 25m 和 10m；与高速公路Ⅰ、Ⅱ级和Ⅲ、Ⅳ级公路分别不应小于 10m 和 5m，主要是参考天然气输气管道规范确定的。

8)与树木(树行)的水平净距主要考虑管道施工时尽可能不伤及树木根系,因液化石油气管道直径较小,故规定不应小于2m。

2. 地下液态液化石油气管道与构筑物及相邻管道等之间的垂直净距。

1)与给水、排水、暖气、热力及其他燃料管道交叉时的垂直净距不小于0.2m主要考虑管道下降的影响,同时参考天然气和其他管道有关规范确定的。

2)与直埋和铠装电缆交叉时的垂直净距分别规定不小于0.5m和0.2m是根据供电部门的有关规定确定的。

3)与铁路交叉时,管道距轨底垂直净距不小于1.2m是根据铁路部门的规定确定的,以避免列车动荷载的影响。

4)与公路交叉时,管道距路面垂直净距不小于0.8m是考虑避免汽车动荷载的影响确定的。

6.2.10 液态液化石油气管道阀门设置数量以少为好,主要根据各管段位置,考虑运行和检修的需要而设置。

管路沿线宜每隔5000m左右设置一个阀门,是根据国内现状确定的。

6.2.11 液态液化石油气管道穿越河流、湖泊、沼泽等障碍物时,通常采用架空敷设。该段管道两阀门间应设置管道安全阀,其目的是防止因太阳热辐射而引起管道内压急剧升高导致管道发生破裂。

地下管道分段阀门之间设置放散阀,是考虑管道试验和检修的需要。

6.2.13 规定设计时选用的铁路槽车和汽车槽车性能应符合条文中相应技术条件的要求。槽车的设计应另遵循有关规定。

6.3 液化石油气供应基地

6.3.1 液化石油气供应基地这一用语是新提出的,其目的为便于本章条文编写。

液化石油气供应基地按其功能可分为储存站、储配站和灌瓶站。各站功能如下:

储存站　即液化石油气储存基地,其主要功能是储存液化石油气,并将其转输给灌瓶站、气化站和混气站。有时也进行少量灌瓶作业。

灌瓶站　即液化石油气灌瓶基地,其主要功能是进行灌瓶作业,并将其送至瓶装供应站或用户。同时,也灌装汽车槽车,并将其送至气化站和混气站。

储配站　兼有储存站和灌瓶站的全部功能,是储存站和灌瓶站的统称。

6.3.2 对液化石油气供应基地规模确定做了原则性规定。其中居民用户液化石油气用气量指标应根据当地居民用气量指标统计资料确定。当缺乏这方面资料时,可根据当地其他燃料实际消耗指标、生活水平、生活习惯、气候条件等因素并参考类似城市居民用气量指标确定。

我国一些城市居民用户液化石油气实际用气量指标见表35。

我国一些城市居民用户液化石油气实际用气量指标　　表35

城市名称	北京	天津	上海	沈阳	长春	桂林	青岛	南京	济南	杭州
用气量指标(kg/户·月)	9.6～10.76	9.65～10.8	13～14	10.5～11	10.4～11.5	10.23～10.3	10.0	15～17	10.5	10.0
用气量指标(kg/人·月)	2.4～2.69	2.41～2.7	3.25～3.5	2.6～2.75	2.6～3.25	2.55～3.07	2.50	3.75～4.25	2.6	2.50

根据上表考虑是生活水平逐渐提高的趋势,北方地区可取15kg/月·户,南方地区可取20kg/月·户。

6.3.3 关于液化石油气供应基地贮罐设计总容量仅作了原则性的规定。其根据如下:

1. 各炼油厂一般每年检修一次，检修时间大部分在 30d 左右，有的达 40～50d，个别厂达 60d。过去液化石油气供应基地的储存天数多在 20d 左右，近年来有加大储存天数的趋势。

2. 1987 年我国液化石油气贮罐总容积约 30 万 m^3（149480t），相当于约 90d 高峰月平均日供应量。一些城市液化石油气实际储存能力和储存天数见表 36、表 37、表 38。

一些城市液化石油气实际储存能力和储存天数　　表 36

名　称	全国	北京	天津	上海	南京	宁波
供应量(t/a)	598281	151573	29452	43319	33274	15211
储存能力(t)/贮罐台数(台)	149490/600	9040/27	3380/46	2425/26	3320/18	2140/15
储存天数(d)	50	21.8	41.9	20.4	36.4	51.35

一些城市液化石油气实际储存能力和储存天数　　表 37

名　称	吉林	长春	大连	杭州	济南	武汉
供应量(t/a)	6460	8459	16812	10924	9973	27605
储存能力(t)/贮罐台数(台)	900/9	1140/9	1600/12	2094/15	1200/20	2700/18
储存天数(d)	50.8	49.2	34.7	70	43.9	35.7

一些城市液化石油气实际储存能力和储存天数　　表 38

名　称	广州	哈尔滨	石家庄	乌鲁木齐
供应量(t/a)	12108	9692	13480	16791
储存能力(t)/贮罐台数(台)	1400/7	1346/10	1020/7	2000/18
储存天数(d)	42.2	50.7	61.5	61.5

从上表可知，目前我国各煤气公司液化石油气实际储存天数多在 35～60d，远远超过原规范规定的 15～20d 的储存时间。

我们认为根据我国液化石油气供应现状，单以加大储存天数已不能完全解决供求矛盾，且造成基建投资增加、危险性加大。故对贮罐设计总容量仅作了原则性的规定。在设计时应根据具体情况合理确定贮罐设计总量。

6.3.4　液化石油气供应基地贮罐设计总容量分配问题。

本条规定了液化石油气供应基地贮罐设计总容量超过 3000m^3 时，宜将贮罐分别设置在储存站和灌瓶站，主要是考虑城市安全问题。

灌瓶站的贮罐设计总容量宜取一周左右计算月平均日供应量，其余为储存站的贮罐设计总容量，主要依据如下：

1. 国内外液化石油气火灾和爆炸事故实例表明其单罐容积和总容积越大，事故所涉及的范围和造成的损失越大。

2. 世界各液化石油气先进国家，如：美国、日本、原苏联、法国、西班牙等国的液化石油气分为三级储存即一、二、三次储存基地。一次储存基地是国家或地区级的储存基地，通常采用低温常压或地下储库储存，其储存量达万吨级以上。二次储存基地其储存量次之，通常采用降温或常温压力储存单罐容积较大。三次储存基地即灌瓶站，储存量和单罐容积较小贮罐总容量一般为 1～3d 的计算月平均日供应量。

3. 我国一些大城市，如：北京、天津、南京、杭州、武汉、济南、石家庄等地采用两级储存，即分为储存站和灌瓶站两级储存。

一些城市液化石油气储存量及分配情况见表 39。

可见，灌瓶站贮罐设计容量定为计算月平均日供气量的一周左右是符合我国国情的。

1987 年一些城市液化石油气贮罐容量及分配情况　　表 39

城市		北京	天津	南京	杭州	济南	石家庄
总计	贮罐总容量(m^3)	17680	9992	7680	2398	～4000	5020
	总储存天数(d)	21.8	52.4	36.4	70	43.9	77
储存站	贮罐容量(m^3)	15600	7600	5600	2000	3200	4000
	总储存天数(d)	17.3	37.2	24.4	59	36	56
灌瓶站	贮罐容量(m^3)	2080	2392	2080	398	～800	1020
	储存天数(d)	4.5	15.2	12	11	～7.9	11

注:石家庄市 1989 年资料。

6.3.5　因为液化石油气供应基地是城市公用设施重要组成部分之一,故其布局应符合城市总体规划和城市燃气规划的要求。

液化石油气供应基地的站址应远离居住区、村镇、学校、工业区和影剧院、体育馆等人员集中的地区是为了保证公共安全,以防止万一发生像墨西哥和吉林那样的恶性事故给人们带来巨大的损失。

6.3.6　本条规定了液化石油气供应基地选址的基本原则。

1. 站址应选择在所在地区全年最小频率风向的上风侧,主要考虑站内贮罐或设备泄漏或发生事故时,避免和减少对保护对象的危害;

2. 站址应是地势平坦、开阔、不易积存液化石油气的地带,而不应选择在地势低洼、地形复杂、易积存液化石油气的地带,以防止一旦液化石油气泄漏,因积存而造成事故隐患。同时也考虑减少土石方工程量,以节省投资。

3. 站址应具有良好的市政设施条件,如:上水、下水、铁路、公路、供电等,是为了减少基本建设投资;

4. 避开地震带、地基沉陷、废弃矿井和雷击等地区是为防止由于这些自然灾害而造成巨大损失。

6.3.7　本规范原第 6.3.7 条的形成是根据 80 年代国内情况。随着我国改革开放的力度增加,液化石油气贮存方式由单一的全压力式贮存发展到多种方式贮存,故必须对 6.3.7 条进行修改,变更为表 6.3.7-1、表 6.3.7-2 和表 6.3.7-3 三个表,以满足液化石油气不同贮存方式工程建设的需要。

表 6.3.7-1 是明确液化石油气供应基地全压力式贮罐与基地外建、构筑物的防火间距。由于全压力式液化石油气供应基地工艺和设备水平日趋成熟,管理水平也相应提高,且基地规模越来越大,基地密度增加,特别是长江流域和广东、福建、浙江等沿海城市近年来兴建(或准备兴建)较多。在选址时,要满足 6.3.7 条规定极为困难。为此《城镇燃气设计规范》国家标准管理组与有关部门多次慎重讨论,参照美国消防协会标准 NFPA 58—95、美国石油学会标准 API 2510 等标准和根据本规范原 6.3.7 条说明以及现行国家标准《建筑设计防火规范》GBJ 16—87(修订本)的有关规定认为修改 6.3.7 条的条件已成熟。经修改后的表 6.3.7-1 中全压力式液化石油气供应基地贮罐与基地外建、构筑物的防火间距降低,为节省土地创造了条件,具有明显的经济效益和社会效益。

表 6.3.7-1 的注④地下贮罐单罐容积和总容积确定的原则:
a. 气相液化石油气和液化石油气混空气的管道供气规模的需要;
b. 地下贮罐维修较为困难,故对单罐容积和总容积作一限制。

表 6.3.7-2 是新增加的内容,其主要依据如下:

(1)美国、日本、德国等国家全冷冻式液化石油气供应基地与基地外建、构筑物的防火间距仅仅和贮存规模、贮罐单罐容量、贮罐安置形式(地上贮罐、地下贮罐、有无防液堤等)等有关,而与被贮存的液化石油气状态(冷冻式或全压力式)无关。

(2)美国消防协会标准 NFPA 58—95 规定,有防液堤的地上贮罐与基地外建筑物防火距离与地下贮罐等同处理,当单罐容积大于 265m^3 时为无防液堤地上贮罐防火距离的一半。当单罐容积大于 454m^3 时,只列出地上贮罐防火间距值,但在美国石油学会标准 API2510 中规定对单罐容积大于 3785m^3，设有防液堤的地上贮罐其防火间距为无防液堤地上贮罐防火间距的一半。

(3)国外冷冻式液化石油气贮罐与建、构筑物间距基本上不区分建、构筑物的类别。美国消防协会标准 NFPA 58—95 未明确规定。美国石油学会标准 API 2510 规定：有防液堤的冷冻式液化石油气贮罐与毗邻资产的界线最小距离为 200 英尺(61m)。当毗邻资产为住宅、公共建筑、集合场所或工业场址时，其水平距离应增加或提供补充的保护措施。

日本《石油密集区域灾害防止法》规定，大型综合油气化基地与人口密度区域(学校、医院、剧场、影院、重要文化遗产建筑、日流动人口 2 万以上车站、建筑面积 2000m^2 以上的商店、酒店等)其安全距离为 150m；与上述区域以外居民居住的建筑物的安全距离为 80m。

德国 TRB 810 规定有防液堤的全冷冻式液化石油气单罐容积大于 3785m^3 时与建筑物距离为 60m。

大型冷冻式液化石油气储存工程至今在我国已有几家开始施工，故迫切需要制定与基地外建、构筑物的防火间距。根据我们目前掌握资料编制上述防火间距，考虑到我国目前一些客观条件，其值仍高于国外规定。

表 6.3.7-3 是新增加的内容，表中所列的防火间距是参照现行国家标准《建筑设计防火规范》GBJ 16—87 中表 4.6.2 的规定。

6.3.8 注③规定原则可参阅本规范表 6.3.7-1 注④的说明。

(原条文说明中表 40～表 57 删除)

6.3.8A 本条规定主要是考虑全压力式液化石油气供应基地在扩建时采用全冷冻式液化石油气贮罐而制定的。当液化石油气供应基地内有两种不同贮存方式时，美国消防协会标准 NFPA 58—95 规定不应把不同储存方式的液化石油气贮罐布置在同一贮罐组内。目前液化石油气储存方式一般有全冷冻式、全压力式和半冷冻式三种，但不论何种储存方式，液化石油气物理和化学性质均不发生质的变化，故对同一企业内不同储存方式的液化石油气贮罐防火间距可按《建筑设计防火规范》GBJ 16—87 中第 4.6.5 条和《城镇燃气设计规范》GB 50028—93 中第 6.3.17 条执行。本条规定防火间距不应小于 35m 是参照《日本石油密集区域灾害防止法》中有关规定。

6.3.9 本条规定了液化石油气供应基地的总平面布置要求。

条文中规定液化石油气供应基地必须分区布置，即分为生产区和辅助区，主要考虑：

1. 有利按防火间距大小顺序进行总图布置，节约用地；

2. 便于安全管理和生产管理；

3. 贮罐区布置在边侧有利于发展。

生产区布置在站区全年最小频率风向上风侧或上侧风侧，主要考虑液化石油气泄漏和发生事故时减少对辅助区的影响。

灌瓶间的气瓶装卸台前应留有较宽敞的汽车回车场地，是为了便于运瓶汽车回车的需要。场地宽度根据日灌瓶量确定，一般不宜小于 30m。大型灌瓶站应更宽敞一些，小型灌站可窄一些。

6.3.10 液化石油气供应基地的四周和生产区与辅助区之间设置高度不低于 2.0m 的非燃烧体实体围墙，主要是考虑安全防范的需要。

6.3.11 关于消防通道的规定是根据液化石油气贮罐总容量大小区分的。贮罐总容积大于 500m^3 时生产区应设置环形消防通道；小于 500m^3 时可设置尽头式消防车道和面积不小于 12m×12m 的回车场，供大型消防车使用的回车场面积不小于 15m×15m 这是消防补救的基本要求。

6.3.12 液化石油气供应基地设置出入口的规定，除考虑生产需要外主要考虑消防扑救时保证消防车畅通。

6.3.13 因为气态液化石油气密度约为空气的 2 倍，故生产区内严禁设置地下、半地下建、构筑物，以防积存液化石油气造成事故隐患。

此外，如果生产区内必须设置地下管沟时，必须采用干砂填充。

6.3.16 液化石油气装卸管应设置便于操作的机械吊装设施，主要考虑防止进行装卸作业时由于胶管回弹而打伤操作人员和减轻劳动强度。

6.3.17 本条规定了液化石油气贮罐和贮罐区的布置要求。

(1)贮罐之间的净距主要是考虑施工安装、检修和运行管理的需要，故规定地上贮罐之间的净距不应小于相邻较大罐的直径。地下贮罐之间的净距不宜小于相邻大罐的半径，且不应小于1.0m。

(2)数个贮罐总容积超过 $3000m^3$ 时应分组布置。组内贮罐宜采用单排布置。组与组之间的距离不应小于 20m，主要考虑发生事故时便于扑救和减少罐组之间的相互干扰。

(3)贮罐组四周应设置高度为 1m 的非燃烧体实体防护墙是防止贮罐或管道发生破坏时，液态液化石油气不会因外溢而造成更大的事故。吉林事故的实例证实了设置防护墙的必要性。此外防护墙高度限制 1m 不会使贮罐区因通风不良而窝气。

6.3.19 本条规定了液化石油气泵的设置要求。

1. 为了防止液化石油气泵因入口管段过长和管件过多、阻力增大而发生气蚀，破坏正常运行，故推荐将烃泵设置在贮罐区内。

2. 在能保证液化石油气泵正常运行的条件下，将烃泵设置在泵房内时，与贮罐之间距离不应小于 15m，这一规定与《建筑设计防火规范》一致。如果由于管段过长而不能保证正常运行，又必须设置在泵房内，此时面向贮罐一侧的泵房外墙采用防火墙，这是一种简单可行的防护措施，可将其间距减少至 6m 是安全的。

6.3.20 液态液化石油气泵安装高度应满足公式 6.3.20 的要求，是防止泵发生气蚀现象和保证正常运行的基本条件，设计时应进行验算。

6.3.23 灌瓶间和瓶库与建、构筑物的防火间距的确定原则与第 6.3.8 条类同。

因为灌瓶间和瓶库内储存一定数量实瓶，故参照《建筑设计防火规范》甲类库房和厂房与建筑物防火间距的规定，按其总存瓶数量分为 10t、11～30t 和 30t 三个档次分别提出不同的防火间距要求。

关于注的说明：

注②为减少占地面积和投资，计算月平均日灌瓶量小于 500 瓶的小型灌瓶站的压缩机室、仪表间可与灌瓶间合建成一幢建筑物，为防止事故发生和发生事故的干扰，它们之间应采用防火墙隔开。

仪表间与灌瓶间、压缩机室门、窗开口之间的距离不应小于 6m 是根据《火灾和爆炸场所电力装置设计规范》的要求确定的。

注③计算月平均日灌瓶量小于 200 瓶的小型灌瓶站(供应量约 1000t/a，供应户数约 5000 户)。在确保安全的前提下，为减少占地面积和节约投资可将汽车槽车装卸柱附设在灌瓶间山墙的一侧。同时规定山墙必须是防火墙。

6.3.24 灌瓶间内气瓶存放量是根据各地煤气公司实际运行情况确定的。

一些灌瓶站的实际气瓶存放情况见表 58。

一些灌瓶站气瓶实际储存情况 **表 58**

站名	津二灌瓶站	宁第一灌瓶厂	国权路灌瓶站	沈灌瓶站	汉灌瓶站	长春站
平均日灌瓶量(个)	约 3000	7000～8000	1300～1400	1500	1500～1600	1500
储存数(个)	3000～4000	8000	6000～7000	1000	4000	4500
储存天数(日)	>1	约 1	约 4	0.67	2.7	约 3

注：本表是 1979 年的调查资料。

从表中可以看出，存瓶量取 1～2d 的计算月平均日灌瓶量是可以保证连续供气的。

6.3.27 液化石油气的装卸是液化石油气储配系统的主要工艺操作过程之一，即通常的卸车作业、压缩机或泵常用作卸车的设备，根据需要选用合适排量的压缩机是设计工作中的一个计算问题。

在原苏联《液化石油气》(Сжиженный Углеводородный Газ Москва 1965)一书中，作者 А·П·克里缅科(А·П·клименко)列有一个计算公式：

$$G=K_1 \cdot F \cdot \Delta p \frac{1}{r\sqrt{t}} \quad (16)$$

式中 G——压缩机排量；

F——槽车内液面面积；

Δp——槽车与贮罐之间的压降；

t——时间；

r——汽化潜热；

K_1——系数，取 30～50，与液化石油气组成、槽车罐体冷却条件、压降及其他因素有关。

这个公式实质上是从考虑槽车液面不稳定导热而推导出的，由导热微分方程可以看到，这一公式只在时间 t 很短的情况下才可用来计算通过液面的不稳定导热损失。在过程的开始时刻，这种不稳定导热热流可能有相当高的数值，克里缅科在如何确定计算应取的 t 值上未予说明。此外，更为主要的是，在卸车过程中通过槽车液面的不稳定导热无论就槽车的各种热损失诸方面或者就热平衡、质平衡诸因素的数量方面来说都不是一个主要侧面，因此克里缅科公式不能表达实际卸车过程，不能适用于设计工作。

用压缩机进行液化石油气槽车卸车等操作，其过程是一个流体力学——热力学过程。压缩机向被卸槽车气相中不断压入工质，导致其中密度、压力和温度升高，从而在卸出槽车与装入液相液化石油气的贮罐之间造成压差达到卸车的效果。

在热力学第一定律、气体混合、传热学及流体力学原理的基础上推导出本条文液化石油气卸车用压缩机排量的规范公式，并结合国内通用的 5 种槽车参数按典型的卸车管道系统给出了公式的计算结果，经最小二乘法对计算结果数据进行曲面拟合，得到实用公式 6.3.27。详细推导，计算过程及 1989 年 12 月在哈尔滨市煤气公司液化石油气厂进行的验证实测结果已列于“本规范”专题报告二“液化石油气卸车用压缩机排量规范公式”。

6.3.32 汽车槽车装卸台(柱)的胶管与快装接头之间应设置阀门，是为了最大限度地减少装卸车完毕时液化石油气泄漏量。

6.3.33 液化石油气储配站、灌瓶站备用新瓶数量取总供应户数的 2%左右，是根据各站实际情况确定的。

6.3.34 新瓶和检修后的气瓶首次灌瓶前将其抽至 83.0kPa 真空度以上，此时灌装完毕后气瓶内的氧气含量在 4%以下，可防止首次点燃煤气时发生爆鸣声和恐怖感。

6.3.35 规定了使用液化石油气和残液做燃料锅炉的附属贮罐应设置在独立房间内。同时限制了贮罐设计总容积不应超过 1d 的使用量，且不应超过 $10m^3$，主要考虑：

1. 减少贮罐阀门泄漏向室外扩散；

2. 限制容量是为了减少万一发生事故所造成的损失。

6.3.36 贮罐室与锅炉房之间的防火间距不应小于 12m，且贮罐室面向锅炉一侧的外墙应采用无门窗洞口的防火墙，是综合了安全防火、工艺要求和减少占地面积等诸因素确定的。

6.3.37 液化石油气气化室可与锅炉房毗连，主要是考虑防止气态液化石油气再液化。为确保安全还规定气化室与锅炉房之间采用防火墙隔开，且两者门、窗开口之间的距离不应小于 6m。

6.4 气化站和混气站

6.4.1 气化站和混气站贮罐设计总容量确定原则是在保证正常供应液化石油气的前提下，尽量减少单罐容积和台数。

6.4.2 气化站和混气站站址选择原则和本规范第 6.3.6 条相同。

6.4.3 条文中表6.4.3气化站和混气站的液化石油气贮罐与其他建、构筑物的防火间距按贮罐总容积大小分两档提出不同的防火间距要求，其主要依据同第6.3.7条和第6.3.8条文说明。

关于备注的说明：

注①规定当贮罐总容积超过30m^3和单罐容积超过10m^3时，与建、构筑物之间的防火间距按本规范第6.3.8条规定执行，主要是为限制气化站和混气站内贮罐容积；

注④供气化用燃气热水锅炉间的门不得面向贮罐是从安全角度考虑的，以防止泄漏气体窜入；

注⑤明确了采用气瓶组向气化器供应液态液化石油气的气化站和混气站，其瓶组间与建、构筑物的防火间距按本规范第6.6.8条有关规定执行。

6.4.5 因为气化站、混气站每隔2～3d或更长些时间来一次液化石油气，故规定汽车槽车装卸柱可附设在贮罐室、气化间和混气间山墙一侧，且山墙应采用防火墙是可以保证安全运行的。

6.4.6 工业企业内液化石油气气化站的贮罐总容积不超过10m^3时，将贮罐设置在独立的建筑物内，该建筑物耐火等级不应低于二级，并应采取其他防火、防爆措施。据此，做了相应各款规定。

6.4.7 地下贮罐埋设深度是根据北京、深圳等地现状和参考国外有关规范确定的。对于北方地区应埋设在冰冻线以下，以求贮罐在较稳定的温度下工作。

地下贮罐检修较困难，故规定贮罐应采取有效的防腐措施，以延长其使用寿命。

采用牺牲阳极防腐时，应定期检查贮罐腐蚀情况。

6.4.9 气化器的容积较贮罐容积小得多，故规定了较小的防火间距要求。

6.4.10、6.4.11 气化间和混气间的布置主要考虑施工安装、运行管理和检修的要求，故规定了各款最小净距。

6.4.12 本条规定了混气系统的工艺要求。

(1)液化石油气与空气的混合气体中液化石油气的体积百分含量规定不应低于其爆炸上限的1.5倍，是考虑安全要求和我国混气站现状确定的。原苏联等国家规定不应低于爆炸上限的2倍。

(2)本规定是保证燃烧设备具有良好的燃烧性能。

(3)本款对混气系统安全措施仅作原则性的规定。

6.4.13 在气态液化石油气管道供应系统中如果发生气体冷凝，将导致供气中断或使冷凝液窜入燃烧设备而发生火灾事故。为此，设计时必须确保在任何情况下管壁的最低温度都应高于管内气体露点温度。本条规定的数值是安全裕量的适当数值。

6.5 瓶装供应站

6.5.1 瓶装供应站供应范围的确定主要依据如下：

1.目前各城市瓶装供应站供应范围大都在5000～7000户，少数在10000户左右，个别站也有超过10000户的。根据各地意见，考虑经营管理、日常维修和方便用户换气，供气范围5000～10000户是合适的；

2.瓶装供应站一般设置在居民区内，从安全角度考虑供应规模(范围)不宜过大。

6.5.2 瓶装供应站四周设置高度不低于2.0m的非燃烧体实体围墙主要考虑有利于安全管理，防止和减少一旦发生事故对居民区的干扰和威胁。

6.5.3 瓶装供应站存瓶数量主要根据各地居民用户用气(换瓶)规律确定。以15kg气瓶为准，一般用户25～35d使用一瓶液化石油气，考虑换瓶高峰故规定其存瓶数量为计算月平均日销售量的1.5倍左右。对供应范围为5000～7000户的供应站，其存瓶数量为250～350瓶，总容积相当于8～10m^3。这样的存瓶数量可保证连续供气不脱销。

空瓶存瓶数量取计算月平均日销售量的1倍左右同样是根据

用户用气规律确定的。

根据本条规定的存瓶数量可确定所需瓶库面积进行瓶库设计。

6.5.5 瓶装供应站瓶库与站外建、构筑物的防火间距按总存瓶容积分两个档次，提出不同防火间距要求。主要考虑与《建筑设计防火规范》协调，并比本规范第6.4.3条气化站和混气站贮罐的防火间距规定略低。

6.5.7 瓶装供应站的修理间修理煤气灶时需要动火，生活用房也是用火地点，故应与瓶库分开设置，其防火间距不应小于10m。

管理室（营业室）可与空瓶库毗连以便于管理。其间用防火墙隔开是考虑安全问题。

6.6 用 户

6.6.1 液化石油气单瓶供应系统由气瓶、调压器、管道及燃具组成，主要适用于居民生活用气。

设置气瓶的厨房或房间室温不应超过45℃，主要是为保证安全用气，以防止因气瓶内液化石油气饱和蒸气压升高超过调压器进口最高允许工作压力（调压器最高允许工作压力小于1.0MPa）而引起火灾。

6.6.2 单瓶供应系统的气瓶设置在室内时，其安装要求主要考虑防火的需要。

6.6.3 单瓶供应系统的气瓶设置在室外时，应设置在专门的小室内是一种安全措施。

6.6.4 瓶组供应系统适用于住宅楼、各类公共建筑用户和小型工业用户。

为节约气瓶投资，可采用临时供气瓶组代替系统中的备用瓶线，以保证正常供气。

6.6.5 瓶组供应系统中气瓶配置数量的确定。

1. 使用瓶组气瓶配置数量可按公式(17)计算确定。

$$N_s=\frac{Q_f}{\omega}+N_2Y \quad (17)$$

式中 N_s——使用瓶组气瓶配置数量（个）；

Q_f——高峰用气时间内平均小时用气量，可根据本规范第7.2.6条公式计算或根据统计资料求得高峰月平均日小时用气量变化表，确定高峰用气时间和高峰平均小时用气量(kg/h)；

ω——高峰用气时间内单瓶自然气化能力。此值与液化石油气组分、环境温度和高峰用气持续时等因素有关。不带和带自动切换装置的50kg气瓶自然气化能力可参见表59和表60确定；

N_2Y——相当于2d高峰月平均日用气量所需气瓶数量（个）。

不带自动切换装置的50kg气瓶自然气化能力表　　表59

高峰时间(h)	1		2		3		4	
气温(℃)	5	0	5	0	5	0	5	0
高峰时的气化能力(kg/h)	1.14	0.45	0.79	0.39	0.67	0.34	0.62	0.32
非高峰时气化能力(kg/h)	0.26	0.26	0.26	0.26	0.26	0.26	0.26	0.26

2. 备用瓶组气瓶配置数量 N_b 和使用瓶组气瓶配置数量 N_s 相同，即：

$$N_b=N_s \quad (18)$$

3. 临时供气瓶组气瓶配置数量按公式(19)计算确定。

$$N_L=\frac{Q_f}{\omega_L} \quad (19)$$

式中 N_L——临时供气瓶组配置数量（个）；

Q_f——同公式(17)；

ω_L——更换气瓶时临时供气瓶组单瓶自然气化能力，可参照表61确定(kg/h)。

带自动切换装置的 50kg 气瓶自然气化能力 **表 60**

高峰时间(h)	1		2		3		4	
气温(℃)	5	0	5	0	5	0	5	0
高峰时的气化能力(kg/h)	2.29	1.37	1.50	0.99	1.30	0.88	1.18	0.79
非高峰时的气化能力(kg/h)	0.41	0.41	0.41	0.41	0.41	0.41	0.41	0.41

更换气瓶时临时瓶组的自然气化能力 **表 61**

更换气瓶时间	2d			1d			1h			30min		
气温(℃)	5	0	−5	5	0	−5	—	—	—	—	—	—
高峰时间为 4h	1.8	1.0	0.2	2.5	1.7	0.9	—	—	—	—	—	—
高峰时间为 3h	2.3	1.3	0.3	3.0	2.0	1.0	8.0	6.8	4.8	14.7	11.8	8.7
高峰时间为 2h	3.3	2.1	1.0	4.1	2.9	1.7	—	—	—	—	—	—
高峰时间为 1h	6.4	4.4	2.5	7.1	5.1	4.2	—	—	—	—	—	—

4. 总配置气瓶数量。

1)瓶组供应系统的总配备气瓶数量按公式(20)计算。

$$N_z = N_s + N_b = 2N_s \qquad (20)$$

式中 N_z——总配备气瓶数量(个);

其余符号同前。

2)采用临时供气瓶组代替备用瓶时,其瓶组供应系统总配备气瓶数量按公式(21)计算。

$$N_z = N_s + N_L \qquad (21)$$

式中 N_z——总配瓶数量(个);

N_L——临时供气瓶组配备数量(个);

其余符号同前。

6.6.6 当瓶组供应系统的气瓶总容积不超过 $1m^3$(相当于 8 个 50kg 气瓶)时,允许将其设置在建筑物附属的瓶组间或专用房间内。同时提出相应的安全防火要求。

本条规定室温不应低于 0℃ 是考虑保证气瓶具有一定的自然气化能力。

6.6.7 当瓶组供应系统的气瓶总容积超过 $1m^3$ 时,对瓶组间的设置提出了较高的要求,即需将其设置在独立房间内。为便于操作,其房间高度不应低于 2.2m。

6.6.8 本条对瓶组间与建、构筑物的防火间距分两档提出不同要求,其依据与本规范第 6.5.5 条的依据类同,但其防火间距要求略低些。

此外,本条规定当瓶组总容积大于 $4m^3$ 时,其防火间距要求应符合本规范第 6.5.5 条的规定也是合适的。

6.7 管道及附件、贮罐、容器和检测仪表

6.7.1 本条规定了液化石油气管道材料应根据其介质状态和最高工作压力选择,其技术性能应符合相应的国家标准和有关标准的规定。

6.7.3 阀门及附件的配置应比液化石油气系统设计压力提高一级是安全裕量。

6.7.4 根据各地运行经验,本条规定了在液化石油气贮罐、容器、设备和管道上的阀门严禁采用灰口铸铁阀门。在寒冷地区应采用钢制阀门,主要是防止阀体破裂引起液化石油气泄漏而造成火灾和爆炸事故。但对最高工作压力在 0.6MPa 以下的气态液化石油气管道上设置的阀门不受此限制。

6.7.5 本条规定用于液化石油气管道系统上的耐油胶管的最高允许工作压力应为系统设计压力的 4 倍或 4 倍以上是参考国外有关规范规定的。

6.7.6 本条规定了站区室外液化石油气管道敷设的要求。

站区室外管道推荐采用单排低支架敷设,其管底与地面净距取 0.3m 左右。这种敷设方式主要是便于管道施工安装、检修和运行管理,同时也节省投资。

跨越道路管道支架,其管底与地面净距不应小于 4.5m 是根据消防车的高度确定的。

6.7.8 关于液化石油气贮罐设计压力的说明。

液化石油气贮罐的设计压力直接决定了贮罐的壁厚，因此它关系到贮罐的技术经济指标、安全程度，是液化石油气供应系统设计的一个重要参数。在原《城市煤气设计规范》(TJ 28—78)中规定取+48℃时丙烷饱和蒸汽压的数值作为设计压力；实际即是规定液化石油气贮罐设计压力为1.6MPa。但在80年代，具体工程设计中这一规定的执行遇到了一些困难，一些地方在兴建贮罐时提高了设计压力，一般达到1.8MPa，造成了浪费和技术上的混乱。

《城市煤气设计规范》(TJ 28—78)制定完成后，即提出了对贮罐设计压力的规定问题进行研究的科研课题。1980年被列入国家计委工程建设、标准规范的制订、修订及重点科研项目计划。经过近10年的工作，由中国市政工程华北设计院承担、国内14个城市煤气公司协作完成了该项目的科研，提出了研究报告。在实测与理论研究的基础上得到研究结果。结论是：对于液化石油气贮罐的设计压力可统一规定为$P=1.6$MPa(表压)。

研究结果得到贮罐饱和蒸汽温度(液面温度)(t_{ym})与最高空气温(t_{am})的回归直线关系。

$$t_{ym}=1.6+1.073t_{am}$$

在考虑规定贮罐设计压力时所采用的计算最高空气温度t^{*}_{am}是一种数理统计温度值，收集了15个城市历年气象资料与城市最高热月(7月)的极端最高气温，得到最高温度序列按皮尔逊Ⅲ型分布给定保证率为1%计算得到最高气温t^{*}_{am}。

国内大多数地区t^{*}_{am}都小于或等于43℃。对国内个别地区(例如吐鲁蕃等)t^{*}_{am}有可能大于43℃，因此贮罐设计压力有必要适当提高。在规范条文中加注以指明对特殊地区的特殊处理。

有关贮罐设计压力的规定问题可参看本规范专题报告六“液化石油气贮罐设计压力合理确定的研究”。

6.7.9 液化石油气贮罐设计最大允许充装质量计算公式6.7.9中系数0.9的含义是液温为+40℃时，贮罐设计最大允许体积充装率为90%。

液化石油气贮罐在此规定值下运行，可保证贮罐留有一定的剩余空间(气相空间)，避免发生过量灌装。即使在贮罐安全阀放散情况下，仍有3%～5%的剩余空间。系数0.9是贮罐充装率的安全参数。

6.7.10 液化石油气贮罐安全阀的开启压力取贮罐最高工作压力的1.10～1.15倍，主要根据《压力容器安全监察规程》和参考国外有关规范确定的。

6.7.11 本条规定了液化石油气贮罐安全阀设置要求。

(1)为防止自贮罐排放出的气态液化石油气损伤操作人员和设备而发生事故，应将其用管道引出，故应选用封闭弹簧式安全阀。

(2)容积为100m^{3}和100m^{3}以上的贮罐属于大型贮罐，故规定设置2个或2个以上安全阀。

(3)为保证放散气体畅通，规定其放散管管径不应小于安全阀的出口直径。放散管管口规定应高出操作平台2m和地面5m以上，是防止放散时操作人员受到伤害。

(4)为便于安全阀检修和调试，在安全阀和贮罐之间必须装设阀门。在贮罐运行时此阀门应是常开的，最好加铅封或拆除手轮。

6.7.13 液化石油气气液分离器、油气分离器和气化器等应设置弹簧封闭式安全阀，且规定放散管管口应高出屋顶2m以上，高出地面5m以上是为了安全。

6.7.14 本条规定液化石油气贮罐仪表设置要求。

在液化石油气贮罐测量参数中，首要的是液位，其次是压力，再次是液温。因此根据贮罐容积的大小作了相应的规定。

对于小型贮罐(指单罐容积小于100m^3)必须设置就地指示的液位计和压力表，宜设置就地指示温度计。

对于大型贮罐(指单罐为100m^{3}或100m^{3}以上)除设置前述的就地指示仪表外，推荐设置远传显示液位计和压力表及相应的报警装置。

本条还推荐就地指示液位计应是能直接观测全液位的玻璃板液位计。因为这种液位计最直观也比较可靠，适于我国国情。

6.7.17 液化石油气站内具有爆炸危险性场所应设置可燃气体浓度检测报警器，报警器应设置有值班人员的安全场所。报警器的报警浓度取液化石油气爆炸下限的20％。此值是参考国内外有关规范确定的。“20％”是安全警戒值，以警告操作人员迅速采取排险措施。

小型液化石油气站设置手提式可燃气体浓度检测报警器即可。

6.8 建、构筑物的防火、防爆

6.8.1 为防止和减少具有爆炸危险性建、构筑物发生火灾和爆炸事故时造成的损失，本条对其耐火等级、泄压措施、门窗和地面做法等防火、防爆设计提出了具体要求。

6.8.2 具有爆炸性危险的封闭式建筑物应采取良好的通风措施。设计可根据建筑物具体情况确定通风方式。采用强制通风时，其装置的通风能力是参照原苏联规范确定的。采用自然通风时其通风口的面积和布置是参照日本规范确定的，其通风次数相当于3次/h。

6.8.3 本条所列建筑物在非采暖地区推荐采用敞开式或半敞开式建筑，主要是考虑利于通风。同时也加大了建筑物的泄压比。

6.8.4 为防止发生爆炸事故时造成建筑倒塌，故对建筑物的结构型式做了规定，以提高其抗爆性能。

6.8.5 根据调查资料，有的液化石油气站将贮罐置于砖砌或枕木等制作的支架上，没有良好的紧固措施，一旦发生地震或其他灾害十分危险，故本条规定贮罐应牢固地设置在基础上。

对卧式贮罐应采用钢筋混凝土支座。

对球形贮罐的钢支柱应采用非燃烧材料隔热保护层，其耐火极限不应低于2h为防止贮罐直接受火过早失去支撑能力而倒塌。

6.9 消防给水、排水和灭火器材

6.9.1 液化石油气供应基地在同一时间内的火灾次数按一次考虑，是根据现行的《室外给水排水设计规范》确定的。

液化石油气贮罐区是其供应基地内消防用水量最大的装置，故消防用水量应按贮罐区消防用水量计算。

液化石油气贮罐发生火灾爆炸事故时，贮罐固定喷淋装置喷水可将贮罐外表面全覆盖，而贮罐区其他部位着火可采用水枪保护或扑救，故其总用水量应按固定喷淋装置和水枪用水量之和计算。

（1）贮罐喷淋装置的设置范围是根据《建筑设计防火规范》确定的。

贮罐喷淋装置的喷淋水强度是根据公安部天津消防研究所对液化石油气贮罐、火灾喷淋水量试验数据和参考国外有关规范确定的。

贮罐区喷淋装置总用水量的计算是参考国外规范确定的。

（2）水枪用水量考虑消防要求按不同罐容分档确定。

注②总容积小于$50m^3$或单罐容积小于$20m^3$的贮罐或罐区，其危险性小些，故可单独设置固定喷淋装置或移动式水枪，其水量仅供水枪用水量计算即可。

液化石油气贮罐区的消防用水量应按下列公式(22)计算：

$$Q=Q_1+Q_2 \tag{22}$$

式中 Q——消防总用水量(m^3/h)；

Q_1——贮罐固定喷淋装置用水量，可按公式(23)计算。

Q_2——消防水枪用水量。

$$Q_1=3.6F\cdot q+1.8\sum_1^n F_i\cdot q \tag{23}$$

式中 F——着火罐的全表面积(m^2)；

F_i——距着火罐直径（卧式罐按直径和长度之和的一半）1.5倍范围内各贮罐中任一贮罐全表面积（m^2）；

q——贮罐固定喷淋装置的供水强度，取0.15（$L/s \cdot m^2$）。

6.9.3 消防水池的容量是根据《建筑设计防火规范》的规定确定的。但总容积小于220m^3且单罐容积小于或等于50m^3的贮罐或罐区火灾延续时间按3h考虑，是与《建筑设计防火规范》协调后确定的。

6.9.5 因为喷雾头对贮罐冷却效果较好，故本规范推荐采用。

6.9.6 贮罐固定喷淋装置和水枪供水压力主要考虑消防扑救时应具有足够的喷射强度和良好的冷却效果，其供水压力是参考国内外有关规范确定的。

6.9.8 液化石油气站内具有火灾和爆炸危险的建、构筑物应设置小型干粉灭火器，其配置数量主要根据场所的危险情况，同时参照《工业与民用建筑灭火器配置设计规范》的有关规定确定。因为液化石油气火灾和爆炸危险性大，发生火灾和爆炸后如不及时扑救会造成巨大损失。故本条规定的干粉灭火器的配置数量较《工业与民用建筑灭火器配置设计规范》规定的配置数量大一些，以利火灾初期尽快将其扑灭，防止酿成更大灾害。

6.10 电气防爆、防雷和防静电

6.10.1 液化石油气站消防用电负荷应按《供配电系统设计规范》GB 50052规定的二级负荷进行设计。在实际工程中是有一定困难的，从实际出发，为保证事故时消防水泵正常运行，故规定此时可采用内燃机作动力。

6.10.2 液化石油气站用电场所爆炸危险范围和等级主要根据《爆炸和火灾危险环境电力装置设计规范》和《中华人民共和国爆炸危险场所电气安全规程（试行）》的规定和站内液化石油气设备配置情况、泄漏和通风措施以及发生事故时可能造成的损失等情况划分。

6.10.5 液化石油气站应采取的防止静电设备的措施如下：

（1）站内铁路槽车装卸线和汽车槽车装卸台（柱）应设置接地栓（卡），并在装卸作业前进行接地。装卸完毕静止30s后再将接地栓（卡）卸下，以保证在装卸过程中产生的静电电荷有足够时间导出。

（2）容积为50m^3和50m^3以上的贮罐应设置内梯或能中和罐内积聚电荷的设施。同时，打磨曲率半径小于10mm的突起物是防止贮罐进行置换、投料时，因静电电荷产生、积聚和静电电压升高而引起尖端放电的措施之一。

7 燃气的应用

7.1 一般规定

7.1.1 系统设计指的是工艺设计。对于土建、公用设备等项设计,还应按其他标准、规范执行。

7.2 室内燃气管道

7.2.1 规定用户室内燃气管道的最高压力,并允许高压(工业)、中压(公用、民用)进户,表前调压的理由:

1. 我国四川、北京、天津等有中、高压燃气供应的城市中,有一部分锅炉房和工业车间内燃气的供应压力已达到 0.4MPa,然后由专用调压器调至 0.1MPa 以下供用气设备使用;

2. 我国北京、成都、深圳等地已开展了中压进户的试点工作,详见表 62;

我国中压进户的试点情况表 表 62

地点	燃气种类	厨房内调压器入口压力(MPa)	试用户数	试用时间(年)
北京	人工煤气	0.1	60	10
成都	天然气	0.2	1000	10
深圳	液化气	0.07	1000	10

3. 国外中压进户表前调压的入户压力在第十五届世界煤气会议上曾有过报道,其入户的允许压力值详见表 63;

4. 原苏联《建筑法规》1977 年规定用户处的燃气最高允许压力为:工业企业及单独的锅炉房 0.6MPa,公共建筑 0.3MPa;

5. 中压进户表前调压比楼栋调压还要先进一步,初步估算可节约钢材 40%以上,节约投资 30%左右。

国外中压进户的燃气压力值 表 63

国别	户内调压器前最高允许压力(MPa)
美国	0.05
英国	0.2
法国	0.4
比利时	0.5

7.2.2 本条规定了用气设备燃烧器的燃气额定压力要求。

1. 燃气额定压力是燃烧器设计的重要参数。为了逐步实现设备的标准化、系列化,首先应对燃气额定压力进行规定。

2. 一个城市低压管网压力是一定的,它同时供应几种燃烧方式的燃烧器(如引射式、机械鼓风的混合式、扩散式等),当低压管网的压力能满足引射式燃烧器的要求时,则更能满足另外两种燃烧器的要求(另外两种燃烧器对压力要求不太严格),故对所有低压燃烧器的额定压力以满足引射式燃烧器为准而做了统一的规定,这样就为低压管网压力确定和更大发挥效能创造了有利条件。

3. 国内低压燃气燃烧器的额定压力值如下:

①人工煤气:

北京、沈阳、大连等地 0.8kPa

上海、南京 1.0kPa

②天然气:

北京 2.0 3.0kPa

天津 2.0 3.0kPa

四川 2.0 8.0kPa

③液化气:

北京 2.8 4.0 5.0kPa

上海 2.5kPa

天津 2.8kPa

沈阳　3.0kPa

4. 国外民用低压燃气燃烧器的额定压力值如下：

①人工煤气：

日本　1.0kPa(煤气用具检验标准)

原苏联　1.3kPa(《建筑法规》—1977)

美国　1.5kPa(ASAZ 21.1.1—1964)

②天然气

法国　2.0kPa(法国气体燃料用具的鉴定)

原苏联　2.0kPa(《建筑法规》—1977)

美国　1.75kPa(ASAZ 21.1.1—1964)

③液化气：

原苏联　3.0kPa(《建筑法规》—1977)

日本　2.8kPa(日本 JIS)

美国　2.75kPa(ASAZ 21.1.1—1964)

5. 高、中压燃烧器(主要指引射式)是有高压、中压燃气供应的城市中大量使用的一种燃烧器，对于加热温度小于 1400℃ 的加热设备都可选用该种燃烧器。为了保证一定的负荷调节范围燃烧器不产生回火现象，对燃烧器的燃气额定压力应进行规定。

一般燃气喷嘴在临界流速时的临界压力为 100kPa 左右，考虑到燃烧器设计加工的方便和保证良好的燃烧性能，燃烧器的燃气额定压力不宜超过 100kPa。

6. 国内中压燃烧器(引射式)的燃气额定压力值如下：

①人工煤气：

北京　20～30kPa

②天然气：

天津　30kPa

四川　30～100kPa

③液化气：

天津　50kPa

北京　70kPa

7. 国外中压燃烧器(引射式)的燃气额定压力值如下：

日本　30～50kPa(人工煤气——《日本瓦斯工业》"器具篇")

原苏联　30～50kPa(天然气——《采暖锅炉改烧气体燃料》)

7.2.3、7.2.4　关于在供气管网上直接安装升压装置的情况在实际中已存在，由于安装升压装置的用户用气量大，影响了供气管网的稳定，尤其是对低压管网影响较大，造成其他用户燃气压力波动范围加大，降低了灶具燃烧的稳定性，增加了不安全因素。因此，条文规定"严禁"在供气管网上"直接"安装加压设备，并制定了当用户用气压力需要升压时必须采取的相应措施，以确保供气管网安全稳定供气。

7.2.5　镀锌钢管系指镀锌的水、煤气钢管。由于镀锌管具有比黑铁管使用年限长，管内腐蚀性的铁锈少，管道不易堵塞，经常的维修工作量少等优点，故对中、低压燃气管道推荐采用镀锌钢管。对高压管道从增加安全因素考虑推荐采用无缝钢管。

为减少连接处燃气的漏泄，推荐采用焊接或法兰连接。

7.2.6　关于居民生活使用的燃具同时工作系数(简称"系数")，是由上海煤气公司综合了上海、北京、沈阳、成都等地区的测定资料，经过整理、计算、验证后推荐的数据，详见附录 F。由于"系数"的测定验证仅限于四个城市，就我国广大地区而言，尚有一定的局限性，故条文用词采用"可"。

7.2.9　室内低压燃气管道的计算压力降，国内各设计单位及煤气公司取值均不一致，一般低于表 7.2.9 推荐数值的 30%左右，为了保证燃烧器的燃烧性能，提高燃烧效率，节约钢材，条文规定了上限值。

7.2.10　本条规定的目的是为了保证用气的安全和便于维修管理。人工煤气引入管管段内，往往容易被萘、焦油和管道内腐蚀铁锈所堵塞，检修时要在引入管阀门处进行人工疏通管道的工作，需要带气作业。此外阀门本身也需要经常维修保养。因此，凡是不能允许燃气泄漏渗入房间和处所都不能敷设燃气引入管。

规定燃气引入管应设在厨房或走廊等便于检修的非居住房间内的理由是：

1. 原苏联 1977 年《建筑法规》第 8.21 条规定：住房内燃气立管规定设在厨房、楼梯间或走廊内；

2. 我国的实际情况也是将燃气引入管设在厨房、楼梯间或走廊内。

7.2.11 燃气引入管进入密闭室时，密闭室必须进行改造，主要是考虑检修阀门和引入管堵塞疏通管道时不可避免的泄漏，以及万一管道阀门发生事故，故条文规定"必须"设置通风换气。通风次数的规定是参考了原苏联《建筑法规》第 4.5 条要求而提出来的。

7.2.12 为了防止湿燃气管道内冷凝水在冬季冻结及排除冷凝水，条文规定了引入管的埋深、坡度及坡向要求。

7.2.13 规定燃气引入管"穿过建筑物基础、墙或管沟时，应设置在套管中"，前者是防止当房屋沉降时压坏燃气管道，以及在管道大修时便于抽换管道；后者是防止燃气管道漏气时沿管沟扩散而发生事故。

对于高层建筑等沉降量较大的地方，仅采取将燃气管道设在套管中的措施是不够的，还应采取补偿措施，例如，在穿过基础的地方采用柔性接管等更有效的措施，用以防止燃气管道被损坏。

7.2.14 燃气引入管的最小公称直径规定理由如下：

(1)当输送人工煤气或矿井气时，我国多数煤气公司根据多年生产实践经验，规定最小公称直径为 $DN25$。国外有关资料如英、美、法等国也规定了最小公称直径为 $DN25$。为了防止造成浪费，又要防止管道堵塞，根据国内外情况，将输送人工煤气或矿井气的引入管最小公称直径定为 $DN25$。

(2)当输送天然气或液化石油气时，因这类燃气中杂质较少，管道不易堵塞，且燃气热值高，因此引入管的管径不需过大。故将引入管的最小公称直径定为 $DN15$。

7.2.15 本条规定了引入管阀门布置的要求。

(1)规定"对重要用户尚应在室外另设置阀门。阀门应选择快速式切断阀"，这是为了万一在用气房间发生事故时，能在室外比较安全的带迅速切断燃气，更进一步保证了用户的安全。重要用户一般系指：国家重要机关、宾馆、大会堂、大型火车站和其他重要建筑物等，具体设计时还应听取当地主管部门的指示意见予以确定。

(2)当把燃气引入管由地上引入室内，且管径较小时，一般可采用在室外设置带丝堵的三通作法，以代替阀门的作用。其优点是可以节约一些阀门，而在应用上仍可起到与安装阀门相似的作用。多年来上海、南京等地已普遍采用这种作法。

7.2.16 室内燃气管道一般均应明装，这是为了便于检修、检漏并保证使用安全；同时明装作法也较节约。在特殊情况下(例如考虑美观要求而不允许设明管或明管有可能受特殊的环境影响而遭受损坏时)允许暗装，但必须便于安装和检修，例如装在具有人孔的吊顶或有活动盖板的墙槽内等。

7.2.17 为了使暗装的燃气管便于安装和检修，并能延长使用年限达到安全可靠的目的，条文提出了 7 条敷设方式及措施。

7.2.20 由于城市居民使用的燃气灶具目前只限于设置在厨房内(例如炊事用灶具及热水器)，因此对于厨房以外没有用气设备房间的管道漏气检查往往被忽视(特别是对卧室或浴室容易发生事故的地方)，故强调"应"设在套管中，并强调了燃气管道的立管"不得"敷设在卧室、浴室和厕所中。

7.2.21 为了防止当房屋沉降时损坏燃气管道及管道大修时便于抽换管道，以及因室内温度变化燃气管道随温度变化而有伸缩的情况，条文规定燃气管道穿过楼板、楼梯、平台、墙壁和隔墙时"必须"安装在套管中。

7.2.23 用来固定沿墙、柱、楼板和加热设备构架上明敷的燃气管道和阀门等部件所使用的支撑架、管卡或吊卡、托钩要与管道管径及部件尺寸合适，并具有较高的强度。防止管道及部件移动，造成漏气或损坏。

条文中表 7.2.23 所列的数值是等效采用原苏联《建筑法规》1962 年规定。

北京市煤气公司规定：每层的室内煤气立管至少设一个固定卡子，灶前下垂管上至少设一个卡子。如下垂管上有转心门时可以设两个卡子。水平管除两端应设托钩外，管径小于或等于 1″时，每 2m 增设一个。管径为 $1\frac{1}{4}$″～4″时一般每 3m 增设一个，管道弯头附近和长度超过 1m 的接灶水平管上增设一个。

7.2.24 室内燃气管道在设计时必须考虑工作环境温度下的极限变形，否则会使管道热胀冷缩造成扭曲、断裂，一般可以用室内管道的安装条件做自然补偿，当自然条件不能调节时，必须采用补偿器补偿；室内管道应采用波型补偿器。因波形补偿器安装方便，调节安装误差的幅度大，造型也轻巧美观。

7.2.25 目前国内使用的人工煤气一般都含有水分，如环境温度低于 0℃或低于煤气露点温度，输气管道内就会出现冷凝水或结冻现象。因此室内管道的安装应横平、竖直，水平管应保持 0.001～0.003 的坡度，由煤气表分别坡向立管和用具，使管道内的冷凝水，焦油、铁屑、萘等污物流向低处，通过排污口排除，防止管道堵塞，造成供气障碍。排污口的位置在立管下端，并采用丝堵密封。在地下室的立管不允许有丝扣连接并要坡向室外干线，室外干线应设凝水缸和抽水设备或者加长立管下端的长度，增大存污量。为清扫室内管道，北京市煤气公司规定，在立管上安装除堵用的斜三通并装有便于拆卸的丝堵，斜三通距地面一般为 0.5m。

对不得不敷设在 0℃或低于气相液化气露点温度的室内燃气管道，必须采取保温防冻措施。可用石棉绳或玻璃棉等保温材料做成保温壳对管道进行保温，以防止管道内冷凝水、萘等析出，堵塞管道。

7.2.26 室内燃气管道的敷设位置应根据室内电线、电气设备、上、下水管道、采暖管道及各种设备的位置而综合考虑确定。并应考虑施工、检修条件，已建和拟建的各类管线设施情况，管道材料，管接口作法以及输送的燃气种类、压力等因素。

条文中表 7.2.26 是等效采用原苏联《建筑法规》1977 年的规定。

北京市煤气公司对室内燃气管道与电线、电气设备的间距要求为：

1. 燃气管道与电缆引入管的进线箱水平距离不小于 30cm；

2. 与明装或暗装电线的水平间距均不小于 10cm；

3. 与明装或墙内的闸箱、表盘、接线盒的水平间距不小于 10cm；

4. 与明装或暗装电线交叉净距不小于 3cm；

5. 禁止在装有电缆的总沟道内敷设燃气管道；

6. 室内燃气管道与上、下水、暖气管道水平净距不得小于 10cm；交叉间距不小于 1cm，主立管与水池净距不小于 20cm。

7.2.27 本条规定了在地下室、半地下室、设备层内安装燃气管道应采取的防火、防漏气安全保护措施，条文内容参考了北京市煤气公司的有关规定。

对第(3)款的规定因目前 25 层以上的民用建筑还不多，主要是公共建筑。燃气泄漏集中监视装置和压力控制装置及检修人员如何设置还有待进一步探讨。

7.2.28 室内燃气管道的布置，首先要保证供气安全可靠、使用合理、节省管材、减少投资，同时也要考虑不破坏室内建筑的美观。

随着城市建设的发展，带有地下室、半地下室、设备层的高层住宅和大型公共建筑日益增多。很多建筑的燃气引入管和室内管道若按原规定要求便无法布置，因此增加了本条规定。当建筑物的地下室、半地下室和设备层符合本条规定的要求时，允许安装引入管和室内燃气管道。

本规定主要参照原苏联《建筑法规》(1977 年)和北京市煤气公司室内煤气管道设计与安装的有关规定编制的。

7.2.29 现在国内各地区供应的液化石油气气相密度为 2.2～2.6kg/m^3,容易聚积在建筑物的底层,导致爆炸和火灾事故。

原苏联《建筑法规》(1977 年)规定:液化石油气气瓶禁止放在有地下室和地窖的房间、低于勒脚的底层和地下室、居住间和直接设置在医院化验室、大学教室、学校教室以及休息室、饭厅和贸易厅下面的厨房,其原因与液化石油气管道安装的要求是一致的。

7.2.30 关于室内燃气管道阀门布置要求,主要参照了原苏联《建筑法规》(1977 年)和北京市煤气公司、上海市煤气公司的有关规定编写的。

7.2.31 设置吹洗管(放散管)的目的是为工业企业车间、锅炉房以及大中型用气设备首次使用或长时间不用又再次使用时,用来吹扫积存在燃气管道中的空气、杂质。当停炉时,如果总阀门关闭不严,漏到管道中的燃气可以通过放散管放散出去,以免燃气进入炉膛和烟道发生事故。

原苏联《建筑法规》(1977 年)规定:吹洗管应当从离开引入地点最远的燃气管段以及引至最后一个阀门(按燃气流动方向)前面的每一机组的支管开始。具有相同的燃气压力的燃气管道的吹洗管可以连接起来。

吹洗管的直径不应小于 20mm。

吹洗管应设有为了能够确定吹洗程度而用的带有转心门或考克的取样管。

吹洗管要高出屋脊 1m 是为了防止由吹洗管放散出的燃气进入屋内。使燃气能尽快飘散在大气中。

为了防止雨水进入吹洗管,管口要加防雨帽或将管道摵一个向下的弯。对于设在屋脊是不耐火材料,周围建筑物密集、容易窝风地区的放散管,管口距屋脊的距离应更高,以便燃气尽快排入大气中。北京市煤气公司规定吹洗管出口要摵成"∽"型。

因为吹洗管是建筑物的最高点,若处在防雷区之外时,容易遭到雷击而引起火灾或燃气爆炸。所以吹洗管必须设接地引线。

根据《中华人民共和国爆炸危险场所电气安全规程》的规定,确定引线接地电阻应小于 10Ω。

7.2.32 高层建筑立管底部要砌一个支座支撑,防止立管由于自重和环境温度变化引起管道下沉。

室内管道输送各种燃气时因高程差产生的附加压力应按本规范第 7.2.8 条公式计算。

当输送焦炉气或天然气时,附加压力为正值。当输送液化石油气(气相)时,附加压力为负值。当由顶层向下输送时则相反。楼层越高附加压力的影响越大。

目前各地通常采用变化管径或在立管上加设稳压器的办法来调节。

7.2.33 硬管连接(或叫刚性连接)一般系指管件接头方式为丝扣连接或焊接。北京市煤气公司规定:管径小于 2″的室内燃气管道一般采用丝扣连接。管径大于或等于 $2\frac{1}{2}$″或使用压力超过 5000Pa 的室内燃气管道应采用焊接。

工业企业的燃气用具、燃烧设备与室内燃气管道的连接多数为丝扣连接。丝扣接口不允许用铅油麻密封,防止铅油麻在使用中干裂导致漏气。目前各地方多采用聚四氟乙烯密封带代替铅油麻做丝扣接口的密封剂。

7.2.34 本条文是参照原苏联《建筑法规》(1977 年)和各地煤气公司的有关规定编写的。

7.3 燃气的计量

7.3.2 为减少浪费,合理使用燃气,搞好成本核算,各类用户按户计量是不可缺少的措施。目前,大家已充分认识到这一点,改变了过去按人收费和一表多户按户收费等不正常现象。

民用建筑宜采用"户外传输集中显示的计量装置",主要是根据北京天然气公司已鉴定通过并已推广使用的科技成果。

7.3.3 本条规定了用户计量装置安装设计要求。

(1)"通风良好"是煤气表的保养和用气安全所需要的条件,各地煤气公司对要求"通风良好"均做了规定。如果使用差压式流量计则仅对二次仪表有通风良好的要求。

(2)关于禁止安装煤气表的房间、处所的规定是根据各地煤气公司的实践经验和现有规定提出的,这主要是为了安全。因为煤气表安装在浴室内,外壳容易受环境腐蚀影响,安装在卧室则当表内发生故障时既不便于检修,又极易发生中毒事故;在危险品和易燃物品堆存处安装煤气表,一旦出现漏气时更增加了易燃、易爆品的危险性,万一发生事故时必然加剧事故的灾情,故规定为"严禁安装"。

(3)公共建筑和工业企业用气的计量装置,目前多数用户都是安装在毗邻的或隔开的调压站内或单独的房间内,并设有测压、旁通等设施,故占地较大,另外,计量装置本身体积也较大,所以宜有单独房间。

(4)目前输配管道内的煤气一般都含有水分。煤气经过煤气表时还有散热降温作用。如环境温度低于煤气露点温度或低于0℃时,煤气表内会出现冷凝或冻结现象,从而影响计量装置的正常运转,故各地煤气公司对环境温度均有规定。本款所要求的温度条件与产品标准规定的"温度条件"不是一回事,产品标准并不考虑冷凝水方面的问题。

7.3.4 煤气表一般装在灶具的上方,煤气表与灶具、热水器等燃烧设备的水平净距应大于300mm是参照《家用燃气快速热水器安装验收规程》CJJ 12—86及北京市等地一些地方标准的规定而制定的。

7.3.5 本条规定设置计量保护装置的技术条件。

(1)输送过程中产生的尘埃来自没有保护层的钢管遇到煤气中的氧、水分、硫化氢等杂质而分别形成的氧化铁或硫化铁。四川省成都市和重庆市的天然气站或计量装置前安装过滤器来除去硫化铁及其他固体尘粒取得了实际效果。天津市因所用石油伴生气中杂质较少,其计量装置前没有装设过滤器。东北各地则普遍发现黑铁管内壁和计量装置内均有严重积垢和腐蚀现象,但没有定性分析资料,从外表观察积垢实物,估计是焦油、萘、硫化铁、氧化铁等的混合物。

原苏联ГОСТ 5364—57《家用煤气表技术要求》规定"表内应有护网防杂质进入机构";英国标准没有规定;我国各地生产的煤气表也不附带过滤器。

我们认为并非所有的计量装置都需要安装过滤器,不必把它作为计量装置的固定附件,而应根据输送煤气的具体情况和当地实践经验来决定是否需要安装。

(2)对于机械鼓风助燃的用气设备,当燃气或空气因故突然降低压力或者误操作时,均会出现燃气、空气的窜混现象,导致燃烧器回火产生爆炸事故,将煤气表、调压器、鼓风机等设备损坏。设泄压装置是为了防止一旦发生爆炸时,不致于损坏设备。

上海鼓浦机器厂曾发生过加热炉爆炸事故,由于设了逆止阀而保护了阀前的调压器。沈阳压力开关厂和华光灯泡厂原来在计量装置后未装防爆膜,曾发生过因回火爆炸而损坏煤气表的事故;在增加防爆膜后,当再次回火发生爆炸时则未造成损失。

7.4 居民生活用气

7.4.1 目前国内的居民生活用气设备,如燃气灶、热水器、采暖器等都使用5kPa以下的低压燃气,主要是为了安全,即使中压进户(中压燃气进入厨房)也是通过调压器降至低压后再进入计量装置和用气设备的。

7.4.2 居民生活用气设备严禁安装在卧室内的理由:

1.原《苏联建筑法规》(1977年)规定:居住建筑物内的燃气灶

具应装在厨房内。采暖用容积式热水器和小型燃气采暖锅炉必须设在非居室内；

2. 燃气红外线采暖器和火道(炕、墙)式燃气采暖装置在我国一些地区的卧室使用后，都曾发生过多起人身中毒和爆炸事故；

3. 根据国内、国外情况，故规定燃气用具严禁在卧室内安装。

7.4.3 厨房内设排气扇和报警器的理由：

1. 我国居民厨房的多数情况为：面积 $4m^2$，体积 $10m^3$，换气次数 3 次/h，使用直排式灶具，当热负荷小于 5.8kW(5000kcal/h)时，卫生条件尚能符合要求。随着生活水平的提高，灶具的热负荷将大于 5.8kW，并逐渐安装了直排式热水器、采暖装置等，厨房内的热负荷高达11.6kW(10000kcal/h)以上，从而使厨房内空气中一氧化碳、二氧化碳等有害物含量大大超过卫生标准要求；

2. 1983 年《日本燃气器具安装标准》中规定：安装直排式灶具总热负荷大于 5.8kW (5000kcal/h)的厨房内应设机械式排气扇；

3. 据了解，日本等发达国家的居民厨房内都安装可燃气体报警器，目前我国已有不少单位生产可燃气体报警器。

7.4.4 "房间允许的容积热负荷"即"居民生活用气房间内允许安装的无烟道的燃气用具的热负荷"。

采用房间全面换气公式：

$$C_{max}=\frac{C_e V_y V_h}{100U}\cdot\frac{1-e^{-nt}}{n} \tag{24}$$

式中 C_{max}——室内空气中一氧化碳在 t 时间终了时的最高浓度，按体积比(%)；

C_e——未烯释的干废气中一氧化碳浓度(过剩空气系数 α=1 时)，按%体积比×100；

V_y——$1m^3$ 燃气完全燃烧产生的干废气(过剩空气系数 α=1)(m^3)；

V_h——用具的燃气耗量(m^3/h)；

$$\text{用具的燃气耗量}=\frac{\text{用具的额定热负荷}\times\text{用具的同时工作系数}}{\text{燃气低热值}}$$

U——用气房间的体积(m^3)；

n——用气房间每小时内换气次数(次)；

t——用具的使用时间(时)。

允许的房间体积热负荷 q 为：

$$q=\frac{V_h\cdot Q_d}{U}=\frac{100C_{max}Q_d}{C_e\cdot V_y}\times\frac{n}{1-e^{-nt}} \tag{25}$$

Q_d 为燃气低热值(MJ/m^3)。公式中各项数值的确定如下：

1. C_{max} 和 t 的确定。目前我国居民做饭、洗澡的时间一般为0.5～1h，间歇作业。在我国民用房间的一氧化碳允许含量没有规定之前，先按《工业企业设计卫生标准》TJ 36—79 的规定作为制定热负荷指标的依据，即 t=0.5 小时，$C_{max}=100mg/m^3$，则体积比 C_{max}=0.008%。

2. C_e 确定。在《家用燃气快速热水器》GB 6932 中规定 C_e=0.03%×100=0.03；在《家用煤气灶》CJ 4 中规定 C_e=0.05%×100=0.05。根据这两个主要家庭用具，为安全起见，按家用燃气灶确定，即 C_e=0.05。

3. 燃气完全燃烧产生的烟气量与燃气种类无关，仅与耗热量有关。《煤气红外线设备参考图集》介绍的如表 64 所示。可见 Q_d 与 V_y 的比值是比较接近的。

各种燃气的热工特性 **表 64**

燃气种类	低热值 Q_dMJ/m^3 (kcal/m^3)	理论干烟气量 V_y m^3/m^3	Q_d/V_y
液化石油气	104.7(25000)	25.0	4.2(1000)
石油伴生气	40.5(9680)	9.7	4.2(1000)
天然气	35.8(8550)	8.5	4.2(1000)
炼焦煤气	17.4(4150)	3.6	4.8(1150)
上海城市煤气	13.6(3241)	3.0	4.5(1080)

4. 用气房间主要靠门窗无组织的进行换气。对采暖地区来

说，全年通风换气最不利的时间是接近过渡季的采暖初期或采暖末期。

换气次数一般在1～5次/h。

将确定的各项数值代入上式，得：

$$q=\frac{C_{max}\times100}{C_e}\times\frac{Q_d}{V_y}\times\frac{n}{1-e^{-nt}}$$
$$=\frac{0.008\%\times100}{0.05}\times4.2\times\frac{n}{1-e^{-0.5n}}$$
$$=0.672\frac{n}{1-e^{-0.5n}} \qquad (26)$$

对于新建筑的民用厨房，其面积一般为3～4m²，体积7.5～10m³，换气次数2～3次/h，安装使用一台双眼灶时，一氧化碳含量就有可能要超标，所以当在厨房内再增加热水器等其他燃烧设备时，必须设置排风扇或其他有效的排烟装置。

7.4.5 燃气灶安装位置的规定理由如下：

（1）在通风良好的厨房中安装燃气灶是普遍的安装方法，当条件不具备时，也可安装在其他单独的房间内，如卧室的套间、走廊等处，为了安全和卫生，故规定要有门与卧室隔开。

卧室内不得安装燃气灶主要是为了保证人身安全而规定的，以避免由于漏气、不完全燃烧而造成爆炸和中毒事故。

（2）一般新住宅的净高为2.4～2.8m，但为了照顾旧建筑并考虑到燃烧产生的废气层能够略高于成年人头部，以减少对人的危害，故规定燃气灶安装房间的净高不得低于2.2m。

（3）燃气灶或烤箱灶侧壁距木质家具的净距不小于20cm，比原苏联标准大5cm，主要是因我国灶具的热负荷比原苏联高，烤箱的温度也比国外高（$t=280℃$），有可能造成烤箱外壁温度较高。另外，我国使用的锅型也较大，考虑到安全和使用的方便而做了上述规定。

7.4.6 热水器安装要求的确定理由如下：

（1）我国居民住宅内的浴室（厕所）面积较小，通风换气较差，当在里面安装时，燃烧产生的烟气将对洗澡人产生直接的危害。近几年来在浴室和厕所内安装直接排气式热水器已发生多起一氧化碳中毒和缺氧窒息事故，造成几十人死亡，故严禁安装。

室内安装直接排气式热水器时，在不同的使用条件下的室内卫生状况可按下面的通用换气公式计算：

$$X_{max}=X_O\pm\frac{V}{n\cdot A}X(1-e^{-nt}) \qquad (27)$$

$$n=\frac{V\cdot X}{A\cdot y_{max}} \qquad (28)$$

式中 X_{max}——室内空气中CO、CO_2、O_2在t时间终了时的最高浓度，体积%。

y_{max}——室内空气中允许的CO、CO_2、O_2含量，体积%；

X_O——燃具工作前，房间空气中的CO、CO_2、O_2自各的含量，对于CO、CO_2，$X_O=0$；对于O_2，$X_O=20.9\%$；

V——燃具在额定热负荷下的理论空气量和理论干烟气量，计算房间内的CO、CO_2含量时应采用干烟气量，计算O_2含量时应采用理论空气量；

n——房间换气次数，$n=1\sim5$次/h；

A——房间体积（m³）；

X——①未稀释的干烟气中允许的CO含量，

基准气：$CO_{\alpha=1}=0.03\%$（我国标准）；

界限气：$CO_{\alpha=1}=0.2\%$（国际标准）。

②未稀释的干烟气中最大的CO_2含量，按燃气种类确定。

③空气中的O_2含量，20.9%；

t——燃具工作时间，$t=0.5$时；

±——计算有害物CO、CO_2含量时用“＋”号，计算O_2含量时用“－”号。

不同使用条件时室内卫生状况，计算数据见表65。

热水器在不同使用条件时的室内卫生状况(主要针对厨房) **表 65**

序号	面积 F (m^2)	体积 V (m^3)	热负荷 Q kW (kcal/h)	时间 t 时	换气次数 n (次/h)	使用燃气情况	室内卫生情况 CO 含量(%)	CO 超标,倍	CO_2 含量(%)	CO_2 超标,倍	O_2 含量(%)	O_2 超标量	需要的换气次数 n (次/h)	中毒情况
1	1	2.5	12.1	0.5	3	基	0.0320	4.0	13.6	67.8	−3.8	无氧	15.5	头痛、耳鸣
			(10400)		1	界	0.3242	40.5	20.6	102.9	−16.6	无氧	103.0	停止呼吸
2	2	5.0	12.1	0.5	3	基	0.0160	2.0	6.8	33.9	8.6	严重缺氧	7.7	头痛、耳鸣
			(10400)		1	界	0.1621	20.3	10.3	51.5	2.1	严重缺氧	51.5	意识丧失
3	4	10.0	12.1	0.5	3	基	0.0080	无超标	3.4	16.9	14.7	缺氧	3.9	意识不清
			(10400)		1	界	0.0811	10.0	5.2	25.7	11.5	缺氧	25.8	
4	6	15.0	12.1	0.5	3	基	0.0053	无超标	2.3	11.3	16.8	缺氧	2.6	意识不清
			(10400)		1	界	0.0540	6.8	3.4	17.2	14.6	缺氧	17.2	
5	8	20.0	12.1	0.5	3	基	0.0040	无超标	1.7	8.5	17.8	缺氧	2.0	意识不清
			(10400)		1	界	0.0405	5.1	2.6	12.9	16.2	缺氧	12.9	

注:计算的依据如下:

①使用基准气时,根据《家用燃气快速热水器》GB 6932—86 标准规定烟气中的 $CO_{\alpha=1}$=0.03%。

②使用界限气时,根据国际上有关标准的规定,烟气中的 $CO_{\alpha=1}$=0.2%。

③室内卫生标准根据国内外有关标准和资料确定:CO=0.008%(100mg/m^3,0.5h),CO_2=0.2%,CO_2=18%。

④使用燃气,天津油田伴生气(天然气)。

⑤需要的换气次数 n,全按 CO 产生量计算。

(2)烟道式热水器的燃烧烟气直接排至室外，燃烧需要的空气来自室内，故可在室内安装，但对浴室体积有要求。7.5m^3 的容积要求是原苏联老规范对容积式和快速式热水器的安装要求。

(3)平衡式热水器燃烧需要的空气来自室外，燃烧后的烟气排至室外，在使用过程中不影响室内的卫生条件，故可以安装在浴室内。

(4)安装直接排气式和烟道式热水器的房间的门或墙的下部设有不小于 0.02m^2 的格栅或在门与地面之间留有不小于 30mm 的间隙，是等效采用原苏联新老规范的规定，目的在于增加房间的通风，以保证燃烧所需空气的供给。

(5)房间净高大于 2.4m 是 8L/min 以上大型快速热水器在墙上安装时的需要高度，对于新建住宅能符合要求。

(6)大量使用的快速热水器都安装在墙上，故不耐火的墙壁应采取有效的隔热措施。容积式热水器安装时也有同样的要求。

(7)热水器与对面墙之间应有不小于 1m 的通道是使用和检修的需要。

7.4.7 燃气采暖装置的设置规定的理由如下：

(1)采暖装置热负荷较大，使用时间长，它的安装使用要求应比热水器高，故规定应有熄火保护及排烟装置。

(2)容积式热水器的设置条件与快速式热水器相同。

7.5 公共建筑用气

7.5.1 公共建筑用气设备目前多数设置在地上的专用房间内，当设置在地下时，其安全要求与管道相同。

7.5.3 大锅灶热负荷较大，所以都设有炉膛和烟道，为保证安全，在这些容易聚集燃气的部位应设爆破门。

7.6 工业企业生产用气

7.6.1 用气设备的燃气用量是燃气应用设计的重要原始资料，由于影响工业燃气用量的因素很多，现在所掌握的统计分析资料还达不到提出指标数据的程度，故本条只做出定性规定。

用气设备的燃气用量，应由设计单位收集资料，通过分析确定计算依据，然后通过详细的热平衡计算确定。在调查中，据有关单位介绍，大多数用气设备都有热平衡计算，起码也有简单的热平衡计算，故规定"应根据热平衡计算确定"燃气用量。

当资料数据不全，进行热平衡计算有困难时，可参照同类型用气设备的用气指标确定。

在实际生产中，影响炉子(用气设备)用气量的因素很多，如炉子的生产量、燃气及其助燃用空气的预热温度、燃烧过剩空气系数及燃烧效果的好坏、烟气的排放温度等。燃气用量指标是在一定的设备和生产条件下总结的经验数据，因此在选择运用各类经验耗热指标时，要注意分析对比，条件不同时要加以修正。

原有加热设备使用"其他燃料"，主要指的是使用固体和液体燃料的加热设备改烧气体燃料(城市燃气)的问题。在确定燃气用量时，不但要考虑不同热值因素的折算，还要考虑不同热效率因素的折算。

7.6.3 为了提高加热设备的燃烧温度、改善燃烧性能、节约燃气用量、提高炉子热效率，其有效的办法之一是搞好余热利用。

废气中余热的利用形式主要是预热助燃用的空气，当加热温度要求在 1400℃以上时，助燃用空气必须预热，否则不能达到所要求的温度。如有些高温焙烧窑，当把助燃用的空气预热到 1200℃时，窑温可达到 1800℃。

根据上海煤气公司的经验和一些资料介绍，采用余热利用装置后，一般可节省燃气10％～40％。当不便于预热助燃用空气时，也应设置废热锅炉来回收废热。

7.6.4 用气设备应有观察孔和点火装置是对用气设备的一般技术要求。

由于工业用气设备用气量大、燃烧器的数量多,且因受安装条件的限制,使人工点火和观火比较困难;通过调查不少用气设备由于在点火阶段的误操作而发生爆炸事故。当用气设备装有自动点火和熄火保护装置后,对设备的点火和熄火起到安全监测作用,从而保证了设备的安全、正常运转。对有条件的单位,用气设备应安装自动点火和熄火保护装置,但考虑到设备在供应上有时缺乏条件,故规范用词为“宜”。

7.6.5 用气设备的防爆设施主要是根据各单位的实践经验而制定的。

(1)从调查中,各单位均认为用气设备的水平烟道应设置爆破门或起防爆作用的检查人孔。过去有些单位没有设置或设置了之后泄压面积不够,曾出现过炸坏烟道、烟囱的爆炸事故。

锅炉、间接式加热等封闭式的用气设备,其炉膛应设置爆破门,而非封闭式的用气设备,如果炉门和进出料口能满足防爆要求时则可不另设爆破门。

关于爆破门的泄压面积按什么标准确定,现在还缺乏这方面的充分依据。例如北京、上海等地习惯作法,均按每 $1m^3$ 烟道或炉膛的体积其泄压面积不小于 $250cm^2$ 设计。又如原苏联《采暖锅炉改烧气体燃料》一书中讲到:苏联某《安全规程》中规定:“每个锅炉,燃烧室、烟道及水平烟道都应设爆破门”。“设计单位改装采暖锅炉时,一般采用爆破门的总面积是每 $1m^3$ 的燃烧室、主烟道或水平烟道的体积不小于 $250cm^2$”。

根据以上情况,本条规定用气设备的烟道和封闭式炉膛应设爆破门,爆破门的泄压面积指标,由于缺乏实践经验,故暂不做规定。

(2)设置放散管的目的是在用气设备首次使用或长时间不用再次使用时,用来吹扫积存在燃气管道中的空气。另外,当停炉时,总阀门关闭不严漏出的燃气可利用放散管放出,以免进入炉膛和烟道。

(3)空气主风管道的端头设爆破膜投资很少,施工安装也很简单,装上之后对安全更增加了保证。

(4)鼓风机和空气管道静电接地主要是防止当燃气泄漏窜入鼓风机和空气管道后静电引起的爆炸事故。

7.6.6 本条规定了用气设备安装检测和自控设施的要求。

用气设备的热工检测仪表是加热工艺所必须的,不论是手动控制的还是自动控制的用气设备都应有热工检测仪表,包括有检测下述各方面的仪表:

1. 燃气、空气(或氧气)的压力、温度、流量直观式仪表;
2. 炉膛(燃烧室)的温度、压力直观式仪表;
3. 燃烧产物成分检测仪表(测定烟气中 CO、CO_2、O_2 含量);
4. 排放烟气的温度、压力直观式仪表;
5. 被加热对象的温度、压力直观式仪表。

上述五个方面的热工检测仪表并不要求全部安装,而应根据不同加热工艺的具体要求确定;但对其中检测燃气、空气的压力和炉膛(燃烧室)温度、排烟温度等两个方面必须有直观的指示仪表。

用气设备是否设燃烧过程的自动调节,应根据加热工艺需要和条件的可能确定。燃烧过程的自动调节主要是指对燃烧温度和燃烧气氛的调节。当加热工艺要求要有稳定的加热温度和燃烧气氛,只允许有很小的波动范围,而靠手动控制不能满足要求时,应设燃烧过程的自动调节。当加热工艺对燃烧后的炉气压力有要求时,还可设置炉气压力的自动调节装置。

使用机械鼓风助燃的用气设备,在燃气总管上应设置自动切断阀,一般是一台或几台设备装一个自动切断阀,其目的是防止当燃气或空气压力降低(如突然停电)时,燃气和空气窜混而发生回火爆炸事故。

7.7 燃烧烟气的排除

7.7.1 目前我国民用建筑室内尚无卫生标准，当室内通风不良或燃气燃烧恶化时，室内空气中有害物的允许含量可参照其他标准的规定执行。

1. 在《工业企业设计卫生标准》TJ 36 中，对不同作业时间下车间内空气中的 CO 含量作了如下规定：

①长时间作业：30mg/m³ （0.0024%）；

②1h 内作业：50mg/m³ （0.004%）；

③0.5h 内作业：100mg/m³ （0.008%）；

④15～20min 内作业：200mg/m³ （0.016%）。

反复作业时，两次作业之间需间隔 2h 以上。

2. 在《家用燃气快速热水器》（GB 6932）标准中，对热水器的缺氧保护装置作了如下规定：对直排式热水器应配有缺氧保护装置，当室内空气中氧含量降低到 17%～19%时，缺氧保护装置应能自动切断燃气供应。从上面的规定中可看出，室内空气中的氧含量不得低于 17%，否则将对人身健康产生影响。

7.7.5 为保证燃烧设备安全、正常使用而对排烟设备做了具体规定。

（1）使用固体燃料时，加热设备的排烟设施一般没有防爆装置，停止使用时也可能有明火存在，所以它和用气设备不得共用一套排烟设施，以免相互影响发生事故。

（2）多台设备合用一个烟道时，为防止排烟时的互相影响，一般都设置单独的闸板（带安全排气罩者除外），不用时关闭。另外，每台设备分烟道与总烟道的连接位置，以及它们之间的水平和垂直距离都将影响排烟，这是设计时一定要考虑的。

7.7.7～7.7.15 这些条文的规定主要是等效或参照《家用燃气快速热水器安装验收规程》CJJ 12、原苏联《建筑法规》Ⅱ—37—76、《燃气在城乡中的应用》（建筑工业出版社，1982 年 7 月）等标准和资料中的规定确定的。

中华人民共和国国家标准

室外给水排水和燃气热力工程抗震设计规范

Code for seismic design of outdoor water supply, sewerage, gas and heating engineering

GB 50032—2003

主编部门：北京市规划委员会
批准部门：中华人民共和国建设部
施行日期：2003年9月1日

中华人民共和国建设部
公 告

第145号

建设部关于发布国家标准《室外给水排水和燃气热力工程抗震设计规范》的公告

现批准《室外给水排水和燃气热力工程抗震设计规范》为国家标准，编号为GB 50032—2003，自2003年9月1日起实施。其中，第1.0.3、3.4.4、3.4.5、3.6.2、3.6.3、4.1.1、4.1.4、4.2.2、4.2.5、5.1.1、5.1.4、5.1.10、5.1.11、5.4.1、5.4.2、5.5.2、5.5.3、5.5.4、6.1.2、6.1.5、7.2.8、9.1.5、10.1.2条为强制性条文，必须严格执行。原《室外给水排水和煤气热力工程抗震设计规范》TJ 32—78同时废止。

本规范由建设部定额研究所组织中国建筑工业出版社出版发行。

中华人民共和国建设部
2003年4月25日

前　　言

根据建设部要求，由主编部门北京市规划委员会组织北京市市政工程设计研究总院和北京市煤气热力工程设计院共同对《室外给水排水和煤气热力工程抗震设计规范》TJ 32—78 进行修订，经有关部门专家会审，批准为国家标准，改名为《室外给水排水和燃气热力工程抗震设计规范》GB 50032—2003。

随着地震工程学科的发展和新的震害反映的积累，TJ 32—78在内容上和技术水准上已明显呈现不足，为此需加以修订。此外，在工程结构设计标准体系上，亦已由单一安全系数转向以概率统计为基础的极限状态设计方法，据此抗震设计亦需与之相协调匹配，对原规范进行必要的修订。

本规范共有 10 章及 3 个附录，内容包括总则、主要符号、抗震设计的基本要求、场地、地基和基础、地震作用和结构抗震验算、盛水构筑物、贮气构筑物、泵房、水塔、管道等。

本规范以黑体字标志的条文为强制性条文，必须严格执行。本规范将来可能需要进行局部修订，有关局部修订的信息和条文内容将刊登在《工程建设标准化》杂志上。

本规范由建设部负责管理和对强制性条文的解释，北京市规划委员会负责具体管理，北京市市政工程设计研究总院负责具体技术内容的解释。

为提高规范的质量，请各单位在执行本规范过程中，结合工程实践，认真总结经验，并将意见和建议寄交北京市市政工程设计研究总院（地址：北京市西城区月坛南街乙二号；邮编：100045）。

本标准主编单位：北京市市政工程设计研究总院

参编单位：北京市煤气热力工程设计院

主要起草人员：沈世杰　刘雨生　雷宜泰
钟敞承　王乃震　舒亚俐

目　次

1 总 则

1.0.1 为贯彻执行《中华人民共和国建筑法》和《中华人民共和国防震减灾法》，并施行以预防为主的方针，使室外给水、排水和燃气、热力工程设施经抗震设防后，减轻地震破坏，避免人员伤亡，减少经济损失，特制订本规范。

1.0.2 按本规范进行抗震设计的构筑物及管网，当遭遇低于本地区抗震设防烈度的多遇地震影响时，一般不致损坏或不需修理仍可继续使用。当遭遇本地区抗震设防烈度的地震影响时，构筑物不需修理或经一般修理后仍能继续使用；管网震害可控制在局部范围内，避免造成次生灾害。当遭遇高于本地区抗震设防烈度预估的罕遇地震影响时，构筑物不致严重损坏，危及生命或导致重大经济损失；管网震害不致引发严重次生灾害，并便于抢修和迅速恢复使用。

1.0.3 抗震设防烈度为6度及高于6度地区的室外给水、排水和燃气、热力工程设施，必须进行抗震设计。

1.0.4 抗震设防烈度应按国家规定的权限审批、颁发的文件（图件）确定。

1.0.5 本规范适用于抗震设防烈度为6度至9度地区的室外给水、排水和燃气、热力工程设施的抗震设计。

对抗震设防烈度高于9度或有特殊抗震要求的工程抗震设计，应按专门研究的规定设计。

注：本规范以下条文中，一般略去“抗震设防烈度”表叙字样，对“抗震设防烈度为6度、7度、8度、9度”简称为“6度、7度、8度、9度”。

1.0.6 抗震设防烈度可采用现行的中国地震动参数区划图的地震基本烈度（或与本规范设计基本地震加速度值对应的烈度值）；对已编制抗震设防区划的地区或厂站，可按经批准的抗震设防区划确认的抗震设防烈度或抗震设计地震动参数进行抗震设防。

1.0.7 对室外给水、排水和燃气、热力工程系统中的下列建、构筑物（修复困难或导致严重次生灾害的建、构筑物），宜按本地区抗震设防烈度提高一度采取抗震措施（不作提高一度抗震计算），当抗震设防烈度为9度时，可适当加强抗震措施。

1 给水工程中的取水构筑物和输水管道、水质净化处理厂内的主要水处理构筑物和变电站、配水井、送水泵房、氯库等；

2 排水工程中的道路立交处的雨水泵房、污水处理厂内的主要水处理构筑物和变电站、进水泵房、沼气发电站等；

3 燃气工程厂站中的贮气罐、变配电室、泵房、贮瓶库、压缩间、超高压至高压调压间等；

4 热力工程主干线中继泵站内的主厂房、变配电室等。

1.0.8 对位于设防烈度为6度地区的室外给水、排水和燃气、热力工程设施，可不作抗震计算；当本规范无特别规定时，抗震措施应按7度设防的有关要求采用。

1.0.9 室外给水、排水和燃气、热力工程中的房屋建筑的抗震设计，应按现行的《建筑抗震设计规范》GB 50011执行；水工建筑物的抗震设计，应按现行的《水工建筑物抗震设计规范》SDJ 10执行；本规范中未列入的构筑物的抗震设计，应按现行的《构筑物抗震设计规范》GB 50191执行。

2 主要术语、符号

2.1 术 语

2.1.1 地震作用 earthquake action

由地震动引起的结构动态作用，包括水平地震作用和竖向地震作用。

2.1.2 抗震设防烈度 seismic fortification intensity

按国家规定的权限批准作为一个地区抗震设防依据的地震烈度。

2.1.3 设计地震动参数 design parameter of ground motion

抗震设计采用的地震加速度（速度、位移）时程曲线、加速度反应谱和峰值加速度。

2.1.4 设计基本加速度 design basic acceleration of ground motion

50 年设计基准期超越概率 10% 的地震加速度的设计取值。

2.1.5 设计特征周期 design characteristic period of ground motion

抗震设计采用的地震影响系数曲线中，反映地震震级、震中距和场地类别等因素的下降段起点对应的周期值。

2.1.6 场地 site

工程群体所在地，具有相同的反应谱特征。其范围相当于厂区、居民小区和自然村或不小于 $1.0km^2$ 的平面面积。

2.1.7 抗震概念设计 seismic conceptual design

根据地震震害和工程经验所获得的基本设计原则和设计思想，进行结构总体布置并确定细部抗震措施的过程。

2.1.8 抗震措施 seismic fortification measures

除地震作用计算和抗震计算以外的抗震内容，包括抗震构造措施。

2.2 符 号

2.2.1 作用和作用效应

F_{EK}、F_{EVK}——结构上的水平、竖向地震作用的标准值；

G_E、G_{eq}——地震时结构（构件）的重力荷载代表值、等效总重力荷载代表值；

p——基础底面压力；

s——地震作用效应与其他荷载效应的基本组合；

s_E——地震作用效应（弯矩、轴向力、剪力、应力和变形）；

s_K——作用、荷载标准值的效应；

$\Delta_{pl,k}$——地震引起半个视波长范围内管道沿管轴向的位移量标准值。

2.2.2 材料性能和抗力

f、f_K、f_E——各种材料的强度设计值、标准值和抗震设计值；

K——结构（构件）的刚度；

R——结构构件承载力；

$[u_a]$——管道接头的允许位移量。

2.2.3 几何参数

A——构件截面面积；

d——土层深度或厚度；

H——结构高度、池壁高度；

H_w——池内水深；

L——剪切波的波长；

l——构件长度；

l_p——每根管子的长度。

2.2.4 计算参数

f_w——动水压力系数；

α——水平地震影响系数；

α_{max}、α_{Vmax}——水平地震、竖向地震影响系数最大值；

γ_{RE}——承载力抗震调整系数；

η——地震作用效应调整系数；

ψ——拉杆影响系数；

ψ_λ——结构杆件长细比影响系数；

ζ_t——沿管道方向的位移传递系数。

3 抗震设计的基本要求

3.1 规划与布局

3.1.1 位于地震区的大、中城市中的给水水源、燃气气源、集中供热热源和排水系统，应符合下列要求：

1 水源、气源和热源的设置不宜少于两个，并应在规划中确认布局在城市的不同方位；

2 对取地表水作为主要水源的城市，在有条件时宜配置适量的取地下水备用水源井；

3 在统筹规划、合理布局的前提下，用水较大的工业企业宜自建水源供水；

4 排水系统宜分区布局，就近处理和分散出口。

3.1.2 地震区的大、中城市中给水、燃气和热力的管网和厂站布局，应符合下列要求：

1 给水、燃气干线应敷设成环状；

2 热源的主干线之间应尽量连通；

3 净水厂、具有调节水池的加压泵房、水塔和燃气贮配站、门站等，应分散布置。

3.1.3 排水系统内的干线与干线之间，宜设置连通管。

3.2 场地影响和地基、基础

3.2.1 对工程建设的场地，应根据工程地质、地震地质资料及地震影响按下列规定判别出有利、不利和危险地段：

1 坚硬土或开阔平坦密实均匀的中硬土地段，可判为有利建设场地；

2　软弱土、液化土、非岩质的陡坡、条状突出的山嘴、高耸孤立的山丘、河岸边缘、断层破碎地带、故河道及暗埋的塘浜沟谷地段，应判为不利建设场地；

3　地震时可能发生滑坡、崩塌、地陷、地裂、泥石流等及发震断裂带上可能发生地表错位的地段，应判为危险建设场地。

3.2.2　建设场地的选择，应符合下列要求：

1　宜选择有利地段；

2　应尽量避开不利地段；当无法避开时，应采取有效的抗震措施；

3　不应在危险地段建设。

3.2.3　位于Ⅰ类场地上的构筑物，可按本地区抗震设防烈度降低一度采取抗震构造措施，但设计基本地震加速度为 $0.15g$ 和 $0.30g$ 地区不降；计算地震作用时不降；抗震设防烈度为6度时不降。

3.2.4　对地基和基础的抗震设计，应符合下列要求：

1　当地基受力层范围内存在液化土或软弱土层时，应采取措施防止地基承载力失效、震陷和不均匀沉降导致构筑物或管网结构损坏。

2　同一结构单元的构筑物不宜设置在性质截然不同的地基土上，并不宜部分采用天然地基、部分采用桩基等人工地基。当不可避免时，应采取有效措施避免震陷导致损坏结构，例如设置变形缝分离，加设垫褥等方法。

3　同一结构单元的构筑物，其基础宜设置在同一标高上；当不可避免存在高差时，基础应缓坡相接，缓坡坡度不宜大于1:2。

4　当构筑物基底受力层内存在液化土、软弱黏性土或严重不均匀土层时，虽经地基处理，仍应采取措施加强基础的整体性和刚度。

3.3　地震影响

3.3.1　工程设施所在地区遭受的地震影响，应采用相应于抗震设防烈度的设计基本地震加速度和设计特征周期或本规范第1.0.5条规定的设计地震动参数作为表征。

3.3.2　抗震设防烈度和设计基本地震加速度取值的对应关系，应符合表3.3.2的规定。设计基本地震加速度为 $0.15g$ 和 $0.30g$ 地区的工程设施，应分别按抗震设防烈度7度和8度的要求进行抗震设计。

表 3.3.2　抗震设防烈度和设计基本地震加速度的对应关系

抗震设防烈度	6	7	8	9
设计基本地震加速度	$0.05g$	$0.10g$ $(0.15g)$	$0.20g$ $(0.30g)$	$0.40g$

注：g 为重力加速度。

3.3.3　设计特征周期应根据工程设施所在地区的设计地震分组和场地类别确定。本规范的设计地震共分为三组。

3.3.4　我国主要城镇（县级及县级以上城镇）中心地区的抗震设防烈度、设计基本地震加速度值和所属的设计地震分组，可按本规范附录A采用。

3.4　抗震结构体系

3.4.1　抗震结构体系应根据建筑物、构筑物和管网的使用功能、材质、建设场地、地基地质、施工条件和抗震设防要求等因素，经技术经济综合比较后确定。

3.4.2 给水、排水和燃气、热力工程厂站中建筑物的建筑设计中有关规则性的抗震概念设计要求，应按现行《建筑抗震设计规范》GB 50011 的规定执行。

3.4.3 构筑物的平面、竖向布置，应符合下列要求：

1 构筑物的平面、竖向布置宜规则、对称，质量分布和刚度变化宜均匀；相邻各部分间刚度不宜突变。

2 对体型复杂的构筑物，宜设置防震缝将结构分成规则的结构单元；当设置防震缝有困难时，应对结构进行整体抗震计算，针对薄弱部位，采取有效的抗震措施。

3 防震缝应根据抗震设防烈度、结构类型及材质、结构单元间的高差留有足够宽度，其两侧上部结构应完全分开，基础可不分；当防震缝兼作变形缝（伸缩、沉降）时，基础亦应分开。变形缝的缝宽，应符合防震缝的要求。

3.4.4 构筑物和管道的结构体系，应符合下列要求：

1 应具有明确的计算简图和合理的地震作用传递路线；

2 应避免部分结构或构件破坏而导致整个体系丧失承载能力；

3 同一结构单元应具有良好的整体性；对局部削弱或突变形成的薄弱部位，应采取加强措施。

3.4.5 结构构件及其连接，应符合下列要求：

1 混凝土结构构件应合理选择截面尺寸及配筋，避免剪切先于弯曲破坏、混凝土压溃先于钢筋屈服，钢筋锚固先于构件破坏；

2 钢结构构件应合理选择截面尺寸，防止局部或整体失稳；

3 构件节点的承载力，不应低于其连接构件的承载力；

4 装配式结构的连接，应能保证结构的整体性；

5 管道与构筑物、设备的连接处（含一定距离内），应配置柔性构造措施；

6 预应力混凝土构件的预应力钢筋，应在节点核心区以外锚固。

3.5 非结构构件

3.5.1 非结构构件，包括建筑非结构构件和各种设备，这类构件自身及其与结构主体的连接，应由相关专业人员分别负责进行抗震设计。

3.5.2 围护墙、隔墙等非承重受力构件，应与主体结构有可靠连接；当位于出入口、通道及重要设备附近处，应采取加强措施。

3.5.3 幕墙、贴面等装饰物，应与主体结构有可靠连接。不宜设置贴镶或悬吊较重的装饰物，当必要时应加强连接措施或防护措施，避免地震时脱落伤人。

3.5.4 各种设备的支座、支架和连接，应满足相应烈度的抗震要求。

3.6 结构材料与施工

3.6.1 给水、排水和燃气、热力工程厂站中建筑物的结构材料与施工要求，应符合现行《建筑抗震设计规范》GB 50011 的规定。

3.6.2 钢筋混凝土盛水构筑物和地下管道管体的混凝土等级，不应低于 C 25。

3.6.3 砌体结构的砖砌体强度等级不应低于 MU10，块石砌

体的强度等级不应低于 MU20；砌筑砂浆应采用水泥砂浆，其强度等级不应低于 M7.5。

3.6.4 在施工过程中，不宜以屈服强度更高的钢筋替代原设计的受力钢筋；当不能避免时，应按钢筋强度设计值相等的原则换算，并应满足正常使用极限状态和抗震要求的构造措施规定。

3.6.5 毗连构筑物及与构筑物连接的管道，当坐落在回填土上时，回填土应严格分层压实，其压实密度应达到该回填土料最大压实密度的95%～97%。

3.6.6 混凝土构筑物和现浇混凝土管道的施工缝处，应严格剔除浮浆、冲洗干净，先铺水泥浆后再进行二次浇筑，不得在施工缝处铺设任何非胶结材料。

4 场地、地基和基础

4.1 场 地

4.1.1 建（构）筑物、管道场地的类别划分，应以土层的等效剪切波速和场地覆盖层厚度的综合影响作为判别依据。

4.1.2 在场地勘察时，对测定土层剪切波速的钻孔数量，应符合下列要求：

1 在初勘阶段，对大面积同一地质单元，应为控制性钻孔数量的1/3～1/5；对山间河谷地区可适量减少，但不宜少于3个孔。

2 在详勘阶段，对每个建（构）筑物不宜少于2个孔，当处于同一地质单元，且建（构）筑物密集时，虽测孔数可适量减少，但不得少于1个。对地下管道不应少于控制性钻孔的1/2。

4.1.3 对厂站内的小型附属建（构）筑物或埋地管道，当无实测剪切波速或实测数量不足时，可根据各层岩土名称及性状，按表4.1.3划分土的类型，并依据当地经验或已测得的少量剪切波速数据，参照表4.1.3内给出的波速范围内判定各土层的剪切波速。

表 4.1.3 土的类型划分和剪切波速范围

土的类型	岩土名称和性状	剪切波速范围（m/s）
坚硬土或岩石	稳定岩石，密实的碎石土。	$V_S > 500$

续表 4.1.3

土的类型	岩土名称和性状	剪切波速范围（m/s）
中硬土	中密、稍密的碎石土，密实、中密的砾、粗、中砂，$f_{ak}>200$ 的粘性土和粉土，坚硬黄土。	$500\geqslant V_S>250$
中软土	稍密的砾、粗、中砂，除松散外的细、粉砂，$f_{ak}\leqslant 200$ 的粘性土和粉土，$f_{ak}\geqslant 130$ 的填土，可塑黄土。	$250\geqslant V_S>140$
软弱土	淤泥和淤泥质土，松散的砂，新近沉积的粘性土和粉土，$f_{ak}<130$ 的填土，新近堆积黄土和流塑黄土。	$V_S\leqslant 140$
注：f_{ak}为地基静承载力特征值（kPa）； V_S 为岩土剪切波速。		

4.1.4 工程场地覆盖层厚度的确定，应符合下列要求：

1 一般情况下，应按地面至剪切波速大于 500m/s 土层顶面的距离确定；

2 当地面 5m 以下存在剪切波速大于相邻上层土剪切波速的 2.5 倍的土层，且其下卧土层的剪切波速均不小于 400m/s 时，可取地面至该土层顶面的距离确定。

3 剪切波速大于 500m/s 的孤石、透镜体，应视同周围土层；

4 土层中的火山岩硬夹层，应视为刚体，其厚度应从覆盖土层中扣除。

4.1.5 土层等效剪切波速应按下列公式计算

$$V_{se}=\frac{d_0}{t} \quad (4.1.5\text{-}1)$$

$$t=\sum_{i=1}^{n}\left(\frac{d_i}{V_{si}}\right) \quad (4.1.5\text{-}2)$$

式中 V_{se}——土层等效剪切波速（m/s）；

d_0——计算深度（m），取覆盖层厚度和 20m 两者的较小值；

t——剪切波在地表与计算深度之间传播的时间（s）；

d_i——计算深度范围内第 i 土层的厚度（m）；

n——计算深度范围内土层的分层数；

V_{si}——计算深度范围内第 i 层土层的剪切波速（m/s）。

4.1.6 建（构）筑物和管道的场地类别，应根据土层等效剪切波速和场地覆盖层厚度按表 4.1.6 的划分确定。

表 4.1.6 场地类别划分表

等效剪切波速（m/s） \ 覆盖层厚度（m） \ 场地类别	Ⅰ	Ⅱ	Ⅲ	Ⅳ
$V_{se}>500$	0			
$500\geqslant V_{se}>250$	<5	≥5		
$250\geqslant V_{se}>140$	<3	3~50	>50	
$V_{se}\leqslant 140$	<3	3~15	16~80	>80

4.1.7 当厂站或埋地管道工程的场地遭遇发震断裂时，应对断裂影响做出评价。符合下列条件之一者，可不考虑发震断裂错动对建（构）筑物和埋地管道的影响。

1 抗震设防烈度小于 8 度；

2 非全新世活动断裂；

3 抗震设防烈度为 8 度、9 度地区，前第四纪基岩隐伏断裂的土层覆盖厚度分别大于 60m、90m。

当不能满足上述条件时，首先应考虑避开主断裂带，其避开距离不宜少于表 4.1.7 的规定。如管道无法避免时，应采取必要的抗震措施或控制震害的应急措施。

表 4.1.7 避开发震断裂的最小距离表（m）

烈度 \ 工程类别	厂 站	管道工程	
		输水、气、热	配管、排水管
8	300	300	200
9	500	500	300

注：1 避开距离指至主断裂外缘的水平距离。
2 厂站的避开距离应为主断裂带外缘至厂站内最近建（构）筑物的距离。

4.1.8 当需要在条状突出的山嘴、高耸孤立的山丘、非岩质的陡坡、河岸和边坡边缘等抗震不利地段建造建（构）筑物时，除应确保其在地震作用下的稳定性外，尚应考虑该场地的震动放大作用。相应各种条件下地震影响系数的放大系数（λ），可按表 4.1.8 采用。

表 4.1.8 地震影响系数的放大系数 λ 表

突出台地坡降 H/L \ $\frac{B}{H}$ \ 突出高度 H(m)	岩质地层	$H<20$	$20\leq H<40$	$40\leq H<60$	$H\geq 60$
	非岩质地层	$H<5$	$5\leq H<15$	$15\leq H<25$	$H\geq 25$
$\frac{H}{L}<0.3$	$\frac{B}{H}<2.5$	1.00	1.10	1.20	1.30
	$2.5\leq\frac{B}{H}<5$	1.00	1.06	1.12	1.18
	$\frac{B}{H}\geq 5$	1.00	1.03	1.06	1.09

续表 4.1.8

突出台地坡降 H/L \ $\frac{B}{H}$ \ 突出高度 H(m)	岩质地层	$H<20$	$20\leq H<40$	$40\leq H<60$	$H\geq 60$
	非岩质地层	$H<5$	$5\leq H<15$	$15\leq H<25$	$H\geq 25$
$0.3\leq\frac{H}{L}<0.6$	$\frac{B}{H}<2.5$	1.10	1.20	1.30	1.40
	$2.5\leq\frac{B}{H}<5$	1.06	1.12	1.18	1.24
	$\frac{B}{H}\geq 5$	1.03	1.06	1.09	1.12
$0.6\leq\frac{H}{L}<1.0$	$\frac{B}{H}<2.5$	1.20	1.30	1.40	1.50
	$2.5\leq\frac{B}{H}<5$	1.12	1.18	1.24	1.30
	$\frac{B}{H}\geq 5$	1.06	1.09	1.12	1.15
$\frac{H}{L}\geq 1.0$	$\frac{B}{H}<2.5$	1.30	1.40	1.50	1.60
	$2.5\leq\frac{B}{H}<5$	1.18	1.24	1.30	1.36
	$\frac{B}{H}\geq 5$	1.09	1.12	1.15	1.18

注：表中 B 为建（构）筑物至突出台地边缘的距离；
L 为突出台地边坡的水平长度。

4.1.9 对场地岩土工程勘察，除应按国家有关标准的规定执行外，尚应根据实际需要划分对抗震有利、不利和危险的地段，并提供建设场地类别及岩土的地震稳定性（滑坡、崩塌、液化及震陷特性等）评价。

4.2 天然地基和基础

4.2.1 天然地基上的埋地管道和下列建（构）筑物，可不进行地基和基础的抗震验算：

1 本规范规定可不进行抗震验算的建（构）筑物；

2 设防烈度为7度、8度或9度时，水塔及地基的静力承载力标准值分别大于80、100、120kPa且高度不超过25m的建（构）筑物。

4.2.2 对天然地基进行抗震验算时，应采用地震作用效应标准组合；相应地基抗震承载力应取地基承载力特征值乘以地基抗震承载力调整系数确定。

4.2.3 地基土的抗震承载力应按下式计算：

$$f_{aE} = f_a \cdot \zeta_a \tag{4.2.2}$$

式中 f_{aE}——调整后的地基抗震承载力；

f_a——深宽修正后的地基土承载力特征值，应按现行《建筑地基基础设计规范》GB 50007的规定确定；

ζ_a——地基抗震承载力调整系数，应按表4.2.3采用。

表 4.2.3 地基土抗震承载力调整系数（ζ_a）

岩土名称和性状	ζ_a
岩石，密实的碎石土，密实的砾、粗、中砂，$f_{aK} \geqslant 300$kPa 的粘性土和粉土。	1.5
中密、稍密的碎石土，中密、稍密的砾、粗、中、砂，密实、中密的细、粉砂，150kPa $\leqslant f_{aK} <$ 300kPa 的粘性土和粉土，坚硬黄土。	1.3
稍密的细、粉砂，100kPa $\leqslant f_{aK} <$ 150kPa 的粘性土和粉土，新近沉积的粘性土和粉土，可塑黄土。	1.1
淤泥，淤泥质土，松散的砂，填土，新近堆积黄土。	1.0

4.2.4 对天然地基验算地震作用下的竖向承载力时，应符合下式要求：

$$p \leqslant f_{aE} \tag{4.2.3-1}$$

$$p_{max} \leqslant 1.2 f_{aE} \tag{4.2.3-2}$$

式中 p——在地震作用效应标准组合下的基底平均压力；

p_{max}——在地震作用效应标准组合下的基底最大压力。

对高宽比大于4的建（构）筑物，在地震作用下基础底面不宜出现零压应力区；其他建（构）筑物允许出现零压应力区，但其面积不应超过基础底面积的15%。

4.2.5 设防烈度为8度或9度，当建（构）筑物的地基土持力层为软弱粘性土（f_{aK}小于100kPa、120kPa）时，对下列建（构）筑物应进行抗震滑动验算：

1 矩形敞口地面式水池，底板为分离式的独立基础挡水墙。

2 地面式泵房等厂站构筑物，未设基础梁的柱间支撑部位的柱基等。

验算时，抗滑阻力可取基础底面上的摩擦力与基础正侧面上的水平土抗力之和。水平土抗力的计算取值不应大于被动土压力的1/3。抗滑安全系数不应小于1.10。

4.3 液化土和软土地基

4.3.1 饱和砂土或粉土（不含黄土）的液化判别及相应的地基处理，对位于设防烈度为6度地区的建（构）筑物和管道工程可不考虑。

4.3.2 在地面以下15m或20m范围内的饱和砂土或粉土（不含黄土），当符合下列条件之一时，可初步判为不液化或不考虑液化影响：

1 地质年代为第四纪晚更新世（Q_3）及其以前、设防烈度为7度、8度时；

2 粉土的黏粒（粒径小于0.005mm的颗粒）含量百分率，7度、8度和9度分别不小于10、13和16时；

注：黏粒含量判别系采用六偏磷酸钠作分散剂测定，采用其他方法时应按有关规定换算。

3 当上覆非液化土层厚度和地下水位深度符合下列条件之一时，可不考虑液化影响：

$$d_u > d_0 + d_b - 2 \quad (4.3.2\text{-}1)$$

$$d_w > d_0 + d_b - 3 \quad (4.3.2\text{-}2)$$

$$d_u + d_w > 1.5d_0 + d_b - 4.5 \quad (4.3.2\text{-}3)$$

式中 d_u——上覆盖非液化土层厚度（m），淤泥和淤泥质土层不宜计入；

d_w——地下水位深度（m），宜按工程使用期内的年平均最高水位采用；当缺乏可靠资料时，也可按近期内年最高水位采用；

d_b——基础埋置深度（m），当不大于2m时，应按2m计算；

d_0——液化土特征深度（m），可按表4.3.2采用。

表 4.3.2 液化土特征深度（m）

饱和土类别 \ 设防烈度	7	8	9
粉土	6	7	8
砂土	7	8	9

4.3.3 饱和砂土或粉土经初步液化判别后，确认需要进一步做液化判别时，应采用标准贯入试验法。当标准贯入锤击数实测值（未经杆长修正）小于液化判别标准贯入锤击数临界值时，应判为液化土。

液化判别标准贯入锤击数临界值可按下式计算：

1 当 $d_s \leqslant 15$m 时：

$$N_{cr} = N_0[0.9 + 0.1(d_s - d_w)]\sqrt{\frac{3}{\rho_c}} \quad (4.3.3\text{-}1)$$

2 当 $d_s \geqslant 15$m 时（适用于基础埋深大于5m或采用桩基时）：

$$N_{cr} = N_0(2.4 - 0.1d_w)\sqrt{\frac{3}{\rho_c}} \quad (4.3.3\text{-}2)$$

式中 d_s——标准贯入点深度（m）；

N_{cr}——液化判别标准贯入锤击数临界值；

N_0——液化判别标准贯入锤击数基准值，应按表4.3.3采用；

ρ_c——粘粒含量百分率，当小于3或为砂土时应取3计算。

表 4.3.3 标准贯入锤击数基准值（N_0）

设计地震分组 \ 设防烈度	7	8	9
第一组	6（8）	10（13）	16
第二、三组	8（10）	12（15）	18

注：括号内数值适用于设计基本地震加速度为0.15g和0.30g的地区。

4.3.4 当地基中15m或20m深度内存在液化土层时，应探明各液化土层的深度和厚度，并按下式计算每个钻孔的液化指数：

$$I_{lE} = \sum_{i=1}^{n}\left(1 - \frac{N_i}{N_{cri}}\right)d_i w_i \qquad (4.3.4)$$

式中 I_{lE}——液化指数；

n——每一个钻孔 15m 或 20m 深度范围内液化土中标准贯入试验点的总数；

N_i、N_{cri}——分别为深度 i 点处标准贯入锤击数的实测值和临界值，当实测值大于临界值时应取临界值的数值；

d_i——i 点所代表的土层厚度（m），可采用与该标准贯入试验点相邻的上、下两标准贯入试验点深度差的一半，但上界不高于地下水位深度，下界不深于液化深度；

w_i——i 土层考虑单位土层厚度的层位影响权函数值（单位为 m^{-1}），当该层中点的深度不大于 5m 时应取 10，等于 15m 或 20m（根据判别深度）时应取为 0，5～15m 或 20m 时应按线性内插法取值。

注：对第 1.0.7 条规定的构筑物，可按本地区抗震设防烈度的要求计算液化指数。

4.3.5 对存在液化土层的地基，应根据其钻孔的液化指数按表 4.3.5 确定液化等级。

表 4.3.5 液化等级划分表

判别深度 \ 液化等级	轻微	中等	严重
15	$0 < I_{lE} \leq 5$	$5 < I_{lE} \leq 15$	$I_{lE} > 15$
20	$0 < I_{lE} \leq 6$	$6 < I_{lE} \leq 18$	$I_{lE} > 18$

4.3.6 未经处理的液化土层一般不宜作为天然地基的持力层。对地基的抗液化处理措施，应根据建（构）筑物和管道工程的使用功能、地基的液化等级，按表 4.3.6 的规定选择采用。

表 4.3.6 抗液化措施

工程项目类别 \ 液化等级		轻微	中等	严重
第 1.0.6 条规定的工程项目		B 或 C	A 或 B + C	A
厂站内其他建（构）筑物		C	B 或 C	A 或 B + C
管道	输水、气、热干线	D	C	B + C
	配管主干线	D	C	B + D
	一般配管	不采取措施	D	C

注：A——全部消除地基液化沉陷；
B——部分消除地基液化沉陷；
C——减小不均匀沉陷、提高结构对不均匀沉陷的适应能力；
D——提高管道结构适应不均匀沉陷的能力。

4.3.7 全部消除地基液化沉陷的措施，应符合下列要求：

1 采用桩基时，应符合本章第 4 节有关条款的要求；

2 采用深基础时，基础底面应埋入液化深度以下的稳定土层中，其埋入深度不应小于 500mm；

3 采用加密法（如振冲、振动加密、碎石桩挤密，强夯等）加固时，处理深度应达到液化深度下界；处理后桩间土的标准贯入锤击数实测值不宜小于相应的液化标准贯入锤击数临界值（N_{cr}）。

4 采用换土法时，应挖除全部液化土层；

5 采用加密法或换土法时，其处理宽度从基础底面外边缘算起，不应小于基底处理深度的1/2，且不应小于2m。

4.3.8 部分清除地基液化沉陷的措施，应符合下列要求：

1 处理深度应使处理后的地基液化指数不大于4（判别深度为15m时）或5（判别深度为20m时）；对独立基础或条形基础，尚不应小于基底液化土层特征深度值（d_0）和基础宽度的较大值。

2 土层当采用振冲或挤密碎石桩加固时，加固后的桩间土的标准贯入锤击数，应符合4.3.7条3款的要求。

3 基底平面的处理宽度，应符合4.3.7条5款的要求。

4.3.9 减轻液化沉陷影响，对建（构）筑物基础和上部结构的处理，可根据工程具体情况采用下列各项措施：

1 选择合适的基础埋置深度；

2 调整基础底面积，减少基础偏心；

3 加强基础的整体性和刚度，如采用整体底板（筏基）等；

4 减轻荷载，增强上部结构的整体性、刚度和均匀对称性，合理设置沉降缝，对敞口式构筑物的壁顶加设圈梁等。

4.3.10 提高管道适应液化沉陷能力，应符合下列要求：

1 对埋地的输水、气、热力管道，宜采用钢管；

2 对埋地的承插式接口管道，应采用柔性接口；

3 对埋地的矩形管道，应采用钢筋混凝土现浇整体结构，并沿线设置具有抗剪能力的变形缝，缝宽不宜小于20mm，缝距一般不宜大于15m；

4 当埋地圆形钢筋混凝土管道采用预制平口接头管时，应对该段管道做钢筋混凝土满包，纵向钢筋的总配筋率不宜小于0.3%；并应沿线加密设置变形缝（构造同3款要求），缝距一般不宜大于10m；

5 架空管道应采用钢管，并应设置适量的活动、可挠性连接构造。

4.3.11 设防烈度为8度、9度地区，当建（构）筑物地基主要受力层内存在淤泥、淤泥质土等软弱黏性土层时，应符合下列要求：

1 当软弱黏性土层上覆盖有非软土层，其厚度不小于5m（8度）或8m（9度）时，可不考虑采取消除软土震陷的措施。

2 当不满足要求时，消除震陷可采用桩基或其他地基加固措施。

4.3.12 厂站建（构）筑物或地下管道傍故河道、现代河滨、海滨、自然或人工坡边建造，当地基内存在液化等级为中等或严重的液化土层时，宜避让至距常时水线150m以外；否则应对地基做有效的抗滑加固处理，并应通过抗滑动验算。

4.4 桩 基

4.4.1 设防烈度为7度或8度地区，承受竖向荷载为主的低承台桩基，当地基无液化土层时，可不进行桩基抗震承载力验算。

4.4.2 当地基无液化土层时，低承台桩基的抗震验算，应符合下列规定：

1 单桩的竖向和水平向抗震承载力设计值，可比静载时提高25%；

2 当承台四周侧面的回填土的压实系数不低于90%时，可考虑承台正面填土抗力与桩共同承担水平地震作用，但不应计入承台底面与地基土间的摩擦力。

承台正面填土的土抗力，可按朗金被动土压力的 1/3 计算。

4.4.3 当地基内存在液化土层时，低承台的抗震验算，应符合下列规定：

1 对一般浅基础不宜计入承台正面填土的土抗力作用；

2 当桩承台底面上、下分别有厚度不小于 1.5m、1.0m 的非液化土层时，可按下列两种情况进行桩的抗震验算，并按不利情况设计：

（1）桩承受全部地震作用，桩承载力按本节第 4.4.2 条规定采用，但液化土的桩周摩阻力及桩水平抗力均应乘以表 4.4.3 所列的折减系数；

表 4.4.3 土层液化影响折减系数

λ_N	深度 d_s（m）	折减系数
$\lambda_N \leqslant 0.6$	$d_s < 10$	0
	$10 < d_s \leqslant 20$	1/3
$0.6 < \lambda_N \leqslant 0.8$	$d_s < 10$	1/3
	$10 < d_s \leqslant 20$	2/3
$0.8 < \lambda_N \leqslant 1.0$	$d_s < 10$	2/3
	$10 < d_s \leqslant 20$	1

注：λ_N 为液化土层的标准贯入锤击数实测值与相应的临界值之比。

（2）地震作用按水平地震影响系数最大值的 10%采用，桩承载力按本节第 4.4.2 条规定采用，但应扣除液化土层的全部摩阻力及桩承台下 2m 深度范围内非液化土的桩周摩阻力。

4.4.4 厂站内的各类盛水构筑物，其基础为整体式筏基，当采用预制桩或其他挤土桩，且桩距不大于 4 倍桩径时，打桩后桩间土的标准贯入锤击数达到不液化要求时，其单桩承载力可不折减，但对桩尖持力层做强度校核时，桩群外侧的应力扩散角应取为零。

4.4.5 处于液化土中的桩基承台周围，应采用非液化土回填夯实。

4.4.6 存在液化土层的桩基，桩的箍筋间距应加密，宜与桩顶部相同，加密范围应自桩顶至液化土层下界面以下 2 倍桩径处；在此范围内，桩的纵向钢筋亦应与桩顶保持一致。

5 地震作用和结构抗震验算

5.1 一 般 规 定

5.1.1 各类厂站构筑物的地震作用，应按下列规定确定：

1 一般情况下，应对构筑物结构的两个主轴方向分别计算水平向地震作用，并进行结构抗震验算；各方向的水平地震作用，应由该方向的抗侧力构件全部承担。

2 设有斜交抗侧力构件的结构，应分别考虑各抗侧力构件方向的水平地震作用。

3 设防烈度为 9 度时，水塔、污泥消化池等盛水构筑物、球形贮气罐、水槽式螺旋轨贮气罐、卧式圆筒形贮气罐应计算竖向地震作用。

5.1.2 各类构筑物的结构抗震计算，应采用下列方法：

1 湿式螺旋轨贮气罐以及近似于单质点体系的结构，可采用底部剪力法计算；

2 除第 1 款规定外的构筑物，宜采用振型分解反应谱法计算。

5.1.3 管道结构的抗震计算，应符合下列规定：

1 埋地管道应计算地震时剪切波作用下产生的变位或应变；

2 架空管道可对支承结构作为单质点体系进行抗震计算。

5.1.4 计算地震作用时，构筑物（含架空管道）的重力荷载代表值应取结构构件、防水层、防腐层、保温层（含上覆土层）、固定设备自重标准值和其他永久荷载标准值（侧土压力、内水压力）、可变荷载标准值（地表水或地下水压力等）之和。可变荷载标准值中的雪荷载、顶部和操作平台上的等效均布荷载，应取 50% 计算。

5.1.5 一般构筑物的阻尼比（ζ）可取 0.05，其水平地震影响系数应根据烈度、场地类别、设计地震分组及结构自振周期按图 5.1.5 采用，其形状参数应符合下列规定：

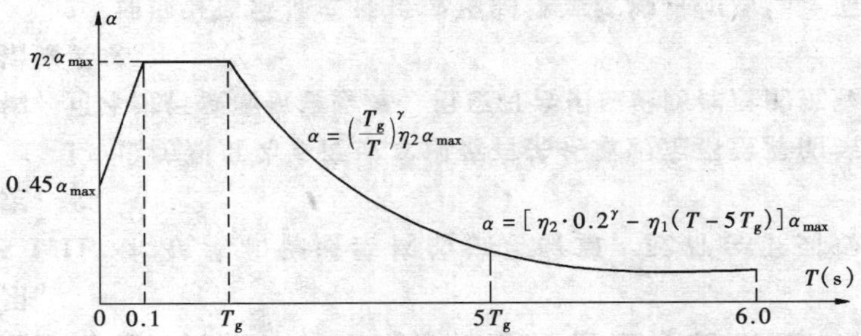

图 5.1.5 地震影响系数曲线

α—地震影响系数；α_{max}—水平地震影响系数最大值；T_g—特征周期；T—结构自振周期；η_1—直线下降段斜率调整系数；η_2—阻尼调整系数；γ—衰减指数。

1 周期小于 0.1s 的区段，应为直线上升段。

2 自 0.1s 至特征周期区段，应为水平段，相应阻尼调整系数为 1.0，地震影响系数为最大值 α_{max}，应按本规范 5.1.7 条规定采用。

3 自特征周期 T_g 至 5 倍特征周期区段，应为曲线下降段，其衰减指数（γ）应采用 0.9。

4 自 5 倍特征周期至 6s 区段，应为直线下降段，其下降斜率调整系数（η_i）应取 0.02。

5　特征周期应根据本规范附录 A 列出的设计地震分组按表 5.1.5 的规定采用。

注：当结构自振周期大于 6.0s 时，地震影响系数应作专门研究确定。

表 5.1.5　特征周期值（s）

设计地震分组 \ 场地类别	Ⅰ	Ⅱ	Ⅲ	Ⅳ
第一组	0.25	0.35	0.45	0.65
第二组	0.30	0.40	0.55	0.75
第三组	0.35	0.45	0.65	0.90

5.1.6　当构筑物结构的阻尼比（ζ）不等于 0.05 时，其水平地震影响系数曲线仍可按图 5.1.5 确定，但形状参数应按下列规定调整：

1　曲线下降段的衰减指数应按下式确定：

$$\gamma = 0.9 + \frac{0.05 - \zeta}{0.5 + 5\zeta} \tag{5.1.6-1}$$

2　直线下降段的下降斜率调整系数应按下式确定：

$$\eta_1 = 0.02 + \frac{0.05 - \zeta}{8} \tag{5.1.6-2}$$

当 η_1 值小于零时，应取零。

5.1.7　水平地震影响系数最大值的取值，应符合下列规定：

1　当构筑物结构的阻尼比为 0.05 时，多遇地震的水平地震影响系数最大值应按表 5.1.7 采用。

表 5.1.7　多遇地震的水平地震影响系数最大值（$\zeta = 0.05$）

烈　度	6	7	8	9
α_{max}	0.04	0.08（0.12）	0.16（0.24）	0.32

注：括号中数值分别用于设计基本地震加速度取值为 $0.15g$ 和 $0.30g$ 的地区（本规范附录 A）。

2　当构筑物结构的阻尼比不等于 0.05 时，阻尼调整系数（η_2）应按下式计算：

$$\eta_2 = 1 + \frac{0.05 - \zeta}{0.06 + 1.7\zeta} \tag{5.1.7}$$

当 $\eta_2 < 0.55$ 时，应取 0.55。

5.1.8　构筑物结构的自振周期，可按本规范有关各章的规定确定；当采用实测周期时，应根据实测方法乘以 1.1～1.4 系数。

5.1.9　当考虑竖向地震作用时，竖向地震影响系数的最大值（α_{Vmax}）可取水平地震影响系数最大值的 65%。

5.1.10　当按水平地震加速度计算构筑物或管道结构的地震作用时，其设计基本地震加速度值应按表 3.3.2 采用。

5.1.11　构筑物和管道结构的抗震验算，应符合下列规定：

1　设防烈度为 6 度或本规范有关各章规定不验算的结构，可不进行截面抗震验算，但应符合相应设防烈度的抗震措施要求。

2　埋地管道承插式连接或预制拼装结构（如盾构、顶管等），应进行抗震变位验算。

3　除 1、2 款外的构筑物、管道结构均应进行截面抗震强度或应变量验算；对污泥消化池、挡墙式结构等，尚应进行抗震稳定验算。

5.2　构筑物的水平地震作用和作用效应计算

5.2.1　当采用基底剪力法时，结构的水平地震作用计算简图可按图 5.2.1 采用；水平地震作用标准值应按下列公式确定：

$$F_{EK} = \alpha_1 G_{eq} \quad (5.2.1\text{-}1)$$

$$F_i = \frac{G_i H_i}{\sum_{j=1}^{n} G_j \cdot H_j} \quad (5.2.1\text{-}2)$$

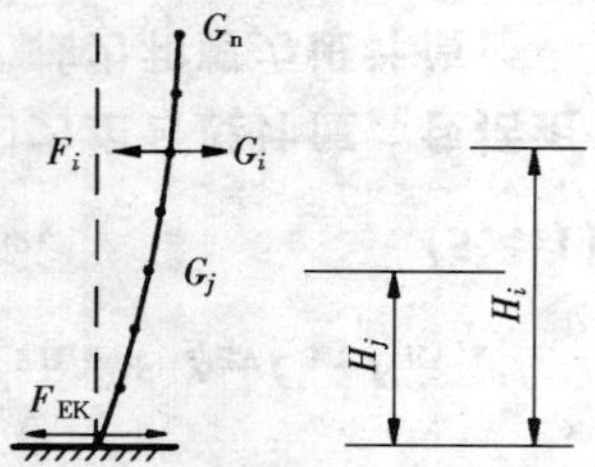

图 5.2.1 水平地震作用计算简图

式中 F_{EK}——结构总水平地震作用标准值；

α_1——相应于结构基本自振周期的水平地震影响系数值，应按本章第 5.1.5 条的规定确定；

G_{eq}——结构等效总重力荷载代表值；单质点应取总重力荷载代表值；多质点可取总重力荷载代表值的 85%；

G_i、G_j——分别为集中于质点 i、j 的重力荷载代表值，应按本章第 5.1.4 条规定确定；

F_i——质点 i 的水平地震作用标准值；

H_i、H_j——分别为质点 i、j 的计算高度。

5.2.2 当采用振型分解反应谱法时，可不计扭转影响的结构，应按下列规定计算水平地震作用和作用效应：

1 结构 j 振型 i 质点的水平地震作用标准值，应按下列公式确定：

$$F_{ji} = \alpha_j \cdot \gamma_j \cdot \chi_{ji} \cdot G_i \quad (5.2.2\text{-}1)$$

$$\gamma_j = \frac{\sum_{i=1}^{n} \chi_{ji} G_i}{\sum_{i=1}^{n} \chi_{ji}^2 G_i} \quad (5.2.2\text{-}2)$$

$(i = 1,2,\cdots n; j = 1,2,\cdots m)$

式中 F_{ji}——j 振型 i 质点的水平地震作用标准值；

α_j——相应于 j 振型自振周期的地震影响系数，应按本规范 5.1.5 条的规定确定；

x_{ji}——j 振型 i 质点的水平相对位移；

γ_j——j 振型的参与系数。

2 水平地震作用效应（弯矩、剪力、轴力和变形），应按下式确定：

$$S = \sqrt{\Sigma S_j^2} \quad (5.2.2\text{-}3)$$

式中 S——水平地震作用效应；

S_j——j 振型水平地震作用产生的作用效应，可只取前 1～3 个振型；当基本振型的自振周期大于 1.5s 时，所取振型个数可适当增加。

5.2.3 对突出构筑物顶部的小型结构，当采用底部剪力法计算时，其地震作用效应宜乘以增大系数 3.0，此增大部分不应往下传递，但与该突出结构直接相联的构件应予计入。

5.2.4 对于有盖的矩形盛水构筑物应考虑空间作用，其水平地震作用和作用效应计算，可按本规范有关条文规定确定。

5.2.5 计算水平地震作用时，除本规范专门规定外，一般情况下可不考虑结构与地基土的相互作用影响。

5.3 构筑物的竖向地震作用计算

5.3.1 竖向地震作用除本规范有关条文另有规定外，对筒式或塔式构筑物，其竖向地震作用标准值可按下式确定（图 5.3.1）：

$$F_{EVK} = \alpha_{Vmax} \cdot G_{eqV} \quad (5.3.1\text{-}1)$$

$$F_{vi} = F_{EVK} \frac{G_i H_i}{\Sigma G_j H_j} \quad (5.3.1\text{-}2)$$

式中 F_{EVK}——结构总竖向地震作用标准值；

F_{Vi}——质点 i 的竖向地震作用标准值；

α_{Vmax}——竖向地震影响系数的最大值，应按第5.1.9条的规定确定；

G_{eqV}——结构等效总重力荷载，可取其重力荷载代表值的75%；

H_i、H_j——分别为质点 i、j 的计算高度。

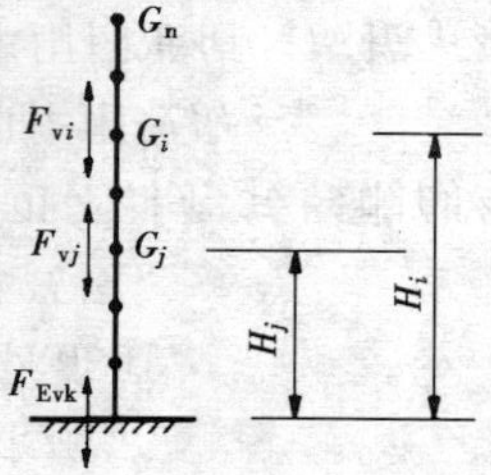

图 5.3.1 结构竖向地震作用计算简图

5.3.2 对长悬臂和大跨度结构的竖向地震作用标准值，当8度或9度时分别取该结构、构件重力荷载代表值的10%或20%。

5.4 构筑物结构构件截面抗震强度验算

5.4.1 结构构件的地震作用效应和其他作用效应的基本组合，应按下式计算：

$$S = \gamma_G \sum_{i=1}^{n} C_{Gi} G_{Ei} + \gamma_{EH} C_{EH} F_{EH,k} + \gamma_{EV} C_{EV} F_{EV,k} + \psi_t \gamma_t C_t \Delta_{tk} + \psi_w \gamma_w C_w w_k \quad (5.4.1)$$

式中 S——**结构构件内力组合设计值，包括组合的弯矩、轴力和剪力设计值；**

γ_G——**重力荷载分项系数，一般情况应采用1.2，当重力荷载效应对构件承载力有利时，可取1.0；**

γ_{EH}、γ_{EV}——**分别为水平、竖向地震作用分项系数，应按表5.4.1的规定采用；**

γ_t——**温度作用分项系数，应取1.4；**

γ_w——**风荷载分项系数，应取1.4；**

G_{Ei}——**i 项重力荷载代表值，可按5.1.4条的规定采用；**

$F_{EH,k}$、$F_{EV,k}$——**分别为水平、竖向地震作用标准值；**

Δ_{tk}——**温度作用标准值；**

w_k——**风荷载标准值；**

ψ_t——**温度作用组合系数，可取0.65；**

ψ_w——**风荷载组合系数，一般构筑物可不考虑（即取零），对消化池、贮气罐、水塔等较高的筒型构筑物可采用0.2；**

C_G、C_{EH}、C_{EV}、C_t、C_w——**分别为重力荷载、水平地震作用、竖向地震作用、温度作用和风荷载的作用效应系数，可按弹性理论结构力学方法确定。**

表 5.4.1 地震作用分项系数

地震作用	γ_{EH}	γ_{EV}
仅考虑水平地震作用	1.3	—
仅考虑竖向地震作用	—	1.3
同时考虑水平与竖向地震作用	1.3	0.5

5.4.2　结构构件的截面抗震强度验算，应按下式确定：

$$S \leqslant \frac{R}{\gamma_{RE}} \quad (5.4.2)$$

式中　R——结构构件承载力设计值，应按各相关的结构设计规范确定；

γ_{RE}——承载力抗震调整系数，应按表 5.4.2 的规定采用。

表 5.4.2　承载力抗震调整系数

材料	结构构件	受力状态	γ_{RE}
钢	柱	偏压	0.70
	柱间支撑	轴拉、轴压	0.90
	节点板、连接螺栓		0.90
	构件焊缝		1.00
砌体	两端设构造柱、芯柱的抗震墙	受剪	0.90
	其他抗震墙	受剪	1.00
钢筋混凝土	梁	受弯	0.75
	轴压比小于 0.15 的柱	偏压	0.75
	轴压比不小于 0.15 的柱	偏压	0.80
	抗震墙	偏压	0.85
	各类构件	剪、拉	0.85

5.4.3　当仅考虑竖向地震作用时，各类结构构件承载力抗震调整系数均宜采用 1.0。

5.5　埋地管道的抗震验算

5.5.1　埋地管道的地震作用，一般情况可仅考虑剪切波行进时对不同材质管道产生的变位或应变；可不计算地震作用引起管道内的动水压力。

5.5.2　承插式接头的埋地圆形管道，在地震作用下应满足下式要求；

$$\gamma_{EHP}\Delta_{pl,k} \leqslant \lambda_c \sum_{i=1}^{n} [u_a]_i \quad (5.5.2)$$

式中　$\Delta_{pl,k}$——剪切波行进中引起半个视波长范围内管道沿管轴向的位移量标准值；

γ_{EHP}——计算埋地管道的水平向地震作用分项系数，可取 1.20；

$[u_a]_i$——管道 i 种接头方式的单个接头设计允许位移量；

λ_c——半个视波长范围内管道接头协同工作系数，可取 0.64 计算；

n——半个视波长范围内，管道的接头总数。

5.5.3　整体连接的埋地管道，在地震作用下的作用效应基本组合，应按下式确定：

$$S = \gamma_G S_G + \gamma_{EHP} S_{Ek} + \psi_t \gamma_t C_t \Delta_{tk} \quad (5.5.3)$$

式中　S_G——重力荷载（非地震作用）的作用标准值效应；

S_{Ek}——地震作用标准值效应。

5.5.4　整体连接的埋地管道，其结构截面抗震验算应符合下式要求：

$$S \leqslant \frac{|\varepsilon_{ak}|}{\gamma_{PRE}} \quad (5.5.4)$$

式中　$|\varepsilon_{ak}|$——不同材质管道的允许应变量标准值；

γ_{PRE}——埋地管道抗震调整系数，可取 0.90 计算。

6 盛水构筑物

6.1 一般规定

6.1.1 本章内容适用于钢筋混凝土、预应力混凝土和砌体结构的各种功能的盛水构筑物，其他材质的盛水构筑物可参照执行。

6.1.2 当设防烈度为8度、9度时，盛水构筑物不应采用砌体结构。

6.1.3 对盛水构筑物进行抗震验算时，当构筑物高度一半以上埋于地下时，可按地下式结构验算；当构筑物高度一半以上位于地面以上时，可按地面式结构验算。

6.1.4 下列情况的盛水构筑物，当满足抗震构造要求时，可不进行抗震验算：

1 设防烈度为7度各种结构型式的不设变形缝、单层水池；

2 设防烈度为8度的地下式敞口钢筋混凝土和预应力混凝土圆形水池；

3 设防烈度为8度的地下式，平面长宽比小于1.5、无变形缝构造的钢筋混凝土或预应力混凝土的有盖矩形水池。

6.1.5 位于设防烈度为9度地区的盛水构筑物，应计算竖向地震作用效应，并应与水平地震作用效应按平方和开方组合。

6.2 地震作用计算

6.2.1 盛水构筑物在水平地震作用下的自重惯性力标准值，应按下列规定计算（图6.2.1）：

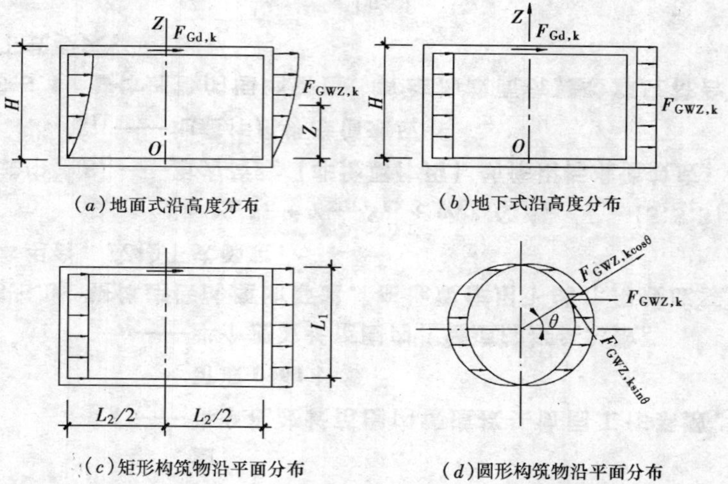

（a）地面式沿高度分布
（b）地下式沿高度分布
（c）矩形构筑物沿平面分布
（d）圆形构筑物沿平面分布

图 6.2.1 自重惯性力分布图

1 地面式水池壁板的自重惯性力标准值，应按下式计算：

$$F_{GWZ,k} = \eta_m \alpha_1 \gamma_1 g_w \sin\left(\frac{\pi Z}{2H}\right) \quad (6.2.1\text{-}1)$$

2 地面式水池顶盖的自重惯性力标准值，应按下式计算：

$$F_{Gd,k} = \eta_m \alpha_1 \gamma_1 W_d \quad (6.2.1\text{-}2)$$

3 地下式水池池壁和顶盖的自重惯性力标准值，可按式(6.2.1-1)和(6.2.1-2)计算，但应取 $\gamma_1 \alpha_1 \sin\left(\frac{\pi Z}{2H}\right) = \frac{1}{3} K_H$ 和

$\alpha_1\gamma_1=\frac{1}{3}K_H$，其中 K_H 为设计基本地震加速度（按表 3.3.2）与重力加速度的比值。

上列式中 $F_{GWZ,k}$——池壁沿高度的自重惯性力标准值（kN/m^2）；

η_m——地震影响系数的调整系数，可取 1.5；

α_1——相应于水池结构基振型的地震影响系数，一般可取 $\alpha_1=\alpha_{max}$；

γ_1——相应于水池结构基振型的振型参与系数，一般可取 1.10；

g_W——池壁沿高度的单位面积重度（kN/m^2）；

W_d——水池顶盖的自重（kN）；

$F_{Gd,k}$——水池顶盖的自重惯性力标准值（kN）；

H——池壁高度（m）；

Z——计算截面距池壁底端的高度（m）。

6.2.2 圆形水池在水平地震作用下的动水压力标准值，应按下列公式计算（图 6.2.2）：

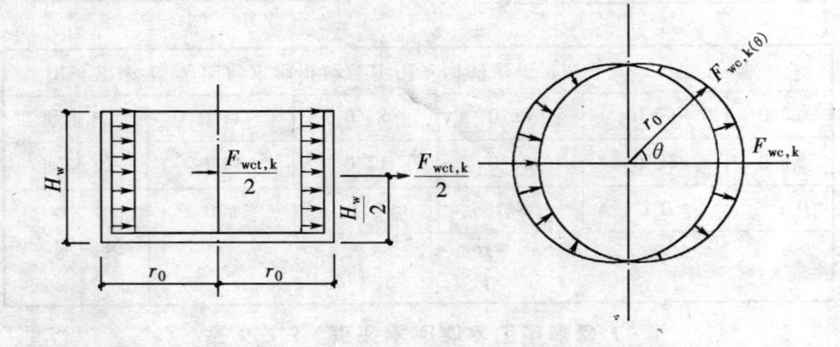

（a）沿高度分布　　（b）沿环向分布

图 6.2.2　圆形水池动水压力

$$F_{wc,k}(\theta)=K_H\cdot\gamma_W\cdot H_W\cdot f_{wc}\cos\theta \quad (6.2.2\text{-}1)$$

$$F_{wct,k}=K_H\cdot\gamma_w\cdot\pi\cdot r_0\cdot H_w^2\cdot f_{wc} \quad (6.2.2\text{-}2)$$

式中 $F_{wc,k}(\theta)$——圆形水池的动水压力标准值（kN/m^2）；

$F_{wct,k}$——圆形水池动水压力标准值沿地震方向的合力（kN）；

γ_W——池内水的重力密度（kN/m^3）；

r_0——水池的内半径（m）；

H_W——池内水深（m）；

θ——计算截面与沿地震方向轴线的夹角；

f_{wc}——圆形水池的动水压力系数，可按表 6.2.2 采用；

K_H——水平地震加速度与重力加速度的比值，应按表 3.3.2 确定。

表 6.2.2　圆形水池动水压力系数 f_{Wc}

水池形式	$\frac{H_W}{r_0}$								
	≤0.6	0.8	1.0	1.2	1.4	1.6	1.8	2.0	2.2
地面式	0.40	0.39	0.36	0.34	0.32	0.30	0.28	0.26	0.25
地下式	0.32	0.30	0.28	0.26	0.24	0.22	0.21	0.19	0.18

6.2.3 矩形水池在水平地震作用下的动水压力标准值，应按下列公式计算（图 6.2.3）：

$$F_{wr,c}=K_H\cdot\gamma_W H_W\cdot f_{wr} \quad (6.2.3\text{-}1)$$

$$F_{wrt,k}=2K_H\cdot\gamma_W L_1 H_W^2\cdot f_{wr} \quad (6.2.3\text{-}2)$$

式中 $F_{wr,c}$——矩形水池的动水压力标准值（kN/m^2）；

$F_{wrt,k}$——矩形水池动水压力沿地震方向的合力（kN）；

L_1——矩形水池垂直地震作用方向的边长（m）；

f_{wr}——矩形水池动水压力系数，可按表 6.2.3 采用。

表 6.2.3　矩形水池动水压力系数 f_{wr}

水池形式	$\frac{L_2}{H_W}$				
	0.5	1.0	1.5	2.0	≥3.0
地面式	0.15	0.24	0.30	0.32	0.35
地下式	0.11	0.18	0.22	0.25	0.27

注：表中 L_2 为矩形水池沿地震作用方向的边长（m）。

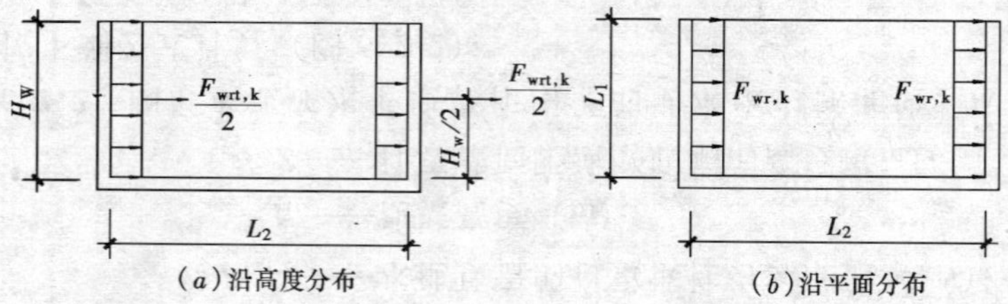

(a)沿高度分布
(b)沿平面分布

图 6.2.3　矩形水池动水压力

6.2.4 作用在水池池壁上的动土压力标准值，应按下式计算（图 6.2.4）：

$$F_{es,k} = K_H \cdot F_{ep,k} \cdot tg\phi \qquad (6.2.3\text{-}4)$$

式中　$F_{es,k}$——地震时作用于水池池壁任一高度上的最大土压力增量（kN/m^2）；

$F_{ep,k}$——相应计算高度处的主动土压力标准值（kN/m^2）；当位于地下水位以下时，土的重度应取 $20kN/m^3$；

ϕ——池壁外侧土的内摩擦角，一般情况下可取30°计算。

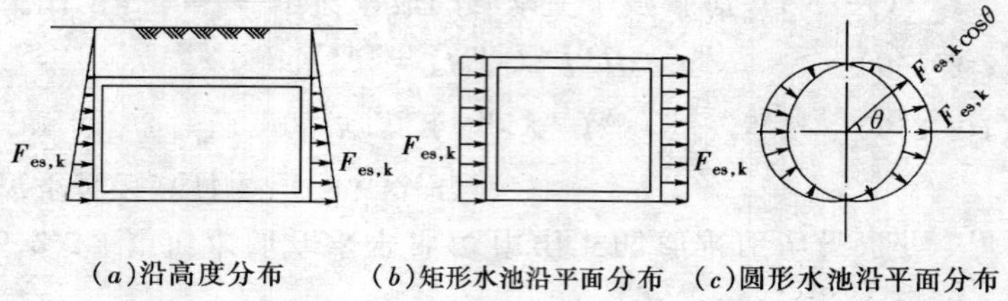

(a)沿高度分布
(b)矩形水池沿平面分布
(c)圆形水池沿平面分布

图 6.2.4　动土压力分布图

6.2.5 当设防烈度为 9 度时，水池的顶盖和动水压力应计算竖向地震作用，其作用标准值可按下列公式确定：

1　水池顶盖：

$$F_{GdV,k} = \alpha_{Vmax} \cdot W_d \qquad (6.2.5\text{-}1)$$

2　动水压力（其作用方向同静水压力）：

$$F_{WVE,k} = 0.8\alpha_{Vmax}\gamma_W \ (H_W - Z) \qquad (6.2.5\text{-}2)$$

式中　$F_{GdV,k}$——水池顶盖的竖向地震作用标准值（kN）；

$F_{WVE,k}$——竖向地震作用下，水池池壁上的动水压力（kN/m^2）；

Z——由池底至计算高度处的距离（m）。

6.2.6 在水平向地震作用下，圆形水池可按竖向剪切梁验算池壁的环向拉力、基础及地基承载力。

池壁的环向拉力标准值可按下式计算：

$$R_{ti,k} = r_c \cos\theta \Sigma F_{ik} \qquad (6.2.6)$$

式中　$P_{ti,k}$——沿池壁高度计算截面 i 处，池壁的环向最大拉力标准值（kN/m）；

F_{ik}——计算截面 i 处的水平地震作用标准值（自重惯性力、动水压力、动土压力）（kN/m^2）；

r_c——计算截面 i 处的水池计算半径（m），即圆水池中心至壁厚中心的距离；

θ——由水平地震方向至计算截面的夹角。

6.2.7 有盖的矩形水池，当顶盖结构整体性良好并与池壁、立柱有可靠连接时，在水平向地震作用下的抗震验算应考虑结构体系的空间作用，可按附录B进行计算。

6.2.8 水池内部的隔墙或导流墙，在水平地震作用下，应类同于池壁计算其自重惯性力和动水压力的作用及作用效应。

6.3 构造措施

6.3.1 当水池顶盖板采用预制装配结构时，应符合下列构造要求：

1 在板缝内应配置不少于1ϕ6钢筋，并应采用M10水泥砂浆灌严；

2 板与梁的连接应预留埋件焊接；

3 设防烈度为9度时，预制板上宜浇筑二期钢筋混凝土叠合层。

6.3.2 水池顶盖与池壁的连接，应符合下列要求：

1 当顶盖与池壁非整体连接时，顶盖在池壁上的支承长度不应小于200mm；

2 当设防烈度为7度且场地为Ⅲ、Ⅳ类时，砌体池壁的顶部应设置钢筋混凝土圈梁，并应预留埋件与顶盖上的预埋件焊连；

3 当设防烈度为7度且场地为Ⅲ、Ⅳ类和设防烈度为8度、9度时，钢筋混凝土池壁的顶部，应设置预埋件与顶盖内预埋件焊连。

6.3.3 设防烈度为8度、9度时，有盖水池的内部立柱应采用钢筋混凝土结构；其纵向钢筋的总配筋率分别不宜小于0.6%、0.8%；柱上、下两端1/8、1/6高度范围内的箍筋应加密，间距不应大于10cm；立柱与梁或板应整体连结。

6.3.4 设防烈度为7度且场地为Ⅲ、Ⅳ类时，采用砌体结构的矩形水池，在池壁拐角处，每沿300～500mm高度内，应加设不少于3ϕ6水平钢筋，伸入两侧池壁内的长度不应小于1.0m。

6.3.5 设防烈度为8度、9度时，采用钢筋混凝土结构的矩形水池，在池壁拐角处，里、外层水平向钢筋的配筋率均不宜小于0.3%，伸入两侧池壁内的长度不应小于1/2池壁高度。

6.3.6 设防烈度为8度且位于Ⅲ类、Ⅳ类场地上的有盖水池、池壁高度应留有足够高度的干弦，其高度宜按表6.3.6采用。

表 6.3.6 池壁干弦高度（m）

场地类别 \ $\frac{H_W}{r_0}$或$\frac{2H_w}{L_2}$	≤0.2	0.3	0.4	0.5
Ⅲ	0.30	0.30	0.30 (0.35)	0.35 (0.40)
Ⅳ	0.30 (0.40)	0.35 (0.45)	0.40 (0.50)	0.50 (0.60)

注：1 按$\frac{H_W}{r_0}$或$\frac{2H_w}{L_2}$确定的无需插入，就近采用即可；

2 表中括号内数值适用于设计基本地震加速度为0.30g地区。

6.3.7 水池内部的导流墙与立柱的连接，应采取有效措施避免立柱在干弦高度范围内形成短柱。

7 贮气构筑物

7.1 一般规定

7.1.1 本章内容适用于燃气工程中的钢制球形贮气罐（简称球罐），卧式圆筒形贮气罐（简称卧罐）和水槽式螺旋轨贮气罐（简称湿式罐）。

7.1.2 贮气构筑物在水平地震作用下，均可按沿主轴方向进行抗震计算。

7.1.3 湿式罐的钢筋混凝土水槽的地震作用，可按 6.2 中有关敞口圆形池的条文确定。钢水槽和地下式环形水槽，均可不做抗震强度验算。

7.2 球形贮气罐

7.2.1 球罐可简化为单质点体系，其基本自振周期可按下式计算：

$$T_1 = 2\pi\sqrt{\frac{W_{eqs,k}}{gK_s}} \tag{7.2.1}$$

式中 T_1——球罐的基本自振周期（s）；

$W_{eqs,k}$——等效总重力荷载标准值（N）；

K_s——球罐结构的侧移刚度（N/m）。

7.2.2 球罐的等效总重力荷载，应按下式计算：

$$W_{eqs,k} = W_{sk} + 0.5W_{ck} + 0.7W_{lk} \tag{7.2.2}$$

式中 W_{sk}——球罐壳体及保温层、喷淋装置及工作梯等附件的自重标准值（N）；

W_{ck}——球罐支柱和拉杆的自重标准值（N）；

W_{lk}——罐内贮液的自重标准值（N）。

7.2.3 球罐结构的侧移刚度，可按下列公式计算（图 7.2.3）：

$$K_s = \frac{12E_sI_s}{h_0^3}\sum\frac{n_i}{\psi_i} \tag{7.2.3-1}$$

$$\psi_i = 1 - \frac{(1-\psi_h)^4\ (1+2\psi_h)^2}{\psi_\lambda\cdot\frac{I_s l}{A_1 h_0^3\cos^2\theta\cos^2\phi_i} + (1+3\psi_h)\ (1-\psi_h)^3} \tag{7.2.3-2}$$

$$\psi_h = 1 - \frac{h_1}{h_0} \tag{7.2.3-3}$$

式中 K_s——侧移刚度（N/m）；

E_s——支柱及支撑杆件材料的弹性模量（N/m²）；

I_s——单根支柱的截面惯性矩（m⁴）；

h_0——支柱基础顶面至罐中心的高度（m）；

A_1——单根支撑杆件的截面面积（m²）；

h_1——支撑结构的高度（m）；

l——支撑杆件的长度（m）；

n_i——与地震作用方向夹角为 ϕ_i 的构架榀数，可按表 7.2.3 确定；

ψ_i——i 构架支撑结构在地震作用方向的拉杆影响系数；

ψ_h——拉杆高度影响系数；

ϕ_i——i 构架与地震作用方向的夹角（°），可按表

7.2.3 采用；

θ——支撑杆件与水平面的夹角（°）；

ψ_λ——支撑杆件长细比影响系数，长细比小于 150 时，可采用 6；长细比大于、等于 150 时，可采用 12。

表 7.2.3 ϕ_i 及相应的 n_i 值

构架总榀数 \ ϕ_i 及 n_i	6		8		10			12		
ϕ_i	60°	0°	67.5°	22.5°	72°	36°	0°	75°	45°	15°
n_i	4	2	4	4	4	4	2	4	4	4

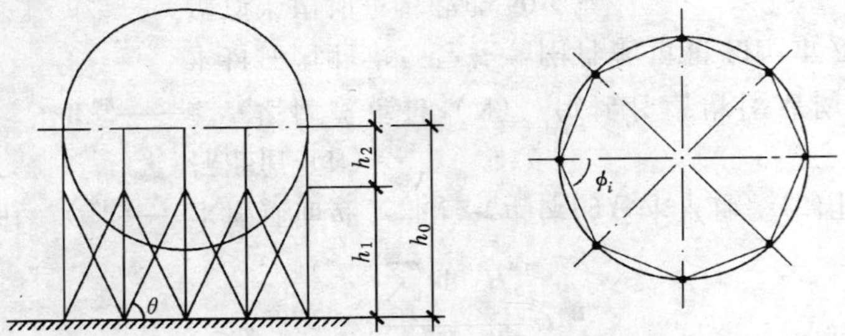

(a) 立面　(b) 平面

图 7.2.3 球罐简图

7.2.4 球罐的水平地震作用标准值应按下式计算：

$$F_{sHk} = \eta_m \alpha_1 W_{eqs,k} \tag{7.2.4}$$

式中 $F_{sH,k}$——水平地震作用标准值（N）。

注：确定 α_1 时，应取阻尼比 $\zeta = 0.02$。

7.2.5 当设防烈度为 9 度时，球罐应计入竖向地震效应，竖向地震作用标准值应按下式计算：

$$F_{sV,k} = \alpha_{Vm} W_{eqs,k} \tag{7.2.5}$$

式中 $F_{sV,k}$——竖向地震作用标准值（N）。

7.2.6 当设防烈度为 6 度、7 度且场地为Ⅰ、Ⅱ类时，球罐可采用独立墩式基础；当设防烈度为 8 度、9 度或场地为Ⅲ、Ⅳ类时，球罐宜采用环形基础或在墩式基础间设置地梁连接成整体。

7.2.7 球罐基础的混凝土强度等级不宜低于 C20，基础埋深不宜小于 1.5m。

7.2.8 位于Ⅲ、Ⅳ类场地的球罐，与之连接的液相、气相管应设置弯管补偿器或其他柔性连接措施。

7.3 卧式圆筒形贮罐

7.3.1 卧罐可按单质点体系计算，其水平地震作用标准值应按下式确定：

$$F_{hH,k} = \eta_m \alpha_{max} W_{eqh,k}) \tag{7.3.1}$$

式中 $F_{hH,k}$——水平地震作用标准值（N）；

$W_{eqh,k}$——卧罐的等效重力荷载标准值（N）。

7.3.2 卧罐按单质点体系，在地震作用下的等效重力荷载标准值可按下式计算：

$$W_{eqh,k} = 0.5\ (W_{sk} + W_{lk}) \tag{7.3.2}$$

式中 W_{sk}——罐体及保温层等重量（N）。

7.3.3 当设防烈度为 9 度时，卧罐应计入竖向地震效应，其竖向地震作用标准值应按下式计算：

$$F_{hV,k} = \alpha_{Vm} W_{eqh,k} \tag{7.3.3}$$

7.3.4 卧罐应设置鞍型支座，支座与支墩间应采用螺栓连接。

7.3.5 卧罐宜设置在构筑物的底层；罐间的联系平台的一

端应采用活动支承。

7.3.6 位于Ⅲ、Ⅳ类场地的卧罐，与之连接的液相、气相管应设置弯管补偿器或其他柔性连接措施。

7.4 水槽式螺旋轨贮气罐

7.4.1 湿式罐可简化为多质点体系（图 7.4.1），其水平方向的地震作用标准值可按下列公式计算：

$$Q_{wH,k}=\eta_m\alpha_1 W_{wk} \tag{7.4.1-1}$$

$$F_{wHi,k}=\frac{W_{wi}H_{wi}}{\sum_{i=1}^{n}W_{wi}H_{wi}}Q_{wH}$$

式中 Q_{wH}——水槽顶面处上部贮气塔体的总水平地震作用标准值（N）；

W_{wk}——贮气塔体总重量（N），包括各塔塔体结构、水封环内贮水、导轮、附件的重量和配重及罐顶半边均布雪载的 50%；

$F_{wHi,k}$——集中质点 i 处的水平向地震作用标准值（N）；

W_{wi}——集中质点 i 处的重量（N），包括 i 塔体结构、水封环内贮水、导轮、附件的重量和配重，顶塔尚应包括罐顶半边均有雪载的 50%；

H_{wi}——由水槽顶面至相应集中质点 i 处的高度（m）；

α_1——相应于基振型周期的地震影响系数，当罐容量不大于 15 万 m^3 时，可取 $T_1=0.5s$。

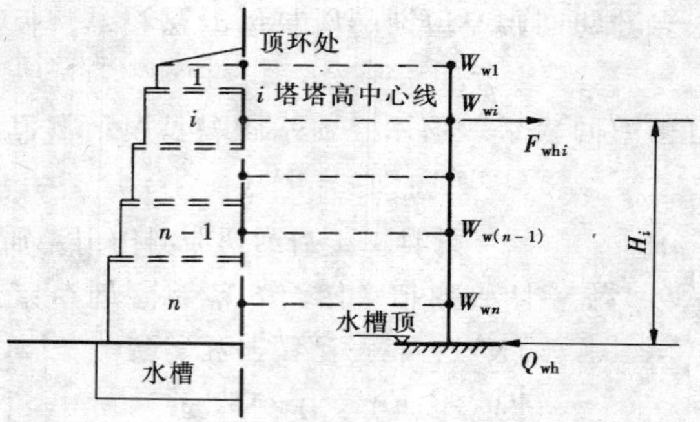

图 7.4.1 湿式罐结构计算简图

7.4.2 当设防烈度为 9 度时，湿式罐应计入竖向地震效应，竖向地震作用标准值应按下列公式计算：

$$P_{wV,k}=\alpha_{Vm}W_w \tag{7.4.2-1}$$

$$F_{wVi,k}=\frac{W_{wi}H_{wi}}{\sum_{i=1}^{n}W_{wi}H_{wi}}P_{wV,k} \tag{7.4.2-2}$$

式中 $P_{wV,k}$——总竖向地震作用标准值（N）；

$F_{wVi,k}$——集中质点 i 处的竖向地震作用标准值（N）。

7.4.3 湿式罐的贮气塔体结构，应分别按下列两种情况进行抗震验算：

1 贮气塔全部升起时，应验算各塔导轮、导轨的强度；

2 仅底塔未升起时，应验算该塔上部伸出挂圈的导轨与上挂圈之间的连接强度。

验算时，作用在导轮、导轨上的力应乘以不均匀系数，可取 1.2 计算。

7.4.4 环形水槽在水平地震作用下的动水压力标准值，应按下列公式计算（图 7.4.4）：

$$F_{wr1,k}(\theta) = K_H \gamma_w H_w F_{wr1} \cos\theta \quad (7.4.4\text{-}1)$$

$$F_{wr2,k}(\theta) = K_H \gamma_w H_w F_{wr2} \cos\theta \quad (7.4.4\text{-}2)$$

$$F_{wr1,k} = K_H \pi \gamma_{10} H_w^2 f_{wr1} \quad (7.4.4\text{-}3)$$

$$F_{wr2,k} = K_H \pi \gamma_{20} H_w^2 f_{wr2} \quad (7.4.4\text{-}4)$$

式中 $F_{wr1,k}(\theta)$——外槽壁上的动水压力标准值（N/m²）；

$F_{wr2,k}(\theta)$——内槽壁上的动水压力标准值（N/m²）；

$F_{wr1,k}$——外槽壁上动水压力标准值沿地震方向的合力（N）；

$F_{wr2,k}$——内槽壁上动水压力标准值沿地震方向的合力（N）；

r_{10}——环形水槽外壁的内半径（m）；

r_{20}——环形水槽内壁的外半径（m）；

f_{wr1}——外槽壁上的动水压力系数，可按表7.4.4采用；

f_{wr2}——内槽壁上的动水压力系数，可按表7.4.4采用。

表 7.4.4 环形水槽动水压力系数 f_{wr1}、f_{wr2}

H_w/r_{10} \ f_{wr} \ r_{20}/r_{10}	0.75		0.80		0.85		0.90	
	f_{wr1}	f_{wr2}	f_{wr1}	f_{wr2}	f_{wr1}	f_{wr2}	f_{wr1}	f_{wr2}
0.20	0.33	0.25	0.30	0.22	0.26	0.18	0.21	0.12
0.25	0.31	0.21	0.28	0.17	0.24	0.13	0.19	0.08
0.30	0.29	0.17	0.27	0.14	0.23	0.10	0.18	0.05
0.35	0.58	0.13	0.26	0.10	0.22	0.06	0.17	0.02
0.40	0.57	0.10	0.25	0.07	0.21	0.03	—	—

7.4.5 位于Ⅲ、Ⅳ类场地上的湿式罐，其高度与直径之比不宜大于1.2。

7.4.6 贮气塔的每组导轮的轴座，应具有良好的整体构造，如整体浇铸等。

7.4.7 湿式罐的罐容量等于或大于5000m³时，其贮气塔的导轮不宜采用小于24kg/m的钢轨。

7.4.8 位于Ⅲ、Ⅳ类场地上的湿式罐，与之连接的进、出口燃气管，均应设置弯管补偿器或其他柔性连接措施。

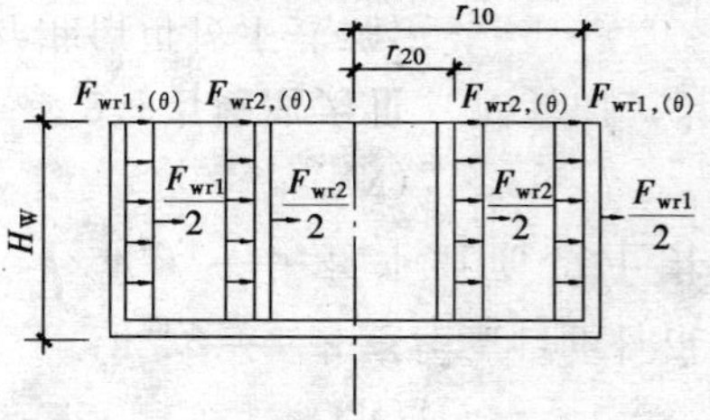

(a)沿高度分布

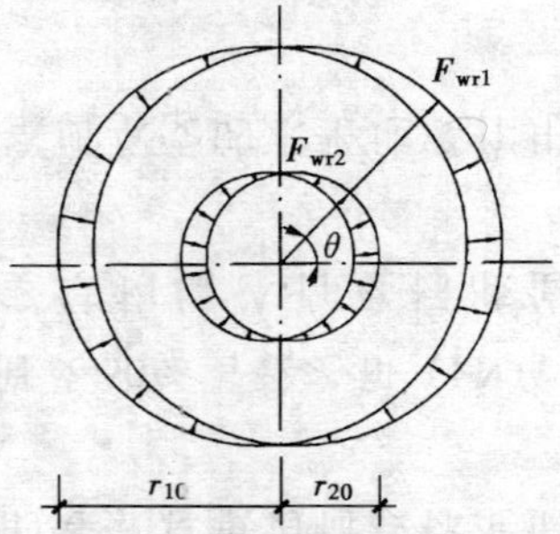

(b)沿平面环向分布

图 7.4.4 环形水槽动水压力

8 泵　房

8.1 一 般 规 定

8.1.1 本章内容可适用于各种功能的提升、加压、输送等泵房结构。

8.1.2 对设防烈度为6度、7度和设防烈度为8度且泵房地下部分高度与地面以上高度之比大于1的地下水取水井室（泵房）、各种功能泵房的地下部分结构；均可不进行抗震验算，但均应符合相应设防烈度（含需要提高一度设防）的抗震措施要求。

8.1.3 采用卧式泵和轴流泵的地面以上部分泵房结构，其抗震验算和相应的抗震措施，应按《建筑抗震设计规范》GB50011 中相应结构类别的有关规定执行。

8.1.4 当泵房和控制室、配电室或生活用房毗连时，应符合下列要求：

1　基础不宜坐落在不同高程；当不可避免时，对埋深浅的基础下应做人工地基处理，避免导致震陷。

2　当基础坐落高差或建筑竖向高差较大；平面布置相差过大；结构刚度截然不同时，均应设防震缝。

3　防震缝应沿建筑物全高设置，缝两侧均应设置墙体，基础可不设缝（当结合沉降缝时则应贯通基础），缝宽不宜小于5mm。

8.2 地震作用计算

8.2.1 地下水取水井室可简化为单质点体系，其水平地震作用标准值的确定，应符合下列规定：

1　当场地为Ⅰ、Ⅱ类时，可仅对井室的室外地面以上结构进行计算，水平地震作用标准值可按下式确定：

$$F_{pk} = \alpha_{max} W_{eqp,k} \tag{8.2.1-1}$$

$$W_{eqp,k} = W_{pt,k} + 0.37 W_{pw,k} \tag{8.2.1-2}$$

式中　F_{pk}——简化为单质点体系时，井室所承受的水平地震作用标准值（kN）；

$W_{eqp,k}$——室外地面以上井室的等效总重力荷载标准值（kN）；

$W_{pt,k}$——井室屋盖自重标准值及50%雪载之和（kN）；

$W_{pw,k}$——室外地面以上井室结构墙体自重标准值（kN）。

2　当场地为Ⅲ、Ⅳ类时，井室所承受的水平地震作用标准值可按下式确定：

$$F_{pk} = \eta_p \alpha_{max} W'_{eqp,k} \tag{8.2.1-3}$$

$$W'_{eqp,k} = W_{pt,k} + 0.25 W'_{pw,k} \tag{8.2.1-4}$$

式中　η_p——考虑井室结构与地基土共同作用的折减系数，可按表8.2.1采用；

$W'_{eqp,k}$——井室的等效总重力荷载（kN）；

$W'_{pw,k}$——井室基础以上墙体及楼梯等的自重标准值（kN）。

表 8.2.1 折减系数 η_p

$\frac{D_p}{H_p}$	0.40	0.50	0.55	060	0.65	0.70	0.75	0.80
η_p	1.00	0.94	0.89	0.85	0.78	0.74	0.68	0.63

注：表中 H_p 为井室全高；D_p 为井室地面以下埋深。

8.2.2 当设防烈度为 8 度、9 度时，各种功能泵房的地下部分结构，应计入水平地震作用所产生的结构自重惯性力、动水压力（泵房内部）和动土压力，其标准值可按第 6 章相应计算规定确定。

8.3 构 造 措 施

8.3.1 地下水取水井室的结构构造，应符合下列规定：

1 当设防烈度为 7 度、8 度时，砌体砂浆不应低于 M7.5；门宽不宜大于 1.0m；窗宽不宜大于 0.6m。

2 当设防烈度为 7 度、8 度时，预制装配式钢筋混凝土屋盖的板缝应配置不少于 1ϕ6 钢筋，并应采用不低于 M10 砂浆灌严；墙顶应设置钢筋混凝土圈梁；板缝钢筋应与圈梁拉结；板与梁和梁与圈梁间应有可靠拉结。

3 当设防烈度为 9 度时，屋盖宜整体现浇钢筋混凝土结构或在预制装配结构上浇筑二期钢筋混凝土叠合层；砌体墙上门及窗洞处应设置钢筋混凝土边框，厚度不宜小于 120mm。

8.3.2 管井的设计构造应符合下列要求：

1 除设防烈度为 6 度或 7 度的Ⅰ、Ⅱ类场地外，管井不宜采用非金属材质。

2 当采用深井泵时，井管内径与泵体外径间的空隙不宜少于 50mm。

3 当管井必须设置在可液化地段时，井管应采用钢管，并宜采用潜水泵；水泵的出水管应设有良好的柔性连接。

4 对运转中可能出砂的管井，应设置补充滤料设施。

8.3.3 各种功能泵房的屋盖构造，均应符合 8.3.1 规定的要求。

8.3.4 各种功能矩形泵房的地下部分墙体的拐角处及两墙相交处，当设防烈度为 8 度、9 度时，均应符合第 6 章 6.3.5 的要求。

9 水　塔

9.1 一 般 规 定

9.1.1 本章内容可适用于下列条件的水塔：

1 普通类型、功能单一的独立式水塔；

2 水柜为钢筋混凝土结构。

9.1.2 水柜的支承结构应根据水塔建设场地的抗震设防烈度、场地类别及水柜容量确定结构型式。

1 6度、7度地区且场地为Ⅰ、Ⅱ类，水柜容积不大于$20m^3$时，可采用砖柱支承；

2 6度、7度或8度Ⅰ、Ⅱ类场地，水柜容积不大于$50m^3$时，可采用砖筒支承；

3 9度或8度且场地为Ⅲ、Ⅳ类时，应采用钢筋混凝土结构支承。

9.1.3 水柜可不进行抗震验算，但应符合本章给出的相应构造措施要求。

9.1.4 水柜支承结构当符合下列条件时，可不进行抗震验算，但应符合本章给出的相应构造措施要求。

1 7度且场地为Ⅰ、Ⅱ类的钢筋混凝土支承结构；水柜容积不大于$50m^3$且高度不超过20m的砖筒支承结构；水柜容积不大于$20m^3$且高度不超过7m的砖柱支承结构。

2 7度或8度且场地为Ⅰ、Ⅱ类，水柜的钢筋混凝土筒支承结构。

9.1.5 水塔的抗震验算应符合下列规定：

1 应考虑水塔上满载和空载两种工况；

2 支承结构为构架时，应分别按正向和对角线方向进行验算；

3 9度地区的水塔应考虑竖向地震作用。

9.2 地震作用计算

9.2.1 水塔的地震作用可按单质点计算，在水平地震作用下的地震作用标准值可按下式计算：

$$F_{wt,k}=\left[(\alpha_f W_f)^2+(\alpha_s W_s)^2\right]^{\frac{1}{2}} \qquad (9.2.1\text{-}1)$$

$$W_s=0.456\frac{r_0}{h_w}\tanh\left(1.84\frac{h_w}{r_0}\right)W_w \qquad (9.2.1\text{-}2)$$

$$W_f=(W_w-W_s)+\xi_{ts}G_{ts,k}+G_{tw,k} \qquad (9.2.1\text{-}3)$$

式中 $F_{wt,k}$——作用在水柜重心处的水平地震作用标准值（kN）；

W_s——水柜中产生对流振动的水体重量（kN）；

W_f——作用在水柜重心处水塔结构的等效重量及水柜中脉冲水体的重量之和（kN）；

W_w——水柜中的总贮水重量（kN）；

$G_{ts,k}$——水塔支承结构的重量标准值（kN）；

$G_{tw,k}$——水塔水柜结构的重量标准值（kN）；

ζ_{ts}——水塔支承结构重量作用在水柜重心处的等效系数，对等刚度支承结构可取0.35；对变刚度支承结构可按具体条件取$0.35>\xi_{ts}\geqslant 0.25$；

h_w——水柜内的贮水高度，对倒锥形水柜可取水面至锥壳底端的高度（m）；

r_0——水柜的内半径，对倒锥形水柜可取上部筒壳的内半径（m）；

α_f——相应于水塔结构基本自振周期的水平地震影响系数（空柜或满水），应按本规范 5.1.5 条确定；

α_s——相应于水柜中水的基本自振周期的水平地震影响系数，可按本规范 5.1.5 条及 5.1.6 条规定并取 $\zeta=0$ 确定。

9.2.2 水塔结构的基本自振周期可按下式计算：

$$T_{ts}=2\pi\sqrt{\frac{W_f}{gK_{ts}}} \qquad (9.2.2)$$

式中 T_{ts}——水塔结构的基本自振周期（s）；

K_{ts}——水塔支承结构的刚度（kN/m）；

g——重力加速度（m/s^2）。

注：当计算空柜时，W_f 中不含贮水作用项。

9.2.3 水柜中水的基本自振周期可按下式计算：

$$T_w=\frac{2\pi}{\sqrt{\frac{g}{r_0}1.84\tanh\left(1.84\frac{h_w}{r_0}\right)}} \qquad (9.2.3)$$

9.2.4 对位于 9 度地区的水塔，应验算竖向地震作用，可按本规范 5.3.2 条规定计算。当验算竖向地震作用与水平地震作用组合效应时，应采用平方和开方组合确定。

9.3 构 造 措 施

9.3.1 除Ⅰ类场地外，水塔采用柱支承时，柱基宜采用整体筏基或环状基础；当采用独立柱基时，应设置连系梁。

9.3.2 水柜由钢筋混凝土筒支承时，应符合下列构造要求：

1 筒壁的竖向钢筋直径不应小于 12mm，间距不应大于 200mm。

2 筒壁上的门洞处，应设置加厚门框，并配置加强筋，两侧门框内的加强筋截面积不应少于切断竖向钢筋截面积的 1.5 倍，并应在门洞顶部两侧加设八字斜筋，斜筋里外层不少于 $2\phi12$ 钢筋。

3 筒壁上的窗洞或其他孔洞处，周围应设置加强筋；加强筋构造同门洞处要求，但八字斜筋应上下均设置。

9.3.3 水柜由钢筋混凝土构架支承时，应符合下列构造要求：

1 横梁内箍筋的搭接长度不应少于 40 倍钢筋直径；箍筋间距不应大于 200mm，且在梁端的 1 倍梁高范围内，箍筋间距不应大于 100mm。

2 立柱内的箍筋间距不应大于 200mm，且在水柜以下和基础以上各 800mm 范围内以及梁柱节点上下各 1 倍柱宽并不小于 1/6 柱净高范围内，柱内箍筋间距不应大于 100mm；箍筋直径，7 度、8 度不应小于 8mm，9 度不应小于 10mm。

3 水柜下环梁和支架梁端应加设腋角，并配置不少于主筋截面积 50% 的钢筋。

4 8 度、9 度时，当水塔高度超过 20m 时，沿支架高度每隔 10m 左右宜设置钢筋混凝土水平交叉支撑一道，支撑构件的截面不宜小于支架柱的截面。

9.3.4 水柜由砖筒支承的水塔，应符合下列构造要求：

1 对 6 度Ⅳ类场地和 7 度Ⅰ、Ⅱ类场地的砖筒内应有适量配筋，其配筋范围及配筋量不应少于表 9.3.4 的要求。

表 9.3.4 砖筒壁配筋要求

配筋方式 \ 烈度和场地类别	6 度Ⅳ类场地和 7 度Ⅰ、Ⅱ类场地
配筋高度范围	全高
砌体内竖向配筋	ϕ10，间距 500～700mm，并不少于 6 根
砌体竖槽配筋	每槽 1ϕ12，间距 1000mm，并不少于 6 根
砌体内环向配筋	ϕ8，间距 360mm

2 对 7 度Ⅲ、Ⅳ类场地和 8 度Ⅰ、Ⅱ类场地的砖筒壁，宜设置不少于 4 根构造柱，柱截面不宜小于 240mm×240mm，并与圈梁连接；柱内纵向钢筋宜采用 4ϕ14，箍筋间距不应大于 200mm，且在柱上、下两端宜加密；沿柱高每隔 500mm 设置 2ϕ6 拉结钢筋，每边伸入筒壁内长度不宜小于 1m；柱底端应锚入筒壁基础内。

3 砖筒沿高度每隔 4m 左右宜设圈梁一道，其截面高度不宜小于 180mm，宽度不宜小于筒壁厚度的 2/3 或 240mm；梁内纵筋不宜少于 4ϕ12，箍筋间距不宜大于 250mm。

4 砖筒上的门洞上下应设置钢筋混凝土圈梁。洞两侧 7 度Ⅰ、Ⅱ类场地应设置门框，门框的截面尺寸应能弥补门洞削弱的刚度；7 度Ⅲ、Ⅳ类场地和 8 度Ⅰ、Ⅱ类场地应设置钢筋混凝土门框，门框内竖向钢筋截面积不应少于上下圈梁内的配筋量，并应锚入圈梁内。

5 砖筒上的其他洞口处，宜与门洞处采取相同的构造措施，当洞上下无圈梁时应加设 3ϕ8 钢筋，其两端伸入筒壁长度不应小于 1m。

10 管　道

10.1 一 般 规 定

10.1.1 本章中架空管道内容适用于跨越河、湖及其他障碍的自承式管道。

10.1.2 埋地管道应计算在水平地震作用下，剪切波所引起管道的变位或应变。

10.1.3 对高度大于 3.0mm 的埋地矩形或拱形管道，除应计算管道纵向作用效应外，尚应计算在水平地震作用下动土压力等对管道横截面的作用效应。

10.1.4 符合下列条件的管道结构可不进行抗震验算：

1 各种材质的埋地预制圆形管材，其连接接口均为柔性构造，且每个接口的允许轴向拉、压变位不小于 10mm。

2 设防烈度 6 度、7 度，符合 7 度抗震构造要求的埋地雨、污水管道。

3 设防烈度为 6 度、7 度或 8 度Ⅰ、Ⅱ类场地的焊接钢管和自承式架空平管。

4 管道上的阀门井、检查井等附属构筑物。

10.2 地震作用计算

10.2.1 地下直埋式管道的抗震验算应满足第 5 章 5.5 的要求，由地震时剪切波行进中引起的直线段管道结构的作用效应标准值，可按附录 C 计算。

10.2.2 符合本章 10.1.3 规定的地下管道，在水平地震作用下土压力标准值，可按本规定 6.2.4 的规定计算。

10.2.3 架空管道纵向或横向的基本自振周期，可按下式计算：

$$T_1 = 2\pi \sqrt{\frac{G_{eq}}{gK_c}} \tag{10.2.3}$$

式中 T_1——基本自振周期（s）；

G_{eq}——纵向或横向计算单元（跨度）等代重力荷载代表值（N），应取永久荷载标准值的 100%，可变荷载标准值的 50% 和支承结构自重标准值的 30%；

K_c——纵向或横向支承结构的刚度（N/m）。

10.2.4 架空管道支承结构所承受的水平地震作用标准值，可按下式计算：

$$F_{hc,k} = \alpha_1 G_{eq} \tag{10.2.4}$$

式中 α_1——相应纵向或横向基本自振周期的地震影响系数。

10.2.5 当设防烈度为 9 度时，架空管道支承结构应计算竖向地震作用效应，其竖向地震作用标准值可按下式计算：

$$F_{cV,k} = \alpha_{Vmax} G_{eq} \tag{10.2.5}$$

10.2.6 架空管道结构所承受的水平地震作用标准值，可按下列公式计算：

1 平管：

$$F_{ph,k} = \frac{\alpha_1 G'_{eq}}{l} \tag{10.2.6-1}$$

2 折线形管：

$$F_{pc,k} = \frac{\alpha_1 G'_{eq}}{2l_1 + l_2} \tag{10.2.6-2}$$

3 拱形管：

$$F_{pa,k} = \frac{\alpha_1 G'_{eq}}{l_a}. \tag{10.2.6-3}$$

式中 $F_{ph,k}$——平管单位长度的水平地震作用标准值(N/mm)；

l——平管的计算单元长度（mm）；

$F_{pc,k}$——折线形管单位长度的水平地震作用标准值（N/mm）；

l_1——折线形管的折线部分管道长度（mm）；

l_2——折线形管的水平部分管道长度（mm）；

$F_{pa,k}$——拱形管单位长度的水平地震作用标准值（N/mm）；

l_a——拱形管道的拱形弧长（mm）；

G'_{eq}——管道的总重力荷载标准值（N），即为 G_{eq} 减去管道支承结构自重标准值的 30%。

10.2.7 当设防烈度为 9 度时，架空管道应计算竖向地震作用效应，其竖向地震作用标准值可按下列公式计算：

1 平管：

$$F_{phv,k} = \alpha_{vm} \frac{G'_{eq}}{l} \tag{10.2.7-1}$$

2 折线形管：

$$F_{pcv,k} = \alpha_{vm} \frac{G'_{eq}}{2l_1 + l_2} \tag{10.2.7-2}$$

3 拱形管：

$$F_{pav,k} = \alpha_{vm} \frac{G'_{eq}}{l_a} \tag{10.2.7-3}$$

式中 $F_{phv,k}$——平管单位长度的竖向地震作用标准值（N/mm）；

$F_{pcv,k}$——折线形管单位长度的竖向地震作用标准值（N/mm）；

$F_{pav,k}$——拱形管单位长度的竖向地震作用标准值（N/mm）。

10.3 构 造 措 施

10.3.1 给水和燃气管道的管材选择，应符合下列要求：

1 材质应具有较好的延性；

2 承插式连接的管道，接头填料宜采用柔性材料；

3 过河倒虹吸管或架空管应采用焊接钢管；

4 穿越铁路或其他主要交通干线以及位于地基土为液化土地段的管道，宜采用焊接钢管。

10.3.2 地下直埋或架空敷设的热力管道，当设防烈度为8度（含8度）以下时，管外保温材料应具有良好的柔性；当设防烈度为9度时，宜采取管沟内敷设。

10.3.3 地下直埋圆形排水管道应符合下列要求：

1 当采用钢筋混凝土平口管，设防烈度为8度以下及8度Ⅰ、Ⅱ类场地时，应设置混凝土管基，并应沿管线每隔26～30m设置变形缝，缝宽不小于20mm，缝内填柔性材料；8度Ⅲ、Ⅳ类场地或9度时，不应采用平口连接管。

2 8度Ⅲ、Ⅳ类场地或9度时，应采用承插式管或企口管，其接口处填料应采用柔性材料。

10.3.4 混合结构的矩形管道应符合下列要求：

1 砌体采用砖不应低于MU10；块石不应低于MU20；砂浆不应低于M10。

2 钢筋混凝土盖板与侧墙应有可靠连接。设防烈度为7度、8度且属Ⅲ、Ⅳ类场地时，预制装配顶盖不得采用梁板系统结构（不含钢筋混凝土槽形板结构）。

3 基础应采用整体底板。当设防烈度为8度且场地为Ⅲ、Ⅳ类时，底板应为钢筋混凝土结构。

10.3.5 当设防烈度为9度或场地土为可液化地段时，矩形管道应采用钢筋混凝土结构，并适当加设变形缝；缝的构造等应符合4.3.10的第3款要求。

10.3.6 地下直埋承插式圆形管道和矩形管道，在下列部位应设置柔性接头及变形缝：

1 地基土质突变处；

2 穿越铁路及其他重要的交通干线两端；

3 承插式管道的三通、四通、大于45°的弯头等附件与直线管段连接处。

注：附件支墩的设计应符合该处设置柔性连接的受力条件。

10.3.7 当设防烈度为7度且地基土为可液化地段或设防烈度为8度、9度时，泵及压送机的进、出管上宜设置柔性连接。

10.3.8 管道穿过建（构）筑物的墙体或基础时，应符合下列要求：

1 在穿管的墙体或基础上应设置套管，穿管与套管间的缝隙内应填充柔性材料。

2 当穿越的管道与墙体或基础为嵌固时，应在穿越的管道上就近设置柔性连接。

10.3.9 当设防烈度为7度、8度且地基土为可液化土地段或设防烈度为9度时，热力管道干线的附件均应采用球墨铸铁或铸钢材料。

10.3.10 燃气厂及储配站的出口处，均应设置紧急关断阀。

10.3.11 管网上的阀门均应设置阀门井。

10.3.12 当设防烈度为7度、8度且地基土为可液化土地段或设防烈度为9度时，管网的阀门井、检查井等附属构筑物不宜采用砌体结构。如采用砌体结构时，砖不应低于MU10，块石不应低于MU20，砂浆不应低于M10，并应在砌体内配置水平封闭钢筋，每500mm高度内不应少于2ϕ6。

10.3.13 架空管道的活动支架上，应设置侧向挡板。

10.3.14 当输水、输气等埋地管道不能避开活动断裂带时，应采取下列措施：

1 管道宜尽量与断裂带正交；

2 管道应敷设在套筒内，周围填充砂料；

3 管道及套筒应采用钢管；

4 断裂带两侧的管道上（距断裂带有一定的距离）应设置紧急关断阀。

附录A 我国主要城镇抗震设防烈度、设计基本地震加速度和设计地震分组

本附录仅提供我国抗震设防区各县级及县级以上的中心地区工程建设抗震设计时所采用的抗震设防烈度、设计基本地震加速度和设计地震分组。

注：本附录一般把设计抗震第一、二、三组简称为“第一组、第二组、第三组”。

A.0.1 首都和直辖市

1 抗震设防烈度为8度、设计基本地震加速度值为0.20g：

北京（除昌平、门头沟外的11个市辖区），平谷，大兴，延庆，宁河，汉沽。

2 抗震设防烈度为7度、设计基本地震加速度值为0.15g：

密云，怀柔，昌平，门头沟，天津（除汉沽、大港外的12个市辖区），蓟县，宝坻，静海。

3 抗震设防烈度为7度、设计基本地震加速度值为0.10g：

大港，上海（除金山外的15个市辖区），南汇，奉贤。

4 抗震设防烈度为6度、设计基本地震加速度值为0.05g：

崇明，金山，重庆（14个市辖区），巫山，奉节，云阳，忠县，丰都，长寿，壁山，合川，铜梁，大足，荣昌，

永川，江津，綦江，南川，黔江，石柱，巫溪*。

注：1 首都和直辖市的全部县级和县级以上设防城镇，设计地震分组均为第一组；

2 上标*指该城镇的中心位于本设防区和较低设防区的分界线，下同。

A.0.2 河北省

1 抗震设防烈度为8度、设计基本地震加速度值为0.20g：

第一组：廊坊（2个市辖区），唐山（5个市辖区），三河，大厂，香河，丰南，丰润，怀来，涿鹿。

2 抗震设防烈度为7度、设计基本地震加速度值为0.15g：

第一组：邯郸（4个市辖区），邯郸县，文安，任丘，河间，大城，涿州，高碑店。涞水，固安，永清，玉田，迁安，卢龙，滦县，滦南，唐海，乐亭，宣化，蔚县，阳原，成安，磁县，临漳，大名，宁晋。

3 抗震设防烈度为7度、设计基本地震加速度值为0.10g：

第一组：石家庄（6个市辖区），保定（3个市辖区）。张家口（4个市辖区），沧州（2个市辖区），衡水，邢台（2个市辖区），霸州，雄县，易县，沧县，张北，万全，怀安，兴隆，迁西，抚宁，昌黎，青县，献县，广宗，平乡，鸡泽，隆尧，新河曲周，肥乡，馆陶，广平，高邑，内丘，邢台县，赵县，武安，涉县，赤城，涞源，定兴，容城，徐水，安新，高阳，博野，蠡县，肃宁，深泽，安平，饶阳，魏县，藁城，栾城，晋州，深州，武强，辛集，冀州，任县，柏乡，巨鹿，南和，沙河，临城，泊头，永年，崇礼，南宫*。

第二组：秦皇岛（海港、北戴河），清苑，遵化，安国。

4 抗震设防烈度为6度、设计基本地震加速度值为0.05g：

第一组：正定，围场，尚义，灵寿，无极，平山，鹿泉，井陉，元氏，南皮，吴桥，景县，东光。

第二组：承德（除鹰手营子以外的两个市辖区），隆化，承德县，宽城，青龙，阜平，满城，顺平，唐县，望都，曲阳，定州，行唐，赞皇，黄骅，海兴，孟村，盐山，阜城，故城，清河，山海关，沽源，新乐，武邑，枣强，威县。

第三组：丰宁，滦平，鹰手营子，平泉，临西，邱县。

A.0.3 山西省

1 抗震设防烈度为8度、设计基本地震加速度值为0.20g：

第一组：太原（6个市辖区），临汾，忻州，祁县，平遥，古县，代县，原平，定襄，阳曲，太谷，介休，耿石，汾西，霍州，洪洞，襄汾，晋中，浮山，永济，清徐。

2 抗震设防烈度为7度、设计基本地震加速度值为0.15g：

第一组：大同（4个市辖区），朔州（朔城区），大同县，怀仁，浑源，广灵，应县，山阴，灵丘，繁峙，五台，古交，交城，文水，汾阳，曲沃，孝义，侯马，新绛，稷山，绛县，河津，闻喜，翼城，万荣。临猗，夏县，运城，芮城，平陆。沁源*，宁武*。

3 抗震设防烈度为7度、设计基本地震加速度值为0.10g：

第一组：长治（2个市辖区），阳泉（3个市辖区），长治县，阳高，天镇，左云，右玉，神池，寿阳，昔阳。安泽，乡宁，垣曲，沁水，平定，和顺，黎城，潞城，壶关。

第二组：平顺，榆社，武乡，娄烦，交口，隰县，蒲县，吉县，静乐，盂县，沁县，陵川，平鲁。

4 抗震设防烈度为 6 度、设计基本地震加速度值为 0.05g：

第二组：偏关，河曲，保德，兴县，临县，方山，柳林。

第三组：晋城，离石，左权，襄垣，屯留，长子，高平，阳城，泽州，五寨，岢岚，岚县，中阳，石楼，永和，大宁。

A.0.4 内蒙古自治区

1 抗震设防烈度为 8 度、设计基本地震加速度值为 0.30g：

第一组：土默特右旗，达拉特旗*。

2 抗震设防烈度为 8 度、设计基本地震加速度值为 0.20g：

第一组：包头（除白云矿区外的 5 个市辖区），呼和浩特（4 个市辖区），土默特左旗，乌海（3 个市辖区），杭锦后旗，磴口，宁城，托克托*。

3 抗震设防烈度为 7 度、设计基本地震加速度值为 0.15g：

第一组：喀拉沁旗，五原，乌拉特前旗，临河，固阳，武川，凉城，和林格尔，赤峰（红山*，元宝山区）

第二组：阿拉善左旗。

4 抗震设防烈度为 7 度、设计基本地震加速度值为 0.10g：

第一组：集宁，清水河，开鲁，傲汉旗，乌特拉后旗，卓资，察右前旗，丰镇，扎兰屯，乌特拉中旗，赤峰（松山区），通辽*。

第三组：东胜，准格尔旗。

5 抗震设防烈度为 6 度、设计基本地震加速度值为 0.05g：

第一组：满洲里，新巴尔虎右旗，莫力达瓦旗，阿荣旗，扎赉特旗，翁牛特旗，兴和，商都，察右后旗，科左中旗，科左后旗，奈曼旗，库伦旗，乌审旗，苏尼特右旗。

第二组：达尔罕茂明安联合旗，阿拉善右旗，鄂托克旗，鄂托克前旗，白云。

第三组：伊金霍洛旗，杭锦旗，四王子旗，察右中旗。

A.0.5 辽宁省

1 抗震设防烈度为 8 度、设计基本地震加速度值为 0.20g：

普兰店，东港。

2 抗震设防烈度为 7 度、设计基本地震加速度值为 0.15g：

营口（4 个市辖区），丹东（3 个市辖区），海城，大石桥，瓦房店，盖州，金州。

3 抗震设防烈度为 7 度、设计基本地震加速度值为 0.10g：

沈阳（9 个市辖区），鞍山（4 个市辖区），大连（除金州外的 5 个市辖区），朝阳（2 个市辖区），辽阳（5 个市辖区），抚顺（除顺城外的 3 个市辖区），铁岭（2 个市辖区），盘锦（2 个市辖区），盘山，朝阳里，辽阳里，岫岩，铁岭县，凌源，北票，建平，开原，抚顺县，灯塔，台安，大洼，辽中。

4 抗震设防烈度为6度、设计基本地震加速度值为0.05g：

本溪（4个市辖区），阜新（5个市辖区），锦州（3个市辖区），葫芦岛（3个市辖区），昌图，西丰，法库，彰武，铁法，阜新县，康平，新民，黑山，北宁，义县，喀喇沁，凌海，兴城，绥中，建昌，宽甸，凤城，庄河，长海，顺城。

注：全省县级及县级以上设防城镇的设计地震分组。除兴城，绥中，建昌。南票为第二组外，均为第一组。

A.0.6 吉林省

1 抗震设防烈度为8度、设计基本地震加速度值为0.20g：前郭尔罗斯，松原。

2 抗震设防烈度为7度、设计基本地震加速度值为0.15g：大安※。

3 抗震设防烈度为7度、设计基本地震加速度值为0.10g：

长春（6个市辖区），吉林，（除丰满外的3个市辖区），白城，乾安，舒兰，九台，永吉*。

4 抗震设防烈度为6度、设计基本地震加速度值为0.05g：

四平（2个市辖区），辽源（2个市辖区），镇赉，洮南，延吉，汪清，图们，珲春，龙井，和龙，安图，蛟河，桦甸，梨树，磐石，东丰，辉南，梅河口，东辽，榆树，靖宇，抚松，长岭，通榆，德惠，农安，伊通，公主岭，扶余，丰满。

注：全省县级及县级以上设防城镇，设计地震分组均为第一组。

A.0.7 黑龙江省

1 抗震设防烈度为7度、设计基本地震加速度值为0.10g：

绥化，萝北，泰来。

2 抗震设防烈度为6度、设计基本地震加速度值为0.05g：

哈尔滨（7个市辖区），齐齐哈尔（7个市辖区），大庆（5个市辖区），鹤岗（6个市辖区），牡丹江（4个市辖区），鸡西（6个市辖区），佳木斯（5个市辖区），七台河（3个市辖区），伊春（伊春区，乌马河区），鸡东，望奎，穆棱，绥芬河，东宁，宁安，五大连池，嘉荫，汤原，桦南，桦川，依兰，勃利，通河，方正，木兰，巴彦，延寿，尚志，宾县，安达，明水，绥棱，庆安，兰西，肇东，肇州，肇源，呼兰，阿城，双城，五常，讷河，北安，甘南，富裕，龙江，黑河，青冈*，海林*。

注：全省县级及县级以上设防城镇，设计地震分组均为第一组。

A.0.8 江苏省

1 抗震设防烈度为8度、设计基本地震加速度值为0.30g：

第一组：宿迁，宿豫*。

2 抗震设防烈度为6度、设计基本地震加速度值为0.20g：

第一组：新沂，邳州，睢宁。

3 抗震设防烈度为7度、设计基本地震加速度值为0.15g：

第一组：扬州（3个市辖区），镇江（2个市辖区），东海，沭阳，泗洪，江都，大丰。

4 抗震设防烈度为7度、设计基本地震加速度值为 $0.10g$：

第一组：南京（11个市辖区），淮安（除楚州外的3个市辖区），徐州（5个市辖区），铜山，沛县，常州（4个市辖区），泰州（2个市辖区），赣榆，泗阳，盱眙，射阳，江浦，武进，盐城，盐都，东台，海安，姜堰，如皋，如东，扬中，仪征，兴化，高邮，六合，句容，丹阳，金坛，丹徒，溧阳，溧水，昆山，太仓。

第三组：连云港（4个市辖区），灌云。

5 抗震设防烈度为6度、设计基本地震加速度值为 $0.05g$：

第一组：南通（2个市辖区），无锡（6个市辖区），苏州（6个市辖区），通州，宜兴，江阴，洪泽，金湖，建湖，常熟，吴江，靖江，泰兴，张家港，海门，启东，高淳，丰县。

第二组：响水，滨海，阜宁，宝应，金湖。

第三组：灌南，涟水，楚州。

A.0.9 浙江省

1 抗震设防烈度为7度、设计基本地震加速度值为 $0.10g$：

岱山，嵊泗，舟山（2个市辖区）。

2 抗震设防烈度为6度、设计基本地震加速度值为 $0.05g$：

杭州（6个市辖区），宁波（5个市辖区），湖州，嘉兴（2个市辖区），温州（3个市辖区），绍兴，绍兴县，长兴，安吉，临安，奉化，鄞县，象山，德清，嘉善，平湖，海盐，桐乡，余杭，海宁，萧山，上虞，慈溪，余姚，瑞安，富阳，平阳，苍南，乐清，永嘉，泰顺，景宁，云和，庆元，洞头。

注：全省县级及县级以上设防城镇，设计地震分组均为第一组。

A.0.10 安徽省

1 抗震设防烈度为7度、设计基本地震加速度值为 $0.15g$：

第一组：五河，泗县。

2 抗震设防烈度为7度、设计基本地震加速度值为 $0.10g$：

合肥（4个市辖区），蚌埠（4个市辖区），阜阳（3个市辖区），淮南（5个市辖区），枞阳，怀远，长丰，六安（2个市辖区），灵璧，固镇，凤阳，明光，定远，肥东，肥西，舒城，庐江，桐城，霍山，涡阳，安庆（3个市辖区）*，铜陵县*。

3 抗震设防烈度为6度、设计基本地震加速度值为 $0.05g$：

第一组：铜陵（3个市辖区），芜湖（4个市辖区），巢湖，马鞍山（4个市辖区），滁州（2个市辖区），芜湖县，砀山，萧县，亳州，界首，太和，临泉，阜南，利辛，蒙城，凤台，寿县，颍上，霍丘，金寨，天长，来安，全椒，含山，和县，当涂，无为，繁昌，池州，岳西，潜山，太湖，怀宁，望江，东至，宿松，南陵，宣城，郎溪，广德，泾县，青阳，石台。

第二组：濉溪，淮北。

第三组：宿州。

A.0.11 福建省

1 抗震设防烈度为8度、设计基本地震加速度值为

0.20*g*：

第一组：金门*。

2 抗震设防烈度为7度、设计基本地震加速度值为0.15*g*：

第一组：厦门（7个市辖区），漳州（2个市辖区），晋江，石狮，龙海，长泰，漳浦，东山，诏安。

第二组：泉州（4个市辖区）。

3 抗震设防烈度为7度、设计基本地震加速度值为0.10*g*：

第一组：福州（除马尾外的4个市辖区），安溪，南靖，华安，平和，云霄。

第二组：莆田（2个市辖区），长乐，福清，莆田县，平潭，惠安，南安，马尾。

4 抗震设防烈度为6度、设计基本地震加速度值为0.05*g*：

第一组：三明（2个市辖区），政和，屏南，霞浦，福鼎，福安，柘荣，寿宁，周宁，松溪，宁德，古田，罗源，沙县，龙溪，闽清，闽侯，南平，大田，漳平，龙岩，永定，泰宁，宁化，长汀，武平，建宁，将乐，明溪，清流，连城，上杭，永安，建瓯。

第二组：连江，永泰，德化，永春，仙游。

A.0.12 江西省

1 抗震设防烈度为7度、设计基本地震加速度值为0.10*g*：

寻乌，会昌。

2 抗震设防烈度为6度、设计基本地震加速度值为0.05*g*：

南昌（5个市辖区），九江（2个市辖区），南昌县，进贤，余干，九江县，彭泽，湖口，星子，瑞昌，德安，都昌，武宁，修水，靖安，铜鼓，宜丰，宁都，石城，瑞金，安远，安南，龙南，全南，大余。

注：全省县级及县级以上设防城镇，设计地震分组均为第一组。

A.0.13 山东省

1 抗震设防烈度为8度、设计基本地震加速度值为0.20*g*：

第一组：郯城，临沭，莒南，莒县，沂水，安丘，阳谷。

2 抗震设防烈度为7度、设计基本地震加速度值为0.15*g*：

第一组：临沂（3个市辖区），潍坊（4个市辖区），菏泽，东明，聊城，苍山，沂南，昌邑，昌乐，青州，临朐，诸城，五莲，长岛，蓬莱，龙口，莘县，鄄城，寿光*。

3 抗震设防烈度为7度、设计基本地震加速度值为0.10*g*：

第一组：烟台（4个市辖区），威海，枣庄（5个市辖区），淄博（除博山外的4个市辖区），平原，高唐，茌平，东阿，平阴，梁山，郓城，定陶，巨野，成武，曹县，广饶，博兴，高青，桓台，文登，沂源，蒙阴，费县，微山，禹城，冠县，莱芜（2个市辖区）*，单县*，夏津*。

第二组：东营（2个市辖区），招远，新泰，栖霞，莱州，日照，平度，高密，垦利，博山，滨州*，平邑*。

4 抗震设防烈度为6度、设计基本地震加速度值为0.05*g*：

第一组：德州，宁阳，陵县，曲阜，邹城，鱼台，乳山，荣成，兖州。

第二组：济南（5个市辖区），青岛（7个市辖区），泰安（2个市辖区），济宁（2个市辖区），武城，乐陵，庆云，无棣，阳信，宁津，沾化，利津，惠民，商河，临邑，济阳，齐河，邹平，章丘，泗水，莱阳，海阳，金乡，滕州，莱西，即墨。

第三组：胶南，胶州，东平，汶上，嘉祥，临清，长清，肥城。

A.0.14 河南省

1 抗震设防烈度为8度、设计基本地震加速度值为0.20g：

第一组：新乡（4个市辖区），新乡县，安阳（4个市辖区），安阳县，鹤壁（3个市辖区），原阳，延津，汤阴，淇县，卫辉，获嘉，范县，辉县。

2 抗震设防烈度为7度、设计基本地震加速度值为0.15g：

第一组：郑州（6个市辖区），濮阳，濮阳县，长桓，封丘，修武，武陟，内黄，浚县，滑县，台前，南乐，清丰，灵宝，三门峡，陕县，林州*。

3 抗震设防烈度为7度、设计基本地震加速度值为0.10g：

第一组：洛阳（6个市辖区），焦作（4个市辖区），开封（5个市辖区），南阳（2个市辖区），开封县，许昌县，沁阳，博爱，孟州，孟津，巩义，偃师，济源，新密，新郑，民权，兰考，长葛，温县，荥阳，中牟，杞县*，许昌*。

4 抗震设防烈度为6度、设计基本地震加速度值为0.05g：

第一组：商丘（2个市辖区），信阳（2个市辖区），漯河，平顶山（4个市辖区），登封，义马，虞城，夏邑，通许，尉氏，睢县，宁陵，柘城，新安，宜阳，嵩县，汝阳，伊州，禹州，郏县，宝丰，襄城，郾城，鄢陵，扶沟，太康，鹿邑，郸城，沈丘，项城，淮阳，周口，商水，上蔡，临颍，西华，西平，栾川，内乡，镇平，唐河，邓州，新野，社旗，平舆，新县，驻马店，泌阳，汝南，桐柏，淮滨，息县，正阳，遂平，光山，罗山，潢川，商城，固始，南召，舞阳*。

第二组：汝州，睢县，永城。

第三组：卢氏，洛宁，渑池。

A.0.15 湖北省

1 抗震设防烈度为7度、设计基本地震加速度值为0.10g：

竹溪，竹山，房县。

4 抗震设防烈度为6度、设计基本地震加速度值为0.05g：

武汉（13个市辖区），荆州（2个市辖区），荆门，襄樊（2个辖区），襄阳，十堰（2个市辖区），宜昌（4个市辖区），宜昌县，黄石（4个市辖区），恩施，咸宁，麻城，团风，罗田，英山，黄冈，鄂州，浠水，蕲春，黄梅，武穴，郧西，郧县，丹江口，谷城，老河口，宜城，南漳，保康，神农架，钟祥，沙洋，远安，兴山，巴东，秭归，当阳，建始，利川，公安，宣恩，咸丰，长阳，宜都，枝江，松滋，江陵，石首，监利，洪湖，孝感，应城，云梦，天门，仙桃，红安，安陆，潜江，嘉鱼，大冶，通山，赤壁，崇阳，通城，五峰*，京山*。

注：全省县级及县级以上设防城镇，设计地震分组均为第一组。

A.0.16 湖南省

1 抗震设防烈度为7度、设计基本地震加速度值为0.15g：

常德（2个市辖区）。

2 抗震设防烈度为7度、设计基本地震加速度值为0.10g：

岳阳（3个市辖区），岳阳县，汨罗，湘阴，临澧，澧县，津市，桃源，安乡，汉寿。

3 抗震设防烈度为6度、设计基本地震加速度值为0.05g：

长沙（5个市辖区），长沙县，益阳（2个市辖区），张家界（2个市辖区），郴州（2个市辖区），邵阳（3个市辖区），邵阳县，泸溪，沅陵，娄底，宜章，资兴，平江，宁乡，新化，冷水江，涟源，双峰，新邵，邵东，隆回，石门，慈利，华容，南县，临湘，沅江，桃江，望城，溆浦，会同，靖州，韶山，江华，宁远，道县，临武，湘乡*，安化*，中方*，洪江*。

注：全省县级及县级以上设防城镇，设计地震分组均为第一组。

A.0.17 广东省

1 抗震设防烈度为8度、设计基本地震加速度值为0.20g：

汕头（5个市辖区），澄海，潮安，南澳，徐闻，潮州*。

2. 抗震设防烈度为7度、设计基本地震加速度值为0.15g：

揭阳，揭东，潮阳，饶平。

3 抗震设防烈度为7度、设计基本地震加速度值为0.10g：

广州（除花都外的9个市辖区），深圳（6个市辖区），湛江（4个市辖区），汕尾，海丰，普宁，惠来，阳江，阳东，阳西，茂名，化州，廉江，遂溪，吴川，丰顺，南海，顺德，中山，珠海，斗门，电白，雷州，佛山（2个市辖区）*，江门（2个市辖区）*，新会*，陆丰*。

4 抗震设防烈度为6度、设计基本地震加速度值为0.05g：

韶关（3个市辖区），肇庆（2个市辖区），花都，河源，揭西，东源，梅州，东莞，清远，清新，南雄，仁化，始兴，乳源，曲江，英德，佛冈，龙门，龙川，平远，大埔，从化，梅县，兴宁，五华，紫金，陆河，增城，博罗，惠州，惠阳，惠东，三水，四会，云浮，云安，高要，高明，鹤山，封开，郁南，罗定，信宜，新兴，开平，恩平，台山，阳春，高州，翁源，连平，和平，蕉岭，新丰*。

注：全省县级及县级以上设防城镇，设计地震分组均为第一组。

A.0.18 广西自治区

1 抗震设防烈度为7度、设计基本地震加速度值为0.15g：

灵山，田东。

3 抗震设防烈度为7度、设计基本地震加速度值为0.10g：

玉林，兴业，横县，北流，百色，田阳，平果，隆安，浦北，博白，乐业*。

4 抗震设防烈度为6度、设计基本地震加速度值为

$0.05g$:

南宁（6个市辖区），桂林（5个市辖区），柳州（5个市辖区），梧州（3个市辖区），钦州（2个市辖区），贵港（2个市辖区），防城港（2个市辖区），北海（2个市辖区），兴安，灵川，临桂，永福，鹿寨，天峨，东兰，巴马，都安，大化，马山，融安，象州，武宣，桂平，平南，上林，宾阳，武鸣，大新，扶绥，邕宁，东兴，合浦，钟山，贺州，藤县，苍梧，容县，岑溪，陆川，凤山，凌云，田林，隆林，西林，德保，靖西，那坡，天等，崇左，上思，龙州，宁明，融水，凭祥，全州。

注：全省县级及县级以上设防城镇，设计地震分组均为第一组。

A.0.19 海南省

1 抗震设防烈度为8度、设计基本地震加速度值为$0.30g$:

海口（3个市辖区），琼山。

2 抗震设防烈度为8度、设计基本地震加速度值为$0.20g$:

文昌，文安。

3 抗震设防烈度为7度、设计基本地震加速度值为$0.15g$:

澄迈。

4 抗震设防烈度为7度、设计基本地震加速度值为$0.10g$:

临高，琼海，儋州，屯昌。

5 抗震设防烈度为6度、设计基本地震加速度值为$0.05g$:

三亚，万宁，琼中，昌江，白沙，保亭，陵水，东方，乐东，通什。

注：全省县级及县级以上设防城镇，设计地震分组均为第一组。

A.0.20 四川省

1 抗震设防烈度不低于9度、设计基本地震加速度值不小于$0.40g$:

第一组：康定，西昌。

2 抗震设防烈度为8度、设计基本地震加速度值为$0.30g$:

第一组：冕宁*。

3 抗震设防烈度为8度、设计基本地震加速度值为$0.20g$:

第一组：松潘，道孚，泸定，甘孜，炉霍，石棉，喜德，普格，宁南，德昌，理塘。

第二组：九寨沟。

4 抗震设防烈度为7度、设计基本地震加速度值为$0.15g$:

第一组：宝兴，茂县，巴塘，德格，马边，雷波。

第二组：越西，雅江，九龙，平武，木里，盐源，会东，新龙。

第三组：天全，荥经，汉源，昭觉，布拖，丹巴，芦山，甘洛。

5 抗震设防烈度为7度、设计基本地震加速度值为$0.10g$:

第一组：成都（除龙泉驿、清白江的5个市辖区），乐山（除金口河外的3个市辖区），自贡（4个市辖区），宜宾，宜宾县，北川，安县，绵竹，汶川，都江堰，双流，新津，青神，峨边，沐川，屏山，理县，得荣，新都*。

第二组：攀枝花（3个市辖区），江油，什邡，彭州，郫县，温江，大邑，崇州，邛崃，蒲江，彭山，丹棱，眉山，洪雅，夹江，峨嵋山，若尔盖，色达，壤塘，马尔康，石渠，白玉，金川，黑水，盐边，米易，乡城，稻城，金口河，朝天区*。

第三组：青川，雅安，名山，美姑，金阳，小金，会理。

6 抗震设防烈度为6度、设计基本地震加速度值为0.05g：

第一组：泸州（3个市辖区），内江（2个市辖），德阳，宣汉，达州，达县，大竹，邻水，渠县，广安，华蓥，隆昌，富顺，泸县，南溪，江安，长宁，高县，珙县，兴文，叙永。古蔺，金堂，广汉，简阳，资阳，仁寿，资中，犍为，荣县，威远，南江，通江，万源，巴中，苍溪，阆中，仪陇，西充，南部，盐亭，三台，射洪，大英，乐至，旺苍，龙泉驿，清白江。

第二组：绵阳（2个市辖区），梓潼，中江，阿坝，筠连，井研。

第三组：广元（除朝天区外的2个市辖区），剑阁，罗江，红原。

A.0.21 贵州省

1 抗震设防烈度为7度、设计基本地震加速度值为0.10g：

第一组：望谟。

第二组：威宁。

2 抗震设防烈度为6度、设计基本地震加速度值为0.05g：

第一组：贵阳（除白云外的5个市辖区），凯里，毕节，安顺，都匀，六盘水，黄平，福泉，贵定，麻江，清镇，龙里，平坝，纳雍，织金，水城，普定，六枝，镇宁，惠水，长顺，关岭，紫云，罗甸，兴仁，贞丰，安龙，册亨，金沙，印江，赤水，习水，思南*。

第二组：赫章，普安，晴隆，兴义。

第三组：盘县。

A.0.22 云南省

1 抗震设防烈度不低于9度、设计基本地震加速度值不小于0.40g：

第一组：寻甸，东川。

第二组：澜沧。

2 抗震设防烈度为8度、设计基本地震加速度值为0.30g：

第一组：剑川，嵩明，宜良，丽江，鹤庆，永胜，潞西。龙陵，石屏，建水

第二组：耿马，双江，沧源，勐海，西盟，孟连。

3 抗震设防烈度为8度、设计基本地震加速度值为0.20g：

第一组：石林，玉溪，大理，永善，巧家，江川，华宁，峨山，通海，洱源，宾川，弥渡，祥云，会泽，南涧。

第二组：昆明（除东川外的4个市辖区），思茅，保山，马龙，呈贡，澄江，晋宁，易门，漾濞，巍山，云县，腾冲，施甸，瑞丽，梁河，安宁，凤庆*，陇川*。

第三组：景洪，永德，镇康，临沧。

4 抗震设防烈度为7度、设计基本地震加速度值为0.15g：

第一组：中甸，泸水，大关，新平*。

第二组：沾益，个旧，红河，元江，禄丰，双柏，开远，盈江，永平，昌宁，宁蒗，南华，楚雄，勐腊，华坪，景东*。

第三组：曲靖，弥勒，陆良，富民，禄功，武定，兰坪，云龙，景谷，普洱。

5 抗震设防烈度为7度、设计基本地震加速度值为0.10g：

第一组：盐津，绥江，德钦，水富，贡山。

第二组：昭通，彝良，鲁甸，福贡，永仁，大姚，元谋，姚安，牟定，墨江，绿春，镇沅，江城，金平。

第三组：富源，师宗，泸西，蒙自，元阳，维西，宣威。

6 抗震设防烈度为6度、设计基本地震加速度值为0.05g：

第一组：威信，镇雄，广南，富宁，西畴，麻栗坡，马关。

第二组：丘北，砚山，屏边，河口，文山。

第三组：罗平。

A.0.23 西藏自治区

1 抗震设防烈度不低于9度、设计基本地震加速度值不小于0.40g：

第二组：当雄，墨脱。

2 抗震设防烈度为8度、设计基本地震加速度值为0.30g：

第一组：申扎。

第二组：米林，波密。

3 抗震设防烈度为8度、设计基本地震加速度值为0.20g：

第一组：普兰，聂拉木，萨嘎。

第二组：拉萨，堆龙德庆，尼木，仁布，尼玛，洛隆，隆子，错那，曲松。

第三组：那曲，林芝（八一镇），林周。

4 抗震设防烈度为7度、设计基本地震加速度值为0.15g：

第一组：扎达，吉隆，拉孜，谢通门，亚东，洛扎，昂仁。

第二组：日土，江孜，康马，白朗，扎囊，措美，桑日，加查，边坝，八宿，丁青，类乌齐，乃东，琼结，贡嘎，朗县，达孜，日喀则*，噶尔*。

第三组：南木林，班戈，浪卡子，墨竹工卡，曲水，安多，聂荣。

5 抗震设防烈度为7度、设计基本地震加速度值为0.10g：

第一组：改则，措勤，仲巴，定结，芒康。

第二组：昌都，定日，萨迦，岗巴，巴青，工布江达，索县，比如，嘉黎，察雅，左贡，察隅，江达，贡觉。

6 抗震设防烈度为6度、设计基本地震加速度值为0.05g：

第一组：革吉。

A.0.24 陕西省

1 抗震设防烈度为8度、设计基本地震加速度值为0.20g：

第一组：西安（8个市辖区），渭南，华县，华阴，潼关，大荔。

第二组：陇县。

2 抗震设防烈度为7度、设计基本地震加速度值为0.15g：

第一组：咸阳（3个市辖区），宝鸡，（2个市辖区），高陵，千阳，岐山，凤翔，扶风，武功，兴平，周至，眉县，宝鸡县，三原，富平，澄城，蒲城，泾阳，礼泉，长安，户县，蓝田，韩城，合阳。

第二组：凤县。

3 抗震设防烈度为7度、设计基本地震加速度值为0.10g：

第一组：安康，平利，乾县，洛南。

第二组：白水，耀县，淳化，麟游，永寿，商州，铜川（2个市辖区）*，柞水*。

第三组：太白，留坝，勉县，略阳。

4 抗震设防烈度为6度、设计基本地震加速度值为0.05g：

第一组：延安，清涧，神木，佳县，米脂，绥德，安塞，延川，延长，定边，吴旗，志丹，甘泉，富县，商南，旬阳，紫阳，镇巴，白河，岚皋，镇坪，子长*。

第二组：府谷，吴堡，洛川，黄陵，旬邑，洋县，西乡，石泉，汉阴，宁陕，汉中，南郑，城固。

第三组：宁强，宜川，黄龙，宜君，长武，彬县，佛坪，镇安，丹凤，山阳。

A.0.25 甘肃省

1 抗震设防烈度不低于9度、设计基本地震加速度值不小于0.40g：

第二组：古浪。

2 抗震设防烈度为8度、设计基本地震加速度值为0.30g：

第一组：天水（2个市辖区），礼县，西和。

3 抗震设防烈度为8度、设计基本地震加速度值为0.20g：

第一组：宕昌，文县，肃北，武都。

第二组：兰州（5个市辖区），成县，舟曲，徽县，康县，武威，永登，天祝，景泰，靖远，陇西，武山，秦安，清水，甘谷，漳县，会宁，静宁，庄浪，张家川，通渭，华亭。

4 抗震设防烈度为7度、设计基本地震加速度值为0.15g：

第一组：康乐，嘉峪关，玉门，酒泉，高台，临泽，肃南。

第二组：白银（2个市辖区），永靖，岷县，东乡，和政，广河，临谭，卓尼，迭部，临洮，渭源，皋兰，崇信，榆中，定西，金昌，两当，阿克塞，民乐，永昌。

第三组：平凉。

5 抗震设防烈度为7度、设计基本地震加速度值为0.10g：

第一组：张掖，合作，玛曲，金塔，积石山。

第二组：敦煌，安西，山丹，临夏，临夏县，夏河，碌曲，泾川，灵台。

第三组：民勤，镇原，环县。

6 抗震设防烈度为6度、设计基本地震加速度值为0.05g：

第二组：华池，正宁，庆阳，合水，宁县。

第三组：西峰。

A.0.26 青海省

1 抗震设防烈度为 8 度、设计基本地震加速度值为 $0.20g$：

第一组：玛沁。

第二组：玛多，达日。

2 抗震设防烈度为 7 度、设计基本地震加速度值为 $0.15g$：

第一组：祁连，玉树。

第二组：甘德，门源。

3 抗震设防烈度为 7 度、设计基本地震加速度值为 $0.10g$：

第一组：乌兰，治多，称多，杂多，囊谦。

第二组：西宁（4 个市辖区），同仁，共和，德令哈，海宴，湟源，湟中，平安，民和，化隆，贵德，尖扎，循化，格尔木，贵南，同德，河南，曲麻莱，久治，班玛，天峻，刚察。

第三组：大通，互助，乐都，都兰，兴海。

4 抗震设防烈度为 6 度、设计基本地震加速度值为 $0.05g$：

第二组：泽库。

A.0.27 宁夏自治区

1 抗震设防烈度为 8 度、设计基本地震加速度值为 $0.30g$：

第一组：海原。

2 抗震设防烈度为 8 度、设计基本地震加速度值为 $0.20g$：

第一组：银川（3 个市辖区），石嘴山（3 个市辖区），吴忠，惠农，平罗，贺兰，永宁，青铜峡，泾源，灵武，陶乐，固原。

第二组：西吉，中卫，中宁，同心，隆德。

3 抗震设防烈度为 7 度、设计基本地震加速度值为 $0.15g$：

第三组：彭阳。

4 抗震设防烈度为 6 度、设计基本地震加速度值为 $0.05g$：

第三组：盐池。

A.0.28 新疆自治区

1 抗震设防烈度不低于 9 度、设计基本地震加速度值不小于 $0.40g$：

第二组：乌恰，塔什库尔干。

2 抗震设防烈度为 8 度、设计基本地震加速度值为 $0.30g$：

第二组：阿图什，喀什，疏附。

3 抗震设防烈度为 8 度、设计基本地震加速度值为 $0.20g$：

第一组：乌鲁木齐（7 个市辖区），乌鲁木齐县，温宿，阿克苏，柯坪，米泉，乌苏，特克斯，库车，巴里坤，青河，富蕴，乌什*。

第二组：尼勒克，新源，巩留，精河，奎屯，沙湾，玛纳斯，石河子，独山子。

第三组：疏勒，伽师，阿克陶，英吉沙。

4 抗震设防烈度为 7 度、设计基本地震加速度值为

0.15g：

第一组：库尔勒，新和，轮台，和静，焉耆，博湖，巴楚，昌吉，拜城，阜康*，木垒*。

第二组：伊宁，伊宁县，霍城，察布查尔，呼图壁。

第三组：岳普湖。

5 抗震设防烈度为7度、设计基本地震加速度值为0.10g：

第一组：吐鲁番，和田，和田县，昌吉，吉木萨尔，洛浦，奇台，伊吾，鄯善，托克逊，和硕，尉犁，墨玉，策勒，哈密。

第二组：克拉玛依（克拉玛依区），博乐，温泉，阿合奇，阿瓦提，沙雅。

第三组：莎车，泽普，叶城，麦盖提，皮山。

6 抗震设防烈度为6度、设计基本地震加速度值为0.05g：

第一组：于田，哈巴河，塔城，额敏，福海，和布克赛尔，乌尔禾。

第二组：阿勒泰，托里。民丰，若羌，布尔津，吉木乃，裕民，白碱滩。

第三组：且末。

A.0.29 港澳特区和台湾省

1 抗震设防烈度不低于9度、设计基本地震加速度值不小于0.40g：

第一组：台中。

第二组：苗栗，云林，嘉义，花莲。

2 抗震设防烈度为8度、设计基本地震加速度值为0.30g：

第二组：台北，桃园，台南，基隆，宜兰，台东，屏东。

3 抗震设防烈度为8度、设计基本地震加速度值为0.20g：

第二组：高雄，澎湖。

4 抗震设防烈度为7度、设计基本地震加速度值为0.15g：

第一组：香港。

5 抗震设防烈度为7度、设计基本地震加速度值为0.10g：

第一组：澳门。

附录 B 有盖矩形水池考虑结构体系的空间作用时水平地震作用效应标准值的确定

B.0.1 有盖的矩形水池，当符合本规范 6.2.7 要求时，可将水池结构简化为若干等代框架组成，每榀等代框架所受的地震作用，通过空间作用，由顶盖传至周壁共同承担。

B.0.2 各榀等代框架所承受的地震作用及其作用效应（内力），可按下列方法确定：

1 先按本规范第 6.2.1、6.2.3 及 6.2.4 条规定，计算各项水平地震作用标准值，并折算到每榀等代框架上；

2 在等代框架顶端加设限制侧移的链杆，计算等代框架在水平地震作用下的内力，并求出附加链杆的反力 R；

3 根据矩形水池的长、宽比 $\left(\frac{L}{B}\right)$ 及顶盖结构构造，按附表 B.0.2 确定地震作用折减系数 η_r，将链杆反力 R 折减为 $\eta_r R$；

4 将 $\eta_r R$ 反方向作用于等代框架顶部，计算等代框架的内力；

5 将上述第 2、4 项计算所得的等代框架内力叠加，即为考虑空间作用时，等代框架在水平地震作用下所产生的作用效应（内力）。

B.0.3 对于大容量的水池，结构的长度或宽度上，或两个方向上设有变形缝时，在变形缝处应设置抗侧力构件。此时考虑空间作用应取变形缝间的水池结构作为计算单元，等代框架两侧的抗侧力构件及其刚度，应根据计算单元的具体构造确定，在水平地震作用下的作用效应计算方法，可参照 B.0.2 进行。

表 B.0.2 水平地震作用折减系数 η_r（%）

水池顶盖结构构造	水池长宽比 $\frac{L}{B}$								
	1.0	1.2	1.4	1.6	1.8	2.0	2.5	3.0	4.0
现浇钢筋混凝土	6	7	9	11	12	14	21	28	47
预制装配钢筋混凝土	9	12	14	17	21	25	35	47	70

附录C 地下直埋直线段管道在剪切波作用下的作用效应计算

C.1 承插式接头管道

C.1.1 地下直埋直线段管道沿管轴向的位移量标准值，可按下列公式计算（图 C.1.1）：

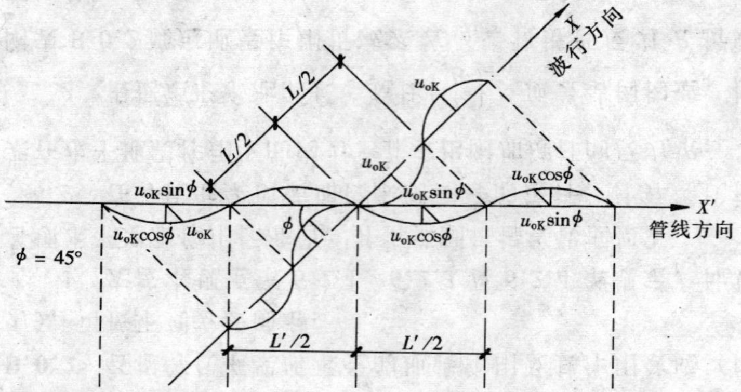

图 C.1.1 地下管道计算简图

管道在行波作用下，管道敷设处自由土体的变位

$$\Delta_{pl,k} = \zeta_1 \Delta'_{sl,k} \quad (C.1.1\text{-}1)$$

$$\Delta'_{sl,k} = \sqrt{2}\, U_{0k} \quad (C.1.1\text{-}2)$$

$$\zeta_t = \frac{1}{1 + \left(\frac{2\pi}{L}\right)^2 \frac{EA}{K_1}} \quad (C.1.1\text{-}3)$$

式中 $\Delta_{pl,k}$——在剪切波作用下，管道沿管线方向半个视波长范围内的位移标准值（mm）；

$\Delta'_{sl,k}$——在剪切波作用下，沿管线方向半个视波长范围内自由土体的位移标准值（mm）；

ζ_t——沿管道方向的位移传递系数；

E——管道材质的弹性模量（N/mm^2）；

A——管道的横截面面积（mm^2）；

K_1——沿管道方向单位长度的土体弹性抗力（N/mm^2），可按 C.1.2 确定；

L——剪切波的波长（mm）；可按 C.1.3 确定；

U_{0k}——剪切波行进时管道埋深处的土体最大位移标准值（mm）；可按 C.1.4 确定。

C.1.2 沿管道方向的土体弹性抗力，可按下式计算：

$$K_1 = u_p k_1 \quad (C.1.2)$$

式中 u_p——管道单位长度的外缘表面积（mm^2/mm）；对无刚性管基的圆管即为 πD_1（D_1 为管外径）；当设置刚性管基时，即为包括管基在内的外缘面积；

k_1——沿管道方向土体的单位面积弹性抗力（N/mm^3），应根据管道外缘构造及相应土质试验确定，当无试验数据时，一般可采用 $0.06N/mm^3$。

C.1.3 剪切波的波长可按下式计算：

$$L = V_{sp} T_g \quad (C.1.3)$$

式中 V_{sp}——管道埋设深度处土层的剪切波速（mm/s），应取实测剪切波速的 2/3 值采用；

T_g——管道埋设场地的特征周期（s）。

C.1.4 剪切波行进时管道埋深处的土体最大水平位移标准值，可按下式确定：

$$U_{0k}=\frac{K_H g T_g}{4\pi^2} \tag{C.1.4}$$

C.1.5 地下直埋承插式圆形管道的结构抗震验算应满足本规范 5.5.2 的要求。管道各种接头方式的单个接头设计允许位移量［U_a］；可按表 C.1.5 采用；半个剪切波视波长度范围内的管道接头数量（n），可按下式确定：

$$n=\frac{V_{sp}T_g}{\sqrt{2}l_p} \tag{C.1.5}$$

式中 l_p——管道的每根管子长度（mm）。

表 C.1.5 管道单个接头设计允许位移量［U_a］

管道材质	接头填料	［U_a］（mm）
铸铁管（含球墨铸铁）、PC 管	橡胶圈	10
铸铁、石棉水泥管	石棉水泥	0.2
钢筋混凝土管	水泥砂浆	0.4
PCCP	橡胶圈	15
PVC、FRP、PE 管	橡胶圈	10

C.1.6 地下矩形管道变形缝的单个接缝设计允许位移量，当采用橡胶或塑料止水带时，其轴向位移可取 30mm。

C.2 整体焊接钢管

C.2.1 焊接钢管在水平地震作用下的最大应变量标准值可按下式计算；

$$\varepsilon_{sm,k}=\zeta_t U_{0k}\frac{\pi}{L} \tag{C.2.1}$$

C.2.2 焊接钢管的抗震验算应符合本规范 5.5.3 及 5.5.4 规定的要求。

C.2.3 钢管的允许应变量标准值，可按下式采用：

1 拉伸 $[\varepsilon_{at,k}]=1.0\%$ （C.2.3-1）

2 压缩 $[\varepsilon_{ac,k}]=0.35\frac{t_p}{D_1}$ （C.2.3-2）

式中 $[\varepsilon_{at,k}]$——钢管的允许拉应变标准值；

$[\varepsilon_{ac,k}]$——钢管的允许压应变标准值；

t_p——管壁厚；

D_1——管外径。

本规范用词说明

1　为便于在执行本规范条文时区别对待，对要求严格程度不同的用词说明如下：

1）表示很严格，非这样做不可的：

正面词采用“必须”，反面词采用“严禁”。

2）表示严格，在正常情况下均应这样做的：

正面词采用“应”，反面词采用“不应”或“不得”，

3）对表示允许稍有选择，在条件许可时首先应这样做的：

正面词采用“宜”或“可”，反面词采用“不宜”。

2　指定应按其他有关标准、规范执行时，写法为“应符合……的规定”“应按……执行”。非必须按所指定的标准、规范或其他规范执行时，写法为“可参照……”。

中华人民共和国国家标准

室外给水排水和燃气热力工程抗震设计规范

GB 50032—2003

条　文　说　明

修 订 总 说 明

本规范修订中，主要做了如下的修改和增补：

1. 根据给水、排水、燃气、热力工程的特点，使之符合“小震不坏、中震可修、大震不倒”的抗震设防要求，并与常规结构设计采用的以概率统计为基础的极限状态设计模式相协调。

2. 对设计反应谱、场地划分、液化土判别等抗震设计的一系列基础性数据，做了全面修订，与我国现行《建筑抗震设计规范》GB 50011—2001 等协调一致。

3. 对设防烈度为9度（一般为震中）地区，增补了应进行竖向地震作用的抗震验算；对盛水构筑物的动水压力，增补了考虑长周期地震波动的影响。

4. 对贮气构筑物中的球罐和卧罐，修改了地震作用计算公式，以使与《构筑物抗震设计规范》GB50191 协调一致。

5. 将各种功能的泵房结构独立成章，增补了对地下水取水泵房的地震作用计算规定；并对埋深较大的泵房，规定了考虑结构与土共同工作的计算方法。

6. 增补了自承式架空管道的地震作用计算规定。

7. 对地下直埋管的抗震验算，修改了位移传递系数的确定，使之与国际接轨。

8. 根据新修订的《建筑抗震设计规范》GB 50011—2001，其内容中已删去“水塔”抗震，为此将其纳入本规范中。在确定“水塔”地震作用时，对水柜中的贮水，分别考虑了脉冲质量和对流振动质量，并对抗震措施做了若干补充，方便工程应用。

目　次

1 总　　则

1.0.1 本条是编制本规范的目的和设防要求。阐明了本规范的编制是以“地震工作要以预防为主”作为基本指导思想，达到减轻地震对工程设施的破坏程度，保障工作人员和生产安全的目的。

1.0.2 本条规定体现了抗震设防三个水准的要求：“小震不坏，中震可修，大震不倒”。即当遭遇低于设防烈度的地震影响时，结构基本处于弹性工作状态，不需修理仍能保持其正常使用功能；当遭遇本地区设防烈度的地震影响时，给水、排水、燃气和热力工程中的各类构筑物的损坏仅可能出现在非主要受力构件，主要受力构件不需修理或经一般修理后仍能继续生产运行；当遭遇高于本地区设防烈度一度时，相当于遭遇大震（50年超越概率2%～3%），此时构筑物符合抗震设计基本要求，通过概念设计的控制并满足抗震构造措施，即可避免严重震害，不致发生倒塌或大量涌水危及工作人员生命安全。

给水、排水、燃气和热力工程的管网，是城市生命线工程的主体，涉及面广，沿线地基土质情况、场地条件多变，由此遭遇的地震影响各异，很难确保完全避免震害。本规范立足于尽量减少损坏，并通过抗震构造措施，当局部发生损坏时，不致造成严重次生灾害，并便于抢修，迅速恢复运行。

1.0.3 本条阐明本规范的适用范围。适用的地震烈度区，除设防烈度7～9度地区外，还增加了6度区，主要是依据当前国家有关政策规定拟定的，同时也和现行国家标准《建筑抗震设计规范》等协调一致。

1.0.6 本条阐明了抗震设防的基本依据。明确在一般情况下可采用现行中国地震动参数区划图规定的基本烈度作为设防烈度。同时根据其说明书提到：“由于编图所依据的基础资料、比例尺和概率水平所限，本区划图不宜作为重大工程和某些可能引起严重次生灾害的工程建设的抗震设防依据”。即当厂站占地大、场地条件复杂时，按区划基本烈度进行抗震设计可能导致较大误差。为了使抗震设计尽量符合实际情况，很多大的工程建设和某些地震区城市均有针对性地做了抗震设施区划，经审查确认批准后，该区划所提供的设防烈度和地震动参数可作为抗震设计依据。

1.0.7 本条针对给水、排水、燃气和热力工程系统中的一些关键部位设施，在抗震设计时应加强其抗震能力，并明确了加强方法可从抗震措施上着手，即可按本地区设防烈度提高一度采取抗震措施；当设防烈度为9度时，则可在相应9度烈度抗震措施的基础上适当予以加强。

本条规定主要考虑到这些工程设施，均系城市生命线工程的重要组成部分，一旦遭受地震后严重损坏，将导致城市赖以运行的生命线陷于瘫痪，酿成严重次生灾害（二次灾害）或危及人民生命安全。例如给水工程中的净水厂、水处理构筑物、变电站、进水和输水泵房及氯库等，前者决定着有否供水能力，后者氯毒外泄有害生命；排水工程中除对污水处理厂设施应防止震害导致污染第二次灾害外，还有道路立交排水泵房，当遭遇严重损坏无法正常使用时，将导致立交路口雨水集中不能及时排除而中断交通，1976年唐山地震后适逢降大雨，正是由于立交路口积水过深阻断交通，给震后抢救工作带来很大困难，因此从次生灾害考虑，对这类泵房的抗震能力有必要适当提高；类似这种情况，对燃气工程系统中一些关键部位设施，如加压站、高中压调压站以及相应的配电室等，均应尽量减少次生灾害，适当提高抗震能力。

1.0.8 本条提出了对位于设防烈度为6度区的工程设施的抗震要求，即可以不做抗震计算，但在抗震措施方面符合7度的要求即可。

1.0.9 在给水、排水、燃气、热力工程的厂站中，其厂前区通常均设有综合办公楼、化验室及其他单宿、食堂等附属建筑物，本条文明确对于这类建筑物的抗震设计要求，应按《建筑抗震设计规范》执行；同时在水源工程中还会遇到挡水坝等中、小型水工建筑物，在燃气、热力工程中尚有些工业构筑物及设备，条文同样明确了应按现行的《水工建筑物抗震设计规范》SDJ110和《构筑物抗震设计规范》GB50191执行，本规范不再转引。

3 抗震设计的基本要求

3.1 规划与布局

3.1.1～3.1.3 这些条文的要求，基本上沿用了原规范的规定。

主要考虑到给水、排水、燃气和热力工程设施是城市生命线工程的重要组成部分，一旦受到震害严重损坏后，将影响城市正常运转，给居民生活造成困难，工业生产和国家财产受到大量损失。在强烈地震时，往往由于场地、地基等因素的影响，城市中各个区域的震害反映是不等同的，例如1975年我国辽南海城地震时，7度区鞍山市的震害，以铁西区最为突出；1976年河北唐山地震时，唐山路南区受灾甚于路北区，天津市以和平区最为严重。因此，首先应该从整体城市建设方面做出合理的规划，地震区城市中的给水水源、燃气气源、热力热源和相应输配管网亟需统筹规划，合理布局，排水管网及污水处理厂的分区布局、干线沟通等筹划，这是提高城市建设整体抗震能力、力求减少震害、次生灾害的基本措施。

3.2 场地影响和地基、基础

3.2.1，3.2.2 条文提出的要求，均沿用原规范的规定。

主要考虑到历次烈震中工程设施的震害反映，建设场地的影响十分显著，在有条件时宜尽量避开对抗震不利的措施，并不应在危险的场地建设，这样做可以确保工程设施的安全可靠，同时也可减少工程投资，提高工程设施的投资效益。

3.2.3 本条对位于Ⅰ类场地上的构筑物，规定了在抗震措施方面可以适当降低要求，即可按建设地区的设防烈度降低一度采用，但在抗震计算时不能降低。主要考虑到Ⅰ类场地的地震动力反应较小，而给水、排水、燃气、热力工程中的各类构筑物一般整体性较好，可以不需要做进一步加强，即可满足要求。同时对设防烈度为6度区的构筑物，规定了不宜再降低，还是应该定位在地震区建设的范畴，符合必要的抗震措施要求。

3.2.4 条文对地基和基础的抗震设计提出了总体要求。首先指出当工程设施的地震受力层内存在液化土时，应防止可能导致地基承载力失效；当存在软弱土层时，应防止震陷或显著不均匀沉降，导致工程设施损坏或影响正常运转（例如一些水质净化处理水设备等）。同时条文还规定了当对液化土和软弱粘性土进行必要的地基处理后，还有必要采取措施加强各类构筑物基础的整体性和刚度，主要考虑到地基处理比较复杂，很难做到完全消除地基变形和不均匀沉降。

此外，条文对各类构筑物基础的设计高程和构造提出了要求。当同一结构单元的构筑物不可避免设置在性质截然不同的地基土上时，应考虑到地基震动形态的差异，为此要求在相应部位的结构上设置防震缝分离或通过加设垫褥地基，以消除结构遭致损坏。与此相类似情况，同一结构单元的构筑物，宜采用同一结构类型的基础，不宜混用天然地基和人工地基。

结合给水、排水工程中经常遇到的情况，构筑物的基础高程由于工艺条件存在不同高差，对此，条文要求这种情况的基础宜缓坡相连，以免地震时产生滑移而导致结构损坏。

3.3 地震影响

3.3.1 对工程抗震设计，如何反映地震作用影响，本条明确了应以相应抗震设防烈度的设计基本地震加速度和设计特征周期作为表征。对已编制抗震设防区划的地区或厂站，则可按批准确认的抗震设防烈度或抗震设计地震动参数进行抗震设防。

3.3.2 本条给定了抗震设防烈度和设计基本地震加速度的对应关系，这些数据与原规范是一致的，只是根据新修订的《中国地震动参数区划图 A_1》，在地震动峰值加速度0.1g和0.2g之间存在0.15g区域，0.2g和0.4g之间存在0.3g区域。条文明确规定了该两个区域内的工程设施，其抗震设计要求应分别与7度和8度地区相当。

3.3.3 条文针对设计特征周期，即设计所用的地震影响系数特征周期（T_g）的确定，按工程设施所在地的设计地震分组和场地类别给出了规定。主要是根据实际震害反应，在同一影响烈度条件下，远震和近震的影响不同，对高柔结构、贮液构筑物、地下管线等工程设施，远震长周期的影响更甚，为此条文将设计地震分为三组，更好地反映震中距的影响。

3.3.4 条文明确了以附录A给出我国主要城镇中心区的抗震设防烈度、设计基本地震加速度和相应的设计地震分组，便于工程抗震设计应用。

3.4 抗震结构体系

3.4.1 本条是对抗震设计提出的总体要求。根据国内外历次强烈地震中的震害反映，对构筑物的结构体系和管网的结构构造，应综合考虑其使用功能、结构材质、施工条件以及建设场地、地基地质等因素，通过技术经济综合比较后选定。

3.4.2、3.4.3 条文对构筑物的工艺设计提出了要求。工艺设计对结构抗震性能影响显著，平、立面布置不规则，质量和刚度变化较大时，将导致结构在地震作用下产生扭矩，对结构体系的抗震带来困难，因此条文要求尽量避免。当不可避免时，则宜将构筑物的结构采用防震缝分割成若干规则的结构单元，避免造成震害。对设置防震缝确有困难时，条文要求应对结构体系进行整体分析，并对其薄弱部位采取恰当的抗震构造措施。

针对建筑物这方面的抗震规定，条文明确应按《建筑抗震设计规范》GB50011 执行。

3.4.4 本条要求结构分析的计算简图应明确，并符合实际情况；在水平地震作用下具有合理的传递路线；充分发挥地基逸散阻尼对上部结构的减震效果。

同时要求在结构体系上尽量具有多道抗震防线，例如尽可能具备结构体系的空间工作和超静定作用，藉以提高结构的抗震能力，避免部分结构或构件破坏导致整个结构体系丧失承载力。此外，针对工艺要求往往形成结构上的削弱部位，将是抗震的薄弱部位，应加强其构造措施，使同一单元的结构体系，具有良好的整体性。

3.4.5 本条对钢筋混凝土结构构件提出的要求，主要是改善其适应变形的性能。对钢结构应注意在地震作用下（水平向及竖向）防止局部或整体失稳，合理确定其构件的截面尺寸。

同时，条文还对各类构件的节点连接提出了要求，除满足承载力外，尚应符合加强结构的整体性，以求获得结构体系的整体空间作用效果，提高结构的抗震能力。

对地下管道结构的要求，不同于构筑物，管道为一线状结构，管周覆土形成很大的阻尼，管道结构的振动特性可以忽略，主要随地震时剪切波的行进形态而变位，不可能以单纯加强管道结构的刚度达到抗震目的，为此条文提出在管道与构筑物、设备的连接处，应予妥善处理，既要防止管道本身损坏，又要避免由于管道变位（瞬时拉、压）造成设备损坏（唐山地震中就发生过多起事故），因此该连接处应在管道上设置柔性连接接头，但可以离开一定的距离（根据管线的布置确定），以使在柔性接头与设备等之间尚可设置止推（拉）的构造措施。

3.5 非结构构件

3.5.1～3.5.4 非承重受力构件遭受震害破坏，往往引起二次灾害，砸坏设备，甚至砸伤工作人员，对震后的生产正常运行和人民生命造成祸害，为此条文要求进行抗震设计并加强其抗震措施。

3.6 结构材料与施工

3.6.2～3.6.3 在水工业工程中，通常应用混凝土和砌体材料，当承受地震作用时，一般对材料的抗拉、抗剪强度要求较高，过低的混凝土等级或砂浆等级（砌体结构主要与灰缝强度有关）对抗震不利，为此条文提出了低限的要求。

3.6.4 本条要求主要是从控制混凝土构件的延性考虑，规定在施工过程中对原设计的钢筋不能以屈服强度更高的钢材直接简单地替代。

3.6.5 构筑物基础或地下管道坐落在肥槽回填土，在厂站工程中经常会遇到，此时有必要控制好回填土的密实度；地震时密实度不够的回填土将会出现震陷，从而损坏结构。为此条文规定了对回填土压实密度的要求。

3.6.6 混凝土构筑物和管道的施工缝，通常是结构的关键部位，接茬质量不佳就会形成薄弱部位，当承受水平地震作用时，施工缝处的连接质量尤为重要，因此条文规定了最低限度应做到的要求。条文还针对有在施工缝处放置非胶结材料的做法作了限制，这种处理虽对该处防止渗水有一定作用，但却削弱了该处的截面强度（尤其是抗剪），对抗震不利。

4 场地、地基和基础

4.1 场　　地

本节内容包括场地类别划分方法及其所依据的指标、地下断裂对工程建设的影响评价、局部突出地形对地震动参数的放大作用等，条文对此所做出的规定，均系按照我国《建筑抗震设计规范》GB50011（最新修订的版本）的要求引用。这样对工程抗震设计的基础数据和条件方面，在我国保持协调一致。

4.2 天然地基和基础

本节内容除保留原规范的规定外，补充了对基些构筑物的稳定验算要求，例如厂站中的地面式敞口水处理池，不少情况会采用分离式基础，墙体结构成为独立挡水墙，此时在水平地震作用下应进行抗滑稳定验算；同时规定水平向土抗力的取值不应大于被动土压力的1/3，避免过多利用土的被动抗力导致过大变位。

4.3 液化土和软土地基

4.4 桩　　基

这两节的内容和规定，基本上按《建筑抗震设计规范》GB50011的要求引用。其中对管道结构的抗液化沉陷，系针对管道结构和功能的特点，补充了如下规定：

1. 管道组成的网络结构在城市中密布，涉及面广，通过液化土地段的沉陷量及其可能出现的不均匀沉陷，很难准确预计，管道能否完全免除震害难以确认；据此对输水、气和热力管道，考虑到遭受震害损坏后次生灾害严重，规定应采用钢管敷设，钢管的延性较好，同时还立足于抢修方便。

2. 对采用承插式接口的管道，要求采用柔性接口以此适应地震波动位移和震陷，达到免除或减少震害。

3. 对矩形管道和平口连接的钢筋混凝土预制管管道，从采用钢筋混凝土结构和沿线设置变形缝（沉降缝）两方面做了规定；前者增加管道结构的整体性，后者用以适应波动位移和震陷。

4. 对架空管道规定了应采用钢管，同时设置适量的可挠性连接，用以适应震陷并便于抢修。

5 地震作用和结构抗震验算

5.1 一 般 规 定

5.1.1 本条对给水、排水、燃气、热力工程各类厂站中构筑物的地震作用，规定了计算原则，其中，对污水处理厂中的消化池和各种贮气罐，提出了当设防烈度为9度时，应计算竖向地震作用的影响，前者考虑到壳型顶盖的受力条件；后者罐体的连接件的强度。这些部位均属结构上的薄弱环节，在震中地区承受竖向拉、压应有足够的强度，避免震害损坏导致次生灾害。

5.1.2 本条关于各类构筑的抗震计算方法的规定，沿用了原规范的要求。

5.1.3 本条对埋地管道结构的抗震计算模式，沿用了原规范的规定。同时补充了对架空管道结构的抗震计算方法的规定。

5.1.4 本条系根据《工程结构设计统一标准》的原则规定和原规范的规定，对计算地震作用时构筑物的重力荷载代表值提出了统一要求。

5.1.5～5.1.7 条文对于抗震设计反应谱的规定，系按《建筑抗震设计规范》GB50011的规定引用，这样也可在抗震设计基本数据上取得协调一致。

5.1.8 本条对构筑物的自振周期的取值做了规定。构筑物结构的实测振动周期，通常是在脉动或小振幅振动的条件下测得，而当遭遇地震强烈振动时，结构的阻尼作用将减少，相应的振动周期加长，因此条文规定当根据实测周期采用时，应予以适当加长。

5.1.9 当考虑竖向地震作用时，竖向地震影响系数的最大值，国内外取值不尽相同，条文规定系根据国内统计数据，即取水平地震影响系数最大值的65%作为计算依据。

5.1.10 埋地管道结构在水平地震作用下，通常需要应用水平地震加速度计算管道的位移或应力，据此条文规定了相应设防烈度的水平地震加速度值。此项取值沿用了原规范的规定，同时也和国内其他专业的抗震设计规范的规定协调一致。

5.1.11 本条对各类构筑物和管道结构的抗震验算，做了原则规定。即当设防烈度为6度或有关章节规定可不做抗震验算的结构，在抗震构造措施上，仍应符合本规范规定的要求。对埋地管道，当采用承插式连接或预制拼装结构时，在地震作用下应进行变位验算，因为大量震害反映，这类管道结构的震害通常多发生在连接处变位过量，从而导致泄漏，甚至破坏。对污泥消化池等较高的构筑物和独立式挡墙结构，除满足强度要求外，尚应进行抗震稳定验算，以策安全。

5.2 构筑物的水平地震作用和作用效应计算

本节内容分别对水平地震作用下的基底剪力法和振型分解法的具体计算方法，给出了规定，基本上沿用了原规范的要求。当考虑构筑物两个或两个以上振型时，其作用效应标准值由各振型提供的分量的平方和开方确定。

5.3 构筑物的竖向地震作用计算

本节对构筑物的竖向地震作用计算做了具体规定。通常竖向地震的第一振型振动周期是很短的，其相应的地震影响系数可取最大值。对湿式燃气罐的第一振型可确定为线性变化，故条文规定其竖向地震作用可按竖向地震影响系数的最大值与第一振型等效质量的乘积计算；相应对于其他长悬臂结构等，均可直接按这一原则进行计算。

5.4 构筑物结构构件截面抗震强度验算

本节规定了构筑物结构构件截面的抗震强度验算。其中关于荷载（作用）分项系数的取值，考虑了与常规设计协调，对永久作用取1.20，可变作用取1.40；对地震作用的分项系数与《建筑抗震设计规范》协调一致，由此相应的承载力抗震调整系数一并引入。

5.5 埋地管道的抗震验算

5.5.1 本条规定了埋地管道地震作用的计算原则，同时明确可不计地震动引起管道内的动水压力。因为在常规设计中，需要考虑管道运行中可能出现的残余水锤作用，此值一般取正常运行压力的40%～50%，而强烈地震与残余水锤同时发生的几率极小，因此可以不再计入地震动引起的管内动水压力。

5.5.2 本条规定了承插式接头埋地圆管的抗震验算要求。地震作用引起的管道位移，对承插接头的圆管，由于接口是薄弱环节，位移量将由管道接头来承担，如果接头的允许位移不足，就会形成泄漏、拔脱等震害，这在国内外次强烈地震中多有反映。为此条文规定具体验算条件，应满足（5.5.2）式，其中采用了数值小于1.0的接头协同工作系数，主要考虑到虽然管道上的接头在顺应地震动位移时都会发挥作用，但也不可能每个接头的允许位移量都能充分发挥，因此必须给予一定的折减。对接头协同工作系数取0.64，与原规范保持一致。

5.5.3~5.5.4 对整体连接的埋地管道，例如焊接钢管等，条文给出了验算方法，以验算管道结构的应变量控制，对钢管可考虑其可延性，允许进入塑性阶段，与国外标准协调一致。

6 盛水构筑物

6.1 一般规定

本节内容基本上保持了原规范的规定，补充明确了当设防烈度为8度和9度时，不应采用砌体结构，主要考虑到砌体结构的抗拉强度低，难以满足抗震要求，如果执意加厚截面厚度或加设钢筋，也将是不经济的，不如采用钢筋混凝土结构，提高其抗震能力，稳妥可靠。

此外，结合当前大型水池和双层盛水构筑物的兴建，对不需进行抗震验算的范围，做了修正和补充；并对位于9度地区的盛水构筑物明确了计算竖向地震作用的要求，提高抗震安全。

6.2 地震作用计算

本节内容基本上保持了原规范的规定，仅对设防烈度为9度时，补充了顶盖和内贮水的竖向地震作用计算，其中在竖向地震作用下的动水压力标准值，系根据美国A.S.Veletsos和国内的研究报告给出。此外，还对水池中导流墙，规定了需进行水平地震作用的验算要求。

6.3 构造措施

本节内容除保持了原规范的要求外，补充了下列规定：

1. 对位于Ⅲ、Ⅳ类场地上的有盖水池，规定了在运行水位基础上池壁应预留的干弦高度。这是考虑到在长周期地震波的影响下，池内水面可能会出现晃动，此时如干弦高度不足将形成真空压力，顶盖受力剧增。条文对此项液面晃动影响，主要考虑长周期地震的作用，9度通常为震中，7度的影响有限，为此仅对8度Ⅲ、Ⅳ类场地提出了干弦高度的要求。根据理论计算，由于水的阻尼很小，液面晃动高度会是很高的，考虑到地震毕竟发生几率很小，不宜过于增加投资，因此只是按照计算数值，给定了适当提高干弦高度的要求，即允许顶盖出现部分损坏，例如裂缝宽度超过常规设计的规定等。

2. 对水池内导流墙，须要与立柱或池壁连接，又需要避免立柱在干弦高度内形成短柱，不利于抗震，为此条文提出应采取有效措施，符合两方面的要求。

7 贮气构筑物

本章内容基本上保持了原规范的规定，仅就下列内容做了补充和修改：

1. 增补了竖向地震作用的计算规定；

2. 对球罐和卧罐的水平地震作用计算规定，按《构筑物抗震设计规范》GB50191的相应内容做了修改，以使协调一致，但明确了在计算地震作用时，应取阻尼比 $\zeta=0.02$；

3. 对湿式贮气罐的环形水槽动水压力系数做了修改，即使在计算式中不再出现原规范引用的结构系数 C 值，因此将 C 值归入动水压力系数中，这样计算结果保持了原规范中的规定。

8 泵　　房

8.1 一般规定

8.1.1 在给水、排水、燃气、热力工程中，各种功能的泵房众多，根据工艺要求泵房的体型、竖向高程设计各不相似，条文明确了本章内容对这些泵房的抗震验算等均可适用。

8.1.2 在历次强烈地震中，提升地下水的取水井室（泵房型式的一种）当地下部分大于地面以上结构高度时，在6度、7度区并未发生过震害损坏。主要是这种井室体型不大，结构构造简单、整体刚度较好，当埋深较大时动力效应较小，因此条文规定只需符合相应的抗震构造措施，可不做抗震验算。

8.1.3 卧式泵和轴流泵的泵房地面以上结构，其结构型式均与工业民用建筑雷同，因此条文明确应直接按《建筑抗震设计规范》GB50011 的规定执行。

8.1.4 本条要求保持了原规范的规定。

8.2 地震作用计算

本节主要对地下水取水井室的地震作用计算做了规定。这类取水泵房在唐山地震中受到震害众多，一旦损坏，水源断绝，给震后生活、生产造成很大的次生灾害。

条文对位于Ⅰ、Ⅱ类场地的井室结构，规定了仅可对其地面以上部分结构计算水平地震作用，并考虑结构以剪切变形为主。对位于Ⅲ、Ⅳ类场地的井室结构，则规定应对整个井室进行地震作用计算，但可考虑结构与土的共同作用，结构所承受的地震作用随地下埋深而衰减。此时将结构视为以弯曲变形为主，并通过有限元分析确定了衰减系数的具体数据。

8.3 构造措施

本节内容保持了原规范的各项规定。

9 水 塔

本章内容原属《建筑抗震设计规范》GBJ 11—89 中的一部分，经新修订后，将水塔的抗震设计纳入本规范。

本章内容除保留了原规范拟定的抗震设计要求外，做了以下几方面的修订：

1 明确了水塔的水柜可不进行抗震计算，主要考虑支水柜通常的容量都不大，在历次强震中均未出现震害，损坏都位于水柜的支承结构。

2 修订了确定地震作用的计算公式，计入了在水平地震作用下，水柜内贮水的对流振动作用。地震动时，水柜内贮水将形成脉冲和对流两种运动形态，前者随结构一并振动，后者将产生水的晃动，两者的振动周期不同，因此应予分别计入。

3 在分别计算贮水的脉冲和对流作用时，考虑到贮水振动和结构振动的周期相差较大，两者的耦联影响很小，因此未予计入，简化了工程抗震计算。

4 在确定对流振动作用时，考虑到水的阻尼要远小于0.05，因此在确定地震影响系数 α 时，规定了可取阻尼比 $\zeta=0$。

5 水柜内贮水的脉冲质量约位于柜底以上 $0.38H_w$（水深）处，与对流质量组合后其总的动水压力作用将会提高，为简化计算，与结构重力荷载代表值的等效作用一并取在水柜结构的重心处。

6 在构造措施方面，对支承筒体的孔洞加强措施，做了进一步具体的补充。

10 管 道

10.1 一 般 规 定

10.1.1 本条明确了本章有关架空管道的规定，主要是针对给水、排水、燃气、热力工程中跨越河、湖等障碍的自承式钢管道，对其他非自承式架空管道则可参照执行。

10.1.2 条文规定对埋地管道主要应计算在水平地震作用下，剪切波所引起的管道变位或应力，相的剪切波速应为管道埋深一定范围内的综合平均波速，规定应由工程地质勘察单位提供自地面至管底不小于5m深度内各层土的剪切波速。

10.1.3 条文规定了对较大的矩形或拱形管道，除应验算剪切波引起的位移或应力外，尚应对其横截面进行抗震验算，即此时管道横截面上尚承受动土压力等作用，对较大的矩形或拱形管道不应忽视，唐山地震中的一些大断面排水矩形管道，就发生过多起横断面抗震强度不足的震害。

10.1.4 条文规定了对埋地管道可以不做抗震验算的几种情况，主要是根据历次强震中的反映和原规范的相应规定。

10.2 地震作用计算

本节内容规定了埋地和架空管道地震作用的计算方法。对架空管道可按单质点体系计算，在确定等代重力荷载代表值时，条文分别给出了不同结构型式架空管道的地震作用计算公式。

10.3 构 造 措 施

本节内容保持了原规范的各项规定。需要补充说明的是管道与机泵等设备的连接，从地震动考虑，管道在剪切波作用下将瞬时产生接、压位移，造成对与之连接设备的损坏，唐山地震中多有发生（如汉沽取水泵房等），据此要求在该连接处应设置柔性可活动接头；而常规运行时，可能发生回水推力，该处需可靠连接，共同承受此项推力。据此本次修改时在10.3.7、10.3.8中，明确规定了针对这种情况，应在该连接管道上就近设置柔性连接，兼顾常规运行和抗震的需要。

附录B　有盖矩形水池考虑结构体系的空间作用时水平地震作用效应标准值的确定

本附录保持了原规范的内容。同时针对当前城市给水工程中清水池的池容量日益扩大，不少清水池结构由于超长而设置了温度变形缝，附录条文中规定了在变形缝处应设置抗侧力构件（框架、斜撑等），此时水平地震作用的作用效应计算方法完全一致，只是水池的边墙由该处的抗侧力构件替代，从而计算其水平地震作用折减系数 η_1 值。

附录C 地下直埋直线段管道在剪切波作用下的作用效应计算

1 计算模式及公式

地下直埋管道在剪切波作用下，如图C.1.6所示，在半个视波长范围内的管段，将随波的行进处于瞬时受拉、瞬时受压状态。半个视波长内管道沿管轴向的位移量标准值（Δ_{pl}）可按（C.1.1-1）式计算，即

$$\Delta_{pl} = \zeta_t \cdot \Delta_{sl} \tag{C.1.1-1}$$

此式的计算模式系将管道视作弹性地基内的线状结构。ζ_t 为剪切波作用下沿管轴向土体位移传递到管道上的传递系数，原规范对传递系数的取值系根据我国1975年海城营口地震和1976年唐山地震中承插式铸铁管的震害数据统计获得，这次修改时考虑到原规范统计数据毕竟很有限，为此对传递系数 ζ_t 值改用计算模式的理论解，即（C.1.1-3）式。

对管道位移量的计算，并非管道上各点的位移绝对值，而应是管道在半个视波长内的位移增量，这是导致管道损坏的主要因素。

2 计算参数

沿管道轴向土体的单位面积弹性抗力（K_1），当无实测数据时，给定可采用0.06N/mm^3，系引用日本高、中压煤气抗震设计规范所提供数据。从理论上分析，此值应与管道埋深有关，而且还应与管道外表面的构造、体型有关，很难统一取值，这里给出的采用值不是很确切的，必要时应通过试验测定。在无实测数据时，对 K_1 推荐采用统一常数，主要考虑到埋地管体均与回填土相接触，其误差不致很大。

关于管道单个接头的设计允许位移量［U_a］，系通过国内试验测定获得的。该项专题试验研究，由北京市科委给予经费资助。

3 对焊接钢管这种整体连接管道，条文规定了可以直接验算在水平地震作用下的最大应变量，同时亦可与国内外有关钢管的抗震验算取得协调。对于钢管的允许应变量，考虑到在市政工程中钢管的材质多采用Q235钢，因此条文中的允许应变量系针对Q235给出。

中华人民共和国国家标准

室外煤气热力工程设施抗震鉴定标准

GBJ 44—82

（试　行）

主编部门：北京市基本建设委员会
批准部门：中华人民共和国国家基本建设委员会
试行日期：1982年9月1日

关于颁发《室外给水排水工程设施抗震鉴定标准》和《室外煤气热力工程设施抗震鉴定标准》的通知

（82）建发设字125号

根据国家基本建设委员会（78）建发设字第562号通知的要求，由北京市基本建设委员会负责主编，并由北京市抗震办公室会同有关单位共同编制的《室外给水排水工程设施抗震鉴定标准》和《室外煤气热力工程设施抗震鉴定标准》已经有关部门会审。现批准《室外给水排水工程设施抗震鉴定标准》GBJ43—82和《室外煤气热力工程设施抗震鉴定标准》GBJ44—82为国家标准，自一九八二年九月一日起试行。

上述两本标准均由北京市基本建设委员会管理。其具体解释等工作，有关给水排水方面的，由北京市市政设计院负责；有关煤气热力方面的，由北京市煤气热力设计所负责。

国家基本建设委员会

一九八二年三月三十日

编 制 说 明

本标准系根据国家基本建设委员会（78）建发设字第562号通知的要求，由我委负责主编，并由市抗震办公室组织北京市煤气热力设计所等有关单位共同编制而成。

本标准编制过程中，遵循“地震工作要以预防为主”的方针，根据现行的《室外给水排水和煤气热力工程抗震设计规范》、《工业与民用建筑抗震设计规范》及《工业与民用建筑抗震鉴定标准》的有关规定，结合我国室外煤气热力工程设施的实际，认真吸取了海城、唐山地震的经验，并广泛征求全国有关单位的意见，反复讨论修改，最后会同有关部门审查定稿。

本标准共分四章、两个附录。其主要内容有：总则、管线、贮罐和场、站设施等有关抗震鉴定要求及加固处理的规定。

本标准为初次编制，在试行过程中，请各单位结合工程实践，认真总结经验，注意积累资料，如发现需修改和补充之处，请将有关资料和意见寄北京市煤气热力设计所，以供修订时参考。

北京市基本建设委员会

一九八二年三月

目　次

第一章　总　则

第 1.0.1 条　为了贯彻落实"地震工作要以预防为主"的方针，搞好地震区室外煤气、热力工程设施的抗震鉴定加固工作，以避免室外煤气、热力工程设施在地震时遭受严重破坏和造成严重次生灾害，保障人民生命财产和重要生产设备的安全，特制订本标准。

第 1.0.2 条　凡符合本标准抗震鉴定加固要求的室外煤气、热力工程设施，在遭遇相当于抗震加固烈度的地震影响时，管网及贮罐等设施震害控制在局部范围内，一般不致造成严重次生灾害，并便于抢修和迅速恢复使用；其房屋建筑一般不致倒塌伤人或砸坏重要生产设备，经修理后仍可继续使用。

第 1.0.3 条　本标准适用于抗震鉴定加固烈度为7度至9度的室外煤气（压力8公斤/厘米^{2}以下）、热力（压力14公斤/厘米^{2}以下）工程设施，不适用于有特殊抗震要求的工程设施。

注：① 室外煤气包括人工煤气、天然气、液化石油气。
② 液化石油气工程设施，不受压力8公斤/厘米^{2}的限制。

第 1.0.4 条　抗震鉴定加固烈度，宜按基本烈度采用。对大、中城市煤气、热力系统的关键部位，如必须提高烈度时，应按国家规定的批准权限报请批准后，其抗震鉴定加固烈度可比基本烈度提高一度采用。对于基本烈度为7度地震区Ⅰ类场地土或坚实均匀的Ⅱ类场地土敷设的地下煤气、热力管道支线，可不作抗震鉴定加固。

注：场地土的分类，宜遵守下列规定

Ⅰ类　稳定岩石；

Ⅱ类　除Ⅰ、Ⅲ类场地土外的一般稳定土；

Ⅲ类　饱和松砂、软塑至流塑的轻亚粘土、淤泥和淤泥质土、冲填土以及其它松散的人工填土等。

第 1.0.5 条　进行抗震鉴定加固时，首先应对管网、贮罐等设施及房屋建筑的设计、施工、使用现状和该地区强震影响进行全面的调查研究，并结合场地、地基土质条件判断其对抗震的有利或不利因素。

管网、贮罐等设施使用年久、腐蚀，房屋建筑结构设计欠妥，机、泵、卧罐布置不当，墙体酥裂，梁、柱支架有裂缝、损伤等质量缺陷，均应作为结构构造上的不利因素考虑，加强抗震措施。

对建在Ⅲ类场地土及河、湖、沟、坑（包括故河道、暗藏沟、坑等）边缘地带，可能产生滑坡、地裂、地陷等不利地段的管网、贮罐设施及房屋建筑，应加强抗震措施。

第 1.0.6 条　煤气、热力工程设施中房屋建筑的抗震鉴定，应符合国家现行《工业与民用建筑抗震鉴定标准》的要求。

煤气气源、热力热源部分设备的抗震鉴定，可参照现行《工业设备抗震鉴定标准》的要求。

煤气工程中设有贮罐设备的场、站消防设施，应符合国家现行《建筑设计防火规范》的要求。

第二章　管　线

第一节　一般规定

第 2.1.1 条　城市煤气、热力管网的布局，应符合下列要求：

一、煤气干线之间宜连接成环；

二、热源的主干线之间宜设连通线。

第 2.1.2 条　煤气、热力管线的抗震鉴定，应着重检查干线的场地土质情况、阀门的设置、分支及转角处管道焊缝质量、附属设备和附件的材料性能、支架及井(室)的强度和质量等。

第 2.1.3 条　煤气、热力管线图应注明管道的直径、材质、接口方式、埋深。管线上的设备、附件、井（室）支架等应注有编号，管线走向应注有坐标。其干线还应有沿线地质、水文资料。

第 2.1.4 条　高、中压煤气干线和热力干线应设置分段阀门。高、中压煤气支线和热力支线起点处也应有阀门。不符合上述要求时，应增设阀门。

注：高、中、低压煤气管道的划分，应按国家现行《城市煤气设计规范》的规定执行。

第 2.1.5 条　当抗震鉴定加固烈度为7度、8度且地基土为可液化土地段和9度且场地土为Ⅲ类时，煤气（钢管敷设）、热力干线及支线起点处的铸铁阀门、附件，均应为球墨铸铁或铸钢阀门、附件。

第 2.1.6 条　煤气、热力管线的阀门应开关灵活、严密可靠；设备、附件不应有严重腐蚀。否则应进行检修或更换。

第 2.1.7 条 管线上检修平台、扶梯及检查井（室）的井盖、爬梯应安全可靠，如有损坏应加固或更换。

第 2.1.8 条 管道穿过建筑物的墙体或基础若嵌固时，必须增设套管。套管与管道间的空隙应填以柔性材料。

第二节 架空管线

第 2.2.1 条 架空管道的活动支架，应采取防止管道地震时侧向甩落的措施，如设置挡板等。

当管道由铰接支架（沿管线方向）支承时，还应在管道的支座处，设置防止支架轴向倾倒的措施。

第 2.2.2 条 当抗震鉴定加固烈度为7度、8度且地基土为可液化土地段和9度且场地土为Ⅲ类的干线管道，在分支处、管道走向转角处的管子焊缝，当焊接质量不好或腐蚀严重时，应予以补强。

第 2.2.3 条 管道的支架和吊架，应符合下列要求：

一、架设在墙上、柱上的钢支（吊）架应锚固牢靠；

二、分支、转角处的支架应无严重腐蚀、开焊、变形、裂缝；螺栓螺母应无严重腐蚀、松动和滑扣；

三、弹簧支座应无严重腐蚀和失效。

不符合上述要求时，应予修理、加固或更换。

第 2.2.4 条 管道支架应按本标准附录一的规定进行抗震验算；当抗震鉴定加固烈度为7度、8度且场地土为Ⅰ、Ⅱ类，运行中性能良好无损伤又未增加荷载的钢筋混凝土支架或钢支架可不验算。

第三节 地下管线

第 2.3.1 条 地基土为可液化土地段的煤气干线，宜采用钢管。在通过发震断裂带和可液化土地段的煤气干线，宜在两端增设阀门，阀门一侧管道上应设置柔性接口。

第 2.3.2 条 地震时需要操作的检查井（室）邻近有危险建筑物（指缺乏抗震能力的建筑物）时，应调整井（室）的位置或提高建筑物的抗震能力。

第 2.3.3 条 地震时需要操作的煤气阀门，均应有阀门井。

检查井（室）的墙体、盖板及固定支架，如有酥裂、严重腐蚀，应进行加固或更换。

第 2.3.4 条 承插式接口的煤气干线及重要支线，应在下列部位设置柔性接口：

一、过河管道的两侧；

二、穿越铁路、重要公路的两侧；

三、三通、四通、大于45度的弯头附件与直线段连接处。

第 2.3.5 条 承插式接口的煤气干线及重要支线，在直线管段的一定长度内应设有柔性接口。柔性接口的间距，应按国家现行《室外给水排水和煤气热力工程抗震设计规范》进行抗震验算确定。

第三章 贮 罐

第一节 一般规定

第 3.1.1 条 贮罐设施的抗震鉴定，应符合下列规定：

一、赤道式球罐、卧罐、立式罐，应着重检查支承结构的强度，罐体与支架（支墩）、支架与基础的连接，杆件、连接件以及阀门管道等易发生事故的部位；

二、水槽式螺旋轨、直立轨贮气罐，应着重检查导轮、导轨（导轨架）的强度和构造情况，塔体升降时导轮、导轨（导轨架）的运转状况。

第 3.1.2 条 贮罐上装设的阀门，应开关灵活，仪表应准确可靠，安装牢固。

第 3.1.3 条 赤道式球罐、卧罐的支承结构和水槽式螺旋轨贮气罐的导轮、导轨，应按国家现行《室外给水排水和煤气热力工程抗震设计规范》进行抗震强度验算，不满足要求时，应加固。

第 3.1.4 条 液化石油气贮罐区，应设置控制事故范围的防液堤，当抗震鉴定加固烈度为7度和8度且地基土为可液化土地段和9度且场地土为Ⅲ类时，宜建造钢筋混凝土防液堤。液化石油气贮罐必须设置安全阀、放散管。

第二节 赤道式球罐、卧罐、立式罐

第 3.2.1 条 赤道式球罐、卧罐、立式罐的支承结构，应符合下列要求：

一、杆件、连接件无严重锈蚀、开焊、变形，螺栓、螺母应无损伤和松动；

二、当抗震鉴定加固烈度为9度时，卧罐应有鞍形支座，支座与支墩应以螺栓连接(一端固定，一端可滑动)；

三、支墩无明显缺陷、酥裂；

四、浮放的立罐应加稳固措施。

不符合上述要求时，应加固或更换。

第 3.2.2 条 罐与罐之间的联系平台，凡两端均固定于罐体上时，应将一端改为活动支承。

第 3.2.3 条 位于Ⅲ类场地土上的赤道式球罐，当支柱下的基础单独设置时，基础间应加联系梁连接为一体或采取其他有效加固措施。

第 3.2.4 条 当抗震鉴定加固烈度为7度、8度且地基土为可液化土地段和9度且场地土为Ⅲ类时，赤道式球罐的气相、液相管上，宜设置弯管补偿或其他柔性连接。

第三节 水槽式贮气罐

第 3.3.1 条 水槽式螺旋轨、直立轨贮气罐，应符合下列要求：

一、塔体升降时，导轮、导轨（导轨架）应灵活可靠，啮合均匀；

二、每组导轮的轴座，应具有良好的整体构造；

三、连接上挂圈与其伸出的导轨之间的角钢，应焊接牢固；

四、水槽应无严重腐蚀和渗漏。

不符合上述要求时，应加固或更换。

第 3.3.2 条 水槽式螺旋轨贮气罐的容量等于或大于5000米^{3}且导轨小于24公斤/米轻轨时，应增大伸出上挂圈部分导轨的断面。

第四章 场、站设施

第一节 一般规定

第 4.1.1 条 场、站的总进出口管上，应有控制阀门，其位置应设在便于及时操作的地方。

第 4.1.2 条 液化石油气储配站的生产区与生活区，必须由非燃烧实体墙隔开。

第 4.1.3 条 液化石油气灌瓶站，地震时应保证正常供电。

第二节 设 备

第 4.2.1 条 压缩机、泵设备应符合下列要求：

一、泵的基础与电动机的基础应浇成整体；

二、当抗震鉴定加固烈度为7度、8度且地基土为可液化土地段和9度场地土为Ⅲ类时，压缩机、泵的进出口管上宜设有柔性连接。

第 4.2.2 条 场、站内的阀门应开关灵活，严密可靠，温度表、压力表、液位计与设备和管道应连接牢靠。

第 4.2.3 条 当抗震鉴定加固烈度为7度、8度且地基土为可液化土地段和9度且场地土为Ⅲ类时，场、站内铸铁材质的阀门、附件，应更换为球墨铸铁或铸钢材质的阀门、附件。

第 4.2.4 条 当抗震鉴定加固烈度为8度和9度时，煤气调压站内的调压器、过滤器以及前后设置的阀门，应设支、卡架。

第三节 场、站建筑及管道

第 4.3.1 条 灌瓶站的瓶库为框架结构时，其边跨梁、板的外端不应搭在毗邻的建筑物砖砌墙体上。不符合要求时，应采取隔开或其他抗震加固措施。

第 4.3.2 条 热力容积式加热器罐组设在两层及两层以上混合结构或内框架结构的楼上时，应对其支承结构进行抗震强度验算，并应采取措施，加强建筑结构的整体性。

第 4.3.3 条 场、站内管道的抗震鉴定，应按本标准第二章的规定进行。

附录一 架空管架的抗震验算

（一）验算原则

1.管架的抗震验算，一般只考虑水平方向的地震荷载，并可在管架两个主轴方向分别进行验算。

2.管架的水平地震荷载，应包括管道（管体、管内介质、保温层等）、附属设备、附件及支架结构1/4自重的惯性力。

3.对管架结构强度进行抗震验算时，应将地震荷载与常规设计荷载组合，作用在管道上的风载可取25%。对于活动支架，当地震荷载与管道的摩擦力组合时，应仅取管道摩擦力一项，地震荷载可不计入。

4.抗震验算时安全系数的取值，如采用总安全系数方法，应取不考虑地震荷载时数值的65%；如采用允许应力方法，允许应力应取不考虑地震荷载时数值的155%。

注：工程抗震设计时，安全系数的取值，则应相应取不考虑地震荷载数值的80%及125%。

5.管架以管道补偿器至补偿器一段为一计算单元（附图1）。

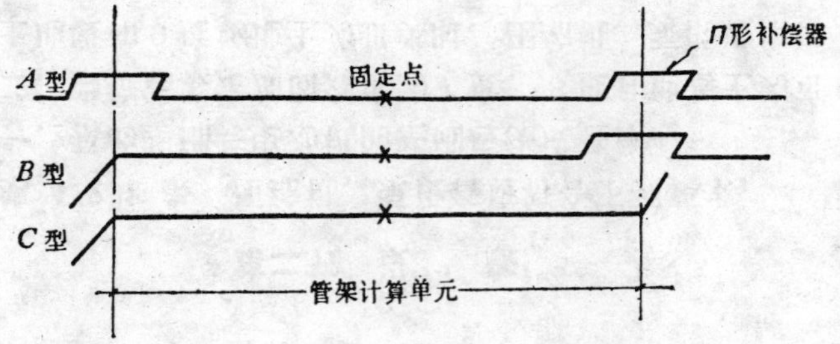

附图 1 管架计算单元示意

（二）地震力计算

1.计算单元内的管架结构可简化为单质点体系（附图2）。

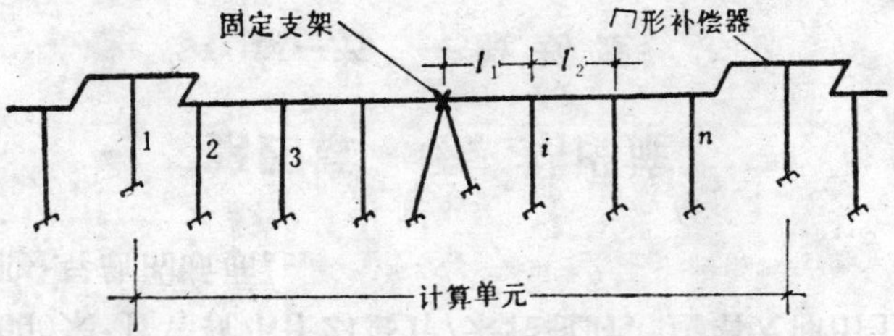

附图 2 单质点体系示意

水平地震荷载应按下列公式计算：

$$P_{ix}=CK_h\beta_1 W_i \qquad (附1)$$

$$P_y=CK_h\beta_1\sum_{i=1}^{n}W_i \qquad (附2)$$

$$P_{iy}=\frac{K_{iy}}{\sum_{i=1}^{n}K_{iy}}P_y \qquad (附3)$$

式中 P_{ix}——i支架x方向（管线横向）的地震荷载（公斤）；

P_y——计算单元内所有支架y方向（管线纵向）的地震荷载（公斤）；

P_{iy}——i支架y方向的地震荷载（公斤）；

C——结构影响系数；对钢支架、钢筋混凝土支架可取0.3；无筋砖、石砌体可取0.45；

K_h——水平方向地震系数；当抗震鉴定加固烈度为7度时可取0.1，8度时可取0.2，9度时可取0.4；

β_1——相应于结构基本周期T_1的动力放大系数，可按附表1采用；低支架（支墩）结构时，可取$\beta_1=\beta_{max}$；

β_{max}——动力放大系数的最大值，$\beta_{max}=2.25$；

W_i——i支架顶部的集中重量（公斤），$W_i=W_{管}+W_{支}/4, W_{管}=q\left(\frac{l_1+l_2}{2}\right)$；

q——管道（管体、管内介质、保温层等）单位长度重量之和（公斤/米）；

l_1、l_2——i支架前后管道的跨度（米）；

K_{iy}——作用在 i 支架 y 方向集中质点上产生单位位移的水平力（公斤/厘米）。

动力放大系数 β_1 **附表 1**

场地土	Ⅰ 类	Ⅱ 类	Ⅲ 类	备注
β_1	$\frac{0.2\beta_{max}}{T_1}$	$\frac{0.3\beta_{max}}{T_1}$	$\frac{0.7\beta_{max}}{T_1}$	当周期 $T_1\begin{cases}\leq 0.2\ (\text{Ⅰ类土})\\ \leq 0.3\ (\text{Ⅱ类土})\\ \leq 0.7\ (\text{Ⅲ类土})\end{cases}$ 时，$\beta_1=\beta_{max}$

2.单元内管架结构的基本周期，可按下列公式计算：

$$T_{ix}=0.086+0.13\sqrt{\frac{W_i}{K_{ix}}} \qquad (附4)$$

$$T'_{ix}=0.034+0.19\sqrt{\frac{W_i}{K_{ix}}} \qquad (附5)$$

$$T_y=-0.026+0.18\sqrt{\frac{\sum_{i=1}^{n} W_i}{\sum_{i=1}^{n} K_{iy}}} \qquad (附6)$$

式中 T_{ix}——i 活动支架 x 方向的周期（秒）；

T'_{ix}——i 固定支架 x 方向的周期（秒）；

T_y——计算单元内支架 y 方向的周期（秒）；

K_{ix}——作用在 i 支架 x 方向集中质点上产生单位位移的水平力（公斤/厘米）。

注：①Z形自然补偿段的活动支架周期，可按相邻两侧计算单元内较小活动支架周期采用。

②当固定支架沿纵向为A形或有斜撑的门形结构时，算得的纵向刚度应予以折减，否则求得的周期会偏小，按刚度分配给固架的地震力则又偏大。

③管架的周期公式是在实测管架动力特性的基础上，采用线性回归方法得出的。

附录二 本标准用词说明

（一）执行本标准条文时，要求严格程度的用词，说明如下，以便在执行中区别对待。

1.表示很严格，非这样作不可的用词：

正面词采用“必须”；

反面词采用“严禁”。

2.表示严格，在正常情况下均应这样作的用词：

正面词一般采用“应”；

反面词一般采用“不应”或“不得”。

3.表示允许稍有选择，在条件许可时首先应这样作的用词：

正面词一般采用“宜”或“可”；

反面词一般采用“不宜”。

（二）条文中必须按指定的标准、规范或其他有关规定执行的写法为“应按……执行”或“应符合……要求”。非必须按所指的标准、规范执行的写法为“可参照……”。

中华人民共和国国家标准

球形储罐施工及验收规范

GBJ 94—86

主编部门：中华人民共和国石油工业部
批准部门：中华人民共和国国家计划委员会
施行日期：1987年1月1日

关于发布《球形储罐施工及验收规范》的通知

计标[1986]962号

根据原国家建委（81）建发设字546号文的要求，由石油部会同有关单位共同编制的《球形储罐施工及验收规范》，已经有关部门会审。现批准《球形储罐施工及验收规范》GBJ94—86为国家标准，自1987年1月1日起施行。

本规范由石油部负责管理，其具体解释工作由石油部施工技术研究所负责，由我委基本建设标准定额研究所组织出版发行。

中华人民共和国国家计划委员会
1986年6月9日

编制说明

本规范是根据原国家建委（81）建发 设字 第546号通知的要求,由石油工业部负责主编,会同机械工业部、冶金工业部、化学工业部、城乡建设环境保护部、纺织工业部和中国石油化工总公司等部门所属单位组成《球形储罐施工及验收规范》编委会共同编制而成。

在编制过程中，本着“技术先进、经济合理、安全适用、确保质量”的精神，在总结我国制造球形储罐经验的基础上，参照国外的先进标准，并广泛征求了全国有关单位的意见，经反复讨论、修改，最后由石油工业部会同全国有关单位审查定稿。

本规范共分九章和四个附录，主要内容有：总则、零部件的检查和验收、现场组装、焊接、焊缝检验、现场焊后整体热处理、产品焊接试板检验、耐压试验和气密性试验以及交工验收等。

在本规范施行过程中，请各单位结合工程实践和科学研究，认真总结经验，如发现需要修改和补充之处请将意见寄交石油部施工技术研究所（天津塘沽），以便今后修订时参考。

石油工业部

1986年4月

目　次

主要符号

b_1，b_2，b_3　任意宽度方向弦长

D　球罐设计内径

D_1　基础中心圆直径

d　法兰外径

E　间隙

e_1　对口错边量

e_2　角变形

H　支柱高度

I　焊接电流

L　球壳板弦长

L_1　长度方向弦长

L_2　对角线弦长

l_1　最大角变形处球壳与样板的径向距离

l_2　标准球壳与样板的径向距离

Q　焊接线能量

R　规定的球壳内或外半径

$R_{样板}$　样板的曲率半径

S　相邻支柱基础中心距

S_1　支柱基础上的地脚螺栓中心与基础中心圆 的间距

S_2　支柱基础地脚螺栓预留孔中心与基 础中心 圆 的间距

U　电弧电压

V 焊接速度

α 坡口角度

δ，δ_1，δ_2 球壳板厚度

Δ 球罐支柱垂直度偏差

第一章 总 则

第 1.0.1 条 本规范适用于设计温度高于－20°C、壁厚小于或等于50mm的碳素钢及低合金钢制焊接球形储罐（以下简称球罐）的施工及验收。

本规范不适用于下列球罐：

一、核工业用球罐；

二、非固定（如车载或船载）的球罐；

三、双层结构的球罐。

第 1.0.2 条 对液化石油气的球罐，当设计温度低于或等于－20°C时，如壳体工况条件下应力（总体一次薄膜应力）不大于所选用材料的屈服强度的1/6时，可按常温球罐处理。

第 1.0.3 条 球罐应按设计进行施工。如需修改设计图时，必须取得原设计单位同意，并签署设计更改文件。

第 1.0.4 条 球罐的施工及验收除应遵守本规范的规定外，尚应遵守现行国家有关标准、规范的规定。

第二章　零部件的检查和验收

第一节　一 般 规 定

第 2.1.1 条　球罐的球壳板、人孔法兰、接管、补强圈、支柱及拉杆等零部件的出厂证明书应包括下列内容：

一、球罐零部件出厂合格证；

二、材料代用审批手续；

三、各种材料质量证明书及球壳板材料的复验报告；

四、钢板超声探伤报告；毛坯及零件探伤记录；

五、球壳板周边超声探伤报告；

六、坡口和焊缝无损探伤报告（包括探伤部位图）；

七、成形试板检验报告；

八、焊接试板试验报告。

第二节　材　　料

第 2.2.1 条　球罐受压件及支柱所用的材料应符合设计要求。球罐非受压件的材料的焊接性能应与球壳板材料相适应。

第 2.2.2 条　每台产品应取一块成形试板，进行拉力、弯曲和常温冲击试验。试板从成形后的球壳板上切取，其切取方向应与钢板取样方向一致。

第 2.2.3 条　球壳板用的钢板应按设计要求进行超声探伤。碳素钢板应符合《压力容器用钢板超声波探伤》（JB 1150—73）规定的Ⅲ级要求；低合金钢板应符合Ⅱ级要求。

第 2.2.4 条　壳体凸缘和人孔补强圈等受压元件用的锻件，应符合《压力容器锻件技术条件》（JB755—85）规定的Ⅲ级锻件的要求。

第三节　球 壳 板

第 2.3.1 条　球壳的结构型式应符合设计要求。每块球壳板本身不得拼接。

第 2.3.2 条　制造厂提供的球壳板应具有良好的表面质量，对超过标准的缺陷应按本规范第四章第五节的规定进行修补。

第 2.3.3 条　球壳板实测厚度不得小于设计厚度扣除钢板负偏差与加工减薄量之和。

第 2.3.4 条　球壳板的外形尺寸应符合下列要求：

球壳板曲率允许偏差　　　　**表 2.3.4-1**

球壳板弦长 L (m)	应采用的样板弦长 (m)	任何部位允许间隙 E (mm)
$L \geq 2$	2	≤ 3
$1.5 \leq L < 2$	1.5	
$L < 1.5$	1	

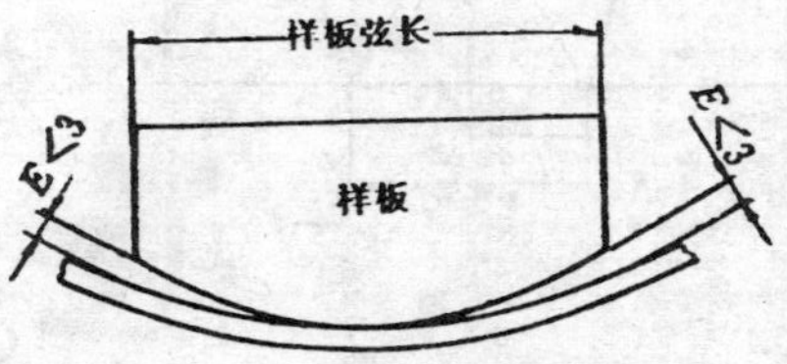

图 2.3.4-1　球壳板曲率允许偏差

一、用样板检查球壳板的曲率时，其允许偏差应符合表2.3.4-1的规定（图2.3.4-1～2）。

球壳扳几何尺寸允许偏差　　　表 2.3.4-2

序号	项目	允许偏差(mm)
1	长度方向弦长L_1	±2.5
2	任意宽度方向弦长b_1、b_2、b_3	±2
3	对角线弦长L_2	±3
4	两条对角线间的距离	≯5

注：对薄壁和刚性差的球壳板，可检查弧长。其允许偏差应符合表2.3.4-2中1、2和3项的规定。

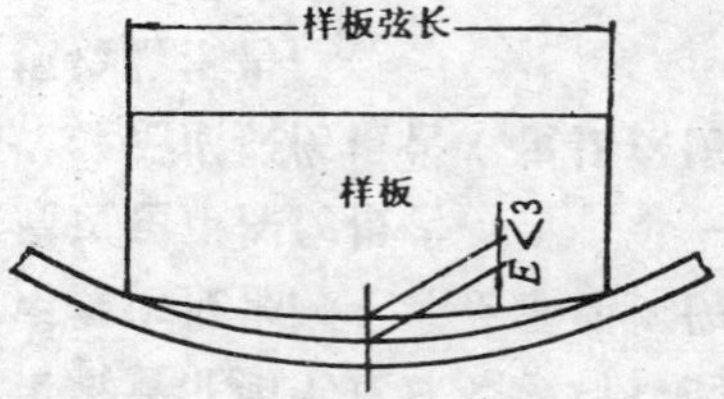

图 2.3.4-2　球壳板曲率允许偏差

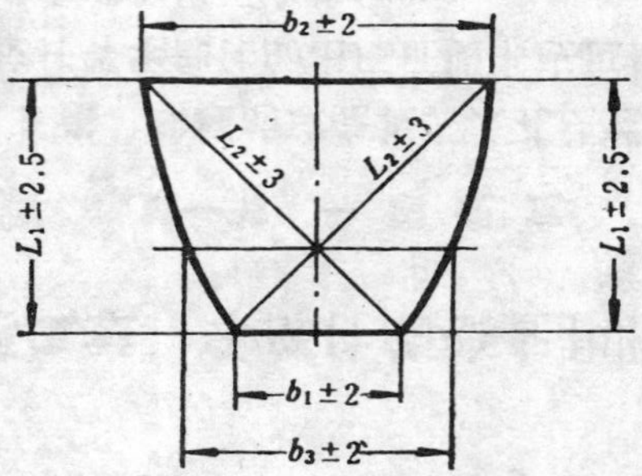

图 2.3.4-3　球壳板几何尺寸允许偏差

二、几何尺寸允许偏差应符合表2.3.4-2的规定（图2.3.4-3～4）。

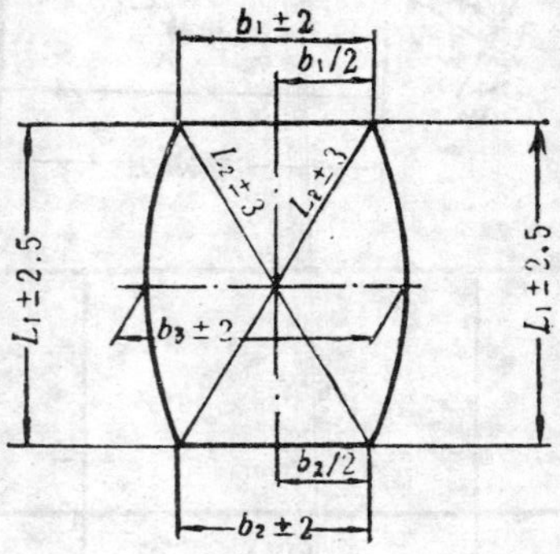

图 2.3.4-4　球壳板几何尺寸允许偏差

第 2.3.5 条　由制造厂加工的球壳板焊缝坡口应符合下列要求：

一、气割坡口表面：

1.平面度（B）

当板厚$\delta \leqslant 20$mm时，$B \leqslant 0.04\delta$；

$\delta > 20$mm时，$B \leqslant 0.025\delta$；

2.表面粗糙度（G）应小于或等于160μm；

3.缺陷间的极限间距（Q）应大于或等于1.0m；

4.熔渣与氧化皮应清除干净，坡口表面不应有裂纹和分层等缺陷存在。高强钢球壳板坡口表面经渗透探伤，不应存在裂纹、分层和夹渣等迹痕。

二、坡口尺寸（图2.3.5）

1.坡口角度（α）的允许偏差应为±2°30′；

2.坡口钝边（L_3）及坡口深度（L_4）的允许偏差应为

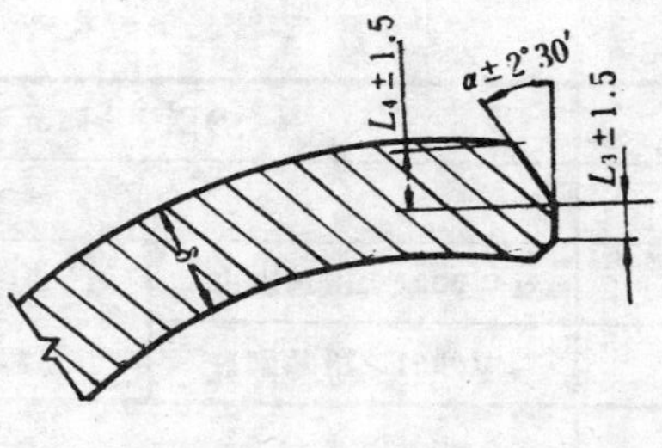

图 2.3.5 球壳板坡口尺寸要求

±1.5mm。

第 2.3.6 条 每块球壳板沿周边100mm范围内均应进行全面积超声探伤，其结果应符合本规范第2.2.3条的规定。

第 2.3.7 条 当相邻板的厚度差大于或等于3mm或大于1/4薄板厚度时，厚板边缘应按图2.3.7削成斜边，削边后的端部厚度应等于薄板厚度。

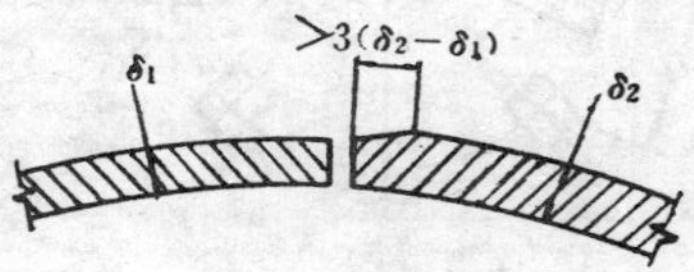

图 2.3.7 不同厚度的球壳板焊接时对球壳板的要求

第 2.3.8 条 制造厂提供的球罐焊接工艺评定试板不应少于8块，其尺寸应为300×500（mm），产品焊接试板每台应为4块，其尺寸应为300×650（mm）。上述试板应与球壳板同钢号同厚度。

第四节 支　柱

第 2.4.1 条. 球罐支柱全长的直线度应小于或等于全长的1/1000且不大于10mm。

第 2.4.2 条 支柱与支柱底板焊接后应保持垂直，其垂直度允许偏差不应超过2mm（图2.4.2）。

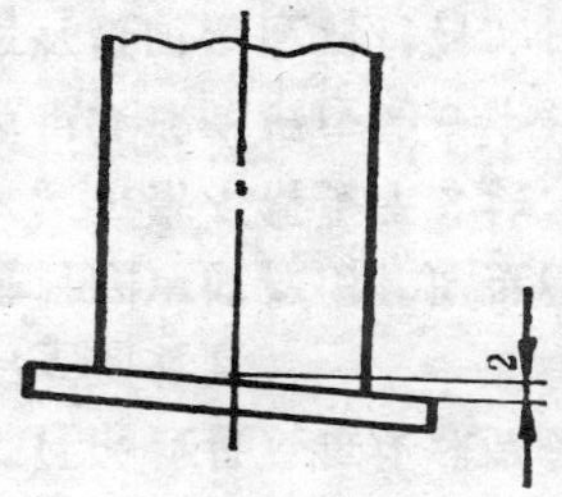

图 2.4.2 支柱与支柱底板的垂直度

第五节 产品零部件的油漆、包装和运输

第 2.5.1 条 球壳板内外表面应除锈并应各涂底漆两道，但坡口表面及内外边缘50mm范围内应涂可焊性涂料。每块球壳板上的钢号、批号标记应以白色油漆框出。

第 2.5.2 条 运输及存放球壳板时，应采用钢结构托架包装，并应用拉紧箍将球壳板紧箍在托架上，球壳板的凸面应向上，各球壳板之间应垫以柔性材料，重迭块数不宜超过六块，每个包装件的总重不宜超过15t。

第 2.5.3 条 法兰、人孔和试板等宜装箱运输，拉杆等杆件宜集束包扎。

第 2.5.4 条 所有加工件表面应涂防锈油脂。拉杆螺纹应妥当保护，防止损坏。

第三章 现场组装

第一节 一般规定

第 3.1.1 条 球罐安装前应对基础各部位进行检查和验收（图3.1.1），其偏差应符合表3.1.1的规定。

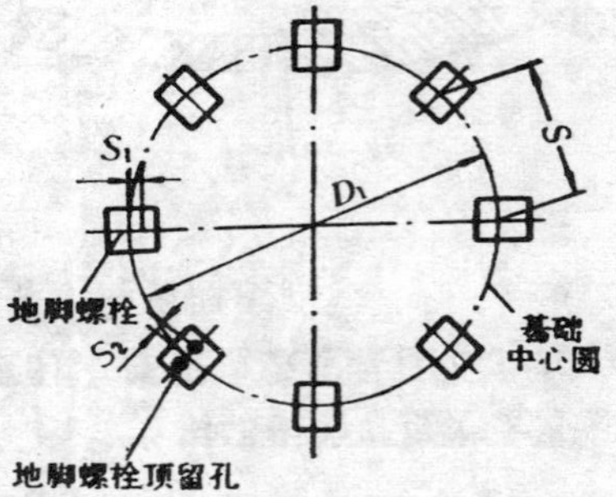

图 3.1.1 基础检查部位示意图

基础各部尺寸允许偏差 表 3.1.1

序号	项	目	允许偏差
1	基础中心圆直径（D_1）	球罐容积＜1000m³	±5mm
		球罐容积≥1000m³	±D/2000mm
2	基础方位		1°
3	相邻支柱基础中心距(S)		±2mm
4	支柱基础上的地脚螺栓中心与基础中心圆的间距(S_1)		±2mm
5	支柱基础地脚螺栓预留孔中心与基础中心圆的间距(S_2)		±8mm
6	基础标高	各支柱基础上表面的标高	$-D_1$/1000且不低于-15mm
		相邻支柱的基础标高差	≤4mm
7	单个支柱基础上表面的表面平面度	采用地脚螺栓固定的基础	5mm
		采用预埋地脚板固定的预埋钢板	2mm

续表

注：D为球罐设计内径。

第 3.1.2 条 安装球罐时，应按下列要求对球罐零部件进行复查：

一、对球罐零部件的数量及每块球壳板的曲率、几何尺寸和机械损伤，进行全面复查。

二、对球壳板进行超声波探伤和厚度测量，抽检数量应为球壳板总数的20%。每带不得少于 2 块，上、下极不得少于 1 块。厚度测量点每块球壳板应为 5 个。

三、如对材质有怀疑时，应对材料的化学成分、机械性能进行复验。

第 3.1.3 条 影响球罐焊后热处理及充水沉降的零部件，应在焊后热处理及沉降完毕后再与球罐固定。

第二节 球罐组装

第 3.2.1 条 球罐组装时，可利用工卡具调整球壳板对口间隙、错边量及角变形。不应采用机械方法进行强力组装。

第 3.2.2 条 球壳板组装应符合下列规定：

一、采用手工电弧焊时，对口间隙应为 3 mm，间隙允许偏差应为± 2 mm。

注：采用其他焊接方法时，应以焊接工艺评定报告为准。

二、对口错边量（e_1）应符合下列规定：

1.等厚度球壳板（图3.2.2—1）：$e_1 \leqslant 0.1\delta$，且≯3 mm；

2.相邻板厚差小于 3 mm时（图 3.2.2—2）：$e_1 \leqslant 0.1\delta_1 + (\delta_2 - \delta_1)$，且≯4 mm。

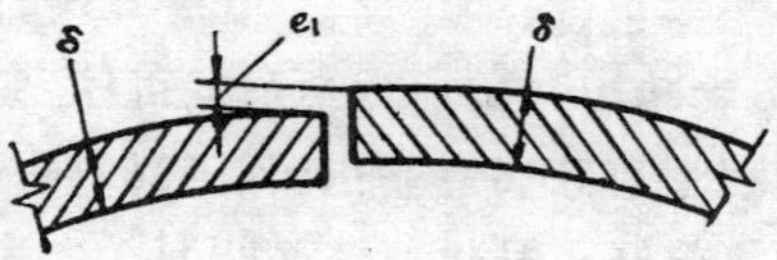

图 3.2.2—1 等厚度球壳板组装时的对口错边量

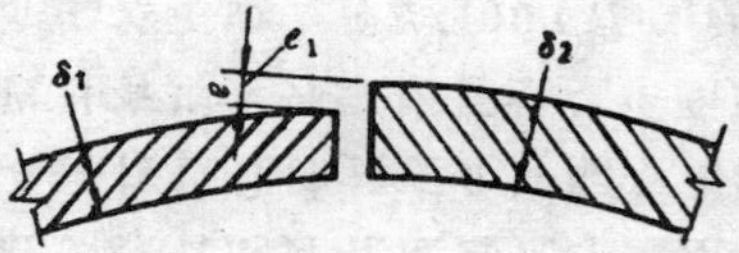

图 3.2.2—2 不等厚度球壳板组装时的对口错边量

三、用弦长不小于 1 m的样板测量检查对接接头的角变形（包括错边量），组装后不应大于 7 mm(图3.2.2—3)。角变形的检查宜沿对接接头每500mm长测量一点。e_2 可按下列公式计算：

$$e_2 = l_1 - l_2 \qquad (3.2.2)$$

式中 e_2——角变形；

l_1——最大角变形处球壳与样板的径向距离；

l_2——标准球壳与样板的径向距离，$l_2 = R - R_{样板}$；

R——规定的球壳内或外半径；

$R_{样板}$——样板的曲率半径。

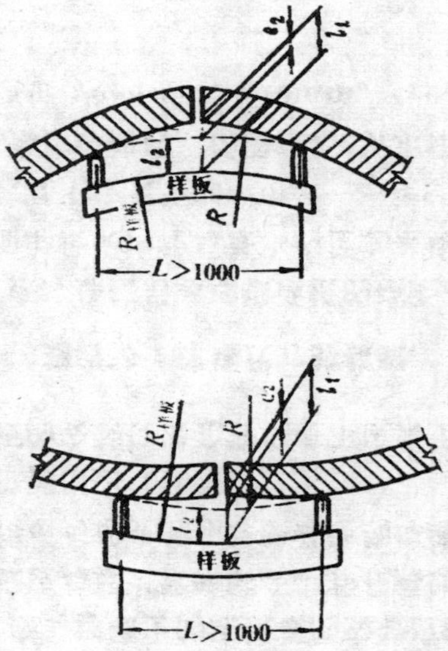

图 3.2.2—3 球壳板组装时的角变形

第 3.2.3 条 组装时，下列相邻焊缝的边缘距离不应小于 3 倍球壳板厚度，且不得小于100mm。

一、相邻两带的纵焊缝；

二、支柱与球壳的角焊缝至球壳板的对接焊缝；

三、球罐人孔、接管、补强圈和连接板等与球壳的连接焊缝至球壳板的对接焊缝及其相互之间的焊缝。

第三节　零部件安装

第 3.3.1 条　人孔及接管等受压件的安装应符合下列要求：

一、人孔、接管的开孔位置允许偏差不应大于 5 mm。

二、人孔、接管外伸长度允许偏差不应大于 5 mm。

三、除设计有规定外，接管法兰平面应与接管中心轴线垂直，其允许偏差不应大于$d/100$（d 为法兰外径），并且当d大于100mm时，其允许偏差不应大于3mm。

四、补强圈应与球壳板紧密贴合。

第 3.3.2 条　支柱的安装应符合下列规定：

一、支柱用垫铁找正时，每叠垫铁高度不应小于25mm，且不宜多于 3 块。斜垫铁应成对使用，接触紧密。找正完毕后，应点焊牢固。

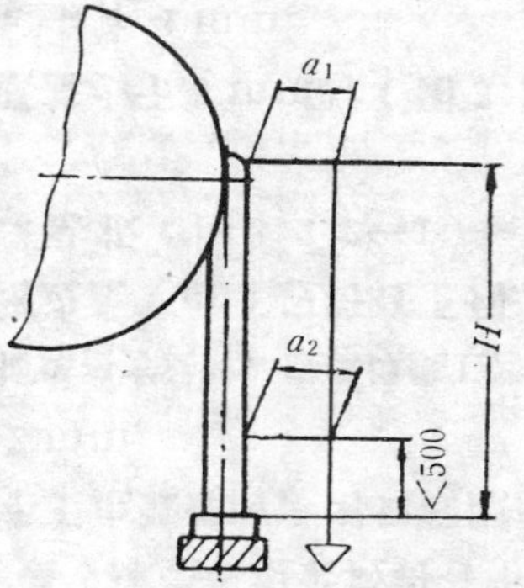

图 3.3.2　支柱安装的垂直度检查

a_1—柱顶与铅垂线的距离；a_2—柱下部与铅垂线的距离

二、支柱安装找正后，在球罐径向和周向两个方向的垂直度允许偏差Δ（$\Delta=|a_1-a_2|$）应符合下列规定(图3.3.2)：

1.当支柱高度$H\leqslant8000$mm时，$\Delta\leqslant12$mm；

2.当支柱高度$H>8000$mm时，$\Delta\leqslant0.0015H$，且≤15mm。

三、拉杆安装时应对称均匀拧紧。

第 3.3.3 条　球罐上的连接板的安装应符合下列规定：

一、连接板应与球壳紧密贴合，并在热处理之前与球壳相焊。如果连接板与球壳的角焊缝是连续焊缝时，应在不易流进雨水的部位留出通气孔隙。

二、连接板的安装位置允许偏差不应大于10mm。

第四节　球罐尺寸的检查

第 3.4.1 条　焊接后，球罐两极的净距与设计内径之差以及赤道截面的最大内径与最小内径之差均应小于球罐设计内径的0.7%，且不应大于80mm。

第 3.4.2 条　焊接后，用图3.4.2所示样板检查时，角变形（包括错边量）e_2不应大于10mm。e_2的计算按第3.2.2条三款的规定。

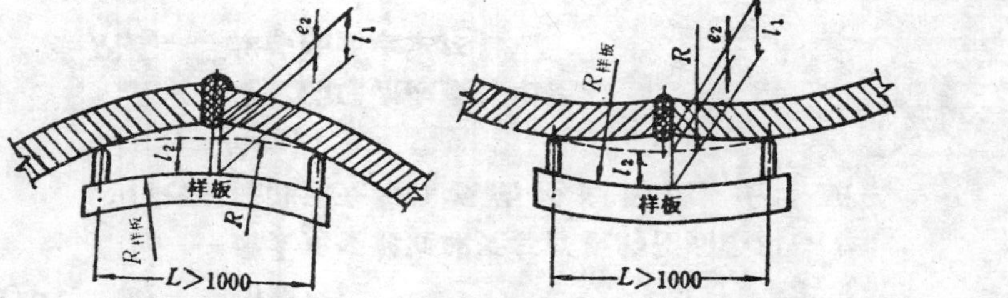

图 3.4.2　球壳板焊接时的角变形

第四章　焊　　接

第一节　焊接工艺评定

第 4.1.1 条　球罐焊接前，应按现行《压力容器焊接工艺评定》标准进行焊接工艺评定。评定不合格时应调整焊接工艺参数，直至合格为止。

注：对过去评定合格的焊接工艺评定报告，经检查合格后可不进行焊接工艺评定。

第 4.1.2 条　球罐的焊接工艺评定除应符合第4.1.1条规定外，尚应符合下列要求：

一、焊接工艺评定用钢板应与球壳板同钢号、并宜同厚度；

二、焊接工艺评定应按立向上焊和横焊两种焊接位置分别进行；

三、焊接工艺评定应采用对接焊缝试件，并取拉伸、横向弯曲和冲击韧性三种试验的试样。

第 4.1.3 条　在焊接工艺评定前，应针对钢板的钢号、板厚、焊接方法及焊接材料对试样进行裂纹试验，以确定预热温度。

注：①试验结果适用于与试样同钢号且厚度为试样厚度＋3～－7mm范围内的球壳板；

②对于以前做过的焊接工艺评定，也同样处理。

第 4.1.4 条　裂纹试验应包括下列内容：

一、斜Y型坡口焊接裂纹试验：其方法可按照现行国家标准《焊接性试验》进行，评定标准裂纹率应为零；

二、Y型坡口焊接裂纹试验：其试验方法可参照现行国家标准《焊接性试验》进行，试验坡口应采用图 4.1.4 所示的型式。评定标准裂纹率应为零；

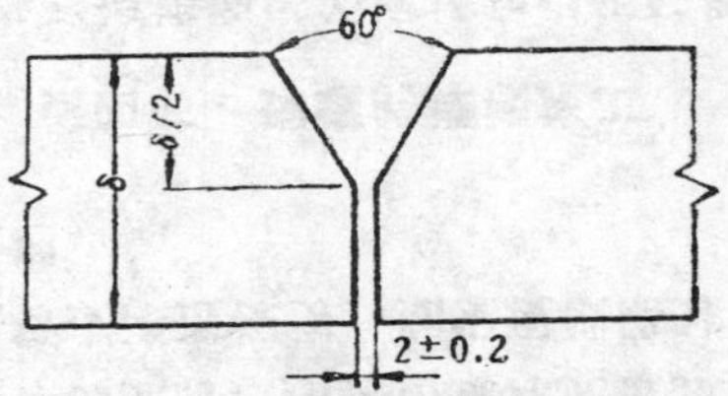

图 4.1.4　Y型坡口焊接裂纹试验坡口型式

三、窗形拘束裂纹试验。当板厚大于25mm时，必要时应按附录二进行窗形拘束裂纹试验。

第二节　焊工资格

第 4.2.1 条　从事球罐焊接的焊工必须持有劳动人事部门发给的锅炉压力容器焊工考试合格证书。焊工施焊的钢材种类、焊接方法和焊接位置等均应与焊工本人考试合格的项目相符。

第三节　焊接要求

第 4.3.1 条　球罐的焊接方法宜采用手工电弧焊或埋弧焊。

第 4.3.2 条　选用的焊机应满足焊接工艺和材料的要求，并有足够的容量。施焊地点远离焊机时，应在焊机上设遥控装置或采用其它能适应电流变化的措施。

第 4.3.3 条　球罐的焊接材料应符合下列规定：

一、焊条

1.手工电弧焊使用的焊条必须具有质量证明书。质量证明书应包括熔敷金属的化学成分、机械性能、扩散氢含量等。各项指标应符合现行国家标准《低碳钢及低合金高强度钢焊条》及《焊条检验、包装和标记》的有关规定。

2.球罐的主体焊缝以及直接与球壳焊接的焊缝，必须选用低氢型焊条，并按批号进行扩散氢试验。扩散氢试验方法应按照现行国家标准的规定进行。烘干后的实际扩散氢含量应符合表4.3.3的要求。

低氢型焊条的含氢量　　表 4.3.3

焊条级别	扩散氢含量(mL/100g)
T42	8
T50	6
T55	5

二、焊丝和焊剂

选用的焊丝和焊剂应与所施焊的钢种相匹配。埋弧焊使用的焊丝应符合现行国家标准《焊接用钢丝》的有关规定。

第 4.3.4 条　焊接材料的干燥和处理应符合下列规定：

一、焊条和焊剂等焊接材料应设专人负责保管、烘干和发放。使用前应按表 4.3.4 所规定的烘干制度进行充分干燥。

二、烘干后的焊条应保存在温度为100～150°C的恒温箱中，药皮应无脱落和明显的裂纹。

三、现场使用的焊条应备有性能良好的保温筒。焊条在保温筒内的时间不宜超过4h，超过后，应按原烘干制度重新干燥。重复烘干次数不宜超过二次。

焊条焊剂的烘干温度和时间　　表 4.3.4

种类		烘干温度(℃)	烘干时间(h)
低氢型焊条		350～400	1
焊剂	熔炼型	150～300	1
	烧结型	200～400	1

四，应防止异物混入焊剂。如有异物混入时，应对焊剂进行清理补充或全部更换，以保证焊接性能。

五、焊丝在使用前应清除铁锈和油污等。

第 4.3.5 条　定位焊及工卡具焊接应符合下列要求：

一、焊接工艺以及对焊工的要求应与球壳焊接相同。对需要预热的钢种，应在焊接侧预热，以焊接处为中心，在其前后左右至少150mm范围内进行。

二、定位焊缝的长度应在50mm以上，其引弧和熄弧点都应在坡口内。

三、采用工卡具等临时焊道焊接时，引弧和熄弧点应在工卡具或焊道上，严禁在非焊接位置任意引弧和熄弧。

四、工卡具等拆除时，不得伤及球壳板。切除后应打磨平滑，并进行磁粉或渗透探伤。如发现缺陷时应按本章第五节的规定进行处理。

第四节　球罐的焊接施工

第 4.4.1 条　焊接顺序的选择和焊工配置应有利于减少焊接变形和残余应力。对长焊缝的底层焊道宜采取分段退焊法。

第 4.4.2 条　焊接前应检查坡口，并清除坡口表面和两侧至少20mm范围内的铁锈、水分、油污和灰尘，清理后应尽快焊接。

第 4.4.3 条 球罐的预热应符合下列规定：

一、预热温度应根据焊件的材质、厚度、接头的拘束度、焊接材料及气候条件等，由裂纹试验确定。也可按表4.4.3的规定采用。

常用钢的预热温度（°C） **表 4.4.3**

板厚 (mm)	钢种			
	A_3R	16MnR	15MnVR	15MnVNR
20	—	—	—	75～125
25	—	—	75～125	100～150
32	—	75～125	100～150	125～175
38	75～125	100～150	125～175	150～200
50	100～150	125～175	150～200	150～200

注：①拘束度高的部位(接管、人孔安装部位等)及环境气温低于5°C时，应采用较高的预热温度，扩大预热范围，防止冷却速度过大。
②不同强度的钢相互焊接时，应采用强度较高的钢所适用的预热温度。
③对不需预热的焊缝，当焊件温度低于0°C时，应在始焊处100mm范围内预热至15°C左右时，方可进行焊接。

二、预热时必须均匀加热。预热区的宽度应为焊缝中心线两侧各3倍板厚且不少于100mm的范围内。其温度测量应用测温笔或表面温度计在距焊缝中心线50mm处对称测量，每条焊缝测点不应少于3对。

三、要求焊前预热的焊道，层间温度不应低于预热温度的下限值。

第 4.4.4 条 焊接线能量的确定应符合下列规定：

一、焊接线能量应根据球壳板的材质、厚度、焊接位置和预热温度等，按照焊接工艺评定确定。

二、对于高强度钢以及厚度大于38mm的碳素钢、厚度大于25mm的低合金钢的焊接线能量，必须进行测定和严格控制。

三、焊接线能量的测定可按下式计算：

$$Q = \frac{60IU}{V} \tag{4.4.4}$$

式中 Q——焊接线能量，（J/cm）；
I——焊接电流，（A）；
U——电弧电压，（V）；
V——焊接速度，（cm/min）。

第 4.4.5 条 焊接中应注意焊道始端和终端的质量。始端应采用后退起弧法，终端应将弧坑填满。多层焊的层间接头应错开。

第 4.4.6 条 双面焊接时，单侧焊接后应进行背面清根。如用碳弧气刨时，清根后应用砂轮修整刨槽，磨除渗碳层，并用肉眼或渗透探伤等方法进行检查。高强钢清根后必须用渗透探伤。

焊缝清根时应将定位焊的焊缝金属清除掉，清根后的坡口形状宽窄应一致。

第 4.4.7 条 每条焊缝如因故中断焊接时，应根据工艺要求采取措施，以防止裂纹。再焊前必须仔细检查确认无裂纹后，方可按原工艺要求继续施焊。

第 4.4.8 条 球罐的后热消氢处理应由焊接工艺评定结果确定。后热温度宜为200～250°C，保温时间应为0.5～1h。下列情况的焊缝，在焊接后宜立即进行后热消氢处理：

一、厚度大于32mm的高强钢；

二、厚度大于38mm的其它低合金钢；

三、锻制凸缘与球壳板的对接焊缝。

第 4.4.9 条 应加强对施工现场焊接环境的监测。当出现下列任一情况时，应采取适当的防护措施，方可进行现场焊接。

一、雨天及雪天；

二、风速超过8m/s；

三、环境温度在－5℃以下；

四、相对湿度在90％以上。

注：焊接环境的温度和相对湿度应在距球罐表面0.5～1m处测量。

第 4.4.10 条 直接焊于球壳上的人孔、接管和支柱等零部件，焊接时应符合下列要求：

一、锻制凸缘等与球壳的对接焊缝的焊接，除焊接材料应采用与球壳焊接相同的焊接材料外，焊接工艺应与强度较高侧钢材的焊接工艺相同。

二、支柱、连接板等与球壳的角焊缝的焊接，焊接材料宜采用与强度较低侧钢材相匹配的焊接材料，焊接工艺应与强度较高侧钢材的焊接工艺相同。

三、采用高强钢制造的球罐，球壳与其凸缘以及补强圈等的连接焊缝应进行修磨，使其平缓过渡。

第五节 修　　补

第 4.5.1 条 球罐在制造、运输和施工过程中所产生的各种有害缺陷应进行修补，其修补标准应符合下列规定：

一、球壳板表面和工卡具焊迹上的裂纹、刮伤和电弧擦伤等表面缺陷必须用砂轮清除。修磨后的实际板厚应大于最小设计厚度，磨除深度应小于球壳板厚度的7％且不超过2mm。如超过时，则需进行焊接修补。

二、球壳板表面缺陷进行焊接修补时，每处的修补面积应在50cm^2以内；如有两处或两处以上修补时，任何两处的净距应在50mm以上；每块球壳板上修补面积总和必须小于该块球壳板面积的5％。

三、坡口表面应按本规范第2.3.5条的要求进行检查，对不合格的部位应使用破轮磨除或进行焊接修补。

采用焊接修补时，应将缺陷清除，经渗透探伤确认没有缺陷后，再进行堆焊修补。堆焊宽度自球壳板端面算起不应超过50mm。堆焊后应磨平，保持原坡口的形状及尺寸。

四、焊缝表面缺陷用砂轮清除后，其表面不应低于母材。如低于母材时，则需进行焊接修补。焊缝两侧的咬边和焊趾裂纹必须用砂轮清除，磨除深度不得大于0.5mm。焊缝咬边长度应符合本规范第5.1.2条的规定，如超过时，均需进行焊接修补。

五、焊缝按本规范第五章进行无损检验后，对超过标准的缺陷应进行清除及焊接修补。

第 4.5.2 条 球罐制造、运输和施工过程中所产生的有害缺陷的修补方法应符合下列要求：

一、球壳表面缺陷、焊缝咬边及焊趾裂纹等如只需用砂轮修磨时，应打磨平滑或加工成具有1:3以下坡度的斜坡（图4.5.2—1）。

二、对球壳表面缺陷进行焊接修补时，当划伤及成形加工产生的表面伤痕等缺陷的形状比较平滑时，可直接进行堆焊。如果直接堆焊可能导致产生裂纹时，可用砂轮将缺陷清除后再进行堆焊。堆焊后的表面应打磨平滑，或加工成具有1:3以下坡度的平滑凸面，且高度在1.5mm以下。

三、对焊缝咬边和焊趾裂纹进行焊接修补时，应先用砂轮将缺陷清除并修整成便于焊接的凹槽形状，再进行焊接修补，修补长度应在50mm以上。高强钢的焊缝修补后，在修补焊道上应加焊一道凸起的回火焊道（图4.5.2—2）。回火焊道焊完后，再磨去回火焊道多余的焊缝金属，使其与主体焊缝平缓过渡。

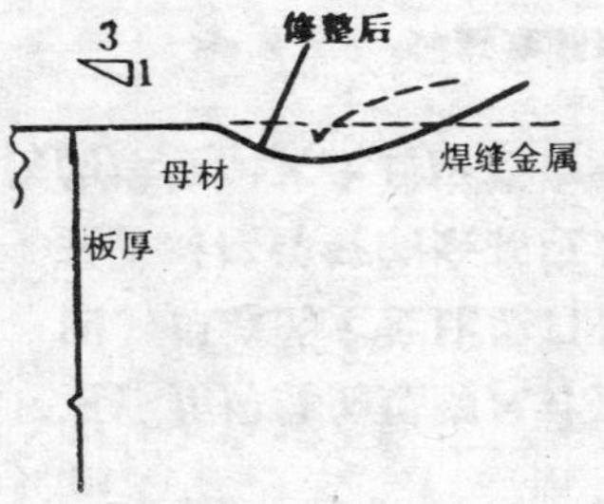

图 4.5.2—1 球壳表面缺陷及焊接缺陷用砂轮修磨后的示意图

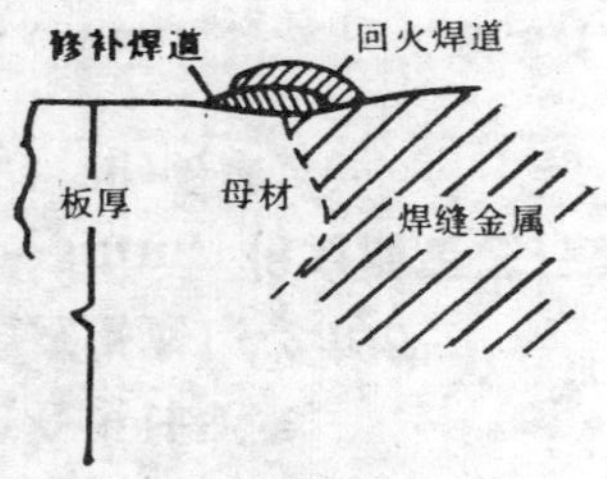

图 4.5.2—2 焊接修补的回火焊道

四、焊缝内部缺陷焊接修补前，应探测缺陷埋置深度。

缺陷的清除深度应在钢板厚度的2/3以内（从球壳板表面算起），如超过2/3深度的焊缝内部仍残留缺陷时，应即停止清除进行焊接修补，然后在其背面再次清除缺陷，进行焊接修补。焊接修补焊缝长度均应在50mm以上。

当采用碳弧气刨清除缺陷时，缺陷清除后应用砂轮修整刨槽，磨除渗碳层，再进行焊接修补。

五、焊接修补工艺应与球罐焊接工艺相同。如需预热时，应以修补处为中心，在半径为150mm的范围内预热。预热温度应采用表4.4.3中的较高预热温度。

六、焊接修补时的焊接线能量应在规定的范围内，且不应在其下限值附近焊接短焊缝。

七、焊接修补后，应按本章第4.4.8条的规定立即进行后热消氢处理。

第 4.5.3 条 球罐的各种有害缺陷修补后应进行下列无损检验：

一、各种缺陷清除和修补后均应进行磁粉或渗透探伤。

二、焊接修补深度超过3mm时（从球壳板表面算起）应增加射线探伤。

三、焊缝内部缺陷返修后，应进行射线探伤或超声探伤。选用的方法应与返修前发现缺陷的方法相同。

第 4.5.4 条 同一部位（焊缝内外侧各作为一个部位）的返修次数不宜超过二次。当超过二次时，必须采取可靠的技术措施方可修补。

第五章 焊缝检验

第一节 焊缝的外观检查

第 5.1.1 条 焊后必须对焊缝进行外观检查，检查前应将渣皮、飞溅等清理干净。

第 5.1.2 条 焊缝表面质量应符合下列规定：

一、焊缝和热影响区表面不应有裂纹、气孔、夹渣、凹坑、未焊满等缺陷。

二、焊缝咬边深度不得大于0.5mm，咬边连续长度不得大于100mm，焊缝两侧咬边的总长度不应超过该焊缝长度的10%。

三、角焊缝的焊脚尺寸应符合设计要求。

四、焊缝的宽度比坡口每边应增宽1～2mm。

五、对接焊缝的余高应为0～3mm，但对需要进行射线探伤的焊缝，其余高应符合表5.1.2的要求。

焊缝余高范围（mm） 表 5.1.2

板厚（δ）	$\delta \leqslant 12$	$12 < \delta \leqslant 25$	$25 < \delta \leqslant 50$
余高	0～1.5	0～2.5	0～3

第二节 无损检验人员资格

第 5.2.1 条 从事球罐无损检验人员，必须持有劳动人事部门发给的锅炉压力容器无损检测人员技术等级鉴定证书。

第 5.2.2 条 取得Ⅲ级证书的无损检验人员应在取得Ⅰ级或Ⅱ级证书人员的指导下，才能进行相应的无损检验操作和记录，取得Ⅱ级以上证书的人员才能填写和签发检验报告。

第三节 射线探伤和超声探伤

第 5.3.1 条 球罐的对接焊缝（包括人孔和公称直径大于或等于250mm接管的对接焊缝）应按设计要求进行射线或超声探伤检验。并应符合下列要求：

一、进行100%超声探伤时，还应对超探部位作射线探伤复检。复检长度不应少于所探焊缝总长的20%，且不应小于300mm。

二、进行100%射线探伤时，对壁厚大于38mm的球罐还应作超声探伤复检。复检长度不应少于所探焊缝总长的20%。

三、采用上述两种方法进行焊缝检验时，均应符合各自的合格标准，复检部位应包括全部丁字焊缝。

四、进行局部检验时，其数量不应少于对接焊缝总长的20%。局部检验部位应包括全部丁字焊缝及每个焊工所焊焊缝的一部分。

第 5.3.2 条 射线探伤除应符合《钢焊缝射线照相及底片等级分类法》（GB3323—82）的规定外，还应符合下列要求：

一、射线探伤焊缝检验应在焊接完成24h以后进行。

二、射线照相的透度计灵敏度不应大于2%。射线照相方法可采用（GB3323—82）标准的甲级或乙级。

三、要求100%射线探伤的对接焊缝的合格级别应为（GB3323—82）标准的Ⅱ级。要求局部检验的对接焊缝的合格级别应由设计确定。

第 5.3.3 条 超声探伤可参照《锅炉和钢制压力容器对接焊缝超声波探伤》（JB1152—81）的规定，在焊接完成至少24h以后进行，要求100%探伤的对接焊缝的合格级别应为Ⅰ级。要求局部检验的对接焊缝的合格级别应由设计确定。

第四节 磁粉探伤和渗透探伤

第 5.4.1 条 球罐对接焊缝的内外表面（包括人孔及公称直径大于或等于250mm接管的对接焊缝的内外表面），补强圈或支柱角焊缝的外表面，应在耐压试验前（如果球罐需焊后热处理时，应在热处理前进行）进行100%焊缝长度的磁粉探伤或渗透探伤。

耐压试验后应作复查，复查数量应为焊缝全长的20%以上，复查部位应包括全部丁字焊缝及每个焊工所焊焊缝的一部分。

第 5.4.2 条 磁粉探伤除应符合现行国家标准《钢制压力容器磁粉探伤》的有关规定外，还应符合下列要求：

一、磁粉探伤应在射线探伤和超声探伤发现的缺陷修补合格后进行。离焊接完成后的时间不应少于48h。

二、磁粉探伤前应打磨受检表面至露出金属光泽，并应使焊缝与母材平滑过渡。

三、磁粉探伤应用圆形沟槽A_2—30/100型标准试片。试片布置间距宜为4～5m，以能清晰显示标准试片的缺陷来调整磁化规范。

四、初次显示的磁痕除掉后应再进行试验，如能显示与前次相同的磁痕，方能确认。

五、显示的磁痕难以判断是否为缺陷磁痕时，应将表面修整平滑，再行试验。

第 5.4.3 条 磁粉探伤的合格标准应符合下列规定：

一、表面上没有显示裂纹引起的缺陷磁痕；

二、线状缺陷（只限于熔合不良、夹渣）磁痕的最大长度不大于2mm；

三、圆形缺陷磁痕的长径不大于4mm；

四、在25cm^2的面积上，出现若干个长度不大于2mm的线状缺陷磁痕或长径不大于4mm的圆形缺陷磁痕时，各个缺陷的“点数”之和不大于12，“点数”应根据缺陷磁痕的种类和大小按表5.4.3进行换算。

缺陷磁痕的“点数”换算 **表 5.4.3**

缺陷磁痕种类	磁痕长度或长径	
	2mm以下	4mm以下
线状缺陷磁痕	3	
圆形缺陷磁痕	1	2

第 5.4.4 条 渗透探伤应按现行标准《钢制焊接压力容器技术条件》的有关规定进行。

渗透探伤的结果应符合本规范第5.4.3条的要求。该条中规定的“磁痕”应改为“迹痕”。

球壳板坡口表面和碳弧气刨清根后或焊缝缺陷清除后的刨槽表面，应无裂纹迹痕。

第五节 复 验

第 5.5.1 条 对焊缝经100％探伤发现的超过标准的缺陷清除修补后，所有修补部位均应进行复验。

第 5.5.2 条 对局部检验的焊缝、超声探伤或射线探伤的复检焊缝及磁粉探伤的复查焊缝，如果发现有超过标准缺陷时，除应清除缺陷进行修补并经检验证明达到合格外，还应在该焊工所焊焊缝的延伸部位加倍抽查。加倍抽查时如果仍发现超过标准的缺陷，则应对该焊工所焊焊缝全长进行检查，不合格部位应予清除并修补直至合格为止。

第六章 现场焊后整体热处理

第一节 一 般 规 定

第 6.1.1 条 球罐焊接完成后，应按设计要求进行焊后整体热处理。

第 6.1.2 条 热处理前，与球罐受压件连接的焊接工作必须全部完成。

第 6.1.3 条 热处理前，应把产品焊接试板对称布置在球罐赤道带的外侧，并应与球壳板贴紧。

第 6.1.4 条 热处理前，应将与热处理无关的接管用盲板封堵。

第 6.1.5 条 热处理前，应做好防雨、防风和防停电等措施。

第二节 热 处 理 工 艺

第 6.2.1 条 热处理温度应按设计要求。如设计无要求时，对于A_3R钢、16MnR钢的热处理温度宜为625±25℃，对于15MnVR钢宜为570^{+25}_{-20}℃；对于15MnVNR钢宜为565±15℃。

第 6.2.2 条 热处理时，最少保温时间应按球壳板对接焊缝厚度每25mm保持1h计算，且不应少于1h，并应取最大的球壳板对接焊缝厚度。

第 6.2.3 条 加热时，在300℃以下可不控制升温速度；在300°C以上，升温速度宜控制在60～80°C/h的范围内。

第 6.2.4 条 降温时，从热处理温度到300°C的降温速度宜控制在30～50°C/h范围内，300°C以下可在空气中自然冷却。

第 6.2.5 条 在300°C以上的升温和降温阶段，球壳表面上相邻两测温点的温差不得大于130°C。

第三节 保温要求

第 6.3.1 条 热处理时应选用能耐最高热处理温度、对球罐无腐蚀、容重低、导热系数小和施工方便的保温材料。

第 6.3.2 条 保温材料应保持干燥，不得受潮。

第 6.3.3 条 保温层应紧贴球壳表面，局部间隙不得大于20mm。接缝应严密，多层保温时，各层接缝应错开。在热处理过程中保温层不得松动脱落。

第 6.3.4 条 球罐上的人孔、接管、连接板均应进行保温。从支柱与球壳连接焊缝的下端算起，向下至少1m长度范围内的支柱应进行保温。

第 6.3.5 条 在保温时间内，保温层外表面温度不应大于60°C。

第四节 测温系统

第 6.4.1 条 测温点应均匀地布置在球壳表面，相邻测温点的间距宜在4.5m以内。上、下人孔处及试板上必须设测温点，测温点数量宜符合表6.4.1的规定。

第 6.4.2 条 测温热电偶可采用储能焊或螺栓固定方法（图6.4.2）固定于球壳外表面或试板上，热电偶和补偿导线应固定。

测温点数　　表 6.4.1

球罐容积 (m^3)	50	120	200	400	650	1000	2000
测温点数不少于	8	8	12	12	12	16	24

注：①距上、下人孔附近200mm以内应设测温点各一个。
②容积小于或等于650m^3的球罐，在试板上应设测温点一个，容积大于或等于1000m^3的球罐，在试板上应设测温点二个。

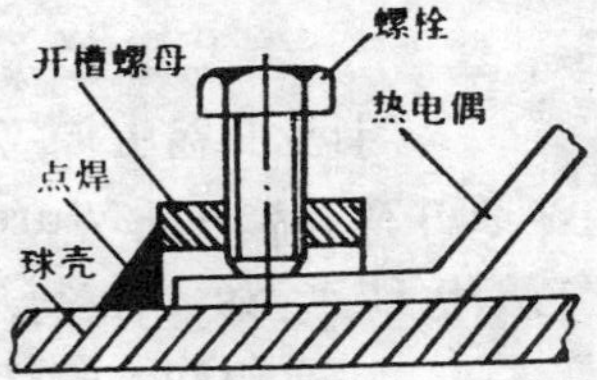

图 6.4.2 测温热电偶固定方法

第 6.4.3 条 温度记录应采用长图连续自动记录仪表，并应与热电偶、补偿导线相匹配。热电偶记录仪表在每次使用前，均应校验，精度应达到记录基本误差±1%的要求。

第五节 柱脚处理

第 6.5.1 条 热处理时，应松开拉杆及地脚螺栓，并在支柱地脚板底部设置移动装置和位移测量装置。

第 6.5.2 条 热处理过程中，应监测实际位移值，并按计算位移值调整柱脚的位移，温度每变化100°C应调整一次。移动柱脚时应平稳缓慢。

第 6.5.3 条 热处理后，应测量并调整支柱垂直度，其允许偏差值应符合本规范第3.3.2条的要求。

第七章　产品焊接试板检验

第一节　产品焊接试板的制备要求

第 7.1.1 条　试板的钢号、厚度及热处理工艺均应与球壳板相同。

第 7.1.2 条　试板应由施焊球罐的焊工在与球罐焊接相同的条件和相同的焊接工艺的情况下进行焊接。

第 7.1.3 条　每台球罐应作横焊位置和立焊位置的产品焊接试板各一块。试板尺寸为300×650（mm）。

第 7.1.4 条　试板焊缝应经外观检查，100％射线探伤和100％超声探伤。其合格标准应与所代表的球罐焊缝的标准要求相同。

第 7.1.5 条　焊后需热处理的球罐，其产品焊接试板应与球罐一起进行热处理。

第二节　试样的试验要求

第 7.2.1 条　产品焊接试板在外观检查和无损探伤合格后，应按图7.2.1的要求截取拉伸、弯曲和冲击试样。

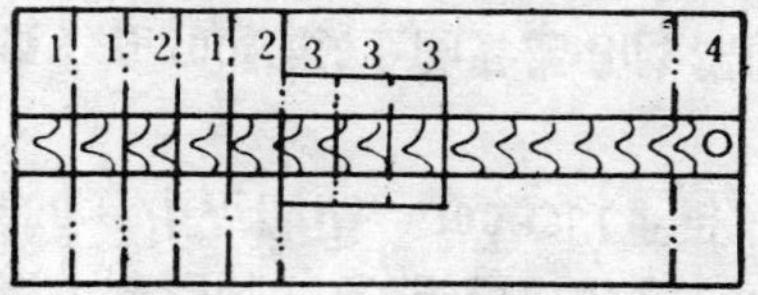

图 7.2.1　试样的截取

1—拉伸试样；2—弯曲试样；3—常温冲击试样；
4—舍弃部分(手弧焊30mm，埋弧焊40mm)

第 7.2.2 条　拉伸试样应按现行国家标准《焊接接头拉伸试验法》中规定的带肩板形试样的要求加工和试验。当板厚不大于30mm时，试样厚度应等于板厚；当板厚大于30mm时，试样厚度应等于30mm，试样数量均为2个。拉伸试样的抗拉强度不应低于母材标准值的下限。

第 7.2.3 条　弯曲试样的取样及试验应符合下列要求：弯曲试样应为横弯试样，数量应为2个（面弯、背弯各1个），当板厚不大于20mm时，试样厚度应等于板厚，当板厚大于20mm时，试样厚度应等于20mm。试样宽度应等于30mm。试样长度应等于弯轴直径加上2.5倍试样厚度再加上100mm。

试样上的焊缝余高应用机械方法除去，试样拉伸面应保留母材原始表面。其余的加工要求应按现行国家标准《焊接接头弯曲及压扁试验法》的规定。

弯曲试样冷弯到表7.2.3规定的角度后，其拉伸面上不应有长度大于1.5mm的横向裂纹或长度大于3mm的纵向裂纹，试样的四棱先期开裂可不计。

双面焊接对接焊缝试样的弯曲试验规定

表 7.2.3

钢种		弯曲直径	弯曲角度
碳素钢	抗拉强度小于43.2×10^7Pa($44kgf/mm^2$)	$2a$	180°
	抗拉强度为$(43.2\sim53)\times10^7$Pa ($44\sim54kgf/mm^2$)	$3a$	180°
普通低合金钢		$3a$	100°

注：表中a为试样厚度。

第 7.2.4 条 常温冲击试样数量应为 3 个，试样缺口位置应开在焊缝上，缺口轴线应垂直焊缝表面，缺口型式应为U型。

常温冲击试样的加工要求和试验方法应按现行国家标准《焊接接头冲击试验法》的规定进行。

三个试样冲击韧性的算术平均值不应低于母材标准值的下限，其中一个试样的冲击韧性可略低，但不得比标准值下限低10J/cm²（1kgf·m/cm²）。

第 7.2.5 条 试样试验如不合格，允许在原试板上或在与球罐同时焊接的另一块试板上重新取样试验，但对不合格项目应加倍取样复试。

第八章 耐压试验和气密性试验

第一节 耐压试验

第 8.1.1 条 球罐的耐压试验应在下列工作完成后进行：

一、球罐和零部件焊接工作全部完成经检验合格；

二、基础二次灌浆达到强度要求；

三、支柱找正固定；

四、需要热处理的球罐，应完成热处理并经验收合格。

第 8.1.2 条 除设计有规定外，不应用气体代替液体进行耐压试验。如果设计规定进行气压试验时，试验前除应全面核对有关技术记录和检验报告外，还应采取可靠的安全技术措施。

第 8.1.3 条 气压试验的试验压力除设计有规定外，不应小于1.15倍球罐设计压力。

第 8.1.4 条 气压试验的气体应采用干燥、清洁的压缩空气或氮气，气体温度不应低于15℃。

第 8.1.5 条 气压试验应按下列步骤进行：

一、压力升至试验压力的10%时，保持5min，然后，对球罐的所有焊缝和连接部位作初次渗漏检查，确认无渗漏后，继续升压；

二、压力升至试验压力的50%时，保持10min然后以10%的试验压力为级差，逐级升至试验压力，保持10～30min后，降至设计压力进行检查，以无渗漏和无异常情况为合格；

三、卸压时应缓慢。

第 8.1.6 条 液压试验的试验压力，除设计有规定外，不应小于1.25倍球罐设计压力。

第 8.1.7 条 液压试验一般应用清洁的工业用水进行试验。对碳素钢和16MnR钢制球罐，水温不得低于5℃；对其它低合金钢制球罐，水温不得低于15℃；对新钢种的试验水温应按设计规定。

第 8.1.8 条 液压试验应按下列步骤进行：

一、压力升至试验压力的50％时，保持15min，然后对球罐的所有焊缝和连接部位作初次渗漏检查，确认无渗漏后，继续升压；

二、压力升至试验压力的90％时，保持15min，然后再次作渗漏检查；

三、压力升至试验压力时，保持30min，然后将压力降至设计压力进行检查，应以无渗漏为合格。

第 8.1.9 条 进行耐压试验时，应在球罐顶部和底部各设置一块量程相同并经校验合格，精度不低于1.5级的压力表。试验压力读数以球罐顶部压力表读数为准。压力表量程应为试验压力的1.5～2倍，压力表的直径宜为150mm。

第 8.1.10 条 耐压试验时严禁碰撞和敲击球罐。

第 8.1.11 条 试压后应将罐内积水排净。排水时严禁就地排放。

第 8.1.12 条 球罐进行液压试验时，基础沉降观测应符合下列规定：

一、球罐在充、放水过程中，对基础的沉降应进行观测，并作好实测记录。沉降观测应在下列阶段进行：

1.充水前；

2.充水到1/3球罐本体高度；

3.充水到2/3球罐本体高度；

4.充满水24h后；

5.放水后。

二、每个支柱基础都应测定沉降量。各支柱上应按规定焊有永久性的水平测定板。

三、支柱基础沉降应均匀，放水后，不均匀沉降量不应大于$D_1/1000$（D_1为基础中心圆直径），相邻支柱基础沉降差不应大于2mm。

四、不均匀沉降量如大于上述要求时，应采取措施进行处理。

第二节 气密试验

第 8.2.1 条 对设计要求进行气密试验的球罐，应在液压试验合格后进行该项试验。

第 8.2.2 条 气密试验使用的压缩气体应用干燥、清洁的压缩空气或氮气。

第 8.2.3 条 试验用压力表和安全阀均应经过校验，对压力表的要求应符合第8.1.9条的规定。

第 8.2.4 条 气密试验的试验压力除设计有规定外，不应小于球罐设计压力。

第 8.2.5 条 气密试验应按下列步骤进行：

一、压力升至试验压力的50％后，保持10min，对球罐所有焊缝和连接部位进行检查，确认无渗漏后，继续升压；

二、压力升至试验压力后，保持10min，对所有焊缝和连接部位涂刷肥皂水进行检查，以无渗漏为合格。如有渗漏，应在进行处理后重新进行气密试验；

三、卸压时应缓慢。

第 8.2.6 条 气压试验或气密试验时，应随时注意环境温度的变化，监视压力表读数，防止发生超压现象。

第 8.2.7 条 设计规定进行气压试验的球罐，气密试验应与气压试验同时进行。

第 8.2.8 条 补强圈焊于球壳板后，应以$(3.9\sim4.9)\times10^5$Pa$(4\sim5$kgf/cm$^2)$的压缩空气对焊缝进行气密试验。

第九章 交工验收

第 9.0.1 条 球罐安装竣工后，施工单位应将竣工图纸及其它技术资料交给建设单位。建设单位应会同劳动部门等有关单位按本规范的规定对球罐进行验收，确认合格后方可交工。

第 9.0.2 条 球罐工程验收时，施工单位应提交下列技术资料：

一、球罐工程交工验收证明书；

二、竣工图（或施工图附设计变更通知单）；

三、球罐的球壳板、人孔法兰、接管、补强圈、支柱及拉杆等零部件的产品质量合格证明书；

四、球罐基础复验记录；

五、产品焊接试板试验报告；

六、球罐焊接工艺资料（附焊缝布置图）；

七、焊接材料质量证明书；

八、球罐几何尺寸检查报告；

九、球罐支柱安装记录；

十、焊缝射线探伤报告、记录（附无损探伤位置图）；

十一、焊缝超声探伤报告（附无损探伤位置图）；

十二、焊缝磁粉探伤报告（附无损探伤位置图）；

十三、焊缝渗透探伤报告（附无损探伤位置图）；

十四、焊缝返修记录；

十五、球罐焊后整体热处理资料，应包括以下内容：

1.热处理工艺曲线报告；

2.热处理后产品焊接试板的机械性能报告；

3.测温点布置图；

十六、球罐耐压试验记录；

十七、球罐气密试验记录；

十八、基础沉降观测记录。

注：上述各项交工验收技术资料的内容和表格格式可参照本规范附录三。

附录一 名词解释

附表 1

序号	名词	解释	备注
1	球形储罐	仅起盛装介质（气体、液体、液化气体等）作用的球形压力容器储罐	其各部位的名称如附图1.1所示
2	球壳板	系指构成球壳体的单元板件	
3	球罐受压件	系指承受球罐内压载荷的零件，如球壳板、人孔、接管、补强圈（或壳体锻制凸缘）、法兰、盲板及承压螺栓等	
4	最小设计厚度	系指计算厚度加腐蚀裕量	
5	高强钢	屈服强度的标准值大于39.2×10^7Pa（$40kgf/mm^2$）的钢材	
6	常温球罐	系指设计温度高于－20℃的球罐	
7	低温球罐	系指设计温度低于或等于－20℃的球罐	

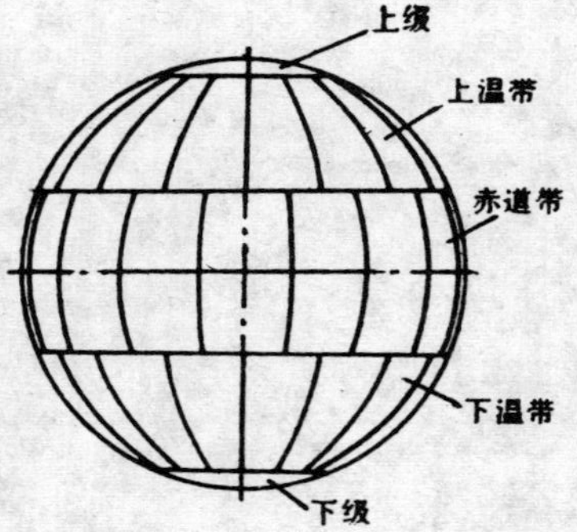

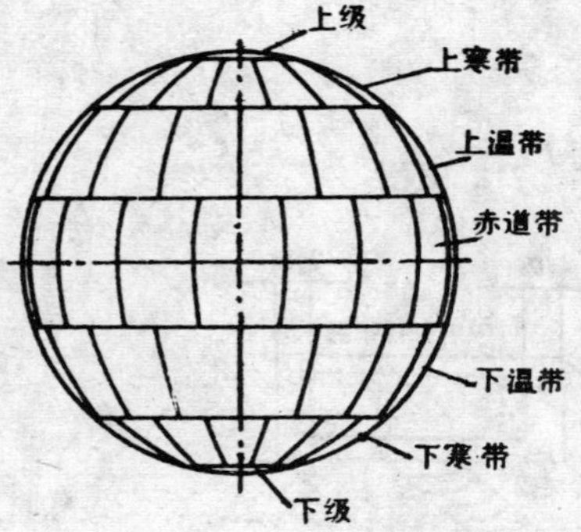

附图 1.1-1 球罐各部位名称（一）

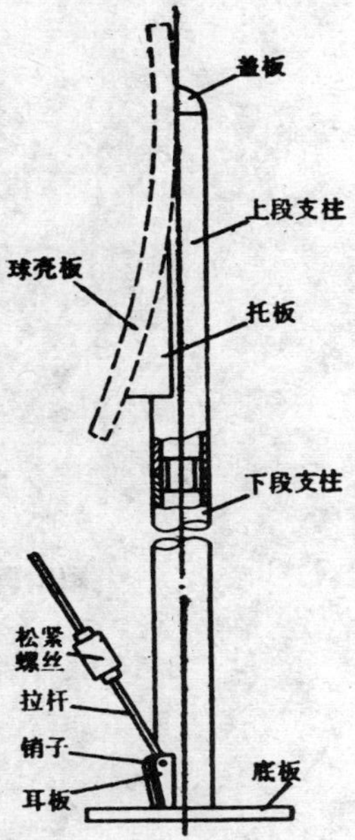

附图 1.1-2 球罐各部位名称（二）

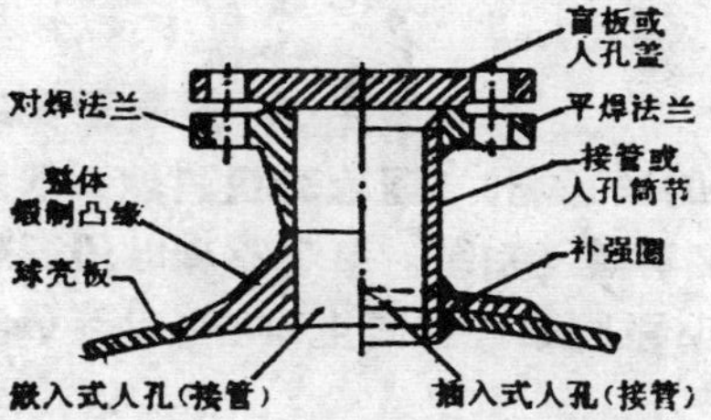

附图 1.1-3 球罐各部位名称（三）

附录二 窗形拘束裂纹试验

一、试板应与球壳板同材质、同厚度，试板尺寸为360 × 510 mm ，中部设有实际施工用的坡口（附图2.1）。

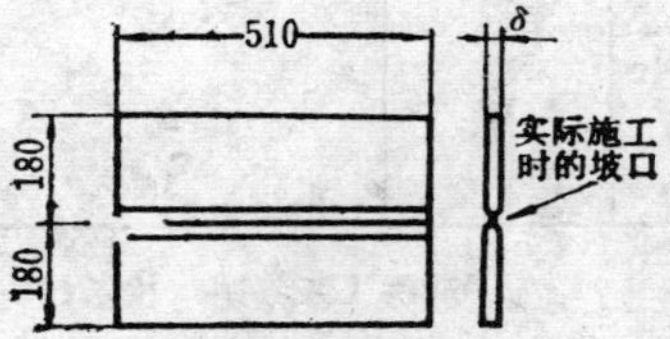

附图 2.1 试板

二、试板应安装在拘束板上，并用角焊缝固定（附图2.2）。

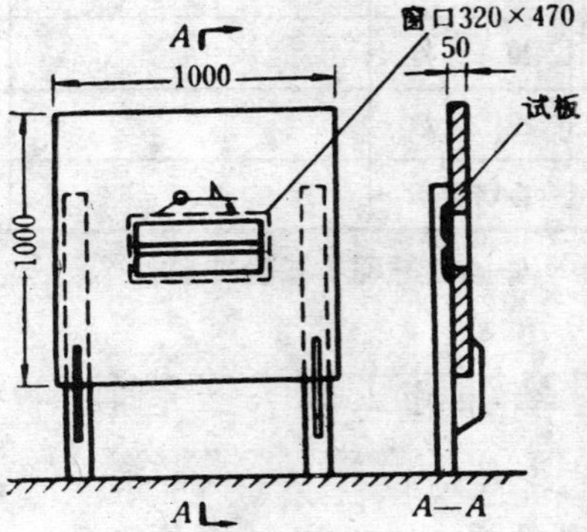

附图 2.2 窗形拘束板

三、按照实际的施工条件，应从两面施焊，焊接位置应为横焊位置。

四、焊后应经72h后取下试板，磨削里外表面，进行射线探伤、磁粉探伤和微观检查，应以无裂纹为合格。

五、根据需要将试板按附图2.3做机械切削，对磨削表面做渗透探伤和微观检查，应无裂纹。

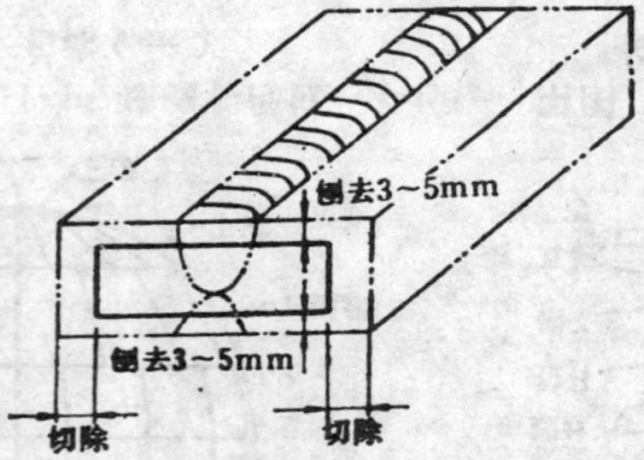

附图 2.3 试板机械切削

附录三 交工验收表格

球罐工程交工验收证明书 附表 3.1

工程名称		工程编号	
产品编号		容 积	
直 径		材 质	
壁 厚		盛装介质	
设计压力		设计温度	
设计单位		制造单位	
开工日期		竣工日期	

该工程经有关部门共同检查和鉴定，确认符合设计及《球形储罐施工及验收规范》(GBJ94—86)要求，同意交工验收。

附件		质量评定	

建设单位 （盖章） 交工单位 （盖章）

建设单位代表 （签字） 交工单位代表 （签字）

年 月 日 年 月 日

球罐基础检验记录

附表 3.2

工程名称		产品名称		日　期	
工程编号		产品编号		球罐直径	

检查项目 / 基础编号	基础方位偏差 (°)	基础标高偏差 (mm)	基础平面度偏差 (mm)	地脚螺栓中心与基础中心圆的距离偏差 ΔS_1 (mm)		预留孔中心与基础中心圆的距离偏差 ΔS_2 (mm)		相邻支柱基础中心间距偏差 ΔS (mm)	基础中心圆直径偏差 (mm)
				内	外	内	外		
1								1～2	
2								2～3	
3								3～4	
4								4～5	
5								5～6	
6								6～7	
7								7～8	
8									

续表

工程名称		产品名称		日　期	
工程编号		产品编号		球罐直径	

检查项目 / 基础编号	基础方位偏差 (°)	基础标高偏差 (mm)	基础平面度偏差 (mm)	地脚螺栓中心与基础中心圆的距离偏差 ΔS_1 (mm)		预留孔中心与基础中心圆的距离偏差 ΔS_2 (mm)		相邻支柱基础中心间距偏差 ΔS (mm)	基础中心圆直径偏差 (mm)
				内	外	内	外		

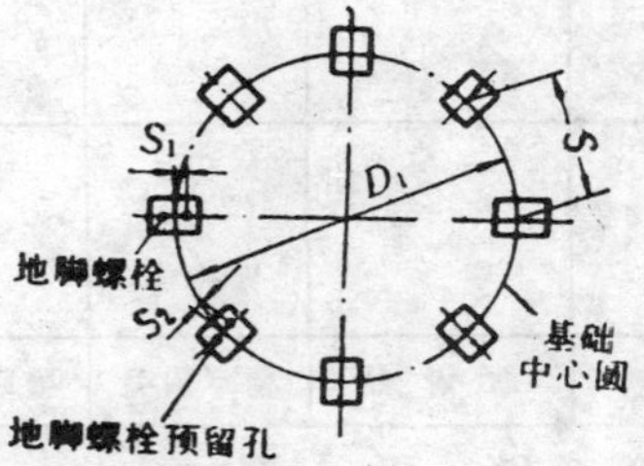

责任工程师：　　　　检查员：　　　　施工者：

焊接工艺资料

附表 3.3

工程名称		产品名称		日期	
工程编号		产品编号		材质	壁厚

焊接位置	焊接方法	焊条直径(mm)	预热温度(℃)	层间温度(℃)	焊接电流(A)	焊接电压(V)	焊接速度(cm/min)	焊接层数	线能量(J×10³/cm)	后热 温度(℃)	后热 时间(h)
平焊											
横焊											
立焊											
仰焊											

焊条烘干参数			
焊条牌号	烘干温度(℃)	烘干时间(h)	恒温温度(℃)

备注：

责任工程师： 检查员： 施工者：

球罐几何尺寸检查报告

附表 3.4

工程名称		产品名称		日期	
工程编号		产品编号		球罐直径	

检查项目	检查结果			
	总测点数	合格点数	合格率	最大超差(mm)
对口错边量（纵缝）				
对口错边量（环缝）				
焊后角变形				

检查项目		方位(°)	实测值(mm)	两者差值
焊后赤道面	最大内径			
	最小内径			
焊后两极间	距离			
	设计内径		（设计值）	

建设单位： 责任工程师： 检查员： 施工者：

球罐支柱检查记录　　附表 3.5

工程名称		产品名称		日　期	
工程编号		产品编号		球罐直径	

检查项目 / 支柱编号	支柱全长的直线度	支柱垂直度						备　注
		径　向			周　向			
		△	a_1	a_2	△	a_1	a_2	

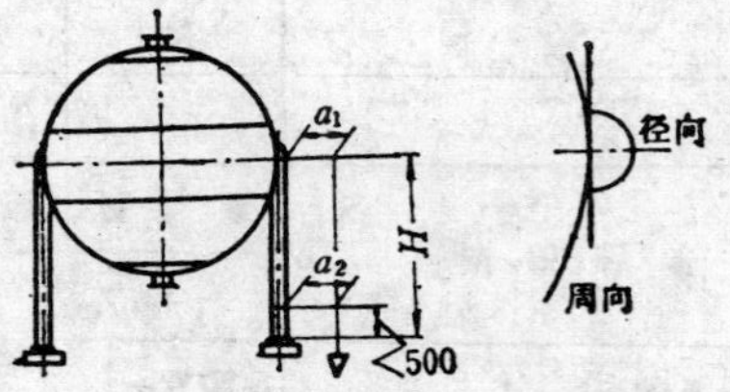

责任工程师：　　检查员：　　施工者：

焊缝射线探伤报告　　附表 3.6.1

工程名称		产品名称		日　期			
工程编号		产品编号		球罐直径			
球罐容积		材　质		壁　厚		设备型号	
焦　距		管电压		管电流		曝光时间	
透度计型号		胶片型号		胶片尺寸		有效长度	
增感方式		冲洗方式					

焊缝全长：　　m；　探伤比例：　　%；　　长度：　　m

探伤部位：

射线拍片共　　张，其中纵缝：　　张，环缝：　　张，其它部位：　张

Ⅰ级片　　张，占总片数　　%；

Ⅱ级片　　张，占总片数　　%；

Ⅲ级片　　张，占总片数　　%

附　探伤位置图和探伤记录

主管：　　责任工程师：　　检验员：

焊缝射线探伤记录 附表 3.6.2

工程名称		产品名称		日　　期	
工程编号		产品编号		球罐直径	

底片号	焊工号	底片 灵敏度	底片 黑　度	探伤结果	判定级别

主管：　　　　责任工程师：　　　　检验员：

焊缝超声波探伤报告 附表 3.7

工程名称		产品名称		日　　期	
工程编号		产品编号		球罐直径	
球罐容积		材　　质		壁　　厚	
仪器型号		探伤方法		探测频率	
探头直径		探头K值		探头移动方式	
耦 合 剂		检验标准		试　　块	

探测灵敏度		增益		抑制		输出		粗调

焊缝全长：　　m；探伤比例：　　%；长度：　　m

探伤部位：

缺陷记录：

（附探伤位置图）

主管：　　　　责任工程师：　　　　检验员：

焊缝磁粉探伤报告

附表 3.8

工程名称		产品名称		日　期	
工程编号		产品编号		球罐直径	
球罐容积		材　质		壁　厚	
仪器型号		激磁方式		灵敏度	

磁粉和磁悬液配制

焊缝全长：　　m；探伤比例：　　%；长度：　　m

探伤部位：

探伤结果：

（附探伤位置图）

主管：　　责任工程师：　　检验员：

焊缝渗透探伤报告

附表 3.9

工程名称		产品名称		日　期	
工程编号		产品编号		球罐直径	
球罐容积		材　质		壁　厚	
磁透剂和显像剂				渗透时间	

焊缝全长：　　m；探伤比例：　　%；长度：　　m

探伤部位：

探伤结果：

主管：　　责任工程师：　　检验员：

焊接返修记录

附表 3.10

工程名称		产品名称		材　质	
工程编号		产品编号		壁　厚	
球罐容积		球罐直径			

序	返修位置	缺陷性质	返修次序	坡口尺寸（长×宽×深）mm	返修日期	焊工姓名	返修结果

注：返修结果见“焊缝射线探伤报告”。

审核：　　制表：　　日期：

球罐热处理工艺报告

附表 3.11

工程名称		产品名称		日　期	
工程编号		产品编号		球罐直径	
球罐容积		材　质		加热方式	

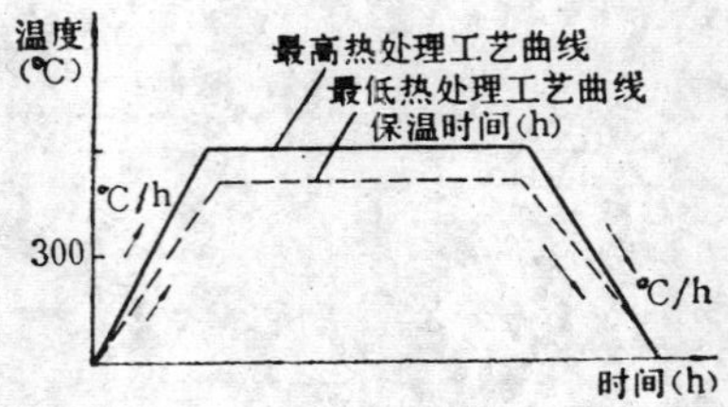

说明：

责任工程师：　　检查员：　　施工者：

基础沉降观测记录　　附表 3.12

工程名称		产品名称				日　期				
工程编号		产品编号				球罐直径				
观测阶段	观测日期	基　础　编　号								
		1	2	3	4	5	6	7	8	
充水前										
充水 1/3球罐本体高度										
充水 2/3球罐本体高度										
充满水 24 h 后										
放水后										

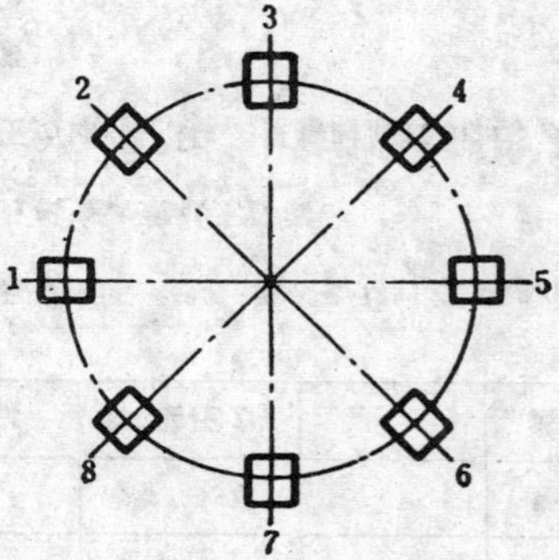

责任工程师：　　检查员：　　施工者：

球罐耐压试验报告　　附表 3.13

工程名称		产品名称		日　期	
工程编号		产品编号		球罐直径	
球罐容积		材　质		壁　厚	
设计压力		试验压力		试验介质	

1.压力升至试验压力的　　%，即　　　Pa，保持时间　　min，经检查各焊缝无渗漏；

2.压力升至试验压力的　　%，即　　　Pa，保持时间　　min，经检查各焊缝无渗漏；

3.压力升至试验压力的　　%，即　　　Pa，保持时间　　min，经检查各焊缝无渗漏；

4.压力升至试验压力即　　Pa，保持时间　　　min，然后降至设计压力即　　Pa，经检查各焊缝无渗漏和无异常情况

建设单位代表(签字)　　　　施工单位代表(签字)

______单位代表　　　　______单位代表

______单位代表　　　　______单位代表

年　月　日　　　　年　月　日

责任工程师：　　检查员：　　施工者：

球罐气密试验报告　　附表 3.14

工程名称		产品名称		日　期	
工程编号		产品编号		球罐直径	
球罐容积		材　质		壁　厚	
设计压力		试验压力		试验气体	

1.压力升至试验压力的　　%，即　　Pa，保持时间10 min，对球罐所有焊缝和连接部位进行检查，确认无渗漏；

2.压力升至试验压力即　　Pa，保持时间10min，对所有焊缝和连接部位进行检查，均无渗漏

建设单位代表(签字)　　　　施工单位代表(签字)

________单位代表　　　　________单位代表

________单位代表　　　　________单位代表

年　月　日　　　　年　月　日

责任工程师：　　检查员：　　施工者：

产品焊接试板试验报告　　附表 3.15

工程名称		球罐编号		日　期	
球罐容积		材　质		壁　厚	
试板热处理状态		试板编号		取样部位	

屈服强度σ_s Pa(kgf/mm²)		抗拉强度σ_b Pa(kgf/mm²)		断口位置	
1	2	1	2	1	2
平均值		平均值			

冷弯角度α $d=$			冲击吸收功J(kgf·m)					
弯曲型式	1	2	缺口位置	缺口型式	试验温度	1	2	3
						平均值		

主管：　　责任工程师：　　检验员：

附录四　本规范用词说明

一、执行本规范条文时，对于要求严格程度的用词说明如下，以便在执行中区别对待：

1.表示很严格，非这样作不可的用词：

正面词采用“必须”；

反面词采用“严禁”。

2.表示严格，在正常情况下均应这样作的用词：

正面词采用“应”；

反面词采用“不应”或“不得”。

3.表示允许稍有选择，在条件许可时，首先应这样作的用词：

正面词采用“宜”或“可”；

反面词采用“不宜”。

二、条文中指明必须按其他有关标准和规范执行的写法为：

“应按……执行”或“应符合……要求或规定”。非必须按所指定的标准和规范执行的写法为，“可参照……”。

附加说明

本规范主编单位、参加单位和主要起草人名单

主编单位：石油部　施工技术研究所

参加单位：机械部　兰州石油机械研究所　兰州石油化工机器厂

冶金部　北京建筑研究总院　太原十三冶结构厂

化工部　石家庄十二化建公司

纺织部　北京纺织部设计院

城乡部　中国市政工程华北设计院

石化总公司　工程部　第二工程公司　第三工程公司　第四工程公司

石油部　第一工程公司　华北油田油建二公司

主要起草人：李清林　金燕凯　郑国华　刘文秀　毛　骞

王广顺　徐予生　陆宗菁　商景维　王珍开

钟其英　王庆平　林　磊　郑祥龙　郑　毅

程文悦　谢恕忠　张济环　刘加林　李荣恩

王春林　张仲昭　侯连亭

中华人民共和国国家标准

立式圆筒形钢制焊接油罐施工及验收规范

GBJ 128—90

主编部门：中华人民共和国原石油工业部

批准部门：中华人民共和国建设部

施行日期：1991年3月1日

关于发布国家标准《立式圆筒形钢制焊接油罐施工及验收规范》的通知

（90）建标字第250号

根据国家计委计综[1985]1号文的要求，由原石油部会同有关部门共同制订的《立式圆筒形钢制焊接油罐施工及验收规范》，已经有关部门会审。现批准《立式圆筒形钢制焊接油罐施工及验收规范》GBJ128—90为国家标准，自1991年3月1日施行。

本标准由能源部负责管理，具体解释等工作由能源部中国石油天然气总公司工程技术研究所负责，出版发行由建设部标准定额研究所负责组织。

建设部

1990年5月18日

编 制 说 明

本规范是根据国家计委计综[1985]1号文的要求，山原石油工业部负责主编，并会同有关单位共同编制而成。

在本规范的编制过程中，规范编制组进行了广泛的调查研究，认真总结我国长期以来油罐施工的实践经验，参考了有关国际标准和国外先进标准，针对主要技术问题开展了科学研究与试验验证工作，并广泛征求了全国有关单位的意见。最后，由我部会同有关部门审查定稿。

鉴于本规范系初次编制，在执行过程中，希望各单位结合工程实践和科学研究，认真总结经验，注意积累资料，如发现需要修改和补充之处，请将意见和有关资料寄交天津市塘沽区津塘公路40号中国石油天然气总公司工程技术研究所，以供今后修订时参考。

能源部

1989年12月

目 次

第一章　总　　则

第 1.0.1 条　为了统一立式圆筒形钢制焊接油罐施工及验收的技术要求，确保油罐施工质量，以适应油罐建设发展的需要，特制订本规范。

第 1.0.2 条　本规范适用于在地面上建造的，储存液态石油及石油产品的立式圆筒形钢制焊接油罐罐体及与油罐相焊接附件的施工及验收。

第 1.0.3 条　油罐应按设计文件施工。当需要修改设计时，必须取得原设计单位的同意。

第 1.0.4 条　油罐的预制、安装和检验，应采用同一精度等级的计量器具和检测仪器。

第 1.0.5 条　油罐的施工及验收，除应符合本规范的规定外，尚应符合国家现行的有关标准、规范的规定。

第二章 材 料 验 收

第 2.0.1 条 建造油罐选用的材料和附件，应具有质量合格证明书。当无质量合格证明书或对质量合格证明书有疑问时，应对材料和附件进行复验，合格后方准使用。

第 2.0.2 条 焊接材料（焊条、焊丝及焊剂）应具有质量合格证明书。焊条质量合格证明书应包括熔敷金属的化学成分和机械性能；低氢型焊条还应包括熔敷金属的扩散氢含量。当无质量合格证明书或对质量合格证明书有疑问时，应对焊接材料进行复验。

第 2.0.3 条 建造油罐选用的钢板，必须逐张进行外观检查，其表面质量应符合现行的相应钢板标准的规定。

第 2.0.4 条 钢板表面锈蚀减薄量、划痕深度与钢板实际负偏差之和，应符合表2.0.4钢板厚度的允许偏差的规定。

钢板厚度的允许偏差 **表 2.0.4**

钢板厚度 (mm)	允许偏差 (mm)
4	−0.3
4.5～5.5	−0.5
6～7	−0.6
8～25	−0.8
26～30	−0.9
32～34	−1.0
36～40	−1.1

第 2.0.5 条 油罐底圈和第二圈罐壁的钢板，当厚度大于或等于23mm时，应按国家现行标准《压力容器用钢板超声波探伤》（ZBJ74003—88）进行检查，检查结果应达到Ⅲ级标准为合格。对屈服点小于或等于390MPa的钢板，应取钢板张数的20％进行抽查，当发现有不合格的钢板时，应逐张检查；对屈服点大于390MPa的钢板，应逐张检查。

第三章 预　　制

第一节 一 般 规 定

第 3.1.1 条 油罐在预制、组装及检验过程中所使用的样板，应符合下列规定：

一、当构件的曲率半径小于或等于12.5m时，弧形样板的弦长不得小于1.5m；曲率半径大于12.5m时，弧形样板的弦长不得小于2m；

二、直线样板的长度不得小于1m；

三、测量焊缝角变形的弧形样板，其弦长不得小于1m。

第 3.1.2 条 钢板切割及焊缝坡口加工，应符合下列规定：

一、钢板的切割和焊缝的坡口，宜采用机械加工或自动、半自动火焰切割加工。罐顶板和罐底边缘板的圆弧边缘，可采用手工火焰切割加工；

二、用于对接接头、厚度大于10mm的钢板和用于搭接接头、厚度大于16mm的钢板，板边不宜采用剪切加工；

三、当工作环境温度低于下列温度时，钢材不得采用剪切加工：

1.普通碳素钢：－16℃；

2.低合金钢：－12℃。

第 3.1.3 条 钢板边缘加工面应平滑，不得有夹渣、分层、裂纹及熔渣等缺陷。火焰切割坡口产生的表面硬化层，应磨除。

第 3.1.4 条 屈服点大于390MPa的钢板，当用于底圈和第二圈罐壁时，应按本规范第6.2.9条的规定对坡口表面进行磁粉或渗透探伤。

第 3.1.5 条 焊接接头的坡口型式和尺寸，当无图纸无要求时，应按现行的国家标准《手工电弧焊焊接接头的基本型式与尺寸》及《埋弧焊焊接接头的基本型式与尺寸》的规定选用。纵缝气电焊及环缝埋弧焊的焊接接头型式，宜符合下列要求：

一、纵缝气电焊的对接接头的间隙，应为4～6mm，钝边不应大于1mm，坡口宽度应为16～18mm(图3.1.5-1)。

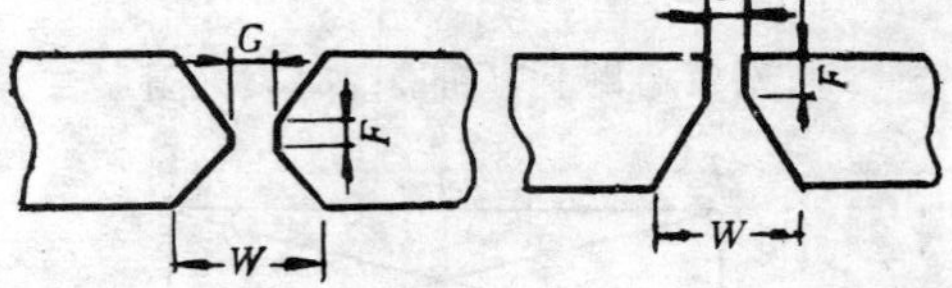

图 3.1.5-1 纵缝气电焊的对接接头的接头型式

二、环缝埋弧焊的对接接头的坡口角度应为45°±2.5°，钝边不应大于2mm，间隙应为0～1mm（图3.1.5-2）。

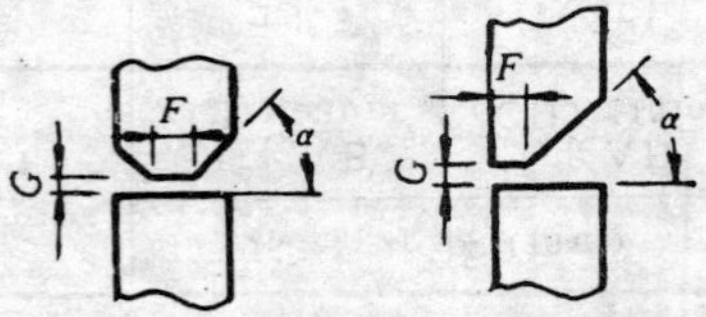

图 3.1.5-2 环缝埋弧焊的对接接头的接头型式

第 3.1.6 条 普通碳素钢工作环境温度低于－16°C或低合金钢工作环境温度低于－12°C时，不得进行冷矫正和冷弯曲。

第 3.1.7 条 所有预制构件在保管、运输及现场堆放时，应采取有效措施防止变形、损伤和锈蚀。

第二节 壁 板 预 制

第 3.2.1 条 壁板预制前应绘制排版图，并应符合下列规定：

一、各圈壁板的纵向焊缝宜向同一方向逐圈错开，其间距宜为板长的1/3，且不得小于500mm；

二、底圈壁板的纵向焊缝与罐底边缘板对接焊缝之间的距离，不得小于200mm；

三、罐壁开孔接管或开孔接管补强板外缘与罐壁纵向焊缝之间的距离，不得小于200mm；与环向焊缝之间的距离，不得小于100mm；

四、包边角钢对接接头与壁板纵向焊缝之间的距离，不得小于200mm；

五、直径小于12.5m的油罐，其壁板宽度不得小于500mm；长度不得小于1000mm。直径大于或等于12.5m的油罐，其壁板宽度不得小于1000mm；长度不得小于2000mm。

第 3.2.2 条 壁板尺寸的允许偏差，应符合表3.2.2的规定（图3.2.2）。

第 3.2.3 条 壁板卷制后，应立置在平台上用样板检查。垂直方向上用直线样板检查，其间隙不得大于1mm；水平方向上用弧形样板检查，其间隙不得大于4mm。

壁板尺寸允许偏差 表 3.2.2

测量部位		环缝对接（mm）		环缝搭接
		板长AB (CD)≥10m	板长AB (CD)<10m	(mm)
宽度AC、BD、EF		±1.5	±1	±2
长度AB、CD		±2	±1.5	±1.5
对角线之差|AD－BC|		≤3	≤2	≤3
直线度	AC、BD	≤1	≤1	≤1
	AB、CD	≤2	≤2	≤3

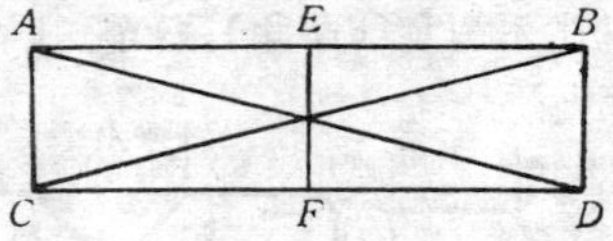

图 3.2.2 壁板尺寸测量部位

第 3.2.4 条 对板厚大于12mm且屈服点大于390MPa的罐壁板上的人孔、清扫孔等有补强板的开口，在补强板及开口接管与相应罐壁板组装焊接并检验合格后，应进行整体消除应力热处理。

第三节 底 板 预 制

第 3.3.1 条 底板预制前应绘制排板图，并应符合下列规定：

一、罐底的排板直径，宜按设计直径放大0.1%～0.2%；

二、边缘板沿罐底半径方向的最小尺寸，不得小于700mm（图3.3.1-1）。

三、弓形边缘板的对接接头，宜采用不等间隙（图3.3.1-2）。外侧间隙e_1宜为6～7mm；内侧间隙e_2宜为8～12mm。

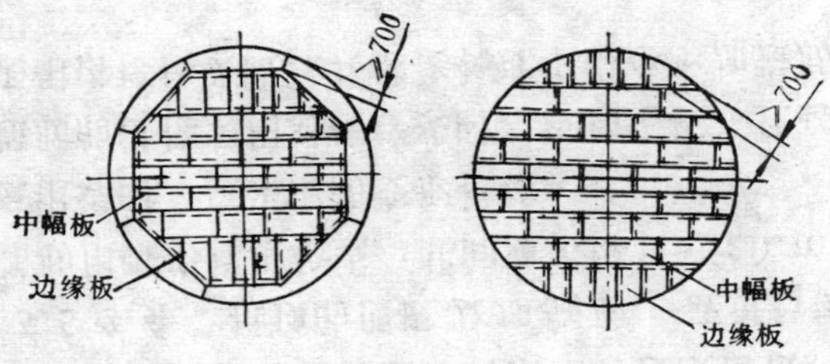

图 3.3.1-1 边缘板最小尺寸

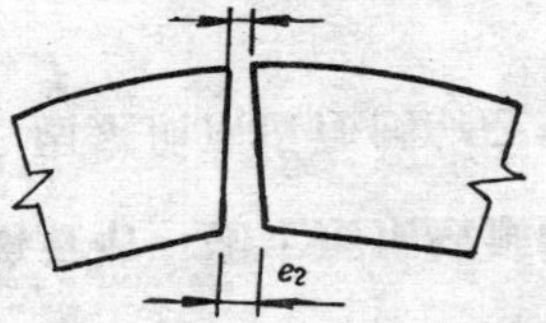

图 3.3.1-2 弓形边缘板对接接头间隙

四、中幅板的宽度不得小于1000mm；长度不得小于2000mm；

五、底板任意相邻焊缝之间的距离，不得小于200mm。

第 3.3.2 条 当中幅板采用对接接头时，中幅板的尺寸允许偏差应符合本规范第3.2.2条的规定。

第 3.3.3 条 弓形边缘板的尺寸允许偏差，应符合表3.3.3的规定（图3.3.3）。

弓形边缘板尺寸允许偏差　　表 3.3.3

测量部位	允许偏差(mm)
长度AB、CD	±2
宽度AC、BD、EF	±2
对角线之差 |AD－BC|	≤3

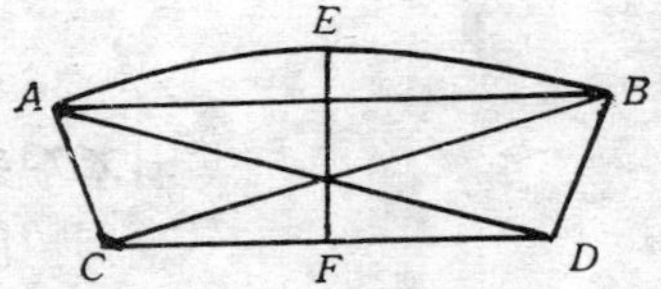

图 3.3.3 弓形边缘板尺寸测量部位

第 3.3.4 条 厚度大于或等于12mm的弓形边缘板，应在两侧100mm范围内（图3.3.3中AC、BD）按《压力容器用钢板超声波探伤》（ZBJ74003—88）的规定进行检查，检查结果应达到Ⅲ级标准为合格，并应在坡口表面按本规范第6.2.9条的规定进行磁粉或渗透探伤。

第四节 浮顶和内浮顶预制

第 3.4.1 条 浮顶（包括单盘式浮顶和双盘式浮顶）和内浮顶的预制，应绘制排板图，并应符合本规范第3.3.1条的规定。

第 3.4.2 条 船舱边缘板的预制，应符合本规范第3.2.2条、第3.2.3条的规定。船舱底板及顶板预制后，其平面度用直线样板检查，间隙不得大于4mm。

第 3.4.3 条 船舱进行分段预制时，应符合下列规定：

一、船舱底板、顶板平面度用直线样板检查，间隙不得大于5mm；

二、船舱内外边缘板用弧形样板检查，间隙不得大于5mm；

三、船舱几何尺寸的允许偏差，应符合表3.4.3的规定（图3.4.3）。

分段预制船舱几何尺寸允许偏差　　表 3.4.3

测量部位	允许偏差 (mm)
高度AE、BF、CG、DH	±1
弦长AB、EF、CD、GH	±2
对角线之差 |AD－BC| 和|CH－DG| |EH－FG|	≤4

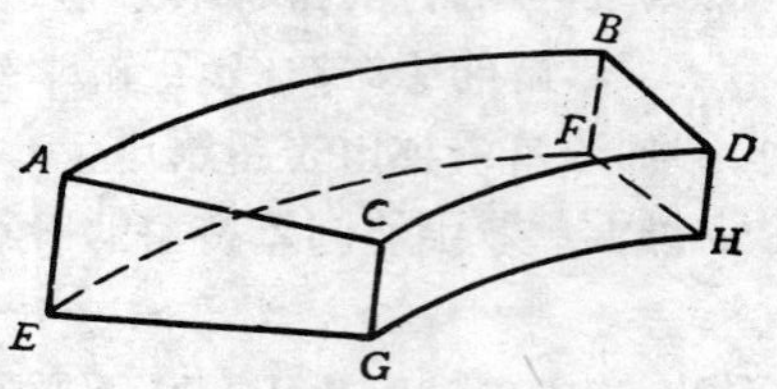

图 3.4.3　分段预制船舱几何尺寸测量部位

第五节　固定顶顶板预制

第 3.5.1 条　固定顶顶板预制前应绘制排板图，并应符合下列规定：

一、顶板任意相邻焊缝的间距，不得小于200mm；

二、单块顶板本身的拼接，可采用对接或搭接。

第 3.5.2 条　拱顶的顶板及加强肋，应进行成型加工；加强肋用弧形样板检查，其间隙不得大于2mm；加强肋与顶板组焊时，应采取防变形措施。

加强肋的拼接采用对接接头时，应加垫板，且必须完全焊透；采用搭接接头时，其搭接长度不得小于加强肋宽度的2倍。

第 3.5.3 条　拱顶的顶板预制成型后，用弧形样板检查，其间隙不得大于10mm。

第六节　构件预制

第 3.6.1 条　抗风圈、加强圈、包边角钢等弧形构件加工成型后，用弧形样板检查，其间隙不得大于2mm。放在平台上检查，其翘曲变形不得超过构件长度的0.1%，且不得大于4mm。

第 3.6.2 条　热煨成型的构件，不得有过烧、变质现象。其厚度减薄量不应超过1mm。

第 3.6.3 条　预制浮顶支柱时，应预留出80mm的调整量。

第七节　出厂检验

第 3.7.1 条　油罐的所有预制构件出厂时，应有编号，并应用油漆作出清晰的标志。

第 3.7.2 条　构件预制完毕出厂时，应提供下列资料：

一、构件清单（包括构件名称、编号、材质、规格及数量）；

二、材料质量合格证明书；

三、构件质量合格证明书；

四、构件预制检查记录；

五、排板图；

六、设计修改文件。

第四章 组 装

第一节 一 般 规 定

第 4.1.1 条 油罐组装前，应将构件的坡口和搭接部位的泥砂、铁锈、水及油污等清理干净。

第 4.1.2 条 拆除组装用的工卡具时，不得损伤母材。钢板表面的焊疤应打磨平滑。如果母材有损伤，应按本规范第五章第六节的要求进行修补。

第 4.1.3 条 油罐组装过程中应采取措施，防止大风等自然条件造成油罐的失稳破坏。

第二节 基 础 检 查

第 4.2.1 条 在油罐安装前，必须按土建基础设计文件和本规范第4.2.2条的规定对基础表面尺寸进行检查，合格后方可安装。

第 4.2.2 条 油罐基础的表面尺寸，应符合下列规定：

一、基础中心标高允许偏差为±20mm；

二、支承罐壁的基础表面，其高差应符合下列规定：

1.有环梁时，每10m弧长内任意两点的高差不得大于6mm；整个圆周长度内任意两点的高差不得大于12mm；

2.无环梁时，每3m弧长内任意两点的高差不得大于6mm；整个圆周长度内任意两点的高差不得大于12mm。

三、沥青砂层表面应平整密实，无突出的隆起、凹陷及贯穿裂纹。沥青砂层表面凹凸度应按下列方法检查：

1.当油罐直径等于或大于25m时，以基础中心为圆心，以不同直径作同心圆，将各圆周分成若干等分，在等分点测量沥青砂层的标高。同一圆周上的测点，其测量标高与计算标高之差不得大于12mm。同心圆的直径和各圆周上最少测量点数应符合表4.2.2的规定。

检查沥青砂层表面凹凸度的同心圆直径及测量点数

表 4.2.2

油罐直径 D (m)	同心圆直径(m)					测量点数				
	Ⅰ圈	Ⅱ圈	Ⅲ圈	Ⅳ圈	Ⅴ圈	Ⅰ圈	Ⅱ圈	Ⅲ圈	Ⅳ圈	Ⅴ圈
$D\geqslant76$	$D/6$	$D/3$	$D/2$	$2D/3$	$5D/6$	8	16	24	32	40
$45\leqslant D<76$	$D/5$	$2D/5$	$3D/5$	$4D/5$		8	16	24	32	
$25\leqslant D<45$	$D/4$	$D/2$	$3D/4$			8	16	24		

2.当油罐直径小于25m时，可从基础中心向基础周边拉线测量，基础表面每$100m^2$范围内测点不得少于10点（小于$100m^2$的基础按$100m^2$计算），基础表面凹凸度允许偏差不得大于25mm。

第三节 罐 底 组 装

第 4.3.1 条 底板铺设前，其下表面应涂刷防腐涂料，每块底板边缘50mm范围内，不刷。

第 4.3.2 条 罐底采用带垫板的对接接头时，对接焊缝应完全焊透，表面应平整。垫板应与对接的两块底板贴紧，其间隙不得大于1mm。罐底对接接头间隙，应符合表

4.3.2的规定。

罐底对接接头间隙　　表 4.3.2

焊接方法		钢板厚度δ (mm)	间隙 (mm)
手工电弧焊		$\delta\leq6$	5±1
		$\delta>6$	7±1
埋弧自动焊	不开坡口	$\delta\leq6$	3±1
		$6<\delta\leq10$	4±1
	开坡口	$10<\delta\leq16$	2±1
		$\delta>16$	3±1
手工电弧焊打底，埋弧自动焊作填充焊		$10<\delta\leq21$	8±2

第 4.3.3 条　中幅板采用搭接接头时，其搭接宽度允许偏差为±5mm。

第 4.3.4 条　中幅板与弓形边缘板之间采用搭接接头时，中幅板应搭在弓形边缘板的上面，搭接宽度可适当放大。

第 4.3.5 条　搭接接头三层钢板重叠部分，应将上层底板切角。切角长度应为搭接长度的2倍，其宽度应为搭接长度的2/3。在上层底板铺设前，应先焊接上层底板覆盖部分的角焊缝（图4.3.5）。

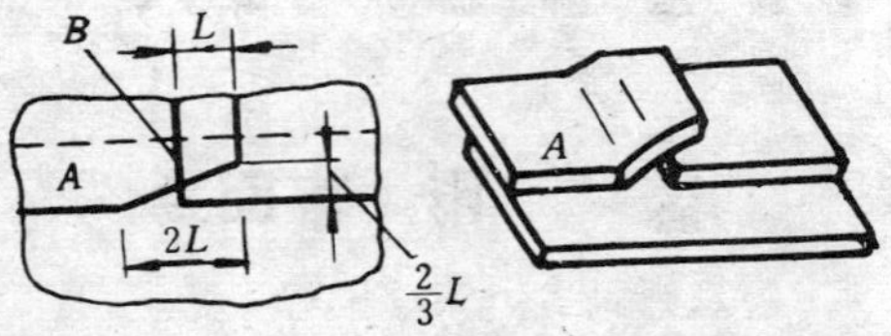

图 4.3.5　底板三层钢板重叠部分的切角
A—上层底板；B—A板覆盖的焊缝；L—搭接宽度

第四节　罐　壁　组　装

第 4.4.1 条　壁板组装前，应对预制的壁板进行复验，合格后方可组装。需重新校正时，应防止出现锤痕。

第 4.4.2 条　采用对接接头的罐壁组装，应符合下列规定：

一、底圈壁板

1.相邻两壁板上口水平的允许偏差，不应大于2mm。在整个圆周上任意两点水平的允许偏差，不应大于6mm；

2.壁板的铅垂允许偏差，不应大于3mm；

3.组装焊接后，在底圈罐壁1m高处，内表面任意点半径的允许偏差，应符合表4.4.2-1的规定。

底圈壁板1m高处内表面任意点半径的允许偏差　　表 4.4.2-1

油罐直径 D(m)	半径允许偏差 (mm)
$D\leq12.5$	±13
$12.5<D\leq45$	±19
$45<D\leq76$	±25
$D>76$	±32

二、其他各圈壁板的铅垂允许偏差，不应大于该圈壁板高度的0.3%；

三、壁板对接接头的组装间隙，当图纸无要求时，可按表4.4.2-2和表4.4.2-3的规定执行；

四、壁板组装时，应保证内表面齐平，错边量应符合下列规定：

1.纵向焊缝错边量：当板厚小于或等于10mm时，不应大于1mm；当板厚大于10mm时，不应大于板厚的1/10.

罐壁环向对接接头的组装间隙　　表 4.4.2-2

坡口型式	手工焊		埋弧焊	
	板厚 (mm)	间隙 (mm)	板厚 (mm)	间隙 (mm)
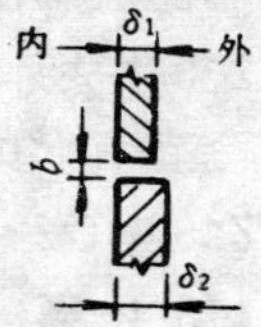	$\delta_1 < b$	$b = 2^{+1}_{0}$		
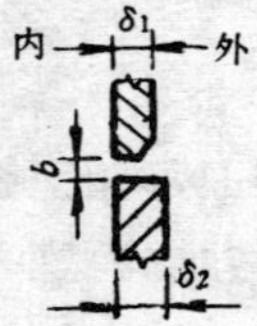	$b \leqslant \delta_1 \leqslant 15$	$b = 2^{+1}_{0}$	$12 \leqslant \delta_1 < 20$	$b = 0^{+1}_{0}$
	$15 < \delta_1 \leqslant 20$	$b = 3 \pm 1$		
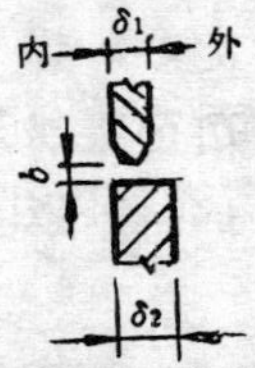	$12 \leqslant \delta_1 \leqslant 38$	$b = 2^{+1}_{0}$	$20 \leqslant \delta_1 \leqslant 38$	$b = 0^{+1}_{0}$

且不应大于1.5mm。

2.环向焊缝错边量：当上圈壁板厚度小于 8 mm时，任何一点的错边量均不得大于1.5mm；当上圈壁板厚度大于或等于8mm时，任何一点的错边量均不得大于板厚的2/10，且不应大于 3 mm。

五、组装焊接后，焊缝的角变形用 1 m长的弧形样板检查，并应符合表4.4.2-4的规定。

六、组装焊接后，罐壁的局部凹凸变形应平缓，不得有突然起伏，且应符合表4.4.2-5的规定。

罐壁纵向对接接头的组装间隙　　表 4.4.2-3

坡口型式	手工焊		气电立焊	
	板厚 (mm)	间隙 (mm)	板厚 (mm)	间隙 (mm)
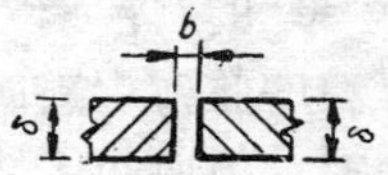	$\delta < 6$	$b = 1^{+1}_{0}$		
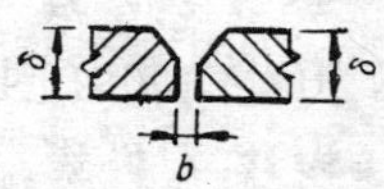	$6 \leqslant \delta \leqslant 9$	$b = 2 \pm 1$	$12 \leqslant \delta \leqslant 38$	$b = 5 \pm 1$
	$9 < \delta \leqslant 15$			
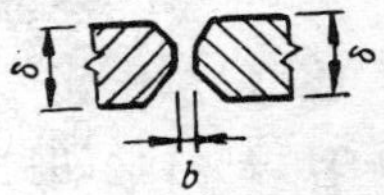	$12 \leqslant \delta \leqslant 38$	$b = 2^{+1}_{0}$		

罐壁焊缝的角变形　　表 4.4.2-4

板厚 δ (mm)	角变形 (mm)
$\delta \leqslant 12$	$\leqslant 10$
$12 < \delta \leqslant 25$	$\leqslant 8$
$\delta > 25$	$\leqslant 6$

罐壁的局部凹凸变形　　表 4.4.2-5

板厚 δ (mm)	罐壁的局部凹凸变形
$\delta \leqslant 25$	$\leqslant 13$
$\delta > 25$	$\leqslant 10$

第 4.4.3 条 罐壁采用搭接接头时，应符合下列规定：

一、搭接宽度的允许偏差应为±5mm，搭接间隙不应大于1mm，丁字焊缝的搭接处的局部间隙不得大于2mm；

二、组装焊接后，罐壁的局部凹凸变形应符合本规范第4.4.2条第六款的规定；

三、罐壁倒装时，顶圈罐壁上口水平允许偏差和底圈罐壁的半径允许偏差，应符合本规范第4.4.2条第一款的有关规定。

第五节 固定顶组装

第 4.5.1 条 固定顶安装前，应按本规范表4.4.2-1的规定检查包边角钢的半径偏差。

第 4.5.2 条 罐顶支撑柱的铅垂允许偏差，不应大于柱高的0.1%，且不大于10mm。

第 4.5.3 条 顶板应按画好的等分线对称组装。顶板搭接宽度允许偏差为±5mm。

第六节 浮顶组装

第 4.6.1 条 浮顶的组装，宜在临时支架上进行。

第 4.6.2 条 浮顶板的搭接宽度允许偏差应为±5mm。

第 4.6.3 条 浮顶应与底圈壁板同心，浮顶外边缘板与底圈罐壁间隙允许偏差为±15mm。

第 4.6.4 条 浮顶内、外边缘板的组装，应符合下列要求：

一、内、外边缘板对接接头的错边量不得大于板厚的3/20，且不应大于1.5mm；

二、外边缘板铅垂的允许偏差，不得大于3mm；

三、用弧形样板检查内、外边缘板的凹凸变形，弧形样板与边缘板的局部间隙不得大于5mm。

第七节 附件安装

第 4.7.1 条 罐体的开孔接管，应符合下列要求：

一、开孔接管的中心位置偏差，不得大于10mm；接管外伸长度的允许偏差，应为±5mm。

二、开孔补强板的曲率，应与罐体曲率一致；

三、开孔接管法兰的密封面应平整，不得有焊瘤和划痕，法兰的密封面应与接管的轴线垂直，倾斜不应大于法兰外径的1%，且不得大于3mm，法兰的螺栓孔，应跨中安装。

第 4.7.2 条 量油导向管的铅垂允许偏差，不得大于管高的0.1%，且不得大于10mm。

第 4.7.3 条 在油罐试水过程中，应调整浮顶支柱的高度。

第 4.7.4 条 中央排水管的旋转接头，安装前应在动态下以390kPa压力进行水压试验，无渗漏为合格。

第 4.7.5 条 密封装置在运输和安装过程中应注意保护，不得损伤。橡胶制品安装时，应注意防火。刮蜡板应紧贴罐壁，局部的最大间隙，不得超过5mm。

第 4.7.6 条 转动浮梯中心线的水平投影，应与轨道中心线重合，允许偏差不应大于10mm。

第五章 焊 接

第一节 焊接工艺评定

第 5.1.1 条 油罐施焊前，施工单位应按国家现行的《压力容器焊接工艺评定》标准和本规范的规定进行焊接工艺评定。

第 5.1.2 条 焊接工艺的评定，除应符合现行《压力容器焊接工艺评定》标准的规定外，还应符合下列要求：

一、焊接工艺的评定，应采用对接焊缝试件及T形角焊缝试件。对接焊缝的试件应包括底圈罐壁板的立焊及横焊位置，T形接头角焊缝的试件，应由底圈壁板与罐底边缘板组成的角焊缝试件切取。T形接头角焊缝试件的制备和检验，应符合本规范附录一的规定。

二、对接焊缝的试件，应作拉伸和横向弯曲试验。当设计对母材冲击韧性有要求时，还应作冲击韧性试验。

第 5.1.3 条 施工单位首次使用的钢种，应根据钢号、板厚、焊接方法及焊接材料等，按国家现行的《焊接性试验》标准进行焊接性试验，以确定合适的焊接工艺。

第二节 焊 工 考 核

第 5.2.1 条 从事手工电弧焊、埋弧焊和气电立焊的焊工，应按现行国家标准《现场设备、工业管道焊接工程施工及验收规范》（GBJ236—82）焊工考试的有关规定进行考试，并应符合下列规定：

一、考试试板的接头型式、焊接方法、焊接位置及材质等，均应与施焊的油罐一致。

二、对于埋弧焊焊工除应进行埋弧焊平焊或横焊位置的考试外，还应进行手工电弧焊平焊位置的考试。

三、气电立焊焊工应通过立焊板状试板的考试。

四、试板必须进行外观检查、射线探伤检查和冷弯试验。射线探伤检查应以不低于现行国家标准《钢熔化焊对接接头射线照相和质量分级》（GB3323—87）的Ⅱ级为合格。

第 5.2.2 条 按《锅炉压力容器焊工考试规则》考试合格并取得劳动人事部门颁发的相应钢材类别、组别和试件分类代号合格证的焊工，可以从事油罐相应部位的焊接，不再考试。

第三节 焊 前 准 备

第 5.3.1 条 油罐施工前，应根据焊接工艺评定报告等，制定油罐焊接施工技术方案。

第 5.3.2 条 焊接设备应满足焊接工艺和材料的要求。

第 5.3.3 条 抗拉强度大于430MPa（$44kgf/mm^2$）、板厚大于13mm的罐壁对接焊缝，应采用低氢型焊条进行焊接。

第 5.3.4 条 焊接材料应设专人负责保管，使用前应按产品说明书或表5.3.4的规定进行烘干和使用。

烘干后的低氢型焊条，应保存在100～150℃的恒温箱中，随用随取。低氢型焊条在现场使用时，应备有性能良好的保温筒，超过允许使用时间后须重新烘干。

焊接材料烘干和使用　　表 5.3.4

种类		烘干温度（℃）	恒温时间（h）	允许使用时间（h）	重复烘干次数
非低氢型焊条（纤维素型除外）		100～150	0.5～1	8	≤3
低氢型焊条		350～400	1～2	4	≤2
焊剂	熔炼型	150～300	1～2	4	
	烧结型	200～400			
药芯焊丝		200～350	1～2		

注：药芯密封的焊丝和密封盒装的药芯焊丝原则上不再烘干。药芯焊丝烘干后应冷却至室温才能装机使用，以免堵塞导电嘴。

第 5.3.5 条　气电立焊所使用的保护气体，水分含量不应超过0.005％（质量）。使用前应经预热和干燥。

第四节　焊 接 施 工

第 5.4.1 条　定位焊及工卡具的焊接，应由合格焊工担任，焊接工艺应与正式焊接相同。引弧和熄弧都应在坡口内或焊道上。

每段定位焊缝的长度，普通碳素钢和低合金钢，不宜小于50mm；屈服点大于390MPa的低合金钢，不宜小于80mm。

第 5.4.2 条　焊接前应检查组装质量，清除坡口面及坡口两侧20mm范围内的泥砂铁锈、水分和油污，并应充分干燥。

第 5.4.3 条　焊接中应保证焊道始端和终端的质量。始端应采用后退起弧法，必要时可采用引弧板。终端应将弧坑填满。多层焊的层间接头应错开。

第 5.4.4 条　板厚大于或等于6mm的搭接角焊缝，应至少焊两遍。

第 5.4.5 条　双面焊的对接接头在背面焊接前应清根。当采用碳弧气刨时，清根后应修整刨槽，磨除渗碳层；当母材屈服点大于390MPa时，还应作渗透探伤。

第 5.4.6 条　在下列任何一种焊接环境，如不采取有效的防护措施，不得进行焊接：

一、雨天或雪天；

二、手工焊时，风速超过8m/s；气电立焊或气体保护焊时，风速超过2.2m/s；

三、焊接环境气温：普通碳素钢焊接时低于－20℃；低合金钢焊接时低于－10℃；屈服点大于390MPa的低合金钢焊接时低于0℃；

四、大气相对湿度超过90％。

第 5.4.7 条　预热温度，应根据钢板的材质、厚度、接头拘束度、焊接材料及气候条件等因素，经焊接性试验及焊接工艺评定确定。预热的温度，宜符合表5.4.7的规定。

预热时应均匀加热。预热的范围，不得小于焊缝中心线两侧各三倍板厚，且不小于100mm。预热温度，应采用测温笔或表面温度计在距焊缝中心线50mm处对称测量。

焊前预热的焊缝，焊接层间温度不应低于预热温度。

第 5.4.8 条　需后热消氢处理的焊缝，应在焊接完毕后立即进行消氢处理。消氢处理的加热温度宜为200～250℃，保温的时间，宜为0.5～1h。

第 5.4.9 条　屈服点大于390MPa的低合金钢焊接时，

钢材预热温度　　表 5.4.7

钢种		钢板厚度(mm)	焊接环境气温(°C)	预热温度(°C)
普通碳素钢		$20\leq\delta\leq30$	-20～0	50～100
		$30<\delta\leq38$	-20～0	75～125
低合金钢	屈服点$\sigma_s<390$MPa	$25<\delta\leq32$	-10～0	75～125
		$32<\delta\leq38$	-10～常温	100～125
	$390\leq\sigma_s<440$MPa	$20<\delta\leq25$	0～常温	75～125
		$25<\delta\leq32$		100～150
		$32<\delta\leq38$		125～175
	$440\leq\sigma_s<490$MPa	$\delta\leq20$	0～常温	75～125
		$20<\delta\leq25$		100～150
		$25<\delta\leq32$		125～175
		$32<\delta\leq38$		150～200

除应符合上述有关要求外，还应符合下列规定：

一、手工电弧焊用的焊条，其熔敷金属的扩散氢含量不应超过5mL/100g；

二、当板厚大于25mm时，当采用碳弧气刨清根时，应进行预热。预热温度宜为100～150°C；

三、焊接时应严格控制焊接线能量；

四、当气温高于30°C，且相对湿度超过85%时，不宜进行现场焊接；

五、对板厚大于32mm的钢板，在焊接后，应按本规范第5.4.8条的要求，进行后热消氢处理。

第 5.4.10 条　强度不同的钢材焊接时，宜选用与强度较低的钢材相匹配的焊接材料和采用与强度较高的钢材相应的焊接工艺。

第五节　焊接顺序

第 5.5.1 条　罐底的焊接，应采用收缩变形最小的焊接工艺及焊接顺序。罐底的焊接，宜按下列顺序进行：

一、中幅板焊接时，应先焊短焊缝，后焊长焊缝。初层焊道应采用分段退焊或跳焊法。

二、边缘板的焊接，应符合下列规定：

1.首先施焊靠外缘300mm部位的焊缝。在罐底与罐壁连接的角焊缝焊完后且边缘板与中幅板之间的收缩缝施焊前，应完成剩余的边缘板对接焊缝的焊接。

2.弓形边缘板对接焊缝的初层焊，宜采用焊工均匀分布，对称施焊方法。

3.收缩缝的第一层焊接，应采用分段退焊或跳焊法。

三、罐底与罐壁连接的角焊缝焊接，应在底圈壁板纵焊缝焊完后施焊，并由数对焊工从罐内、外沿同一方向进行分段焊接。初层的焊道，应采用分段退焊或跳焊法。

第 5.5.2 条　罐壁的焊接，宜按下列顺序进行：

一、罐壁的焊接，应先焊纵向焊缝，后焊环向焊缝。当焊完相邻两圈壁板的纵向焊缝后，再焊其间的环向焊缝；焊工应均匀分布，并沿同一方向施焊；

二、纵焊缝采用气电立焊时，自下向上焊接。对接环焊缝采用埋弧自动焊时，焊机应均匀分布，并沿同一方向施焊；

三、罐壁环向的搭接焊缝，应先焊罐壁内侧焊缝，后焊罐壁外侧焊缝。焊工应均匀分布，并应沿同一方向施焊。

第 5.5.3 条　固定顶顶板的焊接，宜按下列顺序进行：

一、先焊内侧焊缝，后焊外侧焊缝。径向的长焊缝，宜采用隔缝对称施焊方法，并由中心向外分段退焊；

二、顶板与包边角钢焊接时，焊工应对称均匀分布，并应沿同一方向分段退焊。

第 5.5.4 条 浮顶的焊接，宜按下列顺序进行：

一、船舱内外的边缘板，应先焊立缝，后焊角焊缝；

二、浮顶的焊接，应采用收缩变形最小的焊接工艺和焊接顺序。浮顶的焊接顺序与罐底中幅板的焊接顺序相同；

三、船舱与单盘板连接的焊缝，应在船舱与单盘板分别焊接后施焊。焊工应对称均匀分布，并沿同一方向分段退焊。

第六节 修 补

第 5.6.1 条 在制造、运输和施工过程中产生的各种表面缺陷的修补，应符合下列规定：

一、深度超过0.5mm的划伤、电弧擦伤、焊疤等的有害缺陷，应打磨平滑。打磨修补后的钢板厚度，应大于或等于钢板名义厚度扣除负偏差值。

二、缺陷深度或打磨深度超过1mm时，应进行补焊，并打磨平滑。

第 5.6.2 条 焊缝缺陷的修补，应符合下列规定：

一、焊缝表面缺陷超过本规范第6.1.2条规定时，应进行打磨或补焊；

二、焊缝内部的超标缺陷在焊接修补前，应探测缺陷的埋置深度，确定缺陷的清除面。清除的深度不宜大于板厚的2/3。当采用碳弧气刨时，缺陷清除后应修磨刨槽；

三、返修后的焊缝，应按原规定的方法进行探伤，并应达到合格标准。

第 5.6.3 条 焊接的修补，必须严格按照焊接工艺进行，其修补的长度，不应小于50mm。

第 5.6.4 条 对屈服点大于390MPa的低合金钢，焊接修补，还应符合下列规定：

一、缺陷清除后，应进行渗透探伤，确认无缺陷后方可进行补焊。修补后应打磨平滑，并应作渗透或磁粉探伤；

二、焊接的修补，宜采用回火焊道；

三、焊接的修补深度超过3mm时，应对修补部位进行射线探伤。

第 5.6.5 条 同一部位的返修次数，不宜超过二次，当超过二次时，须经施工单位技术总负责人批准。

第六章 检查及验收

第一节 焊缝的外观检查

第 6.1.1 条 焊缝应进行外观检查，检查前应将熔渣、飞溅清理干净。

第 6.1.2 条 焊缝的表面质量，应符合下列规定：

一、焊缝的表面及热影响区，不得有裂纹、气孔、夹渣和弧坑等缺陷；

二、对接焊缝的咬边深度，不得大于0.5mm；咬边的连续长度，不得大于100mm，焊缝两侧咬边的总长度，不得超过该焊缝长度的10%；

三、屈服点大于390MPa或厚度大于25mm的低合金钢的底圈壁板，纵缝如有咬边，均应打磨圆滑；

四、边缘板的厚度，大于或等于10mm时，底圈壁板与边缘板的T形接头罐内角焊缝靠罐底一侧的边缘，应平滑过渡，咬边应打磨圆滑；

五、罐壁纵向对接焊缝不得有低于母材表面的凹陷。罐壁环向对接焊缝和罐底对接焊缝低于母材表面的凹陷深度，不得大于0.5mm。凹陷的连续长度不得大于100mm。凹陷的总长度，不得大于该焊缝总长度的10%；

六、浮顶及内浮顶油罐罐壁内侧焊缝的余高，不得大于1mm。其他对接焊缝的余高，应符合表6.1.2规定；

七、焊缝宽度，应按坡口宽度两侧各增加1～2mm确定；

八、对接接头的错边量，应符合本规范第4.4.2条第四款规定；

九、屈服点大于390MPa的钢板，其表面的焊疤，应在磨平后进行渗透探伤或磁粉探伤，无裂纹为合格。

对接焊缝的余高(mm) 表 6.1.2

板厚 (δ)	罐壁焊缝的余高 纵向	罐壁焊缝的余高 环向	罐底焊缝的余高
δ≤12	≤2.0	≤2.5	≤2.0
12<δ≤25	≤3.0	≤3.5	≤3.0
δ>25	≤4.0	≤4.5	

第二节 焊缝无损探伤及严密性试验

第 6.2.1 条 从事油罐焊缝无损探伤的人员，必须具有国家有关部门颁发的并与其工作相适应的资格证书。

第 6.2.2 条 屈服点大于390MPa的钢板，焊接完毕后至少经过24h方可进行无损探伤。

第 6.2.3 条 罐底的焊缝，应进行下列检查：

一、所有焊缝应采用真空箱法进行严密性试验，试验负压值不得低于53kPa，无渗漏为合格；

二、屈服点大于390MPa的边缘板的对接焊缝，在根部焊道焊接完毕后，应进行渗透探伤，在最后一层焊接完后，应进行渗透探伤或磁粉探伤；

三、厚度大于或等于10mm的罐底边缘板，每条对接焊缝的外端300mm范围内，应进行射线探伤；厚度为6～9mm的罐底边缘板，每个焊工施焊的焊缝，应按上述方法至少抽查一条；

四、底板三层钢板重叠部分的搭接接头焊缝和对接罐底板的丁字焊缝的根部焊道焊完后，在沿三个方向各200mm范围内，应进行渗透探伤，全部焊完后，应进行渗透探伤或磁粉探伤。

第 6.2.4 条 罐壁的焊缝，应进行下列检查：

一、纵向焊缝，每一焊工焊接的每种板厚（板厚差不大于1mm时可视为同等厚度），在最初焊接的3m焊缝的任意部位取300mm进行射线探伤。以后不考虑焊工人数，对每种板厚在每30m焊缝及其尾数内的任意部位取300mm进行射线探伤。探伤部位中的25%应位于丁字焊缝处，且每台罐不少于2处；

注：板厚差不大于1mm时，可视为同等厚度。

二、环向对接焊缝，每种板厚（以较薄的板厚为准），在最初焊接的3m焊缝的任意部位取300mm进行射线探伤。以后对于每种板厚，在每60m焊缝及其尾数内的任意部位取300mm进行射线探伤。上述检查均不考虑焊工人数；

三、底圈壁板当厚度小于或等于10mm时，应从每条纵向焊缝中任取300mm进行射线探伤；当板厚大于10mm小于或等于25mm时，应从每条纵向焊缝中取2个300mm进行射线探伤检查，其中一个应靠近底板；

四、厚度大于25mm小于或等于38mm的各圈壁板，每条纵向焊缝应全部进行射线探伤；厚度大于10mm的壁板，全部丁字焊缝均应进行射线探伤检查；

五、除丁字焊缝外，可用超声波探伤代替射线探伤，但其中20%的部位应采用射线探伤进行复验；

六、射线探伤或超声波探伤不合格时，应在该探伤长度的两端延伸300mm作补充探伤，但缺陷的部位距离底片端部或超声波检查端部75mm以上者可不再延伸。如延伸部位的探伤结果仍不合格时，应继续延伸进行检查。

第 6.2.5 条 底圈罐壁与罐底的T形接头的罐内角焊缝，应进行下列检查：

一、当罐底边缘板的厚度大于或等于8mm，且底圈壁板的厚度大于或等于16mm，或屈服点大于390MPa的任意厚度的钢板，在罐内及罐外角焊缝焊完后，应对罐内角焊缝进行渗透探伤或磁粉探伤。在油罐充水试验后，应采用同样方法进行复验；

二、屈服点大于390MPa的钢板，罐内角焊缝初层焊完后，还应进行渗透探伤。

第 6.2.6 条 浮顶底板的焊缝，应采用真空箱法进行严密性试验，试验负压值不得低于53kPa；船舱内外缘板及隔舱板的焊缝，应用煤油试漏法进行严密性试验；船舱顶板的焊缝，应逐舱鼓入压力为785Pa（80mm水柱）的压缩空气进行严密性试验，均以无泄漏为合格。

第 6.2.7 条 在屈服点大于390MPa的钢板上，或在厚度大于25mm的普通碳素钢及低合金钢钢板上的接管角焊缝和补强板角焊缝，应在焊完后或消除应力热处理后及充水试验后进行渗透探伤或磁粉探伤。

第 6.2.8 条 开孔的补强板焊完后，由信号孔通入100～200kPa压缩空气，检查焊缝严密性，无渗漏为合格。

第 6.2.9 条 焊缝无损探伤的方法和合格标准，应符合下列规定：

一、射线探伤应按现行国家标准《钢熔化焊对接接头射线照相和质量分级》（GB3323—87）的规定进行，并应以

Ⅲ级标准为合格。但对屈服点大于390MPa的钢或厚度大于或等于25mm的普通碳素钢或厚度大于或等于16mm的低合金钢的焊缝，合格标准为Ⅱ级；

二、超声波探伤应按国家现行的《锅炉和钢制压力容器对接焊缝超声波探伤》（JB1152—81）的规定进行，并应以Ⅱ级标准为合格；

三、磁粉探伤应按有关的常压钢制焊接油罐磁粉探伤技术标准的规定执行；

四、渗透探伤标准应按有关的常压钢制焊接油罐渗透探伤技术标准的规定执行。

第三节　罐体几何形状和尺寸检查

第 6.3.1 条　罐壁组装焊接后，几何形状和尺寸，应符合下列规定：

一、罐壁高度的允许偏差，不应大于设计高度的0.5%；

二、罐壁铅垂的允许偏差，不应大于罐壁高度的0.4%，且不得大于50mm；

三、罐壁的局部凹凸变形，应符合本规范第4.4.2条的规定；

四、底圈壁板内表面半径的允许偏差，应符合本规范第4.4.2条的规定；

五、罐壁上的工卡具焊迹，应清除干净，焊疤应打磨平滑。

第 6.3.2 条　罐底焊接后，其局部凹凸变形的深度，不应大于变形长度的2%，且不应大于50mm。

第 6.3.3 条　浮顶的局部凹凸变形，应符合下列规定：

一、船舱顶板的局部凹凸变形，应用直线样板测量，不得大于10mm；

二、单盘板的局部凹凸变形，不应影响外观及浮顶排水。

第 6.3.4 条　固定顶的局部凹凸变形，应采用样板检查，间隙不得大于15mm。

第四节　充　水　试　验

第 6.4.1 条　油罐建造完毕后，应进行充水试验，并应检查下列内容：

一、罐底严密性；

二、罐壁强度及严密性；

三、固定顶的强度、稳定性及严密性；

四、浮顶及内浮顶的升降试验及严密性；

五、中央排水管的严密性；

六、基础的沉降观测。

第 6.4.2 条　充水试验，应符合下列规定：

一、充水试验前，所有附件及其它与罐体焊接的构件，应全部完工；

二、充水试验前，所有与严密性试验有关的焊缝，均不得涂刷油漆；

三、充水试验应采用淡水，罐壁采用普通碳素钢或16MnR钢板时，水温不应低于5℃。罐壁使用其它低合金钢时，水温不应低于15℃；

四、充水试验中应加强基础沉降观测。在充水试验中，如基础发生不允许的沉降，应停止充水，待处理后，方可继续进行试验；

五、充水和放水过程中，应打开透光孔，且不得使基础浸水。

第 6.4.3 条 罐底的严密性，应以充水试验过程中罐底无渗漏为合格。若发现渗漏，应按本规范第五章第六节的规定补焊。

第 6.4.4 条 罐壁的强度及严密性试验，应以充水到设计最高液位并保持48h后，罐壁无渗漏、无异常变形为合格。发现渗漏时应放水，使液面比渗漏处低300mm左右，并应按第五章第六节的规定进行焊接修补。

第 6.4.5 条 固定顶的强度及严密性试验，罐内水位应在最高设计液位下1m进行缓慢充水升压，当升至试验压力时，应以罐顶无异常变形，焊缝无渗漏为合格。试验后，应立即使油罐内部与大气相通，恢复到常压。引起温度剧烈变化的天气，不宜作固定顶的强度、严密性试验和稳定性试验。

第 6.4.6 条 固定顶的稳定性试验应充水到设计最高液位用放水方法进行。试验时应缓慢降压，达到试验负压时，罐顶无异常变形为合格。试验后，应立即使油罐内部与大气相通，恢复到常压。

第 6.4.7 条 浮顶的升降试验，应以升降平稳、导向机构及密封装置无卡涩现象、浮梯转动灵活、浮顶与液面接触部分无渗漏为合格。

第 6.4.8 条 内浮顶升降、试验应以升降平稳、导向机构、密封装置及自动通气阀支柱等无卡涩现象，内浮顶及其附件与罐体上的其它附件无干扰，内浮顶与液面接触部分无渗漏为合格。

第 6.4.9 条 中央排水管的严密性试验，应符合下列规定：

一、以390kPa压力进行水压试验，持压30min应无渗漏；

二、在浮顶的升降过程中，中央排水管的出口，应保持开启状态，不得有水从管内流出。

第 6.4.10 条 基础的沉降观测，应符合下列规定：

一、在罐壁下部每隔10m左右，设一个观测点，点数宜为4的整倍数，且不得少于4点。

二、充水试验时，应按设计文件的要求对基础进行沉降观测，当设计无规定时，可按附录二的规定进行。

第五节 工 程 验 收

第 6.5.1 条 油罐竣工后，建设单位应按设计文件和本规范对工程质量进行全面检查和验收。

第 6.5.2 条 施工单位提交的竣工资料，应包括下列内容：

一、油罐交工验收证明书；

二、竣工图或施工图附设计修改文件及排板图；

三、材料和附件出厂质量合格证书或检验报告；

四、油罐基础检查记录；

五、油罐罐体几何尺寸检查记录；

六、隐蔽工程检查记录；

七、焊缝射线探伤报告；

八、焊缝超声波探伤报告；

九、焊缝磁粉探伤报告；

十、焊缝渗透探伤报告；

十一、焊缝返修记录（附标注缺陷位置及长度的排板图）；

十二、强度及严密性试验报告；

十三、基础沉降观测记录。

上述各项交工验收技术资料的内容和表格格式可按本规范附录三编制。

第 6.5.3 条 凡按本规范建造的油罐，均应在油罐进出油管上方 1 m处装设铭牌。铭牌应使用耐腐蚀金属板制作，用铆接或粘接的方法固定在辅助板上。辅助板支架与罐壁焊接，当罐壁有绝热层时，应使辅助板高度超过绝热层厚度。铭牌可按图6.5.3制备。

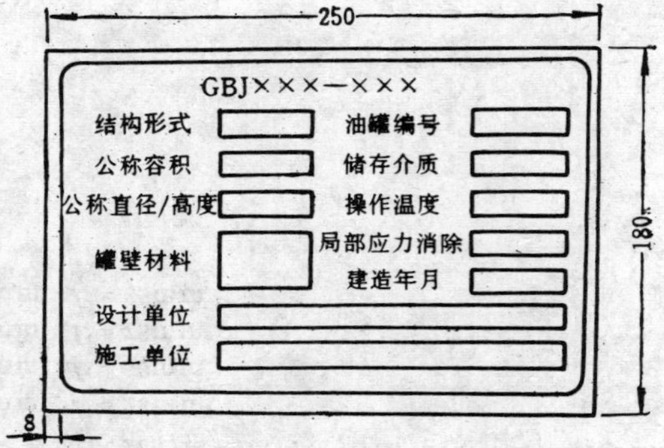

图 6.5.3 铭牌

注：①铭牌上的文字，宜采用长仿宋体。

②铭牌的底应为黑色，字体、铭牌边缘及矩形方块处应为银白色。表面应光亮。

③按本规范第3.2.4条施工时，铭牌上采用“SR”作标记。

附录一 T形接头角焊缝试件制备和检验

一、本附录适用于验证罐壁板与罐底边缘板之间角焊缝的焊接工艺能否满足使用性能要求，确保油罐长期安全运行。

二、试板应采用与油罐底圈壁板及罐底边缘板同材质、同厚度的钢板制成，其形状及尺寸见附图1.1。

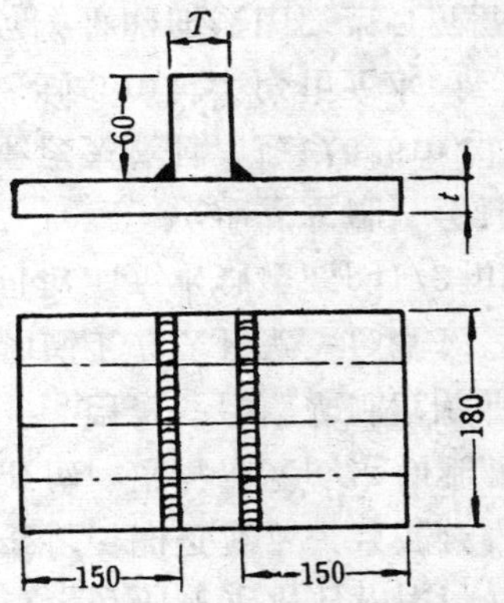

附图 1.1 T形接头角焊缝试板的形状和尺寸

T—底圈罐壁板厚度；t—罐底边缘板厚度

三、试板的焊接工艺及焊脚应与油罐相同。角焊缝焊完一侧后，应自然冷却至室温，再焊接另一侧。

四、应采用机械方法由试板上切取试件。试件宽度应为32mm，试件数量应为2件。

五、弯曲试验应在万能试验机上进行，弯模尺寸应按附图1.2制备。

六、试件的板厚T应夹紧于导向十字头。缓慢加载，当载荷下降时应停止加载，观察有无裂纹产生。当出现裂纹时，应记录开始产生裂纹的变形角度α。当无裂纹时应继续加载，直至变形角度α达到60°（附图1.3）。

变形角度α不应小于15°。当不符合要求时，应调整焊接工艺或焊缝形状重新评定。

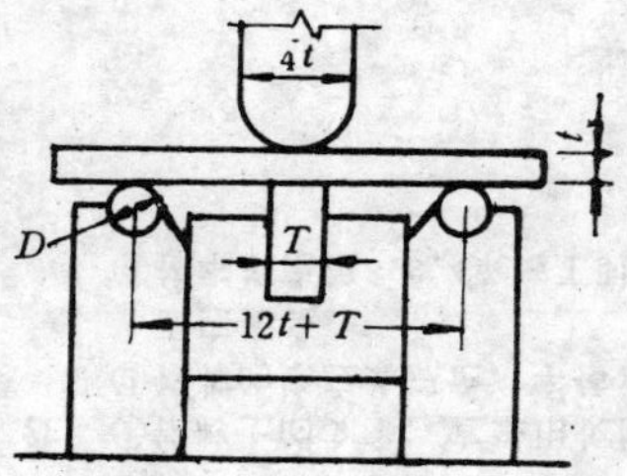

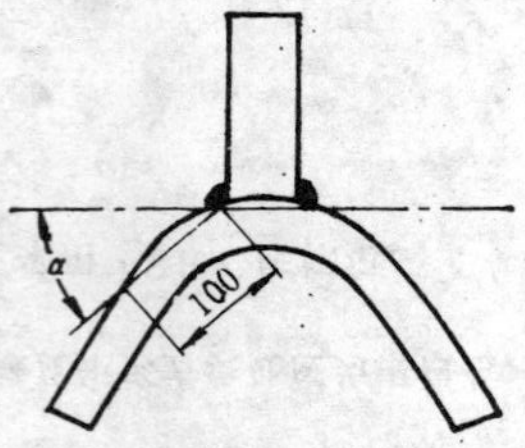

附图 1.2　弯曲试验的弯模尺寸　附图 1.3　试件变形角度 α 的测量

当 t = 6 mm　D = 25mm
t = 12mm　D = 50mm
t = 19mm　D = 75mm
t = 22mm　D = 85mm

附录二　油罐基础沉降观测方法

一、新建罐区，每台罐充水前，均应进行一次观测。

二、坚实地基基础，预计沉降量很小时，第一台罐可快速充水到罐高的1/2，进行沉降观测，并应与充水前观测到的数据进行对照，计算出实际的不均匀沉降量。当未超过允许的不均匀沉降量时，可继续充水到罐高的3/4，进行观测，当仍未超过允许的不均匀沉降量，可继续充水到最高操作液位，分别在充水后和保持48h后进行观测，当沉降量无明显变化，即可放水；当沉降量有明显变化，则应保持最高操作液位，进行每天的定期观测，直至沉降稳定为止。

当第一台罐基础沉降量符合要求，且其它油罐基础构造和施工方法和第一台罐完全相同，对其它油罐的充水试验，可取消充水到罐高的1/2和3/4时的两次观测。

三、软地基基础，预计沉降量超过300mm或可能发生滑移失效时，应以0.6m/d的速度向罐内充水，当水位高度达到3m时，停止充水，每天定期进行沉降观测并绘制时间/沉降量的曲线图，当日沉降量减少时，可继续充水，但应减少日充水高度，以保证在荷载增加时，日沉降量仍保持下降趋势。当罐内水位接近最高操作液位时，应在每天清晨作一次观测后再充水，并在当天傍晚再作一次观测，当发现沉降量增加，应立即把当天充入的水放掉，并以较小的日充水量重复上述的沉降观测，直到沉降量无明显变化，沉降稳定为止。

四、基础不均匀沉降的许可值，应符合设计文件的规定。

附录三　交工验收表格

油罐交工验收证明书　　**附表 3.1**

工程名称		工程编号	
油罐编号		结构型式	
容　　积		储存介质	
设计单位		材　　料	
开工日期		竣工日期	

该工程经有关部门共同检查和鉴定，确认符合设计及《立式圆筒形钢制焊接油罐施工及验收规范》（GBJ128—90）要求，同意交工验收。

质量评定	

建设单位(盖章)　　施工单位(盖章)

建设单位代表(签字)　　施工单位代表(签字)

年　月　日　　年　月　日

焊缝射线探伤报告　　**附表 3.2-1**

工程名称				报告日期			
工程编号				油罐编号			
油罐容积		材　　料		板　　厚		设备型号	
焦　　距		管 电 压		管 电 流		曝光时间	
象质计型号		胶片型号		胶片尺寸		有效长度	
增感方式		冲洗方式					

探伤长度：　　m

射线照相共　　张，其中纵缝：　　张，环缝：　　张

其它部位：　　张。

Ⅰ级片　　张，占总片数　　%；

Ⅱ级片　　张，占总片数　　%；

Ⅲ级片　　张，占总片数　　%；

（附探伤位置图）

审核：　　检验：

焊缝射线探伤记录 附表 3.2-2

工程名称		油罐编号		评片日期		
工程编号		油罐容积		采用标准		
底片号	探伤部位	焊工号	底片		探伤结果	评定级别
			灵敏度	黑度		

审核： 评片： 探伤：

焊缝超声探伤报告 附表 3.3

工程名称			报告日期		
工程编号			油罐编号		
油罐容积		罐壁材料		壁厚	
采用标准		探伤方法		探伤频率	
探头直径		探伤 k 值		探头移动方式	
耦合剂		仪器型号		试块	

探测灵敏度		增益		抑制		输出		粗调	

探伤长度： m； 评定级别：

缺陷记录：

（附探伤位置图）

审核： 探伤：

焊缝磁粉探伤报告 附表 3.4

工程名称		油罐编号		报告日期	
工程编号		油罐容积		材　料	
采用标准		激磁方式		板　厚	
仪器型号				灵敏度	
磁粉和磁悬液配制				充水试验	前　后

探伤长度：　　m；　　评定级别：

探伤部位：

审核：　　探伤：

焊缝渗透探伤报告 附表 3.5

工程名称		油罐编号		报告日期	
工程编号		油罐容积		材　料	
采用标准		渗透剂		渗透时间	
显像剂		环境温度		充水试验	前　后

探伤长度：　　m；　　评定级别：

探伤部位：

审核：　　探伤：

油罐罐体几何尺寸检查记录

附表 3.6

油罐名称	油罐编号	油罐直径	罐壁高度	结构型式

检查项目			合格标准	检查点数	最大偏差	合格点数	合格率（%）
罐壁几何尺寸	高度偏差						
	局部凹凸变形	水平方向					
		垂直方向					
	铅垂偏差						
	底圈半径偏差						
局部凹凸变形	罐底						
	固定顶						
	船舱顶板						

施工技术负责人		施工质量检查员	
建设单位代表		施工班组	

年　月　日

固定顶、内浮顶的油罐强度及严密性试验报告

附表 3.7

油罐编号		油罐容积	
材料		储存介质	

试验项目		试验方法	试验结果	建设单位代表
罐底	真空试漏			年　月　日
	严密性试验			年　月　日
罐壁	强度及严密性试验			年　月　日
固定顶	稳定性试验			年　月　日
	强度及严密性试验			年　月　日
内浮顶	真空试漏			年　月　日
	升降试验			年　月　日

施工技术负责人		检查员	
施工班组			

浮顶油罐强度及严密性试验报告　　附表 3.8

油罐编号		油罐容积	
材　料		储存介质	

试验项目		试验方法	试验结果	建设单位代表
罐底	真空试漏			年　月　日
	严密性试验			年　月　日
罐壁	强度及严密性试验			年　月　日
浮顶	焊缝试漏			年　月　日
	船舱底板真空试漏			年　月　日
	船舱气密性试验			年　月　日
	单盘板严密性试验			年　月　日
	升降试验			年　月　日
中央排水管试压、试漏				年　月　日

施工技术负责人		检查员	
施工班组			

焊缝返修记录　　附表 3.9

油罐编号		油罐容积			
材　料		储存介质			

序号	返修位置	缺陷性质	返修次数	返修尺寸（长×宽×深）（mm^3）	返修日期	焊工姓名	返修结果

施工技术负责人：　　　　记录：

油罐基础检查记录　　附表 3.10

油罐编号		日　期	
油罐容积		油罐直径	
基础中心标高偏差(mm)			

同心圆编号	测点编号	计算标高 (mm)	测点标高 (mm)	相邻两点高差 (mm)	任意两点最大高差 (mm)	测点标高误差 (mm)

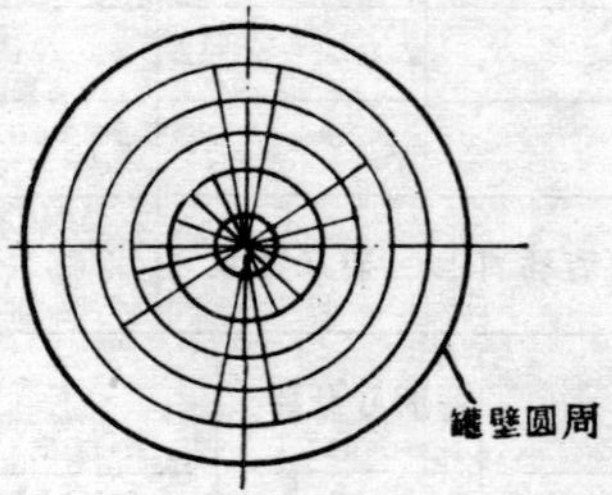

施工技术负责人：　　检查：　　测量

基础沉降观测记录　　附表 3.11

工程名称：________　　油罐编号：________

观测时间	水位高度	测点编号 1	2	3	4	5	6	7	8	9	10	11	12

施工技术负责人：　　检查：　　记录：

附录四　本规范用词说明

一、为了便于在执行本规范条文时区别对待，对要求严格程度不同的用词说明如下：

1.表示很严格，非这样作不可的用词：

正面词采用“必须”；

反面词采用“严禁”。

2.表示严格，在正常情况下均应这样作的用词：

正面词采用“应”；

反面词采用“不应”或“不得”。

3.表示允许稍有选择，在条件许可时，首先应这样作的用词：

正面词采用“宜”或“可”；

反面词采用“不宜”。

二、条文中指明必须按其他有关标准和规范执行的写法为：

“应按……执行”或“应符合……要求或规定”。

附加说明

本规范主编单位、参加单位和主要起草人名单

主编单位： 中国石油天然气总公司　工程技术研究所

参加单位： 冶金部　北京建筑研究总院

化工部　第六化工建设公司

纺织部　纺织部设计院

仪征化纤联合公司

商业部　兰州商业通用机械厂

建设部　中建一局安装公司

石化总公司　安监部

北京设计院

中国石油天然气总公司　第一工程公司

第六工程公司

管道局

大庆石油管理局

油建公司

抚顺石油学院

主要起草人： 张　树　黄才良　汤虑周　毛　千　王广顺

何应训　刘定明　许登嵩　付福兴　安纯福

吴永满　迟风武　侯连亭　何玉华　王道明

蔡青林　涂玉祥　张仲昭　陆宗菁　高维民

陈允仁

中华人民共和国国家标准

原油和天然气工程设计防火规范

GB 50183－93

主编部门：中国石油天然气总公司
批准部门：中华人民共和国建设部
施行日期：1994 年 2 月 1 日

关于发布国家标准《原油和天然气工程设计防火规范》的通知

建标〔1993〕540 号

根据国家计委计综〔1987〕2390 号文和建设部〔1991〕建标第 727 号文的要求，由中国石油天然气总公司规划设计总院负责主编，会同有关单位共同编制的国家标准《原油和天然气工程设计防火规范》，已经有关部门会审。现批准《原油和天然气工程设计防火规范》GB50183－93 为强制性国家标准，自一九九四年二月一日起施行。

本规范由中国石油天然气总公司管理，具体解释等工作由中国石油天然气总公司规划设计总院负责，出版发行由建设部标准定额研究所负责组织。

中华人民共和国建设部
一九九三年七月十六日

编制说明

本规范是根据建设部〔1991〕建标第727号文的通知，调整为国家标准，由中国石油天然气总公司规划设计总院会同大庆、华北、四川石油管理局勘察设计研究院和石油管道局勘察设计院及大庆市公安消防支队编制的。

在编制过程中，遵照国家基本建设的有关方针、政策和“预防为主，防消结合”的消防工作方针，系统调查和总结了有关油气田、管道系统的厂、站、库及井场的防火设计、生产管理方面的经验教训；采纳了原石油工业部标准《油田建设设计防火规范》和《气田建设设计防火规定》的合理部分；吸收了国内外防火规范标准的有关内容和适用于油气田、管道工程防火的先进技术成果。经多次征求各方面的意见，最后由有关部门共同定稿。

鉴于本规范是综合性的防火技术规范，政策性和技术性强，涉及面广，希望各单位在执行过程中，结合工程和生产实践，认真总结经验，注意积累资料。如发现需要修改和补充之处，请将意见和有关资料寄给我公司规划设计总院标准处（北京学院路938信箱，邮政编码100083），以便今后修订时参考。

本规范发布实施后，代替原《油田建设设计防火规范》(SYJ1—85）和《气田建设设计防火规定》(SYJ2—79)。

中国石油天然气总公司

1992年7月

目 次

第一章　总　则

第 1.0.1 条　为了在油气田及管道工程设计中贯彻“预防为主，防消结合”的方针，统一设计要求，防止和减少火灾损失，保障生产建设和公民生命财产的安全，制订本规范。

第 1.0.2 条　本规范适用于新建、扩建和改建的油气田和管道工程的油气生产、储运工程的设计。

不适用于地下和半地下油气厂、站、库工程和海洋石油工程。

第 1.0.3 条　油气田及管道工程的防火设计，必须遵守国家的有关方针政策，结合实际，正确处理生产和安全的关系。积极采用先进的防火和灭火技术，做到保障安全生产，经济实用。

第 1.0.4 条　油气田及管道工程设计除执行本规范外，尚应符合国家现行的有关标准、规范的规定。

第二章 火灾危险性分类

第 2.0.1 条 生产的火灾危险性应按表 2.0.1 分为五类。

生产的火灾危险性分类 **表 2.0.1**

生产类别	火灾危险性的特征
甲	使用或产生下列物质的生产 1. 闪点<28℃的液体 2. 爆炸下限<10%（体积百分比）的气体
乙	使用或产生下列物质的生产 1. 闪点≥28℃至<60℃的液体 2. 爆炸下限≥10%（体积百分比）的气体 3. 不属于甲类的化学易燃危险固体，能与空气形成爆炸性混合物的浮游状态粉尘
丙	使用或产生闪点≥60℃的液体
丁	具有下列情况的生产 1. 对非燃烧物质进行加工，并在高温或在熔化状态下经常产生辐射热、火花或火焰的生产 2. 利用气体、液体、固体作为燃料或将气体、液体进行燃烧作其他用的各种生产
戊	常温下使用或加工非燃烧物质的生产

注：①本表采用现行国家标准《建筑设计防火规范》规定的部分内容。
②生产的火灾危险性分类举例见附录三。

第 2.0.2 条 油气生产厂房内或防火分区内有不同性质的生产时，其分类应按火灾危险性较大的部分确定，当火灾危险性较大的部分占本层或本防火分区面积的比例小于 5%，且发生事故时不足以蔓延到其他部位，或采取防火措施能防止火灾蔓延时，可按火灾危险性较小的部分确定。

第 2.0.3 条 储存物品的火灾危险性分类应按现行国家标准《建筑设计防火规范》分为五类，油气田和管道常用储存物品的火灾危险性分类及举例按附录四执行。

第三章　区域布置

第3.0.1条　区域总平面布置应根据油气厂、站、库、相邻企业和设施的火灾危险性，地形与风向等因素，进行综合经济比较，合理确定。

第3.0.2条　油气厂、站、库宜布置在城镇和居民区的全年最小频率风向的上风侧。在山区、丘陵地区，宜避开在窝风地段建厂、站、库。

第3.0.3条　油气厂、站、库的等级划分，根据储存原油和液化石油气、天然气凝液的储罐总容量，应按表3.0.3的规定执行。并应符合下列规定：

一、当油气厂、站、库内同时布置有原油和液化石油气、天然气凝液两类以上储罐时，应分别计算储罐的总容量，并应按其中等级较高者确定；

二、生产规模大于或等于$100\times10^4m^3/d$的天然气处理厂和压气站，当储罐容量小于三级厂、站的储存总容量时，仍应定为三级厂、站；

三、生产规模小于$100\times10^4m^3/d$，大于或等于$50\times10^4m^3/d$的天然气处理厂、压气站，当储罐容量小于四级厂、站的储存总容量时，仍应定为四级厂、站；

四、生产规模小于$50\times10^4m^3/d$的天然气处理厂、压气站，以及任何生产规模的集气、输气工程的其他站仍应为五级站。

油气厂、站、库分级　　表3.0.3

等级	储存总容量（m^3）	
	原油储罐	液化石油气、天然气凝液储罐
一	＞50000	＞5000
二	10001～50000	2501～5000
三	2501～10000	1001～2500
四	201～2500	201～1000
五	≤200	≤200

第3.0.4条　甲、乙类油气厂、站、库外部区域布置防火间距，应按表3.0.4的规定执行。

第3.0.5条　油气井与周围建（构）筑物、设施的防火间距应按表3.0.5的规定执行，自喷油井应在厂、站、库围墙以外。

油气井与周围建（构）筑物、设施的防火间距（m）　　表3.0.5

名称		自喷油、气井、单井拉油井	机械采油井
一、二、三、四级厂、站、库储罐及甲、乙类容器		40	20
100人以上的居民区、村镇、公共福利设施		45	25
相邻厂矿企业		40	20
铁路	国家线	40	20
	企业专用线	30	15
公路		15	10
架空通信线	国家Ⅰ、Ⅱ级	40	20
	其他通信线	15	10
35kV及以上独立变电所		40	20
架空电力线	35kV以下	1.5倍杆高	
	35kV及以上		

注：当气井关井压力超过25MPa时，与100人以上的居民区、村镇、公共福利设施和相邻厂矿企业的防火间距，应按本表规定的数值增加50%。

甲、乙类油气厂、站、库外部区域布置防火间距（m） 表 3.0.4

名称		100人以上的居民区、村镇、公共福利设施	相邻厂矿企业	铁路		公路	架空通信线		35kV及以上独立变电所	架空电力线	
				国家线	企业专用线		国家Ⅰ、Ⅱ级	其他通信线		35kV以下	35kV及以上
原油厂、站、库	一级	100	70	50	40	25	40	1.5倍杆高	60	1.5倍杆高	
	二级	80	60	45	35	20			50		
	三级	60	50	40	30	15			40		
	四级	40	40	35	25	15	1.5倍杆高		40		
	五级	30	30	30	20	10			30		
液化石油气、天然气凝液厂、站、库	一级	120	120	60	55	30	40	1.5倍杆高	80	1.5倍杆高	40
	二级	100	100	60	50	30			80		
	三级	80	80	50	45	25			70		
	四级	60	60	50	40	25			60		1.5倍杆高
	五级	50	50	40	35	20			50		
火炬		120	120	80	80	60	80	60	120	80	80

注：①防火间距的起算点应按本规范附录二执行。但油气厂、站、库与相邻厂矿企业一栏的防火间距系指厂、站、库内的甲、乙类储罐外壁与区域相关设施的防火间距；丙类设备、容器、厂房与区域相关设施的防火间距可按本表减少25%。

②表中35kV及以上独立变电所，系指35kV及以上变电所单台变压器容量在10000kVA及以上的变电所，小于10000kVA的35kV变电所防火间距可按本表减少25%。

③当火炬按本表防火间距布置有困难时，其有效防火间距应经计算确定。放空管按表中火炬间距减少50%。

④35kV及以上的架空线路，防火间距除应满足1.5倍杆塔高度要求外，且应不小于30m。

第 3.0.6 条 为钻井和采输服务的机修厂、管子站、供应站、运输站、仓库等辅助生产厂、站，应按相邻企业确定防火间距。

第 3.0.7 条 通往一、二级油气厂、站、库的外部道路路面宽度不应小于 5.5m，三、四、五级油气厂、站、库外部道路路面宽度不应小于 3.5m。

第 3.0.8 条 火炬及可燃气体放空管宜位于厂、站、库生产区最小频率风向的上风侧；并宜布置在油气厂、站、库外的地势较高处。火炬和放空管与厂、站的间距：火炬由计算确定；放空管放空量等于或小于 $1.2\times10^4m^3/h$ 时，不应小于 10m；放空量 $1.2\times10^4\sim4\times10^4m^3/h$ 时，不应小于 40m。

第四章 油气厂、站、库内部平面布置

第一节 一般规定

第 4.1.1 条 油气厂、站、库内部平面布置应根据其火灾危险性等级、工艺特点、功能要求等因素进行综合经济比较，合理确定。

第 4.1.2 条 油气厂、站、库的内部平面布置应符合下列规定：

一、有油气散发的场所，宜布置在有明火或散发火花地点的全年最小频率风向的上风侧；

二、甲、乙类液体储罐宜布置在地势较低处。当布置在地势较高处时，应采取防止液体流散的措施。

第 4.1.3 条 油气厂、站、库内的锅炉房、35kV 及以上变（配）电所、有明火或散发火花的加热炉和水套炉宜布置在油气生产区场地边缘部位。油气生产阀组，不应设在加热炉烧火间内。

第 4.1.4 条 汽车运输原油、天然气凝液、液化石油气和硫磺的装车场及硫磺仓库，应布置在油气厂、站、库区的边缘部位，并宜设单独的出入口。

第 4.1.5 条 厂、站、库内原油、天然气、液化石油气和天然气凝液的管道，宜在地面以上敷设。

第 4.1.6 条 10kV 及以下架空电力线路，与爆炸危险场所的水平距离不应小于杆塔高度的 1.5 倍，并严禁跨越爆炸危险场所。

第 4.1.7 条 油气厂、站、库的围墙（栏），应采用非燃烧材料。

道路与围墙（栏）的间距不应小于 1.5m；一、二级油气厂、站、库内甲类和乙类设备、容器及生产建（构）筑物至围墙（栏）的间距，不应小于 5m。

第 4.1.8 条 甲、乙、丙类液体储罐防火堤（或防护墙）内，严禁绿化和耕种，防火堤或防护墙与消防车道之间不应种值树木。

第 4.1.9 条 一、二、三、四级油气厂、站、库的甲、乙类液体厂房及油气密闭工艺设备距主要道路不应小于 10m，距次要道路不应小于 5m。

第 4.1.10 条 在公路型单车道路面（不包括路肩）外 1m 宽的范围内，不宜布置电杆及消火栓。

第二节 厂、站、库内部道路

第 4.2.1 条 一、二、三、四级油气厂、站、库，至少应有两个通向外部公路的出入口。

第 4.2.2 条 油气厂、站、库内消防车道布置应符合下列要求：

一、一、二、三级油气厂、站、库储罐区宜设环形消防车道。四、五级油气厂、站、库或受地形等条件限制的一、二、三级油气厂、站、库，可设有回车场的尽头式消防车道，回车场的面积不宜小于 15m×15m；

二、储罐区消防车道与防火堤坡脚线之间的距离，不应小于 3m；

三、铁路装卸区应设消防车道，消防车道应与油气厂、站、库内道路构成环形道，或设有回车场的尽头式道路；

四、消防车道的净空高度不应小于 4.5m；一、二、三级油气厂、站、库的道路转弯半径不应小于 12m，道路纵向坡度不宜大于 8%；

五、消防车道与油气厂、站、库内铁路平面相交时，交叉点应在铁路机车停车限界之外；

六、储罐中心至不同周边的两条消防车道的距离不应大于 120m。

第三节 建（构）筑物

第 4.3.1 条 甲、乙类生产和储存物品的建（构）筑物耐火等级不宜低于二级；丙类生产和储存物品的建（构）筑物耐火等级不宜低于三级。当甲、乙类火灾危险性的厂房采用轻型钢结构时，应符合下列要求：

一、建筑构件必须采用非燃烧材料；

二、除天然气压缩机厂房外，宜为单层建筑；

三、与其他厂房的防火间距应按现行国家标准《建筑设计防火规范》中的三级耐火等级的建筑确定。

第 4.3.2 条 有爆炸危险的甲、乙类厂房宜为敞开式或半敞开式建筑，当采用封闭式的厂房时，应有良好的通风设施。甲、乙类厂房泄压面积、泄压设施应按现行国家标准《建筑设计防火规范》的有关规定执行。

第 4.3.3 条 当在一栋建筑物内布置不同火灾危险性类别的房间时，其隔墙应采用非燃烧材料的实体墙 。天然气压缩机房或油泵房宜布置在建筑物的一端。

第 4.3.4 条 变、配电所不应与有爆炸危险的甲、乙类厂房毗邻布置。但供上述甲、乙类生产专用的 10kV 及以下的变、配电间，当采用无门窗洞口防火墙隔开时，可毗邻布置。当必须在防火墙上开窗时，应设非燃烧材料的密封固定窗。

变压器与配电间之间应设防火墙。

第 4.3.5 条 生产区的安全疏散应符合下列要求：

一、建筑物的门应向外开启，面积大于 $100m^2$ 的甲、乙类生产厂房出入口不得少于两个；

二、甲、乙类工艺设备平台、操作平台，宜设两个通向地面的梯子。长度小于 8m 的甲类工艺设备平台和长度小于 15m 的乙类工艺设备平台，可设一个梯子。相邻的平台和框架可根据疏散要求，设走桥连通。

第 4.3.6 条 立式圆筒油品加热炉和液化石油气、天然气凝液球罐的钢立柱，宜设保护层，其耐火极限不应小于 2h。

第 4.3.7 条 火车、汽车装卸油栈台、操作平台均应采用非燃烧材料。

第五章 油气厂、站、库防火设计

第一节 一般规定

第 5.1.1 条 集中控制室当设置非防爆仪表及电气设备时，应符合下列要求：

一、应在爆炸危险区范围以外设置，室内地坪宜比室外地坪高 0.6m；

二、含有甲、乙类液体、可燃气体的仪表引线不得直接引入室内。

第 5.1.2 条 仪表控制间当设置非防爆仪表及电气设备时，应符合下列要求：

一、在使用或生产液化石油气和天然气凝液的场所的仪表控制间，室内地坪宜比室外地坪高 0.6m；

二、可燃气体和含有甲、乙类液体的仪表引线不宜直接引入仪表控制间内；

三、当与甲、乙类生产厂房毗邻时，应采取无门窗洞口防火墙隔开；当必须在防火墙上开窗时，应设非燃烧材料的密封固定窗。

第 5.1.3 条 液化石油气厂房、可燃气体压缩机厂房和建筑面积大于或等于 $150m^2$ 的甲类火灾危险性厂房内，应设可燃气体浓度检漏报警装置。

第 5.1.4 条 甲、乙类液体储罐、容器、工艺设备和甲、乙类地面管道当需要保温时，应采用非燃烧材料；低温保冷可采用泡沫塑料，但其保护层外壳应采用非燃烧材料。

第 5.1.5 条 当使用有凝液析出的天然气作燃料时，其管线上应设置气液分离器。加热炉炉膛内宜设"常明灯"，其气源可从燃料气调节阀前的管道上引向炉膛。

第5.1.6条 加热炉或锅炉燃料油的供油系统应符合下列要求：

一、燃料油泵和被加热的油气进、出口阀不应布置在烧火间内；当燃料油泵房与烧火间毗邻布置时，应设防火墙；

二、当燃料油储罐总容量不大于 $20m^3$ 时，与加热炉的防火间距不应小于8m；燃料油罐与燃料油泵的间距不限。

加热炉的烧火口或防爆门不应直接朝向燃料油储罐。

第5.1.7条 输送甲、乙类液体的泵、可燃气体压缩机不得与空气压缩机同室布置。且空气管道不得与可燃气体、甲、乙类液体管道固定相联。

第5.1.8条 甲、乙类液体常压储罐、容器通向大气的开口处应设阻火器。

第5.1.9条 油气厂、站、库内，当使用内燃机驱动泵和天然气压缩机时，应符合下列要求：

一、内燃机排气管应有隔热层；其出口处应设防火罩。当排气管穿过屋顶时，其管口应高出屋顶2m；当穿过侧墙时，排气方向应避开散发油气或有爆炸危险的场所；

二、内燃机的燃料油储罐宜露天设置；内燃机供油管线不应架空引至内燃机油箱；在靠近燃料油储罐出口和内燃机油箱进口处应分别设切断阀。

第5.1.10条 含油污水应排入含油污水管道或工业下水道，其连接处应设水封井，并应采取防冻措施。

第5.1.11条 机械采油井场当采用非防爆启动器时，距井口的水平距离不得小于5m。

第5.1.12条 甲、乙类厂房、工艺设备、装卸油栈台、储罐和管线等的防雷、防爆和防静电措施，应符合国家现行有关标准的规定。

第二节 厂、站、库内部防火间距

第5.2.1条 一、二、三、四级油气厂、站、库内部的防火间距应符合表5.2.1的要求。

第5.2.2条 油气厂、站内的甲、乙类工艺装置、联合工艺装置的防火间距，应符合下列规定：

一、装置与其外部的防火间距应按本规范表5.2.1中甲、乙类厂房和密闭工艺设备的规定执行；

二、装置间的防火间距应符合表5.2.2-1的规定；

三、装置内部的设备、建（构）筑物间的防火间距，应符合表5.2.2-2的规定；

四、当装置内的各工艺部分不能同时停工检修时，各工艺部分的油气设备之间的间距不应小于7m。

装置间的防火间距（m） **表5.2.2-1**

火灾危险类别	甲类	乙类
甲类	20	15
乙类	15	10

注：表中数字为装置间相邻面工艺设备或建（构）筑物的净距。

装置内部的防火间距（m） **表5.2.2-2**

名　称	明火或散发火花的设备或场所	仪表控制间、10kV及以下变配电间	可燃气体压缩机、膨胀机或其厂房
甲类密闭工艺设备	15	15	
可燃气体压缩机、膨胀机或其厂房	15	12	
油泵或油泵房	15	10	
中间储罐	20	15	15

注：①表中数据为甲类装置内部防火间距，对乙类装置其防火间距可按本表规定减少25%。

一、二、三、四级油气厂站、库内部的防火间距（m）

表 5.2.1

名　称	原油储罐单罐容量（m^3）				液化石油气、天然气凝液储罐单罐容量（m^3）					甲乙类厂房和密闭工艺设备	有明火的密闭工艺设备	有明火或散发火花地点（含锅炉房、加热炉）	敞口容器和除油池	全厂性重要设施	10kV及以下户外变压器	液化石油气灌装站	火车装卸鹤管	汽车装卸鹤管	辅助性生产厂房
	≤200	≤1000	<10000	≥10000	≤50	≤100	≤400	≤1000	>1000										
甲、乙类厂房和密闭工艺设备	15/12	15	20	25	35	40	45	50	60										
有明火的密闭工艺设备	25	30	35	40	45	55	65	75	85	20									
有明火或散发火花地点（含锅炉房、加热炉）	30	35	40	45	50	60	70	80	120	30	25								
敞口容器和除油池	20	25	30	35	35	40	45	50	55	20	30	35							
全厂性重要设施	25	30	35	40	45	55	65	75	85	25	25	30	30						
10kV 及以下户外变压器	15	20	25	30	40	50	60	70	85	15/10	15	12	30						
液化石油气灌装站	20	25	30	35	20	25	30	40	50	25	45	50	30	50	35				
火车装卸鹤管	15	20	25	30	25	30	35	40	45	20	30	30	25	30	30	30			
汽车装卸鹤管	15	15	20	25	20	25	30	35	40	15	20	20	20	25	20	25	20		
辅助性生产厂房	15	20	25	30	25	30	40	50	60	15	25	20	20	25	12	30	25	15	
仓库 甲乙类	20	25	30	35	30	30	40	50	60	20	25	30	25	25	25	35	30	20	20
仓库 丙　类	15	20	25	30	25	25	30	40	50	15	20	25	20	20	20	30	20	15	15

注：①电脱水器当未采取防电火花措施时，应按有明火的密闭工艺设备确定间距；当采取防电火花措施时，则应按甲、乙类密闭工艺设备确定间距。

②缓冲罐与泵、零位罐与泵、除油池与污油提升泵、塔与塔底泵、压缩机与其直接相关的附属设备的防火间距可不受本表限制。

③污油泵房与敞口容器、除油池、消防泵房、其他厂房的防火间距不应小于10m。

④天然气灌装设施的防火间距，当利用油气生产分离器的压力灌装时，按汽车装卸鹤管确定；当采用加压灌装时，按液化石油气灌装站确定。

⑤表中分数：分子系指甲类可燃气体，分母系指甲类液体。

⑥有明火的密闭工艺设备系指在同一密闭容器内可完成加热与分离、缓冲、沉降、脱水等一个或几个过程的设备和工艺过程中的加热炉。当采取有效防火措施时，其防火间距可与油气密闭工艺设备要求相同。

⑦敞口容器和除油池系指含油污水处理过程中的隔油池、除油罐，含油污水回收池和其他敞口容器。

⑧全厂性重要设施系指集中控制室、消防泵房、35kV及以上的变电所、中心化验室、总机室和厂部办公室。

⑨液化石油气灌装站系指进行液化石油气灌瓶、加压及其有关的附属生产设施；灌装站内部防火间距应按本规范表5.4.7执行；灌装站防火间距起算点，按灌装站内相邻面的设备、容器、建(构)筑物外缘算起。

⑩辅助性生产厂房系指维修间、化验间、车间办公室、工具间、供注水泵房、排涝泵房、深井泵房、仪表控制间等使用非防爆电气设备的厂房。

⑪厂房之间的防火间距应符合现行的《建筑设计防火规范》的规定。

②正压燃烧炉的防火间距按密闭工艺设备对待。

③表中中间储罐的总容量：液化石油气、在压力下储存的天然气凝液储罐应小于或等于 $40m^3$，甲、乙类液体储罐应小于或等于 $100m^3$。

第 5.2.3 条 五级油、气站场平面布置防火间距应符合表 5.2.3 的要求。

五级油、气站场防火间距（m） 表 5.2.3

名称	油气井	水套炉	加热炉锅炉房发电房	10kV 及以下户外变压器、配电间	≤$200m^3$油罐及装车鹤管	计量仪表间或控制间
油气井		9	20	15	15	9
露天油气密闭设备及阀组	5	5	10	10	10	5
可燃气体压缩机及压缩机房	20	15	15	12	15	10
油泵及油泵房、阀组间	20	10	10	10	10	10
含油污水计量池隔油池	20	15	15	15	15	15
≤$200m^3$油罐及装车鹤管	15	15	20	15		15
计量仪表间或控制间	9	10	10			
值班室、配水间、清蜡房	9				15	

注：①油罐与装车鹤管之间的防火间距，当采用自流装车时不受本表限制，当采用压力装车时不应小于 15m。

②水套炉与分离器组成的合一设备、三甘醇火焰加热再生釜、溶液脱硫的直接火焰加热重沸器等带有直接火焰加热的设备，应按水套炉性质确定防火间距。

③克劳斯硫磺回收工艺的燃烧炉、再热炉、在线燃烧器等正压燃烧炉，其防火间距可按露天油气密闭设备确定。

④35kV 及以上的变配电所应按本规范表 5.2.1 的规定执行。

第 5.2.4 条 天然气密闭隔氧水罐和天然气放空管排放口与明火或散发火花地点的防火间距不应小于 25m，与非防爆厂房之间的防火间距不应小于 12m。

第三节 储存设施

第 5.3.1 条 甲类、乙类液体储罐组内储罐的布置，应符合下例要求：

一、固定顶储罐组总容量不应大于 $120000m^3$；

二、浮顶储罐组总容量不应大于 $200000m^3$；

三、储罐组内储罐的布置不应超过两排，且储罐个数不应超过 12 个。当单罐容量大于或等于 $50000m^3$ 时，应单排布置。

第 5.3.2 条 甲、乙类液体常压储罐之间的防火间距不应小于表 5.3.2 的要求。

甲、乙类液体常压储罐之间的防火间距 表 5.3.2

储罐形式	间距
固定顶储罐	0.6D
浮顶储罐	0.4D

注：①表中 D 为相邻储罐中较大储罐的直径，当计算出的防火间距大于 20m 时，可按 20m 确定。

②单罐容量小于或等于 $200m^3$，且总容量不大于 $1000m^3$ 时，储罐防火间距可根据生产操作要求确定。

第 5.3.3 条 甲、乙类液体储罐组的四周应设防火堤，当储罐组的总容量大于 $20000m^3$，且储罐多于两个时，防火堤内储罐之间应设隔堤，其高度应比防火堤低 0.2m。

第 5.3.4 条 甲、乙类液体储罐组防火堤的设置应符合下列规定：

一、防火堤应是闭合的；

二、防火堤应为土堤，土源有困难时，可用砖石、钢筋混凝土等非燃烧材料，但内侧宜培土；

三、防火堤实际高度应比计算高度高出0.2m，防火堤高度宜为1.0～2.0m；

四、防火堤及隔堤应能承受所容纳液体的设计静液柱压力；

五、管线穿过防火堤处应用非燃烧材料填实密封；

六、应在防火堤不同周边上设置不少于两处的人行台阶；

七、防火堤内侧基脚线至储罐的净距，不应小于储罐高度的一半；

八、设在防火堤下部的雨水排出口，应设置可启闭的截流设施。

第5.3.5条 相邻储罐组防火堤外侧基脚线之间的净距，不应小于7m。

第5.3.6条 容量小于或等于200m³，且单独布置的污油罐可不设防火堤。

第5.3.7条 防火堤内的有效容量的确定，应符合下列要求：

一、对固定顶储罐组，不应小于储罐组内一个最大储罐的有效容量；

二、对浮顶储罐组，不应小于储罐组内一个最大储罐有效容量的一半；

三、当固定顶储罐与浮顶储罐布置在同一油罐组内时，防火堤内的有效容量应取上两款规定的较大值。

第5.3.8条 储罐的进油管管口应接至储罐底部。

第5.3.9条 液化石油气、天然气凝液储罐不得与甲、乙类液体储罐同组布置，其防火间距应按现行国家标准《建筑设计防火规范》的有关液化石油气罐的规定执行。液化石油气罐可与压力储存的稳定轻烃储罐同组布置，其防火间距不应小于其中较大罐直径。

第5.3.10条 液化石油气储罐或天然气凝液储罐的防护墙内应设置可燃气体浓度报警装置。

第5.3.11条 液化石油气或天然气凝液储罐应设安全阀、温度计、压力计、液位计、高液位报警器。

第5.3.12条 液化石油气或天然气凝液储罐容积大于或等于50m³时，其液相出口管线上宜设远程操纵阀和自动关闭阀，液相进口管道宜设单向阀。罐底宜预留给水管道接头。

第5.3.13条 液化石油气、天然气凝液储罐液相进、出口阀的所有密封垫应选用螺旋型金属缠绕垫片或金属包石棉垫片。

第5.3.14条 液体石油气、天然气凝液储罐当采用冷却喷淋水时，应与消防冷却水系统相结合设置。

第5.3.15条 液体硫磺储罐四周应设闭合的防护墙，墙高应为1m，应用非燃烧材料建造。墙内容积不应小于一个最大的液硫储罐的容量；墙内侧至罐的净距不应小于2m。

第5.3.16条 液体硫磺储罐与硫磺成型厂房之间应设有消防通道。

第5.3.17条 固体硫磺仓库的设计应符合下列要求：

一、宜为单层建筑；

二、每座仓库的总面积不应超过2000m²，且仓库内应设防火隔墙，防火隔墙间的面积不应超过500m²；

三、仓库可与硫磺成型厂房毗邻布置，但必须设置防火墙。

第四节 装卸设施

第5.4.1条 装油管道应设方便操作的紧急切断阀，阀与火车装卸油栈台的间距不应小于10m。

第5.4.2条 在火车装卸油栈台的一侧应设与站台平行的消防车道，站台与消防车道间距不应大于80m，且不应小于15m。

第5.4.3条 火车装卸油栈台段铁路应采用非燃烧材料的轨枕。

第5.4.4条 火车装卸油栈台至站、库内其他铁路、道路的间距，应符合下列要求：

一、至其他铁路线不应小于 20m；

二、至主要道路不应小于 15m；

三、至次要道路不应小于 10m。

第 5.4.5 条 零位油罐不应采用敞口容器；受油口与油罐之间不应采用明沟（槽）连接；零位油罐排气孔与卸油鹤管的距离不应小于 10m。

第 5.4.6 条 汽车装卸油鹤管与其装卸油泵房的防火间距不应小于 8m；与液化石油气、天然气生产厂房及密闭工艺设备的防火间距不应小于 25m；与其他甲、乙类生产厂房及密闭工艺设备的防火间距不应小于 15m；与丙类厂房及密闭工艺设备的防火间距不应小于 10m。

第 5.4.7 条 液化石油气灌装站内储罐与有关设施的间距，不应小于表 5.4.7 的规定。

灌装站内储罐与有关设施的间距（m） **表 5.4.7**

单罐容量 (m³) / 间距 / 设施名称	≤50	≤100	≤400	≤1000	>1000
压缩机房、灌瓶间、倒残液间	20	25	30	40	50
汽车槽车装卸接头	20	25	30	30	35
仪表控制间、10kV 及以下变配电间	20	25	30	40	45

注：液化石油气储罐与其泵房的防火间距不应小于 15m，露天及半露天设置的泵不受此限制。

第 5.4.8 条 液化石油气厂房与其所属的配电间、仪表控制间的防火间距不宜小于 15m。若毗邻布置时，应采取无门窗洞口防火墙隔开；当必须在防火墙上开窗时，应设非燃烧材料的密封固定窗。

第 5.4.9 条 液化石油气灌装站的灌装间和瓶库，应符合下列规定：

一、灌装间和瓶库宜为敞开式或半敞开式建筑物；当为封闭式建筑物时，应采取通风措施；

二、灌瓶间、倒瓶间、泵房的地沟不应与其他房间连通；其通风管道应单独设置；

三、灌瓶间的地面应铺设防止碰撞引起火花的面层；

四、装有气的气瓶不得露天存放；

五、气瓶库的液化石油气瓶装总容量不宜超过 $10m^3$；

六、残液必须密闭回收。

第 5.4.10 条 液化石油气、天然气凝液储罐和汽车装卸台，宜布置在油气厂、站、库的边缘部位。灌瓶咀与装卸台距离不应小于 10m。

第 5.4.11 条 液化石油气灌装站应设高度不低于 2m 的、用非燃烧材料建造的实体围墙，下部应设通风口。

第五节 放空和火炬

第 5.5.1 条 进出厂、站的天然气总管应设紧急切断阀；当厂、站内有两套及以上的天然气处理装置时，每套装置的天然气进出口管上均应设置紧急切断阀；在紧急切断阀之前，均应设置越站旁路或设安全阀和放空阀。

紧急切断阀应设在操作方便的地方。

第 5.5.2 条 放空管必须保持畅通，并应符合下列要求：

一、高压、低压放空管宜分别设置，并应直接与火炬或放空总管连通；

二、高压、低压放空管同时接入一个放空总管时，应使不同压力的放空点能同时安全排放。

第 5.5.3 条 火炬设置应符合下列要求：

一、火炬筒中心至油气厂、站内各部位的安全距离，应经过计算确定；

二、进入火炬的可燃气体应先经凝液分离罐处理，分出气体中直径大于 300μm 的液滴；

三、分离器分出的凝液应回收或引入焚烧坑焚烧；

四、火炬应有可靠的点火设施。

第 5.5.4 条 安全阀泄放的小量可燃气体可排入大气。泄放管宜垂直向上，管口高出设备的最高平台，且不应小于 2m，并应高出所在地面 5m。

厂房内的安全阀其泄放管应引出厂房外，管口应高出厂房 2m 以上。

安全阀泄放系统应采取防止冰冻、防堵塞的措施。

第 5.5.5 条 液化石油气、天然气凝液储罐上应设安全阀，容量大于 $100m^3$ 的储罐宜设置两个安全阀，每个安全阀均应承担全部泄放能力。

第 5.5.6 条 安全阀入口管上可装设与安全阀进口直径相同的阀，但不应采取截止阀；并应采取使其经常保持处于全开状态的措施。

第 5.5.7 条 甲、乙类液体排放应符合下列要求：

一、当排放时可能释放出大量气体或蒸气时，应引入分离设备，分出的气体引入气体放空系统，液体引入有关储罐或污油系统。不得直接排入大气；

二、设备或容器内残存的甲、乙类液体，不得排入边沟或下水道，可集中排入有关储罐或污油系统。

第 5.5.8 条 对有硫化铁可能引起排放气体自燃的排污口应设喷水冷却设施。

第 5.5.9 条 原油管道清管器收发筒的污油排放，应符合下列要求：

一、清管器收发筒应设清扫系统和污油接受系统；

二、污油池的污油应引入污油系统。

第 5.5.10 条 天然气管道清管器收发筒的排污，应符合下列要求：

一、当排放物中不含甲、乙类液体时，排污管应引出厂、站外，并避开道路；在管口正前方 50m 沿中心线两侧各 12m 内不得有建（构）筑物；

二、当排放物中含有甲、乙类液体时，应引入分离设备，分出并回收凝液，并应在安全位置设置凝液焚烧坑；对分出的气体应排放至安全地点。

第六章　油气田内部集输管道

第6.0.1条　油气田内部的埋地原油集输管道与建（构）筑物的防火间距，应符合表6.0.1-1的规定；埋地天然气集输管道与建（构）筑物的防火间距，应符合表6.0.1-2的规定。

埋地原油集输管道与建（构）筑物的防火间距（m）　　**表6.0.1-1**

公称压力(MPa)	管径(mm)	100人以上居民区、村镇、公共福利设施、工矿企业、重要水工建筑、物资仓库	非燃烧材料堆场、库房，建筑面积在500m² 以下的非居住建筑物	铁路	公路	
					国家干线	矿区公路
PN≤2.5	DN≤200	10	5	10	5	3
	DN>200	15				
PN>2.5	DN≤200	20				
	DN>200	25				

注：①原油与油田气混输管道应按原油管线执行。

②当受线路走向或特殊条件的限制、防火间距无法满足时，原油管道可埋设在矿区公路路肩下。当管道压力在1.6MPa以上时，应采取保护措施。

③管道局部管段与不同人数的居民区、村镇及公共福利设施、工矿企业、重要水工建筑物、物资仓库（不包括易燃易爆仓库）的防火间距，当环境条件不能达到本表的规定时，可采取降低设计系数增加管道壁厚的措施，其计算公式应符合本规范附录五的规定。

通过100人以上居民区的管段当设计系数取0.6时，可按本表的规定减少50%。

通过100人以下零散居民点的管段可按本表的规定减少50%。

埋地天然气集输管道与建（构）筑物的防火间距（m） 表 6.0.1-2

公称压力（MPa）	管径（mm）	100人以上居民区、村镇、公共福利设施、工矿企业、重要水工建筑、物资仓库	非燃烧材料堆场，库房，建筑面积 $500m^2$ 以下的非居住建筑物	铁路	公路 国家干线	公路 矿区公路	与管线平行的35kV及以上架空电力线路和Ⅰ级架空通信线路	与管线平行的10kV架空电力线路	与管线平行的非同沟埋地电缆、通信电缆和其他埋地管线（技术上可以同沟的除外）
PN≤1.6	DN<200	15	5	5	5	3	10	8	5
	200≤DN≤400	30							
	DN>400	40							
1.6<PN<4.0	DN<200	20	8	10	8	5	15	10	8
	200≤DN≤400	40							
	DN>400	60							
PN>4.0	DN<200	25	10	15	10	8	20	15	10
	200≤DN≤400	50							
	DN>400	75							

注：①天然气与凝析油混输管道可按天然气管道执行；液化石油气和天然气凝液管道均按天然气管道对待。

②当受线路走向或特殊条件的限制，防火间距无法满足时，天然气管道可埋设在矿区公路路肩内，当管道压力在1.6MPa以下时，设计系数应取0.6；当压力在1.6MPa以上时，设计系数应取0.5。

③当受环境条件限制，管道局部管段或埋在路肩内的局部管段与不同人数的居民区、村镇及公共福利设施、工矿企业、重要水工建（构）筑物、物资仓库（不包括易燃易爆仓库）的防火间距不能达到本表的规定要求时，可按照现行国家标准《输气管道工程设计规范》的规定采取降低设计系数，增加管线壁厚的措施。

第 6.0.2 条 油气管道当在铁路桥、公路桥、码头、渡口、锚区等的下游地段穿越时，其间距不宜小于管道穿越段中的加重层长度的 1/2；当在上游地段穿越时，其间距不宜小于管道穿越段中的加重层长度。

第 6.0.3 条 当油气管道跨越河流时，与铁路桥、公路桥、码头、渡口的间距不宜小于 100m。

第 6.0.4 条 当油气管道跨越公路时，净空高度不应小于 5.5m。当跨越矿区公路时净空高度不应小于 5m。

第 6.0.5 条 当油气管道穿、跨铁路时，应位于火车站进站信号机以外。

第 6.0.6 条 油气田外部输油和输气管道工程的干线及支线与建（构）筑物的安全距离，应按现行国家标准《输油管道工程设计规范》和《输气管道工程设计规范》执行。

第 6.0.7 条 在地面上敷设的原油管道，宜按本规范表 6.0.1-1 的规定增加 50%；在地面上敷设的天然气管道，宜按本规范表 6.0.1-2 的规定增加 50%。

第七章　消 防 设 施

第一节　一 般 规 定

第 7.1.1 条 油气厂、站、库消防设施的设置，应根据厂、站、库的规模、油品性质、储存方式、储罐容量、火灾危险性及邻近消防协作条件等综合因素确定。

第 7.1.2 条 甲、乙、丙类液体储罐宜采用低倍数泡沫灭火系统。储罐消防冷却给水系统和低倍数泡沫灭火系统的设置可按表 7.1.2 的规定执行。

储罐消防设置标准　　表 7.1.2

单罐容量（m^3）		消防冷却给水系统	低倍数泡沫灭火系统
固定顶罐	≥10000	固定式	固定式
	<10000～1000	半固定式	半固定式
	<1000～200	移动式	半固定式
	≤200	移动式	移动式
卧式罐		移动式	移动式
浮顶罐	≥50000	固定式	固定式
	<50000	半固定式	半固定式

第 7.1.3 条 储罐低倍数泡沫灭火系统的设计应按现行国家标准《低倍数泡沫灭火系统设计规范》执行。

第 7.1.4 条 无移动消防设施的油田站场，当油罐直径小于或等于 12m 时，可采用烟雾灭火装置。

第 7.1.5 条 单罐容量大于或等于 200m^3 的污油罐，应按原油罐的消防标准设置消防设施。

单罐容量 200m³ 以上的含油污水除油罐和独立设置的事故油罐，宜采用移动式灭火设备。

第 7.1.6 条 单罐容量大于或等于 100000m³ 的浮顶油罐，应设火灾自动报警装置。

第 7.1.7 条 火车装卸油栈台每 120m 应设置一个消火栓，每 12m 应设一个手提式干粉型灭火器。

第 7.1.8 条 油、气井场、计量站、集气站、配气站可不设消防给水设施。

第 7.1.9 条 有关液化石油气储罐及设施的消防系统设置，应符合现行国家标准《建筑设计防火规范》的规定。

第 7.1.10 条 甲、乙类生产厂房采用轻型钢结构时，依其重要性和可行性，可在厂房内部设火灾自动报警和固定灭火系统，其设置标准按现行的国家有关规范执行。

第 7.1.11 条 液硫储罐应设置固定式蒸汽灭火系统；灭火蒸汽应从饱和蒸汽压力不大于 1MPa 的蒸汽主管顶部引出。

第二节 消 防 站

第 7.2.1 条 消防站的布局应符合下列要求：

一、应根据油、气田和输气输油管道地面建设的总体规划设置消防站，并应结合油气厂、站、库火灾危险性大小，邻近的消防协作条件和所处地理环境划分责任区；

二、当油气厂、站、库内设置固定式消防系统时，可不建消防站；

三、一、二级油气厂、站、库集中地区和人口超过 5 万的居民区，宜设加强消防站。

第 7.2.2 条 消防站的位置选择应符合下列要求：

一、应选择在交通方便，且靠近主要公路，有利于消防车迅速出动的地段；

二、距油气厂、站、库的甲、乙类储罐区的距离不宜小于 200m；

三、距甲、乙类生产厂房、库房的距离不宜小于 50m；

四、距学校、医院、幼儿园、商场、娱乐场所等人员密集的公共场所的距离不应小于 50m。

第 7.2.3 条 消防站的规模及消防车辆、通信设备的配置，应根据被保护对象的实际需要计算确定，按表 7.2.3 配置。

消防站规模、消防车辆、通信设备配置 表 7.2.3

消防站级		一级	二级	三级	加强消防站
车辆配备数（辆）		6～7	4～5	3	8～9
消防车种类	重型泡沫消防车	✓			✓
	重型泡沫液罐车	✓			✓
	重型水罐消防车	✓			✓
	泡沫干粉联用消防车		✓		
	举高喷射消防车	✓			✓
	登高平台消防车				✓
	中型泡沫消防车		✓	✓	
	中型干粉消防车	✓	✓	✓	✓
	中型水罐消防车		✓	✓	
	泵浦消防车	✓			
	火场照明车				✓
	轻型消防通信指挥车	✓	✓		✓
有线通信设备	火警受理台（调度机）（台）	✓ 1			✓ 1
	火警专用电话	✓ 1	✓ 1	✓ 1	✓ 1
	普通电话	✓ 2	✓ 2	✓ 1	✓ 3
无线通信设备	基地台	✓ 1	✓ 1	✓ 1	✓ 1
	车载台	✓ 1	✓ 1	✓ 1	✓ 1
	对讲机（便携、袖珍）	✓ 每车一对	✓ 每车一对	✓ 每车一对	✓ 每车一对

注：表中“✓”表示可选配的设备。

第 7.2.4 条 油、气田区域内设有两座及两座以上消防站时，其中一座宜设为消防总站，其规模应按加强消防站配置。

第三节　消 防 给 水

第 7.3.1 条　消防用水可由给水管道或天然水源供给。当利用天然水源时，应确保枯水期最低水位时消防用水量的要求，并应设有可靠的取水设施。

第 7.3.2 条　消防用水可与生产、生活给水合用一个给水系统，并应以消防时最大用水量校核管径；当生产用水（不允许停产的生产用水）达到最大秒流量时，应采取确保全部消防用水量不作他用的技术措施。

第 7.3.3 条　储罐区的消防用水量应按灭火用水量和冷却用水量之和计算。并应符合下列规定：

一、灭火用水量应根据罐区泡沫混合液用量最大的储罐一次火灾配置泡沫混合液的用水量、流散火灾配置泡沫混合液用水量和混合液充满管道所需水量之和确定。

二、冷却用水量按一次火灾最大冷却用水量计算。

1. 着火罐均按罐壁表面积计算。距着火罐 1.5 倍直径范围内的相邻罐按罐壁表面积的一半计算。着火罐为浮顶罐时，相邻罐不计算冷却水用量。

2. 冷却水供给强度和连续供给时间不应小于表 7.3.3 的规定。

冷却水供给强度和连续供给时间　　表 7.3.3

<table>
<tr><th rowspan="4">冷却形式</th><th colspan="4">冷却强度（L/min·m²）</th><th colspan="3">连续供给时间（h）</th></tr>
<tr><th colspan="2">着火罐</th><th colspan="2">相邻罐</th><th colspan="2">固定顶罐</th><th rowspan="3">浮顶罐</th></tr>
<tr><th rowspan="2">固定顶罐</th><th rowspan="2">浮顶罐</th><th rowspan="2">罐壁无保温</th><th rowspan="2">罐壁有保温</th><th colspan="2">储罐直径（m）</th></tr>
<tr><th>≥20</th><th><20</th></tr>
<tr><td>固定式</td><td>2.5</td><td>2.0</td><td>1.5</td><td>1.0</td><td rowspan="2">6</td><td rowspan="2">4</td><td rowspan="2">4</td></tr>
<tr><td>半固定式或移动式</td><td>3.0</td><td>2.0</td><td>2.0</td><td>1.0</td></tr>
</table>

第 7.3.4 条　当采用固定冷却给水系统时，储罐上的环形冷却水管宜分割成两个或两个以上且不连通的圆弧形管，其立管下部宜设过滤器；在防火堤外应设置能识别启闭状态的控制阀。

设有抗风圈的储罐，当采用固定式冷却系统时，每道抗风圈下应设置固定冷却水管。

第 7.3.5 条　储罐区和天然气处理厂装置区的消防给水管网应布置成环状，并应采用能识别启闭状态的阀分成若干独立段，每段内消火栓的数量不宜超过 5 个。寒冷地区的消火栓井、阀池和管道等应有可靠的防冻措施。

其他部位可设置枝状管道。

第 7.3.6 条　消防水池（罐）的设置应符合下列要求：

一、水池（罐）的容量应满足本规范第 7.3.3 条要求；

在火灾情况下能保证连续补充水时，消防水池（罐）的容量可减去火灾延续时间内补充的水量；

二、当水池（罐）和生产、生活用水水池（罐）合并时，应采取确保消防用水不作他用的技术措施，在寒冷地区专用的消防水池（罐）应采取防冻措施；

三、当水池（罐）容量超过 $1000m^3$ 时应分设成两座，水池（罐）的补充水时间，不应超过 96h；

四、供消防车取水的消防水池（罐）距消防对象的保护半径不应大于 150m。

第 7.3.7 条　消火栓的设置应符合下列要求：

一、当采用高压制消防给水时，消火栓的出口水压应满足最不利点消防给水压力要求；当采用低压制消防给水时，消火栓的出口水压不应小于 0.1MPa；

二、消火栓应沿道路布置，油罐区的消火栓应设在防火堤与消防道路之间，距路边宜为 2～5m，并应有明显的标志；

三、消火栓的设置数量应根据消防方式和消防用水量计算确定。每个消火栓的出水量按 10～15L/s 计算。当油罐采用固定式冷却系统时，在罐区四周应设置备用消火栓，其数量不应少于4个，间距不应大于75m。当采用半固定式冷却系统时，消火栓的使用量数应由计算确定，但距储罐壁15m以内的消火栓不应计算在该储罐可使用的数量内；

四、消火栓的栓口应符合下列要求：

1. 高压制消防给水：室外地上式消火栓应有一个直径150mm或100mm和两个直径为65mm的栓口；室外地下式消火栓应有两个直径65mm的栓口；

2. 低压制消防给水：室外地上式消火栓的设置与高压制消防给水相同；室外地下式消火栓应有直径100mm和65mm的栓口各一个；

五、采用高压制消防给水时，消火栓旁应设水带箱，箱内应配备2～5盘直径65mm、长度20m的带快速接口的水带和2支口径65mm×19mm水枪及一把消火栓钥匙。水带箱距消火栓不宜大于5m；

六、采用固定式泡沫灭火时，泡沫栓旁应设泡沫栓水带箱，箱内应配备2～5盘直径65mm，长度20m的带快速接口的水带和PQ8型泡沫管枪1支及一把泡沫栓钥匙。水带箱距泡沫栓不宜大于5m。

第7.3.8条 天然气生产装置区的消防用水量应根据油气厂、站设计规模计算确定，但不宜少于30L/s；连续供给时间为3h。消防水压由计算决定。

第7.3.9条 设有给水管道的油气厂、站、库内的建筑物消防，应符合现行国家标准《建筑设计防火规范》的规定。

第四节 消 防 泵 房

第7.4.1条 消防给水泵房和消防泡沫泵房应合建，其规模应满足所在厂、站、库一次最大火灾的需要。泵房内应设有能满足输送混合液和冷却水两种流程需要的最大的泵作备用泵。

第7.4.2条 消防泵房可与给水泵房合建，如在技术上可能时，消防水泵可兼作给水泵。

第7.4.3条 消防泵房的位置和泡沫混合液管线、冷却水管线的布置应综合考虑，采取技术措施，使启泵后5min内，将泡沫混合液和冷却水送到任何一个着火点。

第7.4.4条 消防泵房的位置宜设在油罐区全年最小频率风向的上风侧，其地坪宜高于油罐区地坪标高，并应避开油罐可能破裂、波及到的部位。消防泵房与各建（构）筑物的距离应符合本规范表5.2.1的规定。

第7.4.5条 消防泵房应采用耐火等级不低于二级的建筑，并应设直通室外的出口。

第7.4.6条 消防泵设置应符合下列要求：

一、一组水泵的吸水管和出水管不宜少于两条，当其中一条发生故障时，其余的应能通过全部水量；

二、消防泵宜采用自灌式引水，当采用负压上水时，每台消防泵应有单独的吸水管；

三、消防泵应设置回流管；

四、泵房内经常启闭的阀门，当管径大于300mm时，宜采用电动阀或气动阀，并能手动。

第7.4.7条 消防泵房应设双电源或双回路供电，如有困难，可采用内燃机作备用动力。

第7.4.8条 消防泵房应设置对外联系的通信设施。

第五节 灭火器的配置

第7.5.1条 油气厂、站、库内建（构）筑物应配置灭火器，其配置类型和数量按现行国家标准《建筑灭火器配置设计规范》确定。

第7.5.2条 甲、乙类储罐区及露天生产装置灭火器配置，应符合下列规定：

一、油气厂、站、库的甲、乙类液体储罐区当设有固定式或半固定式消防系统时，固定顶罐配置灭火器可按应配置数量的10%设置，浮顶罐按应配置数量的5%设置。当储罐组内储罐数量超过两座时，灭火器配置数量应按其中两个较大储罐计算确定；但每个储罐配置的数量不宜多于3个，少于1个手提式灭火器，所配灭火器应分散布置；

二、露天生产装置当设有固定式或半固定式消防系统时，应按应配置数量的30%设置。手提式灭火器的保护距离不宜大于9m。

附录一 名词解释

名词解释　　附表1.1

名词	解释
明火地点	室内外有外露火焰或赤热表面的固定地点
散发火花地点	有飞火的烟囱或室外砂轮、电焊、气焊（割）、非防爆的电气开关等固定地点
主要道路	站场内主要出入口道路
次要道路	站场内各区、装卸油场、仓库之间的道路
站场	油气生产站场的简称。包括油气生产过程中的各种"站"和"场"，如油气井场、计量站、接转站、集气站、配气站、压气站、集中处理站、火车与汽车装卸油场等
集中控制室	系指一、二、三、四级油气厂、站、库和联合装置的中心仪表控制室
仪表控制间	系指五级油气站场和装置的仪表控制间或联合装置的分散在各单体（装置）的仪表控制间
储罐组	用同一个防火堤围起来的一组储罐
储罐区	由一个或若干个储罐组构成的区域
固定式消防冷却给水系统	由消防水池（罐）、消防水泵、消防给水管网及储罐上设置的固定冷却水喷淋装置组成的消防冷却给水系统
半固定式消防冷却给水系统	储罐区设置消防给水管网和消火栓；火灾时由消防车或消防泵加压，通过水龙带、水枪对储罐进行冷却
移动式消防冷却给水系统	储罐区不设消防冷却给水设施；火灾时消防车由其他水源取水，通过水龙带、水枪对储罐进行冷却

续附表 1.1

名　词	解　释
固定式泡沫灭火系统	由泡沫液罐、泡沫消防泵、比例混合器、泡沫混合液管道及储罐上设置的固定空气泡沫产生器组成的泡沫灭火系统
半固定式泡沫灭火系统	储罐上设置固定的空气泡沫产生器；灭火时由泡沫消防车或机动泵通过水龙带供给泡沫混合液的泡沫灭火系统
移动式泡沫灭火系统	灭火时由泡沫消防车通过水龙带，由移动式泡沫产生装置向油罐供应泡沫的灭火系统

附录二　防火间距起算点的规定

1. 公路从路边算起。
2. 铁路从中心算起。
3. 建（构）筑物从外墙壁算起。
4. 油罐及各种容器从外壁算起。
5. 管道从管壁外缘算起。
6. 各种机泵、变压器等设备从外缘算起。
7. 火车、汽车装卸油鹤管从中心线算起。
8. 火炬、放空管从中心算起。
9. 架空电力线、架空通信线从杆、塔的中心线算起。
10. 加热炉、水套炉、锅炉从烧火口或烟囱算起。
11. 油气井从井口中心算起。

附录三　生产的火灾危险性分类举例

生产的火灾危险性分类举例　　附表 3.1

生产类别	举　例
甲	集油集气、输油输气、油气分离、原油初加工，液化石油气、天然气凝液生产的设备、容器、厂房，天然气脱硫、脱水的设备、容器、厂房，火车及汽车装卸原油设施
乙	集油集气、输油输气、油气分离、原油初加工，氨制冷的设备、容器、厂房，硫磺回收、成型、包装的设备、容器、厂房，火车和汽车装卸油设施，含油污水处理的部分设备、容器、厂房
丙	柴油、渣油泵房、柴油灌桶间、油浸变压器室、沥青加工厂房，含油污水处理的部分设备、容器、厂房
丁	油气厂、站、库内的维修间、锅炉房、内燃机水泵房、内燃机发电房、配电间（单台装油量小于 60kg 的设备）
戊	供水、注水和循环水泵房及其他非燃烧气体的净化、压缩、装瓶厂房

附录四　油气田和管道常用储存物品的火灾危险性分类举例

油气田和管道常用储存物品的火灾危险性分类举例　　附表 4.1

储存物品类别	火灾危险性特征	举　例
甲	1. 37.8℃的蒸气压>200kPa的液体	液化石油气、天然气凝液
	2. 闪点<28℃的液体	汽油、苯、甲苯、甲醇、乙醚、石脑油、乙硫醇、丙酮、吡啶、丙烯、己烷、戊烷、环戊烷、原油
	3. 爆炸下限<10%的气体	甲烷、乙烷、丙烷、丁烷、氢、乙炔、硫化氢、乙烯、丙烯、丁二烯、水煤气
	4. 受到水或空气中水蒸气的作用能产生爆炸下限<10%气体的固体物质	电石、碳化铝
乙	1. 闪点≥28℃至<60℃的液体	煤油、丁醇、溶济油、戊醇、丙苯、苯乙烯、氯苯、乙二胺
	2. 爆炸下限≥10%的气体	氨
	3. 不属于甲类的化学易燃危险固体	硫磺、镁粉、铝粉
	4. 助燃气体	氧
丙	1. 闪点≥60℃的液体	乙二醇、二甘醇、三甘醇、一乙醇胺、二乙醇胺、二异丙醇胺、环丁砜、二甲基亚砜、机油、轻柴油、沥青、润滑油
	2. 可燃固体	硫胺

附录五　增加管道壁厚的计算公式

采取降低设计系数，增加管道壁厚，其计算公式如下：

$$\delta = \frac{PD}{2[\sigma]} \qquad (附 5.1)$$

$$[\sigma] = X\sigma_s\varphi$$

式中　δ——管子的计算壁厚（cm）；

P——管线的设计内压力（MPa）；

D——管子外径（cm）；

$[\sigma]$——管子的许用应力（MPa）；

σ_s——管子的屈服极限（MPa）；

X——设计系数，原油管线取 0.6，天然气管线取 0.5；

φ——焊缝系数。

无缝钢管和符合 API 5L 的钢管 φ 值取 1，符合现行《承压流体输送用螺旋埋弧焊钢管标准》钢管 φ 值取 0.9。

附录六　本规范用词说明

一、为便于在执行本规范条文时区别对待，对要求严格程度不同的用词说明如下：

1. 表示很严格，非这样做不可的用词：

正面词采用“必须”；

反面词采用“严禁”。

2. 表示严格，在正常情况下均应这样做的用词：

正面词采用“应”；

反面词采用“不应”或“不得”。

3. 表示允许稍有选择，在条件许可时首先应这样做的用词：

正面词采用“宜”或“可”；

反面词采用“不宜”。

二、条文中指明应按其他有关标准、规范执行时，写法为“应符合……的规定”或“应按……执行”。

附加说明

本规范主编单位、参加单位和主要起草人名单

主 编 单 位： 中国石油天然气总公司规划设计总院
参 加 单 位： 华北石油管理局勘察设计研究院
四川石油管理局勘察设计研究院
石油管道局勘察设计院
大庆石油管理局勘察设计研究院
大庆市公安消防支队
主要起草人： 马步尧　高秀芝　刘正规　黄存继
边恕修　龙怀祖　成从廉　甘湘怀
陈辉壁　郭建筑　张顺兴　孟祥平
付国明

中华人民共和国国家标准

原油和天然气工程设计防火规范

GB 50183—93

条 文 说 明

前　言

本规范根据建设部〔1991〕建标第727号文的通知，调整为国家标准。经建设部以建标〔1993〕540号文批准发布，标准编号GB50183—93。

为了便于从事设计、生产、施工、消防安全等有关单位人员在使用本规范时，能正确理解和执行本规范条文，规范编制组按规范的章、节、条顺序，编制了《原油和天然气工程设计防火规范条文说明》，供有关单位人员参考。在使用时，如发现本条文说明有欠妥之处，请将意见寄中国石油天然气总公司规划设计总院标准处（北京学院路938信箱，邮政编码100083）。

1993年7月

目　次

第一章　总　　则

第 1.0.1 条　油气田生产的原油、天然气、液化石油气、天然气凝液等，都是易燃易爆产品，生产、储运过程中处理不当，就会造成灾害。因此在工程设计时，首先要分析各种不安全的因素，对其采取经济、合理、可靠、先进的预防和灭火的技术措施，以防止火灾的发生和蔓延扩大，减少火灾发生时造成的损失。

多年来，油田按《油田建设设计防火规范》、气田按《气田建设设计防火规定》、管道工程按《原油长输管道工艺及输油站设计规范》等行业标准进行油气厂、站、库的防火安全设计，同是石油、天然气工程，因标准不一致，作法相差很大，不利于相互间的技术交流和设计工作。为了使油气田和管道工程防火设计采取同一的标准，本规范在以上三部规范的基础上，进行补充和完善，对有关内容做了统一规定。

本规范在编制中，参考了国外先进防火标准规范的内容，调查了日本、美国、加拿大的油气厂、站、库的防火安全设施情况，吸取了国外的先进作法，取得了与国际上的一致性，接近了国际水平。

本条中“油气田及管道工程”系指油田、气田为满足原油及天然气生产和管道输送要求，而建设的原油、天然气及其附属产品的集输、分离、计量、净化、初加工，储运设施及为其服务的相应辅助设施。

第 1.0.2 条　本规范中强调适用于油气田和管道建设的新建工程，对于已建工程仅适用于扩建和改建的那一部分的设计。若由于扩建和改建使原有设施部分增加不安全因素，则应作相应改动。例如，扩建储罐后，原有消防设施已不能满足扩建后的要求或能力不够时，则相应消防设施需要做必要的改建，增加消防能力。由于海上油田与陆上油田差别很大，根据陆上油田的情况制定的防火和灭火规定，不一定能适应于海上油田的需要，故本规范规定不适用海洋石油工程。但海洋石油工程的陆地部分可以参考使用。考虑到地下站场，地下储罐、半地下储罐和隐蔽储罐等地下建筑物，一方面目前油田已不再建设，原有的已逐渐被淘汰，另一方面实践证明地下储罐防感应雷技术尚不成熟，而且一旦着火很难扑救，故本规范不适用于地下站场工程，也不适用地下、半地下和隐蔽储油罐。

第 1.0.3 条　从调查中了解，有些油田的油气厂、站、库建（构）筑物间距过大、占地过多；有的消防设施和消防手段落后；有的在厂、站、库内塞进与生产无直接关系的设施；这些问题必须在设计中引起重视、予以避免。因此在油气田、管道工程的防火设计时，还应遵守国家有关土地占用、工程投资、环境保护等有关方针政策，对有关因素综合考虑，合理规划，既满足生产要求，又保证安全。

第 1.0.4 条　本规范是在《油田建设设计防火规范》和《气田建设设计防火规定》施行多年的基础上，保留了其适用的部分。在编制过程中，先后调查了多个油气田和管道厂、站、库的现状，总结了工程设计和生产管理方面的经验教训，分析了油气火灾典型事例；调查吸收了美国、日本、加拿大等国家油气厂、站、库设计规范中先进的技术和成果；与国内有关建筑、石油库、石油化工、燃气等设计规范进行了协调。由于本规范是在以上基础上编制成的，体现了油气田、管道工程的防火设计实践和生产特点，符合油气田和管道工程的具体情况，故本规范已做了规定的问题，应按本规范执行。但防火安全问题涉及面广，包括的专业较多，随着油气田、管道工程设计和生产技术的发展，也会带来一些新问题，因此对于其他本规范未做规定的部分和问题，如油气田内民用建筑、机械厂、汽修厂等辅助生产企业和生活福利设施的工程防火设计，仍应执行国家现行的有关标准、规范。

第二章 火灾危险性分类

第 2.0.1 条 本条根据油气田内原油、天然气、液化石油气、天然气凝液生产过程火灾危险性的不同，参照有关标准、规范的规定，将其划分为五类。

一、原油是一种多组分物质，由于组分不同其闪点变化范围较大，据不完全统计，闭口闪点在-30～34℃之间。已掌握的闭口闪点资料不全，表 2.0.1 中把原油既划入甲类也划入乙类，具体设计时要以实测闭口闪点来确定火灾危险性分类。

二、油气田近几年生产和使用液化石油气和天然气凝液比较普遍。按其特点：第一，相对密度接近或大于 1，泄漏后可以形成大面积的火灾爆炸危险区；第二，爆炸极限值有宽有窄；第三，爆炸时破坏性较大。通过对火灾实例的分析总结，根据天然气凝液和液化石油气破坏性大和事故后波及面积较广的特点，在确定防火间距和防火措施时，应更严格一些。

三、原油在采集、初加工和储运过程中因加热、加药和混输等因素，原油性质有所改变，仍应执行表 2.0.1 火灾危险性分类。

第 2.0.3 条 将生产和储存的火灾危险性分类分别列出，是因为生产和储存的火灾危险性有相同之处，也有不同之处。如甲、乙类液体在高温高压下进行生产时，其温度往往超过其自燃点，当设备损坏液体喷出就会起火，而储存这类物品就不存在此种情况。

储存物品的分类方法，主要是根据物品本身的火灾危险性，分类储存便于区别物品危险性质和采用不同的消防手段和管理办法，做到安全储存，以减少火灾事故的发生。

为使用方便，将油气田和管道工程常用的储存物品，按其火灾危险性分成甲、乙、丙类，列在本规范附录四中。其中对液化石油气和天然气凝液以蒸气压（38℃）200kPa 划界的理由是：

1. 按照稳定轻烃产品标准，蒸气压最高的是 200kPa（指 1# 稳定轻烃）。

2. 从油气中回收的产品的危险程度看。任何液化石油气的蒸气压都高于 200kPa，且在泄出后基本上都能气化，危险较大。混合凝液（指乙烷或丙烷及更重组份的混合液体），虽不可能全部气化，但外泄后气化率也很高，其蒸气压一般也超过 200kPa 很多。戊烷，石油醚等较轻的液体产品的蒸气压一般都在 200kPa 以下，且泄出后不会大量气化，危险性明显要小得多。

3. 压力大于 100kPa（表压）的压力容器才属于监察范围。液化石油气必须要用压力容器储存（上面所说的蒸气压是绝压）。

附录四中未列出的储存物品的火灾危险性分类，可仍按《建筑设计防火规范》的有关规定执行。

第三章 区域布置

第 3.0.1 条 区域总平面布置系指油气厂、站、库区与所处地段其他企业、建（构）筑物、居民区、线路等之间的相互关系，处理好这方面的关系，是确保油气厂、站、库安全的一个重要因素。因为原油、天然气生产散发的易燃、易爆物质，对周围环境存在着易发生火灾的威胁，而其周围环境的其他企业、居民区等火源种类杂而多，对其带来不安全的因素。因此，在确定区域总平面布置时，应根据其周围相邻的外部关系，合理选择厂、站、库址，满足安全距离的要求，防止和减少火灾的发生和相互影响。

合理利用地形、风向等自然条件，是消除和减少火灾危险的重要一环。当一旦发生火灾事故时，可免于大幅度地蔓延以及便于消防人员作业。

第 3.0.2 条 原油、天然气集输厂、站、库在生产运行和维修过程中，常有油气散发随风向下风向扩散，遇到明火可引燃油气逆向回火，引起火灾或爆炸。居民区及城镇常有明火存在。因此，前者宜布置在后者的最小频率风向上风侧。其他产生明火的地方也应按此原则布置。

关于风向的提法，建国后一直沿用原苏联“主导风向”的原则，进行工业企业布置。即把某地常年最大风向频率的风向定为“主导风向”，然后在其上风安排居民区和嫌忌烟污的建筑物，下风安排工业区和有火灾、爆炸危险的建（构）筑物。实践证明，按“主导风向”的概念进行区域布置不符合我国的实际，在某些情况下它不但未消除火灾影响，还加大了火灾危险。

通过调查，了解到城市规划中如何考虑风向问题也有研究。电力、卫生等部门在制定标准时，亦较详细地论述了关于“风向”的问题。现将其理论作一简要介绍：

我国位于低中纬度的欧亚大陆东岸，特别是行星系的西风带被西部高原和山地阻隔，因而季风环流十分典型，成为我国东南大半壁的主要风系。我国气象工作者认为东亚季风主要由海陆热力差异形成，行星风带的季节位移也对其有影响，加之我国幅员广大，地形复杂，在不同地理位置气象不同、地形不同，因而各地季风现象亦各有地区特征，各地区表现的风向玫瑰图亦不相同。一般同时存在偏南和偏北两个盛行风向，往往两风向风频相近，方向相反。一个在暖季起控制作用，一个在冷季起控制作用，但均不可能在全年各季起主导作用。在此场合，冬季盛行风的上风侧正是夏季盛行风的下风侧，反之亦然。如果笼统用主导风向原则规划布局，不可避免地产生严重污染和火灾危险。鉴于此，在规划设计中以盛行风向或最小风频的概念代替主导风向，更切合我国实际。

盛行风向是指当地风向频率最多的风向，如出现两个或两个以上方向不同，但风频均较大的风向，都可视为盛行风向（原苏联和西方国家采用的主导风向，是只有单一优势风向的盛行风向，是盛行风向的特例）。在此情况下，需找出两个盛行风向（对应风向）的轴线。在总体布局中，应将厂区和居民区分别设在轴线两侧，这样，工业区对居民区的污染和干扰才能较小。

最小风频是指盛行风向对应轴的两侧、风向频率最小的方向。因而，可将散发有害气体以及有火灾、爆炸危险的建筑物，布置在最小风频的上风侧，这样对其他建筑物的不利影响可减少到最小程度。

对于四面环山，封闭的盆地等窝风地带，全年静风频率超过30％的地区，在总体规划设计中，可将工业用地尽量集中布置，以减少污染范围；适当加大厂区与居民区的间距，并用净化地带隔开，同时要考虑到除静风外的相对盛行风向或相对最小风频。

另外，对于其他更复杂的情况，在总体规划设计时，则须对当地风玫瑰图作具体的分析。

根据上述理论，在考虑风向时本规范屏弃了“主导风向”的提法，采用最小频率风向原则决定油气厂、站、库与居民点、城镇的位置关系。

第 3.0.3 条 油、气厂、站、库的分级，根据原油、天然气的生产规模和储存原油、液化石油气、天然气凝液的储罐容量大小而定。因为储罐容量大小不同，发生火灾后，爆炸威力、热辐射强度、波及的范围、动用的消防力量、造成的经济损失大小差别很大。因此油气厂、站、库的分级，从宏观上说，根据原油储罐、液化石油气、天然气凝液储罐总容量来确定等级是合适的，如规范表 3.0.3 所示。

一、厂、站、库依其储罐总容量（m^3）共分五级，是参照现行的国家有关规范，并根据对油、气田、输油管道现状的调查划分的。目前油气田和管道工程的厂、站、库中单罐容量已达 $100000m^3$，为此将一级站定为大于 $50000m^3$；二、三级厂、站、库油罐总容量基本与现行国家标准《石油库设计规范》中所列二、三级一致；因为油气田和管道现在大量存在储罐总容量在 201～$2500m^3$ 的厂、站、库，故将四级厂、站、库储罐总容量定为 201～$2500m^3$；储罐总容量为 $200m^3$ 及以下的储罐，在油气田、管道生产站场还大量使用，故将 $200m^3$ 及以下储罐总容量的厂、站、库划为五级。

二、液化石油气和天然气凝液储罐总容量级别的划分，参照现行国家标准《建筑设计防火规范》中有关规定，并通过对 6 个油田 18 座气体处理站、轻烃储存站的统计：

储罐总容量在 $5000m^3$ 以上，3 座，占 16.7%；使用单罐容量（m^3）有 150、200、700、1000。

2501～$5000m^3$，5 座，占 27.8%；使用单罐容量（m^3）有 200、400、1000。

1001～$2500m^3$，1 座，占 5.6%；使用单罐容量（m^3）规格有 200、400、928。

201～$1000m^3$，8 座，占 44.4%；使用单罐容量（m^3）有 50、200。

$200m^3$ 以下，1 座，占 5.6%；使用单罐容量（m^3）有 30。

以上数字说明，按五个档次确定罐容量和厂、站、库等级，可满足要求。

本规范表 3.0.3 按油气厂、站、库储罐容量分别划分五级，其中未包括天然气处理厂、压气站、集气、输气系统的其他厂、站的分级，对于本表未包括的天然气集输和天然气处理厂的分级，确定按其回收的天然气凝液储罐总容量，并考虑天然气处理厂工艺的繁简程度不同具体划分等级。生产规模大于或等于 $100\times10^4m^3/d$ 的天然气处理厂和压气站，当回收天然气凝液储罐容量小于规范表 3.0.3 中的三级厂、站的总容量时，也必须按三级厂、站确定等级。工艺过程比较简单或生产规模小于 $50\times10^4m^3/d$ 的天然气处理厂以及集气、输气系统的任何生产规模其他厂、站可按五级厂、站确定等级。

第 3.0.4 条、第 3.0.5 条 为了减少油气厂、站、库与周围居民区、厂矿企业、交通运输及电力、通信线路在火灾事故时的相互影响，规定了其安全防火距离。现对规范表 3.0.4、表 3.0.5 作如下说明：

一、防火间距的起算点。

1. 油气生产厂、站、库，从甲、乙类设备外缘，容器外壁，厂房外墙算起。如脱水器、分离器、换热器、合一设备、油罐等从外壁算起；油泵房、压缩机房、烧火间、阀组间等从外墙算起。这种计算方法比较实际，在安全的前提下，可以节省部分占地。

有些厂、站、库，往往采用分期设计分期施工的办法，预留出第二期工程的位置。在这种情况下，若以现有设备、容器和厂房考虑相邻建筑的防火间距，当第二期工程实施后，势必达不到防火间距的要求。因此，当站场内有预留区时，防火间距则应从站场预留区边界线算起。站场至国家铁路线与公路的间距从站场围墙算起。

2. 对相邻厂矿企业以其围墙为准；对居民区、村镇、公共福利设施以最外侧建筑的墙壁为准。调查中发现不少站场在初建时与周围建筑物防火间距符合要求，但由于后来相邻企业或居民区等向外逐步扩展，致使防火间距不符合要求。如某油田某站，1976年初建时与周围民房的距离基本符合规定。随后，新建民房逐步增多，1988 年 9 月当我们调查时，站南侧围墙距民房仅有 10～30m。因此，为了保障安全防火，选址时必须与相邻企业或当地政府签订协议，不得在防火间距范围内设置建（构）筑物。

二、确定防火间距的依据。确定防火间距应根据油气厂、站、库内储罐容量、类型，设备、容器、厂房内油气扩散的距离，有明火和散发火花地点火花飞溅距离，建筑物耐火等级，火灾发生后火焰辐射热的影响，消防设施的完善程度等因素确定，以确保发生火灾时，不致引燃、引爆邻近建（构）筑物，阻碍必要的消防通道。

防火间距的确定根据以下调查资料：

1. 油气井与居民区、相邻厂矿企业。油气井与站场比较，火灾危险性大于计量站，小于处理站，首先定出其防火间距，作为其他厂、站、库防火间距的基数。在与某油田消防支队座谈讨论中，大家认为：

（1）油气井在一般事故状况下，泄漏出的气体，沿地面扩散到 40m 以外浓度低于爆炸下限。

（2）消防队在进行救火时，由于辐射热的影响，一般距井口 40m 以内消防人员无法进入。

（3）油气井在修井过程中容易发生井喷，一旦着火，火势不易控制。如某油田某井，在修井时发生井喷，油柱高度达 30m，喷油半径 35m，消防人员站在上风向灭火，由于辐射热的影响，40m 以内无法进入。某油田职工医院附近一口油井，因距医院楼房防火距离不够，修井发生井喷，原油喷射到医院楼房上。

根据上述情况，考虑到居民区、村镇、公共福利设施人员集中，经常有明火，火灾危险性大，其防火间距定为 45m；相邻企业的火灾危险性小于居民区，防火间距定为 40m。

2. 五级站与居民区、相邻厂矿企业。五级站如计量站、集气站，将多口油气井生产的油气集中计量，多数站有明火存在，火灾危险性较大。但计量站、接转站着火时，可使油气不进站，直接进集油管线。火势较油井着火易于控制，因而防火间距比油气井应相应缩小。故规定五级站至居民区和相邻厂矿企业防火间距不小于 30m。

3. 厂、站、库与居民区、相邻厂矿企业、铁路、公路等。

（1）与居民区、相邻企业的距离，由于油气厂、站、库种类多、规模大，设备多，站内泄漏油气的几率也大，一旦发生火灾爆炸事故，影响面大，故确定一级油气厂、站、库距居民区防火间距为 100m，距相邻企业 70m。其他等的厂、站、库在此基础上相应缩小。

（2）与铁路的距离，铁道部《铁路工程技术规范》的规定如表 3.1：

铁路与易燃液体储罐防火间距　　表 3.1

名　称	储罐容量（m^3）	防火间距（m）	
		正线	其他线
易燃液体储罐	100	40	30
	101～1000	50	40
	1001～5000	60	50

参照上述《规范》的规定，确定油气生产厂、站、库与铁路

线的防火间距。

(3) 与公路的距离，根据有关资料介绍：汽车和拖拉机等由排气管内飞出火星的最大距离，一般在10m左右。油气厂、站、库散发出来的爆炸性气体，如遇到公路上的明火，就会发生爆炸。所以规定一级厂、站、库与公路防火间距为25m。

(4) 与通信线的距离，主要根据通信线的重要性来确定。考虑到厂、站、库发生火灾事故时，不致影响通信业务的正常进行。参照国内现行的有关规范，确定了一、二、三级厂、站、库与国家一、二级通信线防火间距为40m；与其他通信线为1.5倍杆高。

(5) 与35kV及以上独立变电所的距离，变电所系重要动力设施，一旦发生火灾影响面大，油气厂、站、库在生产过程中，特别是在发生事故时，大量散发油气，若这些油气扩散到变电所是很危险的。参照有关规范的规定，确定一级油气厂、站、库至35kV及以上的独立变电所最小防火间距为60m；二级厂、站、库至独立变电所为50m。其他三、四、五级站相应缩小。独立变电所是指110kV及以上的区域变电所或不与站场合建的35kV变电所。

(6) 与架空电力线的距离，根据《架空送电线路设计技术规程》的有关规定，"送电路线与甲类火灾危险性的生产厂房、甲类物品库房、易燃、易爆材料堆场以及可燃或易燃、易爆液（气）体储罐的防火间距，不应小于杆塔高度的1.5倍"。上述规程中1.5倍杆高的距离，主要考虑倒杆、断线时电线偏移的距离及其危害的范围而定。有关资料介绍，据15次倒杆、断线事故统计，起因主要是刮大风时倒杆、断线，倒杆后电线偏移距离在1m以内的6起，2～3m的4起，半杆高的2起，一杆高的2起，一倍半杆高的1起。为保证安全生产，确定油气集输处理站（油气井）与电力架空线防火间距为杆塔高度的1.5倍。

另外，杆上变压器亦按架空电力线对待。

4. 铁路、公路、架空通信线、35kV及以上的独立变电所与油气井和五级厂、站、库的距离，按其与油气厂、站、库间距相应缩小定出。

5. 火炬在燃烧时，释放大量的热、烟雾和有害气体，威胁安全生产。

据调查，火炬高度30～40m，风力1～2级时，在火炬下风方向"火雨"波及范围为100m，上风方向为30m，宽度为30m。

据炼厂调查资料：火炬高度30～40m，"火雨"影响半径一般为50m。

据化工调查资料：当火炬高度在45m左右时，在下风侧，"火雨"的波及范围为火炬高的1.5～3.5倍。

调查某油田联合站放空火炬：高度4m，日放气量60000～70000m^3，火炬周围10m以内的土地被烧成橙色焦土，30m以内寸草不生，50m以内的小树全部被烧死。

"火雨"的影响范围与火炬气体的排放量、气液分离状况、火炬竖管高度、气压和风速有关。根据调查，各油田的火炬高度普遍较低，一般多在4～7m之间，无气液分离设备，火炬头结构非常简单，生产分离器操作不稳定，经常产生"火雨"，甚至有原油流出。火炬产生的辐射热对人和建筑物都有影响，故表3.0.4中规定火炬与居住区、相邻厂矿企业的防火间距为120m。与其他建筑物的间距相应缩小。

三、液化石油气的厂、站、库，主要采用了现行国家标准《建筑设计防火规范》和《城镇燃气设计规范》的有关规定，只是在该规范的基础上增加了大于5000m^3的一级，这一级的区域布置防火间距也相应增加到本规范表3.0.4所规定的间距。

自喷油、气井至各级厂、站、库的防火间距，根据生产操作、道路通行及一旦火灾事故发生时的消防操作等因素，本规范确定其对一、二、三、四级油气厂、站、库内储罐、容器的防火距离均为40m，并要求设计时，将油气井置于油气厂、站、库的围墙以外，避免互相干扰和产生火灾危险。机械采油井压力较低，火灾危险性比自喷井小，故其与厂、站、库的防火间距可减至 20m。

第四章 油气厂、站、库内部平面布置

第一节 一般规定

第 4.1.2 条

一、主要为防止事故情况下，大量泄漏的可燃气体扩散至明火地点，遇明火引起爆燃，特别是在人员较集中的场所，其火源极不易控制，故提出以引起重视。风向对可燃气体的扩散影响很大，如对液化石油气扩散的实测：

1. 某石油厂液化石油气罐放空管（10m 高）排气，风速 2～3 级，气体扩散至下风向处 40m 远的地方。

2. 某炼油厂的丙烷泵密封盘根泄漏，气体扩散至 22m 处。

三、本款主要针对地处山丘地区的厂、站、库，为节约土石方工程量及投资，结合地形条件，多布置成阶梯式，一般情况下，应将储罐区布置在地势较低处，若必须布置在相对较高的地段或呈台阶式布置时，应设置有效的截流措施，因为这种布置方式潜在危险性极大。根据调查，在油气田，炼油厂内部的一些油罐，均有过由于油罐泄漏油品流入低处，或下面的台阶上，引起火灾事故的事例，故必须引起重视。

第 4.1.3 条 油气厂、站、库内全厂性锅炉房、35kV 及以上的总变配电所是厂、站、库的动力中心，又属于有明火的地点，遇有泄漏的可燃气体就会引起爆炸和火灾事故，为减少事故的发生，将其布置在厂、站、库的边部。

第 4.1.4 条 布置在油气厂、站、库的边缘部位的原因是：

一、当机动车辆来往频繁，行车过程中在道路上因摩擦而有可能产生静电时，若穿行于生产区域是不安全的。

二、外运产品机动车辆及驾驶人员多来自外单位，对厂、站、库内防火制度及要求不熟悉，故将该类单元布置在边缘地带是较为安全的。设置单独的出入口，也是从安全角度出发的。

第 4.1.5 条 为安全生产，输送原油、天然气、液化石油气、天然气凝液的管道，宜在地面以上敷设，一旦有泄漏等情况，便于及时发现和检修。

第 4.1.6 条 由于电力架空线路在其他机械力的作用下，可能导致断线，一旦断线，电线落在油泵房等爆炸和火灾危险场所内，并有可能在接触瞬间产生电弧，引起爆炸火灾事故。故本条规定电力架空线路不得跨越爆炸危险场所。考虑到电力架空线路倒杆时，电杆可能偏移，为了确保安全，规定架空线路的中心线与爆炸危险场所的水平距离不应小于杆高的 1.5 倍。

第 4.1.7 条 设置围墙系从安全防护出发，至围墙的距离主要考虑围墙以外非本单位管辖，对其明火很难控制，应有距离要求，对内亦应有安全通道，在规模较大的厂、站、库，应满足消防车辆通过。在小型的站场，应满足发生事故时，生产人员能尽快离开危险区，迅速到达控制室进行事故处理。站场的最小通道，其宽度尚应满足移动式消防设备通过。

根据调查，在四川气田的集输站场中，有些站场，由于多次扩建或新建时设计考虑不周，在靠围墙一侧未考虑安全通道，有的只有 1m 宽的通道，由于有的管线出围墙后埋地，就切断了通道。诸如此类情况，当遇到事故时对消防及工作人员及时离开危险区，到达控制室进行事故处理，均为不利，故提出本条要求。

第 4.1.8 条 储罐区防火堤内不应绿化，主要考虑冬季枯草、落叶易引起火灾。因此而引起的火灾有多例。防火堤和消防道路之间种树后，影响空气流通和妨碍消防操作，故提出要求严禁绿化和耕种。

第 4.1.10 条 在一些厂、站、库内考虑充分利用路肩，节约用地，将跨越道路的桁架支柱、照明电杆、消火栓和树等设置在路肩上的情况不少，但从行车安全出发，规定在道路路面外 1m 宽的范围内，不宜布置照明电杆及消火栓等。

第二节 厂、站、库内部道路

第 4.2.1 条 本条主要从安全出发制定的。因铺设管道、装置检修，车辆及人员来往较多，或因事故切断了通道，如另有出入口，遇上述情况时，消防车辆、生产用车及工作人员出入，均可通过另一出入口进出。

第 4.2.2 条

一、一、二、三级厂、站、库的生产区和储油罐区是火灾危险性最大的场所，其周围设环形道路。

在山区的储罐区和生产区或四级以下的小站、库，如因地形或面积的限制，建环形道确有困难者，可以设有回车场的尽头式道路。

回车场的面积是根据消防车的外型尺寸，车辆回转轨迹的各项半径而确定的。

二、消防车道与防火堤之间的距离定为 3m，是考虑到除去路肩、排水沟的宽度，消防车道到防火堤坡脚尚有 1m 左右的距离，若需敷设管线，可按需要放大。

三、铁路装卸作业区着火的几率虽小，着火后仍需要进行扑救，故规定应设有消防车道，并与库内道路构成环形道，以利于消防车的通行。考虑到有的站、库由于受到地形、面积的限制，也可设有回车场的尽头式道路。

四、路面上的净空高度，主要根据所能采用的最大型消防车，高度不超过 3.8m，且考虑道路不平所引起的颠簸，并留有一定裕量，故定为 4.5m 是合适的。

有关规范关于跨越道路管道至路面距离的规定，如《厂矿道路设计规范》、《城镇燃气设计规范》、《石油化工企业设计防火规范》等，以及《气田建设设计防火规定》、《油田建设设计防火规范》，均为 4.5m。

转弯半径主要根据消防车的外形长度，按照《厂矿道路设计规范》有关规定而制定的。

限制道路的纵向坡度不应大于8%，主要是为了行车及进行灭火作战时的安全要求，道路纵向坡度过大，不利于消防车的停车平稳。

五、第六款是为满足消防作战要求而规定的。储罐发生火灾，由消火栓取水扑救；消火栓和消防车的保护半径为120～150m，故规定储罐中心至消防车道的距离不应大于120m。

第三节 建（构）筑物

第4.3.1条 根据不同的生产火灾危险性类别，正确选择建（构）筑物的耐火等级，是防止火灾发生和蔓延扩大的有效措施之一。从火灾实例调查中可以看到，由于建筑物的耐火等级与生产火灾危险性类别不相适应而造成的火灾事故，是比较多的。

当甲、乙类火灾危险性的厂房采用轻型钢结构时，对其提出了要求。从火灾实例说明，钢结构着火之后，钢虽不燃，但一烧就垮，500℃时应力折减一半，相当于三级耐火等级建筑。采用单层建筑主要从安全出发，宜加强防护，当一旦发生火灾事故时，可及时扑灭初期的火灾，防止其蔓延。

第4.3.2条 天然气压缩机厂房，属甲类生产火灾危险性厂房，属有防爆要求的厂房。为便于油气扩散，该类厂房宜为敞开式或半敞开式建筑，若为封闭式的厂房，则应按现行《建筑设计防火规范》和《油气田和管道工程建筑设计规范》的规定设置必要的泄压面积，在泄压设施方面亦应有相应的措施，如采用轻质屋盖、轻质墙体及易于泄压的门、窗等。

事实说明，具有爆炸危险的厂房，设置足够的泄压面积，一旦发生爆炸事故时，易于通过泄压面积泄压，减少对支承结构的作用力，保护主体结构，并能减少人员伤亡和设备破坏。

第4.3.3条 对隔墙的耐火要求，主要是为了防止甲、乙类厂房的可燃气体通过孔洞、沟道侵入不同火灾危险性的房间内，引起火灾事故。

天然气压缩机房及油泵房均属甲、乙类厂房，在布置时，应根据风向、防火要求等条件布置在一端，其目的在于一旦发生火灾、爆炸事故，减少其对其他生产建筑物的影响。

第4.3.4条 设置防火墙是为了防止甲、乙类厂房内的可燃气体通过孔洞、沟道侵入变配电所（室），以减少事故的发生。

配电所在防火墙上所开的窗，要求采用固定式并加以密封，同样也是为了防止可燃气体侵入的措施之一。

第4.3.5条 门向外开启和厂房门不得少于两个的规定，是为了确保发生火灾事故时，操作人员能迅速撤离火灾危险区，以便更有效地进行扑救。

露天装置设备的框架平台设两个梯子及平台间用走桥连通，是防止当一个梯子被火封住或烧毁时，另一个梯子或走桥仍可使操作人员安全疏散。

第4.3.6条 一般钢立柱耐火极限只有0.25h左右，容易被火烧毁坍塌。为了使承重的钢立柱能在一定时间内保持完好，以便扑救，故规定钢立柱上宜设耐火极限不小于2h的保护层。

第五章　油气厂、站、库防火设计

第一节　一 般 规 定

第 5.1.1 条、第 5.1.2 条　集中控制室和联合装置控制室是指一、二、三、四级厂、站、库内的集中控制中心，仪表控制间是指五级站、场或装置配套的仪表操作间。两者既有相同之处，也有其规模大小、重要程度不同之别，故分两条提出要求。

集中控制室要求独立设置在爆炸危险区以外，主要原因是仪表设备数量大，又是非防爆仪表，操作人员比较集中，属于重点保护建筑。独立设置可减少不必要的灾害和损失。

油气生产厂站经常散发油气，尤其油气中所含液化石油气成分危险性更大，它的相对密度大，爆炸危险范围宽，当其泄漏时，蒸气可在很大范围接近地面之处积聚成一层雾状物，为防止或减少这类蒸气侵入集中控制室和仪表间，参照现行国家标准《爆炸和火灾危险环境电力装置设计规范》要求，故本条规定了集中控制室、仪表间室内地坪高于室外地坪 0.6m。

为造成一个安全可靠的非爆炸危险场所，保证集中控制室和仪表间内的非防爆仪表设备正常运行，本条中还规定了含有甲、乙类液体，易燃、可燃气体的仪表引线严禁直接引入集中控制室和不得引入仪表间的内容。但在特殊情况下，小型站场的小型仪表控制间，仅有少量的仪表，且又符合防爆场所的要求时，方可引入。

第 5.1.3 条　非敞开式天然气压缩机房、建筑面积 150m² 及以上的甲类生产厂房和液化石油气泵房、灌瓶间等在生产或维修过程中，泄漏的气体聚集危险性大，通风设备也可能失灵。如某油田压气站曾因检修时漏气，又无检测和报警装置，参观人员抽烟引起爆炸着火事故，故提出在这些生产厂房内设置报警装置的要求。

第 5.1.5 条　没有净化处理过的天然气，往往有凝液析出容易使燃料气管线堵塞或冻结，使燃料气供给中断，炉火熄灭。有时由于管线暂时堵塞，使管线压力憋高，将堵塞物排除，供气又开始，向炉膛内充气，甚至蔓延到炉外，容易引起火灾。如某油田某集油站加热炉燃料气管线因无“气液分离器”，气管线带轻油，曾先后两次引起着火。这类事故和事故隐患在别的油田也曾发生，故作本条规定。还应指出，安装了气液分离器还须加强管理，定期排放凝液才能真正起到作用。以原油、天然气为燃料的加热炉，由于油气压力不稳，有时断油、断气后，又重新点火，极易引起爆炸着火。在炉膛内设立“常明灯”和光敏电阻，就可防止这类火灾事故发生。气源应从调节阀前接引出是避免调节阀关闭时断气。

第 5.1.6 条　油气集输过程中所用的加热炉、锅炉与其附属设备、燃料油罐应属于同一单元，同类性质的防火间距其内部应有别于外部。厂、站、库内不同单元的明火与油罐，由于储油罐容量比加热炉的燃料油罐容量大，作用也不相同，所以应有防火距离。而加热炉、锅炉与其燃料油罐之间的防火间距如按明火与原油储罐对待，就要加大距离，使工艺流程不合理。

从国外资料（烧油设备装置标准）中来看，燃料油罐是单独论述的，其防火间距随着罐容量增大而增加，见表 5.1。

地上燃料油罐的最小距离（m）　　表 5.1

罐容量			距可建筑之地界线的最小距离(包括公路对面的用地)		距公路边及建筑物的最小距离	
美制（加仑）	英制（加仑）(约数)	m^3（约数）	英尺	(m)	英尺	(m)
≤275	≤250	≤1.042	5	1.5	5	1.5
276～750	251～625	1.043～28.4	10	3	5	1.5

续表 5.1

罐容量			距可建筑之地界线的最小距离(包括公路对面的用地)		距公路边及建筑物的最小距离	
美制(加仑)	英制(加仑)(约数)	m^3(约数)	英尺	(m)	英尺	(m)
751～12000	626～10000	28.5～45.4	15	4.5	5	1.5
12001～30000	10001～25000	45.5～113.5	20	6	5	1.5
30001～50000	25001～40000	113.6～189.34	30	9.0	10	3.0

注：以上资料摘自“国外标准规范参考资料之一”，此资料原摘译 NFPA，NO31—1969。

第 5.1.8 条 站场内所有储罐、常压容器、零位罐的开口处，经常散发大量可燃气体，为防止与飞火、火星相遇发生火灾，故要求在开口处单独设置阻火器。采用气体密封的天然气压缩机、膨胀机之轴封排气除应引至室外排放外，也应在排气口设置阻火器。

第 5.1.9 条 柴油机排出烟气的温度可达几百度，有时排出火星或灼热积炭，容易引起着火事故。如某油田某注水站，因柴油机排烟管出口水封破漏不能存水，风吹火星落在泵房屋顶（木板泵房，屋面用油毡纸挂瓦），引起大火；又如某输油管线加压泵站，采用柴油机直接带输油泵，发生刺漏，油气溅到柴油机排烟管上引起着火。由这些事故可看出本条规定是必要的。

第 5.1.10 条 含油污水是要挥发可燃气的。明沟或有盖板而无覆土的沟槽（无覆土时盖板经常被搬走，且易被破坏，密封性也不好），易受外来因素的影响，容易与火源接触，起火的机会多，着火后火势大，蔓延快，火灾的破坏性大，扑救也困难。所以本条规定应排入含油污水管道或工业下水道，连接处应设置有效的水封井，并采取防冻措施。

第 5.1.11 条 本条内容是多年来油田实践经验的总结，多次征求意见，均未提出异议，通过到各油田调查也未发现因启动器电弧引燃致使油井发生火灾事故的事例，故仍规定启动器距井口水平距离为 5m。

第二节 厂、站、库内部防火间距

第 5.2.1 条 本条是通过对油气厂、站、库的调查，参照国内外有关防火安全规范规定的。在执行本条时，需明确以下几点：

一、首先采用了分门别类、简化层次的方法。归类包括名称归类，火灾危险性、重要性相同的建、构筑物归类。

1. 名称归类：考虑生产工艺的不断发展，必然出现新设备、新名称，各油气田的习惯叫法也不尽一致，同一设备有各种名称。为简化层次，规范表 5.2.1 不设具体名称和具体厂房的名称，只分甲、乙类别的密闭工艺设备和厂房，同时将同类的设备、厂房归并为一类。

2. 性质归类：火灾危险性相同的厂房归并为同一项目名称之中，如维修间、化验室、总机室与供注水泵房、深井泵房等使用非防爆电机的厂房，均有产生火花的可能，表 5.2.1 将它们归为一类。就其重要性来分，如集中控制室、消防泵房、总机室、供电系统中 35kV 及以上变电所等，均属于在火灾情况下也要运行的全厂性重要设施，表 5.2.1 将它们归并为另一类。

二、确定防火间距考虑的几个方面。

1. 避免或减少发生火灾的可能性。故散发可燃气体的设备（或厂房）与明火的防火间距，应大于油气在正常生产和正常维修情况下扩散的距离。

（1）油气扩散情况：对 17 次液化石油气泄漏扩散范围的统计如下：10～30m 的 11 次，占 64%；30～50m 的 3 次，占 18%；大于 50m 的 3 次，占 18%。油气扩散距离，室外生产区一般来说是自然通风比较好的地方，在正常生产情况下能测出浓度的范围是很小的，根据资料介绍，在有危险源的地方即表示设备在平常运行时也散发危险气体之处，可燃气体扩散，能形成危险场所的范围在 8～15m。油罐油气扩散距离较远，在检修清罐或正常进油时，可扩散到 21～24m。

（2）关于烟囱飞火距离，烟囱飞火距离与烟囱高度有关，站内锅炉及加热炉烟囱高度一般在 10～20m，飞火距离一般在 30m 左右。

2. 为了减少火灾造成的影响和损失，防止火灾蔓延，就需要满足消防扑救时的作战场地。针对不同的消防对象，不同火情，能方便靠近火场的距离是不同的，只能满足一般情况下火灾初期时的消防扑救需要，根据资料介绍这一距离有 10m 左右就可以了。

3. 在确定间距时，在分门别类的基础上，采用了区别对待的方法。同类之间间距适当缩小，甚至不设间距，减少占地；类与类间可适当加大间距，避免相互干扰，减少灾害发生时的损失，重点保护对象间距适当加大；危险性大的建筑远离无关的建筑。

如对于在火灾情况下也应运行的全厂性重要设施，集中控制室、消防泵房，35kV 以上的变电所是重点保护对象，其防火间距适当增加。

如对于火灾危险性相近，散发油气的设备容器，各类工艺设备、油罐、除油池都可散发油气，但无火源。故其防火间距可适当缩小。

又如由于液化石油气具有相对密度大、爆炸极限宽、危险性大的特点，一旦着火很难扑救，蔓延范围很大，所以与其有关的防火间距适当增大。让其远离与其无关的建筑物。

4. 在确定防火间距时既要保证适当的防火距离和消防作战的需要，但也不能单纯以加大距离作保证，要注意节约用地。在规定防火间距时，既要重视当前的技术水平和实践经验，又要考虑技术发展，如工艺流程密闭程度的提高；火炬消除“火雨”、烟囱熄灭火星装置、烧火口防回火措施、散发可燃气体的排放管加阻火器、消防装备水平提高、消防技术的发展，这些都是有利因素。这里要说明一点，油气田产生火灾的原因绝大部分是由于制度不严，管理不善，施工动火等引起的，因此必须加强管理。

在以上原则基础上，对于国内外有关参考数据，我们选用了适中的数据或在允许情况下适当偏小的数据为本表推荐数据。如丙类仓库与 200m^3 油罐和辅助性生产厂房，因仓库无油气散发，且无明火，故间距缩小为 15m。

另外为了便于记忆和使用，避免繁琐，防火间距的数值，除个别的外，简化为 5m 一档。防火间距的数值是一个基本要求，是一个保持相对安全的数值，但不是绝对的。

5. 有关表注的说明：天然气灌装点在国内还刚刚兴起，缺乏实践经验。考虑天然气高压灌瓶均需加压至 10MPa、甚至 35MPa 灌瓶，其站内系高压设备容器，爆炸危险涉及的范围不亚于液化石油气，故按液化石油气灌装点对待；而油田内部汽车背气包的天然气灌装点，一般利用分离器的操作压力减压后灌装，气包承受压力仅在 3kPa 左右，油气扩散情况与原油拉油鹤管处相差不大，故规定这类情况按原油拉油鹤管对待。

第 5.2.2 条 根据石油工业和石油炼厂的事故统计，工艺生产装置或加工过程中的火灾发生几率，远远大于油品储存设施的火灾几率。然而因工艺生产装置发生的火灾，而波及全装置的也不多见，多因及时扑救而消灭于火灾初起之时。其所以如此，一是因为装置内有较为完备的消防设备，另外也因为在明火和散发火花的设备、场所与油气工艺设备之间有较大的、而且是必要的防火间距。

装置内部工艺设备和建（构）筑物的防火间距是参照《气田建设设计防火规定》和美国石油保险协会、美国防火工程师协会有关烃加工装置和石油化工装置的防火间距标准而制定的：各标准均将明火设备与油气工艺设备间的防火间距规定为不小于 15m（50 英尺）。

本条规定比《气田建设设计防火规定》的 8～12m 稍有增加，是因为随着厂、站规模的扩大，对防火安全方面的要求也应提高。

以上的调整，会不会过大的增加工厂用地。简单地从调整后的数字来看是会导致装置占地面积的增加。然而，装置的占地从国外统计数字来看，对石油化工厂、气体加工装置或炼油厂一般占全厂占地的10%～15%；国内天然气净化厂由于地形条件，总图布置等方面的原因，统计数据约为8%～10%。可见装置用地在全厂中不占主要地位。而适当的加大装置内明火设备与其他工艺设备间的防火间距对安全是必要的。

第5.2.3条 本条的适用范围是油罐总容量小于或等于200m^3的采油井场、分井计量站、接转站，气井井场装置、集气站以及小型天然气处理站；输油管道工程中油罐总容量小于或等于200m^3的各类站、场，输气管道的小型站场等。这类站场在油气田、管道工程中数量多、站小、工艺流程较简单，火灾危险性小；从统计资料来看，火灾次数较少，损失也较小。由于这类站场遍布油气田，防火间距扩大，将增加占地。规范表5.2.3中的间距是《气田建设设计防火规定》和《油田建设设计防火规范》多年使用的，没有发生过问题，故本规范仍采用。

第5.2.4条 油田注水储水罐天然气密闭隔氧是当前国内一些油田水罐隔氧最有效的措施，已有许多油气田内使用这种方法隔氧。但其调压室防火间距及放空管作法尚无统一规定。本条是在调查的基础上，根据各油田实际使用情况而确定的。

第三节 储存设施

第5.3.1条 甲、乙类液体罐区分组布置，其目的在于一旦发生火灾并发生了延烧，使其能控制在一定范围内，免除更大损失。关于罐组内储罐容量的规定，是基于近年来，油气田的联合站、集中处理站，管道工程的首末站都兼具油库的功能，储罐容量越来越大，单罐容量达100000m^3，总容量也增加的实际情况，综合考虑储罐区安全、方便消防操作、方便管理、节省占地等因素，参考《石油库设计规范》、《石油化工企业设计防火规范》而制定的。

一个罐组内油罐座数越多，着火几率就越大，为了减小火灾几率和控制火灾范围减少损失，故规定一个油罐组内油罐座数不超过12座。

第5.3.2条 关于甲、乙类液体常压储罐之间防火间距的确定，是从以下五个方面考虑的：

一、油罐的年火灾几率很低，根据有关资料介绍，全国平均在万分之五以下（据对交通部、原石油部和物资储备局等90多个油库的调查，油罐的年着火几率为万分之四；15个炼厂油罐年着火几率为万分之四点五）。据调查，油田油罐火灾次数也是较少的，较大油罐着火后形成的火灾，如：某油田某站半地下3000m^3油罐，因动火施工引燃油罐并将罐烧毁；某油库3000m^3半地下罐因雷击引起火灾，罐被烧毁。其他还有8次油罐火警，其原因是动火施工，使用明火，雷击引燃放空管等，都因抢救及时，措施得当未形成火灾。由此可知，油田油罐年火灾几率是较低的，油罐防火间距延用现行作法为好。

二、着火油罐引燃邻罐的可能性，尽管油罐火灾几率很低，一旦着火对周围的威胁是比较大的，尤其对相邻油罐威胁更大。因此，在确定罐间距离时，应把不引燃邻罐做为主要考虑因素。

三、考虑消防作战的要求，需要考虑对着火罐的扑救以及对着火罐和邻罐的冷却保护，消防作战场地的要求考虑两个因素：其一，水枪喷射仰角，一般为50°～60°，故需考虑水枪操作人员至被冷却油罐距离的要求；其二，要考虑当泡沫产生器混合液管线破坏时，挂钩枪灭火的场地要求，本规定可满足以上两种操作要求。

四、浮顶油罐因基本不存在油气空间，罐内不存在爆炸危险，相对比较安全。即使着火，也只在密封圈外，火势小，威胁范围也小，较易扑灭，比固定顶罐安全得多。如某石化总厂一个5000m^3和10000m^3浮顶罐着火，都是工人用手提泡沫灭火机灭掉的。可见浮顶罐防火间距可比固定顶罐小，故定为0.4D。

五、根据《石油库设计规范》和《油田建设设计防火规范》，采用这个间距设计的油气厂、站、库储罐区，至今没有出现过安全问题。并根据收集到的国内外资料（见表5.2）对比来看，本条所规定的油罐间距并不是最小的，而是介于各规范之间。

第5.3.3条 虽然油罐破裂事故是极少的，但是在使用过程中发生冒罐、漏油等事故还是时有发生。为了将溢漏的甲、乙类液体控制在较小范围内，以减小事故影响，所以油罐组四周设防火堤。堤内把一定数量的油罐用隔堤分开是非常必要的，以缩小漫油面积，便于采取措施。

第5.3.4条 关于防火堤高度由《油田建设设计防火规范》的1.6m提高到2.0m，其目的是为增加防火堤内容积，在满足第5.3.7条防火堤内有效容积的要求之下，可缩小占地面积。确定2.0m高，是参考国外有关资料及出国考察人员总结而定的。如果防火堤太高，影响视线，防火堤内外不能通视，不利于防火及消防。另外，防火堤的高度，不一定是同一高度，可以根据地形建造成阶梯式的，特别是当油罐布置在山坡地带时，就需要在地势较低的一侧，建造较高的防火堤。推荐用土建造防火堤，这是一种习惯作法，因砖、石防火堤在火焰高温烘烤下，易发生崩裂而失去防火隔油作用。

防火堤的强度应能承受所容纳液体的设计静液柱压力，不考虑油罐破裂时，射流作用于防火堤上的冲击力。

第5.3.5条 关于相邻罐组防火堤之间留有7m消防空地，这一距离不是防火间距，而是一个消防通道，为消防作战创造较好条件，消防人员在着火罐组的防火堤外四面都可以活动，消防车辆和手推式消防设备、器械，可以从四面向着火罐进攻。这一地带不一定铺筑正规路面。当然这7m空地形成了罐组的隔火带，也可提高防火安全的作用。

第5.3.7条 在一个罐组内同时发生一个以上的油罐破裂事故的几率很小。分析油罐爆炸的破裂情况，一般来说，只掀开

国内外油罐间距对比表

表 5.2

规范名称	油罐性质及罐容量		地上罐：固定顶	地上罐：浮顶	半地下罐	地下罐	备注
本规范	甲乙类液体	≤200m³	不限	0.4D（可不大于20m）			
		>200m³	0.6D（可不大于20m）				
《炼油化工企业设计防火规定》	<60℃		0.6D（可不大于30m）	0.4D（可不大于20m）		5m	
	60～120℃		0.4D（可不大于20m）			5m	
	<120℃	>1000m³	5m				
	>120℃	≤1000m³	不限				
《建筑设计防火规定》	甲、乙类液体		≤1000m³ 0.75D >1000m³ 0.60D	0.4D	0.5D	0.4D	
《气田建设设计防火规定》	可燃液体		0.75D		0.5D	0.4D	
《石油库设计规范》	甲、乙类		>1000m³的罐为0.6D，可不大于20m ≤1000m³的罐，当消防采用固定冷却方式不应小于0.6D，采用移动冷却方式为0.75D	0.4D 宜不大于20m	0.5D 宜不大于20m	0.4D 宜不大于15m	D为较大油罐直径
	丙类	闪点60～120℃	0.4D，不大于15m		不限	不限	
		闪点>120℃	>1000m³的罐为5m ≤1000m³的罐为2m				

续表 5.2

规范名称	油罐性质及罐容量	地上罐		半地下罐	地下罐	备注
		固定顶	浮顶			
原苏联 1970 年批准，1974 年修改	≤45℃	0.75D 并≮30m	≮0.55～0.65D			同上
	>45℃	0.5D 并≯20m	并≯20～30m			
英国《销售安全规范》1978 年版	<21℃	$0.5D_1$；D_2 或 15m 三者取最小值，但不小于 10m	对 D_1≤45m 的罐，10m 对 D_1>45m 的罐，15m			D_1 为相邻大罐直径 D_2 为相邻小罐直径
	≥21℃	不限	不限			
法国《安全规范和劳动保护规范》1967 年批准	<55℃	≮0.5D	≮0.5D			D 为相邻大罐直径 储存温度高于闪点的油品：按闪点<55℃者对待
	55～100℃	0.2D；并≮2m				
	≥100℃	≮1.5m				
日本有关危险器法令	<21℃；>400m³	≮D/3 或≮H/3 或 5m				D 为相邻大罐直径 H 为相邻大罐高度，当容量小于规定值时为 3～5m
	21～70℃；>2000m³					
	>70℃；>800m³					
比利时资料	原油和闪点<65.5℃	≮0.5D；或≮35 英尺				D 为相邻大罐直径
	闪点≥65.5℃	≮0.5D；或≮10 英尺				

强度最弱的罐顶，壁板和罐底保持完好；非常严重时，才撕裂罐底与壁板联接处。根据资料介绍，在19起油罐火灾导致油罐破坏的事故中，有18起是爆坏罐顶，只有一起是爆炸后撕裂罐底（撕裂原因与罐内中心柱同罐底板焊在一起有关）。因此，本条一款规定不应小于油罐组内一个最大油罐的容量是合适的。

从生产实践看，为防止冒罐、管线破裂等事故时油的漫流，防火堤是起作用的，这类事故发生后应及时采取措施，减少原油流出，这是不难作到的。防火堤内容积有一座最大罐的容量也就可以了。

对于浮顶油罐，因油罐内基本上没有气体空间，不易发生爆炸，火灾时一般在密封圈上面燃烧，基本上不存在罐底破裂的可能性，故本条第二款提出的要求是可行的。

第 5.3.8 条 本条规定是为了防止进油时，油流与油罐上部存在的气体发生相对运动，产生静电引起火灾，这类事故是发生过的。

第 5.3.9 条 液化石油气和原油为两种不同性质的可燃物。它们的燃烧速度、热值不一样；火灾发生后使用的消防器材也不相同，而且储罐形式也不相同。为了避免发生火灾时相互影响，有利于及时扑救火灾、减少损失，也便于日常的操作管理，所以两者不能同组布置。

天然气处理过程中，或多或少都有天然气凝液产出，饱和蒸气压74～200kPa的稳定轻烃与液化石油气同属压力储罐储存；且不稳定的天然气凝液中也含有液化石油气，两者性质类同，故液化石油气储罐与常温下压力储存的稳定轻烃储罐可同组布置。

第 5.3.10 条 关于液化石油气储罐区防护墙的设置应执行现行国家标准《建筑设计防火规范》的有关规定。储罐区四周设的防护墙由于是实体墙，不透风，因此易使油气在墙内聚集不易扩散，在防护墙内装设可燃气体浓度报警器，可以预防火灾事故的发生。现在已有油田在厂、站、库液化石油气储罐防护墙内采用了这种办法。

第 5.3.12 条 安装远程操纵阀和自动关闭阀可防止管路发生破裂事故时泄漏大量液化石油气。罐底预留给水管接头是为向罐底内部充水，以预防因罐长时期使用后，罐底板、焊缝因腐蚀穿孔泄漏时，不使液化石油气先泄漏出来。

第 5.3.14 条 冷却喷淋水设施与消防冷却水系统结合设置，可以节省管道、设备和建设投资。

第 5.3.15 条 本条规定是根据《气田天然气净化厂设计规范》(SYJ11—85) 第5.1.6条规定编制的。其主要目的是防止一旦液硫储罐发生火灾或因其他原因造成储罐破裂时，将液体硫磺限制在一定的范围内，以便于火灾扑救和防止烫伤。

第 5.3.17 条

一、固体硫磺仓库宜为单层建筑，是根据液体硫磺成型的工艺需要和便于固体硫磺装车外运提出的，目前各天然气净化厂的固体硫磺仓库均为单层建筑。如采用多层建筑，一时发生火灾，固体硫磺熔化，四处流淌，会增加火灾扑救的难度。

二、每座固体硫磺仓库的面积限制和仓库内防火墙的设置，是根据《建筑设计防火规范》有关规定确定的。

第四节 装卸设施

第 5.4.1 条 在《油田建设设计防火规范》及其他一些规定中，都有类似的内容，实践证明是很有必要的。例如，某炼油厂大鹤管装油时着火，由于未能及时关闭操作台上的切断阀，大量汽油溢出槽车，酿成地面火灾，火势不断扩大。后来工人奋力摸至被消防水淹没的阀井，将紧急切断阀关闭，切断油源，才控制火势。据工人们反映紧急切断阀装设在地面上较好，不要设在阀井中，因井内容易积油、积水甚至被淹没，影响紧急操作，耽误及早切断油源。故本条特别强调“方便操作”这一要求。

第 5.4.2 条 装卸油栈台与消防车道之间的距离，规定为不大于 80m，这是考虑到沿消防车道要敷设消防水管线和消火栓。在一般情况下，消火栓的保护半径可取 120m。但在仅有一条消防车道的情况下，因为栈台附近铺设水带障碍较多，水带铺设系数较小，着火时很可能将受到火灾威胁的槽车拉离火场，扑救条件较差，所以适当缩小这一距离是必要的，故规定不大于 80m。不小于 15m 是考虑消防作业的需要。

第 5.4.3 条 规定本条的目的在于栈台或油罐车着火的情况下，不致于引燃轨枕，能把罐车调离火场，有利于消防灭火。

第 5.4.4 条 考虑到在栈台附近，除消防车道外还有可能布置别的道路，故提出本条要求，其距离的要求是从避免汽车排气管偶尔排出的火星，引燃装油场的油气为出发点提出来的。

第 5.4.5 条 卸油时要产生油气，若用敞口容器和明沟（槽）的卸油系统，散发的油气就更为严重，而且是经常不断地散发，这很不安全。另外火星也容易落入敞口容器和明沟（槽）内，引起火灾。本条规定就为了消除这一火灾危险因素。

规定零位罐排气孔距鹤管不应小于 10m。是为了避免汽车排气管可能排出的火星，把从零位罐排气孔排出的油气引燃。

第 5.4.6 条 汽车装卸油鹤管与甲、乙类生产厂房及密闭工艺设备之间的防火间距是参照现行国家标准《建筑设计防火规范》第 4.4.10 条制定的。因为本规范规定甲、乙类厂房耐火等级不低于一、二级；汽车装油鹤管与其装油泵房属同一操作单元，其间距可缩小，故参照《建筑设计防火规范》第 4.4.9 条注④将其间距定为 8m；汽车装油鹤管与液化石油气、天然气生产厂房及密闭工艺设备之间的防火间距是参照 NFPA59－84 有关条文编写的、

第 5.4.7 条 本条主要规定了液化石油气灌装站内储罐与有关设施的防火间距。灌装站内储罐与泵房、压缩机房、灌瓶间等有直接关系，若储罐太大，发生火灾，损失也大。为尽量减少损失、安全起见，应按罐容量大小分别规定防火间距，具体数据的确定：

一、储罐与压缩机房、灌瓶间、倒残液间的防火间距与现行国家标准《建筑设计防火规范》表 4.6.2 中一、二级其他建筑一致，且与《城镇燃气设计规范》一致。

二、汽车槽车装卸接头与储罐的防火间距。《建筑设计防火规范》与美国 API2510、NFPA59－84 均规定为 15m，《城镇燃气设计规范》与本规范表 5.2.1 均按罐容量大小分别提出要求。以实际生产管理和设备质量来看，我国的管道接头、汽车排气管上的防火帽，仍不十分安全可靠。如带上防火帽进站，行车途中防火帽丢失的现象仍然存在。从安全考虑，本表按储罐容量大小确定间距，其数值与燃气规范一致。

三、仪表控制间、变配电间与储罐的间距，是参照《城镇燃气设计规范》的规定确定的。

第 5.4.9 条

一、液化石油气灌装站的生产操作间主要指灌瓶、倒瓶升压操作间，在这些地方不管是人工操作或自动控制操作都不可避免液化石油气泄漏。由于敞开式和半敞开式建筑自然通风良好，产生的可燃气体扩散快，不易聚集，故推荐采用敞开式或半敞开式的建筑物。在集中采暖地区的非敞开式建筑物内，若通风条件不好可能达到爆炸极限。如某站灌瓶间，在冬季测定时曾达到过爆炸极限。可见在封闭式灌瓶间必须设置效果较好的通风设施。又由于液化石油气密度大于空气，易聚积在室内底层，故通风口主要应设在下部。原苏联规范规定下部排出风量为 2/3、上部排出风量为 1/3。《城镇燃气设计规范》规定除设置机械排风外，还要设置机械送热风系统或辐射采暖系统。这样就可保证达到较好的通风效果。

二、在液化石油气灌瓶间，泵房等的暖气地沟和电缆沟是一种潜在的危险场所和火灾爆炸事故的传布通道。如某油田压气站

曾因液化石油气泵房泄漏的液化石油气沿电缆沟窜入配电间，引起火灾。在其他城市液化气站也发生过类似事故。为消除事故隐患 特提出本款要求。

根据1988年4月某市某液化石油气灌瓶站火灾情况，是工业灌瓶间发生火灾，因通风系统串通，故火焰由通风管道窜至民用灌瓶间，致使4000多个小瓶爆炸着火，进而蔓延至储罐区，造成了上百万元损失的严重教训。又根据“供热通风空调制冷设计技术措施”的规定，空气中含有容易起火或有爆炸危险物质的房间，空气不应循环使用，并应设置独立的通风系统，通风设备也应符合防火防爆的要求。从防止火灾蔓延角度出发，本款规定了关于通风管道的要求。

三、在经常泄漏液化石油气的灌瓶间，应铺设不发生火花的地面，以避免因工具掉落，搬运气瓶与地面摩擦、撞击，产生火花引起火灾的危险。

四、装有液化石油气的气瓶不得在露天存放的主要原因是：液化石油气饱和蒸气压力随温度上升而急剧增大，在阳光下曝晒很容易使气瓶内液体气化，压力超过一般气瓶工作压力，引起爆炸事故。如某石油工业公司就因气瓶在室外曝晒5个多小时，气瓶爆炸引起火灾。

五、瓶库的总容量不宜超过10m^3，是根据《城镇燃气设计规范》而定。

六、目前各炼厂生产的液化石油气，残液含量较少的为5%～7%，较多的达15%～20%，平均残液量在8%～10%左右。油田生产的液化石油气残液量也是不少的，另外非密闭回收残液曾在油田引起火灾事故。故必须强调密闭回收残液。

第5.4.11条 设围墙是为了安全防护，墙下设通风口是为了排泄聚集在墙内的油气。

第五节 放空和火炬

第5.5.1条 对于天然气处理厂或其他站场由气体而引起的火灾，扑救或灭火的最重要的最基本的措施是迅速切断气源。为此，在进出厂、站或装置的天然气总管上设置紧急切断阀，是确保能迅速切断气源的重要措施。为确保原料天然气系统的安全和超压泄放，在装置或厂、站的天然气总管上的紧急切断阀之前，应设置越站旁路或设安全阀和紧急放空阀。

切断阀的位置应放在安全可靠和方便操作的地方，是为当厂、站或装置发生火灾或泄漏事故时，能及时关闭而不受火灾等事故的影响。《美国飞马石油公司工程标准》防火-采油设施（S621—1977）规定：紧急切断阀距工厂的任何部分不小于76.2m（250英尺），也不大于152.4m（500英尺）。本规范对与切断阀生产装置的距离未作具体规定，但该阀门无论如何也不应布置在装置区内或靠近装置区的边缘。

紧急切断阀应尽量设置自动操作和远程控制系统，以便在事故发生时能迅速关闭。

第5.5.2条 为保持放空管线的通畅，其一，不得在放空系统的主管上设阀或其他截断设施。其二，对放空系统可能形成或存在的积液，或由于高压气体放空时压力骤减或环境温度变化而造成的冰堵，均应采取防止或消除措施。

一、高、低压放空管线分别设置，可以防止在泄放时的相互干扰。高、低压放空同时排入同一条管线，若处置不当则可能发生事故。例如：威远脱硫二厂的高压原料气紧急放空管线，原设计为直径DN100，又有酸性气体的紧急放空管线与之相连并放至40m高的火炬。有一次正好是原料气和酸性气体同时放空，由于原料气放空量大，压力高（4MPa），使紧急放空管线压力迅速升高，回压至酸性气体管线，致使酸性气体水封罐的防爆孔憋爆，防爆膜飞至天空，高约20m。这说明不同压力的紧急放空管线（特别是压力差大的）不能合用，须分别设置并直接与火炬连通。这样就可防止高、低压相串，低压无法放空甚至超压造成事故。

高、低压放空管线分别设置亦可以减少放空系统的建设费用，故大型厂、站宜首先选择这样的放空系统。

二、在中小型厂、站内，由于高压放空气量不大，或由于高、低压放空气流的压力相差不大，例如其压力差为0.5～1.0MPa，可设置一个放空系统以简化操作。此系统设计的核心是要对可能同时排放放空点作压力降的核算，使放空系统的压降减少到互不干扰的程度，以保证各排放点的安全排放。

第5.5.3条 火炬筒中心至油气厂、站各部位的安全距离可计算确定，现将美国石油学会标准《泄压和放空系统》（APIRP521）中的“火炬安全距离计算”摘录如下，供参考。

一、本计算包括确定火炬筒高度；并根据火炬的允许辐射热强度，确定火炬筒中心到必须限制辐射热强度的受热点之间的安全距离。至于火炬对环境的影响，如噪声、烟雾、光度以及可燃气体焚烧后对大气的污染，均不包括在本计算方法的范围内。

二、工艺条件。

1. 排放气体视为理想气体；

2. 火炬筒出口处的排放气体压力取当地大气压值；

3. 火炬出口处排放气体的允许线速度与声波在该气体中的传播速度的比值——马赫数，取值可按下述规定：

在满足系统压降、噪声等要求时，对厂、站发生事故造成停工，原料或产品气体需要全部排放时，应按最大排放量计算，此时马赫数可取0.5；

单个装置开停工或事故泄放，应按需要排放的最大气体量计算，此时马赫数可取0.2。

4. 计算火炬筒高度时，允许辐射热强度 q 的取值，应按表5.3-1规定值，并考虑太阳辐射热的影响。

太阳的辐射热强度值为0.79～1.04kW/m²。

火炬设计允许辐射热强度（未计太阳辐射热）　表5.3-1

允许设计热强度 q（kW/m²）	条　件
1.58	操作人员需要长期暴露的任何地区
3.16	原油、液化石油气、天然气凝液储罐或其他挥发性物料储罐
4.73	没有遮蔽物，但操作人员穿有合适的工作服，在紧急关头需要停留几分钟的地区
6.31	没有遮蔽物，但操作人员穿有合适的工作服，在紧要关头需要停留1min的地区
9.46	有人通行，但暴露时间必须限制在几秒钟之内能安全撤离的任何地区，如火炬附近塔或设备的操作平台。除挥发性物料储罐而外的设备和设施

注：当 q 值大于6.3kW/m² 时，对操作人员不能迅速撤离的塔上或其他高架结构平台，必须在背离火炬的一侧设置梯子或设置遮蔽物。

5. 火焰中心在火焰长度的1/2处。

三、计算。

1. 火炬筒直径。火炬筒出口直径按下列公式计算：

$$d=\left[11.61\times10^{-2}\frac{W}{P\cdot Mach}\left(\frac{T_j}{K\cdot M}\right)^{0.5}\right]^{0.5}$$

式中　d——火炬筒出口直径（m）；

W——排放气体的质量流率（kg/s）；

P——火炬筒出口处的排放气体压力（kPa）；

$Mach$——马赫数；

T_j——操作条件下的排放气体温度（K）；

K——排放气体的比热比（C_p/C_v）；

M——排放气体的平均分子量。

2. 火焰长度和火焰中心的确定。火焰长度随着火炬释放的总热量而变化，按图 5.3-1 确定。火炬释放总热量按下式计算：

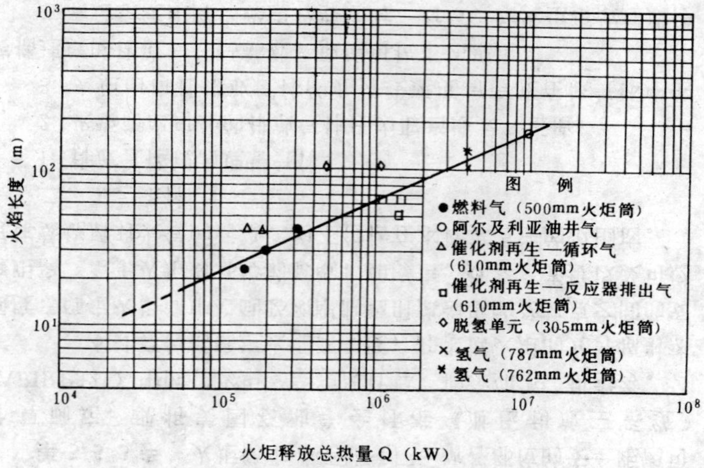

图 5.3-1　火焰长度与释放总热量的关系

$$Q=H_{L}\cdot W$$

式中　Q——火炬释放总热量（kW）；

H_L——排放气体的低发热值（kJ/kg）；

W——排放气体的质量流率（kg/s）。

风会使火焰倾斜，并改变火焰中心的位置。风对火焰在水平和垂直方向的偏移影响，可根据火炬筒顶部风速与火炬出口处排放气体流速之比，按图 5.3-2 确定。

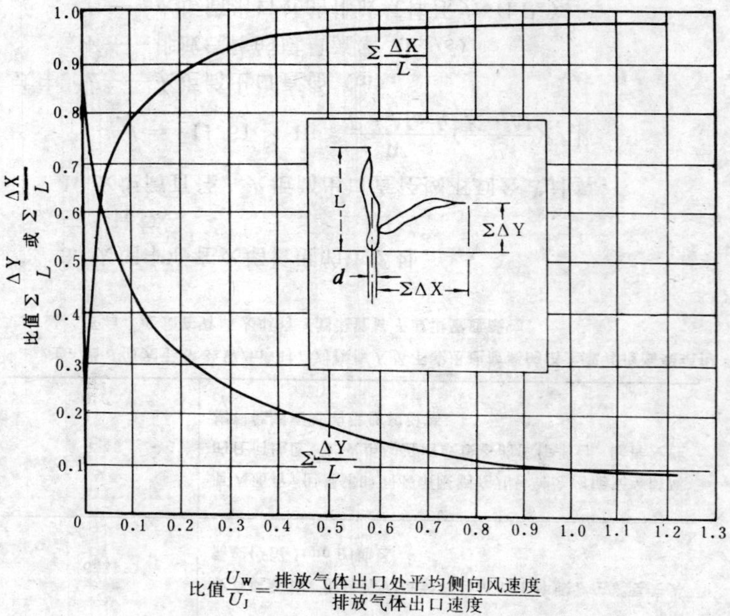

图 5.3-2　侧向风速引起的火焰倾斜

3. 火炬筒高度。火炬筒高度参照图 5.3—3 并按下列公式计算：

$$H=\left[\frac{\tau FQ}{4\pi q}-\left(R-\frac{1}{2}\sum\Delta X\right)^{2}\right]^{0.5}-\frac{1}{2}\sum\Delta Y+h$$

式中　H——火炬筒高度（m）；

Q——火炬释放总热量（kW）；

F——火炬辐射率，依照排放气体中的主要介质，按表 5.3-2 的规定取值；

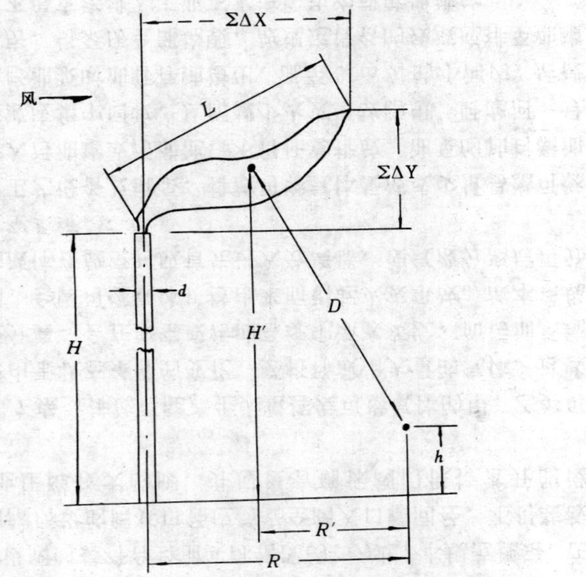

图 5.3-3　火炬示意图

q——允许辐射热强度（kW/m^2），按表 5.3-1 的规定取值；

R——从火炬筒中心到受热点距离（m）；

$\sum\Delta X$、$\sum\Delta Y$——由于风的影响火焰长度分别在水平或垂直方向有效长度的变化值（参见图 5.3-2）；

h——受热点到地面的垂直高度（m）；

τ——辐射热传递系数，该系数与火焰中心至受热点间的距离和大气相对湿度有关，按下式计算：

$$\tau = 0.79\left(\frac{100}{r}\right)^{1/16} \cdot \left(\frac{30.5}{D}\right)^{1/16}$$

式中　r——大气相对湿度（%）；

D——火焰中心到受热点的距离（参见图 5.3-3）（m）。

烃类气体的辐射系统　　表 5.3-2

介　质	辐射率 F
甲　烷	1.92
天然气	2.30
液化石油气	3.00

第 5.5.4 条　天然气和油蒸气的安全阀泄放气排入大气，由于简单、可靠和经济性，较之放入密闭系统或其他处理方法有明显的优点。在早期的天然气净化厂，安全阀排放气特别是位于塔器设备顶部的安全阀排放气均直接排入大气。近来由于卫生和环保要求多将含硫天然气的排放引入火炬，[美] APIRP520 第 4.8 节认为：排入大气的气体或蒸气应该在当地最低气温下该气体不含大量冷凝液，并应避开可能引起着火危害的地点。APIRP521 第 4.2 节关于大气排放中强调指出：烃类蒸气或其他可燃气体排入大气中时，要注意以下几方面的问题，以保证不造成潜在危险和产生其他问题。

1. 在地面或高架结构上有可燃混合物形成。
2. 在逸出点泄放气流可能燃烧。
3. 对人有毒害或腐蚀性的化学品。
4. 空气污染。

提高气体的排放速度，从气流的消能而产生湍流使排放气体迅速分散，并将烃类泄放气流被稀释到低于燃烧界限，这是应该特别注意的。对排出管管口的高度要求，是参照《气田建设设计防火规定》第 28 条及有关规范确定的。

第 5.5.5 条　大于 $100m^3$ 的每个液化石油气储罐上宜设两个安全阀，每个安全阀阀芯面积，应能满足火灾事故时所需的泄放量。其目的是预防一个安全阀失灵或检修时仍有一个安全阀正常工作，以确保安全系统仍处于正常工作状态。

第 5.5.6 条 安全阀入口管上能否装设阀的问题，长期以来各类规范标准看法不同。从确保安全阀畅通，避免因误操作而不能使安全阀及时泄压的观点来看，当然是以不装阀为好。然而，由于安全阀制造水平，材质要求尚难于确保在一个开工运行周期内不经检修调试而能正常工作。特别是对含硫介质而言更是如此。因之目前在含硫油气设备上所装设的安全阀，多在入口端设阀，以保证在运行过程中对安全阀的检修和更换。

安全阀入口端是否设阀，主要是看装阀后是否会使安全阀入口端的压降增大或误操作或其他原因而将其入口堵塞，使其失去在规定的起跳压力下顺利开启，如果能确保入口端的阀在任何情况下均能保持通畅，并且不因装阀而使安全阀入口管有过大的压降，无疑装设阀门是符合当前实际情况的。为此，本规范规定，在安全阀入口端所设的阀其口径应与安全阀入口端同径，不得装截止阀或其他压降较大的阀，并应设有确保阀门保持常开的设施。

第 5.5.7 条 排放可能产生大量挥发可燃气体的甲、乙类可燃液体时，由于状态条件的变化，必将释放出大量的气体。这些气体如不经分离，会在放空或污油系统中渐次蒸发，而污油系统又多不密闭，会因可燃气体扩散出来而引起火灾事故。故本条规定，对这类液体在放空时应首先进入分离器，使气液分离后再分别引入各放空系统。

站内的工艺设备及机泵，排放可燃气体凝液或少量易燃可燃残液，应排入污油罐或污油池，不得任意排放。油泵的轴封漏油和凝液罐排液应集中回收，从而减少火灾事故隐患。卧龙河一号站泵房因检修油泵时油管存油溢出，流至 30m 外的小河内，后被引燃返回泵房，将泵房全部烧毁，故规定设备的残液应排至油罐或污油池，不得直接排入工业下水道、边沟或就地排放。

第 5.5.8 条 积存于管线和分离设备中的硫化铁粉末，在排放入大气中时易自燃。这类情况曾在巴渝输气管线末站分离器放空管管口发生过。故规定应在排污口设喷水冷却设施。

第 5.5.10 条

一、不含烃类凝液的输气管线，清管时所排放出的污物主要为不燃的固体、液体杂质和可燃气体，气体易于扩散而固体或液体（主要为水）均不可燃。只要控制排放口与建（构）筑物的安全距离，一般不易发生火灾。本款规定排放口与建（构）筑物的距离是参照《气田建设设计防火规定》第 33 条的数值。

二、对可能含有烃类凝析物的输送管线，其清管设备的排污应作好排出液的回收和处理。由于这些凝液除少量水外，大部分为天然气油或部分的液化石油气，绝对不能任意排放而必须用储罐回收，无论回收后是否应用。把排放的凝液储存于罐内，从安全防火上看是必要的。由于对所需储存容积难于确定，有可能在实际操作中因污液量太大而使设置储罐容纳不下，因此应设燃烧坑将多余的污液焚烧掉，以免发生类似某油田至某地输气管线德州站清管时所发生的火灾事故。

第六章　油气田内部集输管道

第 6.0.1 条　本条是参照《油田建设设计防火规范》、《气田建设设计防火规定》有关规定编制的，上述规范在执行十多年来，没有发生过事故。

本条与以下各条只适用于油气田区域内部原油、天然气集输管线，不包括油气田外部的长距离输油、输气管道的干线和支线。其干线和支线与建（构）筑物的安全距离应按《输油管道工程设计规范》和《输气管道工程设计规范》执行。

矿区公路是为矿区生产服务的，与油气管道的防火间距可适当减少。

第 6.0.2 条、第 6.0.3 条　这两条规定了油气管道穿越、跨越河流时，与其附近的铁路桥、公路桥、码头、渡口、锚区的安全距离要求。铁路桥、公路桥均指的是中桥、大桥、特大桥，不包括油气田区域内小河溪、干沟、小桥。码头、渡口不分等级。铁路桥其等级分类应符合《铁路桥涵设计规范》；公路桥其等级分类应符合《公路工程技术标准》。

第 6.0.5 条　管道穿、跨铁路应位于各级火车站进站信号机以外，由于该处对铁路运行至关重要，为此管道穿越铁路深度及跨越铁路净空高度的要求，应与铁路有关部门协商确定和按《原油、天然气长输管道与铁路相互关系的若干规定》执行。

第七章　消 防 设 施

第一节　一 般 规 定

第 7.1.1 条　油气生产厂、站、库的消防设施，应根据站场规模、重要程度、油品性质、储存方式、火灾危险程度及邻近有关单位的消防协作条件等综合因素，通过技术经济比较确定。对于容量大、火灾危险性大、站场重要性大和所处地理位置重要、地形复杂的站场，应适当提高消防设施的标准；反之，应从降低基建投资出发，适当降低消防设施的标准。但这一切，必须因地制宜，结合国情，通过技术经济比较来确定，使节省投资和安全生产这一对立的矛盾得到有机的统一。

第 7.1.2 条　目前各油田在油罐区消防设施的设置标准上差别大，很不统一。从事油田消防的人员在执行规范时无所依循，为此本规范增加了油罐区消防设施设置标准这一内容。

一、油罐区消防技术是多种多样的，而且在不断发展中。低倍数空气泡沫因其来源方便，价格较低，操作简便，技术成熟，能较快地组织油罐火灾的扑救，是目前国内各油田普遍采用的灭火方式，若采用其他灭火方式时，可参照有关的技术规定。

二、目前有关规范对消防方式的提法，一般仅就泡沫灭火设施设置方式，分为固定式、半固定式和移动式三类；对冷却给水这一重要消防内容规定的不太明确，造成在冷却给水方式上各行其是，不易掌握尺度。为了统一概念，将油罐消防冷却给水和空气泡沫灭火设施均分为固定式、半固定式和移动式三种，其意义在本规范正文附录中作了明确规定。

三、本条规定消防设施的设置标准，以单罐容量大小来划分，这是因为就同类型储罐来说，罐容量大，火势也大，需要的消防力量就大，作战方案就较复杂。通过计算，10000m^3 固定顶油罐发生火灾，需要 6 台解放牌水罐消防车，13 支水枪冷却；需要 5 台解放牌泡沫车供给泡沫灭火。相邻罐需要 3～4 台水罐消防车冷却，需 3 台泡沫车扑救流散火焰。采用半固定式灭火方式，集中如此多的消防车是有困难的，故应用固定式冷却给水和固定式泡沫供给系统为宜。

罐容小于 200m^3 的储罐，燃烧面积小，罐高度小，便于泡沫钩管、管枪等移动式灭火器具扑救，故考虑用移动式冷却、灭火方式。

浮顶储罐容量虽然大，但火灾是发生在泡沫档板与罐壁的环形面积内，油气较小，火势也较小，故小于 50000m^3 的浮顶罐，通常采用半固定式的冷却给水和半固定式的泡沫灭火设施已能满足要求。

但本条的规定也不是绝对的，而应具体情况具体对待，应根据油气厂、站、库所在地区的实际情况，对各种消防方式进行比较，选择技术经济最好的一种。如厂、站、库所在地区水源充足、供水方便，附近没有机动消防力量时，5000m^3 储罐也可采用固定式消防设施。

第 7.1.3 条 低倍数空气泡沫灭火是目前油气厂、站、库甲、乙、丙类液体储罐常用的灭火方式。由于已有国家标准《低倍数泡沫灭火系统设计规范》，根据规范编制要求，本规范中取消了这一部分的内容。消防设计时，可执行《低倍数泡沫灭火系统设计规范》的有关规定。

第 7.1.4 条 油气田有些站场距离消防站较远，使用消防车扑救有困难。若这些站场建固定消防设施，投资大，经济上是不合理的，故必须考虑一套经济技术合理的消防方案。由天津消防研究所研制，长沙消防器材厂生产的烟雾自动灭火器，经国家有关部门进行了技术鉴定。这种装置的特点是自动灭火，灭火速度快，设备简单，投资少，上马快，不用水，不用电，可节省人力、物力。此装置应用也较普遍，据有关部门资料统计，1985 年底，约有 1000 余套装置陆续安装于油罐中，一般油罐容量小于 1000m^3，油品为柴油、原油、重油等。从使用情况看，效果也较好，1977 年 10 月佛山陶瓷厂及 1981 年 11 月天津搪瓷厂的油罐火灾均在烟雾自动灭火器作用下，很快将火熄灭。

1981 年长沙消防器材厂对此灭火器的安装方式作了改进，用三翼板自身定心，浮漂能拼装拆卸。1985 年又研制成功了罐外式烟雾灭火器，给使用单位带来方便。在采用烟雾灭火装置时，应注意油温不能超过使用要求。

对于油田内部的中小型站场，如技术经济合理，也可采用烟雾灭火装置。

第 7.1.5 条 对于其他性质的储罐，原则上应按油品闪点设置相应的消防设施。但考虑到建站前一般很难取得各种储罐油品闪点，为便于执行本规范，故对常用的污油罐、除油罐、事故油罐作了具体规定。

污油闪点虽比原油稍高，但本条仍按原油同等对待；除油罐也有火灾危险，但其存油较少，轻质油较少，油品闪点高，火灾引起的损失相对为小，故消防设施较简单。考虑到各油田的习惯做法和多年来的生产实践，规定 200m^3 以上的除油罐采用移动式灭火设备；事故油罐只在油站事故情况下才储油，平时是空罐，大多数事故油罐自建罐后就未曾进油，一般说，事故油罐的火灾可能性较少，即使事故罐发生火灾，影响面积较小，故规定不与其他油罐毗邻的事故罐，可只设泡沫产生器，或采用移动式灭火设备扑救。

第 7.1.6 条 我国各油、气厂、站、库内油罐以前很少设置过火灾探测器和自动报警装置。因此，也没有这方面的设计经验。近几年我国引进了日本 100000m^3 油罐，考虑到该油罐高度大、直径大，一旦发生火灾不易立即发现，且扑救困难，为安全计应设置火灾探测和自动报警装置。大庆油田对日本进行消防技术考查后，在 100000m^3 油罐上设计了火灾自动报警装置。由于火灾自动报警装置需要较高的技术和较多的投资，应根据国情量力而行，故规定仅在 100000m^3 及以上油罐上设置。

第 7.1.7 条 装卸油栈台的特点是罐容小，长度大；火灾特点是火势小，波及面小，故一般可用手提式灭火器扑救。但考虑到特殊情况时，如油罐车着火数量较多，火势已大而人难以接近时，可用推车式灭火器或泡沫消防车来扑救，故规定沿线每 120m 设消火栓一个；每 12m 应设一个手提式干粉型灭火器。

据调查，大部分油罐车着火，均在罐车的人孔处，火势小，影响范围不大。尚未发现油罐车爆破之例。油罐车火灾的扑救，大都是先切断油源，然后盖住人孔盖灭掉的；也有利用石棉被覆盖住人孔或用手提式与推车式灭火器灭掉的。例如 1980 年 8 月 4 日，某铁路装卸区两个正在准备卸油的汽油罐车，一个被雷击中起火，发现着火后，两名工人用 8kg 的灭火器冲上栈台，另有三名工人迅速拖着一个 65kg 的推车式灭火器跑到油罐车附近，都对准燃烧的油罐车人孔喷射，约 9s 就将火灭掉，与其相邻的另一个油罐车未受一点影响。从发现着火到灭火前后历时 8min。待消防车和其他人员赶到现场时，火早已灭掉了。

第 7.1.8 条 采油、采气井场、计量站、集气站、配气站等小型站场，其特点是数量多，分布广，单罐容量小，若都建一套消防给水设施，总投资甚大；再说在量多分散情况下不易造成重大损失，火灾的影响面也小，故这些小型井站可不设专门的消防设施，而设置一定数量的小型移动式消防器材。

第 7.1.9 条 液化石油气设施和罐区消防：

一、液化石油气的火灾特点是蔓延速度快，热值大，温度高，扑救气体火灾的根本措施是迅速关阀、堵漏，切断气源、制止燃烧。在没有切断气源的情况下，盲目地把火扑灭，是十分危险的，因为可燃气体大量泄出与扩散，遇火源会引起第二次爆炸燃烧，反而使灾情扩大，不如先进行冷却保护，制止连续爆炸，这样更安全些。

二、有关问题见《建筑设计防火规范》的条文说明。

第 7.1.10 条 当甲、乙类火灾危险性的厂房，如全厂集中控制室、联合装置控制室、压缩机房、油泵房等采用轻型钢结构时，起火 5min 左右，钢构件温度就上升为 500℃，碳钢强度将降低一半；起火 10min，温度将达到 700℃，碳钢强度将降低 90%以上，钢结构失去承重能力，引起建筑物倒塌和破坏。为了保证安全生产，可在这些建筑物内设火灾报警器和设置卤代烷、二氧化碳等灭火设施，当发生火灾时自行扑救。若有条件时，外部可设水幕保护，以隔绝其他地方发生火灾时辐射热的影响，保护建筑物的安全。卤代烷、二氧化碳、水幕等灭火系统的设计，可参考有关的国家标准规范。

第二节 消 防 站

第 7.2.1 条 通过对国内油田、气田及管道局消防站的实地调查认为，有些油气田消防站的布局不合理，区域内油气厂、站、库发生火警时不能及时扑救，使国家财产和公民生命财产受到损失，所以本条提出了消防站的设置原则。本条中第一款提出了根据油气田及长输管道建设的总体规划设置消防站和划分责任区的要求。通过征求设计部门、消防监督部门以及生产单位等各方面的意见，并结合大量的火灾案例，说明了油气田消防站的布局不同于其他城镇以及工业区，主要原因是油、气生产设施布置较分散，虽然有的油气田所辖区域内站、库较集中，但生产性质不同，规模大小不一，火灾危险性也大不相同。所以全面地、宏观地对消防站的布局采取同油气田及长输管道总体规划相结合的方法是比较切合实际的；同时可根据总体规划按区域内厂、站、库火灾危险性大小，火灾种类，区域消防协作条件和所处地理环境划分责任区，这对相应地设置消防站和确定消防站规模提供了可靠的依据。

另外，第二、三款的内容强调了要按照国家《城镇消防站布局与技术装备配备标准》进行布置的基本原则，来指导消防站与被保护单位的关系。随着各油、气田的开发建设以及长输管道转输规模的扩大，形成了一些厂、站集中、人口密集的居民村镇，为了确保这些区域的消防安全，宜设加强消防站。根据我国的国情，考虑到重点油气厂、站、库内有固定消防设施等较强的消防手段时，可缩小建站规模或不再设消防站。

第 7.2.2 条 本条对消防站设置的位置提出了要求。首先要确保消防站安全，以便发生火灾时能迅速出车，尽量缩短行车时间，将火灾在初期阶段扑灭。

第 7.2.3 条 经调查，油、气田和管道局系统消防站的布局，技术装备标准很不统一。有的站建筑标准低，有的站管辖范围消防车要跑二三小时，有的技术装备落后，没有按照火灾特点配备消防车辆和通信器材。为了使有关部门有据可依，参照国内、外有关标准规定，制成表 7.2.3。

第 7.2.4 条 通过调查了解，有的油、气田设有两座以上的消防站，由于行政管理上的问题和条块分割，没有将这些消防站统一管理起来，没有一座消防总站，所以使消防工作和灭火作战不能统一指挥和调动，发挥所有消防站的作用。为了解决这个问题，故提出应设消防总站，以加强领导。对于较分散的油、气田，且相距较远，可独立设置消防站，但该消防站应有独立灭火作战能力。

第三节 消防给水

第 7.3.1 条 根据各油气田的实际情况，本条做了较具体的规定和要求。若油气田内的天然水源较充足，可以就地取用；另外对寒冷地区利用天然水源时也提出了要求，做到在任何情况下，都要保证消防用水量。

第 7.3.2 条 目前油气田内的消防给水管道有两种类型，一是敷设专用的消防给水管，另一种是消防给水管道与生产、生活给水管道合并。经过调查，专用消防给水管道由于长期不使用，管道内的水质被污染；另外由于管理工作不健全，特别是寒冷地区，有的专用消防给水管道被冻坏，阀门被冻裂，如采用合并式管道时，上述问题即可得到解决。

第 7.3.3 条 本条是参照国内外有关规范，根据我国油、气田的实际情况制定的。

我国现行国家标准《建筑设计防火规范》第 8.2.5 条规定：灭火用水量应按……和扑灭流散液体火焰泡沫管枪配置泡沫的用水量之和确定。日本消防法规定：灭火用水量按灭火用水量、辅助灭火用水量和混合液充满管道用水量之和计算。如大庆油田某油库充满混合液管道需水量约 200m^3，因此在计算水量时应把充满混合液管道内的水量也计算在内。

冷却范围以连续给水时间与《建筑设计防火规范》相同。

冷却水供给强度《建筑设计防火规范》第 8.2.5 条规定卧式罐及地下立式罐，半地下和地下卧式罐，设计流量单位均按 L/s·m^2；立式罐，浮顶罐（包括保温罐）则按 L/s·m 流量单位。日本消防法规（JFSL）规定，设计流量单位均按 L/s·m^2 计算。我国各油田内已建的固定立式油罐容量为 100、200、300、400、500、700、1000、2000、3000、5000、和 10000m^3 十一种类型；浮顶油罐容量为 10000、20000、50000 和 100000 四种类型，浮顶油罐均设有抗风圈，一般为 2～6 道。如设计流量单位按 L/s·m 计算时存在以下不合理现象：

1. 设有抗风圈的水量很难确定。有的罐抗风圈之间高度在 1.8～2.0m 之间。如按规范规定的 L/s·m 计算，则每道抗风圈之间的水量均应供给 0.5L/s·m 的流量进行冷却。设有六道抗风圈的罐冷却水量就比不设抗风圈的罐增加 6 倍用水量，是不合理的。

2. 供水强度按 L/s·m 计算，和油罐的高度无任何关系。

100m^3 油罐高 4.73m，1000m^3 油罐高 10.58m，100000m^3 油罐高 21.97m。100m^3 油罐和 10000m^3 油罐，罐周每米供水强度均相等也是不合理的。这样在实际冷却中会造成不良后果。如按 0.5 L/s·m，小型油罐由于罐较低，罐壁单位面积上供水强度偏大（按单位面积流量折算为：5.77L/min·m^2），冷却水很快就可流淌到地面上，且浪费水。而大型油罐由于罐较高，单位面积上供水强度就偏小（按单位面积流量折算为 1.37L/min·m^2），就会形成供水强度不足。特别是在油罐低液位时，冷却水还未流淌到罐底部，水已经被汽化完了。1987 年中日天津灭火试验时（浮顶罐低液位试验），在油罐下风向一侧罐壁就曾出现过上述问题。

按 L/min·m^2 单位流量计算，即考虑了罐的周长，又考虑了罐的高度，这样确定较全面，上述问题也可得到解决。

不同油罐按 L/s·m 计算，折算成 L/min·m^2，或按 L/min·m^2 折算成 L/s·m，计算结果见表 7.1。

采用固定式冷却水供给系统时，相邻罐可以冷却与着火罐相对的那部分罐壁，故冷却水供给强度可比着火罐的供给强度小些。

第 7.3.4 条 储罐罐壁上的固定环形冷却水管，各国均分成两个或两个以上独立的圆弧形管，其目的主要是考虑到分段供水安全可靠，着火罐及相邻罐可根据火势进行局部或全部罐壁冷却。相邻罐进行冷却水量计算时，应根据分段圆弧管实际保护的罐壁表面积计算，如圆弧形管保护 3/4 罐壁面积，则计算水量也应按 3/4 罐壁面积计算。

立管下部设过滤器是为过滤水中的杂物（特别是采用天然水源时），防止喷头被堵塞。

采用能识别启闭状态的阀门是便于消防操作人员辨认阀的开闭情况。

在油罐的每道抗风圈下设冷却水管，是保证罐壁所有部位均能冷却到。

第 7.3.5 条 环状管网彼此相通，多方供水安全可靠。油罐

冷却水供给强度比较表

表 7.1

类别	立式油罐					冷却水供给强度							
	容积 (m³)	直径 (m)	高度 (m)	罐周长 (m)	罐壁表面积 (m²)	按周长计算 L/s·m	折合面积计算 L/min·m²	按面积计算 L/min·m²			折合周长计算 L/s·m		
固定顶罐	100	5.406	4.73	16.98	88.32	0.50	5.77	2.0	2.5	3.0	0.17	0.22	0.26
	200	6.612	5.90	20.77	122.54		5.09				0.20	0.25	0.30
	300	7.750	7.07	24.35	172.15		4.24				0.24	0.30	0.35
	400	8.288	8.24	26.04	214.57		3.64				0.27	0.35	0.42
	500	8.600	9.40	27.02	253.99		3.19				0.31	0.40	0.48
	700	10.256	9.40	33.20	312.08		3.19				0.31	0.40	0.48
	1000	11.568	10.58	36.34	384.48		2.84				0.35	0.44	0.52
	2000	15.368	11.746	48.28	567.10		2.55				0.39	0.49	0.58
	3000	18.830	11.73	59.16	693.95		2.56				0.39	0.49	0.58
	5000	22.399	12.58	70.37	885.25		2.38				0.42	0.53	0.63
	10000	32.574	13.23	102.33	1353.83		2.27				0.44	0.56	0.66
浮顶罐	10000	28.500	15.83	89.54	1419.21		1.89				0.53	0.67	0.79
	20000	40.500	15.83	127.23	2016.60		1.89				0.53	0.67	0.79
	50000	60.000	19.35	188.50	3647.50		1.55				0.65	0.81	0.97
	100000	80.000	21.97	251.33	5521.72		1.37				0.73	0.92	1.10

区是油气厂、站、库危险性、火势最大的区域；天然气处理厂的生产装置区是全厂生产的关键部位，根据多年生产经验应采用环状给水管网，可保证给水的安全。其他区域可根据具体情况采用环网或枝状给水管道。

为了保证火场用水，避免因个别管段损坏而导致管网中断供水，故环状管网应用阀门分割成若干独立段，两阀门之间的消火栓数量不宜超过5个。

对寒冷地区的消火栓井、阀门井及管道必须有可靠的防冻、保温措施，如大庆油田由于地下水位较高，消火栓井、阀门井内进水，每到冬季常有消火栓、阀门、管道被冻结，有的被冻坏，不能使用。

第7.3.6条 当没有消防给水管道或消防给水管道不能满足消防用水的水量和水压要求时，应设置消防水池储存消防用水。

消防水池的容量应为灭火连续供给时间和消防用水量的乘积。若能保证连续供水时，其容量可以减去灭火延续时间内补充的水量。

当消防水池（罐）和给水或注水池（罐）合用时，为了保证消防用水不被给水或注水使用，应在池（罐）内设技术措施。如，将给水、注水用水水泵的吸水管置于消防水位以上；或将给水、注水用水水泵的吸水管在消防水位上打孔等，以确保消防用水的可靠性。

较大的消防用水应设两座水池（罐），以便在检修、清池时能确保应急用水。补水时间不超过96h是从油田的具体情况，从安全和经济相结合考虑的。

消防车从消防水池取水，距消防保护对象的距离是根据消防车供水压力来确定的。

第7.3.7条 本条对消火栓的设置提出了要求。

一、油气厂、站、库当采用高压消防给水时，其水源无论是由油气田给水干管供给，还是由厂、站、库内部消防泵房供给，消防给水管网最不利点消火栓出水口水压和水量，应满足在用各种消防设备扑救最高储罐或最高建、构筑物火灾时的要求。采用低压制消防给水时，火场由消防车或其他移动式消防水泵供给灭火需要的压力，为保证管道内的水能进入消防车水罐，低压制消防给水管道最不利点消火栓出水口水压应保证不小于0.1MPa（10m水柱）。

二、储罐区的消火栓设在防火堤和消防道路之间，是考虑消防实际操作的需要及水带敷设不会阻碍消防车在消防道路上的行驶。消防栓距离路边2～5m，是为使用方便和安全。

三、通常一个消火栓供一辆消防车或2支口径19mm水枪用水，其用水量为10～13L/s，加上漏损，故消火栓出水量按10～15L/s计算。当罐区采用固定式冷却给水系统时，在罐区四周应设消火栓，以供泡沫管枪扑救流散液体火焰或在储罐爆炸时，罐上的固定冷却水管有可能被破坏，这时必须用罐区周围设置的消火栓供给移动式灭火设备的用水。

四、对消火栓的栓口做了具体规定，是因为油田内已建的消火栓基本上是SX100型，即出水口直径100mm、65mm各一个。对高压制消防给水，直径100mm出水口基本上用不上，而65mm出水口又只有一个，不够用。这次规定高压制消防给水，消火栓应有两个直径65mm出水口。

五、设置水龙带箱是参照国外规范制定的，该箱用途很大，特别是对高压制消防给水系统，自救工具必须设在取水地点，箱内的水带及水枪数量是根据消火栓的布置要求配置的。

第7.3.8条 天然气处理厂、站的消防用水量与生产装置的规模、火灾危险性、占地面积等有关。四川某气田由日本设计的卧龙河引进“天然气处理装置成套设备”的天然气处理量为400万标m^3/d，消防用水量为70L/s，连续供给时间按30min计算。通过多年生产考察，消防水量可减少。根据我国国情及设计经验，天然气生产装置区的消防用水量可依据其生产规模、火灾危险性、占地面积等因素计算确定，但不宜少于 30L/s，以供 4 支口径 19mm 的水枪用水。

第 7.3.9 条 有许多油气厂、站、库内仅储罐区设有消防给水管道及消火栓，而装置区、生产区未设消火栓。为保证上述区域建（构）筑物及生产设施的安全，也应设消防给水管道和消火栓，其消防用水量和消防设施的设置标准按《建筑设计防火规范》的有关规定执行。

第四节 消防泵房

第 7.4.1 条 消防泵房分消防给水泵房和消防泡沫泵房两种。中小型站场一般只设消防给水泵房不设消防泡沫泵房，大型站场通常设消防给水泵房和消防泡沫泵房两种，这时应将两种消防泵房合建，以便统一管理。

对消防泵房规模要求：凡泡沫泵和冷却水泵均应满足扑救站场可能的最大火灾时的流量和压力要求。当采用环泵式比例混合器时，泡沫混合液泵的流量还应增加动力水的回流损耗，消耗水量可根据有关公式计算。当采用压力比例混合器时，进口压力应满足产品使用说明书的要求。

为确保消防时泵能正常运转，提出一个消防泵房内应有一台相当于最大排量的泵作备用且要求混合液泵与冷却水泵在流程上可互为备用，以提高设备的消防能力。

第 7.4.2 条 本条是根据油田消防的具体情况制定的。一般大中型站场，均有供水泵房，从节省基建投资、减少值班岗位、提高设备互换性和设备维护保养角度考虑，消防泵房宜与供水泵房合建。根据调查资料，独立的消防泵房原设有专人值班，由于长期不发生火灾，加上人员紧张，往往把值班人员调离消防岗位，故本条提出消防泵房尽量与供水泵房合建为好。

第 7.4.3 条 本条提出了消防泵房位置选择的距离要求。太靠近储罐区，罐区火灾将威胁消防泵房；离储罐区太远，将会延迟冷却水和泡沫混合液抵达着火点的时间，增加占地面积。

据资料介绍，油罐一旦发生火灾，其辐射热对罐的影响很大，如地下钢罐在火烧的情况下，5min 内就可使罐壁温度升高到 500℃，致使油罐钢板的强度降低 50%；10min 内可使油罐壁温度升到 700℃，油罐钢板的强度降低 90%以上，此时油罐将发生变形或破裂，所以应在最短时间内进行冷却或灭火。一般认为地下钢罐的抗烧能力约为 8min 左右，故消防灭火，贵在神速，将火灾扑灭在初期。本条规定启泵后 5min 内将泡沫混合液和冷却水送到任何一个着火点。根据这一明确要求，采取可能的技术措施，来综合考虑消防泵房位置和消防管道的布置。

第 7.4.4 条 油罐一旦起火爆炸、储油外溢，将会向低洼处流淌，尤其在山区，若消防泵房地势比储罐区低，流淌火焰将会直接威胁消防泵房。另外油罐火灾的下风侧受火灾的威胁最大，从消防泵房的安全考虑，本条规定消防泵房的地势不应低于储罐区，且在储罐区全年最小风频风向的上风侧。

第 7.4.5 条 为确保火场消防和人员安全而设。

第 7.4.6 条 消防泵房的安装旨在安全、可靠、启动迅速。

一、消防管线长时间不用会被腐蚀破裂，如吸水和出水均为双管线时，就能保证消防时有一条可正常工作。

二、为了争取灭火时间，消防泵一般应采用自灌式启泵，若没有特殊原因，本规范不提倡消防泵采用负压上水。

三、消防泵设回流管，为便于定期对消防泵作试车检查。

四、对于经常启闭，口径大于 300mm 的阀件，为了便于操作，宜采用电动或气动。为防止停电、断气时影响启闭，故又提出要同时可手动操作。

第 7.4.7 条 为确保火场断电时，仍能使消防泵正常运转，故提出消防泵应设双电源或双回路供电的安全措施。

第 7.4.8 条 为确保火场及时进行通信联络，故设可靠的通信设施。

第五节　灭火器的配置

第 7.5.1 条　灭火器轻便灵活机动，易于掌握使用，适于扑救初起火灾，防止火灾蔓延，因此油气厂、站、库的建（构）筑物内应配置灭火器。灭火器的配置标准可按国家标准《建筑灭火器配置设计规范》执行，所以本规范不再单独做出规定。

第 7.5.2 条　现行国家标准《建筑灭火器配置设计规范》第 4.0.6 条规定：甲、乙、丙类液体储罐，可燃气体储罐的灭火器配置场所，灭火器的配置数量可相应减少 70%。但从调查了解，油罐区很少发生火灾，以往油气厂、站、库油罐区都没有配置过灭火器；并且灭火器只能用来扑救零星的初起火灾，一旦酿成大火，就不起作用了，而需依靠固定式、半固定式或移动式泡沫灭火设施来扑灭火灾。灭火器的配置经认真计算，并与公安部消防局进行协商后，确定了一个符合大型油罐防火实际的数值，同时根据固定顶油罐和浮顶油罐火灾时，由于燃烧面积的大小不同，分别作出了 10%和 5%的规定，减少了配置数量。考虑到阀组滴漏、油罐冒顶，在罐区内、浮盘上可能发生零星火灾，因此可根据储罐大小不同，每个罐可配置 1～3 个灭火器，用于扑救初起火灾。

随着油、气田开发及深加工处理能力的扩大，油气生产厂、站内出现了露天生产装置区，如原油稳定和天然气深冷、浅冷装置等，而这些装置占地面积也较大，而且设有消防给水、蒸汽灭火系统等，结合这种情况，根据国家标准对配置数量也做了适当的调整。

中华人民共和国国家标准

发生炉煤气站设计规范

Design code for producer gas station

GB 50195-94

主编部门：中华人民共和国机械工业部
批准部门：中华人民共和国建设部
施行日期：1994年9月1日

关于发布国家标准《发生炉煤气站设计规范》的通知

建标[1994]35号

根据国家计委计综（1987）2390号文和建设部建标[1991]727号文的要求，由机械工业部会同有关部门共同制订的国家标准《发生炉煤气站设计规范》，已经有关部门会审。现批准《发生炉煤气站设计规范》GB 50195-94为强制性国家标准，自一九九四年九月一日起施行。

本规范由机械工业部管理，其具体解释工作由机械工业部设计研究院负责，出版发行由建设部标准定额研究所负责组织。

中华人民共和国建设部
一九九四年一月十四日

目　次

1 总 则

1.0.1 为使发生炉煤气站的设计能保证安全生产，节约能源，保护环境，做到技术先进，经济合理，制定本规范。

1.0.2 本规范适用于工业企业新建、扩建和改建的常压固定床发生炉煤气站和煤气管道的设计。对扩建和改建的工程，应合理地充分利用原有的设备、管道、建筑物和构筑物。

本规范不适用于水煤气站和水煤气管道的设计。

1.0.3 发生炉煤气站的环境保护设施，必须与主体工程同时设计，各项有害物质的排放和噪声的危害必须严格控制，并应符合国家现行有关标准的规定。

1.0.4 发生炉煤气站和煤气管道的设计，除应符合本规范外，尚应符合国家现行有关标准、规范的规定。

2 术 语

2.0.1 发生炉煤气站 producer gas station

为生产煤气而设置的主厂房、煤气排送机间、空气鼓风机间、煤和灰渣贮运、循环水系统以及辅助设施等建筑物和构筑物的总称。

2.0.2 运煤栈桥 overhead bridge for coal conveyer

运输煤、焦炭或灰渣的胶带走廊。

2.0.3 破碎筛分间 crasher and screen room

装有煤或焦炭的破碎设备或筛分设备的房间。

2.0.4 受煤斗 coal receiving hopper

在煤场内或机械化运煤设备前的贮煤斗。

2.0.5 末煤 pulverized coal

粒度为 0—13mm 的煤。

2.0.6 机械化运输 transport by conveyer

胶带输送机、多斗提升机、刮板机和水力除灰渣等运输方式。

2.0.7 半机械化运输 transport by simple machine

单轨电葫芦、单斗提升机、电动牵引小车、有轨手推矿车和简易运煤机械等运输方式。

2.0.8 磁选分离设施 magnetic separator

在运煤系统上装磁选设备、悬吊式磁铁分离器、电磁胶带轮。

2.0.9 小型煤气站 small type gas station

在标准状态下，煤气设计产量小于或等于 $6000m^3/h$ 的煤气站。

2.0.10 中型煤气站 medium type gas station

在标准状态下，煤气设计产量介于 $6000m^3/h$ 小型煤气站和 $50000m^3/h$ 大型煤气站之间的煤气站。

2.0.11 大型煤气站 large type gas station

在标准状态下，煤气设计产量大于或等于 $50000m^3/h$ 的煤气站。

2.0.12 一般通道 common passage

室内操作和检查经常来往通过的地方。

2.0.13 主要通道 main passage

设备安装和检修运输用的室内干道。

2.0.14 搅捧 rotary rake

搅松煤气发生炉炉内煤层的装置。

2.0.15 煤气净化设备 equipment for gas purification

竖管、旋风除尘器、电气滤清器、洗涤塔、间接冷却器、除滴器等的总称。

2.0.16 电气滤清器 electrostatic precipitator

湿式电气除尘器、电除焦油器、静电除尘器的总称。

2.0.17 除滴器 water knockout

去除煤气中的水滴的设备。

2.0.18 钟罩阀 bell type valve

煤气发生炉出口放散煤气或烟气的装置。

2.0.19 止逆阀 non-return valve

防止煤气发生炉内煤气向空气管内倒流的装置。

2.0.20 爆破阀 explosion valve

煤气爆炸时阀内膜片破裂泄压后，阀盖由于重锤的作用，自动闭上，能起安全作用的阀。

2.0.21 自然吸风装置 draft ventilation equipment

供煤气发生炉压火时自然通风的设备。

2.0.22 排水器 water seal equipment

排除煤气管道内冷凝水的设备。

2.0.23 煤气管伸缩器 flexible section of gas pipe

煤气管道上热膨胀补偿用的装置。

2.0.24 盲板 blanking plate

煤气设备或管道的法兰间用于临时隔断的堵板。

2.0.25 撑铁 side shoring

设在煤气设备或管道的法兰前后，用于装卸盲板、盲板垫圈的支撑。

3 煤种选择

3.0.1 发生炉煤气站（以下简称煤气站）初步设计前应选择和确定气化的煤种，施工图设计前，应取得供煤协议；供煤协议的内容应包括煤种、数量、粒度和技术指标。

注：本规范所指的煤种包括焦炭。

3.0.2 气化的煤种应根据用户对煤气质量的要求和就地就近供应的原则，经技术经济比较后选择确定。

3.0.3 一段煤气发生炉气化用煤的技术指标，应符合现行国家标准《常压固定床煤气发生炉用煤质量标准》的有关规定。

3.0.4 两段煤气发生炉气化煤种的技术指标，宜符合表3.0.4的规定。

两段煤气发生炉气化煤种的技术指标　　表3.0.4

项　目	技术指标
粒　度　(mm)	20～40；25～50；30～60
最大粒度与最小粒度之比	≤2
块煤限下率(%)	≤10
含　矸　率(%)	≤2
干基挥发分　V_d(%)	≥20
干基灰分　A_d(%)	≤18
干基全硫分　$S_{t,d}$(%)	≤2
灰熔融性软化温度 ST(℃)	≥1250
热稳定性 TS_{+6}(%)	>60
抗碎强度(>25mm)(%)	>60
罗加指数 R.I.	≤20
自由膨胀序数 F.S.I.	≤2

3.0.5 煤的主要气化指标的采用，应根据选用的煤气发生炉型式、煤种、粒度等因素综合确定。对曾用于气化的煤种，应采用其平均气化强度指标；对未曾用于气化的煤种，应根据其气化试验报告和曾用于煤气发生炉气化的类似煤种的气化指标确定。

3.0.6 初步设计前，应取得采用煤种的气化试验报告。当小型煤气站设计取得上述报告有困难时，应取得该煤种的技术指标。

4 设计产量和质量

4.0.1 煤气站的设计产量，应根据各煤气用户的车间小时最大煤气消耗量之和及车间之间的同时使用系数确定。煤气用户的车间小时最大煤气消耗量，应根据各使用煤气设备的小时最大煤气消耗量之和及各设备之间的同时使用系数确定。

4.0.2 煤气用户车间之间的同时使用系数和各设备之间的同时使用系数，应根据其同类型企业相应的实际工况进行核算后确定。

4.0.3 在标准状态下，一段发生炉煤气低发热量宜符合下列规定:

4.0.3.1 无烟煤系统或焦炭系统不小于 5000kJ／m^3。

4.0.3.2 烟煤系统不小于 5650kJ／m^3。

注：在 101325Pa（760mm 水银柱）的大气压力下，温度 0℃时为标准状态。

4.0.4 在标准状态下，两段发生炉煤气低发热量宜符合下列规定:

4.0.4.1 上段煤气不小于 6700kJ／m^3。

4.0.4.2 下段煤气不大于 5440kJ／m^3。

4.0.5 冷煤气站的煤气温度，在洗涤塔或间接冷却器后，不宜高于 35℃；夏季不应高于 45℃。

4.0.6 热煤气站以烟煤气化的煤气温度，在使用煤气的设备前，不宜低于 350℃。

对小型热煤气站达到此温度有困难时，可适当降低。

4.0.7 冷煤气站出口煤气中的灰尘和焦油含量，应根据用户要求确定。当用户无要求时，在标准状态下煤气中的灰尘和焦油含量之和宜符合下列规定:

4.0.7.1 无烟煤系统或焦炭系统煤气中的灰尘和焦油含量之和不大于 50mg／m^3。

4.0.7.2 烟煤系统煤气中的灰尘和焦油含量之和不大于 100mg／m^3。

4.0.8 当用户或环境保护对煤气的硫化氢含量有特殊要求时，应设置脱硫设施。

5 站区布置

5.0.1 煤气站区的布置应符合现行国家标准《工业企业总平面设计规范》的有关规定，并应符合下列要求：

5.0.1.1 煤气站区应位于工业企业厂区主要建筑物和构筑物全年最小频率风向的上风侧。

5.0.1.2 应靠近煤气负荷比较集中的地点。

5.0.1.3 应便于煤、灰渣、末煤、焦油、焦油渣的运输和贮存以及循环水的处理。

5.0.1.4 应便于与锅炉房共用煤和灰渣的贮运设施以及末煤的利用。

5.0.1.5 应留有扩建的余地。

5.0.1.6 宜设绿化场地。

5.0.2 煤气站的厂房应与其他生产厂房分开布置，其间距应符合现行国家标准《建筑设计防火规范》的有关规定。

小型热煤气站的厂房，可与煤气用户的车间毗连，但应设防火墙。

5.0.3 煤气站主厂房的正面，宜垂直于夏季最大频率风向；室外煤气净化设备，宜布置在主厂房夏季最大频率风向的下风侧。

5.0.4 煤气排送机间、空气鼓风机间宜与主厂房分开布置。小型煤气站的煤气排送机间、空气鼓风机间可与主厂房毗连布置。

5.0.5 循环水系统、焦油系统和煤场等的建筑物和构筑物，宜布置在煤气站主厂房、煤气排送机间、空气鼓风机间等的夏季最大频率风向的下风侧，并应防止冷却塔散发的水雾对周围环境的影响。

5.0.6 煤气站区内的消防车道，应符合现行国家标准《建筑设计防火规范》的有关规定。

6 设备选择

6.0.1 煤气发生炉的工作台数每 5 台及以下应另设 1 台备用；当用户终年连续高负荷生产时，每 4 台及以下宜另设 1 台备用。当煤气发生炉检修时，煤气用户的车间允许减少或停止供应煤气的情况下，可不设备用。

注：煤气发生炉指一段或两段常压固定床气化的煤气发生炉。

6.0.2 竖管、旋风除尘器，应分别与煤气发生炉成对设置。

6.0.3 竖管底部的焦油渣宜采用水力排除。

6.0.4 余热锅炉的设置应满足工艺系统压力降的要求，并应经技术经济比较后确定。

6.0.5 余热锅炉应采用火管式锅炉，并应符合国家现行标准《压力容器安全技术监察规程》的有关规定。

6.0.6 电气滤清器型式的选择，应根据煤气中焦油和杂质的性质确定；当其流动性差、不能自流排除时，应采用带有冲洗装置的电气滤清器。

电气滤清器的数量和容量，应根据煤气站的设计产量确定，但不宜少于 2 台，且不应设备用。管式电气滤清器内，煤气的实际流速不宜大于 0.8m／s；当其中 1 台清理或检修时，煤气的实际流速不宜大于 1.2m／s。

6.0.7 当洗涤塔集中设置或与电气滤清器成对设置时，其数量和容量应根据煤气站的设计产量确定，不应设备用。

6.0.8 空气鼓风机的空气流量，应根据煤气站的设计空气需要量确定。

空气压力应根据煤气发生炉在达到设计产量时的炉出口煤气压力、炉内的压力损失、空气管道系统压力损失的总和确定。

6.0.9 煤气排送机的煤气流量，应根据煤气站设计产量确定，其煤气压力应根据煤气用户的车间对煤气压力的要求和煤气管道系统压力损失的总和确定。

6.0.10 煤气排送机和空气鼓风机采用离心式设备时，应符合下列规定：

6.0.10.1 单机工作时，其流量的富裕量宜为10%，其压力的富裕量宜为20%，并联工作时均应适当加大。

6.0.10.2 压力应根据工作条件下介质的密度进行修正，流量应根据工作条件下介质的温度、湿度、煤气站所在地区的大气压力进行修正。

6.0.10.3 空气鼓风机和煤气排送机设置的台数宜相等，其各自的并联工作台数不宜超过3台，并应另设1台备用；当需要低负荷调节确认经济合理时，可增设1台较小容量的设备。

6.0.11 除滴器宜与煤气排送机成对设置。

7 设备的安全要求

7.0.1 煤气净化设备和煤气余热锅炉，应设放散管和吹扫管接头；其装设的位置应能使设备内的介质吹净；当煤气净化设备相联处无隔断装置时，可仅在较高的设备上或设备之间的煤气管道上装设放散管。

7.0.2 设备和煤气管道放散管的接管上，应设取样嘴。

7.0.3 在容积大于或等于$1m^3$的煤气设备上，放散管直径不应小于100mm；容积小于$1m^3$的煤气设备上的放散管直径不宜小于50mm。放散管管口的高度应符合本规范第17.0.19条的规定。

7.0.4 在电气滤清器上必须设爆破阀，在洗涤塔上宜设爆破阀，其装设要求，应符合下列规定：

7.0.4.1 应装在设备薄弱处或易受爆破气浪直接冲击的部位。

7.0.4.2 离地面的净空高度小于2m时，应设防护措施。

7.0.4.3 爆破阀的泄压口不应正对建筑物的门窗。

7.0.5 爆破阀薄膜的材料，宜采用退火状态的工业纯铝板。

7.0.6 竖管、旋风除尘器宜设泄压水封。

7.0.7 煤气设备水封的有效高度，按煤气设备的最大工作压力确定，并不应小于表7.0.7的规定。

水封的有效高度 **表 7.0.7**

最大工作压力 (Pa)	水封的有效高度 (mm)
<3000	0.1P+150
3000～10000	0.1P×1.5
>10000	0.1P+500

注：①P为最大工作压力。
②当最大工作压力小于3000Pa时，水封的有效高度不应小于250mm。

7.0.8 煤气排送机后的设备最大工作压力，应等于煤气排送机前的最大工作压力加煤气排送机的最大升压。

7.0.9 钟罩阀内放散水封的有效高度，应等于煤气发生炉出口最大工作压力的水柱高度加 50mm。

7.0.10 煤气设备的水封，应采取保持其固定水位的设施。

7.0.11 煤气发生炉、煤气设备和煤气排送机与煤气管道之间，应设置可靠隔断煤气的装置；当设置盲板时，应设便于装卸盲板的撑铁。

7.0.12 在煤气设备和管道上装设爆破阀、人孔、阀门、盲板等的地方，其装设高度离操作层或地面大于 2m 时，应设置平台。

8 工艺布置

8.0.1 煤气发生炉宜采用单排布置。

8.0.2 主厂房的层数和层高，应根据煤气发生炉的型式、煤斗贮量、运煤和排灰渣的方式、操作和安装维修的需要确定。

8.0.3 主厂房内设备之间、设备与墙之间的净距，应根据设备操作、检修和运输的需要确定；当用作一般通道时，不宜小于 1.5m。

8.0.4 主厂房为封闭建筑时，底层外墙应按设备的最大件尺寸设置门洞或预留安装孔洞；2 层及以上的楼层，应根据所在层的设备最大部件设置吊装孔，并应根据所在层检修部件的最大重量，设置起重设施和预留安装拆卸设备的场地。

8.0.5 在以烟煤煤种气化的煤气发生炉与竖管或旋风除尘器之间的接管上，应设清除管内积灰的设施。

8.0.6 煤气净化设备应布置在室外，竖管和旋风除尘器可布置在室内。

8.0.7 煤气排送机和空气鼓风机，宜分开布置在各自的房间内。

小型煤气站的煤气排送机和空气鼓风机，可布置在同一房间内。

8.0.8 煤气排送机和空气鼓风机应各自单排布置。

8.0.9 煤气排送机间、空气鼓风机间内，设备之间、设备与墙之间的净距，宜为 0.8～1.2m；当用作主要通道时，不宜小于 2m；当用作一般通道时，不宜小于 1.5m。

8.0.10 煤气排送机间的层数和层高，应根据设备的结构型式、排水器布置和设备吊装等要求确定。当采用单层厂房时，操作层的层高不应小于 3.5m；采用双层厂房时，底层的层高不应小于 3m。

8.0.11 煤气排送机间、空气鼓风机间的操作层，应在外墙按设备的最大部件设置门洞或预留安装孔洞，并应设检修最重部件的起重设施和预留有安装拆卸部件的场地。

8.0.12 空气鼓风机的吸风口，应布置在室外，并应设置防护网和防雨、降低噪声的设施。

9　空气管道

9.0.1 空气管道系统应设置下列安全设施：

9.0.1.1 在煤气发生炉的进口空气管道，应设明杆式或指示式的阀门、自然吸风装置和止逆阀。

9.0.1.2 空气总管的末端，应设爆破膜。

9.0.1.3 空气总管的末端应设放散管，并应接至室外。

9.0.2 饱和空气管道应设保温层，并应在其最低点装设排水装置。

9.0.3 空气管道宜架空敷设。

10 辅 助 设 施

10.0.1 煤气站应设化验室，其化验设备应按经常化验的项目设置，不经常化验的项目宜与有关单位协作。

10.0.2 煤气站应设机修间和电修间，其维修设备应按站内机电设备及管道的经常维护和小修的需要设置；大修和中修应与有关单位协作。小型煤气站可不设机修间和电修间。

10.0.3 大型煤气站应设仪表维修间。

10.0.4 煤气的安全防护组织及其设施，应符合现行的国家标准《工业企业煤气安全规程》的有关规定。

11 煤和灰渣的贮运

11.0.1 煤和灰渣贮运系统应按下列条件设计：

11.0.1.1 煤的种类、粒度和运输量、末煤和灰渣的排除量。

11.0.1.2 煤气站的工作制度和贮运工作制度。

11.0.1.3 煤、灰渣和末煤的站外运输方式。

11.0.2 大、中型煤气站的煤、灰渣和末煤应采用机械化装卸和运输；小型煤气站宜采用机械化或半机械化装卸和运输。

11.0.3 煤气站的煤场，应根据煤源远近、供应的均衡性和交通运输方式等条件确定，并宜符合下列规定：

11.0.3.1 火车和船舶运输，煤场贮煤量为10～30d的煤气站入炉煤量。

11.0.3.2 汽车运输，煤场贮煤量为5～10d的煤气站入炉煤量。

11.0.3.3 当工厂有集中煤场时，煤气站煤场的贮煤量不大于3d的煤气站入炉煤量。

11.0.3.4 煤场除设置入炉煤的贮存场地外，尚应根据需要预留末煤的堆放场地。

11.0.4 露天煤场应夯实和设排水设施，并宜铺设块石地坪或混凝土地坪，在有经常性的连续降雨、降雪地区，煤场宜设防雨、防雪设施，其覆盖面积应根据煤气站的运行经验和当地的气象条件确定。

11.0.5 运煤系统设备的每班设计运转时间，不宜大于6h。

11.0.6 机械加煤的煤气发生炉贮煤斗的有效贮量，应根据运煤的工作班制确定，当煤气发生炉为三班运行时，贮煤斗的有效贮量宜符合表11.0.6的规定。

煤气发生炉贮煤斗的有效贮量 **表 11.0.6**

运煤工作班制	贮煤斗的有效贮量
一班制	煤气发生炉 18～20h 的入炉煤量
二班制	煤气发生炉 12～14h 的入炉煤量
三班制	不大于煤气发生炉 6h 的入炉煤量

11.0.7 煤气发生炉的直径大于 2m 时，其贮煤斗内供排放泄漏煤气用的放散管直径不应小于 300mm；当煤气发生炉直径等于或小于 2m 时，贮煤斗放散管直径不应小于 150mm。放散管应设清理设施。

11.0.8 煤气发生炉的贮煤斗及溜管的侧壁倾角不应小于 55°。

11.0.9 运煤系统必须设筛分和磁选分离的设施。

当供煤的粒度大于设计要求时，必须设置破碎机，磁选分离设施应设在破碎机前。

11.0.10 煤气站的贮运系统应设置煤的计量设施。

11.0.11 末煤斗的总贮量不宜小于煤气站的一昼夜末煤产生量，当末煤供厂内使用时，可酌情减少。末煤斗及其溜管的侧壁倾角不应小于 60°。在严寒地区的末煤斗应设防冻设施。

11.0.12 灰渣斗的总贮量不宜小于煤气站的一昼夜灰渣排除量，灰渣斗及溜管的侧壁倾角不应小于 60°。在严寒地区的灰渣斗应设防冻设施。

11.0.13 运煤和排渣系统中设备传动装置的外露转动部分，应设安全防护罩；当装设在运煤栈桥内的胶带输送机无安全防护罩时，宜设越过胶带输送机的过桥，并宜在操作人员行走的一侧设置栏杆。

11.0.14 主厂房贮煤层应设防止操作人员落入贮煤斗的设施，并宜设防止楼板上的积水流入贮煤斗的设施。

11.0.15 当采用胶带输送机给煤时，煤气发生炉贮煤斗上方，应采取避免末煤集中进入最后一个贮煤斗的措施。

11.0.16 当运送块煤时，胶带输送机的普通胶带的倾斜角不应大于 18°；当运送末煤及灰渣时，不应大于 20°。

11.0.17 运煤栈桥宜采用半封闭式或封闭式。

11.0.18 运煤栈桥的通道，应符合下列规定：

11.0.18.1 运行通道的净宽不应小于 1m；检修通道的净宽不应小于 0.6m。

11.0.18.2 运煤栈桥的垂直净高不应小于 2.2m。

11.0.19 运煤筛分破碎设备间应设起吊设施和检修场地。

11.0.20 运煤系统的破碎机、振动筛和产生粉尘的转卸点，应设封闭设施。

12 给水、排水和循环水

12.0.1 煤气发生炉水套的给水水质，应符合下列规定：

12.0.1.1 当水套中水温大于 100℃时，给水水质应符合现行国家标准《低压锅炉水质标准》中关于锅壳锅炉水质标准的规定。

12.0.1.2 当水套中水温小于或等于 100℃时，给水水质应符合现行国家标准《低压锅炉水质标准》中关于热水锅炉水质标准的规定。

12.0.2 煤气发生炉搅棒、人孔等冷却水水质应符合下列规定：

12.0.2.1 悬浮物不宜大于 100mg／L。

12.0.2.2 25℃时 pH 值宜为 6.5～9.5。

12.0.2.3 根据冷却水的碳酸盐硬度控制其排水温度，不宜大于表 12.0.2 的规定：

碳酸盐硬度与排水温度的关系 **表 12.0.2**

碳酸盐硬度 (mg／L 以 $CaCO_3$ 表示)	排水温度 (℃)
<175	50
250	45
300	40
350	35
500	30

12.0.3 煤气站室外消火栓用水量，应符合现行国家标准《建筑设计防火规范》的有关规定。

12.0.4 煤气净化设备采用接触煤气的循环水，应进行水处理，其水质、水压、水温应符合下列规定：

12.0.4.1 无烟煤系统和焦炭系统的冷煤气循环水的灰尘与焦油含量之和，不应大于 200mg／L。

12.0.4.2 烟煤系统的冷煤气冷循环水的灰尘与焦油含量之和，不宜大于 200mg／L；热循环水的灰尘与焦油含量之和，不应大于 500mg／L。

12.0.4.3 25℃时 pH 值不应小于 6.5。

12.0.4.4 供水点压力应根据煤气净化设备的高度、管网阻力及所采用喷嘴的性能确定，并宜符合下列规定：

(1) 无填料煤气净化设备喷嘴前的压力宜为 0.1～0.15MPa;

(2) 有填料煤气净化设备喷嘴前的压力宜为 0.05～0.1MPa。

12.0.4.5 无烟煤系统和焦炭系统的冷煤气循环水的给水温度不宜大于 28℃，夏季最高水温不应大于 35℃。

12.0.4.6 烟煤系统的冷煤气冷循环水的给水温度不宜大于 28℃，夏季最高水温不应大于 35℃。烟煤系统的冷煤气热循环水的给水温度不应小于 55℃。

12.0.5 接触煤气的循环水，应与不接触煤气的水封用水和设备冷却水、蒸汽冷凝水、生活用水等的排水分流。

12.0.6 冷煤气站站区内接触煤气的洗涤冷却水、水封用水和煤气排水器用水，必须设封闭循环水系统。

12.0.7 热煤气站的湿式盘阀、旋风除尘器、热煤气管道灰斗底部以及其他煤气设备的水封用水，不应直接排入室外排水管道。

12.0.8 厂区和车间煤气管道排水器的排水，应集中处理。

12.0.9 接触煤气的循环水冷却塔宜采用风筒自然通风。

12.0.10 烟煤系统洗涤冷却煤气的循环水应分设冷、热两个系统。

12.0.11 接触煤气的循环水系统，宜设调节池。

12.0.12 接触煤气的循环水沉淀池、水沟等构筑物，应采取防止循环水渗入土壤污染地下水的措施，并应设清理污泥的设施；水沟之间必须有排除地面水的管渠。

12.0.13 循环水系统的冷却塔不宜设备用。当冷却塔检修时，应采取不影响生产的措施。

12.0.14 循环水水沟应设盖板。

12.0.15 煤焦油应采用封闭式输送系统，并宜采用蒸汽保温的管道输送。

12.0.16 循环水泵房的吸水井，应设水位标尺。

12.0.17 煤气站的循环水系统应设置贮运煤焦油、循环水沉渣的设施。

12.0.18 循环水沉淀池的周围应设置栏杆。

12.0.19 运煤系统建筑物内，宜设置用水冲洗地面的设施。

13　热工测量和控制

13.0.1 煤气站应根据安全、经济运行和核算的要求，装设测量仪表和自动控制调节装置。

13.0.2 煤气发生炉、空气鼓风机、煤气排送机等设备应设测量仪表，并应设在操作时便于观察的场所。

13.0.3 控制室内测量煤气参数的仪表，应采用二次仪表。

13.0.4 煤气发生炉应装设测量下列参数的仪表:

13.0.4.1 空气流量。

13.0.4.2 饱和空气的压力和温度。

13.0.4.3 煤气发生炉出口煤气的压力及温度。

13.0.5 汽包或煤气发生炉水套，应就地装设水位与蒸汽压力的指示仪表。

13.0.6 煤气净化设备之间，应装设测量煤气压力及温度的仪表。

13.0.7 煤气站的空气管道、煤气管道系统，应装设测量下列参数的仪表:

13.0.7.1 空气总管的空气压力。

13.0.7.2 空气鼓风机出口的空气压力。

13.0.7.3 低压煤气总管的煤气压力。

13.0.7.4 煤气排送机出口的煤气压力。

13.0.7.5 煤气站出口的煤气压力和温度。

13.0.7.6 冷煤气站出口的煤气流量。

13.0.8 电气滤清器绝缘子箱内应装设测量温度的仪表。

13.0.9 从外部引入煤气站的蒸汽、给水、软化水的进站管道上，应装设压力表、流量表。

13.0.10 大型煤气站宜装设煤气的热量自动测定记录仪。

13.0.11 煤气发生炉应设空气饱和温度自动调节装置。小型煤气站可不设置。

13.0.12 煤气站宜设置下列自动控制调节装置:

13.0.12.1 煤气站生产负荷自动调节。

13.0.12.2 汽包水位自动调节。

13.0.12.3 煤气发生炉出灰自动控制。

13.0.12.4 煤气发生炉加煤自动控制。

13.0.12.5 两段煤气发生炉的上段出口煤气温度自动调节。

13.0.13 煤气站的信号，应符合下列规定:

13.0.13.1 当空气总管的空气压力下降到设计值时，应发出声、光信号；当压力继续下降到允许值或空气鼓风机停机时，应自动停止煤气排送机运行，并应发出声、光信号。

13.0.13.2 当煤气排送机前低压煤气总管的煤气压力下降到设计值时，应发出声、光信号；当继续下降到允许值时，应自动停止煤气排送机运行，并应发出声、光信号。

13.0.13.3 当电气滤清器出口煤气压力下降到设计值时，应发出声、光信号。

13.0.13.4 当电气滤清器绝缘子箱内的温度下降到设计值时，应发出声、光信号。

13.0.13.5 电气滤清器宜装设煤气含氧量检测装置。当含氧量大于 0.8%（体积比）时，应发出声、光信号；当达到 1%（体积比）时，应自动或手动切断其高压电源。

13.0.13.6 当大型煤气站的煤气排送机、空气鼓风机轴承温度大于 65℃或其油冷却系统的油压小于 50kPa 时，应发出声、光信号。

13.0.14 大型煤气站宜设小型电子计算机或微处理机控制管理系统。除特别重要的参数外，不应重复装设模拟显示仪表。

14 采暖、通风和除尘

14.0.1 煤气站各主要生产房间的采暖室内计算温度，除应符合现行国家标准《工业企业设计卫生标准》的有关规定外，尚应符合表 14.0.1 的规定。

煤气站各主要生产房间的采暖室内计算温度 **表 14.0.1**

房间的名称	温度(℃)
主厂房发生炉炉面操作层	16
主厂房其余各层	5～10
煤气排送机间、空气鼓风机间	10
循环水泵房	16
运煤栈桥、破碎筛分间、焦油泵房等经常无人操作的房间	5
工人值班室、控制室、整流间、化验室	16～18

14.0.2 主厂房宜设机械通风设施。主厂房操作层的换气次数每小时不宜小于 5 次，并宜设夏季用的局部送风设施；主厂房底层及贮煤层的换气次数每小时不宜小于 3 次；在炎热地区，主厂房宜设有天窗或自然抽风筒。

14.0.3 当煤气发生炉的加煤机与贮煤斗连接且主厂房贮煤层为封闭建筑时，在贮煤斗内除设置供排放泄漏煤气用的放散管外，尚应在贮煤斗内的上部设机械排风装置；当煤气发生炉的加煤机与贮煤斗不相连接时，在加煤机的上方，宜设机械排风装置。

14.0.4 煤气排送机间必须设正常和事故排风装置，其换气次数应符合下列要求:

14.0.4.1 当煤气排送机轴承处设局部排风罩时，正常换气次数为每小时 6 次。

14.0.4.2 当煤气排送机轴承处不设局部排风罩时，正常换气次数为每小时 8 次。

14.0.4.3 事故换气次数为每小时 12 次（包括正常换气次数），其排风装置的开关应在室内外分别设置，并应便于操作。

14.0.5 煤气排送机间内送风口的布置，应采取避免使送出的空气经过煤气排送机到达工人经常工作地点的措施。

14.0.6 机械化运煤系统的破碎机、振动筛和产生粉尘的转卸点，应设机械通风除尘设施。

14.0.7 通风系统的室外进风口，不应靠近煤气净化设备区。

15 电　　气

15.0.1 煤气站的供电负荷级别和供电方式，应符合现行国家标准《供配电系统设计规范》的有关规定。

15.0.2 煤气站的建筑物和构筑物、室外煤气设备、煤气管道的防雷设施，应符合现行国家标准《建筑防雷设计规范》的有关规定。

15.0.3 煤气站的爆炸和火灾危险环境等级，除应符合现行国家标准《爆炸和火灾危险环境电力装置设计规范》的有关规定外，尚应符合下列规定：

15.0.3.1 主厂房的贮煤层为封闭建筑，且煤气发生炉的加煤机与贮煤斗连接时，应属 2 区爆炸危险环境；当符合下列情况之一时，应属 22 区火灾危险环境：

(1) 贮煤斗内不会有煤气漏入时；

(2) 贮煤层为敞开或半敞开建筑时。

15.0.3.2 主厂房底层及操作层应属非爆炸危险环境。

15.0.3.3 煤气排送机间及煤气净化设备区应属 2 区爆炸危险环境。

15.0.3.4 焦油泵房、焦油库应属 21 区火灾危险环境。

15.0.3.5 煤场应属 23 区火灾危险环境。

15.0.3.6 受煤斗室、破碎筛分间、运煤栈桥应属 22 区火灾危险环境。

15.0.3.7 煤气管道的排水器室应属 2 区爆炸危险环境。

15.0.4 主厂房、煤气排送机间、空气鼓风机间、煤气净化设备和运煤系统等处，均应设修理照明；在仪表盘处应设局部照明。

15.0.5 主厂房、煤气排送机间内各设备的操作岗位处和控制室、煤气防护站、主厂房的通道处，应设应急照明。

15.0.6 煤气站应设调度电话，热煤气站及小型煤气站可仅设行政电话。

15.0.7 煤气排送机的电动机，必须与空气总管的空气压力传感装置或空气鼓风机的电动机进行联锁，其联锁方式应分别符合下列规定：

15.0.7.1 当空气总管的空气压力升到设计值以上时，方应启动煤气排送机，当降到允许值时，应自动停止煤气排送机的运行。

15.0.7.2 空气鼓风机启动后，方应启动煤气排送机；当空气鼓风机停机时，应自动停止煤气排送机；联锁装置应能使所有空气鼓风机互相交替工作。

15.0.8 煤气排送机的电动机，必须与煤气排送机前低压煤气总管的煤气压力传感装置进行联锁。当压力下降到允许值时，应自动停止煤气排送机。

15.0.9 当煤气排送机、空气鼓风机的电动机采用管道通风时，其电动机与通风机的电动机之间应设电气联锁。

15.0.10 连续式机械化运煤和排渣系统，其各机械之间应设电气联锁。

16 建筑和结构

16.0.1 煤气站生产的火灾危险性分类和厂房耐火等级，应符合现行国家标准《建筑设计防火规范》的规定。主厂房、煤气排送机间、煤气管道排水器室应属于乙类生产厂房，其耐火等级不应低于二级。

16.0.2 加煤机与贮煤斗相连且为封闭建筑的主厂房贮煤层、煤气排送机间、煤气管道排水器室应属于有爆炸危险的厂房，应采取泄压措施。其泄压面积应符合现行国家标准《建筑设计防火规范》的规定。

16.0.3 主厂房操作层宜采用封闭建筑，并宜设通往煤气净化设备平台或热煤气用户的通道。

16.0.4 主厂房各层安全出口的数目不应少于2个。

16.0.5 煤气排送机间的设计应符合下列规定：

16.0.5.1 操作层宜采用封闭建筑和水磨石地面，并应设通风良好且有观察窗的隔声值班室。

16.0.5.2 安全出口的数目不应少于2个，但当每层建筑面积不超过150m^2时，可设1个。

16.0.6 煤气排送机间、空气鼓风机间应有消音设施，设备基础应有防振设施。

16.0.7 化验室、整流间、控制室和办公室，宜采取防潮湿、防振动、防噪声、排除粉尘和高温等的措施。

16.0.8 室外煤气净化设备区，宜铺设混凝土地坪。

16.0.9 室外煤气净化设备的平台，宽度不应小于0.8m；栏杆高度应为1.2m；在栏杆底部应设挡板，挡板高度宜为150mm；平台地面应防滑，平台扶梯宜有斜度；竖直梯大于2m的部分应设护笼。

16.0.10 室外煤气净化设备的联合平台，不应少于 2 个安全出口。但长度不超过 15m 的平台，可设 1 个安全出口。平台通往地面的扶梯和通往相邻平台或厂房的走道，均可作为安全出口。

由平台上最远工作地点至安全出口的距离不应超过 25m。

16.0.11 水沟、沉淀池、调节池和焦油池应采用钢筋混凝土结构；水沟和焦油沟应设盖板，其顶面标高在室内部分应与室内地坪相同，在室外部分应高出附近地面并不宜小于 150mm。

17 煤气管道

17.0.1 厂区煤气管道应架空敷设，并应符合下列规定：

17.0.1.1 应敷设在非燃烧体的支柱或栈桥上。

17.0.1.2 沿建筑物的外墙或屋面上敷设时，该建筑物应为一、二级耐火等级的丁、戊类生产厂房。

17.0.1.3 不应在存放易燃易爆物品的堆场和仓库区内敷设。

17.0.1.4 不应穿过不使用煤气的建筑物。

17.0.1.5 厂区架空煤气管道与建筑物、构筑物和管线的最小水平净距，应符合本规范附录 A 的规定。

17.0.1.6 厂区架空煤气管道与铁路、道路、架空电力线路和其他管道之间的最小交叉净距，应符合本规范附录 B 的规定。

17.0.2 架空煤气管道可与水管、热力管、不燃气体管、燃油管、氧气管和乙炔管伴随敷设，并应符合下列规定：

17.0.2.1 厂区架空煤气管道与水管、热力管、不燃气体管和燃油管在同一支柱或栈桥上敷设时，其上下平行敷设的垂直净距不应小于 250mm。

17.0.2.2 厂区架空煤气管道与氧气、乙炔管道共架敷设时，应符合现行国家标准《氧气站设计规范》及《乙炔站设计规范》的规定。

17.0.2.3 厂区架空煤气管道与其他管道在同一支架上敷设时，其平行敷设的最小水平净距，应符合本规范附录 C 的规定。

17.0.2.4 车间内架空的冷煤气管道与其他管道平行、上下和交叉敷设时，其最小净距应符合本规范附录 D 的规定。

17.0.2.5 利用煤气管道及其支架设置其他管道的托架、吊架时，管道之间的最小净距，应符合本规范附录 D 的规定，尚应采取措施消除管道不同热膨胀的相互影响。

17.0.2.6 煤气管道与输送腐蚀性介质管道共架敷设时，煤气管道应架设在上方；对于易漏气、漏油、漏腐蚀性液体的部位，应在煤气管道上采取保护措施。

17.0.3 煤气管道支架上不应敷设电线，但供煤气管道使用的电缆和用钢管布线的电线可敷设在支架上。

17.0.4 厂区架空煤气管道与架空电力线路交叉时，煤气管道应敷设在电力线路的下面，并应在煤气管道上电力线路两侧设有标明电线危险、禁止沿煤气管道通行的栏杆；栏杆与电力线路外侧边缘的最小水平净距，应符合本规范附录 A 的规定；交叉处的煤气管道必须可靠接地，其电阻值不应大于 10Ω。

17.0.5 煤气管道应设导除静电的接地设施。

17.0.6 煤气管道与铁路、道路的交叉角不宜小于 45°。

17.0.7 敷设在建筑物上的煤气管道，在与建筑物沉降缝的相交处，不应设固定支架。

17.0.8 冷煤气管道在车间的进口处，应设阀门、流量检测装置、压力表接头、取样嘴和放散管，其位置宜设在车间的墙外，并应设操作平台。

17.0.9 车间煤气管道不应穿过易燃或易爆品仓库、烟道、进风道和配电室、变电室等地方，当需要穿过不使用煤气的生活间时，必须设套管。

17.0.10 车间煤气管道应架空敷设。与设备连接的支管架空敷设有困难时，可敷设在空气流通但人不能通行的地沟内。除供同一炉子用的空气管道外，不应与其他管线在同一地沟内敷设。

17.0.11 厂区冷煤气管道的坡度不宜小于 0.005；车间冷煤气管道的坡度不宜小于 0.003。管道最低点应设有排水器。

17.0.12 煤气管道支架间的允许最大跨度，应根据管道、冷凝水和保温层的重量、风和雪的荷载、内压力及其他作用力等因素，按强度计算确定；并应验算煤气管道的最大允许挠度。

湿陷性黄土地区的厂区架空煤气管道的强度及支架的荷载均应按其中任一支架下沉失去支撑作用后的条件进行设计。

17.0.13 在室外采暖计算温度低于−5℃的地区，厂区冷煤气管道的排水器应采取防冻设施。

17.0.14 在寒冷地区，冷煤气管道和阀门应根据当地气温条件、煤气管道长度、负荷高低等因素进行保温的设计。

17.0.15 煤气管道应采取热膨胀的补偿措施。当自然补偿不能满足要求时，宜采用波形或鼓形伸缩器。

17.0.16 煤气管道的连接，应采用焊接。但热煤气管道的连接，可采用法兰。煤气管道与阀门或设备的连接应采用法兰，但在与管道直径小于 50mm 的附件连接处，可采用螺纹连接。

17.0.17 冷煤气管道的隔断装置，应采用封闭式插板阀、密封蝶阀、水封或明杆闸阀；但管道直径小于 50mm 时，可采用旋塞；管道检修需要隔断处，应增设带垫圈及撑铁的盲板或眼镜阀。

热煤气管道的隔断装置，应采用盘形阀或水封；当阀门安装高度大于 2m 时，宜设置平台。

17.0.18 吹扫用的放散管，应设在以下地点：

17.0.18.1 煤气管道最高处。

17.0.18.2 煤气管道的末端。

17.0.18.3 煤气管道进入车间和设备的进口阀门前，但阀门紧靠干管的可不设放散管。

17.0.19 煤气管道和设备上的放散管管口高度，应符合下列规定：

17.0.19.1 应高出煤气管道和设备及其平台 4m，与地面距离不应小于 10m。

17.0.19.2 厂房内或距厂房 10m 以内的煤气管道和设备上的放散管管口高度，应高出厂房顶部 4m。

17.0.20 厂区煤气管道上，每隔 150～200m 宜设置人孔或手孔。在独立检修的管段上，人孔不应少于 2 个；在煤气管道经常检查处，应增设人孔或手孔。

人孔的直径不应小于 600mm；在直径小于 600mm 的煤气管道上，宜设手孔，其直径与管道直径相同。

17.0.21 热煤气管道应设保温层。热煤气站至最远用户之间热煤气管道的长度，应根据煤气在管道内的温度降和压力降确定，但不宜大于 80m。

两段煤气发生炉的热煤气管道，当压力降允许时，其长度可大于 80m。

17.0.22 热煤气管道应设灰斗，灰斗的间距应根据有利于清灰的原则确定，灰斗下部应设排灰装置。

17.0.23 热煤气管道上应设吹扫孔或机械清灰装置。

17.0.24 在煤气排送机前的低压煤气总管上，宜设爆破阀或泄压水封。

附录 A　厂区架空煤气管道与建筑物、构筑物和管线的最小水平净距

厂区架空煤气管道与建筑物、构筑物和管线的最小水平净距　表 A

建筑物、构筑物和管线名称	水平净距 (m)	
	一般情况	困难情况
一、二级耐火等级建筑物，丁、戊类生产厂房: 直径大于或等于 500mm 管径小于 500mm	 0.5 与管道直径同	
一、二级耐火等级建筑物（不包括丁、戊类生产厂房和有爆炸危险的厂房）	2	
三、四级耐火等级建筑物	3	
有爆炸危险的厂房	5	
铁路(中心)	3.75	
道路	1.5	0.5
煤气管道	0.6	0.3
其他地下管道或地沟	1.5	
熔化金属、熔渣出口及其他火源	10	可适当缩短，但应采取隔热保护措施
电缆管或沟	1	
架空电力线路外侧边缘:	开阔地区	路径受限制地区
3kV 以下 3～10kV 35kV	最高杆(塔)高	1.5 2 4
人行道外缘 厂区围墙（中心线）	0.5 1	

注：①当煤气管道与其他建筑物或管道有标高差时，其水平净距应指投影至地面的净距。
②安装在煤气管道上的栏杆、平台等任何凸出结构，均作为煤气管道的一部分。
③架空电力线路与煤气管道的水平距离，应考虑导线的最大风偏情况。
④厂区架空煤气管道与地下管、沟的水平净距，系指煤气管道支架基础与地下管道或地沟的外壁之间的距离。
⑤当煤气管道的支架或凸出地面的基础边缘距离路面更近于煤气管道外沿时，其与道路的净距应以支架或基础边缘计算。

附录 B　厂区架空煤气管道与铁路、道路、架空电力线路和其他管道的最小交叉净距

厂区架空煤气管道与铁路、道路、架空电力线路和其他管道的最小交叉净距　**表 B**

铁路、道路、导线和管道名称	交叉净距 (m)
铁路轨面	6
道路路面	5
人行道路面	2.5
架空电力线路：	
3kV 以下	1.5
3～10kV	3
35kV	4
氧气管、燃油管、乙炔管	0.25
水管、热力管、不燃气体管	0.1

注：①铁路轨面不包括行驶电气机车的铁路。
②架空电力线路与煤气管道的最小交叉净距，应考虑导线的最大垂度。

附录C 厂区架空煤气管道与在同一支架上平行敷设的其他管道的最小水平净距

厂区架空煤气管道与在同一支架上平行敷设的其他管道的最小水平净距　　表C

其他管道直径(mm)	煤气管道直径(mm)		
	<300	300～600	>600
<300	100	150	150
300～600	150	150	200
>600	150	200	300

注：其他小管道利用小型支架架设在大煤气管道侧面时，其最小水平净距也应符合本表的规定。

附录D 车间架空冷煤气管道与其他管线的最小水平、垂直和交叉净距

车间架空冷煤气管道与其他管线的最小水平、垂直和交叉净距　　表D

车间管线名称	水平平行净距(m)	上下平行垂直净距(m)	交叉净距(m)
氧气管、乙炔管、燃油管	0.5	0.5	0.25
水管、热力管、不燃气体管	符合附录C的规定	不小于0.25	0.1
电线：滑触线	不允许水平平行敷设	不允许上下平行敷设	0.5
电线：裸导线			0.5
绝缘导线		1.0	0.3
电缆		0.5	0.3
穿有导线的电线管		0.5	0.1
插接式母线、悬挂式干线		1.5	0.5
非防爆型开关、插座、配电箱等		1.5	1.5

注：煤气的引出口与电气设备不能满足上述距离时，允许二者安装在同一柱子的相对侧面。当为空腹柱子时，应在柱子上装设非燃烧体隔板，局部隔开。

附录 E　本规范用词说明

E.0.1　为便于在执行本规范条文时区别对待，对于要求严格程度不同的用词说明如下:

(1) 表示很严格，非这样做不可的用词:

正面词采用“必须”;

反面词采用“严禁”。

(2) 表示严格，在正常情况下均应这样做的用词:

正面词采用“应”;

反面词采用“不应”或“不得”。

(3) 表示允许稍有选择，在条件许可时首先应这样做的用词:

正面词采用“宜”或“可”;

反面词采用“不宜”。

E.0.2　条文中指明必须按其他有关标准和规范执行的写法为“应按……执行”或“应符合……的要求或规定”。

附加说明

本规范主编单位、参加单位和主要起草人名单

主 编 单 位: 机械工业部设计研究院

参 加 单 位: 冶金工业部北京钢铁设计研究总院

国家建筑材料工业局秦皇岛玻璃工业设计研究院

建设部中国市政工程华北设计院

主要起草人: 寇　公　顾长藩　魏德宏　温敬业

洪宗宽　张惠琴　梁安馨　徐　辉

中华人民共和国国家标准

发生炉煤气站设计规范

GB 50195-94

条 文 说 明

制 订 说 明

《发生炉煤气站设计规范》是根据国家计委计综（1987）2390号文和建设部（1991）建标727号文的要求，由机械工业部负责主编，具体由机械工业部设计研究院会同冶金工业部北京钢铁设计研究总院、国家建筑材料工业局秦皇岛玻璃工业设计研究院、建设部中国市政工程华北设计院等单位共同编制而成。经建设部1994年1月14日以建标〔1994〕35号文批准，并会同国家技术监督局联合发布。

在本规范的编制过程中，规范编制组进行了广泛的调查研究，认真总结了我国发生炉煤气站的运行情况和使用经验，并广泛征求了我国有关单位的意见。最后由我部会同有关部门审查定稿。

鉴于本规范系初次编制，在执行过程中，希望各单位结合工程实践和科学研究，认真总结经验，注意积累资料，如发现需要修改和补充之处，请将意见和有关资料寄交机械工业部设计研究院《发生炉煤气站设计规范》管理组（北京市王府井277号，邮政编码：100740），并抄送机械工业部，以供今后修订时参考。

本条文说明仅供国内使用，不得外传和翻印。

机械工业部

一九九四年一月

目　次

1　总　则

1.0.1　说明本规范的制订目的和重要性，明确设计时必须认真贯彻各项方针政策；设计中要对安全设施周密考虑，保证安全生产，做到安全可靠；要认真合理的节约能源，提高设计质量，使其能在日常生产中发挥经济效益和社会效益；同时要重视对周围环境的保护，以保障人民身体的健康。

1.0.2　说明本规范适用于工业企业新建、扩建和改建的以煤为气化燃料、在常压下鼓风的固定床气化的发生炉煤气站和煤气管道的设计，不适用于高压气化、粉煤气化的发生炉和熔渣发生炉装备的煤气站。

水煤气站也是采用固定床的煤气发生炉，也有一段水煤气发生炉和两段水煤气发生炉之分，但生产的均是水煤气，其工艺生产方法及煤气的性质均与发生炉煤气有所不同，为了避免误解，故本条作出规定。

1.0.3　根据 1979 年 9 月全国人大常委会通过的《中华人民共和国环境保护法（试行）》的规定："对新建、扩建改建的工矿企业，要从基建选址起，就贯彻'预防为主'，做到环境保护措施和主体工程同时设计，同时施工，同时投产，各级主管部门要会同环境保护等部门严格把关。"故作出本条的规定。

1.0.4　发生炉煤气站和煤气管道的设计除应执行本规范的规定外，还应符合国家现行的标准、规范和规程的要求。有关的标准规范和规程列举如下：

(1)《工业企业设计卫生标准》；
(2)《建筑设计防火规范》；
(3)《工业企业煤气安全规程》；

(4)《爆炸和火灾危险环境电力装置设计规范》;
(5)《室外给水设计规范》;
(6)《工业"三废"排水试行标准》;
(7)《大气环境质量标准》;
(8)《压力容器安全技术监察规程》;
(9)《低压锅炉水质标准》;
(10)《工业企业噪声控制设计规范》;
(11)《工业与民用35千伏及以下架空电力线路设计规范》;
(12)《工业企业采暖通风和空气调节设计规范》;
(13)《供配电系统设计规范》;
(14)《建筑防雷设计规范》;
(15)《湿陷性黄土地区建筑规范》;
(16)《工业企业总平面设计规范》;
(17)《工业循环水冷却设计规范》;
(18)《小型火力发电厂设计规范》;
(19)《工厂电力设计技术规程》;
(20)《电气装置安装工程施工及验收规范》;
(21)《石油化工企业设计防火规范》;
(22)《氧气站设计规范》;
(23)《乙炔站设计规范》。

3　煤 种 选 择

3.0.1　初步设计前，应由使用单位与承担设计的单位共同协商后，按本规范第3.0.2、3.0.3、3.0.4条的要求确定煤种，并由使用单位将申请供煤报告送有关部门审批，取得批准文件或协议后，才能进行施工图的设计。

3.0.2　气化用煤的选择与用户对煤气发热量和硫化氢含量的要求有关。在初步设计前，应由使用单位按照煤炭供应关系提出申请。在设计中，要本着就地就近的原则选择煤种、矿别。

根据国家计委文件精神，条文中规定："气化的煤种应根据用户对煤气质量的要求和就地就近供应的原则，经技术经济比较后选择确定。"

3.0.3　国家标准局1988年4月29日发布"常压固定床煤气发生炉用煤质量标准GB9143-88"，1989年2月1日实施。标准中规定：

(1) 常压固定床煤气发生炉用煤的类别为：长焰煤、不粘煤、弱粘煤、1／2中粘煤、气煤、1／3焦煤、贫煤和无烟煤。

(2) 常压固定床煤气发生炉用煤质量必须符合表1要求：

常压固定床煤气发生炉用煤质量要求　**表1**

项　目	技 术 要 求	试 验 方 法
粒度分级	烟　煤：13～25mm,25～50mm,50～100mm,25～80mm 无烟煤：6～13mm,13～25mm,25～50mm	GB 189
块煤限下率	50～100mm 粒度级＜15% 25～50mm 粒度级＜18% 25～80mm 粒度级＜18%	MT 1

续表

项目	技术要求	试验方法
含矸率	一级＜2.0% 二级 2.0%～3.0%	MT 1
灰分 (A_d)	一级 A_d≤18.0% 二级 18.0%＜A_d≤24.0%	GB 212
全硫 ($S_{t,d}$)	$S_{t,d}$≤2.0%	GB 214
煤灰软化温度 (ST)	ST＞1250℃ 但当 A_d≤18.0%时,ST＞1150℃	GB 219
热稳定性 (TS_{+6})	TS_{+6}＞60.0%	GB 1573
抗碎强度 (＞25mm)	＞60.0%	GB 7561
胶质层厚度 (Y)	发生炉无搅拌装置,Y＜12mm 发生炉有搅拌装置,Y＜16mm	GB 479
发热量 ($Q_{net \cdot ar}$)	无烟煤 $Q_{net \cdot ar}$＞23.0MJ／kg 烟煤 $Q_{net \cdot ar}$＞21.0MJ／kg	GB 213

(3) 煤样应按 GB475 采取，按 GB474 缩制。

3.0.4 为了保证燃料在两段煤气发生炉内正常干馏和气化，要求入炉煤的粒度尽量均匀，根据国内外两段煤气发生炉操作数据，入炉煤的最佳粒度为 20～40mm。考虑到我国目前的实际情况，条文中规定两段煤气发生炉煤的粒度为 20～40mm，25～50mm，30～60mm，限使用其中的一级，如果炉内煤块大小相差悬殊，会使大块煤中挥发分残留过多，影响干馏和气化效果。因此，条文中还规定最大粒度与最小粒度之比不大于 2。为使整个炉床透气性均匀，并减少煤层阻力，又规定入炉煤的块煤限下率不大于 10%。

两段煤气发生炉的原料主要是弱粘结性烟煤，这种煤的挥发分范围是 20%～37%。淄博建筑陶瓷厂引进的两段煤气发生炉，其合同规定干基挥发分为 20%～25%。目前我国引进和自建的两段煤气发生炉，使用的原料多数为大同煤，干基挥发分约 25%；其次是阜新煤，干基挥发分约 35%。为扩大两段煤气发生炉原料，本条文规定干基挥发分大于、等于 20%。

在两段煤气发生炉内，半焦产率约 75%～80%。当入炉煤的干基灰分为 18%时，气化段中半焦的干基灰分约 22.5%～24%，这个数据符合一段煤气发生炉对入炉煤干基灰分小于、等于 24%的要求。但若入炉煤干基挥发分超过 25%、达到 35%时，则半焦产率将减少到 65%。为使气化段中半焦的干基灰分不大于 24%，入炉煤的干基灰分不应大于 15.6%。实际上这个指标超过一些，仍可正常气化，本条的规定并不严格，执行时应从实际出发，综合考虑。

国际硬煤分类中，以自由膨胀序数和罗加指数代表的粘结性划分成 0～3 四个组别，如表 2。

煤的粘结性分组 **表 2**

组别	自由膨胀序数	罗加指数	粘结程度
0	0～1／2	0～5	不粘结至微粘结
1	1～2	＞5～20	弱粘结
2	$2\frac{1}{2}$～4	＞20～45	中等粘结
3	＞4	＞45	中等至强粘结

自由膨胀序数是干馏段内炭化用煤的安全指标，如果自由膨胀序数过高，煤熔融的膨胀量超过干馏段锥形扩大幅度，会使煤层与炉壁粘附而不能均匀下降，必须进行打钎，这时又可能造成煤层大幅度下降。同时，过量的炉顶打钎作业易使干馏段炉壁损坏，降低炉体寿命。意大利、法国和美国的厂商要求两段煤气发生炉入炉煤的自由膨胀序数小于、等于 2.5，波兰的厂商要求罗加指数小于、等于 20。我国目前用于两段煤气发生炉的煤种只有大同煤和阜新煤，这两种煤的自由膨胀序数都小于 1.5，阜新

煤的罗加指数小于 12。根据国内外的生产情况，并对照表 2 中对粘结程度的划分，自由膨胀序数达到 2.5 时，属于中等粘结程度。两段煤气发生炉内不设破粘装置，只能使用弱粘结性煤。故本条文中规定自由膨胀序数小于、等于 2，罗加指数小于、等于 20。

由于两段煤气发生炉炉身高，煤层顶部和上段出口煤气温度均低，煤入炉后有一个预热阶段，可以改善煤的热稳定性，因此，两段煤气发生炉对煤的热稳定性要求，可以比一段煤气发生炉放宽一些。鉴于目前国内还缺乏这方面的数据，究竟放宽到何种尺度尚不能定论，所以，本条文暂定热稳定性指标大于 60%，与一段煤气发生炉的指标相同。两段煤气发生炉主要使用烟煤为原料，其热稳定性优于无烟煤，大多数烟煤的热稳定性指标是可以达到这个要求的。

两段煤气发生炉加煤时，煤的落差比一段煤气发生炉小得多。但另一方面，两段煤气发生炉厂房贮煤层的标高比一段煤气发生炉高得多，煤的提升距离大，因此，对两段煤气发生炉用煤的抗碎强度的规定不应低于一段煤气发生炉。由于目前尚无实际操作数据，故本条文按一段煤气发生炉的数据，规定两段煤气发生炉用煤的抗碎强度大于 60%。

两段煤气发生炉干馏段的最佳操作温度为 500～550℃，要求下段煤气出口温度 600～650℃，此时气化段操作温度应为 1200～1250℃。所以煤灰熔融性软化温度应大于、等于 1250℃。结合我国煤资源情况，对煤灰熔融性软化温度要求达到 1300℃是不现实的，但要求其达到 1250℃还是可行的。因此，条文中规定两段煤气发生炉入炉煤的灰熔融性软化温度大于、等于 1250℃。

3.0.5 煤的气化指标和选用煤气发生炉炉型有关。如采用无烟煤气化的煤气发生炉，同样是 3m 直径，W–G 型炉的产气量比 D 型炉的产气量要高，甚至高 50%以上。煤的质量与气化率、气化强度也有密切的关系。如大同煤比其他烟煤的气化强度要高；鹤岗煤的气化率要比大同煤低。煤的粒度大小与均匀性也直接影响煤气发生炉的产气量，所以，本条文写明要把各种因素综合加以考虑。

对已用于煤气站气化的煤种，应采用平均指标。平均指标是指煤气站在正常操作情况下能稳定生产所达到的指标，如灰渣含碳量、煤气的成分等。由于各工厂的操作水平不同，或用户负荷不同，就是使用同一煤种和同一炉型，气化强度也有高低之分。因此，本条文中的平均指标是在上述条件下较先进的平均指标。

3.0.6 煤的气化指标对煤气站设计时确定煤种、炉型和炉子台数、工艺流程均有密切关系。我国在第一个五年计划期间设计的大型煤气站都有气化资料，今后更有必要进行新燃料的气化试验。

小型煤气站应予以区别对待，但仍需要按本规范第 3.0.3 条或第 3.0.4 条煤种的技术指标来分析煤种的气化可能性。

4　设计产量和质量

4.0.1 煤气站的设计产量决定煤气站的建设规模，应根据资料认真核算，力求均衡生产。

车间之间的同时使用系数以 K_1 表示，车间内各设备之间的同时使用系数以 K_2 表示，全厂煤气同时使用系数以 $K_1 \cdot K_2$ 表示，所有系数与工厂的类型、规模、用煤气设备的数量、全厂用煤气车间的个数等因素有关，规范不作具体规定。

(1) 大、中型钢铁联合企业一般都有副产的高炉煤气、焦炉煤气和转炉煤气，很少设置发生炉煤气站。但是在冶金企业中，也有专门用发生炉煤气作燃料的，例如特殊钢厂。这些厂一般都是三班连续生产，车间较多（一般多于 3～5 个），而且随着轧制钢材品种和产量的不同而异，没有一定的同时系数可循，因此，煤气发生站的设计产量一般都采用 1～2 个车间的小时最大耗量（车间少于 4 个的取 1 个最大值，大于或等于 4 个的取 2 个最大值），加上其余各车间的平均值而得；一个车间的最大煤气耗量的计算方法也和全厂相同，即采用 1～2 个加热炉的最大耗量（取法同上），加上其余各加热炉的平均耗量而定。

(2) 砂轮厂、彩釉砖厂往往只有一个用煤气车间，且车间内用煤气设备往往也只有一、二个，则 K_2 取 1.0 或 0.9。

根据调查，砂轮厂、彩釉砖厂历年来的负荷稳定，产品定型，各厂每吨产品耗用煤气量的指标比较一致。因此，煤气站的设计产量，宜按工厂产品的年产量求得的每小时平均煤气消耗量核算。

(3) 重型机械、矿山机械厂往往有四、五个用煤气车间，而且每个车间内用煤气的设备有 5 台、10 台甚至有 20 台的，各厂车间之间的同时使用系数或车间内各设备之间的同时使用系数都不一致。根据 1972 年调查的资料列举实际情况如下：

洛阳 Q 厂有 5 个用煤气车间，共有用煤气设备 55 台。全厂各车间实际最大耗煤气量在标准状态下的总和为 20800m³/h（表 3），而全厂实际最大用煤气量在标准状态下为 15000m³/h，故 K_1 为 $\frac{15000}{20800}=0.72$。各车间内设备之间的同时使用系数 K_2，按车间实际每小时最大耗煤气量与各设备每小时最大耗煤气量之总和的比值计算为 0.6 或 0.7。

洛阳 Q 厂 1972 年煤气耗量表　　**表 3**

车间名称	用煤气设备数（台）	设备最大耗煤气量的和在标准状态下计算（m³/h）	车间实际最大耗煤气量在标准状态下计算（m³/h）	车间同时使用系数
锻工车间	16	11220	7850	0.7
热处理车间	7	1670	1170	0.7
铸钢车间	12	9900	5940	0.6
铸铁车间	10	6400	3840	0.6
金属结构车间		2000	2000	
合　计	55	31190	20800	

沈阳 H 厂铸钢、铸铁、锻工等车间共有用煤气设备 51 台，1971 年煤气站的最大小时产量在标准状态下为 32500m³/h，而各用煤气设备每小时最大用煤气量的总和在标准状态下为 52433m³/h。按此计算，$K_1 \cdot K_2=\frac{32500}{52433}=0.62$。

表 4 为一些机械工厂锻、铸、热处理件煤气耗用量指标。各厂指标相差较大，设计要结合具体情况选用适当指标。按照工厂全厂的铸、锻、热处理件的任务及煤气消耗量指标，可以求得全年的煤气消耗量，并按全年工作小时数，求得每小时平均煤气消

耗量。这一数值与煤气站的设计产量愈接近，愈表示生产均衡。

锻、铸、热处理件煤气耗用量指标统计表　　**表 4**

厂名	每吨热加工件的煤气消耗指标在标准状态下(m^3/t)								煤气发热量(kJ/m^3)	指标统计年份(平均指标)
	锻件		铸钢件	铸件		热处理件	炼钢			
	水压机	锻锤		铸铁	有色		钢水	平炉		
齐齐哈尔E厂	8400	9800	4600	2130	3980	1300	620	2100	6280	1964
沈阳H厂		1975	2807	1919		2064	161		6280	1963～1966
北京U厂		7840	2354	2449		2663	1910		6280	1978～1979
武汉R厂		6375			3731				5230	1959～1964
吉林S厂		3746		529		177			6280	1974～1978
洛阳T厂		4514							5230	1977～1978

4.0.3　煤气发热量应按照本规范第 3.0.5 条的规定确定，本条所规定的指标是蒸汽空气混合煤气一般可能达到的指标。如果用户有较高的要求时，可采取富氧等其他方法提高煤气发热量。

当煤气发生炉直径较小或负荷较低时，热损失较大，煤气的发热量偏低，故本条规定的指标偏低。

4.0.4　两段煤气发生炉以干基挥发分 24%的大同煤和干基挥发分 35%的阜新煤为原料时，上段煤气发热量可达 7120～7540kJ/m^3。在本规范第 3.0.4 条中规定干基挥发分大于、等于 20%，根据大同煤与阜新煤的干基挥发分推算，当干基挥发分接近 20%时，上段煤气发热量约 6780kJ/m^3，所以条文中规定上段煤气发热量不低于 6700kJ/m^3。

4.0.5　冷煤气温度不宜高于 35℃，温度增高的影响如表 5。

冷煤气温度增高的影响　　**表 5**

煤气温度	35	40	45	50	55	60	65
饱和含湿度(g/m^3)(干)	47.45	63.27	84.10	111.8	148.1	197.5	264.9
煤气排送机输送能力降低率(%)	0	3.34	7.10	11.4	16.1	21.3	27.4
煤气排送机压力降低率(%)	0	1.76	4.04	6.42	8.49	10.9	13.5
每立方米湿煤气总热量降低率(%)①	0	2.1	5.2	8.6	12.0	15.7	19.8
热量利用率降低百分数(%)②	0	0	0.7	2.0	2.9	4.6	6.5

注：①按标准状态下煤气低发热量 5994kJ/m^3（干）计算；
②设加热炉烟气温度1200℃，除去烟气带走的热量，余下的热量为加热炉所利用的热量。

由表 5 可见冷煤气温度增高，将影响煤气加压机的输送能力和煤气热量的利用，同时煤气加热炉的生产率也要降低。按煤气在标准状态下的低发热量为 5994kJ/m^3，空气过剩系数等于 1.1，燃烧室的效率按 85%计算，煤气温度 35℃时，煤气的燃烧温度为 1455℃；而煤气温度 65℃时，煤气的燃烧温度则为 1402℃，两者相差 53℃，钢件的加热周期必然加长，其结果将造成燃料的浪费。故煤气温度不宜过高，考虑到某些地区，如上海、杭州、南昌、南京等地夏季气温较高，煤气温度要求不大于 35℃，有一定困难，故允许夏季最高不超过 45℃。

4.0.6　为了充分利用烟煤热煤气的显热和焦油的潜热，在煤气输送过程中应进行保温。根据资料，当煤气温度低于 350℃时，则有煤焦油析出，不仅损失热能，而且污染输送管道及阀门。对熔化玻璃的熔窑、炼钢平炉来说，热煤气的温度更为重要，低了满足不了生产要求，故规定不低于 350℃。

小型煤气站的热煤气温度，考虑焦油析出问题，也不宜低于350℃，可是当煤气生产量较低时，在煤气生产和输送过程中，热损失相对较大，要控制在350℃以上，即使保温也难达到，故可适当降低。

4.0.7 1962～1963年曾对国内10个无烟煤煤气站出口煤气中杂质含量进行测定，其结果，多数在50mg／m^{3}以下，仅个别达100mg／m^3。在洗涤塔后有电气滤清器装置的，仅为2mg／m^3。1980年曾对几个烟煤煤气站出口煤气中杂质含量进行测定，如某厂的平均值为57mg／m^3，辽宁ξ厂的平均值为79.7mg／m^3。

从实际使用情况看，烟煤煤气站采取电气滤清器、洗涤塔的净化流程，煤气中的杂质可以达到规定的指标，而且各厂都认为煤气中杂质的含量对生产没有影响。无烟煤煤气站不采取电气滤清器净化时，煤气中的杂质一般也可达到规范规定的指标，但各厂反映煤气设备有堵塞情况，需要定期清理：如煤气排送机容易被堵塞，一般每月需清理一次，有的每半月或一月用蒸汽加热一次，每半年拆开清理一次，加热炉前的煤气预热器中煤气通过的管径大于40mm时，堵塞情况不严重，每三个月需清理一次；高压燃烧器喷嘴直径很小（如6mm）时，堵塞较严重，每周要通扫2～3次。本条文规定的指标是一般煤气净化流程所能达到的指标。

煤气中杂质含量的测定方法为“内部过滤法”，即用过滤筒在煤气管道内的中心取样，所得的数据含灰尘和液态焦油，不含气态焦油的量。

4.0.8 对含硫量一定的某一煤种来说，煤气中硫化氢的含量基本上是一定值。煤气站的设计是否需要脱硫，应视用户及环境保护的要求而定。用户的要求因生产工艺条件不同而异，环境保护的要求与工业炉用煤气的燃烧废气的排放量及排烟方式有关，不能统一规定脱硫的指标，故作本条的规定。至于是否应根据煤气站设备及管道腐蚀的要求来规定脱硫的指标，根据调查，无烟煤系统的设备及管道比烟煤系统易于腐蚀，但一般使用寿命都在10年以上，为此而规定脱硫指标意义不大。

5 站区布置

5.0.1 煤气站区位置的确定，涉及现行国家标准《工业企业总平面设计规范》的规定较多，所以本条仅对与煤气站有关的几项主要因素分述如下：

5.0.1.1 考虑到煤气站散发到大气中的有害气体经风的传播会影响工厂主要生产厂房，应将站区布置在工厂主要建筑物和构筑物全年最小频率风向的上风侧，故作此规定。

5.0.1.2 靠近煤气负荷比较集中的地区设立煤气站，可节省供应煤气管道的投资。

5.0.1.3 煤气站的煤、灰渣、末煤、焦油和焦油渣等的贮运数量较大。站区位置的确定，应考虑火车运输的厂内外铁路接轨铺设的方便，汽车运输的厂内外主要公路连接的方便。站区内应考虑有足够的场地便于煤、末煤、灰渣贮斗的布置；冷、热循环水系统的建筑物和构筑物，如水泵房、水沟、沉淀池、冷却塔、焦油池等的布置以及循环水水质处理设施的布置。

5.0.1.4 煤气站的位置宜尽量靠近锅炉房，便于与锅炉房共同采用煤及灰渣的贮运设施，同时可减少末煤在沿途运输的损失，并节约投资。

5.0.1.5 在确定站区的位置时，应根据用户发展情况留有扩建的余地。

5.0.1.6 过去在煤气站设计中不重视区域内环境的绿化，故作本条的规定。

5.0.2 对国内煤气站的调查表明：大多数冷、热煤气站的厂房是与其他生产厂房分开布置的。

煤气站的布置应符合现行国家标准《建筑设计防火规范》、《工业企业设计卫生标准》的有关规定。有少数小型热煤气站的厂房毗连于用煤气车间的厂房，但有防火墙隔开。如北京W厂ф2.4m煤气发生炉一台的热煤气站是毗连于用煤气的锻工车间的厂房。

5.0.3 煤气站主厂房是散发焦油蒸汽、煤气、煤尘、灰尘的地方，而煤气发生炉、汽包、旋风除尘器、竖管等又是散热的设备，因此，主厂房室内的环境较差，操作层温度很高。根据调查，夏季一般在40～43℃之间，炎热地区如中南地区某厂煤气站主厂房操作层的温度竟高达45℃以上。

为了充分利用自然通风的穿堂风，排除室内的余热，改善工人操作环境，故煤气站主厂房的正面宜垂直于夏季最大频率风向。考虑到室外煤气净化设备如竖管、电气滤清器、洗涤塔等的冷、热循环水和焦油系统都是污染源，为减少水沟、焦油沟散发的有害气体对主厂房操作工人的影响，故条文作此规定。

5.0.4 根据对国内31个工厂煤气站的煤气排送机间、空气鼓风机间的调查统计，与主厂房分开布置的有25个，占80.6%。与主厂房毗连布置的有6个，占19.4%，其中多数属于小型煤气站。煤气排送机、空气鼓风机的振动和噪声，对附设在主厂房的生产辅助间内有防振要求的化验室、仪表室、仪表维修室的设备有影响，且噪声对主厂房及生产辅助间内工作人员不利。故作本条的规定。

5.0.5 循环水系统、焦油系统和煤场等的建筑物和构筑物如沉淀池、调节池、水沟、焦油池、焦油沟、焦油库、冷却塔、水泵房等会散发出有害气体，煤场会散发出煤粉尘。为了保护煤气站主厂房、煤气排送机间、空气鼓风机间等的室内环境卫生，故作本条的规定。

煤气站的冷却塔散发的水雾中含有酚和氰化物等有害物质。由于《工业企业总平面设计规范》对循环水设置的冷却塔与相邻建筑物和构筑物的最小水平间距未考虑其有害物质对周围的影响，针对煤气站循环水的特点，本规范规定应防止冷却塔散发的水雾对周围环境的影响。要求设计人员在布置冷却塔时，应结合冷却塔型式的大小及水质等具体情况，确定冷却塔的防护间距。

5.0.6 煤气站生产的火灾危险性属于乙类，对消防有较高的要求。站区内的消防车道应与站内其他车道统一布置，并应符合现行国家标准《建筑设计防火规范》(GBJ16-87) 第六章中的有关规定。

6 设 备 选 择

6.0.1 煤气发生炉的备用台数，是考虑在正常工作制度的情况下，设备检修时煤气站能正常运行达到设计产量，满足用户的需要。

根据原苏联资料，ϕ3.0m 的煤气发生炉全年停工修理时间为 1224h，检修率为 15%，ϕ2～2.2m 的煤气发生炉全年停工修理时间为 864h，检修率为 11%，说明直径较小的煤气发生炉检修率较低。故本条文对小型煤气发生炉的备用率不另作规定。

不同企业部门所属工厂的煤气站情况不同，对备用炉的台数可区别对待。机械工厂的煤气站一般非终年连续高负荷生产，所以煤气发生炉检修率低，而冶金系统和城市煤气系统终年连续生产，特别是钢厂单台煤气发生炉产气量高，配件容易损坏，检修率高。玻璃工业的热煤气站也是终年连续生产，但负荷均匀，且全站所需炉子台数只有几台，不影响其备用台数的规定。

根据“工业煤气”杂志 1990 年第 1 期刊载的“1988 年煤气站生产技术经济指标”一文的介绍，将不同行业的 16 个煤气站于 1988 年生产技术经济指标中对本题分析的有关部分重新整理如下（见表 6）：

1988 年 16 个煤气站生产技术经济指标 **表 6**

地区	厂名	台数	煤气年产量 ($10^4m^3/a$)	平均单台年产量 ($10^4m^3/a$)	平均小时单台产量 (m^3/h)	开炉率 (%)	检修率 (%)	工作台数	气化强度 ($kg/m^2 \cdot h$)
上海	A 厂	12	57696	5770	8000	83.3	16.7	10	380
黄石	B 厂	17	73555	6130	8500	68.3	31.7	12	350
上海	C 厂	14	41104	3740	5200	77.14	22.96	11	178

续表

地区	厂名	台数	煤气年产量 ($10^4m^3/a$)	平均单台年产量 ($10^4m^3/a$)	平均小时单台产量 (m^3/h)	开炉率 (%)	检修率 (%)	工作台数	气化强度 ($kg/m^2 \cdot h$)
齐齐哈尔	D厂	17	47180	4718	6550	56.86		10	
	E厂	19	47710	4770	6630			10	312
陕西	F厂	7	15000	3000	4170	71.5	28.5	5	210
大连	G厂	10	20933	5240	7280	40		4	
沈阳	H厂	9	18600	4650	6460	44.4		4	305
洛阳	I厂	18	36897	3074	4300	66.67	33.33	12	245
韶关	J厂	9	17385	2900	4030	66.67	33.33	6	167
太原	K厂	12	22734	3789	5260	50		6	200
南京	L厂	3	5567	2290	3180	80	20	2	150
哈尔滨	M厂	7	10722	2144	3000	71.4	28.6	5	141
西安	N厂	4	6063	3032	4200	50		2	200
兰州	O厂	8	11089	3696	5140	37.5		3	242
郑州	P厂	5	5635	1876	2600	60		3	120

从上表中所列分析:

(1) 16个煤气站没有一个站的开炉率达到85.7%的（即6台工作1台备用）。

(2) 上海A厂全站12台炉，其中2台备用（即5台工作1台备用），以大同煤为燃料，单台炉气化强度为$380kg/m^2 \cdot h$已达到上限，认为每6台中有1台备用很紧张，因此，该厂对备用台数反应很强烈。

(3) 煤气厂的特点是终年连续供气。上海C厂是11台炉子工作，另设3台备用。也就是3.7台炉工作另有1台作备用。该厂用本厂的焦炭气化，用ϕ3mW−G炉的气化强度是$178kg/m^2 \cdot h$，接近$200kg/m^2 \cdot h$的平均指标，上海X厂认为每5台中有1台备用较为恰当。

(4) 机械系统工厂煤气站设计规模过大，由于生产任务不饱满，开炉率很低，显得非常不合理。

(5) 上表中统计说明，单台发生炉产气量最高的是冶金系统的上海A厂和黄石B厂，均用大同煤。其单台炉产气量在$8000m^3/h$以上，而平均指标为$6000m^3/h$。上海A厂是管理较好的大型煤气站。目前该站经常开炉10台，每小时全站产气量达$80000m^3/h$，这显然已超过原设计指标。迫于用户车间的产品生产任务不断增加，要求煤气站超负荷连续运行，因而对设备的检修时间非常紧张，按平均气化强度计算，其工作台数应是：$\frac{80000}{6000}=13.3$台。如按5台工作1台备用计算，则$\frac{13.3}{5}=2.7$台备用，全站则需$13.3+2.7=16$台。按4台工作1台备用计算，则$\frac{13.3}{4}=3.3$台备用，全站则需$13.3+3.3=16.6$台。由此可以看出，如果以平均气化强度计算，当前该厂应有16台或17台ϕ3m发生炉。

所以按照本规范第3.0.5条采用的气化指标设计的煤气站，每5台及5台以下工作应另设1台备用较为恰当，考虑对冶金系统或城建系统的煤气站终年连续高负荷生产的特殊情况，规定每4台及4台以下宜另设1台备用，与国家标准《城镇燃气设计规范》GB50028−93协调一致，该规范第3.3.9条规定“煤气站的气化炉工作台数每1～4台，宜另设1台备用”。在该规范的编制说明中提出的理由是：1.主要是煤气厂供气不允许间断。2.上海X厂对发生炉的检修率约25%。

本规范1989年征求意见稿在东北、华北、中南、华东4地区的征求意见有下列几点：

(1) 规范征求意见稿（1989年）规定6台工作另有1台备用（即开炉率85.7%），目前我国所有企业是达不到的。

(2) 用于冶金、城市煤气的发生炉备用台数应多一些，因为是终年连续供气的单位。

从征求意见与上述的分析，将征求意见稿“6台工作另设1台备用”的规定，改为“每5台工作及以下应另设1台备用”，另外对某些行业的特殊情况做了不同的规定，当用户终年连续高负荷生产时，每4台工作及以下宜另设1台备用，在煤气发生炉检修时，煤气用户的车间允许减少或停止供应煤气的情况下，可不设备用。

对两段煤气发生炉的备用台数问题，当前尚缺少实践经验，暂不作规定。

6.0.3 竖管底部的焦油渣或带出物宜采用水力排除，不宜用人工清理，因为人工清理劳动条件差，劳动强度大。实践经验证明，竖管的煤气冷却水排水量大时流速高，水流可以带走焦油渣。有的在竖管底部安装高压水冲洗装置，定期用高压水冲洗排除，效果也好。

6.0.4 用无烟煤和焦炭为燃料的发生炉煤气站应用余热锅炉在技术上是可行的，在经济上是合理的，对节能与环保治理均有明显的效果，一些厂的经验认为，如果在设计时能注意下列几点要求，将会得到满意结果。

(1) 余热锅炉的型式结构，应是火管垂直排列稍有倾角的立式余热锅炉，其目的是能使热煤气中的杂质沿火管内流入下部沉灰箱，当管子内壁被污染积灰时，可以从顶部清理。管子之间是软化水，经过热交换后蒸发为饱和蒸汽，设计时要考虑经常排污以减少水垢积累。

(2) 火管与管板的联接应采用翻边胀接工艺，以防联接点受冷热应力的影响而漏水漏汽。

(3) 整个炉体结构为受压蒸汽锅炉，设计应符合国家劳动部颁布的《压力容器安全技术监察规程》的规定。

(4) 余热锅炉顶部便于拆卸安装，以便清理火管。顶部侧面应设有放散管接管。下部设有吹扫管接头。

(5) 沉灰箱须有足够容积以便沉灰，并应设有中间灰斗以便生产时仍能进行排灰。

(6) 在余热锅炉的煤气进口与出口之间，设有旁通管与阀门。万一余热锅炉需维修时，尚可通过旁通管维持生产。

根据某煤气公司提供的材料表明，该公司在 ϕ3m3АД-21 型发生炉的后系统中采用余热锅炉，已有8年的实践经验，并总结了有关排除故障的有效措施，从而可推论在W-G型和T-G型炉的后系统中亦可使用余热锅炉。

编制组经过多方面的调研和广泛征求意见，认为在以无烟煤、焦炭发生炉煤气站工艺系统中应用余热锅炉，技术上存在的问题可以克服，国内外的实例证明是可行的。采用此设备后，将使煤气站的热效率提高3%～4%，同时还可以减少煤气站循环水量25%～40%的处理量。但各行业煤气站的余热资源量有大有小，经济效益有好有坏，要求每个煤气站都设余热锅炉是不适宜的。因此，本条规定“余热锅炉的设置应满足工艺系统压力降的要求，并应经技术经济比较后确定。”

6.0.6 电气滤清器用于煤气净化系统的型式有两种：一是用于烟煤系统的，焦油流动性比较好，采用自流排除的型式；另一是用于无烟煤系统的，煤气中的杂质以灰为主，且含有微量重质焦油不能自流，采用有热水冲洗装置的型式。

煤气通过管式电气滤清器的净化效率与实际流速有关。根据工厂运行的经验，C-140型电气滤清器，煤气通过量在标准状态下为 $10000m^3/h$，煤气的实际流速相当于0.73m/s。其效率较佳。所以本条规定煤气的实际流速不宜大于0.8m/s，但只适合于管式电气滤清器。

6.0.7 洗涤塔的结构简单，不易损坏，一般可以定期计划清理或检修。如齐齐哈尔D厂煤气站洗涤塔内有木格填料，每年清理两次，用蒸汽吹扫塔体72h，清除填料上沉积的焦油，最后打开人孔通风，检查和清理喷头，前后共5d。按此计算，洗涤塔每年停工检修清理时间为 10d 左右，故规定洗涤塔不应设备用。当洗涤塔与煤气发生炉成对（即一对一）配置时，可与煤气发生炉同时清理检修。

当洗涤塔集中设置或与电气滤清器成对（即一对一）设置，其中一台清理或检修而煤气站的产量不变时，通过其余洗涤塔的实际流量必然较平时为大，相应的设备阻力增高，设备内的喷水量也应相应地增大。设计应考虑在此情况下，仍能正常工作，以满足煤气净化和冷却的要求。

6.0.8 炉内的压力损失指炉底进风口至炉出口的压力损失，为炉体及炉内渣层及燃料层的压力损失的总和。

6.0.10 每个型号的空气鼓风机或煤气排送机，均有一个特性曲线，在额定参数运行时，其效率最高，因此，应选择额定参数符合设计要求的设备，此外还应选用具有低噪声的节能产品。

当采用离心式时应符合下列要求：

6.0.10.1 煤气排送机、空气鼓风机的流量和压力均应留有余量。富裕量指标与国家标准《工业锅炉房设计规范》（试行）GBJ41−75 第 66 条的规定一致。2 台或 3 台风机并联运行的富裕量与风机性能和管网特性有关，情况复杂，目前生产上还没有经验总结。《透平压缩机械》1977 年 2 期“通风机关联工作时合成性能曲线的作法”一文指出：“当通风机并联工作时，应该首先根据通风机的全性能曲线（不仅是稳定段的一部分）细心地作出合成性能曲线，而后作出管路性能曲线，这样才能判定并联工作的通风机是否稳定。”这是理论的分析，实际使用有一定困难，规范也无法规定具体数字，仅提出应适当加大富裕量。

6.0.10.2 选用空气鼓风机、煤气排送机的全压和流量，应按公式（1）、（2）进行换算：

$$H_1 = H \times \frac{\rho_1}{\rho} \qquad (1)$$

式中 H_1、ρ_1 —— 空气鼓风机、煤气排送机设计条件下的全压（Pa）、输送气体的密度（kg/m^3）；

H、ρ —— 在使用条件下，需要的实际风压（Pa）（含风压的富裕量）、输送气体的密度（kg/m^3）。

输送气体的密度与地区大气压力、气体的温度、湿度有关。

空气鼓风机的设计条件，一般是气体温度 $t=20$℃，气体绝对压力 B＝101325Pa，此条件下空气的密度为 1.2kg/m^3，空气的湿度一般忽略不计。

$$Q_1 = Q \cdot \frac{273+t}{273+20} \times \frac{101325}{B} \times \frac{0.804+d}{0.804} \qquad (2)$$

式中 Q_1 —— 空气鼓风机、煤气排送机设计条件下的流量（m^3/h）；

Q —— 在使用条件下，需要的实际流量（含流量的富裕量）（m^3/h）；

t、B、d —— 在使用条件下，输送空气（或煤气）的温度（℃）、绝对压力（Pa）、湿度（kg/m^3）。

6.0.10.3 日本为宝山钢厂设计的煤气加压站都是采用 3 台煤气加压机，其中有 1 台备用。其加压机的容量与压力都是根据设计需要制造的，而国内设计是根据国内已有产品的规格选用。并联工作台数过多，不稳定因素增加，从国内实际情况考虑，规定并联工作台数不宜超过 3 台。

机械工厂煤气负荷不均衡，往往第三班用量很小，故当煤气站负荷较低时，所选的空气鼓风机或煤气排送机在低负荷运转时不适应且不经济时，可另设 1 台较小容量的设备。

7　设备的安全要求

7.0.1　煤气净化设备或余热锅炉在开始送煤气时，应将设备内的空气吹扫干净，当设备停用后进入检修时，必须将设备内的煤气吹扫干净，以确保安全运行或检修。因此，应设有放散管以便进行上述工作。放散管装设的位置，要避免在设备内气流有死角。当净化设备相联处无隔断装置时，可仅在较高的设备上装设放散管。例如电气滤清器与洗涤塔之间无隔断装置时，一般洗涤塔高于电气滤清器，可以只在洗涤塔上装设放散管。又如联结两设备的煤气管段高于设备时，则可在此管道的较高处装设放散管。

7.0.2　为便于取样化验设备和煤气管道内的介质成分，以保证安全检修或安全运行，故作本条规定。

7.0.3　放散管的直径太小会使吹扫时间太长，且易被煤气中含有的水分及杂质堵塞。当设备检修时，还须开启放散管作自然通风用，因此规定放散管的直径不应小于100mm。

设备容积小，放散煤气量少，可以适当缩小放散管管径，故规定在容积小于$1m^3$的煤气设备上装设的放散管直径可不小于50mm。

7.0.4　电气滤清器内易发生火花，操作上稍有不慎即有爆炸的危险。根据调查（见表7），电气滤清器均设有爆破阀，生产工厂也确认电气滤清器的爆破阀在爆炸时起到了保护设备的作用。所以本条文规定电气滤清器必须装设爆破阀。

表7中多数工厂单级洗涤塔没有爆破阀，但在某些工厂已发生几起由于误操作或动火时不遵守规定造成严重爆炸事故，有些工厂如果做到遵守安全操作规程，也可避免事故的发生，所以在条文中不作硬性规定，定为“宜装有爆破阀”。

国内各主要煤气站中爆破阀的采用情况　　**表7**

设备或管道名称	统计总数	其中采用爆破阀	其中不采用爆破阀
电气滤清器	65	65	
洗涤塔(单级)	221		221
洗涤塔(二级或三级)	34	34	
除滴器	56	18	38
竖　管	338		338
旋风除尘器	179	7	172
竖管后半净煤气总管	24	14	10
洗涤塔后或排送机前煤气总管	51	23	28

7.0.5　爆破阀薄膜的材料，原苏联的设计资料规定使用铝板，我国煤气站长期以来也习惯于使用铝板。参考化学工业部设备设计技术中心站出版的《化工设备设计》1980年第4期刊载的“爆破膜的爆破压力计算”一文，对不锈钢、铜、铝、镍材料制成的膜片性能试验的介绍，该铝片膜采用退火状态的工业纯铝板，比较适用，这种铝板的抗拉强度$\sigma_b \leqslant 11kg/mm^2$，延伸率$\delta_{10} \geqslant 20\%$。

7.0.6　竖管、旋风除尘器的安装位置紧靠煤气发生炉，而且一般均装设有最大阀和下部出灰的水封，根据调查，绝大部分不设爆破阀，当发生爆炸时，可在最大阀和下部出灰水封处泄压。

7.0.7　煤气设备水封的有效高度，不应小于本规范表7.0.7的规定，说明如下：

(1) 最大工作压力小于3000Pa的煤气设备或煤气管道的水封有效高度为其最大工作压力Pa乘0.1系数后，加150mm，但不小于250mm。此规定适用于煤气排送机前或热煤气系统的煤气设备与煤气管道的水封。例如：煤气发生炉出口煤气最大工作压力为 1000Pa，则该系统中设备与管道的水封高度应为 1000×0.1+150＝250mm。发生炉煤气未经净化以前的脏煤气中含有数量较多的杂质，其中一部分沉淀于水封槽内必须经常进行清理。如果水封高度太高，将给清理工作带来困难，因此在确保安全的前提下，尚须满足清理工作的顺利进行，该规定在我国发生炉煤气站 30 多年的生产实践中证明是可行的。

(2) 一般发生炉煤气站使用高压煤气排送机后至用户的煤气压力往往均超过 10000Pa，当计算其水封有效高度时，应按煤气排送机后的最大工作压力 Pa 乘 0.1 系数后加 500mm 才是其水封的有效高度，但必须注意煤气排送机后的煤气最大工作压力，应等于煤气排送机前可能达到的最大工作压力与煤气排送机的最大升压之总和，以此计算才能确保其有效水封高度不会突破。

(3) 对最大工作压力 3000～10000Pa 的煤气设备或煤气管道的水封有效高度的规定乘以 1.5 系数，其结果介于上述两种情况之间，在低限时与第一项吻合，在高限时与第二项吻合。

注：$1mmH_2O = 9.806375Pa, 1Pa = \frac{1}{9.806375} mmH_2O = 0.10197mmH_2O$

因工作压力以 Pa 为单位，转换为 mmH_2O 应乘以 0.102 系数，为计算简便，本规范表 7.0.7 规定乘以 0.1 系数。

7.0.9 钟罩阀的结构特点是当煤气发生炉出口煤气压力达到设计最大工作压力时，阀体内的钟罩重量与悬挂在阀体外的法码或重量应平衡，当炉出口煤气压力大于设计最大工作压力时，钟罩被自动顶起使煤气得以放散，但当机械机构发生故障时，由于阀体内的放散水封被煤气压力冲破得以放散而保持其安全的作用。所以，放散水封的高度，应等于煤气发生炉出口设计最大工作压力的水柱高度加 50mm。

但是钟罩阀还有一个清理水封，当煤气放散时，这个水封是防止阀内煤气外逸至阀体外，此水封的高度应遵照本规范表 7.0.7 的规定。

7.0.10 煤气设备的水封应保持其固定水位以确保水封的安全有效高度，一般使水封液面处于溢流状态，也可以采用其他措施保持其水位，故作出本条的规定。

7.0.11 为了适应煤气净化设备和煤气排送机检修的需要，应在煤气站工艺系统中采取可靠隔断煤气的措施，以防止煤气漏入检修的设备而发生中毒事故，所以在条文中作出了这方面规定。但在具体方法上各有不同，如设置盲板、眼镜阀均可达到隔断煤气的目的。

7.0.12 安装在离操作层或地面 2m 以上的爆破阀、人孔、阀门等处均需要有一个平台，以便工人在平台上进行检修或操作。

8 工艺布置

8.0.1 煤气发生炉单排布置的分析。

(1) 煤气发生炉单排布置操作环境好。在同一地区相同气候的条件下，室内温度单排比双排布置要低2～5℃，因为单排布置室内有良好自然通风，“热空气”易于排除，而双排布置在两排煤气发生炉的中间地带聚积的“热空气”受到两侧设备（煤气发生炉、双竖管或旋风除尘器）的阻挡，难以排除，故室内温度较高。例如包头两个厂的煤气站，主厂房内安装的是同一类型的煤气发生炉，一个是12台炉的单排布置，操作层室内温度夏季实测为40～41℃；而另一个是14台炉的双排布置，室内温度为43℃。又如在武汉地区，一个煤气站是19台炉的双排布置，室内温度为45℃，而另一个单排布置为41～42℃。单排比双排布置的自然通风（穿堂风）条件较好，单排布置时，不论从哪一边吹来的“穿堂风”，都可以改善室内环境，而双排布置时，两排煤气发生炉的中间地带，经常处于较恶劣的环境，封闭式厂房建筑在机力通风设施失灵时，双排布置的环境将更恶劣。

(2) 设备检修方面。单排布置比双排布置便于设备检修，以更换发生炉水套为例，单排布置时，水套可从煤气发生炉的出灰一侧墙上预留的门洞进出；而双排布置时，必须从两排炉的中间通道运输，颇不方便。

(3) 设备布置方面。单排布置比双排布置简单。净化设备可集中布置在主厂房的一侧，管道短；而双排布置时，设备及管道需布置在主厂房的两侧，比较复杂。

(4) 根据调查，国内煤气站煤气发生炉不超过12台的，多数是单排布置，超过12台的多数是双排布置，有个别厂如西宁V厂安装14台采用单排布置。在煤气发生炉台数过多的情况下，采用单排布置会使主厂房过长，管理不便，站区占地面积大。现有双排布置的煤气站如齐齐哈尔E厂（安装有25台炉），操作工人反映双排布置缺点较多；又如上海A厂（安装有12台炉）认为双排布置劳动条件不好，设备检修困难，检修的条件比操作更为重要。

综合上述分析，单排布置具有操作环境好、设备检修方便、布置简单、便于操作等优点。即使个别工厂需要装设的煤气发生炉台数较多，在站区布置面积允许的情况下，还以单排布置为宜。

8.0.2 确定主厂房层高的因素很多，现将层数和层高的情况分述如下：

8.0.2.1 层数。

(1) 装设φ2.4、φ3.0、φ3.6mD型煤气发生炉的主厂房一般为三层，即底层、操作层、贮煤层。

(2) 装设φ3.0、φ2.4mW-G型煤气发生炉的主厂房一般为五层，即底层（出灰层）、二层（炉篦机构层）、三层（操作层）、四层（中间煤仓层）、五层（贮煤层）。

(3) 装设小于φ2m煤气发生炉的主厂房，一般为二层，个别情况采用单层建筑，仅在煤气发生炉炉身周围操作面另加一个简易操作平台。

8.0.2.2 D型炉的主厂房层高。

(1) 底层高度当安装φ2.4m煤气发生炉的为6m，φ3.0m的为6.5m，φ3.6m的为6.8m。

(2) 操作层的高度，根据发生炉打钎的需要及加煤机贮煤斗的高度来确定。

(3) 贮煤层的高度与采用的运煤方式有关。胶带运煤用犁式铲卸料时，一般定为3m；如采用多斗或斜桥单斗运煤，则运煤的一端可局部提高。

8.0.2.3 W–G 型炉的主厂房层高。

(1) 底层高度与出灰渣方式、炉体渣斗高度有关，对于不同出渣方式的渣斗下净空高度宜为:

①翻斗汽车出渣　2.0～2.4m;

②三轮汽车出渣　1.8～2.0m;

③人工小车出渣　不小于 1.8m;

④胶带出渣根据胶带及给料机尺寸决定。

(2) 二层（炉篦机构层）高度，主要决定于炉体的尺寸，采用 φ3mW–G 型煤气发生炉时，二层高度一般为 4.5m。

(3) 三层（操作层）高度，应考虑发生炉打钎的需要，一般决定于中间煤仓下煤柱的高度。

(4) 四层（中间煤仓层）高度，决定于中间煤仓与贮煤斗（即大煤仓）的高度以及二者之间的净距（即百页窗高度），其净距一般为 600～700mm。经调查，上海 λ 厂为 400mm，上海 μ 厂和上海 ν 厂为 600mm 左右。适当加大百页窗的高度，有利于中间煤仓进煤扇形阀的检修，便于排除下煤时的阻塞。

(5) 五层（即贮煤层）高度与运煤方式有关。

8.0.3 主厂房内设备之间、设备与墙之间的净距，与主厂房建筑设计采用封闭、半敞开或全敞开有关，而且由于发生炉型号及其他设备的布置情况变化较大，本规范未作具体规定，设计时根据具体情况确定，但应满足设备日常操作和安装检修时零部件拆装及运输的需要。国家标准《建筑设计防火规范》GBJ16–87 第 3.5.4 条规定，疏散走道宽度不宜小于 1.4m，因此，本条规定用作一般通道不宜小于 1.5m。

8.0.4 主厂房为封闭建筑时，底层应考虑对设备的最大部件（如发生炉水套）在安装或检修时能进出主厂房，因此，应留有安装孔或门洞。对二层以上的各楼层，也要根据所在楼层的设备最大部件尺寸留有安装孔或吊装孔，并对这些最大件设置必要的起重设施，留有检修的场地。

8.0.5 烟煤煤种气化的煤气发生炉出口管道易于积灰，且难于清理，其严重程度与炉出口管长短、有无清除积灰措施和清灰周期长短等因素有关。例如:

(1) 沈阳 H 厂过去煤气发生炉每运行半年，炉出口管因积灰只剩下 φ300～400mm 的通道，被迫停炉，经在竖管手孔处进行通灰后才恢复正常。

(2) 内蒙 r 厂单竖管、旋风除尘器均布置在室外，炉出口管较长易积灰，但他们勤于清灰，在煤气发生炉热备用时每个月清理 2 次;

(3) 吉林 S 厂炉出口管堵塞严重，每 3 个月需停炉清理。

至于清灰措施，多数工厂在一联竖管（或单竖管）对准炉出口短管处开小孔进行捅灰，有的在该处安装了电动偏心清灰器，有的在一联竖管管顶上，安一个有汽封的孔经常捅灰。以上各种清除积灰的措施均有一定的效果。

8.0.6 鉴于环境卫生的要求，煤气净化设备应设置在室外，根据调查，即使在采暖计算温度为–25℃的严寒地区，如齐齐哈尔、哈尔滨等地的煤气站，其净化设备采取保温措施后均设在室外，已正常运行 30 多年，在南方地区气候暖和更应设在室外。根据调查，近年引进的厦门××瓷器有限公司的煤气站将洗涤塔、间接冷却器等净化设备设在全封闭的厂房内，这些散热设备使室内温度过高，恶化了操作工人的环境，并且发生过由于设备上防爆膜开裂，使大量煤气充满了厂房，险些发生重大事故。这就表明了其缺点之所在。但是对竖管和旋风除尘器，为了缩短与发生炉出口接管的距离，允许其设在厂房内。

8.0.7 煤气排送机与空气鼓风机间分开布置的分析:

(1) 国家标准《工业企业噪声控制设计规范》(GBJ87–85) 的第 2.0.1 条规定“工业企业厂区内各类地点的噪声 A 声级，按照地点类别的不同，不得超过表 2.0.1 所列的噪声限制值。”该表序号 1 生产车间及作业场所（工人每天连续接触噪声 8h）噪声限制值 90dB。

（2）煤气站的离心式煤气排送机和空气鼓风机在运转时发出较大噪声，经对现有 14 个工厂的煤气站在机组旁半米距离处的测定表明，各种类型煤气排送机的噪声 A 声级一般在 83～99dB，平均在 93dB；而空气鼓风机的噪声大于煤气排送机的噪声，一般在 90～104.5dB，多数超过 100dB。

（3）煤气排送机间属于防爆危险场所，必须考虑防爆，而空气鼓风机间不必防爆，两者分开可减少防爆设备及其他防爆措施和投资费用。

综合上述情况分析，本条规定了分开布置的原则，目的是为了减少噪声的影响，但小型煤气站的煤气排送机和空气鼓风机容量小，结构简单，机组台数少，布置容易处理，故又规定小型煤气站的煤气排送机和空气鼓风机可布置在同一房间内。

8.0.8 煤气排送机和空气鼓风机各自单排布置，宏观上整齐，又便于管线的布置，在正常情况下均应这样做。

8.0.9 煤气排送机间、空气鼓风机间内设备之间的净距、一般通道、主要通道的说明：

（1）设备之间的净距系指相邻设备凸出部分（如电动机的基础）之间的水平距离；设备与墙之间的净距系指设备靠墙一侧的凸出部分与墙、柱之间的水平距离。

（2）一般通道的宽度，应根据设备操作和检查工作人员来往频繁程度的具体情况确定。按本规范编制说明第 8.0.3 条说明，本条文规定用作一般通道不宜小于 1.5m。

（3）主要通道的宽度，应满足机组拆装时最大零部件的运输及同时通过行人的需要，并适当留有余量。故规定用作主要通道不宜小于 2m。

8.0.10 煤气排送机间的层数和层高的确定，应考虑下列各因素：

（1）机组结构型式。如煤气排送机出口向下，为使气流直顺，减小压力损失，当必须将机组抬高以利管道敷设时，采用二层建筑较好。反之，当机组结构上无特殊要求时，一般采用单层建筑，可节约建筑投资。

（2）排水器布置方式。经调查，煤气排送机间在冶金工厂采用二层建筑较多，排水器布置在室内底层地面上，一般底层的层高不低于 3 米。在机械工厂，仅有个别采用二层建筑，大多数采用单层建筑，排水器布置在室外地下深坑内。

（3）操作层的层高与机组外形尺寸（高度）、选用的起重设备型式、机组设备安装检修最小起吊高度以及管道的布置方式等有关。根据一般要求，采用单层厂房层高不应小于 3.5m。

8.0.11 煤气排送机间、空气鼓风机间的操作层（单层厂房指地面层，双层厂房指第二层），应根据设备的最大件尺寸设置门洞或安装孔（吊装孔），且留有安装拆卸部件的检修场地，其起重设施应根据设备最重部件考虑，大致有三种方式：

（1）单梁或桥式手动（或电动）起重机。

（2）单轨手动葫芦或电动葫芦。

（3）房顶上留有起吊钩子以便临时悬挂葫芦。

8.0.12 空气鼓风机吸风口处的噪声，一般有 95dB，个别的高达 108dB，为了减少空气鼓风机吸风口噪声对室外环境的影响，规定应采用降低噪声的措施（如安装消声器、砖砌风道等）。

空气鼓风机吸风不应影响室内的环境，如室内同时还有煤气排送机也在运转，防止万一煤气外泄将爆炸性混合气吸入空气系统中，所以规定空气鼓风机吸风口应布置在室外，吸风口应设有防护网和防雨设施，以防止杂物、鸟类和雨水吸入空气系统，还规定应设降低噪声的设施。

9 空气管道

9.0.1 空气管道系统应设有下列安全设施:

9.0.1.1 在煤气发生炉的进口空气管道上，应设有控制风量开闭和调节的阀门，这种阀门应选用明杆式或指示式，以便操作工人能判断其开闭及调节的程度，止逆阀的作用是在停电或鼓风突然终止时，防止发生炉内煤气从炉底倒流进入空气管道；当煤气发生炉在停炉压火时，炉内仍需少量空气以保持其不熄火，这就需有自然吸风装置。

9.0.1.2 爆破膜作为空气管道爆炸时泄压之用，材料可用铝板或橡胶膜，其安装位置应在空气流动方向的管道末端，因管道末端是薄弱环节，爆破时所受冲击力较大。

9.0.1.3 空气流动方向的总管末端应设有放散管，其作用是当停电或停空气后，再起动发生炉之前，为防止煤气已渗漏至空气总管内形成爆炸性混合气体，需进行吹扫，以确保安全，防止爆炸事故的发生。放散管接至室外的目的是将吹扫的混合气体导至室外排放。

9.0.2 饱和空气管道输送的空气中含有饱和水蒸气，因此在管道外缘应设保温层以防止温度降低，减少蒸汽冷凝的损失，为了使凝结水能顺利排出，故规定在管道最低点要设排水装置。

10 辅助设施

10.0.1 煤气站经常化验的项目如下:

(1) 煤气成分的全分析和单项分析;

(2) 煤的工业分析和筛分分析;

(3) 灰渣中含碳量的分析;

(4) 煤气中杂质含量的测量;

(5) 循环水中悬浮物、pH 值的测定。

煤气站不经常化验的项目如下:

(1) 煤的元素分析和发热量的测定;

(2) 循环水中的酚、氰化物含量等的测定;

(3) 其他测定。

10.0.3 大型煤气站的仪表及自控装置较复杂，需要设仪表维修间，加强仪表装置的维护管理。

10.0.4 煤气的安全防护组织一般应由企业安全部门领导，其承担的任务、权力和设施配置等，应遵照国家标准《工业企业煤气安全规程》(GB6222−86) 的第 9.2 条有关规定执行。

11 煤和灰渣的贮运

11.0.1 煤的设计运输量系根据一昼夜入炉煤需用量，按煤气站的工作制度和运煤系统工作班次、运煤设备有效工作时间、原煤的含末百分比、运输的不平衡系数计算而得。

11.0.2 煤和灰渣采用机械化或半机械化装卸和运输，是减轻繁重的体力劳动、改善劳动条件、保护环境卫生和工人健康、提高劳动生产率的重要技术政策。根据生产上的需要和设备供应的可能性，结合当地的条件和经验，应积极采用机械化或半机械化装卸和运输。

机械化运输是指胶带输送机、多斗提升机、刮板机、水力除灰渣等。半机械化运输是指单轨电葫芦、单斗提升机、电动牵引小车、简易运煤机械等。小型煤气站灰渣排送量一般小于1t／h，运煤量一般小于3t／h，因此，本条规定小型煤气站宜采用机械化或半机械化装卸和运输。

11.0.3 确定煤气站煤场贮煤量的因素较多，主要与煤源远近、供应的均衡性和交通运输方式等条件有关，有些地区要考虑冰雪封路、航道冻结、大风停航等气候条件对交通运输的影响，还与煤气站的规模大小、用地紧张程度等因素有关。设计时应根据具体情况确定，以满足生产的要求。

经调查，煤气站用火车运输的煤场设计贮煤量大多数不超过1个月。如沈阳H厂、兰州O厂、抚顺Z厂、郑州P厂等，实际上没有超过半个月的贮煤量，有的每隔2～3d就来煤一次。用汽车运输的，如上海A厂集中煤场的贮煤量约按半个月考虑，实际上3～5d就来煤一次，而煤气站煤库贮煤量不到1天，一座铁板制立式煤仓可贮400t煤，该煤气站安装φ3m煤气发生炉12台，经常运行8台。又如上海δ厂煤气站安装φ3m煤气发生炉2台，煤场只有1天的贮煤量。上海η厂煤气站安装φ3m煤气发生炉10台，每天使用汽车从站外运煤直接送入站胶带输送机的受煤斗，没有设立煤场。

烟煤露天贮存期过长，因温度上升会引起自燃，据日本电源开发公司资料介绍，露天贮存煤1个月，煤温上升到90℃，3～4个月上升到约500℃，会引起自燃，从安全生产考虑，煤场贮存煤的天数不宜过多。

国家标准《工业锅炉房设计规范》（试行）GBJ41－79第97条规定：“一、火车和船舶运煤——10～25昼夜的锅炉房最大耗煤量；二、汽车运输——5～10昼夜的锅炉房最大耗煤量。”前苏联无线电技术工业部国立专业设计院编《煤气发生站工艺设计暂行规范草案（1956年）》第40条规定：“燃料仓库应为露天式的，仓库之容积：铁路运输燃料时，对于当地燃料应有两周贮备量，对远方来时应有一个月贮量。”

国家标准《小型火力发电厂设计规范》GBJ49－83（试行）第4.1.3条规定：“一、发电厂经过国家铁路干线来煤时，宜按10～25d的全厂耗煤量确定；二、发电厂不经过国家铁路干线而由煤矿直接来煤时，宜按10d以下的全厂耗煤量确定；三、发电厂经过公路来煤时，宜按5～10d的全厂耗煤量确定，个别地区还应考虑气象条件的影响；四、发电厂水路来煤时，按水路可能中断运输的最长持续时间来考虑，但不宜小于10～25d的全厂耗煤量。”

末煤占进厂煤的百分数，往往达30%以上，原则上应及时处理，尽量减少在厂内堆放末煤量，应根据实际情况适当考虑末煤堆放场地。

综上所述，参照有关规范，从节约用地的原则出发，并考虑到生产上的要求，作本条的规定。

11.0.4 煤场露天堆煤，如经雨、雪淋湿，将造成筛选的困难。

湿末煤过筛不净，附在煤块表面，一并进入煤气发生炉中，使煤气带出物增加。而且由于煤含水分过大，在气化过程中，势必影响干馏层以至还原层的温度，使煤气质量变坏甚至无法生产。因此规定，在经常性的连续降雨、雪地区，煤场的一部分宜设防雨、防雪设施，以尽量减少雨季入炉煤的表面水分。

煤气站煤场采用防雨、防雪设施的方式，总的精神是要从实际出发，采用简而易行的方式，达到防雨、防雪的目的。

确定防雨、防雪设施的一部分煤场的贮煤量，牵涉到的因素较多，不宜作硬性规定。故仅在本条文中提出确定贮煤量时应掌握的原则。

11.0.5 考虑到运煤机械在运行前工人有一定的准备工作时间，而在发生事故时需要紧急检修的时间一般为1～2h，征求意见会上，一致认为设备每班计算运转时间不宜大于6h，故作出本条的规定。

11.0.6 本条文是按煤气发生炉为三班连续运行规定的，否则贮煤斗中的有效贮量可相应减小。

运煤设备事故紧急检修时间，对电动葫芦、单斗提升机等简易运煤机械如调换钢丝绳、行走传动齿轮等，在有备件的情况下，一般只需1～2h；对胶带运输机、多斗提升机、刮板机等运煤机械，接皮带，换链板及传动齿轮，一般需2～4h。

11.0.7 贮煤斗供排放泄漏煤气用的放散管直径不宜过小，烟煤煤气中的焦油灰尘往往会堵塞管道，故要考虑清理方便。放散管直径过大，将影响煤斗内煤的下落通道。本条文规定的为最小直径，设计上有一定的灵活性。

11.0.9 为使气化用煤的粒度符合设计要求，必须设有筛分设施。当供煤的煤种未能满足设计入炉煤的粒度时，必须设有破碎设施。为确保煤气发生炉给煤机械正常运行和防止设备的磨损，必须设有铁件分离设施，如悬吊式磁铁分离器、电磁胶带轮、电磁滚筒等。

11.0.10 煤是煤气生产的主要原料，关系着能耗指标。煤的计量是煤气站经济核算的一个重要手段，设计中应予考虑。对于小型煤气站可以用煤斗容积计量。

11.0.11 根据调查，国内煤气站末煤的总贮量一般都能贮存一昼夜的末煤产生量，如上钢某厂煤气站有φ3m煤气发生炉12台，设有末煤斗4个，每个容积约可贮末煤50t；齐齐哈尔E厂有φ3m煤气发生炉25台，设有3个大末煤斗，总贮量约为煤气站一昼夜的末煤产生量。通常末煤用火车或汽车运出厂外时，采用一班工作制，故本条文规定，末煤斗的总贮量不小于煤气站的一昼夜末煤产生量。

当末煤供厂内锅炉房或其他末煤用户使用时，因是短距离运输，其总贮量可以酌情减少。末煤斗和溜管的侧壁倾角，系按钢筋混凝土制作，斗内壁较光滑考虑，规定不应小于60°。

为防止末煤冻结，规定在寒冷地区的末煤斗应设有防冻设施。根据齐齐哈尔E厂、沈阳H厂、内蒙r厂、齐齐哈尔D厂等经验，在末煤斗内加装蒸汽管道，防冻效果较好，在未采取该措施前，遇到严寒季节，如室外温度在−20℃左右时末煤受冻结。

11.0.12 根据调查，煤气站的灰渣采用汽车运出时，一般设置灰渣斗的总贮量均超过一昼夜灰渣排除量。采用火车运输时，如哈尔滨M厂，沈阳H厂，利用火车车箱贮存灰渣，所设中间灰渣斗的贮量均小于一昼夜灰渣排除量；吉林S厂将灰渣由胶带输送机直接排入火车车箱，不设中间灰渣斗。灰渣斗及溜管的侧壁倾角，机械工业部部标准《发生炉煤气站设计规范》JBJ11−82（试行）规定不宜小于55°，认为太小，采取与末煤斗和溜管的侧壁倾角相同的数值，定为不应小于60°。

11.0.13 某厂煤气站曾因没有安全防护设施发生过事故。为保障操作人员行走的安全，特作本条的规定，据了解，其他行业在运煤栈桥行走的一侧地面设有防滑台阶，有扶手没有栏杆。本条规定为"宜"，设计者可以根据实际情况考虑以保安全。

11.0.14 煤气站主厂房贮煤层因煤灰飞扬，经常需要冲水清扫。宜设有防止水侵入贮煤斗的设施。如兰州O厂煤气站主厂房贮煤斗的斗口四周，筑有高出楼板面约20cm高的混凝土凸台以防止冲水侵入贮煤斗。在正常生产时，贮煤斗内有从煤气炉加煤机漏入煤气者，必须严禁操作人员进入贮煤斗。为防止意外，应设有防止操作人员落入贮煤斗的设施，如盖板、栏杆等。

11.0.15 煤气发生炉内末煤过多，气化不能正常运行，胶带输送机送煤用胶带小车，可以避免末煤集中到胶带的端头，如果用刮板，由于刮板与胶带之间留有间隙，致使末煤集中到胶带端头落下。设计应使端头落下的末煤集中到一个专门设置的溜管排出。

11.0.16 国家标准《小型火力发电厂设计规范》GBJ49–83（试行）第4.1.9条规定："胶带输送机的普通胶带的倾斜角，运送原煤时，不应大于18°；运送碎煤后的细煤时，不应大于20°。"本条文根据煤气站的实际情况，参照上述规定确定。

11.0.17、11.0.18 本条文根据煤气站的实际情况，并参照国家标准《小型火力发电厂设计规范》GBJ49–83（试行）第4.1.12条的规定确定。上述规范第4.1.12条规定如下："运煤栈桥宜采用半封闭式或封闭式。气候适宜时，宜采用露天式。在寒冷地区，宜采用封闭式。运煤栈桥及地下栈道的通道，应符合下列要求：一、运行通道的净宽不应小于1m，检修通道的净宽不应小于0.6m。二、运煤栈桥和地下栈道的垂直净高不应小于2.2m。"

11.0.20 《工业企业设计卫生标准》TJ36–79第36条规定，含有10%以下游离二氧化硅的煤尘最高容许浓度为10mg／m^3，本条规定的目的在于减少煤尘对环境的污染。

12 给水、排水和循环水

12.0.1 煤气发生炉水套的给水水质，应符合下列规定：

12.0.1.1 煤气发生炉水套中水温超过100℃时，与低压锅炉相类似，故给水水质应符合现行的国家标准《低压锅炉水质标准》GB1576–85关于锅壳锅炉的规定，其规定见表8。此规定的水质要求较高，故应采用软化水。

燃用固体燃料的锅壳锅炉的水质标准 **表8**

项目	给水		炉水	
	锅内加药处理	锅外化学处理	锅内加药处理	锅外化学处理
悬浮物（mg／L）	<20	<5		
总硬度（me／L）(注)	<3.5	<0.03		
总碱度（me／L）(注)			10～22	<22
pH（25℃）	>7	>7	10～12	10～12
溶解固形物（mg／L）			<5000	<5000
相对碱度$\left(\frac{游离NaOH}{溶解固形物}\right)$			<0.2	0.2

注：me／L为非法定计量单位，1me／L＝50mg／L，以$CaCO_3$表示。

12.0.1.2 W–G型煤气发生炉的水套，类似于常压容器，水温不大，故给水水质应符合现行国家标准《低压锅炉水质标准》关于热水锅炉水质标准的规定，其规定见表9。

据了解，上海λ厂W–G型煤气发生炉水套用水的总硬度为135mg／L（以$CaCO_3$表示），水套每年清理一次。

水锅炉水质标准 表 9

项目	供水温度			
	<95℃采用锅内加药处理①		>95℃采用锅外化学处理	
	补给水	循环水	补给水	循环水
悬浮物（mg／L）	<20		<5	
总硬度（me／L）②	<3.5		<0.6	
pH（25℃）	>7	10～12	>7	8.5～10
溶解氧（mg／L）			<0.1	<0.1
含油量（mg／L）			<2	<2

注：①如采用锅外化学处理时，应符合供水温度大于95℃的水质指标。
②me／L为非法定计量单位，1me／L＝50mg／L，以$CaCO_3$表示。

12.0.2 设备冷却水有：煤气发生炉搅棒、炉顶、散煤锥、人孔、煤气排送机轴承及油冷却器等的冷却水。上述冷却水，可以根据水的硬度，控制其排水温度。

水质稳定研究中，一般主要研究下列化学反应式中重碳酸钙、碳酸钙和二氧化碳三者的平衡关系。

$$Ca(HCO_3)_2 \rightleftharpoons CaCO_3+CO_2+H_2O$$

为便于实际应用，可进一步找出水结垢与水的碳酸盐硬度和水温三者的关系，见图 1。

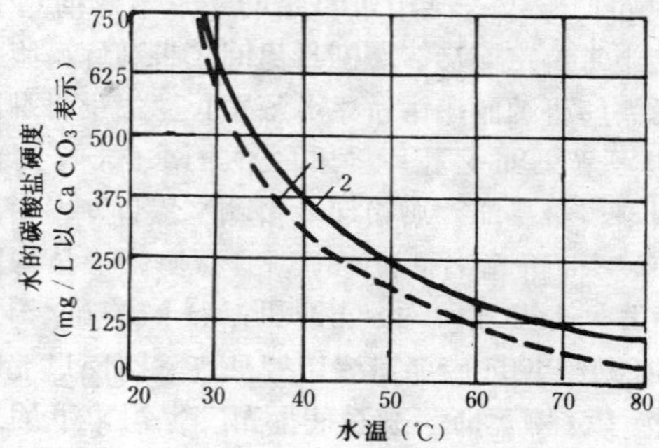

图 1 直流系统时，在不形成水垢的要求下水的允许加热温度

1——水在设备中停留 2～3min；2——水在盘管和管道中停留 1min

12.0.4 煤气净化设备与接触煤气的循环水水质、水压、水温应符合下列要求：

12.0.4.1 无烟煤系统煤气冷却用的循环水水质，总结现有煤气站的生产情况，灰尘和液态焦油的含量基本符合本规范规定的 200mg／L 的指标，并可以满足生产的要求。但太原 K 厂、天津 ζ 厂的循环水水质较差。几个工厂的煤气站实测数据如下：

①太原 K 厂 170～214mg／L；

②天津 ζ 厂（1979 年 10 月测）206mg／L；

③上海 λ 厂（1980 年测）130.5mg／L；

④上海 η 厂（1980 年测）118mg／L。

12.0.4.2 烟煤系统煤气冷却用的循环水分冷、热两个循环水系统。

冷循环水供煤气的最终冷却用，其水质的好坏对生产过程的影响尤为重要。由于水质恶化将引起洗涤塔的填料、冷却塔的配水系统和煤气净化冷却系统不能正常运行，煤气净化冷却效果差。参照无烟煤系统循环水水质要求，并考虑到目前水处理的方法很多且均未定型，为了进一步总结经验，寻求经济合理的方案，本规范规定烟煤系统冷循环水灰尘和液态焦油的含量不宜大于 200mg／L。

热循环水是供给竖管、三级洗涤塔热段初步冷却净化煤气用。热循环水的水温较冷循环水高，焦油在较高温度下粘度较小，故规定水的灰尘和液态焦油的含量的指标较大。因为洗涤塔热段或空气饱和塔（利用热循环水增湿气化用空气的设备）也有木格填料，为了防止填料的堵塞和输送水的管道及喷头堵塞，指标也不宜过大。故规定烟煤系统热循环水灰尘和液态焦油的含量不应大于 500mg／L。根据各厂水处理的试验资料，达到本规范规定的指标是可行的，例如：

①抚顺 Z 厂的实践经验是标准状况下每生产 $1000m^3$ 煤气，处理水量为 0.85～0.9t，即可使全站总循环水胶体含量（见注）

稳定，接近原补水开放排放时的胶体含量。其开放排放胶体含量以 1979 年为例，月平均为：5 月份 530mg／L，9 月份 445mg／L，11 月份 439mg／L（相当于 184mg／L，见注）。

注：该厂水中胶体含量的分析方法为在100ml酚水中加入Fe^{+2}14.3mg／L，调 pH＝3.5，加温至 60℃凝聚，然后过滤、烘干、称重、去掉铁的重量。此法称为凝聚法，分析结果以胶体含量表示。常规法分析结果以灰尘和液态焦油含量表示。该厂曾做两种方法的对比分析，凝聚法分析的结果分别为 439、430、135mg／L，常规法分析的结果分别为 184、161、47mg／L，即灰尘和液态焦油含量分别为胶体含量的 41.9%、37.4%、34.8%。

②西宁 V 厂经过试验确定的循环水治理方案，要求水质如下：灰尘 200mg／L，油 50mg／L。根据西安冶金建筑学院的分析，该厂每立方米煤气将产生 225mg 的灰尘和焦油进入水系统。工业装置的设计按此数值进行平衡。

③大连 G 厂冷循环水采用溶气浮选加硫酸、硫酸亚铁混凝沉淀处理后，水中灰尘和液态焦油为 68～187mg／L，热循环水采取酸化油泥吸附法，每天处理 160m^3，占全部水量的 1／3，水中灰尘和液态焦油为 106～414mg／L，平均 275mg／L。

④兰州 O 厂 1981 年坚持 200d 的水质净化工作，共处理水 17500t。1981 年 8 月份水中灰尘和液态焦油的含量已稳定在 600mg／L，基本接近本规范规定的指标。在进一步净化以后达到本规范要求是有可能的。

⑤齐齐哈尔 D 厂冷循环水每两个月换水一次，水中灰尘和液态焦油平均为 325mg／L。如再采取混凝沉淀，溶气浮选等处理，其水质将可达到本规范要求。

12.0.4.3 pH 值低于 6.5 时，水泵、水管易于腐蚀。根据一些试验资料 pH＝2.2 的水与 pH＝7.7 的水，按 1：7 混合得 pH＝7（上海 A 厂资料）。pH＝3.5 的水与 pH＝8.3 的水，按 1：3 比例混合得 pH＝7.1，按 1：4 混合得 pH＝7.8（抚顺 Z 厂资料）。

12.0.4.4 供水点压力过高浪费能源，过低则喷洒性能差，满足不了工艺要求。有填料的清洗设备，填料有布水的作用，常采用阻损较小、结构简单的喷头，故供水点压力比无填料清洗设备为低。

供水点压力应考虑喷嘴前的压力、供水点至喷嘴的几何高度、供水管路的摩擦阻力与局部阻力。确定喷嘴前压力时，应根据设备的喷嘴数量及单个喷嘴的出水量核算总水量是否合乎设计要求。

12.0.4.5、12.0.4.6 考虑到夏季气温较高，对烟煤系统的冷循环水或无烟煤系统的循环水水温的要求过低，将不经济。全国南北各地夏季气温差异也很大。根据全国主要城市平均每年最高温度超过 5～20d 的干、湿球温度统计资料，以南昌、杭州的气温最高，每年最高温度超过 10d 的日平均干球温度分别为 33.8℃、32.8℃，日平均湿球温度均为 28.3℃。按一般冷却塔的设计要求，水温不超过 35℃是可行的。其余季节气温较低，多数情况下，应不超过 28℃。

烟煤系统的热循环水主要是供竖管中净化冷却煤气用，水温高时，水的蒸发系数大，水中焦油粘度小，水系统堵塞的机会少，故规定热循环水温度不应低于 55℃。热循环水系统除了由冷循环水补充的部分冷水及自然冷却降温外，没有冷却的设备，故在正常情况下，热平衡的温度均不小于 55℃。例如：

(1) 上海 A 厂煤气站 1980 年 3 月 21 日热循环水沉淀池进口水温为 68℃，出口水温为 65℃。

(2) 北京 U 厂煤气站 1981 年 1～10 月份热循环水每班最高温度的平均值为 62℃。10 月份因检修停气 3 天，水温较低，平均值为 57℃。

12.0.5 接触煤气的循环水中的有害物质如酚、氰化物、硫化物、油的浓度及化学需氧量等均较高，一般都不符合国家或地方规定的排放标准。设计要使循环水系统做到亏水不排放，故不应把本条文所指的其他基本上不含有害物质的用水排入循环水系统。但可以利用作为循环水系统的补充水。

12.0.6 煤气排水器、隔离水封等用水都接触煤气，其中有不少有害物质不能排放，如果采用自来水，其排水排入循环水系统，势必增加了循环水系统的水量，使系统难以达到亏水，故规定必须封闭循环使用。

12.0.7 热煤气站一般均以烟煤为气化原料，煤气中含有焦油和酚，当煤气温度降低时，将会有部分焦油、酚等有害物质混入水封用水。因此这部分用水不应直接排放，至于如何处理，未作具体规定，如果能够控制水封给水量，保持稳定的水位，可以做到不排放。

12.0.8 厂区和车间煤气管道排水器的排水含有不少有害物质，应集中处理。目前，不少工厂都是集中到煤气站的循环水系统。集中方式有的用汽车运回，也有的用管道送回。

12.0.9 接触煤气的循环水中含有焦油、酚等有害物质，根据多年的实践，采用风筒自然通风式冷却塔可籍高风筒对排出气进行大气扩散，与开放点滴式、鼓风逆流式相比，可减少对环境的污染。

采用风筒自然通风式冷却塔与鼓风式冷却塔相比可以节省能源，而且也不存在风机被腐蚀的问题，但风筒自然通风式冷却塔的基建费用高。本条文规定为“宜”，有一定的灵活性。

12.0.10 如果烟煤系统的冷、热循环水相混合，则煤气最终冷却用水的温度升高，水质变差，同时竖管用水的温度降低，水中焦油粘度大，不符合工艺要求，故作此条规定。

12.0.11 沉淀池的沉渣应定期清理，以保持沉淀池的有效容积，故应设有清理沉淀池的设施。总结现场生产经验，单轨抓斗吊不宜采用。调节池是作临时蓄水或清理沉淀池周转之用。

12.0.12 接触煤气的循环水沉淀池、水沟等构筑物，一般均采用钢筋混凝土结构并要求结构设计有较好的防渗漏措施。为保持亏水循环，不使地面水渗入循环水系统，故规定水沟之间必需有排除地面水的管渠。

12.0.13 国家标准《工业循环水冷却设计规范》GBJ102-87第2.1.4条规定:“冷却塔一般可不设备用。冷却塔检修时，应有不影响生产的措施。”本条文规定与之一致，为了能定期清理检修冷却塔，而且清理检修时仍可正常生产，可设计成分隔的冷却塔，且可与其系统分开。根据齐齐哈尔D厂的经验，冷却塔每3个月需清理1次，4至5人2天便可清理完，大修10年1次，修理时间1至2个月。

12.0.14 循环水沟应有盖板以防止或减少水中有害物质挥发污染煤气站环境。

12.0.15 煤焦油在高温时有焦油蒸汽产生，为防止污染煤气站环境，应采用封闭式输送系统。焦油沟与蒸汽保温管道相比，后者更严密一些，故规定宜采用蒸汽保温管道。

12.0.16 循环水泵房的吸水井设有水位标尺，可以定期观测水位，控制循环水水量的增长，控制补水量，保持循环水系统处于亏水状态。

12.0.17 煤焦油和沉渣为煤气站的废物，不及时处理将泛滥成灾，污染环境。用作燃料是一个较好的方法，既消除污染又节约能源，一些工厂已有运行经验。煤焦油中有60%的沥青基因，也可以利用作为化工原料生产优质化工产品。上海ω厂研究利用它生产再生胶多年，取得成功。在煤气站的工程设计中，应根据其处理的要求设置贮运设施。

12.0.19 运煤系统建筑物的地面与楼面粉尘较多，用水冲洗可防止粉尘飞扬，便于清洗地面，但冲洗的污水中含有煤粉，如何排除，在排水设计中应同时考虑。

13 热工测量和控制

13.0.3 控制室内采用二次仪表的目的，是防止煤气串入室内，发生中毒事故。天津某厂煤气站曾经发生过一起中毒事故。原因是接仪表的煤气胶皮管脱落，煤气漏入室内。

13.0.6 煤气净化设备包括竖管、旋风除尘器、电气滤清器、洗涤塔、除滴器等。间接冷却器、余热锅炉均列在煤气净化系统中，故均应按煤气净化设备处理。在各设备之间装设压力表、温度表，便于检查设备的运行情况。其安装位置未作具体规定，一般可就地安装。

13.0.7 一般低压煤气总管的煤气压力表，煤气排送机、空气鼓风机出口的压力表均就地安装，便于操作时观察。空气总管的空气压力、煤气站出口的煤气压力和温度及煤气流量仪表可安装在控制室内。当煤气供应几个车间，需要分别核算时，应该分别计量。供应煤气的质量，如发热量或压力不同时，也应分别检测计量。

13.0.9 本条所列的各项测量项目是煤气站实行经济核算、经济运行所需要的。小型煤气站水、蒸汽、软化水的用量较少，水和蒸汽等往往和用煤气车间统一核算，煤气站不单独经济核算。

13.0.10 煤气的热量自动测定记录仪，可以连续检测煤气站的供气质量，有利于管理。但因其价格过高，对管理人员的水平要求也高，故仅规定大型煤气站宜装设。

据北京冶金仪表厂介绍，该厂现有带微机的 RZB−Ⅱ型气体热量仪，已经增加了煤气净化过滤器，可连续测量记录调节，已在鞍山 ξ 厂、太原 π 厂使用。

哈尔滨 β 厂动力分厂 1983 年从北京冶金仪表厂购置了 1 台 RLB−Ⅰ型气体热量仪，按热量范围修改燃烧喷嘴口径，配上二次计量仪表，经过调试达到单台炉或总煤气出口煤气热量的连续检测，记录与校验值达到一致，证明此仪表符合要求。但此仪表维护要求极严，特别是要求煤气含尘量极低。由于喷嘴易堵，而清理工作又费时费力，权衡利弊，该厂最近没有采用。

上海 C 厂用在出厂煤气热值控制上，所有仪器为英国西格玛公司生产的 δ 型煤气热值自动分析仪。

13.0.11 经调查，大多数煤气站均有空气饱和温度自动调节装置，也有个别站采用手动调节，征求意见会上认为应有自动调节，其理由是：

(1) 空气饱和温度是发生炉气化的重要参数，采用自动调节可以保证饱和温度的稳定，使其能控制在 ±0.5℃ 范围内，从而保证了煤气的质量。

(2) 用自动调节可减轻工人操作，有利于煤气发生炉的正常运行。特别是在煤气发生炉负荷变化较大时，效果更为显著。

因此本条规定应装空气饱和温度自动调节装置。

鉴于小型煤气站规模较小，煤气发生炉的负荷一般较稳定，采用手动调节可以满足要求，且受到建设投资和仪表的维护与修理的技术条件等的限制，故可采用手动调节。

13.0.12 煤气站宜设置下列自动控制调节装置：

13.0.12.1 经调查，冷煤气站多数装有生产负荷自动调节装置，少数采用手动调节。征求意见会上，均认为宜有生产负荷自动调节装置。其理由是：

(1) 手动调节时，出现负压的可能性比自动调节时大。自动调节在一定程度上能防止煤气站内低压煤气总管出现负压，从而提高了煤气站生产的安全性。

(2) 自动调节能准确地根据用户用煤气量变动的情况调节煤气站的生产能力，使煤气压力稳定，而采用手动调节很难达到压力稳定。

(3) 用手动调节时，需由专人集中精神注视着压力表的指针来操作进入煤气发生炉的空气阀门，工人容易疲劳。自动调节能节省劳动力并减轻工人劳动强度。

13.0.12.2 手动调节汽包水位，一有疏忽便会发生缺水或满水。缺水易造成水套烧坏变形事故（如齐齐哈尔 D 厂因煤气发生炉水套缺水，烧坏 5 个水套，需进行大、中修理；P 厂因煤气发生炉水套缺水烧坏，已换水套 3 个）；满水易造成水倒入风管事故。因此，本条规定汽包宜设有水位自动调节装置。

13.0.12.3 煤气发生炉出灰的时间和速度与炉内的火层状况有关，一般由操作工人掌握。目前还没有能够自动探测火层控制出灰的装置，只有人为根据炉内状况设定出灰制度，定期执行出灰。

13.0.12.4 煤气发生炉加煤的自动控制方式有以下几种：

(1) 保持煤气发生炉内煤位的高度，当煤位降到预定高度时，就自动加入一定量的煤。

(2) 根据煤气发生炉出口的温度控制加煤，当炉出口温度达到预定值时，就自动加入一定量的煤。

(3) 煤气发生炉本身为连续加煤，根据人工探测炉内火层的情况，控制煤的落煤点，以保持炉内煤层稳定，实为半自动。

13.0.12.5 两段煤气发生炉的上段出口煤气的温度，一般控制在 120℃左右。控制方式是调节煤气发生炉下段出口的煤气量。

13.0.13 煤气站的信号，应符合下列要求：

13.0.13.1 当煤气排送机在运行时遇到空气鼓风机和空气系统的突然故障不能送风时，如果煤气排送机不立即停止运转，会导致排送机前系统内产生严重负压而使大量空气吸入，形成爆炸性混合气体，因此在设计时要考虑确保安全的措施。为此作了这一规定。

13.0.13.2 低压煤气总管的压力过低时，使煤气排送机停车，可以保证煤气站内煤气系统正压安全运行。考虑到有些工厂用户负荷变化较大，煤气压力往往也有较大的波动，如果煤气排送机停车并中断送气次数过多，对用户不利，且恢复送气操作麻烦。多数操作工人不主张自动停止煤气排送机，认为仅在煤气压力降低到设计值时发出警告信号就可以了。但本条文规定煤气压力降低到设计值时，应发出声、光信号，目的是使操作人员注意控制调节，不使压力继续下降，造成停车，但压力继续下降到允许值时，则应停止煤气排送机的运行，并发出声、光信号，通知操作工人进行紧急处理以确保安全生产。设计值和允许值应根据工艺系统的具体要求确定。沈阳 H 厂规定低于 300Pa 时发信号，低于 70Pa 时停止煤气排送机。吉林 S 厂规定低于 100Pa 时停止煤气排送机。

13.0.13.3 为了防止在电气滤清器内形成负压时从外面吸入空气，引起爆炸事故，故当电滤器出口的煤气压力下降到设计值时，应发出声、光信号，操作工人可根据情况切断该电滤器的高压电源，此设计值各厂规定不同，设计时应根据采用工艺系统具体要求来定。齐齐哈尔 E 厂定为 150Pa，吉林 S 厂、沈阳 H 厂定为 200Pa，现行国家标准《工业企业煤气安全规程》规定煤气压力低于 50Pa 时，即切断电气滤清器的电源。

13.0.13.4 电气滤清器绝缘子箱内的温度过低，煤气温度达到露点时，会析出水份而在瓷瓶表面凝结，致使瓷瓶耐压性能降低，易于发生击穿事故。温度设计值的高低与煤气的露点温度有关，一般煤气的露点温度为 63～67℃。吉林 S 厂将设计值定为 98℃，沈阳 H 厂定为 95℃。

13.0.13.5 国家标准《工业企业煤气安全规程》GB6222–86 第 2.1.3.11 款 C 项规定：“电捕焦油器应设当煤气含氧量达到 1% 时即能切断电源的装置”。本条的规定与之相一致。煤气含氧量自动检测仪对煤气的净化要求高，上海 C 厂采用 CO–001 系列磁导式氧分析仪（南京分析仪器厂产品）原来安装在电气滤清器的进口煤气管上，经常发生杂物堵塞，不能正常使用，另外此处煤气含水份太多，也会造成使用不正常，现安装在排送机后，出站煤气管上，使用效果尚可，但报警及自动切断电源装置未投入使用，原因是这部份仪表比较复杂。

现在国内还没有用得成功的报道，本条文规定宜装设煤气含氧量检测装置，对安装的位置虽未作出规定，但装设在电气滤清器进口是理想的，要在实践中研究解决。

13.0.13.6 煤气排送机、空气鼓风机的轴承温度与油冷却系统的油压控制是保证设备安全的需要，一般均用人工定期检查。大型煤气站的自动化水平应该提高，将各设备的运行参数集中到控制室实现遥控。洛阳I厂煤气站使用效果较好。

13.0.14 在征求意见会上，普遍认为今后的设计应该体现90年代现代化的水平。大型煤气站宜设有小型电子计算机或微处理机控制管理系统，从节约的观点出发，不应重复设置模拟显示仪表，从安全运行的观点出发，允许对特别重要的参数设置一些必要的仪表。所谓特别重要的参数，是指与煤气站生产安全有关的重要参数，故作本条的规定。

14 采暖、通风和除尘

14.0.1 《工业企业设计卫生标准》（TJ36–79）第55条规定，设计集中采暖车间时，车间内工作地点的冬季空气温度：轻作业时不低于15℃；中作业时不低于12℃；重作业时不低于10℃。当2名工人占用较大面积（50～100m^2）时：轻作业可低至10℃；中作业可低至7℃；重作业可低至5℃。在2名工人占用的建筑面积超过100m^2时，可仅要求工作地点及休息地点设局部采暖装置。

本条根据煤气站各个生产区的实际情况，对主要房间的冬季室内计算温度作了规定，对于经常无人操作的地方规定为+5℃，以节能并防冻。在工艺没有特殊要求时，应按本规定执行。

14.0.2 国家标准《工业企业煤气安全规程》GB6222–86第1.10条规定，煤气危险区的一氧化碳浓度必须定期测定，在关键部位宜设置一氧化碳监测装置，作业环境一氧化碳最高允许浓度为30mg／m^3（23.2ppm）。这个标准与《工业企业设计卫生标准》TJ36–79第三章表4的规定是一致的。

上海λ厂1982年6月24日至10月16日对煤气站的大气环境作测定，在W–G型炉炉面空气中的一氧化碳含量平均为17.7mg／m^3（13.7ppm），随机抽样概率大多数介于3.2～22.6mg／m^3（2.5～17.5ppm）之间，最大测定值为57.0mg／m^3（44ppm）。在探火时，室内空气中的浓度达到397～452.6mg／m^3（307～350ppm）。

1987年9月22日12时45分～13时15分，对上海A厂煤气厂空气中的一氧化碳浓度做了测定，见表11，该厂采用Д型煤气发生炉。

煤气站各区空气中的一氧化碳浓度 **表 11**

测定区域	空气中的一氧化碳浓度（mg/m^3）
发生炉操作室	(注) 71、48、44、48
一楼至操作室楼梯	60
操作室至上煤仓楼梯	30
上煤仓	32
电气滤清器	62、128、102
排送机房	35

注：71 为 9 号炉一只探火孔探火时的测定值。

1980 年规范编制组曾对几个工厂炉面空气中一氧化碳浓度做过测定，Д 型炉炉面最高浓度为 $69mg/m^3$，W-G 型炉炉面最高为 $241mg/m^3$。1989 年 1～10 月，上海 C 厂对发生炉炉面做了长期测定，该厂采用 W-G 型炉，每月平均值最低 $168mg/m^3$，最高 $1069mg/m^3$，平均 $423mg/m^3$。

上述测定数据表明，现在煤气站的生产环境接近或者超过许可的卫生标准。除了局部通风外，厂房应有良好的通风，规定操作层的换气次数每小时不宜少于 5 次，除在炉面探火时，一般情况下操作环境会有较好的改善。

底层及贮煤层煤气的污染情况较操作层为好。底层如果竖管、旋风除尘器排水沟能布置在室外，则基本上没有污染源，贮煤层贮煤斗内已设有排风装置，故规定底层及贮煤层的换气次数每小时不宜低于 3 次。

本规范所规定的数值为最低限，设计时可根据具体条件取较大数值。《机械工厂采暖通风与空气调节设计技术规定》JBJ10-83（试行）规定："主厂房底层的换气次数为每小时 5 次，操作层每小时不小于 10 次，贮煤层每小时 3 次"。

在主厂房操作层内，由于煤气发生炉顶部大量辐射热的散发，虽然采取水冷套等措施，夏季室内平均温度往往仍在 40℃ 以上，某些通风较差的场所最高达 45℃。所以本条文规定宜设有夏季降温用的局部送风设施，所指送风设施包括固定的送风装置和可移动的风扇。

14.0.3 由于煤气发生炉的加煤机密封性能不良，可能有逸出的煤气进入贮煤斗内，因而影响主厂房贮煤层操作工人的安全和身体健康。根据调查，有些工厂在贮煤斗内安设钟形排气罩将泄漏的煤气导出厂房外，这是行之有效的安全措施之一。当贮煤层为封闭建筑时，根据通风设计的要求，还需在贮煤斗内的上方顶部加设机械排风装置，以使煤斗内不存留死角，并进一步防止贮煤斗内煤气逸入室内，以保持贮煤层空气中一氧化碳的浓度经常符合卫生标准的要求。

贮煤斗与加煤机不相连接时，在加煤机的上方宜设有机械排风装置，以清除在加煤时从炉内逸出的煤气和煤块下落时产生的煤粉，以符合主厂房操作层的室内卫生要求。

14.0.4 煤气排送机场所易于泄漏煤气，1980 年，规范编制组曾对几个厂的煤气排送机周围环境进行测定，一氧化碳浓度最高达 $750mg/m^3$，煤气排送机间为防爆环境。《机械工厂采暖通风与空气调节设计技术规定》JBJ10-83 规定排送机间事故通风，包括局部排风量在内为每小时 12 次。根据具体情况作本条规定。

14.0.7 因为净化设备的区域内焦油、挥发酚等有害气体的浓度较大。为了使煤气站通风机室吸入的空气尽量少受其他有害气体的污染，所以本条规定："通风系统的室外进风口，不应靠近煤气净化设备区。"

15 电 气

15.0.1 煤气站中断供电，处理不当，将发生爆炸事故。为防止煤气爆炸等事故的发生，不应中断供电。

煤气站因停电引起的爆炸事故不少，例如：

(1) 1981 年 11 月 5 日晨，陕西 σ 厂煤气站全站启动，站区吹洗化验合格，电滤器、排送机投入运行。7 时 15 分突然全站停电（锅炉房同时也停电），当时洗涤塔放散阀尚未关闭，处于全开状态。操作工立即作如下处理：打开发生炉（指生产炉）自然吸风装置，稍稍打开竖管放散阀，用胶皮管通过竖管高水位溢流管向竖管加自来水，由于胶皮管太细，到爆炸发生时，尚未封死水封。由于锅炉房同时也停电，所以未用蒸汽保压或吹洗。对洗涤塔放散阀未作任何处理，仍处于全开位置。

开始时，竖管放散管冒黄烟，洗涤塔放散管冒微量白烟，慢慢地竖管放散冒烟越来越小，至爆炸发生时已不冒烟，但洗涤塔放散管冒烟却越来越大，且带有灰色。

8 时 15 分，1#炉（生产炉）大竖管处发生第一次爆炸，靠近竖管的 6 个探火孔被炸飞。紧接着又炸了两次，以后大约每隔 0.5～1min 爆炸一次。爆炸地点大多集中在竖管与半净总管处。8 时 45 分，经联系锅炉房将锅炉汽包内余汽（压力为 0.08MPa）送至煤气站，随即打开所有小竖管及生产炉大竖管的蒸汽吹扫阀吹洗，爆炸立即停止。

爆炸所引起的后果：发生炉探火孔盖爆飞 6 个；1 号生产炉小竖管的热循环水管考克爆裂 2 个；3 号冷备用炉小竖管顶盖鼓起。1#、2#隔离水封隔板爆裂变形；2#隔离水封本体爆裂；全站所有防炸铝板爆破；电气滤清器的吊杆打坏，框架打弯，重锤打落近一半；因抢修设备停气 24h。

(2) 1987 年 1 月 29 日（大年初一）下午 1 时 40 分，陕西 τ 厂煤气站全部停电，当时发生炉操作工不知道停电，由值班长前去通知，立即关煤气发生炉的空气闸阀，打开高压蒸汽进行顶压，当时蒸汽压力较低，同时又打开空气总管末端放散阀，但未能拉起钟罩阀。紧接着恢复供电，启动空气鼓风机，在空气鼓风机尚未达到全速时，司炉工即打开 3 号发生炉空气闸阀，才开 2～3 圈时，煤气站空气管道即发生爆炸，当时空气总管末端的防爆阀铝板爆破，造成全站停产。在检修时发现 4 号炉的空气阀门也被炸成瓢形。由于是大年初一，煤气站只有 1 台 3 号炉在生产，1 号和 4 号炉作为热备，所以仅影响炼钢生产。

(3) 中南某化工原料厂 1990 年 4 月 3 日 13 时 38 分，供电局拉闸突然停电，当时 2 台 3АД21 型发生炉生产，罗茨加压机以 34300Pa 压力向外输送煤气。停电后，煤气倒流到低压部分，钟罩阀水封被打破，操作工立即采取措施，开大炉底蒸汽，拉开钟罩阀，关闭鼓风阀门。14 时 40 分来电，开鼓风机，加大炉底蒸汽吹扫。15 时，开鼓风阀门，只听一声巨响，整个发生炉厂房黑烟弥漫。原来是炉内爆炸，8 只探火孔铁压盖全部震起，钟罩阀水封冲破。操作工及时关闭鼓风阀门，幸未伤人。

15.0.2 煤气是可燃性爆炸气体，所有煤气设施均应考虑防雷，设计按现行国家标准《建筑防雷设计规范》的有关规定执行。

15.0.3 现行国家标准《爆炸和火灾危险环境电力装置设计规范》将爆炸危险环境划分为：

0 区：连续出现或长期出现爆炸性气体混合物的环境；

1 区：在正常运行时可能出现爆炸性气体混合物的环境；

2 区：在正常运行时不可能出现爆炸性气体混合物的环境，或即使出现也仅是短时存在的爆炸性气体混合物的环境。

该规范将火灾危险环境分为 21 区、22 区、23 区，其规定如下：

21 区：具有闪点高于环境温度的可燃液体，在数量和配置上能引起火灾危险的环境。

22 区：具有悬浮状、堆积状的可燃粉尘或可燃纤维，虽不可能形成爆炸混合物，但在数量和配置上能引起火灾危险的环境。

23 区：具有固体状可燃物质，在数量和配置上能引起火灾危险的环境。

根据上述规定，煤气站各生产房间的爆炸和火灾危险环境等级的划分说明如下：

15.0.3.1 主厂房贮煤层为封闭式建筑，在发生炉加煤机与贮煤斗相连接的情况下，由于煤气从加煤机漏至贮煤斗，经调查，曾发生过煤斗内着火、爆炸事故，所以本规范第十四章第14.0.3条规定，在贮煤斗内设有将泄漏的煤气排出室外的设施；根据调查，凡采取上述规定措施的煤气站，在贮煤层室内空气中一氧化碳的含量，经测定符合卫生标准的规定，而且从加煤机漏出的煤气量有限，所以该场所属于在正常运行时不可能出现爆炸性气体混合物，即使出现，也仅是短时存在的爆炸性气体混合物的环境，故划为2区爆炸危险环境。若贮煤层为敞开、半敞开式的建筑，则通风良好不致使漏出的煤气有积聚的可能，不属于爆炸危险环境而是属于22区火灾危险环境。

15.0.3.2 主厂房除贮煤层以外的各层为无爆炸危险环境，如主厂房操作层内经常用炽热的钎子进行操作，属于明火车间。经调查，从未发生过室内空气爆炸事故，所以不属于爆炸危险环境。该层室内温度较高，电气设施宜采用保护型配电设备。

15.0.3.3 根据调查，煤气排送机间从未发生过室内空间爆炸事故，主要原因是按照卫生标准的规定，在室内设有良好的通风设施。

15.0.7 当煤气排送机在运行时遇到空气鼓风机和空气系统的突然故障不能送风时，如果煤气排送机不立即停止运转，会导致排送机前系统内产生严重负压而使大量空气吸入，形成混合性爆炸气体，因此，在设计时要考虑确保安全的措施。在本条文中规定的两种联锁方式，只要采用其中的一种方式，就能达到安全目的。

15.0.7.1 以空气总管的压力为信息点，当空气鼓风机发生故障停止运转、空气总管内的压力迅速下降不能保持允许值时，压力传感装置立即动作，停止煤气排送机的运转。

15.0.7.2 空气鼓风机与煤气排送机进行电气联锁的原则在条文中已有规定，具体设计时，可供采用的方式有多种，举例如下：

(1) 当运转的空气鼓风机中1台的电源切断时，与其相对应联锁的1台煤气排送机电源同时立即断开。

(2) 当运转的空气鼓风机中任何1台的电源切断时，所有运转的煤气排送机电源同时立即断开。当煤气排送机电源断开时应在电气系统、仪表系统相应地发出光和声的信号。

电气联锁装置应使所有空气鼓风机均有互相交替工作的可能。

15.0.8 为了防止煤气排送机前，低压煤气系统出现负压而使空气吸入，产生不安全的因素，必须设有煤气压力传感装置。当煤气排送机前低压煤气总管的煤气压力下降到设计值时，仪表系统发出声光信号，以警告值班人员注意，在值班人员来不及排除煤气压力下降引起的故障，而使压力继续下降到允许值时，立即停止煤气排送机的运行。

15.0.9 煤气排送机、空气鼓风机的电动机采用管道通风式时，为了安全，必须在通风机运行以后，煤气排送机、空气鼓风机的电动机才能启动；当通风机停止运行时，煤气排送机、空气鼓风机必需停止运转。

15.0.10 连续式机械化运输系统中，各机械设备之间设有的电气联锁与启动、停止的先后次序，在国家标准《工业与民用通用设备电力装置设计规范》（GBJ55–83）第三章，以及在原一机部部标准《工厂电力设计技术规程》（JBJ6–80）第九章第三节机械化运输线电气联锁中均有详细规定。

16　建筑和结构

16.0.1　发生炉煤气的爆炸下限大于 10%，按现行国家标准《建筑设计防火规范》规定，煤气站的生产火灾危险性属乙类，厂房耐火等级不应低于二级。

16.0.2　现行国家标准《建筑设计防火规范》规定：“泄压面积与厂房体积的比值（m^2/m^3）宜采用 0.05～0.22。爆炸介质威力较强或爆炸压力上升速度较快的厂房，应尽量加大比值。

体积超过 $1000m^3$ 的建筑，如采用上述比值有困难时，可适当降低，但不宜小于 0.03。”

发生炉煤气的爆炸下限大于 10%，爆炸威力不大。40 年来，还没有发生炉煤气站厂房因煤气爆炸受到严重破坏的事例，某厂排水器放在一个面积约 $10m^2$ 的全封闭小房内，曾发生过爆炸，其破坏性不大。

16.0.3　主厂房操作层为工人操作频繁的场所，宜采用封闭建筑，因为敞开式建筑的操作条件差。例如天津 φ 厂煤气站采用敞开式建筑，冬季寒冷，雨天室内飘雨。但在南方气温较高，为改善夏季通风条件，可以采用半敞开或敞开建筑，但要注意防止雨水飘入室内和冬季保暖的问题。

16.0.4　现行国家标准《建筑设计防火规范》规定：“厂房安全出口的数目不应少于 2 个，并规定乙类厂房每层面积不超过 $150m^2$，且同一时间的生产人数不超过 10 人，可设 1 个”。从煤气站的实际情况看，操作工人需要运煤、出渣、检查室外设备等，进出频繁，实际上均有 2 个出口。故本条规定“主厂房各层安全出口的数目不应少于 2 个”。

16.0.5.1　煤气排送机间宜采用封闭建筑有两点理由：

(1) 保护设备，防止设备日晒雨淋；

(2) 防止设备运转噪声对周围环境的影响。

有的引进国外的设计，如山东淄博陶瓷有限公司引进的两段煤气发生炉煤气站，其空气鼓风机及煤气排送机均布置在室外，其效果如何，还有待总结经验。煤气排送机间采用水磨石地面，便于清扫，改善工作环境。值班室是值班工人常在的场所，要求通风良好，室内噪声根据现行国家标准《工业企业噪声控制设计规范》的规定，应控制在 70dBA 以下。为了便于观察设备运行情况，值班室应有观察窗。

16.0.5.2 见本规范第 16.0.4 条说明，因煤气排送机间内操作工人一般不超过 2 人；故可按现行国家标准《建筑设计防火规范》的规定，当其面积不超过 $150m^2$ 时，可设 1 个安全出口。

16.0.6 煤气排送机间、机器间、空气鼓风机间内的设备运转噪声都很高，规范组曾经做过测定，煤气排送机一般在 90～100dBA，空气鼓风机多数超过 100dBA。防止噪声对周围环境的影响，在厂房设计上要考虑隔声的措施。在设备基础设计时，应根据设备的性能考虑防振。

16.0.7 化验室、控制室、整流间有精密仪器仪表，宜采取防振、防潮、防噪声、防粉尘的措施。办公室要有安静、舒适的良好工作环境，在房间的布置上宜根据要求合理安排。

16.0.8 室外净化设备区有焦油、污水等，容易污染地面，铺设混凝土地坪，有利于清洁卫生，保护环境，方便操作。

16.0.9 在事故情况下，工作人员可能受伤或行动不便，甚至昏迷。为了安全，本规范对平台扶梯的要求作了具体规定。

现行国家标准《工业企业煤气安全规程》第 4.10 条规定："煤气设施的人孔、阀门、仪表等经常有人操作的部位，均应设置固定平台。平台、栏杆和走梯的设计应遵守 GB4053.1～GB4053.4-83《固定式钢直梯》、《固定式钢斜梯》、《固定式工业防护栏杆》和《固定式工业钢平台》的有关规定"。

《固定式工业钢平台》GB4053.4-83 第 2.1 条规定，通行平台宽度不应小于 700mm，竖向净空一般不应小于 1800mm。

《固定式工业防护栏杆》GB4053.3-83 第 2.1 条规定，防护栏杆的高度不得低于 1050mm，在疏散通道等特殊危险场所的防护栏杆可适当加高，但不应超过 1200mm，第 2.7 条规定，挡板采用不小于 100×3 的扁钢。

本规范规定的数值均采用较高标准，以利于安全。

16.0.10 本条是参照现行国家标准《建筑设计防火规范》及石油工业部、化学工业部《炼油化工企业设计防火规定》石油化工篇 YHS01-78 而规定的。在上述《建筑设计防火规范》第 3.5.3 条中，规定乙类生产多层厂房的安全疏散距离为 50m。考虑到煤气净化设备的平台扶梯大多数为钢结构，其耐火极限比钢筋混凝土结构低，且平台扶梯系敞开式，没有楼梯间，工作人员往往要疏散到地面始得安全，故规定由平台上最远工作地点至平台安全出口的距离不应大于 25m。在上述《炼油化工企业设计防火规定》第 72 条中，规定甲、乙、丙类塔区联合平台以及其他工艺设备和大型容器或容器组的平台，均应设置不少于 2 个通往地面的梯子作为安全出口，与相邻平台连通的走桥也可作为安全出口，但长度不大于 15m 的乙、丙类平台，可只设 1 个梯子。故本条规定长度不大于 15m 的平台，可只设 1 个安全出口。

16.0.11 煤气洗涤水循环使用，防止污染地下水，要求防渗漏，砖砌体不符合要求。水沟、焦油沟设盖板，防止外界杂物混入水和焦油中，同时防止水及焦油的蒸汽向外界散发以保护环境。沟顶标高高出附近地面的目的是防止地面水侵入循环水、焦油中。

17 煤气管道

17.0.1 厂区煤气管道应采用架空敷设，其理由如下：

（1）发生炉煤气一氧化碳含量高达23%～27%，毒性很大，地下敷设漏气时不易察觉，容易引起中毒事故。例如辽宁ξ厂一根直径为1200mm的地下煤气管道，1972年投产以后发生中毒事故5起，死亡1人，严重中毒2人；又如哈尔滨M厂一根直径为800mm的地下煤气管道，1981年1月断裂，煤气漏入木工房，致使1人死亡。

（2）发生炉煤气杂质含量较高，冷煤气的凝结水量又大，地下敷设不便于清理、试压和维护检修，甚至会堵塞管道影响生产。例如洛阳I厂直径为80mm、长350m的地下煤气管道，由于堵塞，在1965年停用，改为架空敷设。

（3）地下敷设不但基建费用较高，而且维护检修的费用更高。例如哈尔滨M厂地下煤气管道断裂后，478m管道全部挖出进行大修，按1981年价格计算，总共花了6万元左右，停产近5个月。

关于对厂区煤气管道架空敷设的要求，说明如下：

17.0.1.1 煤气管道的支架或栈桥应采用非燃烧材料，如用钢筋混凝土或钢材制成的支柱或衍架，高出地面约0.5m的低支架可采用混凝土块支座。

17.0.1.2 煤气管道沿建筑物的外墙或屋面上敷设时，该建筑物应为一、二级耐火等级的丁、戊类生产厂房。按照现行国家标准《建筑设计防火规范》GBJ16–87第2.0.1条和第3.1.1条规定：一、二级耐火等级建筑物的所有构件都应由非燃烧体组成；丁、戊类生产厂房是没有爆炸危险和不产生可燃物质的车间；据此制订了本条，其目的是为了防止发生爆炸和火灾事故的发生。

17.0.1.4 不使用煤气的建筑物，由于它不是煤气用户，必然对煤气缺乏专门人员进行经常的管理，如果有煤气泄漏容易酿成事故，为此作了这一规定。

17.0.2

17.0.2.1 本规定与现行国家标准《工业企业煤气安全规程》GB6222–86的3.2.1.3的a项规定一致。

17.0.2.2 本规定与现行国家标准《工业企业煤气安全规程》GB6222–86的3.2.1.3的d项规定一致。

17.0.2.6 本规定与现行国家标准《工业企业煤气安全规程》GB6222–86的3.2.1.3的c项规定一致。

17.0.4 现行国家标准《工业与民用35千伏及以下架空电力线路设计规范》第7.0.8条表7.0.8规定，架空电力线路与管道交叉或接近的基本要求是导线在上，不站人，还规定管道应接地。因此，本规范确定了煤气管道应敷设在架空电力线路的下面。为了安全起见，规定在煤气管道上应设有阻止通行的横向栏杆，不允许通行。栏杆与电力线路外侧边缘的最小水平净距，按本规范附录A的规定为最高杆（塔）高。本规范对接地电阻值作了具体规定，以确保有良好的接地。

17.0.6 煤气管道与铁路、道路的交叉角如小于45°，则铁路、道路两旁的管道支架跨度增加较大，甚至超过煤气管道的允许跨度值。对于由此而引起的大跨度敷设，必须采取特殊措施，例如采用组合式支架，增加管道壁厚或采用拱形管道等方法，这不但增加了投资，且使维护不便，所以规定不宜小于45°。

17.0.7 考虑到在建筑物产生不均匀沉降时，煤气管道不会受到影响，仍可进行自然补偿，故作此规定。

17.0.10 车间煤气管道和厂区煤气管道一样，均应架空敷设，这是为了便于检修管理，保证使用上的安全。但车间内情况比较复杂，设备及结构纵横交错，对架空敷设煤气管道存在着一定的困难。例如，从煤气干管接向使用煤气设备的支管，采用架空敷设时就有可能影响车间内吊车和地面的运输。因此，本条规定当支管架空敷设有困难时，可敷设在空气流通但人不能通行的地沟内。

17.0.11 现行国家标准《工业企业煤气安全规程》GB6222−86规定，架空煤气管道的坡度一般为0.002～0.005；机械工业部部标准《发生炉煤气站设计规范》JBJ11−82规定厂区冷煤气管道的坡度不宜小于0.005，车间冷煤气管道的坡度不宜小于0.003；其目的都是为了防止架空管道因挠曲存在低洼点而积存水及其他沉积物。一方面会因积水而增加管道的挠度，严重的会导致断裂；另一方面煤气冷凝水中的腐蚀性成分和管材将发生化学反应致使管道腐蚀。因此，本规范规定厂区煤气管道的坡度不宜小于0.005。

车间冷煤气管道一般沿墙或柱子敷设，或者放在房顶上，支架间的跨度较小，对管道允许挠度的要求可以严格些，相应的坡度也可以略小一些，故规定坡度不宜小于0.003。

为了及时排除煤气冷凝水，除了要求煤气管道设有坡度以外，还应在管道的最低点设有排水器。

17.0.12 管道支架间的最大允许跨度，在多数的文献中把管道作为多跨的连续梁进行计算，管道截面的最大弯曲应力，不应超过管材的许用弯曲应力，以保证管道强度的安全。煤气管道应首先按强度条件来计算跨度。

管道在一定跨度下总有一定的挠度。根据对挠度的限制所确定的管道允许跨度叫做按刚度条件确定的管道跨度。按刚度条件确定时，分不允许反坡和允许一定程度的反坡两种。

设计通常采用多跨连续梁的公式计算跨中挠度，一般当管道坡度为0.005时，跨中挠度 f 不超过跨度的1／600，当坡度为0.005以下时，不超过跨度的1／800。实际计算表明，管道跨距按此公式计算的值低于按强度公式计算的值，而且敷设的管道不存在反坡情况，能保证管道安全正常工作。

如果设计中不区别情况，一律不允许管道存在反坡，就会使管架布置过密。实际上管道存在一定的反坡，仍然能正常运行，本条规定按强度条件计算最大跨度后，还要进行挠度的验算。条文中所指的最大允许挠度是支架间的管道下垂时，允许低于较低一端支架处管道的底面的挠度，即图2中的 Δ_{max}。

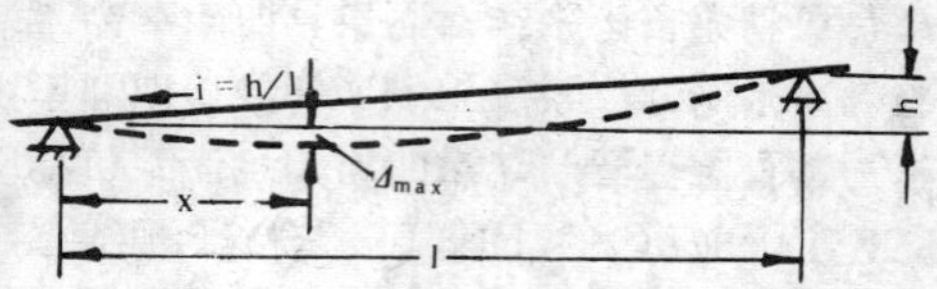

图2

17.0.13 根据华东及中南地区的调查情况，在冬季采暖计算温度为−1～−3℃的上海、武汉等长江流域，厂区冷煤气管道的排水器没有进行保温，仅在每年冬季采取一些用草绳包扎等临时措施，即可避免冻结。而在冬季采暖计算温度为−5～−10℃的洛阳、徐州等黄河、淮河流域，则在冬季就必须采取防冻措施，因而将是否采取防冻措施的界限定在−5℃。

关于采取何种防冻措施，一般有如下三种，可以根据不同的气温及其他条件分别选用：

（1）对于冬季采暖计算温度为−5～−10℃的地区，可以对室外的排水器及排水管包扎保温材料，但不加保温蒸汽管；

（2）对于冬季采暖计算温度为−11～−20℃的地区，对于室外的排水装置来说，除了包扎保温材料以外，还在排水管上加蒸汽伴随管，并将蒸汽管插入排水器内；

（3）对于冬季采暖计算温度低于−20℃的地区，宜将排水器设置在有采暖设备的排水器室内。

17.0.14 冷煤气管道需要保温的管径界限和保温方式，与当地的气温条件、管道长度及煤气负荷高低都有很大的关系，对东北地区的调查说明了这一点。据辽宁Y厂反映管道直径在400mm

以上就可不保温；抚顺Z厂反映管道直径从500mm开始就可以不保温，附近的抚顺α厂反映直径也是500mm，由于流量较小，冬季就冻了；沈阳H厂一条直径800mm的管道，由于流量很小（5500～6000m^3／h），流速低，约3.5m／s，管道挂霜；吉林S厂一根直径700mm的煤气管道没有保温，每年冬季都冻结了；哈尔滨M厂规定直径等于或小于800mm的管道就保温；但哈尔滨β厂从直径600mm开始保温；齐齐哈尔E厂反映直径1200mm以下就需要保温。

因此，需要保温的管径界限要根据上述的各种条件综合考虑，不能只看气温一个条件，所以本规范中没有作具体管径界限的规定。

17.0.15 机械工业部部标准《发生炉煤气站设计规范》JBJ11－82考虑到一般波形伸缩器是碳素钢所制，所以当无烟煤系统的发生炉煤气中所含硫化氢和水发生酸性反应时，就会腐蚀伸缩器的底部。而波形伸缩器壁厚一般小于鼓形伸缩器，因而会更快地由于腐蚀而穿孔，影响了安全生产，故建议宜采用鼓形伸缩器。

近几年来，我国波形伸缩器的制造在数量上和技术上都有较大的进展。现在绝大部分波形伸缩器已采用薄壁不锈钢材，从而避免了腐蚀，也减少了推力；另外，在伸缩器内套管的活动部分，又增设了用于挡水的密封机构，从而避免了水份流入伸缩器底部。

故本条规定波形和鼓形两种伸缩器可以根据各厂的情况自行选择。

填料式伸缩器制作较困难，且需要及时更换填料，只要操作人员疏于检查，就会发生漏气事故。又鉴于发生炉煤气的一氧化碳含量高达23%～27%，毒性很大，故认为在厂区和车间煤气管道上均不宜使用填料式伸缩器。

17.0.16 煤气管道的连接，应采用焊接，一般直径小于或等于800mm的煤气管道采用单面焊，直径大于800mm的煤气管道采用双面焊。螺纹连接主要用于管道直径小于50mm的附件，例如旋塞或仪表装置的连接。热煤气管道的连接，一般也应采用焊接。但因发生炉煤气的热煤气管道输送压力较低，一般不超过1kPa，不易泄漏煤气，即使有泄漏也易于察觉，为此，本规范规定热煤气管道可根据需要采用法兰。

17.0.17 近年来，煤气切断设备在品种上和工艺技术上都有很大的发展，特别是通过对引进设备的仿制及改进，在我国开发了一种封闭式插板阀。这种阀门带有钢制外壳和顶部放散管，与常用的叶形插板相比，避免了带防毒面具操作，从而改善了劳动条件；它还带有电动或液压的松紧、走向两套传动装置和压紧填料设备，从而保证了设备的严密性；因此封闭式插板阀是一种可以遥控的、快速的、可靠的切断装置。目前已在几个钢厂使用，实践证明了具有上述优点。

封闭式插板阀也有其缺点，即结构复杂、占据空间大和投资较高（约为同直径闸阀的1.5～2倍），因此本规范没有提出推荐意见，各单位可以根据自己的条件选用煤气切断设备。

闸阀、旋塞和密封蝶阀等，在使用一段时间并产生磨损以后，就会有泄漏煤气的可能；水封在压力波动较大或操作不当时，也有泄漏煤气的可能；因此现行国家标准《工业企业煤气安全规程》将这些设备列入不可靠的切断设备一类。可靠切断的目的是防止泄漏煤气，以保证检修人员进入煤气设备或煤气管道内的安全，封闭式插板阀的可靠性是否能达到100%，使用经验不足。有鉴于此，本规范补充了"当管道检修需要隔断处，应增设带垫圈及撑铁的盲板或眼镜阀。

17.0.18 放散管的作用是在停气或送气时，将残留在管道内的煤气或空气吹扫干净，以保证安全，本条文所规定的放散管安装地点是符合此要求的。

关于短管在多少距离内可以不设放散管的问题，现行国家标准《工业企业煤气安全规程》GB6222-86　4.3.1.1 的 c 项作了较明确的规定:"管道网隔断装置前后支管闸阀在煤气总管旁 0.5m 内，可不设放散管，但超过 0.5m 时，应设放气头"，这是因为在关闭紧靠干管的支管的阀门时，不致形成死端，积聚过多煤气，产生不安全的因素。本规范参照此条制订了 17.0.18.3 的规定。

17.0.19　放散管管口的高度，应考虑在放散时排出的煤气对放散操作的工人及其周围环境的影响，防止中毒事故的发生。因此，规定应高出煤气管道和设备及其走台 4m，与地面距离不应小于 10m。

本条规定厂房内或距厂房 10m 以内的煤气管道和设备上的放散管，管口必须高出厂房顶部 4m，这也是考虑在煤气放散时，在屋面上的人员不致因排出的煤气而中毒，并不使煤气从建筑物天窗、侧窗侵入室内。

17.0.20　人孔或手孔设置的目的有二:

(1) 管道内部检查、清理或检修;

(2) 停气时管道自然通风。

按照上述目的人孔或手孔安装的位置有如下几处:

(1) 按煤气流动方向在煤气隔断装置的后面;

(2) 煤气管道的最低点;

(3) 伸缩器、调节阀或其他需要经常检查的地方。

煤气管道独立检修的管段是指厂区煤气管道在采取可靠切断措施后，能够独立检修的管段。所设置人孔不应少于 2 个，主要是考虑在检修或清理该段管道时，管道需要通风以及工人进出管道的方便，以确保人身安全。

17.0.21　鉴于近年来热煤气管道保温技术的发展，编制组进行了补充调查及征求意见，汇总如下:

过去热煤气管道的保温只有一种形式，即内衬耐火砖的方式。但近年来又发展了内衬耐火混凝土及外包岩棉保温层两种形式，也有个别厂内、外全有保温层的。据调查，以内衬耐火混凝土与内衬耐火砖相比，虽然具有层薄、省料、速度快等优点，但施工技术比较复杂，有的厂用的很好，有的厂却很快脱落，这是因为此项技术与施工单位掌握的熟练程度有关，因此尚不宜普遍推广；目前，大多数工厂的热煤气管道仍是采用内衬耐火砖的形式。

据此，本规范对保温的方式不作硬性规定，仅规定"热煤气管道应设保温层"。

两段煤气发生炉的煤气中含重质焦油较少，在温度较低的情况下，不会冷凝在热煤气管道内，故规定两段煤气发生炉的热煤气管道，当压力降允许时，其长度可大于 80m。

17.0.22　热煤气管道的灰斗下部的排灰装置目前主要有两种形式：干式排灰阀与湿式水封排灰装置。两者各有优缺点，干式排灰简单、操作方便，但出灰时容易扬灰及泄漏少量煤气；水封式排灰安全可靠，环境清洁，不会泄漏煤气，但排水有毒性，不能直排，故需要作水处理。因此，条文中仅规定设排灰装置，用干式或湿式可由设计者根据工厂的情况确定。

17.0.24　关于煤气排送机前的低压煤气总管或半净煤气总管是否需要设置爆破阀或泄压水封的问题，规范编制组曾进行过多次调查并广泛征求意见。黄石 B 厂煤气站在 1961 年发生低压总管爆炸，将半净总管的 7 个水封及除焦油机前的水封全部冲开，低压煤气总管两端堵板被炸变形，原因是将单机跳闸误认为停电，操作不当所致；上海 δ 厂煤气站排送机前煤气总管末端留有一段"盲肠"，在试生产时，煤气和空气混合，没有吹扫干净，发生了爆炸，堵板飞出 20 多米。据调查，51 个煤气站中有 23 个站装有爆破阀，28 个未装。经征求各方面的意见，多数认为装了比不装更为安全；但也有少数人认为只要严格操作制度，加强管理，不装爆破阀也不会发生事故，所以在条文中不作硬性规定，规定"宜设有爆破阀或泄压水封"。

附录 A 厂区架空煤气管道与建筑物、构筑物和管线的最小水平净距

(1) 按现行国家标准《工业与民用 35 千伏以下架空电力线路设计规范》规定，距架空电力线路外侧边缘的最小水平净距：在开阔地区为最高杆（塔）高；在路径受限制地区则根据电压 3kV 以下、3～10kV 和 35kV 分别规定为 1.5m、2m、4m。

(2) 按现行国家标准《工业企业总平面设计规范》规定：厂区煤气管道与城市型道路路面边缘、公路型路肩边缘的最小水平净距为 1m；按现行国家标准《工业企业煤气安全规程》规定：距道路路肩在一般情况下为 1.5m，困难情况下为 0.5m；而厂区道路多为城市型，因此本规范规定厂区煤气管道与道路路面边缘或排水沟边缘在一般情况下为 1.5m、困难情况下为 0.5m。

(3) 按现行国家标准《工业企业总平面设计规范》规定了厂区煤气管道与厂区围墙和人行道边缘的最小水平净距。

(4) 按现行国家标准《工业企业总平面设计规范》作了说明：

①当煤气管道与其他建筑物或管道有标高差时，其水平净距应指投影至地面的净距。

②当煤气管道的支架或凸出地面的基础边缘距离路面更近于煤气管道外沿时，其与道路的净距应以支架或基础边缘计算。

附录 B 厂区架空煤气管道与铁路、道路、架空电力线路和其他管道的最小交叉净距

(1) 按现行国家标准《工业企业总平面设计规范》规定，厂区架空煤气管道与铁路轨面、道路路面和人行道路面的垂直最小交叉净距。

(2) 按现行国家标准《工业与民用 35 千伏以下架空电力线路设计规范》规定，厂区架空煤气管道与架空电力线路的垂直最小交叉净距。

附录C 厂区架空煤气管道与在同一支架上平行敷设的其他管道的最小水平净距

厂区煤气管道与氧气、乙炔管道的最小水平净距，本规范17.0.3.2作了规定，故附录C所指“其他管道”不包括氧气管道和乙炔管道。

附录D 车间架空冷煤气管道与其他管线的最小水平、垂直和交叉净距

机械工业部部标准《发生炉煤气站设计规范》JBJ11−82中没有规定车间内架空冷煤气管道与其他管道的最小水平净距，本规范参照现行国家标准《工业企业煤气安全规程》、《氧气站设计规范》、《乙炔站设计规范》和《工业与民用35千伏以下架空电力线路设计规范》补充了有关规定。

中华人民共和国国家标准

输气管道工程设计规范

Design code for gas transmission pipeline engineering

GB 50251－94

主编部门：中国石油天然气总公司
批准部门：中华人民共和国建设部
施行日期：1994年11月1日

关于发布国家标准《输气管道工程设计规范》的通知

建标[1994]256号

根据国家计委计综[1987]2390号文和建设部建标[1991]727号文的要求，由中国石油天然气总公司负责主编，会同有关部门共同编制的国家标准《输气管道工程设计规范》，已经有关部门会审。现批准《输气管道工程设计规范》GB50251－94为强制性国家标准，自一九九四年十一月一日起施行。

本规范由中国石油天然气总公司负责管理，其具体解释等工作由中国石油天然气总公司四川设计院负责，出版发行由建设部标准定额研究所负责组织。

中华人民共和国建设部
一九九四年四月十八日

目　次

1 总 则

1.0.1 为在输气管道工程设计中贯彻国家的有关方针政策，统一技术要求，做到技术先进、经济合理、安全适用、确保质量，制订本规范。

1.0.2 本规范适用于陆上输气管道工程设计。本规范不适用于输送液化天然气、液化石油气管道工程。

1.0.3 输气管道工程设计应遵照下列原则：

1.0.3.1 保护环境、节约能源、节约土地，处理好与铁路、公路等的相互关系；

1.0.3.2 采用先进技术，努力吸收国内外新的科技成果；

1.0.3.3 优化设计方案，确定经济合理的输气工艺及最佳的工艺参数。

1.0.4 输气管道工程设计除应符合本规范外，尚应符合国家现行有关标准的规定。

2 术 语

2.0.1 管输气体 Pipeling gas

通过管道输送至用户的天然气和人工煤气。

2.0.2 输气管道工程 Gas transmission Pipeline engineering

用管道输送天然气或人工煤气的工程。一般包括：输气管道、输气站、管道穿越及辅助生产设施等工程内容。

2.0.3 输气站 Gas transmission station

输气管道工程中各类工艺站场的总称。一般包括输气首站、输气末站、压气站、气体接收站和气体分输站等站场。

2.0.4 输气首站 Gas transmission first station

输气管道的起点站。一般具有分离、调压、计量、清管等功能。

2.0.5 输气末站 Gas transmission last station

输气管道的终点站。一般具有分离、调压、计量、清管、配气等功能。

2.0.6 气体接收站 Gas receiving station

在输气管道沿线，为接收输气支线来气而设置的站，一般具有分离、调压、计量、清管等功能。

2.0.7 气体分输站 Gas distributing station

在输气管道沿线，为分输气体至用户而设置的站，一般具有分离、调压、计量、清管等功能。

2.0.8 压气站 Compressor station

在输气管道沿线，为用压缩机对管输气体增压而设置的站。

2.0.9 管道附件 Pipe auxiliaries

指管件、法兰、阀门及组合件、绝缘法兰或绝缘接头等管道专用承压部件。

2.0.10 管件　Pipe fitting

指弯头、弯管、三通、异径接头和管封头。

2.0.11 输气干线　Gas transmission trunk line

由输气首站到输气末站间的主运行管道。

2.0.12 输气支线　Gas transmission branch line

向输气干线输入或由输气干线输出管输气体的管线。

2.0.13 弹性敷设　Pipe laying with elastic bending

管道在外力或自重作用下产生弹性弯曲变形，利用这种变形，改变管道走向或适应高程变化的管道敷设方式。

2.0.14 清管系统　Pigging system

为清除管内凝聚物和沉积物的全套设备。其中包括清管器、清管器收发筒、清管器指示器及清管器示踪仪等。

2.0.15 设计压力　Design pressure

在相应的设计温度下，用以确定容器或管道计算壁厚及其它元件尺寸的压力值，该压力为容器或管道的内部压力时称设计内压力，为外部压力时称设计外压力。

2.0.16 设计温度　Design temperature

容器或管道在正常工作过程中，在相应设计压力下，壳(管)壁或元件金属可能达到的最高或最低温度。

2.0.17 管输气体温度　Pipeline gas temperature

气体在管道内输送时的流动温度。

2.0.18 操作压力　Operating pressure

在稳定操作条件下，一个系统内介质的压力。

2.0.19 泄压放空系统　Relief and blow—down system

对超压泄放、紧急放空及开工、停工或检修时排放出的可燃气体进行收集和处理的设施。泄压放空系统由泄压设备(放空阀、减压阀、安全阀)、收集管线和处理设备(如分离罐、火炬)或其中一部分设备组成。

2.0.20 水露点　Dew point

气体在一定压力下析出第一滴水时的温度。

2.0.21 烃露点　Hydrocavbon dew point

气体在一定压力下析出第一滴液态烃时的温度。

3 输气工艺

3.1 一般规定

3.1.1 输气管道的设计输送能力应按设计任务书或合同规定的年最大输气量计算，设计年工作天数应按 350d 计算。

3.1.2 进入输气管道的气体必须清除机械杂质；水露点应比输送条件下最低环境温度低 5℃；烃露点应低于或等于最低环境温度；气体中硫化氢含量不应大于 $20mg/m^3$。当被输送的气体不符合上述要求时，必须采取相应的保护措施。

3.1.3 输气管道的设计压力应根据最优工艺参数、气源条件、用户的需要、管材质量、施工水平及地区安全等因素经技术经济比较后确定。

3.1.4 当输气管道及其附件已按国家现行的《钢质管道及储罐防腐蚀工程设计规范》和《埋地钢质管道强制电流阴极保护设计规范》的要求采取了防腐措施时，不应再增加管壁的腐蚀裕量。

3.1.5 输气管道应设清管设施。有条件的地方宜采用管道内涂技术。

3.2 工艺设计

3.2.1 工艺设计应根据气源条件、输送距离、输送量及用户的特点和要求，经综合分析和技术经济对比后确定。

3.2.2 工艺设计应包括下列主要内容：

3.2.2.1 确定输气工艺流程。

3.2.2.2 确定输气站的工艺参数。

3.2.2.3 确定输气站的数量和站间距。

3.2.2.4 确定输气管道的直径、设计压力及压气站的站压比。

3.2.3 管道输气应合理利用气源压力。当采用增压输送时，应合理选择压气站的站压比和站间距。当采用离心式压缩机增压输送时，站压比宜为 1.2～1.5，站间距不应小于 100km。

3.2.4 压气站特性和管道特性应协调，在正常输气条件下，压缩机组应在高效区内工作。压缩机组的数量、选型、联接方式，应在经济运行范围内，满足工艺设计参数和运行工况变化的要求。

3.2.5 具有配气功能分输站的分输气体管线上，宜设置气体的限量、限压设施。

3.2.6 输气管道首站和气体接收站的进气管道上，应设置气质监测设施。

3.2.7 输气管道的强度设计应满足运行工况变化的要求。

3.2.8 输气站均应设置越站旁通。进、出站管线必须设置截断阀。

3.3 工艺计算

3.3.1 输气管道工艺设计应具备下列资料：

3.3.1.1 管输气体的组成。

3.3.1.2 气源的数量、位置、供气量及其可调范围。

3.3.1.3 气源的压力及其可调范围，压力递减速度及上限压力延续时间。

3.3.1.4 沿线用户的数量对供气压力、供气量及其变化的要求。

3.3.2 输气管道应按下列公式进行工艺计算：

3.3.2.1 当输气管道沿线的相对高差 $\Delta h \leqslant 200m$ 时，应按下式计算：

$$q_v = 1051\left[\frac{(P_1^2 - P_2^2)d^5}{\lambda Z \Delta T L}\right]^{0.5} \qquad (3.3.2-1)$$

式中 q_v ——气体（$P_0 = 0.101325MPa$，$T = 293K$）的流量（m^3/d）；

P_1——输气管道计算段的起点压力（绝）（MPa）；

P_2——输气管道计算段的终点压力(绝)(MPa)；
d——输气管道内直径(cm)；
λ——水力摩阻系数；
Z——气体的压缩系数；
Δ——气体的相对密度；
T——气体的平均温度(K)；
L——输气管道计算段的长度(km)。

3.3.2.2 当输气管道沿线的相对高差 $\Delta h>200$m 时，应按下式计算：

$$q_v=1051\left\{\frac{[P_1^2-P_2^2(1+a\Delta h)]d^5}{\lambda Z\Delta TL\left[1+\frac{a}{2L}\sum_{i=1}^{n}(h_i+h_{i-1})L_i\right]}\right\}^{0.5} \quad (3.3.2-2)$$

$$a=\frac{2g\Delta}{ZR_aT} \quad (3.3.2-3)$$

式中 a——系数(m^{-1})；
R_a——空气的气体常数，在标准状况下，$R_a=287.1m^2/(s^2\cdot K)$；
Δh——输气管道计算段的终点对计算段起点的标高差(m)；
n——输气管道沿线计算的分管段数。计算分管段的划分是沿输气管道走向，从起点开始，当其中相对高差≤200m 时划作一个计算分管段；
h_i——各计算分管段终点的标高(m)；
h_{i-1}——各计算分管起点的标高(m)；
L_i——各计算分管段的长度(km)。

3.3.2.3 水力摩阻系数，宜按下式计算：

$$\frac{1}{\sqrt{\lambda}}=-2.01\lg\left[\frac{K}{3.71d}+\frac{2.51}{Re\sqrt{\lambda}}\right] \quad (3.3.2-4)$$

式中 λ——水力摩阻系数；
lg——常用对数；
K——钢管内壁绝对粗糙度(m)；
d——管内径(m)；
Re——雷诺数。

注：当输气管道工艺计算采用手算时，宜采用附录 A 公式。

3.3.3 输气管道沿线任意点的温度应按下列公式计算：

3.3.3.1 当无节流效应时，用下式计算：

$$t_x=t_0+(t_1-t_0)e^{-ax} \quad (3.3.3-1)$$

式中 t_x——输气管道沿线任意点的气体温度(℃)；
t_0——输气管道埋设处的土壤温度(℃)；
t_1——输气管道计算段起点的气体温度(℃)；
e——自然对数底数，宜按 2.718 取值；
x——输气管道计算段起点至沿线任意点的长度(km)。

$$a=\frac{225.256\times10^6KD}{q_v\Delta c_p} \quad (3.3.3-2)$$

式中 K——输气管道中气体到土壤的总传热系数(W/m²·℃)；
D——输气管道外直径(m)；
q_v——输气管道中气体($P_0=0.101325$MPa，$T=293$K)的流量(m³/d)；
Δ——气体的相对密度；
c_p——气体的定压比热(J/kg·℃)。

3.3.3.2 当有节流效应时，应按下式计算。

$$t_x=t_0+(t_1-t_0)e^{-ax}-\frac{J\Delta P_x}{ax}(1-e^{-ax}) \quad (3.3.3-3)$$

式中 J——焦耳－汤姆逊效应系数(℃/MPa)；
ΔP_x——x 长度管段的压降(MPa)。

3.4 输气管道的安全泄放

3.4.1 输气站应在进站截断阀之前和出站截断阀之后设置泄压

放空设施。

3.4.2 输气干线截断阀上下游均应设置放空管。放空管应能迅速放空两截断阀之间管段内的气体。放空阀直径与放空管直径应相等。

3.4.3 输气站的受压设备和容器，应设置安全阀。安全阀泄放的气体可引入同级压力的放空管线。

3.4.4 安全阀的定压应小于或等于受压设备和容器的设计压力。安全阀的定压(P_0)应根据操作压力(P)确定，并应符合下列要求：

3.4.4.1 当 $P \leqslant 1.8MPa$ 时， $P_0 = P + 0.18MPa$；

3.4.4.2 当 $1.8MPa < P \leqslant 7.5MPa$ 时， $P_0 = 1.1P$；

3.4.4.3 当 $P > 7.5MPa$ 时， $P_0 = 1.05P$。

3.4.5 安全阀泄放管直径应按下列要求计算：

3.4.5.1 单个安全阀的泄压管，应按背压不大于该阀泄放压力的10%确定，但不应小于安全阀的出口管径；

3.4.5.2 连接多个安全阀的泄放管，应按所有安全阀同时泄放时产生的背压不大于其中任何一个安全阀的泄放压力的10%确定，且泄放管截面积不应小于各支管截面积之和。

3.4.6 放空气体应经放空竖管排入大气，并应符合环境保护和安全防火要求。

3.4.7 输气干线放空竖管应设置在不致发生火灾危险和危害居民健康的地方。其高度应比附近建、构筑物高出2m及以上，且总高度不应小于10m。

3.4.8 输气站放空竖管应设在围墙外，距离围墙不应小于10m。其高度应比附近建、构筑物高出2m及以上，且总高度不应小于10m。

3.4.9 放空竖管的设置应符合下列规定：

3.4.9.1 放空竖管直径应满足最大的放空量要求。

3.4.9.2 严禁在放空竖管顶端装设弯管。

3.4.9.3 放空竖管底部弯管和相连接的水平放空引出管必须埋地；弯管前的水平埋设直管段必须进行锚固。

3.4.9.4 放空竖管应有稳管加固措施。

4 线　　路

4.1 线路选择

4.1.1 线路的选择应符合下列要求：

4.1.1.1 线路走向应根据地形、工程地质、沿线主要进气、供气点的地理位置以及交通运输、动力等条件，经多方案对比后，确定最优线路。

4.1.1.2 宜避开多年生经济作物区域和重要的农田基本建设设施。

4.1.1.3 大中型河流穿（跨）越工程和压气站位置的选择，应符合线路总走向。局部走向应根据大、中型穿（跨）越工程和压气站的位置，进行调整。

4.1.1.4 线路必须避开重要的军事设施、易燃易爆仓库、国家重点文物保护单位的安全保护区。

4.1.1.5 线路应避开飞机场、火车站、海（河）港码头、国家级自然保护区等区域。

4.1.1.6 除管道专用公路的隧道、桥梁外，线路不应通过铁路或公路的隧道和桥梁。

4.1.1.7 当受条件限制管道需要在第4.1.1.5款和第4.1.1.6款中所列区域内通过时，必须采取安全保护措施。

4.1.2 输气管道宜避开不良工程地质地段。当避开确有困难时，对下述地段应选择合适的位置和方式通过：

4.1.2.1 对规模不大的滑坡，经处理后，能保证滑坡体稳定的地段，可选择适当部位以跨越方式或浅埋通过。管道通过岩堆时，应对其稳定性作出判定，并采取相应措施。

4.1.2.2 对沼泽或软土地段应根据其范围、土层厚度、地形、地下水位、取土等条件确定通过的地段。

4.1.2.3 对泥石流地段，可采用单孔管桥架空通过。

4.1.2.4 对深而窄的冲沟，宜采用跨越通过。对冲沟浅而宽，沉积物较稳定的地段，宜采用埋设方式通过。

4.1.2.5 管道通过海滩、沙漠地段时，应对其稳定性进行推断，并采取相应的稳管防护措施。

4.1.2.6 在地震烈度大于或等于七度的地区，管道宜从断层位移较小和较窄的地区通过，并应采取必要的工程措施。

管道不宜敷设在由于发生地震而可能引起滑坡、山崩、地陷、地裂、泥石流以及砂土液化等地段。

4.2 地区等级划分

4.2.1 输气管道通过的地区，应按沿线居民户数和（或）建筑物的密集程度，划分为四个地区等级，并依据地区等级作出相应的管道设计。

4.2.2 地区等级划分应符合下列规定：

4.2.2.1 沿管道中心线两侧各200m范围内，任意划分成长度为2km并能包括最大聚居户数的若干地段，按划定地段内的户数划分为四个等级。在农村人口聚集的村庄、大院、住宅楼，应以每一独立户作为一个供人居住的建筑物计算。

（1）一级地区：户数在15户或以下的区段；

（2）二级地区：户数在15户以上、100户以下的区段；

（3）三级地区：户数在100户或以上的区段，包括市郊居住区、商业区、工业区、发展区以及不够四级地区条件的人口稠密区；

（4）四级地区：系指四层及四层以上楼房（不计地下室层数）普遍集中、交通频繁、地下设施多的区段。

4.2.2.2 当划分地区等级边界线时，边界线距最近一幢建筑物外边缘应大于或等于200m。

4.2.2.3 在一、二级地区内的学校、医院以及其它公共场所等人群聚集的地方，应按三级地区选取设计系数。

4.2.2.4 当一个地区的发展规划，足以改变该地区的现有等级时，应按发展规划划分地区等级。

4.2.3 输气管道的强度设计系数应符合表4.2.3的规定。

强度设计系数 **表4.2.3**

地区等级	强度设计系数(F)
一级地区	0.72
二级地区	0.6
三级地区	0.5
四级地区	0.4

4.2.4 穿越铁路、公路和人群聚集场所的管段以及输气站内管道的强度设计系数，应符合表4.2.4的规定。

穿越铁路、公路及输气站内管道的强度设计系数 **表4.2.4**

管道及管段	地区等级			
	一	二	三	四
	强度设计系数(F)			
有套管穿越Ⅲ、Ⅳ级公路的管道	0.72	0.6	0.5	0.4
无套管穿越Ⅲ、Ⅳ级公路的管道	0.6	0.5	0.5	0.4
有套管穿越Ⅰ、Ⅱ级公路、高速公路、铁路的管道	0.6	0.6	0.5	0.4
输气站内管道及其上、下游各200m管道，截断阀室管道及其上、下游各50m管道(其距离从输气站和阀室边界线起算)	0.5	0.5	0.5	0.4
人群聚集场所的管道	0.5	0.5	0.5	0.4

4.3 管道敷设

4.3.1 输气管道应采用埋地方式敷设，特殊地段也可采用土堤、地面等形式敷设。

4.3.2 埋地管道覆土层最小厚度应符合表4.3.2的规定。在不能满足要求的覆土厚度或外荷载过大、外部作业可能危及管道之处，均应采取保护措施。

最小覆土层厚度(m) **表4.3.2**

地区等级	土壤类		岩石类
	旱地	水田	
一级	0.6	0.8	0.5
二级	0.6	0.8	0.5
三级	0.8	0.8	0.5
四级	0.8	0.8	0.5

注：①对需平整的地段应按平整后的标高计算；

②覆土层厚度应从管顶算起。

4.3.3 管沟边坡坡度应根据土壤类别和物理力学性质(如粘聚力、内摩擦角、湿度、容重等)确定。当无上述土壤的物理性质资料时，对土壤构造均匀、无地下水、水文地质条件良好、深度不大于5m且不加支撑的管沟，其边坡可按表4.3.3确定。深度超过5m的管沟，可将边坡放缓或加筑平台。

管沟允许边坡坡度 **表4.3.3**

土壤名称	边坡坡度		
	人工挖土	机械挖土	
		沟下挖土	沟上挖土
中、粗砂	1:1	1:0.75	1:1
亚砂土、含卵砾石土	1:0.67	1:0.5	1:0.75
亚粘土	1:0.5	1:0.33	1:0.75
粘土、泥灰岩、白垩土	1:0.33	1:0.25	1:0.67
干黄土	1:0.25	1:0.1	1:0.33
未风化岩	1:0.1		
粉细砂	1:1～1:1.5		
次生黄土	1:0.5		

注：当采用多斗挖沟机挖沟时，管沟边坡坡度不受本表限制。

4.3.4 管沟宽度应符合下列规定：

4.3.4.1 管沟深度小于或等于 3m 时，沟底宽度应按下式确定。

$$B = D + K \tag{4.3.4}$$

式中 B——沟底宽度(m)；

D——管子外径(m)；

K——沟底加宽裕量(m)，按表 4.3.4 确定。

沟底加宽裕量(m)　　表 4.3.4

施工方法	沟上组装焊接			沟下组装焊接		
地质条件	旱　地	沟内有积水	岩　石	旱　地	沟内有积水	岩　石
K	0.5	0.7	0.9	0.8	1.0	0.9

4.3.4.2 当管沟深度大于 3m 且小于 5m 时，沟底宽度可适当加宽。当管沟需加支撑，在决定底宽时，应计入支撑结构的厚度。

4.3.4.3 当管沟深度大于或等于 5m 时，应根据土壤类别及物理力学性质确定沟底宽度。

4.3.5 岩石、砾石区的管沟，沟底应比土壤区管沟深挖 0.2m，并用细土或砂将深挖部分垫平后方可下管。管沟回填时，应先用细土回填至管顶以上 0.3m，方可用土、砂或粒径小于 100mm 碎石回填并压实。管沟回填土应高出地面 0.3m。

4.3.6 输气管道出土端及弯头两侧，回填时应分层夯实。

4.3.7 当管沟纵坡较大时，应根据土壤性质，采取防止回填土下滑措施。

4.3.8 在沼泽、水网(含水田)地区的管道，当覆土层不足以克服管子浮力时，应采取稳管措施。

4.3.9 当输气管道采用土堤埋设时，土堤高度和顶部宽度，应根据地形、工程地质、水文地质、土壤类别及性质确定，并应符合下列规定：

4.3.9.1 管道在土堤中的覆土厚度不应小于 0.6m；土堤顶部宽度应大于管道直径两倍且不得小于 0.5m。

4.3.9.2 土堤的边坡坡度，应根据土壤类别和土堤的高度确定。粘性土土堤，压实系数宜为 0.94～0.97。堤高小于 2m 时，边坡坡度宜采用 1∶0.75～1∶1.1；堤高为 2～5m 时，宜采用 1∶1.25～1∶1.5。土堤受水浸淹没部分的边坡，宜采用 1∶2 的坡度。

4.3.9.3 位于斜坡上的土堤，应进行稳定性计算。当自然地面坡度大于 20%时，应采取防止填土沿坡面滑动的措施。

4.3.9.4 当土堤阻碍地表水或地下水泄流时，应设置泄水设施。泄水能力根据地形和汇水量按防洪标准重现期为 25 年一遇的洪水量设计；并应采取防止水流对土堤冲刷的措施。

4.3.9.5 土堤的回填土，其透水性能宜相近。

4.3.9.6 沿土堤基底表面的植被应清除干净。

4.3.10 输气管道跨越道路、铁路的净空高度应符合表 4.3.10 的规定：

输气管道跨越道路、铁路净空高度　　表 4.3.10

道路类型	净空高度(m)
人行道路	2.2
公　　路	5.5
铁　　路	6.0
电气化铁路	11.0

4.3.11 当埋地输气管道与其它管道、通信电缆平行敷设时，其间距应符合国家现行标准《钢质管道及储罐防腐蚀工程设计规范》的有关规定。

4.3.12 埋地输气管道与其它管道、电力、通信电缆的间距应符合下列规定：

4.3.12.1 输气管道与其它管道交叉时，其垂直净距不应小于 0.3m。当小于 0.3m 时，两管间应设置坚固的绝缘隔离物；两条管道在交叉点两侧各延伸10m以上的管段，应采用特加强绝缘等级。

4.3.12.2 管道与电力、通信电缆交叉时，其垂直净距不应小于0.5m。交叉点两侧各延伸10m以上的管段和电缆，应采用特加强绝缘等级。

4.3.13 用于改变管道走向的弯头、弯管应符合下列要求：

4.3.13.1 弯头的曲率半径应大于或等于公称直径的5倍，并应满足清管器或检测仪器能顺利通过的要求。

4.3.13.2 现场冷弯弯管的最小曲率半径应符合表4.3.13的规定。

现场冷弯弯管的最小曲率半径　　表4.3.13

公称直径 DN(mm)	最小曲率半径(R_{min})
≤300	18DN
350	21DN
400	24DN
≥500	30DN

4.3.13.3 冷弯管和弯头的任何部位不得有裂纹和其它机械损伤，其两端的椭圆度应小于或等于2.0%；其它部位的椭圆度不应大于2.5%。

4.3.13.4 弯管上的环向焊缝应进行x射线检查。

4.3.14 输气管道采用弹性敷设时应符合下列规定：

4.3.14.1 弹性敷设管道与相邻的反向弹性弯管之间及弹性弯管和人工弯管之间，应采用直管段连接；直管段长度不应小于管子外径值，且不应小于500mm。

4.3.14.2 弹性敷设管道的曲率半径应满足管子强度要求，且不得小于钢管外直径的1000倍。垂直面上弹性敷设管道的曲率半径尚应大于管子在自重作用下产生的挠度曲线的曲率半径，其曲率半径应按下式计算：

$$R \geqslant 3600\sqrt[3]{\frac{1-\cos\frac{\alpha}{2}}{\alpha^4}D^2} \qquad (4.3.14)$$

式中　R——管道弹性弯曲曲率半径(m)；

D——管道的外径(cm)；

α——管道的转角(°)。

4.3.14.3 输气管道平面和竖向不宜同时发生转角。

4.3.15 弯头和弯管不得使用褶皱弯或虾米弯。管子对接偏差不得大于3°。

4.3.16 输气管道防腐蚀设计必须符合国家现行标准《钢质管道及储罐防腐蚀工程设计规范》和《埋地钢质管道强制电流阴极保护设计规范》的有关规定。

4.4　截断阀的设置

4.4.1 输气管道应设置线路截断阀。截断阀位置应选择在交通方便、地形开阔、地势较高的地方。截断阀最大间距应符合下列规定：

在以一级地区为主的管段不大于32km；

在以二级地区为主的管段不大于24km；

在以三级地区为主的管段不大于16km；

在以四级地区为主的管段不大于8km。

4.4.2 截断阀可采用自动或手动阀门，并应能通过清管器。

4.5　标　志

4.5.1 输气管道沿线应设置里程桩、转角桩、交叉和警示牌等永久性标志。

4.5.2 里程桩应沿气流前进方向左侧从管道起点至终点，每公里连续设置。阴极保护测试桩可同里程桩结合设置。

4.5.3 埋地管道与公路、铁路、河流和地下构筑物的交叉处两侧应设置标志桩(牌)。

4.5.4 对易于遭到车辆碰撞和人畜破坏的管段，应设置警示牌，并应采取保护措施。

5 管道和管道附件的结构设计

5.1 管道强度和稳定计算

5.1.1 管道强度计算应符合下列原则：

5.1.1.1 埋地管道强度设计应根据管段所处地区等级以及所承受可变荷载和永久荷载而定。当管道通过地震基本烈度七度及七度以上地区时，应对管道在地震作用下的强度进行校核。

5.1.1.2 埋地直管段的轴向应力与环向应力组合的当量应力，应小于管子的最小屈服强度的 90%。管道附件的设计强度不应小于相连直管段的设计强度。

5.1.1.3 输气管道采用的钢管符合本规范第 5.2.2 条规定时，焊缝系数值应取 1.0。

5.1.2 输气管道强度计算应符合下列规定：

5.1.2.1 直管段管壁厚度应按下式计算（计算所得的管壁厚度应向上圆整至钢管的公称壁厚 δ_n。）：

$$\delta = \frac{PD}{2\sigma_s \varphi F t} \tag{5.1.2}$$

式中 δ ——钢管计算壁厚(cm)；

P ——设计压力(MPa)；

D ——钢管外径(cm)；

σ_s ——钢管的最小屈服强度(MPa)；

F ——强度设计系数，按表 4.2.3 和表 4.2.4 选取；

φ ——焊缝系数；

t ——温度折减系数。当温度小于 120℃时，t 值取 1.0。

5.1.2.2 受约束的埋地直管段轴向应力计算和当量应力校核，应按本规范附录 B 的公式计算。

5.1.2.3 当温度变化较大时，应作热胀应力计算。必要时应采取限制热胀位移的措施。

5.1.2.4 受内压和温差共同作用下弯头的组合应力，应按本规范附录 C 的公式计算。

5.1.3 输气管道的最小公称管壁厚度应符合表 5.1.3 的规定。

最小公称管壁厚度 **表 5.1.3**

钢管公称直径 (mm)	公称壁厚 (mm)	钢管公称直径 (mm)	公称壁厚(mm)
100、150	2.5	600、650、700	6.5
200	3.5	750、800、850、900	6.5
250	4.0	950、1000	8.0
300	4.5	1050、1100、1150、1200	9.0
350、400、450	5.0	1300、1400	11.5
500、550	6.0	1500、1600	13.0

5.1.4 输气管道径向稳定校核应符合下列表达式的要求。当管道埋设较深或外荷载较大时，应按无内压状态校核其稳定性。

$$\Delta x \leqslant 0.03D \tag{5.1.4-1}$$

$$\Delta x = \frac{ZKWD_m^3}{8EI + 0.061E_s D_m^3} \tag{5.1.4-2}$$

$$W = W_1 + W_2 \tag{5.1.4-3}$$

$$I = \delta_n^3/12 \tag{5.1.4-4}$$

式中 Δx ——钢管水平方向最大变形量(m)；

D_m ——钢管平均直径(m)；

W ——作用在单位管长上的总竖向荷载(N/m)；

W_1 ——单位管长上竖向永久荷载(N/m)；

W_2 ——地面可变荷载传递到管道上的荷载(N/m)；

Z ——钢管变形滞后系数，宜取1.5；

K ——基床系数，宜按本规范附录D的规定选取；

E ——钢材弹性模量(N/m²)；

I ——单位管长截面惯性矩(m⁴/m)；

δ_n ——钢管公称壁厚(m)；

E_s ——土壤变形模量(N/m²)。E_s值应采用现场实测数。当无实测资料时，可按本规范附录D的规定选取。

5.1.5 曾采用冷加工使其符合规定的最小屈服强度的钢管，以后又将其不限时间加热到480℃或高于320℃超过1h(焊接除外)，该钢管允许承受的最高压力，不得超过按式(5.1.2)计算值的75%。

5.2 材　料

5.2.1 输气管道所用钢管、管道附件的选择，应根据使用压力、温度、介质特性、使用地区等因素，经技术经济比较后确定。采用的钢管和钢材，应具有良好的韧性和焊接性能。

5.2.2 输气管道凡选用国产钢管，应符合国家现行标准《石油天然气输送管道用螺旋缝埋弧焊钢管》、《石油天然气输送管道用直缝电阻焊钢管》、《输送流体用无缝钢管》的有关规定。

5.2.3 当输气管道采用本规范第5.2.2条所列标准以外的钢管和选用管道附件时，其材质应是镇静钢，并应满足下列基本要求：

5.2.3.1 屈服强度与抗拉强度之比不应大于0.85；

5.2.3.2 含碳量不应大于0.25%，碳当量不应大于0.45%；

5.2.3.3 材料熔炼分析含硫量不应大于0.035%；含磷量不应大于0.04%。

注：碳当量以$C+\frac{Mn}{6}+\frac{Cr+Mo+V}{5}+\frac{Cu+Ni}{15}$计。

5.2.4 输气管道所采用钢管和管道附件应根据强度等级、管径、壁厚、焊接方式及使用环境温度等因素，对材料提出韧性要求。

5.2.5 钢管表面的凿痕、槽痕、刻痕和凹痕等有害缺陷应按下列要求处理：

5.2.5.1 钢管在运输、安装或修理中造成壁厚减薄时，管壁上任一点的厚度不应小于按式(5.1.2)计算确定的公称壁厚的90%。

5.2.5.2 凿痕、槽痕应打磨光滑；对被电弧烧痕所造成的“冶金学上的刻痕”应打磨掉。打磨后的管壁厚度小于本规范第5.2.5.1款的规定时，应将管子受损部分整段切除，严禁嵌补。

5.2.5.3 在纵向或环向焊缝处影响钢管曲率的凹痕均应除去。其它部位的凹痕深度，当钢管公称直径小于或等于300mm时，不应大于6mm；当钢管公称直径大于300mm时，不应大于钢管公称直径的2%。当凹痕深度不符合要求时，应将管子受损部分整段切除，严禁嵌补或将凹痕敲臌。

5.3 管道附件

5.3.1 管道附件应符合下列规定：

5.3.1.1 管道附件严禁使用铸铁件，并宜采用锻钢件，其质量应符合国家现行标准《压力容器锻件技术条件》的有关规定。

5.3.1.2 管道附件的制作应符合国家现行标准《钢板对焊管件》、《钢制对焊无缝管材》的规定。

5.3.1.3 当管道附件与管道采用焊接连接时，两者材质应相同或相近。

5.3.1.4 承受较大疲劳荷载的弯管，不得采用螺旋焊接钢管制作。

5.3.1.5 进行现场强度试验时，不应发生泄漏、破坏、塑性变形。

5.3.2 管道附件与没有轴向约束的直管连接时，应按本规范附录E规定的方法进行承受热膨胀的强度校核。

5.3.3 弯头和弯管的管壁厚度应按下式计算：

$$\delta_b = \delta \cdot m \quad (5.3.3-1)$$

$$m = \frac{4R - D}{4R - 2D} \quad (5.3.3-2)$$

式中 δ_b ——弯头或弯管管壁厚度(mm)；

δ ——弯头或弯管所连接的直管管段壁厚度(mm)；

m ——弯头或弯管管壁厚度增大系数；

R ——弯头或弯管的曲率半径(mm)；

D ——弯头或弯管的外直径(mm)。

5.3.4 直接在主管上开孔与支管连接或自制三通，其开孔削弱部分可按等面积补强，其结构和计算方法应符合本规范附录F的规定。当支管的公称直径小于或等于50mm时，可不补强。当支管外径大于或等于1/2主管内径时，宜采用标准三通件。

5.3.5 异径接头可采用带折边或不带折边的两种结构形式，其强度设计应符合现行国家标准《钢制压力容器》的有关规定。当异径接头半锥角小于或等于15°且壁厚和材质与大直径端连接的钢管相近时，可不进行强度计算。

5.3.6 管封头可采用凸形封头或平封头，其结构、尺寸和强度应符合现行国家标准《钢制压力容器》的有关规定。

5.3.7 管法兰的选用应符合国家现行标准《钢制管法兰类型》、《大直径碳钢法兰》的规定。法兰密封垫片和紧固件，应与法兰配套选用。绝缘法兰的设计应符合国家现行标准《绝缘法兰设计技术规定》的规定。

5.3.8 管汇和清管器收发筒，应由具有制造压力容器资格的工厂制作。

5.3.9 输气管道选用的阀门应符合国家现行标准《工业用阀门的压力试验》、《通用阀门法兰和对焊连接钢制闸阀》、《通用阀门法兰和对焊连接钢制球阀》、《安全阀一般要求》和《通用阀门供货要求》的有关规定。

5.3.10 在防火区内关键部位使用的阀门，应具有耐火性能。

5.3.11 需要通过清管器的阀门，应选用全通径阀门。

6 输　气　站

6.1 输气站设置原则

6.1.1 输气站的设置应符合线路走向和输气工艺设计的要求。各类输气站宜联合建设。

6.1.2 输气站位置选择应符合下列要求：

6.1.2.1 地势平缓、开阔。

6.1.2.2 供电、给水排水、生活及交通方便。

6.1.2.3 应避开山洪、滑坡等不良工程地质地段及其它不宜设站的地方。

6.1.2.4 与附近工业、企业、仓库、火车站及其它公用设施的安全距离应符合现行国家标准《原油和天然气工程设计防火规范》的有关规定。

6.1.3 输气站应设有生产操作和设备检修的作业通道及行车通道，并应有车行道与外界公路相通。

6.2 调压及计量设计

6.2.1 输气站内调压、计量工艺设计应符合输气工艺设计要求，并应满足开、停工和检修需要。

6.2.2 调压装置应设置在气源来气压力不稳定，且需控制进站压力的管线上，分输气及配气管线上以及需要对气体流量进行控制和调节的计量装置之前的管段上。

6.2.3 气体计量装置，应设置在输气干线的进气管线上，分输气及配气管线上以及站场自耗气管线上。

6.3 清 管 设 计

6.3.1 清管设施应设置在输气站内。

6.3.2 清管工艺应采用不停气密闭清管流程。

6.3.3 清管器的通过指示器应安装在进出站的管段上，并应将指示信号传至站内。

6.3.4 清管器收发筒的结构应能满足通过清管器或检测器的要求。

6.3.5 清管器收发筒上的快速开关盲板，不应正对间距为小于或等于 60m 的居住区或建(构)筑物区。

6.3.6 清管作业清除的污物应进行收集处理，不得随意排放。

6.4 压缩机组的布置及厂房设计原则

6.4.1 压缩机组应根据工作环境及对机组的要求，布置在露天或厂房内。在高寒地区或风砂地区宜采用全封闭厂房；其它地区宜采用敞开式厂房。

6.4.2 厂房内压缩机及其辅助设备的布置，应根据机型、机组功率、外型尺寸、检修方式等因素按单层或双层布置，并应符合下列要求：

6.4.2.1 两台压缩机组的突出部分间距及压缩机组与墙的间距，应能满足操作、检修的场地和通道要求。

6.4.2.2 压缩机组的布置应便于管线的安装。

6.4.2.3 压缩机基础不得与厂房基础及其上部结构相连接。

6.4.3 压气站内建(构)筑物的防火、防爆应按国家现行标准的有关规定进行设计。

6.4.4 压缩机房的每一操作层及高出地面 3m 以上的操作平台(不包括单独的发动机平台)，应至少有两个安全出口及通向地面的梯子。操作平台上的任意点沿通道中心线与安全出口之间的最大距离不得大于 25m。安全出口和通往安全地带的通道，必须畅通无阻。

6.4.5 压缩机房的高度应满足设备拆装起吊要求。

6.4.6 压缩机房内，应配置供检修用的固定起重设备。当压缩机组布置在露天或轻型结构厂房内时，可不设固定起重设备，但应设置移动式起重设备的吊装场地和行驶通道。

6.5 压气站工艺及辅助系统

6.5.1 压气站工艺流程设计应根据输气系统工艺要求，满足气体的除尘、分液、增压、冷却、越站、试运作业和机组的启动、停机、正常操作及安全保护等要求。

6.5.2 压气站内的总压降不宜大于 100kPa。

6.5.3 当压气站出站气体温度高于 60℃时，应设置冷却器。

6.5.4 燃机燃料气系统应符合下列要求：

6.5.4.1 燃料气管线应从压缩机进口截断阀前的总管中接出，并应装设减压和计量设备。

6.5.4.2 燃料气管线在进入压缩机厂房前及每台燃机前应装设截断阀。

6.5.4.3 燃料气应能满足燃机对气质的要求。

6.5.5 离心式压缩机的油系统应符合下列要求：

6.5.5.1 润滑、密封和伺服油系统，均应由主润滑油箱供油，且应分别自成系统。

6.5.5.2 启动过程和停机后使用的辅助润滑油泵和密封油泵，其动力宜采用气动马达，冲动气马达的气体气质应符合设备制造厂的要求。辅助油泵的出油管应设单向阀。

6.5.6 采用注油润滑的往复式压缩机各级出口均应设分液设备。

6.5.7 冷却系统应符合下列要求：

6.5.7.1 气体冷却方式宜采用空冷。气体通过冷却器的压力损失不宜大于 50 kPa。

6.5.7.2 往复式压缩机和燃气发动机气缸壁冷却水，宜采用密闭循环冷却。

6.6 压缩机组的选型

6.6.1 压缩机组的选型和台数，应根据压气站的总流量、总压比、出站压力、气质等参数，进行技术经济比较后确定。

6.6.2 压气站宜选用离心式压缩机；单机一级压缩的压比可为 1.2～1.25。在站压比较高、输量较小时，可选用活塞式压缩机。

6.6.3 同一压气站内的压缩机组，宜采用同一机型。

6.6.4 压缩机的原动机选型，应结合当地能源供给情况，进行技术经济比较后确定。离心式压缩机宜采用燃气轮机，往复式压缩机宜采用燃气发动机。

6.6.5 驱动设备所需的功率应与压缩机相匹配。压缩机的轴功率可按附录 G 公式计算。

6.7 压缩机组的安全保护

6.7.1 往复式压缩机出口与第一个截断阀之间应装设安全阀和放空阀；安全阀的泄放能力应不小于压缩机的最大排量。

6.7.2 每台压缩机组应设置下列安全保护装置：

6.7.2.1 压缩机气体进口应设置压力高限、低限报警和高限越限停机装置。

6.7.2.2 压缩机气体出口应设置压力高限、低限报警和高限越限停机装置。

6.7.2.3 压缩机的原动机（除电动机外）应设置转速高限报警和超限停机装置。

6.7.2.4 启动气和燃料气管线应设置限流及超压保护设施。燃料气管线应设置停机或故障时的自动切断气源及排空设施。

6.7.2.5 压缩机组油系统应有报警和停机装置。

6.7.2.6 压缩机组应设置振动监控装置及振动高限报警、超限自动停机装置。

6.7.2.7 压缩机组应设置轴承温度及燃气轮机透平进口气体温度监控装置、温度高限报警、超限自动停机装置。

6.7.2.8 离心式压缩机应设置喘振检测及控制设施。

6.7.2.9 压缩机组的冷却系统应设置报警或停车装置。

6.7.2.10 压缩机组应设轴位移检测及报警装置。

6.8 站内管线

6.8.1 站内除仪表、控制及取样等管线外，所有油气管均应采用钢管及钢质管件。

6.8.2 钢管材料应符合本规范第5.2节的有关规定。

6.8.3 钢管强度及稳定计算，应符合本规范第5.1节的有关规定。

6.8.4 站内管线安装设计应采取减小振动和热应力的措施。

6.8.5 管线的连接方式除因安装需要采用螺纹或法兰连接外，均应采用焊接。

6.8.6 管线应采用地上或埋地敷设，不应采用管沟敷设。

6.8.7 管线穿越车行道路时宜采用套管保护。

7 监控与系统调度

7.1 一般规定

7.1.1 输气管道应设置测量、监视、控制设施。对复杂的管道工程，宜设置监控与数据采集系统。

7.1.2 仪表选型及控制系统的选择，应根据输气管道特点、规模及发展规划要求，经方案对比论证确定，选型宜统一。

7.1.3 测量、控制及调节过程的输入输出信号应符合系统的设计要求。

7.1.4 工艺操作过程的重要参数、确保安全生产的主要参数、工艺过程所需研究分析的参数等应连续监视或记录。

7.1.5 对易出现故障部位的仪表及控制设备应设备用。

7.1.6 控制系统设计应减少管输气体的压力损失。输气站内控制执行机构宜采用气动。在条件允许情况下，可使用管输气体作为气动系统的气源。

7.1.7 爆炸危险场所的仪表系统设计应符合防爆要求。

7.1.8 仪表及控制设备宜采用双回路供电，对有特殊要求的场合应配置不间断供电电源。

7.2 系统调度管理

7.2.1 输气管道监控与数据采集系统应符合下列规定：

7.2.1.1 宜提高纳入系统调度的可控输气量比例。

7.2.1.2 实时响应性能好，具有完善的优先级中断处理功能。

7.2.1.3 人机对话应灵活，操作、维护方便。

7.2.1.4 数据通信能力强，并应便于系统扩展、联网。

7.2.2 监控与数据采集系统应设控制中心(调度中心),其设计应符合下列规定:

7.2.2.1 应设置在调度管理、通信联络、系统维修方便的地方。

7.2.2.2 中心控制室设计应符合国家现行标准《计算机站场地的技术要求》的有关规定。

7.2.2.3 主计算机系统应采用双机热备用系统。

7.2.2.4 调度管理系统的主要功能应包括:

(1)按照预定的时间对每一个被控站进行周期扫描,对被控站的主要运行参数和状态进行实时显示、报警、打印及记录;

(2)向被控站发送远程控制指令或调节指令;

(3)数据处理、分析及运行决策指导。

7.2.2.5 中心控制室的主计算机系统应配备操作系统软件、监控与数据采集系统软件、管道系统应用软件。

7.3 被 控 站

7.3.1 被控站宜采用以微处理机为核心的集散型控制系统。

7.3.2 被控站应根据输气管道工艺设计要求布点,并应满足下列规定的功能:

7.3.2.1 执行控制中心指令。

7.3.2.2 站系统运行参数巡回检测、监控,向中心发送主要运行参数及状态。

7.3.2.3 压缩机组及设备的程序控制、调节。

7.3.2.4 运行状态、流程、特性、参数的画面显示,报警、打印及记录。

7.3.2.5 数据处理,操作运行及故障诊断指导。

7.3.2.6 站安全防护系统监控。

7.3.3 被控站的控制系统应具有对压缩机组、工艺设备及辅助设施在控制室进行集中自动控制、就地自动控制和手动操作的功能。

7.3.4 站控制系统应能控制离心式压缩机组正常和变工况运行,保持压气站出站压力设定值,协调机组间的负荷分配,并对机组的下列功能进行监视:

7.3.4.1 机组的程序启停,辅助系统的程序控制,以及机组阀门的安全联锁控制。

7.3.4.2 机组实时状态和工艺参数的监视。

7.3.4.3 接受控制中心指令进行控制。

7.3.4.4 对本规范第6.7.2条规定的安全保护装置进行监视。

7.3.5 被控站紧急切断系统应符合下列要求:

7.3.5.1 压气站紧急切断系统除在控制室设置控制点外,还应在站内气区以外至少设两个独立使用的操作点。操作点应设在安全和方便操作的地方,并应设明显标志。

7.3.5.2 紧急切断系统应能快速地进行下列作业:

(1) 进出站场阀门关闭,干线旁路开启;

(2) 站场内放空阀打开;

(3) 运行机组停机并放空;

(4) 切断燃料供应并放空;

(5) 切断除消防系统和应急照明外的电源;

(6) 启动自动灭火系统。

7.4 监 控

7.4.1 当设置监控与数据采集系统时,应设置气质在线连续自动分析仪表或气质指标越限报警装置。

7.4.2 压力监控应符合下列规定:

7.4.2.1 应对进、出压气站的气体压力进行监控。

7.4.2.2 压力调节宜优先采取自力式调节方式。对连续供气的管线宜采取双回路或多回路的压力调节系统。

7.4.3 应对压气站的出站气体温度进行监控。

7.4.4 气体流量的监控应在气体装置上显示气体流量的瞬时和累积值。

7.5 通 信

7.5.1 输气管道工程的通信系统应根据生产运行、调度管理的要求设置，并应符合下列要求：

7.5.1.1 通信方式应根据输气管道运行的特点选择，并应符合监控及数据采集系统对数据传输的要求和发展需要。

7.5.1.2 通信系统应设备用通道。

7.5.1.3 通信站宜设置在管道沿线的各级输气管理单位内或站场内。

7.5.1.4 输气管道的调度管理电话、被控站站间联络电话、行政电话（会议电话）、巡线和应急通信电话、电报及图文传真、数据传输等通信业务，应根据输气工艺的要求设置。

7.5.2 电话设置应符合下列要求：

7.5.2.1 通信中心、控制中心及压气站宜设电话总机，其它站场宜设与控制中心、相邻站及与相关单位联络的专用电话。

7.5.2.2 压气站内生产区、辅助生产区可设联络电话。流动作业人员可采用便携式电话机。

7.5.3 输气管道事故抢修、管道巡回检查和维修的作业点，可配备移动通信设备。

8 辅助生产设施

8.1 供 电

8.1.1 输气站用电电源应从所在地区电力系统取得，当从所在地区取得电源不经济和不可靠时，可设置自备电源。自备电源宜利用管输气发电。

8.1.2 供电电压应根据所在地区供电系统的条件、输气站用电负荷、用电设备电压等级以及输电线路长度等因素经技术经济比较后确定。

8.1.3 输气站用电负荷等级确定应符合下列规定：

8.1.3.1 采用电力做输气动力的压气站用电负荷宜为一级。

8.1.3.2 其它输气站用电负荷宜为二级。

8.1.4 输气站应设事故照明，其照度应能保证主要工作场所正常工作照明照度的10％。

8.1.5 控制、仪表、通信等设施的用电，当因停电而影响到输气站正常运行或可能导致事故时，应设应急供电设施。

8.1.6 输气站应按国家现行标准《油气田爆炸危险场所分区》划定爆炸危险场所，并应按爆炸危险场所等级选配电气设备和电气线路。

8.2 给 水 排 水

8.2.1 输气站给水设计方案，应根据生产、生活、消防用量和水质要求，结合当地水源条件，在保证生产和安全的基础上，综合比较确定。

8.2.2 输气站总用量应包括生产用水量、生活用水量、消防用水量（当设有安全水池可不计入）、绿化和浇洒道路用水量和未可预见水量。未可预见用水量宜按上述四项总和的15%～20%计算。

8.2.3 应根据输气站用水量、供水系统的可靠程度确定安全水池的设置。当需要设安全水池时，应符合下列规定：

8.2.3.1 应充分利用地形设置高地水池。

8.2.3.2 安全水池的容积应根据生产所需的储备水量和消防用水量确定。生产储备水量宜按6～8h最高日平均时用水量计算；消防用水量按现行国家标准《原油及天然气工程设计防火规范》的规定计算。安全水池中消防用水不得作它用。

8.2.4 给水水质应符合下列规定：

8.2.4.1 生产用水应符合输气工艺要求；生活用水应符合现行国家标准《生活饮用水卫生标准》。当生产、生活用水采用同一给水管网供给时，其水质必须符合生活饮用水的水质标准。

8.2.4.2 循环水的水质和处理应符合现行国家标准《工业循环水冷却设计规范》的有关规定。

8.2.4.3 当压缩机组自身常带有循环水冷却系统时，其冷却水水质应符合机组规定用水水质要求。

8.2.5 输气站污水经处理达到国家或当地政府规定排放标准后始能排放。并应符合下列规定：

8.2.5.1 应设一个生产污水排放口。

8.2.5.2 污水应经工业下水道排入污水处理设施，不得明沟排放。

8.2.6 输气站内生活污水和雨水，可直接排至站场外。

8.2.7 输气站消防系统设施的设置，应符合现行国家标准《原油和天然气工程设计防火规范》的有关规定。

8.3 采暖通风和空气调节

8.3.1 输气站的采暖通风和空气调节设计应符合现行国家标准《采暖通风与空气调节设计规范》的有关规定。

8.3.2 各类建筑物的冬季室内采暖计算温度应符合下列规定：

8.3.2.1 生产和辅助生产建筑物应按表8.3.2的规定执行。

8.3.2.2 有特殊要求的建筑物应按需要或相应的标准规定执行。

8.3.2.3 其它建筑物的冬季室内空气温度应符合现行国家标准《工业企业设计卫生标准》的规定。

输气站生产和辅助生产建筑物冬季采暖室内计算温度　　表8.3.2

名　称	温　度（℃）
计量仪表室、控制室、值班室	16～18
各类泵房、压缩机房、通风机房	8～10
化验室	16～18
机、电、仪表修理间	16～18
消防车库	8
汽车库	5

8.3.3 输气站内有爆炸危险的场所，严禁使用明火采暖。

8.3.4 输气站内生产和辅助生产建筑物的通风设计应符合下列规定：

8.3.4.1 对散发有害物质或气体的部位，应密闭或采取局部通风措施，使建筑物内的有害物质浓度符合现行国家标准《工业企业设计卫生标准》的规定，并应使气体浓度不高于其爆炸下限浓度的20%。

8.3.4.2 对建筑物内大量散发热量的设备，应设置隔热设施。

8.3.4.3 对同时散发有害物质、气体和热量的建筑物，全面通风量应按消除有害物质、气体或余热其中所需最大的空气量计算。当建筑物内散发的有害物质、气体或热量不能确定时，全面通风的换气次数应符合下列规定：

(1) 气体压缩机厂房的换气次数宜为8次/h；

(2) 化学分析室的换气次数宜为5次/h。

8.3.5 输气站内可能突然散发大量有害气体的建筑物应设事故通风系统。事故通风量应根据工艺条件和可能发生的事故状态计算确定。当事故状态难于确定时，事故通风量应按每小时不小于房间容积的8次换气量确定。事故通风宜由正常使用的通风系统和事故排风系统共同承担。

8.3.6 气体压缩厂房除按本规范第8.3.4条设计正常换气外，尚应另外设置保证每小时8次的事故排风设施。

8.3.7 对可能有气体积聚的地下、半地下建(构)筑物内，应设置固定的或移动的机械排风设施。

8.3.8 对于远离站场独立设置的地下或半地下建(构)筑物，当有可能积聚气体而又难以设置通风设施时，设计文件中应说明操作人员或维修人员进入该建(构)筑物应采取的安全保护措施。

8.3.9 当采用常规采暖通风设施不能满足生产过程、工艺设备或仪表对室内温度、湿度的要求时，可按实际需要设置空气调节装置。

9 焊接与检验、清管与试压

9.1 焊接与检验

9.1.1 本节对焊接组装和检验的要求，适用于输气管道和管道附件的现场焊接。

9.1.2 设计文件应标明输气管道和管道附件母材及焊接材料的规格、焊缝和焊接接头型式；对焊接方法、焊前预热、焊后热处理及焊接检验等均应提出明确要求。

9.1.3 施工单位在开工前应根据设计文件提出的钢种等级、焊接材料、焊接方法和焊接工艺等，进行焊接工艺试验，并根据焊接工艺试验结果编制焊接工艺说明书。

焊接工艺说明书和焊接工艺试验内容、试验方法应符合国家现行标准《现场设备、工业管道焊接工程施工及验收规范》的规定。

9.1.4 焊接材料的选用应根据被焊材料的机械性能、化学成分、焊前预热、焊后热处理以及使用条件等因素确定。

9.1.5 焊接材料应符合现行国家标准《碳钢焊条》、《低合金钢焊条》、《焊接用钢丝》等的有关规定。

9.1.6 焊缝的坡口型式和尺寸的设计，应能保证焊接接头质量和满足清管器通过的要求。对接焊缝接头可以采用单V型、X型或其它形状的坡口。两个具有相等壁厚或两个壁厚不等的管端焊接接头型式应符合本规范附录H的规定。

9.1.7 焊件的预热和焊后热处理应符合下列规定：

9.1.7.1 预热和焊后热处理应根据管道材料的性能、焊件厚度、焊接条件以及气候条件等确定。

9.1.7.2 当焊接两种具有不同预热要求的材料时，应以预热温度要求较高的材料为准。

9.1.7.3 对要求预热的焊件，在焊接过程中的层间温度，不应低于其预热温度。

9.1.7.4 对壁厚超过 32mm 以上碳钢，其焊缝应消除应力。

9.1.7.5 当焊接接头所连接的两端材质相同而厚度不同时，应力消除应以相接两部分中的较厚者确定。

9.1.7.6 材质不同的焊件之间的焊缝，当其中一种材料要求消除应力时，应进行应力消除。

9.1.7.7 焊件预热和焊后热处理应受热均匀，并在施焊和消除应力过程中保持规定的温度。加热带以外的部分应予保温。

9.1.8 焊接质量的检验与试验应符合下列规定：

9.1.8.1 当管道的屈服强度大于或等于 20%屈服强度时，其焊接接头应采用无损探伤法进行检验，或将完工的焊缝割下后作破坏性试验。

9.1.8.2 焊接接头无损探伤检验应符合下列规定：

(1)用射线照像检验时，应对每个焊工当天完成的全部焊缝中任意选取不少于下列数目的焊缝进行全周长检验：

一级地区中焊缝的 10%；

二级地区中焊缝的 15%；

三级地区中焊缝的 40%；

四级地区中焊缝的 75%。

输气站内管道和穿跨越水域、公路、铁路的管道焊缝以及未经试压的管道碰口焊缝，均应进行 100%射线照像检验。

(2)对于管道壁厚大于或等于 8mm 的焊件，也可先用超声波探伤仪对所有焊缝进行全周长 100%检验，然后再用射线照像对所选取的焊缝全周长进行复验，其复验数量为每个焊工当天完成的全部焊缝中任意选取不少于下列数目的焊缝：

一级地区中焊缝的 5%；

二级地区中焊缝的 10%；

三级地区中焊缝的 15%；

四级地区中焊缝的 20%。

9.1.8.3 用超声波探伤检验的焊缝，其质量的验收标准应按现行国家标准《钢焊缝手工超声波探伤方法和探伤结果分级》执行，I 级为合格。

9.1.8.4 用射线照像检验的焊缝，其质量的验收标准应按现行国家标准《钢熔化焊对接接头射线照像和质量分级》执行，I 级为合格。

9.1.8.5 用破坏性试验检验的焊缝，其取样、试验项目和方法、焊接质量要求应按国家现行标准《现场设备、工业管道焊接工程施工及验收规范》的规定执行。

9.1.8.6 管道焊前、焊接过程中间、焊后检查及焊接工程交工检验记录、竣工验收要求等，应按国家现行标准《现场设备、工业管道焊接工程施工及验收规范》执行。

9.2 清管与试压

9.2.1 清管扫线应符合下列规定：

9.2.1.1 输气管道试压前应采用清管器进行清管，并不应少于两次。

9.2.1.2 清管扫线应设临时清管器收发设施和放空口，并不应使用站内设施。

9.2.1.3 输气管道在投入使用前应进行干燥清管，必要时可注入吸湿剂。

9.2.2 输气管道试压应符合下列规定：

9.2.2.1 输气管道必须分段进行强度试验和整体严密性试验。试压管段应根据本规范第 4.2.2 条规定的地区等级并结合地形分段。用水作为试压介质时，每段管道内自然高差不应大于 30m。

9.2.2.2 经试压合格的管段间相互连接的焊缝经射线照像检验合格、全线接通后，可不再进行试压。

9.2.2.3 输气站和穿(跨)越大中型河流、铁路、二级以上公路、高速公路的管段，应单独进行试压。

9.2.3 输气管道强度试验应符合下列规定：

9.2.3.1 试验介质：

(1)位于一、二级地区的管段可采用气体或水作试验介质。

(2)位于三、四级地区的管段及输气站内的工艺管道应采用水作为试验介质。

9.2.3.2 试验压力：

(1)一级地区内的管段不应小于设计压力的 1.1 倍。

(2)二级地区内的管段不应小于设计压力的 1.25 倍。

(3)三级地区内的管段不应小于设计压力的 1.4 倍。

(4)四级地区内的管段和输气站内的工艺管道不应小于设计压力的 1.5 倍。

9.2.3.3 试验的稳压时间不应少于 4h。

9.2.4 严密性试验应在强度试验合格后进行；用气体作为试验介质时，其试验压力应为设计压力并以稳压 24h 不泄漏为合格。

附录 A　输气管道工艺计算

A.0.1 当输气管道沿线的相对高差 $\Delta h \leqslant 200$m 时，采用下式计算。

$$q_v = 11522Ed^{2.53}\left[\frac{P_1^2 - P_2^2}{ZTL\Delta^{0.961}}\right]^{0.51} \tag{A.0.1}$$

式中 q_v——气体($P_0 = 0.101325$MPa，$T = 293$K)的流量(m^3/d)；

d——输气管内直径(cm)；

P_1, P_2——输气管道计算管段起点和终点压力(绝)(MPa)；

Z——气体的压缩系数；

T——气体的平均温度(K)；

L——输气管道计算管段的长度(km)；

Δ——气体的相对密度；

E——输气管道的效率系数(当管道公称直径为 DN300～DN800mm 时，E 为 0.8～0.9；当管道公称直径大于 DN800mm 时，E 为 0.91～0.94)。

A.0.2 当输气管道沿线的相对高差 $\Delta h > 200$m 时，采用下式计算：

$$q_v = 11522Ed^{2.53}\left\{\frac{P_1^2 - P_2^2(1 + a\Delta h)}{ZTL\Delta^{0.961}\left[1 + \frac{a}{2L}\sum_{i=1}^{n}(h_i + h_{i-1})L_i\right]}\right\}^{0.51} \tag{A.0.2}$$

式中 a——系数(m^{-1})，$a = \frac{2g\Delta}{R_a ZT}$；

R_a——空气的气体常数，在标准状况下，$R_a = 287.1 m^2/(s^2 \cdot K)$；

Δh —— 输气管道计算段的终点对计算段的起点的标高差(m)；

n —— 输气管道沿线计算管段数。计算管段是沿输气管道走向从起点开始，当其相对高差≤200m 时划作一个计算管段；

h_i, h_{i-1} —— 各计算管段终点和对该段起点的标高差(m)；

L_i —— 各计算管段长度(km)。

附录B　受约束的埋地直管段轴向应力计算和当量应力校核

B. 0. 1 由内压和温度引起的轴向应力应按下式计算：

$$\sigma_L = \mu\sigma_h + E\alpha(t_1 - t_2) \quad (B.0.1-1)$$

$$\sigma_h = \frac{Pd}{2\delta_n} \quad (B.0.1-2)$$

式中 σ_L —— 管道的轴向应力，拉应力为正，压应力为负(MPa)；

μ —— 泊桑比，取 0.3；

σ_h —— 由内压产生的管道环向应力(MPa)；

P —— 管道设计内压力(MPa)；

d —— 管子内径(cm)；

δ_n —— 管子公称壁厚(cm)；

E —— 钢材的弹性模量(MPa)；

α —— 钢材的线膨胀系数(℃$^{-1}$)；

t_1 —— 管道下沟回填时温度(℃)；

t_2 —— 管道的工作温度(℃)。

B. 0. 2 受约束热胀直管段，按最大剪应力强度理论计算当量应力，并应符合下列表达式的要求：

$$\sigma_e = \sigma_h - \sigma_L < 0.9\sigma_s \quad (B.0.2)$$

式中 σ_e —— 当量应力(MPa)；

σ_s —— 管子的最低屈服强度(MPa)。

附录C 受内压和温差共同作用下的弯头组合应力计算

C.0.1 当弯头所受的环向应力 σ_h 小于许用应力[σ]时，组合应力 σ_e 应按下列公式计算：

$$\sigma_e = \sigma_h + \sigma_{hmax} < \sigma_b \qquad (C.0.1-1)$$

$$\sigma_h = \frac{Pd}{2\delta_b} \qquad (C.0.1-2)$$

$$[\sigma] = F\varphi t\sigma_s \qquad (C.0.1-3)$$

$$\sigma_{hmax} = \beta_q\sigma_0 \qquad (C.0.1-4)$$

$$\beta_q = 1.8\left[1-\left(\frac{r}{R}\right)^2\right]\left(\frac{1}{\lambda}\right)^{2/3} \qquad (C.0.1-5)$$

$$\lambda = \frac{R\delta_b}{r^2} \qquad (C.0.1-6)$$

$$\sigma_0 = \frac{M\cdot r}{I_b} \qquad (C.0.1-7)$$

式中 σ_e——由内压和温差作用下的弯头组合应力(MPa)；
σ_h——由内压产生的环向应力(MPa)；
σ_b——材料的强度极限(MPa)；
P——设计内压力(MPa)；
d——弯头内径(cm)；
δ_b——弯头壁厚(cm)；
[σ]——材料的许用应力(MPa)；
F——设计系数，按表4.2.3和表4.2.4选取；
φ——焊缝系数。当选用符合本规范第5.5.2条规定的钢管时，φ 值取1.0；
t——温度折减系数，温度小于120℃时，t 取1.0；
σ_s——材料的屈服极限(MPa)；
σ_{hmax}——由热胀弯矩产生的最大环向应力(MPa)；
β_q——环向应力增强系数；
r——弯头截面平均半径(m)；
R——弯头曲率半径(m)；
λ——弯头参数；
σ_0——热胀弯矩产生的环向应力(MPa)；
I_b——弯头截面的惯性矩(m^4)；
M——弯头的热胀弯矩(MN·m)。

附录D　敷管条件的设计参数

敷管条件的设计参数　　**表D**

敷管类型	敷 管 条 件	E_s (MN/m²)	基床包角 (°)	基床系数 K
1型	管道敷设在未扰动的土上，回填土松散	1.0	30	0.108
2型	管道敷设在未扰动的土上，管子中线以下的土轻轻压实	2.0	45	0.105
3型	管道放在厚度至少有100mm的松土垫层内，管顶以下的回填土轻轻压实	2.8	60	0.103
4型	管道放在砂卵石或碎石垫层内，垫层顶面应在管底以上1/8管径处，但不得小于100mm，管顶以下回填土夯实密度约80%	3.8	90	0.096
5型	管子中线以下放在压实的粘土内，管顶以下回填土夯实，夯实密度约90%	4.8	150	0.085

注：① 管径等于或大于DN750mm的管道，不宜采用1型。
② 基床包角系数指管基土壤反作用的圆弧角。

附录E　管道附件由膨胀引起的综合应力计算

E.0.1 当输气管道系统中，直管段没有轴向约束（如固定支墩或其它锚固件）时，由于热膨胀作用，使管道附件产生弯曲和扭转，其产生的组合应力（不考虑流体内压作用）应符合下列公式的要求。

$$\sigma_e \leqslant 0.72\sigma_s \quad (E.0.1-1)$$

$$\sigma_e = \sqrt{\sigma_{mp}^2 + 4\sigma_{ts}^2} \quad (E.0.1-2)$$

$$\sigma_{mp} = \frac{IM_b}{W} \quad (E.0.1-3)$$

$$\sigma_{ts} = \frac{M_t}{2W} \quad (E.0.1-4)$$

式中 σ_e ——组合应力（MPa）；
σ_s ——钢管的最低屈服强度（MPa）；
σ_{mp} ——弯曲合应力（MPa）；
σ_{ts} ——扭应力（MPa）；
M_b ——总弯曲力矩（N·m）；
M_t ——扭矩（N·m）；
I ——管件弯曲应力增强系数（查表E）；
W ——钢管截面系数（cm³）。

当管件不能满足 $\sigma_e \leqslant 0.72\sigma_s$ 时，应加大壁厚。

管件弯曲应力增强系数表　　　　表 E

名　称	应力增强系数 I		挠性特性 h	简　图
	平面内 I_i	平面外 I_0		
弯头或弯管（见注）	$\frac{0.9}{h^{2/3}}$	$\frac{0.75}{h^{2/3}}$	$\frac{\delta R}{r^2}$	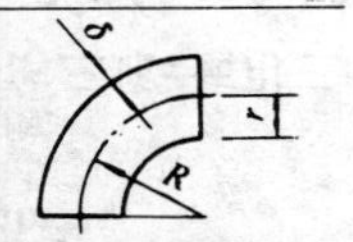 R - 弯曲半径
拔制三通（见注）	$0.75I_0+0.25$	$\frac{0.9}{h^{2/3}}$	$4.4\frac{\delta}{r}$	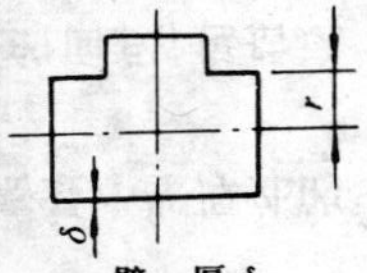 壁　厚 δ 外半径 r
带加强圈的三通（见注）	$0.75I_0+0.25$	$\frac{0.9}{h^{2/3}}$	$\frac{(\delta+\frac{1}{2}\delta')^{5/2}}{\delta^{3/2}\cdot r}$	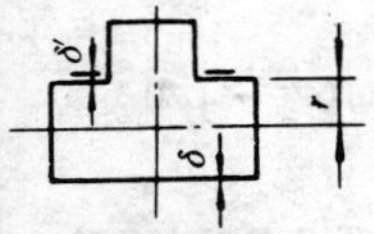 加强圈厚 δ' 壁厚 δ
整体加强三通（见注）	$0.75I_0+0.25$	$\frac{0.9}{h^{2/3}}$	$\frac{\delta}{r}$	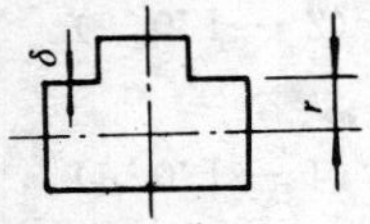
对焊接头，对焊异径接头及对焊法兰	1.0	1.0	$\frac{\delta}{r}$	
双面焊平焊法兰	1.2	1.2	$\frac{\delta}{r}$	
角焊接头或单面焊平焊法兰	1.3	1.3	$\frac{\delta}{r}$	

注：对管道附件，应力增强系数 I 适用于任何平面上的弯曲，其值不应小于 1，这两个系数适用于弧形弯头整个弧长及三通交接口处。

E.0.2　在大直径薄壁弯头和弯管中，内压将明显地影响增强系数，对此，原应力增强系数应除以(E.0.2)式。

$$1+3.25\frac{P}{E_c}\left(\frac{r}{\delta}\right)^{5/2}\left(\frac{R}{r}\right)^{2/3} \tag{E.0.2}$$

式中　P ——管道附件承受的内压(MPa)；

E_c——室温下的弹性模数。

附录F　三通和开孔补强的结构与计算

F.0.1　三通或直接在管道上开孔与支管连接时，其开孔削弱部分可按等面积补强原理进行补强，其结果应满足式(F.0.1—1)。

$$A_1 + A_2 + A_3 \geqslant A_R \qquad (F.0.1-1)$$

$$A_1 = d_i(\delta_n' - \delta_n) \qquad (F.0.1-2)$$

$$A_2 = 2H(\delta_b' - \delta_b) \qquad (F.0.1-3)$$

$$A_R = \delta_n \cdot d_i \qquad (F.0.1-4)$$

式中　A_1——在有效补强区内，主管承受内压所需设计壁厚外的多余厚度形成的面积(mm^2)；

A_2——在有效补强区内，支管承受内压所需最小壁厚外的多余厚度形成的截面积(mm^2)；

A_3——在有效补强区内，另加的补强元件的面积，包括这个区内的焊缝截面积(mm^2)；

A_R——主管开孔削弱所需要补强的面积(mm^2)。

F.0.2　拔制三通的补强(图F.0.2)

结构为主管具有拔制扳边式接口与支管连接的三通，选用三通和支管时，必须使 $A_1+A_2+A_3 \geqslant A_R$。这里的 $A_3=2r_0(\delta_0-\delta_b')$。图中双点画线范围内为有效补强区。

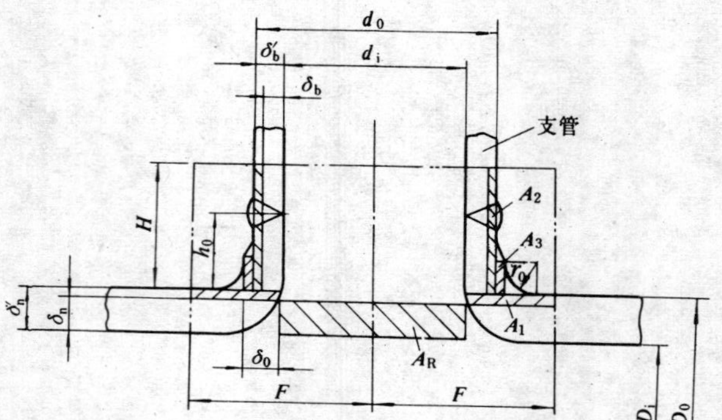

$h_0 \geqslant r_0 \geqslant 0.05\,d_0 \quad H=0.07\,(d_0 \cdot \delta_b)^{1/2}$

图F.0.2　拔制三通补强

注：d_0——支管外径(mm)；

d_i——支管内径(mm)；

D_0——主管外径(mm)；

D_i——主管内径(mm)；

H——补强区的高度(mm)；

δ_0——翻边处的直管管壁厚度(mm)；

δ_b——与支管连接的直管管壁厚度(mm)；

δ_b'——支管实际厚度(mm)；

δ_n——与主管连接的直管管壁厚度(mm)；

δ_n'——主管的实际厚度(mm)；

F——补强区宽度的1/2，等于 d_i(mm)；

h_0——拔制三通支管接口扳边的高度(mm)；

r_0——拔制三通扳边接口外形轮廓线部分的曲率半径(mm)。

F.0.3　整体加厚三通的补强(图F.0.3)

整体加厚三通的结构是，主管或支管的壁厚或主、支管壁厚同时加厚到满足：$A_1+A_2+A_3 \geqslant A_R$，这里的 A_3 是补强区内的焊缝面积。

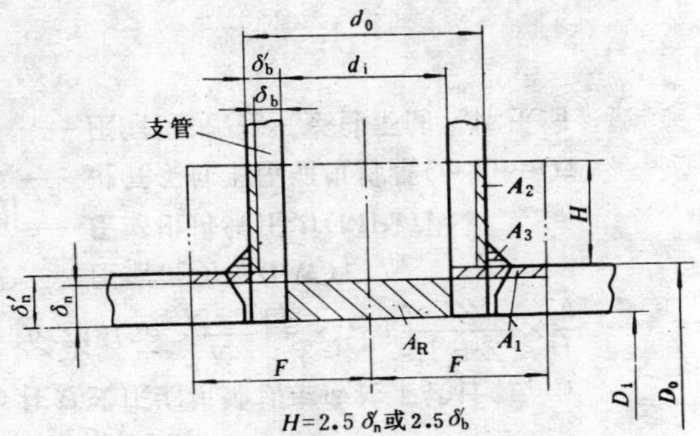

$H=2.5\,\delta'_n$或$2.5\,\delta'_b$

图 F.0.3　整体加厚三通

图中符号注与图 F.0.2 相同。

F.0.4　开孔局部补强(图 F.0.4)

当在管道上直接开孔与支管连接时,其开孔削弱部分的补强必须使 $A_1+A_2+A_3\geqslant A_R$。这里的 A_3 是补强元件提供的补强面积与补强区内的焊缝面积之和,其补强结构还应符合下列条件:

F.0.4.1　补强元件的材质应和主管材质一致。当补强元件钢材的许用应力低于主管材料的许用应力时,补强元件面积应按二者许用应力的比值成比例增加。

F.0.4.2　主管上邻近开孔连接支管时,其两相邻支管中心线的距离,不得小于两支管直径之和的 1.5 倍。当相邻两支管中心线的距离小于 2 倍大于 1.5 倍两支管直径之和时,应用联合补强件,且两支管外壁到外壁间的补强面积,不得小于主管上开孔所需总补强面积的 1/2。

F.0.4.3　开孔应避开焊缝。

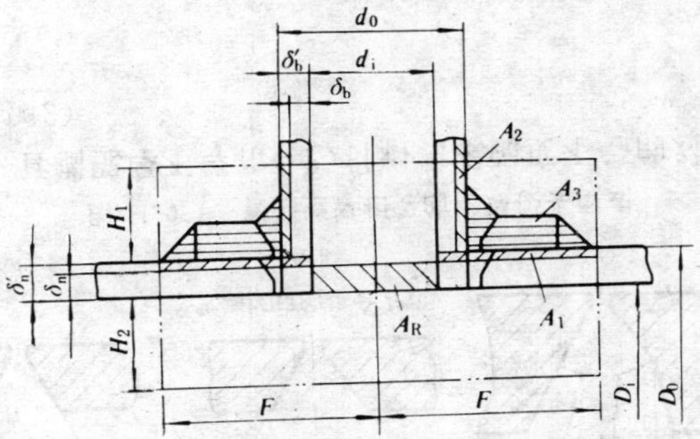

$H_1=2.5\,\delta'_n$ 或 $2.5\,\delta'_b$　$H_2=2.5\,\delta'_n$

图 F.0.4　开孔局部补强

图中符号注与图 F.0.2 相同。

附录G　压缩机轴功率计算

G.0.1　离心式压缩机轴功率应按下列公式计算：

$$N=9.807\times10^{-3}q_g\frac{K}{K-1}RZT_1\left[\varepsilon^{\frac{K-1}{K}}-1\right]\frac{1}{\eta}\qquad(G.0.1-1)$$

$$Z=\frac{Z_1+Z_2}{2}\qquad(G.0.1-2)$$

式中　N ——压缩机轴功率(kW)；

T_1 ——压缩机进口气体温度(K)；

R ——气体常数(kg·m/(kg·K))；

Z ——气体平均压缩系数；

ε ——压比；

η ——压缩机效率；

q_g ——天然气流量(kg/s)；

K ——气体比热比($K=c_p/c_v$，c_p 为定压比热，c_v 为定容比热)。

G.0.2　往复式压缩机轴功率应按下式计算：

$$N=16.745P_1q_v\frac{K}{K-1}\left[\varepsilon^{\frac{K-1}{K}}-1\right]\frac{Z_1+Z_2}{2Z_1}\times\frac{1}{\eta}\qquad(G.0.2)$$

式中　N ——压缩机功率(kW)；

P_1 ——压缩机进气压力(MPa)；

q_v ——进气条件下压缩机排量(m³/min)；

Z_1、Z_2 ——压缩机进、排气条件下的气体压缩系数。

附录H　管端焊接接头型式

H.0.1　管端壁厚相等的对焊接头型式(图 H.0.1)

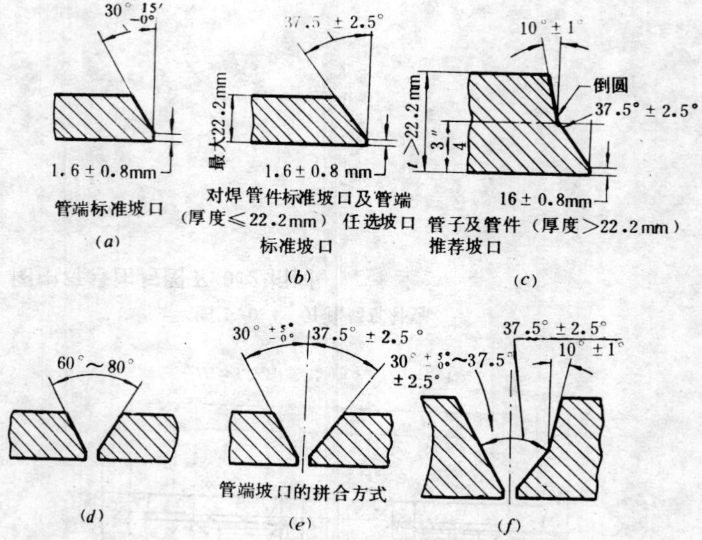

图 H.0.1　管端壁厚相等的对焊接头型式

H.0.2　管端壁厚不等和(或)材料屈服强度不等的对焊接头型式(图 H.0.2)

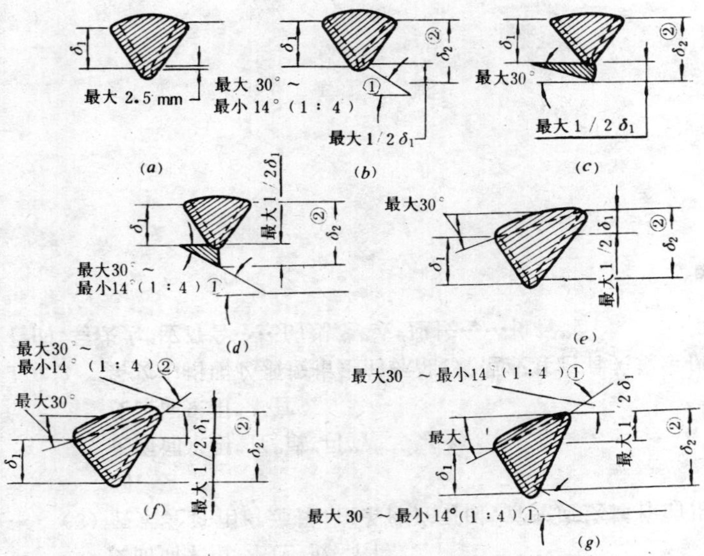

图 H.0.2 管端壁厚不等和(或)屈服强度不等的对焊接头型式

注：①当相接材料等强度不等厚度时，图中①不限定最小值；

②图中②设计用最大厚度 δ_2 不应大于 $1.5\delta_1$。

H.0.3 对图 H.0.2 的说明：

H.0.3.1 一般规定：

(1)相接钢管接头设计区以外的壁厚应遵照本规范的设计要求；

(2)当相接钢管的屈服强度不等时，则焊缝金属所具有的机械性能，至少应与强度较高的钢管的机械性能相等；

(3)两个壁厚不等的管端之间的过渡，可用锥面或图中所示的焊接方法，或用长度不小于钢管半径的预制过渡短节；

(4)斜表面的焊缝边缘，应避免出现尖锐的切口或刻槽；

(5)连接两个壁厚不等而屈服强度相等的钢管，均应按照以上规定，但对锥面的最小角度不作限制；

(6)对焊后热处理的要求，应按有效焊缝高度值确定。

H.0.3.2 当相接钢管内径不等时，应符合下列规定：

(1) 如两根相等钢管的公称壁厚相差不超过 2.5mm，则不需作特殊处理，只要焊透焊牢即可(见图 H.0.2a)。

(2) 当内壁厚度偏差超过 2.5mm，且不能进入管内施焊时，则应将较厚管端的内侧切成锥面，以完成过渡(见图 H.0.2b)。锥面角度不应大于 30°，也不应小于 14°。

(3) 环向应力超过屈服强度 20%以上的钢管，其内壁偏差超过 2.5mm，但不超过较薄钢管壁厚的 1/2，且能进入管内施焊时，可用锥形完成过渡(见图 H.0.2c)。较厚钢管上的坡口钝边高度应等于管壁厚度的内偏差加上对接管子上的坡口钝边高度。

(4) 当内壁厚度偏差大于较薄钢管壁厚的 1/2，且能进入管内施焊时，可将较厚管端的内侧切成锥面以完成过渡(见图 H.0.2b)，或用一个组合式锥形焊缝实现过渡，即以相当于较薄钢管壁厚的 1/2 采用锥形焊缝，并从该点起，将剩余部分切成锥面(见图 H.0.2d)。

H.0.3.3 当相接钢管外径不等时，应符合下列规定：

(1) 当外壁厚度偏差不超过较薄钢管壁厚的 1/2 时，可用焊接完成过渡(见图 H.0.2e)，但焊缝表面的上升角不得大于 30°，且两个对接的坡口边应正确熔焊。

(2) 当外壁厚度偏差超过较薄钢管壁厚的 1/2 时，应将该超出部分切成锥面(见图 H.0.2f)。

H.0.3.4 当相接钢管内径及外径均不等时，应综合采用图 H.0.2a～图 H.0.2f的方式进行接头设计(如图 H.0.2g)，此时应特别注意坡口的准确就位问题。

附录J 本规范用词说明

J.0.1 为便于在执行本规范条文时区别对待，对于要求严格程度不同的用词，说明如下：

（1）表示很严格，非这样做不可的用词：

正面词采用“必须”；

反面词采用“严禁”。

（2）表示严格，在正常情况下均应这样作的用词：

正面词采用“应”；

反面词采用“不应”或“不得”。

（3）表示允许稍有选择，在条件许可时，首先应这样作的用词：

正面词采用“宜”或“可”；

反面词采用“不宜”。

J.0.2 条文中指明必须按指定的标准、规范或其它有关规定执行的，写法为“应符合……的规定”或“应按……执行”。

附加说明

本规范主编单位、参加单位和主要起草人名单

主编单位：中国石油天然气总公司四川设计院

参加单位：中国石油天然气总公司规划设计总院

主要起草人：章申远 郑竹村 熊庆云 谢增瑜 秦绍乾 魏廉敦 唐光骏 边恕修 胡廷炎 余汉成 程祖亮

中华人民共和国国家标准

输气管道工程设计规范

GB 50251－94

条 文 说 明

前 言

根据国家计委计标[1987]78号文“发送一九八八年工程建设标准规范制定、修订计划”安排，由中国石油天然气总公司四川设计院负责制定的《输气管道工程设计规范》(GB50251—94)，经建设部1994年4月18日以建标[1994]256号文批准发布。

为便于广大设计、施工、科研、学校等有关人员在使用本规范时能正确理解和执行条文规定，《输气管道工程设计规范》制订组根据编制标准、规范条文说明的统一要求，按《输气管道工程设计规范》的章、节、条的顺序，编制了本条文说明，供本规范使用者参考。为了核对方便，本说明对所有引用资料中的数据仍保持了原来的计量单位，并用括号注明了与之相等的法定计量单位值。在使用中，如发现本条文说明有欠妥之处，请将意见函寄四川成都中国石油天然气总公司四川设计院技术质量部标准中心(邮编610017)。

目　次

1 总　则

1.0.2 本规范适用范围是从气源外输总站到用户门站间的陆上输气管道工程设计。

1.0.3 本条说明如下：

1.0.3.1 本规范的编制充分考虑了国家有关部委制定的工业建设方针和技术经济政策，如保护环境、节约能源、节约建设用地以及《关于生产性建设工程项目　职业安全卫生监察的暂行规定》、《降低石油地面工程造价的具体规定》、《对地震区基本建设前期工作及土建工程暂行规定》、《石油天然气长输管道与铁路相互关系的若干规定》、《关于处理石油管道和天然气管道与公路相互关系的若干规定》等，同时也要求输气管道工程设计执行国家有关的政令、法规并关注这些政令、法规的变化，以便使本规范与国家有关的技术政策相适应。

1.0.3.2 本规范要求输气管道工程设计不断采用国内外先进技术，吸收新的科技成果，但要符合国情，注重实效。

1.0.3.3 对报部级审批的大型工程项目，一般应作优化设计，确定其最优工艺参数。由企业自行审批的工程项目，应视工程具体情况而定。如油气田滚动开发往往不具备作优化设计的条件。

1.0.4 本规范只编写了输气管道工程的主体工程部分，而防腐工程、穿跨越工程、环境保护工程等有关工程设计，应按有关的国家和行业标准规定执行。

2 术　语

本章所列术语，其定义及范围，仅适用于本规范。

3 输气工艺

3.1 一般规定

3.1.1 输气管道的输气量受到气源供气波动、用户负荷变化、季节温差及管道维修等因素的影响，不可能全年满负荷运行。为保证输气管道的年输送任务，要求输气管道的输气能力必须有一定的裕量。故本规范规定输气管道输气设计能力按每年工作 350d 计算。

3.1.2 本规范规定的管输气体质量标准，主要考虑了输送工艺、管输安全、管道腐蚀及一般用户对气质的使用要求。管输气体已成为一种重要的能源和商品，第十五届世界煤气会议 AI 天然气集气和调节分会的报告中指出：供气单位提供的天然气必须符合一定质量标准，一般来说不需再行加工即可保证顺利输送、分配及一般用户的用气要求。对影响天然气顺利输送、分配和使用的杂质有：硫化氢、水、烃冷凝物及固体杂质等。

水露点：输气管道中的游离水是造成管道腐蚀的主要原因，没有水就没有电化学腐蚀或其它形式的腐蚀产生。根据四川石油设计院、四川石油局输气处关于《低浓度硫化氢对钢材腐蚀的研究》结果表明“……工业天然气经过硅胶脱水后对钢材无腐蚀，腐蚀试样仍保持原来金属光泽，腐蚀率几乎等于零，表明无水条件下钢材的腐蚀是难以产生的。……”。管输气体脱水后还能提高管输效率。管输气体水露点，世界多数国家是按不同季节提出在最大可能操作压力下气体的露点温度值，见表 1。考虑到我国幅员辽阔，气候差异较大，对气体水露点要求因地而异，故本规范只规定了气体水露点温度与最低输气温度的最小差值。

烃露点：脱除管输气体中液态烃的主要目的是提高管输效率、保障输气安全。世界多数国家对烃露点要求按水露点方法作出规定（见表 1）。本规范根据我国具体情况规定了气体的烃露点。

硫化氢含量：一般说，当脱除管输气体中的游离水后，就没有腐蚀发生。但考虑到我国输气管道不是单纯把气体从起点输送到终点，沿线有大量民用与工业用户。因此，为确保用户的安全和环境卫生，对脱水后的管输气体硫化氢含量规定应符合二类天然气含量标准（即硫化氢含量小于 $20mg/m^3$，符合民用气标准），以满足多数用户要求。同时集中脱硫也较为经济。

本规范对管输气体中最高含尘量未作具体规定，因为尚无合适的检验气体中杂质含量的仪表。对固体杂质脱除只提出原则要求。

3.1.3 在气源压力、施工技术水平及管材质量都能满足的情况下，高压输气一般比较经济。对于以气井井口压力为动力的管道，应充分利用地层能量，尽可能提高管道起输压力。对用压缩机增压输气的管道应通过优化设计，选择最优的工艺参数：压力、管径、压比。管输压力的确定还应考虑目前我国制管水平、施工质量和管道通过地区安全等因素。

3.1.4 输气管道应作好防腐设计，以保证输气管道的使用寿命，避免事故发生。管道防腐分为外防腐（即防止土壤、环境等对金属的腐蚀）和内防腐（即防止所输送气体中的有害介质对管子内壁金属的腐蚀）。根据国内外实践经验制定的国家现行的《钢质管道及储罐防腐蚀工程设计规范》和《埋地钢管道强制电流阴极保护设计规范》提出了防止管道外腐蚀的有效办法，故本规范规定输气管道外防腐应按该两部规范的有关规定执行。

凡符合本规范第 3.1.2 条规定的气体，一般不会对管子内壁金属产生腐蚀。当输送不符合上述规定的气体时，应采取其它有效的措施，如：降低气体的水露点、注入缓蚀剂或内部涂层等措施，防止管子的内壁腐蚀发生。由于工程造价、金属耗量等经济原因，输

加、英、法、德等国对输送、分配利用天然气中的硫化物、烃凝物、水等杂质含量的规范要求

表 1

规范要求	奥	比	加		法	德	匈	意	荷	波	英	南
组分												
硫化物毫克/m³												
硫化氢	≤6	≤5	23	23	15	≤5	20	2	5	20	5	20
羟基硫	未规定	未规定	未规定	未规定	未规定	—	未规定	未规定	未规定	未规定	未规定	未规定
硫　醇	≤15	≤15	未规定	未规定	未规定	16	70	≤15	10～15	未规定	未规定	70
总硫分	≤100	≤150	460	115	150	≤150	100	≤100	150	40	50	100
芳烃克/m³												
苯	未规定	未规定	未规定	未规定	未规定	—	未规定	未规定	未规定	未规定	未规定	未规定
甲　苯	未规定	未规定	未规定	未规定	未规定	—	未规定	未规定	未规定	未规定	未规定	未规定
二甲苯	未规定	未规定	未规定	未规定	未规定	—	未规定	未规定	未规定	未规定	未规定	未规定
其它杂质毫克/m³												
压缩机油	未规定	未规定	未规定	未规定	未规定	—	未规定	未规定	未规定	未规定	未规定	未规定
甲　醇	未规定	未规定	未规定	未规定	未规定	—	未规定	未规定	未规定	未规定	未规定	未规定
乙二醇	未规定	未规定	未规定	未规定	未规定	—	未规定	未规定	未规定	未规定	未规定	未规定
汞	未规定	未规定	未规定	未规定	未规定	—	未规定	未规定	未规定	未规定	未规定	未规定
氯化物	未规定	未规定	未规定	未规定	未规定	—	未规定	未规定	未规定	未规定	未规定	未规定
灰　尘	未规定	未规定	未规定	未规定	未规定	—	未规定	未规定	未规定	未规定	未规定	未规定
水含量毫克/m³												
夏天(5月1日～9月30日)	—	—	未规定	65	—	—	—	—	—	—	—	—
冬天(10月1日～4月30日)	—	—	未规定		—	—	—	—	—	—	—	—
水露点℃/巴				—		0℃		−10		+5/	+4.4/	−7/40
夏　天												
	−7/40	−8/69	未规定	—	−5		−5/40		−8/70	33.7	69	−11/40
冬　天						以下		/6		−10/33.7	−9.4/69	
烃露点℃/巴												
夏　天	−5/40	−3/上达	未规定	−10/54	未规定	G260	+25/40	−10/	−3/以上	未规定	+10/69	−5/40
冬　天		69						60	70		−1/69	

气管道一般不允许采用增加腐蚀裕量的方法来解决管壁内腐蚀问题。故本规范规定：管道采取防腐措施后，确定管壁厚度时可不考虑腐蚀裕量。

3.1.5 输气管道设置清管设施，一方面为进行必要的清管，另一方面为正常生产时的管道检测。管子内壁粗糙及管内存有污物是目前管输效率较低的主要原因。鉴于目前国内制管、管道施工及生产管理状况有时达不到预期效果，为了清除施工中管道内存留的污物及生产中的凝析液体，因此，本规范提出对输气管道系统的清管要求。

输气管道内壁涂层效益是明显的，不但可以防腐蚀，而且可以大大提高管输效率，据有关资料报导可提高管输效率约5%～8%或更大一些。但因目前国内管道内壁涂层应用还不十分广泛，故本规范只规定宜采用。

3.2 工艺设计

3.2.2 制定方案首先是选择输气工艺，然后确定工艺参数。通过工艺计算和设备选型、管径初选从而进行技术经济比较，才能最终确定管径和输压。对是否需要增压输送也需在技术经济比较之后才能确定。优化设计就是选择输气工艺、选定管径、确定输压、选定压比、确定站距、进行技术经济比较的过程。本条所列工艺设计应包括的主要内容为输气管道工艺设计不可缺少的四个方面的内容。

3.2.3 本条所指的气源是气田气或高压人工煤气等。充分利用气源压力是提高输气压力增加输气量的方法之一，也是一项节能措施，并有显著的经济效果。只要管道本身的制造、安装工艺能够达到并符合技术经济优化条件，而气源的压力也能较长时间保证，输气压力应尽量提高。

输气管道是否采取增压输送，取决于输气管道长度、输气量、管径大小的选择等各方面的条件进行综合分析和方案比较后确定。压气站的站距，取决于压气站的站压比选择。压气站的站数取决于输气管道的长度。本条所规定的站压比和站距值是当确定采用增压输气工艺并已确定采用离心压缩机时，对于站压比的选择和站距的确定所提供推荐性的数值范围。由于制管技术不断提高，新的制管材料继续开发，制管成本可能下降，压缩机的压比和功率以及制造技术均有可能提高，今后压气站的站距设计可能随着提高，因此条文中对站距未限制其上限值。

3.2.4 本条规定压缩机选型应满足输气工艺设计参数和运行工况变化两个条件。也就是在输气工艺流程规定的范围内要求压缩机在串联、并联组合操作变更或越站输气时，其机组特性也能同管道特性相适应，并要求动力机也应在合理功效范围内工作。

3.2.5 输气干线各分输站、配气站和末站的压力，是由管道输气工艺设计所确定的。上述各站的输气压力和输气量应控制在允许范围内，否则将使管道系统输气失去平衡，故干线上的各分输站和配气站对其分输量或配气量及其输压均需进行控制和限制。

3.2.6 为了保证进入管道的气体质量符合第3.1.2条的规定要求，应对进入输气干线的气体进行检测。

3.2.7 输气管道的壁厚是按输气压力和地区等级确定的。输气压力可能出现两种情况，一是正常输气时所形成的管段压力，二是变工况时的管段压力。当某一压气站因停运而进行越站操作时，则停运压气站上游管段压力一般大于正常操作条件时的压力。故本条规定管道系统的强度设计，应满足运行工况变化的要求。

3.2.8 压气站设干线越站旁通阀的目的是为了在必要时进行越站操作。越站操作的情况有三种：(1)压气站本身发生意外事故；(2)压气站压缩机和动力机需要定期检修；(3)干线输气工况发生变化(即干线输气量降低)。

清管站干线越站旁通管路是正常运行管路。输气站的进、出站管线装设截断阀，其目的为：(1)站内设备检修需要停运；(2)输气管道发生事故或输气站本身发生事故引起的停运。由于输气站或干线、支线停运，则需与输气管道截断，故应装进、出站截断阀。

3.3 工 艺 计 算

3.3.1 设计和计算所需的主要基础资料和数据，应由管道建设单位根据工程建设条件和任务提出。条文中所列举的各项资料是输气管道设计和计算必不可少的。不具备这些资料和数据，管道输气工艺设计便无法进行。

3.3.2 输气管道工艺计算采用输气管基本公式，是考虑到现代管道设计中计算技术的发展，有条件进行复杂和更精确的计算。该公式系按气体动力学理论并根据气体管路中流体的运动方程、连续性方程和气体状态方程联立解导而得，其结果可由下列基本方程所表达：

$$-\frac{dp}{\rho}=\lambda\frac{dx}{d}\cdot\frac{w^2}{2}+\frac{dw}{2}+gdh+\frac{dw^2}{2}$$

假定 $dh=0$ 作为水平管系，则上述表达式可用下列方程表示：

$$-\frac{dp}{\rho}=\lambda\frac{dx}{d}\cdot\frac{w^2}{2}+\frac{dw^2}{2}+\frac{dw}{2}$$

再将上列方程经计算和简化即得计算水平管的基本公式如下：

$$q_v=c\left[\frac{(P_H^2-P_K^2)d^5}{\lambda Z\Delta TL}\right]^{0.5} \tag{1}$$

当输气管道沿线地形平坦，任意二点的相对高差小于 200m 时，按水平管公式计算误差很小可忽略不计，此时可采用水平管基本公式(1)计算。

当输气管道沿线地形起伏，任意二点的相对高差大于 200m 时对输量有影响，故应按式(2)计算。

将长度为 L 的输气管视为由数段高差不同且坡度为均匀向上或向下的若干直管管段所组成。设各管段的长度为 L_1、L_2、L_3……L_n，压力为 P_H、P_1、P_2、P_3……P_K，高程为 h_H、h_1、h_2、……h_K。如设起点的高程为 $h_H=0$，则各直线管段的高差为 $\Delta h_1=h_1-h_H$，$\Delta h_2=h_2-h_1$，$\Delta h_3=h_3-h_2$……而 $\Delta h=h_K-h_H$，通过上列基本方程进行运算和简化后则可得下列公式：

$$q_v=c\left\{\frac{[P_H^2-P_k^2(1+a\Delta h)]d^5}{\lambda Z\Delta TL[1+\frac{a}{2L}\sum_i^n(h_i+h_{i-1})L_1]}\right\}^{0.5} \tag{2}$$

上列 1 和 2 式中各参数符号的计量单位除说明者外，见表 2。

式中 P_H 及 P_K ——计算管段起点和终点压力(MPa)；

d ——管道内径(cm)；

λ ——水力摩阻系数；

Z ——气体压缩系数；

Δ ——气体相对密度；

T ——气体温度(K)；

Δh ——计算管段起点和终点间高差(m)；

a ——系数(m^{-1})　　$a=\frac{2g\Delta}{ZR_aT}$；

R_a ——空气的气体常数，在标准状态下 $R_a=287.1m^2/(s^2\cdot K)$；

n ——输气管道计算管段内按沿线高差变化所划分的计算段数；

h_i、h_{i-1} ——各划分管段终点和起点的标高(m)；

L_i ——各划分段长度(km)；

C ——计算常数，$C=\pi/4\cdot T_0R_a/P_0$。

式 2,分子中$(1+a\Delta h)$一项表示输气管终点与起点的高差对流量的影响;分母内$[1+\frac{a}{2L}\sum_{i}^{n}(h_j+h_{j-1})L_j]$一项,表示输气管沿线地形(沿线中间点的高程)对流量的影响。

天然气在标准状态下,假设 $\rho_G=0.7kg/m^3$,100m 气柱相当压力为 700Pa,可以忽略不计。但在地形起伏、高差大于 200m 的情况下,所造成输气量误差较大,则不能忽略。例如压力 7.5MPa 时,$\rho_G=52.5kg/m^3$,高差为 1000m 时,即相对于 0.525MPa 的压力,这样的压力就不能忽略。因此,凡是在输气管线上出现有比管线起点高或低 200m 的点,就必须在输气管水力计算中考虑高差对地形的影响。

当各参数单位予以给定时,可得 C 值,如表 2。

C 值 **表 2**

P	L	d	q	C
10^5Pa	km	mm	$10^6m^3/d$	0.332×10^{-6}
Pa	m	m	m^3/s	0.0384

将 3.3.2—1 和 3.3.2—2 式按法定符号和法定计量单位进行转换则得本规范正文中所列的公式。

当输气管道中气体流态为阻力平方区时,根据目前我国冶金、制管、施工及生产管理等状况,工艺计算推荐采用附录 A 给出公式(原为 Panhandle B 式)。

附录 A 公式中引入一个输气效率系数 E,其定义为

$$E=\frac{Q_\varphi}{Q}=\frac{\lambda}{\lambda_\varphi}$$

式中 Q_φ ——气体实际流量;

Q ——气体计算流量;

λ_φ ——运行后管子实测水力摩阻系数;

λ ——设计时采取的水力摩阻系数。

输气效率系数 E 等于输气管道的实际输气量与理论计算输气量之比,表明管道实际运行情况偏离理想计算条件的程度。设计时选取 E 值应考虑计算条件与管道实际运行条件的差异,以保证运行一段时间后管道实际输气量能满足设计任务输量。美国一般取 $E=0.9\sim0.96$。

E 值大小主要与管道运行年限、管内清洁程度、管径大小、管壁粗糙情况等原因有关。若气质控制严格,管内无固、液杂质聚积,内壁光滑无腐蚀时 E 值较高。当管壁粗糙度和清洁程度相同时,大口径管道相对的粗糙度较小,故 E 值较小口径管道为高。

我国制管技术及安装焊接水平,气体的气质控制及输送工艺等与世界先进水平尚有差距,运行条件与计算条件也不尽相符。本规范推荐当输气管道公称直径 DN300～DN800 时,E 值为 0.8～0.9;大于 DN800 时,E 值为 0.91～0.94。

3.4 输气管道的安全泄放

3.4.1 本条是参考美国国家标准 ANSI B31.8《输气和配气管线系统》(以下简称 ANSI B31.8)第 845.1 条的规定。该条规定"凡干线、总管、配气系统、用户量气表和相接设施、压缩机站、管式气柜、用管子和管件制成的容器以及所有专用设备,若所接的压缩机或气源,在其压力控制失灵或其它原因,可能使上述设施中的压力超过其最大容许操作压力者,应装设适当的泄压或限压装置"。

3.4.2 本条是参考美国国家标准 ANSI B31.8 第 846.21 条(C)款的规定。该款规定"输气干线上应安装排放阀,以便位于主阀门之间的每段管线均能放空。为使管线放空而配置的连接管尺寸和能力,应能在紧急情况下使管段尽快放空。"

3.4.3 **承压设备和容器的设计压力通常是根据工艺条件需要的最高操作压力所决定的。受压设备和容器由于误操作、压力控制装置发生故障或火灾事故等原因,上述设备、容器内压可能超过设计**

压力。为了防止超压现象发生，一般均应在承压设备和容器上或其连接管线上装设安全泄压装置。

输气站内，对泄压放空气体一般不采取就地排放，均引入同等压力的放空管线并送到输气站以外的放空竖管去放空。这种泄压放空方式对保护环境和防火安全均有好处。

3.4.5 输气站内的安全泄放气体和放空气体一般均用管线引到站场外放空竖管放空或在竖管顶部燃烧后排入大气。对于排气引出管口径大小的确定，通常是以安全阀泄放压力的10%作为背压进行计算。

3.4.7 放空竖管高度是参照《气田建设设计防火规定》(SYJ2—79)第29条的规定确定的。该条第二款规定：小时放空量小于1.2万m^3的放空管，管口高度应高出站场周围的建构筑物2m及以上，且高出地面不小于7m。第三款规定小时放空量1.2～4万m^3时，对放空的天然气宜点火焚烧，放空管管口应高出地面不小于15m。参考以上规定，故本条规定放空竖管管口距地面高不小于10m。

3.4.8 本条是根据《气田建设设计防火规定》(SYJ2—79)第16条的规定。该条规定集输站场的放空管应引出站外，对小时放空量1.2～4万m^3者，不应小于40m；小时放空量等于或小于1.2万m^3者，不应小于10m。故规定站场放空管应设在围墙外距离围墙不得小于10m。

3.4.9 本条对设置放空竖管所作的规定主要是从安全角度考虑。放空竖管直径大小同泄放气量有关。泄放气引出管管径大小应根据安全阀的泄放量和背压综合考虑确定。故本条规定放空竖管直径大于最大的放空引出管直径。

放空竖管顶端严禁装设弯管，原因是顶端向大气排出的气体产生的反向推力将对竖管底部产生巨大的弯矩，有造成放空竖管倾倒的可能，此种事故在生产现场多次发生过，故在本条文中特予以强调。

气体放空时对竖管底部产生较大的且不均匀的反座力，在现场曾引发放空竖管振裂事故。为了防止这种反座力所引起的振动，故对竖管与水平管间的弯管部分和靠近弯管的一段水平管应进行锚固。

4 线　路

4.1 线路选择

4.1.1 本条文是根据我国输气管道建设经验对线路选择提出的基本要求。

4.1.1.1 线路工程的费用和钢材耗量分别约为全部工程的60％和85％(川汉输气管道工程初步设计的统计)，因此，线路走向必须进行多方案调查、分析、比选，择优而定。

线路选择应考虑沿线主要进、供气点的地理位置，经济合理地处理好干线与支线之间的关系。

管道施工的难易取决于地形、工程地质条件及沿线交通状况，这些都是线路选择的重要因素。

4.1.1.2 本款是根据我国耕地少、人口多这一特点而提出的，体现了以农业为基础的方针。

4.1.1.3 线路、压气站和大中型河流穿跨越位置的选择，应在经济合理和安全的前提下，处理好三者之间的关系。

4.1.1.4 重要的军事设施和易燃易爆仓库是战争攻击的目标，相互安全影响甚大。国家重点文物保护单位，一旦毁坏，对民族文化和祖先遗产将造成无法挽回的损失。因此，规定管道严禁从其划定的安全保护区域通过。

4.1.1.6 《公路路线设计规定》JTJ011—84也作了类似的规定："天然气管道不得利用桥梁或隧道通过，特殊情况需经双方协商同意，并采取必要的保护措施"。

4.1.1.7 管道不应从飞机场、铁路车站、海(河)港码头、铁路、公路隧道和桥梁、国家自然保护区通过，若必须通过，除征得有关部门同意外，还需要采取相应的安全保护措施。

4.1.2 不良工程地质地段系指滑坡、崩塌、岩堆、泥石流、沼泽、软土、冲沟、傍河段及地震烈度高于或等于七度的地段。在多年的实践中，对影响管道安全、整治困难且工程投资增大的各种特殊地段，一般是绕避。但经工程处理后，能确保岩、土体的稳定，且工程投资有显著节省时，则可选择适当的部位通过。

4.1.2.1 对规模不大的滑坡，经处理后，一般能确保岩、土体的稳定，且工程投资节省，多年的经验是选择适当部位浅埋或以跨越方式通过。

4.1.2.2 管道通过沼泽、软土地区的处理系参照铁路勘察选线的经验作出的规定。我国沿海地区的软土，如上海、天津等地，其上部通常有一层硬壳，故规定管道在通过上述地段时，除应充分利用上复硬壳层外，还应选择地形较高、地下水位较低及范围较窄的区域通过，以利施工和维护。

4.1.2.3 管道通过泥石流区域时，根据铁路灾害的教训，管道应在泥石流冲击范围以外的地带通过。对绕避有困难的个别地段，经勘察设计论证后，可采用单孔跨越通过。

4.1.2.4 管道通过深而窄的冲沟，系指沟床窄小、两岸高差大、岸坡陡(大于25°)的冲沟，其沟形为"V"形，通常采用跨越较经济。浅而宽的冲沟，系指沟床宽广，两岸高差不大且岸坡小于25°的冲沟，宜采用浅埋的方案。

4.1.2.5 海滩由于潮汐作用水位变化较大，沙漠地区由于沙漠的移动等因素，均可能对管道产生浮力和推动力而使管道位移损坏，故本规范规定，对上述地区的管道应采取稳管保护措施，以保障管道安全。

4.1.2.6 在强震的地震区内，地震时均会发生各种不同的形变，如地裂、鼓丘、断裂挤压或拉张破碎、断口、地陷、山崩、滑坡以及砂土液化等震害，本应不允许管道穿越发震断裂带，但我国是多震国家，地质构造体系繁多且复杂，难免不在活动断裂带通过。同时，发震部位及地面形变一般有规律可循，随着地震监测预报水平的提高，防止或减少地震灾害是可以做到的。故本规范规定，当遇上述地区时，应审慎地做出工程判断，选择断层位移较小和较窄的地区通过，并采取可靠的工程措施。

4.2 地区等级划分

4.2.1、4.2.2 我国大型输气管道工程建设始于50年代。管道的安全保证基本上是沿用前苏联大型管线设计模式，埋地管道与居民点、工矿企业和独立建构筑物之间保持一定的安全距离。后来，根据我国情况制定了《埋地输气干线至各类建构筑物最小安全距离、防火距离》，但在执行过程中，遇到很多矛盾，有些问题，难以解决。70年代中期参照美国国家标准ANSI B31.8，按不同的地区等级采用不同的设计系数，作出相应的管道设计。当时，地区等级不是按居民密度指数来划分，而是以建构筑物的安全防火类别为基础，相应地划分出四类地区等级，设计系数与美国国家标准ANSI B 31.8的规定一致，经实践，尚属可行。本标准在分析国外标准和总结国内经验的基础上，规定采用控制管道自身的安全性作为输气管道的设计原则。现分述如下：

第一，管道安全保证的两种指导思想。在输气管道建设中的安全保证有两种指导思想：一是控制管道自身的安全性，如美国国家标准ANSI B31.8。它的原则是严格控制管道及其构件的强度和严密性，并贯穿到从管道设计、设备材料选用、施工、生产、维护到更新改造的全过程。用控制管道的强度来确保管线系统的安全，从而对周围建构筑物提供安全保证。目前欧美各国多采用这种设防原则。二是控制安全距离，如前苏联"大型管线"设计标准。它虽对管道系统强度有一定的要求，但主要是控制管道与周围建构筑物的距离，以此对周围建构筑物提供安全保证。

四川地区30多年来输气管道设计、建设的实践表明，由于我国人口众多，地面建筑物稠密，按安全距离进行管道设计建设，不仅选线难度大，而且即使保证了安全距离未必就能保证周围建构筑物和居民的安全。例如，四川付纳输气管线（φ720×8）于1979年11月25日发生爆破，爆破时管道压力为2MPa，距管道150～200m远的农舍因室内余火未尽，引爆着火，烧毁民房8间，烧死牛1头、猪5头。1980年付纳线整改后，重新试压至5MPa时，管子爆破，管沟中400mm×400mm×1000mm条石飞出一百余米。又如，1965年4月美国路易斯安纳州发生一起美国有史以来最严重的输气管道爆破事故，当场炸死17人，钢管爆裂8m，炸出一条长8m、宽6m、深3m的大坑，把半吨多重的5块钢板炸到一百余米远的地方。

第二，加强管道的自身安全是对管道周围建构筑物安全的重要保证。对于任何地区的管道仅就承受内压而言，应是安全可靠的。如果存在有可能造成管道损伤的不安全因素，就需采取一定的措施以保证管道的安全。欧美国家输气管道设计采取的主要的安全措施，是随着公共活动的增加而降低管道应力水平，即增加管道壁厚，以强度确保管道自身的安全，从而对管道周围建构筑物提供安全保证。这种"公共活动"的定量方法就是确定地区等级，并使管道设计与相应的设计系数相结合。美国OPSR统计资料表明，处在三、四级地区的商业区、工业区、住宅区的管道外力事故是很低的。在这些地区主要采取降低管道应力的方法增加安全度。按不同的地区等级，采用不同的设计系数（F）来保证管道周围建构筑物的安全。显然这种做法比采取安全距离适应性强，线路选择比较灵活，也较经济合理。

第三，强度设计系数（F）。管道安全性的判断是许用应力值，使用条件不同其值亦异。即使在同样条件下，根据各国国情，其值亦有所不同。美国国家标准ANSI B31.8按管道使用条件对许用应力值有详细的规定。该标准规定的许用应力值在$0.4\sigma_s$～$0.72\sigma_s$之间。其最大许用应力值（$0.72\sigma_s$）与其它用途管道相比，除与ANSI B31.4《液体输送管线系统》规定的许用应力值相等外，均比其它压力管线的许用应力值高。因为输气管线设计采用设计系数

0.72 时，管道应处在野外和人口稀少的地区，一旦发生事故，对外界的危害程度不大。同时管道外形较工厂管线简单，安全度小些应是合理的。其最小许用应力值（$0.4\sigma_s$）与 ANSI B31.3《化工厂和炼油厂管线》基本一致。采用设计系数 0.4 时，管道应处在人口稠密和楼房集中交通频繁的地区。由于输气管道聚集了大量的弹性压缩能量，管道一旦发生破坏，对周围环境危害甚大。因此，应降低许用应力值，提高安全度，以确保管道周围建构筑物的安全。此外在该类地区的线路截断阀最大间距为 8 公里，管道发生事故时，气体向外释放量较其它地区少，从而把危害降低到最低限度。根据国内外的大量实践证明，按不同的地区等级采用不同的设计系数来设计管道是安全可靠的。合理使用管材强度在经济上是合理的。本规定采用的设计系数与美国国家标准 ANSI B31.8 一致，即 0.72、0.6、0.5、0.4。

第四，地区等级划分。美国国家标准 ANSI B31.8 按不同的居民（建筑物）密度指数将输气管道沿线划分为四个地区等级。其划分的具体方法是以管道中心两侧各 1/8 英里（201m）范围内，任意划分成长度为 1 英里的若干管段，在划定的管段区域内计算供人居住独立建筑物（户）数目，定为该区域的居民（建筑物）密度指数，并以此确定地区等级。法国燃料气管线安全规程（1977 年版）则划分为三个地区等级。其划分标准是沿管道中心两侧各 200m 范围内，按每公顷面积上计算住宅或住人场所的密度指数。各国、地区等级划分标准（见表 4）。

我国幅员辽阔，东西南北的地区特征差别甚大。根据我们多年来的工作实践，按居民（建筑物）密度指数划分四个地区等级，进行相应的管道设计是适宜的。同时，从我国实际情况出发，对居民（建筑物）密度指数的确定作了一些改变。

本规范采用沿管道中心线两侧各 200m 范围内，任意划分长度为 2km 的若干管段区域，按划定区域内供人居住的独立建筑物（户）数目（以数目多者为准）确定居民（建筑物）密度指数（见表 3）。

我国是世界上人口最多的国家，现有人口已超过 11 亿。我国人口分布很不均匀，东部人口密度大，沿海地区每平方公里 300 人以上；西部人口密度小，每平方公里 40 多人。全国平均每平方公里 110 人。农村人口约占全国人口的 73.8%，全国农村人口平均每平方公里约 87 人。如果农村以每 4 人为一户来计算独立建筑物数，则居民（建筑物）密度指数每平方公里约为 21.7。若按本规范提出的管段划分区域（0.8 平方公里）计算，则指数为 17。四川地区农村人口较多，且分散居住，以往输气管道设计系数大都采用 0.6，相当于二级地区。若按 ANSI B31.8 规定的指数，则四川三级地区管道长度增加较多。本规范根据我国实际情况，规定了居民（建筑物）密度（见表 3）。关于其它国家、地区等级的划分标准详见表 4。

综上所述，用提高输气管道自身的安全度来保证管道周围建构筑物的安全是积极的。与用安全距离来保证管道周围建构筑物的安全相比，前者较为合理，已被当今许多工业发达国家所采用。因此，本规范采用提高管道自身强度安全的原则。

4.2.3、4.2.4 本规范规定在一、二、三、四级地区，设计系数分别为 0.72、0.6、0.5、0.4，这种相互对应的关系，在某些情况下有例外。如在一级地区内的特殊地段——穿（跨）越河流、铁路、公路以及输气站附近的管道，则不能套用相应的地区等级来确定管道的设计系数，为避免混淆，本条文对各种情况作了明确的规定，以便正确选用管道设计系数。

输气管道穿越铁路、公路，国内外有关调研资料认为，设置穿越套管对阴极保护起屏蔽作用，投资增加，还可能产生不均匀沉陷等不利因素。美国 ANSI B31.8 规定在一、二级地区内，可以采取有、无套管穿越铁路、公路；在三、四级地区内，可以无套管穿越铁路、公路。前苏联大型管线 СНиП2.05.06—85 规定，大型管线穿越铁路和公路应设置钢质保护套管。法国燃料气管线系统安全规程规定，输气管线穿越铁路、公路应设置套管。

对此，各国的认识尚不完全统一。我国铁路、公路部门对穿越

本规范采取的地区等级划分标准　　表3

居民(建筑物)密度指数	地区等级
≤15	一
<100	二
≥100	三
四层及以上楼房普遍集中、交通频繁、地下设施较多的地区	四

地区等级划分标准　　表4

标准	居民(建筑物)密度指数	地区等级	设计系数
美国 ANSI B31.8	≤10	一	0.72
	<46	二	0.6
	≥46	三	0.5
	四层以上(含四层)建筑物普遍集中、交通频繁、地下设施较多的地区	四	0.4
加拿大 CSA Z184	≤10	一	0.72
	<46	二	0.6
	≥46	三	0.5
	四层以上(含四层)建筑物普遍集中、交通频繁、地下设施较多的地区	四	0.4
法国 燃料气管线安全规程	≤4	一	0.73
	<40	二	0.6
	≥40	三	0.4
	(管线在城市或居民区内)		
英国 IGE/TDI/1	≤10	一	0.72
	<46	二	0.5
	≥46	三	0.3
	多层建筑普遍集中、交通频繁、地下设施较多的地区	四	最高压力7巴

管段不加设套管持否定态度。我国《原油长输管道穿跨越工程设计规范》(SYJ15—85)规定，穿越铁路和Ⅰ、Ⅱ级公路应设保护套管。为与现行规范的规定一致并考虑到铁路、公路部门的意见，本条文仍按有套管穿越铁路、高速公路、Ⅰ、Ⅱ级公路；穿越Ⅲ、Ⅳ级公路可设置套管也可不设套管。

4.3　管道敷设

4.3.1　考虑管道的安全，便于维护，不影响交通和耕作等，输气管道应为埋地敷设。埋地敷设困难的特殊地段，经设计论证后，亦可采用地上或土堤敷设等形式。

4.3.2　为保证管道完好，免受外力损伤，不妨碍农业耕作等要求，规范规定的最小覆土层厚度是根据我国输气管道的建设经验并参照美国、前苏联、加拿大、法国等有关规范而提出的。

4.3.3～4.3.6　是参照《长输干线敷设工程施工验收规范》(SYJ4001—84)要求制定的。

4.3.9　土堤埋设管道，以往的实践经验甚少，主要是参照有关规程规范编写。土堤的筑砌高度与宽度应依据管径大小、埋设深度，结合当地地形、水文地质、工程地质条件及土壤类别与性质来确定。但修筑土堤的高度与宽度，应满足埋深要求，同时也要起到保护管道安全的作用。

4.3.9.1　输气管道在土堤中的覆土厚度的最小值0.6m与顶宽不小于0.5m的要求，是结合管道埋深要求与土堤采用的边坡坡度系数确定的。

4.3.9.2　压实系数是参照填土地基质量控制值的要求确定的。作为管道土堤施工及土堤边坡的稳定要求是必要的，也是可行的。压实系数的定义是土壤的控制干容重 r_d 与最大干容重 r_{max} 的比值。

边坡坡度的确定主要是根据一般粘性土的物理力学性质，力求土堤边坡在自然环境中有足够的稳定性。但在这方面的实践经验尚少，有待于日后多积累资料，进行修订。

4.3.9.3 天然地面坡度大于20%的自然坡面，根据铁路路基设计要求，是要进行稳定性计算的。虽然管道土堤设计比铁路路基的要求低一些，但同样要求土堤稳定，一旦土堤失稳，可能损坏管道，所以应进行稳定性计算。

4.3.9.5 本款是参照铁路路基筑堤要求制定的。

4.3.9.6 从土堤的稳定性及管道防腐蚀的要求出发，沿土堤基底表面植物应清除干净。

4.3.10 管道跨越人行道路、公路、铁路及电气化铁路的净空高度，是根据《原油长输管道线路设计规范》(SYJ14—85)、《公路路基线设计规范》(JTJ011—84)、《原油及天然气长输管道与铁路互相关系的若干规定》等有关规定提出的。

4.3.11、4.3.12 是依据《钢质管道及储罐防腐蚀规范》(SYJ7—84)的规定提出的。

4.3.13 降低弯头热胀应力最经济、最有效的措施是加大弯头的曲率半径，对温差较大的埋地管道应尽量采用大曲率半径的弯管。考虑到我国管道工业的具体情况和清管器能顺利通过，预制弯头的曲率半径应大于或等于5D。

国外输气管道基本采用弯管机现场冷弯，最小曲率半径≥18D。在有条件的地方应推广采用现场冷弯方式来实现管道改向。冷弯弯管的最小曲率半径是依据ANSI B31.8和中国石油天然气总公司管道局引进的弯管机规格和技术参数提出的。

4.3.14 本条文中的公式(4.3.14)是考虑管道连续敷设，支承条件介于简支梁和两端嵌固的中间状态，挠度系数取3/384推导出来的。

4.4 截断阀的设置

4.4.1 在输气管道上间隔一定距离应设置截断阀，其主要目的是便于维修以及当管道发生破损时，尽可能减少损失和防止事故扩大。前苏联《大型管线》СНиП2.05.06—85是按等间距设置截断阀，其间距不大于30km。此外，尚需在河流两岸、配气站压气站站外增设截断阀。四川地区已敷设的输气管道，截断阀间距为20～30km。欧美有关规范是按地区等级，不等间距设置截断阀，其间距一级地区最长，二、三级地区次之，四级地区最短。本规范是按强度安全原则设计管道，故在不同地区内，按等级不等间距设置截断阀，其间距与ANSI B31.8的规定一致。

4.4.2 当输气管道发生破损事故时，截断阀关闭方式有自动和手动两种。据文献IGU/C—76《管线自动截断控制》介绍：对美国20家输气公司作了调查，运行管道长约225000km，其中12家公司的132000km，占总数的60%，赞成并使用管道破损检测仪表和操纵装置来自动关闭截断阀。另外8家公司不采用自动截断阀门，其理由是：易产生误操作；系统压力波动过大；检测系统复杂，这与德国PLE管线公司的观点一致。ANSI B31.8对采用自动或手动关闭阀门未作硬性规定。四川输气管道近年来常采用压降速率法自动截断阀门。本规范对此未作强制性规定，工程设计中由设计人员根据其具体情况确定。

5 管道和管道附件的结构设计

5.1 管道强度和稳定计算

5.1.1 埋地管道强度设计

5.1.1.1 输气管道强度计算除考虑管线所承受的正常内压、外部荷载外，对通过地震区的管线还必须考虑地震时所受外加应力。根据石油管道设计院提供的资料，1976 年唐山地震对秦京线破坏情况及 1990 年青海海西地震对花格管线破坏情况表明：地震烈度在七度以下时管道没有损坏。据我国编制的《埋地油气管道抗震设计规范》条文说明的计算：地震烈度在七度时，地震波引起的管道最大应变小于管道允许应变。本规范送审稿审查会及定稿会会议决定：将管道设防的地震烈度确定为七度及七度以上。

5.1.1.2 本规范规定管壁厚度按第三强度理论计算。强度计算公式仅考虑管子环向应力。当输送介质温差较大时，管道应力将会增高而且是压应力。因此，必须按双向应力状态对组合当量应力进行校核，以保证管道运行安全。

5.1.1.3 在以往的输气管道强度计算时，由于制管水平、施工焊接等缺乏严格的要求，因之在计算中要考虑一个小于 1 的焊接系数以确保输气安全，这实际上就增加了管道工程的钢材用量。当前，我国制管技术已有较大的提高，新的钢管标准如《石油天然气管道用螺旋埋弧焊钢管》，是参照美国 API Spec 5L 的标准制定的，技术要求基本一致。本规范第九章又根据国外和国内的有关标准规定，提出了严格的施工、焊接、检验要求，以确保管道的安全运行。故本标准规定，不再考虑由于焊接所降低钢材的设计应力，规定在强度计算中焊接系数为 1。

5.1.2 输气管道强度计算

5.1.2.1 输气管道强度计算，前苏联采用极限承载能力，按材料的强度极限计算。美国国家标准 ANSI B31.8 采用屈服极限计算，并为欧美国家广泛采用。输气管道采用屈服极限计算法是比较稳妥的。

管子壁厚计算，世界各国大都采用第三强度理论，近年来，我国对油气管道的壁厚计算问题进行过广泛的讨论和学术交流，对采用第三强度理论意见趋于一致。本规范规定，采用 ANSI B31.8 直管壁计算公式。该公式计算简便，在输气管道设计中已广泛应用。

5.1.2.2、5.1.2.3 当温度变化较大时，埋地受约束直管段应考虑温差而产生的轴向应力，并应对环向应力 σ_h 与轴向应力 σ_L 组合应力进行校核，对于管道承受内压和热胀应力的验算有不同的选择，ANSI B31.4《输油管线系统》采用第三强度理论，即：

$$\sigma_e=\sigma_h-\sigma_L\leqslant 0.9\sigma_s$$

加拿大、日本采用第四强度理论，即：

$$\sigma_e=\sigma_h^2-\sigma_h\sigma_L+\sigma_L^2\leqslant 0.9\sigma_s$$

一般说第四强度理论较准确地反映弹塑性材料产生破坏的条件，而按第三强度理论验算一般稍偏安全。为与管子壁厚计算一致，本规范推荐采用第三强度理论验算。

5.1.2.4 本条第四款系采用华东石油学院蔡强康、吕英民教授“埋地热输管线的内力和应力计算”一文提出弯头强度校核方法。该方法是令由于热胀和内压共同引起危险点的计算应力 σ_e，小于材料的强度极限 σ_s，在满足 $\sigma_h<[\sigma]$ 条件下，$\sigma_e=\sigma_h+\sigma_{max}\leqslant\sigma_s$。

关于热胀弯矩 M 值的计算，可按华东石油学院崔孝秉《埋地长输管道水平弯头的升温载荷近似分析》，蔡强康、吕英民《埋地热输管线的内力和应力计算》，机械系力学教研室《埋地热输管线的强度研究》等有关文献进行计算或采用四川石油设计院编制的电算程序计算。

5.1.3 输气管道的最小壁厚。一般认为 $D/\delta>140$ 时，才会在正常的运输、铺设、埋管情况下出现圆截面的失稳，本规范提出的最小公称管壁厚度（见本规范表 5.1.3），都不超过此范围的高限。

根据国内外研究表明 D/δ 值不大于 140 时，在正常情况下，不会出现刚度问题。

按式（5.1.2）确定的管壁厚度 δ，还应根据各种载荷条件下予以校核，若不能满足就要增加壁厚，或调整其它参数。在承受内压较小时计算的壁厚可能很小，此时为满足运输、吊装铺管和修理的要求，其最小公称管壁厚度应符合本规范表 5.1.3 的规定。

5.1.4 根据本规范专题报告《管子设计值的限制分析研究》（西南石油学院）钢管的径向稳定推荐采用依阿华（ZOWa）公式（见本规范第 5.1.4 条）计算管子变形。当管道埋设较深或外载荷较大时，应进行管子圆截面失稳性校核。

用依阿华公式计算的 ΔX 不应超过管子外径的 3%。

5.1.5 无论是根据应变硬化现象还是形变热处理理论及实验，都说明冷加工（作）能提高屈服强度 20%～30%，钢种不同有一定差别。

由于形变提高的屈服强度值（也包括其它性能）将随最终回火温度的提高而逐渐消失。一般在 300～320℃左右出现一个大的相组织变化；而在 480～485℃左右强化的效果将基本消失。因为过高的最终回火温度或者虽然温度较低（300℃左右）但过长的保温时间，将使金属晶粒错位结构遭到破坏。

本条指出的两个温度及时间条件下，原来符合规定的最低屈服强度的管子将丧失应变强化性能，即其屈服强度降低 20%～30%，本款规定管子允许承受的最高压力不得超过按式（5.1.2）所得值的 75%是合理的。

5.2 材　料

5.2.1 设计输气管道时，材料的选择至关重要。选择材料要考虑的因素很多，应进行多方面的、综合性的比较，在满足使用条件的前提下，要特别注意安全可靠性和经济性。

输气管道输送的是易燃、易爆气体，一旦发生事故，后果极其严重。因为输气管道在运行时，管道中积聚了大量的弹性压缩能，一旦发生破裂，材料的裂纹扩展速度极快，且不易止裂，其断裂长度也很大。因此，要求采用的钢管和构件采用的钢材应该具有良好的抗脆性破坏的能力和良好的焊接性能，以保证输气管道的安全。

5.2.2 为保证输气管道用钢管技术先进、安全可靠，本条规定采用按我国《石油天然气输送用螺旋缝埋弧焊钢管》（GB9711）和《石油天然气输送管道用直缝电阻焊钢管》（SY5297）两部标准制造的钢管。这两部标准是参照美国 API Spec 5L 标准制订的，在钢管材料的机械性能、化学成分、钢管的几何尺寸、焊缝要求、水压试验、无损探伤等方面的技术要求都与 API Spec 5L 标准一致。采用上述钢管标准制造的管子，能够节省管道的钢材耗量和运行安全。

为扩大输气管道选用钢管的范围，本规范列入了《输送流体用无缝钢管》（GB8163）。

5.2.3 考虑到有时因特殊原因需采用第 5.2.2 条所列标准以外的钢管，以及选用制造管道附件的钢材，为保证选用的这些钢管和钢材具有良好抗脆性破坏能力和良好的焊接性能，本条从影响上述性能的诸多因素中，提出最基本的要求。这是对采用第 5.2.2 条规定以外材料的最低限度的要求。设计者在决定材料采用时，应根据使用条件，从安全可靠、经济合理出发，作慎重的综合分析判断。本规范要求用镇静钢，这是因为镇静钢避免了沸腾钢产品的质量差异大、材料的偏析、冷脆性能、时效倾向以及含有气体和非金属夹杂物影响焊接性能等缺陷。我国的压力容器设计规范规定沸腾钢不得用于制造盛装危险介质的容器。据此，本规范规定钢管和承压构件钢材选用镇静钢。

5.2.3.1 屈强比：屈服强度与抗拉强度之比反映了金属材料的脆性程度。如果钢材没有屈服变形就断裂则屈强比为 1。可以看出，屈强比过高是危险的。本规范参照美国国家标准 ANSI B31.8，规定管子和材料的屈强比超过 0.85 不应采用。

5.2.3.2 含碳量及碳当量：含碳量及碳当量影响材料的可焊性。一些对焊接要求较高的规范均对此提出了要求。国外一些钢材标准的碳当量大多未超过 0.45%，含碳量未超过 0.25%，本规范规定的数值是我国一些常用标准规定的数值。

5.2.3.3 硫、磷含量：硫、磷是金属材料中的有害成分，一般标准中硫、磷含量分别不大于 0.035%和 0.04%。

5.2.4 冲击韧性反映材料的塑性变形和断裂过程吸收能量的能力，是材料强度和塑性的综合反映，是抗断裂、止裂的主要指标。提出控制韧性指标是预防管道脆性破坏的有效办法。经济合理的韧性要求，与钢种的强度等级、管径、壁厚、焊接方式和使用环境、温度等因素有关，设计者应进行综合分析判断，对所采用输气管道钢管和管道附件的材料，提出控制韧性的测试项目和指标，以确保管道安全。

在低温条件下，金属材料韧性降低脆性增加。因此，设计中要十分注意暴露在地温或气温特别低的地方的管道和各种设施。在这些场合选用材料时，应慎重考虑其低温力学性能。目前，世界上一些国家的规范规定的低温界线为 0～－30℃之间，我国情况把－20℃作为低温界线，等于和低于该温度条件时，对金属材料低温韧性应作要求。

5.2.5 钢管表面有害缺陷的处理和检验

5.2.5.1 钢管在运输、安装或修理造成管壁厚度减薄不应超过 10%，即环向应力不应超过 10%，该限制值在管壁厚度负公差允许范围之内。

5.2.5.2 钢管在运输、安装或修理中造成的局部损伤，如齿痕、槽痕、刻痕等缺陷，会成为开裂源，是造成管线破坏的重要原因，从断裂学的观点，这些缺陷都应加以防止、消除或修补。四川输气干线多次爆破，除焊缝质量问题外，一些开裂源位于划痕和碰伤处就是一个证据。故作出比较严格的规定，以保证管道安全运行。

磨掉“冶金学上的划痕”，应先将电弧烧痕磨掉后，再用 20%过硫酸胺溶液涂敷到磨光面上，如有黑点应再打磨。

5.3 管道附件

5.3.1 本规范所指的管道附件主要是指弯头、弯管、异径接头、管封头、管法兰以及组合件等。管道附件几何形状各异，使用时产生的应力比较复杂，是输气管道结构中的薄弱环节。因此，应从管道结构的整体出发，对其所用材料、强度、严密性、保持几何形状的能力、制作质量等提出基本要求。

5.3.1.1 为保证锻件材料的质量，必须遵守相应的技术标准。由于铸钢材料组织不够紧密均匀，一般应尽可能少用，并应遵守相应的技术标准。铸铁材料脆性大，组织疏松，输气管道禁止使用。

5.3.1.2 目前我国正参照工业发达国家的标准，制定我国的各类管道附件标准，一些行业已编制了这方面的标准。为保证选用的管道附件的质量，规定选用的管道附件应符合现行的国家、行业标准。

5.3.1.3 焊接是输气管道工程中主要的连接方式。因此，本规范第 9 章对焊接工艺作出规定。但焊接质量除与焊接工艺有直接关系外，被焊接材质的可焊性是保证焊接质量的首要条件。本规范规定焊接的管子与管件两者的材质性能即化学组分和机械性能应相同和相近，为管道工程良好的焊接质量提供基础保证。

5.3.1.4 用螺旋焊接钢管作弯管，其焊缝不易避开弯管产生的最大环向应力区，如果将其用于产生较大疲劳载区的重要场合，显然是不合适的。

5.3.2 管道系统中，当直管段没有轴向约束时，由于流体压力作用和热膨胀作用会使管道附件产生一定的力和力矩，因此，设计时必须对上述的管道附件，按附录 E 规定的方法进行强度校核。附录 E 中所列的方法，是参照美国国家标准 ANSI B31.8 中的规定给出的。

5.3.3 弯管和弯头在流体压力作用下，产生的环向应力沿弯管截面的分布是很不均匀的。四川石油设计院与华东石油学院曾根据理论推导并经试验验证，推荐用“环管公式”来计算弯管或弯头各点环向应力。产生的最大环向应力在弯头的内凹点。这个应力比直管产生的环向应力大，其增大的倍数 m 称为在内压作用下弯管或弯头的应力增大系数，也就是弯管或弯头的壁厚较直管壁厚的增大系数。这个系数是 R/D_0（弯管或弯头的曲率半径 R 与其外径 D_0 的比值）的函数，R/D_0 愈大，m 愈小。因此，要尽可能增大曲率半径 R，“环管公式”中 $m=(4R-D_0)/(4R-2D_0)$。

5.3.4 三通的结构型式、制作方法较多，本条列出的是最常用、最基本的结构。随着国内制造方法的不断更新，本规范允许采用其它可靠结构型式的三通和补强方法。

开孔削弱部分的补强设计计算方法有多种，当前各国有关规范中的开孔补强设计计算方法，主要有等面积法、极限分析法、安全性理论等。本规范附录F规定的方法是参照美国国家标准ANSI B31.8《输气和配气管线系统》的补强型式和用等面积法进行补强计算确定的。

5.3.5 管子与锥形异径接头相接，产生结构的不连续性，必然使连接处产生过大的局部应力。异径接头的锥角愈大，其局部应力也愈大。从流体力学的观点看，锥角愈小流体阻力也愈小，因此希望锥角要小。当半锥角小于15°时，局部应力较小。故本规范规定，对半锥角小于或等于15°的异径接头可不作强度计算。

5.3.6 输气管道用管封头的场合不多，现行国家标准《钢制压力容器》中规定的结构型式和计算方法，完全可以运用。故本规范推荐按上述标准进行设计和计算。

5.3.8 管汇、清管器收发筒这类由钢管、异径接头、三通（或开孔局部补强）、管封头等构件连接成的组合件，由于结构复杂，焊缝比较集中，为保证结构几何形状尺寸和焊接质量、特殊情况下的热处理能达到技术要求，因此，规定这类组合构件应由具有制造压力容器资格的工厂制作。

5.3.9 目前，我国尚无专门的输气管道工程用阀门标准，也无类似于美国API—6D、英国BS系列的管道阀门标准和石油工业专用阀门系列标准，本条所列的五项国家阀门标准均为通用阀门标准。但由于我国阀门行业近年来在制定标准时，大量地引进了工业发达国家的标准规范与技术条件，因而这些通用阀门的标准，基本上适用我国输气管道工程需要。

5.3.10 在防火区内一些关键部位的阀门在使用软密封结构时应考虑其耐火性能。所谓阀门的耐火性能主要是指软密封材料因火灾破坏以后，该阀门仍然具有相当好的密封性能。关于阀门的耐火性能要求可遵照国家现行标准《通用阀门法兰和对焊连接钢制球阀》并参照美国API 6FA《阀门耐火试验规范》的有关要求执行。

6 输 气 站

6.1 输气站设置原则

6.1.1 输气站设置，第一是满足输气工艺的要求；第二是符合线路走向的要求。这里所指的线路走向是线路总的走向。由于站址又须符合地理、地质、建筑以及环境和防洪等要求，线路中线位置不一定完全符合这些要求，此时站场位置可以在不影响线路总的走向和管线增长不太大的条件下，在中线两侧选择。为了减少站场数量，减少管理环节，降低建设和管理费用，各种站场在满足输气工艺的前题下，还应考虑结合设置。

6.1.3 输气站特别是压气站因有大部件检修工作，需要进行拆卸、装配、起吊和运输；清管站在清管作业时，因需车辆运送清管器，故在这类站场应设站内车行通道。对于安装有大于或等于DN400直径阀门的站场，因大型阀门拆卸检修或吊运更换，亦需车辆运输，故亦设有站内车行通道。

6.2 调压及计量设计

6.2.1 输气站是为实现输气工艺而设置的，故需按输气工艺要求履行其特定的功能。输气站场的站内调压计量工艺设计应同输气工艺相一致，如压力温度、流量以及变工况的要求等。

6.2.2 输气站调压装置的设置规定：为使输气站的操作平稳、计量准确和压缩机安全运行，应对站场进气压力进行控制。为了保持输气干线压力和流量的相对稳定，分输站的输送压力和输送量必须进行控制。为了保证对用户的供气量和供气压力，故在配气站的每一用户管线都必须设置调压装置，对压力和流量进行调节和控制。调压装置不但进行压力调节，同时也对流量进行调节。调压装置与计量装置进行连锁设置，流量调节则可在给定的范围内运行，故在计量装置之前装设调节装置。

6.2.3 输气站计量装置的设置规定：每一座输气站对进入该站每一个气源或每一条管线的气体计量是管理和操作上的需要，同时也是实行经济核算的需要。因此，要求装设计量装置。分输站出站气体和配气站出站气体均属于供气或销售的气体，故需设有计量装置对气体进行计量。为了管理和核算的需要，对输气站场的自耗气应设计量装置。

6.3 清 管 设 计

6.3.1 清管设施的间距一般在100km以上，国外清管设施大都设置在压气站或其它站场内。为节约投资，便于管理，本规范规定清管站设在输气站内。

6.3.2 四川输气管道清管工艺由开式清管发展到不停气密闭清管，除避免气体大量放空外，更有利于环境保护，故本规范规定采用不停气闭式清管工艺。

6.4 压缩机组的布置及厂房设计原则

6.4.1 根据资料介绍和生产实践，压缩机组可布置在全封闭、半敞开和敞棚式的建筑物内或露天。

全封闭建筑：四周有墙和门窗。

半敞开：四周为半截墙。

敞棚：仅有房屋顶盖。

采用露天布置的设备应能适应环境要求。

6.4.4 本条规定是为了保证一旦发生事故时，现场人员能迅速撤离。条文内容是根据我国《建筑设计防火规范》(GB16—87)第3.5.3条并参照美国国家标准ANSI B31.8第843.13条制定的。

6.5 压气站工艺及辅助系统

6.5.1 进入压缩机组的气体，应清除固体杂质和凝液，目的是为了防止损坏压缩机。本规范对含尘量和含尘粒径未提出限值，因为无实践经验数据，且对含尘无可靠的检测手段。据文献介绍：前苏联学者曾在280—11—1型增压器上作过磨损试验研究工作，气体中尘粒（电石、石英）的大小为5～600 μm，发现最大的磨损强度发生在粒径为75 μm时，随着粒径继续增大，磨损反而稍有减弱。在粒径为10 μm时，磨损几乎减弱到最大值的1/3，粒径在5μm以下时，磨损已小到可忽略。当粒径超过10～20 μm而含尘量在1mg/m^3以上时，由于叶片的磨损使离心式压缩机不能保证50000～60000h的可靠工作。如以此文献介绍的资料为准，进入压缩机的气体中的含尘粒径可限为5 μm。

6.5.2 气体经压气站升压是靠消耗动力来达到的，气体在管道和设备中流动压损过大则耗能量多，如压力损失规定过小，管径会加大。因此，应有一个经济合理的限值。本条所规定的限值，系参考下述资料及考虑了分离、过滤设备和冷却器的压降定出的。

（1）美国《怎样选择合适的输气管线用离心式压缩机》一文介绍，压缩机站进出口管线压力降各为5Psi（34.53kPa），该压降已包括该管段上设备的压降。

（2）日本千代田公司确定经济管径的压缩机进口管压降为0.069kg/cm^2·100m，压缩机出口管为11.5kPa·100m（"卧龙河净化工厂引进工程技术资料"）。

（3）埃索标准（三）规定按经济要求确定管径的压缩机入口管压降为0.1磅/英寸^2·100英尺（0.689kPa·100m），压缩机出口管压降为0.2磅/英寸^2·100英尺（1.379kPa·100m）。

（4）《德国城市煤气输配手册》规定按压缩机进出口管总压损（包括该管段上装的设备）不大于1巴（100kPa）选管径。

6.5.5

6.5.5.2 在机组启动过程和停机后，均需供给润滑油和密封油，这时机组未正常运行，原动机不能带动油泵供油，故应设置辅助油泵，其动力本条推荐采用气马达带动油泵。此设备具有结构简单、工作可靠、且在压气站内可取得有足够压力和流量的气体作冲动气流等优点，在国外已广泛采用，技术成熟。

6.5.7

6.5.7.1 采用空冷器可减少或取消循环水系统，从而简化冷却设施，特别是给水不便的地区尤为合理。

6.6 压缩机组的选型

6.6.2 压气站是输气干线系统的一个重要组成部分，压气站投资在输气管道总投资中和压缩机组在站的总投资中及压气站的年经营费用在输气管道总的年经营费用中都占有较大的比例。因此，选择经济合理，耐久可靠的压缩机组，对降低投资和输气成本有很重要的意义。

目前可供选用的机组主要有离心式和往复式两种类型的机组，两者相比，其主要优缺点如下：

（1）离心式：

主要优点：排量大且流量较均衡（无脉冲现象），机身较轻，结构较简单。

主要缺点：易产生喘振，单级压比较低。

（2）往复式：

主要优点：效率较高，适应进气压力变化范围较大，无喘振现象。

主要缺点：机身较笨重，结构较复杂，振动较大，流量不均衡（有脉动现象）。

综上所述，对输气量较大、压力变化不大的输气干线宜选用离心式压缩机。在特殊情况下，如输气干线首站（为气田集气末站，进气压力受气田影响，可能有较大的变化)、中途有气体输入的站(如干线中途有气田输入气体的站，其进气压力可能受气田供气压力的影响)，压比变化较大，或输气量较小时，也可选用往复式活塞压缩机。

本条规定离心式压缩机单级压比可为1.2～1.25。主要考虑到在站压比约为1.5时，采用2台单级机组串联工作更能适应输气量的变化。当采用2台单级机组串联工作时，在设计负荷下两机同时运行，当负荷低于设计负荷后，进站压力达第二级压缩机进口压力时，可停一级压缩机，这不仅能满足负荷变化要求，而且可使2台机组均在较高的效率下工作。参阅一些输气管线压气站的压缩机单级压比的资料与此值相似。例如：荷兰气体联合公司干线管网设6座增压站，全部离心式机组的单级压比均不大于1.23。国内琼—深输气管线基本设计中采用的单级压比约为1.18。国内川—汉输气管线初步设计中采用的单级压比为1.2。

6.7 压缩机组的安全保护

6.7.2 本条规定的安全保护装置应由压缩机组(指压缩机、原动机及两机的辅机)制造厂配套提供。在订货时应按本规范规定确定对压缩机的技术要求。

6.8 站内管线

6.8.6 管线敷设在管沟中，易因泄漏而使管沟内积聚可燃气体影响安全，故本条规定站内管线不宜采用管沟敷设。

7 监控与系统调度

7.1 一般规定

7.1.1 为了保证输气管道系统的安全、平稳供气，应在站场的工艺设备、工艺装置上，设置必要的测量、监视、控制系统，以保证管道输配系统的运行参数及所处状态符合设定的要求。

本条所说的监视控制与数据采集系统(下称SCADA系统)，是以电子计算机为基础与先进的通信技术和功能智能化的远程终端装置组合而成的自动化控制系统。

近10年来，由于电子计算机和通信技术的迅猛发展，使管道的调度管理进入到一个崭新的自动化管理阶段。在60年代和70年代初，自动化管理目的是为了减少管理人员，借以降低管理费用。70年代中期至80年代，采用电子计算机和经济数学方法相结合，以提高管道输送为目的，降低能耗及经营管理费用为目标。例如：美国太平洋天然气输送公司在经营的1150 km的输气干管上，采用以电子计算机为系统基础的SCADA系统，可使管道在优化条件下运行，节约了燃料8%，还可在几分钟内预测到优化操作方式和评价出所用新设备的效益。目前，世界各国越来越多地将SCADA系统运用到石油、天然气长输管道系统方面来，其理由是：

(1)增加了输送量，减少了管理人员，有明显的经济效益；

(2)提高了管理水平，提供及时的调配对策，保证了安全平稳供气；

(3)不断收集、积累经验，为优化管理创造了条件。

SCADA系统在我国长输管道上的应用尚处于起步阶段。东黄输油管道复线改造中(全长247km，共5个站)，引进了试验性的第一个 SCADA 系统，由于我国目前输气管道系统工程规模小，系统简单，尚无完整的 SCADA 系统。管理水平较为落后，这主要是由于：

(1)我国目前天然气主要基地在四川，虽然已建成管线有数千公里，但基本上是靠天然气自身压力能输送，除了接收计量站、调压计量站、配气站之外，并无系统复杂的压气站，干线的距离亦不算太长。

(2)另一原因是我国输气系统的干线建设是从 60 年代初期逐年建设起来的，各个站的设备配备有很大的差别，这就从客观上给系统的改造和水平的提高带来了很多困难。随着我国四化建设的发展，天然气工业将会有一个较大的发展。特别是我国西部地区和近海石油与天然气的勘探开发，大型输气干线的建设已进入规划设计和准备实施的阶段。由于这些长距离大型输气管线所处自然条件差，系统复杂，目前的调度管理水平远远不能满足要求，因而引用 SCADA 系统技术势在必行。

应该指出，对监控与数据采集系统采用与否，是与输气管道工艺复杂程度、环境条件、管理体制等因素有关的，并最终由经济效益所决定，不能一概而论，故本规范用语为“宜”。

7.1.2 仪表及控制系统的选型首先要根据工艺的要求(如量程变化、工艺参数的稳定性、精度要求、介质条件、集中操作程度、响应速度等)以及经济性、安全可靠性及维修传输距离等诸多因素而确定的。

同一输气管道系统工程中，控制设备及仪表的品种规格应尽可能统一，这是因为：

(1)便于统一维护管理，提高其维护工作水平；

(2)便于人员的统一培训，减少辅助设施的配备；

(3)便于零配件的采购供应，降低成本，提高维护能力。

7.1.4 为了确保输气系统站场设备的正常运行，对下列运行参数应配置连续记录或在线监视：

(1)工艺过程的关键参数；

(2)确保安全生产的主要参数；

(3)为改进工艺过程所需的研究，分析参数；

(4)经济核算或衡量产品质量指标的参数。

一般配气站和分输站的调压及计量设备，力求简单可靠、保证调压及计量精度。而对于压气站，由于系统复杂，监视参数较多，安全要求高。因此，应根据需要配置连续监视和指示、记录仪表。

7.1.5 对于易出故障的仪表及控制设备应考虑备用。一般仪表及控制系统都应考虑故障时的自动保护措施。如备用回路、故障时的报警、故障时的连锁保护等。这里指的备用，除根据生产操作要求、考虑事故状态下的仪表电源、气源设备系统或部分备用外，还应针对集中控制室中的集中监视及控制设备，如电子计算机或可编程序控制器等。根据其重要程度可选取在线热备用或冗余备用。冗余备用是自动的无扰动切换还是人工投入等影响，这里不作统一规定，由设计人员根据情况确定。

7.1.6 控制方案的确定应有利于节能，这一点对长输管道具有特殊意义。这是因为系统中的很多站场地处偏辟，供电不便，设立专用供电设施是不经济的。因此，从节能角度上来讲，要尽量应用有利于降低能耗的控制方案，在保证精度要求前提下尽量选用压损小的仪表，特别是节能型的流量测量装置如压缩机的流量计量，尽量不用节流装置，或用 β 值较大的节流装置。

另外，由于本系统具有可充分利用压力能的气体这一基本有利条件，因此，在安全允许时，仪表的控制气源应优先考虑利用管输的气体压力能。当然作为仪表用气，气质应当符合仪表的用气条件。

考虑到输气管道站场用电缺乏保证，对于大型或较大型的控制执行机构要尽可能少采用电动，优先使用气液联动的或是电液联动的执行机构。气液联动与电动相比还具有动作快速的特点，国外管线系统站场中广泛采用此种控制方式，这一点值得我们借鉴。

7.1.8 仪表控制供电除了有一定的质量要求外，在供电方式上还有要求，如：仪表系统（包括计算系统）的供电宜为可自动切换并互为备用的两路电源：由仪表总供电盘至各系统的供电（如控制室仪表盘、就地仪表盘、事故联锁系统等）应采用独立的供电回路；对重要系统如计算机系统、可编程序控制器、重要联锁系统和控制系统以及监视点等应提供不间断供电电源，其备用时间根据要求确定，一般为10～30min，必要时可采取措施加大容量，延长供电时间。

7.2 系统调度管理

7.2.1 监控及数据采集系统的基本要求：输气管道的SCADA系统是由设置在管线某处的输气控制中心的主计算机系统（MTU）、被控站的远程终端装置（RTU）及数传通道三大部分组成。一般情况下，输气控制中心只设一个，而远程终端的RTU可多达数十个。这一系统的构成原则及控制对象是：

7.2.1.1 为了有效地扩展系统的调度处理能力，特别是无足够的储气调节能力的系统，应尽可能地提高纳入系统调度管理的输气量的比例。但由于受到地理位置及数传通道的限制，一般纳入控制对象不可能达到系统的100%。有资料介绍，一般应在80%以上，如琼深线设计，其纳入气量约占96%。系统的组成在设计时应考虑留有适当的扩展余地。这些余地是为今后被控站增加而设，有资料介绍，留有的扩展余地约占20%。

7.2.1.2 计算机系统应具备实时的良好的响应性能。这类系统可以在信息或数据产生的同时，能以足够快的速度进行处理，而且处理结果又能及时地控制被监测对象或被控制过程。计算机系统在处理信息和控制过程中，当同时出现几个中断的情况下，能对中断的级别作出判断，对优先权高的先作出响应和处理，以保证系统的可靠性，提高系统的性能。

此外，计算机系统所配置操作系统的软件应当是丰富的、完善的、实用的，能及时地为使用者提供分析及决策的报告，以便能发挥好的调度效能。

7.2.1.3 为便于操作使用，计算机控制应提供直观的、灵活的人机对话设备。目前，在操作控制台上的人机对话设备，如键盘、控制打字机、光笔、显示器（CRT），通过软件实现操作菜单提示等已广泛应用。另外，还应配置自诊断程序，以方便及时维护保养。

7.2.1.4 通信能力强，要求在保证传输质量的前提下，能提高传输通道的利用率，提供一个高质量、高速度、高效率的信息交换系统。另外，SCADA系统还应具有良好的可扩展性，并能和上一级系统或外系统调度协调联网。

7.2.2 控制中心的设置应考虑以下几点：

7.2.2.1 控制中心亦称为系统调度中心，是SCADA系统的总枢纽，应设置在调度管理通信联络方便的地区，一般都设在大中城市附近。

7.2.2.2 控制中心应设置系统的调度总控制室。总控制室内设系统的主计算机系统控制室设计应符合国家现行的《计算机站场地的技术要求》，或根据不同的设备，参照国内外有关规定进行。应尽可能提供良好的运行操作环境条件。这里应注意的是：主机房及外磁盘存放点要比控制室、终端室要求高，特别是温度、相对湿度、洁净度、温度对变化率等，应加以特殊处理。

7.2.2.3 为了保证SCADA系统的正常运行，控制中心的主计算机系统应确保可靠。不得因它出现故障而影响到整个系统的运行。为此：

（1）中心控制室主机一般采用双机系统在线运行方式，双机互为热备用。一台计算机运行，另一台处于监视状态。一般双主机的备用都是按完整单机系统配置的，如每台计算机都应有自己独立的中央处理机、存贮器、通讯控制器、通信接口、运算器、本地网络接口、主机间联络高速通道接口、硬磁盘、磁带机、显示器、操作键盘等。

（2）调度中心终端设备主要由彩色CRT、操作键盘及打印机组成。置于控制中心调度操作台上，供调度人员监视时人机对话用。一般操作台上，配有3台彩色CRT，分别用于管道运行的状况显示、报警的监视和趋势的显示。另外，还配有3台操作键盘，3台打印机，分别用于管线系统运行参数、报警和控制指示、报表的打印。

(3)调度中心的管理终端。置于主控室的另一机房内，由彩色CRT、键盘和打印机组成。为控制中心管理人员进行管理资料编辑、制定有关计划、软件修改等情况使用。

(4)本地网络的工业计算机，主要用于调度管理人员将未纳入SCADA系统的站上采集的数据输入到主计算机系统，一般是配置PC型的计算机。

控制中心装有主机与各被控站远程终端设备(RTU)兼容的调制解调设备。为数据传输和处理提供转换，其应用的通道数视所采用的SCADA系统的要求而定。为了保证控制中心的主计算机系统在外供电电源故障情况下的正常工作，应设有不间断供电电源系统(UPS)，一般供电时间按实际要求确定，容量据有关设计介绍按不低于4h的基本动力负荷考虑。

7.2.2.4 调度管理系统的主要功能要求：

(1)按预定的扫描周期，对每一个被控站进行连续的顺序扫描，监视系统中各站的运行状态。一般SCADA系统的运行不以“异常报告”的运行方式监视被控站，而是按顺序依次扫描方式询问各个控站，从各被控站采集到实时的运行参数。这种连续扫描方式的特点是可在扫描时接收到实际模拟值。如果远程终端装置(RTU)采用“异常报告”的运行方式，那么，肯定在预设定值和实际测量值之间会有一定的模拟差值变化，虽然系统也是处于监视状态，且能缩短扫描周期，但不能确定反映实时实际的运行模拟值，只有在超出规定范围后才发出异常报告。因此，输气管道系统的SCADA系统一般采用顺序扫描方式。

SCADA系统的主要功能是在控制中心集中地与各被控站进行顺序通信，掌握各被控站的主要运行工艺参数与状态；进行实时的参数、状态结果显示；运行参数、状态的异常报告；把运行结果进行打印或记录。此外，还应掌握管道系统运行的综合参数如：系统的压力分布及变化；流量分配情况及系统主要工艺设备的运行情况等。

(2)SCADA系统控制中心还应具备向被控站的远程终端装置发送控制指令和调节指令的功能，这些指令都是通过站一级的集中控制系统来完成的。从目前所收集的国外报导看，这类指令对被控站而言，仅仅是少数的关键性的参数，如改变压气站的出口压力设定值、启停燃压机组等。而直接远方遥调的控制方式，如改变调压计量站的出站调节压力等，仍未见有大量采用。压气站系统监视的参数，参见表5。

(3)控制中心还应具备相应的数据分析，为调度人员的决策和下达指令提供指导，以便调度人员能及时、有效地进行管道系统的调度管理。

压气站系统监视的参数(例)　　表5

站　信　号	由站监视	送至输气控制中心
吸入压力	✓	✓
排出压力	✓	✓
吸入温度	✓	✓
排出温度	✓	✓
流量计计量后出站压力	✓	✓
站吸入阀状态	✓	✓
站排出阀状态	✓	✓
分离洗涤器液位	✓	
放空阀状态	✓	
旁路阀状态	✓	
发送装置阀状态	✓	
接收装置阀状态	✓	

续表 5

站 信 号	由站监视	送至输气控制中心
压气机转速	√	√
可用机组	√	√
运行机组	√	√
手控机组	√	√
故障机组	√	√
机组报警	√	√
机组吸入压力	√	
机组排出压力	√	
机组流量	√	
循环阀状态	√	
机组低转速	√	
机组阀门顺序不正常	√	
辅助系统信号	√	
火 警	√	√
可燃气体检测	√	√
火焰监视器故障	√	
气体监视器故障	√	
电池组电压	√	
变压器故障	√	
接地故障	√	
PPU 状态(主电源)	√	√
APU 状态(辅助电源)	√	√
空气压缩机组状态	√	√

7.2.2.5 中心控制室主计算机系统应配备丰富、实用的软件。软件配备按逐步完善的原则，在系统投产初期可以只配备必要的基本软件系统，随着运行经验和使用经验的积累，可逐步完善增加，特别是应用软件。所配备的软件有：

(1)操作系统软件：这类软件一般应由计算机制造厂商配套提供。这类软件对 SCADA 系统的应用是十分重要的。为了实现主计算机系统的复杂任务，必须专门编制一个规模较大的、能够协调并调度所有设备及多个应用程序高效运行的程序，该程序能在整个计算机系统的工作中起总指挥和总调度的作用，使计算机系统各种设备和程序都在它统一安排下按时完成自己的任务。它通常具有下述功能：

管理中央处理机(单元)CPU 的功能；

管理存储器的功能；

管理外部(外围)设备的功能；

管理文件(程序和数据)的功能；

语言的编辑处理等功能。

一般操作系统软件包括：

计算机系统的实时，多功能监视管理软件；

支持 Fortran 语言计算；

用于维护和修改软件系统的实用程序软件；

系统安全保护软件；

系统资源管理和分析软件；

主 CPU 网络软件；

系统生成软件等。

(2)SCADA 系统软件：SCADA 系统软件亦称调度过程控制软件。这些软件一般是按系统的功能要求配备的。有专门的 SCADA 系统应厂商提供。如美国 SSI 公司就可提供全套长输管道用的 SCADA 系统软件。SCADA 系统软件是专门为实现其调度功能而设计的。供调度人员监视和控制管道系统运行时使用，它包括的软件有：

RTU 通信控制软件(数据采集及控制输出)；

显示控制软件：完成 RTU 状态显示；报警状态显示；模拟及数字信号显示；动态趋势、历史曲线显示；决策指导；报告生成软件等。

(3)管道系统应用软件：用户利用计算机及其配置的系统软件，编制成可以解决用户某种专门问题的程序称之为应用软件。管道系统应用软件，随着计算机应用的发展和运行经验的积累，它已逐步地形成了标准化、模块化。在国外，这类程序通常组成软件包，成为商品，由专门软件公司提供。应用软件的种类较多，在配备时，只能按基本要求配置，有一些软件需由用户根据自己的需要，自行研究开发。管道应用软件一般包括：

管道系统压气站及机组操作的显示；

管道系统的流量平衡计算；

管道的贮气分析；

检漏；

运行调度决策指导；

经营计划管理等。

7.3 被 控 站

7.3.1 本规范认为对于长距离输气干线的大型调压计量站、接收计量站、压气站等主要控制对象，宜采用以微处理机或可编程序控制器为主的集中管理，集中处理信息。而控制权分散的控制系统，以保证整个被控站的安全可靠运行为主要出发点。

集散型控制系统简称集散系统，它是利用微处理机或和微型计算机对生产过程进行集中操作管理和分散控制的系统。长距离输气管道系统具有需要全线集中统一监视而控制又十分分散的特点，这正是符合采用集散系统的条件。随着我国计算机工业、仪器仪表工业的发展，设备可靠性提高和运行经验的积累，为我们输气干线及站场的集中调度管理创造了有利条件。为了能及时地掌握站系统的运行情况，对信息作出快速的处理与决策，目前已完全具备采用微机系统，把现场大量的信息通过数据通道送到站控制室，通过 CRT 进行集中监视、显示、打印、处理等。由控制室利用人机对话或自动控制方式，向现场对控制单元发出指令，由分散的控制回路完成控制功能。这种控制方式避免了在高度集中的对计算机控制系统中一旦计算机发生了故障影响到所有控制回路的正常运行，体现了对“危险分散”的原则，大大提高了站场的运行可靠性和自动控制的管理水平。目前国外此类型站场完全可实现有人值守无人操作的管理水平。

7.3.2 被控站基本功能。纳入 SCADA 系统的被控站，应按系统调度管理的要求，把站的主要运行参数及状态发往控制中心，并能接受来自控制中心的调节、控制指令。从调度管理出发需要了解被控站的参数是有限的。这一方面是受通道容量限制，不可能也不需把所有站信息都发往控制中心；另一方面亦是执行分散控制、危险分散的原则，把可靠性立足于各站，由各站独立处理系统运行。目前，国外长输管道系统的 SCADA 管理重点也是放在集中统一监视各站主要参数为主要目的，只发少量的控制指令或调节指令，由站系统来执行具体的控制及调节。这是因为如此庞大和长距离的传输通道难免出故障，执行分散控制把可靠性立足于各站，避免危险集中。

本规范对被控站的控制管理水平，是基于这样一个原则进行考虑的：对于压气站是有人值守，调压计量站是无人值守的。从控制管理的要求出发，为了保证有人值守的站场必要时在站控制室人为干预站的运行参数、与控制中心的人为联络以及站运行手动或自动控制的方便应设有操作控制台，配备人机对话的控制、监视设备，使之具有较高水平的监视与控制功能，并为将来系统发展过渡到控制中心的远距离自动操作创造条件。本规范提出的被控站应具备的基本功能适用于今后新建的、较为复杂的长距离输气管道系统。对一般较为简单的输气管道系统，其被控站的功能可以简化。

7.3.3 本条提出是立足于站控为基础的设计原则。这是考虑到：一旦管线 SCADA 系统的通道或控制中心主计算机出现故障，站本身能有充分自持的监视控制能力，保持站的自身运行。或当站中某一回路出现故障时，不影响站其它系统的正常工作。

为此，输气站内的控制设备一般应具备三种控制操作的功能，即站集中控制的功能，由站控制室给出控制信号能进行操作；就地自动操作功能，通过就地人工按键能自动投入运行；还应具备人工手动操作控制的功能。站内的设备是否应同时具备这三种操作控制功能，要据实际需要而定。如加热设备控制只需对加热的温度及熄火保护引入控制室进行监视，而控制则是由就地一套控制系统来完成。又如燃压机组启停中的手动启动是为操作者启动燃压机组的辅助装置，并逐步完成燃气轮机的起动、清吹、点火等程序使转子加速到运行转速。

7.3.4 离心式压缩机组的运行控制，首先应满足正常运行变工况要求，运行效率高，防止压缩机的喘振，保证安全平稳供气。关于变工况要求实施：

首先，离心式压缩机组主要是通过转速控制系统来适应变工况要求，实现流量调节。在正常的运行条件下，压气站出口压力定值为主控制值，而吸入压为辅助监控值。在异常情况下，通常指用户用气量过大，当机组处于最高转速也难于维持出口压力定值时，吸入压力值将起主控作用，以维持最低吸入压力。

另外，有时为了扩大离心压缩机的调节范围，把离心压缩机性能曲线往上平移，即采取变扩压器叶片角度或改变进口气流旋绕的调节方法。但由于结构复杂，只能作为补充使用的辅助调节方法。

站控制系统在适应压气站的变工况要求方面，除上述的单机改变转速控制外，还应对站的多机并运作出选择，才能适应压气站大流量的变化要求。

多机（同类）并运的压气站机组运行负荷的分配是通过负荷分配器（站可编程序控制器）来完成的，而又以等转速控制为主要方式，避免复杂的负荷分配逻辑。机组间的负荷分配是与机型、运行效率、运行平稳、控制难易等因素有关。据有关资料介绍，离心压缩机组多机并运时减负荷的方式是：

可通过同时或依次地改变其操作特性的方式对机组加以控制，最好的方案应当视压气站的运行效率而定；

当采用依次改变操作性能减负荷时，一般原则是，变转速的压缩机应当先减负荷，那些效率最低的恒速压缩机，效率最高恒速压缩机应当放在最后；

如果站的压气量在很大范围内变化，压气站增减负荷最方便的方法是开、停一些机组。据报导采用多台小机组的并联方案，能满足流量增大或流量波动的操作弹性要求。

总之，站控制系统应能适应变工况的要求，作出机组变负荷的控制决策，保证机组高效、平稳、协调地运行。

机组应提供适合区域防爆等级的就地控制表板和控制室控制表板，提供完善的控制逻辑、报警、记录和监视仪表以及单机系统的阀门、循环阀、辅助系统的控制等配套设施。机组主要系统功能如下：

7.3.4.1 机组的启停程控，包括辅助系统、阀门组、安全联锁。而这种启停还应具备手动和半自动操作方式。

7.3.4.2 机组的运行主要参数、状态显示、记录、报警。

7.3.4.3 接受站控制信号进行转速调节或负荷分配。

7.3.4.4 机组防喘振调节、机组的温度保护、油压保护、机械保护及启停车保护。

其中温度保护有：离心压缩机缸、段间的进气温度保护；机组轴承温度保护；调滑油温和冷却水温保护。

油压保护有：离心压缩机工作时的油压保护；水压保护（设置水冷时）；密封油压保护等。

机械保护有：机组轴位移、机械振动保护。

还有机组在启停车时的程序自动保护。

7.3.5 被控站的紧急切断系统。输气管道系统虽然是处于密闭输送状态，但由于是高压可燃气体大量聚存的地方，特别是长距离输气管道的输气站，由于地理条件及运行条件的特点，许多站特别是调压计量站往往是无人值守的，压气站在国外通常是处于有人值守(少数人)、无人操作运行管理。因此，对于这样的站，安全监视十分重要，安全监视系统应相当可靠。虽然站场的系统设计一般是按在正常情况下爆炸性气体混合物不能出现，仅在不正常情况下偶尔短时间内出现的场所来考虑设计的。但是决不能排除在这些场所内，由于某些不可预见因素而形成的混合气体的潜在危险性。特别是像压气站这类场所，如果机组等关键设备安装在封闭式厂房或半敞式厂房内，由于气体漏失等原因可能聚积可燃气体。因此，对这类可能存在可燃气体漏失的关键部位应布设可燃气体漏失探测系统，对可能发生火灾的危险部位及区域应设置火警探测系统，并应将这两个系统纳入站场的紧急切断(ESD)监视控制系统，一旦发现异常时立即发出报警，出现火情立即采取自动的应急措施并启动消防系统，以确保整个站的安全。

7.3.5.1 紧急切断系统，从探测险情到启动控制应是自动的。据有关资料报导，当测得气体浓度达到爆炸极限下限的 20%时便应发出报警，并应保证在达到爆炸下限的 40%时紧急切断系统能立即启动。为了保证紧急切断系统应急时充分可靠，除在控制室设有控制点(自动)外，还应在压缩机房内和站运行管理人员进出通道的不同地段，设有紧急切断系统的人工控制开关，达到人工就地启动紧急切断系统的目的。当然，这些开关应设在非危险地段，且应是多个、多位置设置。本款主要参照美国国家标准 ANSIB31.8 的 843.431 款规定。

7.3.5.2 紧急切断系统启动后能可靠地、按预先安排好的逻辑要求完成本款所规定的主要功能。有资料报导认为整个紧急切断系统要做到：一旦出现紧急情况，在系统启动后的 2min 内整个站内压力管线系统应全部排空。

7.4 监 控

7.4.1 气质监视。本规范要求进入输气管道的气质应符合第 3.1.2 条和第 3.2.6 条的要求，对管输气质指标应严格控制。

为了及时而有效地掌握进入干管气源中的有害组分的变化，对需要连续监视的地方，例如在接收计量站入口处应设置在线气体色谱仪，进行连续自动分析，及时提供组分分析报告，一旦发现异常，立即发出报警并视情况采取切断进气源和将不合格的气体放空等措施。对于只需一般监视的点，可只设气质指标的越限报警装置。此外，在压气站中，对进入压气机组气体的含液量、机械杂质有着严格的限制。燃气轮机的燃料气对钙、钠等金属含量也有一定的限制，亦应根据不同要求加以处理，并加以控制。

7.4.2 压力监视控制

7.4.2.1 对管道系统中供气点的供气压力应进行监控，不得超过最大允许操作压力，除了应配置有足够流通能力的调压装置外，为防止下游系统的超压，还应设置有足够能力的泄压装置、应急的切断设备和压力监视控制设备。

在输配系统中，可供选用的泄压设备有很多种类型，据其不同的情况可分别选用：

(1)弹簧式泄压阀；

(2)导阀式安全泄放阀；

(3)与操作调压阀串联在一起的(一般设在下游侧)监控调压阀。

安全切断设备一般是在控制调节回路中与调压阀、泄压阀配合使用，对下游管线或设备起保护作用。安全切断设备是引下游站压力为感测信号，一般设在调节阀的上游。在实际应用中，对于一些重要的压力控制回路，设置 2 台串联切断阀，以确保下游的绝对安全。对于单回路调压供气而又不能中断供气的对象，不能设自动截断阀，而应采取其它控制措施。

站场压力控制设备，在长期运行中难免会出现故障，因此，在设计中必须采取有效的防护措施。为了从根本上杜绝故障时下游系统的超压，保证供气的可靠性和连续性，除了前面要求的设置泄压保护外，一般还应设置监视调节控制设备，做到事故时能自动投入运行。事故切换时应做到每个控制回路或每个控制回路本身的控制方式转移时的平滑过渡，不能有突变的切换。

7.4.2.2 在国外，一般的中、小型配气站和调压计量站都无人管理。随着我国压力调节控制设备系列的完善和性能的改进，也具备了无人值守的条件。由于管道沿途的这类站场电源常无保证，而本系统的输送介质是天然气，具有可利用的气体压力能，因而在站场的压力调节器（调节阀）应优先采用自力式的，无特殊要求一般不设仪表控制供风系统。自力式压力调节器具有结构简单、维修方便、国内产品已基本形成系列、有成熟的使用经验等优点，在调压计量站上使用最多。性能较好的导阀式调节阀，适合于控制压力较高、流量较大的场合。对于流量小的小用户，亦可使用直接作用式调节器。在调节器选型时应充分考虑调节对象的要求，以及流量和压力调节特性。

防止调压系统的故障，通常采取的措施（仅对调压器而言）是：

(1)对于重要的输配系统，采用二回路以上的并联调压监控系统。一旦运行回路出现故障，该回路切断，备用回路能自动投入。

(2)在设调节阀的回路上设置监视控制设备（仅指压力调节而言），可采用如下方式：

(a)设置监视调节器（阀）。当运行的调节阀失效后，监视调节阀自动投入运行，将下游压力值维持在比正常压力稍高的压力值上。一般监控调节阀是设在工作调节阀的下游。设在下游的好处是避免机械杂质沉积在监控调节阀上，影响其紧急正常动作。

(b)设立工作监视保护。这类做法是在工作调压器上游串联1台工作（运行）监视调节器，它既处于操作运行又处于监视状态，一旦工作调压阀出现故障，工作监视调节阀承担整个压力调节任务。其调节效果同(a)。

(c)串联调节保护。串联调节保护也是一种监控的方式。当上游侧的调压阀出现故障时，由第二台调节阀承担全部调节任务。当下游侧调节阀出现故障时，由第一台调节阀承担调压任务，不过出口压力要比2台同时串联调节时高，设计时应考虑其处于最大允许操作压力范围之内。

根据我国的具体应用情况，目前(a)、(c)应用较多，(b)应用较少。对于压降较大的或需分二级调压的，可采用先二级串联调压后加上监控的办法，亦可具体灵活组合。

为了保证调压回路本身整体安全，本规范认为压力调节阀及其下游侧的压力控制及泄压、截断阀门等最好能按故障时可能承受的最大压力等级选择（通常在同一个压力调节回路宜按一个压力等级选型）。

7.4.3 温度控制。为了避免下游管网中进一步减压时气流温度过低，必要时可对气体进行节流前的预加热。对含重烃气体或水露点比较高的气体来讲尤其应加以注意。

(1)预加热的方式一般分直接式加热和间接式加热两种。为了安全起见，参照国外的做法，宜采用间接加热方式，如水套炉的加热。对温度进行控制的有效办法是采用调节器出口气流温度反馈控制来实现的，这种控制应是有效和自动的。为了适应条件的变化（输量及环境条件等），要求温度设定值是可调的。

(2)有些减压设备，由于压降不大，不需对进入调节阀前的气体进行加热，但对进入调节控制设备指挥系统的气体，由于流速较慢，管子小易受环境气温影响（特别是寒冷地区或寒冷冬天），而易出现气流冰堵，对于这类情况可采取局部加热方式或低容量的电热带加热方式，当然有条件时亦可采用伴热方式。

加热系统应设置可靠的监视控制系统，一般可采用下述的措施来达到：

(a)超温报警,熄火保护;

(b)紧急切断系统及放空(火警事故时);

(c)限流限压控制。

7.4.4 供气量控制。输气管道系统用气量的分配必须做到供需协调。当用户中民用气所占比例大、或负荷变化大,又无其它储气供作调节时,应对系统中的供气量进行监视控制。在站场中当气量超限会导致事故的,也应对流量进行监视。通常流量控制采取如下措施:

对输气干线系统,流量控制主要集中在干线分气点上,这些地方应设置流量计,流量计应有可遵循的国家或行业一级的计量标准。流量计按体积流量商业核算时,应进行压力、温度、超压缩系数、膨胀系数等参数修正,并应提供瞬时和(或)累积流量显示。流量计量仪表选型时,应特别注意其量程变化大小及适应范围,不同场合应使用不同类型的流量计量仪表。

商品气的计量,要求有一定的精度保证为前提。民用气和某些工业用户或地区的用气,往往负荷变化较大,要求所选用的流量计有较大的量程变化范围。在我国目前应用最广泛的是标准孔板节流装置,使用历史悠久并有标准可循。但标准孔板节流装置一般使用量程比为1∶3～1∶4,量程范围受限。为了适应流量变化大这一情况,通常采用多路并联同类型大小不同的流量计组合来实现计量,根据流量大小变化实现自动计量回路切换。

对于用气量(供气量)变化大而又需要一定限制的,或供气量(用气量)超限会导致事故的,如燃料用气、压气站起动用气等场合用气,应采取有效的超流量限制措施,一般做法是:

(1)对流量上限值需限制在某一固定值范围之内的场合如燃料用气、机组启动用气等,可采用限流孔板或限流喷咀。

(2)对于限制某一供气回路高峰负荷,常采用差压式控制的办法,即利用控制孔板差压的办法来实现流量限制。另一种是通过流量计量的测量结果去改变一个电动或气动控制阀开度,但系统较为复杂。这两种控制方式各有优缺点,而后者可人为随时改变流量的上限设定值,也可远程设定,使用灵活方便。

7.5 通 信

7.5.1 输气管道工程的通信系统包括话音通信、数据通信、电传、传真等内容。数据通信部分将用于SCADA系统,它把位于输气控制中心的主计算机系统与被控站的远程终端装置联结起来,实现全线的监视控制与数据采集任务。话音通信是为输气控制中心、维修中心、压气站和主要调压计量站提供专线电话服务。移动无线电话系统是为巡线、野外事故处理等提供的通信设施。总之,应能满足生产运行、调度管理的要求,符合技术先进、经济合理、迅速准确、可靠方便的要求。

通信系统设计应满足输气管道的SCADA系统对通信质量的要求,如数传的误码率、传输速率、通道数、传输与操作方式、终端接口等。与SCADA系统协调一致,做到既满足数传要求,又满足通话要求。

7.5.1.1 通信手段的选择,首先应考虑到长距离输气管道系统的特点,应当做到:

适合长距离输气管道的链状通信;

容量大、可靠性高、质量优的数字通信系统;

站距大,长中继,中继站功耗要小,无人值守;

抗自然灾害和工业事故能力,具有多种方式和手段的综合通信系统;

组网灵活,易扩展,上下话路方便,具有一定保密性;

多种通信方式组网,须符合统一的规定和标准。

从我国目前长输通信的应用情况看,宜采用数字微波为主,逐步向光纤通信过渡。两种通信方式比较见表6。

由于长输管道的SCADA系统随着管道系统的发展,被控对象将会有较大的扩展,所以通信系统亦应留有发展的余地。

输气管道工程两种主要通信方式比较 表 6

性能＼方式	数字光纤	数字微波	备注
通信容量	几十路至上万路	几十路至上千路	
实用最大中继距离	65～70km	50km	目前一般水平
传输质量	好	好	
误码率	10	10	按 CCIR 建议
可靠性	好	好	
保密性	好	可加密	
抗干扰	好	好(需频率协调)	
风沙气候影响	影响小	受影响	百里风区极端风速大于 40m/s,沙暴
中继站无人值守	有	有	
上下话路	较方便	不太方便	各站上下话路
通信自动监控功能	有	有	
用于自控 SCADA 系统通道	好	好	
中继站耗电	小	小	
扩容可能性	波分复和扩容方便	更换高频设备扩容	
施工难易度	受管道制约 接头要求高 特殊地段要处理	立铁塔较难 风区难度大	
价格变化幅度	逐年下降	稳定	

7.5.1.2 通信系统的通道可靠性对 SCADA 系统来讲是至关重要的。单一的通信方式难以保证其运行的可靠性,因此,管道系统除在正常情况下使用的某一通信手段(微波或光纤)外,一般还应提供另一种通信方式作为备用。对于油气管道来讲,采用散射的接力通信作为备用是较为经济的。但存在设备较庞大、耗功率大、信号不稳定等问题。

SCADA 系统的数据传输的通道数量,目前无统一的规定。它与输气调度管理的工艺要求,如巡检的扫描周期(被控站故障,处理的时间要求),中心主计算机的利用率等因素有关。如同一条琼深管线,加拿大努发公司采用单通道,扫描周期为 1～2min;而德国的 PLE 公司,却采用 5 个通道,扫描周期约 10s。前者的主机利用率约为 15%,后者主机利用率约为 32%(在相同的波特值时)。一般说来,输气管道不同于输油管道,在较完善站控系统保证前提下,扫描周期可以适当长一些,只要扫描频率大于最坏情况下数据更新的时间即可,以便中心主机能及时地接收到所有远程终端的信息。

7.5.1.3 通信站一般应设置在管线沿线的各级输气管理单位内或被控站内。本款是引用《原油长输管道工艺及输油站设计规范》SYJ13—86 第 10.1.4 条及第 10.1.5 条的规定。

7.5.1.4 关于通信的业务种类,参照了《原油长输管道工艺及输油站设计规范》SYJ13—86 第 10.1.3 条规定。但本规范认为行政电话可作为会议电话线路用,而不必单独设置。考虑到运行时站之间的联络,站与站之间应设站间电话,特别当站脱离 SCADA 系统运行时相应协调联络尤为重要。

7.5.2 站内电话。站内电话的设置,除参照《原油长输管道工艺及输油站设计规范》SYJ13 和《炼油厂电信设计技术规定》SYJ1034 中的有关规定外,还应考虑:

7.5.2.1 长输管道通信中心、输气调度中心、压气站、大型配气站、大型接收计量站等,由于它们的系统较为复杂,需作站区内的调度联络,并需经常与系统外进行联系。考虑到我国长距离输气管理部门的现有管理体制,这些单位宜采用无人值守的全自动程控电话总机供内部调度自动拨号使用,有条件(如靠近地方市话局的)与当地市话部门可接1～2条中继线，提供对外联络话路。不对外供气的压气站可不设中继线。

对于纳入SCADA系统中的一般中、小型配气站，只需设与控制中心、相邻站、当地有关部门(如城市供气门站)联络的专用电话机。

7.5.2.2 站场内的各主要装置区、辅助生产、公用设施的车间办公室、消防站、控制室(调度室)、变电站、集配气站、水泵房等地及站场部办公室等部门可设立分机。对于站内巡回检查修理流动作业的人员，可使用便携式电台与厂部的调度人员联系。

7.5.3 移动通信。为了满足管道的线路巡回检查、事故的抢修、日常的维护和投产或扩建时的通信联络方便，应配备移动式(一般为车载式)的VHF通信设备，以便移动队伍能通过无线通信系统与邻近的通信系统联系沟通后传至所需通报单位。车载式甚高频(VHF)的频率为30～300MHz，覆盖半径大约是30km，因此在具体使用时应注意。

8 辅助生产设施

8.1 供 电

8.1.1 从地区供电系统取得电源供输气站生产生活用电，是降低站场建设投资、简化生产管理的有效途径，故本规范首先推荐输气站用电从当地供电系统取得。当站场所在地区无法取得供电电源时，才允许设置自备电源。

当设置自备电源时，本规范规定利用燃气发电。这样做不但符合我国的能源政策，也简化了自发电设施的设备和管理，而且输气站场取得燃气比较方便。

8.1.2 输气站供电电压主要指输电线路的供电电压和用电设备电压。对于不采用电动机驱动的压气站或其它站场，用电设备的电压等级一般为400V；对于采用电动机驱动的压气站，则有可能使用6000V高压电机。在设计中对站场的供电电压等级，应根据用电设备的要求和电源电网电压等级、输电线路的距离等综合比较确定。

8.1.3 确定输气站的用电负荷等级，对确保安全生产、连续供气和统一设计标准有重要意义。本规范参照《工业与民用供电系统设计规范》(GBJ52—83)的规定，考虑输气管道运行的自身特点和各类输气站的正常生产重要程度等因素，确定了站场用电的负荷等级。

输气管道特别是长距离大口径的输气管道，是某一区域或若干企业的能源供应线，它联系着许多重要的工业生产和(或)广大的城市居民生活，虽然中断供电对输气管道的各类站场不会发生人身伤亡或重大设备损坏，但由于中断供气的影响面大，因此对站场供电的等级应该有足够的重视。

8.1.3.1 本规范规定对采用电动机驱动压缩机的压气站宜为一级用电负荷，理由如下：

第一，增压站是输气管道的心脏，是提供气体赖以流动的能量的设备，一旦压缩机停止运行，则输气量将有较大的降低甚至停产，因而对下游的企业和民用气必将造成较大的影响。故对驱动压缩机运行的动力应有切实可靠的保障。

第二，本规范规定，输气管道压气站的压缩机动力首先采用燃气轮机或燃气发动机，在电力充沛的地区也可选用电动机作为驱动设备。在这样的前提下，取得一级负荷并不困难，也不会过多地增加建设投资。

8.1.3.2 其它站场对电的依赖小于以电力驱动的压气站，而且在这些站场中几乎没有连续运行的动力用电设备。考虑到设在较长的输气管道上的输气站，取得电源的条件往往比较困难。为了不过多的增加建设投资，本规范规定除以电力驱动的压气站以外的其它输气站宜为二级负荷。

8.1.4 输气站的事故照明的照度，是参照《工业企业照明设计标准》(TJ34－85)和《气田天然气净化厂设计规范》(SYJ11－85)等有关规定编制的。应该注意的是，由于一般站场操作简单，故而事故照明布置应着重在控制室、压缩机或其厂房内而不应平均布置，以确保中断供电时维持正常运行的需要。

8.1.5 二级用电负荷的输气站内对自动控制系统、通信、事故照明系统等小量用电负荷，在电源无法保证不间断供电时，仍应设置蓄电池组、逆变电源或快速启动的小型燃气发电设备，以保证当突然终断供电时，维持正常生产秩序或顺利停产的需要。

8.1.6 本规范规定输气管道各类站场的爆炸危险区域的划分，应遵照《油气田爆炸危险场所分区》(SYJ25－87)的规定。因为该规范结合我国油气生产的实际，在分类方法上与国际标准(ISO)相同。

8.2 给 水 排 水

8.2.2 对生产用水量较大的输气站，当供水系统得不到切实保证时，如水源取水的供电等级偏低、单条输水管线供水等，一般须设安全水池，保证一旦供水系统发生事故时，能有足够的水量维持正常生产和火灾扑救。

8.2.2.1 应充分利用地形设置高地水池，凡是有条件的地方均应这样作。这是因为它不但有利于节约能量，更重要的是能够在事故(如停电)情况下顺利使用。

8.2.2.2 安全水池的容积定为6～8h最高日平均时用水量。这一数据是考虑到供水用水条件和供水系统发生事故时抢修的必要时间而确定的。根据《建筑设计防火规范》(GBJ16－87)第8.3.4条第七款规定：安全水池的容积必须满足消防用水量且不作它用。因此，安全水池应有保证消防水不被挪用的措施。

8.2.3 本条规定了各种水质的标准要求。遵守这些要求是确保生产正常运行和职工健康的必备条件。因此，凡生活用水不能达到标准规定者，均应设置小型的生活给水处理设施。

8.2.4 本条规定了站场用水量的计算方法。需要说明的有两点：

第一，鉴于站场生产用水量一般较小，对国家现行标准规定的生活用水指标现场反应偏低，为此，本标准将未可预见水量一项提高到15%～20%，以期使总水量有所增加。

第二，关于输水管线和水源取水能力，如果输气站已设安全水池，且安全水池又能保证有足够的消防用水量不作它用，则可不将消防水量计入总水量中。这样做对安全生产不会产生不利影响，而且有利于降低水源工程建设费用。

8.2.5 污水排放应符合国家和当地政府规定的标准。

8.2.5.1 本规范规定每个输气站设置一个污水排放口，以便于监测和管理。一般站占地面积不大，污水排量和种类不多，执行这一规定应该没有困难。

8.2.5.2 生产污水不得采用明沟排放，主要是考虑到站场特别是增压站的污水中多含油，采用明沟排放不符合防火要求；另外明沟排放易于和洁净的地面水如雨水相混，因而增大了污水处理设施的容量。

8.2.6 输气站中如果污水排放系统处理得当，则场地地面可以保持清洁无油污，故输气站内净水和雨水可经道路边沟直接排入场外而不需处理。这样可以作到清污分流，减少污水处理。

8.3 采暖通风和空气调节

8.3.2 室内采暖计算温度

8.3.2.1 规范中表8.3.2的值，是根据《工业企业卫生设计标准》(TJ36－79)确定的原则，并参照《气田集气工程设计规范》(SYJ10－85)、《炼油厂采暖通风和空气调节设计技术规定》(SYJ1030－82)等有关规范确定的。对压缩机厂房的冬季室内采暖计算温度稍低于(SYJ10－85)和(SYJ1030－82)中12～14℃的规定值，理由如下：

(1)压缩机厂房属于高噪声环境，工作人员只在该厂房内巡回检查，连续停留时间都小于2h，如必须随时监视机组的运行情况，一般均在压缩机厂房内设值班室，将厂房的冬季采暖计算温度规定的稍低些也可满足环境要求。

(2)气体压缩机厂房一般容积较大，正常使用的通风换气次数也高，如将室内采暖温度规定过高，则必将增大能量消耗。

8.3.2.2 有特殊要求的建筑物主要是指设有测量、控制及调节系统仪器、仪表的建筑物和其它有特殊要求的建筑物如计算机室等。

8.3.2.3 其它建筑物主要指行政、办公、医务等建筑物。

8.3.4 生产建筑物的通风设计

8.3.4.1 对产生有害物质或气体的工艺过程应尽量密闭，是工业生产和环境保护设计的基本原则。当不可能完全做到时，应采取局部通风或全面通风设施，以确保建筑物内的空气质量达到卫生和安全的要求。输气管道各类站场中可能散发的有害物质或气体的爆炸下限和允许浓度见表7。

有害物质和气体的爆炸下限和允许浓度 **表7**

组　分	爆炸下限(%)(体)	车间空气中允许浓度(mg/m^3)
甲烷	5.0	
乙烷	2.9	
丙烷	2.1	
丁烷	1.8	
戊烷	1.4	
硫化氢	4.3	10
一氧化碳	12.5	30
氢气	4.0	

在确定建筑物的换气次数时，对有害物质浓度必须达到卫生标准的规定值。而对卫生标准未做规定的易爆气体如甲烷、乙烷等，则必须控制在安全浓度以下。

我国《采暖通风与空气调节设计规范》(GBJ19)对建筑物内易爆气体的允许浓度无明确规定。前苏联建筑法规《采暖通风与空气调节设计规范》(CHиП Ⅱ－33－75)第4.101条规定：对于排除含有爆炸危险性物质的局部排风系统以及含有上述物质的全面排风系统，其风量是以保证爆炸危险性的气体和蒸汽的浓度不超过爆炸下限的5%。

本规范认为，在确定含有爆炸危险气体的建筑物的通风量时，应当规定爆炸性气体的允许浓度作为计算依据。而这个浓度的规定原则应该是：既要保障生产安全，又不过多地增加通风设备的建设费用和能耗。前苏联规定过高过严，要达到这个要求必须成倍地增加建筑物内的通风量。参照下列资料，规定安全浓度气体爆炸下限浓度为20%是恰当的。

(1)我国《城市煤气设计规范》(TJ28－87)第13条第二款规定:城市煤气加臭程度在相当于该气体爆炸下限20%的浓度时,应能察觉。

(2)美国消防协会规定:对可燃气体置换时,应使置换后气体中可燃组分的浓度不大于该组分爆炸下限浓度的20%;或置换气量不小于容积的5倍。

(3)当前我国生产的各类可燃气体浓度检测报警仪器,一般把报警限界浓度规定在该气体爆炸下限浓度的20%或25%。

按照《建筑设计防火规范》(GBJ16－87)第10.3.2条"散发可燃气体、可燃蒸汽的甲类厂房和场所,应设置可燃气体浓度检漏报警装置",而检漏报警装置的报警浓度为可燃气体爆炸下限的20%或25%。在报警装置发出信号时,空气中的可燃气体浓度仅为爆炸下限浓度的1/4～1/5,有充分的时间进行处理,因而将该浓度规定为换气量的计算浓度是安全的。

8.3.5 本条主要是依据我国《采暖通风与空气调节设计规范》(GBJ19－87)第4.4.9条内容规定的。对于压缩机厂房的事故通风的换气次数和系统设置的规定是参照前苏联《采暖通风与空气调节设计规范》(СНиП Ⅱ－33－75)第4.10.7条,结合我国气田集输和炼油等设计规范确定的。

9 焊接与检验、清管与试压

9.1 焊接与检验

9.1.3 输气管道特别是长距离输气管道,其通过地区的自然条件和施工条件往往差别较大,加之近年新的高强低合金钢管材被采用,故施工单位应根据各区段施工条件和对管材钢种等级、焊接材料等因素进行焊接工艺试验,并编制焊接工艺说明书。

9.1.5 焊接材料的质量及其选用是保证焊接质量的首要问题。焊接材料系参照《现场设备、工业管道焊接工程施工及验收规范》(GBJ236－82)第2.1.2条的规定确定的。

9.1.6 坡口形式的选择是从保证焊件接头的质量、节省填充金属、便于操作、减少焊接变形以及能满足清管工艺等几个方面考虑的。

9.1.7 焊前预热和焊后热处理的目的是为了消除或降低焊件接头的残余应力,防止焊缝或母材产生裂纹,改善焊缝和金属热影响区的金相组织和材料性能。焊缝是否消除残余应力,除考虑结构、用途、工作条件、材料性能等方面外,厚度是主要考虑的因素,本条所规定的厚度值是参照美国国家标准ANSI B31.8确定的。

9.1.8 焊缝质量检验是保证焊接质量的重要环节之一。本规范规定以3个步骤进行焊缝的质量检验,即外观检查、无损探伤及破坏性试验。

射线照相检验的数量主要参照美国国家标准ANSI B31.8的有关规定确定的。

9.2 清管与试压

9.2.3 强度试验采用的介质和压力均参照美国国家标准 ANSI B31.8 的有关规定确定。

中华人民共和国国家标准

输油管道工程设计规范

Design code for oil transportation pipeline engineering

GB 50253-94

主编部门：中国石油天然气总公司
批准部门：中华人民共和国建设部
施行日期：1994 年 11 月 1 日

关于发布国家标准《输油管道工程设计规范》的通知

建标[1994]156 号

根据国家计委计综[1987]第 2390 号文和建设部建标[1991]第 727 号文的要求，由中国石油天然气总公司会同有关部门共同编制的国家标准《输油管道工程设计规范》，已经有关部门会审。现批准《输油管道工程设计规范》GB 50253-94 为强制性国家标准，自 1994 年 11 月 1 日起施行。

本规范由中国石油天然气总公司管理，其具体解释等工作由中国石油天然气管道勘察设计院负责，出版发行由建设部标准定额研究所负责组织。

中华人民共和国建设部

1994 年 3 月 9 日

目　次

1 总 则

1.0.1 为在输油管道工程设计中贯彻执行国家有关的方针政策，积极采用新工艺、新技术、新设备和新材料，做到技术先进、经济合理、安全适用、确保质量，制订本规范。

1.0.2 本规范适用于陆上新建和扩建的输送原油管道工程设计。

1.0.3 输油管道工程设计应遵照下列原则：

1.0.3.1 保护环境，降低能耗，节约土地。处理好与铁路、公路的相互关系。

1.0.3.2 积极采用先进技术，合理吸取国内外新的科技成果。

1.0.3.3 输油管道工程应优化设计方案，确定经济合理的输油工艺及最佳的工艺参数。

1.0.4 输油管道的穿跨越工程设计应符合国家现行标准《原油长输管道穿跨越工程设计规范》的有关规定。

1.0.5 输油管道工程设计除应符合本规范外，尚应符合国家现行有关标准、规范的规定。

2 术 语

2.0.1 输油管道工程 pipeline engineering for oil transportation

用管道输送油品的建设工程，一般包括钢管、管道附件和输油站等。

2.0.2 输油站 oil transportation station

输油管道工程中各类工艺站场的统称。如：输油首站、末站、中间泵站、中间热泵站、中间加热站及分输站等。

2.0.3 输油首站 head station

输油管道的起点站。

2.0.4 输油末站 terminal

输油管道的终点站。

2.0.5 中间泵站 intermediate pumping station

在输油首站、末站之间设有加压设施的输油站。

2.0.6 中间热泵站 intermediate heating and pumping station

在输油首站、末站之间设有加热、加压设施的输油站。

2.0.7 中间加热输油站 intermediate heating station

在输油首站、末站之间设有加热设施的输油站。

2.0.8 分输站 lateral station

以管道支线向用户分输的输油站。

2.0.9 中间站 intermediate station

中间泵站、中间热泵站及中间加热站的统称。

2.0.10 站控制系统 station control system

对全站工艺设备及辅助设施实行自动控制的系统。

2.0.11 管件 pipe fitting

弯头、弯管、三通、异径接头和管封头的统称。

2.0.12 管道附件 pipe accessory

管件、法兰、阀门及其组合件，绝缘法兰、绝缘接头、清管器收发筒及过滤器等管道专用部件的统称。

2.0.13 最高稳态操作压力 maximum steady state operating pressure

当管道内的油品处于稳态（非瞬态）时的最高允许运行压力。其值应等于站间的高程差、摩阻损失以及所需进站剩余压力之和。

3 输油工艺

3.1 一般规定

3.1.1 输油管道工程设计年工作天数应按 350d 计算；设计最大年输油量应按设计任务书或合同规定的年最大输油量计算。设计最小年输油量应符合经济和安全输送的热力条件。

3.1.2 输油管道应采用密闭输送工艺。当受条件限制时，可采用旁接油罐输送工艺。

3.1.3 输油管道工程，必须根据被输送原油的物理性质及其流变性进行设计。原油的一般物理性质和流变性的测定项目，应符合本规范附录 A 和附录 B 的规定。

3.1.4 当输油管道采用加热输送方式时，输油设备和管道的保温措施应根据动力和热能消耗的综合分析比较确定。

3.2 工艺计算

3.2.1 当原油在管道内呈牛顿流体时，沿程摩阻损失应按下式计算。

$$h=\lambda\frac{L}{d}\cdot\frac{V^2}{2g} \tag{3.2.1-1}$$

$$V=\frac{4q_v}{\pi d^2} \tag{3.2.1-2}$$

式中 h ——管道内沿程水力摩阻损失(m)；

λ ——摩阻系数，应按附录D计算；

L ——管道长度（m）；

d ——输油管道的内直径（m）；

V ——原油在管道内的平均流速（m／s）；

g ——重力加速度9.81m／s^2；

q_v——平均温度下的原油流量（m^3／s），平均温度计算应符合附录C的规定。

3.2.2 当原油在管道内呈假塑性流体时，其沿程摩阻损失可按附录 E 的规定计算。

3.2.3 埋地输油管道的温降应按下式计算：

$$\frac{t_1-t_0-b}{t_2-t_0-b}=e^{aL} \quad (3.2.3-1)$$

$$b=\frac{ig}{Ca} \quad (3.2.3-2)$$

$$a=\frac{K\pi D}{q_m C} \quad (3.2.3-3)$$

式中 t_1 ——管道起点原油温度(℃)；

t_2 ——管道终点原油温度（℃)；

t_0 ——管道中心处最冷月份平均地温（℃)；

L ——管道长度（m)；

i ——流量为q_m时的水力坡降（m／m)；

g ——重力加速度9.81m／s^2；

C ——输油平均温度下原油的比热容（J／kg·℃)；

K ——总传热系数（W／m^2·℃)；

D ——管道的外直径（m)；

q_m——原油流量（kg／s)。

3.3 工 艺 流 程

3.3.1 输油首站的工艺流程应具有收油、储存、正输、清管、站内循环的功能，必要时尚应具有原油计量和（或）反输功能。

3.3.2 中间泵站的工艺流程应具有正输、压力越站、收发清管器或清管器越站的功能。当采用加热输送方式时，还应具有反输和热力越站功能。当中间泵站有分输时，尚应设置原油计量设施

3.3.3 中间加热站的工艺流程应具有正输、热力越站和反输功能。

3.3.4 末站的工艺流程应具有收油、储存、计量、装车（船）或（和）去用户以及接受清管器的功能。当采用加热输送时，尚应具有站内循环和反输功能。

4 线 路

4.1 线路选择

4.1.1 输油管道线路的选择应根据沿线的气象、水文、地形、地质、地震等自然条件和交通、电力、水利、工矿企业、城市建设等的现状与发展规划，在施工便利和运行安全的前提下，通过综合分析和技术经济比较确定。

4.1.2 线路总走向确定以后，局部线路走向应根据中间站和大、中型穿跨越工程的位置作局部调整。

4.1.3 输油管道不得通过城市、城市水源区、工厂、飞机场、火车站、海（河）港码头、军事设施、国家重点文物保护单位和国家级自然保护区。当输油管道受条件限制必须通过时，应采取保护措施并经国家有关部门批准。

4.1.4 输油管道应避开滑坡、崩塌、沉陷、泥石流等不良地质区和地震烈度等于或大于七度地区的活动断裂带。当受条件限制必须通过时，应采取防护措施并应选择合适位置，缩小通过距离。

4.1.5 埋地输油管道同地面建（构）筑物的最小间距应符合下列规定:

4.1.5.1 与城镇居民点或独立的人群密集的房屋的距离，不宜小于15m。

4.1.5.2 与飞机场、海（河）港码头、大中型水库和水工建（构）筑物、工厂的距离，不宜小于20m。

4.1.5.3 当与一、二级公路平行敷设时，其距离不宜小于10m。

4.1.5.4 当输油管道同铁路平行敷设时，输油管道应敷设在距离铁路用地范围边线3m以外。

4.1.5.5 同军工厂、军事设施、易燃易爆仓库、国家重点文物保护单位的最小距离应同有关部门协商确定。

注：①本条规定的距离，对于城镇居民点，由边缘建筑物的外墙算起；对于单独的工厂、机场、码头、港口、仓库等，应由划定的区域边界线算起；对于公路，从公路排水沟外缘1m算起。

②当情况特殊或受地形及其它条件限制时，在采取有效措施保证相邻建（构）筑物和管道的安全后，允许缩小4.1.5.1款和4.1.5.2款规定的间距，但不宜小于8.0m。对处于地形特殊困难地段与公路平行的局部管段，在采取加强保护措施后，可埋设在公路路肩边线以外的公路用地范围以内。

4.1.6 敷设在地面的输油管道同建（构）筑物的最小间距，应按本规范第4.1.5条规定的间距增加1倍。

4.1.7 当输油管道与架空输电线路平行敷设时，其间距不应小于本段电杆的最大高度。

4.1.8 输油管道与埋地通信电缆平行敷设的最小距离应符合国家现行标准《钢质管道及储罐防腐蚀工程设计规范》的规定。

4.1.9 输油管道同其它用途的管道平行敷设时，其最小间距应符合国家现行标准《钢质管道及储罐防腐蚀工程设计规范》的规定。

4.2 管道敷设

4.2.1 输油管道应采用地下埋设方式。当受自然条件限制时，局部地段可采用土堤埋设或地上敷设。

4.2.2 当输油管道需改变平面走向、适应地形的变化时，可采用弹性弯曲、弯管或弯头。

4.2.3 当输油管道采用弹性弯曲时，应符合下列规定:

4.2.3.1 弹性弯曲的曲率半径，不宜小于钢管外直径的1000

倍，并应满足管道强度的要求。

竖向下凹的弹性弯曲管段，其曲率半径尚应满足在管道自重作用下的变形条件。

4.2.3.2 在相邻的反向弹性弯管之间及弹性弯管和人工弯管之间，应采用直管段连接，直管段长度不应小于钢管的外直径，且不应小于500mm。

4.2.3.3 输油管道平面和竖向同时发生转角时，不宜采用弹性弯曲。

4.2.4 当输油管道采用弯管或弯头改变平面走向或高程时，应符合本规范第5.4节的规定。

不得采用虾米腰弯头或褶皱弯头。管子对接安装引起的误差不得大于3°

4.2.5 埋地管道的埋设深度，应根据管道所经地段的农田耕作深度、冻土深度、地形和地质条件、地下水深度、地面车辆所施加的荷载及管道稳定性的要求等因素，经综合分析后确定。一般情况下管顶的覆土厚度不应小于0.8m。

在岩石地区或在特殊情况下，可减少管顶覆土厚度，但应验证管道的稳定和外力对管道的影响，必要时应采取保护措施。

4.2.6 管沟沟底宽度应根据管沟深度、钢管的结构外径及采取的施工措施确定，并应符合下列规定：

4.2:6.1 当管沟深度小于或等于3m时，沟底宽度应按下式计算。

$$B = D_0 + b \tag{4.2.6}$$

式中 B ——沟底宽度(m)；

D_0——钢管的结构外径（包括防腐、保温层的厚度）(m)；

b ——沟底加宽裕量（m）。应按表4.2.6的规定取值。

4.2.6.2 当管沟深度大于3m而小于5m时，管沟沟底宽度应按公式（4.2.6）的计算值再加宽0.2m；

4.2.6.3 当沟深大于或等于5m时，应根据土壤类别及物理力学性质确定管沟沟底宽度。

4.2.6.4 当管沟开挖需要加强支撑时，管沟沟底宽度应考虑支撑结构所占用的宽度。

4.2.6.5 用机械开挖管沟时，管沟沟底宽度应根据挖土机械切削尺寸确定，但不得小于按公式（4.2.6）计算的宽度。

4.2.6.6 管沟沟底必须平整，使管子紧贴沟底。

沟底加宽裕量 表4.2.6

施工方法	沟上组装焊接			沟下组装焊接		
地质条件	旱地	沟内有积水	岩石	旱地	沟内有积水	岩石
b (m)	0.5	0.7	0.9	0.8	1.0	0.9

4.2.7 管沟边坡坡度应根据试挖或土壤的内摩擦角、粘聚力、湿度、密度等物理力学性质确定。

当缺少土壤物理力学性质资料、地质条件良好、土壤质地均匀、地下水位低于管沟底面标高、挖深在5m以内时，不加支撑的管沟边坡的最陡坡度应符合表4.2.7的规定。

沟深小于5m时的管沟边坡最陡坡度 表4.2.7

土壤类别	边坡坡度(高：宽)		
	坡顶无荷载	坡顶有静荷载	坡顶有动荷载
中密的砂土	1∶1.00	1∶1.25	1∶1.50
中密的碎石类土(充填物为砂土)	1∶0.75	1∶1.00	1∶1.25
硬塑的轻亚粘土	1∶0.67	1∶0.75	1∶1.00
中密的碎石类土(充填物为粘性土)	1∶0.50	1∶0.67	1∶0.75

续表 4.2.7

土壤类别	边坡坡度(高：宽)		
	坡顶无荷载	坡顶有静荷载	坡顶有动荷载
硬塑的亚粘土、粘土	1：0.33	1：0.50	1：0.67
老黄土	1：0.10	1：0.25	1：0.33
软土(经井点降水)	1：1.00	—	—
硬质岩	1：0	1：0	1：0

注：静荷载系指堆土或料堆等；动荷载系指有机械挖土、吊管机和推土机作业。

4.2.8 管沟回填土作业应符合下列规定：

4.2.8.1 岩石、砾石、冻土区的管沟，应在沟底先铺设 0.2m 厚的细土或细砂垫层且平整后方可用吊带吊管下沟。

4.2.8.2 回填岩石、砾石、冻土区的管沟时，必须用细土或砂(最大粒径不得超过 3mm）回填至管顶以上 0.2～0.3m 后，方可用原土，回填压实，其回填土的岩石和砾石块径不得超过 250mm。

4.2.8.3 管沟回填应留有沉降裕量，一般应高出地面 0.3m。

4.2.8.4 输油管道出土端、弯头两侧非嵌固段及固定墩处，回填土时应分层夯实。

4.2.9 管沟回填土后，应恢复原地貌，并保护耕植层，防止水土流失和积水。

4.2.10 当埋地输油管道通过地面坡度大于 20°的地段时，应采取防止地面径流和渗水冲蚀的措施，必要时应采取防护措施。

4.2.11 当输油管道穿跨越冲沟，或管道一侧邻近发育中的冲沟或陡坎时，应对冲沟的边坡和沟底、陡坎采取加固措施。

4.2.12 当输油管道采取土堤埋设时，土堤设计应符合下列规定：

4.2.12.1 输油管道在土堤中的径向覆土厚度，不应小于 1.0m；土堤顶宽不应小于 1.0m。

4.2.12.2 土堤边坡坡度应根据当地自然条件、填土类别和土堤高度确定。对粘性土堤，堤高小于 2.0m 时，土堤边坡坡度可采用 1：0.75～1：1；堤高为 2～5m 时，可采用 1：1.25～1：1.5。

4.2.12.3 土堤受水浸淹部分的边坡应采用 1：2 的坡度，并应根据水流情况采取保护措施。

4.2.12.4 在沼泽和低洼地区，土堤的堤肩高度应根据常水位、波浪高度和地基强度确定。

4.2.12.5 当土堤阻挡水流排泄时，应设置泄水孔或涵洞等构筑物；泄水能力应满足重现期为 25 年一遇的洪水流量。

4.2.12.6 软弱地基上的土堤，应防止填土后基础的沉陷，确保管道安全。

4.2.12.7 土堤用土，应满足填方的强度和稳定性的要求。

4.2.13 地上敷设的输油管道，应符合下列规定：

4.2.13.1 应采取补偿管道纵向变形的措施。

4.2.13.2 输油管道跨越人行通道、公路、铁路和电气化铁路时，其净空高度分别不得小于 2.2m、5.0m、6.0m 和 11.0m。

4.2.13.3 地上管道沿山坡敷设时，应采取防止管道下滑的措施。

4.2.14 当输油管道同埋地通信电缆、其它埋地管道或金属构筑物交叉时，其垂直净距不应小于 0.3m，并应在交叉点处输油管道两侧各 10m 范围内采取加强防腐的措施。

4.2.15 当输油管道通过杂散电流干扰区时，应按国家现行标准《钢质管道及储罐防腐蚀工程设计规范》和《埋地管道直流排流保护技术标准》的有关规定采取防护措施。

4.3 管道的外腐蚀控制和保温

4.3.1 输油管道的防腐蚀设计应符合国家现行标准《钢质管道及储罐防腐蚀工程设计规范》、《埋地钢质管道强制电流阴极保护设计规范》的规定。

4.3.2 输油管道保温层的结构应由防腐层、隔热层和保护层组成。保温层的厚度应根据工艺要求并经综合技术经济比较后确定。

4.3.3 隔热层材料应具有导热系数小、吸水率低、具有一定机械强度、耐热性能好、不易燃烧和具有自熄性、对管道无腐蚀作用的性能。

4.3.4 保护层材料应具有足够的机械强度和韧性、化学性能稳定、耐老化、防水和电绝缘的性能。

4.4 管道截断阀

4.4.1 输油管道沿线应安装截断阀，阀门的间距不宜超过30km，人烟稀少地区可加大间距。在穿跨越大型河流、湖泊、水库和人口密集地区时，管道两端均应设置截断阀。当发生事故需防止管内原油倒流的部位应安装止回阀。

4.4.2 截断阀应设在交通便利、检修方便的位置，并应设保护设施。

4.4.3 截断阀可采用手动或自动控制。选用的阀门应能通过清管器或管内检测仪。

4.5 管道的锚固

4.5.1 当输油管道的设计温度同安装温度之差较大时，宜在管道出土端、弯头、管径改变处以及管道同清管器收发装置连接处设置锚固设施，或其它能够保证管道稳定的措施。

4.5.2 当输油管道采取锚固墩（件）锚固时，管道同锚固墩（件）之间应有良好的电绝缘。

4.6 管 道 标 志

4.6.1 输油管道沿线应设置里程桩、转角桩和其它永久标志，永久标志上应标明管道的主要参数。

4.6.2 里程桩应沿管道从起点至终点每隔 1km 设置 1 个，不得间断。阴极保护测试桩可同里程桩结合设置。

4.6.3 在管道改变方向处应设置水平转角桩。转角桩应设置在管道中心线的转角处。

4.6.4 输油管道穿跨越人工或天然障碍物时，应在穿跨越处两侧及地下建（构）筑物附近设立标志。通航河流上的穿跨越工程，必须设置警示牌。

4.6.5 当输油管道采用地上敷设时，应在行人较多和易遭车辆碰撞的地方，设置标志并采取保护措施。标志应采用具有反射性能的涂料涂刷。

5 输油管道、管道附件和支承件的结构设计

5.1 荷载和作用力

5.1.1 输油管道、管道附件和支承件，应根据敷设形式、所处环境和运行条件，按下列可能同时出现的永久荷载、可变荷载、偶然荷载和临时荷载组合后进行设计：

5.1.1.1 永久荷载（恒荷载）

（1）输送原油的内压力；

（2）钢管及其附件、绝缘层、保温层、结构附件的自重。

（3）被输送的原油重量；

（4）横向和竖向的土压力；

（5）静水压力和水浮力；

（6）温度应力以及静止流体由于受热膨胀而增加的压力；

（7）由于连接构件相对位移而产生的作用力。

5.1.1.2 可变荷载（活荷载）

（1）试运行时的水重量；

（2）附在管道上的冰雪荷载；

（3）由于内部高落差或风、波浪、水流等外部因素产生的冲击力；

（4）车辆荷载及行人；

（5）清管荷载；

（6）检修荷载。

5.1.1.3 偶然荷载

（1）位于地震基本烈度七度及七度以上地区的管道，由地震引起的活动断层位移、沙土液化、地基滑坡施加在管道上的作用力；

（2）由于振动和共振所引起的应力；

（3）冻土或膨胀土中的膨胀压力；

（4）沙漠中沙丘移动的影响；

（5）地基沉降附加在管道上的荷载。

5.1.1.4 临时荷载为施工过程中的各种作用力。

5.1.2 输油管道的设计压力应符合下列规定：

5.1.2.1 任何一处管道及管道附件的设计内压力不应小于该处的最高稳态操作压力，且不应小于管内原油处于静止条件下该处的静水压力。当设置反输流程时，输油管道任何一处的设计内压力不应小于该处正、反输送条件下的最高稳态操作压力的较高者。

5.1.2.2 输油管道及管道附件应能承受作用在其上的外压力与内压力之间的最大压差。

5.1.3 输油管道的设计温度，当加热输送时应为被输送原油的最高温度；当不加热输送时，应根据环境条件确定最高或最低温度。

5.1.4 输油管道设计应作水击分析，并应根据分析结果设置相应的控制和保护设备。在正常操作条件下，由于水击和其它因素造成的瞬间最大压力值在管道系统和设备中的任何一点都不得超过输油管道设计内压力的110%。

5.2 许 用 应 力

5.2.1 输油管道及管道附件的许用应力应符合下列规定：

5.2.1.1 对于新钢管许用应力应按下式计算：

$$[\sigma] = K \cdot \phi \cdot \sigma_s \tag{5.2.1}$$

式中 $[\sigma]$——许用应力（MPa）；

K——设计系数。除穿跨越管段应按国家现行标准《原油长输管道穿跨越工程设计规范》的规定取值外，输

油站外应取 0.72，输油站内应取 0.60；

ϕ ——焊缝系数；

σ_s ——钢管的最低屈服强度（MPa）。

5.2.1.2 钢管的最低屈服强度和焊缝系数应符合表 5.2.1 的规定。

钢管的最低屈服强度和焊缝系数 表 5.2.1

钢管标准名称	钢号或钢种	最低屈服强度 σ_s (MPa)	焊缝系数 Φ
承压流体输送用螺旋缝埋弧焊钢管	16Mn	325	0.9
	$Q235(A_3)$	235	
输送流体用无缝钢管	16Mn	325($\delta>15$mm 为 315)	1.0
	20	245	
石油、天然气输送管道用螺旋缝埋弧焊钢管与石油、天然气输送管道用直缝电阻焊钢管	S205	205	1.0
	S240	240	
	S290	290	
	S315	315	
	S360	360	
	S385	385	
	S415	415	
	S450	450	
	S480	480	

5.2.1.3 对于旧钢管，经鉴定及试压合格后，可按公式(5.2.1)计算许用应力。

5.2.1.4 对于经冷加工后又经加热处理的钢管，当加热温度高于 320℃（焊接除外）时，许用应力应按公式（5.2.1）计算值的 75%取值。

5.2.1.5 钢管的许用剪应力不应超过其最低屈服强度的 45%；支承外荷载作用下的许用应力（端面承压）不应超过其最低屈服强度的 90%。

5.2.2 结构支承件和约束件所用钢材的许用拉应力和压应力不应超过其最低屈服强度的 60%；许用剪应力不应超过其最低屈服强度的 45%；支承应力（端面承压）不应超过其最低屈服强度的 90%。

5.2.3 管道及其附件强度验算的应力限用值应符合下列规定：

5.2.3.1 根据设计内压力计算出的应力值不应超过钢管的许用应力。

5.2.3.2 对于输送加热原油的管道，当管道轴向受约束时，其当量应力不得超过钢管的最低屈服强度的 90%；当管道轴向不受约束时，热胀当量应力不得超过钢管的许用应力。

5.2.3.3 穿越公路未加套管的钢管，由设计内压力和外部荷载所产生的环向应力之和不得超过钢管的许用应力。

5.2.3.4 架空结构构件的强度验算应符合国家现行标准《原油长输管道穿跨越工程设计规范》的规定。

5.2.4 管道及其附件由于永久荷载、可变荷载和临时荷载所产生的轴向应力之和，不应超过钢管的最低屈服强度的 80%，但不得将地震作用和风荷载同时计入。

5.3 材　料

5.3.1 输油管道所采用的钢管、管道附件的材质选择应根据使用压力、温度、原油物理性质等因素，经技术经济比较后确定。采用的钢管和钢材应具有良好的韧性和可焊性。

5.3.2 输油管道凡选用国产钢管的，应符合国家现行标准《承压流体输送用螺旋缝埋弧焊钢管》、《输送流体用无缝钢管》、《石油天然气输送管道用螺旋缝埋弧焊钢管》或《石油天然气输送管道用直缝电阻焊钢管》的规定。

5.3.3 管道附件和其它钢管材料的材质应符合下列规定：

5.3.3.1 屈强比不应大于0.85。

5.3.3.2 含碳量不应大于0.25%。

5.3.3.3 含磷量不应大于0.045%，含硫量不应大于0.045%。

5.3.4 当施工环境温度低于或等于−20℃时，应对钢管和管道附件材料提出韧性要求。

5.3.5 钢制锻造法兰及其它锻件，应符合国家现行标准《压力容器锻件技术条件》的有关规定。对于形状复杂的特殊管道附件，可采用铸钢制作。

5.4 输油管道管壁厚度计算及管道附件的结构设计

5.4.1 输油管道直管段的钢管管壁厚度应按下式计算：

$$\delta_c = \frac{PD}{2K\phi\sigma_s} \tag{5.4.1}$$

式中 δ_c——钢管的计算壁厚（m）；

P——设计内压力（MPa）；

D——钢管外直径（m）；

K——设计系数；

ϕ——焊缝系数；

σ_s——材料的最低屈服强度（MPa）。

5.4.2 输油站间的输油管道可按设计内压力分段计算管道的管壁厚度。

5.4.3 钢制弯头和弯管的管壁厚度应按下式计算：

$$\delta_b = \delta_c \cdot m \tag{5.4.3-1}$$

$$m = \frac{4R-D}{4R-2D} \tag{5.4.3-2}$$

式中 δ_b——弯头或弯管的计算壁厚（m）；

m——弯头或弯管的壁厚增大系数；

R——弯头或弯管的曲率半径（m）；

D——弯头或弯管的外直径（m）。

5.4.4 当管道及其附件的防腐措施符合国家现行标准《钢质管道和储罐防腐蚀工程设计规范》和《埋地钢质管道强制电流阴极保护设计规范》的有关规定，或当管道及其附件的壁厚极限偏差符合国家现行有关标准的规定时，不应增加管壁的裕量。

5.4.5 管道附件设计应符合下列规定：

5.4.5.1 管道附件应按操作压力和操作温度选择。

5.4.5.2 输油站内管线与管线之间或管线与设备之间，当操作压力不同时，应按较高的操作压力选择管道附件。

5.4.5.3 管道附件的非金属镶装件、填料、密封件，应选择耐油、耐温的材料。

5.4.5.4 管件及其组合件的设计和选择应符合现行国家标准《钢板制对焊管件》、《钢制对焊无缝管件》、《钢制对焊管件》、《钢制弯管》的规定。当有特殊要求时，应在设计文件中注明。

5.4.5.5 管道附件不得采用螺旋焊缝钢管制作。

5.4.5.6 管道附件不得采用铸铁件。

5.4.6 钢制异径接头的设计，应符合现行国家标准《钢制压力容器》的有关规定。无折边异径接头的半锥角应小于或等于15°，异径接头的材质宜与所连接钢管的材质相同或相近。

5.4.7 钢制平封头或凸封头的设计应符合国家现行标准《钢制压力容器》的有关规定。

5.4.8 绝缘法兰的设计应符合国家现行标准《绝缘法兰设计技术规定》。公称压力大于5MPa，直径大于300mm的输油管道宜采用绝缘接头。

5.4.9 管道和管道附件的开孔补强应符合下列规定：

5.4.9.1 在主管上直接开孔焊接支管时，可采用补强圈进行局部补强，也可增加主管管壁厚度进行整体补强。支管和补强圈的材料，宜和主管材料相同或相近。

5.4.9.2 当相邻两支管中心线的间距小于两支管开孔直径之和，但大于或等于两支管开孔直径之和的2／3倍时，应进行联合补强或加大主管管壁厚度。当进行联合补强时，支管两中心线之间的补强面积不得小于两开孔所需总补强面积的1／2。当两相邻支管中心线的间距小于两支管开孔直径之和的2／3倍时，不得开孔。

5.4.9.3 当支管直径小于或等于50mm时，可不补强。

5.4.9.4 当补强圈尺寸超过主管圆周的1／2时，宜采用三通。

5.4.9.5 三通开孔和支管开孔均宜采用等面积补强（图5.4.9）。

5.4.9.6 开孔部位边缘距主管焊缝大于主管管壁厚度的5倍时，补强设计的焊缝系数应按主管为无缝钢管确定。

5.4.10 法兰的选择应符合国家现行标准《钢制管法兰类型》、《大直径碳钢管法兰》的规定。

5.4.11 当输油管道采用弯管和弯头时，其所能承受的温度和内压力，应不低于相邻直管段所承受的温度和内压力。

5.4.12 冷弯管的曲率半径，当钢管外直径大于325mm时，不宜小于钢管外直径的40倍；当钢管外直径小于或等于325mm时，不宜小于钢管外直径的30倍。弯管两端应具有2.0m左右的直管段。

5.4.13 冷弯管的任何部位不得出现褶皱、裂纹及其它机械损伤，弯管两端的椭圆度不得大于2.0%，其它部位不得大于2.5%。

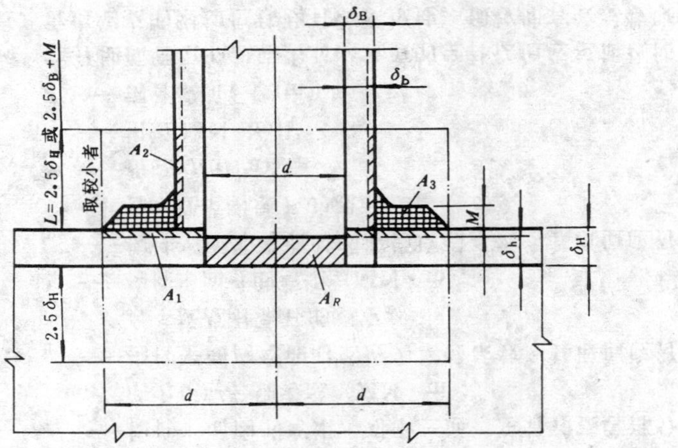

图5.4.9 等面积补强

注：① 图中双点划线框内为可提供补强的范围；

② d ——支管内径(mm)；

③ δ_b——按公式(5.4.1)计算的支管管壁厚度(mm)；

④ δ_B——支管的公称管壁厚度(mm)；

⑤ δ_n——按式(5.4.1)计算的主管管壁厚度(mm)；

⑥ M——补强圈厚度(mm)；

⑦ L ——应取$2.5\delta_H$或$2.5\delta_B+M$之较小者；

⑧ δ_H——主管的公称管壁厚度(mm)；

⑨ A_R——需要的补强面积$A_R=d\cdot\delta_n$；

补强面积：$A_R<A_1+A_2+A_3$。

A_1——主管补强面积 $A_1=(\delta_H-\delta_n)d$；

A_2——支管补强面积 $A_2=2(\delta_B-\delta_b)L$(对于拔制三通$L=0.7\sqrt{d\cdot\delta_B}$)；

A_3——补强圈、焊缝等所占补强面积（对于拔制三通$A_3=0$)。

5.4.14 地面管道的管架、钢管支承件和锚固件的设计，应符合下列规定：

5.4.14.1 被支承的钢管不应产生过大的局部应力、轴向和侧向摩擦力。

5.4.14.2 管道运行时可能发生振动处，可采用支柱或阻尼装置防振，但不得影响管道的胀缩。

5.4.14.3 钢管上的支承件，可采用不与钢管焊接成一体的部件，如管夹或“U”形管卡。

5.4.14.4 当设计的管道是在其许用应力或接近许用应力的情况下运行时，焊接在钢管上的连接件应是一个环抱整个钢管的单独的圆筒形加强件。加强件同钢管的连接应采用连续焊缝。

5.5 管道的强度校核

5.5.1 输油管道应计算由设计内压力、外部荷载和热胀冷缩所产生的应力，并应使其小于管道、管道附件和同管道相连接的设备的安全承受能力。

5.5.2 埋地输油管道的直管段和轴向变形受限制的地上管段的轴向应力应按下式计算：

$$\sigma_a = E\alpha(t_1 - t_2) + \mu\sigma_h \quad (5.5.2-1)$$

$$\sigma_h = \frac{pd}{2\delta} \quad (5.5.2-2)$$

式中 σ_a——由于内压和温度变化产生的轴向应力（MPa）；

E——钢材的弹性模量宜取2.05×10^5MPa；

α——钢材的线膨胀系数宜取1.2×10^{-5}m／m·℃；

t_1——管道安装闭合时的大气温度(℃)；

t_2——管道内被输送原油的温度(℃)；

μ——泊桑比宜取0.3；

σ_h——由内压产生的环向应力(MPa)；

p——管道的设计内压力(MPa)；

d——管道的内直径(m)；

δ——管道的公称壁厚(m)。

按内压计算的环向应力应小于或等于许用应力〔σ〕，许用应力〔σ〕应符合本规范第5.2.1条的规定。

5.5.3 埋地管道的弹性弯曲管段和轴向受约束的地上架空管道，在轴向应力中均应计入横向弯曲产生的应力。

5.5.4 对于受约束管道应按最大剪应力破坏理论计算当量应力，并应符合下列表达式的要求：

$$\sigma_e = \sigma_h - \sigma_a \leqslant 0.9\sigma_s \quad (5.5.4)$$

式中 σ_e——当量应力（MPa）；

σ_s——钢管的最低屈服强度（MPa）。

5.5.5 对于轴向不受约束的地面管道，热胀当量应力应按下式计算，其取值不应大于钢管的许用应力〔σ〕。

$$\sigma_t = \sqrt{\sigma_b^2 + 4\tau^2} \quad (5.5.5-1)$$

$$\sigma_b = \sqrt{(i_i M_i)^2 + (i_o M_o)^2} \,/\, Z \quad (5.5.5-2)$$

$$\tau = \frac{M_t}{2Z} \quad (5.5.5-3)$$

式中 σ_t——热胀当量应力（MPa）；

σ_b——合成弯曲应力（MPa）；

M_i——构件平面内的弯矩，对于三通、总管和支管部分的力矩应分别考虑（MN·m）；

i_i——构件平面内弯曲时的应力增强系数，其取值应符合本规范附录F的规定；

M_o——构件平面外的弯矩（MN·m）；

i_o——构件平面外弯曲时的应力增强系数，其取值应符合本规范附录F的规定；

τ——扭应力(MPa)；

M_t——扭矩(MN·m)；

Z——钢管截面系数(m^3)。

5.5.6 计算地面管道的热应力时，管道的全补偿值应包括热伸长值、管道端点的附加位移及有效预拉伸。预拉伸有效系数取0.5。

5.6 管道的刚度和稳定

5.6.1 埋地管道的刚度应满足运输、施工和运行时的要求。钢管的外直径与壁厚的比值不应大于 140。

5.6.2 对穿越公路的无套管管段、穿越用的套管及埋深较大的管段，均应按无内压状态验算在外力作用下管子的变形，其水平直径方向的变形量不得大于管子外直径的 3%。变形量应按本规范附录 G 的规定计算确定。

5.6.3 对加热输送原油的埋地管道，应验算其轴向稳定，并应符合下列表达式的要求：

$$N < nN_{cr} \qquad (5.6.3\text{-}1)$$

$$N = [\alpha E(t_2 - t_1) + (0.5 - \mu)\sigma_h]\ A \qquad (5.6.3\text{-}2)$$

式中 N ——由温差和内压力产生的轴向力(MN)；

n ——安全系数，对于公称直径大于500mm的钢管宜取 0.75；公称直径等于或小于 500mm 的钢管宜取 0.90；

N_{cr} ——管道开始失稳时的临界轴向力，应按本规范附录 H 的规定计算确定(MN)；

A ——钢管横截面积(m^2)。

5.6.4 地面管道的轴向稳定应符合国家现行标准《原油长输管道穿跨越工程设计规范》的规定。

6 输 油 站

6.1 一 般 规 定

6.1.1 输油站间距应通过水力和热力计算确定。

6.1.2 输油站的站址选择和总平面布置，应符合国家现行标准《原油和天然气工程站（厂）场总平面设计规范》的规定。

6.1.3 输油站的防火、防爆及环境保护设计，应分别符合国家现行标准《原油天然气工程建设设计防火规范》、《油气田爆炸危险场所分区》和《油气田和长输管道建设项目环境保护设计规范》的有关规定。

6.1.4 输油首站、末站的防洪标准，其重现期不应低于 50 年一遇的洪水；中间站的防洪标准，其重现期不应低于 25 年一遇的洪水。

6.2 储存与装卸

6.2.1 输油站内储油罐应采用金属罐，容量大于或等于 $10000m^3$ 时，宜采用浮顶罐；容量小于 $10000m^3$ 时可采用固定顶油罐。

6.2.2 输油首、末站原油储罐总容量应按下式计算：

$$V = \frac{m}{350\rho\varepsilon}K \qquad (6.2.2)$$

式中 V——输油首、末站油罐总容量(m^3)；

m——输油首、末站原油年总运转量(t)；

ρ——储存温度下原油密度(t/m^3)；

ε——油罐容积利用系数，固定顶油罐宜取0.85，浮顶油罐宜取 0.9；

K——原油储备天数。

6.2.3 不同类型输油站原油的储备天数应符合下列规定:

6.2.3.1 输油首站

(1) 输油首站与油田管道相连时，储备天数宜为 3d;

(2) 输油首站为铁路卸车油库时，储备天数宜为 3～5d;

(3) 输油首站为水运码头油库时，储备天数：海运宜为 5～7d；河运宜为 3～4d。

6.2.3.2 输油末站

(1) 输油末站为水运装船码头油库时，储备天数：海运宜为 5～7d，河运宜为 3～4d;

(2) 输油末站为装车油库时，储备天数宜为 4～5d;

(3) 输油末站为向用户供油的管道转输站时，储备天数宜为 2～3d。

6.2.3.3 中间热泵站

(1) 当采用旁接油罐输油工艺时，其储罐容量宜按 1～2h 输送量计算;

(2) 当采用密闭输油工艺时，应设一水击泄放罐。泄放罐容量由水击分析后确定。

6.2.3.4 分输站

当分输支线与水运装船码头油库或铁路装车油库相接时，应分别采用本条有关末站装船、装车天数的规定。分输支线为输油管道时，储备天数宜为 1～3d。

6.2.4 储油罐应根据所储油品物理性质和环境条件，通过技术经济比较后，确定其加热和保温方式。

6.2.5 铁路装车作业线和栈桥设施的设计，应符合下列规定:

6.2.5.1 铁路油罐车宜采用小鹤管上部灌装。日装车 8 列及以上时，栈桥宜采用整列双侧布置。小于 8 列时，宜采用半列双侧布置。

6.2.5.2 装车鹤管的布置和鹤管结构应满足各类型油罐车对位要求，鹤管数量不宜少于一次到库最多油罐车数，其间距宜为 6m。栈桥两端距最近一个鹤管的距离不应小于 3m。

6.2.6 铁路日装车列数应按下式计算:

$$n=\frac{mK}{350\varepsilon V\rho} \tag{6.2.6}$$

式中 n ——日装车列数(列);

m ——年装油量 (t);

K ——铁路不均匀系数，按统计资料采用，当无统计资料时宜取 1.2;

ε ——油罐车装满系数宜取0.9;

V ——1列油罐车的公称总容量 (m^3);

ρ ——装油温度下油品密度 (t/m^3)。

6.2.7 码头装船设计应符合下列规定:

6.2.7.1 两个泊位以上的码头，应分泊位设置流量计量设施;

6.2.7.2 泊位额定装载量应按下式计算:

$$q_v=\frac{m}{\rho t} \tag{6.2.7}$$

式中 q_v——泊位额定装载量 (m^3/h);

m——该泊位可停泊最大油轮吨位 (t);

ρ ——装船温度下油品密度 (t/m^3);

t ——允许净装油时间 (h)。

6.2.7.3 允许净装油时间 (t) 应由交通部门提出，当难以提出时，可按表 6.2.7 采用。

允许净装油时间 **表 6.2.7**

油轮吨位 (10^4t)	1～5	8～15	>15
净装油时间 (h)	10	13～15	20

6.3 工艺设备的选择

6.3.1 输油主泵应采用离心泵。输油泵站的泵组工作特性曲线与管路特性曲线交汇点处的排量，应与管道的任务输量相一致。

输油主泵根据使用条件可采用并联或串联运行。一般情况下，每座泵站可采用3～4台泵，其中1台备用。

6.3.2 输油泵轴功率应按下式计算：

$$P=\frac{q_v \rho H g}{1000\eta} \tag{6.3.2}$$

式中 P ——输油泵轴功率（kW）；

q_v ——输送温度下泵的排量（m^3/s）；

ρ ——输送温度下原油密度（kg/m^3）；

H ——输油泵排量为q_v时的扬程（m）；

g ——重力加速度$9.81m/s^2$；

η ——输油泵排量为q_v时的效率。

6.3.3 输油泵原动机的选择，应符合下列规定：

6.3.3.1 电力充足地区应采用电动机；在无电或缺电地区宜采用燃气轮机或柴油机。

6.3.3.2 当需要调速时，经技术经济比较后，可选择调速装置或可调速的原动机。

6.3.4 输油管道用阀门的选择，应符合下列规定：

6.3.4.1 通过清管器的阀门应选择直通型球阀或平板型闸阀。

6.3.4.2 不通过清管器的阀门可选择楔式闸阀、截止阀和缩径球阀等。

6.3.4.3 阀门应密封可靠，启闭灵活，使用寿命长。在防火区内关键部位使用的阀门，应具有耐火性能。

6.3.4.4 当采用焊接阀门时，阀体材料的焊接性能应与所连接钢管的焊接性能相适应。

6.3.4.5 输油管道不得使用铸铁阀门。

6.3.5 原油加热输送时，宜采用直接式加热炉。有条件时也可采用间接式加热系统。

6.3.6 加热设备热负荷应按下式计算。

$$Q=q_m c\ (t_1-t_2) \tag{6.3.6}$$

式中 Q ——加热设备总热负荷（W）；

q_m ——进入加热设备原油流量（kg/s）；

c ——加热设备进、出口平均温度下原油的比热容（J/kg℃）；

t_1 ——加热设备出口原油温度（℃）；

t_2 ——加热设备进口原油温度（℃）。

6.3.7 输油管道应设置清管设施。

6.4 供 配 电

6.4.1 输油站供配电设计应符合国家现行标准《油田和原油长输管道变配电设计规定》的有关规定。

6.4.2 输油站用电负荷等级划分应符合下列规定：

6.4.2.1 输油首站、末站和不可逾越的中间热泵站为一级负荷。

6.4.2.2 其余各类站均为二级负荷。

6.4.3 一级负荷输油站应采用双电源供电，当条件受限制时，可采用从同一变电所（或发电厂）不同段母线引出的双回路及双变压器供电。每一个电源（回路）的容量应满足输油站的全部计算负荷。

6.4.4 二级负荷输油站宜采用专用线路供电，并设事故电源。事故电源的容量应满足输油站的加热、供水、自控、通信和工业照明等。事故电源应采用柴油发电机组。

6.4.5 变（配）电所的电源电压应符合下列规定：

6.4.5.1 当输油电动机额定电压为6kV时，变电所的电源电压宜为35kV，配电所的电源电压应为6kV。

6.4.5.2 当输油电动机额定电压为 380V 时，变电所的电源电压宜为 6～10kV。

6.4.5.3 当输油电动机额定电压为 10kV 时，配电所的电源电压应为 10kV。

6.4.5.4 输油电动机端电压偏移值不宜超过额定电压的 ±5%，当不能满足时，可采用有载调压变压器。

6.4.6 单台主变压器的容量应按全站计算负荷的 1.1～1.2 倍选择。双主变压器每台容量按全站负荷的 70%选择，且当 1 台断开时，应能满足全站一、二级负荷的用电（此时应计入变压器的过负荷能力）。选择主变压器的容量时，应核算输油主泵电动机的启动条件。优先采用节能变压器。

6.4.7 变电所的电力调度通信宜采用电力载波。配电所的电力调度通信可采用架空明线、通信电缆。

6.4.8 在无电源地区，采用发电机组供输油站的低压负荷时，对发电机组的选择，应符合下列规定：

6.4.8.1 发电机组总容量应按全站低压计算负荷的 120%～130%选择，并应满足大容量低压电动机的起动条件。

6.4.8.2 单机容量的选择应满足发电机组带最低负荷的要求。

6.4.8.3 根椐机组的检修周期及地区环境确定备用发电机组的台数。

6.4.8.4 输油站不设无功功率补偿装置。

6.4.9 输油站内用电设备负荷级别的分类应符合表 6.4.9 的规定。

输油站内用电设备负荷等级 **表 6.4.9**

站场(或装置)名称	用电设备	等级	配备的设备要求
输油泵房	输油主泵、给油泵、装车(装船)泵、热油循环泵	1	可逾越的中间泵站降为 2 级
加热炉区	燃料油泵、风机、火嘴、吹灰器	2	间接加热炉导热油循环泵需事故电源
消防泵房	冷却水泵、泡沫液泵	1	
锅炉房	给水泵、补水泵、风机、火嘴、软化水处理	2	
阀室	电动阀	1	可逾越的中间泵站降为 2 级
站控制间	工业控制机	1	
管道控制中心	计算机电源、信号传输设备	1	
通信机务站 通信中继站	通信设备	1	
仪表间	电动单元仪表电源	2	须设事故电源
污水处理场		3	
深井泵 供水泵		2	
阴极保护站	恒电位仪	3	
化验室		3	
计量间		2	
油罐区	搅拌器	2	
管道电伴热		2	

6.5 供 排 水

6.5.1 水源的选择应符合下列规定：

6.5.1.1 水源宜根据用水要求、水源条件和水文地质资料等因素就近选择。

6.5.1.2 生产、生活及消防用水宜采用同一水源。当油罐区、生产区和生活区分散布置，或有其它特殊要求时，经技术经济比较后可分别设置水源。

6.5.1.3 生活饮用水水源的卫生防护应符合现行国家标准《生活饮用水卫生标准》的有关规定。

6.5.2 输油站污水排放应符合下列规定：

6.5.2.1 含油污水、生活污水和雨水宜分别排放。含油污水处理后的排放应符合污水排放的现行国家标准的要求。

6.5.2.2 生活污水和雨水应根据当地条件确定排放系统。

6.5.3 输油站消防设计应符合现行国家标准《原油和天然气工程设计防火规范》的有关规定。

6.6 采暖通风及供热

6.6.1 输油站内各建筑物的采暖通风和空气调节的设计应符合现行国家标准《采暖通风与空气调节设计规范》的有关规定。

6.6.2 输油站各类房间的采暖室内计算温度应符合表6.6.2的规定。

6.6.3 驱动输油泵的电动机，其通风方式应按电动机安装要求决定。当采用管道通风时，宜利用电动机本身产生的风压；当风道阻力大于该风压时，应采用机械通风。

6.6.4 进入电动机的空气应符合下列规定：

6.6.4.1 空气温度宜为0～40℃。

6.6.4.2 空气相对湿度应低于90%。

6.6.4.3 空气含尘量应不大于5mg／m³。严禁导电灰尘进入电动机。

6.6.4.4 空气中爆炸危险气体的浓度应低于爆炸下限。

输油站各类房间的采暖室内计算温度 表6.6.2

房间名称	采暖室内计算温度（℃）
输油泵房的电动机间、深井泵房、污水提升泵房、汽车库停车间（不带检修坑）、低压配电间（无人值班）	5
消防车库停车间（不带检修坑）	8
带检修坑的汽车库、消防车库停车间、输油泵房、阀组间、蓄电池室、柴油发电机间	14
计量间、维修间、低压配电间（有人值班）	16
站控制室、办公室、化验室、值班室、休息室	18

注：加热炉烧火间　高压开关室、电容器室不采暖。

6.6.5 输油泵房宜设置机械通风设施，其换气次数应为10次／h。

6.6.6 计算机房、通信机务房等，根据设备对环境温度的要求，可设空气调节设备，并应优先采用风冷冷却器。当采用水冷时，不得直接排放冷却水。

6.6.7 输油站内锅炉房及热力管网的设计，应符合现行国家标准《锅炉房设计规范》的有关规定。通信机务站的采暖、通风及空气调节设计应符合现行国家标准《工业企业通信设计规范》的有关规定。

6.7 仪表及控制系统

6.7.1 输油站的技术水平与控制方式应根据输油工艺、操作和监控系统的要求以及输油站的具体情况确定。

6.7.2 输油工艺过程及确保安全生产的重要参数，应进行连续监测或记录。

6.7.3 仪表选型应符合下列规定：

6.7.3.1 应选用性能稳定的标准系列产品，品种规格不宜过多。

6.7.3.2 检测和调节控制仪表宜采用电动仪表。

6.7.3.3 当检测仪表需要输出统一信号时，应采用变送器；需要输出接点信号时，宜采用开关量仪表。

6.7.3.4 直接与介质接触的仪表，应符合介质的工作压力、温度和防腐蚀的要求。

6.7.3.5 现场应安装供运行人员巡回检查和就地操作的就地显示仪表。

6.7.4 爆炸危险场所内安装的电动仪表，其防爆型式应按表6.7.4确定。

防爆电动仪表类型选择　　表 6.7.4

分区	0区	1区	2区
防爆型式	本质安全型 ia	本质安全型 ia、ib 隔爆型 α	本质安全型 ia、ib 隔爆型 α

6.7.5 输油站内应设站控制室，安装必要的站控仪表和通信设备。

6.7.6 站控制室的设计应符合下列规定：

6.7.6.1 站控制室应设置照明、隔热、防尘、防振和防噪音的设施。必要时，应设置空调设施。

6.7.6.2 站控制室周围不得有对室内电子仪表产生大于400A／m的持续电磁干扰。

6.7.6.3 室内不得有任何油、气管道穿过。可燃气体和易燃液体的引压、取源管路严禁引入站控制室内。

6.7.7 输油站的安全保护应根据全站的控制水平和操作要求设计，在联锁动作前设置征兆预报警信号。其安全保护应符合下列规定：

6.7.7.1 中间泵站和输油末站的进站管道，宜设置就地控制的压力超限泄放阀，其泄压动作的压力设定值应能调节。

6.7.7.2 输油泵站进泵压力超低限信号和输油首站、中间泵站的出站压力超高限信号应与输油主泵机组停运联锁。

6.7.7.3 水击泄压罐的液位超高限信号应能自动启动油罐液位控制泵。

6.7.7.4 输油主泵机组轴承温度、电动机定子温度、柴油机及燃气轮机转速、泵和原动机轴承振动量的超高限等信号，应与输油主泵机组停运联锁。

6.7.7.5 加热炉火焰熄灭应与燃油紧急切断装置联锁。

6.7.7.6 直接加热炉原油流量超低限信号，应与加热炉停运联锁。

6.7.7.7 当输油站发生紧急事故时，应能立即停运与闭锁。

6.7.8 压力调节方式宜采用节流调节和转速调节，并由站控制系统实施，其设计应符合下列规定：

6.7.8.1 压力调节系统不宜与检测或其它调节系统合用压力变送器。

6.7.8.2 出站压力调节阀宜选择电动液压式或气动液压式调节球阀，其流量特性应选择等百分比或近似等百分比。

6.7.8.3 密闭输送时，进泵（或进站）压力和出站压力必须加以控制。

6.7.9 站控制室对工艺设备的监控应符合下列规定：

6.7.9.1 正常运行工况下对输油温度、压力进行监视、调节。在输油首站，应对进管道的输油量进行监视。

6.7.9.2 异常工况下的报警和紧急事故的处理。

6.7.9.3 有条件时，可对工艺设备进行远方控制。

6.7.10 原油计量应符合下列规定：

6.7.10.1 商品原油的交接计量，应符合现行国家标准《原油动态计量》的有关规定。流量计应采用流量标准装置定期进行在线实液检定。

6.7.10.2 采用立式金属计量罐计量商品原油时，应符合现行国家标准《原油立式金属罐计量油量计算方法》的有关规定。

6.7.10.3 有条件时，原油的体积流量、温度、压力、密度以及原油含水率等应连续计量和测定，并计算出质量流量。其数据宜远传和自动打印制表。

6.7.10.4 燃料油用量应采用流量计计量。流量计的允许误差为±0.5%。

6.7.11 仪表系统的供电设计应符合下列规定：

6.7.11.1 交流电源应与动力、照明用电分开。必要时，可加稳压装置。

6.7.11.2 电源容量应按仪表系统用电量总和的1.2～1.5倍计算。

6.7.11.3 仪表系统用的事故电源，应采用不间断电源设备。

6.7.12 仪表系统的接地应包括保护接地和工作接地。接地电阻值应符合下列规定：

6.7.12.1 仪表系统的保护接地电阻值宜为4Ω，并不得大于10Ω。

6.7.12.2 仪表系统的工作接地电阻值，应根据仪表制造厂家的要求确定。当无明确要求时，可采用其保护接地电阻值。

7 管道监控系统

7.1 一 般 规 定

7.1.1 输油管道应设置监视、控制和调度管理系统。

7.1.2 输油管道的自动化水平应根据工艺要求、操作水平、自然条件以及投资情况确定。密闭输送管道宜采用监控与数据采集系统。

7.1.3 输油管道的监控与数据采集系统应包括控制中心的主计算机系统，远控站的站控制系统、数据传输及网络系统。

7.1.4 输油管道计算机监控与数据采集系统宜采用分散型控制系统。控制方式应采用控制中心控制、站控制室控制和设备就地控制。

7.2 控制中心及主计算机系统

7.2.1 控制中心宜具有下列主要的监控功能：

7.2.1.1 监视各站及工艺设备的运行状态。

7.2.1.2 采集和处理主要工艺变量数据，实时进行显示、报警、存储、记录、打印。

7.2.1.3 通过站控制系统进行远方控制、调节。

7.2.1.4 管道泄漏的检测。

7.2.1.5 远控的线路截断阀状态监控。

7.2.1.6 数据分析及运行管理决策指导。

7.2.2 控制中心应符合运行操作条件的要求，其设计除应符合国家现行标准《计算站场地技术要求》和《计算站场地安全要求》的有关规定外，尚应满足计算机设备的安装要求。

7.2.3 主计算机系统应采用双机热备用运行方式，系统中应设置故障自动切换装置。

7.3 站控制系统

7.3.1 站控制系统应具有下列功能:

7.3.1.1 接受和执行控制中心的控制命令，进行控制和调整设定值，并能独立工作。

7.3.1.2 过程变量的巡回检测和数据处理。

7.3.1.3 向控制中心报告经选择的数据和报警信息。

7.3.1.4 提供站运行状态、工艺流程、动态数据的画面或图象显示，报警、存储、记录、打印。

7.3.1.5 故障自诊断，并把结果传送至控制中心。

7.3.1.6 输油泵机组及主要工艺设备的顺序控制。

7.3.2 站控制室应符合运行操作条件的要求，其设计应符合国家现行标准《工业控制计算机系统安装环境条件》的有关规定。

7.3.3 站控计算机系统应采取保证安全可靠的冗余技术措施。重要的站应采用双机热备用运行方式；系统中应设置故障自动切换装置。

7.3.4 模拟量输入、输出精确度应符合下列规定:

7.3.4.1 模／数（A／D）转换器的转换精确度不应低于检测仪表的精确度，宜为±0.1%～±0.01%（相当于二进制的10～13位）。

7.3.4.2 数／模（D／A）转换器的转换精确度，其电压信号输出宜为±0.1%～±0.01%；电流信号输出宜为±0.5%～±0.2%。

8 通　信

8.0.1 输油管道长途通信传输设备宜选用数字微波设备。

8.0.2 输油管道通信站的位置根据生产要求，宜设在各级输油生产管理部门、输油站及其它站点。

8.0.3 输油管道通信网应具有调度电话、站间电话、会议电话、行政电话、巡线和应急通信、电报、传真及数据通信等功能。调度电话总机宜采用辐射式的设备；会议电话不宜设专用电路，可由行政电话电路兼用；站间电话电路不得连接其它电话。

8.0.4 输油管道行政管理部门应设自动电话交换机。对于小型输油站，电话用户数量较少时，可不设电话交换机，宜采用远端用户电话方式。

8.0.5 管道巡线、维修和事故抢修部门，宜设无线移动通信设施。

8.0.6 通信站进站电缆容量应按电话交换机容量的120%确定；不安装电话交换机的输油站，进站电缆（或用户线）容量应按实装用户数量的140%～160%确定。

备用发电机组(台)　　**表 8.0.7**

电源负荷等级 / 油机发电机组台数 / 通信站类别	一级	二级	三级
输油生产管理部门	0	1	2
输油站	0	1	—
独立通信站	0	2	2

8.0.7 通信站采用油机发电机组做备用电源时，其台数应按表8.0.7的规定配置。

8.0.8 输油管理部门至当地市话局应设中继线。输油站至当地邮电局（所）可设中继线，也可安装电话单机。

8.0.9 主计算机系统与站控制系统的数据传输设计方案，应根据通信线路配置、路由选择、时间延迟和传输质量、可靠性要求等因素，经技术经济比较后确定，并应考虑发展的需要。

8.0.10 数据传输系统设计应符合下列规定：

8.0.10.1 数据信号速率应根据数据传输量及水击控制要求确定，但不宜小于2400bps。

8.0.10.2 传输方式应选择半双工或全双工，同步或异步，串行传输。

8.0.10.3 误码率应小于10^{-6}。

8.0.10.4 应设置其它通信方式的备用信道。

9 输油管道的焊接检验与试压

9.1 焊接与检验

9.1.1 设计文件中必须标明焊件和焊接材料的规格、焊缝及接头型式。对焊接方法、焊前预热、焊后热处理及焊接检验等均应提出明确要求。

9.1.2 根据设计文件提出的钢管和管件的材料等级、焊接材料、焊接方法和焊接工艺等，施工单位应在工程开工前进行焊接工艺试验，提出焊接工艺评定报告。焊接工艺评定应符合现行国家标准《压力容器焊接工艺评定》的有关规定。

9.1.3 焊接材料应根据被焊件的工作条件、机械性能、化学成份、接头型式等因素综合考虑，宜选用抗裂纹能力强、脱渣性好的材料。对焊缝有冲击韧性要求时，应选用低温冲击韧性好的材料。

9.1.4 焊接材料应符合现行国家标准《碳钢焊条》、《低合金钢焊条》、《焊接用钢丝》的有关规定。

当选用未列入标准的焊接材料时，必须经焊接工艺试验并经评定合格后方可使用。

9.1.5 焊接接头设计应符合下列规定：

9.1.5.1 焊缝坡口型式和尺寸的设计，应能保证焊接接头质量、填充金属少、减少焊件变形、顺利通过清管器和管道内检测仪等。

9.1.5.2 对接焊缝接头可以采用V形或其它合适形状的坡口。两个具有相等壁厚的管端，对接接头坡口尺寸应符合国家现行标准《长输管道线路工程施工及验收规范》的有关规定。两个壁厚不等的管端接头型式，宜符合本规范附录J的规定，或采用长度不小于管子半径的预制过渡短管；过渡短管接头设计宜符合本规范附录 J 的规定。

9.1.5.3 角焊缝尺寸宜用等腰直角三角形的最大腰长表示。

9.1.6 焊件的预热应根据材料性能、焊件厚度、焊接条件、气候和使用条件确定。当需要预热时，应符合下列规定：

9.1.6.1 当焊接两种具有不同预热要求的材料时，应以预热温度要求较高的材料为准。

9.1.6.2 预热时应使材料受热均匀，在施焊过程中其温度降应符合焊接工艺的规定，并应防止预热温度和层间温度过高。

9.1.7 焊缝残余应力的消除应根据结构尺寸、用途、工作条件、材料性能确定。当需要消除焊缝残余应力时，应符合下列规定：

9.1.7.1 对壁厚超过 32mm 的焊缝，均应消除应力。当焊件为碳钢时，壁厚为 32～38mm，且焊缝所用最低预热温度为 95℃时，可不消除应力。

9.1.7.2 当焊接接头所连接的两个部分厚度不同而材质相同时，其焊缝残余应力的消除应根据较厚者确定；对于支管与汇管的连接或平焊法兰与钢管的连接，其应力的消除应分别根据汇管或钢管的壁厚确定。

9.1.7.3 不同材质之间的焊缝，当其中的一种材料要求消除应力时，该焊缝应进行应力消除。

9.1.8 焊接质量的检验应符合下列规定：

9.1.8.1 焊缝质量应采用无损探伤法进行检验，或按有关规定作破坏性试验。在检验或试验之前，应清除渣皮和飞溅物，并进行外观检查。

9.1.8.2 用射线照相检验时，应对焊工当天所焊 15%的焊缝的全周长进行检验。对通过居民区、工矿企业区和穿跨越河流、湖泊、水库、公路、铁路的管道焊缝，以及碰口焊缝，应进行 100%的检验。

射线探伤方法和焊缝质量级别应符合现行国家标准《钢熔化焊对接接头射线照相和质量分极》和《长输管道线路工程施工及验收规范》的有关规定。

9.1.8.3 采用超声波探伤时，应对焊工当天所焊焊缝的全部进行检查，并对其中 5%的焊缝的全周长用射线照相复查。

超声波探伤方法和焊缝质量分级应符合现行国家标准《钢焊缝手工超声波探伤方法和探伤结果分级》和《长输管道线路工程施工及验收规范》的有关规定。检验等级应按 B 级，质量合格标准应按Ⅰ级。

9.1.8.4 采用破坏性试验检验的焊缝，其试件制备、试验项目和方法、技术指标等，应符合现行国家标准《压力容器焊接工艺评定》的有关规定。

9.2 试 压

9.2.1 输油管道工程完工后，必须进行强度试压和严密性试验。

9.2.2 穿跨越大中型河流、国家铁路、一二级公路和高速公路的管段，应单独试压，合格后再同相邻管段连接。

9.2.3 清管器收发装置、管汇等制作件，应同管道系统一同试压。

9.2.4 壁厚不同的管段应分别试压。

9.2.5 用于更换现有管道或改线的管段，在同原有管道连接前应单独试压，试验压力不应小于原管道的试验压力。同原管道连接的焊缝，应采用射线照相进行 100%的检查。

9.2.6 试压介质应采用水。在严寒、缺水、或高差引起的静水压力过大地段，且处于人烟稀少地区，亦可采用气体作为试压介质，但试压时必须采取防爆安全措施。

9.2.7 强度试验压力不得小于设计内压力的 1.25 倍；持续稳压时间不得小于 4h；当无泄漏时，可降到严密性试验压力，其值不得小于设计内压力的 1.1 倍，持续稳压时间不得小于 4h。当因温度变化或其它因素影响试压的准确性时，应延长稳压时间。

当采用的强度试验压力所产生的环向应力大于钢管的最低屈服强度 90%时，应采取防止钢管应变过大的措施。

9.2.8 分段试压合格的管段相互连接的碰口焊缝，必须按第 9.1.8 条的规定采用射线照相进行 100%的检查，全线接通后可不进行试压。

附录 A 原油一般物理性质测定项目

原油一般物理性质测定项目 **表 A**

序号	测定项目	序号	测定项目
1	相对密度 d_4^{20}	8	胶　质(%)
2	凝　点(℃)	9	含硫量(%)
3	初馏点(℃)	10	含盐量(mg／L)
4	闪　点(闭口)(℃)	11	粘　度
5	蒸气压(kPa)	12	含水率(%)
6	含蜡量(%)	13	比热容(J／kg℃)(温度间隔 2℃)
7	沥青质(%)		

注：①用作燃气轮机燃料时的原油，应化验残炭和微量金属钠、钾、钙、铅、钒的含量；

②石蜡基原油粘度按表B测定，其它原油应测定五个不同温度点的粘度。

附录 B　原油流变性测定项目

原油流变性测定项目　　表 B

序号	测定项目	要　求
1	析蜡点(℃)	
2	反常点(℃)	
3	粘　度	在反常点与初馏点之间测定，温度间隔为 5℃
4	流变指数	在反常点与凝点之间测定，温度间隔为 2℃
5	稠度系数($kg \cdot s^n / m^2$)	
6	表观粘度($mPa \cdot s$)	
7	屈服值(Pa)	

附录 C　输油平均温度计算

C.0.1　输油平均温度是原油粘度和相对密度换算的定性温度，应按下式计算。

$$t_{av} = \frac{1}{3} t_1 + \frac{2}{3} t_2 \tag{C-1}$$

式中　t_{av}——计算管段的输油平均温度（℃）；

t_1——计算管段的起点原油温度（℃）；

t_2——计算管段的终点原油温度（℃）。

注：对不加热输送的原油长输管道，计算管段的输油平均温度取管中心埋深处最冷月的平均地温。

附录D　水力摩阻系数 λ 计算

D.0.1 水力摩阻系数 λ 应按表D中的雷诺数Re划分范围，选择相应公式计算。

雷诺数Re划分范围及水力摩阻系数 λ 计算　　　　**表D**

流态	划分范围	$\lambda = f(\mathrm{Re}\frac{2e}{d})$
层流	$\mathrm{Re} < 2000$	$\lambda = \frac{64}{\mathrm{Re}}$
紊流水力光滑区	$3000 < \mathrm{Re} \leqslant \mathrm{Re}_1 = \frac{59.7}{(\frac{2e}{d})^{8/7}}$	$\frac{1}{\sqrt{\lambda}} = 2\lg\frac{\mathrm{Re}\sqrt{\lambda}}{2.51}$
		$\frac{1}{\sqrt{\lambda}} = 1.8\lg\mathrm{Re} - 1.53$
		$\mathrm{Re} < 10^5$ 时 $\lambda = \frac{0.3164}{\mathrm{Re}^{0.25}}$
紊流混合摩擦区	$\mathrm{Re}_1 < \mathrm{Re} < \mathrm{Re}_2 = \frac{665 - 765\lg(\frac{2e}{d})}{\frac{2e}{d}}$	$\frac{1}{\sqrt{\lambda}} = -1.8\lg\left[\frac{6.8}{\mathrm{Re}} + (\frac{e}{3.7d})^{1.11}\right]$

注：(1)Re——输油平均温度下管输原油呈牛顿流体时的雷诺数：　$\mathrm{Re} = \frac{4q_v}{\pi d v}$

式中，q_v—— 输油平均温度下的原油体积流量m^3/s；

v —— 输油平均温度下的原油运动粘度m^2/S；

(2)当$2000 < \mathrm{Re} < 3000$时，可按水力光滑区计算；

(3)Re_1——由光滑区向混合区过渡的临界雷诺数；

(4)Re_2——由混合区向粗糙区过渡的临界雷诺数；

无缝钢管　　e取0.06mm；

螺旋缝钢管　　D_N250～D_N350：e取0.125mm，D_N400以上：e取0.10mm。

(5)e——管内壁绝对(当量)粗糙度：

直缝钢管e取0.054mm。

附录 E 假塑性流体管段沿程摩阻计算

E.0.1 假塑性流体管段沿程摩阻按表 E 中的雷诺数 Re 划分范围，选择相应公式计算。

假塑性流体管段沿程摩阻 h_τ 计算 **表 E**

雷 诺 数 Re	流态	划分范围	沿程摩阻 h_τ(米液柱)	备 注
$\mathrm{Re}=\dfrac{2\times 4^{3-n}q_v^{2-n}\rho}{\pi^{2-n}d^{4-3n}K\left(\dfrac{6n+2}{n}\right)^n g}$	层流	Re< 2000	$h_\tau=\dfrac{4KL_c}{\rho d}\left(\dfrac{32q_v}{\pi d^3}\right)^n\left(\dfrac{3n+1}{4n}\right)^n$	
	紊流	Re> 2000	$h_\tau=0.0826\lambda\tau\dfrac{q_v^2}{d^5}L_c$ $\lambda_\tau=\dfrac{8.9\times 10^{-3}\exp(3.57n^2)\left[\exp\left(0.572\dfrac{1-n^{4.2}}{n^{0.435}}\right)\right]^{\frac{1000}{\mathrm{Re}}}}{\mathrm{Re}^{(0.314n^{2.3}-0.064)}}$	Kemblowski-Kolodziejski 公式

注：h_τ——假塑性流体管段的沿程水力摩阻，油柱m；

Re——假塑性流体管段的管输状态雷诺数；

n——假塑性流体的流变指数；

K——假塑性流体的稠度系数kg·s^n/m^2；

ρ——输油平均温度下的原油密度kg/m^3；

λ_τ——假塑性流体管段的水力摩阻系数。

附录 F　挠性系数和应力增强系数

F.0.1　构件平面内和构件平面外的应力增强系数可按表 F 采用。

挠性系数和应力增强系数　　　　**表 F**

名称	挠性系数 k	应力增强系数 i_i	应力增强系数 i_o	特征系数 h	示意图
弯头或弯管[1,2,4]	$\frac{1.65}{h}$	$\frac{0.9}{h^{2/3}}$	$\frac{0.75}{h^{2/3}}$	$\frac{\delta_R}{r^2}$	
拔制三通[1,2]	1	$0.75i_i+0.25$	$\frac{0.9}{h^{2/3}}$	$4.4\frac{\delta}{r}$	
带补强圈的焊接支管[1,2,3]	1	$0.75i_o+0.25$	$\frac{0.9}{h^{2/3}}$	$\frac{(\delta+\frac{1}{2}M)^{5/2}}{\delta^{3/2}\cdot r}$	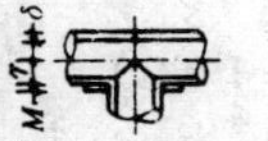
无补强圈的焊制三通[1,2]	1	$0.75i_i+0.25$	$\frac{0.9}{h^{2/3}}$	$\frac{\delta}{r}$	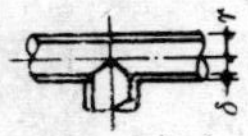

注：i_i 为构件平面内　i_o 为构件平面外

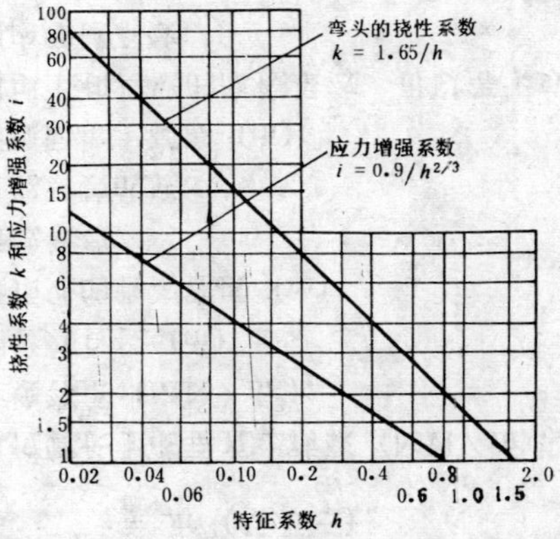

注：①对于管件，表中的挠性系数k和应力增强系数i，适用于任意平面内的弯曲，但其值均不应小于 1.0；对于扭转则这些系数等于 1.0[这两个系数适用于弯头、弯管的整个有效弧长上（图中以粗黑中心线表示）和三通的交接口上]。

②R——焊接管头和弯管的弯曲半径（mm）；

r——所接钢管的平均半径（mm）；

δ——公称壁厚（mm）。对于弯头、弯管，为其本身的壁厚；对于拔制三通、焊制三通或焊接支管，为所接钢管的壁厚。但当焊制三通主管壁厚大于所接钢管的壁厚，且加厚部分伸出支管外壁的长度大于支管外径 1 倍时，指主管壁厚。

M——补强圈的厚度（mm）。

F.0.2　当补强圈的厚度（M）大于公称壁厚（δ）1.5 倍时，特征系数（h）应等于 $4.05\frac{\delta}{r}$。

F.0.3　在大口径薄壁弯头和弯管中，挠性系数 k，应除以 $1+6\frac{P}{E_c}(\frac{r}{\delta})^{\frac{7}{3}}\cdot(\frac{R}{r})^{\frac{1}{3}}$。对应力增强系数 i 应除以 $1+3.25(\frac{r}{\delta})^{\frac{5}{2}}\cdot(\frac{R}{r})^{\frac{2}{3}}\cdot\frac{P}{E_c}$。

E_c——冷态弹性模量（MPa）；

P——表压（MPa）。

附录 G 钢管径向变形的计算

G.0.1 钢管在外荷载作用下的径向变形，可按下式计算：

$$\Delta X = \frac{JKWr^3}{EI + 0.061E'r^3} \quad (G.0.1-1)$$

$$I = \sigma^3 / 12 \quad (G.0.1-2)$$

式中 ΔX ——钢管水平径向的最大变形（m）；

J ——钢管变形滞后系数应取1.5；

K ——钢管基座系数取值应符合表G.0.1的规定；

W——单位管长上的总垂直荷载，包括管顶垂直土荷载和地面车辆传到钢管上的荷载（MN / m）；

r ——钢管的平均半径（m）；

E ——管材的弹性模量（MPa）；

I ——管壁截面的惯性矩（m^3）；

δ ——为管壁厚度（m）；

E'——回填土的变形模量（MPa），取值应符合表G.0.1的规定。

标准铺管条件的设计参数 **表 G.0.1**

铺管条件	E' (MPa)	基础包角	基座系数
管道敷设在未扰动的土上,回填土松散	1.0	30°	0.108
管道敷设在未扰动的土上,管道中线以下的土轻轻压实	2.0	45°	0.105

续表 G.0.1

铺管条件	E' (MPa)	基础包角	基座系数
管道敷设在厚度最少为 10cm 的松土垫层内,管顶以下回填土轻轻压实	2.8	60°	0.103
管道敷设在砂卵石或碎石垫层内,垫层顶面应在管底以上 1 / 8 管径处,但至少为 10cm,管顶以下回填土夯实,夯实密度约为 80%(标准葡氏密度)	3.5	90°	0.096
管道中线以下安放在压实的团粒材料内,夯实管顶以下回填的团粒材料,夯实密度约为 90%(标准葡氏密度)	4.8	150°	0.085

G.0.2 埋设在管沟内的管道单位管长上的垂直土荷载按下式计算：

$$W_e = C_d \gamma D B' \quad (G.0.2-1)$$

$$C_d = \frac{1 - e^{-2\eta f \frac{H}{B'}}}{2\eta f} \quad (G.0.2-2)$$

$$\eta = \tan^2(45 - \frac{\phi}{2}) \quad (G.0.2-3)$$

式中 W_e——单位管长上的垂直土荷载（MN / m）；

γ ——土壤容重（MN / m^3）；

D——钢管外直径（m）；

B ——管顶处的管沟宽度（m）；

C_d——荷载系数；

e ——自然对数的底；

H——管顶回填土高度（m）；

f ——回填土和沟壁的摩擦系数，可以等于或小于回填土的内摩擦系数；

η ——主动侧向单位土压力与竖向单位土压力之比，可按式（G.0.2–3）计算；

ϕ ——土壤内的摩擦角（°）。

G.0.3 埋设在土堤内的管道单位管长的垂直土荷载为管顶上土壤单位棱柱体的重量。

G.0.4 当缺少土壤的物理力学性质资料时，荷载系数 C_d 值也可由图 G.0.4 曲线确定。

地面上汽车和火车等活荷载及其传到管道上的力，可分别按国家现行标准《公路桥涵设计通用规范》和《铁路桥涵设计规范》的规定计算。

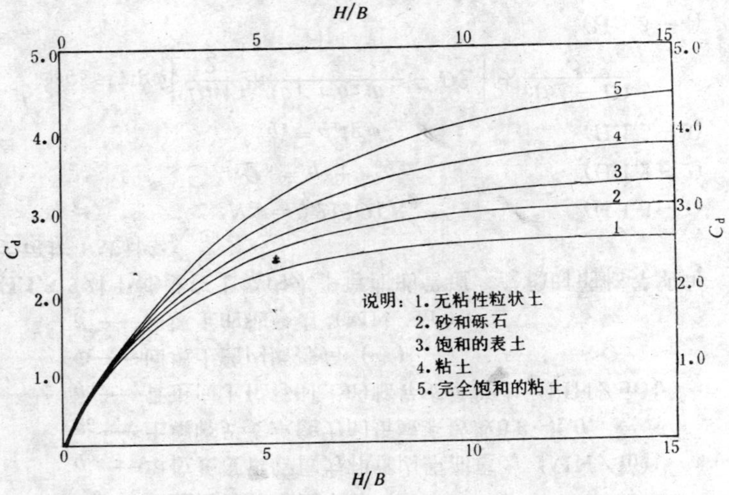

图 G.0.4 荷载系数曲线

附录 H 埋地输油管道开始失稳的临界轴向力和计算弯曲半径

H.1 临界轴向力

H.1.1 埋地直线管段开始失稳时的临界轴向力，可按下式计算：

$$N_{cr} = 2\sqrt{KeDEI} \quad (H.1.1-1)$$

$$K_e = \frac{0.12E'n_e}{(1-\mu_o{}^2)\sqrt{jD}}(1-e^{-2h_o/D}) \quad (H.1.1-2)$$

式中 K_e——土壤的法向阻力系数（MPa／m）；

I ——钢管横截面惯性矩（m^4）；

E'——回填土的变形模量（MPa）；

n_e——回填土变形模量降低系数，根据土壤中含水量的多少和土壤结构破坏程度取 0.3～1.0；

μ_o——土壤的泊桑系数，砂土取0.20～0.25；坚硬的和半坚硬的粘土、亚粘土取 0.25～0.30，塑性的取 0.30～0.35，流性的取 0.35～0.45；

i ——管道的单位长度（$j=1$m）；

h_o——地面（或土堤顶）至管道中心的距离（m）。

H.1.2 对于埋地向上凸起的弯曲管段开始失稳时的临界轴向力，可按下式计算：

$$N_{er} = 0.375Q_u R_o \quad (H.1.2-1)$$

$$Q_u = q_o + n_o q_1 \quad (H.1.2-2)$$

$$q_1 = \gamma D(h_o - 0.39D) + \gamma h_o^2 \mathrm{tg}0.7\phi + \frac{0.7ch_o}{\cos 0.7\phi} \quad (H.1.2-3)$$

式中 Q_u——管道向上位移时的极限阻力（MN／m）；当管道有压重物或锚栓锚固时，应计入压重物的重力或锚栓的拉脱力，在水淹地区应计入浮力的作用。

R_o——管道的计算弯曲半径（m）；

q_o——单位长度钢管重力和管内原油重力（MN／m）；

n_o——土壤临界支承能力的折减系数取0.8～1.0;

q_1——管道向上位移时土的临界支承能力（MN／m）；

Φ——回填土的内摩擦角（°）；

c——回填土的粘聚力（MN／m^2）。

H.1.3 对于铺设在土堤内水平弯曲的管道，失稳时的临界轴向力可按下式计算：

$$N_{er} = 0.212 Q_h R_o \tag{H.1.3-1}$$

$$Q_h = q_f + n_o q_2 \tag{H.1.3-2}$$

$$q_f = q_0 \mathrm{tg}\phi \tag{H.1.3-3}$$

$$q_2 = \gamma \mathrm{tg}\phi \left[\frac{Dh_1}{2} + \frac{(b_1+b_2)h_1}{4} - D^2 \right] + \frac{c(b_2 - D)}{2} \tag{H.1.3-4}$$

$$q_2 = \gamma h_o D[\mathrm{tg}^2\left(45° + \frac{\phi}{2}\right)] + \frac{2c}{\gamma h_o}\mathrm{tg}(45° + \frac{\phi}{2}) \tag{H.1.3-5}$$

式中 Q_h——管道横向位移时的极限阻力（MN／m）；

q_f——单位长度上的管道摩擦力（MN／m）；

q_2——管道横向位移时土的临界支承能力（MN／m）；

h_1——土堤顶至管底的距离（m）；

b_1——土堤顶宽（m）；

b_2——土堤底宽（m）。

注：管道横向位移时土的临界支承能力按式（H.1.3-4）和（H.1.3-5）计算，取两者中的较小值。

H.2 管道弯曲轴线的计算弯曲半径

H.2.1 当埋地输油管道按弹性弯曲敷设时，弹性弯曲的弯曲半径大于钢管的外直径的 1000 倍，且曲线的弦长大于或等于管道失稳波长时，管道的计算弯曲半径取管道弹性弯曲的实际弯曲半径。

H.2.2 当管道曲线的弦长小于失稳波长，且满足式（H.2.2-1）时，计算弯曲半径按式（H.2.2-2）计算：

$$L + \frac{L_o}{2} \geqslant \frac{L_{er}}{2} \tag{H.2.2-1}$$

$$R_o = \frac{2L_{cr}^2 \quad \cos\frac{\theta}{2}}{\pi^2\left[L_{cr}\sin\frac{\theta}{2} - 2R(1-\cos\frac{\theta}{2})\right]} \tag{H.2.2-2}$$

$$L_{cr}^2 = \frac{265EI}{Q_u R_o(1 + \sqrt{1 + \frac{80EIC_p}{Q_u^2 R_o^2}})} \tag{H.2.2-3}$$

$$L_{cr}^2 = \frac{93.5EI}{Q_h R_o(1 + \sqrt{1 + \frac{80EIC_p}{Q_h^2 R_o^2}})} \tag{H.2.2-4}$$

$$C_p = q_1 / h_1 \tag{H.2.2-5}$$

式中 L——与弯曲管段两侧连接的每一直管段的长度（m）；

L_o——弯曲管段的弦长（m）；

L_{cr}——管道的失稳波长（m）；当管道向上凸起（拱起）时的弯曲管段按式（H.2.2-3）计算。在土堤内水平弯曲管段按式（H.2.2-4）计算；

R_o——管道的计算弯曲半径（m）；

R——管道轴线的弯曲半径（m）；

θ——管道的转角（°）；

C_p——土的卸载系数；

h_1——地面（或土堤顶）至管底的距离（m）。

H.2.3 当设计管段由两个冷弯管组成，且弯管之间的直线管段满足式（H.2.3-1）时，计算弯曲半径按式（H.2.3-2）计算：

$$R_1\sin\frac{\theta_1}{2}+R_2\sin\frac{\theta_2}{2}+L\leqslant L_{cr} \tag{H.2.3-1}$$

$$R_o=\frac{2L_{cr}^2}{\pi^2[L_{cr}\mathrm{tg}\frac{\theta_1+\theta_2}{2}+(L+R_1\mathrm{tg}\frac{\theta_1}{2}+R_2\mathrm{tg}\frac{\theta_2}{2})\times(\sin\frac{\theta_2-\theta_1}{2}-\mathrm{tg}\frac{\theta_1+\theta_2}{2}\cos\frac{\theta_2-\theta_1}{2})]} \tag{H.2.3-2}$$

式中 R_1、R_2——分别为两个弯管的弯曲半径（m）；

θ_1、θ_2——分别为两个弯管的转角（°）；

L——两个弯管之间的直管段长度（m）。

H.2.4 当设计管段内为一弯曲半径不大于钢管外直径5倍的弯头时，其弯曲半径按下式计算：

$$R_o=\frac{2L_{cr}}{\pi^2\mathrm{tg}\frac{\theta}{2}} \tag{H.2.4}$$

附录J 两个壁厚不等管端的对焊接头

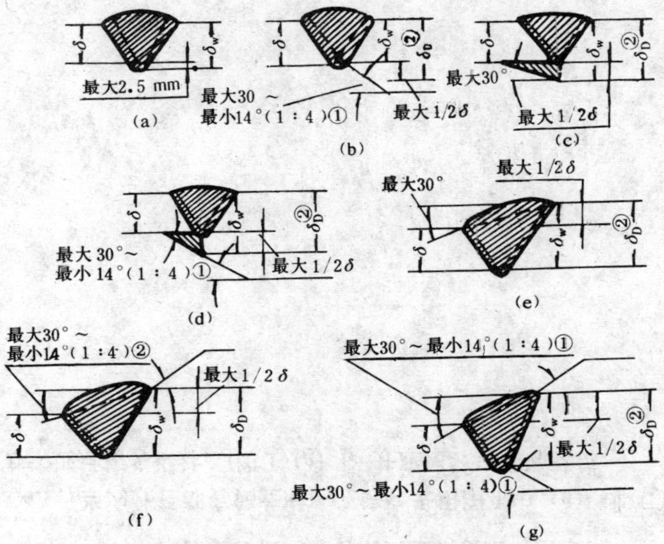

图J 两个壁厚不等管端的对焊接头形式

注：①当相接材料具有相等的屈服强度时，不限定最小值。

②设计用的最大厚度δ_D不应大于1.5δ。

J.1 一般规定

J.1.1 当对焊的两个管端壁厚不等和（或）材料的最低屈服强度不等时，坡口应按图J的形式设计。

J.1.2 相接钢管接头设计区以外的壁厚，应符合本规范的设计要求。

J.1.3 当相接钢管的最低屈服强度不等时，焊缝金属所具有的机械性能，至少应与强度较高的钢管的机械性能相同。

J.1.4 两个壁厚不等的管端之间的过渡，可采用锥面或图 J 所示的焊接方法，或采用长度不小于钢管半径的预制过渡短管连接。

J.1.5 斜表面的焊缝边缘，应避免出现尖锐的切口或刻槽。

J.1.6 连接两个壁厚不等而最低屈服强度相等的钢管，均应按照以上规定，但对锥面的最小角度可不作限制。

J.1.7 对焊后热处理的要求，应采用有效焊缝高度 δ_W 值确定。

J.2 内径不等的两根钢管的对焊接头

J.2.1 当两根相接钢管的公称壁厚相差不大于 2.5mm 时，可不作特殊处理，但应焊透焊牢，图 J (a)。

J.2.2 当内壁偏差大于 2.5mm 且不能进入管内施焊时，应将较厚管端的内侧切成锥面，图 J (b)。锥面角度不应大于 30°，也不应小于 14°。

J.2.3 对于环向应力大于最低屈服强度 20%以上的钢管，当内壁偏差大于 2.5mm，但不超过较薄钢管壁厚的 1/2，且能进入管内进行焊接时，可采用锥形焊缝，图 J (c)。较厚钢管上的坡口钝边高度，应等于管壁厚的内偏差加上对接钢管上的坡口钝边高度。

J.2.4 当内壁偏差大于较薄钢管壁厚的 1/2，且能进入管内焊接时，可将较厚的那个管端的内侧切成锥面，[图 J (b)]；或可采用一个组合式锥形焊缝过渡，[即以相当于较薄钢管壁厚的 1/2 采用锥形焊缝，并从该点起，将剩余部分切成锥面，图 J (d)].

J.3 外径不等的两根钢管的对焊接头

J.3.1 当外壁偏差不超过较薄钢管壁厚的 1/2 时，可采用焊接完成过渡，图 J (e)，但焊缝表面的上升角不得大于 30°，且两个对接的坡口边也应正确熔焊。

J.3.2 当外壁偏差超过较薄钢管壁厚的 1/2 时，应将该超出部分切成锥面[图 J (f)]。

J.4 内径及外径均不等的两根钢管的对焊接头

J.4.1 当内外径都有偏差时，应综合采用图 J 中 (a) 到 (f) 的方式进行接头设计，[图 J (g)]，并应使坡口准确就位。

附录 K　本规范用词说明

K.0.1　为便于在执行本规范条文时区别对待，对要求严格程度不同的用词说明如下：

(1) 表示很严格，非这样作不可的用词：

正面词采用"必须"；

反面词采用"严禁"。

(2) 表示严格，在正常情况下均应这样作的用词：

正面词采用"应"；

反面词采用"不应"或"不得"。

(3) 表示允许稍有选择，在条件许可时首先应这样作的用词：

正面词采用"宜"或"可"；

反面词采用"不宜"。

K.0.2　条文中指定应按其它有关标准和规范执行的写法为，"应符合……的规定"或"应按……执行"。

附加说明

本规范主编单位、参加单位和主要起草人名单

主编单位：中国石油天然气管道勘察设计院

参加单位：中国石油天然气总公司规划设计总院

主要起草人：张铭嘉　俞乐群　张怀法　林汇添　孙正国　胡贺文　李　镛　庄甲文　张家武　徐庭林　程祖亮

中华人民共和国国家标准

输油管道工程设计规范

GB 50253-94

条 文 说 明

目 次

1 总 则

1.0.1 本条旨在说明制定本规范的目的。

1.0.2 本条说明本规范的适用范围。

1.0.3 本条提出在管道工程设计中应遵循的三条原则。

1.0.4 本规范不包括穿跨越工程设计。

1.0.5 说明本规范与国家现行有关规范的关系。

3 输油工艺

3.1 一般规定

3.1.1 原油管道设计年工作天数，我国一般都按350d计算，20年来的实践证明，一年给出15d的富裕量，主要是考虑检修及客观原因所引起的降量输送等，按350d计算是合适的。

在输油管道初步设计文件中，应该给出按经济条件和热力允许的最小输量，并限定该流量的运行年限。

3.1.2 “密闭输送”使全线成为一个水力系统，能量可以充分利用，它具有流程简单、减少轻质油损耗等优点，国外输油管道已普遍采用。采用“密闭输送”必须设有减少各输油站的相互干扰和消除水击的设施。当不具备这些条件时，可先采用“旁接油罐”流程，当有条件时，可过渡到“密闭输送”流程。

3.1.3 输油管道的工艺设计是在已知油品性质的条件下进行计算的，因此本条规定了必须取得被输原油的物理性质后才能设计输油管道。

3.1.4 加热输送的油品，一般多为粘度、凝固点较高。加热后，油品温度升高，粘度降低，输送过程温度降低不致低于其凝固点，以保证安全。由于粘度降低，沿程摩阻损失降低，节省了电能。但加热消耗热能（燃料油）。因此需综合分析，以求得最佳的加热温度。埋地管道是否采用保温，应该以基建投资和由于保温而节省的能量综合分析后确定。

3.2 工艺计算

3.2.1 本条提出了被输原油在管内呈牛顿体时采用达西公式计算水力摩阻，其中水力摩阻系数 λ 的计算式选用表，采用了《输油管道设计与管理》一书中的表2-5。规范中采用的混合摩擦区 λ 计算式为ИсаеВ公式。

达西公式中管道长度 L，在长输管道设计中可用实测的水平距离，可不考虑局部阻力的当量长度，我国多年的管道设计经验证明了这一点。

3.2.2 本条主要提出了被输原油在管道中站间轴向温度降至反常点以下、呈非牛顿体时的水力摩阻计算方法。在生产实践中证明，温度降至原油反常点以下时，应用此计算方法得到了比较满意的结果。

3.2.3 输油管道应考虑油流摩擦生热的影响，本规范采用了列宾宗公式，该式引自B.И车尔尼金著《易凝原油的输送》一书。

3.3 工艺流程

3.3.1～3.3.4 各类型输油站工艺流程，是总结了我国多年来各条输油管道运行经验而提出的。特别是加热输送的管道，我国积累了丰富的经验。为了投产前试运、反输热水和运行时保安，需设反输流程。站内循环流程是为机泵和加热炉试运而设置的。

4 线　路

4.1 线路选择

4.1.1 本条规定选择输油管道线路时必须收集的资料和应考虑的因素，使选定的线路既施工便利、运行安全，又经济合理，并减少同其它经济部门的矛盾。

4.1.2 强调选择输油管道线路时应同时考虑同泵站、穿跨越工程位置间的关系，并规定了应遵循的原则。

输油管道穿跨越河流的地点，主要决定于河流形态、地形、地质和水文条件。这些自然条件对工程难易、工期长短、工程量和投资大小以及投产后是否能安全运行有密切关系。对于大、中型穿跨越工程，投资和工程量都比较大，施工较难，一旦发生事故，往往不易修复。因此，在经济合理和安全的前提下，大、中型穿跨越地点允许同线路走向有少许偏离，对线路作局部调整是必要的。对于小型穿跨越工程，由于投资小，工程简单，穿跨越地点应服从线路走向。

4.1.3 为了减少同城市、工厂、交通枢纽之间的矛盾，避免管道施工、维修和发生事故时影响这些区域和部门的正常生产、生活，或在城市和工厂企业等生产建设活动时影响管道安全，以及为了保护历史文物、保护环境，管道应绕避这些地区。如由于地形或其它原因的限制，管道不能避开上述地区，或采取绕行需要增加大量投资和运行费用，管道不得不在这些地区敷设时，必须取得国家有关部门批准，并应采取有效措施保护管道安全和管道施工、维护时减少对这些地区的干扰。

4.1.4 滑坡、崩塌、泥石流和沉陷等不良地质现象和强地震活动带，对管道危害很大，为保证管道安全，选线时以避开为宜。如经设计论证，管道在上述地区敷设较绕避经济合理，且在采取适当措施后，管道安全可以得到保证时，则可以选择合适位置并尽量缩小通过范围，以减少工程投资和对管道安全的威胁。

4.1.5 关于输油管道同地上建（构）筑物的间距，各国规范的规定大致有以下几种情况：

1. 美国 B31.4 和加拿大 CSA Z183《输油管线系统》都没有对管道同建（构）筑物间的距离作出规定。但美国在《液体管道联邦最低安全标准》195.210 条中规定，管道和住宅、工业建筑及公共场所的最小间距为 50ft。在 CSA Z183 中对输送高蒸汽压油品的管道，按地区等级不同采用不同的设计系数和增加管道埋深。

2. 前苏联 СНИП−2.05.06−85《大型管线》按照管道等级（根据地形、工作条件、管道结构和考虑管道安全输送的要求，将管道划分为四级）规定管道同各种建（构）筑物间的距离，同时，不同等级的管道采用不同的计算强度。

3. 日本的《石油管道技术标准（部令）》，对地面管道，规定了与不同设施的最小间距，对埋地管道，只规定了同地下街及隧道、水道设施中容易流入石油的地方的间距，而同其它建筑物的距离只需 1.5m。

为便利管道施工、维护，减少其它部门的施工和维修等活动对管道的影响，以及管道一旦发生泄漏时，减少对其它部门、公共建筑和人民生命财产的危害，管道同建（构）筑物之间保持一定距离还是必要的。因此，本规范仍保留了国家现行标准《原油长输管道线路设计规范》中关于管道同建（构）筑物的最小间距的规定，但对某些数据做了修改。如因特殊情况或地形条件受到限制不能满足本条规定时，允许缩小间距，但不得小于 8m，这是考虑施工的要求规定的。

4.1.6 考虑到裸露敷设在地面的输油管道易受外力损伤，一旦发生泄漏，对人民生命财产的危害和环境的影响较大。为减少管道泄漏所带来的影响，加大管道同地面建（构）筑物之间的距离是必要的。

4.1.7 本条关于输油管道同平行的架空送电线路的最小间距是根据国家现行标准《架空送电线路设计技术规程》规定的。

4.1.8 本条指出输油管道同平行的埋地通信电缆间的最小距离的确定须遵循的规范，并强调应同主管部门协商取得他们的同意。

4.1.9 输油管道同其它管道平行敷设时，其间距应考虑施工、检修的需要、阴极保护相互干扰的影响，并符合国家现行标准《钢质管道及储罐防腐蚀工程设计规范》的有关规定。对同沟敷设和采取联合保护的管道，其间距在该规范中没有明确规定，设计人员可根据施工和维修的需要以及其它因素酌定。

4.2 管道敷设

4.2.1 根据输油管道同地面的相对位置，管道的敷设形式可分为地下埋设、地上敷设和土堤埋设。各种方式均有其特点，应根据管道沿线的自然条件确定，在一般情况下，埋地敷设较其它敷设方式经济安全，少占耕地，不影响交通和农业耕作，维护管理方便，故应优先采用。如在不良地质条件地区或其它特殊自然条件，采用地下埋设投资和工程量大或对管道安全和寿命有影响时，才考虑其它敷设方式。

4.2.2 本条指出管道为改变平面走向和适应地形起伏变化可采用的敷设方法。根据国内外管道建设经验，在地形起伏不大或平面转角较小时，采用弹性弯曲以改变走向和适应高程变化是较为简单、方便和经济的敷设方法，在地形和其它条件允许的情况下应首先采用。在地形变化较大或在平面上受地形、地物限制时，则可采用弯管（包括现场冷弯管和工厂热煨弯管）或工厂预制弯头。

4.2.3 为了便利施工，应避免平面和竖向弹性弯曲的重叠或局部重合。如平面和竖向曲线完全重叠不可避免时，宜采用人工弯管或弯头，如采用弹性弯曲，则曲线的曲率半径应不小于管道在自重作用下竖向弹性弯曲的曲率半径。

反向弹性弯曲之间，或弹性弯曲同人工弯管之间焊接的直管段长度是参照前苏联规范规定的。

弹性弯曲的曲率半径不宜小于钢管的外直径的1000倍是根据安装的经验确定的。但还应满足管道强度的要求，即由管道的轴向应力（包括温度应力和泊桑应力）、内压产生的环向应力和弯曲应力组合的当量应力不应大于 $0.9\sigma_s$。弯曲应力按下式计算：

$$\sigma_b = \frac{ED}{2R}$$

式中 σ_b——弹性弯曲应力（MPa）；

E——钢材的弹性模量（MPa）；

D——钢管的外直径（m）；

R——弹性弯曲的曲率半径（m）。

对于竖向下凹的弹性弯曲管段，其曲率半径尚应满足管道自重作用下的变形条件，使管道下沟后能较好地同管沟贴合。其计算公式应按弹性基础上的连续梁推导，但为了简化起见，可近似地按均布荷载五跨连续梁推导，挠度系数采用0.003。

4.2.4 根据理论和试验证明，虾米腰弯的局部应力总是比同样曲率半径的弯管的局部应力高，即有较大的应力增强系数。从管道的安全考虑，只有在环向应力小于管子规定的最低屈服强度20%的条件下运行的管道，才允许使用虾米腰弯。输送原油的管道，环向应力较高，不得采用虾米腰弯。但由于安装引起的管道偏差，可以采用3°以下的斜接。

由于褶皱弯的制造工艺，使其性态比煨制弯头和虾米腰弯更为复杂，局部应力过大，承载能力低，不适用于输油管道。

4.2.5 确定管道埋深应考虑本条所提示的各项因素。一般讲，管道应埋设在耕作深度和冰冻线以下，应能防止机械损伤和地面动荷载对管道可能造成的破坏。本条规定的管顶最小覆土厚度主要是考虑农田耕作深度确定的，设计人员应根据具体情况和本条所列因素，在安全和经济的前提下，确定适当的埋深，但除岩石地区外，不得小于 0.8m。

4.2.6 确定管沟沟底宽度是参照国家现行标准《土方与爆破工程施工及验收规范》并结合输油管道多年施工经验制定的，设计人员应按本条规定计算工程量，不应随意扩大。

4.2.7 管沟边坡坡度是根据国家现行标准《土方与爆破工程施工及验收规范》而制定的，设计人员既要考虑经济，也要注意安全，结合现场土壤实际条件设计管沟边坡坡度。

4.2.8 为了保证管道安全对管沟回填提出了要求，设计应根据本条规定对施工单位提出质量要求。

4.2.9 本条规定管沟回填完后，应恢复好原地貌，这对管道安全十分重要，也有利于农业耕作和水土保持。在马惠输油管道与东黄输油复线施工中，由于个别地段在管道回填后没注意恢复地貌，造成雨水冲刷，出现管道裸露与悬空。设计应结合我国《水土保持工作条例》，根据本条规定对施工提出明确要求。

4.2.10 为保护管道附近地面免受地面迳流冲刷和防止管沟中的土壤流失，在管道经过地面坡度大于 20° 的地段，一般需修筑保护工程，如护坡、截水墙等。

4.2.11 冲沟沟壁和沟床一般易受水流冲蚀坍塌，所以原则上管道应远离冲沟和陡坎，以免由于暴雨迳流和山洪冲刷沟壁陡坎，危及管道安全。如管道邻近冲沟或穿越冲沟时，均应考虑对冲沟沟壁、沟床或陡坎采取可靠的保护措施。

4.2.12 本条所提出的土堤设计一般要求，是保证管道在土堤中的稳定和安全所必需的。

如有填筑土堤土料的性质等资料和经验时，土堤边坡可不受本条规定的限制。对于地基内有松软土层，位于坡度大于 20° 的山坡和复杂地质条件下的土堤边坡，不宜采用本条所推荐的边坡和土堤尺寸。

修建在沼泽和低洼地区的土堤，为了便于维修养护，堤肩一般应高出通常水位不小于 1.0m。修建在沼泽地区和软弱地基上的土堤，应验算基础沉降、土堤稳定和管道强度。对水文地质条件复杂的地区，应开挖排水沟。

土堤设置泄水孔或涵洞，其设计洪水标准是参照国家现行标准《公路工程技术标准》中三级公路涵洞及小型排水构筑物的设计洪水重现期拟定的。涵洞结构可参照有关规范设计。

筑堤用土料，应保证填方的强度和稳定性，如滑石土、矽藻土、白垩土和泥炭等，均不得用于填筑土堤。

4.2.13 地上敷设管道一般多用在跨越天然或人工障碍物时，在永冻土或其它自然条件特殊地区也有采用。地上敷设管道需要建设大量支架或管枕，在地面上造成人为障碍，影响交通和农田耕作，因此，只有当别的敷设方式不经济或不能保证安全时，才采用地上敷设。

用曲折铺设管道或设置补偿器以补偿管道纵向变形时，应不妨碍通过规定尺寸的清管器。

管道同道路交叉时的净空高度是根据公路、铁路和其它部门的要求规定的。

4.2.14 本条是为电绝缘的需要而规定的，管道同其它地下构筑物保持一定距离，也有利于各自的维护。所规定的净垂直距离是参照美国 NACE RP–01–69《地下或水下金属管系外腐蚀控制推荐实施条例》确定的。

4.2.15 本条提示管道敷设在杂散电流区时，应遵循的设计规范。

4.3 管道的外腐蚀控制和保温

4.3.1 管道系统的外腐蚀控制，国内已编有设计规范，为了避免重复，本规范不作具体规定，只指出应遵守的规范名称。

4.3.2 为了节约能源和延长使用寿命，保温层应坚固耐用，保温效果好。

保温层的厚度应通过技术经济比较后确定，既要满足工艺要求，节约能源，又要求保温层的投资和运行费最小。

4.3.3～4.3.4 分别对隔热材料和保护材料提出原则要求，具体性能指标可参照国外有关标准确定。

4.4 管道截断阀

4.4.1 截断阀的间距应根据人口密度、管径和事故所造成的损失和影响大小确定。如本条所指出的一些地区，一般均应设截断阀，以限制事故时所造成的损害。除这些地区以外的人口密度不大的平原旷野均属一般地区，可按条文中所规定的间距设置截断阀，具体设计时可综合考虑地形、人口密度、事故损失和影响大小等因素适当增大或缩小间距。

4.4.2 为了便于安装、操作和维修，截断阀应安装在交通方便的地方，并装设保护设施和支撑，以防阀门沉陷和防止与其连接的管道承受额外的力矩和力。

4.4.3 线路上的截断阀一般可用手动操作，在交通不便，人烟稀少和事故时需要快速关闭的地区，可采用远程控制，但应同管道系统的自动化水平相适应。

4.5 管道的锚固

4.5.1 本条指出应设置锚固措施的部位。为了限制管道位移和保证管道稳定，不仅仅限于采取锚固墩或锚固栓，根据具体情况，也可采取增大埋深和夯实回填土等措施。

4.5.2 管道同锚固件之间的良好电绝缘，是防止腐蚀，保证管道达到有效的阴极保护所必需的。

4.6 管道标志

4.6.1～4.6.5 设置管道标志是为了便于寻找管道位置以利维护管理，以及引起群众和其它单位从事建设施工、农业耕作等活动时注意，以免损坏管道。因此，标志的设置应符合本节各条的要求。对地上管道，必要时还应设置防护栅保护。

标志牌上所应标志的内容也应按照本节规定的原则，由管理单位统一规定。

5 输油管道、管道附件和支承件的结构设计

5.1 荷载和作用力

5.1.1 本条荷载的规定，参照了美国 B31.4 中的 401.6、401.7 及 401.8 条编写。结合工程实际情况，增加了清管、车辆及人行、检修活载、水浮力及施工临时荷载。在进行管道设计时，设计人员应根据实际可能同时发生的荷载进行组合，并按 5.2.3 条规定的应力限用值和 5.5 节的计算方法进行强度校核。

对于地震烈度，我国建设部与国家计委于 1989 年 10 月 19 日发了《新建工程抗震设防暂行规定》的通知（89 建抗字第 586 号），要求地震烈度六度及六度以上地区所有新建工程都必须进行抗震设防。考虑到管道是柔性结构，有一定适应变形能力，依据 1976 年唐山地震对秦京管线破坏情况及 1990 年青海海西地震对花格管线造成的灾害情况，地震烈度在七度以下时，管道没有损坏。又据我国在编的《埋地油气钢管道抗震设计规范》条文说明中的大量计算，地震烈度在七度时，地震波引起的管道最大应变小于埋地直管道的容许应变。故本规范将设防烈度明确为七度及七度以上。

5.1.2 本条规定的管道设计压力是参照美国国家标准 B31.4 第 401.2.2 条，并结合我国国情与实际可能发生的情况进行了修正。

关于设计内压力，增加了反输情况。由于我国不少输油管道设置反输流程，因此应考虑两种输送条件下的最高稳态操作压力。

考虑到管道在施工和运行期间，可能会出现外压力超过内压力的情况，因此所选用的管道壁厚，应具有足够的强度，以防压扁。

5.1.3 设计温度只规定了输送温度和环境温度，没有规定设计温度对管材许用应力的影响。美国 B31.4 第 401.3.1 条考虑了金属温度范围对管材许用应力的影响，而我国输油温度均大于 0℃，小于 100℃，温度对管材许用应力无明显影响，故条文中没有将此提及。

5.1.4 输油管道发生水击会危及管道与设备的安全，因此本条规定了在水击分析基础上，安装相应的控制和保护设备，使瞬间压力上升不超过设计内压力的 10%。

5.2 许 用 应 力

5.2.1 管材及其它材料的许用应力仍采用原石油部标准《原油长输管道工艺及输油站设计规范》、《原油长输管道线路设计规范》和《原油长输管道穿跨越工程设计规范》的规定。关于钢管的最低屈服强度是根据我国钢管标准编入表 5.2.1 的。该屈服强度是指在标准试件拉伸变形 0.5%时的最小屈服强度。

表 5.2.1 虽只列出了我国的制管标准，但不排除采用符合美国 API Spec 5L 标准的钢管。

本条 5.2.1.4 款是参照美国规范 B31.4 规定的。钢材产生一定的塑性变形以后，尤其是在高温作用下使已经因应变硬化的钢材又发生时效硬化。虽然由于硬化的结果使钢材的屈服强度提高，但却降低了钢材的塑性和韧性。因此在一般钢结构中，不但不利用所提高的强度，而且还要考虑其不利影响。为此，作了本规定。

考虑到制管后的包辛格效应，故式（5.2.1）中的 σ_s 采用钢管的最低屈服强度而不是钢管材料的最低屈服强度。

5.2.2 关于材料的许用压应力、许用拉应力、许用剪应力及许用端面承压应力，与我国 1974 年版的《钢结构设计规范》基本

相同。我国新颁的《钢结构设计规范》是按极限状态设计方法进行强度校核的，与本规范的许用应力设计方法不同，故不作比较。今后随着工程经验与数据的积累，采用数理统计方法，按管道结构的极限状态设计是较合理的。希望设计人员在今后设计工作中多积累数据，为以后修改规范打下良好的基础。

5.2.3 本条是参照美国 B31.4 的规定，结合我国原石油工业部《原油长输管道线路设计规范》和《原油长输管道穿跨越工程设计规范》关于构件应力限用值编定的。需要指出的是，埋地管道热应力计算目前有两种意见：一是按弹性地基结构，考虑管道热胀有一定变形量，热应力只有按 $\Delta t\alpha E$ 计算的 63%～85%；二是将热应力按二次应力（自限应力）考虑，当考虑埋地管道热应力与其它荷载产生的应力组合时，限用应力值可达钢管最低屈服强度的 1.5～2.0 倍。本条没有采用以上两种意见，原因是多方面的，与目前国际通用的美国规范 B31.4 保持一致是主要原因。

5.2.4 关于管道及管道附件在内压、活荷载以及临时荷载作用时的限用应力值，是参照美国规范 B31.4 制定的。我国原石油工业部标准《原油长输管道穿跨越工程设计规范》规定在临时荷载作用时，许用应力提高 1.3 倍，即限用应力为最低屈服强度的 0.78 倍（1.3×0.6），接近 B31.4 规定的 80%屈服强度，故本条采用了 B31.4 的规定。设计人员在进行强度核算时，必须依据可能同时发生的荷载合理地进行组合，不得将所有最不利荷载组合在一起计算。

5.3 材　　料

5.3.1 输油管道的材料选择是输油管道设计的一个重要组成部分。采用的材料不但要能承受输油压力、适应温度和环境条件，还应考虑焊接安装的要求，也就是说选用的管材要具有一定的强度、韧性和可焊性。

对钢管的冲击韧性要求，决定于使用条件，特别在低温下使用和在低温下进行焊接安装的管道，在设计中应提出对冲击韧性的要求，以防止断裂事故的发生。

钢管应具有良好的可焊性，以保证焊接安装的质量。可焊性是一种综合指标，是一种相对的特性。为了评价材料的可焊性，应确定焊缝和热影响区金属对生成冷裂缝的抗力；焊缝金属和焊接接头在不同温度下的机械性能；焊缝热影响区和焊接接头金属向脆性状态转移的抗力及其它特性。由于确定上述指标相当复杂，设计人员可用碳当量来评价钢管的可焊性。

5.3.2 所采用的钢管应符合国家现行标准的要求，本条列出了我国现行的制管标准，并在表 5.2.1 中列出了相应标准的钢管的焊缝系数和屈服强度，以供设计采用。考虑到今后相当长一段时间内，我国仍会进口一定数量美国 API Spec 5L 输送用管。因此本规范并不排除采用符合 API Spec 5L 的钢管。

5.3.3 API Spec 5L 规定：X70 钢的屈强比上限为 0.854，X80 钢屈强比上限为 0.89，其余各种规格管材屈强比的上限均低于 0.85。考虑到 X80 级别的管材，相当长时间内还不太可能用于国内，为此，这里把屈强比的上限定为 0.85。

我国《压力容器安全技术监察规程》规定，承压元件的含碳量不应超过 0.25%。出于安全考虑，这里仍沿用这一规定。

对于含锰量，本规范未作规定。允许含锰量和实际含碳量密切相关。碳高则锰宜低，碳低则锰可高。API Spec 5L 中，所有钢管的允许含锰量均未超过 1.6%；美国管件标准 MSS SP–75 也明确规定，含锰量不允许超过 1.6%。但是，我国的压力容器用钢 15MnVNR 含锰量上限为 1.7%（其允许最高含碳量为 0.20%），已经突破这一限量。从发展上看，允许含锰量最终能达到何种水平，尚很难预测，相信会比这个数字更高。近期在焊接方面的研究成果指出，含碳量愈低则允许的碳当量可愈高。日后的发展趋势是低碳钢和超低碳钢，其允许的碳当量不仅会突破国内的“传统”界限 0.45%，也定会突破 MSS SP–75 的规定值

0.5%。为此，和含锰量一样，本规范对碳当量也未作限制。

磷和硫和限定值是根据现行国家标准《碳素结构钢》中Q235−B的规定。

本节所列化学成份含量，一律指炉前分析数据。

5.3.4 如果施工环境温度较低，输油管道也会有冷脆开裂问题，所以有必要对材质提出一定的韧性要求。对于操作温度，我国压力容器规范也以−20℃作为限界。当操作温度高于−20℃时，如果认为必要，也应提出相应的韧性要求。什么指标才算合适，因条件不同，理解不同，各自的要求会差异很大。此类课题仍处于探索之中，因此，本规范不作具体规定。

5.3.5 某些形状不规则的管道附件，锻制比较困难，当批量较小时，宜用铸件。1991年1月1日开始施行的《压力容器安全技术监察规程》，也允许使用合乎规定的铸钢材料。许多高中压阀门的阀体，实际上就是铸钢制作。

5.4 输油管道管壁厚度计算及管道附件的结构设计

5.4.1 作为直管，一般应算作管材，它是输油管道的主要组成部分。公式（5.4.1）不仅是直管段的壁厚计算公式，同时也是管件强度计算的基础。这里采用弹性失效准则。首先用以内径为基准的中径公式确定最大主应力（环向应力），然后以最大剪应力理论求取计算壁厚。其最大应力点在管内壁处。许用应力的取值，输油管道系统和压力容器系统不一样。如果不考虑焊缝系数，对于输油管道和管件，一般取$[\sigma]=0.72\sigma_s$（材料的最低屈服强度），而压力容器，一般取$[\sigma]=\frac{\sigma_b}{3\sigma_s}$（材料的最低拉伸强度）。譬如，对于Q235钢：$\sigma_b=380$MPa，$\sigma_s=240$MPa。于是，用于压力容器$[\sigma]=127$MPa；用于管道$[\sigma]=173$MPa，相差甚大。对于压力容器，在附加裕量里还必须包括板厚负公差。对于管道和管件，则不另取壁厚负公差（被认为在安全系数中已考虑）。

5.4.2 输油站间的输油压力是沿程递降的，为了减少钢材耗量，节省工程投资，本条规定了管道可按设计内压力分段计算和选用壁厚。设计人员应注意：当有反输流程时，要选两者压力较高值，管段不宜分得太短太多，以免施工时布管错误，不利安全。

5.4.3 式（5.4.3）是著名的"环管公式"。

5.4.4 关于腐蚀裕量、管道壁厚及公差缺陷的规定，原石油部标准《原油长输管道线路设计规范》与美国B31.4的规定是一致的，故本规范继续采用原规定编写。由于我国输油管道没有采用螺纹连接管，因此B31.4中关于螺纹连接管的规定在本规范中不列入。

5.4.5 本条在参照美国B31.4第402.2条的基础上，明确规定了设计管道承压构件应按操作压力与温度选用对应的压力等级。同时对构件的装填料与密封均提出了相应要求。

《钢板制对焊管件》、《钢制对焊无缝管件》以及《钢制对焊管件》，都靠近美国国家标准ANSI B16.9《工厂制对焊管件》的尺寸和基本要求，可以认为和B16.9等效。

5.4.6 按照《钢制压力容器》进行强度设计，仅指使用该规范给出的基本计算公式。许用应力的取值等，仍应遵照本规范的规定。如果没有条件选用带折边的标准异径接头需自行设计时，一般为无折边异径接头。当半锥角不超过15°，材料又和大端所连管子相同时，则其壁厚也应当不超过所连管子的壁厚。

5.4.8 遵照《绝缘法兰设计技术规定》，四川石油设计院已绘制出绝缘法兰系列图。该系列不包括公称压力大于5MPa，公称直径大于300mm的各种规格。显然，对于高压力大口径的绝缘法兰，制造和安装都相对困难一些。这里所指的绝缘接头，即美国全国腐蚀工程师协会标准NACE RP−02−86中给出的那种绝缘接头。它直径小，重量轻，抗弯刚度大（受弯后不易泄漏），且可以直接埋地，使用比较可靠。

5.4.9.2 该规定和《钢制压力容器》的提法是一致的。

对于联合补强，计算示例如下：某汇管设计压力 1.6MPa，主管 Φ 720×9，三支管 Φ 325×7，开孔位置如附图 5.4.9 所示。主、支管材料均为 16Mn，焊缝系数 Φ ＝1，不考虑腐蚀裕量。试校核中间开孔处的强度。

实际开孔直径 $d=325-2\times7=311$mm，$2d=622$mm。

$\because 622>420>\frac{2}{3}\times622=414.7$，∴应按联合补强考虑。

16Mn 钢的最低屈服强度 $\sigma_s=350$MPa，按第 5.2.1 条规定，取 $K=0.6$。将有关数据代入公式（5.4.1），求出主管计算壁厚 $\delta_h=2.74$mm，支管计算壁厚 $\delta_b=1.23$mm。

需要补强的面积 $A_R=\delta_h\cdot d=852\text{mm}^2$。

主管壁厚富余部分所提供的补强面积：

$A_1=(420-325)\times(9-2.74)=595\text{mm}^2$；

支管壁厚富余部分所提供的补强面积：

$A_2=2(\delta_B-\delta_b)\cdot L$，而 $L=2.5\times9=22.5$mm，

$\therefore A_2=2(7-1.23)\times22.5=260\text{mm}^2$。

忽略焊缝的加强，所提供的补强面积：

$A_1+A_2=595+260=855\text{mm}^2>852\text{mm}^2$，中间支管开孔处的强度满足要求。

需要说明，若支管（或补强圈）材料的屈服强度低于主管材料的屈服强度时，所确定的补强面积 A_2（或 A_3），应乘上一个修正系数 C，才是所提供的有效补强面积：

$$C=\frac{\text{支管(或补强圈)的最低屈服强度}}{\text{主管的最低屈服强度}}$$

5.4.9.3 美国 B31.4 中规定，当支管的公称直径 DN≤50mm 时，可不另行补强，其对支管和主管直径之比并未限制。实际上，对于小直径的主管，承压能力不是一个突出问题。

5.4.9.4 当增加主管壁厚进行整体补强可行时，无需采用三通。如果采用补强圈进行局部补强，而补强圈外缘已超过主管圆周一半时，实际上已很难制作，只能改用三通（从制造难度考虑，国内尚没有采用全包型补强）。

5.4.9.5 对于三通和焊接支管开孔都采用等面积补强法，这也是 B31.4 的规定。该规定和中外压力容器规范关于开孔补强的规定是一致的。不同的是，压力容器不允许开孔直径超过主管直径的一半，而美国 B31.4 规定，如等径三通这样的大开孔，也是允许的。

如果采用其它成熟的计算公式或程序进行补强计算，即便不符合"等面积"要求，也应允许。

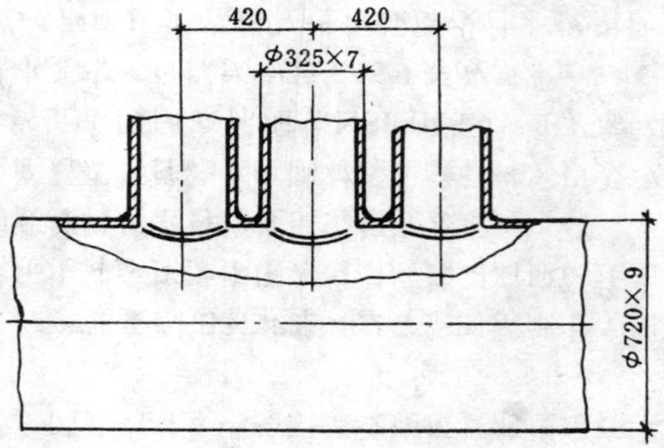

图 1　联合补强示意图

图 1 所示，为通过开孔中心的主管纵截面内所需要的补强要求。理论和实测都证明，主管开孔部位的应力集中系数，肩部最大，腹部较小。如采用长短轴为 1∶0.9 的椭圆形补强圈，使长轴方向和主管轴线一致，应认为是可行的，它同样满足等面积补强的要求。如果采用椭圆形补强圈，除等径三通以外，补强圈外圆均不会超过主管圆周尺寸的一半。如，当主管为 Φ 720，所焊支管为 Φ 630×8 时，按图 5.4.9，补强圈长轴为 2（630−2×8）

$=1228$mm，短轴为 $0.9\times1228=1105$mm。而 Φ 720 管的半圆周为 1130mm。采用椭圆补强圈，使大多数支管开孔均可直接补强，减少了三通的使用数量，方便施工也节约投资。

5.4.11 弯头和弯管是整个管道系统的一个组成部分，其所能承受的温度和压力，应同相邻直管一致，以保证管道系统的安全。

5.4.12 钢管冷弯时如采用的曲率半径过小，弯管容易出现褶皱、裂纹和钢管断面出现不能允许的变形。本条采用的曲率半径是根据我国施工队伍对冷弯管的弯制经验确定的。

5.4.13 为了保证管道在运行期间的安全和清管，本条对冷弯管的质量提出了要求。

本规范对弯头和热煨弯管的曲率半径没有具体规定，但制成后的弯管和弯头必须能顺利通过规定尺寸的清管器和检测仪器。其质量应符合 5.4.5.4 款的规定。

5.4.14 管架和支承件的设计，应尽可能使管道处于有利的受力状态，使管道不产生过大的局部应力和过大的摩擦力，以不影响管道的自由伸缩，例如活动管架顶应能适应管道热变形的要求；管托要安置得当，应有足够的长度，不应妨碍管道的胀缩等。

高压管道的振动程度虽然不很严重，但一旦因振动而引起破坏，后果比较严重，故对管道的振动应采取减振或防振措施。所采取的措施不得妨碍管道的胀缩。

支承装置和管道上的各种附件，不论是焊在钢管上的和不焊在管子上的，都应避免使管壁增加应力，对管壁应力较大的管道尤应如此。

5.5 管道的强度校核

5.5.1 本条是为了验证管道应力以及同管道连接的设备、管件的推力和力矩，使之控制在钢管、管件和设备所能安全承受的范围之内。

5.5.2 关于埋地管道由于温度上升和受流体压力的综合作用产生的轴向应力计算，在欧美各国的规范中都是以管道在土壤中完全受约束为根据的，其计算公式如本规范式（5.5.2–1）。前苏联也是采用这个公式，但在 1973 年出版的 п.п.勃洛达夫金所著的《埋设管线》一书中，认为管道在土壤中并不是完全受约束的，在弯曲管段处尤其如此，并提出对弯曲管段的温度应力按原来的计算值乘一折减系数。石油管道局职工学院对这一问题也进行了一些试验研究，得到了证实。由于土壤，特别是新回填的土壤，具有一定的孔隙，是可压缩的，以及由于管道下沟时的几何形状，管道具有一定的柔性，所以，管道在土壤中不是完全受约束的，在升温过程中会出现不同程度的侧向和纵向位移，从而释放了部分应力，因此，如能掌握管道升温时在各种条件下发生位移的规律和情况，在计算埋地管道的温度应力时，可以参照中国工程建设标准化委员会编制的《埋地输油输气管道结构设计规范》的规定，对按式（5.5.2–1）计算的温度应力进行修正。

5.5.3 埋地管道除了计算由于热胀和泊桑应力外，尚应计算弹性弯曲应力，地面管道则应计算由于管道自重和外部荷载产生的弯曲应力。在验算管道的当量应力时，均应分别计入上述两项应力。

5.5.4 最大剪应力强度理论和变形能强度理论都是考虑了塑性流动的强度理论，它们的计算值都能较好地符合塑性材料的实际应力状态，都分别为各国规范采用。考虑到最大剪应力强度理论的计算比较简单，也稍偏于安全，因此，本规范采用这一强度理论验算环向应力和轴向应力组合的当量应力，并采用各国规范所采用的应力限用值。

5.5.5 公式（5.5.5–1）是根据最大剪应力强度理论，计算不受显著轴向约束的地面管系的热胀弯曲应力和剪应力组合的热胀当量应力公式，该公式也可用下式表示：

$$\sigma_t=\frac{1}{Z}\sqrt{M_X^2+M_Y^2+M_Z^2}$$

式中 σ_t——热胀当量应力（MPa）；

Z——钢管截面系数（m^3）；

M_X、M_Y、M_Z——分别为计算管系沿坐标x、y、z轴的热胀作用力矩（MN·m）。

管道在内压、外载和温度等作用下，在弯管、三通等管件上将产生局部应力集中。因此，在计算应力时，要计入应力增强系数，以考虑其应力增大的影响。由于这些管件上的应力状态比较复杂，很难用理论公式准确计算应力增强系数，一般常采用试验研究得出的经验公式计算，如本规范附录F中的应力增强系数就是根据试验推导而得出的平面弯曲和非平面弯曲的应力增强系数。

附录F还列出了弯管的挠性系数，也称柔性系数。这是考虑弯管在弯矩作用下，弯管截面发生扁平效应，结果使弯管的刚性比直管减低，即柔性增大，在计算中，利用这个系数将管系中的弯管换算至同一规格的直管计算刚度。对于拔制三通等其它管件，按与三通或管件连接的管子的刚度计算，即挠性系数取1.0。

5.5.6 作用在工作状态下的地面管系上的荷载除了自重和其它外荷载之外，还应包括位移荷载，即包括热胀、有效预拉伸及端点附加位移（包括端点的线位移和角位移）。在计算管系的全补偿值时应包括这些附加位移。在端点无角位移时，线位移的全补偿值可按下式计算：

$$\triangle X=\triangle X_B-\triangle X_A-\triangle X_t+\triangle X_p\varepsilon_1$$
$$\triangle Y=\triangle Y_B-\triangle Y_A-\triangle Y_t+\triangle Y_p\varepsilon_1$$
$$\triangle Z=\triangle Z_B-\triangle Z_A-\triangle Z_t+\triangle Z_p\varepsilon_1$$

式中 $\triangle X_A$、$\triangle Y_A$、$\triangle Z_A$、$\triangle X_B$、$\triangle Y_B$、$\triangle Z_B$——为A端或B端的附加线位移cm；

$\triangle X_t$、$\triangle Y_t$、$\triangle Z_t$——计算管系AB沿坐标轴x、y、z的热伸长值cm；

$\triangle X_p$、$\triangle Y_p$、$\triangle Z_p$——计算管系AB沿坐标轴x、y、z的预拉伸值cm；

ε——预拉伸有效系数。

预拉伸主要是为减小管道工作状态下管道的应力以及对设备的推力和力矩。如果管系布置具有相当大的柔性，热胀应力不大，工作状态时对端点的推力和力矩以及管道应力都能满足要求，则可不进行预拉伸，以减少安装工作量。

为使预拉伸产生的力和力矩不致过大，预拉伸有效系数即预拉伸长度同全补偿值之比一般采用0.5。

5.6 管道的刚度和稳定

5.6.1 为了防止钢管在运输、施工过程中和运行期间，由于外部压力过大产出屈曲，要求钢管具有一定刚度，为此，国外不少规范对钢管外直径（D）同壁厚（δ）之比以及允许最小壁厚都作了规定。如前苏联规范规定钢管外直径同壁厚之比不能大于140；加拿大规范Z183—M规定在施工和运输中如无专门预防措施，钢管外直径同壁厚之比不宜大于150；美国B31.4原来也规定管径大于20in的钢管，钢管外直径同壁厚之比不应大于150，并规定不同管径钢管的允许最小壁厚，但在1986年的修订版中删去这一规定。

本规范参照国内外现行制管标准中的壁厚，规定钢管外直径同壁厚之比一般不应大于140。

5.6.2 当作用在管道上的外压超过内压时，钢管将产生径向变形，如变形超过一定限度，钢管将丧失承受外部荷载的能力。由于柔性管道能够利用其周围土壤的载荷能力，当变形达到钢管外直径的20%时，才发生整体结构破坏，一般认为当钢管变形达到外直径的5%时，还能保持满意地工作，但根据石油管道局职工学院的试验，当变形达到钢管外直径的5%时，管壁开始出现屈服。为保证管道安全，本规范规定允许最大变形量不得超过钢管外直径的3%。

埋地管道在正常埋深且无车辆荷载或其它动荷载作用时，可不必验算管道变形，如埋深较大，则应按本规范附录G的公式计算管道变形，但管道在外荷载作用下的变形量的大小，同钢管的刚度、管道敷设条件和土壤性质有关，难以具体规定埋深多少时应验算管道变形，一般讲，如钢管外直径同壁厚之比小于或等于100，埋深在5m以内，且土壤条件并非十分不利时，可不必验算管道变形。

5 6.3 管道因升温而产生过大的轴向压力，往往使管道丧失轴向稳定而造成破坏或拱出地面，故在设计运行时温升较高的管道，应验算管道的轴向稳定。关于管道失稳临界力，前苏联曾进行长期研究，附录H中所列的计算管道失稳临界力的公式，是取自前苏联《干线管道设计手册》和《干线管道强度及稳定性计算》。

6 输 油 站

6.1 一般规定

6.1.1 输油管道布站应首先满足水力和热力条件。其次考虑其它因素。近几年新建的输油管道采用在城市内设集中生活区，这给职工的生活和子女上学带来了方便。过去为了考虑这些因素，布站时有的水力或热力条件满足不了，而硬性将输油站设在城镇边缘，这很容易造成“卡脖子”段，给输油生产带来了许多麻烦，有时要采取一些措施才能保证一定的输油量，这样就增加了输油成本。

6.1.2～6.1.3 本规范不再编写有关站址选择和总图布置、防火、爆炸危险场所分区及环境保护设计有关条文，输油管道设计应符合这四个规范的有关规定。

6.1.4 本条是采用原石油部《原油长输管道工艺及输油站设计规范》及《原油长输管道穿跨越工程设计规范》中的有关规定。

6.2 储存与装卸

6.2.1 为了防止非金属油罐遭雷击，在输油站内应采用金属油罐。为了减少大呼吸时轻馏份的挥发，宜采用浮顶罐。目前采用的浮顶油罐多是大于或等于10000m^3的，况且浮顶罐安装技术相对比固定顶罐要复杂一些，故建议大于或等于10000m^3油罐采用浮顶罐。

6.2.2 在实际管道运行生产中，我国已建的原油管道的油罐容积利用系数均未达到本条提出的固定顶油罐取0.85的指标；浮顶油罐取0.9，主要是怕冒罐，但在实际生产中罐的配置已能满足生产要求。

6.2.3 各类型输油站原油储备天数的确定，主要是结合我国已建原油管道工程建罐情况而定的，调研中得知均未发生过原油“憋罐”或油罐有富裕的现象。几个典型站油罐配置情况详见表1。

国内一些输油管道储罐配置概况 **表1**

管道名称及规格(mm)	设计输量(10^4t/a)	首站			末站			备注
		油罐容量(10^4m^3)	实际储备天数(d)	规范储备天数(d)	油罐容量(10^4m^3)	实际储备天数(d)	规范储备天数(d)	
庆铁 Φ720(双线)	4000	23.8	1.59	3	10.5	0.70	1~3	末站各分输管道均为管道输转原油
铁秦 Φ720	2000	4.5	0.6	1~3	34	5.22	5~7	末站分输之一为海港码头油库
						3	1~3	末站分输之一管道输转原油
铁大 Φ720	2000	6	0.8	1~3	35	5.85	5~7	末站之一为海港码头油库
					3	1.61	2~3	末站之一为向用户供油的管道输转站
鲁宁 Φ720	1350 2200	14	2.78 1.87	3	16	3.17	3~4	管道未过长江
						2.14	3	管道过长江

6.2.4 一般情况下，油罐所储油品的凝固点低于环境温度时，应采取保温措施，但应通过技术经济比较后确定。罐内设内部加热器的热负荷一般只考虑保温，不考虑升温。

6.2.5 每项工程中铁路专用线和作业线的设计必须和当地铁路有关部门协商确定。

一列铁路油罐车装油作业时间一般为3h左右。其中，纯装油时间1h，辅助作业时间1h，铁路编组站与装车栈桥之间调车时间为1h。因此本规范提出，日装油罐车在8列及8列以上时，栈桥宜采用整列双侧布置；8列以下时，宜采用半列双侧布置。由于半列双侧布置需将整列油罐车解体，这就增加了调车时间和操作，故应事先征得铁路部门的同意。

鹤管间距为6m，主要是考虑油罐车型号较杂，为了顺利对位而提出的。如果设计时已与铁路部门商谈将来使用的是单一型油罐车，则鹤管间距可以按油罐车的长度布置。如果得不到肯定的意见，间距按6m是较适宜的，这样不管罐车类型怎么杂，按目前我国使用的车型均可顺利对位。如果在设计时，车型得不到肯定的意见，而又要使鹤管间距大于6m时，则应考虑设置调车机或在装车场设置牵引设施，以便顺利对位。

6.2.6 本条计算式（6.2.6）是为了统一装车列数的计算方法。式中的原油罐车装满系数ε及铁路装卸油日不均衡系数K，是采用了《炼油厂铁路装卸油设施设计技术规定》（试行）中有关数据和规定。

6.2.7 两个泊位以上的码头，有同时装船的可能时，应分泊位计量的道理显而易见，故不赘述。但是计量站放在什么位置值得很好研究，如果放在站内，流量计后的装船管线多根要拥挤在栈桥上或海底。如果放在码头上，则流量计前的管线只有一根敷设在栈桥上或海底。多采用后者。

6.3 工艺设备的选择

6.3.1 离心泵效率较高，输油主泵除粘稠油采用容积式泵外，都应采用离心泵。当一个泵站内输油泵组的特性曲线与管路特性曲线交汇点处的排量与任务输量一致时，这说明输油泵选得最合理。串联使用多为单级泵，其排量大，扬程较低，比转数大，故效率较高。一般情况下，离心泵宜串联运行。一座泵站内设3~

4台泵，目前我国输油管道泵站多是这样设置的，操作自如。国外多为3台泵，其中1台备用。

一般泵样本所给出的离心泵特性参数，都是在常温下用清水作试验所得数据。如果输送粘度较高的油品，对泵的参数影响较大，故应对泵参数进行换算，一般都按美国水力学会标准换算。

6.3.2 常用公式。

6.3.3 我国输油管道使用电动机拖动输油主泵经验丰富。而燃气轮机、柴油机都对燃料有一定要求，而用管输原油作燃料，处理复杂。不然就要铺设一条天然气管线作燃气轮机的燃料或建原油拔头装置，这对远离油、气田的泵站是很难作到的。另外，燃气轮机操作和维修技术要求较高。故提出有电地区应首先采用电动机。

6.3.4 输油管道应该使用管道专用阀门，本条规定了5款选用原则。

6.3.5 目前我国加热输送的原油管道，多采用加热炉加热。采用热效率较高的加热炉加热，是输送粘度、凝固点较高原油的经济手段之一。目前我国制造的引进美国ECLIPSE公司技术的间接加热系统，造价太高，采用时应进行经济比较。而直接式加热炉造价较低，效率还是比较高的。1990年底投产的美国"全美管道"就是采用直接式加热炉。

6.3.6 常用公式。

6.3.7 采用清管措施后，可加大输量，降低成本，减少内腐蚀等，故提出输油管道应设置清管设施。

6.4 供 配 电

6.4.3 一级负荷输油站不能因停电而影响输油生产（轻者停输，重者"灌香肠"）或装车（装船），因此必须有2个电源供电点。2个电源最好来自不同的发电厂或变电所；若上述条件不具备，只能降低条件变成双回路供电，经多年输油实践证明是能满足要求的。双电源（或双回路）供电也能满足对消防供电的要求。

6.4.4 二级负荷输油站允许压力越站（不开泵），但在冬季不能热力越站（不加热）。为节省投资，供电电源采用单回专用线供电，并设事故电源。

6.4.6 输油站输油主泵电动机的起动条件与主变压器的容量有密切关系，因输油主泵电动机一般采取直接起动，在切换操作时先起后停，起动容量很大。

输油主泵电动机采用直接起动方式是最合理的，因设备简单、操作平稳、起动转矩大、起动时间短。经计算电动机起动时6kV母线的电压降虽然大于15%，而泵的起动转矩满足要求，并采取了防止低压电器设备在起动过程中掉闸的措施后（如低压负荷由35／0.4kV配电变压器供电等），仍应采用直接起动方式。

6.4.7 规定的通信方式能满足输油生产的要求，经济上也是合理的。

6.4.8 在无电地区，输油站一般用拖泵机组作输油站动力（称为第二动力），用发电机组供全站低压用电负荷。发电机组在低负荷运行时燃烧不完全，单机容量选择受此条件限制。发电机组本身能发出60%额定容量的无功功率，故输油站不必装设无功补偿装置。

6.5 供 排 水

6.5.1 输油泵站一般生产、生活用水量较少，虽然一次消防用水量较多，但补充水量并不大，如能就地采用地下水做水源，不仅水质卫生条件好，还可节省建设投资和经营费用。选站阶段应取得较确切的水文地质资料及水质化验资料做为初步设计的依据。施工图设计前应打勘探生产井，以便在施工图设计时进行调整。油罐区、生产区、生活区布置集中，采用同一水源可节约建设费用。如分散布置，可分别设置水源，同时考虑水源的互为备用条件，确保供水安全。不论采用地面水、地下水、城镇自来水或工业企业供水，均应取得当地有关部门同意文件做为设计依据。

6.5.2 污水应尽可能排入现有城镇污水系统。在边远、偏僻或在建站期间，城镇污水系统不完善地区，经当地有关部门同意，可就近排入适当地点。生活污水经化粪池初步处理，可减少排水系统或水体负担。排水出路应取得当地有关部门的同意文件做为设计依据。含油污水应进行处理达到国家排放标准后方可排放。一般输油站含油污水量少，且不连续，为节省占地，方便管理和操作，宜采用小型成套设备。当输油站靠近油田，含油污水尽可能排入油田集中处理。

6.6 采暖通风及供热

6.6.1 原油长输管道往往需要跨越数省、市或地区，对于集中采暖的设置条件的划分过去也曾产生过争议，为此我们也曾多次走访过《工业企业采暖通风和空气调节规范》管理小组。最近，国家计划委员会批准了修订后的《采暖通风与空气调节设计规范》，该规范对集中采暖的设置做了规定，因此应按该规范执行。

6.6.2 输油站站内各类房间的采暖室内计算温度，原《原油长输管道工艺及输油站设计规范》，把低压配电间列为“不采暖”之列，但近些年所做的设计中，有很多低压配电间设置了采暖，其原因是低压配电间中的一些设备不允许环境温度过低，室内采暖温度要求不低于5℃，如果有人员值班，则应为16～18℃。

另外，高压配电间一般情况下不采暖，但因为有些设备也不允许环境温度过低，尤其近几年管道事业向高寒地区发展，为了满足某些设备对工作环境的要求，对于高压配电间不设采暖也是不行的。但这毕竟是特殊情况，如何考虑，尚需斟酌，故关于高压配电间的采暖问题没有写进本规范。

6.6.3 目前输油站中驱动输油泵所使用的大部分是功率较大的电动机，它们往往需要进行冷却通风。通风方式及进气要求主要是根据近20年来炼油厂和管道设计及运转情况提出的，也参考了《火力发电厂采暖通风与空气调节设计技术规定》第4章第11节“电动机”。其有关条文如下：

“第4.11.1条……大中型电动机，应根据其自身要求及周围环境决定通风方式。当电动机周围空气温度超过40℃，空气中含尘浓度较大或含有爆炸性气体时，宜采用管道式通风。

第4.11.2条　冷却电动机的通风量，应根据进风温度不超过40℃，排风温度不超过55℃计算。冬季进风温度不宜低于5℃。

第4.11.3条　采用管道式通风时，应利用电动机本身所产生的风压进行通风。当电动机本身所产生的风压不能克服风道的阻力时，应采用机械通风。”。

此外，还参考了《火力发电厂采暖通风》一书第116页中有关规定。

通过对炼油厂以及油田和输油管道的实际调查，该条文的规定是可行的。

6.6.5 输油泵房中必然会有一定的油气逸出。从卫生标准和防爆规范的角度来看，在冬季泵房门、窗关闭的情况下，室内油气浓度应在卫生最高允许浓度范围内（根据卫生标准，输油泵房内最高允许浓度为300mg／m^3），并保证低于爆炸下限。一些烃气与空气混合时的爆炸极限如下：

	低限(%)	高限(%)
甲烷	5.0	15
乙烷	3.12	15
天然气	5.0	16
汽油	1.0	6.0

	低限(%)	高限(%)
煤油	1.4	7.5
轻油	1.4	6.0

据国家现行标准《电力设计技术规范》"爆炸和火灾危险场所电气设备装置篇"的规定，石油管道勘察设计院在泵站输油泵房中电气设备均采用防爆设备，通风设备也均应采用防爆型。

参照过去炼油厂及油田所用设计手册及规范如下：

1. 1953 年原苏联国家石油炼厂设计院采用标准原油泵房换气次数不少于 15 次／h；

2. 1957 年 1 月 26 日苏联专家，原苏联国家石油炼厂设计院代表诺威科夫对北京、抚顺两个院的专家建议，原油泵房换气次数不少于 13 次／h；

3. 1957 年 3 月 7 日原石油部北京、抚顺两个设计院所执行的指暖–1919 中规定，原油泵房换气次数为 10 次／h；

4. 1964 年 5 月原石油部北京设计院主编《石油部采暖通风设计标准》（初稿）规定，原油泵房换气次数如下：

原油含硫＜1%	10 次／h
原油含硫＞1%	12 次／h

5. 大庆油田设计院 1970 年 3 月编制的《油田建设采暖通风设计手册》第一节中规定：

"输油泵房内，当原油含硫量小于 1%时，换气次数不得少于 10 次／h；原油含硫量大于 1%，换气次数不得少于 15 次／h"。

据初步调查了解，目前各油田及炼油厂设计院仍不同程度地以上述条文为设计依据。但根据原石油部北京、抚顺两个设计院在 1963 年冬、夏两季，对兰州等炼油厂进行回访的测定结果，炼厂内任何油泵房（轻油泵房除外），在冬季门窗紧闭和不开风机的情况下，室内油气浓度远达不到爆炸下限．也不超过卫生允许浓度。另据 1972 年原石油部第二炼油设计院对石油一、二、三、五、六、七厂及南京、胜利等炼油厂回访调查结果，这些炼厂中没有一次火灾和爆炸事故的发生是由于通风换气次数不够而引起的。据调查，我国自从开始建设输油管道以来，一些输油泵房未装风机也未发生过事故。

在编制本规范时，拟取消正常情况下的通风换气，改为事故排风（换气次数不少于 6 次／h）。但由于对输油管道泵站中的泵房缺乏测定数据，所以本条只在换气次数上作了修正。

6.7 仪表及控制系统

6.7.2 根据输油管道多年运行管理的经验，输油过程的进、出站压力、温度、进泵压力、首站进管道油品流量以及油罐液位、直接式加热炉进炉原油流量（最小流量）等重要变量应进行连续监视或记录，以供操作人员随时了解输油生产情况，积累数据资料。一旦发生事故时，用以进行原因分析等。目的是达到安全、平稳、经济地输油。

6.7.3 本条按照输油站的能源特点，从满足输油过程的检测、控制（调节）要求及安装、调试、维护和安全可靠的角度，提出了仪表选型的五款规定。

输油站一般都有电源。电动仪表安装简单，信号传输速度快，适于远距离的信号传输，同时便于与站工业控制计算机配合使用。因此，一般应采用电动仪表。

检测仪表需要输出统一信号（一般为 4～20mA DC 信号），应采用电动单元组合仪表（DDZ）Ⅲ型变送器。需要输出接点开关信号，用于信号报警和联锁保护的检测仪表宜采用开关量仪表。开关量仪表结构简单、动作可靠。

根据运行的经验，在投产、设备检修或现场巡回检查时，现场安装就地显示仪表，有利于操作和巡回检查。

6.7.4 本条符合国家现行标准《爆炸性环境用防爆电气设备通用要求》和《油气田爆炸危险场所分区》及参考《化工企业爆炸

和火灾危险环境电力设计规程》中 2.8.4 条编写。该规程 2.8.4 (5) 条规定："其他电气设备防爆结构选型应符合表 2 的规定"。

其它电气设备防爆结构的选型 表 2

电气设备 \ 爆炸危险区域 / 防爆结构	0区 本质安全	1区 本质安全	1区 隔爆	1区 正压	1区 增安	2区 本质安全	2区 隔爆	2区 正压	2区 增安
信号、报警装置	○①	○	○	○	×	○	○	○	○
半导体整流器	—	—	△	△	×	—	○	○	△
插座式连接器	—	—	○	—	—	—	○	—	—
接线盒	—	—	○		×	—	○	—	○
车辆用蓄电池					×		○	—	○

注：①仅允许用ia；

②表中符号意义如下：

○——适用；△——尽量避免；×——不适用；—结构上不现实；

无符号——一般不用。

6.7.5 国内、外输油站内均设有站控制室，安装必要的控制仪表设备和通信设备。为操作运行人员提供合适的工作环境。

6.7.6 本条提出站控制室的设计要求。

6.7.6.1 原则要求。具体内容参照有关站控制室的设计规定。

6.7.6.2 为了保证电子仪表能可靠工作，根据仪表制造厂对仪表使用的要求，提出持续电磁干扰的指标。

6.7.6.3 参考了《油田建设设计防火规范》中第 5.1.2 条（二）的规定。

6.7.7 本条是结合国内、外输油管道运行的经验而提出的，可根据具体情况采用。为了提高可靠性，在联锁动作前，应有征兆预报警信号。

6.7.7.1 中间泵站和末站的进站管道，宜设置就地控制的压力超限泄压阀，用于保护站内低压系统设备与管道。泄压阀动作的压力设定值应根据突然停电、阀门误动作等产生水击时，进站压力最高值和站内低压系统的设计压力值进行调节。

6.7.7.2 进泵压力超低限（低于允许气蚀余量），会使泵产生气蚀；首站和中间（热）泵站的出站压力超高限（接近最高允许操作压力），可能使管道压力超限发生破裂。因此这两个信号应与输油主泵机组停运联锁，保证安全输油。

6.7.7.3 泄压罐的液位超高限信号应能自动启动油罐液位控制泵，避免原油溢出罐外，造成事故。

6.7.7.4 保证输油主泵机组安全运行。

6.7.7.5、6.7.7.6 保证加热炉的安全运行。

6.7.7.7 输油站的紧急停运与闭锁是指站内管道破裂、油罐破裂、发生火灾或电气短路着火及其它严重情况下进行的。此时，应立即同时停运和闭锁泵机组，停运加热炉，关闭所有泵进、出口及泵站进、出站阀门，改为全越站流程。

6.7.8 站压力调节方式宜采用节流调节和转速调节。前者指在出站管道上安装压力调节阀；后者指改变泵的转速，也就是指调节与泵联接的原动机（如调速电机、燃气轮机、柴油机或液力偶合器变速装置等）的转速用于调节进泵（进站）、出站压力。采用密闭输送工艺时，站的压力调节和水击控制必须予以特别重视。压力调节一般由站控制系统实施。

6.7.8.1 压力调节系统宜单独使用压力变送器，以提高运行的可靠性。

6.7.8.2 出站压力调节阀，国内、外大多采用电动液压式调节球阀，在有气源的场合，也可采用气动液压式调节球阀。前苏联的长输管道多采用蝶阀。

电动液压式执行机构具有推力大、快速响应、动作可靠及能精确地定位等特点。球阀结构简单、维护方便、开关迅速；可以在压降很大的情况下工作，且其流通能力在常用的调节阀中是最高的。球阀的流量特性为近似等百分比。

从调节品质看，为使过调量尽量小些，故要求从全开位置进行调节时的调节灵敏度高些，因此长输管道只采用等百分比（或近似等百分比）特性的调节阀。综上所述，出站压力调节阀宜选用电动液压式或气动液压式调节球阀。

6.7.8.3 密闭输送时，为保证安全运行，进泵（进站）压力和出站压力必须加以控制（调节）。使进泵压力不得低于某值，出站压力不得高于管道的最高允许操作压力。当管道发生水击时，通过提前改变出站的压力设定值，起到控制水击的作用（即超前保护）。

6.7.9 工艺设备的控制、操作方式通常分为就地控制和远方控制两种。就地控制用于投产、设备维修后使用以及就地紧急停运；远方控制满足自动控制的要求。本条根据运行经验提出远方监视、控制（调节）的基本要求。

6.7.9.1 在正常运行工况下，实现输油过程重要变量如温度、压力、流量的监视、调节，保证安全、平稳、经济地输油。

6.7.9.2 在异常工况时发出报警，当发生意外事故时，如管道破裂漏油，能进行远方控制、处理，避免事态恶化。

6.7.9.3 有条件时，实现对输油主泵的远方启、停，加热炉的远方停炉，站内主要电动阀门的远方开、闭等，实现流程切换。

6.7.10 本条对管道和输油站的原油计量设施和技术要求提出了基本的原则。

6.7.10.1 根据《原油动态计量》编写。

6.7.10.2 根据《原油立式金属罐计量油量计算方法》编写。

6.7.10.3 结合具体情况确定采用原油的体积、流量、温度、压力、密度以及原油含水率等变量，全部采用仪表进行连续计量和测定，并直接计算出原油的质量；或是采用流量计计量原油的体积流量，由人工定时测定原油的密度值和原油含水率，并通过人工测温和测压对流量计计量的原油体积流量进行温度和压力修正，最后用原油的标准体积和标准密度计算出原油质量。有条件时，应采用前者。并且数据宜远传和自动打印制表。

6.7.10.4 为了加强经济核算，输油站内加热炉的燃料油用量应采用流量计进行计量。

6.7.11 为保证仪表及控制系统的安全供电，对其供电设计提出三条要求。

本条 6.7.11.2、6.7.11.3 系参考了《仪表供电设计规定》中 3.1 和 3.2 条编写的。

6.7.12 本条系参考《仪表系统接地设计规定》中 2.3.4 条编写的。

6.7.12.1 保护接地的作用是保护设备和人身安全。在设计中要求仪表盘（柜、箱、架）及底座，用电仪表外壳，配电盘（箱）、接线盒，汇线槽，导线管，铠装电缆的铠装护层等用金属接地线同接地体作牢固连接，以保证良好的接地。接地电阻值，一般为 4Ω，最高不宜超过 10Ω。

6.7.12.2 工作接地的作用是保护仪表准确、可靠地正常工作。它包括：信号回路接地，屏蔽接地，本安仪表接地。其接地电阻，应根据仪表制造厂家的要求确定。如无明确要求，则可采用与保护接地电阻相同的数值。

7 管道监控系统

7.1 一般规定

7.1.1 本条结合国外输油管道和国内新建管道的情况而提出的。国内旧的管道，均建调度管理中心，对全管道进行调度、管理，一般管理水平较低，无法进行监视、控制。

7.1.2 本条结合国内、外自动化水平较高的管道的情况提出监控与数据采集系统的主要选用原则。

国外技术先进国家的输油管道全采用密闭输送工艺技术。密闭输送要求全线在各站自动控制的基础上，进行全管道的集中控制，并使各输油站协调操作，因此全管道要求有较高的自动化水平。目前，北美洲、欧洲、中东等地输油管道广泛采用计算机监控与数据采集（SCADA）系统进行全管道监控、调度管理。国内随着密闭输油工艺的不断进步，管道的自动化水平有了较大的提高，如铁岭–大连输油管道、东营–黄岛输油管道（复线）开始采用计算机监控与数据采集系统进行调度、管理和监控。

7.1.3 本条结合国内、外输油管道计算机监控与数据采集系统而提出的，这三个部分是不可缺少的。

7.1.4 提出采用分散型计算机控制系统，是从安全方面考虑的。控制系统有集中控制系统和分散控制系统之分。集中控制系统把过程变量的显示和操作集中在一起，这就存在着一个致命的弱点，把危险也集中了。一旦计算机发生故障，就导致整个系统瘫痪。70年代中期，世界上几个主要的工业国家相继研究出一种以多个微处理机为基础的控制系统——分散型控制系统。以分散的控制装置适应分散的过程控制，以集中的监视、操作、管理，达到掌管全局的目的。

根据输油管道的特点，控制方式宜采用控制中心、站控制系统远方控制及工艺设备的就地控制。

7.2 控制中心及主计算机系统

7.2.1 本条结合国内、外的情况，提出主要监控及管理功能。具体功能的实施根据管道的具体情况而异。

7.2.2 用于工业控制用计算机场地的技术要求和安全要求，其设计除符合有关规定外，同时还应满足计算机设备的安装要求。

7.2.3 本条是结合国内、外输油管道的计算机监控与数据采集系统的主计算机系统的情况而提出的。为了提高可靠性，绝大多数的管道均采用双机系统，热备用运行方式，在线机故障时，自动切换到备用机。

7.3 站控制系统

7.3.1 本条结合国内、外输油站的站控制系统的情况而提出基本功能。具体功能的要求根据输油站的具体情况而定。

7.3.2 提出站控制室应具有良好的运行操作条件。设计应符合条文中提出的规范要求，保证站控计算机系统能可靠地工作。

7.3.3 本条是结合国内、外的应用情况而提出的。由于站控计算机系统直接用于输油过程的控制，因此设计应力求安全可靠。为保证可靠性，应采用冗余技术措施，如计算机–模拟调节器配置、双机系统等。但对于重要的站，为了提高可靠性，应采用双机系统，热备用运行方式，在线机故障时，自动切换到备用机。

7.3.4 本条提出模拟量输入、输出精确度要求。原水电部《地区电网调度自动化功能规范》（试行）对地区电网调度自动化系统提出A／D、D／A转换误差（精确度）<0.5%。一般工业控制计算机的总转换精确度在0.5%～0.1%左右。即A／D、D／A转换器的分辨率通常采用12位。

8 通　信

8.0.1 本条是根据《中国技术政策》一书中专用电信网的技术政策提出的。输油管道通信网做为石油专用通信网的主体，宜把数字微波做为长途通信的主要通信方式，同时也将因地制宜地采用光缆通信等技术。

8.0.2 输油管道通信站的设置是和输油站以及输油生产管理部门（指输油公司或输油管理局）的设置有关。据此，本文提出了输油管道通信站的具体设置地点。

8.0.3 输油管道通信网通信业务种类是根据输油生产的实际需要，并总结多年来生产维护运行的经验而提出来的。

8.0.4 输油管道行政电话交换机是指安装在输油公司或输油站内的电话交换机。

据调查，输油公司安装的电话交换机容量大都为200门，以纵横制居多。输油站安装的交换机多数为人工制，少数为纵横制。为了提高输油管道自动化水平，可采用程控电话交换机。

规模较小的输油站，站内电话用户较少，也可不安装电话交换机，即只安装用户电话单机，这种远端用户话机方式，已被工程设计采用。

8.0.5 输油管道在巡线、维修和事故抢修时，都需要无线移动通信做为应急临时通信。

8.0.6 由于输油站内主干电缆容量较小，站内电话用户又相对比较稳定，通过对通信站机线比的调查，确定机线比为1∶1.2。对于不安装交换机的小型通信站，将其机线比放宽到1∶1.4～1∶1.6。

8.0.7 对输油站交流电源供给情况的调查表明，部分通信站的电源供给并不可靠，因此，应考虑备用电源问题。据此，本文提出采用油机发电机组做为备用电源时，油机发电机组应配置的数量。

8.0.8 输油管理部门至当地市话局的中继线数量应按邮电部门的有关规定配置。

8.0.9 本条提出数据传输系统设计的原则要求。

8.0.10 本条结合国内、外输油管道监控系统的数据传输系统情况，对该系统设计提出如下规定:

8.0.10.1 数据信号速率根据传输量及水击控制要求来确定。铁–大线采用2400bps，东–黄线（复线）采用4800bps，电力部门地区电网调度自动化系统采用300、600、1200bps。因此，速率一般应为2400bps或更高速率。

8.0.10.2 传输方式分为单工、半双工或全双工，根据输油过程控制特点，应选半双工或全双工，同步或异步串行传输。

8.0.10.3 误码率问题，CCITT《通信网规划手册》第三章7.2.3.2条提出:“数字网的传输性能质量取决于误码、抖动、漂移、滑动和时延等因素。小于1×10^{-6}的比特误码率可以为电话、也可以为数据所接受”。我国电力系统主干信道，用微波和卫星通信方式，其误码率都在10^{-5}～10^{-7}以下，完全可以满足2400bps通信的要求；其中数字微波的误码率可达10^{-7}以下，可以传送9600bps。因此，提出误码率应小于10^{-6}的指标。

8.0.10.4 为了提高数据传输的可靠性，应有备用信道。如微波为主信道，应提供卫星或载波等作为备用信道。

9 输油管道的焊接检验与试压

9.1 焊接与检验

9.1.1 本条所要求的资料是施工单位编制焊接工艺评定报告和焊接工艺试验的基本依据，对焊接工艺、预热、热处理等，设计文件可只作原则规定，具体内容由施工单位通过焊接工艺试验确定。

9.1.2 焊接工艺评定报告是根据设计文件提出的资料和要求，进行焊接工艺试验后编制的，并据此提出相应的焊接工艺规程，作为焊接工作的指导性文件，在施工中应遵照执行。

9.1.3 指出选用焊接材料时应考虑的因素，焊接同种钢材时，一般应选用焊缝金属的性能和化学成分与母材相当、工艺性能良好的焊接材料。限制焊接材料中易偏析元素和有害杂质的含量，合理选择焊缝金属的合金成分，可提高焊缝的抗裂能力和脱渣性能。

9.1.4 列出了国内现行焊接材料标准。不符合本条规定标准的其它填充材料，如经焊接工艺试验并评定合格者，则在焊接中也可采用。

9.1.5 指出焊接接头设计应遵循的原则。对于管壁厚的钢管，其对接接头坡口尺寸在国家现行标准《长输管道线路工程施工及验收规范》中已有规定，本规范不再重复。对于管壁不等厚的对焊接头型式，本规范推荐采用美国 B31.4 的规定，如附录 J。

9.1.6 碳当量是评价焊接时产生冷裂缝倾向及脆化倾向的粗略估算方法，可对可焊性作出初步评价。美国 B31.4 的规定，碳当量（C+0.25Mn）超过 0.65%（炉前分析）时，应加以预热。但本规范未作规定，设计人员可据此作初步评价，并结合本条中指出的因素和通过焊接工艺试验确定其可焊性。

预热可以降低冷却速度，防止产生冷裂缝，减小焊接应力。预热温度愈高，冷却速度愈低。不同成分的钢种都有一个临界冷却速度，如焊缝实际冷却速度超过这个临界值，在热影响区内可能产生硬的马氏组织。所以，当焊接两种不同成分的钢材时，应以临界冷却速度低的钢材确定预热温度，亦即以预热温度要求高的材料为准。

为保持预热的作用并促进焊缝和热影响区中的氢扩散逸出，通常层间温度应等于或略高于预热温度。预热与层间温度过高，均可能引起某些钢种的焊接接头组织与性能的恶化。

9.1.7 焊件是否有必要消除残余应力，应从结构尺寸、用途、工作条件、材料性能等方面综合考虑，而厚度是考虑的主要因素之一。因为厚度不大的焊件残余应力基本上是双轴的，厚度方向的残余应力很小，只有在厚度大的焊件中，厚度方向的应力才达到较高数值。本条所规定的厚度限值，是按照美国 B31.4 的标准规定的。

同理，当焊接厚度不同而材质相同的焊件时，应根据较厚部件来确定是否应进行应力消除。

9.1.8 本条所指的无损探伤包括：射线照相、超声波及其它可行的无损探伤方法。选用哪一种方法，取决于被检验焊件的材料厚度、形状、大小、缺陷的位置及特点等。所采用的方法应能清楚地显示出焊缝的缺陷并能对其作出准确的解释和评定。

为了不妨碍对缺陷的辨认，在进行无损探伤前，焊缝需经表面检验合格并除去焊瘤、飞溅物等。

用射线照相探伤检查焊缝质量的数量，是参照美国、加拿大等国的规范规定的。考虑到我国具体情况，也规定了用超声波探伤、射线照相复查的数量。可以根据施工单位的具体情况，采用其中的一种。

对焊后热处理的焊缝，应根据经审定的焊接工艺评定报告和据此编制的焊接工艺规程的规定进行检查，如加热温度、加热速度、恒温时间及冷却速度等，以判定热处理的作用是否达到，是否可能在焊件中造成更大的残余应力，必要时应重新进行热处理。

9.2 试 压

9.2.1 强调管道系统完工后必须进行静水压力试验。静水压力试验分强度试压和严密性试压两个不同压力等级进行。强度试压是为了保证管道的整体性，保证管道的运行安全。严密性试压是验证管道在运行时是否会产生泄漏。

9.2.2 本条所指大、中型河流的等级，系按国家现行标准《原油长输管道穿跨越工程设计规范》的规定划分。公路和铁路的等级按有关部门的规定划分。因穿跨越工程所采用的设计系数与一般的埋地输油管道不同，并考虑工程的重要性和特殊性，故本规范规定穿跨越大中型河流、国家铁路、一、二级公路和高速公路的管道应单独试压。

9.2.3 本条规定清管器收发装置等制作件的试压，其试验压力应等于或大于相连管道系统所要求的限定值，故可同管道系统一起试压。

9.2.4 分段计算壁厚的管段属于不同压力等级，其工作压力各不相同，自应分别试压。

9.2.5 为不降低原管道系统的压力等级，用于更换或改线的钢管的试压标准，应同原管道系统的标准一致。

9.2.6 如有足够的水源和非冰冻季节，应用水进行试压，以利于安全。如在严寒地区、缺水地区或因高差过大在试压管段的下部将产生不能允许的静水压时，可以用气试压，但试压管段必须是处于人烟稀少地区并做好防爆措施，以利于安全。

9.2.7 本规范的试验压力是参照美国 B31.4 的要求规定的，系试验压力的最低要求。如条件允许，可提高强度试验压力，以排除较多的缺陷，提高管道的安全，但试压时的环向应力应限制在最低屈服强度以下，并应注意管子应变过大。

严密性试验压力在《原油长输管道线路设计规范》中规定不得小于工作压力。考虑到运行中可能出现的压力升高和对泄漏的修补在静水压力下较运行时容易，故本规范参照美国和加拿大等国的规范，将严密性试验压力提高为工作压力的 1.1 倍。

持续稳压时间系指试验压力达到规定数值后保持该压力的时间。

据国外文献记载，如试验压力超过工作压力并接近或超过屈服强度时，长时间的稳压将使一些小的缺陷扩大而处于临界状态，以后，即使承受较低的压力也会导致管道破裂。因此，认为管道试压的最好办法是在压力升到强度试验压力后，经短时间稳压即降到严密性试验压力。B31.4 已将原规定水压试验的承压时间不少于 8h 改为 4h，CSA Z183-82 也规定稳压时间不得少于 4h。本规范参照上述两规范定为 4h。

9.2.8 对分段试压的管道，在接通全线后，本规范建议不再进行站间试压。但对连接试压合格后的管段的焊缝，必须用射线照相进行 100%检查合格。

本规范对分段试压的高差未作规定，设计人员可参照本条文说明 9.2.7 条的精神和施工单位的试压设备确定。

中华人民共和国行业标准

家用燃气燃烧器具安装及验收规程

Specification for installation and acceptance of domestic gas burning appliances

CJJ 12—99

主编单位：中国市政工程华北设计研究院
批准部门：中华人民共和国建设部
施行日期：1999年9月1日

关于发布行业标准《家用燃气燃烧器具安装及验收规程》的通知

建标［1999］112号

根据建设部《关于印发一九九五年城建、建工工程建设行业标准制订、修订项目计划（第二批）的通知》（建标［1995］661号）的要求，由中国市政工程华北设计研究院主编的《家用燃气燃烧器具安装及验收规程》，经审查，批准为强制性行业标准，编号CJJ 12—99，自1999年9月1日起施行。原部标准《家用燃气快速热水器安装验收规程》CJJ 12—86同时废止。

本标准由建设部城镇燃气标准技术归口单位中国市政工程华北设计研究院负责管理，中国市政工程华北设计研究院负责具体解释，建设部标准定额研究所组织中国建筑工业出版社出版。

中华人民共和国建设部
1999年4月26日

前　　言

根据建设部建标［1995］661号文的要求，修订组在广泛调查研究，认真总结实践经验，参考国外先进标准，并广泛征求意见的基础上，对原《家用燃气快速热水器安装验收规程》（CJJ 12—86）进行了修订，编制了本规程。

本规程的主要技术内容是：

1. 燃具给排气；

2. 燃具的安装间距及防火；

3. 燃具安装；

4. 验收。

修订的主要技术内容是：

1. 扩大了规程适用范围。适用范围从家用燃气快速热水器扩大到家用燃气燃烧器具。

2. 充实了燃具给排气（通风）、防火和排烟等安全内容。

3. 对规程有关条款尽可能充实具体。

本规程由建设部城镇燃气标准技术归口单位中国市政工程华北设计研究院归口管理，授权由主编单位负责具体解释。

本规程主编单位是：中国市政工程华北设计研究院（地址：天津市河西区气象台路；邮政编码：300074）。

本规程参加单位是：深圳市火王燃器具公司、武汉市煤气（集团）公司、上海市煤气公司、重庆市天然气公司、天津费加罗电子有限公司。

本规程主要起草人员是：高勇、张维华、周红平、刘学锋、顾宝钟、邱光清、王连驰、杨小丰。

目　次

1　总　则

1.0.1　为使家用燃气燃烧器具（简称燃具）安全运行，保护国家财产和居民生命的安全，制定本规程。

1.0.2　本规程适用于居民住宅中使用的热水器，单、双眼灶，烤箱，采暖器等燃具的安装和验收。

1.0.3　燃具应根据用户的用途、安装条件、气源、水源条件等因素综合考虑后选择。

1.0.4　使用的燃具产品应符合国家有关产品标准的规定，并必须有产品合格证和安装使用说明书。在实行产品生产许可证制以后，应是获得生产许可证的产品。

1.0.5　家用燃气燃烧器具安装及验收，除执行本规程外，尚应符合国家现行有关强制性标准的规定。

2 术　语

2.0.1 燃气燃烧器具（燃具） gas burning appliances

以燃气为燃料的燃烧装置的总称。

2.0.2 半密闭自然排气式燃具 semi-sealed gas burning appliances of natural exhaust type

燃烧时所需空气取自室内，用排气筒自然抽力将烟气排至室外的烟道式燃具。

2.0.3 单独烟道 individual flue

只供1台半密闭自然排气式燃具使用的烟道。

2.0.4 复合烟道 compound flue

可供2台半密闭自然排气式燃具使用的烟道。

2.0.5 公用烟道 common flue

可供多台半密闭自然排气式燃具使用的烟道。

2.0.6 公用给排气烟道 common supply and exhaust duct

在楼房住宅等处设置的可供多台密闭式燃具进行给气、排气的通道。

2.0.7 U形烟道 type “U” duct

公用给排气烟道的一种，给气道与排气道下端连通，其上部处于风压平衡状态。

2.0.8 倒T形烟道 type “⊥” duct

公用给排气烟道的一种，给气道在垂直排气道下端横穿建筑物并成水平设置。

3 燃具给排气

3.1 一般规定

3.1.1 没有给排气条件的房间严禁安装非密闭式燃具。

3.1.2 设置吸油烟机等机械换气设备的房间及其相连通的房间内，不宜设置半密闭自然排气式燃具。

3.1.3 安装在浴室内的燃具必须是密闭式燃具。

3.1.4 自然排气的烟道上严禁安装强制排气式燃具和机械换气设备。

3.1.5 排气筒（排气管）、风帽、给排气筒（给排气管）等应是独立产品，其性能应符合相应标准的规定。

3.1.6 排气筒、给排气筒上严禁安装挡板。

3.1.7 每台半密闭式燃具宜采用单独烟道。

3.1.8 复合烟道上最多可接2台半密闭自然排气式燃具，2台燃具在复合烟道上接口的垂直间距不得小于0.5m；当确有困难，接口必须安装在同一高度上时，烟道上应设0.5～0.7m高的分烟器。

3.1.9 公用烟道上可安装多台自然排气式燃具，但应保证排烟时互不影响。

3.1.10 公用给排气烟道上应安装密闭自然给排气式燃具。

3.1.11 楼房的换气风道上严禁安装燃具排气筒。

3.1.12 安装有风扇排气筒的直排式燃具和半密闭自然排气式热水器严禁共用一个排气筒。

3.1.13 不同防触电保护类别的燃具安装时，应使用符合规定的电源插座、开关和导线，电源插座、开关和导线应是经过安全认证的产品。

3.1.14 室内换气应符合本规程附录 A 的规定。

3.1.15 排烟口与周围建筑物开口的距离应符合表 3.1.15 的规定（图 3.1.15-1～6）。在表 3.1.15 规定距离的建筑物墙面投影范围内，不应有烟气可能流入的开口部位，但距排烟口距离大于 600mm 的部位除外。

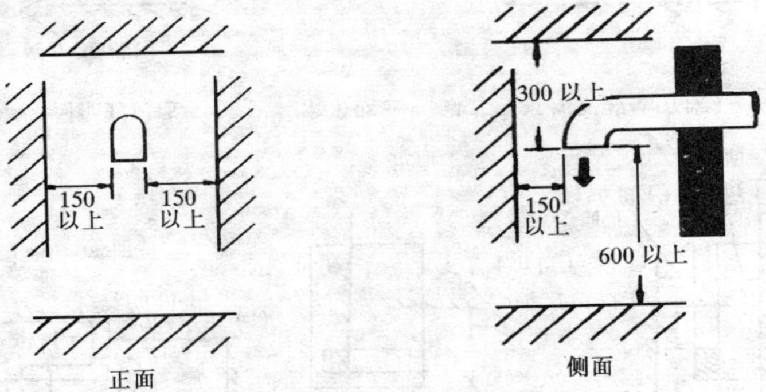

图 3.1.15-1 向下吹

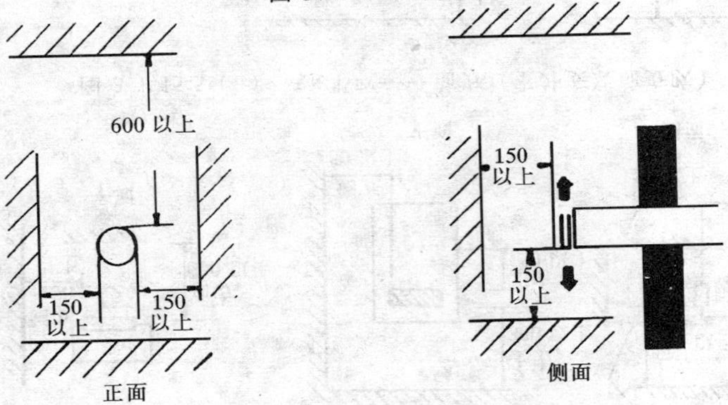

图 3.1.15-2 垂直吹 360°

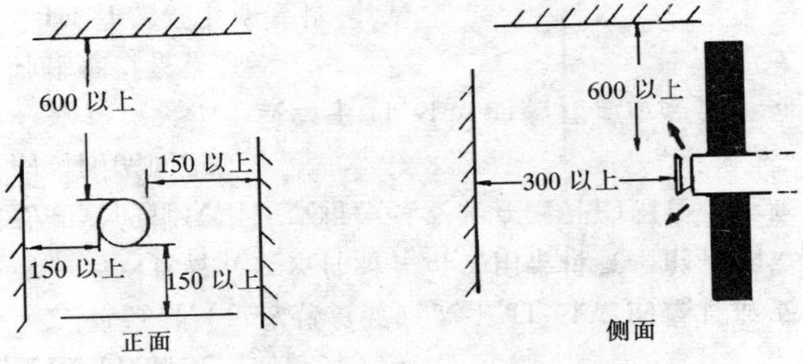

图 3.1.15-3 斜吹 360°

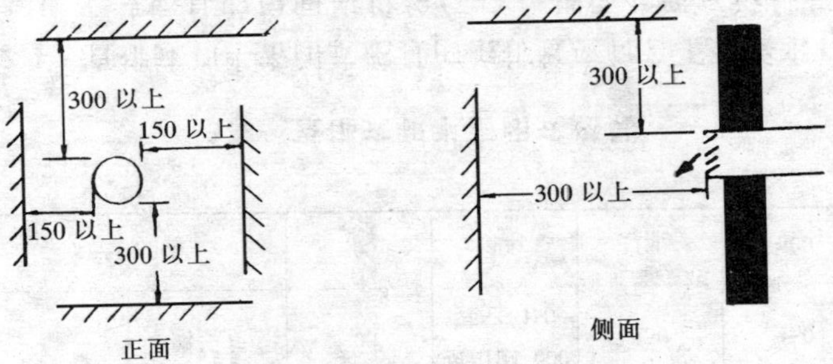

图 3.1.15-4 斜吹向下

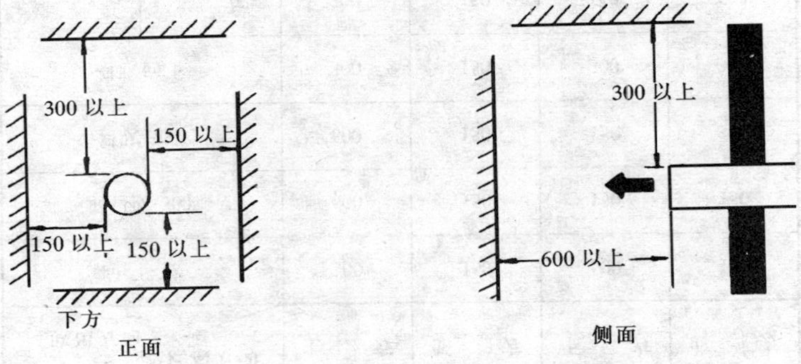

图 3.1.15-5 水平吹（室内安装排气管前方吹）

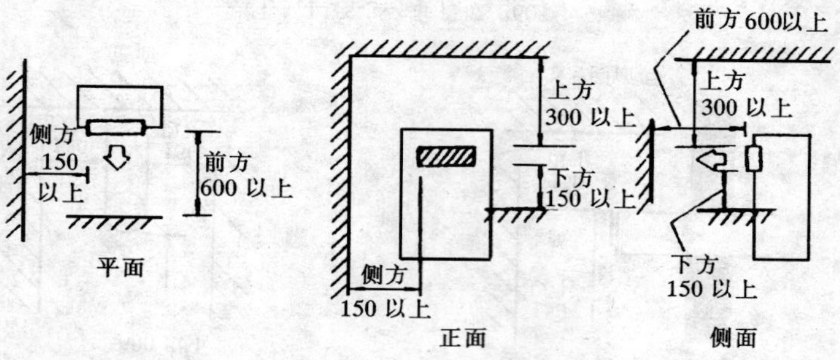

图 3.1.15-5（*a*） 水平吹——前方（室外安装前方吹）

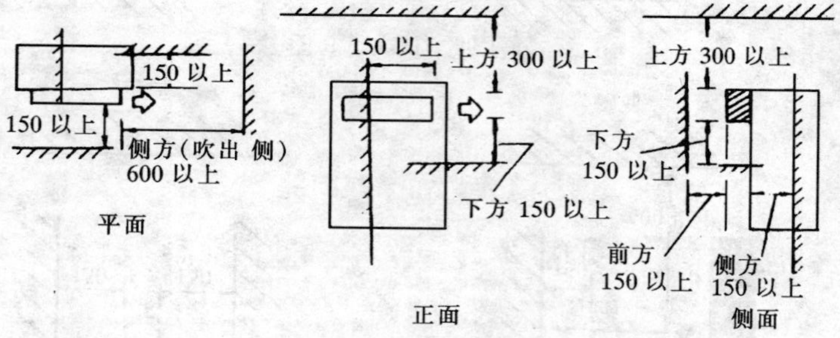

图 3.1.15-5（*b*） 水平吹——侧方（室外安装侧方吹）

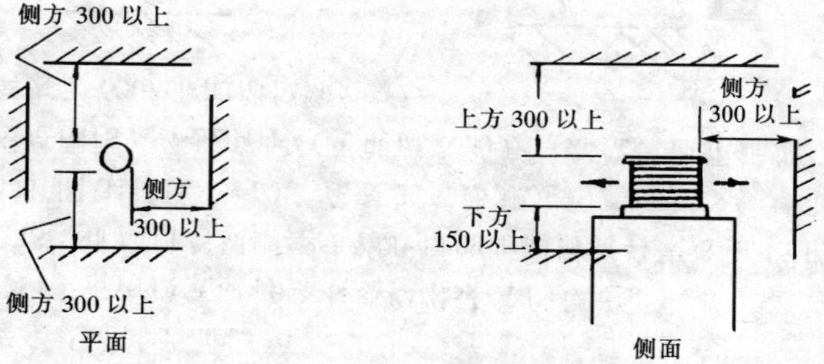

图 3.1.15-6 水平吹 360°

表 3.1.15 排烟口与周围建筑物开口的距离（mm）

吹出方向 \ 隔离方向		上　方	侧　方	下　方	前　方
向下吹		300	150	600	150
垂直吹 360°		600	150	150	150
斜吹 360°		600	150	150	300
斜吹向下		300	150	300	300
水平吹	前　方	300	150	150	600
	侧　方	300	吹出侧 600 其它 150	150	150
水平吹 360°		300	300	150	300

3.2 直排式和半密闭式燃具

3.2.1 直排式和半密闭式燃具的给排气应符合下列要求：

1. 安装燃具的房间应设给气口，并且上部宜设排气口或气窗（设排气扇时除外）。

2. 热流量（也称热负荷）大于 11.6kW 的燃具应安装排气筒；当不具备安装条件时，可采用带排气扇的排烟罩或带联动装置的排气扇；或将燃具安装在敞开的阳台、走廊上设置的封闭隔间内。

3. 热流量小于或等于 11.6kW 的燃具，应装设下列任意一种排烟设备：

1）在燃具上面装排气筒；

2）在燃具上面装带排烟罩的排气筒；

3）在外墙上安装与热水器联动的排气扇或带排气扇的排烟罩。

4. 设在外墙或外窗上的排气扇向室外排烟时，应防止气流短路。

3.2.2 排气筒、排气管的材料应由不可燃、耐热、耐腐蚀材料制成。

3.2.3 排气筒、排气管的固定应耐自重、风压、积雪和振动，连接应牢固。排气筒、排气管应容易连接，并应有防漏气措施。

3.2.4 排气筒、排气管结构应保证不会滞留冷凝水，排气筒室外部分的最下部应有冷凝水排除构造。

3.2.5 防倒风罩的位置不应随意改动。

3.2.6 排气扇联动装置的安装应符合下列要求：

1. 燃具动作时，排气扇应随之转动；或当排气扇动作后方可启动燃具的控制装置。

2. 排气扇的能力和安装位置应符合本规程附录 A 的规定。

3.2.7 根据建筑物的特点，半密闭式燃具安装时应充分考虑静风压对排烟的影响。

3.2.8 半密闭自然排气式燃具排气筒应符合下列要求：

1. 排气筒应有效地排除烟气，其尺寸应大于燃具连接部位的尺寸。

2. 排气筒的高度应大于下式计算值（适用于排气筒总长 $L < 8\text{m}$）

$$H = \frac{0.5 + 0.4n + 0.1L}{\left(\frac{1000A_{\mathrm{v}}}{6\phi \times 0.9458}\right)^{2}} \qquad (3.2.8)$$

式中 H——排气筒高度（m）；

n——排气筒上的弯头数目；

L——从防倒风罩开口下端到排气筒风帽高度 1/2 处的排气筒总长度，$L = H + l$（m）；

l——已知排气筒水平部分长度（m）；

A_{v}——排气筒的有效截面积（cm^2）；

ϕ——燃具热流量（W）。

3. 排气筒水平部分的长度宜小于 5m，水平前端不得朝下倾斜，并应有稍坡向燃具的坡度。

4. 排气筒的弯头宜为 90°，弯头总数不应多于 4 个。

5. 排气筒的高度宜小于 10m。

6. 防倒风罩以上的排气筒室内垂直部分不得小于 250mm。

7. 排气筒顶端必须安装有效的防风、雨、雪的风帽，其位置不应处于风压带内。

3.2.9 安装半密闭自然排气式燃具的室内给气口和换气口的断面积均应大于排气筒的断面积。

给气口和换气口均应在直通大气的地点。

3.2.10 风机在燃具外的半密闭强制排气式燃具的安装应符合下列要求：

1. 风机停转时应能自动切断燃具燃气供给，而风机恢复运转时不应放出未燃烧的燃气；风机排烟能力应能克服排气筒阻力和风压，并应是燃具理论烟气量的 2 倍以上；强制排气式燃具排气管风帽可安装在风压带内。

2. 排气管直径、长度、弯头数应在确保排气能力范围内选用。风帽应是配套产品，形状和结构不得改变；排气管上应有防脱、防漏措施。

3. 排气管穿墙部位与墙间的间隙应密封，不得使烟气回流入室内。

4. 给气口的面积应大于排气管断面积，但利用门、窗间隙给气时应按附录A计算开口面积。

3.2.11 内置风机的燃具的强制排气管通到室外时，排气管、排气管风帽的材料及给气口面积应符合本规程第3.2.10条1～4款的规定。

3.3 密闭式燃具

3.3.1 密闭式自然给排气燃具的安装形式可分为：

1. 壁装式：装在建筑物的外墙壁上，分短的给排气筒和延长型给排气筒两种类型。

2. 专用室式：装在敞开式外廊或阳台的专用室内（隔间内）。

3. 公用给排气烟道式：装在U形或倒T形烟道上。

3.3.2 密闭式强制给排气燃具的安装型式可分为：

1. 壁装式：装在建筑物的外墙壁上，分落地安装和壁挂安装两种类型（短的和延长型给排气管两种）。

2. 凹陷处安装式：装在敞开式外廊的凹陷处的专用室内（隔间内）。

3.3.3 密闭式燃具给排气部件应采用燃具配套的部件，并按说明书安装，检查维修应方便。

3.3.4 自然给排气式燃具给排气风帽的安装应符合下列要求：

1. 给排气风帽应安装在充分敞开的室外，也可安装在不滞留烟气的敞开走廊或敞开阳台上；当有障碍时，应装在风产生的气流和风压差不妨碍燃烧的地点。

2. 在给排气风帽两侧、上下方距离1.5m之内有突出物时，或距离不足1.5m的凹陷处，均不应安装燃具风帽。

3. 给排气风帽上方有突起物或屋檐时，风帽与之距离应大于250mm；檐下垂时，风帽距垂檐距离应大于100mm。上檐为可燃材料、难燃烧材料装修的建筑物部位时，风帽与周围的距离应符合本规程第4.3.2条的规定。

4. 下方有障碍物（地面或地基）时，给排气风帽距地面或地基面的距离应大于150mm。

5. 给排气风帽侧方有障碍物时，与障碍物间距离应符合表3.3.4的规定。

在同一高度上安装两台燃具时，两个风帽的净距应大于300mm。

表 3.3.4　给排气风帽与侧方障碍物间的距离（mm）

侧方障碍物突出尺寸	与侧方障碍物间的距离
小于（给排气风帽突出尺寸+400）	应大于800
大于（给排气风帽突出尺寸+400）	应大于300（浴槽水加热器应大于220）

6. 给排气风帽前方150mm内不应有墙等障碍物，给排气风帽前方不宜有同等高度的障碍物（半截高度围墙）。

7. 给排气风帽应与燃具配套使用，其形状和结构均不得改动。

8. 给排气筒穿墙处应密封，不得使烟气流入室内。

9. 给排气风帽的给排气口应伸出到墙外。

10. 给排气风帽周围不得安装妨碍通风的设施。

11. 在积雪地区安装时，安装地点应采取防雪措施。

3.3.5 强制给排气式燃具给排气管、给排气风帽的安装应符合下列要求：

1. 给排气部位形状不应妨碍燃烧，并确保必要的风量。

2. 给排气管延长时，应按说明书规定进行；前端应接风帽；给排气管连接处应牢固。

3. 给排气风帽应装在敞开的室外空间，也可安装在不滞留烟气的敞开走廊或敞开阳台上。

4. 给排气风帽周围应无突起的障碍物；当有障碍物时，应保证烟气不会流入给气口。

5. 给排气风帽的给排气部位距建筑物上檐应大于250mm；檐下垂时，风帽上端距檐下端的距离应大于100mm。

6. 当上方障碍物是以可燃材料、难燃烧材料装修时，风帽与其距离应符合本规程第4.3.2条的规定。

7. 给排气风帽应是燃具配套部件，其形状和结构不得改变。

8. 给排气管安装应向室外稍倾斜，雨水不得进入燃具。

9. 给排气管连接处不应漏烟气，应有防脱、防漏措施。

10. 给排气管的穿墙部位应密封，烟气不得流入室内。

3.3.6 采用公用给排气烟道时，中、高层住宅中宜采用U形或倒T形烟道，应考虑建筑物与周围建筑物的风压带分布，并应符合下列要求：

1. 公用烟道的截面积和形状应能保证密闭式燃具的正常燃烧。

2. U形烟道的给气道和排气道，倒T形烟道的垂直烟道，其截面积均应大于按式（3.3.6）求出的数值。

$$A = 0.9458 \times Z \cdot k \cdot \phi \qquad (3.3.6)$$

式中 A——烟道截面积（cm^2）；

Z——公用给排气道的截面系数（cm^2/kW），见表3.3.6-1；

k——燃具同时工作系数，见表3.3.6-2；

ϕ——烟道上燃具热流量（kW）。

表 3.3.6-1　公用给排气烟道的截面系数

层　数	截面系数 Z	备　注
3	21.6	适用于层高2.5~3.0m的建筑
4	24.3	
5	25.4	
6	25.7	
7	26.1	
8	26.1	
9	26.2	
10	26.3	
11	26.2	
12	26.2	
13	26.1	
14	26.0	
15	25.9	
16	25.9	
17	25.8	
18	25.7	
19	25.6	
20	25.6	

表 3.3.6-2　燃具同时工作系数 k

燃具数目	热水器、浴槽水加热器	采暖炉	备　注
1	1.00	1.00	k 值可按实际情况确定，但不得小于本表的规定值
2	1.00	1.00	
3	1.00	1.00	
4	0.90	0.95	
5	0.83	0.92	
6	0.77	0.89	
7	0.72	0.86	

续表

燃具数目	热水器、浴槽水加热器	采暖炉	备　注
8	0.68	0.84	
9	0.65	0.82	
10	0.63	0.81	
11	0.61	0.80	
12	0.60	0.80	
13	0.59	0.80	
14	0.58	0.79	k 值可按实际情况确定，但不得小于本表的规定值
15	0.57	0.79	
16	0.56	0.78	
17	0.55	0.78	
18	0.54	0.77	
19	0.53	0.76	
20	0.52	0.76	
>21	0.50	0.75	

3.U 形和倒 T 形的垂直烟道的长宽之比应小于 1:1.4。

4. 在一个烟道上安装双系列燃具时（2 台燃具对称安装），其烟道截面积应是单系列截面积的 2 倍以上。

5. 烟道内壁有突起物时，计算烟道截面积时应减去突起物面积。燃具应安装在没有突起物的一侧。

6.U 形烟道的排气道和倒 T 形烟道的垂直烟道的材料，应采用不可燃、耐热、耐腐蚀的材料制成。

7. 烟道的结构不应影响燃具的燃烧性能。

8. 屋顶排烟口与最顶层安装燃具的排烟开口部位垂直净距应大于 3m。安装在同一烟道上的两个燃具排烟开口部位的垂直净距应大于 0.8m。

9. 安装在公用烟道上的燃具给排气风帽应是燃具配套的风帽，安装时不得改变风帽的形状和构造。给排气风帽必须伸出到烟道内壁平面外 40～50mm。安装公用烟道式专用风帽时必须使用金属框架。

10. 给排气筒穿墙时，给排气筒与墙壁之间，不得有使排气回流入室内的间隙。

11. 公用烟道顶部防护应符合下列要求：

1）烟道顶部结构应能防雨，且积雪不会堵塞开口部位；

2）烟道顶部装有百叶窗时，应保证有效的开口面积；

3）烟道顶部应设金属防护网，金属网眼的大小应保证 16mm 直径的球不会进入。

12.U 形烟道的结构应符合下列要求：

1）U 形烟道的顶部给气口和排气口的位置应保证风压平衡；当给气口和排气口不能设计在两个平面上时，也可设在一个平面内，但给气口或排气口的有效面积应取烟道面积的 2 倍以上；

2）烟道底部结构应使通风阻力最小，U 形转弯处的空间高度（距底高度），圆形烟道，取直径的 2 倍；方形烟道，取两边长之和；对阻力较小的烟道，可取烟道截面积上长边的 1.5 倍；

3）烟道底部严禁安装燃具；

4）烟道底部应有存水和排水的地方，应有清扫口。

13. 倒 T 形烟道的结构应符合下列要求：

1）烟道的顶部位置应避开相邻楼房的风压带，其形状应能使各方向的风都能使烟道产生抽力；

2）烟道底部的给气口应使风压保持平衡，给气口应分别设在建筑物的两对面，并用水平烟道连接起来，与垂直烟道组成倒 T 形烟道；给气口有效截面积应大于连接的水平烟道的截面积；给气口应设在建筑物相对两面高于建筑地表 1m 以上地方；

3）水平烟道有效截面积应是连接全部垂直烟道面积总和的2倍以上；

4）垂直烟道底部应设放水弯管和清扫孔。

3.3.7 底层是店铺的楼房的公用给排气烟道应符合下列要求：

1. 给气口应在建筑物外墙四面墙上均匀布置，相对面的开口面积应相等；

2. 建筑物相邻面的有效开口面积之和应大于垂直烟道截面积之和的2倍；

3. 建筑物长边上设置的给气口面积之和应大于垂直烟道面积的总和。

3.3.8 高架楼公用给排气烟道应符合下列要求：

1. 给气口向四方敞开，各方面给气口的截面积，应大于垂直烟道的截面积；

2. 垂直烟道的下方应有排水设施。

3.3.9 网络型公用给排气烟道应符合下列要求：

1. 网络型烟道在建筑物的四个墙面上都应设有水平烟道，并且其中一个应是联络烟道；

2. 联络烟道截面积应是其中最大水平烟道截面积2倍以上；

3. 联络烟道两端不敞开时，水平烟道截面积应是水平烟道上的垂直烟道截面积2倍以上；

4. 联络烟道敞开时，水平烟道截面积应是水平烟道上垂直烟道截面积1.5倍以上；

5. 各给气口有效截面积应大于相应的水平烟道截面积或联络烟道截面积。

3.3.10 在公用给排气烟道上安装的燃具使用的燃料比空气重时，烟道应有防止燃气泄漏的措施。

3.3.11 公用给排气烟道应是燃具专用的，不应作换气道、通风道使用。

3.3.12 安装在公用给排气烟道上的燃具应是允许在公用给排气烟道上使用的燃具。

3.4 室外燃具

3.4.1 室外燃具的安装形式可分为：

1. 固定安装：安装在室外的地坪上（落地式安装）。

2. 壁挂式安装：安装在室外建筑物的墙上。

3. 走廊安装：安装在敞开式走廊的凹陷处。

4. 走廊专用室处安装：安装在敞开式走廊的专用室内（隔间内）。

5. 镶嵌安装：安装在外墙的凹陷处。

3.4.2 燃具周围的条件应符合下列要求：

1. 给排气口周围应无妨碍燃烧的障碍物；当有障碍物时，应保证烟气不会流入给气口。

2. 室外燃具应安装在不会产生强涡流的室外敞开空间。

4 燃具的安装间距及防火

4.1 燃 具 设 置

4.1.1 燃具和排气筒与周围建筑和设备之间应有相应的防火安全间距。

4.1.2 安装燃具的部位应是由不可燃材料建造。

4.1.3 当安装燃具的部位是可燃材料或难燃材料时，应采用金属防热板隔热，防热板与墙面距离应大于10mm。

4.1.4 除特殊设计的组合式燃具外，对以可燃材料、难燃材料装修的部位不应采用镶入式安装形式。

4.1.5 燃具与以可燃材料、难燃材料装修的建筑物间的距离不得小于表4.1.5中的数值，并应符合下列要求（表中半括号前数字与下列规定的项序号相对应）：

表 4.1.5 燃具与可燃材料、难燃材料装修的建筑物部位的最小距离（mm）

种类				间隔距离 上方	侧方	后方	前方
直排式	[1]烹调用燃具	外露燃烧器	双眼灶、单眼灶	1000	200	200	200
				800	0	0	[11]
			带烘烤器的灶	1000	150[2]	150[2]	150
				800	0	0	[11]
			落地式烤箱灶	1000	150[2]	150[2]	150
				800	0	0	[11]
		内藏燃烧器	台式烤箱	1000	150	150	150
				800	0	0	[11]
			间接式烤箱 无烟罩	500	45	45	45
				300	45	45	[11]
			间接式烤箱 有烟罩	150[10]	45	45	45
				100[10]	45	45	[11]
			燃气饭锅（<4L）	300	100	100	100
				150	45	45	[11]
	热水器		无烟罩	400	45	45	45
				300	45	45	[11]
			有烟罩	150[10]	45	45	45
				100[10]	45	45	[11]
	采暖器	外露燃烧器	单向辐射式	1000	300	45	1000
				800	150	45	800
			多向辐射式	1000	1000	1000	1000
				800	800	800	800
			壁挂式、吊挂式	300	600	45	1000
				150	150	45	800
		内藏燃烧器	自然对流式	1000	45	45	45[3]
				800	45	45	45[3]
			强制对流式	45	45	45	600[4]
				45	45	45	[4]
	衣服干燥机			150	45	45	45
				150	45	45	[11]

续表

种类				上方	侧方	后方	前方
				间隔距离			
半密闭式	热水器	热流量 11.6kW 以下		[6]	45	45	45
				[6]	45	45	[11]
		热流量 11.6～69.8kW		[6]	150	150	150
				[6]	45	45	[11]
	浴槽水加热器（浴室外设置）	燃烧器不能取出	外加热器（浴盆外加热）	[6]	150	150	150
				[6]	45	45	[11]
		燃烧器可以取出	内加热器（浴盆内加热）	[6]	150	150	600
				[6]	45	45	[11]
		燃烧器可以取出	热水管穿过可燃性墙体	[6]	150	[9]	600
				[6]	[9]	[9]	[11]
	采暖器	内藏燃烧器	自然对流式	600	45[5]	45[5]	45[3]
				600	45[5]	45[5]	45[3]
			强制对流式	45	45[5]	45[5]	600[4]
				45	45[5]	45[5]	600[4]
密闭式	热水器	快速式	台式	[9]	0	0	[9]
				[9]	0	0	[9]
			固定悬挂式	45	45	45	45
				45	45	45	[11]
		容积式		45	45	45	45
				45	45	45	[11]
	浴槽水加热器			[9]	20[7]	20	45
				[9]	[7]	20	[11]
	采暖器	内藏燃烧器	自然对流式	600	45	45	45[3]
				600	45	45	45[3]
			强制对流式	45	45	45	600[4]
				45	45	45	600[4]

续表

种类			上方	侧方	后方	前方
			间隔距离			
室外用	自然排气热水器	无烟罩	600	150	150	150
			300	45	45	[11]
		有烟罩	150[10]	150	150	150
			100[10]	45	45	[11]
	自然排气浴槽水加热器		600	150	150	150
			300	45	45	[11]
	强制排气[8]	热水器、浴槽水加热器	150	150	150	150
			45	45	45	45

注：间隔距离栏中，上格中的数值为未带防热板时燃具与建筑物间的距离，下格中的数值为带防热板时燃具与防热板的距离。

1. 烹调燃具

1）多用灶具（如带烘烤器的燃具）应按最大距离安装。

2）侧方、后方距离，当燃具经温升试验证明是安全时，可以靠接。

2. 采暖器

3）在暖风吹出方向，间隔距离应大于 600mm。

4）在暖风吹出方向，间隔距离应大于 600mm；向不同方向吹风时，吹出方向间隔距离均应大于 600mm，不吹风方向，间隔距离应大于 45mm。

5）表示与采暖器的距离，接排气筒时应考虑与排气筒的距离。

3. 热水器、浴槽水加热器

6）装有排气筒时，可不规定上方距离，排气筒与周围的距离应符合本规程第4.2.1条的规定。

7）与浴槽的距离可取零，与合成树脂浴槽的距离应大于20mm。

8）与燃具外壳、排烟口的距离，应按本规程第4.3.3条第2款的规定确定。

9）与燃具的距离应按燃具结构和使用状态确定。

10）与烟罩上方的距离。

4. 通用要求

11）正常使用时，即使有防热板，也应有便于使用的距离。

4.1.6 燃具与可燃材料、难燃材料建造，但以不可燃材料装修的建筑物间的距离，不应小于本规程表4.1.5中间隔距离一栏下格的规定。

以不可燃材料装修的建筑物与燃具的距离，当采用表4.1.5下格的规定有困难时，也可按下面规定采用：

1. 内藏燃烧器的燃具，除排气出口外，其它侧方、后方距离应大于20mm，上方应大于100mm。

2. 密闭式燃具在检查方便时，燃具侧方、后方可接触建筑物安装。

4.1.7 家用燃气灶具与抽油烟机除油装置的距离可按表**4.1.7**的规定采用。

表4.1.7　家用燃气灶具与抽油烟机除油装置的距离（mm）

除油装置 / 家用燃气灶具	抽油烟机风扇[2]油过滤器	其他部位
家用燃气烹调灶具	800以上	1000以上
带油过热保护的灶具[1]	600以上[3]	800以上

续表

①带油过热保护，并经防火性能认证的灶具；

②风量小于$15m^3/min$（$900m^3/h$）；

③限每户单独使用的排油烟管。

4.2 排气筒、排气管、给排气管与周围建筑物的安装距离

4.2.1 排气筒、排气管、给排气管与可燃材料、难燃材料装修的建筑物的安装距离应符合表4.2.1的规定。

表4.2.1　安　装　距　离（mm）

烟气温度		260℃及其以上	260℃以下	
部位		排气筒、排气管		给排气管
开放部位	无隔热	150mm以上	D/2以上	0mm以上
	有隔热	有100mm以上隔热层，取0mm以上安装	有20mm以上隔热层，取0mm以上安装	—
隔蔽部位		有100mm以上隔热层，取0mm以上安装	有20mm以上隔热层，取0mm以上安装	20mm以上
穿越部位措施		应有下述措施之一： （1）150mm以上的空间 （2）150mm以上的铁制保护板 （3）100mm以上的非金属不燃材料保护板（混凝土制）	应有下述措施之一： （1）D/2以上的空间 （2）D/2以上的铁制保护板 （3）20mm以上的非金属不燃材料卷制或缠绕	0mm以上

注：*D*为排气筒直径。

4.2.2 装于棚顶等隐蔽部位的排气筒、排气管、给排气管，连接处不得漏气，连接应牢固，同时应覆盖不可燃材料的保护层，并应设置检查口和通风口。

4.3 排气筒风帽、给排气筒风帽与周围建筑物的安装距离

4.3.1 半密闭自然排气式燃具的排气筒风帽与屋顶、屋檐间的相互位置应符合下列要求：

1. 排气筒伸出屋顶到风帽间的垂直高度必须大于600mm。

2. 当排气筒水平方向1m范围内有建筑物，而且该建筑物有屋檐时，排气筒的高度必须高出该建筑物屋檐600mm以上。

4.3.2 风帽排气出口与以可燃材料、难燃材料装修的建筑物的距离应大于表4.3.2的规定（图4.3.2-1～5）。

4.3.3 室外燃具排气出口周围的以可燃材料、难燃材料装修的建筑物，应采取有效的隔热防护，并应符合下列要求：

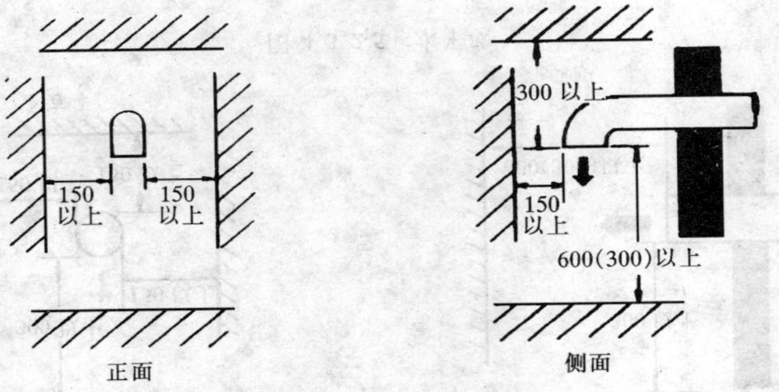

图 4.3.2-1 向下吹

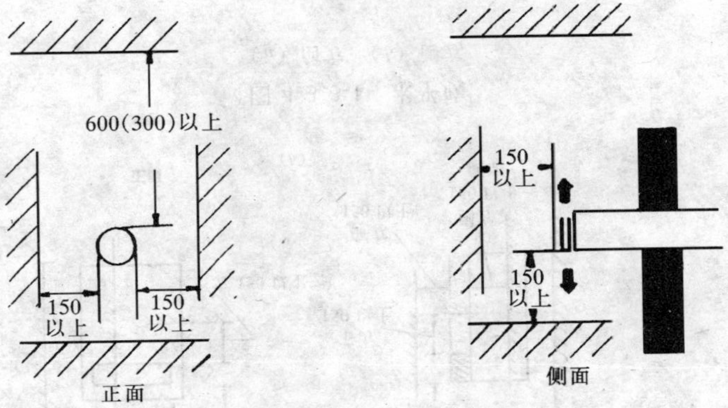

图 4.3.2-2 垂直吹 360°

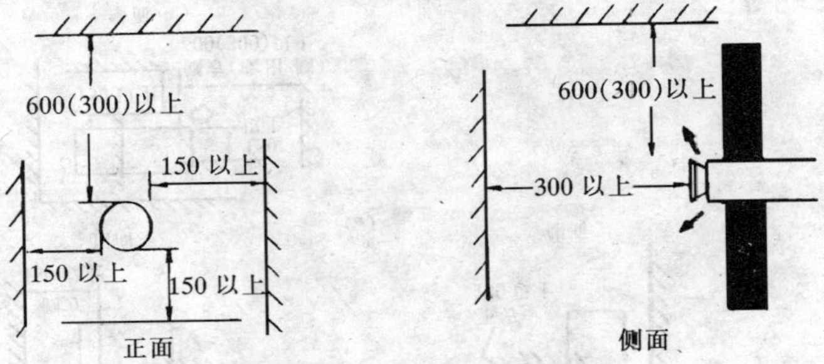

图 4.3.2-3 斜吹 360°

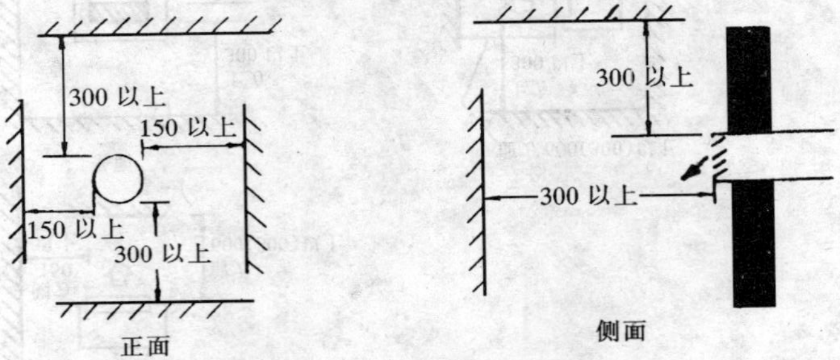

图 4.3.2-4 斜吹向下

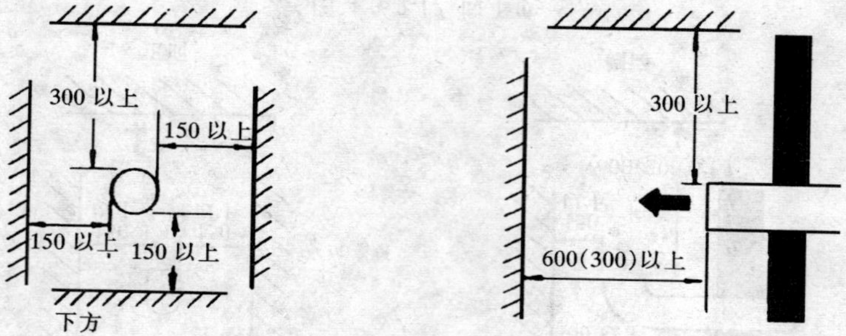

图 4.3.2-5　水平吹

表 4.3.2　风帽排气出口与可燃材料、难燃材料装修的建筑物的距离（mm）

隔离方向 / 吹出方向	上　方	侧　方	下　方	前　方
向下吹	300	150	600（300）	150
垂直吹 360°	600（300）	150	150	150
斜吹 360°	600（300）	150	150	300
斜吹向下	300	150	300	300
水平吹	300	150	150	600（300）

注：（　）内为有防热板的距离。

1. 室外自然排气式燃具的排气出口与周围的距离应大于表 4.3.3-1 的规定（烟气温度 260℃及其以下）。

2. 室外强制排气式燃具的排气出口与周围的距离应大于表 4.3.3-2 的规定（烟气温度 260℃及其以下）（图 4.3.3-1～2 及图 4.3.2-1～2）。

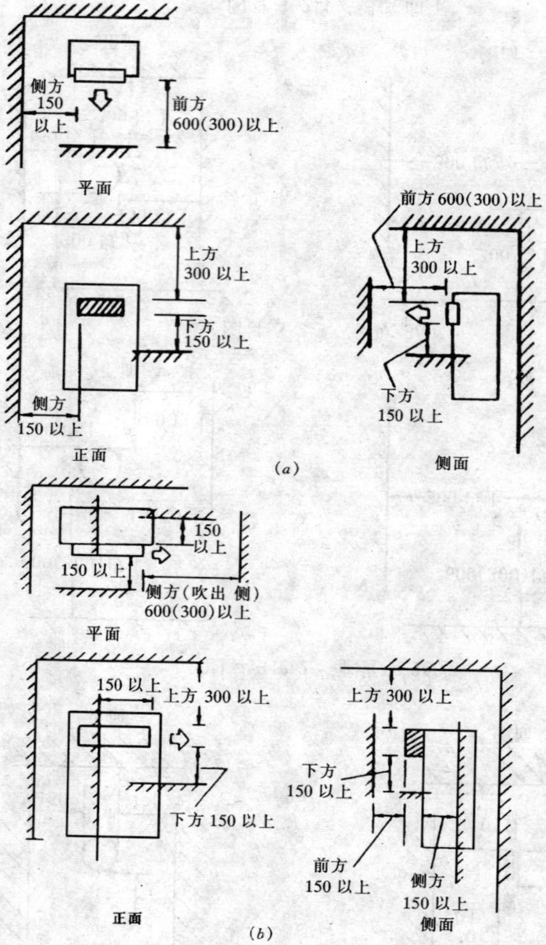

图 4.3.3-1　水平吹

（a）前方；（b）侧方

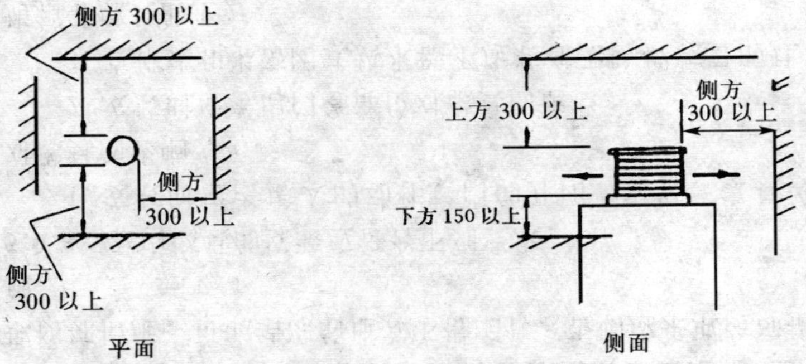

图 4.3.3-2　水平 360°吹

表 4.3.3-1　　排气出口与周围的距离（mm）

设置方法＼隔离方向	上　方	侧　方	后　方	前　方
带烟罩	150（100）	150	150	150
不带烟罩	600（300）	150	150	150

注：（　）内是有以不可燃材料装修或有防热板时的距离。

表 4.3.3-2　　排气出口与周围的距离（mm）

吹出方向＼隔离方向		上　方	侧　方	下　方	前　方
水平吹	前方	300	150	150	600（300）
	侧方	300	吹出侧 600（300） 其它侧 150	150	150
水平 360°吹		300	300	150	300
垂直吹 360°		600（300）	150	150	150
向下吹		300	150	600（300）	150

注：（　）内是有以不可燃材料装修或有防热板时的距离。

5　燃 具 安 装

5.0.1　安装燃具时应有施工的标识以及施工记录。

5.0.2　安装或变更下列燃具时应在有关人员监督下进行，并张贴监督员检查合格标志；

1. 半密闭及密闭式浴槽水加热器；

2. 半密闭及密闭式热水器：

1）热流量大于 11.6kW 的快速式热水器；

2）热流量大于 7.0kW 的其它燃具；

3）上述燃具的排气筒、给排气筒以及与排气筒相连的排气扇。

5.0.3　燃具局部变更施工应包括下列各项：

1. 室外燃具变更工程（不得装室内）；

2. 燃具更换排气筒或排气扇；

3. 燃具增加热流量。

4. 热流量等于或小于 7.0kW 的燃具安装。

5.0.4　燃具安装部位应符合下列要求：

1. 安装燃具的地面、墙壁应能承受荷重。

2. 燃具不应安装在有易燃物堆存的地方。

3. 直排式和半密闭式燃具不应安装在有腐蚀性气体和灰尘多的地方。

4. 燃具不应装在对其他燃气设备或电气设备有影响的地方。

5. 安装时应考虑满流、安全阀动作及冷凝水的影响，地面应做防水处理或设排水管。

6. 燃具安装应考虑检修的方便；排气筒、给排气筒应在易安装和检修处安装。

7. 燃具安装处所应符合现行国家标准《燃气燃烧器具安全技术通则》GB16914 的规定。

5.0.5 燃具固定应符合下列要求：

1. 燃具应能防振动冲击，不应倾斜、龟裂、破损。

2. 配管应能防振动冲击，不应有安全故障。

3. 燃具安装应牢固，应安装在牢固的地面、墙、梁等部位。

5.0.6 连接金属管、燃气阀、金属柔性管或强化软管（带增强金属网或纤维网）时，应无附加应力，并且应牢固。

5.0.7 防积雪、防冻应符合下列要求：

1. 在积雪地区安装燃具时，给排气设备应考虑积雪、落雪、冰冻的影响。

2. 在积雪地区安装室外固定式燃具时，应设置积雪护板，护板应有足够的强度；

墙上安装时，应装在不受落雪、积雪影响的地方。

3. 供热水的燃具、给水管、热水管应根据当地情况采取防冻措施；可能结冻的地方不得配管，否则应采取防冻措施。

5.0.8 室内燃具的安装应符合下列要求：

1. 安装时应考虑人的动作、门的开闭、窗帘、家具等对燃具的影响。

2. 安装时应考虑门等部位对燃具的遮挡。

3. 直排式和半密闭式热水器不应装在无防护装置的灶、烤箱等燃具的上方。

4. 室外用燃具不应安装在室内。

5.0.9 室外燃具的安装应符合下列要求：

1. 室内用燃具安装在室外时，应采取防风、雨的措施，不得影响燃具的正常燃烧。

2. 在靠近公共走廊处安装燃具时，应有防火、防落下物、防投弃物等措施。

3. 室外燃具的排气筒不得穿过室内。

4. 两侧有居室的外走廊，或两端封闭的外走廊，严禁安装室外用燃具。

5.0.10 燃气管道连接应符合下列要求：

1. 燃具与燃气管道的连接部分，严禁漏气。

2. 燃具连接用部件（阀门、管道、管件等）应是符合国家现行标准并经检验合格的产品。

3. 连接部位应牢固、不易脱落。软管连接时，应采用专用的承插接头、螺纹接头或专用卡箍紧固；承插接头应按燃气流向指定的方向连接。

4. 软管长度应小于 3m，临时性、季节性使用时，软管长度可小于 5m。软管不得产生弯折、拉伸、脚踏等现象。龟裂、老化的软管不得使用。

5. 在软管连接时不得使用三通，形成两个支管。

6. 燃气软管不应装在下列地点：

1）有火焰和辐射热的地点；

2）隐蔽处。

7. 燃气管道连接还应符合现行国家标准《城镇燃气设计规范》GB50028 的有关规定。

5.0.11 与燃具连接的供气、供水支管上应设置阀门。

5.0.12 燃气泄漏报警器的安装应符合现行国家标准《燃气

燃烧器具安全技术通则》GB16914 的有关规定。

5.0.13 燃具在敞开走廊、阳台上安装时应符合本规程附录 B 的规定。

5.0.14 燃具的给水安装应符合本规程附录 C 的规定。

6 验　收

6.0.1 安装燃具的房间应符合现行国家标准《燃气燃烧器具安全技术通则》GB16914 的规定。

6.0.2 安装燃具房间的通风、防火等条件应符合本规程第 3 章、第 4 章和第 5 章的规定。

6.0.3 燃气的种类和压力，以及自来水的供水压力应符合燃具铭牌要求。

6.0.4 将燃气阀打开，关闭燃具燃气阀，用肥皂液或测漏仪检查燃气管道和接头，不应有漏气现象。

6.0.5 打开自来水阀和燃具冷水进口阀，关闭燃具热水出口阀，目测检查自来水系统不应有水渗漏现象。

6.0.6 按燃具使用说明书要求，使燃具运行，燃烧器燃烧应正常，各种阀的开关应灵活。

6.0.7 在做烟道抽力检查（半密闭自然排气式燃具用）时，应在燃具运行情况下，并应用补偿式微压计在安全排气罩出口处测定，抽力（真空度）不得小于 3Pa。

6.0.8 上述检查合格后，应由监督员张贴合格标示。

附录A　室 内 换 气

A.0.1　室内自然换气应符合表A.0.1的规定。

表A.0.1　室内自然换气

排气装置		排气筒（接外墙排烟口）	烟道（排气筒）（接燃具排烟口）	带排烟罩的排气筒	
				Ⅰ型排烟罩	Ⅱ型排烟罩
要求排气量（m^3/h）		40*VQ*	2*VQ*	30*VQ*	20*VQ*
排气筒等的有效面积（m^2）		$A_1=\frac{V\cdot Q}{3600}\times\sqrt{\frac{3+5n_1+0.2l_1}{h_1}}$	$A_2=\frac{V\cdot Q}{3600}\times\sqrt{\frac{0.5+0.4n_2+0.1l_2}{h_2}}$	$A_3=\frac{V\cdot Q}{3600}\times\sqrt{\frac{2+4n_3+0.2l_3}{h_3}}$	$A_4=\frac{V\cdot Q}{3600}\times\sqrt{\frac{2+4n_3+0.2l_3}{h_3}}$
排气口位置		顶棚下80cm以内	适当位置	适当位置	适当位置
给气口	位置	顶棚高度1/2以下	适当位置	顶棚高度1/2以下	顶棚高度1/2以下
	有效面积	A_1	A_2	A_3	A_4

注：V——每单位燃气的理论烟气量，取$1.02m^3/1kW$；

Q——燃具热流量（kW）；

n_1、l_1、h_2——排气筒转弯次数；从排气筒入口中心到风帽高度1/2处的长度（m）；排气筒室外垂直部分高度（m）；

n_2、l_2、h_2——烟道转弯次数；从防倒风罩开口部位下端到风帽高度1/2处的长度（m）。烟道高度（m）h_2适用于$l_2\leqslant 8m$；

n_3、l_3、h_3——排气筒转弯次数；从排烟罩下端到风帽高度1/2处的长度（m）；排烟罩下端到风帽高度1/2处的高度（m）。

A.0.2　排烟罩安装应符合下列要求：

1. Ⅰ型排烟罩的安装高度应小于1m，应完全覆盖火源，并作成利于捕集烟气的形状。

2. Ⅱ型排烟罩的安装高度应小于1m，应覆盖火源的周围部分（宽应达到火源外$H/2$以上的地方，H——安装高度），烟罩主体下部应有50mm以上的垂直部分，集气部分应有对水平面10°以上的夹角。

A.0.3　室内机械换气应符合表A.0.3的规定。

表A.0.3　室 内 机 械 换 气

排气装置		排气扇（装外墙排烟口）	带排气扇的排气筒（接燃具排烟口）	带排气扇的排烟罩	
				Ⅰ型排烟罩	Ⅱ型排烟罩
要求排气量（m^3/h）		40*VQ*	2*VQ*	30*VQ*	20*VQ*
排气筒等的有效面积（m^2）		—	—	—	—
排气口位置		顶棚下800mm内	适当位置	适当位置	适当位置
给气口	位置	适当位置	适当位置	适当位置	适当位置
	有效面积	—	—	—	—

注：1. 文字符号——同表A.0.1；

2. 排气筒、给气口等的有效面积可根据机械换气设备的能力设计。

A.0.4　固定式百叶窗应符合下列要求：

1. 百叶窗最小间隙应大于 8mm，安装的防虫网应便于清扫。

2. 百叶窗的有效开口面积应按如下规定的开口率和公式计算：

1）百叶窗的开口率：

表 A.0.4　百叶窗开口率

百叶窗种类	开口率 α（%）
钢制百叶窗，塑料百叶窗	50
木制百叶窗	40

2）百叶窗的有效开口面积

$$A_e = \alpha \cdot A_n \tag{A.0.4}$$

式中　A_e——百叶窗的有效开口面积（cm^2）；

α——百叶窗开口率（%）；

A_n——百叶窗的实际面积（cm^2）。

A.0.5　门、窗间隙可作为部分给气口面积，门、窗间隙的有效面积可按表 A.0.5 的规定采用。

表 A.0.5　门、窗间隙的有效面积

门、窗种类	相当于每 1m 长的门窗的有效面积（cm^2）	门、窗种类	相当于每 1m 长的门窗的有效面积（cm^2）
铝制门、窗	2	木制窗	5
钢制门、窗	10	木制门	20

注：窗不包括隔离窗框、双层窗框、镶嵌窗框。
门不包括周围的密封材料。

A.0.6　室内装有排气扇等机械换气设备时，可不限制给气口的位置和大小。

A.0.7　厨房内直排式燃具与排气扇的对应关系可按表 A.0.7 的规定采用。排气扇的风压应大于 80Pa（静压）。

表 A.0.7　直排式燃具与排气扇的对应关系

排气扇叶轮直径	15cm		20cm		25cm	
排气扇风量（标准风量）	$450m^3/h$		$600m^3/h$		$900m^3/h$	
排烟罩	无	有	无	有	无	有
允许最大热流量（kW）	11.1	14.8	14.8	19.6	22.2	29.1

附录B　敞开走廊、阳台上安装

B.0.1　建筑物敞开走廊和敞开阳台应是燃具烟气能直接排到大气中去，在走廊和阳台上没有滞留烟气的空间。以门和窗封闭的走廊和阳台不属敞开走廊和敞开阳台。

B.0.2　自然排气式和自然给排气式燃具，在敞开走廊和敞开阳台上用隔间安装时应符合下列要求：

1. 燃具安装：

1）自然排气式燃具可直接安装在隔间内。

2）自然给排气式燃具应把燃具安装在室内而把排气筒（管）安装在隔间内。

2. 隔间的结构：

1）安装燃具的隔间内墙应是以不可燃材料建造的。

2）在隔间给排气烟道安装的平面上，除给排气口外，不得有其它开孔部位。在其它侧面，可设门或窗，但应密闭良好。

3）隔间只能作为燃具安装用，不得兼作他用。

4）隔间的长度和宽度应方便燃具的检修。

5）隔间烟道安装板的下部应设排水口。

3. 燃具给排气口：

1）燃具给气口平面应与敞开走廊内墙面在同一平面上，不应使给排气口部位产生温度和风压差。

2）燃具给排气口开口部上端距敞开走廊顶棚距离应大于250mm。

3）当敞开走廊有下垂檐时，燃具给排气开口上端距走廊下垂檐下端距离应大于100mm。

4）燃具给排气口部位下端与敞开走廊的防护围墙上端距离应大于100mm。

5）给气口的面积应能充分供给燃具燃烧用的空气。

6）自然给排气式燃具排气口安装板下部应设辅助给气口，其高度应大于70mm，辅助给气口可兼作排水口使用。

4. 排气筒、排气管、风帽的安装：

1）排气筒、排气管应由耐热、耐温、耐腐蚀的不可燃材料制造。

2）风帽必须是燃具产品说明书规定的风帽。

3）排气筒、排气管的直径应大于燃具连接处直径。

4）自然排气式燃具排气筒高度应大于排气筒水平长度的0.6倍。

5）从自然给排气式燃具给排气口中心线到排气管中心线的高度，燃具在地面上安装时，应大于700mm；燃具在墙面上安装时应大于200mm。

6）排气筒风帽和排气管风帽的排气口平面突出去的距离应大于20mm，排气口正面应设防风挡板。

7）排气风帽与可燃材料、难燃材料装修的建筑物间的距离应符合本规程第4.3.2条的规定。

附录C 给 水 安 装

C.0.1 给水管和热水管应是经过检验的管材。后制式热水器的给水管，从热水阀到给水连接管，应采用耐压、耐温的水管。用金属挠性管直接与给水管连接时，长度应小于1m。给水管的直径不应影响燃具供热水性能。

C.0.2 给水压力应满足燃具额定水压要求。使用压力不超过0.1MPa的容积式热水器用管道直接供水或用水箱间接供水时，其供水压力均应小于0.1MPa。

直接与热水器连接的给水管道上应设置阀门；容积式热水器的给水管道上还应设置减压阀和止回阀，出水管道上应设置安全阀。热水循环使用的容积式热水器（包括有热水箱的）宜使用水箱给水。

C.0.3 热水管的直径不应影响燃具供热水性能。使用热水混合阀时，不应使冷水压力影响热水，而且不应使热水倒流。

C.0.4 容积式热水器设有热水箱时，热水箱的水温应小于100℃；应设有恒温装置和公称直径大于25mm的泄压溢流管。

容积式热水器供热水管的安装应保证不产生水、气夹带（气堵管路）现象。

C.0.5 寒冷地区的给水管、热水管应安装放水门和进气塞，并应符合下列要求：

1. 放水门应装在给水管或热水管底部易操作的地方。

2. 进气塞应装在给水管上方。

本规程用词说明

1.0.1 为便于在执行本规程条文时区别对待，对于要求严格程度不同的用词说明如下：

1. 表示很严格，非这样做不可的：

正面词采用“必须”；

反面词采用“严禁”。

2. 表示严格，在正常情况下均应这样做的：

正面词采用“应”；

反面词采用“不应”或“不得”。

3. 表示允许稍有选择，在条件允许时首先应这样做的：

正面词采用“宜”；

反面词采用“不宜”；

表示有选择，在一定条件下可以这样做的，采用“可”。

1.0.2 条文中指明应按其他有关标准执行的写法为：“应按……执行”或“应符合……的要求（或规定）”。

中华人民共和国行业标准

家用燃气燃烧器具安装及验收规程

CJJ 12—99

条 文 说 明

前 言

《家用燃气燃烧器具安装及验收规程》（CJJ 12—99），经建设部1999年4月26日以建标［1999］112号文批准，业已发布。

原规程《家用燃气快速热水器安装验收规程》（CJJ 12—86）的主编单位是中国市政工程华北设计研究院，参加单位是北京市煤气用具厂、北京市公用事业研究所、重庆天然气公司。

为便于广大设计、施工、科研、学校等单位的有关人员在使用本规程时能正确理解和执行条文规定，《家用燃气燃烧器具安装及验收规程》编制组按章、节、条顺序编制了本规程的条文说明，供国内使用者参考。在使用中如发现本条文说明有欠妥之处，请将意见函寄中国市政工程华北设计研究院。

目　次

1 总　则

1.0.1 本条说明制订《燃气燃烧器具安装及验收规程》（简称《燃具规程》）的目的。

1.0.2 本条规定《燃具规程》的适用范围。

1.0.3 本条规定用户选择燃具时应考虑的几个相关因素，这几个因素与燃具安全使用有直接的关系。

1.0.4 本条规定燃具产品必须有合格证、说明书、生产许可证（实行生产许可证产品）或安全质量认证，上述资料齐全的产品方可保证质量。

1.0.5 本条规定除执行本规程外，燃具安装时还应符合相关标准的规定，如：GB50028—93《城镇燃气设计规范》、GB16914—97《燃气燃烧器具安全技术通则》等。

2 术 语

2.0.1~2.0.8 本章对常用的燃具和烟道类型进行了定义，等效1995年日本《燃气燃烧器具安装规程》（简称《日本燃具规程》）、JIS S2091—85《家用燃烧用具术语》。

3 燃具给排气

3.1 一般规定

3.1.1 本条规定没有给排气条件的房间严禁安装非密闭式燃具。

1. 非密闭式燃具（直排式和半密闭式）燃烧所需要的空气取自室内，燃烧产生的烟气直排式排在室内，半密闭式排至室外，所以安装燃具的房间应有良好的给排气条件。

2. 给排气即换气，换气即通风，在GBJ19—87《采暖通风与空气调节设计规范》中，将通风定义为：为改善生活和生产环境以创造安全、卫生适宜条件而进行换气的技术。

3. 综上所述，室内通风是解决燃具使用安全的关键，通风不良的房间安装和使用非密闭式燃具是不卫生，也不安全的。

3.1.2 机械式换气设备工作时，室内易形成负压，半密闭自然排气式燃具工作时就会出现倒烟现象，故不宜安装，为等同《日本燃具规程》的规定。

3.1.3 民用住宅的浴室一般面积、容积均较小，通风条件差，所以规定只允许安装密闭式燃具。以前国内外标准允许安装半密闭式（烟道式）燃具，《日本燃具规程》1995年作了更改，国内实践证明也不宜安装，从安全考虑，浴室内只允许安装密闭式燃具。

3.1.4 本条规定自然排气的烟道只能专用，因这种烟道长、阻力大，所以不能连接强排式燃具和排油烟机、排气扇等换气设备，否则将破坏烟道的负压条件，烟气不能外排而进入其他房间造成安全事故。

3.1.5 排气筒、风帽、给排气筒是与燃具配套的独立产品，一般由其他专业工厂生产，并由相关产品标准控制质量。

3.1.6 与燃具连接的排气筒、给排气筒上安装挡板后，由于误操作会造成排烟障碍，会产生安全事故，故严禁安装。

3.1.7 半密闭自然排气式燃具国内外标准均强调应尽量使用单独烟道，以免使用时互相影响或串烟。烟道设计应符合本规程第3.2.8条的规定。

3.1.8 本条规定了半密闭自然排气式燃具在复合烟道中的安装要求。复合烟道只允许安装2台半密闭自然排气式燃具，水平分烟道应在不同高度引入总烟道，其垂直间距应大于0.5m，在同一高度引入总烟道时，入口汇合处应有0.5～0.7m的分烟器，上述规定的目的是防止串烟和相互影响，为等效采用1976年原苏联《建筑法规》、1995年《日本燃具规程》的规定。

3.1.9 本条规定多台半密闭自然排气式燃具在共用烟道上安装时应保证排烟时互不影响，消除影响的主要办法是在每个分烟道出口处设置分烟器，以使分烟道的烟气顺利排至总烟道。

3.1.10 本条规定了给排气烟道的使用条件和设计规定。烟道设计应符合本规程第3.3.6条的规定。

3.1.11 楼房内的风道为负压状态，是为换气用的，为防止串烟，所以不能安装任何燃具的排烟设施。

3.1.12 当强排式燃具的排气筒接到自然排气式热水器的排气筒上时，风扇运转时会导致自然排气式热水器烟气倒流，故禁止连接。

3.1.13 本条规定使用交流电源燃具的外部电器部件必须经过安全认证，否则不得在燃具上使用。

3.1.14 本条规定室内自然换气和机械换气的设计参数应按本规程附录A的规定采用。附录A为等同采用《日本燃具规程》的规定。

3.1.15 本条规定了半密闭强制排气式燃具的排烟口与周围建筑物开口的距离，密闭式燃具也应参照执行。本条规定等同采用《日本燃具规程》的规定。

3.2 直排式和半密闭式燃具

3.2.1 本条规定了直排式和半密闭式燃具给排气的基本要求。

1. 给气口一般在房间下部，也可在上部装气窗或风斗(即起给排气作用的换气口)。

2. 半密闭自然排气式燃具的烟道出口应避开建筑物的正压区并伸出屋顶0.6m，不具备安装条件时可采用下述方式安装：

1）燃具排烟口上部设置机械式排烟罩或带联动装置的排气扇将烟气排至室外。

2）在敞开的阳台、走廊上设置密封的隔间，隔间内设置燃具和给排气口，从而使半密闭自然排气式（烟道式）的燃具按密闭自然排气式（平衡式）燃具工作。

3. 直排式燃具的排烟设施有如下几种：

1）建筑物外墙上接排气筒，排气筒出口伸至正压区之外，一般适用于单层建筑。

2）燃具上方设置带烟罩的排气筒，排气筒出口伸至正用区之外，一般适用于单层建筑。

3）在室内设排气扇（热水器应有联动装置）或带排气扇的排气筒（带烟罩），可用于多层建筑。

4. 排气扇周围不应有洞口，以防气流短路，烟气回流至室内。

3.2.2 本条规定了排气筒、排气管的材料。

1. 由于烟气和空气混合物含有 SO_2、CO_2 等腐蚀性气体，烟气温度为 100℃左右，所以应由不可燃、耐热、耐腐蚀材料制成。

2. 排气筒、排气管的材料应包括直管、弯头、风帽等材料。

3. 应采用厚度大于 0.3mm 的不锈钢板、镀锌钢板或树脂涂装的钢板、铜板、铝板。

3.2.3 本条规定了排气筒、排气管的连接和固定要求。

1. 排气筒每 1.5～2m 应以卡具在建筑物上固定，并不得承受外力。

2. 排气筒连接应有防脱和密封结构，一般采用螺纹、锁扣、铆钉、O 型圈等连接结构。

3.2.4 排气筒内防止滞留冷凝水的结构一般为：

1. 排气筒水平管插入立管 5mm 以上。

2. 排气筒立管下部应设 3～5mm 的放水孔，并用丝堵密封。

3.2.5 防倒风罩是半密闭自然排气式燃具的重要组成部件，位置改动后将影响燃具的过剩空气系数、排气筒内的烟气温度、排气筒抽力，从而直接影响燃具的燃烧工况和排气筒的排烟效果。

3.2.6 本条规定了直排式燃具与排气扇联动时的技术要求：

1. 联动装置的性能为等同 JIS S2091—85《家用燃烧用具术语》标准的规定。

2. 排气扇的规格、风量和安装位置为等同《日本燃具规程》的规定。

3. 直排式热水器等燃具与排气扇距离较大，房间通风较差时应采用排气扇联动装置。

3.2.7 本条规定半密闭式燃具的选用原则。

1. 自然排气式：单层或两层住宅，排气筒风帽伸出风压带外并高出屋顶 0.6m。

2. 强制排气式：中高层住宅，排气风帽可在风压带内。

3. 隔间式：自然排气式燃具安装在敞开走廊、阳台的密封良好的隔间内，即烟道式燃具按平衡式燃具改装。

3.2.8 本条规定了半密闭自然排气式燃具的排气筒设计要求。

1. 排气筒直径应大于燃具排烟口的直径，以便有效排除烟气。

2. 排气筒高度计算等同《日本燃具规程》的规定。

3. 水平烟道长度不得大于 5m 为等同《日本燃具规程》的规定。水平烟道过长会增大排烟阻力，降低烟气温度，对排烟不利。水平烟道前端朝下倾斜会增大排烟阻力并积存冷凝水等。

4. 弯头限定 4 个为等同《日本燃具规程》规定。

5. 排气筒高度限定 10m 为《日本燃具规程》规定，一般指金属烟道。原苏联《建筑法规》和有关资料介绍：在五层民用住宅内保温良好的砖、混凝土烟道，可用于半密闭自然排气式燃具的排烟，其烟道高度为 15m 左右。据有关资料介绍，金属烟道的温降为 10℃/m，砖烟道的温降为 5℃/m。烟气的露点为 50℃左右，《城镇燃气设计规范》GB50028—93

第7.7.14条规定：烟囱出口的排烟温度应高于烟气露点15℃以上；即烟囱出口的排烟温度不应低于65℃。

6. 排气筒室内垂直部分高度在燃具点火初期使排气筒形成抽力起关键作用，故有高度要求。

7. 风帽避开建筑物正压区并高出屋顶0.6m的目的是防止倒烟。

3.2.9 安装半密闭自然排气式燃具的室内给气口和换气口截面积为等同《日本燃具规程》规定。在小的房间安装热流量大的燃具时，房间上部应设置换气口，以排除燃具点火初期外逸的烟气。

3.2.10 风机在燃具外的半密闭强制排气式燃具安装要求为等同《日本燃具规程》规定。

强制排气式燃具排气风帽可在风压带内，并应能承受80Pa的静压，不在风压带内时应能承受20Pa的静压。

3.2.11 风机在燃具内（内置风机）的半密闭强制排气式燃具安装为等同《日本燃具规程》规定。

3.3 密闭式燃具

3.3.1 自然给排气式燃具安装形式等同《日本燃具规程》的规定。

3.3.2 强制给排气式燃具安装形式除不得在公用给排气烟道内安装外，其它为等同《日本燃具规程》。在1983年《日本燃具规程》和我国《燃气燃烧器具安全技术通则》GB16914—97标准中不允许在公用给排气烟道内安装强排平衡式燃具，这主要是为了安全。

3.3.4 本条规定了自然给排气风帽的安装条件。

1. 风帽要安装在充分敞开的室外，以保证充分的换气（给、排气）。建筑物有障碍或凹陷要产生涡流，影响燃烧，所以应特别注意。

2. 安装时最主要的是使给排气风帽从墙壁上突出来，当有障碍或凹陷时，那里的气流要产生涡流，影响燃烧。见图3.3.4。

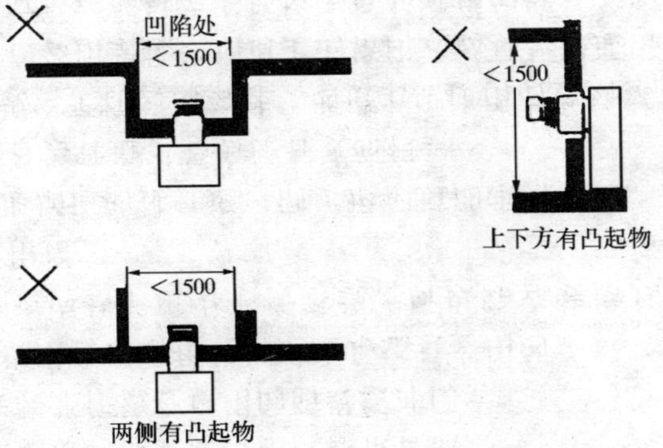

图3.3.4 给排气风帽安装在凹陷处或周围有凸起物的举例（mm）

3. 规定风帽与上方障碍物或屋檐的距离，主要是防止涡流。

4. 规定风帽与下方地面的距离，主要是防止地面杂物堵塞排气。

5. 侧方小尺寸凸起物影响特别大，侧方凸起物尺寸小，而风帽处于下风侧时，在风帽周围要产生涡流，排气要流向给气侧，所以距离应取大些。

6. 风帽前方不应有墙或半截围墙，以防止排气倒流。

7～11. 对风帽的结构、形状和安装作了原则规定。

3.3.5 本条规定了强制给排气式燃具给排气风帽的安装条件，为等同《日本燃具规程》。

3.3.6 规定了公用给排气烟道的设计原则。

1. 公用给排气烟道特点：

1）烟道空间大小

U形烟道从建筑物上部给气，所以给气和排气烟道并排设计；U形烟道的截面积是倒T形烟道截面积的2倍，倒T形烟道要求有水平烟道。

2）风的影响

因U形烟道的给气口、排气口接近，并且都设在建筑物的顶部，无论哪个方向的风，给排气口部位的风压都平衡；而倒T形烟道的排气口在建筑物的上部，给气口在建筑物的下部，当给气部位有风压时，两者不平衡，所以倒T形烟道的顶部要在风压带以外时，对下部给气口的位置要特别慎重考虑。

2. 烟道计算公式等同采用《日本燃具规程》的规定，计算是每层仅在公用烟道上安装1台燃具的计算方法。

3～13. 规定了公用烟道的结构设计要求，为等同《日本燃具规程》的规定。

3.3.7 规定了底商楼房的公用给排气烟道技术要求。

1. 底商楼房的各面墙上通常开有换气口或给气口，能保证风压平衡，所以不需要专门的给气水平烟道。

2. 无论从任何方向吹来的风，在正压带内的给气口面积都确保是垂直烟道面积的2倍以上。

3. 规定了至少一半以上的开口面积在建筑物的长边上，能更好地保障风压平衡。

3.3.8 规定了高架楼公用给排气烟道的技术要求。

1. 由于高架楼下部有较大的空间，所以不需要水平烟道，在高架空间处设置通向四方的给气口。

2. 垂直烟道下部所设的排水措施不应影响垂直烟道的给气。

3.3.9 规定了网络型公用给排气烟道的技术要求。

1. 联络烟道是为了保证风压平衡而设置的。

2. 对特殊型式建筑，网络烟道能有效解决风压不平衡问题。

3. 结构设计的有关技术参数为等同《日本燃具规程》规定。

3.3.10 使用比空气重的燃料时，在安装上主要应采取下列措施：

1. 在烟道底部安装可燃气体报警器；

2. 安装兼作检查口用的防爆缓冲门。

3.3.11 规定公用给排气烟道应是燃具专用的。

1. 烟道内是个压力平衡系统，所以除安装燃具外，不得作其他用途。

2. U形烟道的排气道，倒T形烟道的垂直烟道，不得在里面敷设各类管道，要确保有效面积。

3.3.12 规定了在公用给排气烟道上应使用的燃具。

安装在公用给排气烟道上的密闭式燃具与普通密闭式燃具不同，应是在低氧浓度环境下良好燃烧的燃具，所以必须是经过专门检测合格的产品。强制给排气式燃具不得装在公用给排气烟道上。

3.4 室外燃具

3.4.1 规定了室外燃具安装的五种类型。

3.4.2 规定了室外燃具安装的周围条件。

1. 安装在排出烟气不滞留的空间，以免烟气吸入给气口。

2. 排烟口与周围建筑间距应符合防火要求。

3. 注意周围建筑物的突出部位，以防涡流产生。

4. 安装在敞开走廊、阳台等部位时应保证通风良好。

4 燃具的安装间距及防火

4.1 燃具设置

4.1.1 燃具属于明火器具，烟道有较高的温度，所以安装时要有一定的防火间距。

4.1.2 安装燃具的部位应尽量是混凝土、砖、砂浆、石棉板、铝、钢等不可燃材料，属于可燃材料时，应设防热板。

4.1.3 安装燃具的部位是可燃材料时，应以不可燃材料的防热板进行装修。木材的着火温度一般在260℃左右，但在200℃下木材也会产生热分解而达到着火温度（一般叫作低温着火温度），这个温度限一般在100℃左右。

4.1.4 镶入式安装时，燃具四周被包围，所以不提倡，对于组合式燃具采用该方式安装时，应由主管部门批准。

4.1.5 安装防火间距等同《日本燃具规程》规定。

1. 防火间距的确定原则为：在室温35℃时，燃具周围的木壁表面不大于100℃。

2. 燃具外壳不包括各突出部分，如把手、电池盒、接头等。

3. 防热板的限制原则，在室温35℃时，其表面温度不应大于100℃，应用石棉板、钢板制造。

1）燃具安装防热板时，由于燃具是明火燃烧，所以防热板距墙仍有一段距离，这可提高防热性能，在安装时其间距应大于10mm。

2）燃具安装防热板时，防热板应高出灶具面板，不应使燃具堵塞防热板下部空间。

3）热水器等燃具火焰在燃具内，燃具表面温度较低，所以防热板可与墙靠近安装，在室温 35℃时，墙壁面温度也不应超过 100℃。

4）防热板的尺寸应保证充分覆盖燃具，即应大于燃具在墙壁面的投影尺寸。

防热板的固定螺钉，应装在稍远离烟气的地方。

4.1.6 本条规定里边是可燃材料，外边是不可燃材料装修后的安装要求。

4.1.7 本条规定了家用灶具与抽油烟机除油装置的距离，为等同《日本燃具规程》规定。

4.2 排气筒、排气管、给排气管与周围建筑物的安装距离

本节规定了排气筒、排气管、给排气管与可燃材料、难燃材料的距离，为等同《日本燃具规程》规定。

4.3 排气筒风帽、给排气筒风帽与周围建筑物的安装距离

4.3.1 半密闭自然排气式燃具的排气筒风帽要高出本身屋檐和相邻屋檐 0.6m 以上，为避开正压区，防止倒烟。

4.3.2 规定了室内燃具排气吹出口与可燃材料、难燃材料的防火安全间距，为等同《日本燃具规程》规定。

4.3.3 规定了室外燃具排气吹出口与可燃材料、难燃材料的防火安全间距，为等同《日本燃具规程》规定。

5 燃具安装

5.0.1 因为安装涉及到用户的安全，所以安装单位应留有安装标示和资料以备查。

5.0.2 本条规定的燃具热流量较大，危险性较大，在燃具安装后，监督员应贴上检查合格标示。

5.0.3 本条规定了小规模施工的范围。

1. 定为小规模施工主要指变更而不是安装，变更的含义是指更换燃烧器、喷嘴、调压器等部件。

2. 排气筒、弯头、排气扇的更换，修理支架，修补排气筒等，不分室内或室外燃具。

3. 修理或更换燃具部件，增加热流量的工作，人工气改为天然气等。

5.0.4 规定了燃具安装部位的环境要求。

1. 燃具是较重的家用器具，所以应考虑地面和墙壁的荷重能力，以防安装后产生脱落或倾斜。

2. 有化学试剂、汽油等易燃物的地方，严禁安装燃具。

3. 腐蚀性气体会损坏燃具，灰尘会堵塞燃具换热器，造成不完全燃烧；如果安装地点灰尘较多，应考虑使用密闭式燃具或安装到室外。

4. 燃具安装后不应对燃气表、燃气管或电气设备产生影响，主要指辐射热和烟气的影响。

5. 浴盆水加热器不能被水浸，否则会影响寿命，另外，如果燃烧器进水，会产生不完全燃烧。地面排水口的位置和

大小应注意选择。

6. 燃具安装不仅要考虑防火要求，而且要给使用、检修留有必要的空间。

7. 在《燃气燃烧器具安全技术通则》GB16914—97 标准中规定：住宅内的地下室、卧室、浴室（密闭式燃具除外）等处所严禁安装燃具。

5.0.5 规定燃具安装应牢固，并抗地震冲击。

5.0.6 规定在施工时，管道、阀门等部件不应有附加压力。

5.0.7 规定燃具在寒冷地区安装时的防雪、防冻要求。

1. 积雪可能堵塞给排气风帽、给气口或排气口，也可能压坏排气筒。

2. 室外燃具的上方应有防雪板，周围有防积雪护板，并且应有敞开部位进行排烟换气。

3. 在敞开走廊、阳台等可能冻结的部位安装燃具时，要有防冻设施。我国的采暖地区（三北地区）不宜安装在室外，当必须安装时，在进水管处必须安装泄水阀，否则水无法排净。

5.0.8 规定室内燃具安装时的周围环境要求。

1. 非密闭式热水器在灶具上方时，灶具的烟气、油烟会被热水器吸入，产生不完全燃烧。

2. 室外燃具一般热流量大，无专门的给、排气筒，是室外专用的，不得安装在室内。

5.0.9 规定室外燃具安装时的周围环境要求。

1. 自然排气式燃具在敞开走廊、阳台上的隔间内安装时，隔间应严密。

2. 燃具在敞开走廊上安装时，不能靠近楼梯和影响邻居，其距离应大于 1m。

3. 室外燃具的排气筒不能再进入室内，只能延长伸向室外。

4. 两端有居室的外走廊或两端封闭的外走廊使用燃具时，烟气容易滞留，影响人身安全。

5.0.10 规定了燃具与燃气管道的连接要求。

5.0.11 规定了燃具连接的供气、供水管道上应设阀门。

只靠燃具本身的阀门不能保证安全，停用之后必须关断燃气管道、水管道上的阀门，即用具前的供气、供水阀门。

5.0.12 燃气泄漏报警器的安装应符合《燃气燃烧器具安全技术通则》GB16914—97 的规定。

5.0.13 规定燃具在敞开走廊、阳台上安装时应按本规程附录 B 的规定执行。

5.0.14 规定燃具给水安装应按本规程附录 C 的规定执行。

6 验 收

6.0.1 安装燃具的房间应符合现行国家标准《燃气燃烧器具安全技术通则》GB16914—97 的规定。在标准中规定：卧室、地下室、浴室（密闭式燃具除外）等部位严禁安装燃具；厨房、非居住房间、室外、外廊、阳台等部位可安装燃具。

6.0.2 安装燃具的房间通风，主要指房间的给气、排气性能达到的换气条件；当房间的自然通风不能满足要求时，应设置机械通风设施；安装房间的防火主要指燃具安装时与可燃材料的间距和防火隔热措施。

6.0.3 燃气的种类和压力对燃具的燃烧性能有很大影响，自来水的供水压力直接影响热水器等燃具的启动，所以燃气、自来水的性能必须与燃具铭牌要求相符。

6.0.4 规定燃气管道的一般检漏方法。

6.0.5 规定水管道的一般检漏方法。

6.0.6 规定燃具运行时所应达到的直观效果。

6.0.7 规定半密闭自然排气式（烟道式）燃具对烟道（排气筒）抽力的要求，为原苏联的试验数据，已在国内外有关标准中采用。无仪器时可用纸条或发烟物目测检查，应有抽力。

6.0.8 规定燃具应经过一系列检查合格后方可运行使用。

附录A 室内换气

A.0.1 规定室内自然换气的给排气设计参数，等同《日本燃具规程》规定。

A.0.2 规定了室内排烟罩的类型、结构及安装要求，等同《日本燃具规格》规定。

A.0.3 规定室内机械换气的给、排气设计参数，等同《日本燃具规程》规定。

A.0.4 规定室内固定式百叶窗的设计参数，等同《日本燃具规程》规定。

A.0.5 规定室内门、窗间隙作为给气口面积时的设计参数，等同《日本燃具规程》规定。

A.0.6 室内装有排气扇等机械换气设备时，可不限制进气口的位置和大小，等同《日本建筑法规》规定。

A.0.7 规定室内直排式燃具与排气扇的对应关系，以便于按燃具热流量选择排气扇，等同《日本燃具规程》规定。根据我国情况，采暖地区要考虑热损失。

附录B　敞开走廊、阳台上安装

B.0.1　敞开走廊、阳台上设置一个隔间，在其中安装半密闭自然排气式（烟道式）燃具，其原理是将烟道式燃具燃烧所需的空气通过隔间上部排气筒周围的百叶窗有组织的引入到隔间内，隔间内是正压，排烟口处也是正压，从而使烟道式变成平衡式，烟气不会倒流入隔间内。

B.0.2　规定各类燃具在隔间内的安装要求，等同采用《日本燃具规程》规定。

附录C　给 水 安 装

C.0.1　规定给水管、热水管的材料。

后制式热水器，在关闭热水出口阀后，高温水被封闭在换热器管路中，由于停水温升作用使水压、水温上升，所以热水阀之前的水管路都应是耐温、耐压的管材。

容积式热水器，从贮水箱到热水器间的水管或从减压阀到燃具间的水管，都应是耐热、耐压的。

挠性管过长，在水压变动时容易产生异常的振动，所以尽量短些。

给水管直径太小时，不但影响出水量，而且水压高、流速大时会产生水锤现象。

C.0.2　规定给水压力限制。

水压超过0.1MPa时，容器应按压力容器设计制造。

水箱给水能减小水压变化对热水循环、水量的影响；使用水箱供水可以使采暖用水与其他用水隔离开来，不发生水的混淆。采暖用水是长时间循环的高温水。

C.0.4　规定设置溢流管等技术要求。

1. 为保证安全，容积式热水器水箱中水温应小于100℃，即不能产生大量汽化现象，并要求设置恒温装置和直径大于25mm的泄压溢流管。

2. 给水中溶解的空气被加热时会分离出来，残留在热水管中，会使热水器产生误动作，所以安装时应保证热水管要有一定坡度，使分离的空气与热水一起流出，对高处配管，水流速小的地方应安装支管或放气阀放气。

C.0.5 规定在寒冷地区给水、给热水配管应有防冻设施。防冻设施有加热、保温、放水等方法。

采用放水办法时，放水阀应装在配管系统的最低处，并且应安装进气阀，以保证水能放净。

中华人民共和国建设部部标准

城市供热管网工程施工及验收规范

CJJ 28—89

主编单位：沈阳市热力供暖公司
批准部门：中华人民共和国建设部
实施日期：1989年10月1日

关于发布部标准《城市供热管网工程施工及验收规范》的通知

（89）建标字第143号

《城市供热管网工程施工及验收规范》业经我部审查批准为部标准，编号CJJ28—89，自一九八九年十月一日起实施。在实施过程中如有问题和意见，请函告本标准主编单位沈阳市热力供暖公司。

本标准由中国建筑工业出版社出版，各地新华书店发行。

中华人民共和国建设部
1989年3月27日

目　次

第一章 总 则

第 1.0.1 条 为保证城市供热管网工程的施工质量特制定本规范。

第 1.0.2 条 本规范适用于城市供热管网工程的施工及验收。供热管网的工作参数限定为：

一、工作压力$P \leqslant 16 \times 98.1$kPa，介质温度$T \leqslant 350$℃的蒸汽管网；

二、工作压力$P \leqslant 25 \times 98.1$kPa，介质温度$T \leqslant 200$℃的热水管网。

注：本规范中的压力均指表压力。用乘积表示的压力数值，前边的被乘数是表压力数。

第 1.0.3 条 供热管网中压力容器的制造、检验和安装，应符合国家劳动总局现行《压力容器安装监察规程》和本规范的规定。

第 1.0.4 条 在地震区、湿陷性黄土地区、巷道区、流砂层地区和腐蚀性土地区建设供热管网工程，除执行本规范外，尚应符合国家现行各专项规范的规定。

第 1.0.5 条 供热管网工程应按设计施工，材料代用及必须进行变动时应得到设计部门同意。

第 1.0.6 条 供热管网工程应按国家规定的基本建设管理程序进行管理，工程的总承包单位应得到按规定程序批准的下列文件：

一、批准供热管网工程建设项目的文件；

二、各个设计阶段的设计图纸和技术文件；

三、工程投资、设备、材料的概算；

四、建设单位和设计单位应转交的其他文件。

第 1.0.7 条 供热管网工程应按施工组织设计组织施工，单项工程应有施工组织设计或技术措施。对市容、交通和人民生活有重大影响的部位，应做好施工前的各项准备工作。

第 1.0.8 条 各专业施工单位之间，同专业的各工序之间，均应进行交接验收或交接检查，前一工序的不合格部位，必须由原施工单位返修合格。

第 1.0.9 条 总承包单位必须保证承重结构和受力结构在工作状态下的安全，保证焊接、防腐、保温和设备安装工程的质量。上述工程质量应由当地工程质量管理部门作出评定结论。

第 1.0.10 条 施工中必须保证管网附近建筑物的稳定，保护其它设施的正常工作及安全。当设计无明确规定时，供热管网与其它设施之间的最小净距应符合本规范附录一、附录二的规定。

第二章　工 程 测 量

第一节　一 般 规 定

第 2.1.1 条　供热管网（以下简称管网）工程测量。应符合现行标准《城市测量规范》（CJJ8—85）和本规范的规定。

第 2.1.2 条　建设单位或设计部门应向施工单位提供城市平面控制网点和城市水准网点的位置、编号、精度等级及其座标和高程数据，以确定管网设计线位和高程。

第 2.1.3 条　工程测量所用控制点的精度等级，应高于图限级。

第 2.1.4 条　设计测量所用控制点的精度等级符合工程测量要求时，工程测量宜与设计测量使用同一测量标志。

第 2.1.5 条　管网工程的测量范围，应自热源外墙（热力管网起点）测至供热点或与用户连接的井室。

第 2.1.6 条　供热网管线的中线桩和水准点均应用平移法设置于线路施工操作范围之外便于观察和使用的部位。

第二节　定 线 测 量

第 2.2.1 条　管网工程施工定线测量应符合下列要求：

一、应按主干线、支干线、用户线的次序进行；

二、主干线起点、终点，中间各转角点应在地面上定位；

三、支干线、用户线，可按主干线的定位方法；

四、管网中的固定支架、地上建筑、地下检查小室可在管线定位后，用钢尺丈量方法定位。

第 2.2.2 条　施工图用解析法确定管网位置时，应按给定坐标数据测定点位。

第 2.2.3 条　施工图用图解法确定管网位置时，应先测定控制点、线的位置，经校验确认控制点、线无误后，再按给定值测定管网点位。

第 2.2.4 条　管线测量的主要技术要求应符合表2.2.4的规定。

表 2.2.4

附合导线长度(m)	平均边长(m)	测角中误差	测回数 DJ6	方位角闭合差	导线相对闭合差
800	100	±20″	1	$\pm 40''\sqrt{n}$	1/3000

注：①n为测站数。
②点位中误差不应大于5cm。
③导线超长时（不宜超过规定长度的1.5倍），绝对闭合差不应大于2cm。
④导线长度短于规定长度的1/3时，绝对闭合差不应大于13cm。
⑤在控制点比较稀少的地方，导线允许同级附合一次。

管线测量技术要求

第 2.2.5 条　直线段上中线桩位的间距不宜大于50m，根据地形和条件，可适当加桩。

第 2.2.6 条　管网中线量距可用检定过的钢尺丈量。在坡地上丈量时，应进行倾斜改正。量距相对误差应不大于1/1000。

第 2.2.7 条　在不能直接丈量的地段，可用电磁波测距仪测距或布设简单图形（双三角形、单四边形与菱形）丈量基线间接求距。

第 2.2.8 条 管线定线完成后，点位应顺序编号，主要的中线桩应进行加固或安放标石，并绘点示记。

第 2.2.9 条 管网转角点应与附近永久性工程相连。在永久性工程上应标志点位，控制点的座标应作出记录。附近没有永久性工程时，应埋设标石。用图解法确定管网转角点点位时，应绘制图解关系图。

第 2.2.10 条 管网中线定位完成后，应按施工范围对地上障碍物进行核查。施工图中已标出的地下障碍物的近似位置应在地面上作出标志，供施工前勘探使用。

第三节 水准测量

第 2.3.1 条 水准观测前，必须对水准仪和水准尺进行全面检验，检验的项目、方法和要求可参照《国家水准测量规范》中的有关规定执行。在作业过程中，尚应对仪器的 i 角（水准仪视准轴和水准管轴之间的夹角）经常检验。

第 2.3.2 条 附合水准路线闭合差不应超过 $\pm 30\sqrt{L}$（mm）（L为符合路线长度，以km计）。水准测量必须跨越河流、深沟，且视线长度超过200m时应采用跨河水准测量方法，跨河水准应观测一双测回或两个单测回，半测回中观测两组，两测回间互差不得超过 $\pm 40\sqrt{L}$（mm）（L为跨河视线长度，以km计）

第 2.3.3 条 在管网起点、终点、管道固定支架及地下穿越部位的附近。应留临时水准点。管网沿线临时水准点的间距不宜大于300m，临时水准点标志应明显，安放应稳固，妥加保护。

第 2.3.4 条 两固定支架之间的管道支架、管道、地下检查小室、地面建筑高程，可用固定支架高程进行相对控制。

第 2.3.5 条 供热管网与热源连接部位的管网高程须用热源高程校核。

第四节 竣工测量

第 2.4.1 条 管网工程竣工后，应全部进行平面位置和高程测量，并应符合当地城市规划管理部门的要求。

第 2.4.2 条 测量的精度要求：

一、测解析座标，管网点位中误差（指测点相对于邻近解析控制点）不应大于5cm；

二、管网点的高程中误差（指测点相对于邻近高程起算点）不应大于2cm；

三、管网与邻近的地上建筑物、相邻的其它管线、规划道路或现有道路中心线的间距中误差。用解析法测绘1:500～1:2000图时，不应大于图上0.5mm。用图解法测绘1:500～1:1000图时，不应大于图上0.7mm。

第 2.4.3 条 管网的下列部位应测竣工数据：

一、地面建筑的座标和高程；

二、固定支架的中心座标和支承平面的高程；

三、固定支架处管道上表面的高程；

四、管网平面转角点的中心座标和高程；

五、直埋供热管网坡度变化点，应测中心座标和管道上表面的高程；

六、管道高程的垂直变动点，应测中心座标和变动点上下两个部位的管道上表面高程；

七、地沟敷设的管网，应测固定支架处、地沟平面转角处的中心座标和地沟内底、地沟盖板上表面的高程；

八、地下检查小室应测中心座标和小室内底、小室盖板上表面的高程，管网中心和检查小室中心的偏距应进行丈量并作标注；

九、管件（指阀门、各类伸缩器、分支管接点、放风管、排水管、变径管、各类容器）处应测中心座标和管道上表面高程，变径管处应测两个不同直径的管道上表面高程；

十、直埋管道在穿越道路处应测道路两侧管道中心座标和上表面高程。地沟穿越道路处应测道路两侧的中心座标和地沟内底、地沟盖上表面的高程；

十一、地下穿越构筑物的两端，应测中心座标和构筑物内底、构筑物上表面高程；

十二、在交通道路下纵向敷设的管网，测点间距不宜大于50mm；

十三、架空敷设的管网，所有地面支架处，均应测中心座标和支架支承表面处的高程以及支架处管道上表面的高程。

第 2.4.4 条 在管网施工中已露出的其它地下管线、线路、构筑物，应测中心座标、上表面高程、与供热网管线的交叉角，构筑物的外形尺寸应进行丈量，并作记录。

第 2.4.5 条 竣工测量数据应按下列要求绘制在竣工图上：

一、竣工测量选用的测量标志，应标注在管网总平面图上；

二、各测点的座标数据，应标注在平面图上；

三、各测点的高程数据，应标注在纵断面图上。

第 2.4.6 条 供热管网是城市的重要地下管网，竣工测量除执行本规范外，尚应取得城市规划管理部门的配合和帮助。在城市规划管理部门认为竣工测量合格后，方可加盖盖板或回填土方。

第三章　土　建　工　程

第一节　土 方 工 程

第 3.1.1 条　供热管网土方和石方工程的施工及验收应符合国家现行的《土方和爆破工程施工及验收规范》（GBJ201—83）的要求及本规范的规定。

第 3.1.2 条　施工前，应对开槽范围内的地上地下障碍物进行现场核查及坑探，逐项查清障碍物构造情况，以及与管网工程的相对位置关系。

第 3.1.3 条　土方施工，为保护开槽范围内的各种障碍物而制定的技术措施，应分别取得所属单位的同意和配合。并应符合下列要求：

一、供水、排水、煤气管道及各种地下构筑物的正常使用和安全；

二、各种电缆的正常使用和安全；

三、经采取加固措施后的电杆、树木等的稳固；

四、各相邻建筑物在施工中和施工后，不至发生沉降、倾斜、坍陷。

对于不能满足上述条件的障碍物，应拟定拆迁方法或改变设计位置。

第 3.1.4 条　土方开挖要根据工程现场条件、结构埋深、土质、有无地下水等因素选用不同的开槽断面。确定各施工段的槽底宽、边坡、留台位置、上口宽、堆土及外运土量等施工措施。

在限制开槽上口宽度的条件下，应选定采取不同护壁支撑开槽方式。

对各种开槽方式选用相应的机械和工具开挖。

第 3.1.5 条　在地下水位高于槽底的地段应采取降水措施，将土方开挖部位的地下水位降至槽底以下后开挖。

第 3.1.6 条　土方开挖中出现事先未查到的障碍物并将影响安全时应停止施工。经采取措施并经有关单位检查同意后，再行施工。

第 3.1.7 条　土方开挖前必须先测量放线、测设高程，在挖掘土方施工中应进行中线、槽断面、高程的校核。机械挖土应有 200mm 预留量，宜人工配合机械挖掘，挖平至槽底标高。

第 3.1.8 条　城市土方开挖时，必须按需要设置临时道路、汽车桥、人行桥、槽边护栏、夜间照明灯及指示红灯等设施。

第 3.1.9 条　土方开挖至槽底后，应由设计人验收地基。对松软地基确定加固措施。对槽底的坑穴空洞进行挖填夯实。

第 3.1.10 条　有水不能排干的槽底，应多挖一层土（100mm），铺垫碎石层，排降水至碎石层下，以供干槽施工。

第 3.1.11 条　已挖至槽底的沟槽，后续工序应安排紧密，连续。尽量缩短晾槽时间，并注意不使槽底土壤结构遭受扰动及破坏。不能连续施工的土槽，应留出150～200mm的预留量，待施工前再开挖。

第 3.1.12 条　土方施工必须保证施工范围内的排水畅

通，应先设置临时排水设施，解决排水出路，要防止地面水、雨水入槽。

第 3.1.13 条 当沟槽土质为风化岩或岩石地段时，沟槽开挖应由石工开凿。采用爆破法施工时，必须制定出安全措施，经有关部门同意，由专人指挥进行施工。

第 3.1.14 条 直埋管道的土方开挖，宜以一个补偿段作为一个工作段，一次挖土成活。管线位置、槽底高程、坡度、平面拐点、坡度折点等必须经测量检查合格。

设计要求作垫层的直埋管沟的垫层材料、厚度、密实度等应按设计规定施工。

第二节 土建结构工程

第 3.2.1 条 供热管网土建结构工程的施工及验收，应符合相应的国家现行规范的要求及本规范的规定。

第 3.2.2 条 土建工序的安排和衔接应符合工程构造原理，施工中的停止部位应符合供热管道工程施工的需要。

第 3.2.3 条 深度不同的相邻基础，应先安排深基础的施工，深基础周围应及时填充密实，再进行浅基础的施工，达到结合完整。

第 3.2.4 条 地沟、井室、支架等底部混凝土施工必须在地基排水良好的情况下浇筑。

第 3.2.5 条 地沟及井室砖墙砌体。应由砌砖瓦工采用五顺一丁的防水砖墙砌法操作。要求砌筑砂浆满铺满挤，墙体横缝竖缝均砂浆饱满。

第 3.2.6 条 地沟及井室的外墙面宜采用水泥砂浆五层作法的防水抹面，或按设计规定施工。施工操作工作面应整段整片分层操作抹成，整段成活。尽量减少施工接茬。

第 3.2.7 条 采用柔性防水的墙面应按国家现行规范《地下防水工程施工及验收规范》（GBJ208—83）执行。结构伸缩缝及止水带的做法，按设计规定施工。

第 3.2.8 条 钢筋混凝土的模板、钢筋、混凝土等工序，应由具备相应技术等级的工人操作。结构外形尺寸及结构强度应符合设计要求。混凝土配比应满足抗渗要求。

第 3.2.9 条 预制钢筋混凝土构件的外型尺寸和混凝土强度等级应符合设计要求。构件运输安装强度应不低于设计强度的70%。不易区别安装方向的构件应有安装方向的标志。

第 3.2.10 条 固定支架与土建结构必须整体结合牢固，土建结构应与土体结合牢固。当固定支架的混凝土强度没有达到设计标号时，不得与管道固定，承受推力。

第 3.2.11 条 地沟内管道活动支座应按设计间距稳放，按管道坡度逐个测量支承管道滑托的钢板面的高程，高程差应不超过 $-10 \sim 0$mm。

第 3.2.12 条 地沟、地下井室封顶前，应将里面的渣土、杂物清扫干净。预制盖板安装铺垫的灰浆应饱满，安装后盖板接缝及盖板与墙体结合缝隙要先勾严底缝，再将外层抹面接茬严密抹平压实。

第 3.2.13 条 现浇钢筋混凝土支架，预制安装的钢筋混凝土支架，钢结构支架等施工，支架构造、位置、高程、强度等均应符合设计要求，支架顶部的高程误差，不得大于 $-10 \sim 0$mm。

第三节 回填土工程

第 3.3.1 条 沟槽、井室的主体结构经隐蔽工程验收合格及竣工测量后，应及时进行回填土。

第 3.3.2 条 直埋管道焊口两端管段在管道找正管口对接就位后，胸腔部位可先行回填。回填前，应先检查和修补管道保温外层破损处。

第 3.3.3 条 回填土必须确保构筑物的安全，并应检查墙体结构强度、外墙防水抹面层硬结程度、盖板或其它构件安装强度，能承受回填土施工操作动荷时，方可进行。

第 3.3.4 条 回填土首先进行胸腔回填土，填土前应先将槽底杂物清除干净，如有积水应先排除。

第 3.3.5 条 胸腔土回填应分层铺垫。分层夯实。胸腔土中不得含有碎砖、石块及大于100mm的硬土块。

第 3.3.6 条 直埋管道焊接工作坑回填可采用水撼砂的方法分层撼实。设计要求进行预热伸长的直埋管道，回填土（或砂）的方法应按设计规定进行。

第 3.3.7 条 回填土铺土厚度应根据夯实机具确定，人工夯实为200～250mm一层，机械夯实为250～300mm一层。

第 3.3.8 条 回填土的密实度应按设计规定，并逐层进行检查测定。城市道路下面的回填土不得低于下列要求：

一、胸腔部位　95%：Ⅰ

二、管顶或结构顶上500mm范围内　85%：Ⅱ

三、其余部位。按不同的修路标准确定　Ⅲ

四、热网回填土部位的划分见下图

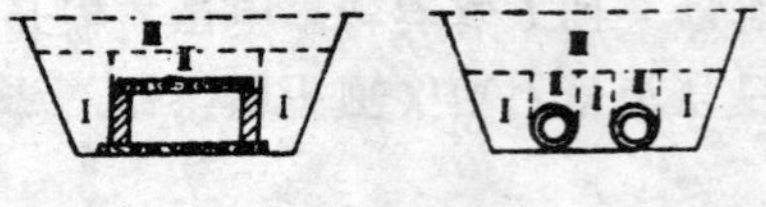

图 3.3.8 回填土部位划分图

第四章 地下穿越工程

第 4.0.1 条 在铁路、公路及开槽施工有困难的地段敷设热网管道时，应采用不开槽的穿越施工方法。

各种穿越方法应由设计规定。常用的穿越方法有：

一、顶管法；

二、水平钻进法；

三、方涵顶进法；

四、盾构掘进法。

第 4.0.2 条 穿越工程的施工方法、工作坑的位置及工程进行程序应取得穿越部位有关管理单位的同意和配合。

第 4.0.3 条 用任何一种穿越方法施工时均应保证：

一、供热管道在套管断面中的位置应符合设计纵横断面要求；

二、在穿越施工进行中，掘进施工后，穿越结构上方土层及建筑物不得沉陷坍塌；

三、穿越工程上方及四周土体不受冲刷。

第 4.0.4 条 在进行盾构掘进时，应根据设计要求，仔细填充构造外壁与四周土壤之间的空隙。

第 4.0.5 条 顶管或顶涵顶进时，顶进外周壁及上顶部不得超挖，容易坍塌的土壤要进行加固以防止上顶坍塌。上顶部空隙要及时充填密实。

第 4.0.6 条 穿越结构的材质、断面尺寸、壁厚、长度、接口处理方法及防腐等，均应由设计明确规定。

第 4.0.7 条 在穿越结构的顶进过程中，必须对穿越结构进行测量和纠偏。一个穿越段顶进偏差应不超过：

高程，±20mm；中心线，±40mm。

第 4.0.8 条 在穿越结构中拖运供热管道时，应采用在管道上焊接金属支座或滚轮等方法，以防止管道的外层构造受到损坏。

第 4.0.9 条 穿越结构与管道之间应设有进行相对位置固定的支承构造，两端应有封闭构造，应根据设计要求施工。

第 4.0.10 条 管道穿越施工完毕以后，应填写隐蔽工程验收单。

第五章 焊接及检验

第一节 一般规定

第 5.1.1 条 本章适用于供热管网工程中材质为碳素钢（含碳量≤0.3%）与普通低合金结构钢管道、受内压管件和容器的电弧焊接及氧-乙炔焊接。材质和焊接工艺不符合本章规定时，可参照国家现行的《现场设备、工业管道焊接工程施工及验收规范》（GBJ236—82）的规定执行。

第 5.1.2 条 管网焊接及检验的其它标准、设计文件中的技术要求和规定均不得低于本章规定。

第 5.1.3 条 设计文件应标明母材、焊接材料、焊缝型式及代号、焊缝级别、焊接方法和技术要求，有特殊要求的部位，应注明检验数量及合格标准。

第 5.1.4 条 材料应符合下列要求：

一、母材（管材或板材）应有制造厂的质量合格证书及质量复验报告；复验报告见附录三。

二、焊接材料应按设计规定选用。设计无规定时，应选用焊缝金属性能、化学成分与母材相应且工艺性能良好的焊接材料；

三、母材、焊接材料的化学成分和机械性能应附合国家现行标准规定；

四、氧-乙炔焊接用的电石，应符合现行《电石》HG 2737标准的规定。

第 5.1.5 条 施焊单位应符合下列要求：

一、有负责焊接工程的焊接技术人员、检查人员和检验人员；❶

二、有符合焊接工艺要求的焊接设备且性能稳定可靠；

三、有精度等级符合要求，灵敏度可靠的焊接检验设备；

四、保证焊接工程质量达到设计和本规范规定的标准。

第 5.1.6 条 焊工应按国家现行标准《现场设备、工业管道工程施工及验收规范》（GBJ236—82）第六章的规定进行培训和考试，取得合格证的焊工，方准在合格证准予的范围内施焊。

第 5.1.7 条 已取得合格证并按鉴定合格的焊接工艺施焊的焊工，在下列情况下，应重新进行考试。

一、焊接作业中断六个月以上者；

二、换用不熟悉的焊接设备和使用新的焊接材料时；

三、焊接工艺改变超过原考试范围时；

四、调到不熟悉的工作条件下施焊者；

五、焊接方法与原考核条件不同时。

第 5.1.8 条 施焊单位首次使用新的钢材品种、改变焊接材料类型、焊接方法和焊接工艺时，必须在施焊前进行焊接工艺试验。工艺试验可参照《现场设备、工业管理工程施工及验收规范》（GBJ236—82）第五章规定的标准执行。

第 5.1.9 条 施焊前，应根据焊接工艺试验结果编写焊接工艺，焊接作业根据该工艺进行，其主要内容为：

一、母材性能和焊接材料；

二、焊接方法；

三、坡口型式及制作方法；

四、焊缝结构型式及外型尺寸；

五、焊缝接头的组对要求及允许偏差；

六、焊接电流的选择；

七、检验方法及合格标准。

第 5.1.10 条 公称直径大于或等于 400mm 的受压管件，焊缝根部应进行封底焊接。

第二节 焊前准备

第 5.2.1 条 管通、容器上焊缝的位置应合理选择，使焊缝处于便于焊接、检验、维修的位置，并避开应力集中区域。各种焊缝之间的关系，一般应符合下列要求：

一、有缝管道对口及容器、钢板卷管相邻筒节组对时，纵缝之间应相互错开100mm以上；

二、容器、钢板卷管同一筒节上两相邻纵缝之间的距离不应小于300mm；

三、地沟和架空管道两相邻环形焊缝中心之间距离应大于管子外径，且不小于150mm；

四、直埋供热管道两相邻环形焊缝中心之间距离应不小于2m；

五、在有缝管上焊接分支管时，分支管外壁与其它焊缝中心的距离，应大于分支管外径，且不大于70mm。

第 5.2.2 条 管子、容器和承重结构的焊接坡口应按设计规定进行加工，设计无规定时，可按国家现行标准《手工电弧焊焊接接头的基本型式和尺寸》（GB985）的规定加

❶ 检查员必须经过单位技术总负责人批准，焊接检验人员必须具有专业主管部门颁发的焊接检验证件。

工，常见坡口尺寸见附录六。

第 5.2.3 条 在管道或容器上开孔焊接分支管道，放风管、放水管和仪表管道，开孔直径、焊接坡口的形式及尺寸、补强钢件及焊接结构等应由设计规定。

第 5.2.4 条 外径和壁厚相同的管子或管件对口，应作到外壁平齐。对口错边量应小于下表规定：

钢管对口时错口允许偏差　　　　表 5.2.4

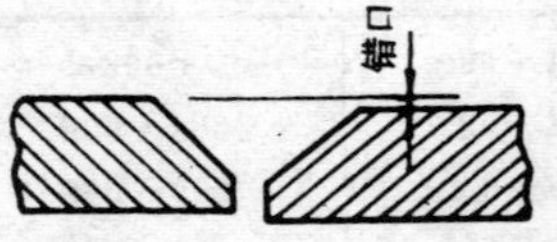

壁厚 (mm)	2.5～5	6～10	12～14	≥16
错口允许偏差值 (mm)	0.5	1.0	1.5	2.0

第 5.2.5 条 用钢板制造，可双面焊接的容器对口，错边量应符合以下规定：

一、纵焊缝：

不超过壁厚的10%，且不大于 3 mm。

二、环焊缝：

1.壁厚小于或等于 6 mm时，不超过壁厚的25%；

2.壁厚大于 6 mm且小于或等于10mm时，不超过壁厚的20%；

3.壁厚大于10mm时，不超过壁厚的10%加 1 mm，且不大于 4 mm；

4.单面焊接的小口径容器，宜用钢管制造并符合钢管对接的规定。

第 5.2.6 条 壁厚不等的管口对接，应按下列规定：

一、外径相等或内径相等，薄件厚度小于或等于10mm且厚度差大于 3 mm。以及薄件厚度大于10mm，且厚度差大于薄件厚度的30%或超过 5 mm时，应按下图将厚件削薄；

二、内径外径均不等，单侧厚度差超过本条“一”所列数值时，应按图 5-2-6 将管壁厚度大的一端削薄，削薄后的接口处厚度应均匀。

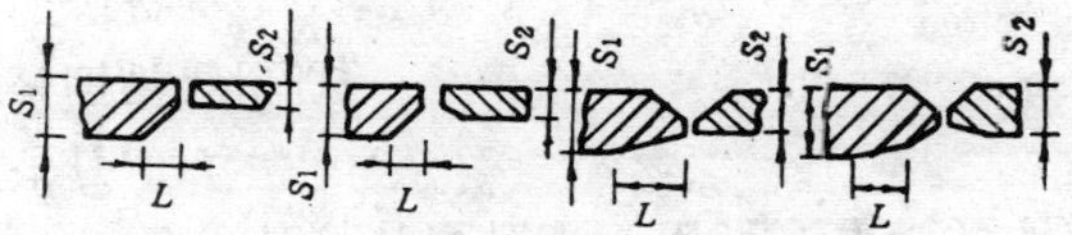

图 5-2-6

削薄长度 $L>4(S_1-S_2)$

第 5.2.7 条 不得在焊缝两侧加热延伸管道长度。不得用螺栓强力拉紧和夹焊金属填充物等方法对接管口。

第 5.2.8 条 管子及管件对口前，应检查坡口的外形尺寸和坡口质量。坡口表面应整齐、光洁，不得有裂纹、锈皮、溶渣和其它影响焊接质量的杂物，不合格的管口应进行修整。

第 5.2.9 条 电焊焊接壁厚等于或大于 4 mm，氧-乙炔焊接壁厚等于或大于3.5mm，焊件应切坡口，坡口的切割和修整应采用机械方法进行；用等离子弧气割等热加工方法时，应清除熔渣。

第 5.2.10 条 潮湿或粘有冰、雪的焊件应进行烘干。

第三节　焊　　接

第 5.3.1 条 氧-乙炔焊接可用于外径不大于60mm，厚度不大于3.5mm的热网管道焊接。

第 5.3.2 条 氧-乙炔焊接，应先按焊件周长等距离适当点焊，点焊部位必须焊透，厚度应不大于壁厚的2/3。每道焊缝应一次焊完，根部必须焊透，中断焊接时，火焰应缓慢离去。重新焊接前，应检查已焊部位是否有缺陷，发现缺陷应铲除重焊。

第 5.3.3 条 焊件组对时的定位焊应符合下列要求：

一、所用的焊条性能应与焊接所采用的焊条相同；

二、焊工应为该焊口的施焊焊工；

三、质量应符合焊缝质量标准；

四、根部必须焊透；

五、在焊件纵向焊缝的端部（包括螺旋管焊缝）不得进行定位焊；

六、焊缝长度及点数可参照表5.3.3规定：

手工定位焊焊缝尺寸 **表 5.3.3**

管径（mm）	点焊长度（mm）	点数
80～150	15～30	3
200～300	40～50	4
350～500	50～60	5
600～700	60～70	6
≥800	80～100	一般间距400mm左右

第 5.3.4 条 手工电弧焊焊接钢管及管件时，厚度在6mm以下带有坡口的接头，焊接层数不得少于两层。

管道接口焊接应考虑焊接顺序和方法，防止受热集中而产生附加应力。

第 5.3.5 条 多层焊接时，第一层焊缝根部必须均匀地焊透，不得烧穿。各层接头应错开，每层焊缝的厚度为焊条直径的0.8～1.2倍，不允许在焊件的非焊接表面引弧。

第 5.3.6 条 每层焊完之后，应清除溶渣、飞溅物等并进行外观检查，发现缺陷，必须铲除重焊。

第 5.3.7 条 施焊的环境温度低于零度时，应在100mm范围内预热，温度低于－10～－20℃时，预热温度可根据焊接工艺制定。

第 5.3.8 条 在零度以下的气温中焊接，应遵守下列规定：

一、清除管道上的冰、霜、雪；

二、在工作场地作好防风、防雪措施；

三、焊接时，应保证焊缝自由收缩和防止焊口的加速冷却；

四、不得在焊完的管道上敲打。

第 5.3.9 条 在焊缝附近明显处，应有焊工钢印代号标志。

第 5.3.10 条 不合格的焊接部位，应根据可靠的补焊措施进行返修，同一部位焊缝的返修次数不宜超过两次。

第四节 焊缝质量检验

第 5.4.1 条 在施焊过程中，焊缝质量检验应按下列次序分别进行：

一、表面质量检验；

二、无损检验；

三、强度和严密性试验。

第 5.4.2 条 焊缝表面质量检查前，应将妨碍检查的渣皮、飞溅物等清理干净。焊缝尺寸应符合设计图纸与焊接工艺的要求，焊缝表面应完整，高度不得低于母材表面并与母材圆滑过渡，焊缝宽度应超出坡口边缘2～3mm。其它检查项目及合格标准见表5.4.2的规定。

对接接头焊缝表面质量标准　　　　表 5.4.2

编号	项　　　目	质　量　标　准
1	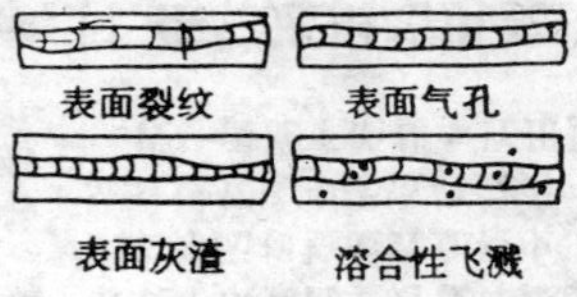	不允许
2	 咬边	深度：$e_1<0.5$ 长度小于等于该焊缝总长的10%
3	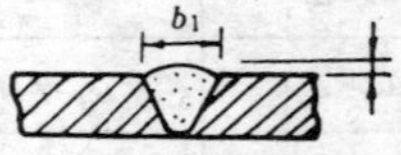 表面加强高	$e\leq 1+0.20b_1$但最大为5
4	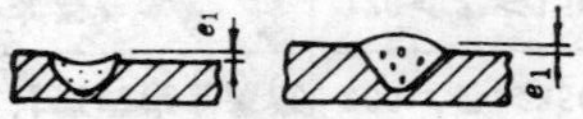 表面凹陷	深度$e_1\leq 0.5$长度≤焊缝总长的10%
5	 接头坡口错位	$e_2<0.25s$但最大为5

第 5.4.3 条　管道的无损探伤应按表5.4.3的规定进行检验。焊缝内部的质量标准按现行《钢焊缝射线照片及底片等级分类法》（GB3323）的规定评定，合格标准为Ⅲ级。按现行《锅炉和钢制压力容器对接焊缝超声波探伤》（JB1152）的规定评定，合格标准为Ⅱ级。对接焊缝X射线检验报告见附录五，对接焊缝超声波探伤检验报告见附录六。

第 5.4.4 条　焊缝无损检验应按下列规定执行：

一、设计和本规范规定检验的焊缝必须进行检验。当无规定时，由焊接检查人员和焊接检验人员共同确定；

二、每位焊工至少应检验一个转动焊口和一个固定焊口；

三、施焊转动焊口时，对经无损检验不合格的焊工取消施焊资格；

四、固定焊口经无损检验不合格时，应对该焊工施焊的焊口按规定的无损检验比例加倍抽检，仍不合格时，对该焊工所焊的全部焊缝均应进行无损检验，并取消共施焊资格；

五、返修后的焊缝应进行表面质量及百分之百的无损探伤检验，检验数量不包括在规定检验数中。

第 5.4.5 条　在保护套管或不通行地沟内敷设的管道，应按直埋管道的无损检验数量进行检验。

第 5.4.6 条　管道穿越铁路干线（不包括专用线），在铁路路基两侧第一个焊口范围内的全部焊口应百分之百的进行无损检验，此数量不计在规定的检验百分数中。

第 5.4.7 条　穿越城市主要干线的管道，道路两侧各5 m范围内的焊口应百分之百进行无损检验。检验量不计在规定的检验数量中。

第 5.4.8 条　穿越江、河的水下管道，焊接要求和检验范围数量按设计规定。

第 5.4.9 条　现场制作或工厂制造的各种受压管件，无损检验数量由设计规定，但不得低于管道无损检验标准。

第 5.4.10 条　焊缝的无损检验量，应按规定的检验百分数布置于每个焊缝上，不得用代替检验量来替代应检焊缝的检验量。

供热管网工程焊缝无损检验数量表 表 5.4.3

序号	载热介质名称	管道设计参数		焊缝无损检验数量(%)												合格标准	
		温度 T (℃)	压力 P (98.1kPa)	架空敷设				地沟敷设				直埋敷设				超声波探伤符合	射线探伤符合
				主干		支干及分支		主干		支干及分支		管段应力$\sigma \le [\sigma]_j^t$				JB1152	GB3323
												主干		支干			
				固定焊口	转动焊口	固定焊口	转动焊口	固定焊口	转动焊口	固定焊口	转动焊口	固定焊口	转动焊口	固定焊口	转动焊口	规定的焊缝级别	规定的焊缝级别
1	过热蒸汽	$200<T\le350$	$16<P\le25$	10	5	5	3	12	6	6	3	—					
2	高温热水	$150<T\le200$	$16<P\le25$	6	3	3	2	10	5	5	3	—					
3	过热或饱合蒸汽	$200<T\le350$	$10<P\le16$	3	1	2	抽检	5	3	3	1	—					
4	高温热水	$120<T\le150$	$10<P\le16$	抽		检		5	3	3	1	15	5	15	5	Ⅱ	Ⅲ
5	过热或饱合蒸汽	$T\le200$	$0.7<P\le10$	抽		检		抽		检		—					
6	热水	$T\le120$	$P\le16$	抽		检		抽		检		10	5	10	5		
7	回水	$T\le70$	$P\le10$	抽		检		抽		检		抽		检			
8	凝结水	$T\le100$	$P\le6$	抽		检		抽		检		抽		检			

说明：1.主干管道是指自然热源出口处至管道末端最后两个支干线汇合点之前的管道，包括支干线总控制阀门前的分支管道管道，包括分支管道阀门前
2.支干管道是指自支干线阀门后至两个末端分支管道汇合点之前的管道。
3.表中所列的管道设计参数均指单根管道首端的参数。
4.表中无损检验数量栏中，“抽检”是指检验数不超过1%，检验焊口的位置、数量、方法由检查人员确定。
5.直埋管道中管道内应力$\sigma>[\sigma]_j^t$的管段只是管道的一部分，具体位置及焊接检验量应按设计标准的位置及焊接检验量进行检验。$[\sigma]_j^t$—管材在设计温度下的基本许用应力。

第 5.4.11 条 选用超声波探伤，必须经过施工单位技术总负责人批准。超声探伤部位应用射线探伤复验。复验数量为20%。壁厚小于8mm时，应按现行《船体焊缝超声波探伤标准》（GB827）执行。

第 5.4.12 条 使用超声波和射线两种方法进行焊缝无损检验，按各自标准均合格，方可认为焊缝无损检验合格。

第 5.4.13 条 使用磁粉探伤和着色探伤的部位应由设计或检验人员指定，磁粉探伤应按《磁粉探伤标准》（EJ-187）执行，着色探伤应按《着色探伤标准》（EJ-186）执行。焊缝表面探伤报告见附录七。

第 5.4.14 条 个别管道焊缝不具备水压试验条件时，必须进行百分之百无损探伤。

第 5.4.15 条 焊缝无损探伤记录与底片应由施工单位整理，由建设单位统一管理，保管期不得少于七年。

第 5.4.16 条 管道的对接焊缝，应作机械性能试验，切取试样的标准、方法按现行《现场设备、工业管道焊接工程施工及验收规范》（GBJ236—82）规定执行。

第 5.4.17 条 直埋管道、不通行地沟内管道、穿越部位管道的焊缝，应绘制管道焊缝位置图。

第 5.4.18 条 供热管网的全部焊缝，在管网强度试验和水压试验合格后方可认为合格。

第六章 管道安装

第一节 一般规定

第 6.1.1 条 管材、管道附件、阀门、标准件等，应按设计要求加工或购置。

第 6.1.2 条 钢管的材质和壁厚偏差应符合国家现行钢管制造技术标准，必须具有制造厂的产品证书，证书中所缺项目应作补充检验。

第 6.1.3 条 制作卷管、受内压管件和容器用的钢板，在使用前应作检查，不得有超过壁厚允许负偏差的锈蚀、凹陷以及裂纹和重皮等缺陷，发现的局部缺陷应进行修补。

第 6.1.4 条 对不同生产厂提供的各种规格的管材均应进行不少于一组试件的材质化学成分和机械性能检验。

第 6.1.5 条 对已预制了防腐层和保温层的管道及附件，在吊装和运输前必须制订严格的防止损坏的技术措施，并认真实施。

第 6.1.6 条 管件制作和可预组装的部分宜在管道安装前完成，并经检验合格。

第 6.1.7 条 管子、管件、阀门等安装前应按设计要求核对型号并按本规范相应规定进行检验。

第 6.1.8 条 除焊接法兰和阀门处采用法兰连接外，管道的其它接口均采用焊接。$D_g \leqslant 20$mm的丝扣连接管件应采用钢制品，不得使用铸铁异型管件。

第 6.1.9 条 施工间断时，管口应用堵板封闭，雨季用的堵板尚应具有防止泥浆进入管腔的功能。

第二节 管道加工和预制管件制作

第 6.2.1 条 管子切割

一、$D_g \leqslant 50$mm的管子可采用人工或机械方法切割；

二、$D_g \geqslant 70$mm的管子可采用机械方法切割，在现场可用氧乙炔焰切割。

三、管子切口质量应符合下列要求：

1.端面平整、无裂纹、重皮，毛刺和熔渣必须清理干净；

2.端面允许倾斜偏差为管子外径的1%，但不得超过3mm。

第 6.2.2 条 在管道上直接开孔焊接分支管道时，切口的线位应当用校核过的样板画定。

第 6.2.3 条 弯管制作

弯管的弯曲半径应符合设计规定。设计无规定时，最小弯曲半径可按表6.2.3规定。

弯管最小弯曲半径　　表 6.2.3

管材	弯管制作方法	最小弯曲半径	
低碳钢管	热弯	$3.5D_w$	
	冷弯	$1.0D_w$	
	压制弯	$1.5D_w$	
	热推弯	$1.5D_w$	
	焊制弯	$D_g \leqslant 250$	$1.0D_w$
		$D_g \geqslant 300$	$0.75D_w$

注：D_g为公称直径，D_w为外径。

第 6.2.4 条 钢管的冷弯和热弯

一、热煨弯管内部灌砂应敲打震实，管端堵塞结实；

二、钢管热煨弯时应缓慢升温，加热温度应控制在750～1050℃范围内，并保证管子弯曲部分受热均匀；

三、用有缝管材煨制弯管时，其纵向焊缝应放在与管中心弯曲平面之间夹角大于45°的区域内；

四、弯曲起点距管端的距离应不小于管子外径，且不小于100mm；

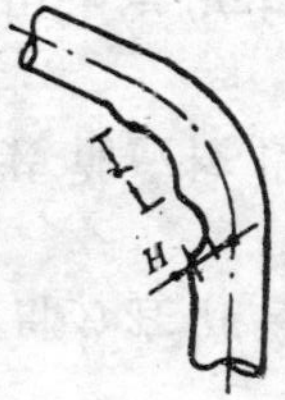

图 6.2.4.1 弯曲部分波浪度

五、弯管制成后的质量应符合下列要求：

1.无裂纹、分层、过烧等缺陷；

2.管腔内的砂子、粘结的杂物应清除干净；

3.壁厚减薄率不应超过15%；且不小于设计计算壁厚；

注：$壁厚减薄率 = \frac{弯管前壁厚 - 弯管后壁厚}{弯管前壁厚} \times 100\%$

4.椭圆率不超过8%；

注：$椭圆率 = \frac{2(最大外径 - 最小外径)}{最大外径 + 最小外径} \times 100\%$

波浪高度 H 的允许值　　表 6.2.4

管子外径 (mm)	≤108	133	159	219	273	325	377	≥426
H的允许值 (mm)	4	5	6	6	7	7	8	8

5.因弯管角度误差所造成的弯曲起点以外直管段的偏差值应不大于直管段长度的1%，且不大于10mm。

6.弯管内侧波浪度H应符合表6.2.4的规定，波距t应大于或等于$4H$。

第 6.2.5 条 焊制弯管制作

一、焊制弯管应根据设计图纸制作；

二、设计无规定时，焊制弯管的组成型式可按图6-2-5制作。公称直径大于400mm的焊制弯管可增加节数，但其节内侧的最小长度不得小于150mm；

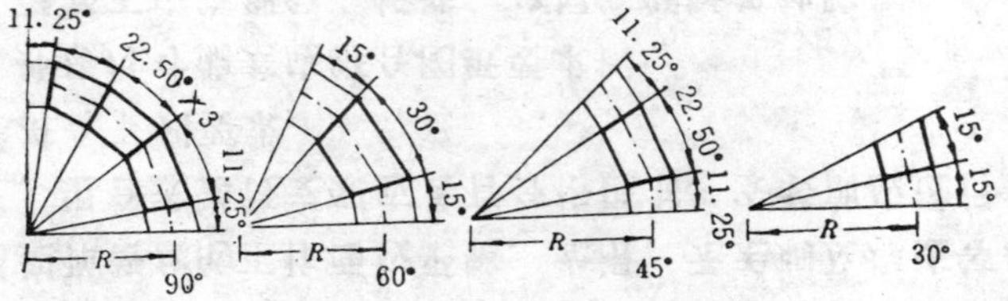

图 6.2.5.1 焊制弯管

三、应力较大的焊制弯管，在弯管中心不应放置焊缝；

四、弯管两端节应从弯曲起点向外加长，增加的长度应大于管子外径，且不小于150mm；

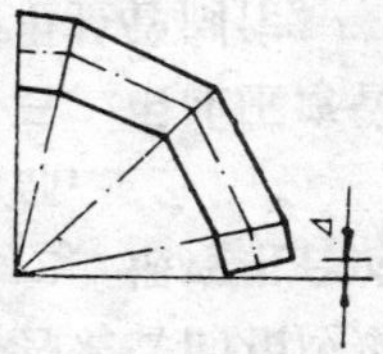

图 6.2.5.2 焊制弯管端面垂直偏差

五、焊制弯管的尺寸偏差应符合下列规定：

1. 周长偏差：$D_g \leqslant 1000$ mm时，不超过±4mm；$D_g > 1000$ mm，不超过±6mm；

2. 弯管端部与弯曲半径在管端所形成平面之间的垂直偏差△，应不大于管子公称直径的1%，且不大于3mm；

六、管道安装且在管子上直接制作焊制弯管时，端部的一节应留在与弯管相连的直管段上。

第 6.2.6 条 压制弯管、热推弯管和异径管制作。

一、压制弯管、热推弯管和异径管加工的主要尺寸偏差应符合表6.2.6规定：

压制弯管、热推弯管和异径管加工主要尺寸偏差

表 6.2.6

单位：mm

管件名称	管件形式	检查项目 \ 公称直径	25～70	80～100	125～200	250～400 无缝	250～400 有缝
弯管		外径偏差	±1.1	±1.5	±2.0	±2.5	±3.5
		外径椭圆	不超过外径偏差				
		壁厚偏差	不大于公称壁厚的12.5%				
异径管	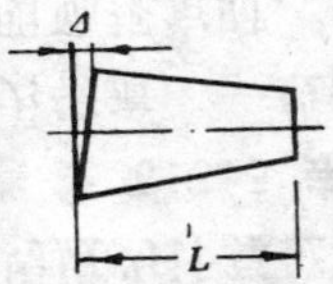	长度L偏差	±1.5			±2.5	
		端面垂直△偏差	≤1.0			≤1.5	

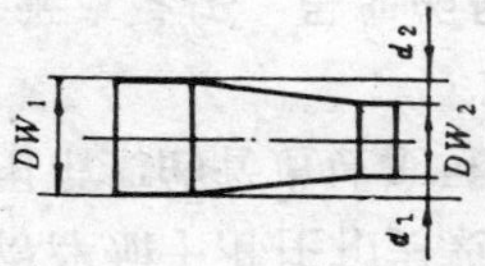

二、焊制偏心异径管的椭圆度不应大于各端面外径的1%，且不大于5mm；同心异径管两端中心线应重合。其偏心值：$\frac{d_1+d_2}{2}$应不大于大端外径的1%，且不应大于5mm。

第 6.2.7 条 三通制作

一、焊制三通，其支管的垂直偏差应不大于支管高的1%。

二、设计规定需补强的焊制三通在制作时，应按图纸要求焊好补强钢件。

第 6.2.8 条 方型补偿器制作

一、“几”型补偿器的椭圆率、波浪度和角度偏差等应符合弯管的相应规定；

二、煨弯组合的补偿器、弯管之间的连接点应放在各臂的中部；

三、用冲压弯管或焊制弯管组焊的“几”型补偿器各臂应用整管制作。

第 6.2.9 条 管道支、吊架和滑托制作应符合下列要求：

一、支架、吊架和滑托的型式、材质、外形尺寸、制作精度及焊接质量应符合设计要求，焊接变形应予以矫正；

二、支架上承接滑托的滑动支撑板、滑托的滑动平面及支、吊架弹簧盒的工作面应平整、光滑、无毛刺及焊渣等；

三、组合式弹簧支架应具有合格证书，安装前应进行检查，并符合下列要求：

1.外形尺寸偏差应符合图纸要求；

2.弹簧不应有裂纹、折迭、分层、锈蚀等缺陷；

3.弹簧两端支承面应与弹簧轴线垂直，其偏差不超过自由高度的2%。

四、已预制完成并经检查合格的管道支架、滑托等应按设计规定进行防腐处理，并妥善保管；

五、焊在管皮上的弧形板应用模具压制成型，用同径钢管切割的，必须用模具整形。

第三节　管道支架安装

第 6.3.1 条 管道安装前，应完成管道支架的安装，支架的位置应正确、平整、牢固，坡度符合设计规定。管理支架支承表面的标高可采用在其上部加设金属垫板的方式，进行调整。金属垫板不得超过两层，垫板应与预埋铁件或钢结构进行焊接，不得浮加于滑托和支架之间，也不得加于滑托和管子之间。使用吊架的管道坡度可用吊杆螺栓进行调整。

第 6.3.2 条 管道滑托、吊架的吊杆中心应处于与管道热位移方向相反的一侧。其偏移量在X、Y、Z三个轴线上均应为计算位移量的一半。

第 6.3.3 条 两根热位移方向不同或热位移量不等的热力管道，一般不得共用同一吊杆或同一滑托。设计有共用的明确规定时，按设计要求安装。

第 6.3.4 条 导向支架的导向接合面应洁净、平整、接触良好，不得有歪斜和卡涩现象。

第 6.3.5 条 弹簧支、吊架安装高度应按设计规定进行调整。弹簧的临时固定件，应待管道安装、试压、保温完毕后拆除。

第 6.3.6 条 支、吊架和滑托的焊接应按设计图纸施焊，不得有漏焊、欠焊或裂缝等缺陷。管道与固定支架、滑托等焊接时，管壁上不得有焊痕、咬肉等现象存在。

第 6.3.7 条 管道支架用螺栓紧固在槽钢或工字钢翼板的斜面上时，应配置与翼板斜度相同的钢制斜垫片。

第 6.3.8 条 管道安装时，不宜使用临时性的支、吊架，必须使用时，应作出明显的不安全标记。其位置应避开正式支、吊架的位置，且不得影响正式支、吊架的安装。管道安装完毕后，应拆除临时支、吊架。

第 6.3.9 条 固定支架应严格按设计图纸施工。有补偿器装置的管道，在补偿器安装前，管道和固定支架不得进行固定连接。

第 6.3.10 条 固定支架和滑动支架安装的允许偏差应符合表6.3.10的规定。

固定和滑动支架安装允许偏差　　表 6.3.10

检查项目 允许偏差	支架中心点平面座标	支架标高	两个固定支架间的其它支架中心线：距固定支架每10m处	两个固定支架间的其它支架中心线：中心处
偏差值(mm)	25	-10	5	25

第四节　地沟和架空管道安装

第 6.4.1 条 在管道安装前，应做好下列工作：

一、根据设计要求的管径、壁厚和材质，进行钢管的预先选择和检验，矫正管材的平直度，整修管口及加工焊接用的坡口；

二、清理管内外表面、除锈和涂刷油漆；

三、根据运输和吊装设备情况及工艺条件，可将钢管及管件焊接成预制管组。

第 6.4.2 条 在定准管道中心线和复查测量管道支架标高后，将管组或单管平稳地起吊就位。吊起的管段不得急速下降或与地沟墙壁、沟底管道支架等相碰，也不得扔入地沟内。放在架空支架上的管道，应安装必要的固定设施。

管道安装时，应遵守以下各项规定：

一、已做防腐层和保温层的管道，不得在地沟中沿沟纵向拖拽，必须沿管沟纵向拖动的，应利用托轮进行拖动；

二、架空管道的管组长度应按空中就位和焊接的需要来确定，以等于或大于2倍支架间距为宜；

三、用管组或单根管子逐根的固定安装管道时，每个管组或每根管子都应按管道的中心线和管道坡度对好管口。

第 6.4.3 条 管口对接应符合下列各项要求：

一、对接管口时，应检查管道平直度，在距接口中心200mm处测量，允许偏差1mm，在所对接管子的全长范围内，最大偏差值应不超过10mm；

二、管子对口处应垫置牢固，避免在焊接过程中产生错位和变形；

三、管道焊口距支架的距离应保证焊接操作的需要；

四、焊口不得置于地沟、建筑物、检查小室墙壁和其它构筑物中。

第 6.4.4 条 套管安装

一、管道穿过墙壁、楼板处应安装套管。穿过墙壁的套管长度应大于墙厚20～25mm。穿过楼板的套管应高出地面50mm；

二、套管与管道之间的空隙可用柔性材料填塞；

三、防水套管应按设计要求制造，并应在墙体和构筑物砌筑或浇灌混凝土之前安装就位。套管缝隙应按设计规定进行充填；

四、套管中心的允许偏差为±10mm。

第 6.4.5 条 管道安装的允许偏差值，应不超过表6.4.5规定的数值。

管道安装允许偏差值　　表 6.4.5

项		目	允许偏差（mm）	
座标及标高	室外	架空	15	
		地沟	15	
		埋地	25	
	室内	架空	10	
		地沟	15	
水平管弯曲	$D_o \leq 100$		1/1000	最大20
	$D_o > 100$		1.5/1000	
立管垂直度			2/1000	最大15
成排管段	在同一平面上		5	
	间距		+5	
交叉	管外壁或保温层间距		+10	

第五节　直埋管道安装

第 6.5.1 条　直埋管道宜使用长度相等的钢管预制成保温管，保温管的防腐层、保温层渗漏报警系统，保护层应按设计规定制造，并达到设计规定的质量标准。

第 6.5.2 条　直埋管道的管材材质、壁厚、弹性模量、屈服强度等指标必须符合设计规定。

第 6.5.3 条　直埋管道的埋设深度不得小于设计规定。管道中心距，管底土质及回填土土质应符合设计要求。

第 6.5.4 条　直埋管道的施工分段宜按补偿段划分，当管道设计有预热伸长要求时，应以一个预热伸长段作为一个施工分段，一次施工完毕。

第 6.5.5 条　宜采用先将管子焊成较长管段再吊入管沟就位的施工方法，应按保温管的承重能力核算吊点间距并均布设置吊点，用尼龙或橡胶吊带进行吊装，吊装设备应在管段已正确就位后离开。

第 6.5.6 条　单根预制保温管或管件吊装时，吊点的位置应按平衡条件选择，用护口吊钩或用柔性吊带起吊，稳起稳放，保护管道不受损伤。

第 6.5.7 条　在管沟中逐根安装管道时，每10m管道的中心偏移量应不大于 5 mm。固定支架间的管道中心线应成一直线，坡度准确，管中心线高程的偏差不超过10mm，在水平方向的偏差不超过30mm。在管道避开其它障碍物的地方，每一个焊口的折角不得大于 5 度角。

第 6.5.8 条　在波纹补偿器或套筒伸缩器前50m范围内的管道轴线应与补偿器轴线相吻合。管道预热伸长后需焊接的波纹补偿器或套筒伸缩器两焊接面之间的距离应按设计规定值预留，两个焊接面之间应吻合，完成焊接任务后按设计规定进行管道回填土。管道热伸长记录见附录八。

第 6.5.9 条　弯管补偿器和方型补偿器的预拉伸量应按设计规定进行，弯管变形部位的外侧，按设计规定施工或垫以泡沫塑料等柔性材料。

第 6.5.10 条　预热伸长管段用的小型混凝土固定支架，宜采用整体预制件现场安装的方法进行施工，在现场浇灌的固定支架，应在管道安装前施工。在预伸长前达到设计强度。

第 6.5.11 条　在保护套管中伸缩的管道，套管不得妨碍管道伸缩且不得损坏保温层外部的保护壳。在保温层内部伸缩的管道，保温层不得妨碍管道伸缩，且不得损坏管道防腐层。

第 6.5.12 条 已就位的管子，管腔内不得存有杂物，工人离开施工场所时，应用工具式堵板封闭管口。

第 6.5.13 条 雨季施工应有可靠的排水设施，防止泥砂进入管腔和管道漂浮。

第 6.5.14 条 管道穿越墙壁处应安装防水套管并用橡胶圈等柔性材料充填。

第六节 法兰和阀门安装

第 6.6.1 条 阀门检验

一、热力管网工程所用的阀门，必须有制造厂的产品合格证和工程所在地阀门检验部门的检验合格证明；

二、未经工程所在地阀门检验部门检验的阀门，应按国家现行标准《工业管道工程施工及验收规范》（GBJ235—82）的规定进行检验；

三、热力管网主干线所用的阀门及与热力管网主干线直接连通的阀门；支干线首端和热力站入口处起关闭、保护作用的阀门应逐个进行强度和严密性试验，单独存放，定位使用，并填写阀门试验记录，记录单的格式见附录九。

第 6.6.2 条 阀门安装

一、按设计规定校对型号，阀门外观检查应无缺陷、开闭灵活；

二、清除阀口的封闭物（或档片）和其它杂物；

三、阀门的开关手轮应放在便于操作的位置。水平安装的闸阀、截止阀、阀杆应处于上半周范围内。蝶阀、节流阀的阀杆应垂直安装。阀门应在关闭状态下进行安装；

四、阀门的操作机构和传动装置应进行清洗检查和调整，达到灵活、可靠、无卡涩现象，开关程度指示标志应准确。

五、集群安装的阀门应按整齐、美观、便于操作的原则进行排列；

六、铸铁阀门运输时，应平稳起吊和排放，不得扔、摔，已安装就位的应防止重物撞击和由高空堕落；

七、不得用阀门手轮作为吊装的承重点。

第 6.6.3 条 法兰连接应符合下列要求：

一、法兰密封面及密封垫片应进行外观检查，不得有影响密封性能的缺陷存在；

二、法兰端面应保持平行，偏差应不大于法兰外径的1.5%，且不大于2mm。不得采用加偏垫、多层垫或强力拧紧法兰一侧螺栓的方法，消除法兰接口端面的缝隙；

三、法兰连接应保持同轴，螺栓中心偏差不超过孔径的5%并保证螺栓能自由穿入；

四、垫片的材质和涂料应符合设计规定，大口径垫片需要拼接时，应采用斜口拼接或迷宫形式的对接，不得直缝对接。垫片尺寸应与法兰密封面相等；

五、严禁采用先加好垫片并拧紧法兰螺栓，再焊接法兰焊口的方法进行法兰焊接；

六、螺栓宜涂以二硫化钼油脂或石墨机油加以保护；

七、法兰连接应使用同一规格的螺栓，安装方向应一致，紧固螺栓时应对称、均匀的进行，松紧适度。紧固后丝扣外露长度，应不超过2～3倍螺距，需要用垫圈调整时，每个螺栓只能用一个垫圈。

第七节　补偿器安装和管道的冷紧、热紧

第 6.7.1 条　“ 几 ”型补偿器的安装应符合下列要求：

一、水平安装时，垂直臂应水平放置，平行臂应与管道坡度相同；

二、垂直安装时，不得在弯管上开孔安装放风管和排水管；

三、补偿器处滑托的预偏移量应符合设计图纸的规定；

四、“ 几 ”型补偿器垂直臂长度偏差及平面歪扭偏差应不超过±10mm；

五、在管段两端靠近固定支架处，应按设计规定的拉伸量留出空隙，冷拉应在两端同时、均匀、对称地进行，冷拉值的允许误差为10mm，弯管和方型伸缩器冷拉记录见附录十。

第 6.7.2 条　波纹补偿器安装，应符合下列要求：

一、应进行外观尺寸检查，管口周长的允许偏差：公称直径大于1000mm的为±6mm；小于或等于1000mm的±4mm波顶直径偏差为±5mm；

二、应进行预拉伸或预压缩试验，不得有变形不均现象；

三、内套有焊缝的一端，在水平管道上应迎介质流向安装，在垂直管道上应将焊缝置于上部；

四、波纹补偿器应与管道保持同轴，不得偏斜；

五、安装时，应在波纹补偿器两端加设临时支撑装置，在管道安装固定后，再拆除临时设施，并检查是否有不均匀沉降。靠近波纹补偿器的两个管道支架，应设导向装置。

第 6.7.3 条　球型补偿器两垂直臂的倾斜角度应符合设计规定，外伸部分应与管道坡度保持一致。试运期间，应在工作压力和温度下进行观察和必要的校正，使之处于转动灵活，密封良好的状态。

第 6.7.4 条　套筒式补偿器安装应符合下列要求：

一、要与管道保持同轴，不得歪斜；

二、芯管外露长度应大于设计规定的伸缩长度，芯管端部与套管内挡圈之间的距离应大于管道冷收缩量；

三、填料的品种及规格应符合设计规定，填料应逐圈装入，逐圈压紧，各圈接口应相互错开。

第 6.7.5 条　自然补偿管段的冷紧应符合下列要求：

一、冷紧口位置应留在有利焊接、操作的地方，冷紧长度应符合设计规定；

二、冷紧段两端的固定支架应安装牢固，混凝土或填充灰浆已达到设计强度，管道与固定支座已固定连接；

三、管段上的支、吊架已安装完毕，冷紧口附近吊架的吊杆应预留足够的位移裕量。弹簧支架的弹簧，应按设计位置预压缩并临时固定，不得使弹簧承担管子荷重；

四、管段上的其它焊口已全部焊完并经检验合格；

五、管段的倾斜方向及坡度符合设计规定；

六、法兰、仪表、阀门的螺栓均已拧紧；

七、冷紧口焊接完毕并经检验合格后，方可拆除冷紧卡具；

八、管道冷紧应填写记录，记录表见附录十一。

第 6.7.6 条　管道法兰、阀门、补偿器及仪表等处的螺栓在试运行期间应进行热紧。热紧时的运行压力应降低至3×98.1kPa以下，温度应达到设计温度，螺栓应对称、均匀适度紧固。在热紧部位应有保护操作人员安全的可靠措施。处在地沟中的热紧部位应留有直通地面的出口。

第七章 供热站、中继泵站及供热网通用组装件安装

第一节 一般规定

第 7.1.1 条 本章适用于供热管网工程中的供热站、中继泵站内部的管道和设备以及供热管网工程中通用组装件的施工及验收。

第 7.1.2 条 室内采暖、给水、排水、卫生设备安装工程，应按现行的《采暖与卫生工程施工及验收规范》（GBJ242—82）的规定执行。

第 7.1.3 条 动力配电和照明等电器安装，应按现行的《电气装置安装工程施工及验收规范》（GBJ232—82）的规定执行。

第 7.1.4 条 自动化仪表安装应按现行的《工业自动化仪表安装工程施工及验收规范》的规定执行。

第 7.1.5 条 供热站与外部管线连接的地沟，待外部管线及供热站施工完毕时应予以封闭。

第二节 供热站、中继泵站管道和设备安装

第 7.2.1 条 管道和设备安装前，应按设计要求核验规格、型号和质量。定型设备应有安装使用说明书和产品合格证。

第 7.2.2 条 管道和设备安装前必须清除内部污垢和杂物。安装中断的敞口处应临时封闭。

第 7.2.3 条 管道穿越基础、墙壁和楼板，应配合土建施工预埋套管或预留孔洞。预埋套管中心的允许偏差为10mm。预留孔洞中心的允许偏差为25mm。在设计无要求时，套管直径应比管道保温外径大50mm。位于套管内的管道保温层外壳应做保护套。

第 7.2.4 条 管道穿越地下室的外墙时，应有防水措施，穿越深度处在最高动水位线以下的管道应按设计要求施工，设计无规定时，可采用柔性防水套管，其它地方可采用刚性防水套管。

第 7.2.5 条 在同一房间内安装同类型的设备、管道附件等，应注意美观，除设计有特殊要求外，应分别安装在同一中心线或同一高度上。

第 7.2.6 条 管道并排安装时，直线部分应相互平行。曲线部分，若采用煨制或焊制弯头时，管间距应与直线部分相等。

第 7.2.7 条 与供热管网相连通的一次水管道，管径≥25mm时，管件应采用法兰连接。

第 7.2.8 条 固定支架的位置应按图纸安装，设计无明确规定时，安装在建筑结构上的管道固定支架应保证建筑结构的安全。

第 7.2.9 条 站内管道水平安装的支架间距，在设计无规定时，不得大于表7.2.9中规定的距离。

站内管道支架的最大间距 表 7.2.9

公称直径 (mm)	25	32	40	50	70	80	100	125	150	200	250	300	350	400
最大间距 (m)	2.0	2.5	3.0	3.0	4.0	4.0	4.5	5	6	7	8	8.5	9	9

第 7.2.10 条 在水平管道上装设阀门及类似阀门的管件，当管径≥125mm时，阀门两侧应设支架。

第 7.2.11 条 在垂直管道上安装阀门时，阀门上部的管道应设吊架或托架。

第 7.2.12 条 阀门的检验和安装应按本规范第六章规定执行。

第 7.2.13 条 站内管道安装的允许偏差应符合表7.2.13的规定。

站内管道安装允许偏差　　表 7.2.13

序号	项	目	允许偏差(mm)
1	水平管道纵横向弯曲	每10m管长，管径小于或等于100mm	5
		每10m管长，管径大于100mm	10
		管道全长25m以上	25
2	立管垂直度	每　米	2
		5 m以上	不大于 8
3	成排管段	在同一直线上间距	3

第 7.2.14 条 供热设备基础的尺寸、位置应按设计施工。基础混凝土的标号不得低于设计标号，设备安装应在基础混凝土达到设计强度的70%以后进行。基础中心座标位置的允许偏差为±20mm。基础各不同平面的标高允许偏差为0～20mm。地脚螺栓孔中心位置的允许偏差为±10mm。孔深度的允许偏差为0～20mm。

第 7.2.15 条 地脚螺栓安装应符合下列要求：

一、地脚螺栓的不铅锤度应小于10/1000；

二、地脚螺栓底部铆固环钩的外缘与预留孔壁和孔底的距离不得小于15mm；

三、螺杆上的油脂及污垢在安装前应清理干净；

四、螺母与垫圈之间和垫圈与设备底座之间的接触均应良好；

五、拧紧螺母后，螺栓必须露出2～5个螺距；

六、灌注地脚螺栓用的细石混凝土（或水泥砂浆）应比基础混凝土的标号提高一级。灌浆处应清理干净并捣固密实。拧紧地脚螺栓时，灌注的混凝土应达到设计强度的75%。

第 7.2.16 条 设备支架安装应平直牢固，位置正确。支架的安装允许偏差应符合表7.2.16的规定。

支架安装允许偏差　　表 7.2.16

序号	项	目	允许偏差（mm）
1	支架立柱	位　置	5
		垂直度	≤1/1000H（H－高度）
2	支架横梁	上表面标高	±5
		水平弯曲	≤1/1000L（L－高度）

第 7.2.17 条 设备开箱，应按下列项目进行检查并作出记录：

一、箱号和箱数以及包装情况；

二、设备名称、型号和规格；

三、设备有无缺件，表面有无损坏和锈蚀；

四、设备和易损备件、安装和检修专用工具以及设备所带的资料应齐全。

第 7.2.18 条 电动离心水泵安装应符合下列要求：

一、泵就位前应作下列复查：

1.基础的尺寸、位置、标高符合设计要求和本规范第7.2.14条的规定；

2.设备不应有缺件、损坏及锈蚀等缺陷，管口保护物和堵盖应完好；

3.盘车应灵活，无阻滞、卡住现象，无异常声音；

4.出厂时已装配、调试完善的部位，没有被随意拆卸的现象。

二、水泵安装找平应符合下列要求：

1.泵的纵向和横向不水平度不应超过0.1/1000，测量时应以加工面为基准；

2.小型整体安装的泵，不应有明显的倾斜。

三、泵的找正：主动轴和从动轴用联轴节连接时，两轴的不同轴度、两半联轴节端面的间隙应符合设计技术文件的规定，主动轴与从动轴找正及连接应盘车检查是否灵活；

四、三台及三台以上的同型号水泵并列安装时，水泵轴线标高的允许偏差均为±5mm，两台以下的允许偏差10mm。

第 7.2.19 条 蒸汽往复泵安装应符合本节第18条一、二两项的规定。泵体上的安全阀应有出厂铅封，不得随意调整，废汽管应水平安装并通向室外，管端部应向下或做成丁字管。

第 7.2.20 条 手摇泵应垂直安装并有牢固的支撑，设计无规定时，泵中心距操作地面800mm。

第 7.2.21 条 喷射泵的水平度和垂直度应符合设计要求。设计无规定时，泵前直管段长度不得小于管径的5倍，泵后直管段长度不得小于管径的10倍。

第 7.2.22 条 热交换器、凝结水箱、贮水箱安装，应按设计规定并符合下列要求：

一、容积式热交换器前封头与墙壁的距离，设计无规定时，不得小于蛇形管的长度；

二、应按设计或产品说明书规定的坡度、坡向安装；

三、水箱的底面在安装前应检查油漆质量，缺陷应作处理；

四、热交换器、凝结水箱、贮水箱安装的允许偏差应符合表7.2.22的规定。

热交换器、水箱安装允许偏差　　表 7.2.22

序号	项　目	允许偏差（mm）
1	标　高	±10
2	水平度或垂直度	$<5L/1000$或$5H/1000$（L—长度，mm H—高度，mm）
3	中心线位移	±20

第三节　通用组装件安装

第 7.3.1 条 分汽缸、分水器、集水器安装应符合下列要求：

一、应在设备两端设支架；

二、分汽缸、分水器、集水器本体上均应装设压力表、温度表；

三、分汽缸、分水器各分支管路阀门后应装设压力表；

四、集水器各分支管路阀门前应装设温度表；

五、同类型的温度表和压力表应排列整齐、美观。

第 7.3.2 条 除污器应按设计或标准图组装，安装除污器应按热介质流动方向，进出口不得装反，除污器的排污口应朝向便于检修的位置。

第 7.3.3 条 安装减压器应符合下列要求：

一、减压器应按设计或标准图组装。一般应装有高压表、低压表、高压安全阀、低压安全阀、过滤器、旁通阀以及减压器检修时的控制阀门；

二、减压器应安装在便于观察和检修的托架（或支座）上，安装应平整牢固；

三、减压器安装完后，应根据使用压力调试，并作出调试标志。

第 7.3.4 条 安装疏水器应符合下列规定：

一、疏水器应按设计或标准图组装并安装在便于操作和检修的位置，安装应平整，支架应牢固。连接管路应有坡度，出口的排水管与凝结水干管相接时，应连接在凝结水干管的上方；

二、疏水器必须装过滤网并设旁通管；

三、疏水器后必须装设检查阀门；

四、管道和设备需设疏水器时，必须做排污短管（座），排污短管（座）应有不小于150mm的存水高度，在存水高度线上部开口接疏水器，排污短管（座）下端应设法兰盖。

第 7.3.5 条 安装水位表应符合下列规定：

一、水位表应有指示最高、最低水位的明显标志，玻璃管的最低可见边缘应比最低安全水位低25mm，最高可见边缘应比最高安全水位高25mm；

二、玻璃管式水位计应有保护装置；

三、水位表应有放水旋塞或放水阀门，放水管应接到安全地点。

第 7.3.6 条 安全阀安装应符合下列要求：

一、安全阀安装前应按下列规定进行检验：

1.在两个方向检查其垂直度，发现倾斜时应予以校正；

2.安全阀在安装前，应按设计规定进行试调。当设计无规定时，其开启压力为工作压力的1.05～1.15倍，回座压力应大于工作压力的0.9倍。试调时压力应稳定，每个安全阀开闭试验不应少于三次。调校条件不同的安全阀应在试运行时及时调校；

3.安全阀的最终调整，应在热力网达到设计压力参数时进行，开启压力和回座压力应符合设计规定值。安全阀最终调整后，在工作压力下不得有泄漏现象；

4.安全阀调整合格后，重作铅封，并填写安全阀调整试验记录。记录格式见附录十二。

二、杠杆式安全阀要有防止重锤自行移动的装置和限制杠杆越出的导架；

三、弹簧式安全阀要有提开手把和防止随便拧动调整螺丝的装置；

四、静重式安全阀要有防止重片飞脱的装置；

五、冲量式安全阀冲量接入导管上的阀门要保持全开并加铅封；

六、蒸汽管道和设备上的安全阀应有通向室外的排汽管、热水管道和设备上的安全阀并应有接到安全地点的泄水管。在排汽管和泄水管上不得装设阀门。

第 7.3.7 条 安装压力表应符合下列要求：

一、压力表应安装在便于观察和清洗的位置，并防止受高温、冰冻和振动的影响；

二、压力表应设有内径不小于10mm的缓冲管；

三、压力表和缓冲管之间应设阀门、蒸汽管道安装压力表时不得用旋塞；

四、压力表的满刻度值，当设计无规定时，应为工作压力的1.5～2倍。

第 7.3.8 条 管道和设备上的各类套管温度计应安装在便于观察的部位，底部应插入流动的介质内，不得安装在引出的管段上。

第 7.3.9 条 管道和设备上的排气阀门，在排气点距地面高于2m时，排汽阀门应装设在距地面1.5m处便于安全操作的位置。

第八章 防腐和保温工程

第一节 防腐工程

第 8.1.1 条 涂料的品种、性能、颜色、涂刷层数及表面标记等应符合设计规定。涂材应有生产厂的合格证书，过期的涂料必须经检验部门检验合格后方准使用。

第 8.1.2 条 设计对涂漆种类和层数无规定时，涂漆不得低于下列标准：

一、明装无保温层管道、设备和容器，必须涂一道防锈漆，两道面漆，有保温层时，应涂两道防锈漆；

二、地沟内管道应涂两道防锈漆；

三、涂料的耐温性能、抗腐蚀性能应按输热介质温度及环境条件进行选择。

第 8.1.3 条 多种涂料配合使用，应参照产品说明书对涂料进行选择，使各涂料之间性能适应，配比合适。调制成的涂料内不得有漆皮等影响涂刷的杂物，并按涂刷工艺要求稀释至适当稠度，搅拌均匀，色调一致，及时使用。涂料应密封保存。

第 8.1.4 条 漆膜基面应清理干净，露出基面本色，如果用喷砂法除锈、压缩空气应干燥、洁净，不得含有油脂和水分，除锈后的钢铁表面应呈暗灰色并及时涂刷第一层底漆。

第 8.1.5 条 自然干燥的现场涂漆应防止漆膜沾染污物和损坏，漆膜未干燥固化前，不得进行下道工序施工。

第 8.1.6 条 涂漆质量应符合下列要求：

一、与基面粘结牢固，厚度符合要求，面层色调一致，光亮清洁，无皱纹、气泡、针孔；

二、漆膜均匀、完整，无漏涂、损坏；

三、色环间距均匀，宽度一致，与管道轴线垂直。

第 8.1.7 条 涂漆施工宜在温度为5～40℃的清洁、干燥、通风良好的环境中进行，在雨雪及大风天气中，应有遮挡。在气温不低于－5℃，空气相对湿度不高于75%的环境中，可不采取预热措施直接涂漆，当空气相对湿度高于75%或金属表面上凝有霜露时，应采取预热措施，待金属表面干燥后再涂漆。

第 8.1.8 条 环境温度低于－5℃时，应按照涂料的性能掺入可促进漆膜固化的掺合料，并将漆膜的金属基面加热至30～40℃，再进行涂漆。环境温度低于－25℃时，无恰当的冬季施工措施，不得进行涂漆施工。

第 8.1.9 条 用涂料和玻璃布作加强防腐层时，除遵守上述的有关规定外，尚应符合下列要求：

一、按设计规定涂刷的底漆应均匀完整，无空白、凝块和流痕；

二、玻璃布的厚度、密度、层数应符合设计要求，缠绕重叠部分宽度应大于布宽的1/2，压边量10～15mm。用机械缠绕时，缠布机构应稳定匀速的前进，并与管子旋转速度相配合；

三、布两面沾油应均匀，经刮板或挤压滚轮后，布面无空白、不淌油和滴油。

四、防腐层的厚度不得低于设计厚度。玻璃布与管壁粘结牢固无空隙，缠绕紧密无皱折，均匀无空缺。表面应光滑无气孔、针孔和裂纹。两端应留200～250mm空白段。

第 8.1.10 条 用热沥青和玻璃布或麻袋布作加强防腐层，沥青配比应作试验，软化点不得低于设计要求，按卷材防水操作规程及本节第 9 条的规定进行施工。

第 8.1.11 条 已完成涂漆的管道、设备、容器，不得作为人行道或当作支架使用。损坏的漆膜在下道工序施工前应提前进行修补。

第 8.1.12 条 安装后无法涂漆或不易涂漆的部位，安装前应预先涂漆，在安装中注意保护漆膜的完好。

第 8.1.13 条 预留的未涂漆部位，在其它工序完成后，应按设计标准进行涂漆。管道的焊口部位，应加强防腐并严格检查。

第 8.1.14 条 保温管外保护层表面应铲平灰疤，补平凹痕，填严缝隙，打磨光滑，将浮灰清理干净后，按设计标准进行涂漆。

第二节 保温工程

第 8.2.1 条 保温材料及制品应有产品合格证和材料性能测试检验数据，其种类、规格、性能应符合设计规定。在进入现场的每批保温材料中，应任选1～2组试样进行导热系数测定，导热系数超过设计取定值5%以上的材料不得使用。

第 8.2.2 条 保温应在管道试压及涂漆合格后进行。必要时，无缝钢管可预先做保温，但应将管道连接处和环形焊缝留出，待水压试验合格后，再将连接处保温。

第 8.2.3 条 采用湿法施工的保温工程，室外平均温度低于5℃时，应按冬季施工采取防冻措施。

第 8.2.4 条 保温层施工，应符合下列要求：

一、保温层厚度大于100mm时，应分层施工；

二、瓦块内应抹3～5mm厚的石棉灰胶泥层，并砌严密，用胶泥充填时，缝隙应小于5～7mm。同层制品应互相错缝，内外层之间应盖缝。每块制品应有两道镀锌铁丝或箍带扎紧，不得采用螺旋形捆扎方法；

三、应按设计规定的位置和宽度留出膨胀缝，缝隙内用导热系数与保温材料相接近的软质材料充填；

四、支架处，保温层应留膨胀伸缩缝。

第 8.2.5 条 柔性材料制成的毡、席等制品，应与被保温表面贴紧，纵向接缝应朝向下方并互相错开，接头处不得有空隙，双层结构时，层间应盖缝，表面应保持平整。捆扎用的镀锌铁丝或箍带应扎紧，间距为150～200mm。

第 8.2.6 条 用散体保温材料和粘结材料的拌合物在管壁上制作保温层时宜采用模灌挤压的成型方式施工。所用材料的品种、性能、配比等应符合设计规定，成型后的挤压强度与管壁的粘结强度、导热系数等主要性能应不低于设计规定数值。需要在现场切断使用的管子时保温层与管壁之间应加塑料膜隔离层。

第 8.2.7 条 阀门、法兰部位的保温结构应易于拆装，靠近法兰处，应在法兰的一侧留出螺栓长度加25mm的空隙。阀门保温层应不妨碍填料的更换。有冷紧或热紧要求的法兰，应在冷紧或热紧完成后再进行保温。

第 8.2.8 条 焊制受压管件应在强度和严密性试验完成后进行保温。

第 8.2.9 条 设备、容器和大管径管道，应在防腐工程施工前焊接固定保温层用的支承件及悬挂铁丝网用的钩钉。垂直安装的管道，应每隔3～5m左右装置分段支承托架，托架宽度应小于主保温层厚度。

第 8.2.10 条 保温层端部应做成60°～70°角的坡面，设备、容器上的人孔、手孔等需要拆装部位，应做成45°角的坡面。

第 8.2.11 条 保温层施工偏差，应符合表8.2.11的规定。

保温层允许偏差 **表 8.2.11**

检查项目		允许偏差	检查方法
厚度	瓦块制品	+5%	用钢针刺入保温层测厚
	柔性材料	+8%	
伸缩缝宽度		±5mm	用尺检查

注：①保温层不得有负偏差；
②每隔20延长米测一点；
③伸缩缝抽查10%。

第三节 防潮层及保护层

第 8.3.1 条 防潮层应做在干燥的保温层表面上并应光滑平整、厚度均匀，表面无气孔、鼓泡或开裂等缺陷，端部应密封。

第 8.3.2 条 油毡防潮层应搭接，搭接宽度为30～50mm，纵向接缝应放在下部并互相错开。接缝处用沥青玛琋脂粘结密封，每隔300mm捆扎镀锌铁丝或箍带一道。

第 8.3.3 条 玻璃布防潮层应粘贴于涂有3mm厚沥青玛琋脂的保温层上，玻璃布外再涂3mm厚的沥青玛琋脂，布的搭接宽度为30～50mm。

第 8.3.4 条 抹石棉水泥保护层以前，应检查铁丝网有无松动部位并对有缺陷的部位进行修整，保温层的空隙应用胶泥充填。保护层应分两次抹成，第一层找平和挤压严实，第一层稍干后再加灰泥压实、压光，面层应平整、圆滑、无显著裂纹，端部棱角整齐。

第 8.3.5 条 缠绕式保护层应裹紧、重叠部分为带宽的1/2，不得有松脱、翻边、皱褶和鼓包等缺陷，缠绕的起点和终点用镀锌铁丝或箍带捆扎结实。二布三油保护层或防水层按8.2.9条施工。

第 8.3.6 条 金属保护层应箍紧，不得有凸凹不平或脱壳、接缝开裂等缺陷。纵缝应咬口连接或搭接，接缝放在下部，环缝应起线，端部应封闭。用自攻螺钉紧固时，螺钉间距应不大于200mm，螺钉端部不得刺破防潮层。

第 8.3.7 条 防潮层、保护层的搭接应符合下列要求：

一、水平管道，应按管道坡度由低处向高处施工，形成以高压低的搭接；

二、垂直管道，应由下部向上部施工，形成以高盖低的搭接。

第 8.3.8 条 防潮层、保护层表面平面度，应符合表8.3.8的规定。

防潮层、保护层表面不平度允许数值　　表 8.3.8

检　查　项　目		允许偏差(mm)	检　查　方　法
涂抹保护层	表面的平面度	＜10	用两米靠尺和塞尺检查
防　潮　层	表面的平面度	＜10	
金属保护层	表面的平面度	＜5	
防　水　层	表面的平面度	＜10	

注：每隔20m取一点测定数值。

第九章　试压、清洗、试运行

第一节　试　压

第 9.1.1 条 热力管网工程的管道和设备等。均应按设计参数及本规范的规定进行强度试验和严密性试验。

第 9.1.2 条 管道试压前应符合下列要求：

一、管道工程的施工质量符合设计要求及本规范的有关规定；

二、管道支、吊架已安装调整完毕，固定支架的混凝土及填充物已达到设计强度；

三、焊接质量的外观检查和无损检验合格，焊缝及应检查的部位尚未涂漆和保温；

四、试压用的临时加固装置已安装完毕，经检查确认安全可靠；

五、试压用的压力表已校验，精度不低于1.5级。表的满刻度值应达到试验压力的1.5倍，数量不少于2块；

六、地下检查小室、地沟及直埋管道的沟槽中有可靠的排水系统，被试压管道及设备无被水淹没的可能；

七、试压现场已清理完毕，对被试压管道和设备的检查不受影响；

八、试压方案已经过审查并得到批准。

第 9.1.3 条 管道水压试验应符合下列要求：

一、被试压管道上的安全阀、爆破片已拆除，加盲板处有明显的标记并作了记录，阀门全开，填料密实；

二、管道中的空气已排净；

三、升压应缓慢、均匀；

四、环境温度低于5℃时，应有防冻措施；

五、地沟管道与直埋管道已安装了排除试压用水的设施；

六、试压管道与运行中的管道已用堵板隔断，试验压力所产生的推力不会影响运行管道的正常运行。

注：当运行管道与被试压管道之间的温差大于100℃时，应考虑传热量对试压的影响。

第 9.1.4 条 分段强度试验应在管道保温施工前进行并符合下列要求：

一、管道内的压力升至1.5倍工作压力后，在稳压的10min内应无渗漏；

二、管道内的压力降至工作压力，用1kg重的小锤在焊缝周围对焊缝逐个进行敲打检查，在30min内无渗漏且压力降不超过0.2×98.1kPa即为合格。

第 9.1.5 条 管道总体试压应在管道、设备等均已安装完毕，固定支架等承受推力的部位达到设计强度后进行，试验压力为工作压力的1.25倍。总体试压的管道长度应考虑管段分段后的受压条件确定，以1km左右为宜。管道内的压力升至试验压力并趋于稳定后，应详细检查管道、焊口、管件及设备等有无渗漏，固定支架是否有明显的位移等。在1h内压力降不超过0.5×98.1kPa即为合格。

第 9.1.6 条 热力站、中继泵站内的管道和设备均应进行水压试验。在管道和设备内部达到试验压力并趋于稳定后，30min内压力降不超过0.5×98.1kPa即为合格。各种管道和设备的试验压力应符合下列规定：

一、蒸汽管道、与外网连接的一次水管道，为1.5倍工作压力，凝结水管道试压标准同站内的蒸汽管道，但不低于6×98.1kPa；

二、生活热水管道为1.25倍工作压力，但不低于6×98.1kPa；

三、对用户内部系统试压要求如下：

1.间接连接的采暖系统：按采暖系统设计工作压力1.25倍试压，但不小于4×98.1kPa；

2.与高温水网直接连接的采暖系统。试验压力8×98.1kPa；

3.与低温水网（＜100℃）直接连接的采暖系统，按采暖系统设计工作压力1.25倍试压，但不小于4×98.1kPa；

四、管壳式汽-水换热器：

汽侧：1.5倍蒸汽工作压力；

水侧：1.5倍热水工作压力；

五、快速式水-水换热器：

一次水侧：1.5倍工作压力；

二次水侧：1.5倍工作压力，但不低于8×98.1kPa；

六、容积式换热器：

汽、一次水侧：1.5倍工作压力；

生活热水侧：1.25倍工作压力，但不低于6×98.1kPa；

七、闭式凝结水箱：1.25倍工作压力，但不低于4×98.1kPa。

八、分汽缸、分水器、集水器、除污器：同管道试验压力；

九、开式凝结水箱、储水箱；安全水封等开式设备，只作满水试验，以无渗漏为合格；

十、其余各类设备按产品出厂说明书试压或根据设备性质确定。

第 9.1.7 条 试压过程中发现的渗漏部位应做出明显的标记并予以记录，待泄压后处理，不得带压进行修补。水压试验渗漏焊口的修补，应按本规范第五章的有关规定执行。渗漏部位的缺陷消除后，应重新试压。

第 9.1.8 条 因气温过低等因素导致用水压进行强度试验确有困难时，可用气压试验代替，但必须采取有效的安全措施，设计单位同意后，应报请主管部门批准。对供热管网，试验压力不得超过6×98.1kPa。

第 9.1.9 条 试压合格后，应拆除盲板，核对记录，并填写供热管网水压试验记录。格式见附录十三。

第二节 清 洗

第 9.2.1 条 供热管网的清洗应在试压合格后，用蒸汽或水进行。

第 9.2.2 条 供热管网的清洗方法和清洗装置应在扩初设计中考虑并体现于施工图设计。清洗前，应制定清洗实施方案，方案中应包括清洗方法、程度、技术要求、操作的指挥和配合以及安全要求等内容，并应明确清洗的质量标准。

第 9.2.3 条 清洗前，管网及清洗装置应符合下列要求：

一、应将减压器、疏水器、流量计和流量孔板、滤网、调节阀芯、止回阀芯及温度计的插入管等拆下；

二、把不应与管道同时清洗的设备、容器及仪表管等与需清洗的管道隔开；

三、支架的牢固程度能承受清洗时的冲击力，必要时应予以加固；

四、排水管道应在水流末端的低点接至排水量可满足需要的排水井或其它允许排放的地点。排水管的截面积应按设计或根据水力计算确定，并能将脏物排出；

五、蒸汽吹洗用排汽管的管径应按设计或根据计算确定并能将脏物排出，管口的朝向、高度、倾角等应慎重研究和计算，排汽管应简短，端部应有牢固的支撑；

六、设备和容器应有单独的排水口，在清洗过程中管道中的脏物不得进入设备，设备中的脏物应单独排泄；

七、设计规定的清洗用装置已安装完毕并经检查合格。

第 9.2.4 条 管网的水力清洗应符合下列要求：

一、清洗应按主干线、支干线、用户线的次序分别进行。清洗前应充水浸泡管道；

二、小口径管道中的脏物，在一般情况下不宜进入大口径管道中；

三、在清洗用水量可以满足需要时，尽量扩大直接排水清洗的范围；

四、水力冲洗应连续进行并尽量加大管道内的流量，一般情况下管内的平均流速不应低于1m/s；

五、对于大口径管道，当冲洗水量不能满足要求时，宜采用密闭循环的水力清洗方式，管内流速应达到或接近管道正常运行时的流速。在循环清洗的水质较脏时，应更换循环水继续进行清洗。循环清洗的装置应在清洗方案中考虑和确定；

六、管网清洗的合格标准：应以排水中全固形物的含量接近或等于清洗用水中全固形物的含量为合格。当设计无明确规定时入口水与排水的透明度相同即为合格。

第 9.2.5 条 输送蒸汽的管道宜用蒸汽进行吹洗。蒸汽吹洗应符合下列要求：

一、吹洗前，应缓慢升温暖管，恒温1h后进行吹洗；

二、吹洗用蒸汽的压力和流量应按计算确定。一般情况下，吹洗压力应不大于管道工作压力的75%；

三、吹洗次数一般为2～3次，每次的间隔时间为2～4h；

四、蒸汽吹洗的检查方法：将刨光的洁净木板置于排汽口前方，板上无铁锈、脏物即为合格。

第 9.2.6 条 管道的排污管、放风管在清洗结束前，应打开阀门用水清洗。

第 9.2.7 条 管网清洗合格后，对可能存有脏物的部位及沉积脏物的装置可用人工加以清除。

第 9.2.8 条 清洗合格的管网应按技术要求恢复拆下来的设施及部件，不得进行其它影响管道内部清洁的工作。

第 9.2.9 条 供热管网清洗合格后，应填写供热管网清洗记录。格式见附录十四。

第三节 试 运 行

第 9.3.1 条 试运行应在供热管网工程的各单项工程全部竣工并经验收合格，管网总试压合格，管网清洗合格，热源工程已具备供热运行条件后进行。

第 9.3.2 条 试运行前，应制定试运行方案，对试运行各个阶段的任务、方法、步骤、各方面的协调配合以及应急措施等均应作细致安排。在初寒期和严寒期进行试运，尚应拟定可靠的防冻措施。

第 9.3.3 条 投入试运行的各类设备、仪表等，应遵守它们各自的安全运行技术规程。

第 9.3.4 条 供热管网的试运行应有完善、灵敏、可靠的通讯系统。

第 9.3.5 条 供热站与中继泵站的水泵，在试运行前应进行试运转，泵的试运转应符合下列要求：

一、水泵试运转前，应作下列检查：

1.各紧固连接部位不应松动；

2.润滑油的质量、数量应符合设备技术文件的规定；

3.安全、保护装置灵敏、可靠；

4.盘车应灵活、正常；

5.启动前，泵的吸口阀门全开，出口阀门全闭。

二、泵在设计负荷下连续运转时间不应少于2h，并应符合下列要求：

1.水泵在启动前应与管网水连通，使水泵充满水并排净空气；

2.在水泵出口阀门关闭的状态下启动水泵，水泵出口阀门前压力表显示的压力应符合水泵的最高扬程，水泵和电机应无异常情况；

3.逐渐开启水泵出口阀门，在流量表显示的流量符合设计规定的流量时，记录水泵的扬程并与设计选定的扬程相比较，两者应当接近或相等。

4.在两小时的运转期间内：

（1）运转中不应有不正常的声音；

（2）各静密封部位不应泄漏；

（3）各紧固连接部位不应松动；

（4）滚动轴承的温度不应高于75℃；

（5）填料升温正常，普通软填料宜有少量的泄漏（每分钟10～20滴）；

（6）电动机的电流不超过额定值；

（7）振动应符合设备技术文件的规定，如设备文件无规定时，用手提式振动仪测量泵的径向振幅（双向）应不超过表9.3.5的规定；

泵的径向振幅（双向）　　表 9.3.5

转　速 (r/min)	>600～750	>750～1000	<1000～1500	>1500～3000
振幅不应超过 (mm)	0.12	0.10	0.03	0.06

（8）泵的安全保护装置灵敏、可靠。

三、试运转结束后，关闭外网阀门，记录水泵出口阀门的开启程度。

第 9.3.6 条　水泵试运转合格后，供热管网即可进行热运行。热运行必须缓慢地升温，在低温热运行期间，应对管网进行全面检查，支架的工作状况应作重点检查。在低温热运行正常以后，可再缓慢升温到设计参数运行。热运行期间，应详细观察管网和设备的工作状态是否正常，完成应当检验和考核的各项工作，作好热运行数据的记录。

第 9.3.7 条　供热管网在设计参数下热运行的时间为连续运行72h。

第 9.3.8 条　热运行期间发现的施工质量问题，属于不影响热运行安全的，可待热运行结束后处理。属于必须当即解决的，应停止热运行的局部或全部立即处理。热运行的时间，应从恢复到正常热运行状态的时间起，重新计算。

第 9.3.9 条　符合设计参数的热运行宜选择在供暖期前进行，热运行合格后，可直接转入正常的供热运行。不需要继续运行的，应采取停运措施并妥加保护。

第 9.3.10 条　蒸汽管网的试运行应符合下列要求：

一、暖管时开启阀门的动作应缓慢，开启量逐渐加大。对于有旁通管的截门，可先利用旁通管阀门进行暖管。暖管后的恒温时间应不少于1h。在此期间应观察蒸汽管道的固定支架、滑动支架和补偿器等设备的工作是否正常；疏水器有无堵塞或疏水不畅的现象，发现问题应及时处理，需要停汽处理的，应停汽进行处理。

二、在暖管合格后，略开大汽门缓慢提高蒸汽管的压力，待管道内蒸汽压力和温度达到设计规定的参数后，对管道、支架及凝结水疏水系统进行全面检查。

三、在确认管网的各部位均符合要求后，对用户的用汽系统进行暖管和各部位的检查，确认热用户用汽系统的各部位均符合要求后，再缓慢地提高供汽压力并进行适当的调整，供汽参数达到设计要求后即可转入正常的供汽运行。

第 9.3.11 条　供热管网试运行合格后，应填写供热管网试运行记录。格式见附录十五。

第十章 工 程 验 收

第 10.0.1 条 供热管网工程的竣工验收，由单项工程验收及各个单项工程全部验收后进行的总验收两部分构成，并应分别进行。总验收应在管网总试压、清洗和试运行合格后进行。建设单位只对供热管网工程的总承包单位进行工程验收。

第 10.0.2 条 单项工程竣工后，总承包单位应向建设单位送交单项工程竣工报告，建设单位应按下列要求及时进行验收：

一、按设计图纸、技术文件及设计变更等，对单项工程所含的各分部分项工程是否符合设计要求进行逐项核查；

二、按本规范的规定对分部分项工程的质量进行检查和评定。重点是：

1.承重或受力结构；

2.管道、管件及支架安装；

3.焊接；

4.防腐和保温；

5.标准设备安装和非标准设备的制造安装。

三、施工单位应提供下列资料：

1.施工组织设计或施工技术措施；

2.施工记录或施工日记；

3.工程质量自检记录，工程质量管理部门的评定结论；

4.材料、管件的产品合格证、材质单和分析检验报告；

5.设备的产品合格证、设备带的专用工具和备件的移交证明；

6.本规范中规定施工单位应进行的各种检查、检验和记录；

7.竣工测量资料；

8.竣工图。

四、验收合格的工程，应填写资料移交单和工程验收记录；

五、单项工程验收合格后，在管网总试压、清洗和试运行中出现的问题仍由施工单位处理。

第 10.0.3 条 供热管网工程总验收由建设单位对工程进行的验收。并应在试运行之后进行。签署验收文件后，建设单位应向上级领导部门呈送供热管网工程竣工报告。

第 10.0.4 条 总验收应对下列事项进行鉴别：

一、供热管网输热能力是否可以达到设计任务书规定的数值，输热损耗是否高于国家规定标准，管网末端的水力工况、热力工况能否满足末端用户的需要；

二、管网在工作状态下是否严密，管道支架和热补偿装置是否正常、可靠；

三、计量是否准确，安全装置能否达到灵敏、可靠的标准；

四、各种设备的性能及工作状况怎样，性能是否稳定运转设备产生的噪声应不高于国家规定标准；

五、管网防腐工程施工质量是否良好，管网是否可以达到设计预定的使用年限；

六、工程档案资料是否符合要求。

附录一　城市供热管网架空管道与建筑物、构筑物交通道路或架空输电线路之间的最小净距

序号	名　　称	水平净距（m）	垂直交叉净距（m）
1	耐火等级为一、二级的建筑物	距墙壁1.00	距屋顶0.50
2	铁　路	钢轨外侧边缘3.00	电气化铁路6.55 钢轨面
			一般铁路的6.00 钢轨面
3	交通道路	距路边缘1.00	距路面高点6.00
4	人行道路	距路边缘0.50	距路面3.00
5	架空输电线路下部的供热网管道	距输电线最外侧导线的外缘	距输电线悬垂部位的低点
～1	电压1kV以下	1.50	2.50
～2	电压1～10kV	2.00	2.50
～3	电压35～110kV	4.00	3.00

注：净距小于本表规定时，应由设计明确规定并作相应处理。

附录二　直埋供热管道外壁或供热管网地沟外壁与其它设施之间的最小净距

序号	其它设施名称	水平净距（m）	交叉净距（m）
1	建筑物基础边缘	1.50	
2	铁路钢轨外侧边缘	$>1.3\sqrt{3}H>3.00$	
3	铁路钢轨轨面		1.20
4	铁路、道路的边沟或单独的雨水明沟外侧边缘	1.00	
5	道路路面边缘	1.00	
6	道路路面		0.70
7	照明、通讯电线杆中心	1.00	
8	架空管道支架基础边缘	1.50	
9	围墙、栅栏基础边缘	1.00	
10	树木或灌木丛中心	1.50	
11	给水管外壁	1.50	0.10
12	排水管外壁	1.50	0.15
13	排水暗渠外壁	1.50	0.50
14	煤气或天然气管道，当压力P为：		
～1	$P\leqslant 1.5\times 98.0665$kPa	1.00	0.15
～2	1.5×98.1kPa$<P<3.0\times 98.1$kPa	1.50	0.15
～3	3.0×98.1kPa$<8.0\times 98.1$kPa	2.00	0.15

注：①当埋深大于邻近建筑物、构筑物基础埋深时，可用土内磨擦角校正表列数值。
②本表第二行中之H。代表铁轨轨面至管道或地沟基础底面之间的高差。
③供热管道或地沟与地下电力或电讯电缆之间的距离应不小于2m。保持不了最小净距时，电缆应采取隔热措施，以防止电缆过热。
④表列水平净距为1m而相邻两管线高差大于0.5m或表列水平净距为1.5m而相邻两管线高差大于1m时，表列数值应适当增加。
⑤净距小于本表规定时，应由设计明确规定并作相应处理。

附录三　材料牌号、化学成分和机械性能复验结果

产品编号＿＿＿＿＿

材料品种名称	材料代号	钢材规格（mm）	钢厂名称及钢材炉批号	数据来源	化学成分（%）碳	硅	锰	磷	硫	机械性能（不小于）屈服点（MPa）	抗拉强度（MPa）	伸长率（%）	冲击试验 温度（℃）	冲击值（kgf-m/cm²）	备注
				供应值											
				复验值											
				供应值											
				复验值											
				供应值											
				复验值											
标准值	I_s	S＝4～20	YB	175-63						373～461	235	26		＞6	

主任＿＿＿＿＿　检验员＿＿＿＿＿　日期＿＿＿＿＿

附录四　焊件常用坡口型式及尺寸

序号	适用厚度	基本型式	焊缝型式	基本尺寸				标注方式
1	3～26	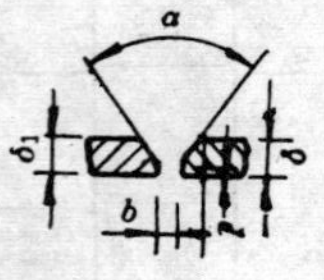		δ	≥3-9	>9～26		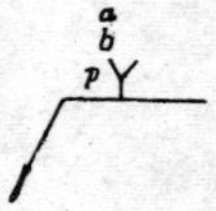
				α	70°±5°	60°±5°		
2				b	1±1	$2\pm\frac{1}{2}$		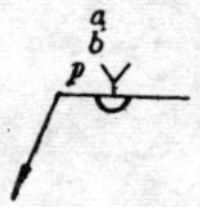
				p	1±1	$2\pm\frac{1}{2}$		
3	6～26	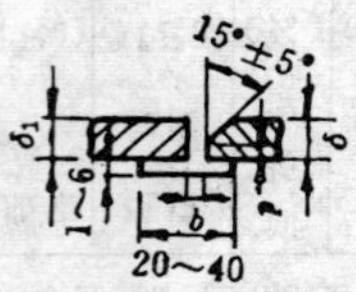		δ	≥6～9	>9～15	>15～26	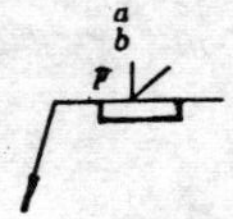
				b	3±1	4±1	5±1	
				p	1±1	$2\pm\frac{1}{2}$	$2\pm\frac{1}{2}$	

续表

<table>
<tr><th>序号</th><th>适用厚度</th><th>基本型式</th><th>焊缝型式</th><th>基本尺寸</th><th>标注方式</th></tr>
<tr><td>4</td><td rowspan="2">6～26</td><td rowspan="2">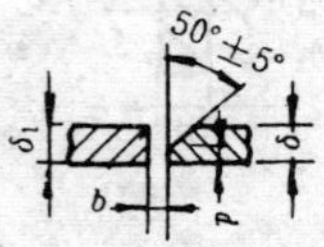</td><td></td><td rowspan="2"><table><tr><td>δ</td><td>≥6～9</td><td>>9～15</td><td>>15～26</td></tr><tr><td>b</td><td>1±1</td><td>$2\pm\frac{1}{2}$</td><td>$3\pm\frac{1}{3}$</td></tr><tr><td>p</td><td>1±1</td><td>$2\pm\frac{1}{2}$</td><td>$2\pm\frac{1}{2}$</td></tr></table></td><td>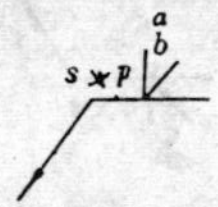</td></tr>
<tr><td>5</td><td></td><td>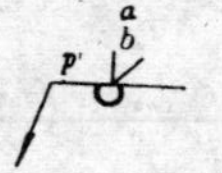</td></tr>
<tr><td>6</td><td rowspan="2">12～60</td><td rowspan="2">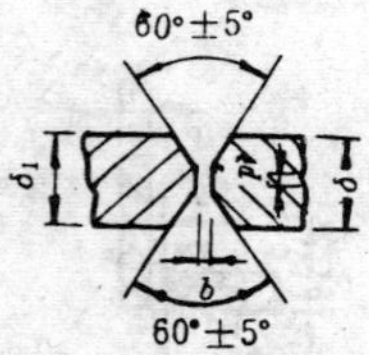</td><td rowspan="2"></td><td rowspan="2"><table><tr><td>δ</td><td>≥12～60</td></tr><tr><td>b</td><td>$2\pm\frac{1}{2}$</td></tr><tr><td>p</td><td>$2\pm\frac{1}{2}$</td></tr></table></td><td>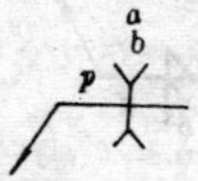</td></tr>
<tr><td>7</td><td>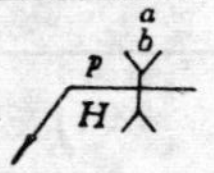</td></tr>
<tr><td>8</td><td rowspan="2">2～8</td><td rowspan="2">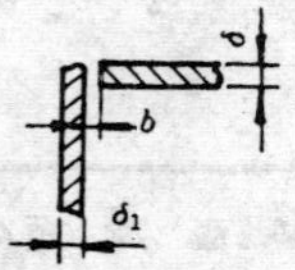</td><td>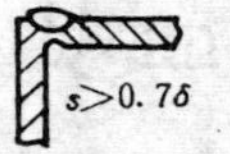</td><td rowspan="2"><table><tr><td>δ</td><td>≥2～4</td><td>>4～8</td></tr><tr><td>b</td><td>0+1</td><td>0+2</td></tr><tr><td>K_{min}</td><td>3</td><td>3</td></tr></table></td><td>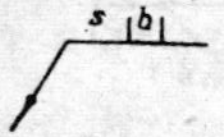</td></tr>
<tr><td>9</td><td></td><td>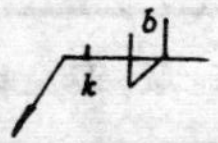</td></tr>
</table>

续表

<table>
<tr><th>序号</th><th>适用厚度</th><th>基本型式</th><th>焊缝型式</th><th>基本尺寸</th><th>标注方式</th></tr>
<tr><td>10</td><td rowspan="2">6～30</td><td rowspan="2">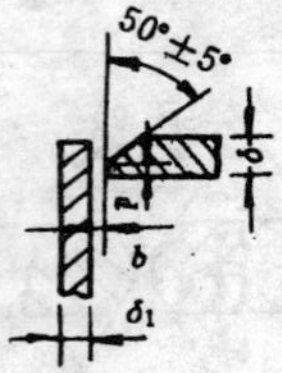</td><td></td><td rowspan="2">
<table>
<tr><td>δ</td><td>≥6～10</td><td>>10～16</td><td>>16～30</td></tr>
<tr><td>b</td><td>1±1</td><td>$2\pm\frac{1}{2}$</td><td>$3\pm\frac{1}{3}$</td></tr>
<tr><td>p</td><td>1±1</td><td>$2\pm\frac{1}{2}$</td><td>$2\pm\frac{1}{2}$</td></tr>
<tr><td>K_{min}</td><td>3</td><td>4</td><td>6</td></tr>
</table>
</td><td>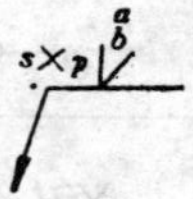</td></tr>
<tr><td>11</td><td></td><td>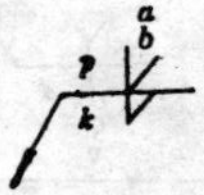</td></tr>
<tr><td>12</td><td>6～30</td><td>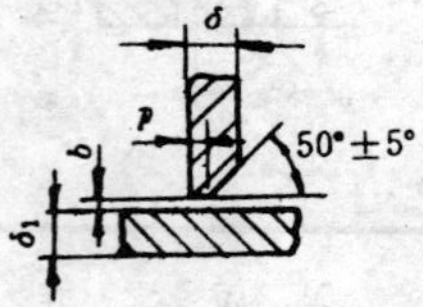</td><td>s>0.7δ</td><td>
<table>
<tr><td>δ</td><td>≥6～10</td><td>>10～17</td><td>>17～30</td></tr>
<tr><td>b</td><td>1±1</td><td>$1\pm\frac{1}{2}$</td><td>$3\pm\frac{1}{3}$</td></tr>
<tr><td>p</td><td>1±1</td><td>$2\pm\frac{1}{2}$</td><td>$2\pm\frac{1}{2}$</td></tr>
</table>
</td><td>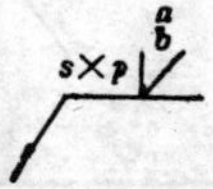</td></tr>
</table>

附录五　对接焊缝X射线检验报告

产品编号

拍片条件	材料名称＿＿＿＿	使用设备＿＿＿＿型
	材料厚层＿＿＿＿mm	焦　距＿＿＿＿mm
	底片类型＿＿＿＿	管电压＿＿＿＿kV
	增感法＿＿＿＿	管电流＿＿＿＿mA
	透度计＿＿＿＿	曝光时间＿＿＿＿s
	照片敏感度＿＿＿＿	拍片日期＿＿＿＿

	环缝	纵缝	T字接头	共计	片长	检验比例
拍片数量	张	张	张	张	mm	%

评定标准	环缝	纵缝	评片结果	Ⅰ级	Ⅱ级	Ⅲ级	返修
	GB3323						
	级	级		张	张	张	张

检验部位简图		检验结论	
缺陷情况及反修说明			

主任＿＿＿＿　检验员＿＿＿＿　日期＿＿＿＿

附录六　对接焊缝超声波探伤检验报告

收样日期

工程编号		材料名称		材料厚度(mm)		焊接方法	
坡口型式		探测面光洁度		仪器型号		频率	
试块		耦合剂		灵敏度		探伤比例	%
探头角度		晶片尺寸		评定标准		评定级别	

编号	缺陷类别	缺陷位置		返射回波高度	缺陷长度	确定方法	结论	发出日期
		水平	垂直	(dB)	(mm)			

主任＿＿＿＿　检验员＿＿＿＿　日期＿＿＿＿

附录七　焊缝表面探伤报告

产品编号

检验部位							
检验比例	%				检验结论		
磁粉探伤	磁化方法____ 磁化电流____ 磁化时间____ 仪　器____			试　片____ 磁粉种类____ 评定标准____			
着色探伤	渗 透 仪____ 乳 化 仪____ 显 象 剂____			试验温度____℃ 表面状况____ 评定标准____			
检验部位		检 验 结 果		缺 陷 处 理			备注
焊缝编号	名称	缺陷位置	缺陷长度（mm）	允许缺陷	打磨后缺陷状况	修　补	

主任____　检验员____　日　期____

附录八　管道热伸长记录

工程名称

单项工程名称：			
管道位置		所在图号	
管道简图			
管道直径		管道长度	（m）
室外气温		预热温度	
预热伸长量	（mm）		

建设单位　　　　施工单位

代　表　　　　经办人

年　月　日

附录九 阀门试验记录

工 程 名 称__________

分项工程名称__________

阀门检验编号	阀门名称	阀门型号	规格	公称压力 P (98.1kPa)	试验压力 D (98.1kPa) 强度	试验压力 D (98.1kPa) 严密性	安装地点

建设单位__________ 施工单位__________ 试验单位__________

代　　表__________ 代　　表__________ 试验人员__________

附录十 方型伸缩器或弯管冷拉记录

工 程 名 称__________

单项工程名称__________

弯管或伸缩器编号		伸缩器所在图号	
管段长度(m)		冷拉时气温(℃)	
直　　径(mm)		实际冷拉值(mm)	
设计冷拉值(mm)		冷拉时间	年　月　日

冷拉示意图

建设单位__________ 施工单位__________

代　　表__________ 经 办 人__________

附录十一　管段冷紧记录

工 程 名 称＿＿＿＿＿＿
单项工程名称＿＿＿＿＿＿

冷紧部位		管段所在图号	
管段简图		管　径	
		管 段 长(m)	
		设计冷紧量(mm)	
		实际冷紧量(mm)	
		冷紧时气温(℃)	
		时　间	年　月　日

建设单位＿＿＿＿＿＿　　施工单位＿＿＿＿＿＿
代　　表＿＿＿＿＿＿　　经 办 人＿＿＿＿＿＿

附录十二　安全阀调试记录

安全阀规格型号			
安全阀安装地点			
设计用介质		设计开启压力	×98.1kPa
试验用介质		试验启跳压力	×98.1kPa
试验启跳次数		试验回座压力	×98.1kPa
调试中情况			

质量检查员＿＿＿＿＿＿　　调试人员＿＿＿＿＿＿

年　月　日

附录十三　供热管网水压试验记录

工 程 名 称			
试 压 范 围			
试压总长度(m)		试验压力	×98.1kPa
稳压时间(min)		压 力 降	×98.1kPa

建设单位＿＿＿＿＿＿　　施工单位＿＿＿＿＿＿

代　　表＿＿＿＿＿＿　　代　　表＿＿＿＿＿＿

年　　月　　日

附录十四　供热管网清洗记录

工 程 名 称			
冲 洗 范 围			
冲洗长度(m)		冲洗介质	
冲 洗 方 法			

建设单位＿＿＿＿＿　　设计单位＿＿＿＿＿　　施工单位＿＿＿＿＿

代　　表＿＿＿＿＿　　代　　表＿＿＿＿＿　　代　　表＿＿＿＿＿

年　　月　　日

附录十五　供热管网试运行记录

工程名称			
试运行范围			
试运行温度		试运行压力	×98.1kPa
试运行时间	从　月　日　时　分至　月　日　时　分		
试运行累计时间			

建设单位＿＿＿＿　设计单位＿＿＿＿　施工单位＿＿＿＿

代　表＿＿＿＿　代　表＿＿＿＿　代　表＿＿＿＿

年　月　日

附加说明

本规范主编单位、参加单位和主要起草人名单

主编单位： 沈阳市热力供暖公司

参加单位： 北京市热力公司

北京市第四市政工程公司

哈尔滨市热力公司

唐山市热力公司

主要起草人： 孟庆民　张凤鸣

袁骥年　姜树林

王惠臣　刘彦文

杜京华　陈永鹤

中华人民共和国行业标准

城镇燃气输配工程施工及验收规范

CJJ 33—89

主编单位：建设部城市建设研究院
批准部门：中华人民共和国建设部
实行日期：1990年6月1日

目　次

主 要 符 号

a——沟槽底宽度（m）

b——沟槽上口宽度（m）

h——沟槽深度（m）

n——沟槽边坡率

ΔP——允许压力降（Pa）

$\Delta P'$——实测压力降（Pa）

B_1、B_2——试验开始和结束时的气压计读数（Pa）

H_1、H_2——试验开始和结束时的压力计读数（Pa）

D——管段外径（m）

d——管段内径（m）

D_1、$D_2 \cdots D_n$——各条管外径（m）

d_1、$d_2 \cdots d_n$——各管段内径（m）

L_1、$L_2 \cdots L_n$——各管段长度（m）

T——试验时间（h）

t_1、t_2——试验开始和结束时的管内温度（℃）

U——检漏电压（V）

δ——涂层厚度（mm）

s——两管之间的设计净距（m）

第一章 总 则

第 1.0.1 条 为指导城镇燃气输配工程施工及验收工作，确保安全供气，特制定本规范。

第 1.0.2 条 本规范适用于压力不大于0.8MPa（8kgf/cm²）的城镇燃气（不包括液态输送的液化石油气）输配工程的新建、改建或扩建的施工及验收。

第 1.0.3 条 凡进行城镇燃气输配工程施工的单位，必须具有当地主管部门批准或认可的施工许可证。

第 1.0.4 条 城镇燃气输配工程施工应按基本建设程序进行，具备下列条件方可开工：

一、设计及其他技术文件齐全，施工图纸业经审定；

二、施工方案业经批准，技术交底和必要的技术培训已经完成；

三、材料、劳动力、机具基本齐全，施工现场环境符合要求，施工用水、电、气等可以满足需要，并能保证连续施工。

第 1.0.5 条 城镇燃气输配工程施工应按设计进行，修改设计或材料代用应经原设计部门同意。

第 1.0.6 条 城镇燃气输配工程施工和检验的安全技术、劳动保护应按有关规定执行。

第二章 土 方 工 程

第一节 一 般 规 定

第 2.1.1 条 施工单位应作好管沟开挖前的一切准备工作并会同建设、设计及其它有关单位共同核对有关地下管线及构筑物的资料，必要时开挖探坑核实。

第 2.1.2 条 在施工区域内，有碍施工的已有建筑物和构筑物、道路、沟渠、管线、电杆、树木等，应在施工前，由建设单位与有关单位协商处理。

第 2.1.3 条 管沟必须按设计图纸放线。

第 2.1.4 条 在地下水位较高的地区或雨季施工时，应采取降低水位或排水措施，及时清除沟内积水。

第二节 开 槽

第 2.2.1 条 管道沟槽应按设计所定平面位置和标高开挖。人工开挖且无地下水时，槽底预留值宜为0.05m～0.10m；机械开挖或有地下水时，槽底预留值不应小于0.15m。管道安装前应人工清底至设计标高。

第 2.2.2 条 管沟沟底宽度宜符合下列要求：

一、铸铁管、钢管（单管沟底组装）宜遵守表2.2.2的规定：

二、钢管（单管沟边组装）可按下式计算：

$$a = D + 0.3 \qquad (2.2.2\text{-}1)$$

沟底宽尺寸　　表 2.2.2

管的公称直径（mm）	50～80	100～200	250～350	400～450	500～600	700～800	900～1000	1100～1200	1300～1400
沟底宽度（m）	0.6	0.7	0.8	1.0	1.3	1.6	1.8	2.0	2.2

三、钢管（双管同沟敷设）可按下式计算：

$$a = D_1 + D_2 + s + c \qquad (2.2.2\text{-}2)$$

式中　a ——沟底宽度（m）；

D ——管外径（m）；

D_1 ——第一条管外径（m）；

D_2 ——第二条管外径（m）；

s ——两管之间的设计净距（m）；

c ——工作宽度，当在沟底组装时，$c = 0.6$，当在沟边组装时，$c = 0.3$（m）。

第 2.2.3 条　梯形槽（如图2.2.3所示）上口宽度可按下列公式确定：

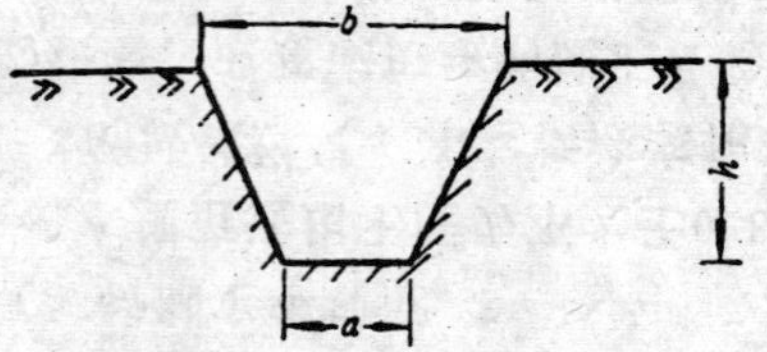

图 2.2.3　梯形槽横断面

$$b = a + 2nh \qquad (2.2.3)$$

式中　b ——沟槽上口宽度（m）；

a ——沟槽底宽度（按表2.2.2确定）（m）；

n ——沟槽边坡率（边坡的水平投影与垂直投影的比值）；

h ——沟槽深度（m）。

第 2.2.4 条　在无地下水的天然湿度土壤中开挖沟槽时，如沟深不超过下列规定，沟壁可不设边坡。

一、填实的砂土和砾石土　1m；

二、亚砂土和亚粘土　1.25m；

三、粘土　1.5m；

四、特别密实的土　2m。

第 2.2.5 条　土壤具有天然湿度、构造均匀、无地下水、水文地质条件良好、挖深小于5m且不加支撑的沟槽，其边坡坡度可按表2.2.5确定。

深度在 5m 以内的沟槽最大边坡坡度（不加支撑）　　表 2.2.5

土壤名称	边坡坡度（1:n）		
	人工开挖并将土抛于沟边上	机械开挖：在沟底挖土	机械开挖：在沟边上挖土
砂土	1:1.00	1:0.75	1:1.00
亚砂土	1:0.67	1:0.50	1:0.75
亚粘土	1:0.50	1:0.33	1:0.75
粘土	1:0.33	1:0.25	1:0.67
含砾土卵石土	1:0.67	1:0.50	1:0.75
泥炭岩白垩土	1:0.33	1:0.25	1:0.67
干黄土	1:0.25	1:0.10	1:0.33

注：①如人工挖土不把土抛于沟槽上边而随时运走时，则可采用机械在沟底挖土的坡度。

②弃土堆置高度不宜超过1.5m。靠房屋墙壁堆土时，其高度要求不超过墙高的1/3。弃土与沟边应有安全距离。

第 2.2.6 条　在无法达到第2.2.5条的要求时，应用支撑加固沟壁。对于不坚实的土壤应作连续支撑，支撑物应有足够的强度。

第 2.2.7 条 局部超挖部分应回填夯实，当沟底无地下水时，超挖在0.15m以内者，可用原土回填夯实，其密实度不应低于原地基天然土的密实度；超挖在0.15m以上者，可用石灰土或沙处理，其密实度不应低于95%。当沟底有地下水或沟底土层含水量较大时，可用天然砂回填。

第 2.2.8 条 对于湿陷性黄土地区的开挖，不宜在雨季施工，或在施工时切实排除沟内积水，开挖中应在槽底预留0.03～0.06m厚的土层进行夯实处理，夯实后，沟底表层土的干表观密度一般不小于$1.6\times10^3kg/m^3$。

第 2.2.9 条 沟底遇有废旧构筑物、硬石、木头、垃圾等杂物时，必须清除，然后铺一层厚度不小于0.15m的砂土或素土并整平夯实。

第 2.2.10 条 对软弱管基及特殊性腐蚀土壤，应按设计要求处理。

第三节 回 填 土

第 2.3.1 条 沟槽的回填，应先填实管底，再同时投填管道两侧，然后回填至管顶以上0.5m处（未经检验的接口应留出）。如沟内有积水，必须全部排尽后，再行回填。

沟槽未填部分在管道检验合格后应及时回填。

第 2.3.2 条 沟槽的支撑应在保证施工安全的情况下，按回填进度依次拆除，拆除竖板桩后，应以砂土填实缝隙。

第 2.3.3 条 管道两侧及管顶以上0.5m内的回填土，不得含有碎石、砖块、垃圾等杂物。不得用冻土回填。距离管顶0.5m以上的回填土内允许有少量直径不大于0.1m的石块。

第 2.3.4 条 回填土应分层夯实，每层厚度0.2m～0.3m，管道两侧及管顶以上0.5m内的填土必须人工夯实，当填土超出管顶0.5m时，可使用小型机械夯实，每层松土厚度为0.25m～0.4m。

第 2.3.5 条 回填土应分层检查密实度。沟槽各部位的密实度应符合下列要求（见图2.3.5）：

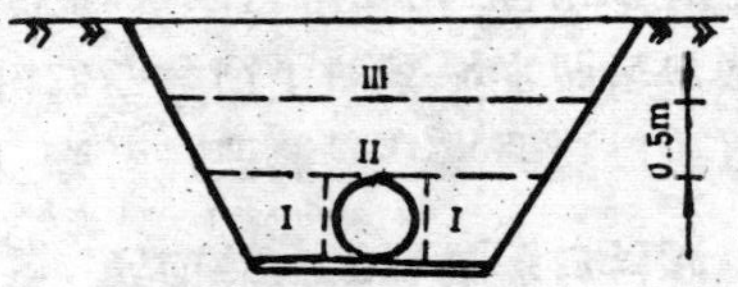

图 2.3.5 回填土横断面

一、胸腔填土（Ⅰ）95%；

二、管顶以上0.5m范围内（Ⅱ）85%；

三、管顶0.5m以上至地面（Ⅲ）：

1.在城区范围内的沟槽95%

2.耕地90%。

第三章　材料的性能及检验

第一节　一　般　规　定

第 3.1.1 条　燃气输配工程所使用的管子、管件、管道附件、密封填料应符合国家现行有关标准，凡非标准产品，均应参照相应的标准作性能试验或检验。

第 3.1.2 条　管子、管件、管道附件及其他材料应具出厂合格证，无合格证时，应经检查试验，证明合格后，方准使用。

第二节　钢管及钢制管件

第 3.2.1 条　燃气输配工程所采用的钢管性能及其检验应符合下列国家现行标准的要求：

一、GB 3091《低压输送流体镀锌焊接钢管》；

二、GB 3092《低压流体输送用焊接钢管》；

三、YB 231《无缝钢管》；

四、SY 5036《承压流体输送用螺旋焊缝埋弧焊钢管》；

五、SY 5037《一般低压流体输送用螺旋缝埋弧焊钢管》；

六、SY 5038《承压流体输送用螺旋缝高频焊钢管》；

七、SY 5039《一般低压流体输送用螺旋缝高频焊钢管》；

八、工作温度低于－20°C的钢管及钢制管件应有低温冲击韧性试验结果，否则应按YB19《金属低温冲击韧性试验法》的要求进行试验，其指标不得低于规定值的下限。

第三节　铸铁管及铸铁管件

第 3.3.1 条　铸铁管及铸铁管件的性能和检验应符合下列国家现行标准的要求：

一、GB 3420《灰口铸铁管件》；

二、GB 3421《砂型离心铸铁管》；

三、GB 3422《连续铸铁管》；

四、GB 6433《柔性机械接口灰口铸铁管》。

第 3.3.2 条　铸铁管及铸铁管件在出厂前应做气密性试验。

第四节　铸铁管接口材料

第 3.4.1 条　普通铸铁管承插接口使用水泥作密封填料时，应采用425标号以上硅酸盐水泥或硅酸盐膨胀水泥；在寒冷季节施工时，宜采用325标号以上的早期强度高的水泥；当管道接口可能受化学腐蚀时应按设计要求采用325标号以上耐蚀水泥。所采用水泥的品质要求和检验，应符合现行有关标准的要求。

第 3.4.2 条　在有效保管期内的水泥，使用前应确保不受潮、不变质、不混杂其它物质。

第 3.4.3 条　在使用铅作密封填料时，要求含铅量大于99.9%，其技术要求及检验应符合国家现行标准GB 469《铅锭》的规定。

第 3.4.4 条 接口密封使用的油麻丝，应采用不含杂质、纤维长、柔性好的亚麻、线麻、白麻，浸没于柴油或性质类似的矿物油内，取出后风干而成。

第 3.4.5 条 在使用橡胶密封圈密封时，其性能必须符合燃气输送管的使用要求。

第四章 管道及附属设备安装

第一节 一般规定

第 4.1.1 条 管道应在沟底标高和管基质量检查合格后，方准安装。

第 4.1.2 条 管子、管件及附属设备在安装前应按设计要求核对无误，并应进行外观检查，符合要求方准使用。

第 4.1.3 条 安装前应将管子、管件及阀门等内部清理干净，不得存有杂物。

第 4.1.4 条 管道安装时，管沟积水应抽净，每次收工时，管端应临时封堵。

第 4.1.5 条 管道附属设备（不包括凝水器）的安装，在自由状态下应与管道同轴。

第二节 钢管道安装

第 4.2.1 条 钢管的焊接应符合下列要求：

一、对焊工的要求：

1.凡参加燃气管道焊接的焊工，必须经过考试合格，并取得当地劳动局颁发的焊工合格证件；

2.凡中断焊接工作六个月以上的焊工在正式复焊前，应重新参加焊工考试；

二、焊条必须具有说明书和质量保证书，并应按说明书的要求使用；

焊接常用的坡口型式和尺寸　　　表 4.2.1

序号	坡口名称	坡口型式	手工焊坡口尺寸(mm)				备注
1	I型坡口	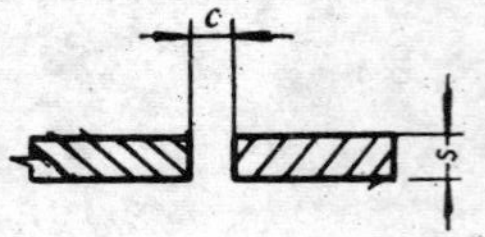	单面焊	s	1.5～2	>2～3	
				c	0+0.5	0+1.0	
			双面焊	s	3～3.5	>3.6～6	
				c	0+1.0	$1^{+1.5}_{-1.0}$	
2	V型坡口			s	3～9	9～26	
				α	70°±5°	60°±5°	
				c	1±1	2^{+1}_{-2}	
				p	1±1	2^{+1}_{-2}	
		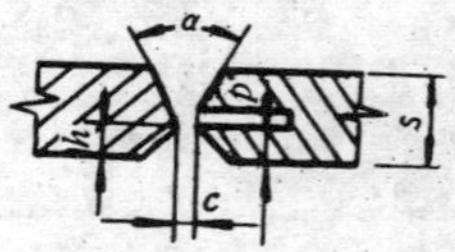	$s\geq 12\sim 60$ $c=2^{+1}_{-2}$ $p=2^{+1}_{-2}$ $\alpha=60°\pm 5°$				

三、管子、管件的坡口和尺寸，当设计无规定时，应符合表4.2.1的要求；

四、等壁厚对接焊件，应做到内壁齐平。内壁错边量要求：

Ⅰ、Ⅱ级焊缝不应超过管壁厚的10%，且不大于1mm；

Ⅲ、Ⅳ级焊缝不应超过管壁厚度的20%，且不大于2mm。

五、不等壁厚对接焊件的组对要求应符合GBJ 236《现场设备、工业管道焊接工程施工及验收规范》中第2.2.9条的规定；

六、管子、管件组对时，应检查坡口的质量，坡口表面上不得有裂纹、夹层等缺陷。并应对坡口及其两侧10mm范围内的油、漆、锈、毛刺等污物进行清理，清理合格后应及时施焊。

第 4.2.2 条　焊缝质量检验应符合下列要求：

一、管道焊后必须对焊缝进行外观检查，检查前应将妨碍检查的渣皮、飞溅物清理干净。

外观检查应在无损探伤、强度试验及气密性试验之前进行。焊缝表面质量应符合GBJ236的Ⅲ级焊缝标准。焊缝的宽度以每边超过坡口边缘2mm为宜；

二、焊缝内部质量应符合GBJ 236的Ⅲ级焊缝标准；

三、管道焊缝的无损探伤数量，应按设计规定执行。当设计无规定时，抽查数量应不少于焊缝总数的15%；

四、抽查的焊缝中，不合格者超过30%，则应加倍探伤，若加倍探伤仍不合格时，则应全部探伤；

五、对于穿越铁路、公路、河流、城市主要道路及人口稠密地区的管道焊缝，均必须进行100%的无损探伤；

六、进行无损探伤的焊缝，其不合格部位必须返修，返修后仍需按原规定方法进行探伤。

第 4.2.3 条　管道法兰连接应符合下列要求：

一、法兰螺孔应对正，螺孔与螺栓直径应配套。法兰连接螺栓长短应一致，螺帽应在同一侧，螺栓拧紧后宜伸出螺帽1～3扣；

二、法兰接口不宜埋入土中，而宜安设在检查井或地沟内，如必须将其埋入土中时，应采取防腐措施；

三、平焊钢法兰与管道装配时，管道外径与法兰内孔的间隙不得大于2 mm；

四、平焊钢法兰焊接时，管子应插入法兰厚度的1/2～2/3，并在互为90°角的两个方向进行垂直度检查。

第三节　铸铁管安装

第 4.3.1 条　铸铁管安装前，应清除承插部位的粘砂、铸瘤、毛刺、沥青块等，并烤去其沥青涂层。

第 4.3.2 条　管道安装就位时，应用测量工具检查管段的坡度。

第 4.3.3 条　机械接口应符合下列要求：

一、管道接合时，两管中心线应保持成一直线；

二、应使用扭力扳手拧紧螺栓，压轮上的螺栓应以圆心为准对称地逐渐拧紧至其规定的扭矩，并要求螺栓受力均匀；

三、宜采用可锻铸铁螺栓，当采用钢螺栓时，应采取防腐措施。

第 4.3.4 条　承插式接口应符合下列要求：

一、沿直线敷设的铸铁管道，承插接口环形间隙应均匀，其值及允许偏差应符合表4.3.4-1的规定。

承插口环形间隙及允许偏差　　表 4.3.4-1

公称直径（mm）	环形间隙（mm）	允许偏差（mm）
75～200	10	+3 −2
250～450 500～900 1000～1200	11 12 13	+4 −2

二、承插式接口型式、打口次序和适用范围应符合表4.3.4-2的规定；

承插式接口型式　　表 4.3.4-2

接口型式	性能	打口次序 第一道	第二道	第三道	第四道	适用范围
水泥接口	刚性	麻丝	525#水泥	麻丝	525#水泥	≤0.05MPa
水泥接口	刚性	燃气用橡胶圈	525#水泥	麻丝	525#水泥	≤0.15MPa
青铅接口	柔性	油麻丝	青铅	—	—	≤0.05MPa
青铅接口	柔性	燃气用橡胶圈	青铅	—	—	≤0.15MPa

三、油麻辫的粗细宜为接口缝隙的1.5倍。每圈麻辫的首尾应互相搭接，两道麻的搭接处应错开；

四、所有水泥接口必须及时有效地进行湿养护。

第 4.3.5 条　铸铁管的借转应符合下列要求：

一、直管允许水平最大借转距离应符合表4.3.5-1的要求；

直管允许水平最大借转距离　　表 4.3.5-1

管径（mm）	100	150	200	300	500	700
借转距离（mm）	30	22	15	12	10	9

注：管长以6 m计。

二、垂直借转距离为水平允许借转距离的一半；

三、采用两根相同角度的弯管相接时，借高距离可按表4.3.5-2选用。

弯管借高距离　　表 4.3.5-2

公称内径 (mm)	弯管借高 (mm)				
	90°	45°	22°31′	11°5′	1根乙字管
75	592	405	195	124	200
100	592	405	195	124	200
150	742	465	226	124	250
200	943	524	258	162	250
250	995	525	259	162	300
300	1297	585	311	162	300
400	1400	203	343	202	400
500	1604	822	418	242	400
600	1855	941	478	242	
700	2057	1060	539	243	

第四节　管道穿（跨）越

第 4.4.1 条　管道穿越工程采用顶管施工时，必须保证穿越段周围的建筑物、构筑物不发生沉陷、位移和破坏。

第 4.4.2 条　用拖运法或浮架法敷设水下管段时，在管段与夹箍或绳索接触处必须采取保护措施，以保护防腐层不受损伤。

第五节　附属设备安装

第 4.5.1 条　阀门安装前应作气密性检验，不渗漏为合格，不合格者不得安装。

第 4.5.2 条　凝水器安装应符合下列要求：

一、凝水器安装前应将其内部清理干净，并应确保芯管完好；

二、凝水器应按设计要求进行保护和组装。

第 4.5.3 条　波形补偿器安装应符合下列要求：

一、波形补偿器安装时，应按设计规定的补偿量进行预拉伸（压缩）；

二、波形补偿器内套有焊缝的一端，应安装在燃气流入端。并应采取防止波纹补偿器内积水的措施。

第五章　钢管道的防腐

第一节　一　般　规　定

第 5.1.1 条　钢管的防腐绝缘涂层要有足够的机械强度及良好的电绝缘性和稳定性。

第 5.1.2 条　做好防腐绝缘涂层的管子，在堆放、拉运、装卸、安装时，必须采取有效措施，以保证涂层不受损伤。

第二节　石油沥青防腐绝缘涂层

第 5.2.1 条　材料应符合下列要求：

一、石油沥青，可采用5#（10#）及4#（30#甲）建筑石油沥青，其质量指标应符合国家现行标准 GB 494《建筑石油沥青》的有关规定；

二、沥青底漆：

沥青底漆配比（体积比）：

沥青:汽油＝1:2.5～3.5

沥青底漆相对密度（25°C）0.82～0.77

注：①配制底漆应使用与防腐涂层相同牌号的沥青。

②汽油为工业汽油。

三、中碱玻璃布（以下简称玻璃布）性能及规格应符合表5.2.1的要求。

四、外保护层可用牛皮纸或聚氯乙烯工业膜。

第 5.2.2 条　涂层等级及结构应符合表5.2.2的要求：

中碱玻璃布性能及规格　　表 5.2.1

项目	含碱量（%）	原纱号数x股数（公制支数/股数） 经纱	原纱号数x股数（公制支数/股数） 纬纱	单纤维公称直径（mm） 经纱	单纤维公称直径（mm） 纬纱	厚度（mm）	密度（根/cm） 经纱	密度（根/cm） 纬纱	布边	长度（m）	组织
性能及规格	不大于12	22×8（45.4/8）	22×2（45.4/2）	7.5	7.5	0.100±0.010	8±1（9±1）	8±1（12±1）	两边均为轴边	200～250（带轴芯 ϕ40mm×3mm）	网状平纹布

石油沥青涂层等级及结构　　表 5.2.2

等级	结构	每层沥青厚度（mm）	总厚度（mm）
普通防腐	沥青底漆—沥青—玻璃布—沥青—玻璃布—沥青—外保护层	≈1.5	≥4.0
加强防腐	沥青底漆—沥青—玻璃布—沥青—玻璃布—沥青—玻璃布—沥青—外保护层	≈1.5	≥5.5
特加强防腐	沥青底漆—沥青—玻璃布—沥青—玻璃布—沥青—玻璃布—沥青—玻璃布—沥青—外保护层	≈1.5	≥7.0

第 5.2.3 条　石油沥青防腐涂层施工要求应符合附录一的规定。

第三节　环氧煤沥青防腐绝缘涂层

第 5.3.1 条　涂料所使用的底漆、面漆、稀释剂和固化剂应按设计配方由出厂厂家配套供应。

第 5.3.2 条　涂层等级及结构应符合表5.3.2的要求：

环氧煤沥青涂层等级及结构　　表 5.3.2

等级	结构	总厚度(mm)
普通	底漆—面漆—玻璃布—两层面漆	≥0.4
加强	底漆—面漆—玻璃布—面漆—玻璃布—两层面漆	≥0.6
特加强	底漆—面漆—玻璃布—面漆—玻璃布—面漆—玻璃布—两层面漆	≥0.8

第 5.3.3 条　环氧煤沥青涂层施工要求应符合附录二的规定。

第四节　阴极保护（牺牲阳极法）

第 5.4.1 条　本节适用于埋地钢质管道的镁合金牺牲阳极和锌合金牺牲阳极（以下简称镁阳极、锌阳极）保护。

第 5.4.2 条　牺牲阳极应储存在室内仓库里，严禁沾染油污、油漆和接触酸、碱、盐等化工产品。

第 5.4.3 条　埋入地下的牺牲阳极必须具有厂方提供的质量保证书，该保证书应归入技术档案。

第 5.4.4 条　对采用的牺牲阳极，应对外观、重量、钢芯与阳极的接触电阻等进行检查。

第 5.4.5 条　牺牲阳极的化学成分应符合SYJ 19《镁合金牺牲阳极应用技术标准》及 SYJ 20《锌合金牺牲阳极应用技术标准》中第2.0.1条的要求。

第 5.4.6 条　牺牲阳极的电化学性能应符合 SYJ 19及SYJ 20中第2.0.2条的要求。

第 5.4.7 条　牺牲阳极规格的选用及牺牲阳极布置按设计要求执行。

第 5.4.8 条　镁阳极施工要求应符合附录三的规定，锌阳极施工要求可参考附录三的规定。

第 5.4.9 条　埋地牺牲阳极填包料应符合 SYJ 19及SYJ 20中第3.0.2条及第3.4.2条的要求。

第六章　储配与调压

第一节　一　般　规　定

第 6.1.1 条　储配站与调压站的施工应遵守设备安装要求。

第 6.1.2 条　站内设备、仪表的安装应按产品说明书和有关规定进行。

第 6.1.3 条　储配站与调压站的消防、电气、采暖与卫生、通风与空气调节等配套工程的施工与验收应符合有关国家现行标准的要求。

第二节　储　配　站

第 6.2.1 条　储配站内的各种运转设备在安装前应进行润滑保养及检验。

第 6.2.2 条　储配站各设备的工艺管道，经分别检验后再连接。管道连接之后，应按系统进行总体试压及验收，其内容应符合本规范第七章的要求。

第 6.2.3 条　储气设备的安装宜符合国家现行的GBJ 94《球形储罐施工及验收规范》、HGJ 210《圆筒形钢制焊接储罐施工及验收规范》、HGJ 212《金属焊接结构湿式气柜施工及验收规范》等有关规范。

第 6.2.4 条　压缩机室内，压缩机、鼓风机及起重设备的安装应符合国家现行的TJ 231《机械设备安装工程及验收规范》的有关规定。

第三节　调　压　设　施

第 6.3.1 条　调压器、安全阀、过滤器、检测仪表及其它设备，均应具有产品合格证，安装前应进行检查。

第 6.3.2 条　调压站内所有非标准设备应按设计要求制造和检验。

除设计另有规定外，一切设备均按制造厂说明书进行安装与调试。

第 6.3.3 条　调压站内管道安装应符合下列要求：

一、焊缝、法兰和螺纹等接口，均不得嵌入墙壁与基础中。管道穿墙或基础时，应设置在套管内。焊缝与套管一端的间距不应小于30mm；

二、对于干燃气，站内管道应横平竖直，对于湿燃气，进、出口管道应分别坡向室外，仪表管应全部坡向干管。

第 6.3.4 条　箱式调压器的安装应在进出口管道吹扫、试压合格后进行，并应牢固平正，严禁强力连接。

第七章 试验与验收

第一节 一 般 规 定

第 7.1.1 条 燃气管道安装完后，均应进行试验，钢管道在试验前还应进行吹扫，吹扫与试验介质宜采用压缩空气。

第 7.1.2 条 钢管道吹扫应满足下列要求：

一、吹扫口应设在开阔地段并加固；

二、每次吹扫管道的长度，应根据吹扫介质、压力和气量来确定，不宜超过3km；

三、调压设施不得与管道同时进行吹扫；

四、吹扫应反复进行数次，确认吹净为止，同时做好记录。

第 7.1.3 条 当使用清管球清扫时，发球次数以达到管道清洁为准，并应遵守下列规定：

一、管段直径必须是同一规格；

二、凡影响清管球通过的管件、设施，在清管前应采取必要措施。

第 7.1.4 条 试验用的压力表，应在校验有效期内，其量程不得大于试验压力的 2 倍。弹簧压力计精度不得低于0.4级。

第 7.1.5 条 强度试验可由施工单位会同建设单位进行；气密性试验应由燃气管理单位、施工单位、建设单位等联合进行。

第 7.1.6 条 试验时所发现的缺陷，应在试验压力降至大气压时进行修补，修补后应进行复试。

第二节 强 度 试 验

第 7.2.1 条 燃气管道的强度试验压力应为设计压力的1.5倍，但钢管不得低于0.3MPa（$3kgf/cm^2$），铸铁管不得低于0.05MPa。

第 7.2.2 条 调压器两端的附属设备及管道的强度试验压力应为设计压力的1.5倍。

第 7.2.3 条 进行强度试验时，达到试验压力后，稳压1h，然后仔细进行检查。

第三节 气 密 性 试 验

第 7.3.1 条 气密性试验应在强度试验合格后进行。试验压力值应遵守下列规定：

一、设计压力$P \leqslant 5kPa$（$P \leqslant 0.05kgf/cm^2$）时，试验压力应为20kPa（$0.2kgf/cm^2$）；

二、设计压力$P > 5kPa$时，试验压力应为设计压力的1.15倍，但不小于100kPa。

第 7.3.2 条 埋入地下燃气管道的气密性试验宜在回填至管顶以上0.5m后进行。

第 7.3.3 条 在气密性试验开始前，应向管道内充气至试验压力，保持一定时间，达到温度、压力稳定。

第 7.3.4 条 燃气管道的气密性试验时间宜为24h，压力降不超过下式计算结果则认为合格。

一、设计压力为$P > 5kPa$时

同一管径 $\Delta P = 40T/d$

不同管径　$\Delta P=\frac{40T(d_1L_1+d_2L_2+\cdots+d_nL_n)}{d_1^2L_1+d_2^2L_2+\cdots+d_n^2L_n}$

二、设计压力$P\leqslant5$kPa时

同一管径　　$\Delta P=6.47T/d$

不同管径　$\Delta P=6.47\frac{T(d_1L_1+d_2L_2+\cdots+d_nL_n)}{d_1^2L_1+d_2^2L_2+\cdots+d_n^2L_n}$

式中　ΔP——允许压力降（Pa）；

T——试验时间（h）；

d——管段内径（m）；

d_1、d_2……d_n——各管段内径（m）；

L_1、L_2……L_n——各管段长度（m）。

第 7.3.5 条　试验实测的压力降，应根据在试压期间管内温度和大气压的变化按下式予以修正：

$$\Delta P'=(H_1+B_1)-(H_2+B_2)\frac{273+t_1}{273+t_2} \quad (7.3.5)$$

式中　$\Delta P'$——修正压力降（Pa）；

H_1、H_2——试验开始和结束时的压力计读数（Pa）；

B_1、B_2——试验开始和结束时的气压计读数（Pa）；

t_1、t_2——试验开始和结束时的管内温度（℃）。

计算结果$\Delta P'\leqslant\Delta P$为合格。

第 7.3.6 条　管道穿越河流、铁路、公路与重要的城市道路时，下管前，宜做强度试验。

第 7.3.7 条　调压器两端的附属设备及管道应分别按其设计压力进行气密性试验，合格后将调压器与管道连通，涂皂液检查，不漏为合格。

第四节　验　收

第 7.4.1 条　在工程验收时，施工单位应提交以下资料：

一、开工报告；

二、各种测量记录；

三、隐蔽工程验收记录；

四、材料、设备出厂合格证，材质证明书，安装技术说明书以及材料代用说明书或检验报告；

五、管道与调压设施的强度和气密性试验记录；

六、焊接外观检查记录和无损探伤检查记录；

七、防腐绝缘措施检查记录；

八、管道及附属设备检查记录；

九、设计变更通知单；

十、工程竣工图和竣工报告；

十一、储配与调压各项工程的程序验收及整体验收记录；

十二、其它应有的资料。

第 7.4.2 条　验收机构审阅第7.4.1条的资料，并现场检查，作出结论。

附录一　石油沥青涂层施工要求

一、除锈：必须除去浮鳞屑、铁锈及其它污垢，然后将表面清除干净，露出金属本色。

二、涂底漆：经除锈后的管子表面应干燥、无尘方能涂刷底漆。底漆涂刷应均匀、无气泡、凝块、流痕、空白等缺陷。

三、熔化沥青：脱净水、不含杂质、三项指标（针入度、延度、软化点）合格。

熬制沥青温度一般在200℃左右，最高不得超过240℃。

四、浇涂沥青：底漆干后方可浇涂沥青。

五、包扎玻璃布：包扎时，必须用干燥的玻璃布。玻璃布压边为10～15mm，搭接头长为50～80mm。玻璃布浸透率应达95%以上，严禁出现 50×50mm² 以上空白。管子两端按管径预留出一定长度不浇涂沥青，作为现场焊接后补口用，预留头的各层沥青应作成阶梯接茬。

六、外保护层：包扎应紧密适度，无折皱、脱壳等现象，压力均匀。

七、涂层的质量检查

1.外观：用目视逐根逐层检查，表面应平整、无气泡、麻面、皱纹、瘤子等缺陷。

2.厚度：按设计防腐等级要求，总厚度应符合表 5.2.2 的规定。

检查时每20根抽查 1 根，每根测三个截面，每个截面应测上、下、左、右四点，并以最薄点为准。若不合格，再抽查 2 根。其中 1 根仍不合格时，全部为不合格。

3.粘附力：在防腐涂层上切一夹角为45°～60°的切口，从角尖端撕开涂层，撕开面积30～50cm²，不易撕开而且撕开后粘附在钢管表面上的第一层沥青占撕开面积的 100%，为合格。

按上述方法每20根抽查一根，每根测一点，若不合格，再抽查 2 根，其中 1 根还不合格时，全部为不合格。

4.涂层的绝缘性：用电火花检漏仪进行检测，以不打火花为合格，最低检漏电压按下列公式计算：

$$U = 7840\sqrt{\delta}$$

式中　U——检漏电压（V）；

δ——涂层厚度（取实测数字的算术平均值）（mm）。

1）每20根抽查一根，从管道一端测至另一端，若不合格，再抽 1 根，其中一根仍不合格时，全部为不合格。

2）回填土前，对施工摆放好的防腐涂层管道再进行一次检查，从管道首端至末端，发现有打火点时，必须修补。

5.补口、补伤：补口、补伤的防腐涂层结构及所用材料均应与原管道防腐涂层相同。补口时每层玻璃布应将原管端沥青涂层接茬处搭接在50mm以上，补伤时对于损伤面直径大于100mm以上时应按防腐层结构进行补伤，小于100mm时可用沥青修补。

6.对于石油沥青防腐绝缘涂层管道，回填土后必须用防腐层检漏仪进行一次涂层检漏，查出有损伤处，必须修补合格。

7.对上述各项质量标准，必须列表记录，并保存备查。

附录二　环氧煤沥青涂层施工要求

一、除锈：钢管表面应进行喷砂（或抛丸）除锈达到GB3092《船体除锈标准》的b_1或b_2级。若限于条件，也可使用钢丝刷和砂布除锈，除去油污、锈蚀物等，露出金属本色。

二、涂料配制：涂料的配制应按设计规定，且由固定专人严格掌握规定配比。底漆使用前必须充分搅拌，使漆料混匀。加入固化剂应充分搅拌均匀，静置半小时后方可使用。在常温条件下，涂料使用期可达一天，施工中可根据需用量配置，随用随配。

三、涂底漆：表面处理洁净的管子立即涂上底漆，底漆涂刷应均匀，不得漏涂。

四、涂面漆：底漆表干后即可涂面漆，涂刷各层面漆之间的间隙时间应以漆膜表干为准。

五、包扎玻璃布：包扎玻璃布应和面漆涂刷同时进行，使玻璃布浸透漆料。

六、涂层的质量检查

1.外观：涂层应饱满、均匀、表面漆膜光亮，对皱褶、鼓包等应进行修复。

2.厚度：按设计防腐等级要求，总厚度应符合表5.3.2的规定。

3.粘结力：涂层完全固化后，用小刀拉舌形刀口，用力撕开玻璃布，只能断裂，不能大面积撕开，破坏处钢管表面应仍为漆层所覆盖者为合格。

4.绝缘性：用电火花检漏仪检查，发现有漏处应立即涂漆补上。电压按防腐等级确定，普通级不得小于2000V，加强级以上不得小于5000V。

附录三　镁阳极施工要求

一、根据施工条件，选择经济合理的阳极施工方式，立式阳极宜采用钻孔法施工，卧式阳极应采用开槽施工。

二、镁阳极使用之前，应对表面进行处理，清除表面的氧化膜及油污，使其呈现金属光泽。

三、填包料可采用棉质布袋预包装及现场包封，填包料的厚度不宜小于50mm。无论用什么方式，都应保证阳极四周填包料厚度一致、密实。用于包装的袋子严禁用人造纤维织品。

四、填包料应调拌均匀，并不得混入石块、泥土、杂草等。

五、阳极连接电缆，埋设深度不应小于0.7m，四周垫有5～10cm厚度的细砂，砂的上部宜覆盖水泥板或红砖。

六、阳极电缆与管道应采用加强板（材质与管材一致）上焊铜鼻子的方法来连接，加强板与管道应采用四周角焊，焊缝长度不小于100mm。电缆与管道通过铜鼻子锡焊或铜焊连接。焊后必须将连接处重新进行防腐绝缘处理。其材料和等级应和原有防腐涂层一致。

七、电缆和阳极钢芯采用铜焊或锡焊连接，双边焊缝长度不得小于50mm。电缆与阳极钢芯焊接后，应采取必要的保护措施，以防接头损坏。

八、电缆与电缆连接及露出阳极端面的钢芯均应防腐绝缘，绝缘材料应采用环氧树脂或相同功效的其它涂料。

九、电缆敷设时，长度应留有一定裕量，以适应土壤的下沉。

十、镁阳极连接电缆应满足地下敷设条件的要求，其耐压500V并带有绝缘护套，通常使用铜芯电缆，推荐型号为：

1. VV29—500/1×10

2. XV29—500/1×10

附录四　本规范用词说明

一、为便于在执行本规范条文时区别对待，对于要求严格程度不同的用词，说明如下：

1.表示很严格，非这样作不可的用词：

正面词采用“必须”；

反面词采用“严禁”。

2.表示严格，在正常情况下均应这样作的用词：

正面词采用“应”；

反面词采用“不应”或“不得”。

3.对表示允许稍有选择，在条件许可时首先应这样作的用词：

正面词采用“宜”或“可”；

反面词采用“不宜”。

二、条文中指明必须按其它有关标准、规范执行的写法为“应按……执行”或“应符合……要求（或规定）”。非必须按所指定的标准和规范执行的写法为“可参照……执行”。

附加说明

主编单位： 建设部城市建设研究院

参加单位： 北京煤气公司、天津煤气公司、上海煤气公司、沈阳煤气总公司、成都煤气公司、大连煤气公司、重庆天然气公司、昆明市煤气建设指挥部

主要起草人： 李国祥、王　鹏、陈文桂、李天凡、李姗、王　瀛、林　其、周　伟、朱厚月、黄承学

中华人民共和国行业标准

城市热力网设计规范

Design code of district heating network

CJJ 34—2002

批准部门：中华人民共和国建设部
施行日期：2003 年 1 月 1 日

中华人民共和国建设部
公　　告

第 61 号

建设部关于发布行业标准《城市热力网设计规范》的公告

现批准《城市热力网设计规范》为行业标准，编号为 CJJ 34—2002，自 2003 年 1 月 1 日起实施。其中，第 4.3.1、7.4.1、7.4.2、7.4.3、7.4.4、7.5.4、8.2.6、8.2.16、8.2.17、8.2.18、8.2.19、8.3.4、10.1.1、10.1.3、10.1.12、10.2.4、10.3.11 第 4 款、10.4.1、11.1.3、12.3.3、12.3.4 条为强制性条文，必须严格执行。原行业标准《城市热力网设计规范》CJJ 34—90 同时废止。

本标准由建设部标准定额研究所组织中国建筑工业出版社出版发行。

中华人民共和国建设部
2002 年 9 月 25 日

前　言

根据建设部建标［1998］59号文的要求，标准编制组在广泛调查研究，认真总结实践经验，参考有关国际标准和国外先进标准，并广泛征求意见的基础上，修订了本标准。

本标准的主要技术内容是：1. 总则；2. 术语和符号；3. 耗热量；4. 供热介质；5. 热力网型式；6. 供热调节；7. 水力计算；8. 管网布置与敷设；9. 管道应力计算与作用力计算；10. 中继泵站与热力站；11. 保温与防腐涂层；12. 供配电与照明；13. 热工检测与控制。

补充和修改的技术内容是：

1. 补充的主要内容：节能建筑热指标；热力网制冷负荷、工业负荷；热力网运行调节（考虑分户计量因素和多热源联网运行）；多热源热水供热系统及热力网可靠性要求；蒸汽管网、凝结水管网及工业热力站设计要求；环网水力计算及动态水力分析等。

2. 修改的主要内容：耗热量计算；水质标准；热水热力网主干线比摩阻推荐值；热水及蒸汽管道直埋敷设的技术要求；中继泵站与热力站设计要求；保温计算；热网调度自动化。

本标准由建设部负责管理和对强制性条文的解释，由主编单位负责具体技术内容的解释。

本标准主编单位是：北京市煤气热力工程设计院（地址：北京市西单北大街小酱坊胡同甲40号；邮政编码：100032）。

本标准参编单位是：天津市热电设计院、中国建筑科学研究院空调所、中国船舶重工集团公司第七研究院第七二五研究所、北京豪特耐集中供热设备有限公司、兰州石油化工机器总厂板式换热器厂、沈阳市热力工程设计研究院。

本标准主要起草人员是：尹光宇、段洁仪、冯继蓓、何方渝、赵海涌、郭幼农、徐邦煦、韩铁宝。

目　次

1 总 则

1.0.1 为节约能源，保护环境，促进生产，改善人民生活，发展我国城市集中供热事业，提高集中供热工程设计水平，制定本规范。

1.0.2 本规范适用于供热热水介质设计压力小于或等于2.5MPa，设计温度小于或等于200℃；供热蒸汽介质设计压力小于或等于1.6MPa，设计温度小于或等于350℃的下列热力网的设计：

1 由供热企业经营，以热电厂或区域锅炉房为热源，对多个用户供热，自热源至热力站的城市热力网；

2 城市热力网新建、扩建或改建的管道、中继泵站和热力站等工艺系统设计。

1.0.3 城市热力网设计应符合城市规划要求，做到技术先进、经济合理、安全适用，并注意美观。

1.0.4 在地震、湿陷性黄土、膨胀土等地区进行城市热力网设计时，除执行本规范外，尚应遵守现行的《室外给水排水和煤气热力工程抗震设计规范》（TJ 32）、《湿陷性黄土地区建筑规范》（GBJ 25）、《膨胀土地区建筑技术规范》（GBJ 112）以及国家相关强制性标准的规定。

2 术语和符号

2.1 术 语

2.1.1 输送干线 Transmission Mains

自热源至主要负荷区且长度超过2km无分支管的干线。

2.1.2 输配干线 Distribution Pipelines

有分支管接出的干线。

2.1.3 动态水力分析 Dynamical Hydraulic Analysis

运用水力瞬变原理分析由于热力网运行状态突变引起的瞬态压力变化。

2.1.4 多热源供热系统 Heating System with Multi-heat Sources

具有多个热源的供热系统。多热源供热系统有三种运行方式，即：多热源分别运行、多热源解列运行、多热源联网运行。

2.1.5 多热源分别运行 Independently Operation of Multi-heat Sources

在采暖期或供冷期将热力网用阀门分隔成多个部分，由各个热源分别供热的运行方式。这种方式实质是多个单热源的供热系统分别运行。

2.1.6 多热源解列运行 Separately Operation of Multi-heat Sources

采暖期或供冷期基本热源首先投入运行，随气温变化基本热源满负荷后，分隔出部分管网划归尖峰热源供热，并随气温变化，逐步扩大或缩小分隔出的管网范围，使基本热源在运行期间接近满负荷的运行方式。这种方式实质还是多个单热源的供热系统分别运行。

2.1.7 多热源联网运行 Pooled Operation of Multi-heat Sources

采暖期或供冷期基本热源首先投入运行，随气温变化基本热源满负荷后，尖峰热源投入与基本热源共同在热力网中供热的运行方式。基本热源在运行期间保持满负荷，尖峰热源承担随气温变化而增减的负荷。

2.1.8 最低供热量保证率 Minimum Heating Rate

保证事故工况下用户采暖设备不冻坏的最低供热量与设计供热量的比率。

2.2 符 号

A——建筑面积（m^2）；
B——燃料耗量（kg）；
b——单位产品耗标煤量（kg/t 或 kg/件）；
c——水的比热容［kJ/（kg·℃）］；
D——生产平均耗汽量（kg/h）；
G——供热介质流量（t/h）；
h——焓（kJ/kg）；
K——建筑物通风热负荷系数；
N——采暖期天数；
Q——热（冷）负荷（kW）；
Q^a——全年耗热量（kJ，GJ）；
q——热（冷）指标（W/m^2）；
T——小时数（h）；
t_1——热力网供水温度（℃）；
t_2——热力网回水温度（℃）；
t_a——采暖期平均室外温度（℃）；
t_i——室内计算温度（℃）；
t_o——室外计算温度（℃）；
t_w——生活热水设计温度（℃）；
t_{w0}——冷水计算温度（℃）；
W——产品年产量（t 或件）；
η——效率；
θ_1——用户采暖系统设计供水温度；
ψ——回水率。

3 耗 热 量

3.1 热 负 荷

3.1.1 热力网支线及用户热力站设计时，采暖、通风、空调及生活热水热负荷，宜采用经核实的建筑物设计热负荷。

3.1.2 当无建筑物设计热负荷资料时，民用建筑的采暖、通风、空调及生活热水热负荷，可按下列方法计算：

1 采暖热负荷

$$Q_h = q_h A \cdot 10^{-3} \qquad (3.1.2\text{-}1)$$

式中 Q_h——采暖设计热负荷（kW）；

q_h——采暖热指标（W/m²），可按表 3.1.2-1 取用；

A——采暖建筑物的建筑面积（m²）。

表 3.1.2-1 采暖热指标推荐值 q_h（W/m²）

建筑物类型	住宅	居住区综合	学校办公	医院托幼	旅馆	商店	食堂餐厅	影剧院展览馆	大礼堂体育馆
未采取节能措施	58～64	60～67	60～80	65～80	60～70	65～80	115～140	95～115	115～165
采取节能措施	40～45	45～55	50～70	55～70	50～60	55～70	100～130	80～105	100～150

注：1 表中数值适用于我国东北、华北、西北地区；

2 热指标中已包括约5%的管网热损失。

2 通风热负荷

$$Q_v = K_v Q_h \qquad (3.1.2\text{-}2)$$

式中 Q_v——通风设计热负荷（kW）；

Q_h——采暖设计热负荷（kW）；

K_v——建筑物通风热负荷系数，可取0.3～0.5。

3 空调热负荷

1）空调冬季热负荷

$$Q_a = q_a A \cdot 10^{-3} \qquad (3.1.2\text{-}3)$$

式中 Q_a——空调冬季设计热负荷（kW）；

q_a——空调热指标（W/m²），可按表 3.1.2-2 取用；

A——空调建筑物的建筑面积（m²）。

2）空调夏季热负荷

$$Q_c = \frac{q_c A \cdot 10^{-3}}{COP} \qquad (3.1.2\text{-}4)$$

式中 Q_c——空调夏季设计热负荷（kW）；

q_c——空调冷指标（W/m²），可按表 3.1.2-2 取用；

A——空调建筑物的建筑面积（m²）；

COP——吸收式制冷机的制冷系数，可取0.7～1.2。

表 3.1.2-2 空调热指标 q_a、冷指标 q_c 推荐值（W/m²）

建筑物类型	办公	医院	旅馆、宾馆	商店、展览馆	影剧院	体育馆
热指标	80～100	90～120	90～120	100～120	115～140	130～190
冷指标	80～110	70～100	80～110	125～180	150～200	140～200

注：1 表中数值适用于我国东北、华北、西北地区；

2 寒冷地区热指标取较小值，冷指标取较大值；严寒地区热指标取较大值，冷指标取较小值。

4 生活热水热负荷

1）生活热水平均热负荷

$$Q_{w.a} = q_w A \cdot 10^{-3} \quad (3.1.2\text{-}5)$$

式中 $Q_{w.a}$——生活热水平均热负荷（kW）；

q_w——生活热水热指标（W/m²），应根据建筑物类型，采用实际统计资料，居住区可按表3.1.2-3取用；

A——总建筑面积（m²）。

表 3.1.2-3　居住区采暖期生活热水日平均热指标推荐值 q_w（W/m²）

用水设备情况	热指标
住宅无生活热水设备，只对公共建筑供热水时	2～3
全部住宅有沐浴设备，并供给生活热水时	5～15

注：1　冷水温度较高时采用较小值，冷水温度较低时采用较大值；

2　热指标中已包括约10%的管网热损失在内。

2）生活热水最大热负荷

$$Q_{w.max} = K_h Q_{w.a} \quad (3.1.2\text{-}6)$$

式中 $Q_{w.max}$——生活热水最大热负荷（kW）；

$Q_{w.a}$——生活热水平均热负荷（kW）；

K_h——小时变化系数，根据用热水计算单位数按《建筑给水排水设计规范》（GBJ 15）规定取用。

3.1.3　工业热负荷包括生产工艺热负荷、生活热负荷和工业建筑的采暖、通风、空调热负荷。生产工艺热负荷的最大、最小、平均热负荷和凝结水回收率应采用生产工艺系统的实际数据，并应收集生产工艺系统不同季节的典型日（周）负荷曲线图。对各热用户提供的热负荷资料进行整理汇总时，应通过下列方法对由各热用户提供的热负荷数据分别进行平均热负荷的验算：

1　按年燃料耗量验算

1）全年采暖、通风、空调及生活燃料耗量

$$B_2 = \frac{Q^a}{Q_L \eta_b \eta_s} \quad (3.1.3\text{-}1)$$

式中 B_2——全年采暖、通风、空调及生活燃料耗量（kg）；

Q^a——全年采暖、通风、空调及生活耗热量（kJ）；

Q_L——燃料平均低位发热量（kJ/kg）；

η_b——用户原有锅炉年平均运行效率；

η_s——用户原有供热系统的热效率，可取0.9～0.97。

2）全年生产燃料耗量

$$B_1 = B - B_2 \quad (3.1.3\text{-}2)$$

式中 B——全年总燃料耗量（kg）；

B_1——全年生产燃料耗量（kg）；

B_2——全年采暖、通风、空调及生活燃料耗量（kg）。

3）生产平均耗汽量

$$D = \frac{B_1 Q_L \eta_b \eta_s}{[h_b - h_{ma} - \Psi(h_{rt} - h_{ma})] T_a} \quad (3.1.3\text{-}3)$$

式中 D——生产平均耗汽量（kg/h）；

B_1——全年生产燃料耗量（kg）；

Q_L——燃料平均低位发热量（kJ/kg）；

η_b——用户原有锅炉年平均运行效率；

η_s——用户原有供热系统的热效率，可取0.90～0.97；

h_b——锅炉供汽焓（kJ/kg）；

h_{ma}——锅炉补水焓（kJ/kg）；

h_{rt}——用户回水焓（kJ/kg）；

Ψ——回水率；

T_a——年平均负荷利用小时数（h）。

2　按产品单耗验算

$$D = \frac{WbQ_n\eta_b\eta_s}{[h_b - h_{ma} - \Psi(h_{rt} - h_{ma})]T_a} \quad (3.1.3\text{-}4)$$

式中　D——生产平均耗汽量（kg/h）；

W——产品年产量（t或件）；

b——单位产品耗标煤量（kg/t 或 kg/件）；

Q_n——标准煤发热量（kJ/kg），取 29308kJ/kg；

η_b——锅炉年平均运行效率；

η_s——供热系统的热效率，可取 0.90～0.97；

h_b——锅炉供汽焓（kJ/kg）；

h_{ma}——锅炉补水焓（kJ/kg）；

h_{rt}——用户回水焓（kJ/kg）；

Ψ——回水率；

T_a——年平均负荷利用小时数（h）。

3.1.4　当无工业建筑采暖、通风、空调、生活及生产工艺热负荷的设计资料时，对现有企业，应采用生产建筑和生产工艺的实际耗热数据，并考虑今后可能的变化；对规划建设的工业企业，可按不同行业项目估算指标中典型生产规模进行估算，也可按同类型、同地区企业的设计资料或实际耗热定额计算。

3.1.5　热力网最大生产工艺热负荷应取经核实后的各热用户最大热负荷之和乘以同时使用系数。同时使用系数可取 0.6～0.9。

3.1.6　计算热力网设计热负荷时，生活热水设计热负荷应按下列规定取用：

1　干线

应采用生活热水平均热负荷；

2　支线

当用户有足够容积的储水箱时，应采用生活热水平均热负荷；当用户无足够容积的储水箱时，应采用生活热水最大热负荷，最大热负荷叠加时应考虑同时使用系数。

3.1.7　以热电厂为热源的城市热力网，应发展非采暖期热负荷，包括制冷热负荷和季节性生产热负荷。

3.2　年 耗 热 量

3.2.1　民用建筑的全年耗热量应按下列公式计算：

1　采暖全年耗热量

$$Q_h^a = 0.0864NQ_h\frac{t_i - t_a}{t_i - t_{o.h}} \quad (3.2.1\text{-}1)$$

式中　Q_h^a——采暖全年耗热量（GJ）；

N——采暖期天数；

Q_h——采暖设计热负荷（kW）；

t_i——采暖室内计算温度（℃）；

t_a——采暖期平均室外温度（℃）；

$t_{o.h}$——采暖室外计算温度（℃）。

2　采暖期通风耗热量

$$Q_v^a = 0.0036T_vNQ_v\frac{t_i - t_a}{t_i - t_{o.v}} \quad (3.2.1\text{-}2)$$

式中　Q_v^a——采暖期通风耗热量（GJ）；

T_v——采暖期内通风装置每日平均运行小时数（h）；

N——采暖期天数；

Q_v——通风设计热负荷（kW）；

t_i——通风室内计算温度（℃）；

t_a——采暖期平均室外温度（℃）；

$t_{o.v}$——冬季通风室外计算温度（℃）。

3　空调采暖耗热量

$$Q_a^a = 0.0036 T_a N Q_a \frac{t_i - t_a}{t_i - t_{o.a}} \qquad (3.2.1\text{-}3)$$

式中　Q_a^a——空调采暖耗热量（GJ）；

T_a——采暖期内空调装置每日平均运行小时数（h）；

N——采暖期天数；

Q_a——空调冬季设计热负荷（kW）；

t_i——空调室内计算温度（℃）；

t_a——采暖期室外平均温度（℃）；

$t_{o.a}$——冬季空调室外计算温度（℃）。

4　供冷期制冷耗热量

$$Q_c^a = 0.0036 Q_c T_{c.max} \qquad (3.2.1\text{-}4)$$

式中　Q_c^a——供冷期制冷耗热量（GJ）；

Q_c——空调夏季设计热负荷（kW）；

$T_{c.max}$——空调夏季最大负荷利用小时数（h）。

5　生活热水全年耗热量

$$Q_w^a = 30.24 Q_{w.a} \qquad (3.2.1\text{-}5)$$

式中　Q_w^a——生活热水全年耗热量（GJ）；

$Q_{w.a}$——生活热水平均热负荷（kW）。

3.2.2　生产工艺热负荷的全年耗热量应根据年负荷曲线图计算。工业建筑的采暖、通风、空调及生活热水的全年耗热量可按本规范第3.2.1条的规定计算。

3.2.3　蒸汽供热系统的用户热负荷与热源供热量平衡计算时，应计入管网热损失后再进行焓值折算。

3.2.4　当热力网由多个热源供热，对各热源的负荷分配进行技术经济分析时，应绘制热负荷延续时间图。各个热源的年供热量可由热负荷延续时间图确定。

4 供热介质

4.1 供热介质选择

4.1.1 对民用建筑物采暖、通风、空调及生活热水热负荷供热的城市热力网应采用水作供热介质。

4.1.2 同时对生产工艺热负荷和采暖、通风、空调、生活热水热负荷供热的城市热力网供热介质按下列原则确定：

1 当生产工艺热负荷为主要负荷，且必须采用蒸汽供热时，应采用蒸汽作供热介质；

2 当以水为供热介质能够满足生产工艺需要（包括在用户处转换为蒸汽），且技术经济合理时，应采用水作供热介质；

3 当采暖、通风、空调热负荷为主要负荷，生产工艺又必须采用蒸汽供热，经技术经济比较认为合理时，可采用水和蒸汽两种供热介质。

4.2 供热介质参数

4.2.1 热水热力网最佳设计供、回水温度，应结合具体工程条件，考虑热源、热力网、热用户系统等方面的因素，进行技术经济比较确定。

4.2.2 当不具备条件进行最佳供、回水温度的技术经济比较时，热水热力网供、回水温度可按下列原则确定：

1 以热电厂或大型区域锅炉房为热源时，设计供水温度可取110～150℃，回水温度不应高于70℃。热电厂采用一级加热时，供水温度取较小值；采用二级加热（包括串联尖峰锅炉）时，取较大值；

2 以小型区域锅炉房为热源时，设计供回水温度可采用户内采暖系统的设计温度；

3 多热源联网运行的供热系统中，各热源的设计供回水温度应一致。当区域锅炉房与热电厂联网运行时，应采用以热电厂为热源的供热系统的最佳供、回水温度。

4.3 水质标准

4.3.1 以热电厂和区域锅炉房为热源的热水热力网，补给水水质应符合下列规定：

1 悬浮物 小于或等于5mg/L

2 总硬度 小于或等于0.6mmol/L

3 溶解氧 小于或等于0.1mg/L

4 含油量 小于或等于2mg/L

5 pH（25℃） 7～12

4.3.2 开式热水热力网补给水质量除应符合本规范第4.3.1条的规定外，还应符合《生活饮用水卫生标准》（GB 5749）的规定。

4.3.3 蒸汽热力网，由用户热力站返回热源的凝结水质量，应符合下列规定：

1 总硬度 小于或等于0.05 mmol/L

2 含铁量 小于或等于0.5mg/L

3 含油量 小于或等于10mg/L

4.3.4 蒸汽管网的凝结水排放时，应符合《污水排入城市下水道水质标准》(CJ 3082)。

4.3.5 当供热系统有不锈钢设备时，应考虑 Cl^- 腐蚀问题，供热介质中 Cl^- 含量不宜高于 25ppm，或不锈钢设备采取防腐措施。

5 热力网型式

5.0.1 热水热力网宜采用闭式双管制。

5.0.2 以热电厂为热源的热水热力网，同时有生产工艺、采暖、通风、空调、生活热水多种热负荷，在生产工艺热负荷与采暖热负荷所需供热介质参数相差较大，或季节性热负荷占总热负荷比例较大，且技术经济合理时，可采用闭式多管制。

5.0.3 当热水热力网满足下列条件，且技术经济合理时，可采用开式热力网：

1 具有水处理费用较低的丰富的补给水资源；

2 具有与生活热水热负荷相适应的廉价低位能热源。

5.0.4 开式热水热力网在生活热水热负荷足够大且技术经济合理时，可不设回水管。

5.0.5 蒸汽热力网的蒸汽管道，宜采用单管制。当符合下列情况时，可采用双管或多管制：

1 各用户间所需蒸汽参数相差较大或季节性热负荷占总热负荷比例较大且技术经济合理；

2 热负荷分期增长。

5.0.6 蒸汽供热系统应采用间接换热系统。当被加热介质泄漏不会产生危害时，其凝结水应全部回收并设置凝结水管道。当蒸汽供热系统的凝结水回收率较低时，是否设置凝结水管道，应根据用户凝结水量、凝结水管网投资等因素进行技术经济比较后确定。对不能回收的凝结水，应充分利用其热能和水资源。

5.0.7 当凝结水回收时，用户热力站应设闭式凝结水箱，并应将凝结水送回热源。热力网凝结水管采用无内防腐的钢管时，应采取措施保证任何时候凝结水管都充满水。

5.0.8 供热建筑面积大于 $1000\times10^4m^2$ 的供热系统应采用多热源供热，且各热源热力干线应连通。在技术经济合理时，热力网干线宜连接成环状管网。

5.0.9 供热系统的主环线或多热源供热系统中热源间的连通干线设计时，应使各种事故工况下的供热量保证率不低于表 5.0.9 的规定。应考虑不同事故工况下的切换手段。

表 5.0.9　事故工况下的最低供热量保证率

采暖室外计算温度（℃）	> -10	-10～-20	< -20
最低供热量保证率（%）	40	55	65

5.0.10 自热源向同一方向引出的干线之间宜设连通管线。连通管线应结合分段阀门设置。连通管线可作为输配干线使用。

连通管线设计时，应使切除故障段后其余热用户的供热量保证率不低于表 5.0.9 的规定。

5.0.11 对供热可靠性有特殊要求的用户，有条件时应由两个热源供热，或者设自备热源。

6 供热调节

6.0.1 热水供热系统应采用热源处集中调节、热力站及建筑引入口处的局部调节和用热设备单独调节三者相结合的联合调节方式，并宜采用自动化调节。

6.0.2 对于只有单一采暖热负荷且只有单一热源（包括串联尖峰锅炉的热源）或尖峰热源与基本热源分别运行、解列运行的热水供热系统，在热源处应根据室外温度的变化进行集中质调节或集中质—量调节。

6.0.3 对于只有单一采暖热负荷，尖峰热源与基本热源联网运行的热水供热系统，在基本热源未满负荷阶段应采用集中质调节或质—量调节；基本热源满负荷以后与尖峰热源联网运行阶段所有热源应采用量调节或质—量调节。

6.0.4 当热水供热系统有采暖、通风、空调、生活热水等多种热负荷时，应按采暖热负荷采用本规范第 6.0.2 条和第 6.0.3 条的规定在热源处进行集中调节，并保证运行水温能满足不同热负荷的需要，同时应根据各种热负荷的用热要求在用户处进行辅助的局部调节。

6.0.5 对于有生活热水热负荷的热水供热系统，在按采暖热负荷进行集中调节时，应保证：闭式供热系统任何时候供水温度不得低于 70℃；开式供热系统任何时候供水温度不得低于 60℃。当生活热水温度可以低于 60℃时，上述规定的供水温度可相应降低。

6.0.6 对于有生产工艺热负荷的供热系统，应采用局部调节。

6.0.7 多热源联网运行的热水供热系统，各热源应采用统一的集中调节方式，执行统一的温度调节曲线。调节方式的确定应以基本热源为准。

6.0.8 对于非采暖期有生活热水负荷、空调制冷负荷的热水供热系统，在非采暖期应恒定热水温度运行，并应在热力站进行局部调节。

7 水力计算

7.1 设计流量

7.1.1 采暖、通风、空调热负荷热水热力网设计流量及生活热水热负荷闭式热水热力网设计流量，应按下列公式计算：

$$G = 3.6\frac{Q}{c(t_1 - t_2)} \tag{7.1.1}$$

式中 G——热力网设计流量（t/h）；

Q——设计热负荷（kW）；

c——水的比热容［kJ/（kg·℃）］；

t_1——热力网供水温度（℃）；

t_2——各种热负荷相应的热力网回水温度（℃）。

7.1.2 生活热水热负荷开式热水热力网设计流量，应按下列公式计算：

$$G = 3.6\frac{Q}{c(t_1 - t_{w0})} \tag{7.1.2}$$

式中 G——生活热水热负荷热力网设计流量（t/h）；

Q——生活热水设计热负荷（kW）；

c——水的比热容［kJ/（kg·℃）］；

t_1——热力网供水温度（℃）；

t_{w0}——冷水计算温度（℃）。

7.1.3 当热水热力网有夏季制冷热负荷时，应计算采暖期和供冷期热力网流量并取较大值作为热力网设计流量。

7.1.4 当计算采暖期热水热力网设计流量时，各种热负荷的热力网设计流量应按下列规定计算：

1 当热力网采用集中质调节时，采暖、通风、空调热负荷的热力网供热介质温度取相应的冬季室外计算温度下的热力网供、回水温度；生活热水热负荷的热力网供热介质温度取采暖期开始（结束）时的热力网供水温度。

2 当热力网采用集中量调节时，采暖、通风、空调热负荷的热力网供热介质温度应取相应的冬季室外计算温度下的热力网供、回水温度；生活热水热负荷的热力网供热介质温度取采暖室外计算温度下的热力网供水温度。

3 当热力网采用集中质—量调节时，应采用各种热负荷在不同室外温度下的热力网流量曲线叠加得出的最大流量值作为设计流量。

7.1.5 计算生活热水热负荷热水热力网设计流量时，当生活热水换热器与其他系统换热器并联或两级混合连接时，仅应计算并联换热器的热力网流量；当生活热水换热器与其他系统换热器两级串联连接时，计算方法与两级混合连接时的计算方法相同。

7.1.6 计算热水热力网干线设计流量时，生活热水设计热负荷应取生活热水平均热负荷；计算热水热力网支线设计流量时，生活热水设计热负荷应根据生活热水用户有无储水箱按本规范第3.1.6条规定取生活热水平均热负荷或生活热水最大热负荷。

7.1.7 蒸汽热力网的设计流量，应按各用户的最大蒸汽流量之和乘以同时使用系数确定。当供热介质为饱和蒸汽时，设计流量应考虑补偿管道热损失产生的凝结水的蒸汽量。

7.1.8 凝结水管道的设计流量应按蒸汽管道的设计流量乘以用户的凝结水回收率确定。

7.2 水力计算

7.2.1 水力计算应包括下列内容：

1 确定供热系统的管径及热源循环水泵、中继泵的流量和扬程；

2 分析供热系统正常运行的压力工况，确保热用户有足够的资用压头且系统不超压、不汽化、不倒空；

3 进行事故工况分析；

4 必要时进行动态水力分析。

7.2.2 水力计算应满足连续性方程和压力降方程。环网水力计算应保证所有环线压力降的代数和为零。

7.2.3 当热水供热系统多热源联网运行时，应按热源投产顺序对每个热源满负荷运行的工况进行水力计算并绘制水压图。

7.2.4 热水热力网应进行各种事故工况的水力计算，当供热量保证率不满足本规范第5.0.9条的规定时，应加大不利段干线的直径。

7.2.5 对于常年运行的热水热力网应进行非采暖期水力工况分析。当有夏季制冷负荷时，还应分别进行供冷期和过渡期水力工况分析。

7.2.6 蒸汽管网水力计算时，应按设计流量进行设计计算，再按最小流量进行校核计算，保证在任何可能的工况下满足最不利用户的压力和温度要求。

7.2.7 蒸汽热力网应根据管线起点压力和用户需要压力确定的允许压力降选择管道直径。

7.2.8 一般供热系统可仅进行静态水力分析，具有下列情况之一的供热系统宜进行动态水力分析：

1 具有长距离输送干线；

2 供热范围内地形高差大；

3 系统工作压力高；

4 系统工作温度高；

5 系统可靠性要求高。

7.2.9 动态水力分析应对循环泵或中继泵跳闸、输送干线主阀门非正常关闭、热源换热器停止加热等非正常操作发生时的压力瞬变进行分析。

7.2.10 动态水力分析后，应根据分析结果采取下列相应的主要安全保护措施：

1 设置氮气定压罐；

2 设置静压分区阀；

3 设置紧急泄水阀；

4 延长主阀关闭时间；

5 循环泵、中继泵与输送干线的分段阀连锁控制；

6 提高管道和设备的承压等级；

7 适当提高定压或静压水平；

8 增加事故补水能力。

7.3 水力计算参数

7.3.1 热力网管道内壁当量粗糙度应采用下列数值：

1 蒸汽管道（钢管） 0.0002m；

2 热水管道（钢管） 0.0005m；

3 凝结水及生活热水管道（钢管）0.001m；

4 非金属管按相关资料取用。

对现有热力网管道进行水力计算，当管道内壁存在腐蚀现象时，宜采取经过测定的当量粗糙度值。

7.3.2 确定热水热力网主干线管径时，宜采用经济比摩阻。经济比摩阻数值宜根据工程具体条件计算确定。一般情况下，主干线比摩阻可采用 30～70 Pa/m。

7.3.3 热水热力网支干线、支线应按允许压力降确定管径，但供热介质流速不应大于 3.5m/s。支干线比摩阻不应大于 300 Pa/m，连接一个热力站的支线比摩阻可大于 300Pa/m。

7.3.4 蒸汽热力网供热介质的最大允许设计流速应采用下列数值：

1 过热蒸汽管道

1）公称直径大于 200mm 的管道 80m/s；

2）公称直径小于或等于 200mm 的管道 50m/s。

2 饱和蒸汽管道

1）公称直径大于 200mm 的管道 60m/s；

2）公称直径小于或等于 200mm 的管道 35m/s。

7.3.5 以热电厂为热源的蒸汽热力网，管网起点压力应采用供热系统技术经济计算确定的汽轮机最佳抽（排）汽压力。

7.3.6 以区域锅炉房为热源的蒸汽热力网，在技术条件允许的情况下，热力网主干线起点压力宜采用较高值。

7.3.7 蒸汽热力网凝结水管道设计比摩阻可取 100Pa/m。

7.3.8 热力网管道局部阻力与沿程阻力的比值，可按表 7.3.8 的数值取用。

表 7.3.8　管道局部阻力与沿程阻力比值

补偿器类型	公称直径（mm）	局部阻力与沿程阻力的比值	
		蒸汽管道	热水及凝结水管道
输送干线			
套筒或波纹管补偿器（带内衬筒）	≤1200	0.2	0.2
方形补偿器	200~350	0.7	0.5
方形补偿器	400~500	0.9	0.7
方形补偿器	600~1200	1.2	1.0
输配管线			
套筒或波纹管补偿器（带内衬筒）	≤400	0.4	0.3
套筒或波纹管补偿器（带内衬筒）	450~1200	0.5	0.4
方形补偿器	150~250	0.8	0.6
方形补偿器	300~350	1.0	0.8
方形补偿器	400~500	1.0	0.9
方形补偿器	600~1200	1.2	1.0

7.4　压 力 工 况

7.4.1　热水热力网供水管道任何一点的压力不应低于供热介质的汽化压力，并应留有 30~50kPa 的富裕压力。

7.4.2　热水热力网的回水压力应符合下列规定：

1　不应超过直接连接用户系统的允许压力；

2　任何一点的压力不应低于 50kPa。

7.4.3　热水热力网循环水泵停止运行时，应保持必要的静态压力，静态压力应符合下列规定：

1　不应使热力网任何一点的水汽化，并应有 30~50kPa 的富裕压力；

2　与热力网直接连接的用户系统应充满水；

3　不应超过系统中任何一点的允许压力。

7.4.4　开式热水热力网非采暖期运行时，回水压力不应低于直接配水用户热水供应系统静水压力再加上 50kPa。

7.4.5　热水热力网最不利点的资用压头，应满足该点用户系统所需作用压头的要求。

7.4.6　热水热力网的定压方式，应根据技术经济比较确定。定压点应设在便于管理并有利于管网压力稳定的位置，宜设在热源处。当供热系统多热源联网运行时，全系统仅有一个定压点起作用，但可多点补水。

7.4.7　热水热力网设计时，应在水力计算的基础上绘制各种主要运行方案的主干线水压图。对于地形复杂的地区，还应绘制必要的支干线水压图。

7.4.8　对于多热源的热水热力网，应按热源投产顺序绘制每个热源满负荷运行时的主干线水压图及事故工况水压图。

7.4.9　中继泵站的位置及参数应根据热力网的水压图确定。

7.4.10　蒸汽热力网，宜按设计凝结水量绘制凝结水管网的水压图。

7.5　水 泵 选 择

7.5.1　热力网循环水泵的选择应符合下列规定：

1　循环水泵的总流量不应小于管网总设计流量，当热水锅炉出口至循环水泵的吸入口装有旁通管时，应计入流经旁通管的流量；

2　循环水泵的扬程不应小于设计流量条件下热源、热力网、最不利用户环路压力损失之和；

3 循环水泵应具有工作点附近较平缓的流量—扬程特性曲线，并联运行水泵的特性曲线宜相同；

4 循环水泵的承压、耐温能力应与热力网设计参数相适应；

5 应减少并联循环水泵的台数；设置三台或三台以下循环水泵并联运行时，应设备用泵；当四台或四台以上泵并联运行时，可不设备用泵；

6 多热源联网运行或采用中央质—量调节的单热源供热系统，热源的循环水泵应采用调速泵。

7.5.2 热力网循环水泵可采用两级串联设置，第一级水泵应安装在热网加热器前，第二级水泵应安装在热网加热器后。水泵扬程的确定应符合下列规定：

1 第一级水泵的出口压力应保证在各种运行工况下不超过热网加热器的承压能力；

2 当补水定压点设置于两级水泵中间时，第一级水泵出口压力应为供热系统的静压力值；

3 第二级水泵的扬程不应小于按本规范第 7.5.1 条第 2 款计算值扣除第一级泵的扬程值。

7.5.3 热水热力网补水装置的选择应符合下列规定：

1 闭式热力网补水装置的流量，不应小于供热系统循环流量的 2%；事故补水量不应小于供热系统循环流量的 4%；

2 开式热力网补水泵的流量，不应小于生活热水最大设计流量和供热系统泄漏量之和；

3 补水装置的压力不应小于补水点管道压力加 30～50kPa，当补水装置同时用于维持管网静态压力时，其压力应满足静态压力的要求；

4 闭式热力网补水泵不应少于二台，可不设备用泵；

5 开式热力网补水泵不宜少于三台，其中一台备用；

6 当动态水力分析考虑热源停止加热的事故时，事故补水能力不应小于供热系统最大循环流量条件下，被加热水自设计供水温度降至设计回水温度的体积收缩量及供热系统正常泄漏量之和；

7 事故补水时，软化除氧水量不足，可补充工业水。

7.5.4 热力网循环泵与中继泵吸入侧的压力，不应低于吸入口可能达到的最高水温下的饱和蒸汽压力加 50kPa，且不得低于 50kPa。

8 管网布置与敷设

8.1 管 网 布 置

8.1.1 城市热力网的布置应在城市规划的指导下，考虑热负荷分布，热源位置，与各种地上、地下管道及构筑物、园林绿地的关系和水文、地质条件等多种因素，经技术经济比较确定。

8.1.2 热力网管道的位置应符合下列规定：

1 城市道路上的热力网管道应平行于道路中心线，并宜敷设在车行道以外的地方，同一条管道应只沿街道的一侧敷设；

2 穿过厂区的城市热力网管道应敷设在易于检修和维护的位置；

3 通过非建筑区的热力网管道应沿公路敷设；

4 热力网管道选线时宜避开土质松软地区、地震断裂带、滑坡危险地带以及高地下水位区等不利地段。

8.1.3 管径小于或等于300mm的热力网管道，可穿过建筑物的地下室或用开槽施工法自建筑物下专门敷设的通行管沟内穿过。用暗挖法施工穿过建筑物时不受管径限制。

8.1.4 热力网管道可与自来水管道、电压10kV以下的电力电缆、通讯线路、压缩空气管道、压力排水管道和重油管道一起敷设在综合管沟内。但热力管道应高于自来水管道和重油管道，并且自来水管道应做绝热层和防水层。

8.1.5 地上敷设的城市热力网管道可与其他管道敷设在同一管架上，但应便于检修，且不得架设在腐蚀性介质管道的下方。

8.2 管 道 敷 设

8.2.1 城市街道上和居住区内的热力网管道宜采用地下敷设。当地下敷设困难时，可采用地上敷设，但设计时应注意美观。

8.2.2 工厂区的热力网管道，宜采用地上敷设。

8.2.3 热水热力网管道地下敷设时，应优先采用直埋敷设；热水或蒸汽管道采用管沟敷设时，应首选不通行管沟敷设；穿越不允许开挖检修的地段时，应采用通行管沟敷设；当采用通行管沟困难时，可采用半通行管沟敷设。蒸汽管道采用管沟敷设困难时，可采用保温性能良好、防水性能可靠、保护管耐腐蚀的预制保温管直埋敷设，其设计寿命不应低于25年。

8.2.4 直埋敷设热水管道应采用钢管、保温层、保护外壳结合成一体的预制保温管道，其性能应符合本规范第11章的有关规定。

8.2.5 管沟敷设有关尺寸应符合表8.2.5的规定。

表 8.2.5 管沟敷设有关尺寸

管沟类型	有关尺寸名称					
	管沟净高（m）	人行通道宽（m）	管道保温表面与沟墙净距（m）	管道保温表面与沟顶净距（m）	管道保温表面与沟底净距（m）	管道保温表面间的净距（m）
通行管沟	≥1.8	≥0.6	≥0.2	≥0.2	≥0.2	≥0.2
半通行管沟	≥1.2	≥0.5	≥0.2	≥0.2	≥0.2	≥0.2
不通行管沟	—	—	≥0.1	≥0.05	≥0.15	≥0.2

注：当必须在沟内更换钢管时，人行通道宽度还不应小于管子外径加0.1m。

8.2.6 工作人员经常进入的通行管沟应有照明设备和良好的通风。人员在管沟内工作时，空气温度不得超过40℃。

通行管沟应设事故人孔。设有蒸汽管道的通行管沟，事故人孔间距不应大于100m；热水管道的通行管沟，事故人孔间距不应大于400m。

8.2.7 整体混凝土结构的通行管沟，每隔200m宜设一个安装孔。安装孔宽度不应小于0.6m且应大于管沟内最大一根管道的外径加0.1m，其长度应保证6m长的管子进入管沟。当需要考虑设备进出时，安装孔宽度还应满足设备进出的需要。

8.2.8 地下敷设热力网管道的管沟外表面，直埋敷设热水管道或地上敷设管道的保温结构表面与建筑物、构筑物、道路、铁路、电缆、架空电线和其他管道的最小水平净距、垂直净距应符合表8.2.8的规定。

8.2.9 地上敷设热力网管道穿越行人过往频繁地区，管道保温结构下表面距地面不应小于2.0m；在不影响交通的地区，应采用低支架，管道保温结构下表面距地面不应小于0.3m。

8.2.10 管道跨越水面、峡谷地段时，在桥梁主管部门同意的条件下，可在永久性的公路桥上架设。

管道架空跨越通航河流时，应保证航道的净宽与净高符合《内河通航标准》(GB 139)的规定。

管道架空跨越不通航河流时，管道保温结构表面与50年一遇的最高水位垂直净距不应小于0.5m。跨越重要河流时，还应符合河道管理部门的有关规定。

表8.2.8 热力网管道与建筑物（构筑物）或其他管线的最小距离

建筑物、构筑物或管线名称	与热力网管道最小水平净距（m）	与热力网管道最小垂直净距（m）
地下敷设热力网管道		
建筑物基础：对于管沟敷设热力网管道	0.5	—
对于直埋闭式热水热力网管道 $DN \leq 250$	2.5	—
$DN \geq 300$	3.0	—
对于直埋开式热水热力网管道	5.0	—
铁路钢轨	钢轨外侧3.0	轨底1.2
电车钢轨	钢轨外侧2.0	轨底1.0
铁路、公路路基边坡底脚或边沟的边缘	1.0	—
通讯、照明或10kV以下电力线路的电杆	1.0	—
桥墩（高架桥、栈桥）边缘	2.0	—
架空管道支架基础边缘	1.5	—
高压输电线铁塔基础边缘35~220kV	3.0	—
通讯电缆管块	1.0	0.15
直埋通讯电缆（光缆）	1.0	0.15
电力电缆和控制电缆35kV以下	2.0	0.5
110kV	2.0	1.0
燃气管道		
压力<0.005MPa 对于管沟敷设热力网管道	1.0	0.15
压力≤0.4MPa 对于管沟敷设热力网管道	1.5	0.15
压力≤0.8MPa 对于管沟敷设热力网管道	2.0	0.15
压力>0.8MPa 对于管沟敷设热力网管道	4.0	0.15
压力≤0.4MPa 对于直埋敷设热水热力网管道	1.0	0.15
压力≤0.8MPa 对于直埋敷设热水热力网管道	1.5	0.15
压力>0.8MPa 对于直埋敷设热水热力网管道	2.0	0.15
给水管道	1.5	0.15
排水管道	1.5	0.15
地　铁	5.0	0.8
电气铁路接触网电杆基础	3.0	—
乔　木（中心）	1.5	—
灌　木（中心）	1.5	—
车行道路面	—	0.7

续表

建筑物、构筑物或管线名称	与热力网管道最小水平净距（m）	与热力网管道最小垂直净距（m）
地上敷设热力网管道		
铁路钢轨	轨外侧 3.0	轨顶一般 5.5 电气铁路 6.55
电车钢轨	轨外侧 2.0	—
公路边缘	1.5	—
公路路面	—	4.5
架空输电线 1kV 以下	导线最大风偏时 1.5	热力网管道在下面交叉通过导线最大垂度时 1.0
1～10kV	导线最大风偏时 2.0	同上 2.0
35～110kV	导线最大风偏时 4.0	同上 4.0
220kV	导线最大风偏时 5.0	同上 5.0
330kV	导线最大风偏时 6.0	同上 6.0
500kV	导线最大风偏时 6.5	同上 6.5
树冠	0.5（到树中不小于 2.0）	—

注：1 表中不包括直埋敷设蒸汽管道与建筑物（构筑物）或其他管线的最小距离的规定；

2 当热力网管道的埋设深度大于建（构）筑物基础深度时，最小水平净距应按土壤内摩擦角计算确定；

3 热力网管道与电力电缆平行敷设时，电缆处的土壤温度与月平均土壤自然温度比较，全年任何时候对于电压 10kV 的电缆不高出 10℃，对于电压 35～110kV 的电缆不高出 5℃时，可减小表中所列距离；

4 在不同深度并列敷设各种管道时，各种管道间的水平净距不应小于其深度差；

5 热力网管道检查室、方形补偿器壁龛与燃气管道最小水平净距亦应符合表中规定；

6 在条件不允许时，可采取有效技术措施并经有关单位同意后，可以减小表中规定距离，或采用埋深较大的暗挖法、盾构法施工。

河底敷设管道必须远离浅滩、锚地，并应选择在较深的稳定河段，埋设深度应按不妨碍河道整治和保证管道安全的原则确定。对于一至五级航道河流，管道（管沟）应敷设在航道底设计标高 2m 以下；对于其他河流，管道（管沟）应敷设在稳定河底 1m 以下。对于灌溉渠道，管道（管沟）应敷设在渠底设计标高 0.5m 以下。管道河底直埋敷设或管沟敷设时，应进行抗浮计算。

8.2.11 热力网管道同河流、铁路、公路等交叉时应垂直相交。特殊情况下，管道与铁路或地下铁路交叉不得小于 60 度角；管道与河流或公路交叉不得小于 45 度角。

8.2.12 地下敷设管道与铁路或不允许开挖的公路交叉，交叉段的一侧留有足够的抽管检修地段时，可采用套管敷设。

8.2.13 套管敷设时，套管内不应采用填充式保温，管道保温层与套管间应留有不小于 50mm 的空隙。套管内的管道及其他钢部件应采取加强防腐措施。采用钢套管时，套管内、外表面均应做防腐处理。

8.2.14 地下敷设热力网管道和管沟应有一定坡度，其坡度不应小于 0.002。进入建筑物的管道宜坡向干管。地上敷设的管道可不设坡度。

8.2.15 地下敷设热力网管道的覆土深度应符合下列规定：

1 管沟盖板或检查室盖板覆土深度不应小于 0.2m。

2 直埋敷设管道的最小覆土深度应考虑土壤和地面活荷载对管道强度的影响并保证管道不发生纵向失稳。具体规定应按《城镇直埋供热管道工程技术规程》（CJJ/T 81）的规定执行。

8.2.16 燃气管道不得进入热力网管沟。当自来水，排水管道或电缆与热力网管道交叉必须穿入热力网管沟时，应加套管或用厚度不小于 100mm 的混凝土防护层与管沟隔开，同时不得妨碍热力管道的检修及地沟排水。套管应伸出管沟以

外，每侧不应小于 1m。

8.2.17 热力网管沟与燃气管道交叉当垂直净距小于 300mm 时，燃气管道应加套管。套管两端应超出管沟 1m 以上。

8.2.18 热力网管道进入建筑物或穿过构筑物时，管道穿墙处应封堵严密。

8.2.19 地上敷设的热力网管道同架空输电线或电气化铁路交叉时，管道的金属部分（包括交叉点两侧 5m 范围内钢筋混凝土结构的钢筋）应接地。接地电阻不应大于 10Ω。

8.3 管道材料及连接

8.3.1 城市热力网管道应采用无缝钢管、电弧焊或高频焊焊接钢管。管道及钢制管件的钢材钢号不应低于表 8.3.1 的规定。管道和钢材的规格及质量应符合国家相关标准的规定。

表 8.3.1 热力网管道钢材钢号及适用范围

钢号	适用范围	钢板厚度
Q235—A·F	$P \leqslant 1.0$MPa　$t \leqslant 150$℃	≤8mm
Q235—A	$P \leqslant 1.6$MPa　$t \leqslant 300$℃	≤16mm
Q235—B、20、20g、20R 及低合金钢	可用于本规范适用范围的全部参数	不限

注：P—管道设计压力；t—管道设计温度。

8.3.2 热力网凝结水管道宜采用具有防腐内衬、内防腐涂层的钢管或非金属管道。非金属管道的承压能力和耐温性能应满足设计技术要求。

8.3.3 热力网管道的连接应采用焊接；有条件时管道与设备、阀门等连接也应采用焊接。当设备、阀门等需要拆卸时，应采用法兰连接。对公称直径小于或等于 25mm 的放气阀，可采用螺纹连接，但连接放气阀的管道应采用厚壁管。

8.3.4 室外采暖计算温度低于 -5℃地区露天敷设的不连续运行的凝结水管道放水阀门，室外采暖计算温度低于 -10℃地区露天敷设的热水管道设备附件均不得采用灰铸铁制品。室外采暖计算温度低于 -30℃地区露天敷设的热水管道，应采用钢制阀门及附件。

城市热力网蒸汽管道在任何条件下均应采用钢制阀门及附件。

8.3.5 弯头的壁厚不应小于管道壁厚。焊接弯头应双面焊接。

8.3.6 钢管焊制三通，支管开孔应进行补强。对于承受干管轴向荷载较大的直埋敷设管道，应考虑三通干管的轴向补强，其技术要求按《城镇直埋供热管道工程技术规程》（CJJ/T 81）的规定执行。

8.3.7 变径管制作应采用压制或钢板卷制，壁厚不应小于管道壁厚。

8.4 热 补 偿

8.4.1 热力网管道的温度变形应充分利用管道的转角管段进行自然补偿。直埋敷设热水管道自然补偿转角管段应布置成 60°～90°角，当角度很小时应按直线管段考虑，小角度的具体数值应按《城镇直埋供热管道工程技术规程》（CJJ/T 81）的规定执行。

8.4.2 选用管道补偿器时，应根据敷设条件采用维修工作量小、工作可靠和价格较低的补偿器。

8.4.3 采用弯管补偿器或波纹管补偿器时，设计应考虑安装时的冷紧。冷紧系数可取0.5。

8.4.4 采用套筒补偿器时，应计算各种安装温度下的补偿器安装长度，并保证管道在可能出现的最高、最低温度下，补偿器留有不小于20mm的补偿余量。

8.4.5 采用波纹管轴向补偿器时，管道上应安装防止波纹管失稳的导向支座。采用其他形式补偿器，补偿管段过长时，亦应设导向支座。

8.4.6 采用球形补偿器、铰链型波纹管补偿器，且补偿管段较长时宜采取减小管道摩擦力的措施。

8.4.7 当两条管道垂直布置且上面的管道直接敷设在固定于下面管道的托架上时，应考虑两管道在最不利运行状态下热位移不同的影响，防止上面的管道自托架上滑落。

8.4.8 直埋敷设热水管道，经计算允许时，宜采用无补偿敷设方式，并应按《城镇直埋供热管道工程技术规程》（CJJ/T 81）的规定执行。

8.5 附件与设施

8.5.1 热力网管道干线、支干线、支线的起点应安装关断阀门。

8.5.2 热水热力网干线应装设分段阀门。分段阀门的间距宜为：输送干线，2000～3000m；输配干线，1000～1500m。蒸汽热力网可不安装分段阀门。

多热源供热系统热源间的连通干线、环状管网环线的分段阀应采用双向密封阀门。

8.5.3 热水、凝结水管道的高点（包括分段阀门划分的每个管段的高点）应安装放气装置。

8.5.4 热水、凝结水管道的低点（包括分段阀门划分的每个管段的低点）应安装放水装置。热水管道的放水装置应保证一个放水段的排放时间不超过表8.5.4的规定。

表8.5.4　热水管道放水时间

管道公称直径（mm）	放水时间（h）
$DN \leqslant 300$	2～3
$DN350$～500	4～6
$DN \geqslant 600$	5～7

注：严寒地区采用表中规定的放水时间较小值。停热期间供热装置无冻结危险的地区，表中的规定可放宽。

8.5.5 蒸汽管道的低点和垂直升高的管段前应设启动疏水和经常疏水装置。同一坡向的管段，顺坡情况下每隔400～500m，逆坡时每隔200～300m应设启动疏水和经常疏水装置。

8.5.6 经常疏水装置与管道连接处应设聚集凝结水的短管，短管直径为管道直径的1/2～1/3。经常疏水管应连接在短管侧面。

8.5.7 经常疏水装置排出的凝结水，宜排入凝结水管道。当不能排入凝结水管时，应按本规范第4.3.4条规定降温后排放。

8.5.8 工作压力大于或等于1.6MPa且公称直径大于或等于500mm的管道上的闸阀应安装旁通阀。旁通阀的直径可按阀门直径的十分之一选用。

8.5.9 当供热系统补水能力有限需控制管道充水流量或蒸汽管道启动暖管需控制汽量时，管道阀门应装设口径较小的旁通阀作为控制阀门。

8.5.10 当动态水力分析需延长输送干线分段阀门关闭时间以降低压力瞬变值时，宜采用主阀并联旁通阀的方法解决。

旁通阀直径可取主阀直径的四分之一。主阀和旁通阀应连锁控制，旁通阀必须在开启状态主阀方可进行关闭操作，主阀关闭后旁通阀才可关闭。

8.5.11 公称直径大于或等于500mm的阀门，宜采用电动驱动装置。由监控系统远程操作的阀门，其旁通阀亦应采用电动驱动装置。

8.5.12 公称直径大于或等于500mm的热水热力网干管在低点、垂直升高管段前、分段阀门前宜设阻力小的永久性除污装置。

8.5.13 地下敷设管道安装套筒补偿器、波纹管补偿器、阀门、放水和除污装置等设备附件时，应设检查室。检查室应符合下列规定：

1 净空高度不应小于1.8m；

2 人行通道宽度不应小于0.6m；

3 干管保温结构表面与检查室地面距离不应小于0.6m；

4 检查室的人孔直径不应小于0.7m，人孔数量不应少于两个，并应对角布置，人孔应避开检查室内的设备，当检查室净空面积小于$4m^2$时，可只设一个人孔；

5 检查室内至少应设一个集水坑，并应置于人孔下方；

6 检查室地面应低于管沟内底不小于0.3m；

7 检查室内爬梯高度大于4m时应设护拦或在爬梯中间设平台。

8.5.14 当检查室内需更换的设备、附件不能从人孔进出时，应在检查室顶板上设安装孔。安装孔的尺寸和位置应保证需更换设备的出入和便于安装。

8.5.15 当检查室内装有电动阀门时，应采取措施，保证安装地点的空气温度、湿度满足电气装置的技术要求。

8.5.16 当地下敷设管道只需安装放气阀门且埋深很小时，可不设检查室，只在地面设检查井口，放气阀门的安装位置应便于工作人员在地面进行操作；当埋深较大时，在保证安全的条件下，也可只设检查人孔。

8.5.17 中高支架敷设的管道，安装阀门、放水、放气、除污装置的地方应设操作平台。在跨越河流、峡谷等地段，必要时应沿架空管道设检修便桥。

8.5.18 中高支架操作平台的尺寸应保证维修人员操作方便。检修便桥宽度不应小于0.6m。平台或便桥周围应设防护栏杆。

8.5.19 架空敷设管道上，露天安装的电动阀门，其驱动装置和电气部分的防护等级应满足露天安装的环境条件，为防止无关人员操作应有防护措施。

8.5.20 地上敷设管道与地下敷设管道连接处，地面不得积水，连接处的地下构筑物应高出地面0.3m以上，管道穿入构筑物的孔洞应采取防止雨水进入的措施。

8.5.21 地下敷设管道固定支座的承力结构宜采用耐腐蚀材料，或采取可靠的防腐措施。

8.5.22 管道活动支座一般采用滑动支座或刚性吊架。当管道敷设于高支架、悬臂支架或通行管沟内时，宜采用滚动支座或使用减摩材料的滑动支座。

当管道运行时有垂直位移且对邻近支座的荷载影响较大时，应采用弹簧支座或弹簧吊架。

9 管道应力计算和作用力计算

9.0.1 管道应力计算应采用应力分类法。管道由内压、持续外载引起的一次应力验算采用弹性分析和极限分析；管道由热胀冷缩及其他位移受约束产生的二次应力和管件上的峰值应力采用满足必要疲劳次数的许用应力范围进行验算。

9.0.2 进行管道应力计算时，供热介质计算参数应按下列规定取用：

1 蒸汽管道取用锅炉、汽轮机抽（排）汽口的最大工作压力和温度作为管道计算压力和工作循环最高温度；

2 热水热力网供、回水管道的计算压力均取用循环水泵最高出口压力加上循环水泵与管道最低点地形高差产生的静水压力，工作循环最高温度取用热力网设计供水温度；

3 凝结水管道计算压力取用户凝结水泵最高出水压力加上地形高差产生的静水压力，工作循环最高温度取用户凝结水箱的最高水温；

4 管道工作循环最低温度，对于全年运行的管道，地下敷设时取 30℃，地上敷设时取 15℃；对于只在采暖期运行的管道，地下敷设时取 10℃，地上敷设时取 5℃。

9.0.3 地上敷设和管沟敷设热力网管道的许用应力取值、管壁厚度计算、补偿值计算及应力验算应按《火力发电厂汽水管道应力计算技术规定》（SDGJ 6）的规定执行。

9.0.4 直埋敷设热水管道的许用应力取值、管壁厚度计算、热伸长量计算及应力验算应按《城镇直埋供热管道工程技术规程》（CJJ/T 81）的规定执行。

9.0.5 计算热力网管道对固定点的作用力时，应考虑升温或降温，选择最不利的工况和最大温差进行计算。当管道安装温度低于工作循环最低温度时应采用安装温度计算。

9.0.6 管道对固定点的作用力计算时应包括下列三部分：

1 管道热胀冷缩受约束产生的作用力；

2 内压产生的不平衡力；

3 活动端位移产生的作用力。

9.0.7 固定点两侧管段作用力合成时应按下列原则进行：

1 地上敷设和管沟敷设管道

1）固定点两侧管段由热胀冷缩受约束引起的作用力和活动端位移产生的作用力的合力相互抵消时，较小方向作用力应乘以 0.7 的抵消系数；

2）固定点两侧管段内压不平衡力的抵消系数取 1；

3）当固定点承受几个支管的作用力，应按本规范第 9.0.5 条的原则考虑几个支管作用力的最不利组合。

2 直埋敷设热水管道

直埋敷设热水管道应按《城镇直埋供热管道工程技术规程》（CJJ/T 81）的规定执行。

10 中继泵站与热力站

10.1 一 般 规 定

10.1.1 中继泵站、热力站应降低噪声，不应对环境产生干扰。当中继泵站、热力站设备的噪声较高时，应加大与周围建筑物的距离，或采取降低噪声的措施，使受影响建筑物处的噪声符合《城市区域环境噪声标准》（GB 3096）的规定。当中继泵站、热力站所在场所有隔振要求时，水泵基础和连接水泵的管道应采取隔振措施。

10.1.2 中继泵站、热力站的站房应有良好的照明和通风。

10.1.3 站房设备间的门应向外开。当热水热力站站房长度大于12m时应设两个出口，热力网设计水温小于100℃时可只设一个出口。蒸汽热力站不论站房尺寸如何，都应设置两个出口。安装孔或门的大小应保证站内需检修更换的最大设备出入。多层站房应考虑用于设备垂直搬运的安装孔。

10.1.4 站内地面宜有坡度或采取措施保证管道和设备排出的水引向排水系统。当站内排水不能直接排入室外管道时，应设集水坑和排水泵。

10.1.5 站内应有必要的起重设施，并应符合下列规定：

1 当需起重的设备数量较少且起重重量小于2t时，应采用固定吊钩或移动吊架；

2 当需起重的设备数量较多或需要移动且起重重量小于2t时，应采用手动单轨或单梁吊车；

3 当起重重量大于2t时，宜采用电动起重设备。

10.1.6 站内地坪到屋面梁底（屋架下弦）的净高，除应考虑通风、采光等因素外，尚应考虑起重设备的需要，且应符合下列规定：

1 当采用固定吊钩或移动吊架时，不应小于3m；

2 当采用单轨、单梁、桥式吊车时，应保持吊起物底部与吊运所越过的物体顶部之间有0.5m以上的净距；

3 当采用桥式吊车时，除符合本条第2款规定外，还应考虑吊车安装和检修的需要。

10.1.7 站内宜设集中检修场地，其面积应根据需检修设备的要求确定，并在周围留有宽度不小于0.7m的通道。当考虑设备就地检修时，可不设集中检修场地。

10.1.8 站内管道及管件材质应符合本规范第8.3.1条的规定，选用的压力容器应符合国家相关标准的规定。

10.1.9 站内各种设备和阀门的布置应便于操作和检修。站内各种水管道及设备的高点应设放气阀，低点应设放水阀。

10.1.10 站内架设的管道不得阻挡通道、不得跨越配电盘、仪表柜等设备。

10.1.11 管道与设备连接时，管道上宜设支、吊架，应减小加在设备上的管道荷载。

10.1.12 位置较高而且需经常操作的设备处应设操作平台、扶梯和防护栏杆等设施。

10.2 中 继 泵 站

10.2.1 中继泵站的位置、泵站数量及中继水泵的扬程，应在管网水力计算和对管网水压图详细分析的基础上，通过技术经济比较确定。中继泵站不应建在环状管网的环线上。中继泵站应优先考虑采用回水加压方式。

10.2.2 中继泵应采用调速泵且应减少中继泵的台数。设置三台或三台以下中继泵并联运行时应设备用泵，设置四台或四台以上中继泵并联运行时可不设备用泵。

10.2.3 水泵机组的布置应符合下列规定：

1 相邻两个机组基础间的净距

1）当电动机容量小于或等于 55kW 时，不小于 0.8m；

2）当电动机容量大于 55kW 时，不小于 1.2m；

2 当考虑就地检修时，至少在每个机组一侧留有大于水泵机组宽度加 0.5m 的通道；

3 相邻两个机组突出部分的净距以及突出部分与墙壁间的净距，应保证泵轴和电动机转子在检修时能拆卸，并不应小于 0.7m；当电动机容量大于 55kW 时，则不应小于 1.0m；

4 中继泵站的主要通道宽度不应小于 1.2m；

5 水泵基础应高出站内地坪 0.15m 以上。

10.2.4 中继水泵吸入母管和压出母管之间应设装有止回阀的旁通管。

10.2.5 中继水泵吸入母管和压出母管之间的旁通管，宜与母管等径。

10.2.6 中继泵站水泵入口处应设除污装置。

10.3 热水热力网热力站

10.3.1 热水热力网民用热力站最佳供热规模，应通过技术经济比较确定。当不具备技术经济比较条件时，热力站的规模宜按下列原则确定：

1 对于新建的居住区，热力站最大规模以供热范围不超过本街区为限。

2 对已有采暖系统的小区，在减少原有采暖系统改造工程量的前提下，宜减少热力站的个数。

10.3.2 用户采暖系统与热力网连接的方式应按下列原则确定：

1 有下列情况之一时，用户采暖系统应采用间接连接：

1）大型城市集中供热热力网；

2）建筑物采暖系统高度高于热力网水压图供水压力线或静水压线；

3）采暖系统承压能力低于热力网回水压力或静水压力；

4）热力网资用压头低于用户采暖系统阻力，且不宜采用加压泵；

5）由于直接连接，而使管网运行调节不便、管网失水率过大及安全可靠性不能有效保证。

2 当热力网水力工况能保证用户内部系统不汽化，不超过用户内部系统的允许压力，热力网资用压头大于用户系统阻力，用户系统可采用直接连接。直接连接时，用户采暖系统设计供水温度等于热力网设计供水温度时，应采用不降温的直接连接；当用户采暖系统设计供水温度低于热力网设计供水温度时，应采用有混水降温装置的直接连接。

10.3.3 在有条件的情况下，热力站应采用全自动组合换热机组。

10.3.4 当生活热水热负荷较小时，生活热水换热器与采暖系统可采用并联连接；当生活热水热负荷较大时，生活热水换热器与采暖系统宜采用两级串联或两级混合连接。

10.3.5 间接连接采暖系统循环泵的选择应符合下列规定：

1 水泵流量不应小于所有用户的设计流量之和；

2 水泵扬程不应小于换热器、站内管道设备、主干线和最不利用户内部系统阻力之和；

3 水泵台数不应少于二台，其中一台备用；

4 当采用质—量调节或考虑用户自主调节时，应选用调速泵。

10.3.6 采暖系统混水装置的选择应符合下列规定：

1 混水装置的设计流量按下式计算：

$$G'_h = uG_h \quad (10.3.6\text{-}1)$$

$$u = \frac{t_1 - \theta_1}{\theta_1 - t_2} \quad (10.3.6\text{-}2)$$

式中 G'_h——混水装置设计流量（t/h）；

G_h——采暖热负荷热力网设计流量（t/h）；

u——混水装置设计混合比；

t_1——热力网设计供水温度（℃）；

θ_1——用户采暖系统设计供水温度（℃）；

t_2——采暖系统设计回水温度（℃）。

2 混水装置的扬程不应小于混水点以后用户系统的总阻力；

3 采用混合水泵时，不应少于二台，其中一台备用。

10.3.7 当热力站入口处热力网资用压头不满足用户需要时，可设加压泵；加压泵宜布置在热力站总回水管道上。

当热力网末端需设加压泵的热力站较多，且热力站自动化水平较低时，应设热力网中继泵站，取代分散的加压泵；当热力站自动化水平较高能保证用户不发生水力失调时，仍可采用分散的加压泵且应采用调速泵。

10.3.8 间接连接系统补水装置选择应符合下列规定：

1 水泵的流量宜为正常补水量的4～5倍，正常补水量宜采用系统水容量的1%；

2 水泵的扬程不应小于补水点压力加30～50kPa；

3 水泵台数不宜少于二台，其中一台备用；

4 补给水箱的有效容积可按1～1.5h的正常补水量考虑。

10.3.9 间接连接采暖系统定压点宜设在循环水泵吸入口侧。定压值应保证管网中任何一点采暖系统不倒空、不超压。定压装置宜采用高位膨胀水箱，氮气、蒸汽、空气定压装置等。空气定压宜采用空气与水用隔膜隔离的装置。成套氮气、空气定压装置中的补水泵性能应符合本规范第10.3.8条的规定。定压系统应设超压自动排水装置。

10.3.10 热力站换热器的选择应符合下列规定：

1 间接连接系统应选用工作可靠、传热性能良好的换热器，生活热水系统还应根据水质情况选用易于清除水垢的换热设备；

2 列管式、板式换热器计算时应考虑换热表面污垢的影响，传热系数计算时应考虑污垢修正系数；

3 计算容积式换热器传热系数时按考虑水垢热阻的方法进行；

4 换热器可不设备用。换热器台数的选择和单台能力的确定应适应热负荷的分期增长，并考虑供热可靠性的需要；

5 热水供应系统换热器换热面积的选择应符合下列规定：

1）当用户有足够容积的储水箱时，按生活热水日平均热负荷选择；

2）当用户没有储水箱或储水容积不足，但有串联缓冲水箱（沉淀箱，储水容积不足的容积式换热器）时，可按最大小时热负荷选择；

3）当用户无储水箱，且无串联缓冲水箱（水垢沉淀箱）时，应按最大秒流量选择。

10.3.11 热力站换热设备的布置应符合下列规定：

1 换热器布置时，应考虑清除水垢、抽管检修的场地；

2 并联工作的换热器宜按同程连接设计；

3 换热器组一、二次侧进、出口应设总阀门，并联工作的换热器，每台换热器一、二次侧进、出口宜设阀门；

4 当热水供应系统换热器热水出口上装有阀门时，应在每台换热器上设安全阀；当每台换热器出口管不设阀门时，应在生活热水总管阀门前设安全阀。

10.3.12 间接连接采暖系统的补水质量应保证换热器不结垢，应对补给水进行软化处理或加药处理。当采用化学软化处理时，水质标准应符合本规范第4.3.1条的规定，当采暖系统中没有钢板制散热器时可不除氧；当采用加药处理时，水质标准应符合下列规定：

1 悬浮物　小于或等于20mg/L

2 总硬度　小于或等于6mmol/L

3 含油量　小于或等于2mg/L

4 pH（25℃）　7～12

10.3.13 热力网供、回水总管上应设阀门。当供热系统采用质调节时宜在供水或回水总管上装设自动流量调节阀；当供热系统采用变流量调节时宜装设自力式压差调节阀。

热力站内各分支管路的供、回水管道上应设阀门。在各分支管路没有自动调节设备时宜装设手动调节阀。

10.3.14 热力网供水总管上及用户系统回水总管上，应设除污器。

10.3.15 水泵基础应高出地面不小于0.15m；水泵基础之间、水泵基础距墙的距离不应小于0.7m；当地方狭窄时，电动机功率不大于20kW或进水管径不大于100mm的两台水泵可做联合基础，机组之间突出部分的净距不应小于0.3m，但两台以上水泵不得做联合基础。

10.3.16 热力站内软化水、采暖、通风、空调、生活热水系统的设计，应按《锅炉房设计规范》（GB 50041），《采暖通风与空气调节设计规范》（GBJ 19）、《建筑给水排水设计规范》（GBJ 15）的规定执行。

10.4 蒸汽热力网热力站

10.4.1 蒸汽热力站应根据生产工艺、采暖、通风、空调及生活热负荷的需要设置分汽缸，蒸汽主管和分支管上应装设阀门。当各种负荷需要不同的参数时，应分别设置分支管、减压减温装置和独立安全阀。

10.4.2 热力站的汽水换热器宜采用带有凝结水过冷段的换热设备，并设凝结水水位调节装置。

10.4.3 蒸汽系统应按下列规定设疏水装置：

1 蒸汽管路的最低点、流量测量孔板前和分汽缸底部应设启动疏水装置；

2 分汽缸底部和饱和蒸汽管路安装启动疏水装置处应安装经常疏水装置；

3 无凝结水水位控制的换热设备应安装经常疏水装置。

10.4.4 蒸汽热力网用户宜采用闭式凝结水回收系统，热力站中应采用闭式凝结水箱。当凝结水量小于 10t/h 或距热源小于 500m 时，可采用开式凝结水回收系统，此时凝结水温度不应低于 95℃。

10.4.5 凝结水箱的总储水量宜按 10～20min 最大凝结水量计算。

10.4.6 全年工作的凝结水箱宜设两个，每个容积为 50%；当凝结水箱季节工作且凝结水量在 5t/h 以下时，可只设一个。

10.4.7 凝结水泵不应少于两台，其中一台备用。选择凝结水泵时，应考虑泵的适用温度，其流量应按进入凝结水箱的最大凝结水流量计算；扬程应按凝结水管网水压图的要求确定，并留有 30～50kPa 的富裕压力。

凝结水泵的吸入口压力应符合本规范第 7.5.4 条的规定。

凝结水泵的布置应符合本规范第 10.3.15 条的规定。

10.4.8 热力站内应设凝结水取样点。取样管宜设在凝结水箱最低水位以上、中轴线以下。

10.4.9 热力站内其他设备的选择、布置应符合本规范第 10.3 节的有关规定。

11 保温与防腐涂层

11.1 一 般 规 定

11.1.1 热力网管道及设备的保温结构设计，除应符合本规范的规定外，尚应符合《设备及管道保温技术通则》（GB 4272）、《设备和管道保温设计导则》（GB 8175）、《工业设备及管道绝热工程设计规范》（GB 50264）的有关规定。

11.1.2 供热介质设计温度高于 50℃的热力管道、设备、阀门应保温。

在不通行管沟敷设或直埋敷设条件下，热水热力网的回水管道、与蒸汽管道并行的凝结水管道以及其他温度较低的热水管道，在技术经济合理的情况下可不保温。

11.1.3 操作人员需要接近维修的地方，当维修时，设备及管道保温结构表面温度不得超过 60℃。

11.1.4 保温材料及其制品的主要技术性能应符合下列规定：

1 平均工作温度下的导热系数值不得大于 0.12W/（m·K），并应有明确的随温度变化的导热系数方程式或图表；对于松散或可压缩的保温材料及其制品，应具有在使用密度下的导热系数方程式或图表；

2 密度不应大于 350kg/m^3；

3 除软质、散状材料外，硬质预制成型制品的抗压强度不应小于 0.3MPa；半硬质的保温材料压缩 10% 时的抗压强度不应小于 0.2MPa。

11.1.5 保温层设计时应优先采用经济保温厚度。当经济保温厚度不能满足技术要求时，应按技术条件确定保温层厚度。

11.2 保 温 计 算

11.2.1 保温厚度计算原则应按《设备和管道保温设计导则》（GB 8175）的规定执行。

11.2.2 按规定的散热损失、环境温度等技术条件计算双管或多管地下敷设管道的保温层厚度时，应选取满足技术条件的最经济的保温层厚度组合。

11.2.3 计算地下敷设管道的散热损失时，当管道中心埋深大于两倍管道保温外径（或管沟当量外径）时，环境温度应取管道（或管沟）中心埋深处土壤自然温度；当管道中心埋深小于两倍管道保温外径（或管沟当量外径）时，环境温度可取地表面土壤自然温度。

11.2.4 计算年散热损失时，供热介质温度和环境温度应按下列规定取用：

1 供热介质温度

1）热水热力网按运行期间运行温度的平均值取用；

2）蒸汽热力网按逐管段年平均蒸汽温度取用；

3）凝结水管道按设计温度取用。

2 环境温度

1）地上敷设按热力网运行期间室外平均温度取用；

2）不通行管沟、半通行管沟和直埋敷设的管道，按热力网运行期间平均土壤（或地表）自然温度取用；

3）经常有人工作，有机械通风的通行管沟敷设的管道按 40℃取用；无人工作的通行管沟敷设的管道，按本款第 2）项取用。

11.2.5 蒸汽管道按规定的供热介质温度降条件计算保温层厚度时，应选择最不利工况进行计算。供热介质温度应取计算管段在计算工况下的平均温度，环境温度应按下列规定取用：

1 地上敷设时，取用计算工况下相应的室外空气温度；

2 通行管沟敷设时，取用 40℃；

3 其他类型的地下敷设时，取用计算工况下相应的月平均土壤（或地表）自然温度。

11.2.6 按规定的土壤（或管沟）温度条件计算保温层厚度时，应按下列规定选取供热介质温度和环境温度：

1 蒸汽热力网按下列两种工况计算，并取保温层厚度较大值。

1）供热介质温度取计算管段的最高温度，环境温度取同时期的月平均土壤（或地表）自然温度；

2）环境温度取最热月平均土壤（或地表）自然温度，供热介质温度取同时期的最高运行温度；

2 热水热力网应按下列两种供热介质温度和环境温度计算，并取保温层厚度较大值。

1）冬季供热介质温度取设计温度，环境温度取最冷月平均土壤（或地表）自然温度；

2）夏季环境温度取最热月平均土壤（或地表）自然温度，供热介质温度取用同时期的运行温度。

11.2.7 按规定的保温层外表面温度条件计算保温层厚度时，应按下列规定选取供热介质温度和环境温度：

1 蒸汽热力网

供热介质温度按可能出现的最高运行温度取用；

环境温度：地上敷设时，按夏季空调室外计算日平均温度取用；室内敷设时按室内可能出现的最高温度取用；不通行管沟和直埋敷设时，按最热月平均土壤（或地表）自然温度取用；检查室和通行管沟内，当人员进入维修时，可按40℃取用。

2 热水热力网分别按下列两种供热介质温度和环境温度计算，并取保温层厚度较大值。

1）冬季

供热介质温度取用设计温度；

环境温度：地上敷设时，取用按设计温度运行时的最高室外日平均温度；室内敷设时取用室内设计温度；不通行管沟和直埋敷设时，取最冷月平均土壤（或地表）自然温度；检查室和通行管沟内，当人员进入维修时，可按40℃取用；

2）夏季

环境温度：地上敷设时，按夏季空调室外计算日平均温度取用；室内敷设时，按室内可能出现的最高温度取用；不通行管沟和直埋敷设时，取最热月平均土壤（或地表）自然温度；检查室和通行管沟内，当人员进入维修时，可按40℃取用；

供热介质温度取用同时期的运行温度。

11.2.8 当采用复合保温层时，耐温高的材料应作内层保温，内层保温材料的外表面温度应等于或小于外层保温材料的允许最高使用温度的0.9倍。

11.2.9 采用软质保温材料计算保温层厚度时，应按施工压缩后的密度选取导热系数，保温层的设计厚度为施工压缩后的保温层厚度。

11.2.10 计算管道总散热损失时，由支座、补偿器和其他附件产生的附加热损失可按表11.2.10给出的热损失附加系数计算。

表 11.2.10 管道散热损失附加系数

管道敷设方式	散热损失附加系数
地上敷设	0.15～0.20
管沟敷设	0.15～0.20
直埋敷设	0.10～0.15

注：当附件保温较好、管径较大时，取较小值；当附件保温较差、管径较小时，取较大值。

11.3 保 温 结 构

11.3.1 保温层外应有性能良好的保护层，保护层的机械强度和防水性能应满足施工、运行的要求，预制保温结构还应满足运输的要求。

11.3.2 直埋敷设热水管道应采用钢管、保温层、外护管紧密结合成一体的预制管。其技术要求应符合《高密度聚乙烯外护管聚氨酯泡沫塑料预制直埋保温管》（CJ/T 114）和《玻璃纤维增强塑料外护层聚氨酯泡沫塑料预制直埋保温管》（CJ/T 129）的规定。

11.3.3 管道采用硬质保温材料保温时，直管段每隔10～20m及弯头处应预留伸缩缝，缝内应填充柔性保温材料，伸缩缝外防水层应搭接。

11.3.4 地下敷设管道严禁在沟槽或地沟内用吸水性保温材料进行填充式保温。

11.3.5 阀门、法兰等部位宜采用可拆卸式保温结构。

11.4 防腐涂层

11.4.1 地上敷设和管沟敷设的热水（或凝结水）管道、季节运行的蒸汽管道及附件，应涂刷耐热、耐湿、防腐性能良好的涂料。

11.4.2 常年运行的蒸汽管道及附件，可不涂刷防腐涂料。常年运行的室外蒸汽管道及附件，也可涂刷耐常温的防腐涂料。

11.4.3 架空敷设的管道宜采用镀锌钢板、铝合金板、塑料外护等做保护层，当采用普通薄钢板作保护层时，钢板内外表面均应涂刷防腐涂料，施工后外表面应刷面漆。

12 供配电与照明

12.1 一般规定

12.1.1 热力网供配电与照明系统的设计，应与工艺设计相互配合，选择合理的供配电系统及电机控制方式。应采用效率高的光源和灯具。应做到供电可靠，节约能源，布置合理，便于运行维护。

12.1.2 热力网的供配电和照明系统设计，除应遵守本章规定外，尚应符合电气设计有关标准的规定。

12.2 供配电

12.2.1 中继泵站及热力站的负荷分级及供电要求，应根据各站在热力网中的重要程度，按《供配电系统设计规范》(GB 50052)规定的原则确定。

12.2.2 热力网中按一级负荷要求供电的中继泵站及热力站，当主电源电压下降或消失时应投入备用电源，并应采用有延时的自动切换装置。

12.2.3 中继泵站的高低压配电设备应布置在专用的配电室内。热力站的低压配电设备容量较小时，可不设专用的低压配电室，但配电设备应设置在便于观察和操作且上方无管道的地方。

12.2.4 中继泵站及热力站的配电线路宜采用放射式布置。

12.2.5 低压配线应符合《低压配电设计规范》（GB 50054）对电源与热力管道净距的规定，并宜采用桥架或钢管敷设。

在进入电机接线盒处应设置防水弯头或金属软管。

12.2.6 中继泵站及热力站的水泵宜设置就地控制按钮。

12.2.7 中继泵站及热力站的水泵采用变频调速时，应符合《电能质量 电网谐波》(GB 14549) 对谐波的规定。

12.2.8 用于热力网的电气设备和控制设备的防护等级应适应所在场所的环境条件。

12.3 照 明

12.3.1 照明设计应符合《工业企业照明设计标准》(GB 50034) 的规定。

12.3.2 除中继泵站、热力站以外的下列地方应采用电气照明：

1 有人工作的通行管沟内；

2 有电气驱动装置等电气设备的检查室；

3 地上敷设管道装有电气驱动装置等电气设备的地方。

12.3.3 在通行管沟和地下、半地下检查室内的照明灯具应采用防潮的密封型灯具。

12.3.4 在管沟、检查室等湿度较高的场所，灯具安装高度低于 2.2m 时，应采用 24V 以下的安全电压。

13 热工检测与控制

13.1 一 般 规 定

13.1.1 城市热力网应具备必要的热工参数检测与控制装置。规模较大的城市热力网应建立完备的计算机监控系统。

13.1.2 多热源大型供热系统应按热源的运行经济性实现优化调度。

13.1.3 城市热力网检测与控制系统硬件选型和软件设计应满足运行控制调节及生产调度要求，并应安全可靠、操作简便和便于维护管理。

13.1.4 检测、控制系统中的仪表、设备、元件，设计时应选用先进的标准系列产品。安装在管道上的检测与控制部件，宜采用不停热检修的产品。

13.1.5 热力网自动调节装置应具备信号中断或供电中断时维持当前值的功能。

13.1.6 热力网的热工检测和控制系统设计，除应遵守本章规定外尚应符合热工检测与控制设计有关标准的规定。

13.2 热源及热力网参数检测与控制

13.2.1 热水热力网在热源与热力网的分界处应检测、记录下列参数：

1 供水压力、回水压力、供水温度、回水温度、供水流量、回水流量、热功率和累计热量以及热源处的热力网补水的瞬时流量、累计流量、温度和压力。

2 供回水压力、温度和流量应采用记录仪表连续记录瞬时值，其他参数应定时记录。

13.2.2 蒸汽热力网在热源与热力网的分界处应检测、记录下列参数：

1 供汽压力、供汽温度、供汽瞬时流量和累计流量（热量）、返回热源的凝结水温度、压力、瞬时流量和累计流量。

2 供汽压力和温度、供汽瞬时流量应采用记录仪表连续记录瞬时值，其他参数应定时记录。

13.2.3 供热介质流量的检测应考虑压力、温度补偿。流量检测仪表应适应不同季节流量的变化，必要时应安装适应不同季节负荷的两套仪表。

13.2.4 用于供热企业与热源企业进行贸易结算的流量仪表的系统精度，热水流量仪表不应低于1%；蒸汽流量仪表不应低于2%。

13.2.5 热源的调速循环水泵宜采用维持热力网最不利资用压头为给定值，自动或手动控制泵转速的方式运行。多热源联网运行基本热源满负荷后，其调速循环水泵应采用保持满负荷的调节方式，此时尖峰热源的循环水泵应按热力网最不利资用压头控制泵转速的方式运行。

循环水泵的入口和出口应具有超压保护装置。

13.2.6 热力网干线的分段阀门处、除污器的前后以及重要分支节点处，应设压力检测点。对于具有计算机监控系统的热力网应实时监测管网干线运行的压力工况。

13.3 中继泵站参数检测与控制

13.3.1 中继泵站的参数检测应符合下列规定：

1 检测、记录泵站进、出口母管的压力；

2 检测除污器前后的压力；

3 检测每台水泵吸入口及出口的压力；

4 检测泵站进口或出口母管的水温；

5 在条件许可时，宜检测水泵轴承温度和水泵电机的定子温度，并应设报警装置。

13.3.2 大型供热系统输送干线的中继泵宜采用工作泵与备用泵自动切换的控制方式，工作泵一旦发生故障，连锁装置应保证启动备用泵。上述控制与连锁动作应有相应的声光信号传至泵站值班室。

13.3.3 中继泵宜采用维持其供热范围内热力网最不利资用压头为给定值的自动或手动控制泵转速的方式运行。

中继水泵的入口和出口应设有超压保护装置。

13.4 热力站参数检测与控制

13.4.1 热力站参数检测应符合下列规定：

1 热水热力网的热力站应检测、记录热力网和用户系统总管和各分支供热系统供水压力、回水压力、供水温度、回水温度，热力网侧总流量和热量，用户系统补水量，生活热水耗水量。有条件时宜检测热力网侧各分支供热系统流量和热量。

2 蒸汽热力网的热力站应检测、记录总供汽瞬时和累计流量、压力、温度和各分支系统压力、温度，需要时应检测各分支系统流量。凝结水系统应检测凝结水温度、凝结水回收量。有二次蒸发器、汽水换热器时，还应检测其二次侧的压力、温度。

13.4.2 热水热力网热力站宜根据不同类型的热负荷按下列

方案进行自动控制：

1 对于直接连接混合水泵采暖系统，应根据室外温度和温度调节曲线，调节热力网流量使采暖系统水温维持室外温度下的给定值。

2 对于间接连接采暖系统宜采用质调节。调节装置应根据室外温度和质调节温度曲线，调节换热器（换热器组）热力网侧流量使采暖系统水温维持室外温度下的给定值。

3 对于生活热水热负荷采用定值调节

1）调节热力网流量使生活热水供水温度控制在设计温度±5℃以内；

2）控制热力网流量使热力网回水温度不超标，并以此为优先控制。

4 对于通风、空调热负荷，其调节方案应根据工艺要求确定。

5 热力站内的排水泵、生活热水循环泵、补水泵等应根据工艺要求自动启停。

13.4.3 蒸汽热力网热力站自动控制应符合下列规定：

1 对于蒸汽负荷应根据用热设备需要设置减压、减温装置并进行自动控制。

2 采用热水为介质的采暖、通风、空调和生活热水系统其控制方式应符合本规范第13.4.2条的规定。

3 凝结水泵应自动启停。

13.4.4 当热力站需用流量（热量）进行贸易结算时，其流量仪表的系统精度，热水流量仪表不应低于1%；蒸汽流量仪表不应低于2%。

13.5 热力网调度自动化

13.5.1 城市热力网宜建立包括控制中心和本地监控站的计算机监控系统。

13.5.2 本地监控装置应具备检测参数的显示、存储、打印功能，参数超限、设备事故的报警功能，并应将以上信息向上级控制中心传送。本地监控装置还应具备供热参数的调节控制功能和执行上级控制指令的功能。

控制中心应具备显示、存储及打印热源、热力网、热力站等站、点的参数检测信息和显示各本地监控站的运行状态图形、报警信息等功能，并应具备向下级控制装置发送控制指令的能力。控制中心还应具备分析计算和优化调度的功能。

13.5.3 大城市热力网计算机监控系统的通讯网络，宜优先选用有线网络，有条件时宜利用公共通讯网络。

本规范用词说明

1 为便于在执行本规范条文时区别对待，对要求严格程度不同的用词说明如下：

1）表示很严格，非这样做不可的：
正面词采用“必须”；反面词采用“严禁”。

2）表示严格，在正常情况下均应这样做的：
正面词采用“应”；反面词采用“不应”或“不得”。

3）表示允许稍有选择，在条件许可时首先应这样做的：
正面词采用“宜”；反面词采用“不宜”。

4）表示有选择，在一定条件下可以这样做的，采用“可”。

2 条文中指定应按其他有关标准执行的写法为“应按……执行”或“应符合……的规定（或要求）”。

中华人民共和国行业标准

城市热力网设计规范

CJJ 34—2002

条 文 说 明

前　言

《城市热力网设计规范》(CJJ 34—2002)，经建设部2002年9月25日以公告第61号批准，业已发布。

本标准第一版的主编单位是：北京市煤气热力工程设计院。

为便于广大设计、施工、科研、教学等单位的有关人员在使用本标准时能正确理解和执行条文规定，《城市热力网设计规范》编制组按章、节、条顺序编制了本标准的条文说明，供国内使用者参考。在使用中如发现本条文说明有不妥之处，请将意见函寄至北京市煤气热力工程设计院。

目　次

1 总 则

1.0.2 本规范为城市热力网设计规范。本条第1款将城市热力网定义为由供热企业经营，对多个用户供热，自热源至热力站的热力网。对于采暖用户间接连接的城市热力网，指自热源至装有换热器的热力站的管网；对于采暖用户直接连接的城市热力网，当不设区域热力站或小区热力站时，指自热源至建筑热力入口的管网。第1款还规定了适用于以热电厂和区域锅炉房为热源的城市热力网。因为这样的城市热力网已有多年的设计、运行经验。对于以地热或工业余热为热源的城市热力网，其设计的特殊要求尚需总结设计、运行经验才能得出。故本规范的适用范围中暂未包括此类城市热力网。这些城市热力网设计可参考本规范。

本条第2款规定了本规范适用的设计范围。

本条规定了本规范适用的供热介质参数。目前我国已进行过约200℃高温水热力网的试验工作，技术上是可行的。故本规范热水热力网供热介质参数适用范围定为温度≤200℃。200℃热水对应的饱和蒸汽压力约为1.56MPa，故应将其工作压力定为≤2.5 MPa。同时近些年出现了一些大高差、长距离的热网，也需要将热网的设计压力提高到2.5MPa的水平。城市蒸汽热力网的供热介质参数，目前我国一般为压力≤1.3MPa，温度≤300℃，可以满足一般工业用户的要求。本规范为了给设计参数留有适当余地，并从不考虑钢材蠕变、简化设计出发，将蒸汽热力网供热介质的参数定为：压力≤1.6 MPa，温度≤350℃。

1.0.3 本条规定了城市热力网设计的基本原则。其中“注意美观”的规定，体现了城市热力网的特殊性，也是一条重要的设计原则。条文中技术先进、经济合理、安全适用三项要求是并列的，都应努力做到。

1.0.4 本规范的内容只包括一般地区城市热力网的设计规定。对于地震、湿陷性黄土、膨胀土等特殊地区进行城市热力网工程设计时，还应注意遵守这些地区专门的设计规范的规定。

3 耗 热 量

3.1 热 负 荷

3.1.1 进行热力网支线及用户热力站设计时，考虑到各建筑物用热的特殊性，应该采用建筑物的设计热负荷。

目前建筑物的设计采暖热负荷，在城市热力网连续供热情况下，往往数值偏大。全国各热力公司实际供热统计资料的一致结论是：在城市热力网连续供热条件下，实际热负荷仅为建筑物设计热负荷的0.7～0.8倍，这里面有建筑物设计时考虑间歇供暖的因素，也有设计计算考虑最不利因素同时出现等原因。但作为热力网设计规范，规定采用建筑物的设计热负荷是合理的。针对上述采暖设计热负荷偏大的问题，条文中以“应采用经核实的建筑物设计热负荷”的措辞来解决。“经核实”的含义是：①建筑物的设计部门提供城市热力网连续供热条件下，符合实际的设计热负荷；②若采用以前偏大的设计数据时，应加以修正。

3.1.2 没有建筑物设计热负荷资料时，各种热负荷可采用概略计算方法。对于热负荷的估算，本规范采用单位建筑面积热指标法，这种方法计算简便，是国内经常采用的方法。本节提供的热指标和冷指标的依据为我国“三北”地区的实测资料，南方地区应根据当地的气象条件及相同类型建筑物的热（冷）指标资料确定。

1 采暖热负荷

采暖热负荷主要包括围护结构的耗热量和门窗缝隙渗透

冷空气耗热量。设计选用热指标时，总建筑面积大，围护结构热工性能好，窗户面积小，采用较小值；反之采用较大值。

表 3.1.2-1 所列热指标中包括了大约 5% 的管网热损失在内。因热损失的补偿为流量补偿，热指标中包括热损失，计算出的热网总流量即包括热损失补偿流量，对设计计算工作是十分简便的。

近年来国家制定了一批技术法规和标准规范，通过在建筑设计和采暖供热系统设计中采取有效的技术措施，降低采暖能耗。本条采暖热指标的推荐值提供两组数值，按表中给出的热指标计算热负荷时，应根据建筑物及其采暖系统是否采取节能措施分别计算。

未采取节能措施的建筑物采暖热指标与原规范相同。住宅采暖热指标采用中国建筑科学研究院空调所《城市集中供热采暖热指标推荐值初步研究》的结论，即我国“三北”地区目前城市住宅的采暖热指标（包括 5% 的管网热损失在内）可采用 58～64W/m²。为便于使用，还给出了居住区综合热指标，这个热指标包含居住区级、小区级公共建筑采暖耗热量在内，该热指标是根据住宅、公共建筑热指标及人均建筑面积计算得出的。公共建筑采暖热指标参考中国建筑设计研究院编著的《民用建筑暖通空调设计技术措施》的估算指标。

采取节能措施后的建筑物是指按照《民用建筑节能设计标准（采暖居住部分）》（JGJ 26—95）规定设计的建筑物及其采暖系统。考虑到在建筑设计中采取墙体保温和提高门窗气密性等措施，减少围护结构耗热量；在供热系统设计中采用流量控制阀、平衡阀、温控阀等自动化调节设备，使水力失调大大改善；加之使用预制直埋保温管，减少管网热损失，整个供热系统的耗热量有了明显下降。尤其是住宅设计采取以上节能措施后，采暖热指标下降较大；公共建筑围护结构设计虽也采取了节能措施，但因体形系数增大，其本身的耗热量下降不多，主要考虑供热系统的节能效果，其采暖热指标也略有下降。

下表是根据北京市城市热力网 1992 年至 1998 年 6 个采暖季的实测资料统计分析，将连续最冷日（即室外日平均气温小于 -4℃天气）的耗热量，折算为采暖室外设计温度为 -9℃且采暖室内设计温度为 18℃时的综合热指标。由下表可见热指标及其变化趋势，连续最冷日的折算热指标平均每年降低 2.4W/m²。

采暖季	92～93	93～94	94～95	95～96	96～97	97～98
折算热指标（W/m²）	75.4	72.7	65.4	64.1	60.8	60.7

2 通风热负荷

通风热负荷为加热从机械通风系统进入建筑物的室外空气的耗热量。

3 空调热负荷

空调冬季热负荷主要包括围护结构的耗热量和加热新风耗热量。因北方地区冬季室内外温差较大，加热新风耗热量也较大，设计选用时严寒地区空调热指标应取较高值。

空调夏季冷负荷主要包括围护结构传热、太阳辐射、人体及照明散热等形成的冷负荷和新风冷负荷。设计时需根据空调建筑物的不同用途、人员的群集情况、照明等设备的使用情况确定空调冷指标。表 3.1.2-2 所列面积冷指标应按总建筑面积估算，表中数值参考了建筑设计单位常用的空调房间冷指标，考虑空调面积占总建筑面积的百分比为70%～90%及室内空调设备的同时使用系数0.8～0.9，当空调面积占总建筑面积的比例过低时，应适当折算。

吸收式制冷机的制冷系数应根据制冷机的性能、热源参数、冷却水温度、冷水温度等条件确定。一般双效溴化锂吸收式制冷机组 *COP* 可达1.0～1.2，单效溴化锂吸收式制冷机组 *COP* 可达0.7～0.8。

4　生活热水热负荷

生活热水热负荷可按两种方法进行计算，一种是按用水单位数计算，适用于已知规模的建筑区或建筑物，具体方法见《建筑给水排水设计规范》。

另一种计算生活热水热负荷的方法是热指标法，可用于居住区生活热水热负荷的估算，表3.1.2-3给出了居住区生活热水日平均热指标。住宅无生活热水设备，只对居住区公共建筑供热水时，按居住区公共建筑千人指标，参考《建筑给水排水设计规范》热水用水定额估算耗水量，并按居住区人均建筑面积折算为面积热指标，取2～3W/m²；有生活热水供应的住宅建筑标准较高，故按人均建筑面积30m²、60℃热水用水定额为每人每日85～130L计算并考虑居住区公共建筑耗热水量，因住宅生活热水热指标的实际统计资料不多，为增加选用时的灵活性，面积热指标取5～15W/m²。以上计算中冷水温度取5～15℃。

3.1.3　我国建设的城市蒸汽供热系统大多达不到设计负荷。这里面有两个因素，一个是同时系数取用过高，另一个是用户申报用汽量偏大。热负荷的准确统计，是整个热力网设计的基础，因此应收集生产工艺系统不同季节的典型日（周）负荷曲线，日（周）负荷曲线应能反映热用户的生产性质、运行天数、昼夜生产班数和各季节耗热量不同等因素。为了使统计的生产工艺热负荷能够相对准确，特推荐对平均热负荷核实验算的两种方法，把这两种验算方法的结果与用户提供的平均耗汽量相比较，如果误差较大，应找出原因反复校验、分析，调整负荷曲线，直到最后得出较符合实际的热负荷量。最大、最小负荷及负荷曲线应按核实后的平均负荷进行调整。

式中生活耗热量包括生活热水、饮用水、蒸饭等的耗热量。

3.1.4　本条为没有工业建筑采暖、通风、空调、生活及生产工艺热负荷设计资料时，概略计算热负荷的方法。由于工业建筑和生产工艺的千差万别，难于给出类似民用建筑热指标性质的统计数据，故可采用按不同行业项目估算指标中典型生产规模进行估算（对于轻工、纺织行业可参见附录）或采用相似企业的设计（实际）耗热定额估算热负荷的方法。

3.1.5　对于同时系数的选取，考虑到在目前市场经济的条件下，用户多以销定产，因此本条将同时系数下限范围较90版扩大，以便根据不同的情况，在同时系数选取时有较大的余地。根据蒸汽管网上各用户的不同情况，当各用户生产性质相同、生产负荷平稳且连续生产时间较长，同时系数取较高值，反之取较低值。

3.1.6　计算热力网干线生活热水热负荷时，无论用户有无储水箱，均按平均热负荷计算。其理由是：

1　生活热水用户数量多，最大负荷同时出现的可能性小，即小时变化系数小；

2　目前生活热水热负荷占总热负荷的比例较小，同时生活热水高峰出现时间也较短，故生活热水负荷波动对其他负荷的影响较小。

而支线则不一定具备上述条件，对个别用户，生活热水热负荷占的比例可能较大。故在支线设计时应根据生活热水用户有无储水箱，按实际可能出现的最大负荷进行计算。

3.1.7 供热式汽轮机组，在非采暖期热负荷较小，热电联产的经济效益较低。在非采暖期发展制冷（吸收式或蒸汽喷射式）热负荷可提高热电联产供热系统的经济效益。

对于蒸汽热力网发展制冷负荷和季节性夏季生产负荷，不但可以提高供热机组的经济效益，还可减少管网沿途热损失和凝结水量，提高管网的运行效益。

热水热力网为了提高制冷机组的制冷系数，需要提高热力网非采暖期的运行参数，这又会降低供热发电的经济性，所以只有制冷负荷足够大时，才是经济合理的。

3.2 年 耗 热 量

3.2.1 全年耗热量计算公式推导如下：

1 采暖期采暖平均热负荷本应由下式精确计算：

$$Q_{h.a} = Q_h\left[\frac{t_i - t'_a}{t_i - t_{o.h}} \times \frac{(N-5)}{N} + \frac{5}{N}\right]$$

式中 $Q_{h.a}$——采暖期采暖平均热负荷；

Q_h——采暖设计热负荷；

t_i——室内计算温度；

$t_{o.h}$——采暖室外计算温度；

t'_a——采暖期除去最冷五天（采暖历年平均不保证天数）后的平均室外温度；

N——采暖期天数。

因 t'_a 需根据历年气象资料统计计算，比较繁琐，故在年耗热量概略计算时本条推荐采用近似公式

$$Q_{h.a} = Q_h \frac{t_i - t_a}{t_i - t_{o.h}}$$

此式中 t_a 为采暖期平均室外温度，在《暖通空调气象资料集》中可以方便地查到此项数据。近似计算公式的误差不大，根据北京市气象资料计算，误差不超过1%，对于一般工程计算这样的误差是完全允许的。

同样道理，通风、空调的平均热负荷计算公式也是近似公式，经试算其误差不大于1%。故本规范推荐近似公式。

2 采暖全年耗热量

$$Q_h^a = Q_{h.a} \times N \times 24 \times 3600 \times 10^{-6} \quad (GJ)$$

$$= 0.0864\,Q_h \frac{t_i - t_a}{t_i - t_{o.h}} N \quad (GJ)$$

当用户采暖系统采用分室控制、分户计量后，全年耗热量比集中连续供热时减少，设计计算时应适当考虑，但由于实测资料较少，规范中暂不规定具体数值。

3 采暖期通风耗热量

$$Q_v^a = Q_{v.a} \times T_v \times N \times 3600 \times 10^{-6} \quad (GJ)$$

$$= 0.0036\,Q_v \frac{t_i - t_a}{t_i - t_{o.v}} T_v N \quad (GJ)$$

式中 $Q_{v.a}$——采暖期通风平均热负荷；

T_v——通风装置每日平均运行小时数；

Q_v——通风设计热负荷；

$t_{o.v}$——冬季通风室外计算温度，当采暖建筑物设置机械通风系统时，为保持冬季采暖室内温度，选择机械送风系统的空气加热器时，室

外计算参数宜采用采暖室外计算温度。

4　空调采暖耗热量

$$Q_a^a = Q_{a.a} \times T_a \times N \times 3600 \times 10^{-6} \quad (GJ)$$

$$= 0.0036 Q_a \frac{t_i - t_a}{t_i - t_{o.a}} T_a N \quad (GJ)$$

式中　$Q_{a.a}$——采暖期空调平均热负荷；

T_a——空调装置每日平均运行小时数；

$t_{o.a}$——冬季空调室外计算温度；

Q_a——空调冬季设计热负荷。

5　供冷期空调制冷耗热量

$$Q_c^a = Q_c \times T_{c.max} \times 3600 \times 10^{-6} \quad (GJ)$$

$$= 0.0036 Q_c T_{c.max} \quad (GJ)$$

式中　Q_c——空调夏季设计热负荷；

$T_{c.max}$——空调最大负荷利用小时数，取决于制冷季室外气温、建筑物使用性质、室内得热情况、建筑物内人员的生活习惯等。

6　生活热水全年耗热量

$$Q_w^a = Q_{w.a} \times 350 \times 24 \times 3600 \times 10^{-6} \quad (GJ)$$

$$= 30.24 Q_{w.a} \quad (GJ)$$

式中 350 为全年（除去 15 天检修期）工作天数。生活热水热负荷的全年耗热量应按不同季节的统计资料计算，如生活热水热负荷占总热负荷的比例不大，可不考虑随季节的变化按平均值计算。

3.2.2　生产工艺热负荷，由于其变化规律差别很大，难于给出年耗热量计算的统一公式。故本条只提出年耗热量的计算原则。生产工艺的年负荷曲线应根据不同季节的典型日（周）负荷曲线绘制；当不能获得典型日（周）负荷曲线时，全年耗热量可根据采暖期和非采暖期各自的最大、最小热负荷及用汽小时数，按线性关系近似计算。

采暖期热负荷线性方程如下：

$$Q = \frac{Q_{max.w}\,(T^w - T) + Q_{min.w} T}{T^w}$$

非采暖期热负荷线性方程如下：

$$Q = \frac{Q_{max.s}\,(T^a - T) + Q_{min.s}\,(T - T^w)}{T^a - T^w}$$

式中　Q——热负荷（kW）；

$Q_{max.w}$、$Q_{min.w}$——采暖期最大、最小热负荷（kW）；

$Q_{max.s}$、$Q_{min.s}$——非采暖期最大、最小热负荷（kW）；

T——延续小时数（h）；

T^w——采暖期小时数（h）；

T^a——全年用汽小时数（h）。

3.2.3　一般在设计时蒸汽热力网的负荷按用户需要的蒸汽量计算，当需要按焓值折算时，应计入管网热损失。

3.2.4　热负荷延续时间图，可以直观方便地分析各种热负荷的年耗热量。特别是在制定经济合理的供热方案时，它是简便、科学的分析计算手段。

4 供热介质

4.1 供热介质选择

4.1.1 本条为民用热力网供热介质的选择原则。优先采用水作供热介质的理由是：

1 热能利用率高，避免了蒸汽系统因疏水器性能不好或管理不善造成的漏汽损失和凝结水回收损失等热能浪费；

2 便于按主要热负荷进行中央调节；

3 由于水的热容量大，在短时水力工况失调时，不会引起显著的供热状况的改变；

4 输送的距离远，供热半径比蒸汽系统大；

5 在热电厂供热的情况下，可以充分利用汽轮机的低压抽汽，得到较高的经济效益。

4.1.2 生产工艺热负荷与其他热负荷共存时，供热介质的选择是尽量只采用一种供热介质，这样可以节约投资、便于管理。

1 当生产工艺为主要热负荷，并且必须采用蒸汽时，应采用蒸汽作为统一的供热介质。当用户采暖系统以水为供热介质时，可在用户热力站处用蒸汽换热方式解决。

2 参数较高的高温水不仅能供给采暖、通风、空调和生活热水用热，在很多情况下也可满足生产工艺要求。即使生产工艺必须以蒸汽为供热介质，也可由高温水利用蒸汽发生器转换为蒸汽，满足生产需要，这种情况下宜统一用高温水作为供热介质。输送高温水在节能和远距离输送方面具有很多优越性。但要将水转换为蒸汽时会增加用户设备投资，且高温水必须恒温运行，所以，是否采用高温水，必须经技术经济比较确定。

3 当采暖、通风、空调等热负荷为主要负荷，生产工艺又必须以蒸汽供热时，应从能源利用、管网投资和设备投资等方面进行技术经济比较，确定认为合理时才可采用蒸汽和热水两种供热介质。

4.2 供热介质参数

4.2.1 本条是热水热力网最佳供热介质温度的确定原则。

当热水热力网以热电厂为热源时，热量由汽轮机组抽（排）汽供给，因而最佳供、回水温度的确定会涉及热电联产的经济性问题。提高供水温度，就要相应提高汽轮机抽汽压力，蒸汽在汽轮发电机内变为电能的焓降就要减少，使供热发电量降低，对节约燃料不利，但提高供水温度，却减小了热力网设计流量和相应的管径，降低了热力网的投资、电耗以及用户设备费用。因此，存在一个最佳供、回水温度的选择问题。

对于以区域锅炉房为热源的热力网，提高供水温度、加大供回水温差，可以减小热力网流量，降低管网投资和运行费用，而对锅炉运行的煤耗影响不大，从这方面看，应提高区域锅炉房供热的介质温度。但当介质温度高于热用户系统的设计温度时，用户入口要增加换热或降温装置，故提高供热介质温度也存在技术经济合理化的问题。

通过对以上两种热源的分析，本条提出应结合具体的工程条件，综合热源、热力网、热用户系统几方面的因素进行技术经济比较来确定热水热力网供热介质的最佳温度。

4.2.2 当不具备确定最佳供、回水温度的技术经济比较条件时，本条推荐的热水热力网供、回水温度的依据是：

1 以热电厂（不包括凝汽式汽轮机组低真空运行）为热源时，热力网供、回水温度推荐值，主要根据清华大学热能工程系 1987 年完成的《城市热电厂热水供热系统最佳供回水温度的研究》，该研究报告认为：采用单级抽汽汽轮机组供热时，热化系数 0.9 以上（即基本上不设串联尖峰锅炉的条件下）供热系统供水温度 110～120℃、回水温度 60～70℃较合理；随着热化系数的降低（即随着串联尖峰锅炉二级加热量的增加）合理的供水温度相应增加，当热化系数由 0.9 降低至 0.5 时，最佳供水温度由 120℃增加至 150℃；采用高、低压抽汽机组对热力网水两级加热时，在没有尖峰锅炉的条件下，热力网供水温度 150℃最佳。而串联尖峰锅炉也是两级加热，因而统一规定：一级加热取较小值；两级加热取较大值。

2 以区域锅炉房为热源时，供水温度的高低对锅炉运行的经济性影响不大。当供热规模较小时，与户内采暖系统设计参数一致，可减少用户入口设备投资。当供热规模较大时，为降低管网投资，宜扩大供回水温差，采用较高的供水温度。

3 多个热源联网运行的供热系统，为了保证水力汇合点处用户供热参数的稳定，热源的供热介质温度应一致；当区域锅炉房与热电厂联网运行时，由于热电厂的经济性与供热介质温度关系密切，而锅炉的运行温度与运行的经济性关系不大，所以这种联网运行的设计供、回水温度应以热电厂的最佳供、回水温度为准。

4.3 水质标准

4.3.1 为防止热水供热系统热网加热器和管道产生腐蚀、沉积水垢，对热力网水质应进行控制。我国一些城市的热力网，由于热力网补水率高，有的甚至直接补充工业水、江水，结果使热网加热设备、管道以致用户散热器结垢、腐蚀，甚至造成堵塞，严重影响供热效果，并降低了热力网寿命。因此在控制热力网补水率的同时还必须对热力网补给水的水质严格要求。

本条热力网补给水水质标准采用《工业锅炉水质》(GB 1576)对热水锅炉水质标准的规定，理由是：①热水热力网往往设尖峰锅炉（热水锅炉）或与区域锅炉房联网运行，水质应符合锅炉水质的国家标准要求；②由于锅炉水质标准的要求比热力网严格，满足热水锅炉要求的水质，必然满足热力网管道的要求。该标准规定锅炉给水 pH 值应大于等于 7，锅水 pH 值应控制在 10～12，规定热力网补给水 pH 值为 7～12，即可利用锅炉排污水作热力网补给水。

4.3.2 本条规定考虑开式热水热力网直接取用热力网中的供热介质作为生活热水使用。《建筑给水排水设计规范》(GBJ 15) 中明确规定："生活用热水的水质应符合现行的《生活饮用水卫生标准》的要求。"

4.3.3 本条采用前苏联《热力网规范》的规定。该水质标准低于我国低压锅炉给水水质的要求，当然更不能满足热电厂高压锅炉的给水标准。所以用户返回的凝结水尚需进行处理才能作为锅炉给水使用。要求用户返回凝结水的质量过高是不现实的，不进行处理直接使用也是不可能的。应根据《火力发电机组及蒸汽动力设备水汽质量标准》（GB 12145）

的要求，并进行技术经济比较，且与热源单位协议确定凝结水回收的可行的、经济的指标。

4.3.4 蒸汽供热系统的凝结水应尽量回收，当在生产工艺过程中被有害物质污染或因其他原因不适宜回收时，对于必须排放的蒸汽凝结水应符合污水排放标准，特别应注意防止凝结水温度对排放点的热污染。《污水排入城市下水道水质标准》对各种污染物排放的规定较多，条文中不宜一一列出，其中规定温度应小于等于35℃。

4.3.5 热力网管线中不锈钢设备逐年增多，Cl^-引起的应力腐蚀事故已发生多起。介质中Cl^-含量不大于25ppm是一般不锈钢产品的要求，除控制供热介质中的Cl^-含量外，还可采用在不锈钢设备内衬防止Cl^-腐蚀的材料等措施解决。

5 热力网型式

5.0.1 本条为热水热力网的一般型式的规定，闭式管网只供应用户所需热量，水作为供热介质不被取出。采用闭式管网，热力网补水量很小，可以减少水处理费用和水处理设备投资；供热系统的严密性也便于检测。但用户引入口需要设置生活热水的加热设备，使用户引入口装置复杂，投资较大，维修费用较高。由于国内城市热力网目前生活热水负荷的比例还不高，用户投资大的缺点不十分突出，又加上城市水源、水质方面因素的限制，所以目前采用闭式双管制管网是合适的。

5.0.2 本条为闭式热水热力网采用多管制的原则。当需要高位能供热介质供给生产工艺热负荷时，若采用一根管道供热，则必须提高采暖、通风、空调等热负荷的供热介质参数，这对热电联产的经济性不利。同时在非采暖期管网热损失也加大。采用分管供热，针对不同负荷，采用不同的介质参数，可提高热电厂的经济性，非采暖期将一根管停用也减少了热损失。若提高热电厂经济性和非采暖期减少的热损失的费用可以补偿增加的管道投资，采用多管制是合理的。

5.0.3 城市开式热水热力网，目前在我国使用不多。本条只确定了选择原则。开式热水热力网主要特点是直接取用热力网的供热介质作为生活热水使用。不需在用户处设热交换器等设备，用户入口装置投资减小。当城市具有足够大且廉价的低位能热源时（例如大量的低温工业余热），应采用开式热水热力网，大力发展生活热水负荷，这样做可以节约大量燃料，降低能源消耗，提高生活水平（如不供生活热水，居民和某些生产部门要用大量燃料甚至城市煤气来加热热水）。由于直接取用热力网供热介质，所以热力网补水量很大，而且水质要求高，这就要求具有充足而且质量良好的水源，以降低水处理成本。这是采用开式热水热力网的基础条件。

是否采用开式热水热力网，应从燃料节约、管网投资等方面进行技术经济比较确定。在做技术经济比较时，应考虑给水管网投资可以减少这一因素。开式热力网不仅节约燃料还可以降低环境污染，具有很大的社会效益。

5.0.4 本条为采用开式单管制热力网的原则。前提是热水负荷必须足够大，且有廉价的低温热源。采用开式单管热力网实质上就是敷设了供热水的给水管网，冬季首先用热水采暖，然后作为生活热水使用。因其替代了部分自来水管网，所以是很经济的。如果热水负荷不够大，为了保证采暖要大量放掉热水，就不一定经济了。

5.0.5 本条为蒸汽热力网型式的确定原则。

当各用户之间所需蒸汽参数相差不大，或季节性负荷占总负荷比例不大时，一般都采用一根蒸汽管道供汽，这样最经济，也比较可靠，采用的比较普遍。

当用户间所需蒸汽参数相差较大，或季节性负荷较大时，与第 5.0.2 条同样的道理，可以采用双管或多管。

当用户分期建设，热负荷增长缓慢时，若热力网管道按最终负荷一次建成，不仅造成投资积压，而且有时运行工况也难以满足设计要求，这是很不合理的。在这种情况下，应采用双管或多管分期建设。

5.0.6 本条为不设凝结水管的条件。由于生产工艺过程的特殊情况，有时很难保证凝结水回收质量和数量，此时建造凝结水管投资很大，凝结水处理费用也很高，在这种情况下，坚持凝结水回收是不经济的。但为了节约能源和水资源，应在用户处对凝结水本身及其热量加以充分利用。

5.0.7 本条为凝结水回收系统的设计要求，主要考虑热力网凝结水管道采用钢管时，防止管道的腐蚀。用户凝结水箱采用闭式水箱主要考虑防止凝结水溶氧，同时凝结水管采用满流压力回水，这时就不会形成严重的腐蚀条件。强调管中任何时候都充满水，其含义是即使用户不开泵时，管中亦应充满水。现在有些新型管材或钢管内衬耐腐蚀材料，当选用这些耐腐蚀管材时，可采用非充满水的形式。

5.0.8 供热建筑面积大于 $1000 \times 10^4 m^2$ 的大型供热系统，一旦发生事故，影响面大，因此对可靠性要求较高。多热源供热，热源之间可互为备用，不仅提高了供热可靠性，热源间还可进行经济调度，提高了运行经济性。各热源干线间连通，或热力网干线连成环状管网，可提高管网可靠性，同时也使热源间的备用更加有效。环状管网投资较大，但降低了各热源备用设备的投资，故是否采用应根据技术经济比较确定。

5.0.9 供热干线或环状管网设计时留有余量并具备切换手段才能使事故状态下的热量可以自由调配。

由于供热是北方地区的生存条件之一，供热系统的可靠性是衡量保证安全供热能力的重要指标，应尽可能提高供热可靠性，事故时至少应保证最低的供热量保证率，以使事故状态下供热管线、设备及室内采暖系统不冻坏。在经济条件允许的情况下，可提高表 5.0.9 规定的供热量保证率。

5.0.10 本条建议同一热源向同一方向引出的干线间宜设连通线，可在投资增加不多的情况下增加热力网的后备能力，提高供热的可靠性。

连通管线同时作为输配干线使用，比建设专用连通线节约投资。结合分段阀门的设置来设置连通管线的目的是在事故状态下，利用分段阀门切除故障段，保证其他用户限量供热。

5.0.11 本条主要考虑特殊条件下的重要用户，并不适用于一般用户。例如北京人民大会堂、国宾馆等重要政治、外事活动场所，在任何情况下，不允许中断供热。

6 供热调节

6.0.1 国内外的经验证明，热水供热系统实现高质量供热，必须采用在热源处进行集中调节、在热力站或热力入口处进行局部调节和在用热设备处进行单独调节相结合的联合调节方式。在热源处进行的集中调节是满足供热质量要求、保证热源设备经济合理运行的必要手段。集中调节是粗略的调节，只能解决各种热负荷的共同需求。即使只有单一采暖负荷，各建筑物、各采暖系统对供热的需求也不是完全一致的。集中调节只能满足热负荷的共性要求。在热力站特别是在单栋建筑入口的局部调节可根据单一负荷的需求进行较为精确的供热调节。在用热设备处的单独调节是满足用户要求的供热品质的最终调节。上述几种调节方式是相互依存、相互补充的，联合采用才能实现高质量供热。以上所述的各种调节只有借助自动化装置才能达到理想的效果。特别是实行分户计量后，用户有了自主调节的手段，使在用户设备处进行的单独调节变得十分活跃。用户自主调节的实质是热负荷值根据用户的自主需要而改变，供热系统要适应这种热负荷随机变动的情况，而保持供热系统供热质量的稳定就更加需要提高调节的自动化水平。

6.0.2 本条为单一采暖负荷、单一热源在热源处进行的集中调节的规定。单一采暖负荷采用集中质调节对于热电厂抽汽机组供热较为合理。这种调节方式的优点是采暖期大部分时间运行水温较低，可以充分利用汽轮机的低压抽汽，提高热电联产的经济性。同时集中质调节在局部调节自动化水平不高的条件下可使采暖供热效果基本满意。质调节基于用供热介质温度的调节适应气温变化保持用户室内温度不变的原理，而不改变循环流量，故其缺点是采暖期水泵耗电量较大。质—量综合调节供水温度和管网流量随天气变冷逐渐加大，可较单纯质调节降低循环水泵耗电量。质—量调节相对于单纯质调节供水温度的调节幅度较小，整个采暖期供水平均温度较高，所以相对于单纯质调节热电联产的节煤效果稍差。若选择恰当的温度、流量调节范围，质—量调节可以得到很好的节能效果。因为锅炉运行的经济性与供水温度的高低关系不大，所以质—量调节对锅炉房供热是较好的供热调节方式。

用户自主调节和供热系统进行的供热调节是性质完全不同的调节。存在用户自主调节不会改变供热调节方式的性质。用户自主调节导致热需求的改变，当然引起热负荷的改变，但这不是室外气温改变导致的负荷改变。用户热需求增大即相当用户增多，用户热需求减小即相当用户减少，这会使供热系统的循环流量改变，并不意味着实施了量调节，集中质调节（或质－量调节）方式并未改变。但用户自主调节造成的负荷波动却会对供热调节质量产生影响。若供热系统的集中调节采用质调节，在热负荷稳定的情况下，管网循环流量不变，只要及时根据室外气温按给定的温度调节曲线准确调整供水温度即可得到较高的调节质量。当用户自主调节活跃时，虽然还是质调节，但热网流量会产生波动，如果供热调节未实现自动化，那么在室外气温不变的情况下，热网供水温度将受影响而波动，降低了调节质量；同时，流量的波动也带来全网分布压头不稳定，在局部调节自动化程度低时，将进一步降低用户的供热质量。分户计量实施后，对供热调节（包括在热源处进行的集中调节和在热力站、用户入口处进行的局部调节）的自动化水平提出了较高的要求，以适应用户自主调节带来的流量波动，保证较高的供热调节的质量。

6.0.3 本条为单一采暖负荷在热源处进行集中调节的规定。基本热源与尖峰热源联网运行的热水供热系统，在基本热源未满负荷前尖峰热源不投入运行，基本热源单独供热，负担全网负荷。这个阶段，为单热源供热，可按第6.0.2条规定进行集中供热调节，当基本热源为热电厂时，一般采用集中质调节方式运行，但基本热源满负荷时其运行供水温度应达到或接近该热源的设计最高值，否则，可能造成满负荷时流量超过设计能力（当然，设计时循环水泵流量会留有一定的余量，但不可能很大），这就要求该运行阶段的质调节在基本热源满负荷时运行水温接近最高值。随着热负荷的增长，尖峰热源投入与基本热源联网运行。联网运行时，从便于调节出发应采用改变热源循环水泵扬程的方法进行热源间的热网流量（即热负荷）调配。基本热源单独运行采用集中质调节，当其满负荷时供水温度已达到或接近最高值，故联网运行阶段不可能继续实施质调节，只能进行量调节。这时，供热系统供水温度基本不变而流量随热负荷的增加而加大，增大的负荷（增加的流量）由尖峰热源承担，基本热源维持满负荷运行。量调节阶段，用户的热网（一次水）流量随室外气温变化而改变，但一次水供水温度基本不变，而用户内部采暖系统（二次水）一般仍按质调节（或质－量调节）运行，这就要求局部调节的自动化水平较高，这在已实现联网运行的现代化供热系统应是不成问题的。

基本热源单独运行阶段和尖峰热源投入联网运行阶段也可采用统一的质－量调节曲线，但质－量调节的温度变化范围应较小，而流量变化范围应较大，以保证基本热源单独运行负担全网用户供热而满负荷时，热网循环流量不致超过其循环水泵的能力。

6.0.4 一般采暖负荷在热水供热系统中是主要负荷，因此应按采暖负荷的用热规律进行供热的集中调节。为了多种负荷的需要，水温调节还要满足其他负荷的要求。

6.0.5 为满足生活热水60℃的供水温度标准，考虑10℃的换热器端差，闭式热力网供水温度最低不得低于70℃（开式热力网供水温度不得低于60℃）。当生活热水供水温度标准可以低于60℃时，热力网最低供水温度可相应降低。

6.0.6 生产工艺热负荷是多种多样的，甚至每一台设备的用热规律都不同，因此不便于集中调节，应采用局部调节。

6.0.7 多热源联网运行的热力网，各热源供热范围的平衡点随热负荷的变化而变动，若各热源的调节方式不同，水温差异过大，则在各平衡点附近的用户处水温波动很大，无法保证用户正常用热。即使安装了自动调节装置，由于扰动过大自动调节装置也无法正常工作。所以各热源应该采用统一的调节方式，执行同一温度调节曲线。因为担负基本负荷的热源在供热期内始终投入运行，供热量大，从它的运行经济性考虑，应以它为准来确定调节方式。确定调节方式的原则应按本章第6.0.2、6.0.3、6.0.4和第6.0.5条的条文执行。

6.0.8 热水供热系统非采暖期对生活热水负荷、空调制冷负荷供热时，因生活热水负荷随机波动很大，空调制冷机组运行需要较高水温，所以热源不进行集中调节而采用供水温度定温运行，为适应负荷的变化，应在热力站进行局部调节。

7 水力计算

7.1 设计流量

7.1.4 热力网设计流量应取各种热负荷的热力网流量叠加得出的最大流量，其计算方法与供热调节方式有关。

1 采用集中质调节时，采暖热负荷热力网流量在采暖期中保持不变；通风、空调热负荷与采暖热负荷的调节规律相似，热力网流量在采暖期中变化不大。因采暖期开始（结束）时热力网供水温度最低，这时生活热水热负荷的热力网流量最大。

2 采用集中量调节时，生活热水热负荷热力网流量在采暖期中保持不变；采暖、通风、空调热负荷的热力网流量，随室外温度下降而提高，达到室外计算温度时，热力网流量最大。

3 采用集中质—量调节时，各种热负荷的热力网流量随室外温度的变化都在改变，由于调节规律和各种热负荷的比例难于事先确定，故无法预先给出计算方法。

4 开式热水热力网，直接取用热力网的供热介质作为生活热水使用，双管开式热力网由于有一部分水在用户处被用掉，热力网供水管和回水管的流量不同。在90版规范中考虑到两管分别进行水力计算不方便，采用一个生活热水等效流量系数0.6，取供、回水管的平均压力降统一进行水力计算。因目前计算机已普及，供、回水管分别进行水力计算已无困难，所以条文中不再规定等效流量系数。

7.1.5 生活热水换热器与采暖、通风、空调或吸收式制冷机系统的连接方式，分为并联和两级串联或两级混合连接等方式。当生活热水热负荷较小时，一般采用并联方式。当生活热水热负荷较大时，为减少热力网的设计流量，可采用两级串联或两级混合连接方式。两级串联或两级混合连接方式，其第一级换热器与其他系统串联，用其他系统的回水做第一级加热，而不额外增加热力网的流量，第二级换热器或串联在其他系统以前供水管上或与其他系统并联，这一级换热器需要增加热力网的流量。计算热力网设计流量时，只计算因生活热水热负荷增加的热力网流量。

7.1.6 生活热水热负荷的热力网支线与干线设计流量计算方法相同，在计算支线设计流量时，应按第 3.1.5 条规定取用平均热负荷或最大热负荷，作为设计热负荷。

7.1.7 蒸汽热力网生产工艺负荷较大，其负荷波动亦大，故应用同时系数的方法计算热力网最大流量。同时系数推荐值的说明详见第 3.1.5 条。

对于饱和蒸汽管道，由于管道热损失，沿途生成凝结水，应考虑补偿这部分凝结水的蒸汽量，对于过热蒸汽，管道的热损失由蒸汽过热度的热焓补偿。

7.1.8 本条为凝结水管道设计流量的确定方法，因蒸汽管道的设计流量为管道可能出现的最大流量，故以此计算出的凝结水流量，也是凝结水管的最大流量。

7.2 水力计算

7.2.1 水力计算分设计计算、校核计算和事故分析计算等三类。它是热力网设计和已运行管网压力工况分析的重要手段。进行事故工况分析十分重要，无论在设计阶段还是已运行管网都是提高供热可靠性的必要步骤。为保证管道安全、提高供热可靠性对一些管网还应进行动态水力分析。

7.2.3 多热源联网运行时，各热源同时在共同的管网上对用户供热，这时管网、各热源的循环泵必须能够协调一致的工作，这就要进行详细的水力工况分析。特别是当一个热源满负荷，下一个热源即将投入运行时的水压图是确定热源循环泵参数的重要依据。

7.2.4 事故情况下应满足必要的供热量保证率。为了热源之间进行供热量的调配，管线留有适当的余量是必要的前提。

7.2.5 采暖期、供冷期、过渡期热力网水力工况分析的目的是确定或核算循环泵在上述运行期的流量、扬程参数。

7.2.8 对于本条提出的特殊情况，例如，长距离输送干线由于沿途没有用户，一旦干线上的阀门误关闭，则运行会突然完全中断；地形高差大的管网，低处管网承压较大；系统工作压力高时往往管道强度储备小；系统工作温度高时易汽化等等。在这些情况下供热系统极易发生动态水力冲击（或称水锤、水击）事故。水击发生时压力瞬变会造成巨大破坏，而且是突发事故，应引起高度重视。因此有条件时应进行动态水力分析，根据计算结果采取相应措施，有利于提高供热系统的可靠性。

7.2.10 本条列出一些防止压力瞬变破坏的安全保护措施，供设计参考，哪种措施是有效的，应由动态水力分析的结果确定。这些措施的作用是防止系统超压和汽化。

7.3 水力计算参数

7.3.1 关于管壁当量粗糙度，还比较缺乏这方面的试验、统计资料，本条规定采用一般沿用的数值。北京市城市热水管网曾根据实测压力降推算出管壁当量粗糙度约为0.0004m（管网运行约20余年，管道内表面无腐蚀现象），与本条规定值接近。

7.3.2 经济比摩阻是综合考虑管网及泵站投资与运行电耗及热损失费用得出的最佳管道设计比摩阻值。它是热力网主干线（包括环状管网的环线）设计的合理依据。经济比摩阻应根据工程具体条件计算确定。为了便于应用，本条给出推荐比摩阻数据。推荐比摩阻为采用我国采暖地区平均的价格因素粗略计算的经济比摩阻并适当考虑供热系统水力稳定性给出的数据。

7.3.3 由于主干线已按经济比摩阻设计，支干线及支线设计比摩阻的确定不再是技术经济合理的问题，而是充分利用主干线提供的作用压头，满足用户用热需要的问题，因此应按允许压力降的原则确定支干线、支线管径。

当管网提供的作用压头很大用户需要的压头又很小时，允许比压降很大，管径可选得很小，出现管内流速过高问题。过去设计中管内允许流速低，支管直径偏大，用户往往需用节流手段消除很大的剩余压头。由于用户节流手段不佳，往往造成循环流量过大，用户过热。因此提高管内流速不仅可节约管道投资，还可减少用户过热现象。

3.5m/s的流速限制主要是限制*DN*400以上的大管，由于3.5m/s流速的约束，*DN*400以上管道的允许比摩阻由300Pa/m逐步下降。还可以看到由于300Pa/m的允许比压降的限制，实质上是限制了*DN*400以下管道的允许流速，即*DN*400以下小管由允许流速3.5m/s下降到*DN*50的管道只允许0.90m/s。规定两个设计指标，实质上等于提出一系列设计指标，即对*DN*400以上大管规定了一系列的允许比摩阻值；对*DN*400以下小管规定了一系列允许流速数值。*DN*400以上大管允许比摩阻较低是出于水力稳定性的考虑。随管径加大，连接的用户越多，管道水力稳定的要求较高，故设计比摩阻不宜过高。限制小管流速，根据同济大学《城市热力网介质极限流速研究》一文，不是振动、噪音和冲刷等问题，可能是考虑引射作用影响三通分支管流量分配的原因。

本规范只对连接两个以上热力站的支干线，提出比摩阻不应大于300Pa/m的规定，对只连接一个热力站的支线，可以放宽限制，只受3.5m/s的约束。也就是说对于*DN*50的小管从0.90m/s提高到3.5m/s，相当允许比摩阻约400Pa/m。这对消除管网首端用户处的剩余压头，防止“过热”有利，同时还可节约管线投资。提高小直径管道（≥50mm）流速到3.5m/s在噪声、振动等方面不存在问题，同济大学的实验工作完全证实了这点。由于是无分支管道，不存在三通处流量分配的问题，进入用户后内部设计的管径放大，也不会对用热造成影响。这样做实质上是用一段小管，取代用户入口的节流装置，起到消除剩余压头的作用，技术上不会发生不良影响，只能带来节约投资的良好效果。

7.3.4 本条推荐的蒸汽管道设计最大流速沿用过去的规定。

7.3.5 本条是以热电厂为热源的蒸汽管网的设计原则。蒸汽热力网管道选择按照允许压力降的原则，所以确定管道起始点压力是管网设计是否合理的前提。蒸汽管网起始点压力就是汽轮机抽（排）汽压力，这个压力的高低，对热电联产的经济效益影响很大。网内用户所需蒸汽参数确定后，若将汽轮机抽（排）汽压力定得过高，则使发电煤耗提高，降低热电联产的节煤量，但另一方面可以增加管道的允许压力降，减小管径，降低热力网投资和热损失。因此这是一个抽（排）汽参数的优化问题。正确的设计应选择最佳汽轮机抽（排）汽压力，作为热力网的起始点压力。

7.3.6 本条是以区域锅炉房为热源的蒸汽热力网设计原则。锅炉运行压力的高低，对热源的经济效益影响不大，但对热力网造价的影响很大，起始压力高则可减少管径、降低管道投资。所以在技术条件允许的情况下，宜采用较高的锅炉出口压力。

7.3.7 凝结水管网的动力消耗、投资之间的关系与热水热力网基本相近，因不需考虑水力稳定性问题，推荐比摩阻值可比热水管略大，故取 100Pa/m。

7.3.8 城市热力网设计，尤其是在初步设计中，由于管道设备附件的布置没有确定，局部阻力估算是经常采用的，即用以往工程统计出的局部阻力与沿程阻力的比值进行计算。关于局部阻力数据，我国目前尚无自己的实验数值。有关部门曾计划测定，但因耗费的人力、财力巨大，且时间很长而未能进行。城市热力网设计采用的局部阻力数据多来自前苏联资料。本条推荐的数据参考前苏联《热力网设计手册》，根据多年的设计经验和工程统计，我们认为这个数据是比较准确的。对于新型管网设备的局部阻力，建议生产厂家在型式检验时测定，并在产品说明中提供。

7.4 压 力 工 况

7.4.1 本条规定的原则是为了确保供水管在水温最高时，任何一点都不发生汽化。

7.4.2 本条考虑直接连接用户的使用安全，也考虑到压力波动时不致产生负压造成回水管路中的水汽化，确保热力网的正常运行。规定中未提到“回水压力应保证直接连接用户不倒空”，因为这不是确定回水压力的必要条件。若出现倒空问题，许多情况下，可以用壅流调节（即在用户回水总管节流，工程实施时应采用自动调节阀）的方法解决，这是选择用户连接方式时的一种技术措施。

7.4.3 当热力网水泵因故停止运转时，应保持必要的静压力，以保证管网和管网直接连接的用户系统不汽化、不倒空、且不超过用户允许压力，以使管网随时可以恢复正常运行。

7.4.4 开式热力网在采暖期的运行压力工况，必须满足采暖系统的要求，同时也就满足了生活热水系统的要求。而在非采暖期生活热水为主要热负荷时，热源的循环水泵通常扬程很低，压力工况发生变化，此时开式热力网回水压力如低于直接配水用户生活热水系统静水压力，就不能保证正常供水。加 50kPa 是考虑最高配水点有 2m 的压头和考虑管网压力波动留有不小于 3m 的富裕压头。

7.4.6 目前城市热水热力网采用补给水泵定压，定压点设在热源处的比较多。但是，由于各地具体条件不同，定压方式及定压点位置有不同要求，故只提出基本原则。

多热源联网运行时，全网水力连通是一个整体，它可以有多个补水点，但只能有一个定压点。

7.4.7 水压图能够形象直观地反映热力网的压力工况。城市热水热力网供热半径一般较大，用户众多，如果只进行水力计算而不利用水压图进行各点压力工况的分析，在地形复杂地区往往会导致采取不合理的用户连接方式、中继泵站设置不当等设计失误。

7.4.10 城市蒸汽热力网一般是多个热力站凝结水泵并网工作，向热源送还凝结水，所以必须合理地选择各热力站的凝结水泵扬程，绘制凝结水管网的水压图，有助于正确选择热力站的凝结水泵，保证所有凝结水泵协调一致地工作。

7.5 水 泵 选 择

7.5.1 本条第1款考虑：城市热力网的热损失采用流量补偿。在热负荷和流量计算中已经包括了热损失的补偿流量。热网循环水泵一般较大，考虑水泵一般有一定的超载能力，故在水泵选择时不再进行流量附加。有的热水锅炉为了提高锅炉入口水温，在锅炉出口至循环水泵入口装有混水用的旁路管，循环水泵的选择应计入这部分流量。

第5款规定循环水泵在三台或三台以下时应设备用泵，目的是保证任何情况下正常供热。在设有四台以上循环水泵时，如有一台水泵因故障停止运行，其余水泵的工作点会自动发生变化，流量提高，尽管水泵效率可能降低，但总的流量下降不大，在短时期内不致影响正常供热，故可不设备用泵。

第6款多热源联网运行时，调节热源循环泵扬程是热源间负荷调配的手段，采用调速泵是最佳选择。

7.5.2 热力网采用两级循环水泵串联设置目的是将热网加热器设置于两级泵中间，以降低热网加热器承压。所以第一级泵的出口压力不应高于加热器的承压能力。第2款规定是考虑高温热水供热系统建立可靠的静压系统。将热网循环泵分为两级串联，定压补水点放在两级循环泵中间，设定压值与静压值一致，这时如果定压系统设备可靠，则供热系统同时也有了可靠的静压系统。一旦循环泵突然停泵，系统可以维持静压，保证管中热水不汽化，故障排除后可迅速恢复运行。若没有可靠的静压系统，例如循环泵跳闸，供热系统不能维持静压，管中热水汽化，如若迅速启动循环泵恢复运行，管中汽穴弥合会发生巨大的压力瞬变，有可能导致管网破坏事故。两级循环泵设置，第一级泵的出口压力应等于静压力，一般宜选用定速泵，第二级泵应采用调速泵。

基于上述优点，国外采用两级循环泵的较多。其缺点是投资较大，且定压补水耗能较大。

7.5.3 本条第1款的规定主要是参考《火力发电厂设计技术规程》而制定的。该规程规定：补给水设备的容量，应保证热力网正常补给水量的4倍，其中2倍的水量（但不少于20t/h）应采用除过氧的化学软水以及锅炉排污水。而其他2倍的水量则采用工业用水。

第4款考虑事故补水不是经常发生的，设置两台水泵即可保证正常补水不致停止，但应及时排除水泵故障，以备事故状态两台水泵同时工作。

第5款开式热力网补水量大，且生活热水波动较大，设置多台水泵，易于调整，节约电能。为了保证供应生活热水，应设备用泵。

第6款规定是防止补水能力不足导致压力降低，造成管中存在的高温水汽化，很难恢复正常运行。

7.5.4 本条考虑主要是减少热力网循环水泵的汽蚀。

8 管网布置与敷设

8.1 管 网 布 置

8.1.1 影响城市热力网管网布置的因素是多种多样的。过去提出热力网管线应通过负荷重心等，有时很难实现，故本条不再提出具体规定，而只提出考虑多种因素，通过技术经济比较确定管网合理布置方案的原则性规定。有条件时应对管网布置进行优化。

8.1.2 本条提出了热力网选线的具体原则。提出这些原则的出发点是：节约用地；降低造价；运行安全可靠；便于维修。

8.1.3 本条规定的目的是增加管道选线的灵活性，并考虑300mm以下管线穿越建筑物时，相互影响较小。如地下室净高2.7m时，管道敷设于顶部，管下尚有约2m的高度，一般不致影响地下室的使用功能。一般的建筑物开间在3m以上，300mm以下管道的通行管沟可以从承重墙间的地下通过。300mm以下较小直径的管道，万一发生泄漏等事故，对建筑物的影响较小，并便于抢修。本条规定同前苏联《热力网规范》，有一些工程实例安全运行在20年以上。近些年暗挖法施工普遍采用，它是穿越不允许拆迁建筑物的较好的施工方法，也不受管径的限制。

8.1.4 综合管沟是解决现代化城市地下管线占地多的一种有效办法。本条将重力排水管和燃气管道排除在外，是从重力排水管道对坡度要求严格，不宜与其他管道一起敷设和保证安全等方面考虑的。

8.1.5 本条为城市热力网管道地上敷设节约占地的措施。

8.2 管 道 敷 设

8.2.1 从城市市容美观要求，居住区和城市街道上热力网管道宜采用地下敷设。鉴于我国城市的实际状况，有时难于找到地下敷设的位置，或者地下敷设条件十分恶劣，此时可以采用地上敷设。但应在设计时采取措施，使管道较为美观。城市热力网管道地上敷设在国内、国外都有先例。

8.2.2 对于工厂区，热力网管道地上敷设优点很多，投资低、便于维修、不影响美观，且可使工厂区的景观增色。

8.2.3 为了节约投资和节省占地，本次修改强调地下敷设优先采用直埋敷设。因为《城镇直埋供热管道工程技术规程》已颁布执行，同时国内许多厂家可以提供高质量的符合《聚氨酯泡沫塑料预制保温管》（CJ/T 114、CJ/T 129）标准的产品等，再加上直埋敷设的优越性，理应大力推广。不通行管沟敷设，在施工质量良好和运行管理正常的条件下，可以保证运行安全可靠，同时投资也较小，是地下管沟敷设的推荐形式。通行管沟可在沟内进行管道的检修，是穿越不允许开挖地段的必要的敷设型式。因条件所限采用通行管沟有困难时，可代之以半通行管沟，但沟中只能进行小型的维修工作，例如更换钢管等大型检修工作，只能打开沟盖进行。半通行管沟可以准确判定故障地点、故障性质、可起到缩小开挖范围的作用。蒸汽管道管沟敷设有时存在困难，例如地下水位高等，因此最好也采用直埋敷设。近些年不少单位做了很多蒸汽管道直埋敷设的试验工作，但也存在一些尚待解决的问题。因此，本规范很难提出蒸汽管道直埋敷设的具体规定，只能提出原则要求，希望大家继续探索。提出蒸汽管道直埋敷设预制保温管道的寿命25年是根据热力公司提取管道折旧费率（管道建设费用4%）的规定得出的，否则会造成热力公司的亏损，这比热水直埋预制保温管保证寿命30年以上的规定放宽了要求。

8.2.4 经验证明保护层、保温层、钢管相互脱开的直埋敷设热水管道缺点很多。最主要的问题是一旦保温结构在一个点有缺陷，水分就会沿着钢管扩散，造成大面积腐蚀，因此早已被保护层、保温层、钢管结合成一体的整体式预制保温管所代替。整体式预制保温管可以利用土壤与保温管间的摩擦力约束管道的热伸长，从而实现无补偿敷设，但同时也对预制保温管三层材料间的粘合力提出很高的要求。直埋预制保温管转角管段热变形时，弯头及其附近管道对保温层的挤压力量很大，要求保温层有足够的强度。作为市政基础设施的城市热力网，对管道的可靠性要求较高，因此对热水直埋敷设预制保温管质量提出了较高的要求。

8.2.5 本条规定的尺寸是保证施工和检修操作的最小尺寸，根据需要可加大尺寸。例如，自然补偿管段，管道横向位移大，可以加大管道与沟墙的净距。

8.2.6 经常有人进入的通行管沟，为便于进行工作应采用永久性的照明设备。为保证必要的工作环境，可采用自然通风或机械通风措施，使沟内温度不超过40℃。当没有人员在沟内工作时，允许停止通风，温度允许超过40℃以减少热损失。

8.2.7 在通行管沟内进行的检修工作包括更换管道，因此安装孔的尺寸应保证所有检修器材的进出。当考虑设备的进出时，安装孔的宽度还应稍大于设备的法兰及波纹管补偿器的外径。

8.2.8 表8.2.8的规定与国内有关规范和前苏联规范基本相同。几点说明如下：

1 本条规定对于管沟敷设与建筑物基础水平净距为0.5m，我们考虑管沟敷设有沟墙和底板的隔离，一旦管道大量漏水，不会直接冲刷建筑物基础及其以下的土壤，一般不会威胁建筑物的安全。净距0.5m仅考虑施工操作的需要。当然与建筑物基础靠近，使热力网管沟落入建筑物施工后的回填土区内，需要设计时采取地基处理措施，在城市用地紧张的条件下，减少水平净距的规定是必要的，可给设计带来较大的灵活性。管沟敷设与建筑物距离很近的设计实例是不少的，且至今尚未发现不良影响。

2 对于直埋敷设热力管道，因其漏水时对土壤的冲刷力大，威胁建筑物的安全，故与建筑物基础水平净距应较大。尤其是开式系统，补水能力很大，漏水时管网压力下降较小，对土壤的冲刷严重。

8.2.9 本条为地上敷设管道的敷设要求。低支架敷设时，管道保温结构距地面0.3m的要求是考虑安装放水装置及防止地面水溅湿保温结构。管道距公路及铁路的距离已在表8.2.8中列入。

8.2.10 本条未规定在铁路桥梁上架设热力网管道的理由是：

1 铁路桥梁没有检修管道的足够位置；

2 当管道发生较大故障时，铁路很难停止运行配合管道的抢修工作；

3 列车运行和管道事故对双方的安全运行影响较大。

某些支线铁路桥有时也有条件敷设较小的热力管道，但规范不宜推荐，设计时可与铁道部门协商确定。

管道跨越不通航河道时，因管道寿命不超过50年，按50年一遇的最高洪水位设计较为合理。

本条有关通航河道的规定参照《内河通航标准》制订。

8.2.11 本条规定是为了减少交叉管段的长度，以减少施工和日常维护的困难。本条主要参考前苏联《热力网规范》制订。当交叉角度为60°时，交叉段长约为垂直交叉长度的1.15倍；当交叉角度为45°时，交叉段长约为垂直交叉长度的1.41倍。

8.2.12 采用套管敷设可以降低成本，并有利于穿越尺寸有限的交叉地段，但必须留有事故抽管检修的余地。抽管和更换新管可采用分段切割或分段连接的方式施工，但分段不宜过短，本条不便于做硬性规定，由设计人考虑决定。

8.2.13 由于套管腐蚀漏水，或水分自套管端部侵入，极易使保温层潮湿，造成管道腐蚀。本条规定在于保证套管敷设段的管道具有较长的寿命。

8.2.14 地下敷设因考虑管沟排水以及在设计时确定放气、排水点，故宜设坡度。

地上敷设时，采用无坡度敷设，易于设计、施工，国内有不少设计实例，运行中未发现不良影响。

8.2.15 本条第1款盖板最小覆土深度0.2m，仅考虑满足城市人行步道的地面铺装和检查室井盖高度的要求。当盖板以上地面需要种植草坪、花木时应加大覆土深度。第2款直埋敷设管道最小覆土深度规定应按直埋管道规范规定执行。

8.2.16、**8.2.17**、**8.2.18** 这几条规定是关于热力网管道与燃气管道交叉处理的技术要求，规定比较严格。因为热力网管沟通向各处，一旦燃气进入管沟，很容易渗入与之连接的建筑物，造成燃烧、爆炸、中毒等重大事故。这类事故国内外都曾发生过。此外管道穿过构筑物时也应封堵严密，例如穿过挡土墙时不封堵严密，管道与挡土墙间的缝隙会成为排水孔，日久会有泥浆排出。关于地上热力网管道与电气架空线路交叉的规定，主要是考虑安全问题，参考前苏联《热力网规范》制订。

8.3 管道材料及连接

8.3.1 热力网管道在使用安全上的要求不同于压力容器。压力容器容积较大，且一般置于厂、站中，容器破坏时直接危及生产设备和操作人员的安全。而城市热力网管道一般敷设于室外地下，其破坏时的危害远小于压力容器。基于以上考虑，热力网管道材料的选择不应与压力容器采用同一标准，而应将标准适当降低，但亦应保证必要的使用安全。本条对于碳钢中沸腾钢和镇静钢的使用条件较压力容器的规定略加放宽，其对比如下表。本条规定将沸腾钢使用压力由压力容器规定的0.6MPa提高到1.0MPa；但使用温度由压力容器规定的250℃降低到150℃且钢板厚度也由压力容器规定的12mm下降到8mm。沸腾钢存在最大的质量问题是钢板分层和不保证冲击韧性，但对于厚度小于12mm的钢板分层问题较少，且冲击韧性有所提高，所以压力容器规范规定的钢板厚度为小于12mm。根据以往的使用经验，10mm厚的钢板有时仍存在分层问题，厚度8mm的钢板才可以完全消除这方面缺陷，保证质量。

钢号	压力（MPa）		温度（℃）		钢板厚度（mm）	
	压力容器规定	热网管道规定	压力容器规定	热网管道规定	压力容器规定	热网管道规定
Q235-A·F	$P \leq 0.6$	$P \leq 1.0$	$t \leq 250$	$t \leq 150$	≤12	≤8
Q235-A	$P \leq 1.0$	$P \leq 1.6$	$t \leq 350$	$t \leq 300$	≤16	≤16

本规范考虑为了在大多数情况下热水热力网管道（$P \leq 1.0$MPa，$t \leq 150$℃）可以使用沸腾钢板，将其允许使用压力由压力容器规定的 0.6MPa 提高到 1.0MPa。提高使用压力的根据是：1977 年版的《钢制压力容器设计规定》允许使用沸腾钢制造压力不大于 1.0MPa 的压力容器，82 年以后从压力容器的安全性考虑才改为允许使用压力为 0.6 MPa，但并没有使用压力为 1.0MPa 而发生事故的实例。从管道的使用特点和安全要求应低于压力容器的观点，1.0MPa 的热力网管道仍可采用沸腾钢。板厚度小于或等于 8mm，比压力容器的规定更加严格，从而保证了材料的质量，同时还降低了使用温度，即从压力容器规定的 250℃降为 150℃，这些措施对热力网管道的安全是有保证的。基于同样理由将用于热力网管道的镇静钢的允许使用压力规定为 1.6MPa，但使用温度由压力容器规定的 350℃降为 300℃，这可以满足一般蒸汽热力网的要求。多年来，蒸汽热力网一直采用 A3（相当 Q235－A）钢材进行建设，从未发生过材质方面的事故，故可以保证安全。

8.3.2 本条为针对凝结水一般情况下溶解氧较高，易造成钢管腐蚀而采取的措施。

8.3.3 热力网管道工作时管道受力较大，采用焊接是经济可靠的连接方法。有条件时，不易损坏的设备、质量良好的阀门都可以采用焊接。对于口径不大于 25mm 的放气阀门，考虑阀门产品的实际情况，一般为螺纹接头，故允许采用螺纹连接。为了防止放气管根部潮湿易腐蚀而折断，规定采用厚壁管。

8.3.4 本条规定主要是根据冻害调查结果制订的。大连、抚顺、吉林等地区（室外采暖计算温度均为－10℃以下）架空敷设的灰铸铁放水阀门，均发生过冻裂事故。而北京地区（采暖室外计算温度－9℃），一般热水架空管道未发生过铸铁放水阀门冻裂事故。故以采暖室外计算温度－10℃作为分界温度是可行的，但北京地区发生过不连续运行的凝结水管道放水阀冻结问题，故对间断运行的露天敷设管道灰铸铁放水阀的禁用界限，划在采暖室外计算温度－5℃以下地区，本规定与前苏联规范的规定基本相同。采暖室外计算温度－30℃以下地区，在我国仅为个别地区，未对其进行过冻害调查。为了规范的完整性，这部分规定参照前苏联《热力网规范》定出。

热水管道地下敷设时，因检查室内温度较高，事故停热时也不会迅速冷却至 0℃以下，故对地下敷设管道附件材质不做规定。

蒸汽管道发生泄漏时危险性高，从安全考虑，不论任何敷设形式，任何气候条件，都应采用钢制阀门和附件。这方面是有教训的，北京地区 1960 年曾因铸铁阀门框架断裂发生过重大人身事故。

8.3.5 弯头工作时内压应力大于直管，同时弯头部分往往补偿应力很大，所以对弯头质量有较高要求。为了便于加工和备料可以使用与管道相同的材料和壁厚。对于焊接弯头，由于受力较大的原因，应双面焊接，以保证焊透。实际上焊接弯头由于扇形节的长度较小，无论大管、小管都可以进行双面焊。

8.3.6 三通开孔处强度削弱很大，工作时出现较大应力集中现象，故设计时应按有关规定予以补强。直埋敷设时，由于管道轴向力很大，补强方式与受内压为主的三通有别，设计时应按相关规范执行。

8.3.7 本条规定主要是不允许采用钢管抽条法制作大小头。因其焊缝太密集，无法满足焊接技术要求，不能保证质量。

8.4 热 补 偿

8.4.1 本条为热补偿设计的基本原则。直埋敷设热水管道的规定理由详见直埋管道规范。

8.4.2 采用维修工作量小和价格较低的补偿器是管道建设的合理要求，应力求做到。各种补偿器的尺寸和流体阻力差别很大，选型时应根据敷设条件权衡利弊，尽可能兼顾。

8.4.3 采用弹塑性理论进行补偿器设计时，从疲劳强度方面虽可不考虑冷紧的作用，为了降低管道初次启动运行时固定支座的推力和避免波纹管补偿器波纹失稳，应在安装时对补偿器进行冷紧。

8.4.4 套筒补偿器是城市热力网常用的补偿器。它的优点是占地小，补偿能力大，价格较低，但维修工作量大，工作压力高时这种补偿器易泄漏，目前适用于工作压力 1.6MPa 以下。套筒补偿器安装时应随管子温度的变化，调整套筒补偿器的安装长度，以保证在热状态和冷状态下补偿器能够安全工作，设计时宜以 5℃的间隔给出不同温度下的安装长度。

8.4.5 波纹管轴向补偿器导向支座的设置，一般按厂家规定。球形补偿器、铰接波纹补偿器以及套筒补偿器的补偿能力很大，当其补偿段过长时（超过正常的固定支座间距时），应在补偿器处和管段中间设导向支座。防止管道纵向失稳。

8.4.6 球型补偿器、铰接波纹补偿器补偿能力很大，但价格较高，为了少装补偿器，有时补偿管段达 300～500m，为了降低管道对固定支座的推力，宜采取降低管道与支架摩擦力的措施。例如采用滚动支座、降低管道自重等。

8.4.7 这种敷设方式节省支架投资和占地，但处理不当往往会发生上面管道滑落事故。

8.4.8 直埋敷设管道上安装许多补偿器不仅管理工作量大，而且也降低了直埋敷设的经济性，另外，无论是地沟敷设型补偿器还是直埋敷设型补偿器都是管道的薄弱环节，降低了管道的安全性，因此有条件时宜采用无补偿敷设方式。

8.5 附件与设施

8.5.1 管线起点装设阀门，主要是考虑检修和切断故障段的需要。

8.5.2 热水管道分段阀门的作用是：①减少检修时的放水量（软化、除氧水），降低运行成本；②事故状态时缩短放水、充水时间，加快抢修进度；③事故时切断故障段，保证尽可能多的用户正常运行，即增加供热的可靠性。根据第三项理由，输配干线的分段阀门间距要小一些。供热介质可能双向流动的管道，分段阀应采用双向密封阀门。

8.5.3 放气装置除排放管中空气外，也是保证管道充水、放水的必要装置。只有放气点的数量和管径足够时，才能保证充水、放水在规定的时间内完成。

8.5.4 放水装置的放水时间主要考虑冬季事故状态下能迅

速放水，缩短抢修时间，以免采暖系统发生冻害。本条考虑较大管径的管道抢修恢复供热能在24小时以内完成，较小管径能在12小时内完成。本条规定较前苏联《热力网规范》有所放宽，因我国气候除东北、西北部分地区与前苏联相似外，大部分地区气温较高，放水时间可以延长。所以本条放水时间均给出一定的幅度，严寒地区可以采用较小值。为了解决热力网干管供水管高温热水放水困难的问题，可以采取暂停热源的加热、循环泵继续运转的办法，直至回水充满放水管段再行放水，一般只需推迟放水1~2个小时。

放水管管径与放水量、管道坡度、放水点数目、放气管设置情况、允许放水时间等因素有关，故本条只规定放水时间，不宜规定放水管管径。

8.5.5 本条规定与前苏联《热力网规范》相同。

8.5.6 本条规定考虑便于凝结水的聚集，可防止污物堵塞经常疏水装置。

8.5.7 本条规定考虑尽可能减少凝结水损失。但疏水器凝结水的排放压力高于凝结水管压力才有可能实现。

8.5.8 为降低闸阀开启力矩，应按规定设旁通阀。

8.5.9 旁通阀可作蒸汽管启动暖管用，气候较暖地区，为缩短暖管时间，适当加大旁通阀直径。

热水供热系统用软化除氧水补水，一般受制水能力的限制，补水量不能太大。特别是管道检修后充水时，控制充水流量是必要的。这时可以采用在管道阀门处设较小口径旁通阀的办法，充水时使用小阀，以便于调节流量。

8.5.10 当动态水力分析结果表明阀门关闭过快时引起的压力瞬变值过高，可采用并联较小口径旁通阀的办法，以确保阀门不至关闭过快。

8.5.11 大口径阀门开启力矩大，手动阀要采用传动比很大的齿轮传动装置，人工开启时间很长，劳动强度大，这就需要采用电动驱动装置。前苏联规定管径500mm及500mm以上阀门用电动驱动装置。考虑我国国情，*DN*500mm管道很多，都采用电动阀门投资较高，故只作推荐性的规定。较小阀门是否采用电动装置，可根据情况由设计人员自定。

8.5.12 考虑运行过程中，新的支管不断建设，施工时的焊渣等杂物不可避免地会部分残留于管道中，故建议干管设阻力小的永久性除污装置。例如在管道底部设一定深度的除污短管。

8.5.13 检查室的尺寸和技术要求是从便于操作、存储部分管沟漏水和保证人员安全考虑的。一般情况下，设两个人孔是为了采光、通风和人员安全。干管距离检查室地面0.6m以上是考虑事故情况下，一侧人孔已无法使用，人员可从管下通过，迅速自另一人孔撤离。检查室内爬梯高度大于4m时，使用爬梯的人员脱手可能跌伤，故建议安装护栏或加平台。

8.5.14 本条主要考虑检查室设备更换问题。当检查室采用预制装配盖板时，可用活动盖板作为安装孔用。

8.5.15 阀门电动驱动装置的防护能力一般能满足地下检查室的环境条件，但供电装置的防护能力可能较低，设计时应加以注意。

9 管道应力计算和作用力计算

管道应力计算的任务是验算管道由于内压、持续外载作用和热胀冷缩及其他位移受约束产生的应力，以判明所计算的管道是否安全、经济、合理；计算管道在上述载荷作用下对固定点产生的作用力，以提供管道承力结构的设计数据。

9.0.1 本条规定了管道应力计算的原则，明确提出采用应力分类法。原规范（90 年版）也是采用这一方法，但未明确提出。应力分类法是目前国内外热力管道应力验算的先进方法。

管道中由不同载荷作用产生的应力对管道安全的影响是不同的。采用应力分类法以前，笼统地将不同性态的应力组合在一起，以管道不发生屈服为限定条件进行应力验算，这显然是保守的。随着近代应力分析理论和实验技术的发展，出现了应力分类法。应力分类法对不同性态的应力分别给以不同的限定值，用这种方法进行管道应力验算，能够充分发挥管道的承载能力。

应力分类法的主要特点在于将管道中的应力分为一次应力、二次应力和峰值应力三类，分别采用相应的应力验算条件。

管道由内压和持续外载引起的应力属于一次应力。它是结构满足静力平衡条件而产生的，当应力达到或超过屈服极限时，由于材料进入屈服，静力平衡条件得不到满足，管道将产生过大的变形甚至破坏。一次应力的特点是变形是非自限性的，对管道有很大的危险性，应力验算应采用弹性分析或极限分析。

管道由热胀冷缩等变形受约束而产生的应力属于二次应力。这是结构各部分之间的变形协调而引起的应力。当材料超过屈服极限时，产生小量的塑性变形，变形协调得到满足，变形就不再继续发展。二次应力的特点是变形具有自限性。对于采用塑性良好材料的供热管道，小量塑性变形对其正常使用没有很大影响，因此二次应力对管道的危险性较小。二次应力的验算采用安定性分析。所谓安定性是指结构不发生塑性变形的连续循环，结构在有限塑性变形之后留有残余应力的状态下，仍能安定在弹性状态。安定性分析允许的最大的应力变化范围是屈服极限的两倍。直埋供热管道锚固段的热应力就是典型的二次应力。

峰值应力是指管道或附件（如三通等）由于局部结构不连续或局部热应力等产生的应力增量。它的特点是不引起显著的变形，是一种导致疲劳裂纹或脆性破坏的可能原因，应力验算应采用疲劳分析。但目前尚不具备进行详细疲劳分析的条件，实际计算时对出现峰值应力的三通、弯头等应力集中处采用简化公式计入应力加强系数，用满足疲劳次数的许用应力范围进行验算。

应力分类法早已在美国机械工程师协会（ASME）1971 年的《锅炉及受压容器规范》中应用。我国《火力发电厂汽水管道应力计算技术规定》1978 年版亦参考国外相关规范改为采用应力分类法。1990 年版《城市热力网设计规范》已经规定管道应力计算采用应力分类法，本次修订只是用条文将此法正式明文规定下来。

9.0.2 将原规范中“计算温度”改为“工作循环最高温

度”。这样“工作循环最高温度”与“工作循环最低温度”的用词一致，形成一个计算温度循环范围。

计算压力和工作循环最高温度取用热源设备可能出现的压力和温度。这样的考虑是必要的，因为设备可能因某种原因出现最高压力和温度，同时也为管道提升起点压力或温度留有必要的余地。工作循环最低温度取用正常工作循环的最低温度，即停热时经常出现的温度，而不采用可能出现的最低温度，例如较低的安装温度。因为供热管道一次应力加二次应力加峰值应力验算时，应力的限定并不取决于一时的应力水平，而是取决于交变的应力范围和交变的循环次数。安装时的低温只影响最初达到工作循环最高温度时材料的塑性变形量，对管道寿命几乎没有影响。

管道工作循环最低温度取决于停热时出现的温度。全年运行的管道停热检修一般在采暖期以后，此时气温、地温已较高，可达10℃以上。对于地下敷设由于保温效果好，北京地区实际测定停热一个月后，管壁温度仍达30℃；地上敷设由于管道也是保温的，停热一个月后气温上升管壁温度亦不会低于15℃。对于只在采暖期运行的管道，停热时日平均气温不会低于5℃，同样道理，地下敷设管壁温度不会低于10℃；地上敷设不会低于5℃。

9.0.3 本条为地上敷设和地下管沟敷设管道应力计算依据方法的具体规定。采用《火力发电厂汽水管道应力计算技术规定》(SDGJ 6)(以下简称《规定》)的理由是：

1 该《规定》是我国第一个采用应力分类法进行管道应力计算的技术标准；

2 该《规定》是国内管道行业的权威性标准，广泛为其他部门所采用；

3 地上敷设和管沟敷设的热力网管道应力计算目前尚无具体的技术标准，而《规定》中的管道工作条件、敷设条件与之基本一致。

根据以上理由，故暂时采用《火力发电厂汽水管道应力计算技术规定》(SDGJ 6)。

9.0.4 直埋敷设热力网管道的应力分析与计算不同于地上敷设和管沟敷设，有其特殊的规律。《城镇直埋供热管道工程技术规程》(CJJ/T 81)，根据直埋供热管道的特点，采用应力分类法对管道应力分析与计算做了详细的规定。故直埋敷设热力网管道的应力计算应按上述标准执行。

9.0.5 热力网管道对固定点的作用力是承力结构的设计依据，故应按可能出现的最大数值计算，否则将影响安全运行。

9.0.6 本条为管道对固定点作用力的计算规定，管道对固定点的三种作用力解释如下：

1 管道热胀冷缩受约束产生的作用力包括：地上敷设、管沟敷设活动支座摩擦力在管道中产生的轴向力；直埋敷设过渡段土壤摩擦力在管道中产生的轴向力、锚固段的轴向力等。

2 内压产生的不平衡力指固定点两侧管道横截面不对称在内压作用下产生的不平衡力，内压不平衡力按设计压力值计算。

3 活动端位移产生的作用力包括：弯管补偿器、波纹管补偿器、自然补偿管段的弹性力、套筒补偿器的摩擦力和直埋敷设转角管段升温变形的轴向力等。也包括波纹管补偿器端波环状截面上的内压作用力。

9.0.7 本条规定了固定点两侧管段作用力合成的原则。

第 1）项原则是规定地上敷设和管沟敷设管道固定点两侧方向相反的作用力不能简单的抵消，因为管道活动支座的摩擦表面状况并不完全一样，存在计算误差，同时管道启动时两侧管道不会同时升温，因此热胀受约束引起的作用力和活动端作用力的合力不能完全抵消。计算时应在作用力较小一侧乘以小于 1 的抵消系数再进行抵消计算。根据大多数设计单位的经验，目前抵消系数取 0.7 较妥。

第 2）项规定内压不平衡力的抵消系数为 1，即完全抵消。因为计算管道横截面和内压值较准确，同时压力在管道中的传递速度非常快，固定点两侧内压作用力同时发生，可以考虑完全抵消。

第 3）项计算几个支管对固定点的作用力时，支管作用力应按其最不利组合计算。

10　中继泵站与热力站

10.1　一般规定

10.1.1　中继泵站、热力站设备、水泵噪声较高时，对周围居民及机关、学校等有较大干扰。当噪声较高时，应加大与周围建筑的距离。当条件不允许时，可采取选用低噪声设备、建筑进行隔音处理等办法解决。当热力站所在场所有隔振要求时，水泵机组等有振动的设备应采用减振基础、与振动设备连接的管道设隔振接头并且附近的管道支吊点应选用弹性支吊架。为避免管道穿墙处管道的振动传给建筑结构，应采取隔振措施。例如，管道与墙体间留有空隙、管道与墙体间填充柔性材料。当管道与墙体必须刚性接触时，振源侧的管道应加装隔振接头。

10.1.2　中继泵站、热力站内管道、设备、附件等较多，散热量大，应有良好的通风。为保证管理人员的安全和检修工作的需要应有良好的照明设备。

10.1.3　站房设备间门向外开主要考虑事故时便于人员迅速撤离现场，当热力站站房长度大于 12m 时为便于人员迅速撤离应设两个出口。水温 100℃以下的热水热力站由于水温较低，没有二次蒸发问题，危险性较低可只设一个出口。蒸汽热力站事故时危险性较大，任何时候都应设两个出口。以上规定与《锅炉房设计规范》和前苏联《热力网规范》相同。

10.1.4　站内地面坡度是为了将设备运行或检修泄漏的水引向排水沟，保持地面干燥。也可在设备、管道的排水点设地漏而地面不作坡度。

10.1.11 站内设备强度储备有限，不能承受过大的外加荷载，管道布置时应加以注意。

10.2 中继泵站

10.2.1 一般情况下，对于大型的热水供热管网是需要设置中继泵站的，有时甚至设置多个中继泵站。中继泵站设置的依据是管网水力计算和水压图。设置中继泵站能够增大供热距离，而不用加大管径，从而节省管网建设投资，在一定条件下可以降低系统能耗，对整个供热系统的工况和管网的水力平衡也有一定的好处。但是，设置中继泵站需要相应地增加泵站投资。因此是否设置中继泵站，应根据具体情况经过技术经济比较后确定。

另外，就国内和国外的一些大型热水供热管网来看，其管网系统的设计压力一般均在 1.6MPa 等级范围内，这对于城市热力网的安全性和节省建设投资是大有好处的。如不设中继泵站将使管网管径增大或管网设计压力等级提高，这些对管网建设都是不利的。

再有，当管网上游端有较多用户时，设中继泵站有利于降低供热系统水泵（循环水泵、中继泵）总能耗。

中继泵不能设在环状运行的管段上，否则，只能造成管网的环流，不能提升管网的资用压头。中继泵站建在回水管上，由于水温较低（一般不超过 80℃）可不选用耐高温的水泵，降低建设投资。

10.2.2 中继泵为适应不同时期负荷增长的需要并便于调节应采用调速泵。

10.2.3 本条主要参考《室外给水设计规范》泵房设计部分制定。

10.2.4 本条主要考虑减缓停泵时引起的压力冲击，防止水击破坏事故。

10.2.5 当旁通管口径与水泵母管口径相同时，可以最大限度地起到防止水击破坏事故的作用。

10.3 热水热力网热力站

10.3.1 热水热力网民用热力站的最佳供热规模应按各地具体条件经技术经济比较确定。对于热力站的最佳规模，由于各地的城市建设及经济发展水平不一，难以统一。因此只有根据本地条件，经技术经济比较确定适合于本地实际情况的热力站最佳规模。但是从工程建设投资、运行调节手段、供热实际效果、安全可靠度等方面看，一般地说，热力站规模不宜过大。

本条对新建的居住区，以不超过本街区供热范围为最大规模，一是考虑热力站二级管网不宜跨出本街区的市政道路；二是考虑热力站的供热半径不超过 500m，便于管网的调节和管理。

10.3.2 对于大型城市供热系统，从便于管理、易于调节等方面考虑，应采取间接连接方式。对于小型的供热系统，当满足第 2 款规定时可采用直接连接方式。

10.3.3 全自动组合换热机组具有传热效率高、占地小、现场安装简便、能够实现自动调节、节约能源等特点。有条件时应采用具备无人值守功能的设备。无人值守热力站一般具备以下基本功能：

系统水流量的调节及限制；系统温度、压力的监测与控制；热量的计算及累计；系统的安全保护；系统自动启、停功能等。另外还应具备各运行参数的远程监测、主要动力设备的运行状态及事故诊断、报警等远传通讯功能。

10.3.4 本条规定考虑到生活热水热负荷较大时，热力网设计流量要增加很多，使热力网投资加大。例如150～70℃闭式热水热力网，当生活热水热负荷为采暖热负荷的20%，采用质调节时，其热力网流量已达采暖热负荷热力网流量的50%；若生活热水热负荷为采暖热负荷的40%（例如所有用户都有浴盆时），两种负荷的热力网流量基本相等。为减少热力网流量，降低热力网造价，本条规定当生活热水热负荷较大时，应采用两级加热系统，即第一级首先用采暖回水加热。采取这一措施可减少生活热水热负荷的热力网流量约50%，但这要增加热力站设备的投资。

10.3.5 采暖系统循环泵的选择在流量和扬程上均不考虑额外的余量，以防止选泵过大。目前大多数采暖系统循环泵都偏大，往往是大流量小温差运行，很难降低热网回水温度，这对热力网运行是十分不利的。随着技术进步调速泵在我国应用已很普遍，本规范规定采暖系统采用质—量调节时应选用调速泵。当考虑采暖用户分户计量，用户频繁进行自主调节时，也应采用调速泵，以最不利用户处保持给定的资用压头来控制其转速，可以最大限度地节能。

10.3.7 用户分别设加压泵，没有自动调节装置时，各加压泵不能协调工作，易造成水力工况紊乱。集中设置中继泵站对于热力网水力工况的稳定和节能都是较合理的措施。当用户自动化水平较高，开动加压泵能自动维持设计流量时，当然仍可采用分散加压泵。

10.3.8 采暖系统补水泵的流量应满足正常补水和事故补水（或系统充水）的需要。本条规定与《锅炉房设计规范》协调一致。正常补水量按系统水容量计算较合理，对于热力站供热范围内系统水容量的统计工作也易于实现。

10.3.9 采暖系统定压点设在循环泵入口侧的理由是：水泵入口侧是循环系统中压力最低点，定压点设在此处可保证系统中任何一点压力都高于定压值。定压值的大小主要是保证系统充满水（即不倒空）和不超过散热器的允许压力。高位膨胀水箱是简单可靠的定压装置，但有时不易实现，此时可采用蒸汽、氮气或空气定压装置。空气定压应选用空气与水之间用隔膜隔离的定压装置，以避免补水中溶氧高而腐蚀系统中的管道及设备。现在许多系统采用调速泵进行补水定压，这种方式的优点是设备简单，缺点是一旦停电，很难长时间维持定压，使系统倒空，恢复运行困难。只能用于一般情况下不会停电的系统。

10.3.10 本条为换热器的选择原则。列管式、板式换热器传热系数高，属于快速换热器，其换热表面的污垢对传热系数值影响很大，设计时不宜按污垢厚度计算传热热阻，否则就不成其为快速换热器了。因此宜按污垢修正系数的办法考虑传热系数的降低。容积式换热器用于生活热水加热，由于其传热系数低，按水垢厚度计算热阻的方法进行传热计算较为合理。

热交换器的故障率很低，同时采暖系统为季节负荷，有足够的检修时间，生活热水系统又非停热造成重大影响的负荷，为了降低造价所以一般可以不考虑备用设备。为了提高供热可靠性，可采取几台并联的办法，这样即使一台发生故障，可不致完全中断供热，亦可适应负荷分期增长，进行分期建设。

10.3.11 本条考虑换热器并联连接时，采用同程连接可以较好地保证各台换热器的负荷均衡。在不可能每台换热器安装完备的检测仪表进行仔细调节的条件下，这种措施是简单易行的。

并联工作的换热器，每台换热器一、二次侧进出口都安装阀门的优点是当一台换热器检修时不影响其他换热器的工作，故推荐采用这种设计方案。

热水供应系统换热器安装安全阀，主要是考虑阀门关闭或用户完全停止用水的情况下，继续加热将造成容器超压，发生爆破事故。本规定为压力容器安全监察的要求。

10.3.12 为保证间接连接采暖系统的换热器不结垢，对采暖系统的水质提出要求，本条采用低压锅炉水质标准。当采暖系统中有钢板制散热器时，因其板厚较薄，极易腐蚀穿孔，故要求补水应除氧，没有上述情况时可不除氧。

10.3.13 热力网中很多热力站进口处热力网供回水压差过大，如果不具备必要的调节手段，很可能超出设计流量，造成用户过热以至使整个管网发生水力失调现象。对于采用质调节的供热系统最好在热力站入口的供水或回水管上安装自动流量控制阀，以自动维持热力站的设计流量，防止失调。目前国产自力式流量控制阀价格不高，应该推广。对于变流量调节的供热系统，热力站入口最好安装自力式压差控制阀，以维持合理的压差保证自动控制系统调节阀的正常工作，同时在因停电而自控系统不工作时，也可自动维持一定压差，使该热力站不致严重失调。

热力站各分支管路应装设关断阀门以便于分别关断进行检修。各分支管路在没有单独自动调节系统时，最好安装手动调节阀以便于初调节，达到各分支管路系统的水力平衡。

10.3.14 本条考虑防止热力网由于冲洗不净而残留的污物进入热力站系统，损坏流量计量仪表，堵塞换热器的通道。同时也防止用户采暖系统的污物进入热力站设备。

10.3.15 本条规定主要考虑保证必要的维护检修条件。

10.4 蒸汽热力网热力站

10.4.1 蒸汽热力站是蒸汽分配站。通过分汽缸对各分支进行控制、分配，并提供了分支计量的条件。分支管上安装阀门，可使各分支管路分别切断进行检修，而不影响其他管路正常工作，提高供热的可靠性。蒸汽热力站也是转换站，根据热负荷的不同需要，通过减温减压可满足不同参数的需要，通过换热系统可满足不同介质的需要。

10.4.2 采用带有凝结水过冷段的换热设备较串联水—水换热器方案可以节约占地，简化系统，节省投资。

10.4.4 城市蒸汽网凝结水管网投资较大，应设法延长其使用寿命。本条规定的目的在于减少凝结水溶氧，提高凝结水管寿命。

10.4.5、**10.4.6** 这两条规定参考前苏联《热力网规范》制定。凝结水箱容量过大会增加建设投资，过小会使凝结水泵开停过于频繁。

10.4.7 因凝结水箱较小，凝结水泵应时刻处于良好的状态，故应设备用泵。

10.4.8 凝结水箱设取样点是检查凝结水质量的必要设施。设于水箱中部以下位置，可保证经常能取出水样。

10.4.9 蒸汽热力站内有时装有汽水换热器、水泵等设备，其选择和布置要求基本与热水热力站相同。

11 保温与防腐涂层

11.1 一 般 规 定

11.1.2 从节能角度看，供热介质温度大于40℃即有设保温层的价值。实际上，大于50℃的供热介质是大量的，所以本条规定大于50℃的管道及设备都应保温。

对于不通行管沟或直埋敷设条件下的回水管道、与蒸汽管并行敷设的凝结水管道，因土壤有良好的保温作用，在多管共同敷设的条件下，这些温度低的管道热损失很小，有时不保温是经济的。在这种情况下，经技术经济比较认为合理时，可不保温。

11.1.3 本条规定系参照国家标准《设备及管道保温技术通则》（GB 4272）的规定制定。

经卫生部验证，接触温度高于70℃的物体易发生烫伤。60～70℃的物体也能造成轻度烫伤。因此以60℃作为防止烫伤的界限。

据文献资料介绍，烫伤温度与接触烫伤表面的时间有关，详见下表：

接触烫伤表面的时间（s）	温　度（℃）	接触烫伤表面的时间（s）	温　度（℃）
60	53	5	60
15	56	2	65
10	58	1	70

参考上表，防烫伤温度取60℃比较合适。

对于管沟敷设的热力管道，可采取机械通风等措施，保证当操作人员进入维修时，设备及管道保温结构表面温度不超过60℃。

11.1.4 本条规定采用国家标准《设备及管道保温技术通则》（GB 4727）的规定。

20世纪60年代一般把导热系数小于0.23W/（m·℃）的材料定为保温材料。但我国近年来保温材料生产技术发展较快，能生产性能良好的保温材料，因此把导热系数规定得低一些，可以用较少的保温材料，达到较好的保温效果，不应采用保温性能低劣的产品。

对于松散或可压缩的保温材料，只有具备压缩状态下的导热系数方程式或图表，才能满足设计需要。

第2款规定的密度值，符合国内生产的保温材料实际情况，是适应对导热系数的控制而制定的，密度大于350kg/m^{3}的材料不应列入保温材料范围。保温材料密度过大，导致支架荷载增加，据统计资料，支架荷重增加一吨，支架投资增加近千元，因此应优先选用密度小的保温材料和保温制品。

第3款规定的硬质保温材料抗压强度值是考虑低于此值会造成运输或施工过程中破损率过高，不仅经济损失大，也影响施工进度和施工质量。半硬质保温材料亦应具有一定强度，否则变形会过大，影响使用。

对保温材料的其他要求，如吸水率低、对环境和人体危害小、对管道及其附件无腐蚀等，也应在设计中综合考虑，但不宜作为主要技术性能指标在条文中规定。

11.1.5 经济保温厚度是指保温管道年热损失费用与保温投资分摊费用之和为最小值时相应的保温层厚度值。保温层厚度增加，热阻增加，散热量减小。但其热阻增加率随厚度加大而逐渐变小，即保温效果随厚度加大而增加得越来越慢。因保温投资和保温材料的体积大致是成正比的，随着管道保温厚度的增大所增加的保温层圆筒形体积增加得越来越快。从以上直观的分析看，盲目增加保温厚度是不经济的。经济保温厚度是综合了热损失费用和投资费用两方面因素的最合理的保温层厚度值，应优先选用。

11.2 保 温 计 算

11.2.1 国家标准《设备和管道保温设计导则》（GB 8175）中经济保温厚度的计算方法，不但考虑了传热基本原理，而且也考虑了气象、材料价格、热价、贷款利率及偿还年限等因素，是比较好的计算方法。但《导则》中没有给出地沟多管敷设和直埋敷设的设计公式，执行时可参考其基本方法，加以运用。

11.2.2 地下多管敷设的管道，满足给定的技术条件，可以有多种管道保温厚度的组合方案，设计时应选择最经济的各管道保温厚度组合，也就是保温设计按有约束条件（技术要求）的经济厚度优化设计。

11.2.4 经济保温厚度计算及年散热损失计算都是采用全年热损失。故计算时无论介质温度，还是环境温度都应采用运行期间平均值。

11.2.5 按规定的供热介质温度降计算保温厚度时，应按最不利条件计算。蒸汽管道的最不利工况应根据用汽性质分析确定，通常最小负荷为最不利工况。

热水管道运行温度较低热损失小，且水的热容量比较大，因此热水温度降较小，一般不按允许温度降条件计算。

11.2.6 按规定的土壤（或管沟）温度条件计算保温层厚度时，应选取使土壤（或管沟）温度达到最高值的供热介质温度和土壤自然温度。冬季供热介质温度高但土壤自然温度低，而夏季土壤自然温度高但介质温度低，故应进行两种计算，取其保温厚度较大者。计算结果与供热介质运行温度、各地区土壤自然温度的变化规律有关，本规范难于给出确定的规律。

11.2.7 按规定的保温层外表面温度条件计算保温层厚度时，应选取使保温层外表面温度达到最高值的供热介质温度和环境温度。理由同第11.2.6条。

11.2.8 为保证外层保温材料在运行时不超温，设计时界面温度取值应略低于保温材料的最高允许温度。

11.2.9 软质或半硬质保温材料在施工捆扎时，必然会压缩，厚度减少、密度增加，相应也就改变了材料的导热系数。设计时应考虑这些因素，使设计计算条件符合实际。

11.2.10 因国内目前尚无完整的统计、测试资料，本条规定系参照前苏联《热力网规范》制定。

11.3 保 温 结 构

11.3.1 本条主要强调对保护层的要求，保温结构的使用效果和使用寿命在很大程度上取决于保护层。提高保护层的质量是十分重要的。

11.3.2 直埋敷设热力管道可以节约投资，是近代各国迅速发展的敷设方式。但直埋敷设管道设计必须认真处理好其保温结构，否则将适得其反。本条规定直埋敷设热水管道的技术要求应符合《高密度聚乙烯外护管聚氨酯泡沫塑料预制直埋保温管》（CJ/T 114）和《玻璃纤维增强塑料外护层聚氨酯泡沫塑料预制直埋保温管》（CJ/T 129）的规定，此标准符合国内预制直埋保温管生产的较高水平。

11.3.3 本条考虑由于钢管的线膨胀系数比保温材料的线膨胀系数大，在热状态下，由于管道升温膨胀时会破坏保温层的完整性，产生环状裂缝。不仅裂缝处增加了热损失，而且水汽易于侵入加速保温层的破坏。因此要求设置伸缩缝，并要求做好伸缩缝处的防水处理。

11.3.4 地下敷设采用填充式保温时，使用吸水性保温材料是有过惨痛教训的。即使保温结构外设有柔性防水层也无济于事。对于热力管道，防水层由于温度变化很难保持完整，一旦一处漏水，则大面积保温材料潮湿，使管道腐蚀穿孔。故本条规定十分严格，使用“严禁”的措辞。

11.3.5 本条规定考虑到便于阀门、设备的检修，可节约重新做保温结构的费用。

11.4 防 腐 涂 层

11.4.1、**11.4.2** 蒸汽管道表面温度高，运行期间即使管子表面无防腐涂料，管子也不会腐蚀。室外蒸汽管道如果常年运行，为解决施工期间的锈蚀问题可涂刷一般常温防腐涂料。对于室外季节运行的蒸汽管道，为避免停热时期管子表面的腐蚀，应涂刷满足运行温度要求的防腐涂料。

11.4.3 架空敷设管道采用铝合金薄板、镀锌薄钢板和塑料外护是较为理想的保护层材料，其防水性能好，机械强度高，重量轻，易于施工。当采用普通铁皮替代时，应加强对其防腐处理。

12 供配电与照明

12.2 供 配 电

12.2.1 中继泵站及热力站的负荷分级及供电要求，视其在热力网中的重要程度而定，如热力站供热对象是重要政治活动场所，一旦停止供热会造成不良政治影响，其供电要求应是一级；大型中继泵站担负着很大的供热负荷，中断供电会造成重大影响以致发生安全事故时，其供电要求也应是一级。一般中继泵站及热力站则不一定是一级。在设计过程中可以根据实际情况确定负荷分级及供电要求。

12.2.2 电网中的事故有时是瞬时的，故障消除后又恢复正常。这种情况下，中继泵站及热力站的备用电源不一定马上投入。自动切换装置设延时的目的，就是确认主电源为长时间的故障时，再投入备用电源。

12.2.3 设专用配电室是为了便于维护，保证运行安全、供电可靠。

12.2.4 本条规定主要是为了保证供电可靠并使保护简单。

12.2.5 本条规定主要考虑塑料管易老化，且易受外力破坏，不能保证供电可靠。

泵和管道在运行或检修过程中难免漏水，为防止水溅落到配电管线中，应采用防水弯头，以保证供电的安全可靠。

12.2.6 本条规定考虑便于运行人员紧急处理事故，同时检修试泵时启停泵方便，并可保证人员的安全。

12.2.7 在设计中采用大功率变频器应充分考虑谐波造成的

危害，并采取相应措施满足国家标准《电能质量 公用电网谐波》（GB 14549）的规定。

12.2.8 本条规定主要是为了保证设备安全可靠运行。

12.3 照 明

12.3.2 为保证热力网安全运行、维护检修方便，照度应视场所需要由设计人员按有关规范确定。

12.3.3 管沟、地下、半地下阀室、检查室等处环境湿热，采用防潮型灯具以保证照明系统的安全可靠。

12.3.4 地下构筑物内照明灯具安装于较低处，人员和工具易触及玻璃灯具，造成损坏触电，故应采用安全电压。

13 热工检测与控制

13.1 一 般 规 定

13.1.1 我国城市集中供热事业发展很快，供热规模不断扩大，但随之而来的供热失调造成用户冷热不均，缺少系统运行数据资料无法进行分析判断等问题普遍存在。因此热力网建立计算机监控系统已成为迫切需要。当前建立计算机监控系统的经济、技术条件已基本成熟，但因供热系统规模大小不一，不能强求一致，故本条只对规模较大的城市热力网应建立完备的计算机监控系统作了较严格的规定。

13.1.2 本条为城市热力网监控系统基本任务的规定。

13.1.6 本章内容主要是热力网工艺系统对“热工检测与控制”的设计要求，而自控专业本身的设计仍执行自控专业设计标准和规范。

13.2 热源及热力网参数检测与控制

13.2.1～13.2.4 规定了热源出口处供热参数的检测内容和检测要求。热源温度、压力参数是热力网运行温度、压力工况的基本数据。流量、热量不仅是重要的运行参数，还是热力网与热源间热能贸易结算的依据，应尽可能提高检测的精确度。上述参数不仅要在仪表盘上显示而且应连续记录以备核查、分析使用。

13.2.5 热源调速循环水泵根据热力网最不利资用压头自动或手动控制泵转速的方式运行，使最不利的资用压头满足用户正常运行需要。这种控制方式在满足用户正常运行的条件下可最大限度地节约水泵能耗，同时，热源联网运行时，尖峰热源循环泵按此方式控制可自动调整负荷。

循环水泵入口和出口的超压保护装置是降低非正常操作产生压力瞬变的有效保护措施之一。

13.2.6 热力网干线的压力检测数据是绘制管网实际运行水压图的基础资料，是分析管网水力工况十分重要的数据。计算机监控系统实时监测管网压力，甚至自动显示水压图是理想的监测方式。

13.3 中继泵站参数检测与控制

13.3.1 本条第1款检测的是中继泵站最基本、最重要的运行数据,应显示并记录。第2款检测的压力值为判断除污器是否堵塞的分析用数据,可只安装就地检测仪表。第3款规定是在单台水泵试验检测水泵空负荷扬程时使用,其检测点应设在水泵进、出口阀门间靠近水泵侧,并可只安装就地检测仪表。

13.3.2 本条为可使泵站基本不间断运行的自动控制方式,但设计时应有保证水泵自动启动时不会伤及泵旁工作人员的措施。

13.3.3 本条规定是以中继泵承担管网资用压头调节任务的控制方式。理由同第13.2.5条。

13.4 热力站参数检测与控制

13.4.1 热力站的参数检测是运行、调节和计量收费必要的依据。

13.4.2 热力站和热力入口的供热调节（局部调节）是热源处集中调节的补充，对保证供热质量有重要作用。从保证高质量供热出发采用自动调节是最佳方式。

本条第1款规定了直接连接水泵混水降温采暖系统的调节方式。这种系统一般采用集中质调节，由于集中调节兼顾了其他负荷（如生活热水负荷），不可能使热力网的温度调节完全满足采暖负荷的需要，再加上集中调节有可能不够精确，所以在热力站进行局部调节可以解决上述问题，提高供热质量。间接连接采暖系统每栋建筑热力入口也可以采用这种方式进行补充的局部调节。

本条第2款规定了间接连接采暖系统的调节方式。当采用质调节时，应按质调节水温曲线根据室外温度调节水温。第3款为对生活热水负荷采用定值调节的规定。即调节热力网流量使生活热水的温度维持在给定值，因热水供应流量波动很大，维持调节精度±5℃已属不低的要求。在对生活热水温度进行调节的同时，还应对换热器热力网侧的回水温度加以限定，以防止热水负荷为零时，换热器中的水温过高。因为此时换热器中的被加热水为死水，出口水温不能反映出换热器内的温度，用换热器热力网侧回水温度进行控制，可以很好地解决这个问题。

13.5 热力网调度自动化

13.5.1 本条为建立热力网监控系统的原则性建议。

13.5.2 本条为对各级监控系统的功能要求。

13.5.3 计算机监控系统的通讯网络可以采用有线和无线两种方式。无线通讯投资小、建设快,但易受干扰,信号传输质量差。在大城市,无线通讯干扰源多,频道拥挤,障碍物多,采用困难。有线通讯依赖有线网络,有线网络有专用网和公共网之分。专用有线通讯网由供热企业专门敷设和维修管理,要消耗大量的人力物力,因此利用城市公共通讯网络是合理的方案。

附录 1　纺织业用汽量估算指标

序号	名　称	规　模		建筑面积（万 m^2）	用地面积（万 m^2）	用汽量（t/h）	单位用汽量（t/h 用地万 m^2）	备　注
1	棉纺厂	30000 锭		8	15	5.5	0.37	
		50000 锭		12	23	8.8	0.38	
2	棉纺织厂	30000 锭	44 寸	11	21	10.5	0.5	
			75 寸	12	24	10.7	0.45	
		50000 锭	56 寸	18	35	17.8	0.5	
			75 寸	20	37	17.8	0.48	
3	毛条厂	年产 1800t		4	11	15.7	1.43	
		年产 3000t		6	16	21.4	1.34	
4	粗梳毛纺织厂	1000 锭 40 台		5	11	16	1.45	
		2000 锭 80 台		7	17	21	1.24	
5	精梳毛纺织厂	5000 锭 90 台		6	13	14.2	1.1	
		10000 锭 192 台		10	21	21	1	
6	漂染厂	年产 1500 万 m		2.67	6.26	19.5	3.12	
7	印染厂	年产 2500 万 m		3.89	8.9	32.4	3.64	

续表

序号	名称	规模		建筑面积（万 m^2）	用地面积（万 m^2）	用汽量（t/h）	单位用汽量（t/h 用地万 m^2）	备注
8	丝织厂	200 台织机		3.15	5.47	1.4	0.26	
		400 台织机		5.61	7.37	3.36	0.46	
9	丝绸印染厂	印染年产 1000 万 m		3.97	7.6	11.78	1.55	
		练染年产 2000 万 m		3.09	7.1	16.47	2.32	
10	缫丝厂	2400 绪		1.8	4	5.4	1.35	
		4800 绪		3.27	6.8	9.3	1.37	
11	苎麻纺织厂	2500 锭		6.05	12.93	12	0.93	
		纺 5000 锭织 230 台		7.93	18.53	18.7	1	
		纺 10000 锭织 476 台		13.43	27	28	1.04	
12	亚麻厂	纺 5000 锭织 140 台		7.2	15.85	18.61	1.17	
		纺 10000 锭织 280 台		13.35	29.02	26.9	0.93	
		年产 500t		1.97	42.23	3.59	0.09	
		年产 1000t		2.97	69.21	6.5	0.094	
13	麻袋厂	年产 400 万条		3.03	6.73	3.85	0.57	
		年产 800 万条		5.07	11.2	7	0.625	
14	棉针织厂	纬编厂	500 万件	3.75	5.71	10.36	1.8	
			800 万件	5.33	8.13	13	1.6	
		经编厂	30 台	1.78	2.95	6.5	2.2	
			50 台	2.73	4.42	9.73	2.2	
15	毛针织厂	50 万件		3.51	5.65	0.83	0.15	
		80 万件		4.86	8.22	1.65	0.2	

续表

序号	名　称	规　　模	建筑面积（万 m^2）	用地面积（万 m^2）	用汽量（t/h）	单位用汽量（t/h 用地万 m^2）	备　注
16	真丝针织厂	年产 320t	4.19	8.03	6.07	0.76	
17	西服厂	6 万套	1.44	2	2	1	
		15 万套	2.05	2.7	3	1.1	
18	衬衫厂	60 万件	1.34	2	2	1	
		150 万件	1.95	2.7	3	1.1	
19	粘胶长丝厂	年产 3000t	12.76	27.1	73	2.7	
20	粘胶短纤维厂	年产 10000t	8.57	19.13	71	3.7	
21	锦纶长丝厂	年产 8000t	17.88	40.4	46	1.14	
22	锦纶帘子布厂	年产 13000t	12.84	36.6	58	1.6	
23	涤纶长丝厂	年产 5000t	5.14	10.57	8	0.8	
		年产 7500t	6.91	13.54	11	0.8	
		年产 10000t	8.35	16.2	16	1	
24	涤纶短纤维厂	年产 7500t	3.22	7.9	15	2	
		年产 15000t	4.93	10.66	25	2.35	

上表引自纺织工业部 1990 年版《纺织工业工程建设投资估算指标》。

附录2 轻工业用汽量估算指标

序号	名称	规模		建筑面积（万 m²）	用地面积（万 m²）	用汽量 t（汽）/t（品）	备注
1	新闻纸	年产6.8万t	漂白化机浆	6.46	30	0.7	制浆造纸
			新闻纸			2.6	
		年产10万t	漂白化机浆	9.5	33	0.7	
			新闻纸			2.6	
2	胶印书刊纸	年产3.4万t	漂白苇浆	5.65	48	3.5	制浆造纸
			漂白竹浆			3.7	
			胶印书刊纸			3.5	
		年产5.1万t	漂白苇浆	7.4	55	3.5	
			漂白竹浆			3.7	
			胶印书刊纸			3.5	
3	牛皮箱纸板	年产5.1万t		3.6	10	3.2	制浆造纸
		年产6.8万t		4.3	12	3.2	
4	涂料白纸板	年产5.1万t		4	10	3.4	制浆造纸
		年产10万t		5.2	12	3.4	
5	漂白硫酸盐木浆板	年产5.1万t	硫酸盐木浆	7.5	55	3.5	制浆造纸
			硫酸盐木浆板			2.5	

续表

序号	名称	规模		建筑面积（万 m^2）	用地面积（万 m^2）	用汽量 t（汽）/t（品）	备注
5	漂白硫酸盐木浆板	年产 10 万 t	硫酸盐木浆	10.2	75	3.5	制浆造纸
			硫酸盐木浆板			2.5	
6	洗衣粉	年产 5 万 t		2.44	8	0.11	合成洗涤剂
		年产 3～4 万 t		2.2	4.5		
7	三聚磷酸钠	年产 7 万 t	年产 3 万 t 黄磷	11	36.5	1.4	三聚磷酸钠
			年产 7 万 t 五钠			0.72	
8	咸牛肉罐头	1000t/a		0.079	0.3	1.2	肉类罐头
9	午餐肉罐头	3000t/a		0.48		2.5	
10	糖水苹果罐头	1000t/a		0.096	0.32	1.2	水果类罐头
11	菠萝罐头	5000t/a		1.4	4	0.2	
		10000t/a		2.18	6.25		
12	青刀豆罐头	5000t/a		2.45	7	0.27	蔬菜类罐头
		10000t/a		3.52	9.4		
13	芦笋罐头	5000t/a		2.45	7	0.35	
		10000t/a		3.52	9.4		
14	蘑菇罐头	3000t/a		0.25		1.5	
15	酒精	年产 1 万 t		0.84	4.3	7.34	酒精
		年产 3 万 t		1.77	7.1		
16	酒糟饲料	年产 2 万 t		0.17	0.126	3.25	酒糟饲料

续表

序号	名称	规模	建筑面积（万 m^2）	用地面积（万 m^2）	用汽量 t（汽）/t（品）	备注
17	易拉罐装饮料	300 罐/min	0.24	0.3	0.21	易拉罐装饮料
18	淀粉	160t/a 加工玉米	1.8	4.5	2.4	淀粉
		250t/a 加工玉米	2.75	8.58		
19	消毒乳	40t/d	0.5	1.4	0.17	乳制品
20	全脂加糖乳粉	年产约 0.2 万 t	0.5～0.8	1.8～2.3	9.5	
21	全脂淡乳粉				8.5	
22	脱脂乳粉				9	
23	电冰箱	年产 30 万台	3	5	0.02～0.03/台	电冰箱
24	空调器	年产 60 万台	5	7	0.02～0.03/台	空调器
25	制革	年产 30 万张	1.2	2.13	20～36/km^2	制革
		年产 60～100 万张	3.31	5.6		
26	果汁饮料	年产 2 万 t 橙加工浓缩汁	0.86	4.3	1.2	果汁饮料
		年产 2 万 t 1500ml 聚酯瓶饮料			0.21	
		年产 2 万 t 250ml 玻璃瓶饮料			0.21	

上表引自中国轻工总会规划发展部、中国轻工业勘察设计协会 1996 年 7 月版《轻工业建设项目技术与经济》。

中华人民共和国行业标准

城市供热管网工程质量检验评定标准

CJJ 38—90

主编单位：北京市市政工程局
批准部门：中华人民共和国建设部
施行日期：1991年8月1日

关于发布行业标准《城市供热管网工程质量检验评定标准》的通知

建标〔1991〕5号

各省、自治区、直辖市建委（建设厅），计划单列市建委，国务院有关部、委：

根据原城乡建设环境保护部（87）城科字第276号文的要求，由北京市市政工程局主编的《城市供热管网工程质量检验评定标准》，业经审查，现批准为行业标准，编号CJJ 38—90，自一九九一年八月一日起施行。

本标准由建设部城镇建设标准技术归口单位建设部城市建设研究院归口管理，其具体解释工作由北京市市政工程局负责。

本标准由建设部标准定额研究所组织出版。

中华人民共和国建设部

一九九一年一月四日

目　次

第一章　总　　则

第 1.0.1 条　为适应城市供热管网工程建设发展的需要，统一城市供热管网工程质量检验办法和评定标准，以提高城市供热管网工程的施工质量，促进城市供热管网工程的质量管理工作，特制定本标准。

第 1.0.2 条　本标准适用于新建、扩建、改建的城市供热管网工程。有特殊要求的城市供热管网工程，除特殊要求部分外，应按本标准执行。

工业厂区内的城市供热管网工程，城市市区范围外的远郊区及县（旗）的城市供热管网工程，可参照本标准执行。

第 1.0.3 条　城市供热管网工程质量检验评定，除符合本标准外，尚应符合国家现行有关标准的规定。原材料、半成品或成品的质量标准也应符合国家现行的有关标准。

第二章　检验评定方法和等级标准

第 2.0.1 条　城市供热管网工程的质量评定，分为“合格”与“优良”两个等级。

第 2.0.2 条　城市供热管网工程工序、部位、单位工程的划分：

一、工序：

工序划分为：

1.沟槽、模板、钢筋、混凝土（垫层、基础、构筑物）、砖砌结构、防水抹面、卷材防水、钢筋混凝土预制构件安装、小室、回填土、顶管等土建工序。

2.钢管安装、钢管焊接、设备及附件安装，除锈及涂油、管道保温、水压试验、无损探伤等管道工序。

二、部位：

城市供热管网工程不宜划分部位，但也可按长度划分为若干个部位。

三、单位工程：

城市供热管网工程的独立核算项目，应是一个单位工程。采用分期单独核算的同一管网工程，应是若干个单位工程。

第 2.0.3 条　检验评定必须经外观项目检查合格后，始能进行有允许偏差项目的检验。

第 2.0.4 条　进行抽样检验时，应使抽样取点能反映工程的实际情况（凡检验范围为长度者，应按规定间距抽样，选取较大偏差点；其它在规定范围内选取较大偏差点）。

第 2.0.5 条　城市供热管网工程质量的检验及评定应按工序、部位及单位工程三级进行，当该工程不划分部位时，可按工序、单位工程两级进行，其评定标准的主要依据为合格率：

$$合格率=\frac{同一检查项目中的合格点(组)数}{同一检查项目中的应检点(组)数}\times 100\%$$

一、工序:

合格：符合下列要求者，应评为“合格”

1.主要检查项目（在项目栏列有△者）的合格率应达到100%。

2.非主要检查项目的合格率均应达到70%，且不符合本标准要求的点，其最大偏差应在允许偏差的1.5倍之内。在特殊情况下，如最大偏差超过允许偏差1.5倍，但不影响下道工序施工，工程结构和使用功能，仍可评为合格。

优良：符合下列要求者应评为“优良”

1.符合合格标准的条件。

2.全部检查项目合格率的平均值，应达到85%。

二、部位:

合格：所有工序合格，则该部位应评为“合格”。

优良：在评定为合格的基础上，全部工序检查项目合格率的平均值达到85%，则该部位应评为优良。

在评定部位时，模板工序不参加评定。

三、单位工程:

合格：所有部位的工序均为合格，则该单位工程应评为合格。

优良：在评定合格的基础上，全部部位（工序）检验项目合格率的平均值达到85%，则该单位工程应评为优良。

第2.0.6条 工序的质量如不符合本标准规定，应及时进行处理。返工重做的工程，应重新评定其质量等级。加固补强后改变结构外形或造成永久缺陷（但不影响使用效果）的工程，一律不得评为优良。

第2.0.7条 城市供热管网工程质量检验及评定必须符合下列规定。

一、工序交接检验。由检验人员（专职或兼职）进行工序交接检验，评定工序等级，填写表2.0.7-1（工序交接检验、在施工班组自检、互检的基础上进行)；

二、部位交接检验。检验人员在工序交接检验的基础上进行部位交接检验，评定部位等级，填写表2.0.7-2;

三、单位工程交接检验。检验人员在部位或工序交接检验的基础上进行单位工程交接检验，评定工程质量等级，填写表2.0.7-3。

工序质量评定表 表2.0.7-1

单位工程名称:　　部位名称:　　工序名称:

主要工程数量		
序号	检查项目	质量情况
1		
2		
3		

序号	实测项目	允许偏差(mm)	各实测点偏差(mm) 1	2	3	4	5	6	7	8	9	10	11	12	13	14	15	应检查点数	合格点数	合格率(%)
1																				
2																				
3																				
4																				
5																				
6																				
7																				
8																				
交方班组							接方班组											平均合格率(%)		
																		评定等级		

工程技术负责人:　　质检员:　　施工员:　　年　月　日

注：实检查点数不大于应检查点数，如超过应检查点数，其超过的点数应从合格点数中减去。

部位质量评定表　　表 2.0.7-2

单位工程名称:　　部位名称:

序号	工序名称	合格率(%)	质量等级	备注
平均合格率(%)				
评定意见		评定等级		

工程技术负责人:　　质检员:　　施工员:　　年　月　日

单位工程质量评定表　　表 2.0.7-3

工程名称:　　施工队:

序号	部位(工序)名称	合格率(%)	质量等级	备注
平均合格率(%)				
评定意见		评定等级		建设单位:
				设计单位:
				施工单位:

工程技术负责人:　　质检员:　　施工员:　　年　月　日

第三章　土　建　工　程

第一节　沟　　槽

第 3.1.1 条　严禁扰动槽底土壤，如发生扰动超挖，严禁用土回填。

第 3.1.2 条　槽底不得受水浸泡或受冻。

第 3.1.3 条　沟槽允许偏差，应符合表 3.1.3 的规定。

沟 槽 允 许 偏 差　　表 3.1.3

序号	项目	允许偏差(mm)		检验频率 范围(m)	检验频率 点数	检验方法
1	槽底高程	有地沟	+10 −20	20	1	挂高程线用尺量或用水准仪测量
		无沟敷设	±20			
2	中心线每侧槽底宽度	不小于规定		20		挂中心线用尺量，不计点
3	沟槽边坡	不陡于规定		20		用坡度尺检验，不计点

注：①槽底铺砂卵石垫层的地段，槽底高程系指砂卵石垫层顶面高程。
②沟槽边坡不允许有明显凹凸现象。

第二节　模　　板

第 3.2.1 条　模板安装必须牢固，模内尺寸准确，模内木屑等杂物应清除干净。

第 3.2.2 条　模板拼缝必须严密，在灌注混凝土时不得漏浆。

第 3.2.3 条　模板允许偏差应符合表 3.2.3-1、表 3.2.3-2 的规定。

整体式结构模板允许偏差　　表 3.2.3-1

序号	项目		允许偏差(mm)	检验频率 范围(m)	检验频率 点数	检验方法
1	相邻两板表面高低差	刨光模板	2	20	2	用尺量 10m 计 1 点
		不刨光模板	4	20	2	用尺量 10m 计 1 点
2	表面平整度	刨光模板	3	20	2	用 2m 直尺检验,10m 计 1 点
		不刨光模板	5	20	2	用 2m 直尺检验,10m 计 1 点
3	模内尺寸	基础	+10 −20	20	4	挂中心线，用尺量宽度，每侧计 1 点。用尺量高度，10m 计 1 点
		梁、板	+3 −5	20	4	挂中心线，用尺量宽度每侧计 1 点。用尺量高度，10m 计 1 点
4	轴线位移	基础	5	20	1	用经纬仪测量，20m 计 1 点
		梁、板	5	20	1	用经纬仪测量，20m 计 1 点
5	预埋件孔位移	预留	5	每件(孔)	1	用尺量

注：钢模板列入刨光模板。

装配式构件模板允许偏差 **表 3.2.3–2**

序号	项目		允许偏差 (mm)	检验频率		检验方法
				范围	点数	
1	相邻两板表面高低差	刨光模板	2	每件	1	用尺量
		不刨光模板	4	每件	1	用尺量
2	表面平整度	刨光模板	3	每件	1	用 2m 直尺检验
		不刨光模板	5	每件	1	用 2m 直尺检验
3	长度		0 −5	每件	1	用尺量
4	盖板对角线差		7	每件	1	用尺量
5	断面尺寸		0 −5	每件	1	用尺量
6	纵向弯曲	梁	$L/1000$	每件	1	沿构件全长拉线量最大矢高
		支架、板	$L/1500$	每件	1	同上
7	预埋件位置		5	每件		用尺量,不计点

注：L 为长度，单位：mm。

第三节 钢 筋

第 3.3.1 条 绑扎成型时，必须用铁丝扎紧，不得有松动、移位等情况。

第 3.3.2 条 绑扎或焊接成型的网片或骨架必须稳定牢固，在安装及浇注混凝土时不得松动或变形。

第 3.3.3 条 钢筋安装允许偏差应符合表 3.3.3 的规定。

钢 筋 安 装 允 许 偏 差 **表 3.3.3**

序号	项目	允许偏差 (mm)		检验频率		检验方法
				范围	点数	
1	主筋及分布筋间距	梁、支架、板	±10	每件	1	用尺量取最大偏差值,计 1 点
		基础	±20	20m	1	用尺量取最大偏差值,计 1 点
2	双层筋间距	±10		每件	1	用尺量
3	保护层厚度	基础	±10	20m	2	用尺量取最大偏差值,10m 计 1 点
		梁支架	±5	每件	1	用尺量取最大偏差值,计 1 点
		板	±3	每件	1	用尺量取最大偏差值,计 1 点

第四节 混凝土垫层、基础、构筑物

第 3.4.1 条 水泥混凝土配合比必须符合设计规定，混凝土垫层、基础表面应平整，不得有石子外露。构筑物不得有蜂窝、露筋等现象。

第 3.4.2 条 混凝土垫层、基础的允许偏差应符合表 3.4.2–1 的规定，构筑物的允许偏差应符合 3.4.2–2 的规定。

混凝土垫层、基础允许偏差 表 3.4.2-1

序号	项目		允许偏差	检验频率		检验方法
				范围	点数	
1	垫层	中心线每侧宽度	不小于规定	20m	2	挂中心线用尺量，每侧计 1 点
		△高程	0 −15	20m	2	挂高程线用尺量或用水平仪测量
2	基础	△混凝土抗压强度	不低于设计规定	每台班	1 组	见附录三
		中心线每侧宽度	±10mm	20m	2	挂中心线用尺量，每侧计 1 点
		高程	±10mm	20m	2	挂高程线用尺量或用水准仪测量
		蜂窝面积	<1%	50m 之间两侧面	1	用尺量计蜂窝总面积

混凝土构筑物允许偏差 表 3.4.2-2

序号	项目		允许偏差	检验频率		检验方法
				范围	点数	
1	△混凝土抗压强度		平均值不低于设计规定	每台班	1 组	见附录三
2	△混凝土抗渗		不低于设计要求	每个构筑物	1 组 (6 块)	见注
3	轴线位移		20mm		2	用经纬仪测量、纵横向各计 1 点
4	各部位高程		±20mm		2	用水准仪测量
5	构筑物尺寸	长度或直径	0.5%且不大于±20mm		2	用尺量
6	构筑物厚度(mm)	<200	±5mm		4	用尺量
		200～600	±10mm		4	用尺量
		>600	±15mm		4	用尺量
7	墙面垂直度		15mm		4	用垂线检验
8	蜂窝麻面		每侧不得超过该侧面积的 1%		1	用尺量麻面总面积
9	预埋件、预留孔位置		10mm	每件(孔)	1	用尺量

注：①水泥混凝土抗渗要求（S）按 6 个试件中的 4 个试件未发现渗水现象的最大水压计算。

②无抗渗要求的构筑物可不检验第 2 项。

第五节　砖　砌　结　构

第 3.5.1 条　砌筑方法应正确，不应有通缝。砂浆应饱满，配合比符合设计要求。

第 3.5.2 条　清水墙面应保持清洁。刮缝深度应适宜。勾缝应密实，深浅一致，横竖缝交接处应平整。

第 3.5.3 条　砖砌结构的允许偏差应符合表 3.5.3 的规定。

砖砌结构允许偏差　　　　**表 3.5.3**

序号	项目	允许偏差	检验频率		检验方法
			范围	点数	
1	△砂浆抗压强度	平均值不低于设计规定	每台班	1 组	见注
2	△砂浆饱满度	>90%	20m	2	掀 3 块砖，用百格网检查砖底面砂浆的接触面取其平均值
3	轴线位移	±10mm	20m	2	用尺量
4	墙高	±10mm	20m	2	用尺量
5	墙面垂直度	15mm	20m	2	用垂线检验
6	墙面平整度	清水墙 5mm 混水墙 8mm	20m	2	用 2m 靠尺和楔形塞尺检验

注：砂浆强度试验必须符合下列规定：

①每个构筑物或每 $50m^3$ 砌体中制作一组试块（6 块），如砂浆配合比变更时，也应制作一组试块。

②同标号砂浆的各组试块的平均强度不低于设计规定。

③任意一组试块的强度最低值不低于设计规定的 85%。

第六节　防　水　抹　面

第 3.6.1 条　水泥、防水剂的质量和砂浆的配合比，应符合设计要求。

第 3.6.2 条　防水层的细部处理、伸缩缝、预埋件、管道穿过处等应符合设计要求。

第 3.6.3 条　防水层应与基层紧密结合，面层应压实抹光，接缝严密，不应有空鼓、裂缝、脱层和滑坠等现象。

第 3.6.4 条　防水层的允许偏差应符合表 3.6.4 的规定。

防水层允许偏差　　　　**表 3.6.4**

序号	项目	允许偏差 (mm)	检验频率		检验方法
			范围	点数	
1	表面平整度	5	20m	2	用 2m 靠尺和楔形塞尺检验
2	厚度	±5	20m	2	在施工中用钢针插入和用尺量检查

第七节　卷　材　防　水

第 3.7.1 条　沥青卷材油毡的毡面应无裂纹、孔眼、破裂、折皱、疙瘩和反油等缺陷。

第 3.7.2 条　如使用麻布或玻璃丝布做沥青卷材防水，布的质量应符合设计要求，事先必须用冷底子油浸透，均匀一致，颜色相同，经晾干后方可使用。

第 3.7.3 条　铺贴沥青卷材应贴紧、压实，不得有空鼓、翘边、撕裂、折皱等现象。

第 3.7.4 条　卷材防水质量标准应符合表 3.7.4 的规定。

卷材防水质量标准　　表 3.7.4

序号	项目	质量标准	检验频率		检验方法
			范围	点数	
1	接茬搭接宽度	长边不小于 100mm 短边不小于 150mm	20m	1	用尺量
2	沉降缝防水	符合设计规定	每条缝	1	按设计要求检验

第八节　钢筋混凝土构件预制及安装

第 3.8.1 条　混凝土配合比必须符合规定，强度必须符合设计规定。

第 3.8.2 条　模板、钢筋经检验合格后方可浇筑混凝土。

第 3.8.3 条　构件尺寸准确，无蜂窝、麻面、露筋等缺陷。

第 3.8.4 条　钢筋混凝土构件（梁、板、支架）允许偏差应符合表 3.8.4 的规定。

钢筋混凝土预制构件(梁、板、支架)允许偏差　　表 3.8.4

序号	项目	允许偏差(mm)	检验频率		检验方法
			范围	点数	
1	△混凝土抗压强度	见附录三	每台班	1 组	见附录三
2	断面尺寸	±5	每件	1	用尺量取最大偏差值计 1 点
3	长度	±10	每件	1	用尺量

续表

序号	项目		允许偏差(mm)	检验频率		检验方法
				范围	点数	
4	侧面弯曲		$L/1000$	每件		沿构件全长拉线检验不计点
5	板两对角线长度差		10	每 10 件	1	每 10 件抽查 1 件,计 1 点
6	预埋件	中心	5	每件		用尺量、不计点
		有滑板的混凝土表面平整	3	每件		同上
		滑板面露出混凝土表面	−2	每件		同上

注：表中 L 为构件长度，单位：m。

第 3.8.5 条　梁、板、支架安装后必须平稳，支点处必须严密、稳固。盖板支承面处坐浆密实，两侧端头抹灰严实、整洁。

第 3.8.6 条　相邻板之间的缝隙必须用水泥砂浆填实。

第 3.8.7 条　钢筋混凝土构件（梁、板、支架）安装允许偏差应符合表 3.8.7 的规定。

钢筋混凝土构件(梁、板、支架)安装允许偏差　　表 3.8.7

序号	项目	允许偏差(mm)	检验频率		检验方法
			范围	点数	
1	平面位置	符合设计要求	每件		用尺量不计点
2	轴线位移	10	每 10 件	1	每 10 件抽查 1 件,量取最大值,计 1 点
3	相邻两盖板支点处顶面高差	10	每 10 件	1	同上
4	△支架顶面高程	0 −5	每件	1	用水准仪测量
5	支架垂直度	0.5%H 且不大于 10	每件		用垂线检验,不计点

第九节　小　　室

第 3.9.1 条　室壁砂浆必须饱满，灰缝平整，抹面压光，不得有空鼓、裂缝等现象。

第 3.9.2 条　室内底应平顺，坡向集水坑，踏步应安装牢固，位置准确，不得有建筑垃圾等杂物。

第 3.9.3 条　井圈、井盖型号准确，安装平稳。

第 3.9.4 条　小室允许偏差应符合表 3.9.4 的规定。

小室允许偏差　　**表 3.9.4**

序号	项目		允许偏差 (mm)	检验频率		检验方法
				范围	点数	
1	井室尺寸	长、宽	±20	每座	2	用尺量
		高	+20	每座	2	用尺量
2	井盖顶高程	修路面	±5	每座	1	用水准仪测量
		非路面	+20	每座	1	用水准仪测量

第十节　回　填　土

第 3.10.1 条　回填土时槽内应无积水，不得回填淤泥、腐植土、冻土及有机物质。

第 3.10.2 条　沟顶以上 500mm 以内，不得回填大于 100mm 的石块、砖块等杂物。

第 3.10.3 条　回填土压实度标准应符合表 3.10.3 的规定。

回填土压实度标准　　**表 3.10.3**

序号	项目			压实度 (%) 轻型击实	检查频率 范围	检查频率 点数	检验方法
1	路床以下深度 (mm)	填方	0～800 快速路和主干路	98	1000 m^2	每层一组 (三点)	用环刀法检验
			0～800 次干路	95			
			0～800 支　路	92			
2			800～1500 快速路和主干路	95			
			800～1500 次干路	92			
			800～1500 支　路	90			
3			>1500 快速路和主干路	90			
			>1500 次干路	90			
			>1500 支　路	90			
4		挖土	0～300 快速路和主干路	95			
			0～300 次干路	95			
			0～300 支　路	92			

注：①本表系按道路结构形式来确定回填土压实标准。

②高级路面为水泥混凝土路面、沥青混凝土路面、水泥混凝土预制块等。次高级路面为沥青表面处治路面、沥青贯入式路面、黑色碎石路面等。过渡式路面为泥结碎石路面、级配砾石路面等。

③凡当年修筑快速路或主干路的，不论采用上列何种结构形式，均采用高级路面的回填土压实标准。

第十一节 顶 管

第 3.11.1 条 接口必须密实、平顺、不脱落。

第 3.11.2 条 内涨圈中心应对正管缝，填料密实。

第 3.11.3 条 管内不得有泥土、石子、砂浆、砖块、木块等杂物。

第 3.11.4 条 顶管允许偏差应符合表 3.11.4 的规定。

顶管允许偏差 表 3.11.4

序号	项目		允许偏差(mm)	检查频率		检验方法
				范围	点数	
1	中线位移		50	每节管	1	测量并查阅测量记录
2	管内底高程	管径小于 1500mm	+30 −40	每节管	1	用水准仪测量
		管径不小于 1500mm	+40 −50			
3	相邻管间错口		15%管壁厚且不大于 20	每个接口	1	用尺量
4	对顶时管子错位		50	对顶接口	1	用尺量

第四章 管 道 工 程

第一节 钢管除锈及涂油

第 4.1.1 条 钢管表面涂油漆前，必须先清除铁锈，并将铁屑、焊渣、油污、灰尘等物清刷干净，露出金属本色。除锈后应及时涂第一层底油漆。

第 4.1.2 条 油漆涂料的品种、质量、颜色及涂刷遍数，均应符合设计要求。

第 4.1.3 条 管道、设备及附件等的焊接焊口，应经试压检查合格后，涂防锈油漆。

第 4.1.4 条 钢管除锈、涂油质量标准应符合表 4.1.4 的规定。

钢管除锈、涂油质量标准 表 4.1.4

序号	项目	质量标准	检验频率		检验方法
			范围(m)	点数	
1	△除锈	铁锈全部清除干净,颜色均匀,露金属本色	50	5	外观检查每 10m,计 1 点
2	涂油	颜色、光泽、厚度均匀一致，无起褶、起泡、漏刷	50		外观检查,不计点

第二节 钢 管 安 装

第 4.2.1 条 钢管的质量应符合如下要求:

1.钢管的规格、材质应符合设计规定，并具有生产厂家的合格证明书，每批钢管应进行不少于一组试件的材质化学成份和机械性能试验。

2.钢管表面应无显著腐蚀、管材应无裂纹、重皮和压延不良等缺陷。

3.焊接钢管不得有超过标准的焊接缺陷，根部必须焊透。

第 4.2.2 条 管子安装前，管口应按规定切出坡口及钝边，管子端面与管中心垂直度偏差为管子外径的 1%，但不得大于 3mm。

第 4.2.3 条 钢管丝扣连接，应符合以下要求：

1.各种丝扣管不得有裂纹、重皮等缺陷，丝扣应光洁，稍度合适，不得有乱丝、断扣。

2.钢管丝头长度、松紧应与零件丝扣合适，零件安装后，剩余丝扣不得超过 1～2 扣。

3.管子不得有弯曲，零件安装后应正直。

第 4.2.4 条 钢管安装的质量标准及允许偏差应符合表 4.2.4 的规定。

钢管安装允许偏差及质量标准 **表 4.2.4**

序号	项目	允许偏差及质量标准(mm)	检验频率		检验方法
			范围	点数	
1	△高程	±10	50m		用水准仪测量不计点
2	中心线位移	每 10m 不超过 5,全长不超过 30	50m		挂边线用尺量,不计点
3	立管垂直度	每米不超过 2,全高不超过 10	每根		用垂线检查不计点

续表

序号	项目	允许偏差及质量标准(mm)			检验频率		检验方法
					范围	点数	
4	△对口间隙	壁厚	间隙	偏差	每10个口	1	用焊口检测器,量取最大偏差值计 1 点
		4～9	1.5～2.0	±1.0			
		>10	2.0～3.0	+1.0 −2.0			
5	对口错口	壁厚	错口				
		3.5～5.0	<0.5		每 10 个口	1	用尺量取最大偏差值计 1 点
		6～10	<1.0		每 10 个口	1	同上
		12～14	<1.5		每 10 个口	1	同上
		16 以上	<2.0		每 10 个口	1	同上

第三节 钢 管 焊 接

第 4.3.1 条 焊缝应无气孔、夹渣、裂纹、熔合性飞溅等缺陷。

第 4.3.2 条 电弧焊焊缝表面应完整，焊缝尺寸应符合设计图纸与焊接工艺的要求。焊缝加强面宽度应焊出坡口边缘 2～3mm。

第 4.3.3 条 焊缝外观检查出的不合格缺陷必须铲除重焊。

第 4.3.4 条 焊缝质量标准应符合表 4.3.4 的规定。

焊缝质量标准　表 4.3.4

序号	项目		质量标准	检验频率		检验方法
				范围	点数	
1	加强面高度	转动口	1.5～2.0mm,并不大于管壁厚 30%	每10个口	1	用焊口检测器,量取最大偏差值计 1 点
		固定口	2.0～3.0mm,并不大于管壁厚 40%			
2	外观		表面光滑、宽窄均匀整齐、根部焊透，无裂缝、焊瘤、咬肉、焊口附近有焊工号码	每10个口	1	观察

第四节　设备及附件安装

第 4.4.1 条　滑动支架顶端距管道横向焊缝不小于 150mm，并不得焊在管道纵向焊缝上。

第 4.4.2 条　滑动支架的预制混凝土墩安装时，必须达到设计强度，滑板面应凸出墩面 4～6mm。墩的纵向中心与管道中心偏差不应大于 5mm，墩的前后位移不得大于 0.5m。小室两侧洞口处墩的位置，应净距洞口内墙面 0.5m。

第 4.4.3 条　固定支架角板末端距管道横向焊缝应不少于 0.5m。

第 4.4.4 条　安装法兰时，管子应插入法兰厚度的 2／3，法兰内径应大于管子外径 2～4mm，一般应内外进行焊接牢固。

第 4.4.5 条　法兰与附件组装时，垂直度最大允许偏差 2～3mm。

第 4.4.6 条　各种伸缩器安装均应在管道的固定支架安装后进行，并按设计要求的预拉安装长度进行安装，偏差不得大于设计规定。

第 4.4.7 条　套筒伸缩器的芯管与套管中心应重合，其坡度应与管道的坡度一致，芯管前 10m 以内不应有偏斜。

第 4.4.8 条　方型伸缩器安装时外伸臂应保持水平，平行臂应与管道坡度一致，全部预拉伸长度偏差应不小于 20mm。

第 4.4.9 条　加热器、水泵、凝水罐、闸门等附件安装均应按设计规定及施工验收规范要求进行。

第五节　水　压　试　验

第 4.5.1 条　分段试压（强度试验）应在管道保温前进行。

第 4.5.2 条　全段试压（总试压）应在管道、设备及附件等均已安装完毕后进行。

第 4.5.3 条　试压中发现渗漏，应将渗漏部位作出明显标记，待泄压后进行修补处理，不得带压修补，修补后应重行试压。

第 4.5.4 条　试压前应先校对试压用的弹簧压力表，以保证试验的压力准确和安全。

第 4.5.5 条　水压试验质量标准应符合表 4.5.5 的规定。

水压试验质量标准　表 4.5.5

序号	项目		质量标准	检验频率		检验方法
				范围	点数	
1	分段试压	△1.5 倍工作压力	10min 不渗不漏	每个试验段	每 10 m 计 1 点	外观检查
2		△工作压力	30min 不渗不漏，压力降不超过 0.02 MPa(0.2kgf／cm^2)			用 1kg 重手锤敲打焊缝附近做外观检查;用压力表检查压力降
3	全段试压	△1.25 倍工作压力并不小于 0.9MPa (9kgf／cm^2)	60min 压力降不超过 0.05MPa (0.5kgf／cm^2)	全段		用压力表检查压力降

第六节 管 道 保 温

第 4.6.1 条 保温（包括保护层）材料应符合设计要求。

第 4.6.2 条 设备、附件和法兰两侧的保温层的端头均应切成 60°～70°坡面，保温层端头距法兰的距离均应超过螺栓长度加 25mm，设备上的人孔检查口周围保温层的端面，应切成 45°斜边。

第 4.6.3 条 滑动支架的混凝土墩上面与保温层保护壳的底面之间，应留出不少于 20mm 的空隙，支架"*U*"型槽内应用保温材料塞实。

第 4.6.4 条 套筒伸缩器的套管应做保温层，芯管前的钢管保温层与连接缝相齐，其端面应切成 60°～70°坡面。

第 4.6.5 条 方型伸缩器和管道转角的保温层应均匀、有伸缩缝，并按设计规定的位置和宽度施工。缝隙内应按设计规定的软质保温材料充填。

第 4.6.6 条 缠裹保护层其压边应不小于 25mm，应均匀缠紧，不得有开裂、皱纹和不平之处。

第 4.6.7 条 保温层允许偏差应符合表 4.6.7 的规定。

保温层允许偏差 **表 4.6.7**

序号	项目		允许偏差 (mm)	检验频率		检验方法
				范围 (m)	点数	
1	△保温层厚度	瓦块制品	+5%δ	50	5	用钢针刺入，每 10m 计 1 点
		柔性材料	+8%δ			
2	水泥保护壳厚度		±5 压实抹平	50		用钢针刺入,不计点

注：δ：保温层厚度（mm）。

第七节 管道焊缝射线探伤

第 4.7.1 条 热力干线有特殊要求的部位，其钢管焊缝射线探伤应符合下列规定。

一、凡参加管道焊接的焊工，要经过焊接理论知识和实际操作技能的培训考核，并取得地市级以上劳动部门颁发的焊工考试合格证；

二、管道焊缝射线探伤评定标准按现行的《钢焊缝射线照相及底片等级分类法》(GB3323) 执行；

三、焊缝探伤前要经过外观检查，合格后方可进行透照，管道各级焊缝的射线探伤数量，按设计要求或《工业管道工程施工验收规范》(GBJ235) 中管道焊缝射线探伤数执行。

第五章　测　　量

第 5.0.1 条　水准点闭合差不应大于 $\pm 12\sqrt{L}$ mm。L 为水准点之间的水平距离，单位为 km。

第 5.0.2 条　导线方位角闭合差不大于 $\pm 40''\sqrt{n}$。n 为测站数。

第 5.0.3 条　直接丈量测距的允许偏差应符合表 5.0.3 的规定。

直接丈量测距允许偏差　　**表 5.0.3**

序号	固定测桩间距离(m)	允许偏差(mm)
1	＜200	1／5000
2	200～500	1／10000
3	＞500	1／20000

附录一　术　语　对　照

序号	本标准采用术语	各地习用术语
1	垫　层	基　础
2	回填土	还　土
3	砂卵石	天然级配砂石
4	石　子	河卵石、河光石、砾石
5	勾　缝	嵌　缝
6	砂　浆	水泥浆、水泥灰浆、素灰
7	伸缩缝	温度缝、伸胀缝
8	刨光模板	清水模板
9	管道直埋法	无沟敷设法
10	固定焊口	死焊口

附录二　工程质量检查评定统计计算举例

建设路热力管道工程质量检验评定。

一、工程概况：

建设路热力管道工程采用螺旋高频焊缝钢管，全长1326m、管径为φ529、壁厚7mm，每根管长10m。

二、工程工序、部位划分：

1.工序划分

工序划分为沟槽、垫层、基础、砌砖、防水层、钢管安装、钢管焊接、水压试验、保温、小室、回填土等项。

2.由于本工程长度较短，不划分部位。

三、工序施工质量检验评定

1.沟槽工序：主要检查项目合格率100%；
非主要检查项目合格率85.4%。
评定优良

2.垫层基础工序：主要检查项目合格率100%；
非主要检查项目合格率81.2%。
评定合格

3.砌砖工序：主要检查项目合格率100%；
非主要检查项目合格率87.1%。
评定优良

4.防水层工序：主要检查项目无；
非主要检查项目合格率86.5%。
评定优良

5.钢管安装工序：主要检查项目合格率100%；
非主要检查项目合格率83%。
评定合格

6.钢管焊接工序：主要检查项目无；
非主要检查项目合格率83.3%。
评定合格

7.水压试验：主要检查项目合格率100%；
非主要检查项目无。
评定优良

8.管道保温工序：主要检查项目合格率100%；
非主要检查项目无。
评定优良

9.小室工序：主要检查项目无；
非主要检查项目合格率90%。
评定优良

10.回填土工序：主要检查项目合格率100%；
非主要检查项目无。
评定优良

11.单位工程质量评定（见附表）
平均合格率为92.8%。
评定为优良

单位(部位)工程质量评定表

工程(部位)名称：建设路热力管道工程　　施工队：

序号	部位(工序)名称	合格率(%)	质量等级	备注
1	沟　槽	92.7	优良	
2	垫层、基础	90.6	优良	
3	砌　砖	93.6	优良	

续表

序号	部位(工序)名称	合格率(%)	质量等级	备注
4	防　水　层	86.5	优良	
5	钢管安装	91.5	优良	
6	钢管焊接	83.3	合格	
7	水压试验	100	优良	
8	管道保温	100	优良	
9	小　　室	90.0	优良	
10	回　填　土	100	优良	
平均合格率(%)		92.82		
评定意见	主要检查项目均达到质量标准.其他项目质量也较好	评定等级	优良	

工程技术负责人:　　　质检员:　　　　年　　月　　日

工 序 质 量 评 定 表

单位工程名称：建设路热力管道工程　　　　工序名称：钢管安装、焊接

主 要 工 程 数 量	建设路热力管道工程,全长 1326m,管径为 529m,壁厚 7mm,螺旋高频焊钢管,平均每根管长 10m 小室 5 座

序号	检查项目	质 量 情 况
1	高　　程	在允许偏差±10mm 以内
2	中心线位移	达到每 10m 不超过 5mm,全长不超过 30mm
3	立管垂直度	达到每米不超过 2mm;全高不超过 10mm

序号	实测项目		允许偏差		各实测点偏差值 1	2	3	4	5	6	7	8	9	10	11	12	13	14	15	16	应检查点数	合格点数	合格率 (%)
1	△对口间隙		S=4～9mm	±1mm	1.5	1.5	2.0	2.0	1.5	1.0	1.5	2.0	2.0	2.0	1.5	1.5					12	12	100
2	对口错口		S=6～10mm	<1mm	0	0	0.5	0	0	1.5	0.5	0	0.5	0	0	1.5					12	10	83
3	加强面高度	转动口	1.5～2mm 且不大于 30%壁厚		2	2	2	2	1.5	1.5	2	2	1.5	2.3	2	2					12	11	92
		固定口	2～3mm 且不大于 40%壁厚		3	2.5	3	3	3.3	3	2.5	3.3	2.5	3.3	2	2.5					12	9	75
4	焊缝外观		表面光滑、宽窄均匀整齐，无裂缝、焊瘤、焊口有焊工号码		✓	✓	✓	✓	✓	✓	✓	✓	✓	✓	✓	✓					12	10	83
5																							
6																							
7																							
8																							

交方班组		接方班组		平均合格率(%)	86.6
				评定等级	优良

工程技术负责人：　　　　质检员：　　　施工员：　　　　年　　月　　日

附录三　混凝土强度验收的评定标准

评定混凝土强度的试块，必须按《混凝土强度检验评定标准》GBJ107—87 的规定取样、制作、养护和试验，其强度必须符合下列规定。

一、用统计方法评定混凝土强度时，其强度应同时符合下列两式的规定：

$$m_{fcu}-\lambda_1 S_{fcu}\geqslant 0.9f_{cu,k}$$

$$f_{cu,min}\geqslant \lambda_2 f_{cu,k}$$

二、用非统计方法评定混凝土强度时，其强度应同时符合下列两式的规定：

$$m_{fcu}\geqslant 1.15f_{cu,k}$$

$$f_{cu,min}\geqslant 0.95f_{cu,k}$$

式中　m_{fcu}——同一验收批混凝土立方体抗压强度的平均值 (N/mm^2)；

S_{fcu}——同一验收批混凝土强度的标准差 (N/mm^2)。当 S_{fcu} 的计算值小于 $0.06f_{cu,k}$ 时，取 $S_{fcu}=0.06f_{cu,k}$；

$f_{cu,k}$——混凝土立方体抗压强度标准值(N/mm^2)；

$f_{cu,min}$——同一验收批混凝土立方体抗压强度的最小值 (N/mm^2)；

λ_1、λ_2——合格判定系数，按附表3—1取用。

合格判定系数　　附表 3-1

合格判定系数	试块组数		
	10～14	15～24	>25
λ_1	1.70	1.65	1.60
λ_2	0.90	0.85	0.85

注：①《混凝土强度检验评定标准》(GBJ107—87) 中的混凝土强度等级与《钢筋混凝土结构设计规范》(TJ10—74) 和《钢筋混凝土工程施工及验收规范》(GBJ204—83) 等规范中的混凝土标号，按附表 3—2 进行换算。

附表 3-2

混凝土标号	100	150	200	250	300	400	500	600
相当混凝土强度等级	C8	C13	C18	C23	C28	C38	C48	C58

②按照《钢筋混凝土工程施工及验收规范》(GBJ204—83) 评定混凝土强度时，其试块必须按其规定的组数留置，强度必须符合下列规定：

一、用统计方法评定混凝土强度时，按下述条件评定：

$$\overline{R}_n-KS_n\geqslant 0.85R_{标}$$

$$R_{小}\geqslant 0.85R_{标}$$

二、当同批试块少于 10 组时，应用非统计方法，按下述条件评定：

$$\overline{R}_n\geqslant 1.05R_{标}$$

$$R_{小}\geqslant 0.9R_{标}$$

式中　$\overline{R}_n$——n组试块强度的平均值；

K——合格判定系数；按附表3—3取值；

合格判定系数　　附表 3-3

n	10～14	15～24	≥25
K	1.70	1.65	1.60

S_n——n 组试块强度的标准差；

$R_{标}$——混凝土设计标号；

$R_{小}$——n 组试块强度中最小一组的值。

检验方法：检查标准养护龄期 28d 试块抗压强度的试验报告。

③混凝土强度按单位工程内强度等级，龄期相同及生产工艺条件、配合比基本相同的混凝土为同一验收批评定。但单位工程中仅有一组试块时，其强度不应低于 $1.15f_{cu,k}$。

附录四　本标准用词说明

一、为便于在执行本标准条文时区别对待，对于要求严格程度不同的用词说明如下：

1.表示很严格，非这样作不可的：

正面词采用“必须”；

反面词采用“严禁”。

2.表示严格，在正常情况下均应这样作的：

正面词采用“应”；

反面词采用“不应”或“不得”。

3.表示允许稍有选择，在条件许可时，首先应这样作的：

正面词采用“宜”或“可”；

反面词采用“不宜”。

二、条文中指明必须按其他有关标准执行的写法为：

“应按……执行”或“应符合……的要求（或规定）”。

非必须按所指定的标准执行的写法为“可参照……的要求（或规定）”。

附加说明

本标准主编单位、参加单位和主要起草人名单

主编单位：北京市市政工程局
参加单位：北京市第四市政工程公司
天津市热力公司
沈阳市热力公司
兰州市热力公司
主要起草人：陈玉　袁骥年　焦永达　李剑

中华人民共和国行业标准

城镇燃气设施运行、维护和抢修安全技术规程

Safety Technical Spicification for Operation, Maintenance and Rush-repair of Urban Gas Facilities

CJJ 51—2001

主编单位：中 国 城 市 燃 气 协 会
批准部门：中华人民共和国建设部
施行日期：2 0 0 1 年 7 月 1 日

关于发布行业标准《城镇燃气设施运行、维护和抢修安全技术规程》的通知

建标［2001］93 号

根据建设部《关于印发〈二〇〇〇年工程建设城建、建工行业标准制订、修订计划〉的通知》（建标［2000］284 号）的要求，由中国城市燃气协会主编的《城镇燃气设施运行、维护和抢修安全技术规程》，经审查，批准为行业标准，其中1.0.3，1.0.4，1.0.5，3.1.5-2、3.1.5-4，3.3.1-2-2）、3.3.1-2-3），3.3.3-2-5），3.4.1，3.4.4，3.4.5，4.1.4，4.2.1，4.2.2，4.2.3，4.2.4，4.2.5，4.2.6，4.3.2，4.3.6-2，4.3.7-2、4.3.7-3-2），4.3.8，4.4.2，4.4.4，4.4.5，5.1.3，5.2.2，5.2.3-3，5.3.3，5.3.4-1，5.4.1，5.4.4，6.1.7，6.2.1-3、6.2.1-5、6.2.1-6，6.2.4，6.2.5，6.2.6-2，6.2.7-1，6.3.1，6.3.2，6.4.1 为强制性条文，必须执行。该标准编号为CJJ 51—2001，自 2001 年 7 月 1 日起施行，原行业标准《城镇燃气管网抢修和维护技术规程》（CJJ 51—92)同时废止。

本标准由建设部城镇燃气标准技术归口单位中国市政工程华北设计研究院负责管理，中国城市燃气协会负责具体解释，建设部标准定额研究所组织中国建筑工业出版社出版。

中华人民共和国建设部
2001 年 5 月 8 日

前　言

根据建设部建标［2000］284号文的要求，标准修订组在广泛调查研究、认真总结执行原《城镇燃气管网抢修和维护技术规程》中的实践经验、参考有关国外先进标准、并在广泛征求意见的基础上，修订了原规程。

本规程的主要内容是：1. 总则；2. 术语；3. 运行与维护；4. 抢修；5. 停气、降压、动火及通气；6. 液化石油气设施的运行、维护和抢修；7. 图档资料。

修订的主要技术内容是：1. 全面修订原规程，内容由燃气管网扩大到燃气设施；2. 新增对燃气设施安全运行的规定；3. 新增液化石油气设施的运行、维护和抢修规定。

本规程由建设部城镇燃气标准技术归口单位中国市政工程华北设计研究院归口管理，授权由主编单位负责具体解释。

本规程主编单位：中国城市燃气协会

本规程参编单位：北京市燃气集团有限责任公司
深圳市燃气集团有限公司
西安市天然气总公司
成都市煤气总公司
中国市政工程华北设计研究院
南京市煤气总公司
福州市煤气公司
郑州燃气集团公司

本规程主要起草人员：陈绍禹　李美竹　陈秋雄　高展群
江　安　王守学　周大同　迟国敬
李长缨　史世祥　张铁程　郑有国
赵云飞　刘文钦　周以良　朱富荣
赵瑞保

目　次

1 总 则

1.0.1 为使城镇燃气设施运行、维护和抢修符合安全生产、保证供气和保护环境的要求，以保护国家和人民生命财产的安全，制定本规程。

1.0.2 本规程适用于城镇燃气管道及其附件、门站、储配站、灌瓶站、气化站、混气站、调压站、调压箱、瓶装供应站、用户设施和用气设备所组成的城镇燃气供应系统的运行、维护和抢修。

本规程不适用于城镇燃气的汽车加气站的运行、维护和抢修。

1.0.3 城镇燃气设施运行、维护和抢修单位及部门应逐级建立相应的安全目标责任制。

1.0.4 城镇燃气供应单位应设立运行、维护和抢修的管理部门并应配备专职安全管理人员；应设置并向社会公布24h报修电话，抢修人员应24h值班；运行、维护、抢修及专职安全管理人员必须经过专业技术培训，考试合格后方可上岗。

1.0.5 对重要的燃气设施或重要部位必须设有识别标志。对燃气设施进行运行、维护和抢修时，必须设置安全警示标志和防护装置。

1.0.6 城镇燃气设施的运行、维护和抢修，除执行本规程外，尚应符合国家现行有关强制性标准的规定。

2 术 语

2.0.1 城镇燃气 urban gas

符合燃气质量要求，供给居民生活、（商业）公共建筑和工业企业生产作燃料用的公用性质的燃气。城镇燃气主要包括天然气、液化石油气和人工煤气。

2.0.2 城镇燃气供应单位 urban gas supply firms

城镇燃气经营企业和城镇燃气自管单位。

2.0.3 城镇燃气设施 gas facilities

用于燃气储存、输配和应用的场站、管网及用户设施。

2.0.4 用户设施 coustomer facilities

指用户燃气管道、阀门及计量器具。

2.0.5 用气设备 gas appliances

使用燃气作为燃料进行加热、炊事等的设备，如燃气工业炉、燃气锅炉、燃气直燃机、民用燃气用具等。

2.0.6 运行 operation

从事燃气供应的专业人员，按照工艺要求和操作规程对燃气设施进行巡视、操作、记录等常规工作。

2.0.7 维护 maintenance

为保障燃气设施的正常运行，预防事故发生所进行的检查、维修的作业。

2.0.8 抢修 rush-repair

燃气设施发生危及安全的泄漏以及引起中毒、火灾、爆炸等事故时，采取紧急措施的作业过程。

2.0.9 降压 pressure relief

燃气设施维护和抢修时，为了操作安全或维持部分供气，将燃气压力调节至低于正常工作压力的作业。

2.0.10 停气 interruption

在燃气输配系统中，采用关闭阀门等方法切断气源，使燃气流量为零时的作业。

2.0.11 明火 flame

外露火焰或赤热表面。

2.0.12 动火 flame operation

燃气管道和设备进行焊接、切割等产生明火的作业。

2.0.13 作业区 operation area

燃气设施在维修或抢修作业时，保证操作人员安全作业所确定的区域。

2.0.14 直接置换 direct purging

采用燃气置换燃气设施中的空气或采用空气置换燃气设施中的燃气的过程。

2.0.15 间接置换 indirect purging

采用惰性气体（水）置换燃气设施中的空气后，再用燃气置换燃气设施中的惰性气体（水）的过程；或采用惰性气体（水）置换燃气设施中的燃气后，再用空气置换燃气设施中的惰性气体（水）的过程。

2.0.16 吹扫 purging

燃气设施在投产或维修前清除其内部剩余气体和污垢物的作业。

2.0.17 放散 relief

将燃气设施内的空气、燃气或混合气体安全地排放。

2.0.18 防护面具 protection mask

用以隔离燃气和保障操作人员呼吸的防护用具，一般有防毒面具和供氧面具等。

2.0.19 监护 supervision and protection

在燃气作业区作业时，对作业人员进行的监视、保护；或在燃气设施运行中，由于其他工程施工可能引起危及燃气管线安全而采取的监督、保护。

3 运行与维护

3.1 一般规定

3.1.1 城镇燃气供应单位对城镇燃气设施的运行与维护应制定下列管理制度和操作规定，管理制度应包括工作内容和范围，明确责任人。

1. 人员和车辆进入门站、储配站、灌瓶站、气化站、混气站和调压站的安全管理制度；

2. 城镇燃气管道及其附件、门站、储配站、灌瓶站、气化站、混气站、调压站、调压箱的工艺管道与设备的巡查、维护制度和操作规定；

3. 用户设施的检查、维护、报修制度和操作规定；

4. 用户用气设备的报修制度；

5. 日常运行中发现问题或事故处理的上报程序。

3.1.2 城镇燃气管道及其附件、门站、储配站、灌瓶站、气化站、混气站、调压站和调压箱的工艺管道与设备的巡查和维护制度，应综合考虑设备工艺参数、管材、工作压力、输送介质、防腐等级、连接形式、使用年限和周围环境（人口密度、地质、道路情况、季节变化）等因素。

3.1.3 用户设施的检查和报修制度，应综合考虑管材、工作压力、输送介质、连接方式、使用年限和周围环境（使用者、房屋结构）以及职责划分等因素。

3.1.4 日常运行中发现问题或事故处理的上报程序，应综合考虑供气区域划分、部门职责和管理体系等因素。

3.1.5 进入调压室、压缩机房、阀井和检查井等燃气设施场所作业，应符合下列规定：

1. 进入前应先检查有无燃气泄漏，在确认安全后方可进入；

2. 地下调压室、阀井、检查井内作业，必须穿戴防护用具，系好安全带；应设专人监护，作业人员应轮换操作；

3. 维修电气设备，应切断电源；

4. 进行维护检修，应采取防爆措施或使用防爆工具，严禁使用能产生火花的铁器等工具进行敲击作业。

3.1.6 供气高峰季节应选点检测管网高峰供气压力，分析管网的运行工况；对运行工况不良的管网应提出改造措施。

3.1.7 安装在用户室内的公用阀门应设永久性警示标志。

3.2 管道及其附件的运行与维护

3.2.1 地下燃气管道巡查应包括下列内容：

1. 管道安全保护距离内不应有土壤塌陷、滑坡、下沉、人工取土、堆积垃圾或重物、管道裸露、种植深根植物及搭建建（构）筑物等；

2. 管道沿线不应有燃气异味、水面冒泡、树草枯萎和积雪表面有黄斑等异常现象或燃气泄出声响等；

3. 不应有因其他工程施工而造成管道损坏、管道悬空等，施工单位应向城镇燃气主管部门申请现场安全监护；

4. 不应有燃气管道附件丢失或损坏；

5. 应定期向周围单位和住户询问有无异常情况。

3.2.2 在巡查中发现问题，应及时上报并采取有效的处理措施。

3.2.3 地下燃气管道检查应符合下列规定：

1. 泄漏检查可采用仪器检测或地面钻孔检查，可沿管道方向或从管道附近的阀井、窨井或地沟等地下构筑物检测；

2. 对设有电保护装置的管道，应定期做测试检查；

3. 运行中的管道第一次发现腐蚀漏气点后，应对该管道选点检查其防腐及腐蚀情况，针对实测情况制定运行、维护方案；管道使用20年后，应对其进行评估，确定继续使用年限，制定检测周期，并应加强巡视和泄漏检查。

3.2.4 阀门的运行、维护应符合下列规定：

1. 应定期检查阀门，应无燃气泄漏、损坏等现象，阀井应无积水、塌陷，无妨碍阀门操作的堆积物等；

2. 阀门应定期进行启闭操作和维护保养；

3. 无法启闭或关闭不严的阀门，应及时维修或更换。

3.2.5 凝水器的运行、维护应符合下列规定：

1. 凝水器应定期排放积水，排放时不得空放燃气；在道路上作业时，应设作业标志；

2. 凝水器护盖、排水装置应定期检查，应无泄漏、腐蚀和堵塞，无妨碍排水作业的堆积物；

3. 凝水器排出的污水不得随地排放，并应收集处理。

3.2.6 补偿器接口应定期进行严密性检查及补偿量调整。

3.3 设备运行与维护

3.3.1 调压装置运行、维护应符合下列规定：

1. 调压装置的巡查内容应包括调压器、过滤器、安全放散设施、仪器、仪表等设备的运行工况，应无泄漏等异常情况；

2. 调压器及附属设备的运行、维护：

1）清除各部位油污、锈斑，管路应畅通；

2）检查调压器，应无腐蚀和损伤；当发现问题时，应及时处理；

3）新投入运行和保养修理后的调压器，必须经过调试，达到技术标准后方可投入运行；

4）停气后重新启用调压器时应检查进出口压力及有关参数；

5）过滤器接口应定期进行严密性检查、前后压差检查、排污及清洗。

3.3.2 加臭装置的运行、维护应符合下列规定：

1. 应定期检查储液罐内加臭剂的储量；

2. 控制系统及各项参数应正常；

3. 加臭泵的润滑油液位应符合运行规定；

4. 加臭装置应无泄漏；

5. 加臭装置应定期进行清洗、校验。

3.3.3 低压储气柜运行、维护应符合下列规定：

1. 低压储气柜应定期检查，并符合下列规定：

1）塔顶塔壁应无裂缝损伤和漏气，水槽壁板与环形基础连接处应无漏水、气柜基础应无沉降，并应做好记录；

2）导轮和导轨的运动应正常；

3）放散阀门应启闭灵活；

4）雨季前应检查气柜防雷接地电阻，并应做好记录；

5）冬季应检查保温系统；

6）应定期、定点测量各塔环形水封水位或活塞密封油位。

2. 低压储气柜的运行、维护：

1）储气柜升降幅度和升降速度应在规定范围内；

2）储气柜运行压力，不得超出所规定的压力；

3）发现导轮与轴瓦之间发生磨损应及时修复；

4）导轮润滑油杯应定期加油，发现损坏应立即修理；

5）维修储气柜时，操作人员必须佩戴安全帽、安全带等防护用具，所携带工具应严加保管，严禁以抛接方式传递工具。

3.3.4 高压储罐运行与维护应按国家现行标准《压力容器安全技术监察规程》执行。

3.3.5 压缩机、烃泵的运行、维护应符合下列规定：

1. 压缩机、烃泵的检查内容：

1）压力、密封、润滑、冷却和通风系统；

2）阀门开关应灵活，连接部件应紧固，运动部件应平稳，无异响、过热、泄漏、振动等；

3）指示仪表应正常、各仪表参数应在规定范围内；

4）各项自动、连锁保护装置应正常；

2. 当有下列异常情况时应及时停车处理：

1）自动、连锁保护装置失灵；

2）润滑、冷却、通风系统出现异常；

3）压缩机运行压力高于规定压力；

4）指示仪表损坏或仪表显示数值不在规定范围内；

5）压缩机、烃泵、电动机有异声、振动、过热、泄漏等现象。

3.3.6 压缩机、烃泵的大、中、小修理，应按设备的保养、维护标准执行。

3.3.7 仪器、仪表、安全阀的运行维护、定期校验和更换应按国家有关规定执行。

3.4 用户设施运行与维护

3.4.1 燃气供应单位应施行对燃气用户设施每年至少一次的检查，并应对用户进行安全用气的宣传。

3.4.2 入户检查应包括下列内容并做好检查记录：

1. 确认用户设施有无人为碰撞、损坏；

2. 管道是否被私自改动，是否被作为其他电器设备的接地线使用，有无锈蚀、重物搭挂，胶管是否超长及完好；

3. 用气设备是否符合安装规程；

4. 有无燃气泄漏；

5. 燃气灶前压力是否正常；

6. 计量仪表是否正常。

3.4.3 在进行室内设施检查时应采用肥皂水检漏或仪器检测，发现问题应及时采取有效的保护措施，由专业人员进行处理。

3.4.4 进入室内进行维护和检修作业，应符合下列规定：

1. 进入室内作业应首先检查有无燃气泄漏；当发现燃气泄漏时，应开窗通风，切断气源，在安全的地方切断电源，并应采取措施；

2. 燃气设施和器具的维护和检修工作，必须由具有相应资质的单位及专业人员进行。

3.4.5 城镇燃气供应单位应告知用户遵守下列规定：

1. 正确使用燃气设施和燃气用具；严禁使用不合格的或已达到报废年限的燃气设施和燃气用具；

2. 不得私自改动燃气管线和擅自拆除、改装、迁移、安装燃气设施和燃气用具；

3. 在安装燃气计量仪表、阀门及燃气蒸发器等设施的专用房内不得堆放杂物、住人及使用明火；

4. 不得加热、摔砸、倒置液化石油气钢瓶及倾倒瓶内残液和拆卸瓶阀等附件；

5. 严禁使用明火检查泄漏；

6. 发现室内燃气设施或燃气用具异常、燃气泄漏、意外停气时，应立即关闭阀门、开窗通风，在安全的地方切断电源，严禁动用明火，并应及时向城镇燃气供应单位报修；严禁用户开启燃气管道上的公用阀门；

7. 连接燃气用具的胶管应定期更换，严禁使用过期胶管；

8. 应协助城镇燃气供应单位对燃气设施进行检查、维护、抢修工作。

3.4.6 城镇燃气供应单位应向用户宣传使用可燃气体浓度报警器。

4 抢　　修

4.1 一 般 规 定

4.1.1 城镇燃气供应单位应制定事故抢修制度和事故上报程序。

4.1.2 城镇燃气供应单位应根据供应规模设立抢修机构，并配备必要的抢修车辆、通讯设备、防护用具、消防器材、检测仪器等装备。

4.1.3 城镇燃气设施抢修应制订预案，并报有关部门备案。抢修预案应定期进行演习。

4.1.4 **接到抢修报警后应迅速出动，并根据事故不同情况可联系有关部门协作抢修。抢修作业应统一指挥，严明纪律，并采取安全措施。**

4.2 作 业 现 场

4.2.1 **抢修人员应佩戴职责标志，到达作业现场后，应根据燃气泄漏程度确定警戒区并设立警示标志；在警戒区内严禁明火，应管制交通，严禁无关人员入内。**

4.2.2 **抢修人员到达作业现场后，必须及时救护受伤人员。**

4.2.3 **进入警戒区的操作人员应按规定穿戴防护用具，作业时应有专人监护，严禁单独作业。**

4.2.4 **警戒区内未经批准不得使用非防爆型的机电设备及仪器、仪表。**

4.2.5 **管道和设备修复后，应作全面检查，防止燃气窜入**

夹层、窨井、烟道、地下管线和建（构）筑物等不易察觉的场所。

4.2.6　当事故原因未查清或隐患未消除时不得撤离现场，应采取安全措施，直至查清事故原因并消除隐患为止。

4.3　抢 修 作 业

4.3.1　抢修人员进入事故现场，应立即控制气源、消灭火种，驱散积聚的燃气。在室内应开启门窗通风，严禁启闭电器开关。地下管道泄漏时应采取有效措施，排除聚积在地下和构筑物空间内的燃气。

4.3.2　处理地下泄漏点开挖作业时，应符合下列规定：

1. 抢修人员应根据管道敷设资料确定开挖点，并对周围建（构）筑物进行检测和监测；当发现漏出的燃气已渗入周围建（构）筑物时，应及时疏散建（构）筑物内人员并清除聚积的燃气；

2. 作业点应根据介质成分设置燃气或一氧化碳浓度报警装置。当环境浓度在爆炸和中毒浓度范围以内时，必须强制通风，降低浓度后方可作业；

3. 应根据地质情况和开挖深度确定放坡系数和支撑方式，并设专人监护。

4.3.3　燃气设施泄漏的抢修宜在降低燃气压力或切断气源后进行。当泄漏处已发生燃烧时，应先采取措施控制火势后再降压或切断气源，严禁出现负压。

4.3.4　当抢修中无法消除漏气现象或不能切断气源时，应及时通知有关部门，并作好事故现场的安全防护工作。

4.3.5　修复供气后，应进行复查，确认不存在不安全因素后，抢修人员方可撤离事故现场。

4.3.6　液化石油气管道泄漏抢修，除应符合上述规定外，还应符合下列规定：

1. 液化石油气泄漏抢修时，应备有干粉灭火器等有效的消防器材。应根据现场情况采取有效方法消除泄漏，当泄出的液化石油气不易控制时，可用消防水枪喷冲稀释泄出的液化石油气。

2. 液化石油气泄漏区必须采取有效措施，防止液化石油气聚积在低洼处或其他地下设施内。

4.3.7　场站泄漏抢修作业应符合下列规定：

1. 低压储配站泄漏抢修

1）检查和抢修人员宜采用燃气浓度检测器或采用肥皂液、嗅觉、听觉、来判断泄漏点；

2）根据泄漏部位及泄漏量应采用相应方法堵漏；

3）当发生大量泄漏造成储气柜快速下降时，应立即打开进口阀门、关闭出口阀门，用补充气量的方法减缓下降速度；

4）需动火进行修补泄漏点时，应按本规程第5.3节中有关条款执行。

2. 压缩机房、烃泵房燃气泄漏时，应立即切断气源、电源，开启室内防爆风机排气通风。故障排除后方可恢复供气。

3. 调压站、调压箱泄漏抢修

1）调压站、调压箱发生泄漏，应立即关闭泄漏点前后阀门，打开门窗或开启风机加强通风，故障排除后方可恢复供气；

2）调压站、调压箱由于调压设备、安全切断设施失灵等原因造成出口超压时，应立即关闭调压器进出口阀门，并

放散降压和排除故障。当压力超过下游燃气设施的设计压力时，应对超压影响区内燃气设施做全面检查，排除所有隐患后方可恢复供气。

4.3.8 用户室内燃气设施泄漏抢修作业应符合下列规定：

1. 接到用户泄漏报修后应立即派人检修。进入室内后应打开门窗通风、切断气源，在安全的地方切断电源，检查用户设施及用气设备，准确判断泄漏点，严禁明火查漏；当未查清泄漏点和泄漏原因时，应按本规程第4.2.6条执行；

2. 漏气修理时应避免由于检修造成其他部位泄漏，应采取防爆措施或使用防爆工具，严禁使用能产生火花的铁器等工具进行敲击作业。

4.4 火灾与爆炸

4.4.1 发生火灾、爆炸等事故，危及燃气设施和周围环境的安全时，应协助消防部门抢救。

4.4.2 当燃气设施发生火灾时，应采取切断气源或降低压力等方法控制火势，并应防止产生负压。

4.4.3 火势得到控制后，应按本规程第4.3节的有关规定进行抢修。

4.4.4 燃气管道及设备发生爆炸后，应迅速控制气源和火种；应保护好事故现场，防止发生次生灾害。

4.4.5 火灾与爆炸灾情消除后，应对管道和设备进行全面检查，消除隐患。

5 停气、降压、动火及通气

5.1 一 般 规 定

5.1.1 燃气设施的停气、降压、动火及通气作业应建立分级审批制度。作业单位应制定作业方案和填写动火作业报告，并向主管部门申报；经审批后应严格按批准方案实施。紧急事故的抢修除外。

5.1.2 燃气设施停气、降压、动火及通气作业，必须设专人负责现场指挥，并应设安全员。

5.1.3 燃气设施停气、降压、动火及通气作业必须配置相应的通讯设备、防护用具、消防器材、检测仪器等。

5.2 停 气 与 降 压

5.2.1 停气与降压作业时间宜避开用气高峰和恶劣天气。

5.2.2 影响用户用气的停气与降压作业应事前通知用户，紧急事故除外。

5.2.3 停气与降压作业应符合下列规定：

1. 停气作业时应能可靠地切断气源，并将作业管段或设备内的燃气安全排放或置换合格；

2. 降压过程中应严格控制降压速度；

3. 降压作业应有专人监控管道内燃气压力，严禁管内产生负压；

4. 降压作业时管内燃气压力宜控制在300～500Pa范围内；

5. 液化石油气管道停气或降压作业时，应采用防爆风机驱散在工作坑或作业区内聚积的液化石油气。

5.3 动　火

5.3.1 运行中的燃气设施需动火作业时，应有技术、生产、安全等部门配合与监护。

5.3.2 动火作业时，应划出作业区并设置护栏，作业区应保持空气流通，无燃气聚积。

5.3.3 **停气动火作业前，应置换作业管段或设备内的燃气，并符合下列规定：**

1. 采用直接置换法时，应取样检测混合气体中燃气的浓度，经连续三次（每次间隔约5min）测定均在爆炸下限的20%以下时，方可动火作业；

2. 采用间接置换法时，应取样检测混合气体中燃气或氧的含量，经连续三次（每次间隔约5min）测定均符合要求时，方可动火作业；

3. 燃气管道内积有燃气杂质时，应充入惰性气体或采取其他有效措施进行隔离；

4. 停气动火操作过程中，当有漏气或窜气等异常情况时，应立即停止作业，待消除异常情况后方可继续进行；

5. 当作业中断或连续作业时间较长时，均应重新取样检测，符合本条1、2款时，方可继续作业。

5.3.4 带气动火作业应符合下列规定：

1. 应设置燃气浓度检测器；当确认操作环境不会发生燃气爆炸时，方可带气动火作业；

2. 带气动火作业时，管道内必须保持正压，其压力宜控制在100～500Pa，应有专人监控压力；

3. 新、旧钢管连接动火作业时，应先采取措施使新旧管道电位平衡；

4. 动火作业引燃的火焰，必须有可靠、有效的方法随时将其扑灭。

5.3.5 设置临时燃气放散火炬应符合下列规定：

1. 放散火炬的管道上应设置控制阀门和防回火装置；

2. 放散火炬应设置在带气作业点的上风向，并保持安全距离；

3. 火炬应高出地面1.5m以上；

4. 放散火炬现场应备有干粉灭火器等有效的消防器材。

5.4 通　气

5.4.1 **通气作业应严格按照方案执行。用户停气后的通气，严禁在夜间进行。**

5.4.2 燃气设施维护、检修或抢修作业完成后，应进行全面检查；合格后方可进行置换作业。

5.4.3 置换作业应符合下列规定：

1. 应根据管线情况和现场条件确定放散点数量与位置，管道末端必须设置放散点；

2. 应在起点段安装压力表，在每个末端放散管上安装取样管；

3. 置换放散时，应有专人负责监控压力及取样检测；

4. 放散管的安装应符合下列规定：

1）放散管应避开居民住宅、明火、高压架空电线等场所；当无法避开居民住宅等场所时，应采取防护措施；

2）放散管应高出地面2m以上。

5. 用燃气直接置换空气时，其置换时的燃气压力宜小于 5000Pa。

5.4.4 燃气设施置换合格恢复通气前，应进行全面检查，符合运行要求后，方可投入运行。

6 液化石油气设施的运行、维护和抢修

6.1 一 般 规 定

6.1.1 本规程所指液化石油气设施包括液化石油气储配站、灌瓶站、气化站、混气站、瓶组站及瓶装供应站、管道及其附件以及压缩机、烃泵、灌装设备、气化设备、混气设备和仪器仪表等。不包括低温储存基地及火车、汽槽车及槽船等液化石油气专用运输设备。

6.1.2 城镇燃气供应单位应根据各站的工艺设备系统的结构、性能、用途等，制定相应的操作规程和管理制度。

6.1.3 液化石油气设施运行、维护的管理制度应按本规程第 3.1.1 条的规定制定。

6.1.4 站内防雷、防静电装置每年检查不得少于两次。

6.1.5 生产区进行动火作业的申报程序，应按本规程第 5 章的有关规定执行。

6.1.6 在生产区内因检修而必须排放液化石油气时，应通过火炬放散。火炬放散时应设专人监护。

6.1.7 液化石油气灌装、倒残等生产车间应通风良好。车间内应设置燃气浓度报警器，报警浓度应小于爆炸下限的 20%。

6.2 站内设施的运行、维护

6.2.1 贮罐及附件的运行、维护应符合下列规定：

1. 贮罐及附件的运行、维护和保养，应根据站内设施

的工艺特点及国家现行标准《压力容器安全技术监察规程》制定相应的规章制度；

2. 站内值班操作人员必须定时、定线进行巡回检查，并记录贮罐液位、压力和温度等参数。贮罐进出液时，应检查液位和压力变化情况；

3. 液化石油气贮罐的充装量，应严格按照国家现行标准《压力容器安全技术监察规程》的规定执行；

4. 应根据在用贮罐的设计压力和贮罐检修结果制定相应的降温喷淋措施；

5. 在寒冷地区的冬季，应对贮罐的排污、阀门及液位计液相管采取保温防冻措施，贮罐应定期排水；

6. 贮罐设有两道以上阀门的，第一道阀门为常开，阀门应经常维护，保持其开启灵活；

7. 贮罐检修前后的置换可采用抽真空、惰性气体、充水等方法进行，如采用充水置换方法时，环境温度不得低于5℃；

8. 地下贮罐应定期检查贮罐的防腐及腐蚀情况。

6.2.2 压缩机、烃泵的运行、维护应按本规程第3.3.5条的有关规定执行。

6.2.3 液化石油气钢瓶（以下简称钢瓶）灌装设备的运行、维护，应符合下列规定：

1. 根据灌装设备的不同，可采用相应的运行管理方式；

2. 灌装前应对灌装设备进行下列检查：

1）各灌装系统连接部位应紧固，运动部位应平稳，无异响、过热、振动；

2）自动、连锁保护装置应正常；

3）气路、油路系统的压力、密封、润滑应正常；

4）灌装秤应校正。

3. 灌装设备的运行、维护宜按本规程第3.3.5条的有关规定执行。

6.2.4 灌装前应对在用钢瓶进行检查，发现下列情况时不得灌装：

1. 未取得国家颁发制造许可证的生产厂生产的钢瓶；

2. 外表损伤、腐蚀、变形严重以及被判废的钢瓶；

3. 超过检测周期的钢瓶；

4. 新投用的未经置换或抽真空处理的钢瓶。

6.2.5 钢瓶灌装后应对其灌装重量和气密性进行逐瓶复检。合格的钢瓶应贴合格标识。

6.2.6 气化、混气装置的运行、维护应符合下列规定：

1. 压力、温度、热媒应正常，并应填写运行记录。当发现泄漏或异常时，应立即停车处理；

2. 应保持气化、混气装置监控系统的正常工作，严禁超温、超压运行；

3. 电磁阀应定期清洗，并及时排水和添加防锈剂；

4. 气化器、混合器发生故障应立即停止使用并进行检修，同时开启备用设备，防止中断正常供气。

6.2.7 消防系统的运行、维护应符合下列规定：

1. 消防设施和器材的管理、检查、维修和保养等应设专人负责；

2. 消防水池的储水量应保持在规定的水位范围之内，并保持池水的清洁，消防水泵的吸水口应处于工作状态；

3. 应定期检查并启动消防水泵、消防栓及喷淋装置。寒冷地区在冬季试运转后，应将水及时排净；

4. 站内的消防器材、消防设备，应定期进行检查和补充；

5. 消防通道应保持畅通无阻，消防栓周围不得堆放杂物。

6.3 钢瓶运输及储存

6.3.1 运输钢瓶的车辆应符合下列规定：

1. 必须符合运输危险品机动车辆的要求，牌证应齐全；
2. 必须办理化学危险品运输准运证和化学危险品运输驾驶证；
3. 车厢应固定并通风良好；
4. 随车应配备干粉灭火器。

6.3.2 钢瓶运输应符合下列规定：

1. 在运输车辆上码放钢瓶时，不得超过两层（50kg 钢瓶只能单层码放），并应固定良好，不滚动、不碰撞；
2. 钢瓶装卸应做到不摔砸、不倒卧、不拉拖；
3. 钢瓶运输应遵守危险品运输的有关规定；
4. 钢瓶运输车辆严禁携带其他易燃、易爆物品，人员严禁吸烟。

6.3.3 瓶组站及供应站的安全管理应符合下列规定：

1. 空瓶、实瓶应按指定区域分别存放，漏气瓶或其他不合格钢瓶应及时处理；
2. 钢瓶码放不得超过两层（50kg 钢瓶只能单层码放），并应留有通道；
3. 钢瓶应周转使用，实瓶存放不宜超过一个月；
4. 站内灭火器每年应定期检查和补充。

6.4 抢　　修

6.4.1 液化石油气设施的抢修除应按本规程第 4 章有关规定执行外，还应符合下列规定：

1. 站内出现大量泄漏时，应迅速切断站内气源、电源、火源，设置安全警戒线，采取有效措施，控制和消除泄漏点，防止事故扩大；
2. 因泄漏造成火灾后，除采取上述措施外，还应对未着火的其他设备和容器进行隔火、降温处理。

7 图档资料

7.1 一般规定

7.1.1 城镇燃气供应单位的档案管理部门应收集燃气设施运行、维护和抢修资料，建立档案并对其实施动态管理；有条件的地区宜建立燃气管网地理信息系统。

7.1.2 城镇燃气供应单位的档案管理部门，应根据运行、维护和抢修工程的要求，提供图档资料。

7.1.3 城镇燃气设施运行、维护和抢修管理部门，应向档案管理部门提交运行、维护记录和抢修工程的资料。

7.2 运行与维护的图档资料

7.2.1 燃气设施运行记录应包括下列内容：

1. 巡查周期、时间、地点（范围）、异常情况、处理方法和记录人等；
2. 违章、险情的处理和上报记录；
3. 配合城市其他施工工程对燃气管线的监护记录（包括管位、管坡等保护措施），在管位上方违章搭建的处理记录；
4. 燃气管网运行压力记录。

7.2.2 燃气设施维护的资料应包括下列内容：

1. 维修、检修、更新和改造计划；
2. 维修记录和重要设备的大、中修记录；
3. 管道和设备的拆除、迁移和改造工程图档资料。

7.3 抢修工程的图档资料

7.3.1 抢修工程的记录应包括下列内容：

1. 事故报警记录；
2. 事故发生的时间、地点和原因等；
3. 事故类别（中毒、火灾、爆炸等）；
4. 事故造成的损失和人员伤亡情况；
5. 参加抢修的人员情况；
6. 抢修工程概况及修复日期。

7.3.2 抢修工程的资料应包括下列内容：

1. 抢修任务书（执行人、批准人、工程草图等）；
2. 动火申报批准书（记录）；
3. 抢修记录；
4. 事故鉴定记录；
5. 抢修工程质量鉴定记录。

本规程用词说明

1. 为便于在执行本规程条文时区别对待，对于要求严格程度不同的用词说明如下：

1）表示很严格，非这样做不可的：

正面词采用“必须”；

反面词采用“严禁”。

2）表示严格，在正常情况下均应这样做的：

正面词采用“应”；

反面词采用“不应”或“不得”。

3）表示允许稍有选择，在条件许可时首先应这样做的：

正面词采用“宜”；

反面词采用“不宜”。

表示有选择，在一定条件下可以这样做的，采用“可”。

2. 条文中指明应按其他有关标准执行的写法为：“应符合……的规定”或“应按……执行”。

中华人民共和国行业标准

城镇燃气设施运行、维护和抢修安全技术规程

CJJ 51—2001

条 文 说 明

前　言

《城镇燃气设施运行、维护和抢修安全技术规程》（CJJ 51—2001），经建设部2001年5月8日以建标［2001］93号文批准，业已发布。

本规程第一版的主编单位是上海市煤气公司，参编单位是北京市煤气公司、成都市煤气公司、沈阳市煤气总公司、重庆市天然气公司、深圳市液化石油气管理公司。

为便于广大设计、施工、科研、学校、企业、管理部门等单位的有关人员在使用本规程时能正确理解和执行条文规定，《城镇燃气设施运行、维护和抢修安全技术规程》编制组按章、节、条顺序编制了本规程的条文说明，供使用者参考。在使用中如发现本条文说明有不妥之处，请将意见函寄中国城市燃气协会。

目　次

1 总 则

1.0.1 城镇燃气具有易燃、易爆和有毒等特点，一旦供气用燃气设施发生泄漏，极易发生火灾、爆炸及中毒事故，使国家和人民生命财产遭受损害。确保燃气安全供应，是城镇燃气供应单位的重要职责。为了保护国家和人民生命财产的安全，必须加强对燃气设施的运行、维护和抢修工作，防止火灾、爆炸及中毒事故发生。在发生事故时应有切实可行的抢修措施，将危害限制在最小程度内，并杜绝次生灾害的发生。基于上述目的，制定《城镇燃气设施运行、维护和抢修安全技术规程》。

1.0.2 本条规定了本规程适用范围。气源种类及设计压力应符合《城镇燃气设计规范》（GB50028）的要求，液相液化石油气输配管线不包括在本规程适用范围内。工作对象规定为管道及其附件、门站、储配站、灌瓶站、气化站、混气站、调压站、调压箱、瓶装供应站、用户设施和用气设备。与燃气管道连接的附件包括：阀门、凝水器、补偿器等。适用管材规定为目前已广泛采用的铸铁管、钢管及聚乙烯管。

1.0.4 城镇燃气供应单位应根据供气规模、用户数量、地理环境、供气设备、管线投运年限及事故发生量等因素综合考虑配置相应的专职人员，负责燃气设施的日常运行、维护和抢修工作。

对配置人员的要求：从事燃气设施运行、维护和抢修的人员应掌握燃气专业知识，具备燃气管理工作经验，熟悉有关安全操作规程，具有一定处理事故能力，遵守本岗位规定，服从指挥等。对于在岗人员应定期培圳考核，只有考试合格者才能继续留岗工作。

1.0.5 对重要设施或重要部位必须设有识别标志，主要是为了防止意外损伤和防止火种接近，并禁止周围堆放危险物品，以保证紧急抢修和日常维护工作的顺利进行。

3 运行与维护

3.1 一般规定

3.1.7 安装在居民住宅内的公用阀门，为防止非专业人员擅自动用而发生意外事故，要求燃气管理部门在该阀门处设置永久性警示标志。

3.2 管道及其附件的运行与维护

3.2.3 市区内埋地敷设的燃气管道，宜采用牺牲阳极法，在运行、维护中应定期对保护电位进行检测，达不到保护要求时应及时更换。对于燃气管道应分不同的使用阶段制定相应的检测周期。

3.3 设备运行与维护

3.3.3 低压储气柜运行、维护内容及规定包括低压湿式气柜和干式气柜。

4 抢　修

4.1 一般规定

4.1.1 燃气泄漏可能引起中毒、火灾、爆炸等造成人员伤亡和经济损失的事故。为保证城镇燃气供应单位接到事故报告后，能立即组织抢修，应制定事故抢修制度和事故上报程序。

4.1.2 城镇燃气供应单位应根据供应规模设置专职抢修队伍，配齐抢修人员，防护用品、车辆、通讯设备、消防器材、检测仪器等。

4.1.3 为保证事故发生时，可迅速组织抢修和控制事故发展，应预先制定各类突发事故的抢修预案，并报有关部门备案，抢修预案应定期进行演习。

4.2 作业现场

4.2.2 抢修人员到达事故现场，应迅速将中毒和受伤人员转移到安全地区或送医院治疗。

4.2.3 为保证抢修作业人员的安全，应按规定穿戴防护用具，作业时必须有人监护，以免发生意外。

4.2.5 如果是燃气泄漏事故，可能会有燃气窜入地下建（构）筑物等不易察觉的地方，因此事故抢修完成后，应在事故所涉及的范围内做全面检查，避免留下不安全隐患。

4.3 抢修作业

4.3.2 为保护作业人员的安全，防止一氧化碳中毒，本条规定作业点必须设置一氧化碳浓度报警装置，并设专人监护，一旦发现异常情况应能迅速协助或救护作业人员离开现场。

4.3.6 "当泄出的液化石油气不易控制时"主要是指泄漏出的液化石油气液体，此时应及时将聚积的液化石油气用消防水枪喷冲稀释。

4.3.7 第1款第2项是指低压储气柜发生泄漏时，可根据泄漏部位和泄漏量采用粘接、焊接等不同的方法堵漏。

第3款第2项如果调压站出现出口超压时，应检查是否超过下游燃气设施的设计压力，如已超过就有可能对燃气设施造成不同程度的损坏，则应对超压影响区内燃气设施进行全面检查，排除隐患后，方可恢复供气。

4.3.8 在处理用户泄漏报修时，"准确判断泄漏点"是指当在室内找不到漏点，可又确实存在漏气迹象如气味等，应扩大查找范围，以防从其他地方窜入，排除一切隐患才可离开现场。

4.4 火灾与爆炸

4.4.1 发生火灾、爆炸等事故，不仅危及燃气设施的安全，而且也可能危及居民及建筑物的安全，燃气抢修部门应积极协助消防部门共同抢救。

4.4.2 在火灾事故抢修中降低压力控制火势时，应注意维持燃气有一定正压，防止因燃气设施产生负压，造成次生灾害。

4.4.5 在火灾与爆炸灾情消除后，为彻底根除隐患及防止次生灾害，应对管道和设备进行全面检查。

5 停气、降压、动火及通气

5.1 一 般 规 定

5.1.1 本条规定依据《城市燃气安全管理规定》制定。

5.1.2 燃气设施的停气、降压、动火及通气作业危险性大，涉及施工安全和供气安全，因此应由有经验的技术人员指挥作业，并由安全员负责现场安全工作，检查落实各项安全措施，严禁违章操作。

5.1.3 燃气设施的停气、降压、动火及通气作业时所需的通讯设备、防护用品、消防器材和检测仪器的配备应与作业要求相适应，以能满足工程安全要求为准。

5.2 停 气 与 降 压

5.2.1～5.2.2 为了将停气与降压给用户带来的不便降至最低，保证停气与降压置换和放散的安全，选择停气与降压的时间宜避开用气高峰和恶劣天气，并在事前通知用户。

5.2.3 停气作业时应能可靠地切断气源是指关断阀门不得有渗漏和窜气现象，严禁在作业管段和设备内有混合气体聚积。

在降压过程中为防止气体流速过快，因静电产生火花造成危害，应严格控制降压速度。为使降压作业时管道内压力处于正压范围内，应有专人控制管道内压力，根据各地燃气公司的经验其压力宜控制在 300～500Pa 范围内，严禁管内产生负压，以免由于混合气体引发爆炸事故。

5.3 动 火

5.3.3 采用直接置换法时，规定取样检测混合气体中燃气的浓度，需经连续三次（每次间隔 5min）测定结果均符合要求，是为了使气体能够充分混合均匀，以保证测试结果的准确性。

采用间接置换法时：用惰性气体置换燃气时，检测混合气体中燃气的浓度应在爆炸下限的 20% 以下。用惰性气体置换空气时，混合气体中氧含量的数值可根据当地燃气成分换算结果而定。

燃气管道内常有各种杂质的沉积物，即使置换合格，随着时间的推移还会有挥发物的产生和聚积，因此动火作业时应在管道内冲入惰性气体或采取其他有效措施进行隔离。

5.3.4 新、旧钢管动火作业时，应先平衡两管电位，防止由于电位差而产生火花。

5.4 通 气

5.4.1 在停气过程中用户有可能开启阀门、燃气用具开关，通气时就可能发生意外事故，因此规定直接对用户的停气后的通气，严禁在夜间进行。

5.4.2 燃气设施维护检修或抢修作业完成后，必须有专人负责检查各作业点是否按要求完成，避免因遗漏作业发生事故。

5.4.3 用燃气直接置换空气时，如果燃气压力过高，则燃气流速快，易产生静电，据各地燃气公司的经验，其压力小于 5000Pa 为宜。

5.4.4 燃气设施置换合格恢复通气前，应对置换范围内所有操作过的设施进行全面复查，确认符合运行要求才可通气运行，以免因误操作造成事故隐患。

6 液化石油气设施的运行、维护和抢修

6.1 一 般 规 定

6.1.1 本章适用范围是依据《城镇燃气设计规范》（GB 50028）中 6.1 的规定提出的。

6.1.2 由于全国各地燃气供应单位场站所采用的工艺不同，设备不同，所以应根据各站的工艺设备系统的结构，性能，用途等技术条件，制定相应的操作规程和管理制度。

6.1.7 液化石油气灌瓶、倒残等生产车间内在生产过程中不可避免泄出液化石油气，为保证生产安全必须设置燃气浓度报警器，报警浓度应小于爆炸下限的 20%。

6.2 站内设施的运行、维护

6.2.1 贮罐及附件和管道的运行维护

1. 液化石油气贮罐及附件的运行维护和保养，应根据工艺设计要求及《压力容器安全技术监察规程》的有关规定制定相应的规章制度。

2. 站内值班操作人员必须定时、定线巡视检查。强调定时、定线巡视检查是为了能够更全面的掌握站内工艺管道和设备的运行工况。贮罐进出液时，液位压力变化较大，应随时观察变化情况，确保贮罐安全运行。

4. 降温喷淋措施是为保证贮罐的运行压力，不超过其规定的工作压力。

5. 在寒冷地区的冬季，应对贮罐的排污、阀门及液位

计液相管采取保温措施，贮罐应定期进行排水，防止冻堵现象发生。

6. 贮罐的第一道阀门为常开并保证其开启灵活，在发生事故时能够迅速关闭阀门。

7. 对贮罐进行置换，如采用充水方法置换时，环境温度不得低于5℃，是根据《压力容器安全技术监察规程》第98条要求提出的。

8. 地下贮罐检修较困难，设计规范中规定贮罐应采取有效的防腐措施，以延长其使用寿命。在运行维护中应定期检查这些防腐措施的有效程度及罐壁腐蚀情况。

6.2.3 目前国内各城市采用的液化石油气钢瓶灌装设备分为手动、半自动、自动等几种形式，因此要求根据不同的灌装设备制定不同的运行管理制度，以确保安全生产。

6.2.4 该款要求是参照《液化石油气钢瓶定期检验与评定》GB 8334和《气瓶安全监察规程》的有关内容提出的。

6.3 钢瓶运输及储存

6.3.1 运输钢瓶的车辆要求应符合下列规定：

1. 运输液化石油气钢瓶的机动车应有危险品标牌或旗帜；

3. 应有固定并通风良好的车厢，密闭车箱不得运输钢瓶；

4. 必须配备8kg的干粉或卤代烷型灭火器。

6.3.2 钢瓶运输的要求是参照《气瓶安全监察规程》有关内容而提出的。

6.3.3 瓶组站及供应站的安全管理应符合下列规定：

1. 空瓶、实瓶应按指定区域分别直立存放。漏气瓶或其它不合格钢瓶应及时处理，不得在站内存放；

3. 钢瓶应周转使用，防止实瓶长时间存放发生渗漏。

6.4 抢　　修

6.4.1 液化石油气设施的事故抢修可分为两类。当站内出现大量泄漏但还未着火时，应迅速切断站内气源、电源、火源，设置安全警戒线，采取有效措施，控制和消除泄漏点，防止事故扩大。如果因泄漏已造成火灾，除采取上述措施外，还应对未着火的其它设施及容器进行隔火、降温处理。

7 图 档 资 料

7.1 一 般 规 定

7.1.1 鉴于城镇燃气设施中有许多属于隐蔽工程，维护和抢修后的变动情况应进行系统的搜集、记录、存档工程，便于竣工后在运行中进行有效的管理，如对重点检修部位监护，一旦有问题可根据图档资料了解现场情况，及时采取有效措施，以达到预防为主，避免或减少事故发生。因此明确城镇燃气供应单位应由档案管理部门负责该项工作。

7.1.2 规定城镇燃气供应单位的档案部门应负有向维护和抢修等工程部门提供图档资料的责任。

7.1.3 规定城镇燃气设施的维护和抢修部门负有向档案部门主动提交工程资料的责任。

7.2 运行与维护的图档资料

本节条文规定了燃气设施的运行记录、维护资料和监护记录的内容。

根据许多城市的经验，发生事故的原因中，有一部分是由于在燃气设施附近进行其他工程施工时，对燃气设施未采取充分保护措施而使其受到损坏或留下隐患。所以应重视在其他地下工程施工时，对燃气管道和设备的保护，并详细记录，以供维护时参考。

7.3 抢修工程的图档资料

本条文本节条文规定了抢修工程记录和资料的内容。

中华人民共和国行业标准

供 热 术 语 标 准

CJJ 55-93

主编单位：哈尔滨建筑工程学院
批准部门：中华人民共和国建设部
施行日期：1994 年 7 月 1 日

关于发布行业标准《供热术语标准》的通知

建标〔1993〕923 号

根据建设部（90）建标字第 407 号文的要求，由哈尔滨建筑工程学院主编的《供热术语标准》，业经审查，现批准为行业标准，编号 CJJ 55-93，自 1994 年 7 月 1 日起施行。

本标准由建设部城镇建设标准技术归口单位建设部城市建设研究院归口管理，其具体解释工作由哈尔滨建筑工程学院负责。由建设部标准定额研究所组织出版。

中华人民共和国建设部
1994 年 1 月 3 日

目　次

1 总 则

1.0.1 为统一供热术语及其定义，实现专业术语的标准化，促进供热技术的发展，利于国内外的交流，制定本标准。

1.0.2 本标准适用于供热及有关领域。

1.0.3 采用供热术语及其定义应符合本标准的规定。本标准未纳人的，和与供热相关的术语，应符合国家现行有关术语标准的规定。

2 基 本 术 语

2.1 供 热

2.1.1 供热 heat–supply

向热用户供应热能的技术。

2.1.2 供热工程 heat–supply engineering

生产、输配和应用中、低品位热能的工程。

2.1.3 集中供热 centralized heat–supply

从一个或多个热源通过热网向城市、镇或其中某些区域热用户供热。

2.1.4 联片供热 group heating

多个小型供热系统联成一体的集中供热。

2.1.5 区域供热 regional heating

城市某一个区域的集中供热。

2.1.6 城市供热 municipal heat–supply

若干个街区乃至整个城市的集中供热。

2.1.7 城际供热 interurban heat–supply

若干个城市联合的集中供热。

2.1.8 分散供热 decentralized heat–supply

热用户较少、热源和热网规模较小的单体或小范围供热方式。

2.1.9 热化 heat–supply based upon heat and power cogeneration

热电联产基础上的集中供热。

2.1.10 热化系数 share of cogenerated heat in maximum heating load

热电联产的最大供热能力占供热区域最大热负荷的份额。

2.1.11 热化发电率 cogeneration level

热电厂热电联产发电量与汽轮机中做过功的蒸汽供热量之比。蒸汽供热量包括汽轮机抽汽或尾端排汽向外部供热系统的供热量和抽汽向热电厂内部加热锅炉补水、给水的回热装置的供热量。

2.1.12 热电联产 heat and power cogeneration

由热电厂同时生产电能和可用热能的联合生产方式。

2.1.13 热电分产 separate generation of heat and power

由电厂和供热锅炉房分别生产电能和热能的生产方式。

2.1.14 供热规划 development program of municipal heat–supply

根据城市建设发展的需要和国民经济计划按照近远期结合的原则，确定集中供热分期发展规模和步骤的工作。

2.1.15 供热能力 heating capacity

供热设备或供热系统所能供给的最大热负荷。

2.1.16 供热半径 range of heat–supply service

热源至最远热力站或热用户的沿程长度。

2.1.17 供热面积 area of heat–supply service

供暖建筑物的建筑面积。

2.1.18 集中供热普及率 coverage factor of centralized heat–supply

已实行集中供热的供热面积与需要供热的建筑面积之百分比。

2.1.19 供热可靠性 reliability of heat–supply system

在规定的运行周期内，按规定的供热介质和运行参数，向热用户提供一定的流量，能保持不间断运行的概率。

2.1.20 供热备用性能 reservation characteristic of heat–supply system

供热系统在检修或事故状态下，具有一定供热能力的性能。

2.1.21 双向供热 two–way heat–supply

可从两个方向向热用户供热。

2.1.22 供热经济性 economical effect of heat–supply

供热系统在节能、投资回收年限、使用寿命等方面的经济效益。

2.1.23 供热成本 cost of heat–supply

为生产和输配热能所发生的各项经营费与折旧费之和。

2.1.24 供热标煤耗率 specific fuel consumption chargeable to heat output

供出单位热能所消耗的标准煤数量。

2.1.25 发电标煤耗率 specific fuel consumption chargeable to power generation

生产单位电能所消耗的标准煤数量。

2.1.26 供电标煤耗率 specific fuel consumption chargeable to power output

供出单位电能所消耗的标准煤数量。

2.1.27 热价 heat rates

单位热量的价格。

2.1.28 年节吨标煤净投资 net investment for saving of one ton standard coal annually

将热电联产或其他集中供热方式与热电分产或分散供热相比，扣除新增生产能力所需投资以后，每年节约一吨标准煤所需增加的投资。

2.2 供热介质及其参数

2.2.1 供热介质 heating medium

在供热系统中，用以传送热能的中间媒介物质。

2.2.2 高温水 high–temperature hot water

水温超过 100℃的热水。

2.2.3 低温水 low–temperature hot water

水温低于或等于 100℃的热水。

2.2.4 供水 supply water

供给热力站或热用户的热水。

2.2.5 回水 return water

返回热源或热力站的热水。

2.2.6 生活热水 domestic hot–water

人们日常生活用的热水。

2.2.7 饱和蒸汽 saturated steam

温度等于对应压力下饱和温度的蒸汽。

2.2.8 过热蒸汽 superheated steam

温度高于对应压力下饱和温度的蒸汽。

2.2.9 二次蒸汽 flash steam

凝结水因压力降低到低于与其温度相对应的饱和压力，再汽化产生的蒸汽。

2.2.10 凝结水 condensate

蒸汽冷凝形成的水。

2.2.11 沿途凝结水 condensate in steam pipeline

蒸汽在管道中输送时产生的凝结水。

2.2.12 补给水 make–up water

由于水温降低、系统漏水和热用户用水需从外界补充的一部分水。

2.2.13 供热介质参数 parameters of heating medium

表述供热介质状态特征的各种物理量。

2.2.14 设计供水温度 design temperature of supply water

设计工况下所选定的供水温度。

2.2.15 设计回水温度 design temperature of return water

设计工况下所选定的回水温度。

2.2.16 实际供水温度 actual temperature of supply water

运行时的实际供水温度。

2.2.17 实际回水温度 actual temperature of return water

运行时的实际回水温度。

2.2.18 最佳供水温度 optimal temperature of supply water

经技术经济分析所确定的供水温度最佳值。

2.2.19 最佳回水温度 optimal temperature of return water

经技术经济分析所确定的回水温度最佳值。

2.2.20 设计供回水温差 design temperature difference between supply water and return water

设计供水温度与设计回水温度之差。

2.2.21 实际供回水温差 actual temperature difference between supply water and return water

实际供水温度与实际回水温度之差。

2.2.22 最佳供回水温差 optimal temperature difference between supply water and return water

经技术经济分析所确定的设计条件下，供水温度与回水温度之差的最佳值。

2.2.23 供水压力 pressure of supply water

热水供热系统中供水管内的压力。

2.2.24 回水压力 pressure of return water

热水供热系统中回水管内的压力。

2.2.25 供汽温度 temperature of supply steam

蒸汽供热系统中热源出口、用户入口或设备入口处的蒸汽温度。

2.2.26 供汽压力 pressure of supply steam

蒸汽供热系统中热源出口、用户入口或设备入口处的蒸汽压力。

2.3 供 热 系 统

2.3.1 供热系统 heat-supply system

由热源通过热网向热用户供应热能的系统总称。

2.3.2 热电厂供热系统 heat-supply system based upon heat-power cogeneration plant

以热电厂为主要热源的供热系统。

2.3.3 区域锅炉房供热系统 heat-supply system based upon heating plant

以区域供热锅炉房为主要热源的供热系统。

2.3.4 工业余热供热系统 heat-supply system based upon industrial waste heat

利用工业余热为主要热源的供热系统。

2.3.5 地热供热系统 heat-supply system based upon geothermal energy

利用地热能为主要热源的供热系统。

2.3.6 垃圾焚化厂供热系统 heat-supply system based upon garbage incineration plant

以垃圾焚化厂为主要热源的供热系统。

2.3.7 低温核供热系统 heat-supply system based upon low temperature nuclear reactor

以低温核能供热堆为主要热源的供热系统。

2.3.8 热水供热系统 hot-water heat-supply system

供热介质为热水的供热系统。

2.3.9 低温水供热系统 low-temperature hot water heat-supply system

供热介质为低温水的供热系统。

2.3.10 高温水供热系统 high-temperature hot water heat-supply system

供热介质为高温水的供热系统。

2.3.11 闭式热水供热系统 closed-type hot-water heat-supply system

热用户消耗热网热能而不直接取用热水的供热系统。

2.3.12 开式热水供热系统 open-type hot-water heat-supply system

热用户不仅消耗热网的热能，而且还直接取用热水的供热系统。

2.3.13 蒸汽供热系统 steam heat-supply system

供热介质为蒸汽的供热系统。

2.3.14 凝结水回收系统 condensate return system

将用热设备中的凝结水和蒸汽管道中的沿途凝结水收集起来，并使之返回热源的系统。

2.3.15 开式凝结水回收系统 open-type condensate return system

与大气相通的凝结水回收系统。

2.3.16 闭式凝结水回收系统 closed-type condensate return system

不与大气相通的凝结水回收系统。

2.3.17 余压凝结水回收系统 back-pressure condensate return system

利用疏水器背压为动力的凝结水回收系统。

2.3.18 重力凝结水回收系统 gravity condensate return system

以可资利用的凝结水位能为动力的凝结水回收系统。

2.3.19 加压凝结水回收系统 forced condensate return system

利用水泵或其他设备强制回收凝结水的系统。

2.3.20 混合式凝结水回收系统 combined condensate return system

综合利用余压、重力、加压等几种方式回收凝结水的系统。

3 热负荷及耗热量

3.1 热 负 荷

3.1.1 热负荷 heating load

供热系统的热用户（或用热设备）在单位时间内所需的供热量。包括供暖（采暖）、通风、空调、生产工艺和热水供应热负荷等几种。

3.1.2 设计热负荷 design heating load

在给定的设计条件下的热负荷。

3.1.3 最大热负荷 maximum heating load

在某一条件下（如最低室外温度、最大小时用水量、最大小时用汽量等）可能出现的热负荷的最大值。

3.1.4 实际热负荷 actual heating load

运行中实时的热负荷。

3.1.5 基本热负荷 base heating load

由基本热源供给的相对稳定的热负荷。

3.1.6 尖峰热负荷 peak heating load

基本热源供热能力不能满足的由峰荷热源提供的差额热负荷。

3.1.7 季节性热负荷 seasonal heating load

只在一年中某些季节才需要的热负荷。

3.1.8 供暖热负荷 space-heating load

供暖期内可维持房间在要求温度下的热负荷。

同义词：采暖热负荷。

3.1.9 供暖设计热负荷 design space-heating load

与供暖室外计算温度对应的供暖热负荷。

同义词：采暖设计热负荷。

3.1.10 供暖期供暖平均热负荷 average space-heating load during heating period

供暖期内不同室外温度下的供暖热负荷的平均值，即对应于供暖期室外平均温度下的供暖热负荷。

同义词:供暖期采暖平均热负荷;采暖期采暖平均热负荷。

3.1.11 通风、空调热负荷 heating load for ventilation and air-conditioning

为加热从通风、空调系统进入建筑物的室外空气的热负荷。

3.1.12 通风设计热负荷 design heating load for ventilation

与冬季通风室外计算温度对应的通风热负荷。

3.1.13 供暖期通风平均热负荷 average heating load for ventilation during heating period

供暖期内不同室外温度下的通风热负荷的平均值。

3.1.14 空调设计热负荷 design heating load for air-conditioning

与冬季空气调节室外计算温度对应的空调热负荷。

3.1.15 供暖期空调平均热负荷 average heating load for air-conditioning during heating period

供暖期内不同室外温度下的空调热负荷的平均值。

3.1.16 常年性热负荷 year-round heating load

与气象条件关系不大的、常年都需要的热负荷。

3.1.17 生产工艺热负荷 process-heating load

生产工艺过程中用热设备的热负荷。

3.1.18 热水供应热负荷 hot-water heating load

生活及生产耗用热水的热负荷。

3.1.19 热水供应最大热负荷 maximum hot-water heating load

热水供应系统最大小时用水量对应的热水供应热负荷。

3.1.20 热水供应平均热负荷 average hot-water heating load

每日的热水供应用热量（最高日）按 24h 的平均值。

3.1.21 平均热负荷系数 heat-supply load factor

一年或一个供暖期内平均热负荷与最大热负荷之比。

3.1.22 最大热负荷利用小时数 number of working hours based on maximum load

在一定时间（供暖期或年）内总耗热量按设计热负荷折算的工作小时数。在数值上等于总耗热量与设计热负荷之比。

3.1.23 热负荷小时变化系数 hourly variation factor of heating load

考虑用热量在一昼夜内不均匀性变化而引入的一个不小于 1 的系数。它等于一日之内最大热负荷与平均热负荷之比。

3.1.24 同时使用系数 diversity factor

统计生产工艺热负荷时考虑全部用热设备不能同时出现最大热负荷而引入的一个不大于 1 的系数。它表示全部用热设备运行时实际的最大热负荷与各用热设备最大热负荷总和之比值。

3.2 热指标和耗热量

3.2.1 热指标 heating load data for load estimation

单位建筑面积、单位体积与单位室内外温差下的热负荷或单位产品的耗热量。

3.2.2 供暖面积热指标 space-heating load data per unit floor area

单位建筑面积的供暖热负荷。

同义词：采暖面积热指标。

3.2.3 供暖体积热指标 space-heating load data per unit building volume

单位建筑物外围体积在单位室内外温差下的供暖热负荷。

同义词：采暖体积热指标。

3.2.4 通风体积热指标 ventilation heating load data per unit building volume

单位建筑物外围体积在单位室内外温差下的通风热负荷。

3.2.5 热水供应热指标 heating load data per unit of hot-water usage

按使用生活热水的建筑面积平均的热水供应热负荷。

3.2.6 耗热量 heat consumption

供热系统中不同类型的热用户系统（或用热设备）在某一段时间内消耗的热量。

3.2.7 年耗热量 annual heat consumption

热用户系统或整个供热系统在一年内的总耗热量。

3.2.8 供暖年耗热量 annual heat consumption on space-heating

供暖系统在一个供暖期内的总耗热量。

同义词：采暖年耗热量。

3.2.9 通风、空调年耗热量 annual heat consumption on ventilation and air-conditioning

通风、空调系统在一年内的总耗热量。

3.2.10 生产工艺年耗热量 annual heat consumption on process heating

生产工艺热用户系统在一年内的总耗热量。

3.2.11 热水供应年耗热量 annual heat consumption on hot-water supply

热水供应热用户系统在一年内的总耗热量。

3.2.12 耗热定额 heat consumption quota

生产工艺过程中为完成某一任务或生产某种产品所预定的热量消耗数额。

3.2.13 单位产品耗热定额 heat consumption quota per unit of

product

生产工艺过程中为了生产单位产品所预定的热量消耗数额。

3.2.14 平均小时耗汽量 average hourly steam consumption

用汽设备或生产单位在一定时间内总的蒸汽消耗量按这段时间的小时数的平均值。

3.2.15 最大小时耗汽量 maximum hourly steam consumption

用汽设备或生产单位每小时消耗蒸汽量的最大值。

3.2.16 热水供应小时用热量 hourly heat consumption on hot-water supply

按热水供应热指标或热水供应用水量标准计算出的热水供应系统每小时所消耗的热量。

3.2.17 热水供应设计小时耗水量 design hourly demand of hot-water

按热水供应用水量标准计算出的热水供应系统每小时所消耗的水量。

3.3 负荷图和热负荷延续时间图

3.3.1 热负荷图 heating load diagram

供热系统中热用户单位时间的耗热量随时间变化的曲线图。

3.3.2 日负荷图 hourly variation graph of heat consumption in one day

供热系统一日中热负荷逐时变化状况的曲线图。图中横坐标为小时（时间），纵坐标为小时耗热量。

3.3.3 月负荷图 daily variation graph of heat consumption in one month

供热系统一个月中热负荷逐日变化状况的曲线图。图中横坐标为日（时间），纵坐标为日耗热量。

3.3.4 年负荷图 monthly variation graph of heat consumption in one year

供热系统一年中热负荷逐月变化状况的曲线图。图中横坐标为月（时间），纵坐标为月耗热量。

3.3.5 热水供应昼夜耗水量图 hourly variation graph of domestic hot-water consumption in one day

热水供应系统在一昼夜间所消耗水量逐时变化的曲线图。图中横坐标为小时（时间），纵坐标为小时耗水量。

3.3.6 热负荷延续时间图 heating load duration graph

全年或供暖期内不同室外温度下的热负荷变化情况及与之对应的延续时间的关系曲线图。图中曲线下的面积表示全年或供暖期的总耗热量。

4 供热热源

4.1 供热热源

4.1.1 供热热源 heat source of heat-supply system

将天然的或人造的能源形态转化为符合供热要求的热能装置，简称为热源。

4.1.2 锅炉房 boiler plant

锅炉以及保证锅炉正常运行的辅助设备和设施的综合体。

4.1.3 区域供热锅炉房 regional heating plant

作为某一区域供热热源的锅炉房。

4.1.4 热电厂 cogeneration power plant

用热力原动机驱动发电机的、可实现热电联产的工厂。

4.1.5 工厂自备热电厂 factory-owned cogeneration power plant

工厂为保证本厂用电和用热自行设置的热电厂。

4.1.6 核能热电厂 nuclear-powered cogeneration power plant

用原子核裂变或聚变所产生的热能作为热源的热电厂。

4.1.7 低温核能供热堆 low-temperature nuclear heating reactor

工作压力低于 1.5MPa，堆芯出口温度低于 198℃，以供热为目的的核反应堆。

4.1.8 工业余热 industrial waste heat

工业生产过程中产品、排放物及设备放出的热。

4.1.9 热泵 heat pump

利用逆向热力循环产生热能的装置。

4.1.10 基本热源 base-load heat source

在整个供热期间满功率运行时间最长的热源。

4.1.11 峰荷热源 peak-load heat source

基本热源的产热能力不能满足实际热负荷的要求时，投入运行以弥补差额的热源。

4.1.12 备用热源 standby heat source

在检修或事故工况下投入运行的热源。

4.2 锅炉房及其辅助设备

4.2.1 供热锅炉 heating boiler

产生蒸汽或（和）热水送入热网供给热用户的锅炉。

同义词：工业锅炉。

4.2.2 锅炉辅助设备 boiler auxiliaries

除锅炉本体以外，参与锅炉运行的设备。包括：水、煤、灰、渣、烟、风等系统的设备和监控系统。

4.2.3 送风机 forced draft fan

把燃烧所需的空气送入炉膛的通风机。

4.2.4 引风机 induced draft fan

把炉膛里的燃烧产物吸出并送入烟囱的通风机。

4.2.5 除尘器 dust trap

把气体夹带的尘粒分离出来加以捕集的设备。

4.2.6 锅炉给水泵 boiler feed-water pump

为了保持蒸汽锅炉的安全水位，把水送入锅炉的水泵。

4.2.7 热水锅炉循环水泵 boiler circulation pump

在强制循环或复合循环锅炉系统中提供锅内水循环压头的水泵。

4.2.8 热网补水泵 make-up water pump of heat-supply network

为保持热网内合理压力工况，从系统外向系统内补给水的水泵。

4.2.9 热网循环水泵 circulation pump of heat-supply network

使水在热水热网里循环流动的水泵。

4.2.10 调速水泵 variable speed pump

可以改变转速的水泵。

4.2.11 备用泵 standby pump

为检修、处理事故及保证正常运行而设置的水泵。

4.2.12 蓄热器 heat-storing device

在热源的供热量多于热用户的需热量时可把多余的热量存贮起来，并在热源的供热量不足时再把所存热量释放出来以弥补供需差额的设备。

4.2.13 锅炉水处理 boiler water treatment

用物理的和（或）化学的方法使锅炉里的水质符合锅炉安全和经济运行要求的措施。

4.2.14 锅外水处理 boiler feed-water treatment

对锅炉的补给水在进入锅炉前进行的水处理。

4.2.15 锅水加药处理 boiler water conditioning

把具有防垢或缓蚀作用的物质掺入锅水里的水处理。

4.2.16 真空除氧 vacuum deaeration

使水在真空压力下沸腾，从而把溶解在水里的气体及氧气释放出去。

4.2.17 热力除氧 thermo-deaeration

将水加热至沸腾，并设法扩大气水界面，从而去除溶解在水中的气体及氧气。

4.2.18 解吸除氧 desorption deoxidization

使水和不含氧的气体强烈混合，从而使水中溶解的氧释放出去。

4.2.19 化学除氧 chemical deoxidization

使水和适当物质接触，借这类物质和水中溶解的氧化合达到除氧目的。

4.3 热 电 厂

4.3.1 涡轮机 turbine

把流体的能量转化为机械功的具有叶片的旋转式动力机械。

4.3.2 燃气轮机 gas turbine

把燃料的燃烧产物或热气体的能量变为机械功的涡轮机。

4.3.3 汽轮机 steam turbine

使蒸汽膨胀变热能为机械功的涡轮机。

4.3.4 凝汽式汽轮机 condensing turbine

膨胀作功后的蒸汽排入凝汽器，不向外供热的汽轮机。

4.3.5 供热式汽轮机 cogeneration turbine

不只输出电能而且能向外供热的汽轮机。

4.3.6 背压式汽轮机 back-pressure turbine

排汽压力大于大气压力的供热式汽轮机。

4.3.7 抽汽式汽轮机 extraction turbine

膨胀作功后的部分蒸汽在流到尾端排汽口前，被抽出对外供热的汽轮机。

4.3.8 抽汽背压式汽轮机 back-pressure turbine with intermediate bleed-off

带有中间抽汽口的背压式汽轮机。

4.3.9 基本加热器 primary calorifier

热电厂为热源时，供暖期自始至终运行并用来加热热网路循环水的换热器。

4.3.10 尖峰加热器 peak-load calorifier

热电厂为热源时，为了提高热网的供水温度，在基本加热器不能满足供热要求时投入使用的加热热网循环水的换热器。

4.3.11 减压减温装置 desuperheater

把过热蒸汽节流、加湿，使之成为较低压力、较低温度蒸汽的装置。

4.3.12 恶化真空运行 operating with reduced vacuum

凝汽式汽轮机降低凝汽器真空度的运行方式。

4.3.13 汽轮机抽汽 extracted steam from turbine

汽轮机里的蒸汽未流到尾端之前就被抽出机外利用的蒸汽。

4.3.14 汽轮机抽汽压力 pressure of extracted steam from turbine

汽轮机抽汽流出抽汽口时具有的压力。

5 热 网

5.1 热 网

5.1.1 热网 heat-supply network

由热源向热用户输送和分配供热介质的管线系统。

同义词：热力网。

5.1.2 蒸汽热网 steam heat-supply network

供热介质为蒸汽的热网。

5.1.3 单管制蒸汽热网 one-pipe steam heat-supply network

由热源引出一种供汽压力蒸汽管的蒸汽热网。

5.1.4 双管制蒸汽热网 two-pipe steam heat-supply network

由热源引出两种供汽压力蒸汽管的蒸汽热网。

5.1.5 多管制蒸汽热网 multipipe steam heat-supply network

由热源引出两种以上供汽压力蒸汽管的蒸汽热网。

5.1.6 热水热网 hot-water heat-supply network

供热介质为热水的热网。

5.1.7 闭式热水热网 closed-type hot-water heat-supply network

闭式热水供热系统的热网。

5.1.8 开式热水热网 open-type hot-water heat-supply network

开式热水供热系统的热网。

5.1.9 单管制热水热网 one-pipe hot-water heat-supply network

只有供水干管，无返回热源的回水干管的开式热水热网。

5.1.10 双管制热水热网 two-pipe hot-water heat-supply network

由一根供水干管和一根回水干管组成的热水热网。

5.1.11 多管制热水热网 multipipe hot-water heat-supply network

供、回水干管的总数在两根以上的热水热网。有三管制和四管制等。

5.1.12 一级管网 primary circuit

由热源至热力站的供热管道系统。

5.1.13 二级管网 secondary circuit

由热力站至热用户的供热管道系统。

5.1.14 枝状管网 tree-shaped heat-supply network

呈树枝状布置的管网。

5.1.15 环状管网 ring-shaped heat-supply network

干线构成环形的管网。

5.1.16 管网选线 route selection of heat-supply network

在供热区域选择热网的平面路线。

5.2 供 热 管 线

5.2.1 供热管线 heat-supply pipeline

输送供热介质的管道及其沿线的管路附件和附属构筑物的总称。

5.2.2 干线 main line

由热源至各热力站（或热用户）分支管处的所有管线。包括主干线和支干线。

5.2.3 主干线 trunk main

由热源至最远热力站（或最远热用户）分支管处的干线。

5.2.4 支干线 main branch

除主干线以外的干线。指从主干线上引出的、至热力站（或热用户）分支管处的管线。

5.2.5 支线 branch line

自主干线或支干线引出至一个热力站（或一个热用户）的管线。

5.2.6 供水管 water supply pipe

向热力站或热用户供给热水的管道。

5.2.7 回水管 water return pipe

从热力站或热用户回送热水的管道。

5.2.8 热网连通管 interconnecting pipe in heat-supply network

为了提高热网供热的可靠性，将两个供热系统的干线或将同一供热系统的干线连接起来的管段。

5.2.9 热水供应循环管 hot-water circulation pipe

热水供应系统中为保证供水温度，在用户不取水时能使热水循环流动而增设的管道。

5.2.10 管线沿途排水管 blind drains under heating pipeline

为了降低地下水位，并列敷设在供热管道下带孔或条缝的排水管道。

5.2.11 供热管路附件 fittings and accessories in heating pipeline

供热管路上的管件、阀门、补偿器、支架（座）和器具的总称。

5.2.12 关断阀 shut off valve

供热系统中只起开、闭作用的阀门。

5.2.13 分段阀 sectioning valve

间隔一定距离设置在热水干管上，在维修或发生事故时可切除部分管段而设置的关断阀。

5.2.14 放水阀 drain valve

为排水或充水装设在设备和管道的低点的阀门。

5.2.15 放气阀 vent valve

为排气或吸气装设在设备和管道的高点的阀门。

5.2.16 放水装置 drain valve connections

放水阀及其前后管路附件。

5.2.17 放气装置 vent valve connections

放气阀及其前后管路附件。

5.2.18 疏水器 steam trap

能自动排除凝结水，阻止蒸汽通过的器具。

5.2.19 疏水装置 steam trap connections

疏水器及其前后管路附件。

5.2.20 启动疏水装置 warming-up condensate drain-off connections

为了排除蒸汽供热系统启动时产生的凝结水而设置的疏水装置。

5.2.21 经常疏水装置 normal operating condensate drain-off connections

为了排除蒸汽供热系统运行时蒸汽管道或设备所产生的凝结水而设置的疏水装置。

5.3 供热管道敷设

5.3.1 供热管道敷设 installation of heating pipeline

将供热管道及其部件按设计条件组成整体并使之就位的工作。

5.3.2 地上敷设 above-ground installation

管道敷设在地面上的或附墙的支架上的敷设方式。

5.3.3 地下敷设 underground installation

管道敷设在地面以下的敷设方式。

5.3.4 管沟敷设 in-duct installation

管道敷设在管沟内的敷设方式。

5.3.5 直埋敷设 directly buried installation

管道直接埋设于土壤中的敷设方式。

5.3.6 无补偿直埋敷设 directly buried installation without expansion joint

供热管道不专设补偿器的直埋敷设。

5.3.7 套管敷设 casing pipe installation

管道设置于套管内的地下敷设。

5.3.8 隧道敷设 in-tunnel installation

管道遇障碍物时，将其敷设在穿越地层内部的地下或水底通道内的地下敷设方式。

5.3.9 管沟 pipe duct

管道地下敷设时沿管线的围护构筑物。

5.3.10 通行管沟 walkway duct

工作人员可直立通行及在内部完成检修用的管沟。

5.3.11 半通行管沟 crawl duct

工作人员可弯腰通行及在内部完成一般检修用的管沟。

5.3.12 不通行管沟 unpassable duct

净空尺寸仅能满足敷设管道的起码要求，人不能进入的管沟。

5.3.13 管沟事故人孔 safety exit of pipe duct

间隔一定距离设置在通行管沟和半通行管沟盖板上，在发生事故时检修人员的紧急出口。

5.3.14 管沟安装孔 installation hole of pipe duct

间隔一定距离设置在通行管沟盖板上，为了便于施工和检修时管子和设备出入专用的孔，其尺寸应满足管沟内一根最大直径管子的下管要求。

5.3.15 检查室 inspection well

地下敷设管线上，在需要经常操作、检修的管路附件处设置的专用构筑物。

5.3.16 检查室人孔 inspection well manhole

检查室顶部供人员从地面进出管沟检查室用的孔口。

5.3.17 集水坑 gully pit

用于汇集地下敷设管道沿线积水的坑。

5.3.18 操作平台 operating platform

操作、维修地上敷设管道、设备和管路附件的架空平台。

5.3.19 覆土深度 thickness of earth-fill cover

管沟敷设时管沟盖板顶部或直埋敷设时保温结构顶部至地表的距离。

5.4 管道支座和支架

5.4.1 管道支座 pipe support

直接支承管道并承受管道作用力的管路附件。

5.4.2 固定支座 fixing support

不允许管道和支承结构有相对位移的管道支座。

5.4.3 活动支座 movable support

允许管道和支承结构有相对位移的管道支座。

5.4.4 滑动支座 sliding support

管托在支承结构上做相对滑动的管道活动支座。

5.4.5 滚动支座 roller support

管托在支承结构上做相对滚动的管道活动支座。

5.4.6 管道支架 pipeline trestle

将管道或支座所承受的作用力传到建筑结构或地面的管道构件。

5.4.7 高支架 high trestle

地上敷设管道保温结构底净高在 4m 及其以上的管道支架。

5.4.8 中支架 medium-height trestle

地上敷设管道保温结构底净高大于等于 2m、小于 4m 的管道支架。

5.4.9 低支架 low trestle

地上敷设管道保温结构底净高大于 0.3m、小于 2m 的管道支架。

5.4.10 固定支架 fixing trestle

不允许管道与其有相对位移的管道支架。

5.4.11 活动支架 movable trestle

允许管道与其有相对位移的管道支架。

5.4.12 悬吊支架 pipe-hanging hook

管道悬吊在支架下，除允许管道有水平方向的位移外，还允许有少量垂直位移的活动支架。

5.4.13 弹簧支（吊）架 spring hanger

装有弹簧，除允许管道有水平方向的轴向位移和侧向位移外，还能补偿适量的垂直位移的管道悬支吊架。

5.4.14 导向支架 guiding trestle

只允许管道轴向位移的活动支架。

5.4.15 附墙支架 pipe bracket

承重结构设置在建筑物或构筑物壁上的管道支架。

5.4.16 刚性支架 rigid trestle

柱脚与基础嵌固连接，柱身刚度大，柱顶位移小，承受管道水平推力的管道支架。

5.4.17 柔性支架 flexible trestle

柱脚与基础嵌固连接，但柱身刚度小、能适应管道热位移，承受管道水平推力较小的管道支架。

5.4.18 铰接支架 hinged-type trestle

柱脚与基础沿管轴向铰接、径向固接，柱身可随管道伸缩摆动，仅承受管道垂直荷载的管道支架。

5.4.19 独立式支架 simple trestle

由支承管道的立柱或立柱加横梁组成的简单管道支架。

5.4.20 悬臂式支架 cantilever support

采用悬臂结构支承管道的支架。

5.4.21 梁式支架 beam support

支架之间用沿管轴的纵向梁连成整体结构的管道支架。

5.4.22 桁架式支架 trussed support

支架之间用沿管轴纵向桁架连成整体的管道支架。

5.4.23 悬索式支架 suspended support

用悬索作支承结构的管道支架。

5.5 保温和防腐

5.5.1 保温 insulation

为减少供热设备、管道及其附件的散热损失，在其外表面设置保温结构的措施。

5.5.2 填充式保温 loosely filled insulation

将松散的或纤维状保温材料填充在管道或设备与其外围特殊的壳体或金属网之间，形成保温层的保温方法。

5.5.3 灌注式保温 poured insulation

将流动状态的保温材料灌注在管子或设备外表面，成型硬化后，形成整体保温结构的保温方法。

5.5.4 涂抹式保温 pasted insulation

将调成胶泥状的保温材料，分层湿抹于管子或设备外表面的保温方法。

5.5.5 捆扎式保温 wrapped insulation

将成型、柔软、具有弹性的保温制品直接包裹在管子或设备外表面的保温方法。

5.5.6 缠绕式保温 wound insulation

将绳状或片状保温材料缠绕在管子或设备外表面的保温方法。

5.5.7 预制式保温 prefabricated insulation

将预制的板状、弧状、半圆形保温材料制品捆扎或粘接于管子外表面形成保温层，或者将保温结构与管子一起预制成型的保温方法。

5.5.8 保温结构 insulation construction

保温层和保护层的总称。

5.5.9 整体保温结构 integral insulation construction

连续无缝、形成整体并牢固地贴附于管道表面的保温结构。

5.5.10 可拆卸式保温结构 detachable insulation construction

在需要经常维修、更换的管路附件处采用的容易拆卸及修复的保温结构。

5.5.11 保温层 insulating layer

保温材料构成的结构层。

5.5.12 保温材料 insulating material

导热系数低、密度小、有一定机械强度等性能，并用于保温的材料。

5.5.13 保温层伸缩缝 expansion seam of insulating layer

采用硬质保温材料时，考虑金属管壁和保温材料的伸缩量的差值，在保温材料上预先留出的间隙。

5.5.14 保护层 protective cover

保温层外阻挡外力和环境对保温材料的破坏和影响，有足够机械强度和必要防水性能的材料层。

5.5.15 管道热损失 pipeline heat loss

在一定条件下，管道向周围环境散失的热量。

5.5.16 允许热损失 permissible heat loss

用单位管长或单位散热面积计量的保温管道或设备在一定条件下散热损失的限额。

5.5.17 直线管道热损失 straight pipe heat loss

不含管路附件的直线管道的热损失。

5.5.18 局部热损失 local heat loss

管路附件的热损失。

5.5.19 局部热损失当量长度 equivalent length of pipe for local heat loss

将局部热损失折算为相同直径、中等保温质量的保温管道单位长度热损失所相当的管道长度。

5.5.20 局部热损失系数 coefficient of local heat loss

计算管段上管道局部热损失与直线管道热损失之比值。

5.5.21 供热管道保温效率 insulation efficiency of heat-supply pipeline

评价供热管道保温结构保温效果的系数。它等于不保温管道与保温管道热损失之差与不保温管道热损失之比值。

5.5.22 保温层经济厚度 economical thickness of insulating layer

保温结构投资的分摊费用与年散热损失费用之和为最小值时的保温层计算厚度。

5.5.23 管道允许温度降 allowable temperature drop of heating medium in pipeline

按使用要求或有关规定所确定的管内供热介质温度的允许降低值。

5.5.24 防腐 anticorrosion protection

减缓管道和设备金属被腐蚀所采取的措施。

5.5.25 防腐涂层 anticorrosion coating

在金属表面所涂的、能与其紧密结合的薄膜状防腐材料层。

5.6 热补偿

5.6.1 热补偿 compensation of thermal expansion

管道热胀冷缩时防止其变形或破坏所采取的措施。

5.6.2 补偿器 compensator for thermal expansion

起热补偿作用的管路附件。

5.6.3 自然补偿 self-compensation

利用管道自身的弯曲管段作补偿器。

5.6.4 弯管补偿器 expansion bend

用与供热直管同径的钢管构成呈弯曲形状的补偿器。

5.6.5 方形补偿器 U-shaped expansion joint

由四个 90° 弯头构成"⊓"形的弯管补偿器。

5.6.6 套筒补偿器 sleeve expansion joint

由用填料密封的芯管和外套管组成的、两者同心套装并可轴向伸缩运动的补偿器。

5.6.7 球型补偿器 ball joint compensator

利用成对安装的球型管接头球体相对壳体折屈角的改变进行热补偿的补偿器。

5.6.8 波纹管补偿器 bellows type expansion joint

依靠有波状突起部件的波形变化实现热补偿的补偿器。

5.6.9 热伸长 thermal expansion

供热管道由于管内供热介质温度或环境温度升高而引起的管长增加现象。

5.6.10 补偿器冷紧 cold-pull of expansion joint

安装某些补偿器时，对其在热伸长反方向上进行的预拉伸。

5.6.11 补偿器冷紧值 amount of cold-pull

补偿器冷态安装时的预拉伸量。

5.6.12 补偿器热补偿值 amount of compensated thermal expansion

补偿器所补偿的实际热伸长量。

5.6.13 补偿器补偿能力 compensating capacity of expansion joint

补偿器所能承担的最大热补偿值。

6 热力站与热用户

6.1 热力站与中继泵站

6.1.1 热力站 substation

用来转换供热介质种类，改变供热介质参数，分配、控制及计量供给热用户热量的设施。

6.1.2 区域热力站 branch–line substation

对大型热网，在供热干线与支干线连接处设置的热力站。

6.1.3 小区热力站 area substation

为一个或几个街区（或建筑群）服务的热力站。

6.1.4 用户热力站 consumer substation

为单幢或数幢建筑物服务的热力站。

同义词：热力点。

6.1.5 民用热力站 civil substation

为民用、公用建筑物供热的热力站。

6.1.6 工业热力站 industrial substation

为工业建筑物供热的热力站。

6.1.7 中继泵 booster pump

热水热网中根据水力工况要求为提高供热介质压力而设置的水泵。

6.1.8 中继泵站 booster pump station

热水热网中设置中继泵的设施。

6.1.9 混水装置 water admixing installation

在热水供热系统中使局部系统的部分回水，与热网供水相混合的设备或器具。

6.1.10 混水泵 mixing pump

使供暖热用户系统的部分回水与热网的供水混合的水泵。

6.1.11 水喷射器 water ejector

在热网供回水压差作用下，利用喷射原理用热网供水引射供暖热用户部分回水，使高温水成为低温水供热系统的动力源的混水装置。

6.1.12 蒸汽喷射器 steam injection pump

利用喷射原理，使高压蒸汽加热回水，成为热水供热系统的动力源的混合装置。

6.1.13 凝结水泵 condensate pump

用于输送凝结水的水泵。

6.1.14 分水器 supply water distribution header

热水供热系统中主要用于向各分支系统分配水量的管状容器。

6.1.15 集水器 return water collecting header

热水供热系统中主要用于汇集各分支系统回水的管状容器。

6.1.16 除污器 strainer

热水供热系统中用于收集并清除循环水中的污物和杂质的装置。

6.1.17 调压孔板 orifice plate

热水供热系统中用来消耗多余作用压头的孔板。

6.1.18 旁通管 bypass pipe

与设备或阀门并联的、其上装有阀门的管段。

6.1.19 分汽缸 steam distribution header

蒸汽系统中主要用于分配蒸汽的管状容器。

6.1.20 减压阀 pressure reducing valve

自动调整阀门的开度，对蒸汽进行节流、减压，使阀后压力稳定在一范围内的阀门。

6.1.21 安全阀 safety valve

设在压力容器或压力管道上，当其压力超过规定值时能自动开启卸压的阀门。

6.1.22 安全水封 water seal

利用水柱静压头起阻汽和排水作用的安全装置。

6.1.23 热水储水箱 hot-water storage tank

热水供应系统中用来平衡热用户用水量变化并储存热水的水箱。

6.1.24 二次蒸发箱 flash tank

分离凝结水中二次蒸汽的设备。

6.1.25 凝结水箱 condensate tank

凝结水回收系统中用于汇集和储存凝结水的水箱。

6.1.26 开式凝结水箱 open-type condensate tank

与大气相通的凝结水箱。

6.1.27 闭式凝结水箱 closed-type condensate tank

不与大气相通的凝结水箱。

6.2 换 热 器

6.2.1 直接加热 direct heating

两种不同温度的流体混合接触，而使低温流体获得热量的方法。

6.2.2 间接加热 indirect heating

两种不同温度的流体互不接触，而使低温流体获得热量的方法。

6.2.3 换热器 heat exchanger

两种不同温度的流体进行热量交换的设备。

6.2.4 表面式换热器 surface heat exchanger

通过传热表面间接加热的换热器。

6.2.5 管式换热器 tubular heat exchanger.

利用薄壁金属管的管壁换热的表面式换热器。

6.2.6 管壳式换热器 shell-and-tube heat exchanger

由圆筒形壳体和装配在壳体内的带有管板的管束所组成的管式换热器。

6.2.7 套管式换热器 concentric tube heat exchanger

由管子制成的管套管等构件组成的管式换热器。

6.2.8 板式换热器 plate heat exchanger

不同温度的流体交错在多层紧密排列的薄壁金属板间流动换热的表面式换热器。

6.2.9 混合式换热器 direct contact heat exchanger

两种不同温度的流体直接接触进行热交换与质交换的换热器。

6.2.10 淋水式换热器 cascade heat exchanger

水通过若干级淋水盘上的细孔呈分散状态流下与蒸汽直接接触的混合式换热器。

6.2.11 喷管式换热器 jet-pipe heat exchanger

被加热水流过喷管时，与从喷管管壁上许多斜向小孔喷进来的蒸汽直接接触的混合式换热器。

6.2.12 汽—水换热器 steam-water heat exchanger

加热介质为蒸汽、被加热介质为水的换热器。

6.2.13 水—水换热器 water-water heat exchanger

加热介质与被加热介质都是水的换热器。

6.2.14 容积式换热器 volumetric heat exchanger

被加热水流通截面大、水流速度低，除了换热外还有储存热水作用的换热器。

6.2.15 快速换热器 instantaneous heat exchanger

加热介质与被加热介质都以较高的流速流动，以求得强烈热交换的换热器。

6.2.16 热管式换热器 heat-pipe heat exchanger

利用热管原理实现热交换的换热器。

6.2.17 换热器污垢修正系数 fouling coefficient of heat exchanger

考虑换热表面污垢影响的传热系数与相同条件下清洁换热表面的传热系数之比值。

6.3 热用户及其连接方式

6.3.1 热用户 heat consuming installation

从供热系统获得热能的用热装置。

6.3.2 供暖热用户 space-heating installation

供暖期为保持一定的室内温度，从热源获取热量的采暖装置。

同义词：采暖热用户。

6.3.3 通风、空调热用户 ventilation and air-conditioning installation

对供给建筑物的空气进行加热而消耗热量的通风或空调装置。

6.3.4 热水供应热用户 hot-water supply installation

满足生产和生活所需热水而消耗热量的热水供应装置。

6.3.5 生产工艺热用户 process-heating installation

生产工艺过程中消耗热能的装置。

6.3.6 工业用热单位 industrial heat user

生产工艺过程中需要热能的工业建筑及其辅助建筑。

6.3.7 民用用热单位 civil heat user

需要热量来达到卫生技术要求的民用建筑和公共建筑。

6.3.8 热力入口 consumer heat inlet

热用户系统与热网相连接的部位及其相应的装置。

6.3.9 热用户连接方式 connecting method of consumer with heat-supply network

热用户系统利用入口装置与热网连接的方法。

6.3.10 直接连接 direct connection

同一供热介质从热网直接流入热用户系统的热用户连接方式。

6.3.11 简单直接连接 simple direct connection

热水热网与热用户系统供水温度相同的直接连接。

6.3.12 混水连接 water-mixing direct connection

采用混水装置以降低热网供水温度的直接连接。

6.3.13 混合系数 admixing coefficient

混水装置中局部系统的回水量与热网的供水量的比值。

6.3.14 间接连接 indirect connection

热用户系统通过表面式换热器与热网相连接，热网的压力不能作用于热用户系统的连接方式。

6.4 调 节 阀

6.4.1 调节阀 control valve

通过改变阀门开度来调节或限制供热介质参数和流量的阀门。

6.4.2 自动调节阀 automatic control valve

依据对被调参数变化的反应，自行调整阀门开度的调节阀。

6.4.3 自力式调节阀 self-operated control valve

工作时不依赖外部动力的自动调节阀。

6.4.4 非自力式调节阀 external power operated control valve

工作时需要外部动力（手动、气动、电动、液动等）的调节阀。

6.4.5 流量调节阀 flow control valve

通过控制调节段压差恒定来控制流量恒定的调节阀。

6.4.6 温度调节阀 temperature control valve

控制温度参数的调节阀。

6.4.7 压力调节阀 pressure control valve

控制压力参数的调节阀。

6.4.8 阀前压力调节阀 upstream-pressure controller

不论阀后压力如何变化，维持阀前压力在规定范围内的压力调节阀。

6.4.9 阀后压力调节阀 downstream–pressure controller

不论阀前压力如何变化，维持阀后压力在规定范围内的压力调节阀。

6.4.10 调节阀流通能力 flow coefficient of regulating valve

当阀门全开且阀门两端产生单位压力降、流体密度为一个单位时，单位时间内流经调节阀的流量数。

6.4.11 调节阀流量特性 flow characteristics of regulating valve

流过调节阀的介质的相对流量与调节阀的相对开度之间的关系。

7 水力计算与强度计算

7.1 热网水力计算

7.1.1 热网水力计算 hydraulical analysis of heat–supply network

为使热网达到设计（或运行）要求，根据流体力学原理，确定管径、流量和阻力损失三者之间关系所进行的运算。

7.1.2 最大允许流速 allowable maximum velocity

为保证管道内介质正常流动、防止噪声、震动或过速冲蚀，在水力计算时规定介质流速不得超过的限定值。

7.1.3 允许压力降 allowable pressure drop

根据水力计算结果或客观条件要求而限定的阻力损失。

7.1.4 计算主干线 calculated main

平均比摩阻最小的干线。通常是从热源到最远热力站（或最远热用户）的管线。水力计算从这条管线开始。

7.1.5 最不利用户环路 most unfavorable circuit

热水热网设计时选用的从热源到热用户允许平均比摩阻最小的环路。

7.1.6 最不利管路 most unfavorable steam supply main

蒸汽热网设计时选用的从热源到热用户允许平均比摩阻最小的蒸汽管路。

7.1.7 平均比摩阻 average specific frictional head loss

供热管路平均单位长度沿程阻力损失。

7.1.8 经济比摩阻 optimal specific frictional head loss

用技术经济分析的方法，根据在规定的补偿年限内总费用最小的原则确定的平均比摩阻。

7.1.9 比压降 specific pressure drop

供热管路单位长度的总阻力损失。

7.1.10 管路阻力特性系数 flow-resistance characteristic coefficient of pipeline

单位水流量情况下热网管路的阻力损失。

7.1.11 用户阻力特性系数 flow-resistance characteristic coefficient of consumer heating system

单位水流量情况下用户内部系统的阻力损失。

7.1.12 热网设计流量 design flow of heat-supply network

设计工况下用来选择热网各管段管径及计算阻力损失的流量。

7.1.13 热网实际流量 actual flow of heat-supply network

实际运行时热网各管段通过的流量。

7.1.14 热网总循环流量 circulation flow of heat-supply network

热水供热系统中单位时间内从热源送出的热水总量。

7.1.15 热网事故工况流量 emergency quantity of flow in abnormal condition

在有备用性能的热网上发生故障时，切断故障段后仍能向热用户供给的流量。

7.1.16 热水供应平均流量 average flow of domestic hot-water supply

最高日用热水量定额除以工作小时数得出的流量。

7.1.17 热水供应最大流量 maximum flow of hot-water supply

最高日热水供应的小时流量与小时变化系数的乘积。

7.1.18 失水率 rate of water loss

热网的小时漏失水量与总循环流量的比值。

7.1.19 补水量 rate of water make-up

为保证供热系统内必须的工作压力，单位时间内向供热系统补充的水量。

7.1.20 事故补水量 rate of emergency water make-up

事故状态下单位时间内向供热系统补充的水量。

7.1.21 补水率 make-up water percentage

供热系统的补水量与总循环流量的比值。

7.1.22 最大凝结水量 maximum condensate flow

可能达到的小时凝结水量最大值。

7.1.23 凝结水回收率 condensate recovery percentage

蒸汽供热系统（或热用户）回收的凝结水量与供出的蒸汽量之百分比。

7.1.24 满管流 full-section pipe-flow

管道横断面全部被水充满的流动状态。

7.1.25 非满管流 partly-filled pipe-flow

管道横断面没有被水全部充满的流动状态。

7.1.26 两相流 two-phase flow

供热管道中存在蒸汽和凝结水两种物态的流动状态。

7.2 供热管道强度计算

7.2.1 供热管道强度计算 mechanical analysis of heat-supply pipes

考虑供热管道因热胀冷缩、内压和外载作用所引起的作用力、力矩和应力，对补偿器、管道支座间距及管壁厚度等进行的计算。

7.2.2 钢材许用应力 allowable working stresses of steel

构件的强度和耐久性得到保证的应力许用值。

7.2.3 许用外载综合应力 allowable combined stress due to external load

为简化强度计算，只考虑外载负荷（自重及风荷载）所引起的综合应力时许用的最大应力值。

7.2.4 许用补偿弯曲应力 allowable bending stress due to thermal compensation

为简化强度计算，只考虑补偿器反力所产生的应力时许用的最大应力值。

7.2.5 许用合成应力 allowable resultant stress

为简化强度计算，只考虑外载负荷和热补偿同时作用所产生的合成应力时许用的最大应力值。

7.2.6 热态应力验算 stress checking for design operation condition

验算热网管道在最高设计温度下的应力。

7.2.7 冷态应力验算 stress checking for non-operation condition

验算热网管道在投入运行前或停止运行后，冷状态下的应力。

7.2.8 轴向温度应力 axial temperature stress

热网管道由于温度变化而引起的沿管道轴线方向的应力。

7.2.9 管道轴向荷载 axial load on pipe

沿管道轴线方向的各种作用力。

7.2.10 管道水平荷载 axial load on horizontal pipe

管道水平方向的荷载。包括轴向水平荷载和侧向水平荷载。

7.2.11 管道自重 self weight of pipeline

管体、管内流体、某些管路附件和保温结构的总重。

7.2.12 管道内压力不平衡力 unbalanced force from internal pressure

由套筒补偿器或波纹管补偿器分隔的管道，其固定支座两侧管段的管道横断面不同或一侧有阀门、弯头等，由内压产生的作用于固定支座的力。

7.2.13 补偿器反力 reaction force from thermal compensator

由于弯管补偿器、波纹管补偿器、自然补偿管段等的弹性力或由于套筒补偿器摩擦力对管道产生的作用力。

7.2.14 固定支座轴向推力 axial thrust on fixing support

沿管道轴线方向施加给固定支座的作用力。

7.2.15 固定支座水平推力 horizontal thrust on fixing support

沿水平方向施加给固定支座的作用力。包括轴向力和侧向力。

7.2.16 固定支座轴向水平荷载 horizontal axial loads of fixing support

水平管道沿轴向施加给固定支座的作用力。

7.2.17 固定支座侧向水平荷载 horizontal lateral loads of fixing support

水平管道从侧向施加给固定支座的作用力。

7.2.18 管道挠度 bending deflection of pipe

管道轴线上某点由挠曲引起的垂直于轴线方向的线位移。

7.2.19 管道最大允许挠度 allowable maximum bending deflection of pipe

在荷载作用下按刚度条件计算的管道挠度的最大允许值。

7.2.20 固定支座间距 distance between adjacent fixing supports

两相邻固定支座中心线之间的距离。

7.2.21 活动支座间距 spacing of movable supports

两相邻活动支座中心线之间的距离。

7.2.22 固定支座最大允许间距 allowable maximum distance between fixing supports

由强度条件、稳定条件和补偿器补偿能力确定的管道固定支座间距最大值。

7.2.23 活动支座最大允许间距 allowable maximum spacing between movable supports

由强度条件和刚度条件等确定的管道活动支座间距最大值。

7.2.24 无补偿直埋管道锚固段 anchored section of directly buried pipeline

当土壤对管道的摩擦阻力大于热变形力或用固定支座强制固定时，管道热伸长完全被约束的管段。

7.2.25 土壤约束作用 soil restraint action

由于土壤对直埋管道轴向摩擦力和侧向挤压力的存在，对管道的轴向和侧向位移起阻止和限制的作用。

7.2.26 土壤约束度系数 coefficient of soil restraint

计算无补偿直埋敷设管道锚固段的轴向温度应力时，考虑到由于管道少量侧向位移和管壁的波桑效应引起的实际应力降低现象而引入的修正系数。

8 热水供热系统定压和水力工况

8.1 热水供热系统定压

8.1.1 定压方式 pressurization methods

在热水供热系统中按预定要求保持某特定点的水压稳定或在某一允许范围内波动的具体方法。

8.1.2 膨胀水箱定压 pressurization by elevated expansion tank

利用膨胀水箱高置来实现热水供热系统定压的措施。

8.1.3 补给水泵定压 pressurization by make-up water pump

利用补给水泵补水实现热水供热系统定压的措施。

8.1.4 补给水泵连续补水定压 pressurization by continuously running make-up water pump

利用补给水泵连续运行、补水，实现热水供热系统定压的措施。

8.1.5 补给水泵间歇补水定压 pressurization by intermittently running make-up water pump

利用补给水泵间歇运行、补水，实现热水供热系统定压的措施。

8.1.6 旁通管定压 pressurization by bypass pipe

维持热水供热系统循环水泵旁通管上某点水压稳定，实现热水供热系统定压的措施。

8.1.7 氮气定压 pressurization by nitrogen gas

利用氮气定压罐内氮气的压力，实现热水供热系统定压的措施。

8.1.8 空气定压 pressurization by compressed air

利用密闭容器中空气的压力，实现热水供热系统定压的措施。

8.1.9 蒸汽定压　steam pressurization

利用蒸汽的压力，实现热水供热系统定压的措施。

8.1.10 蒸汽锅筒定压　pressurization by steam cushion in boiler drum

利用汽—水两用锅炉锅筒汽空间的蒸汽压力，实现热水供热系统定压的措施。

8.1.11 外置膨胀罐蒸汽定压　pressurization by steam cushion in external expansion tank

利用高温水进入膨胀罐并在其上部空间膨胀形成的蒸汽压力，实现热水供热系统定压的措施。

8.1.12 淋水式换热器蒸汽定压　pressurization by steam cushion in cascade heat exchanger

利用淋水式换热器内蒸汽压力，实现热水供热系统定压的措施。

8.1.13 定压点　pressurization point

在热水供热系统中循环水泵运行和停止工作时水的压力始终稳定的点。

8.1.14 定压装置　pressurization installation

实现热水供热系统中某点压力稳定的设备及其附属装备。

8.2 水　压　图

8.2.1 水压图　pressure diagram

在热水供热系统中用以表示热源和管道的地形高度、用户高度以及热水供热系统运行和停止工作时系统内各点测压管水头高度的图形。

同义词：热水网路水压图。

8.2.2 设计水压图　design pressure diagram

对应于热水供热系统设计工况下的水压图。

8.2.3 运行水压图　operation pressure diagram

对应于热水供热系统实际运行工况下的水压图。

8.2.4 事故工况水压图　pressure diagram in abnormal operation condition

热水供热系统在某些事故条件下运行时的水压图。

8.2.5 供暖期水压图　pressure diagram during heating period

热水供热系统在供暖期内的水压图。

8.2.6 非供暖期水压图　pressure diagram during nonheating period

热水供热系统在非供暖期内的水压图。

8.2.7 静水压线　static pressure line

热水供热系统循环水泵停止运转时网路上各点测压管水头高度的连接线。

8.2.8 动水压线　operation pressure line

热水供热系统循环水泵运转时网路上各点测压管水头高度的连接线。

8.2.9 供水管动水压线　operation pressure line of supply pipeline

热水供热系统供水管的动水压线。

8.2.10 回水管动水压线　operation pressure line of return pipeline

热水供热系统回水管的动水压线。

8.2.11 凝结水管水压图　pressure diagram of condensate pipeline

蒸汽供热系统凝结水管道中用以表示用户或供热设备高度、地形高度以及某些点压力所对应的测压管水头高度的图形。

8.2.12 汽化压力　saturation steam pressure

不同温度的水从液态变成汽态时所对应的饱和压力。若压力低于此限，水将汽化。

8.2.13 工作压力 working pressure

供热系统正常运行时应该保持的压力。

8.2.14 允许压力 maximum permissible pressure

供热系统的设备、管道及其附件所能允许承受的最大工作压力。

8.2.15 富裕压力 safety pressure margin

为了保证系统安全可靠运行，在工作压力的基础上增加的压力安全裕量。

8.2.16 充水高度 height of consumer heating system

热水供热系统中水充满热用户系统时，相对于某一基准高度所达到的最大高度。

8.2.17 资用压头 available head

供热系统中可利用的供热介质的压头。对闭式热水供热系统为某点的供回水压力差。

8.2.18 用户预留压头 available pressure head in the consumer

为保证用户系统的正常工作，热网需预留的作用压头的估算值。

8.2.19 汽化 water ebullition

热水供热系统内由于水的压力低于该点水温下的汽化压力而产生水蒸发变成蒸汽的现象。

8.2.20 倒空 drop of water level in consumer heating system

热用户系统内由于回水管（或供水管）测压管水头低于热用户系统的充水高度而产生的顶部缺水现象。

8.2.21 超压 overpressure

供热系统的设备和管道中，流体的压力超过规定允许压力的现象。

8.3 水力工况与热力工况

8.3.1 水力工况 hydraulic regime

热网中各管段流量和各节点压力分布的 状况

8.3.2 设计水力工况 design hydraulic regime

热网在设计条件下的水力工况。

8.3.3 运行水力工况 operation hydraulic regime

热网在实际运行条件下的水力工况。

8.3.4 事故水力工况 emergency hydraulic regime

热网在事故条件下的水力工况。

8.3.5 水力稳定性 hydraulic stability

热水热网中各热力站（或热用户）在其他热力站（或其他热用户）流量改变时，保持本身流量不变的能力。

8.3.6 水力稳定性系数 coefficient of hydraulic stability

用以衡量热水热网水力稳定性的指标。其值等于热力站（或热用户）的规定流量和工况变化后可能达到的最大流量的比值。

8.3.7 水力失调 hydraulic misadjustment

热水热网各热力站（或热用户）在运行中的实际流量与规定流量之间的不一致现象。

8.3.8 水力失调度 degree of hydraulic misadjustment

热水热网中各热力站（或热用户）水力失调程度的指标。其值等于热网水力失调时，热力站（或热用户）的实际流量与规定流量之比值。

8.3.9 一致失调 monotonous hydraulic misadjustment

同一热水热网中热力站（或热用户）的水力失调度都大于1（或都小于1）的水力失调。

8.3.10 等比失调 equiproportional hydraulic misadjustment

同一热水热网中的热力站（或热用户）水力失调度都相等的一致水力失调。

8.3.11 不等比失调 nonequiproportional hydraulic misadjustment

同一热水热网中的热力站（或热用户）的水力失调度不相等

的一致水力失调。

8.3.12 不一致失调 nonmonotonous hydraulic misadjustment

同一热水热网中热力站（或热用户）水力失调度有的大于1，有的小于1的水力失调。

8.3.13 热用户热力失调 thermal misadjustment of consumer heating system

热用户散热设备的实际散热量与规定散热量之间的不一致现象。

8.3.14 热用户垂直热力失调 vertical thermal misadjustment of consumer heating system

同一热用户内上下不同楼层散热设备之间的热力失调。

8.3.15 热用户水平热力失调 horizontal thermal misadjustment of consumer heating system

同一热用户内水平方向不同立管及其所连接的散热设备之间的热力失调。

9 供热调节、运行管理、试验及试运行

9.1 调 节

9.1.1 调节 regulation

为保持供热量与需热量之间的平衡，对供热系统供热介质的流量、温度、压力以及运行时间等进行的调整。

9.1.2 运行调节 operation regulation

供热系统在运行中根据室外气象条件的变化或热用户热负荷变化而进行的调节。

9.1.3 集中调节 centralized regulation

在供热系统热源处集中进行的运行调节。

9.1.4 局部调节 localized regulation

在热力站或用户热力入口处进行的运行调节。

9.1.5 质调节 constant flow control

保持热网流量不变，改变供、回水温度的运行调节。

9.1.6 量调节 variable flow control

保持供水温度不变，改变热网流量的运行调节。

9.1.7 分阶段改变流量的质调节 centralized control with flow varied by steps

按室外温度高低把供暖期分成几个阶段，在气温较低阶段采用较大流量，在气温较高阶段改变为较小流量，在每一个阶段内保持流量不变而改变供、回水温度的运行调节。

9.1.8 间歇调节 control by intermittent operation

室外温度较高时，保持热网的流量和供水温度不变而改变每天供暖时数的运行调节。

9.1.9 间歇运行 intermittent mode operation

供热系统在设计工况下（最冷时）每天也只运行若干小时（不足 24h）的运行方式。

9.1.10 初调节 initial adjustment

为保证供热系统的工况符合设计要求，在投入运行初期对系统进行的调节。

9.1.11 水温调节曲线 temperature adjustment curve

以室外温度为横坐标，供、回水温度为纵坐标，表示热网运行调节过程中供、回水温度随室外温度变化的曲线。

9.1.12 流量调节曲线 flow adjustment curve

以室外温度为横坐标，流量或相对流量为纵坐标，表示热网运行调节过程中流量或相对流量随室外温度变化的曲线。

9.2 运行管理

9.2.1 热网调度管理 dispatching management of heat-supply network

协调供热系统的各个环节，实现其可靠与经济运行。

9.2.2 热网调峰管理 dispatching management of heat-supply network during peakload period

在峰荷热源运行期间进行的热网调度管理。

9.2.3 供热系统集中监控 centralized monitoring and control of heat-supply system

集中地对供热系统各组成部分（包括热源、热网、热力站以及其他一些关键部位）实行监测与控制。

9.2.4 热网优化运行 optimum operation of heat-supply network

在保证热用户需热量和热网安全、可靠的条件下的经济运行。

9.2.5 联网运行 joint operation of heat-supply networks

两个或两个以上热网互相连通的运行方式。

9.2.6 运行巡视 operational inspection

巡回检查热网运行期间的工作状况。

9.2.7 热网维修 repair and maintenance of heat-supply network

通过对热网设备、管道及其附件的检查、养护、修理、更换，保持其正常运行状态的工作。

9.2.8 热网中修 medium repair of heat-supply network

由于热网设备、管道及其附件损坏需热网停运检修，但检修规模在大修标准以下的修理。

9.2.9 热网大修 major repair of heat-supply network

对由于自然寿命和其他原因已失去原有性能，不能保证正常运行的设备、管道及其附件、结构物的修复。

9.2.10 热网故障 damage accident of heat-supply network

热网或设备出现不正常工作的情况。

9.2.11 热网事故 breakdown accident of heat-supply network

热网或设备出现意外损坏而严重影响用户供热的情况。

9.2.12 汽水冲击 steam-water shock

由于蒸汽供热系统中有水存在或热水供热系统中有蒸汽存在而造成的汽水之间的撞击。

9.2.13 供热系统水击 water hammer of heat-supply system

热水供热系统中的水在阀门或泵突然关闭时，其动量发生急剧变化从而引起水的压力骤然增高的现象。

9.3 试验及试运行

9.3.1 水压试验 pressure test

为检查管道、设备和系统的强度与密封情况，对其充水并在试验压力下保持一定时间所进行的试验。

9.3.2 供热管道强度试验 strength test of heat-supply network

为检查管道强度，在供热管道和设备安装前进行的压力试验。

9.3.3 管道系统严密性试验 leakage test of heat-supply network

为检查管道系统的密封性能，在热网管道及其附件全部安装完毕后进行的压力试验。

9.3.4 热网温度试验 hot-state strength test of heat-supply network

为检查热网在热变形条件下设备和管道系统的强度，充以热网计算温度下的水并保持一定时间所进行的试验。

9.3.5 管道清洗 purging of heat-supply pipeline

为清除在安装、检修过程中遗留在供热管道内的脏物，用较大流速的蒸汽、压缩空气或水等对管道进行的连续吹洗或冲洗。

9.3.6 热网试运行 trial operation of heat-supply network

热网在各项工程全部竣工，总体试压、清洗合格，热源工程具备供热条件下，热网正式运行以前，维持一定时间的运行。

附录A 汉语拼音术语条目索引

汉语拼音术语条目 | 汉语术语条目 页次

A

anquanfa …… 安全阀 (17—18)
anquanshuifeng …… 安全水封 (17—19)

B

banshi huanreqi …… 板式换热器 (17—19)
bantongxing guangou …… 半通行管沟 (17—14)
baohe zhengqi …… 饱和蒸汽 (17—5)
baohuceng …… 保护层 (17—16)
baowen …… 保温 (17—16)
baowen cailiao …… 保温材料 (17—16)
baowenceng …… 保温层 (17—16)
baowenceng jingjihoudu …… 保温层经济厚度 (17—17)
baowenceng shensuofeng …… 保温层伸缩缝 (17—16)
baowen jiegou …… 保温结构 (17—16)
beiyashi qilunji …… 背压式汽轮机 (17—11)
beiyongbeng …… 备用泵 (17—11)
beiyong reyuan …… 备用热源 (17—10)
biaomianshi huanreqi …… 表面式换热器 (17—19)
bishi ningjieshui huishou xitong …… 闭式凝结水回收系统 (17—6)
bishi ningjieshuixiang …… 闭式凝结水箱 (17—19)
bishi reshui gongre xitong …… 闭式热水供热系统 (17—6)
bishi reshui rewang …… 闭式热水热网 (17—12)

biyajiang …… 比压降(17—22)
bowenguan buchangqi …… 波纹管补偿器(17—17)
buchangqi …… 补偿器(17—17)
buchangqi buchangnengli …… 补偿器补偿能力(17—17)
buchangqi fanli …… 补偿器反力(17—23)
buchangqi lengjin …… 补偿器冷紧(17—17)
buchangqi lengjinzhi …… 补偿器冷紧值(17—17)
buchangqi rebuchangzhi …… 补偿器热补偿值(17—17)
budengbishitiao …… 不等比失调(17—26)
bugeishui …… 补给水(17—5)
bugeishuibeng dingya …… 补给水泵定压(17—24)
bugeishuibeng jianxie bushui dingya …… 补给水泵间歇补水定压(17—24)
bugeishuibeng lianxubushui dingya …… 补给水泵连续补水定压(17—24)
bushuiliang …… 补水量(17—22)
bushuilü …… 补水率(17—22)
butongxing guangou …… 不通行管沟(17—14)
buyizhishitiao …… 不一致失调(17—27)

C

cainuan mianji rezhibiao …… 采暖面积热指标(17—8)
cainuan nianhaoreliang …… 采暖年耗热量(17—8)
cainuanqi cainuanpingjunrefuhe …… 采暖期采暖平均热负荷(17—7)
cainuan refuhe …… 采暖热负荷(17—7)
cainuan reyonghu …… 采暖热用户(17—20)
cainuan sheji refuhe …… 采暖设计热负荷(17—7)
cainuan tiji rezhibiao …… 采暖体积热指标(17—8)
caozuo pingtai …… 操作平台(17—15)
changnianxing refuhe …… 常年性热负荷(17—7)
chanraoshi baowen …… 缠绕式保温(17—16)
chaoya …… 超压(17—26)
chengji gongre …… 城际供热(17—3)
chengshi gongre …… 城市供热(17—3)
chongshui gaodu …… 充水高度(17—26)
chouqibeiyashi qilunji …… 抽汽背压式汽轮机(17—11)
chouqishi qilunji …… 抽汽式汽轮机(17—11)
chuchenqi …… 除尘器(17—10)
chutiaojie …… 初调节(17—28)
chuwuqi …… 除污器(17—18)

D

danguanzhi reshui rewang …… 单管制热水热网(17—12)
danguanzhi zhengqi rewang …… 单管制蒸汽热网(17—12)
danqi dingya …… 氮气定压(17—24)
danwei chanpin haoredinge …… 单位产品耗热定额(17—8)
daokong …… 倒空(17—26)
daoxiang zhijia …… 导向支架(17—15)
dengbishitiao …… 等比失调(17—26)
dingyadian …… 定压点(17—25)
dingyafangshi …… 定压方式(17—24)
dingyazhuangzhi …… 定压装置(17—25)
dire gongre xitong …… 地热供热系统(17—6)
dishang fushe …… 地上敷设(17—14)
diwenhegongre xitong …… 低温核供热系统(17—6)
diwenheneng gongredui …… 低温核能供热堆(17—10)
diwenshui …… 低温水(17—5)

diwenshui gongre xitong …………………… 低温水供热系统(17—6)
dixia fushe ………………………………………… 地下敷设(17—14)
dizhijia ……………………………………………… 低支架(17—15)
dongshuiyaxian …………………………………… 动水压线(17—25)
dulishi zhijia …………………………………… 独立式支架(17—15)
duoguanzhi reshui rewang …………………… 多管制热水热网(17—13)
duoguanzhi zhengqi rewang ………………… 多管制蒸汽热网(17—12)

E

ehua zhenkong yunxing ……………………… 恶化真空运行(17—12)
erci zhengfaxiang ……………………………… 二次蒸发箱(17—19)
erci zhengqi ……………………………………… 二次蒸汽(17—5)
erji guanwang …………………………………… 二级管网(17—13)

F

fadian biaomeihaolü …………………………… 发电标煤耗率(17—4)
fahou yali tiaojiefa …………………………… 阀后压力调节阀(17—21)
fangfu ………………………………………………… 防腐(17—17)
fangfu tuceng …………………………………… 防腐涂层(17—17)
fangqifa …………………………………………… 放气阀(17—13)
fangqi zhuangzhi ……………………………… 放气装置(17—14)
fangshuifa ………………………………………… 放水阀(17—13)
fangshui zhuangzhi …………………………… 放水装置(17—14)
fangxing buchangqi …………………………… 方形补偿器(17—17)
faqian yali tiaojiefa …………………………… 阀前压力调节阀(17—20)
feigongnuanqi shuiyatu ……………………… 非供暖期水压图(17—25)
feimanguanliu …………………………………… 非满管流(17—22)
feizilishi tiaojiefa ……………………………… 非自力式调节阀(17—20)
fenduanfa ………………………………………… 分段阀(17—13)
fenghereyuan ……………………………………… 峰荷热源(17—10)
fenjieduan gaibianliuliang de zhitiaojie
…………………………… 分阶段改变流量的质调节(17—27)
fenqigang …………………………………………… 分汽缸(17—18)
fensan gongre ……………………………………… 分散供热(17—3)
fenshuiqi …………………………………………… 分水器(17—18)
fuqiang zhijia ……………………………………… 附墙支架(17—15)
futushendu ………………………………………… 覆土深度(17—15)
fuyu yali …………………………………………… 富裕压力(17—26)

G

gangcai xuyongyingli ………………………… 钢材许用应力(17—22)
gangxing zhijia ………………………………… 刚性支架(17—15)
ganxian ……………………………………………… 干线(17—13)
gaowenshui ………………………………………… 高温水(17—4)
gaowenshui gongre xitong ………………… 高温水供热系统(17—6)
gaozhijia …………………………………………… 高支架(17—15)
gongchang zibei redianchang ……………… 工厂自备热电厂(17—10)
gongdian biaomeihaolü ……………………… 供电标煤耗率(17—4)
gongnuan mianji rezhibiao ………………… 供暖面积热指标(17—8)
gongnuan nianhaoreliang …………………… 供暖年耗热量(17—8)
gongnuanqi cainuan pingjun refuhe
…………………………… 供暖期采暖平均热负荷(17—7)
gongnuanqi gongnuan pingjun refuhe
…………………………… 供暖期供暖平均热负荷(17—7)
gongnuanqi kongtiao pingjun refuhe
…………………………… 供暖期空调平均热负荷(17—7)
gongnuanqi shuiyatu ………………………… 供暖期水压图(17—25)
gongnuanqi tongfengpingjun refuhe

…… 供暖期通风平均热负荷(17—7)
gongnuan refuhe …… 供暖热负荷(17—7)
gongnuan reyonghu …… 供暖热用户(17—20)
gongnuan shejirefuhe …… 供暖设计热负荷(17—7)
gongnuan tijirezhibiao …… 供暖体积热指标(17—8)
gongqi wendu …… 供汽温度(17—5)
gongqi yali …… 供汽压力(17—5)
gongre …… 供热(17—3)
gongre banjing …… 供热半径(17—4)
gongre beiyong xingneng …… 供热备用性能(17—4)
gongre biaomeihaolü …… 供热标煤耗率(17—4)
gongre chengben …… 供热成本(17—4)
gongre gongcheng …… 供热工程(17—3)
gongre guandao baowenxiaolü …… 供热管道保温效率(17—17)
gongre guandao fushe …… 供热管道敷设(17—14)
gongre guandao qiangdujisuan …… 供热管道强度计算(17—22)
gongre guandao qiangdushiyan …… 供热管道强度试验(17—28)
gongre guanlu fujian …… 供热管路附件(17—13)
gongre guanxian …… 供热管线(17—13)
gongre guihua …… 供热规划(17—4)
gongre guolu …… 供热锅炉(17—10)
gongre jiezhi …… 供热介质(17—4)
gongre jiezhi canshu …… 供热介质参数(17—5)
gongre jingjixing …… 供热经济性(17—4)
gongre kekaoxing …… 供热可靠性(17—4)
gongre mianji …… 供热面积(17—4)
gongre nengli …… 供热能力(17—4)
gongre reyuan …… 供热热源(17—10)
gongreshi qilunji …… 供热式汽轮机(17—11)
gongre xitong …… 供热系统(17—6)
gongrexitong jizhongjiankong …… 供热系统集中监控(17—28)
gongrexitong shuiji …… 供热系统水击(17—28)
gongshui …… 供水(17—5)
gongshuiguan …… 供水管(17—13)
gongshuiguan dongshuiyaxian …… 供水管动水压线(17—25)
gongshui yali …… 供水压力(17—5)
gongye guolu …… 工业锅炉(17—10)
gongye relizhan …… 工业热力站(17—18)
gongye yongredanwei …… 工业用热单位(17—20)
gongye yure …… 工业余热(17—10)
gongye yure gongre xitong …… 工业余热供热系统(17—6)
gongzuo yali …… 工作压力(17—26)
guandao neiyali bupinghengli …… 管道内压力不平衡力(17—23)
guandao qingxi …… 管道清洗(17—29)
guandao raodu …… 管道挠度(17—23)
guandao resunshi …… 管道热损失(17—16)
guandao shuiping hezai …… 管道水平荷载(17—23)
guandao xitong yanmixing shiyan …… 管道系统严密性试验(17—29)
guandao yunxu wendujiang …… 管道允许温度降(17—17)
guandao zhijia …… 管道支架(17—15)
guandao zhizuo …… 管道支座(17—15)
guandao zhouxiang hezai …… 管道轴向荷载(17—23)
guandao zizhong …… 管道自重(17—23)
guandao zuida yunxu raodu …… 管道最大允许挠度(17—23)
guanduanfa …… 关断阀(17—13)
guangou …… 管沟(17—14)
guangou an zhuang kong …… 管沟安装孔(17—14)
guangou fushe …… 管沟敷设(17—14)

guangou shigu renkong …………………… 管沟事故人孔(17—14)
guankeshi huanreqi ………………………… 管壳式换热器(17—19)
guanlu zuli texingxishu ………………… 管路阻力特性系数(17—22)
guanshi huanreqi ………………………… 管式换热器(17—19)
guanwang xuanxian ………………………… 管网选线(17—13)
guanxian yantu paishuiguan …………… 管线沿途排水管(17—13)
guanzhushi baowen ………………………… 灌注式保温(17—16)
guding zhijia ……………………………… 固定支架(17—15)
guding zhizuo ……………………………… 固定支座(17—15)
guding zhizuo jianju ……………………… 固定支座间距(17—23)
guding zhizuo cexiang shuiping hezai
……………………………… 固定支座侧向水平荷载(17—23)
guding zhizuo shuiping tuili
……………………………………… 固定支座水平推力(17—23)
guding zhizuo zhouxiang shuiping hezai
……………………………… 固定支座轴向水平荷载(17—23)
guding zhizuo zhouxiang tuili ………… 固定支座轴向推力(17—23)
guding zhizuo zuida yunxu jianju … 固定支座最大允许间距(17—23)
gundong zhizuo …………………………… 滚动支座(17—15)
guolufang …………………………………… 锅炉房(17—10)
guolu fuzhu shebei ……………………… 锅炉辅助设备(17—10)
guolu geishuibeng ………………………… 锅炉给水泵(17—10)
guolu shuichuli …………………………… 锅炉水处理(17—11)
guore zhengqi ……………………………… 过热蒸汽(17—5)
guoshui jiayao chuli ……………………… 锅水加药处理(17—11)
guowai shuichuli …………………………… 锅外水处理(17—11)

H

hangjiashi zhijia …………………………… 桁架式支架(17—16)
haore dinge ………………………………… 耗热定额(17—8)
haoreliang ………………………………… 耗热量(17—8)
heneng redianchang ……………………… 核能热电厂(17—10)
huadong zhizuo …………………………… 滑动支座(17—15)
huanreqi …………………………………… 换热器(17—19)
huanreqi wugou xiuzhengxishu …… 换热器污垢修正系数(17—19)
huanzhuang guanwang …………………… 环状管网(17—13)
huaxue chuyang …………………………… 化学除氧(17—11)
huishui ……………………………………… 回水(17—5)
huishuiguan ………………………………… 回水管(17—13)
huishuiguan dongshuiyaxian ………… 回水管动水压线(17—25)
huishui yali ………………………………… 回水压力(17—5)
hunheshi huanreqi ………………………… 混合式换热器(17—19)
hunheshi ningjieshui huishou xitong
……………………………… 混合式凝结水回收系统(17—6)
hunhe xishu ………………………………… 混合系数(17—20)
hunshuibeng ………………………………… 混水泵(17—18)
hunshuilianjie ……………………………… 混水连接(17—20)
hunshuizhuangzhi ………………………… 混水装置(17—18)
huodong zhijia ……………………………… 活动支架(17—15)
huodong zhizuo …………………………… 活动支座(17—15)
huodong zhizuo jianju …………………… 活动支座间距(17—23)
huodong zhizuo zuida yunxu jianju
……………………………… 活动支座最大允许间距(17—23)

J

jianchashi ………………………………… 检查室(17—14)
jianchashi renkong ……………………… 检查室人孔(17—14)
jiandan zhijie lianjie …………………… 简单直接连接(17—20)

jianfeng jiareqi …… 尖峰加热器(17—11)
jianfeng refuhe …… 尖峰热负荷(17—7)
jianjie jiare …… 间接加热(17—19)
jianjie lianjie …… 间接连接(17—20)
jianxie tiaojie …… 间歇调节(17—27)
jianxie yunxing …… 间歇运行(17—27)
jianyafa …… 减压阀(17—18)
jianya jianwen zhuangzhi …… 减压减温装置(17—11)
jiaojie zhijia …… 铰接支架(17—15)
jiaya ningjieshui huishou xitong …… 加压凝结水回收系统(17—6)
jiben jiareqi …… 基本加热器(17—11)
jiben refuhe …… 基本热负荷(17—7)
jiben reyuan …… 基本热源(17—10)
jiexi chuyang …… 解吸除氧(17—11)
jijiexing refuhe …… 季节性热负荷(17—7)
jingchang shushuizhuangzhi …… 经常疏水装置(17—14)
jingji bimozu …… 经济比摩阻(17—21)
jingshuiyaxian …… 静水压线(17—25)
jishuikeng …… 集水坑(17—15)
jishuiqi …… 集水器(17—18)
jisuan zhuganxian …… 计算主干线(17—21)
jizhong gongre …… 集中供热(17—3)
jizhong gongre pujilü …… 集中供热普及率(17—4)
jizhong tiaojie …… 集中调节(17—27)
jubu resunshi …… 局部热损失(17—16)
jubu resunshi dangliang changdu …… 局部热损失当量长度(17—16)
jubu resunshi xishu …… 局部热损失系数(17—17)
jubu tiaojie …… 局部调节(17—27)

K

kaishi ningjieshui huishou xitong …… 开式凝结水回收系统(17—6)
kaishi ningjieshuixiang …… 开式凝结水箱(17—19)
kaishi reshui gongrexitong …… 开式热水供热系统(17—6)
kaishi reshui rewang …… 开式热水热网(17—12)
kechaixieshi baowenjiegou …… 可拆卸式保温结构(17—16)
kongqi dingya …… 空气定压(17—24)
kongtiao sheji refuhe …… 空调设计热负荷(17—7)
kuaisu huanreqi …… 快速换热器(17—19)
kunzhashi baowen …… 捆扎式保温(17—16)

L

lajifenhuachang gongre xitong …… 垃圾焚化厂供热系统(17—6)
lengtai yingli yansuan …… 冷态应力验算(17—22)
liangshi zhijia …… 梁式支架(17—16)
liangtiaojie …… 量调节(17—27)
liangxiangliu …… 两相流(17—22)
lianpian gongre …… 联片供热(17—3)
lianwang yunxing …… 联网运行(17—28)
linshuishi huanreqi …… 淋水式换热器(17—19)
linshuishi huanreqi zhengqi dingya …… 淋水式换热器蒸汽定压(17—30)
liuliang tiaojiefa …… 流量调节阀(17—20)
liuliang tiaojie quxian …… 流量调节曲线(17—28)

M

manguanliu …… 满管流(17—22)
minyong relizhan …… 民用热力站(17—18)

minyong yongredanwei ······ 民用用热单位(17—20)

N

nianfuhetu ······ 年负荷图(17—9)
nianhaoreliang ······ 年耗热量(17—8)
nianjiedunbiaomei jingtouzi ······ 年节吨标煤净投资(17—4)
ningjieshui ······ 凝结水(17—5)
ningjieshuibeng ······ 凝结水泵(17—18)
ningjieshuiguan shuiyatu ······ 凝结水管水压图(17—25)
ningjieshui huishoulü ······ 凝结水回收率(17—22)
ningjieshui huishou xitong ······ 凝结水回收系统(17—6)
ningjieshuixiang ······ 凝结水箱(17—19)
ningqishi qilunji ······ 凝汽式汽轮机(17—11)

P

pangtongguan ······ 旁通管(17—18)
pangtongguan dingya ······ 旁通管定压(17—24)
penguanshi huanreqi ······ 喷管式换热器(17—19)
pengzhangshuixiang dingya ······ 膨胀水箱定压(17—24)
pingjun bimozu ······ 平均比摩阻(17—21)
pingjun refuhe xishu ······ 平均热负荷系数(17—8)
pingjun xiaoshi haoqiliang ······ 平均小时耗汽量(17—9)

Q

qidong shushuizhuangzhi ······ 启动疏水装置(17—14)
qihua ······ 汽化(17—26)
qihua yali ······ 汽化压力(17—25)
qilunji ······ 汽轮机(17—11)
qilunji chouqi ······ 汽轮机抽汽(17—12)
qilunji chouqi yali ······ 汽轮机抽汽压力(17—12)
qishui chongji ······ 汽水冲击(17—28)
qi–shui huanreqi ······ 汽–水换热器(17—19)
qiuxing buchangqi ······ 球型补偿器(17—17)
quyu gongre ······ 区域供热(17—3)
quyu gongre guolufang ······ 区域供热锅炉房(17—10)
quyu guolufang gongre xitong ······ 区域锅炉房供热系统(17—6)
quyu relizhan ······ 区域热力站(17—18)

R

ranqilunji ······ 燃气轮机(17—11)
rebeng ······ 热泵(17—10)
rebuchang ······ 热补偿(17—17)
redianchang ······ 热电厂(17—10)
redianchang gongrexitong ······ 热电厂供热系统(17—6)
redianfenchan ······ 热电分产(17—4)
redianlianchan ······ 热电联产(17—4)
refuhe ······ 热负荷(17—7)
refuhetu ······ 热负荷图(17—9)
refuhe xiaoshi bianhuaxishu ······ 热负荷小时变化系数(17—8)
refuheyanxushijiantu ······ 热负荷延续时间图(17—9)
reguanshi huanreqi ······ 热管式换热器(17—19)
rehua ······ 热化(17—3)
rehua fadianlü ······ 热化发电率(17—4)
rehua xishu ······ 热化系数(17—3)
rejia ······ 热价(17—4)
reli chuyang ······ 热力除氧(17—11)
relirukou ······ 热力入口(17—20)
reliwang ······ 热力网(17—12)

relizhan …… 热力站(17—18)
reshenchang …… 热伸长(17—17)
reshui chushuixiang …… 热水储水箱(17—19)
reshui gongrexitong …… 热水供热系统(17—6)
reshuigongying nianhaoreliang …… 热水供应年耗热量(17—8)
reshui gongying pingjun liuliang …… 热水供应平均流量(17—22)
reshui gongying pingjun refuhe …… 热水供应平均热负荷(17—8)
reshui gongying refuhe …… 热水供应热负荷(17—7)
reshui gongying reyonghu …… 热水供应热用户(17—20)
reshui gongying rezhibiao …… 热水供应热指标(17—8)
reshui gongying sheji xiaoshi haoshuiliang …… 热水供应设计小时耗水量(17—9)
reshui gongying xiaoshi yongreliang …… 热水供应小时用热量(17—9)
reshui gongying xunhuanguan …… 热水供应循环管(17—13)
reshui gongying zhouye haoshuiliangtu …… 热水供应昼夜耗水量图(17—9)
reshui gongying zuida liuliang …… 热水供应最大流量(17—22)
reshui gongying zuida refuhe …… 热水供应最大热负荷(17—7)
reshui guolu xunhuanshuibeng …… 热水锅炉循环水泵(17—10)
reshui rewang …… 热水热网(17—12)
retai yingli yansuan …… 热态应力验算(17—23)
rewang …… 热网(17—12)
rewang bushuibeng …… 热网补水泵(17—10)
rewang daxiu …… 热网大修(17—28)
rewang diaodu guanli …… 热网调度管理(17—28)
rewang guzhang …… 热网故障(17—28)
rewang liantongguan …… 热网连通管(17—13)
rewang sheji liuliang …… 热网设计流量(17—22)
rewang shigu …… 热网事故(17—28)
rewang shigugongkuang liuliang …… 热网事故工况流量(17—22)
rewang shiji liuliang …… 热网实际流量(17—22)
rewang shiyunxing …… 热网试运行(17—29)
rewang shuilijisuan …… 热网水力计算(17—21)
rewang tiaofeng guanli …… 热网调峰管理(17—28)
rewang weixiu …… 热网维修(17—28)
rewang wendu shiyan …… 热网温度试验(17—29)
rewang xunhuanshuibeng …… 热网循环水泵(17—11)
rewang youhua yunxing …… 热网优化运行(17—28)
rewang zhongxiu …… 热网中修(17—28)
rewang zongxunhuan liuliang …… 热网总循环流量(17—22)
reyonghu …… 热用户(17—20)
reyonghu chuizhi relishitiao …… 热用户垂直热力失调(17—27)
reyonghu lianjiefangshi …… 热用户连接方式(17—20)
reyonghu relishitiao …… 热用户热力失调(17—27)
reyonghu shuiping relishitiao …… 热用户水平热力失调(17—27)
rezhibiao …… 热指标(17—8)
rifuhetu …… 日负荷图(17—9)
rongjishi huanreqi …… 容积式换热器(17—19)
rouxing zhijia …… 柔性支架(17—15)

S

sheji gonghuishui wencha …… 设计供回水温差(17—5)
sheji gongshui wendu …… 设计供水温度(17—5)
sheji huishui wendu …… 设计回水温度(17—5)
sheji refuhe …… 设计热负荷(17—7)
sheji shuiligongkuang …… 设计水力工况(17—26)
shejishuiyatu …… 设计水压图(17—25)

shengchan gongyi nianhaoreliang …… 生产工艺年耗热量(17—8)
shengchan gongyi refuhe ………… 生产工艺热负荷(17—6)
shengchan gongyi reyonghu ………… 生产工艺热用户(17—20)
shenghuo reshui ………… 生活热水(17—5)
shigu bushuiliang ………… 事故补水量(17—22)
shigugongkuang shuiyatu ………… 事故工况水压图(17—25)
shigu shuiligongkuang ………… 事故水力工况(17—26)
shiji gonghuishui wencha ………… 实际供回水温差(17—5)
shiji gongshui wendu ………… 实际供水温度(17—5)
shiji huishui wendu ………… 实际回水温度(17—5)
shiji refuhe ………… 实际热负荷(17—7)
shishuilü ………… 失水率(17—22)
shuangguanzhi reshui rewang ………… 双管制热水热网(17—12)
shuangguanzhi zhengqi rewang ………… 双管制蒸汽热网(17—12)
shuangxiang gongre ………… 双向供热(17—4)
shuiligongkuang ………… 水力工况(17—26)
shuilishitiao ………… 水力失调(17—26)
shuilishitiaodu ………… 水力失调度(17—26)
shuiliwendingxing ………… 水力稳定性(17—26)
shuiliwendingxing xishu ………… 水力稳定性系数(17—26)
shui pensheqi ………… 水喷射器(17—18)
shui–shui huanreqi ………… 水-水换热器(17—19)
shuiwen tiaojie quxian ………… 水温调节曲线(17—28)
shuiya shiyan ………… 水压试验(17—28)
shuiyatu ………… 水压图(17—25)
shushuiqi ………… 疏水器(17—14)
shushuizhuangzhi ………… 疏水装置(17—14)
songfengji ………… 送风机(17—10)
suidao fushe ………… 隧道敷设(17—14)

T

tanhuang zhi(diao)jia ………… 弹簧支(吊)架(17—15)
taoguan fushe ………… 套管敷设(17—14)
taoguanshi huanreqi ………… 套管式换热器(17—19)
taotong buchangqi ………… 套筒补偿器(17—17)
tianchongshi baowen ………… 填充式保温(17—16)
tiaojie ………… 调节(17—27)
tiaojiefa ………… 调节阀(17—20)
tiaojiefa liuliangtexing ………… 调节阀流量特性(17—21)
tiaojiefa liutongnengli ………… 调节阀流通能力(17—21)
tiaosu shuibeng ………… 调速水泵(17—11)
tiaoyakongban ………… 调压孔板(17—18)
tongfeng kongtiao nianhaoreliang … 通风、空调年耗热量(17—8)
tongfeng kongtiao refuhe ………… 通风、空调热负荷(17—7)
tongfeng kongtiao reyonghu ………… 通风、空调热用户(17—20)
tongfeng sheji refuhe ………… 通风设计热负荷(17—7)
tongfeng tiji rezhibiao ………… 通风体积热指标(17—8)
tongshishiyongxishu ………… 同时使用系数(17—8)
tongxing guangou ………… 通行管沟(17—14)
tumoshi baowen ………… 涂抹式保温(17—16)
turang yueshudu xishu ………… 土壤约束度系数(17—24)
turang yueshu zuoyong ………… 土壤约束作用(17—24)

W

waizhi pengzhangguan zhengqi dingya
………… 外置膨胀罐蒸汽定压(17—25)
wanguan buchangqi ………… 弯管补偿器(17—17)
wendu tiaojiefa ………… 温度调节阀(17—20)

wolunji …… 涡轮机(17—11)
wubuchang zhimai fushe …… 无补偿直埋敷设(17—14)
wubuchang zhimai guandao maoguduan …… 无补偿直埋管道锚固段(17—24)

X

xiaoqurelizhan …… 小区热力站(17—18)
xuanbishi zhijia …… 悬臂式支架(17—15)
xuandiao zhijia …… 悬吊支架(17—15)
xuansuoshi zhijia …… 悬索式支架(17—16)
xureqi …… 蓄热器(17—11)
xuyong buchang wanqu yingli …… 许用补偿弯曲应力(17—23)
xuyong hecheng yingli …… 许用合成应力(17—23)
xuyong waizai zongheyingli …… 许用外载综合应力(17—22)

Y

yali tiaojiefa …… 压力调节阀(17—20)
yantu ningjieshui …… 沿途凝结水(17—5)
yiji guanwang …… 一级管网(17—13)
yinfengji …… 引风机(17—10)
yizhishitiao …… 一致失调(17—26)
yonghu relizhan …… 用户热力站(17—18)
yonghu yuliuyatou …… 用户预留压头(17—26)
yonghu zuli texingxishu …… 用户阻力特性系数(17—22)
yuefuhetu …… 月负荷图(17—9)
yunxing shuiligongkuang …… 运行水力工况(17—26)
yunxing shuiyatu …… 运行水压图(17—25)
yunxing tiaojie …… 运行调节(17—27)
yunxingxunshi …… 运行巡视(17—28)
yunxu resunshi …… 允许热损失(17—16)
yunxu yali …… 允许压力(17—26)
yunxu yalijiang …… 允许压力降(17—21)
yuya ningjieshui huishou xitong …… 余压凝结水回收系统(17—6)
yuzhishi baowen …… 预制式保温(17—16)

Z

zhengqi dingya …… 蒸汽定压(17—25)
zhengqi gongre xitong …… 蒸汽供热系统(17—6)
zhengqi guotong dingya …… 蒸汽锅筒定压(17—25)
zhengqi pensheqi …… 蒸汽喷射器(17—19)
zhengqi rewang …… 蒸汽热网(17—12)
zhengti baowenjiegou …… 整体保温结构(17—16)
zhenkong chuyang …… 真空除氧(17—11)
zhiganxian …… 支干线(17—13)
zhijie jiare …… 直接加热(17—19)
zhijie lianjie …… 直接连接(17—19)
zhimai fushe …… 直埋敷设(17—14)
zhitiaojie …… 质调节(17—27)
zhixian …… 支线(17—13)
zhixian guandao resunshi …… 直线管道热损失(17—16)
zhizhuang guanwang …… 枝状管网(17—13)
zhongli ningjieshui huishou xitong …… 重力凝结水回收系统(17—6)
zhongjibeng …… 中继泵(17—18)
zhongjibeng zhan …… 中继泵站(17—18)
zhongzhijia …… 中支架(17—15)
zhouxiang wendu yingli …… 轴向温度应力(17—23)
zhuganxian …… 主干线(17—13)
zidong tiaojiefa …… 自动调节阀(17—20)

zilishi tiaojiefa …………………… 自力式调节阀(17—20)
ziran buchang …………………… 自然补偿(17—17)
ziyong yatou …………………… 资用压头(17—26)
zuibuli guanlu …………………… 最不利管路(17—21)
zuibuliyonghu huanlu …………………… 最不利用户环路(17—21)
zuida ningjieshuiliang …………………… 最大凝结水量(17—22)
zuida refuhe …………………… 最大热负荷(17—7)
zuida refuhe liyongxiaoshishu …… 最大热负荷利用小时数(17—8)
zuida xiaoshi haoqiliang …………………… 最大小时耗汽量(17—9)
zuida yunxu liusu …………………… 最大允许流速(17—21)
zuijia gonghuishui wencha …………………… 最佳供回水温差(17—5)
zuijia gongshui wendu …………………… 最佳供水温度(17—5)
zuijia huishui wendu …………………… 最佳回水温度(17—5)

附录 B 英文术语条目索引

英文术语条目 汉语术语条目 页次

A

above-ground installation …………………… 地上敷设(17—14)
actual flow of heat-supply network …… 热网实际流量(17—22)
actual heating load …………………… 实际热负荷(17—7)
actual temperature difference between supply water and
return water …………………… 实际供回水温差(17—5)
actual temperature of return water ……… 实际回水温度(17—5)
actual temperature of supply water ……… 实际供水温度(17—5)
admixing coefficient …………………… 混合系数(17—20)
allowable bending stress due to thermal compensation
…………………… 许用补偿弯曲应力(17—23)
allowable combined stress due to external load
…………………… 许用外载综合应力(17—22)
allowable maximum bending deflection of pipe
…………………… 管道最大允许挠度(17—23)
allowable maximum distance between fixing supports
…………………… 固定支座最大允许间距(17—23)
allowable maximum spacing between movable supports
…………………… 活动支座最大允许间距(17—23)
allowable maximum velocity …………… 最大允许流速(17—21)
allowable pressure drop …………………… 允许压力降(17—21)
allowable resultant stress …………………… 许用合成应力(17—23)
allowable temperature drop of heating medium in pipeline

…… 管道允许温度降(17—17)
allowable working stresses of steel …… 钢材许用应力(17—22)
amount of cold–pull …… 补偿器冷紧值(17—17)
amount of compensated thermal expansion …… 补偿器热补偿值(17—17)
anchored section of directly buried pipeline …… 无补偿直埋管道锚固段(17—24)
annual heat consumption …… 年耗热量(17—8)
annual heat consumption on hot–water supply …… 热水供应年耗热量(17—8)
annual heat consumption on process heating …… 生产工艺年耗热量(17—8)
annual heat consumption on space–heating …… 供暖年耗热量；采暖年耗热量(17—8)
annual heat consumption on ventilation and air–conditioning …… 通风、空调年耗热量(17—8)
anticorrosion coating …… 防腐涂层(17—17)
anticorrosion protection …… 防腐(17—17)
area of heat–supply service …… 供热面积(17—4)
area substation …… 小区热力站(17—18)
automatic control valve …… 自动调节阀(17—20)
available head …… 资用压头(17—26)
available pressure head in the consumer …… 用户预留压头(17—26)
average flow of domestic hot–water supply …… 热水供应平均流量(17—22)
average heating load for air–conditioning during heating period …… 供暖期空调平均热负荷(17—7)
average heating load for ventilation during heating period …… 供暖期通风平均热负荷(17—7)
average hot–water heating load …… 热水供应平均热负荷(17—8)
average hourly steam consumption …… 平均小时耗汽量(17—9)
average space–heating load during heating period …… 供暖期供暖平均热负荷；供暖期采暖平均热负荷；采暖期采暖平均热负荷(17—7)
average specific frictional head loss …… 平均比摩阻(17—21)
axial load on horizontal pipe …… 管道水平荷载(17—23)
axial load on pipe …… 管道轴向荷载(17—23)
axial temperature stress …… 轴向温度应力(17—23)
axial thrust on fixing support …… 固定支座轴向推力(17—23)

B

back–pressure condensate return system …… 余压凝结水回收系统 (17—6)
back–pressure turbine …… 背压式汽轮机(17—11)
back–pressure turbine with intermediate bleed–off …… 抽汽背压式汽轮机(17—11)
ball joint compensator …… 球型补偿器(17—17)
base heating load …… 基本热负荷 (17—7)
base–load heat source …… 基本热源(17—10)
beam support …… 梁式支架(17—16)
bellows type expansion joint …… 波纹管补偿器(17—17)
bending deflection of pipe …… 管道挠度(17—23)
blind drains under heating pipeline …… 管线沿途排水管(17—13)
boiler auxiliaries …… 锅炉辅助设备(17—10)
boiler circulation pump …… 热水锅炉循环水泵(17—10)
boiler feed–water pump …… 锅炉给水泵(17—10)
boiler feed–water treatment …… 锅外水处理(17—11)
boiler plant …… 锅炉房(17—10)

boiler water conditioning …… 锅水加药处理(17—11)
boiler water treatment …… 锅炉水处理(17—11)
booster pump …… 中继泵(17—18)
booster pump station …… 中继泵站(17—18)
branch line …… 支线(17—13)
branch–line substation …… 区域热力站(17—18)
breakdown accident of heat–supply network …… 热网事故(17—28)
bypass pipe …… 旁通管(17—18)

C

calculated main …… 计算主干线(17—21)
cantilever support …… 悬臂式支架(17—16)
cascade heat exchanger …… 淋水式换热器(17—19)
casing pipe installation …… 套管敷设(17—14)
centralized control with flow varied by steps …… 分阶段改变流量的质调节(17—27)
centralized heat–supply …… 集中供热(17—3)
centralized monitoring and control of heat–supply system …… 供热系统集中监控(17—28)
centralized regulation …… 集中调节(17—27)
chemical deoxidization …… 化学除氧(17—11)
circulation flow of heat–supply network …… 热网总循环流量(17—22)
circulation pump of heat–supply network …… 热网循环水泵(17—11)
civil heat user …… 民用用热单位(17—20)
civil substation …… 民用热力站(17—18)
closed–type condensate return system …… 闭式凝结水回收系统(17—6)
closed–type condensate tank …… 闭式凝结水箱(17—19)
closed–type hot–water heat–supply network …… 闭式热水热网(17—12)
closed–type hot–water heat–supply system …… 闭式热水供热系统(17—6)
coefficient of hydraulic stability …… 水力稳定性系数(17—26)
coefficient of local heat loss …… 局部热损失系数(17—17)
coefficient of soil restraint …… 土壤约束度系数(17—24)
cogeneration level …… 热化发电率(17—4)
cogeneration power plant …… 热电厂(17—10)
cogeneration turbine …… 供热式汽轮机(17—11)
cold–pull of expansion joint …… 补偿器冷紧(17—17)
combined condensate return system …… 混合式凝结水回收系统(17—6)
compensating capacity of expansion joint …… 补偿器补偿能力(17—17)
compensation of thermal expansion …… 热补偿(17—17)
compensator for thermal expansion …… 补偿器(17—17)
concentric tube heat exchanger …… 套管式换热器(17—19)
condensate …… 凝结水(17—5)
condensate in steam pipeline …… 沿途凝结水(17—5)
condensate pump …… 凝结水泵(17—18)
condensate recovery percentage …… 凝结水回收率(17—22)
condensate return system …… 凝结水回收系统(17—6)
condensate tank …… 凝结水箱(17—19)
condensing turbine …… 凝汽式汽轮机(17—11)
connecting method of consumer with heat–supply network …… 热用户连接方式(17—20)
constant flow control …… 质调节(17—27)

consumer heat inlet …… 热力入口(17—20)
consumer substation …… 用户热力站；热力点(17—18)
control by intermittent operation …… 间歇调节(17—27)
control valve …… 调节阀(17—20)
cost of heat–supply …… 供热成本(17—4)
coverage factor of centralized heat–supply …… 集中供热普及率(17—4)
crawl duct …… 半通行管沟(17—14)

D

daily variation graph of heat consumption in one month …… 月负荷图(17—9)
damage accident of heat–supply network …… 热网故障(17—28)
decentralized heat–supply …… 分散供热(17—3)
degree of hydraulic misadjustment …… 水力失调度(17—26)
design flow of heat–supply network …… 热网设计流量(17—22)
design heating load …… 设计热负荷(17—7)
design heating load for air–conditioning …… 空调设计热负荷(17—7)
design heating load for ventilation …… 通风设计热负荷(17—7)
design hourly demand of hot–water …… 热水供应设计小时耗水量(17—9)
design hydraulic regime …… 设计水力工况(17—26)
design pressure diagram …… 设计水压图(17—25)
design space–heating load …… 供暖设计热负荷；采暖设计热负荷(17—7)
design temperature difference between supply water and return water …… 设计供回水温差(17—5)
design temperature of return water …… 设计回水温度(17—5)
design temperature of supply water …… 设计供水温度(17—5)
desorption deoxidization …… 解吸除氧(17—11)
desuperheater …… 减压减温装置(17—11)
detachable insulation construction …… 可拆卸式保温结构(17—16)
development program of municipal heat–supply …… 供热规划(17—4)
direct connection …… 直接连接(17—20)
direct contact heat exchanger …… 混合式换热器(17—19)
direct heating …… 直接加热(17—19)
directly buried installation …… 直埋敷设(17—14)
directly buried installation without expansion joint …… 无补偿直埋敷设(17—14)
dispatching management of heat–supply network …… 热网调度管理(17—28)
dispatching management of heat–supply system during peakload period …… 热网调峰管理(17—28)
distance between adjacent fixing supports …… 固定支座间距(17—23)
diversity factor …… 同时使用系数(17—8)
domestic hot–water …… 生活热水(17—5)
downstream–pressure controller …… 阀后压力调节阀(17—21)
drain valve …… 放水阀(17—13)
drain valve connections …… 放水装置(17—14)
drop of water level in consumer heating system …… 倒空(17—26)
dust trap …… 除尘器(17—10)

E

economical effect of heat–supply …… 供热经济性(17—4)

economical thickness of insulating layer …… 保温层经济厚度(17—17)
emergency hydraulic regime …… 事故水力工况(17—26)
emergency quantity of flow in abnormal condition …… 热网事故工况流量(17—22)
equiproportional hydraulic misadjustment …… 等比失调(17—26)
equivalent length of pipe for local heat loss …… 局部热损失当量长度(17—16)
expansion bend …… 弯管补偿器(17—17)
expansion seam of insulating layer …… 保温层伸缩缝(17—16)
external power operated control valve …… 非自力式调节阀(17—20)
extracted steam from turbine …… 汽轮机抽汽(17—12)
extraction turbine …… 抽汽式汽轮机(17—11)

F

factory–owned cogeneration power plant …… 工厂自备热电厂(17—10)
fittings and accessories in heating pipeline …… 供热管路附件(17—13)
fixing support …… 固定支座(17—15)
fixing trestle …… 固定支架(17—15)
flash steam …… 二次蒸汽(17—5)
flash tank …… 二次蒸发箱(17—19)
flexible trestle …… 柔性支架(17—15)
flow adjustment curve …… 流量调节曲线(17—28)
flow characteristics of regulating valve …… 调节阀流量特性(17—19)
flow coefficient of regulating valve …… 调节阀流通能力(17—21)
flow control valve …… 流量调节阀(17—20)
flow–resistance characteristic coefficient of consumer heating system …… 用户阻力特性系数(17—22)
flow–resistance characteristic coefficient of pipeline …… 管路阻力特性系数(17—22)
forced condensate return system …… 加压凝结水回收系统(17—6)
forced draft fan …… 送风机(17—10)
fouling coefficient of heat exchanger …… 换热器污垢修正系数(17—19)
full–section pipe–flow …… 满管流(17—22)

G

gas turbine …… 燃气轮机(17—11)
gravity condensate return system …… 重力凝结水回收系统(17—6)
group heating …… 联片供热(17—3)
guiding trestle …… 导向支架(17—15)
gully pit …… 集水坑(17—15)

H

heat and power cogeneration …… 热电联产(17—4)
heat consuming installation …… 热用户(17—20)
heat consumption …… 耗热量(17—8)
heat consumption quota …… 耗热定额(17—8)
heat consumption quota per unit of product …… 单位产品耗热定额(17—8)
heat exchanger …… 换热器(17—19)
heating boiler …… 供热锅炉；工业锅炉(17—10)
heating capacity …… 供热能力(17—4)
heating load …… 热负荷(17—7)
heating load data for load estimation …… 热指标(17—8)
heating load data per unit of hot–water usage

…… 热水供应热指标(17—8)
heating load diagram …… 热负荷图(17—9)
heating load duration graph …… 热负荷延续时间图(17—9)
heating load for ventilation and air-conditioning …… 通风、空调热负荷(17—7)
heating medium …… 供热介质(17—4)
heat-pipe heat exchanger …… 热管式换热器(17—19)
heat pump …… 热泵(17—10)
heat rates …… 热价(17—4)
heat source of heat-supply system …… 供热热源(17—10)
heat-storing device …… 蓄热器(17—11)
heat-supply …… 供热(17—3)
heat-supply based upon heat and power cogeneration …… 热化(17—3)
heat-supply engineering …… 供热工程(17—3)
heat-supply load factor …… 平均热负荷系数(17—8)
heat-supply network …… 热网；热力网(17—12)
heat-supply pipeline …… 供热管线(17—13)
heat-supply system …… 供热系统(17—6)
heat-supply system based upon garbage incineration plant …… 垃圾焚化厂供热系统(17—6)
heat-supply system based upon geothermal energy …… 地热供热系统(17—6)
heat-supply system based upon heating plant …… 区域锅炉房供热系统(17—6)
heat-supply system based upon heat-power cogeneration plant …… 热电厂供热系统(17—6)
heat-supply system based upon industrial waste heat …… 工业余热供热系统(17—6)
heat-supply system based upon low-temperature nuclear reactor …… 低温核供热系统(17—6)
height of consumer heating system …… 充水高度(17—26)
high-temperature hot water …… 高温水(17—4)
high-temperature hot water heat-supply system …… 高温水供热系统(17—6)
high trestle …… 高支架(17—15)
hinged-type trestle …… 铰接支架(17—15)
horizontal axial loads of fixing support …… 固定支座轴向水平荷载(17—22)
horizontal lateral loads of fixing support …… 固定支座侧向水平荷载(17—22)
horizontal thermal misadjustment of consumer heating system …… 热用户水平热力失调(17—27)
horizontal thrust on fixing support …… 固定支座水平推力(17—22)
hot-state strength test of heat-supply network …… 热网温度试验(17—29)
hot-water circulation pipe …… 热水供应循环管(17—3)
hot-water heating load …… 热水供应热负荷(17—7)
hot-water heat-supply network …… 热水热网(17—12)
hot-water heat-supply system …… 热水供热系统(17—6)
hot-water storage tank …… 热水储水箱(17—19)
hot-water supply installation …… 热水供应热用户(17—20)
hourly heat consumption on hot-water supply …… 热水供应小时用热量(17—9)
hourly variation factor of heating load …… 热负荷小时变化系数(17—8)
hourly variation graph of domestic hot-water consumption in one day …… 热水供应昼夜耗水量图(17—9)

hourly variation graph of heat consumption in one day …… 日负荷图(17—9)
hydraulical analysis of heat–supply network …… 热网水力计算(17—21)
hydraulic misadjustment …… 水力失调(17—26)
hydraulic regime …… 水力工况(17—26)
hydraulic stability …… 水力稳定性(17—26)

I

indirect connection …… 间接连接(17—20)
indirect heating …… 间接加热(17—19)
induced draft fan …… 引风机(17—10)
in–duct installation …… 管沟敷设(17—14)
industrial heat user …… 工业用热单位(17—20)
industrial substation …… 工业热力站(17—18)
industrial waste heat …… 工业余热(17—10)
initial adjustment …… 初调节(17—28)
inspection well …… 检查室(17—14)
inspection well manhole …… 检查室人孔(17—14)
installation hole of pipe duct …… 管沟安装孔(17—14)
installation of heating pipeline …… 供热管道敷设(17—14)
instantaneous heat exchanger …… 快速换热器(17—19)
insulating layer …… 保温层(17—16)
insulating material …… 保温材料(17—16)
insulation …… 保温(17—16)
insulation construction …… 保温结构(17—16)
insulation efficiency of heat–supply piping …… 供热管道保温效率(17—17)
integral insulation construction …… 整体保温结构(17—16)
interconnecting pipe in heat–supply network …… 热网连通管(17—13)
intermittent mode operation …… 间歇运行(17—27)
interurban heat–supply …… 城际供热(17—3)
in–tunnel installation …… 隧道敷设(17—14)

J

jet–pipe heat exchanger …… 喷管式换热器(17—19)
joint operation of heat–supply networks …… 联网运行(17—28)

L

leakage test of heat–supply network …… 管道系统严密性试验(17—29)
local heat loss …… 局部热损失(17—16)
localized regulation …… 局部调节(17—27)
loosely filled insulation …… 填充式保温(17—16)
low trestle …… 低支架(17—15)
low–temperature hot water …… 低温水(17—5)
low–temperature hot water heat–supply system …… 低温水供热系统(17—6)
low–temperature nuclear heating reactor …… 低温核能供热堆(17—10)

M

main branch …… 支干线(17—13)
main line …… 干线(17—13)
major repair of heat–supply network …… 热网大修(17—28)
make–up water …… 补给水(17—5)
make–up water percentage …… 补水率(17—22)

make-up water pump of heat-supply network …… 热网补水泵(17—10)
maximum condensate flow …… 最大凝结水量(17—22)
maximum flow of hot-water supply …… 热水供应最大流量(17—22)
maximum heating load …… 最大热负荷(17—7)
maximum hot-water heating load …… 热水供应最大热负荷(17—7)
maximum hourly steam consumption …… 最大小时耗汽量(17—9)
maximum permissible pressure …… 允许压力(17—26)
mechanical analysis of heat-supply pipes …… 供热管道强度计算(17—22)
medium-height trestle …… 中支架(17—15)
medium repair of heat-supply network …… 热网中修(17—28)
mixing pump …… 混水泵(17—18)
monotonous hydraulic misadjustment …… 一致失调(17—26)
monthly variation graph of heat consumption in one year …… 年负荷图(17—9)
most unfavorable circuit …… 最不利用户环路(17—21)
most unfavorable steam supply main …… 最不利管路(17—21)
movable support …… 活动支座(17—15)
movable trestle …… 活动支架(17—15)
multipipe hot-water heat-supply network …… 多管制热水热网(17—13)
multipipe steam heat-supply network …… 多管制蒸汽热网(17—12)
municipal heat-supply …… 城市供热(17—3)

N

net investment for saving of one ton standard coal annually …… 年节吨标煤净投资(17—4)
nonequiproportional hydraulic misadjustment …… 不等比失调(17—26)
nonmonotonous hydraulic misadjustment …… 不一致失调(17—27)
normal operating condensate drain-off connections …… 经常疏水装置(17—14)
nuclear-powered cogeneration power plant …… 核能热电厂(17—10)
number of working hours based on maximum load …… 最大热负荷利用小时数(17—8)

O

one-pipe hot-water heat-supply network …… 单管制热水热网(17—12)
one-pipe steam heat-supply network …… 单管制蒸汽热网(17—12)
open-type condensate return system …… 开式凝结水回收系统(17—6)
open-type condensate tank …… 开式凝结水箱(17—19)
open-type hot-water heat-supply network …… 开式热水热网(17—13)
open-type hot-water heat-supply system …… 开式热水供热系统(17—6)
operating platform …… 操作平台(17—15)
operating with reduced vacuum …… 恶化真空运行(17—12)
operational inspection …… 运行巡视(17—28)

operation hydraulic regime …… 运行水力工况(17—26)
operation pressure diagram …… 运行水压图(17—25)
operation pressure line …… 动水压线(17—25)
operation pressure line of return pipeline …… 回水管动水压线(17—25)
operation pressure line of supply pipeline …… 供水管动水压线(17—25)
operation regulation …… 运行调节(17—27)
optimal specific frictional head loss …… 经济比摩阻(17—21)
optimal temperature difference between supply water and return water …… 最佳供回水温差(17—5)
optimal temperature of return water …… 最佳回水温度(17—5)
optimal temperature of supply water …… 最佳供水温度(17—5)
optimum operation of heat–supply network …… 热网优化运行(17—28)
orifice plate …… 调压孔板(17—18)
overpressure …… 超压(17—26)

P

parameters of heating medium …… 供热介质参数(17—5)
partly–filled pipe–flow …… 非满管流(17—22)
pasted insulation …… 涂抹式保温(17—16)
peak heating load …… 尖峰热负荷(17—7)
peak–load calorifier …… 尖峰加热器(17—11)
peak–load heat source …… 峰荷热源(17—10)
permissible heat loss …… 允许热损失(17—16)
pipe bracket …… 附墙支架(17—15)
pipe duct …… 管沟(17—14)
pipe–hanging hook …… 悬吊支架(17—15)
pipeline heat loss …… 管道热损失(17—16)
pipeline trestle …… 管道支架(17—15)
pipe support …… 管道支座(17—15)
plate heat exchanger …… 板式换热器(17—19)
poured insulation …… 灌注式保温(17—16)
prefabricated insulation …… 预制式保温(17—16)
pressure control valve …… 压力调节阀(17—20)
pressure diagram …… 水压图(17—25)
pressure diagram during heating period …… 供暖期水压图(17—25)
pressure diagram during nonheating period …… 非供暖期水压图(17—25)
pressure diagram in abnormal operation condition …… 事故工况水压图(17—25)
pressure diagram of condensate pipeline …… 凝结水管水压图(17—25)
pressure of extracted steam from turbine …… 汽轮机抽汽压力(17—12)
pressure of return water …… 回水压力(17—5)
pressure of supply steam …… 供汽压力(17—5)
pressure of supply water …… 供水压力(17—5)
pressure reducing valve …… 减压阀(17—18)
pressure test …… 水压试验(17—28)
pressurization by bypass pipe …… 旁通管定压(17—24)
pressurization by compressed air …… 空气定压(17—24)
pressurization by continuously running make–up water pump …… 补给水泵连续补水定压(17—24)
pressurization by elevated expansion tank …… 膨胀水箱定压(17—24)
pressurization by intermittently running make–up water

pump …… 补给水泵间歇补水定压 (17—24)
pressurization by make–up water pump …… 补给水泵定压 (17—24)
pressurization by nitrogen gas …… 氮气定压 (17—24)
pressurization by steam cushion in boiler drum …… 蒸汽锅筒定压 (17—25)
pressurization by steam cushion in cascade heat exchanger …… 淋水式换热器蒸汽定压 (17—25)
pressurization by steam cushion in external expansion tank …… 外置膨胀罐蒸汽定压 (17—25)
pressurization installation …… 定压装置 (17—25)
pressurization methods …… 定压方式 (17—24)
pressurization point …… 定压点 (17—25)
primary calorifier …… 基本加热器 (17—11)
primary circuit …… 一级管网 (17—13)
process–heating installation …… 生产工艺热用户 (17—20)
process heating load …… 生产工艺热负荷 (17—7)
protective cover …… 保护层 (17—16)
purging of heat–supply pipeline …… 管道清洗 (17—29)

R

range of heat–supply service …… 供热半径 (17—4)
rate of emergency water make–up …… 事故补水量 (17—22)
rate of water loss …… 失水率 (17—22)
rate of water make–up …… 补水量 (17—22)
reaction force from thermal compensator …… 补偿器反力 (17—23)
regional heating …… 区域供热 (17—3)
regional heating plant …… 区域供热锅炉房 (17—10)
regulation …… 调节 (17—27)
reliability of heat–supply system …… 供热可靠性 (17—4)
repair and maintenance of heat–supply network …… 热网维修 (17—28)
reservation characteristic of heat–supply system …… 供热备用性能 (17—4)
return water …… 回水 (17—5)
return water collecting header …… 集水器 (17—18)
rigid trestle …… 刚性支架 (17—15)
ring–shaped heat–supply network …… 环状管网 (17—13)
roller support …… 滚动支座 (17—15)
route selection of heat–supply network …… 管网选线 (17—13)

S

safety exit of pipe duct …… 管沟事故人孔 (17—14)
safety pressure margin …… 富裕压力 (17—26)
safety valve …… 安全阀 (17—18)
saturated steam …… 饱和蒸汽 (17—5)
saturation steam pressure …… 汽化压力 (17—25)
seasonal heating load …… 季节性热负荷 (17—7)
secondary circuit …… 二级管网 (17—13)
sectioning valve …… 分段阀 (17—13)
self–compensation …… 自然补偿 (17—17)
self–operated control valve …… 自力式调节阀 (17—20)
self weight of pipeline …… 管道自重 (17—23)
separate generation of heat and power …… 热电分产 (17—4)
share of cogenerated heat in maximum heating load …… 热化系数 (17—3)
shell–and–tube heat exchanger …… 管壳式换热器 (17—19)
shut off valve …… 关断阀 (17—13)

simple direct connection …… 简单直接连接(17—20)
simple trestle …… 独立式支架(17—15)
sleeve expansion joint …… 套筒补偿器(17—17)
sliding support …… 滑动支座(17—15)
soil restraint action …… 土壤约束作用(17—24)
space–heating installation …… 供暖热用户；采暖热用户(17—20)
space–heating load …… 供暖热负荷;采暖热负荷(17—7)
space–heating load data per unit building volume …… 供暖体积热指标；采暖体积热指标(17—8)
space–heating load data per unit floor area …… 供暖面积热指标；采暖面积热指标(17—8)
spacing of movable supports …… 活动支座间距(17—23)
specific fuel consumption chargeable to heat output …… 供热标煤耗率(17—4)
specific fuel consumption chargeable to power generation …… 发电标煤耗率(17—4)
specific fuel consumption chargeable to power output …… 供电标煤耗率(17—4)
specific pressure drop …… 比压降(17—22)
spring hanger …… 弹簧支（吊）架(17—15)
standby heat source …… 备用热源(17—10)
standby pump …… 备用泵(17—11)
static pressure line …… 静水压线(17—25)
steam distribution header …… 分汽缸(17—18)
steam heat–supply network …… 蒸汽热网(17—12)
steam heat–supply system …… 蒸汽供热系统(17—6)
steam injection pump …… 蒸汽喷射器(17—18)
steam pressurization …… 蒸汽定压(17—25)
steam trap …… 疏水器(17—14)
steam trap connections …… 疏水装置(17—14)
steam turbine …… 汽轮机(17—11)
steam–water heat exchanger …… 汽–水换热器(17—19)
steam–water shock …… 汽水冲击(17—28)
straight pipe heat loss …… 直线管道热损失(17—16)
strainer …… 除污器(17—18)
strength test of heat–supply network …… 供热管道强度试验(17—28)
stress checking for design operation condition …… 热态应力验算(17—23)
stress checking for non–operation condition …… 冷态应力验算(17—23)
substation …… 热力站(17—18)
superheated steam …… 过热蒸汽(17—5)
supply water …… 供水(17—5)
supply water distribution header …… 分水器(17—18)
surface heat exchanger …… 表面式换热器(17—19)
suspended support …… 悬索式支架(17—16)

T

temperature adjustment curve …… 水温调节曲线(17—28)
temperature control valve …… 温度调节阀(17—20)
temperature of supply steam …… 供汽温度(17—5)
thermal expansion …… 热伸长(17—17)
thermal misadjustment of consumer heating system …… 热用户热力失调(17—27)
thermo–deaeration …… 热力除氧(17—11)
thickness of earth–fill cover …… 覆土深度(17—15)
tree–shaped heat–supply network …… 枝状管网(17—13)

trial operation of heat–supply network ………… 热网试运行 (17—29)
trunk main ………………………………………… 主干线 (17—13)
trussed support ……………………………… 桁架式支架 (17—16)
tubular heat exchanger ……………………… 管式换热器 (17—19)
turbine ……………………………………………… 涡轮机 (17—11)
two–phase flow ………………………………… 两相流 (17—22)
two–pipe hot–water heat–supply network
…………………………………… 双管制热水热网 (17—12)
two–pipe steam heat–supply network
…………………………………… 双管制蒸汽热网 (17—12)
two–way heat–supply ………………………… 双向供热 (17—4)

U

unbalanced force from internal pressure
…………………………………… 管道内压力不平衡力 (17—23)
underground installation …………………… 地下敷设 (17—14)
unpassable duct ……………………………… 不通行管沟 (17—14)
upstream–pressure controller ………… 阀前压力调节阀 (17—20)
U–shaped expansion joint ……………… 方形补偿器 (17—17)

V

vacuum deaeration ………………………… 真空除氧 (17—11)
variable flow control ………………………… 量调节 (17—27)
variable speed pump ……………………… 调速水泵 (17—11)
ventilation and air–conditioning installation
…………………………………… 通风、空调热用户 (17—20)
ventilation heating load data per unit building volume
…………………………………… 通风体积热指标 (17—8)
vent valve ………………………………………… 放气阀 (17—13)
ventivalve connections ……………………… 放气装置 (17—14)
vertical thermal misadjustment of consumer heating system
…………………………………… 热用户垂直热力失调 (17—27)
volumetric heat exchanger ……………… 容积式换热器 (17—19)

W

walkway duct ………………………………… 通行管沟 (17—14)
warming–up condensate drain–off connections
…………………………………… 启动疏水装置 (17—14)
water admixing installation ……………… 混水装置 (17—18)
water ebullition ………………………………… 汽化 (17—26)
water ejector …………………………………… 水喷射器 (17—18)
water hammer of heat–supply system …… 供热系统水击 (17—28)
water–mixing direct connection ………… 混水连接 (17—20)
water return pipe ……………………………… 回水管 (17—18)
water seal ……………………………………… 安全水封 (17—19)
water supply pipe ……………………………… 供水管 (17—13)
water–water heat exchanger …………… 水–水换热器 (17—19)
working pressure ……………………………… 工作压力 (17—26)
wound insulation …………………………… 缠绕式保温 (17—16)
wrapped insulation ………………………… 捆扎式保温 (17—16)

Y

year–round heating load ………………… 常年性热负荷 (17—7)

附录C　本标准用词说明

C.0.1　为便于在执行本标准条文时区别对待，对于要求严格程度不同的用语说明如下：

(1)　表示很严格，非这样做不可的用词：
正面词采用“必须”；
反面词采用“严禁”。

(2)　表示严格，在正常情况下均应这样做的用词：
正面词采用“应”；
反面词采用“不应”或“不得”。

(3)　表示允许稍有选择，在条件许可时，首先应这样做的用词：
正面词采用“宜”或“可”；
反面词采用“不宜”。

C.0.2　条文中指明必须按其他有关标准执行的写法为“应按……执行”或“应符合……的要求（或规定）”。非必须按所指定的标准执行的写法为“可参照……执行”。

附加说明

本标准主编单位、参加单位和主要起草人名单

主 编 单 位：哈尔滨建筑工程学院

参 加 单 位：清华大学
建设部城市建设研究院
沈阳市热力工程设计研究院
北京市煤气热力工程设计院

主要起草人：邹平华　王兆霖　盛晓文　李国祥　廖嘉瑜　吴玉环

中华人民共和国行业标准

供 热 术 语 标 准

CJJ 55–93

条 文 说 明

前 言

根据建设部（90）建标字第 407 号文的要求，由哈尔滨建筑工程学院主编，清华大学、建设部城市建设研究院、沈阳市热力工程设计院、北京市煤气热力工程设计院等单位共同编制的《供热术语标准》（CJJ 55–93）经建设部 1994 年 1 月 3 日以建标[1993]923 号文批准，业已发布。

为便于广大设计、施工、科研、学校等单位的有关人员在使用本标准时能正确理解和执行条文规定，《供热术语标准》编制组按章、节、条顺序编制了本标准的条文说明，供国内使用者参考。在使用中如发现条文说明中有欠妥之处，请将意见函寄哈尔滨建筑工程学院。

本《条文说明》由建设部标准定额研究所组织出版发行。

目　次

1 总 则

本术语标准适用于供热以及其他与供热有关的领域。

制定本标准的目的是将有关供热的术语加以合理统一，使之标准化，以利于供热技术的发展和国内外交流。

本标准编制过程中参照了已有的相关国家标准。所列术语主要来源于国内工程实践。考虑到工程技术的发展和对外交流，吸取了少量国外已用的术语。

各术语的定义力求通俗易懂，对于容易含混和产生不同理解的条目将在本条文说明中加以解释。

2 基本术语

2.1 供 热

2.1.3 集中供热

集中供热是相对分散供热而言的，是指具有一定规模的供热系统。但是多大的规模属于集中供热对不同的国家、不同的时期都会有差别，作为一个术语没给出其数量概念，只指出其基本特征。

2.1.4 联片供热

是国内最近几年发展集中供热的一种形式。

2.1.7 城际供热

在一些发达国家的大城市中采用。目前国内集中供热的规模还较小，尚无先例。

2.1.9 热化

热化一词来源于苏联。原苏联国家标准 ГОСТ19431–84 第13条中热化的定义是“在一个热力循环中生产热能和电能的集中供热”。因此它指的是热电厂为热源时的集中供热，不包括锅炉房为热源的集中供热。

2.1.10 热化系数

热化系数是热电厂重要的技术经济参数之一。它是热电厂汽轮机抽汽和排汽的额定小时供热量（热电联产小时供热量）与区域最大热负荷之比。由于机炉容量不协调，将多余的蒸汽减压减温后，用于供热的热量不能算作热电联产供热量。

2.1.11 热化发电率

热化发电率是衡量热电厂经济效果的指标。它等于外部热化发电率与内部热化发电率之和。用向外部供热系统的供热量计算出外部热化发电率，用向热电厂内部加热锅炉补水、给水的回热装置的供热量计算出内部热化发电率。

2.1.16 供热半径

对供热半径有两种解释：(1) 热源至最远热用户（或热力站）的管道沿程距离。(2) 热源至最远热用户（或热力站）的直线距离。热源至最远热用户（或热力站）的管道沿程距离，正好是水力计算时的最不利管路。依据其水力计算结果，计算其他并联管路和确定循环水泵的扬程。这样定义与室内供暖系统作用半径的定义是类似的。由于大多数供热系统中热源不在供热区域的中心位置，后一种解释无实际意义。在进行供热规划时，如供热半径是指热源至最远热用户（或热力站）的直线距离，可称为供热规划半径。

2.1.17 供热面积

在一些统计资料中常采用这一术语来说明城市集中供热的发展速度和规模，虽然用了“供热”两字，但它指的是供暖建筑物的建筑面积。生产工艺热负荷与工艺性质、规模等有很大关系，变化范围大，无法用供热面积来统计。

2.1.18 集中供热普及率

在一些统计资料中常用这一术语来说明城市集中供热的发展状况。与“供热面积”一样，它是对供暖建筑物而言的，反映已实行集中供暖的建筑物的比例。

2.1.23 供热成本

供热成本又分供热总成本和供热单位成本。供热总成本项目由燃料费、水费、材料费、折旧费、大修理费、工资、福利基金和其他费用等八项组成。供热单位成本为供热总成本除以总供热量。

2.2 供热介质及其参数

2.2.1 供热介质

习惯上也称热媒。按已发布实施的《城市热力网设计规范》GJJ34—90 的称法选取了“供热介质”。

2.2.2 高温水；**2.2.3** 低温水

各国高温水与低温水的分界点不同，本标准中按国内习惯采用 100℃ 来分界。本来还可以称作“高温热水”和“低温热水”，考虑习惯说法仍用“高温水”和“低温水”来表达。

2.2.4 供水

从热源供给热力站以及从热力站供给热用户的热水都是供水。

2.2.5 回水

从热用户返回热力站或热源以及从热力站返回热源的热水都是回水。一个热用户回水供给另一个热用户。对前一用户为回水，对后一用户为供水。

2.2.6 生活热水

指满足人们日常生活需用的热水，如盥洗、洗涤、沐浴等，但不包括饮用的开水。

2.2.13 供热介质参数

供热介质参数有压力和温度等。“供水温度”和“回水温度”等术语已列入《采暖通风与空气调节术语标准》GB50155—92，本标准中不再重复。

2.2.25 供汽温度

既可指系统中热源出口、用户入口、设备入口等点的蒸汽温度，也可指管路内任何一点的蒸汽温度。对饱和蒸汽，供汽压力与供汽温度以及其他参数是对应的。对过热蒸汽，除了知道供汽压力外，还需要知道供汽温度，才能确定它的其他参数。

2.2.26 供汽压力

既可指系统中热源出口、用户入口、设备入口等点的蒸汽压力，也可指管路内任何一点的蒸汽压力。供热工程中所说的供汽压力，在很多情况下是指前一含义。

2.3 供热系统

2.3.2 热电厂供热系统

定义中“主要”两字，指的是一个供热系统中可以有多个热源，只要热电厂供热所占的份额较大，仍称为热电厂供热系统。

第2.3.3～2.3.7条的定义中“主要”两字参照此条拟定。

3 热负荷及耗热量

3.1 热负荷

3.1.1 热负荷

热负荷是指单位时间的热量。供热系统由热源、热网和热用户等几部分组成。对不同的对象，单位时间的热量可有以下几种提法：

对热源或热网应为单位时间的供热量；对热用户或用热设备应为单位时间的需热量；对用热设备或建筑物应为单位时间的耗热量。

需热量与耗热量的区别在于前者是要求供给的热量，后者是实际消耗的热量 。需热量与耗热量相等时，才能满足用热要求。

对热源及产热的设备，又有热功率和热出力的提法。热功率指额定工况下的产热能力；热出力为实际工况下的产热能力。

在讨论本术语定义时，曾拟设法区别上述不同概念。但考虑到国内目前学术界、工程技术界的使用习惯及为了简化，仍定义“热用户或用热设备单位时间内所需的供热量”为热负荷。它对热源、热网、热用户均适用。

3.1.2 设计热负荷

定义中“给定的设计条件”，对不同热用户是不同的。对采暖热用户，给定的设计条件是指冬季采暖室外计算温度。对通风、空调热用户，给定的设计条件是指冬季通风、空调室外计算温度。对生产工艺热用户，主要是指额定的用热量。对热水供应热用户，则指额定用水标准。设计采暖、通风、空调系统时采用设计热负荷。

3.1.4 实际热负荷

定义中"运行中实时的热负荷"指在运行中实际发生的单位时间的热量。在运行期大部分时间内其值小于设计热负荷。

3.1.8 供暖热负荷

第3.1.1条已经对热负荷作了定义。这里只需对"供暖"进行定义而把"热负荷"引用到本定义中不再作解释。考虑到习惯用法以及已经出版发行的标准、规范等的影响，并列了同义词"采暖热负荷"。并且认为对热用户称采暖热负荷，对热源称供暖热负荷更合理。本标准中其他术语中凡涉及到"供暖"、"采暖"时作类似的考虑。例如：3.1.9 供暖设计热负荷；3.1.10 供暖期供暖平均热负荷；3.2.8 供暖年耗热量；6.3.2 供暖热用户等条目中都给出了同义词。凡有"供暖"字样的对热源而言，有"采暖"字样的对热用户而言。

3.1.10 供暖期供暖平均热负荷

本定义中包含两种概念。前半部分"供暖期内不同室外温度下的供暖热负荷的平均值"是指整个供暖期内总的需热量（耗热量）对供暖期总的时间的平均。后半部分"供暖期室外平均温度下的供暖热负荷"是指某一固定温度（供暖期室外平均温度）下的供暖热负荷，但由于供暖期平均温度也是按供暖期内逐日温度统计平均得出的。因此，从这两个不同的角度得到的供暖期供暖平均热负荷在数值上是相等的。

3.1.11 通风、空调热负荷

以前习惯上只提通风热负荷，考虑目前实际工程中，空调热用户增加，通风、空调热负荷兼有，而且《城市热力网设计规范》CJJ34-90 把通风、空调热负荷放在一起概算，所以此条术语还是称为"通风、空调热负荷。"实际上通风热负荷与空调热负荷是两种完全不同的热负荷，设计计算方法差别也很大，所以本标准中又列了 3.1.12 通风设计热负荷；3.1.14 空调设计热负荷等各条。

3.1.16 常年性热负荷

常年性热负荷是常年都需要的热负荷。这一点有别于季节性热负荷。但"常年"又区别于"全年"，不是在一年365天都需要。因此，不再用"全年热负荷"的称法而改用"常年性热负荷"。"与气象条件关系不大"是指与气象变化基本无关，但不是一点关系没有。比如热水供应热负荷，原则上常年都供应，但在夏季自来水温度升高，而且人们习惯用较低温度的热水以及使用热水量相对较少，而冬季则正好相反。使得冬夏两季的用热量要有些差别，这当然是与气象条件分不开的。因此，不能说完全与气象条件无关。

3.1.18 热水供应热负荷

除指日常生活中洗衣、洗脸、洗澡等用水以外，还包括公共浴池、公共洗衣房等集中用热水部门的热负荷。由于其具有营业性质，曾有人建议把这部分热负荷划入生产工艺热负荷，但考虑到它与一般生活用水具有相近的用水特点和规律，因此，仍应按热水供应热负荷考虑。

3.1.21 平均热负荷系数

定义中的平均热负荷是指全年（或供暖期）的热负荷平均值。

3.1.23 热负荷小时变化系数

本术语用于热水供应热用户。由于热水供应热用户的用水量在一昼夜内不是均衡的，而是在某几段时间内要出现高峰。因而，以全天用水量标准计算的热量按时间平均得出的热负荷，只是一个平均值，该值无法保证用水高峰时间内的热负荷。因此，在计算设备或管道时应把平均热负荷乘以不小于1的系数，以保证高峰时间热负荷。

3.2 热指标和耗热量

3.2.1 热指标

热指标多用于概算设计热负荷。对不同的概算方法，热指标不同、热指标的单位不同。因此定义中的单位建筑面积、单位体积或单位产品是并列关系，是对不同的热指标而言的。

3.2.5 热水供应热指标

在《城市热力网设计规范》CJJ34–90 中称“生活热水热指标”给出的数值是与单位建筑面积对应的。它与按使用人数平均的热水供应用水量标准概念不同。

3.2.6 耗热量

耗热量指在一定时间内消耗的热量。“一定时间”可以是年、月、日、小时等。耗热量不仅包括热用户本身的耗热量，还应考虑向这些热用户供热时管路的热损失。在 3.2.7～3.2.11 各条中也有同样的含义。

3.2.8 供暖年耗热量

定义中已明确“在一个供暖期内的总耗热量”。但考虑到习惯，也为了与其他耗热量叫法统一，因此，术语仍称“供暖年耗热量”或“采暖年耗热量”。

3.3 负荷图和热负荷延续时间图

3.3.6 热负荷延续时间图

热负荷延续时间图实际上由互相联系的两部分构成。图中纵坐标的一侧为热负荷随室外温度变化的曲线图。另一侧为全年或供暖期内不同室外温度对应的热负荷延续时间曲线图。

4 供热热源

4.1 供热热源

4.1.5 工厂自备热电厂

工厂自备热电厂可以设置在厂区内，也可以设置在厂区外。可以只给本厂供电、供热，也可以在优先保证向本厂供电、供热的条件下向外供电、供热。

4.1.8 工业余热

工业生产过程中的排放物包括固体物料、液体物料及气体物料。因此相应地工业余热包括固体物料、液体物料及气体物料工业余热。

4.1.12 备用热源

指在检修或事故工况下投入运行的热源。如热源锅炉容量和台数考虑检修等需要超出设计工况。该设备可称备用锅炉而不叫备用热源。

4.2 锅炉房及其辅助设备

4.2.1 供热锅炉

可向民用建筑、公用建筑和工农业等各生产部门供热。

4.2.7 热水锅炉循环水泵

在自然循环锅炉中水靠自身的重力作用已能满足锅内水循环要求，不需要设锅炉循环水泵。锅炉循环水泵的作用是增强锅内水循环，保证锅炉必要的循环倍率。

4.2.10 调速水泵

量调节时用调速水泵改变水泵转速的方法改变水泵流量和扬程。

4.2.11 备用泵

正常工况需要使用三台泵并联。设计选用了四台并联，其中多选的一台为备用泵。如其中一台损坏，另外多选的一台即投入运行。其中任何一台都可作备用泵。一般循环水泵、中继泵、混水泵、补给水泵等都要考虑备用泵问题。

5 热 网

5.1 热 网

5.1.1 热网

也称“热力网”。但因为很多热水热网只有供暖热用户，在这种情况下管网输送的是热能，而不起“动力”作用。称热力网不是十分妥当。考虑到多年来的习惯用法以及已发布的《城市热力网设计规范》CJJ34−90 的影响，仍给出其同义词“热力网”。

5.1.3 单管制蒸汽热网；**5.1.4** 双管制蒸汽热网

关于蒸汽热网的制式有不同的观点。一种观点是不计及凝结水管；另一种观点是计及凝结水管。用前一种观点把只有一根供汽管，有、无凝结水管的蒸汽热网都定义为单管制蒸汽热网，分别称为有凝结水管的单管制蒸汽热网和无凝结水管的单管制蒸汽热网。而后一种观点把有一根蒸汽管和一根凝结水管的蒸汽热网称为双管制。本标准中采用了前一种观点，即只考虑供汽管的根数来定义蒸汽热网的制式。如向同一用户引出两根相同蒸汽压力的蒸汽管也应看作单管制蒸汽热网，可称为复式单管制蒸汽热网。双管制蒸汽热网经常是用一根压力较高的供汽管满足生产设备用汽要求；用另一根压力较低的供汽管满足采暖等用户的用热要求。

5.1.5 多管制蒸汽热网

从热源引出多根供汽压力的供汽管，分别向用汽压力不同或运行时间不同的热用户供热。

5.1.9 单管制热水热网；**5.1.10** 双管制热水热网

热水热网的制式是就供水干管和回水干管的总数而言的，与蒸汽热网不同。

单管制热水热网是开式系统。单管制热水热网有两种：一种是一根供水管通向所有热用户的热网；另一种是仅仅输送干线为一根供水管的热网。某些热水供应系统属于前一种型式。当热源离热用户较远；输送干线较长；采暖回水量与热水供应用水量相当时，回水被热水供应用户取用，可以采用后一种形式。此时输送干线用单管是经济的。实际工程中大量采用的是双管制热水热网。

5.1.11 多管制热水热网

三管制可为两根供水温度不同的供水管和一根回水管，四管制可为两根供水温度不同的供水管和两根回水管。不同温度的供水管满足不同热用户的要求。

5.1.12 一级管网；**5.1.13** 二级管网

一级管网与二级管网的分界点是热力站。本定义对直接连接和间接连接都适用。无热力站的管网只有一级管网。

5.2 供 热 管 线

5.2.1 供热管线

供热管线与供热管道的区别在于前者不仅包括管道，而且还包括沿线管路附件（阀门、补偿器，支座、支架等）及附属构筑物（管沟、检查室等）。

5.2.2 干线；**5.2.3** 主干线；**5.2.4** 支干线 **5.2.5** 支线

干线包括主干线与支干线。水力计算时一般先从主干线开始。支干线是相对主干线而言的。主干线、支干线、支线（图1）很难划分。本术语标准中把通往一个热力站或一个热用户的管线叫支线。除了支线则全为干线。这样分类的好处在于概念比较明确，不管干线如何复杂、庞大、如何分级，除了主干线都为支干线。在这几个术语定义中凡是对热力站而言的，指的是间接连接时的情况；凡是对热用户而言的，指的是直接连接时的情况。通常支线又称为户线。考虑到如果间接连接时一个热力站可向多个热用户供热，在这种情况下该热力站的管线称作户线不妥，所以建议称为支线更好。

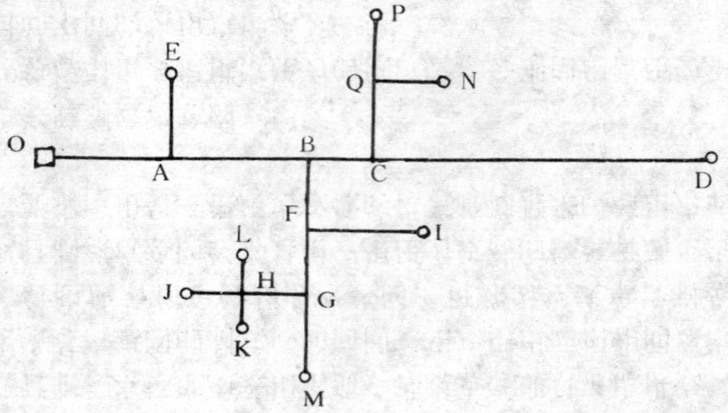

○ 热用户或热力站

□ 热源

图1 主干线、支干线、支线说明简图

图中：分支管处：A、B、C、F、G、H、Q

主干线：O–A–B–C

支干线：CQ、BF、FG、GH

支　线：CD、AE、FI、GM、HK、HL、HJ、QN、QP

5.2.7 回水管

间接连接时从热力站向热源和从热用户向热力站回送热水，都是回水管。所回送的热水不一定返回热源，可以到其他热力站或热用户。

5.2.8 热网连通管

不是指热用户入口的连通管。一般是指连接热网不同干线的管道。

5.2.10 管线沿途排水管

是降低供热管道所在地点地下水位的措施。国内尚用得较少。

5.2.11 供热管路附件

管路是管子、阀门、管件及其他附件的总称。管件包括三通、弯头、异径管、管堵、法兰、垫片等。其他附件包括补偿器、支架（座）和器具等。

5.2.13 分段阀

分段阀间隔一定距离设置在干线上。分段阀的距离与很多因素有关。随着对热网可靠性要求的提高，原苏联后来的规范规定的分段阀距离比早先的规范减小。我国原来大型热网不是很多，对分段阀设置没有足够多的经验。《城市热力网设计规范》CJJ34－90参考原苏联经验并考虑国情给出了分段阀距离。本术语定义中只给出分段阀的功能，而未给出设置距离。分段阀不包括支干线和支线分支管处设置的关断阀门，尽管这些阀门在维修和发生事故时也能切除部分管段，但一般不能算作分段阀。

5.3 供热管道敷设

5.3.7 套管敷设

管道设置于套管内便于抽管检修和施工，用于不允许开挖路面，又不采用通行管沟的地段。

5.3.8 隧道敷设

用于供热管道与铁路、公路、有轨电车以及地铁等在地下或水下交叉时。由于覆土深度大，常与其他工程管线或设施共同敷设。

5.3.10 通行管沟；**5.3.11** 半通行管沟；**5.3.12** 不通行管沟

目前的规范、标准、标准图中对通行管沟、半通行管沟和不通行管沟的尺寸界限都不完全统一。作为术语标准只给出其一般确定原则。

5.3.14 管沟安装孔

管沟安装孔是盖板上直通地面的狭长孔口，其长度应能使一根较长的管子进入管沟。只用于通行管沟，以便不用揭开管沟盖板完成一般的检修工作。

5.4 管道支座和支架

5.4.5 滚动支座

滚动支座分滚轴式和滚珠式。滚轴式滚动支座仅管道轴向位移时为滚动摩擦；滚珠式滚动支座管道在水平各向移动时都为滚动摩擦。

5.4.16 刚性支架

5.4.16～5.4.23所列各种支架一般都用于供热管道的地上敷设。

刚性支架的柱脚与基础的连接在管道的径向和轴向都是嵌固的。支架的刚度大，柱顶的位移值甚小，不能适应管道的热变形。因而所承受的水平推力就很大。因此，它是一种靠自身的刚性抵抗管道热膨胀所引起的水平推力的支架。

5.4.17 柔性支架

柔性支架下端固定，上端自由。支架沿管道轴线的刚性小（柔度大），柱顶依靠支架本身的柔度，允许发生一定的变位从而适应管道的热膨胀位移，使支柱承受的弯矩较小。柱身沿管道横向刚度较大，可视为刚架。

5.4.18 铰接支架

铰接支架柱身可随管道的伸缩而摆动，支柱仅承受管道的垂直荷载。因而柱子横断面和基础尺寸可以适当减小。

5.4.21 梁式支架

梁式支架可分为单层和双层，单梁和双梁等。

6 热力站与热用户

6.1 热力站与中继泵站

6.1.1 热力站

热力站联系热网与热用户。不同的系统中，热力站功能不同。蒸汽供热系统中，热力站可起转换供热介质种类等作用。热水供热系统中，间接连接的热力站与直接连接的热力站作用又不同。它包括换热站、混水泵站、用户入口加压泵站等。

6.1.2 区域热力站

本指在供热干线与支干线连接点处的热力站。国内尚无实例。原苏联已在推广运用，它的设置是提高热网可靠性的重要措施。由一个区域热力站向多个热力站供热。

6.1.3 小区热力站

原习惯称集中热力站。其服务范围不好确定，与区域热力站和用户热力站的区别也不好划分。本术语标准中将区域热力站和用户热力站除外的其他一切热力站，不论其服务范围大小一律称为小区热力站，或简称热力站。“小”字是相对区域热力站而言的。从热电厂引出的首站不能算作热力站，应把它看作热源的一部分。

6.1.5 民用热力站

民用热力站服务对象包括民用建筑和公用建筑。其热负荷可有供暖、通风、空调和热水供应等。

6.1.6 工业热力站

工业热力站服务对象为工业建筑及其辅助建筑。

其热负荷为工业建筑的生产工艺、供暖、通风、空调和热水供应等用户。工业热力站服务的工业建筑中如无工业生产用热，只有供暖、通风、空调、热水供应热负荷时，由于工业建筑用热的时间和规律与民用建筑不同，仍划为工业热力站服务对象。

6.1.7 中继泵

也有称“加压泵”的。采用“加压”两字意义不明确，因为循环水泵、热用户入口的水泵都有“加压”作用，考虑到与其他规范协调以及使定义更加确切，本标准中称“中继泵”。

6.1.9 混水装置

起混水作用的设备或器具。常用的有混水泵和水喷射器等。

6.1.19 分汽缸

分汽缸以及第 6.1 节中许多术语在热源和热力站都采用。本标准中将其放在第 6.1 节中，其定义不随使用位置而变化。分汽缸、集水器和分水器构造相同。用于蒸汽系统时称为分汽缸；用于热水系统时称为分水器或集水器；设置于供水管上称为分水器；设置于回水管上称为集水器。

6.2 换 热 器

6.2.6 管壳式换热器

管壳式换热器种类繁多。根据其管板、管束的结构特点可分为固定管板式（管束两端的管板与外壳固定在一起）、浮头式（管板之一与外壳固定，另一个带有封头，可以与壳体发生相对运动）、U 型管式（管弯成“U”型，管端全部固定在一个管板上）、分段式（若干个直的管壳与相应数量的弯管串接在一起）和波节管式（由呈波节形状的管子组成管束）等类型。

6.2.8 板式换热器

根据其结构特点可分为板框式（由平行的波纹板及板间密封垫组合在一个框架上，俗称为板式）、板片式（平行排列的板片焊在一起，装在一个壳体内），螺旋板式（两张平行的长板卷成螺旋状）等类型。

6.3 热用户及其连接方式

6.3.1 热用户

供热系统由热源、热网和热用户组成。即热用户是热网的组成部分。本标准中根据热负荷性质并列了采暖热用户、通风、空调热用户、热水供应热用户和生产工艺热用户。

6.3.6 工业用热单位； **6.3.7** 民用用热单位

通常称“工业热用户”和“民用热用户”，其中“热用户”的含义是用热部门，与 6.3.1 中“热用户”容易引起混淆。因此本术语中特改称为“工业用热单位”和“民用用热单位”，可供各运行管理部门统计用热量及计取费用时采用。

6.3.10 直接连接

该定义对蒸汽热网和热水热网都适用。

6.3.11 简单直接连接

6.3.11～6.3.13 习惯上只用于热水热网。在热用户供水管加泵或回水管加泵的连接方式都属于简单直接连接。

6.3.12 混水连接

根据混水装置的不同，可以分为混水泵连接和水喷射器连接。前者依靠外力（水泵）实现混水，后者依靠流体本身的能量来实现混水。

6.3.14 间接连接

间接连接有时又称为隔绝式连接，因为热用户与热网连接处有表面式换热器，使热网的供热介质不直接进入用户，因而其压力不作用到热用户设备上，可减少热网的失水率及便于集中控制等。对蒸汽热网和热水热网都可采用间接连接。

7 水力计算与强度计算

7.1 热网水力计算

7.1.4 计算主干线

计算主干线与管网布局中的主干线含义不同，热网主干线是指自热源至最远热力站（或最远热用户）分支管处的干线。计算主干线是专指首先开始进行水力计算的那条管线，一般为热源至最远热力站（或最远热用户）的管线，其平均比摩阻最小。

7.1.7 平均比摩阻； **7.1.8** 经济比摩阻

《采暖通风与空气调节术语标准》GB50155-92 已列入了“比摩阻”这一术语，本标准中不再重复。

7.1.9 比压降

比摩阻、比压降等几个词实际使用时常常混淆。实际上，比摩阻指单位长度管道的沿程阻力损失；比压降则指单位长度管道的总阻力损失。总阻力损失包括沿程阻力损失和局部阻力损失。

7.1.15 热网事故工况流量

事故工况流量一般小于设计流量，只保证热用户维持在最低水平的条件运行，多数以在维修时间内不冻坏用热设备为限。

7.1.24 满管流

当管道全部断面被乳状的汽水混合物充满时应属于两相流，不能当作满管流。

7.2 供热管道强度计算

7.2.1 供热管道强度计算

供热管道强度计算，主要包括管子壁厚计算，补偿值计算，应力计算及支架间距计算等。

7.2.2 钢材许用应力

钢材的许用应力按“火力发电厂汽水管道应力计算技术规定SDGJ90 的定义，根据钢材有关强度特性，取下列三项中的最小值:

$$\frac{\sigma_b^{20}}{3};\ \frac{\sigma_s^t}{1.5}\text{或}\frac{\sigma_s^t(0.2\%)}{1.5};\ \frac{\sigma_D^t}{1.5}$$

式中 σ_b^{20} —— 钢材在 20℃时的抗拉强度最小值，MPa；

σ_s^t —— 钢材在设计温度下的屈服极限最小值，MPa；

$\sigma_s^t(0.2\%)$ —— 钢材在设计温度下残余变形为0.2%时的屈服极限最小值，MPa；

σ_D^t —— 钢材在计算温度下的10万小时持久强度平均值，MPa。

7.2.9 管道轴向荷载

水平管道的轴向荷载包括：摩擦力、内压力不平衡力、补偿器反力等；垂直管道的轴向荷载主要是管道自重。

7.2.10 管道自重

定义中的某些管路附件系指与管子连成整体的那些附件。如阀门、补偿器等。

7.2.16 固定支座轴向水平荷载

固定支座轴向水平荷载，包括由于管道与活动支座摩擦力产生的轴向力、内压力不平衡力和补偿器反力等。

7.2.17 固定支座侧向水平荷载

固定支座侧向水平荷载，主要指固定支架承受的由于分支管道活动支座摩擦力产生的轴向力、内压力不平衡力和补偿器反力等。

8 热水供热系统定压和水力工况

8.1 热水供热系统定压

8.1.1 定压方式

原拟定义“在热水供热系统中保持某点水的压力恒定（在某一固定值或某一允许范围内)”。考虑到不论采用什么样的控制元件，总是允许有误差的。因此用“压力恒定在某一固定值”不妥，而改为“稳定”。稳定是相对的，不稳定是绝对的，这里的稳定是相对概念。对补给水泵间歇补水定压或氮气罐定压等方式，允许压力在一个相对较大的范围内波动，因此后面的字样是对这些定压方式而言的。特定点指的是由定压方式确定的定压点。

8.1.2 膨胀水箱定压

由于第 8.1.1 条已对“定压”做了定义，所以本术语及以下有关定压的术语都借用了上述“定压”的概念，使有关术语的定义更加简单。

8.1.6 旁通管定压

经常称为“补给水泵旁通管定压”，容易使人理解成在补给水泵上加旁通管，因此，改为“旁通管定压”。该定压方式是在循环水泵进出口之间设置旁通管，仍利用补给水泵补水定压，但定压点是在循环水泵旁通管上。调节旁通管进出口上的两个阀门使动水压线相对静水压线上下移动，一旦调整就绪，该定压方式可以具有固定的动水压线，这一点不同于补给水泵间歇补水定压。

8.2 水 压 图

8.2.1 水压图

水压图是表示热水供热系统运行或停止工作时管道内各点的

测压管高度的图线。但做为水压图的整体。除了静水压线、动水压线以外，还应反映用户的地形高度、建筑物高度等，因此，定义中写入了用户高度、地形高度等内容。水压图上的压力都是相对压力，用米水柱表示。对蒸汽热网的蒸汽管无水压图。

8.2.13 工作压力

供热系统正常运行时应该保持的压力，是指供热介质的实际压力。

8.2.16 充水高度

定义中“最大高度”指热用户系统的顶部。热用户系统的高度不一定等于建筑物高度。例如：大多数工业建筑的建筑物高度大于用户系统的高度。

8.2.17 资用压头

对闭式供热系统，供热介质的压差消耗于流体流动阻力。

8.2.20 倒空

括号中的字样对下供上回式热用户系统而言；去掉括号用于上供下回式热用户系统。

9 供热调节、运行管理、试验及试运行

9.1 调 节

9.1.1 调节

“为保持供热量与需热量之间的平衡”是调节的目的，“对供热介质的流量、温度、压力以及运行时间等进行的调整”是调节的手段。

9.1.11 水温调节曲线

质调节、分阶段改变流量的质调节和量调节这几种调节方式，都分别有不同的水温调节曲线。对前两种方式，供、回水温度同时随室外温度改变。对后一种方式，供水温度不变，回水温度随室外温度改变。

9.1.12 流量调节曲线

量调节时，流量随室外温度的变化而连续改变；分阶段改变流量的质调节时，流量随室外温度的变化呈阶梯形改变。

9.2 运 行 管 理

9.2.5 联网运行

指两个或两个以上相对独立的热网在运行中以某种方式互相连通，以便互相补充、备用。对一个热网，某些管道互相连通或某些环状管网改变运行方式不认为是联网运行。

9.2.11 热网事故

事故指热网或设备出现意外损坏而严重影响用户供热的情况。其中意外损坏属非正常或不可预料的损坏，在短期内难以修复而严重影响供热。这一点与热网故障是有区别的。热网故障是指热网或设备出现了不正常的情况，经紧急处理可以恢复供热；

在某种程度上讲，这种不正常情况的出现是可能预料到的。

9.3 试验及试运行

9.3.2 供热管道的强度试验

定义中的“压力试验”可采用水压试验或气压试验。水压试验，检漏容易，试验简便，因而用得较多。

9.3.3 管道系统严密性试验

该试验同样可采用水压试验或气压试验。

中华人民共和国行业标准

聚乙烯燃气管道工程技术规程

Technical specification for polyethylene (PE) fuel gas pipeline engineering

CJJ 63—95

主编单位：中国建筑技术研究院
批准部门：中华人民共和国建设部
施行日期：1995年11月1日

关于发布行业标准《聚乙烯燃气管道工程技术规程》的通知

建标［1995］189号

各省、自治区、直辖市建委（建设厅），计划单列市建委，国务院有关部门：

根据建设部建标［1992］732号文的要求，由中国建筑技术研究院主编的《聚乙烯燃气管道工程技术规程》，业经审查，现批准为强制性行业标准，编号CJJ 63—95，自1995年11月1日起施行。

本标准由建设部城镇燃气标准技术归口单位中国市政工程华北设计院归口管理，其具体解释工作由中国建筑技术研究院负责。

本标准由建设部标准定额研究所组织出版。

中华人民共和国建设部
1995年4月6日

目 次

1 总 则

1.0.1 为统一埋地聚乙烯燃气管道工程设计、施工和验收的技术要求，确保工程质量和安全供气，制定本规程。

1.0.2 本规程适用于最大允许工作压力不大于0.4MPa（表压），工作温度在−20～40℃的埋地聚乙烯燃气管道新建、改建、扩建工程的设计、施工和验收。

1.0.3 聚乙烯燃气管道严禁用作室内地上管道，只作埋地管道使用。

1.0.4 聚乙烯燃气管道中的管材、管件应符合现行国家标准《燃气用埋地聚乙烯管材》和《燃气用埋地聚乙烯管件》的规定。

1.0.5 承接聚乙烯燃气管道工程设计、施工的单位，必须具有建设主管部门批准或认可的相应资质。

1.0.6 埋地聚乙烯燃气管道工程设计、施工和验收除执行本规程外，尚应符合现行国家标准《城镇燃气设计规范》、现行行业标准《城镇燃气输配工程施工及验收规范》和有关标准的规定。

2 管道设计

2.1 一般规定

2.1.1 聚乙烯燃气管道分 SDR11 和 SDR17.6 两系列。SDR11 系列宜用于输送人工煤气、天然气、液化石油气（气态）；SDR17.6 系列宜用于输送天然气。所输送燃气质量应符合国家现行标准的规定。

2.1.2 输送不同种类燃气的最大允许工作压力应符合表 2.1.2 的规定：

不同种类燃气的最大允许工作压力　　表 2.1.2

燃气种类	最大允许工作压力（MPa）	
	SDR11	SDR17.6
天然气	0.400	0.200
液化石油气（气态）	0.100	—
人工煤气	0.005	—

注：SDR 为标准尺寸比，即：公称外径与壁厚之比。

2.1.3 聚乙烯燃气管道在输送其他成分组成的燃气时，必须经过充分论证，并在安全性能得到保证后，可参考以上相似的气种确定允许工作压力。聚乙烯燃气管道在输送不含冷凝液的人工煤气时，工作压力可适当提高，但不宜超过 0.2MPa；聚乙烯燃气管道在输送不含冷凝液的气态液化石油气时，工作压力可适当提高，但不宜超过 0.3MPa。

2.1.4 聚乙烯燃气管道最大允许工作压力，除应符合本规程第 2.1.2 条规定外，在不同温度下的允许工作压力还应符合表 2.1.4 的规定：

不同温度下的允许工作压力　　表 2.1.4

工作温度 t（℃）	允许工作压力（MPa）	
	SDR11	SDR17.6
$-20<t\leqslant 0$	0.1	0.0075
$0<t\leqslant 20$	0.4	0.2
$20<t\leqslant 30$	0.2	0.1
$30<t\leqslant 40$	0.1	0.0075

2.2 管道计算

2.2.1 聚乙烯燃气管道计算流量的确定应符合现行国家标准《城镇燃气设计规范》(GB 50028—93) 第 5.2.1 条和第 5.2.2 条的规定。

2.2.2 低、中压聚乙烯燃气管道单位长度摩擦阻力损失的计算应符合现行国家标准《城镇燃气设计规范》(GB 50028—93) 第 5.2.4 条和第 5.2.5 条的规定，其摩擦阻力系数宜按公式 2.2.2-1、2.2.2-2 和 2.2.2-3 确定：

（1）层流状态：$Re\leqslant 2100$

$$\lambda = 64/Re \tag{2.2.2-1}$$

$$Re = \frac{dv}{\nu}$$

（2）临界状态：$2100<Re\leqslant 3500$

$$\lambda = 0.3 + \frac{Re - 2100}{65Re - 10^5} \tag{2.2.2-2}$$

（3）紊流状态：$Re>3500$

$$\lambda = 0.11\left(\frac{K}{d} + \frac{68}{Re}\right)^{0.25} \tag{2.2.2-3}$$

式中 λ——聚乙烯燃气管道的摩擦阻力系数；

d——聚乙烯燃气管道内径（mm）；

K——聚乙烯燃气管道内表面的当量绝对粗糙度（mm），可取 0.01；

Re——雷诺数；

v——聚乙烯燃气管道计算流速（m/s）；

ν——0℃和 101.325kPa 时燃气的运动粘度（m^2/s）。

2.2.3 中压管道的允许压力降可由该级管道的入口压力至次级管网调压器允许的最低入口压力之差确定，流速不宜大于5m/s。

2.2.4 聚乙烯燃气管道局部阻力损失和低压管道从调压站到最远燃具的管道允许阻力损失应符合现行国家标准《城镇燃气设计规范》（GB 50028—93）第 5.2.6 条和第 5.2.7 条的规定。

2.3 管道布置

2.3.1 聚乙烯燃气管道不得从建筑物和大型构筑物的下面穿越；不得在堆积易燃、易爆材料和具有腐蚀性液体的场地下面穿越；不得与其他管道或电缆同沟敷设。

2.3.2 聚乙烯燃气管道与供热管之间水平净距不应小于表 2.3.2 的规定。与其他建筑物、构筑物的基础或相邻管道之间的水平净距应符合现行国家标准《城镇燃气设计规范》（GB 50028—93）表 5.3.2-1 的规定。

聚乙烯燃气管道与供热管之间水平净距　　表 2.3.2

供热管种类	净距（m）	注
t<150℃直埋供热管道		
供热管	3.0	燃气管埋深小于 2m
回水管	2.0	
t<150℃热水供热管沟 蒸气供热管沟	1.5	
t<280℃蒸气供热管沟	3.0	聚乙烯管工作压力不超过 0.1MPa 燃气管埋深小于 2m

2.3.3 聚乙烯燃气管道与各类地下管道或设施的垂直净距不应小于表 2.3.3 的规定。

聚乙烯燃气管道与各类地下管道或设施的垂直净距 表 2.3.3

名称		净距（m）	
		聚乙烯管道在该设施上方	聚乙烯管道在该设施下方
给水管 燃气管	—	0.15	0.15
排水管	—	0.15	0.20 加套管
电缆	直埋	0.50	0.50
	在导管内	0.20	0.20
供热管道	t<150℃ 直埋供热管	0.50 加套管	1.30 加套管
	t<150℃ 热水供热管沟 蒸气供热管沟	0.20 加套管或 0.40	0.30 加套管
	t<280℃ 蒸气供热管沟	1.00 加套管，套管有降温措施可缩小	不允许
铁路轨底	—	—	1.20 加套管

2.3.4 聚乙烯燃气管道埋设的最小管顶覆土厚度应符合下列规定：

（1）埋设在车行道下时，不宜小于 0.8m；

（2）埋设在非车行道下时，不宜小于 0.6m；

（3）埋设在水田下时，不宜小于 0.8m。

当采取行之有效的防护措施后，上述规定可适当降低。

2.3.5 聚乙烯燃气管道的地基宜为无尖硬土石和无盐类的原土层，当原土层有尖硬土石和盐类时，应铺垫细沙或细土。凡可能引起管道不均匀沉降的地段，其地基应进行处理或采取其他防沉降措施。

2.3.6 聚乙烯燃气管道在输送含有冷凝液的燃气时，应埋设在土壤冰冻线以下，并应设置凝水缸。管道坡向凝水缸的坡度不宜小于 0.003。

2.3.7 中压聚乙烯燃气管道干管上，应设置分段阀门，并应在阀门两侧设置放散管。中压聚乙烯燃气支管起点处也应设置阀门。低压聚乙烯燃气管道可不设置阀门。阀门宜设置在阀井内。

2.3.8 聚乙烯燃气管道不宜直接引入建筑物内或直接引入附属在建筑物墙上的调压箱内。当直接用聚乙烯燃气管道引入时，穿越基础或外墙以及地上部分的聚乙烯燃气管道必须采取硬质套管保护。

2.3.9 聚乙烯燃气管道不宜直接穿越河底。在加设套管或采取其他保护措施后，穿越河底时，应符合现行国家标准《城镇燃气设计规范》(GB 50028—93) 第5.3.4条和第5.3.10条 (2)、(3)、(4) 款的规定。

3 材料验收、存放、搬运和运输

3.1 一般规定

3.1.1 管材、管件应具有质量检验部门的产品质量检验报告和生产厂的合格证。

3.1.2 管材存放、搬运和运输时，应用非金属绳捆扎，管材端头应封堵。

3.1.3 管材、管件存放、搬运和运输时，不得抛摔和受剧烈撞击。

3.1.4 管材、管件存放、搬运和运输时，不得曝晒和雨淋；不得与油类、酸、碱、盐等其他化学物质接触。

3.1.5 管材、管件从生产到使用之间的存放期不宜超过一年。

3.2 材料验收

3.2.1 接收管材、管件必须进行验收。先验收产品使用说明书、产品合格证、质量保证书和各项性能检验报告等有关资料。

3.2.2 验收管材、管件时，应在同一批中抽样，并应按现行国家标准《燃气用埋地聚乙烯管材》和《燃气用埋地聚乙烯管件》进行规格尺寸和外观性能检查，必要时宜进行全面测试。

3.3 存放

3.3.1 管材、管件应存放在通风良好、温度不超过40℃的库房或简易棚内。

3.3.2 管材应水平堆放在平整的支撑物上或地面上。堆放高度不宜超过1.5m，当管材捆扎成1m×1m的方捆，并且两侧加支撑保护时，堆放高度可适当提高，但不宜超过3m。管件应逐层叠放整齐，应确保不倒塌，并宜便于拿取和管理。

3.3.3 管材、管件在户外临时堆放时，应有遮盖物。

3.3.4 管材存放时，应将不同直径和不同壁厚的管材分别堆放。受条件限制不能实现时，应将较大的直径和较大壁厚的管材放在底部，并做好标志。

3.4 搬　运

3.4.1 管材搬运时，必须用非金属绳吊装。

3.4.2 管材、管件搬运时，应小心轻放，排列整齐。不得抛摔和沿地拖拽。

3.4.3 寒冷天搬运管材、管件时，严禁剧烈撞击。

3.5 运　输

3.5.1 车辆运输管材时，应放置在平底车上；船运时，应放置在平坦的船舱内。运输时，直管全长应设有支撑，盘管应叠放整齐。直管和盘管均应捆扎、固定，避免相互碰撞。堆放处不应有可能损伤管材的尖凸物。

3.5.2 管件运输时，应按箱逐层叠放整齐，并固定牢靠。

3.5.3 管材、管件运输途中，应有遮盖物，避免曝晒和雨淋。

4 管道连接

4.1 一般规定

4.1.1 聚乙烯燃气管道连接前应对管材、管件及附属设备按设计要求进行核对，并应在施工现场进行外观检查，符合要求方准使用。

4.1.2 聚乙烯燃气管道连接应采用电熔连接（电熔承插连接、电熔鞍形连接）或热熔连接（热熔承插连接、热熔对接连接（热熔鞍形连接），不得采用螺纹连接和粘接。聚乙烯管道与金属管道连接，必须采用钢塑过渡接头连接。

4.1.3 聚乙烯燃气管道不同连接形式应采用对应的专用连接工具。连接时，不得使用明火加热。

4.1.4 聚乙烯燃气管道连接宜采用同种牌号、材质的管材和管件。对性能相似的不同牌号、材质的管材与管材或管材与管件之间的连接，应经过试验，判定连接质量能得到保证后，方可进行。

4.1.5 聚乙烯燃气管道连接的操作工人上岗前，应经过专门培训，经考试和技术评定合格后，方可上岗操作。

4.1.6 在寒冷气候（−5℃以下）和大风环境条件下进行连接操作时，应采取保护措施，或调整连接工艺。

4.1.7 聚乙烯燃气管材、管件存放处与施工现场温差较大时，连接前，应将管材和管件在施工现场放置一定时间，使其温度接近施工现场温度。

4.1.8 聚乙烯燃气管道连接时，管端应洁净。每次收工时，管口应临时封堵。

4.1.9 聚乙烯燃气管道连接结束后，应进行接头外观质量检查。不合格者必须返工，返工后重新进行接头外观质量检查。

4.2 电熔连接

4.2.1 电熔连接机具与电熔管件应正确连通，连接时，通电加热的电压和加热时间应符合电熔连接机具和电熔管件生产厂的规定。

4.2.2 电熔连接冷却期间，不得移动连接件或在连接件上施加任何外力。

4.2.3 电熔承插连接还应符合下列规定：

(1) 电熔承插连接管材的连接端应切割垂直，并应用洁净棉布擦净管材和管件连接面上的污物，并应标出插入深度，刮除其表皮。

(2) 电熔承插连接前，应校直两对应的待连接件，使其在同一轴线上。

4.2.4 电熔鞍形连接还应符合下列规定：

(1) 干管连接部位的管段下部应采用专用托架支撑，并固定、吻合。

(2) 电熔鞍形连接前，应用洁净棉布擦净连接面上污物，并应用刮刀刮除干管连接部位外表面。

4.3 热熔连接

4.3.1 热熔连接前、后，连接工具加热面上的污物应用洁净棉布擦净。

4.3.2 热熔连接加热时间和加热温度应符合热熔连接工具生产厂和管材、管件生产厂的规定。

4.3.3 热熔连接保压、冷却时间，应符合热熔连接工具生产厂和管材、管件生产厂的规定，在保压、冷却期间不得移动连接件或在连接件上施加任何外力。

4.3.4 热熔承插连接应符合下列规定：

(1) 承插连接管材的连接端应切割垂直，并应用洁净棉布擦净管材和管件连接面上的污物，标出插入深度，刮除其表皮。

(2) 承插连接前，应校直两对应的待连接件，使其在同一轴线上。

(3) 插口外表面和承口内表面应用热熔承插连接工具加热。

(4) 加热完毕，待连接件应迅速脱离承插连接加热工具，并应用均匀外力插至标记深度，形成均匀凸缘。

4.3.5 热熔对接连接应符合下列规定：

(1) 对接连接前，两管段应各伸出夹具一定自由长度，并应校直两对应的连接件，使其在同一轴线上，错边不宜大于壁厚的10%。

(2) 管材或管件连接面上的污物应用洁净棉布擦净，应铣削连接面，使其与轴线垂直，并使其与对应的待连接断面吻合。

(3) 待连接的端面应用对接连接工具加热。

(4) 加热完毕，待连接件应迅速脱离对接连接加热工具，并应用均匀外力使其完全接触，形成均匀凸缘。

4.3.6 热熔鞍形连接应符合下列规定：

(1) 干管连接部位的管段下部应采用专用托架支撑，并固定、吻合。

(2) 鞍形连接前，应用洁净棉布擦净连接面上污物，并应用刮切刮除干管连接部位外表面。

(3) 待连接面应用鞍形连接加热工具加热。

(4) 加热完毕，加热工具应迅速脱离待连接件，并应用均匀外力将鞍形管件压到干管连接部位，形成均匀凸缘。

4.4 钢塑过渡接头连接

4.4.1 钢塑过渡接头的聚乙烯管端与聚乙烯管道连接应符合本规程相应的电熔连接（电熔承插连接）或热熔连接（热熔承插连接、热熔对接连接）的规定。

4.4.2 钢塑过渡接头钢管端与金属管道连接应符合相应的钢管焊接、法兰连接或机械连接的规定。

4.4.3 钢塑过渡接头钢管端与钢管焊接时，应采取降温措施。

5 管道敷设

5.1 一般规定

5.1.1 聚乙烯燃气管道土方工程施工应符合现行行业标准《城镇燃气输配工程施工及验收规范》（CJJ 33—89）第2章的规定。

5.1.2 聚乙烯燃气管道沟槽的沟底宽度可按下列公式确定：

（1）单管沟边组装敷设：

$$a = D + 0.3 \quad (5.1.2\text{-}1)$$

（2）双管同沟敷设：

$$a = D_1 + D_2 + S + 0.3 \quad (5.1.2\text{-}2)$$

式中 a——沟底宽度（m）；

D——管道公称外径（m）；

D_1——第一条管道公称外径（m）；

D_2——第二条管道公称外径（m）；

S——两管之间设计净距（m）。

5.1.3 聚乙烯燃气管道敷设时，管道允许弯曲半径应符合下列规定：

（1）管段上无承插接头时，应符合表5.1.3的规定：

管道允许弯曲半径 **表5.1.3**

管道公称外径 D (mm)	允许弯曲半径 R (mm)
$D \leqslant 50$	$30D$
$50 < D \leqslant 160$	$50D$
$160 < D \leqslant 250$	$75D$

（2）管段上有承插接头时，不应小于 $125D$。

5.2 干管、支管敷设

5.2.1 聚乙烯燃气管道应在沟底标高和管基质量检查合格后，方准敷设。

5.2.2 聚乙烯燃气管道宜蜿蜒状敷设，并可随地形弯曲敷设，其允许弯曲半径应符合本规程第 5.1.3 条的规定。

5.2.3 聚乙烯燃气管道埋设的最小管顶覆土厚度应符合本规程第 2.3.4 条的规定。

5.2.4 聚乙烯燃气管道敷设时，宜随管走向埋设金属示踪线；距管顶不小于 300mm 处应埋设警示带，警示带上应标出醒目的提示字样。

5.2.5 聚乙烯燃气管道下管时，应防止划伤、扭曲或过大的拉伸和弯曲。

5.2.6 盘管敷设采用拖管法施工时，拉力不得大于管材屈服拉伸强度的 50%。

5.2.7 盘管敷设采用喂管法施工时，管道允许弯曲半径应符合本规程第 5.1.3 条的规定。

5.3 插 入 管 敷 设

5.3.1 聚乙烯燃气管道插入管敷设，插入起始段应挖出一段工作坑，其长度应满足施工要求，并应保证管道允许弯曲半径符合本规程第 5.1.3 条的规定。

5.3.2 聚乙烯燃气管道插入施工前，应使用清管设备清除旧管内壁沉积物、锐凸缘和其他杂物，并应用压缩空气吹净管内杂物。

5.3.3 聚乙烯燃气管道插入施工前，应对已连接好的聚乙烯燃气管道进行气密性试验，试验合格后，方可插入施工。插入后，应对插入管进行强度试验。

5.3.4 插入施工时，必须在旧管插入端加上一个硬度比插入管小的漏斗形导滑口。

5.3.5 插入管采用拖管法施工时，拉力不得大于管材屈服拉伸强度的 50%。

5.3.6 插入管各管段端口环形空间应用 O 形橡胶密封圈、塑料密封套或填缝材料密封。

5.3.7 在两插入段之间，必须留出冷缩余量和管道不均匀沉降余量，并在每段适当长度加以铆固或固定。

5.4 管道穿越敷设

5.4.1 聚乙烯燃气管道穿越铁路、道路和河流的敷设期限、程序以及施工组织方案，应征得有关管理部门的同意。

5.4.2 聚乙烯燃气管道穿越工程采用打洞机械施工时，必须保证穿越段周围建筑物、构筑物不发生沉陷、位移和破坏。

6 试验与验收

6.0.1 聚乙烯燃气管道试验和验收应符合现行行业标准《城镇燃气输配工程施工及验收规范》(CJJ 33—89) 第七章第一节的规定。

6.0.2 聚乙烯燃气管道系统安装完毕，在外观检查合格后，应对全系统进行分段吹扫。吹扫合格后，方可进行强度试验和气密性试验。在强度试验时，使用洗涤剂或肥皂液检查接头是否漏气，应在检验完毕后，及时用水冲去检漏的洗涤剂或肥皂液。

6.0.3 吹扫与试验介质宜用压缩空气，其温度不宜超过40℃。

6.0.4 压缩机出口端应安装分离器和过滤器，防止有害物质进入聚乙烯燃气管道。

6.0.5 聚乙烯燃气管道的强度试验压力应为管道设计压力的1.5倍。中压管道最低不得小于0.30MPa；低压管道最低不得小于0.05MPa。

6.0.6 聚乙烯燃气管道进行强度试验时，应缓慢升压，达到试验压力后，应稳压1h，不降压为合格。

6.0.7 聚乙烯燃气管道气密性试验应符合现行行业标准《城镇燃气输配工程施工及验收规范》(CJJ 33—89) 第七章第三节的规定。

附录A 本规程用词说明

A.0.1 为便于在执行本规程条文时区别对待，对于要求严格程度不同的用词说明如下：

(1) 表示很严格，非这样做不可的：

正面词采用“必须”；

反面词采用：“严禁”。

(2) 表示严格，在正常情况下均应这样做的：

正面词采用“应”；

反面词采用“不应”或“不得”。

(3) 表示允许稍有选择，在条件许可时首先应这样做的；

正面词采用“宜”或“可”；

反面词采用“不宜”。

A.0.2 条文中指明必须按其他有关标准执行时的写法为“应按……执行”或“应符合……要求（或规定）”。

附加说明

本规程主编单位、参加单位和主要起草人名单

主 编 单 位：中国建筑技术研究院

参 加 单 位：北京市煤气热力工程设计院
上海市煤气公司
哈尔滨市气化工程建设指挥部
中国市政工程华北设计院
北京市公用事业科学研究所

主要起草人：高立新　曹永根　朱韵维　陈俊伦　张为民
王俊昌　方湇瑜　张福麟　章林伟　张榕林

中华人民共和国行业标准

聚乙烯燃气管道工程技术规程

CJJ 63—95

条 文 说 明

主编单位：中国建筑技术研究院

前　言

根据建设部建标［1992］732号文的要求，由中国建筑技术研究院主编，北京市煤气热力工程设计院等单位参加共同编制的《聚乙烯燃气管道工程技术规程》(CJJ 63—95)，经建设部1995年4月6日以建标［1995］189号文批准，业已发布。

为便于广大设计、施工、科研、学校等单位的有关人员在使用本规程时能正确理解和执行条文规定，《聚乙烯燃气管道工程技术规程》编制组按章、节、条顺序编制了本标准的条文说明，供国内使用者参考。在使用中如发现本条文说明有欠妥之处，请将意见函寄中国建筑技术研究院。

本《条文说明》由建设部标准定额研究所组织出版。

目　次

1 总 则

1.0.1 聚乙烯燃气管与钢管、铸铁管相比，在耐压强度、水力学性能以及连接（焊接）、敷设等方面有不同的特点，因此，为指导聚乙烯燃气管道工程设计、施工和验收工作，确保工程质量和安全供气，制定本规程。

1.0.2 本条是针对燃气输配工程的特点和聚乙烯燃气管道的特性，规定了本规程的适用范围。

工作温度为−20～40℃，是考虑到聚乙烯燃气管道受温度影响较大，温度过高会导致其变软，耐压强度降低；温度过低将导致其变脆，在受第三者撞击时，容易产生裂纹。过高和过低温度，使其承压能力和使用寿命均要降低。美国规定为：−29（−20℉）～38℃（100℉），英国、法国、ISO 等为：−20～40℃。

最大允许工作压力不大于 0.4MPa，是考虑到聚乙烯燃气管道承压能力比钢管差。国际上对聚乙烯燃气管道承压能力一般按下式计算：

$$P = 2\sigma/F_d(SDR - 1)$$

式中 P——工作压力（MPa）；

σ——最小要求的长期静液压强度（MPa），即：在20℃下，使用寿命 50 年时的环向应力，国际标准和我国的《燃气用埋地聚乙烯管材》和《燃气用埋地聚乙烯管件》国家标准规定：$\sigma \geqslant 8.0$MPa；

F_d——设计系数（安全系数）。燃气管选取范围为 2～5，一般选 $F_d = 4.0$；

SDR——标准尺寸比，即公称外径与壁厚之比，国家标准中规定有 SDR11 和 SDR17.6。

因此，最大允许工作压力可由此获得：

对于 SDR11 系列管道：$P = 2\times8.0/4\times(11-1) = 0.4$MPa

对于 SDR17.6 系列管道：$P = 2\times8.0/4\times(17.6-1) = 0.24$MPa

因此，最大允许工作压力为 0.4MPa。国际上对聚乙烯燃气管道最大允许工作压力一般都规定为 0.4MPa，如美国、英国、法国等。

1.0.3 聚乙烯管道机械强度较低，作明管容易受碰撞破损，导致漏气，同时受大气中紫外线与氧气的影响，会加速老化。气温的变化及油烟或其他化学剂的侵蚀，对聚乙烯管道也不利。因此作为易燃易爆的燃气输送管道，不应使用聚乙烯管道作室内地上管道。国际上一般也规定只作埋地管使用。

1.0.4 规定此条目的是为了强调在聚乙烯燃气管道工程中使用的材料，即管材、管件要符合现行国家标准《燃气用埋地聚乙烯管材》和《燃气用埋地聚乙烯管件》的要求，从而才能保证工程质量和安全供气。

1.0.5 城镇燃气具有易燃、易爆和有毒（人工煤气）等特性，而且，聚乙烯燃气管道与金属管道相比，又有一些独有的特性。因此，为了确保工程质量和安全供气，就必须要求工程设计合理，施工质量优良，这就要求从事聚乙烯燃气管道工程设计、施工单位具有一定的技术实力才行。当这种能力获得上级主管部门及有关部门认可后，方可从事聚乙烯燃气管道工程设计、施工工作。

1.0.6 此条是强调埋地聚乙烯燃气管道工程设计、施工及验收要与现行国家标准《城镇燃气设计规范》（GB 50028—93）和现行行业标准《城镇燃气输配工程施工及验收规范》（CJJ 33—89）配合使用，使其相互协调配合，同时还应符合有关标准的规定，从而确保完成工程建设任务。

2 管道设计

2.1 一般规定

2.1.1～2.1.3 SDR为公称外径与壁厚之比。SDR相同系列的管材可以承受相同的内压级别。对于PE80级别的聚乙烯管道，SDF11系列管材最高使用压力可达0.4MPa；SDR17.6系列管材最高使用压力可达0.24MPa，见本规程第1.0.2条。ISO4437：1988（E）A1规定："如在管材的全部使用期间要与液态烃（冷凝液、加臭剂或芳香烃）接触，则对于50年寿命推荐使用SDR11（或S5）的管材"。其他国家的规定基本相同，我国人工煤气和液化石油气中一般均含有液态烃，因此，本规程规定SDR11系列适用于输送天然气、人工煤气和液化石油气，SDF17.6系列仅适用于输送天然气。

（1）聚乙烯管道输送纯天然气或代用天然气，国外的长期使用已经证明是十分安全的。根据第1.0.2条规定的最大使用压力SDR11可以达到0.4MPa；SDR17.6可以达到0.24MPa。由于我国压力级制中中压B的最高压力为0.2MPa，所以我们规定SDR17.6的最大工作压力为0.2MPa。

（2）聚乙烯管道输送气态液化石油气是允许的，美国ASTM F678—82《燃气用聚乙烯压力管材、管件标准》对输送液化石油气作了具体规定：

①100000h的长期静液压强度试验介质为专门的液化石油气（丙烷、丁烷等）。

②用于输送液化石油气的聚乙烯燃气管道，其运行压力，根据设计系数0.2（即：$F_d=5$）确定PE80级的SDR11管道为0.32MPa。

③对偶尔暴露冷凝液的液化石油气，其运行压力，根据计算值确定，但不超过30磅/英寸²（0.207MPa）。

我国的液化石油气是按现行国家标准《液化石油气》（GB 11174—89）和《油田液化石油气》（GB 9052.1—89）生产的，而以上两个国家标准均允许C_5及C_5以上组分存在（不大于3%），因此在常温输送时不可避免会有冷凝液。由于我国对聚乙烯管道输送液化石油气没有做过以液化石油气为介质的长期液压强度试验，因此在使用压力规定上，是在美国标准的基础上再打一倍的安全系数，即最高使用压力为0.1MPa。深圳等地的试点工程中输送液化石油气的聚乙烯管道使用压力不超过0.075MPa，因此压力限制对于常规使用条件是足够的。深圳试点工程自1991年9月运行至今，经测试：表观拉伸强度下降3.8%；耐气体组分试验能通过；光谱结构分析没有明显变化。

（3）聚乙烯管道输送人工煤气（煤制气、重油制气），在国外没有成熟的经验，而目前我国人工煤气占燃气供应的60%左右，聚乙烯管道能否使用，关系到聚乙烯管的应用前途。我国人工煤气普遍含有冷凝液，其成分有苯及其他芳香烃成分，总浓度在实际管网中约为冷凝液的0.1%，芳香烃类物质对聚乙烯的影响，其表现主要有两个方面：

①聚乙烯会吸收以苯为主的芳香烃族化合物，产生溶胀现象，使聚乙烯管材强度降低，一般聚乙烯在苯溶液中的饱和吸收量在9%左右，屈服强度降低17%～19%，但吸入成分放出后，能恢复原有的物理性能，结构无变化。

②聚乙烯管道在应力的作用下，表面活性剂、溶剂等都会加速脆性破坏。

日本煤气协会编写的《煤气用聚乙烯管》手册中认为：聚乙烯管道用于输送低压煤气时，煤气中气态芳香族成分对聚乙烯管道的影响可以不考虑；……聚乙烯管道用于与凝结的芳香族成分经常接触的场合，即使在低压下，在安全性能未证实前也应避免使用。此外，加拿大国家标准中规定："以气体状态存在的芳香烃含量不大于1%的燃气可以使用聚乙烯管”。上海1982年曾铺设一条GM 5010H牌号的聚乙烯管道输送低压人工煤气，经过10年实际运行后，挖出重新进行性能测试，得出：“使用10年的GM5010H管材力学性能、耐化学性和短期静水压性能与新管材相比性能变化不大，其有关指标仍满足ISO 4437—87对新管材的要求。在现阶段可以认为：GM 5010H适于输送城市煤气”。

由于以煤气冷凝液为内部介质的长期静水压试验，无法维持0.1%的芳香烃浓度，因而该试验方法不可行，至今还不能获得直接的试验结果。国际上一般认为若管材使用3年后，性能没有明显下降，可以认为该管材适于输送该介质。因此本规程提出：聚乙烯管道输送人工煤气时，允许工作压力为0.05MPa。

聚乙烯燃气管道除输送本规程指明的国家标准中规定的燃气外，还可能输送其他成分的燃气，如：高压气化煤制气、石脑油制气、纯丙烷、纯丁烷气化气或液化石油气混空气等，因此，可根据输送气体是否含有芳香族化合物，是否形成冷凝液等，经论证，确信安全性能得到保证后，可参考国家标准中相似的气种确定允许工作压力。在输送不含冷凝液的人工煤气时，鉴于气态芳香族化合物还可能被聚乙烯燃气管道吸收，而降低聚乙烯管强度，因此，输送压力不宜超过0.2MPa；聚乙烯燃气管道在输送不含冷凝液的气态液化石油气时，根据美国ASTM F678—82的规定，不宜超过0.3MPa。

表2.1.2中的允许工作压力值，是按现行国家标准《燃气用埋地聚乙烯管材》和《燃气用埋地聚乙烯管件》中的四个条件确定的，即：工作温度20℃，使用寿命50年，管道环向应力为8.0MPa，安全系数取不小于4而确定。在安全性能得到保证前提下，改变以上四个条件中任何一个，按本条文说明第1.0.2条计算公式计算，最大允许工作压力可提高。如：聚乙烯管道在输送含有冷凝液的人工煤气时，在保证安全性能前提下，降低其使用年限，并经技术经济比较认为合理后，可适当提高其允许工作压力；用聚乙烯燃气管做插入管输送含有冷凝液的人工煤气时，在保证安全性能前提下，降低其使用年限，并经技术经济比较认为合理后，也可使用SDR17.6系列管材。

2.1.4 聚乙烯燃气管道使用压力确定是根据管材在20℃（或23℃）时长期强度确定，由于聚乙烯管道对温度较为敏感，在较高温度下其耐压强度就要降低，为了保证聚乙烯管道使用的安全性就要降低使用压力；在较低的温度下使用时，管材的脆性破坏可能性提高，而裂纹扩展速度是与管材使用时的应力成正比的，因此也应降压使用。表2.1.2是参照英国煤气公司的标准BGC/PS/PL2表1确定，同时根据我国南方地区燃气管道工作温度在28℃左右这一情况，增加工作温度20～30℃这一范围，其允许工作压力数值是根据中国建筑工业出版社出版的《塑料管道工程设计与施工》介绍的在30℃工作温度下，允许工作压力为20℃的65%确定，因此分别取值SDR11为0.2MPa，SDR17.6为0.1MPa。

2.2 管道计算

2.2.2 低压、中压燃气管道单位长度摩擦阻力损失公式是按现行国家标准《城镇燃气设计规范》（GB 50028—93）第5.2.4条和第5.2.5条确定。

燃气在聚乙烯燃气管道中的运动状态是根据同济大学流体力学教研室“聚乙烯燃气管道摩阻特性试验研究及分析”成果确定，该成果指出：聚乙烯管道“绝大多数λ的试验点均在湍流过渡区，少数试验点在光滑管区段上，若用粗糙雷诺数Re判别，绝大多数试验点的λ值均在湍流过渡区，极少数试验点在阻力平方区”。“对于$d=32$mm的聚乙烯管试验点均在湍流过渡区；对于$d=63$mm的聚乙烯管大多数试验点在湍流过渡区”。λ值计算公式采用阿里特苏里公式即可，该公式为综合公式，适用于湍流三个区。

2.2.3 中压管道压力降可由管道系统入口压力至次级管网调压器允许的最低入口压力差来决定，但对管道流速应有限制。国内外对气体管道流速的规定如下：

炼油装置压力管线	$v=15\sim30$m/s
美国《化工装置》中乙烯与天然气管道	$v\leqslant30.5$m/s
液化石油气气相管	$v=8\sim15$m/s
焦炉气管	$v=4\sim18$m/s

由于塑料管电阻率较高，管内介质流动时所产生的静电荷会积聚起来，当气流夹带粉尘时，在节流点、弯头、压管点及泄漏点等处更易造成静电积聚，因此流速也不宜太高。

2.3 管 道 布 置

2.3.2 聚乙烯燃气管道与建筑物、构筑物基础或相邻管道之间的净距（除供热管道），应符合现行国家标准《城镇燃气设计规范》（GB 50028—93）表 5.3.2-1 的规定。

聚乙烯燃气管道与供热管道的净距，取决于供热管道在其周围的土壤温度场，净距应保证聚乙烯管处于 20℃以下的土壤环境中使用，或在 20～40℃的土壤环境中采取措施使用。

本规程规定的聚乙烯管道与供热管道的净距是根据热源在土壤中的温度场分布，用《传热学》中的源汇法导出，经电子计算机计算后，画出各种供热管道的温度场分布图，确定：

根据直埋热水管冬期土壤温度场（供水管 $DN=630$，$t=150$℃，回水管 $DN=630$，$t=70$℃，两管中心距 1.11m，管中心埋深 1.7m），对照直埋管保温标准图，由图得出，与供水管相距 3.00m，与回水管相距 2.00m，在埋深小于 2m 条件下可保持土壤温度在 20℃左右。

根据 $t<150$℃蒸汽或热水供热管管沟冬期温度场(供热管 $t=150$℃，回水管 $t=70$℃，沟外部尺寸为 2.68m×1.45m，管沟内空气温度为 47.5℃)，对照标准图，由图得出，与管沟相距 1.00m 处土壤温度在 20℃左右。为与现行国家标准《城镇燃气设计规范》(GB 50028—93)表 5.3.2-1 中压燃气管与在管沟内的热力管水平净距 1.5m 保持一致，故取 1.5m。

根据 $t<280$℃蒸汽供热管管沟夏季温度场，这类供热管道一般供工厂热源时，夏季也使用，而温度场夏季比冬季不利，因此采用夏季温度场，供热管 $t=280$℃，凝水管 $t=95$℃，沟外部尺寸为 2.68m×1.70m，管沟内空气温度为 87.1℃。对照标准图，由图得出，与管沟相距 3.00m 且深度在 2m 以内土壤温度在 40℃左右，因此聚乙烯燃气管工作压力不应超过 0.1MPa。

2.3.3 聚乙烯燃气管与排水管道的垂直净距是参照现行国家标准《城镇燃气设计规范》（GB 50028—93）第 5.3.2-2 表的规定而确定。与排水管交叉，聚乙烯燃气管在下方时，为避免渗漏的污水损害聚乙烯管道，要求加设套管。

根据直埋热水管冬季土壤温度场，聚乙烯管与直埋热水管交叉时，在上方需大于 0.5m，在下方需大于 1.30m，才能保证土壤环境在 40℃左右，因此需加套管加以保护，或直接使用金属管。

根据 $t<150$℃蒸汽或热水供热管管沟冬期温度场，聚乙烯管与 $t<150$℃供热管沟交叉时，在上方需大于 0.4m 才能保证土壤环境在 20℃左右，否则要加套管加以保护；在下方需大于 0.3m 才能保证土壤环境在 40℃左右，因此需要加套管加以保护，或直接使用金属管。

根据 $t<280$℃蒸气供热管管沟夏季温度场，聚乙烯管与 $t<280$℃的蒸气管沟交叉时，在上方需大于 1.00m 才能保证土壤环境在 40℃左右，因此应加套管保护或直接使用金属管，在下方不允许使用聚乙烯管。

其余各类地下管道按现行国家标准《城镇燃气设计规范》(GB 50028—93）第 5.3.2-2 表的规定。

2.3.4 管道埋设最小覆土厚度引自现行国家标准《城镇燃气设计规范》(GB 50028—93）第 5.3.3 条。该条规定埋设在庭院内时，不得小于 0.3m，因聚乙烯管不宜执行而未引入。

2.3.5 管道地基要求按现行国家标准《城镇燃气设计规范》(GB 50028—93）第 5.3.5 条。由于聚乙烯管材硬度比金属管低，不宜与尖硬物品碰撞、摩擦和埋于高矿物盐类的土层中，一般碰到岩石、硬质土层或砾石时，沟底应填以细粒土壤。

2.3.6 管道坡度要求是参照现行国家标准《城镇燃气设计规范》(GB 50028—93) 第5.3.4条确定。

2.3.7 阀门设置要求是参考现行国家标准《城镇燃气设计规范》(GB 50028—93) 第5.3.13条确定。

2.3.8 由于聚乙烯燃气管道一般只作埋地使用，见本规程第1.0.3条，因此不宜直接引入建筑物内或直接引入附属在建筑物墙上的调压箱内。当必须要直接引入时，必须采取套管保护，防止碰撞、受压，避免空气中紫外线、氧气和其他气分对聚乙烯燃气管道的不利影响。

2.3.9 聚乙烯燃气管道穿越河底时，河水中可能含有对聚乙烯燃气管道不利的化学成分，而且由于聚乙烯燃气管道比较轻，埋于河底必须有稳固措施。一般可加套管或加覆保护层，在抗腐稳固的同时还应防止河水直接侵蚀。设计时应遵守现行国家标准《城镇燃气设计规范》(GB 50028—93) 第5.3.10条除第1款以外的规定。

3 材料验收、存放、搬运和运输

3.1 一般规定

3.1.1 规定此条目的是强调聚乙烯燃气管道生产厂必须具有一定生产能力和生产条件，生产该产品必须要得到有关部门认可，生产出的产品投放市场前必须要经过国家承认的检测部门检验，每批产品出厂前生产厂还要进行出厂检验，合格产品才能投放市场，同时还要附带出厂合格证，从而确保工程质量和安全供气。

3.1.2 对管材进行捆扎是为了防止管材在存放、搬运和运输时相互间滑动而受到损坏。用非金属绳捆扎是考虑到聚乙烯管道比较柔软，金属绳容易损伤管材；管材端头封堵是为了防止其他杂物进入管内。

3.1.3 制定此条目的是为了防止在存放、搬运和运输时野蛮装卸而损伤管材、管件。

3.1.4 酸、碱、盐及油类等化学物质对聚乙烯管道的腐蚀作用，以及太阳光中紫外线和雨水中的杂质对聚乙烯管道的老化和氧化作用将会降低聚乙烯燃气管道的使用寿命。

3.1.5 聚乙烯燃气管道长期存放，紫外线使空气中氧气要对其发生老化和氧化作用，尤其在户外存放损害更为严重，将使聚乙烯燃气管道使用寿命大为降低。

3.2 材料验收

3.2.1 规定此条目的是为了强调用户在进行材料验收时，应向聚乙烯燃气管材、管件生产厂索取产品使用说明书、产品合格证、产量质量保证书和各项性能检验报告，以便考察该生产厂质保体系是否健全，以及便于和用户验收时的检验结果进行比较。

3.2.2 规定此条目的是为了强调用户在接收聚乙烯燃气管材、管件时要对其质量进行检验、核对，根据本规程第1.0.4条，符合现行国家标准《燃气用埋地聚乙烯管材》和《燃气用埋地聚乙烯管件》方可接受，否则拒收。用户（施工单位）在材料验收检查时，采取抽样检查。由于一般施工单位不具备更多的测试仪器和测试手段，故根据这种实际情况，提出进行尺寸及外观检查，必要时要请检测部门进行全面测试。

3.3 存　　放

3.3.1 本条规定聚乙烯燃气管材、管件的存放条件，聚乙烯燃气管长期受热会出现热变形，以及产生热老化；放在室外，受太阳光曝晒时，紫外线将使聚乙烯产生光老化。从而导致聚乙烯燃气管道使用寿命的降低。

3.3.2 由于聚乙烯管道刚性相对金属管较差，因此堆放处，应尽可能平整，连续支撑为最佳。堆放过高，由于重量作用，可能导致下层管材出现变形（椭圆），对施工中连接不利，以及堆放过高，易倒塌。在场地受到限制时，要在两侧加支撑保护后，堆放高度可适当提高，本条规定的自由堆放高度为1.5m和两侧加支撑保护时不超过3.0m，两项指标，是根据ISO/TC 138/SC4 419E《聚乙烯管道敷设推荐性规范》制定。

管件逐层码放，不宜叠置过高，是为了便于拿取和库房管理，而且叠置过高容易倒塌，摔坏管件。

3.3.3 在施工期间，施工现场远离库房时，管材、管件可能要在户外临时堆放，为了防止风吹、日晒、雨淋和其他污染，管材、管件在户外临时堆放时应有遮盖物。

3.3.4 规定本条目的是为了管材拿取方便和便于管理，避免施工期间使用时拿错，影响施工进度和工程质量。

3.4 搬　　运

3.4.1 管材在搬运时，必须用非金属绳吊装，考虑因素同本规程第3.1.2条。

3.4.2 规定本条目的是为了防止在搬运过程中管材、管件受到损伤，如抛摔的剧烈撞击的硬创伤，管材沿地拖拽的划伤等。

3.4.3 聚乙烯燃气管材、管件在寒冷的冬天搬运时，低温状态下管材、管件受剧烈撞击容易使其在碰撞处产生裂纹，影响管材、管件的使用。

3.5 运　　输

3.5.1 由于聚乙烯燃气管材刚性相对金属管较差，因此在运输途中应放置在尽可能平整的地方。管材在运输途中捆扎、固定是为了避免其相互移动的搓伤。堆放处不允许有尖凸物是防止在运输途中管材相对移动，尖凸物划伤、扎伤管材。

3.5.2 规定本条的目的是为了防止装箱的管件在运输途中丢落。

3.5.3 规定本条的目的是为了防止日晒、雨淋造成的光老化和化学物质侵蚀。

4 管道连接

4.1 一般规定

4.1.1 制定本条目的是为了核对工程上使用的聚乙烯管材、管件及附属设备与设计要求的规格尺寸及形式是否相符，核对聚乙烯管材、管件外观是否符合现行的《燃气用埋地聚乙烯管材》和《燃气用埋地聚乙烯管件》国家标准的要求。符合要求方准使用，防止不合格管材、管件混入工程中使用。

4.1.2 本条规定了聚乙烯燃气管道的几种连接方式，不允许采用本条规定以外的连接方式，制定本条目的是为了保证聚乙烯燃气管道接头质量。

聚乙烯燃气管道的使用效果如何，在很大程度上是与所选用的接头结构和装配工艺过程的参数有关（除外来损坏）。国内外使用经验表明，接头是聚乙烯燃气管道最易损坏的部位。目前国际上聚乙烯燃气管道普遍采用不可拆卸的焊接接头，即本条规定的几种连接方式，它被认为是最经济并能保证聚乙烯燃气管道长期使用（50年）。一般来说，采用本条规定的几种连接方式连接的聚乙烯燃气管接头的强度都高于管材自身强度。

螺纹连接许多国家不推荐使用，由于聚乙烯燃气管道对切口极为敏感，导致管壁截面减弱和应力集中，因此使螺纹连接应用于聚乙烯管道受到很大限制。至于粘接，因为聚乙烯是一种高度结晶性的非极性材料，而且在一般条件下，其粘接性能较差，一般来说粘接的聚乙烯管道接头强度要低于管材本身强度，故这种方法在聚乙烯燃气管道中未得到应用。

对于聚乙烯管道与金属管道连接一般都采用钢塑过渡接头。钢塑过渡接头的聚乙烯端与聚乙烯燃气管道连接一般采用本条规定连接方式，钢塑过渡接头的钢管端与金属管连接一般采用焊接、法兰连接和机械连接。

4.1.3 规定本条目的是为了强调对于聚乙烯燃气管道不同的连接方式，要采用其对应的焊接设备，如对接熔接采用对接设备，电熔连接采用电熔连接专用设备等，从而保证接头质量，实现安全供气。

4.1.4 在机械性能无甚差别的情况下，对于不同牌号、材质的聚乙烯燃气管道其熔体流动速率一般都不同，密度一般也不同，因而熔接条件也不同。

当密度差异较大的两连接件进行连接时，接头处会出现残余应力等不良影响。

在实际施工时，不同牌号、材质（即熔体流动速率或密度相差较大时）的聚乙烯燃气管道连接，不仅会经常弄错，而且事实上不可能获得稳定的连接质量，所以应尽量避免不同树脂的聚乙烯管相互熔接。

对于熔体流动速率和密度相近的聚乙烯燃气管道连接，据国外资料介绍，在满足熔接条件下，能获得质量良好的接头，国内实验也证明焊接效果良好。因此本规程规定性能相近的两待连接件，在施工前应经过试验判定，熔接质量得到保证后，方可连接。

4.1.5 聚乙烯燃气管道与金属管道性能不同，而且连接方式不同，主要是通过加热工具熔化聚乙烯管材或管件，达到连接目的。接头质量与操作步骤和参数有直接关系，如：熔接温度、熔接时间、施压大小、保压冷却时间、连接件对直度等，因此，本规程规定操作工人上岗前要经过专门培训。

4.1.6 在寒冷气候下进行熔接操作，达到熔接温度的时间比正常情况下要长，连接后冷却时间也要缩短。因此，此时应对正常情况下焊接参数进行修正。而且在低于−5℃时，进行熔接操作，工人工作环境恶劣，操作精度很难保证。故要采取保护措施或调整熔接工艺。

4.1.7 由于聚乙烯燃气管道是采用熔化连接，熔接条件（温度、时间）是根据施工现场调节的，若管材、管件从存放处运到施工现场，其温度高于现场温度时，会产生加热时间过长，反之加热时间不足，两者都会影响接头质量。同时，如果待连接的管件或管件，从不同温度存放处运来，两者温度不同，而产生的热胀冷缩不同也会影响接头质量。

4.1.8 聚乙烯燃气管道连接时，管端不洁，会使杂质留在接头中，影响接头耐压强度。每次收工时管口封堵，是为了防止杂物进入管道，对管道吹扫工作不利。

4.1.9 规定此条目的是为了防止不合格的熔接接头，混入工程中使用。

4.2 电熔连接

电熔连接是先将电熔管件套在管材、管件上，然后通电，通过电熔管件内电阻丝发热，使塑料管连接部位熔化，达到连接的目的。

电熔连接的特点是连接方便、迅速、接头质量好，外界因素干扰小，电熔连接在口径较小的管道上应用是比较经济的。

4.2.1 规定此条的目的是为了在最佳供给电压、最佳加热时间下，获得最佳熔接接头。

4.2.2 冷却期间不得移动连接件和在连接件上施加任何外力，是因为聚乙烯燃气管连接接头，只有在全部冷却到环境温度后，才能达到其最大耐压强度，因此，冷却期间其他外力会使管材、管件不能保持在同一轴线上和不能形成均匀的凸缘，从而影响接头质量。

4.2.3 管材端头切割垂直是为了保证管材插入端有足够的熔融区；刮除表皮是为了去除表皮氧化层，消除连接面上污物。从而实际保证承插连接接头质量。

校直待连接的管材、管件使其在同一轴线上是为了防止其偏心，造成接头熔接不牢固，气密性不好。

4.2.4 拉直管材连接部位并固定，是为了保证两连接面能完全接合。

刮除管材连接部位表皮是为了去除管材待连接面的氧化层，并使连接面打毛，以便获得最佳连接效果。

4.3 热熔连接

4.3.1 塑料加热时易粘附于热熔工具上，因此，连接工具上一般预先都涂有聚四氟乙烯，尽量消除这现象，但实际施工中，有时仍会有一些塑料残留在加热工具上，若不清除，反复加热会使这些塑料碳化，影响加热面温度均匀和加热工具的效率，同时影响接头质量。

4.3.2 同本规程第4.2.1条。

4.3.3 同本规程第4.2.2条。

4.3.4 热熔承插连接

热熔承插连接是将管材外表面和管件内表面同时加热至材料的熔化温度，然后撤去承插加热工具，将熔化的管材插口插入熔化的管件承口，保压、冷却直至冷却到环境温度。一般来说，管径大于50mm的管道承插连接应采用机械设备，以保证连接质量，承插熔接一般常用于小口径管道连接。

管材端头切割垂直是为了保证管材插入端有足够的熔融区；刮除表皮是为了去除表皮氧化层，清除连接面上污物。从而保证承插连接接头质量。

校直待连接的管材、管件使其在同一轴线上是为了防止其偏心，造成接头熔接不牢固，气密性不好。

专用加热工具加热可获得最佳加热效果。

用均匀外力将插口插入承口，是为了保证管材和管件在同一轴线上，使接头上能够形成均匀一致的凸缘，从而保证接头质量。插口插入深度应在规定的范围内，插入过深容易在管件内部形成过大的凸缘，增大管道局部阻力；插入过浅，接头不牢固，耐压强度达不到要求。

4.3.5 热熔对接连接

热熔对接连接是将与管轴线垂直的两对应端面与加热板接触，加热至熔化，然后撤去加热板，将熔化端压紧，保压、冷却，直至冷却至环境温度。热熔对接连接应采用机械设备，以保证接头质量。

热熔对接连接均是用机械设备辅助进行，因此，对接连接件要留有夹具工作宽度。校直两对应连接件，是为了防止两连接件偏心，导致接触面过少，不能形成均匀的凸缘，而影响接头质量。

铣削连接面使其与管轴线垂直，是为了保证管材连接接头能与加热板紧密接触。擦净管材、管件连接面上杂物是为了防止杂物进入接头，影响接头质量。

专用加热工具加热可获得最佳加热效果。

规定此条目的是为了保证连接件在同一轴线上，并能形成均匀一致的凸缘，凸缘高度要符合有关规定的要求。

4.3.6 热熔鞍形连接

热熔鞍形连接又称侧壁熔接或分支熔接。热熔鞍形连接是将管材连接部位外表面和鞍形管件内表面加热熔化。然后，撤去鞍形加热工具，将鞍形管件压到管材连接部位。保压，直至冷却到环境温度。热熔鞍形连接一般用于管道分支连接，它可在带气情况下操作。

拉直管材连接部位并固定是为了保证两连接面能完全接合。

刮除管材连接两部位表皮是为了去除管材待连接面的氧化层，并使连接面打毛，以便获得最佳连接效果。

专用加热工具加热可获得最佳加热效果。

规定此条目的是为了使鞍形管件能准确地压到管材上，使之形成均匀一致的三个凸缘。

4.4 钢塑过渡接头连接

4.4.1 规定此条目的是强调钢塑过渡接头聚乙烯管端与聚乙烯管道连接，应按本规程规定的聚乙烯管道连接步骤和要求进行。

4.4.2 规定此条目的是强调钢塑过渡接头钢管端与金属管连接，可采用焊接、法兰连接和机械连接，其操作步骤和要求应符合这些连接的要求。

4.4.3 规定此条目的是提醒操作人员注意钢管焊接的高温对聚乙烯管道有不良影响，因为聚乙烯燃气管道熔点一般在210℃左右，过高温度会使聚乙烯管与其接合部位熔化，达不到密封作用。

5 管道敷设

5.1 一般规定

5.1.1 聚乙烯燃气管道工程的土方工程，即开槽和回填，基本上与钢管所要求的相同。因此，土方工程应符合国家现行的《城镇燃气输配工程施工及验收规范》(CJJ 33—89)第二章土方工程的要求。

5.1.2 由于聚乙烯燃气管道比重轻，是金属管1/8倍，而且柔软，搬运及向沟槽中下管较方便，适宜在沟上进行连接，故沟槽的沟底宽度按现行的《城镇燃气输配工程施工及验收规范》第二章钢管沟上焊接要求设定。

5.1.3 由于高分子材料进行一定的连续变形时，随着时间的推移，会出现最初发生的初期应力减小的现象，亦称为应力松弛，应力松弛系由于分子间滑动，局部粘性流动，微小的分子链断裂而发生，材料变形超过一定限度时，就开始出现微小的蠕变，发生破坏，温度、表面活性剂浓度对应力松弛起加速作用。因此国外一般都对聚乙烯燃气管允许弯曲半径作出明确规定。

日本煤气协会编写的《聚乙烯煤气管》中规定：

①管段上无承插接头时：外径20倍以上。

②管段上有承插接头时：外径125倍以上。

同时还注明：实际埋设条件为20倍外径的弯曲管线经实验并外推可使用100年。

有承插接头时，由于刚性不连续部分的应力集中，应尽量避免在弯曲段上使用承插管件。

ISO/TC 138/SC4 N419E《聚乙烯管道敷设推荐性规范》中规定：

外径 D (mm)	允许弯曲半径 R (mm)
$D \leqslant 50$	$30D$
$50 < D \leqslant 160$	$50D$
$160 < D \leqslant 250$	$75D$

5.2 干管、支管敷设

5.2.1 此条是参照国家现行标准《城镇燃气输配工程施工及验收规范》(CJJ 33—89)第4.1.1条而制定。

5.2.2 聚乙烯燃气管道的热胀冷缩比钢管大得多，其线性膨胀系数为钢管的10倍以上，因此，可利用聚乙烯管道柔性，蜿蜒状敷设和随地形弯曲敷设。但弯曲半径应符合本规程第5.1.3条规定。

5.2.3 管顶覆土厚度和埋深应符合设计规定的要求，亦即应符合本规程第2.3.4条的规定。

5.2.4 埋设示踪线是为了管道测位方便，精确地描绘出聚乙烯燃气管道的走线。目前国际上常用的示踪线有两种，一种是裸露金属线，另一种是带有塑料绝缘层的金属导线，但它们的工作原理均是通过电流脉冲感应，探测系统进行检测。示踪线安放位置，日本规定用胶带固定在聚乙烯燃气管上方，但美国煤气协会编写的《塑料煤气管手册》中指出：有些煤气公司发现脉冲电流对聚乙烯燃气管道有危害，但危害量有多大没有报导，建议金属示踪线与聚乙烯管道之间距离分开2～6in（5.08～15.24cm）。因此本规程不具体规定金属示踪线位置。

警示带是为了提醒第三者施工时，挖到此警示带时要注意，下面有聚乙烯燃气管道，小心开挖，避免损坏聚乙烯燃气管道。

5.2.5 聚乙烯燃气管道硬度较金属管道软，因此下管时要防止划伤，划伤的聚乙烯管道在运行中，受外应力作用，再遇表面活性剂（如：洗涤剂），会加速伤痕的扩展，最终导致管道破坏。

聚乙烯燃气管道扭曲、过大拉力和弯曲都会产生附加应力，对聚乙烯燃气管道安全运行不利。

5.2.6 拖管法施工，是用机动车带动犁沟刀，车上装有掘进机，犁出沟槽，盘卷的聚乙烯管道，或已焊接好的聚乙烯管道，在掘进机后部被拖带进入沟槽随后即可回填土。拖管法一般用于支管或较短管段的聚乙烯燃气管敷设。拉力过大会拉坏聚乙烯管道，本条规定的拉力不得大于管材屈服拉伸强度的 50%，是根据美国煤气协会编写的《塑料煤气管手册》确定的。

5.2.7 喂管法施工是将固定在掘进机上的盘卷的聚乙烯管道，通过装在掘进机上的犁沟刀后部的滑槽喂入管沟，犁沟刀可同时与另外的滑槽连接，喂入聚乙烯燃气管道警示带。

聚乙烯燃气管道喂入沟槽时，不可避免要弯曲，但其弯曲半径要符合本规程第 5.1.3 条规定。

5.3 插 入 管 敷 设

5.3.1 规定此条目的是为了便于插入管敷设，并保证管道弯曲半径不超过其允许弯曲半径。

5.3.2 规定此条目的是要求被插入的旧管道（金属管）内壁上的沉积物要清除，防止拉管时沉积物划伤聚乙烯管道。

吹净清除旧管内杂物，是为了防止被清除的杂物堵塞管道，同时施工操作人员通过检查吹出的杂物量来判定旧管内沉积物清除程度。

5.3.3 插入前对已连接好的聚乙烯燃气管道进行气密性试验，是为了检查已连接好的管道是否漏气，避免插入后又要返工。

插入后进行强度试验是检查插入过程中是否有损伤，有新的漏气点出现，从而保证工程质量，实现安全供气。

5.3.4 规定此条目的是防止插入施工时，金属旧管端口毛刺损坏聚乙烯燃气管道。

5.3.6 规定此条目的是为了支撑聚乙烯管道，防止旧管口部税凸缘对聚乙烯管道损伤。

5.3.7 由于聚乙烯管道热胀冷缩比钢管大得多，留出冷缩余量，是防止温度下降时，拉脱或产生过大拉应力。

在每段适当长度加以铆固或固定是防止地基不均匀下降外部荷载挤压聚乙烯管道，以及产生剪切应力损坏聚乙烯管道。

5.4 管道穿越敷设

5.4.1 规定此条目的是为了使聚乙烯燃气管道穿越铁路、道路和河流敷设时能顺利进行。

5.4.2 参照现行行业标准《城镇燃气输配工程施工及验收规范》（CJJ 33—89）第 4.4.1 条制定。

6 试验与验收

6.0.2 规定此条目的是为了吹除施工过程中带入聚乙烯燃气管道内的杂物，保证下步工序——强度试验和气密性试验能顺利进行。

在对钢管做强度试验时，一般用肥皂液或洗涤剂做检漏液。聚乙烯燃气管道在其内部变形达到某一临界值或与外部介质（洗涤剂等表面活性剂）接触时，聚乙烯燃气管道就会出现应力龟裂。

6.0.3 吹扫及试验介质推荐用压缩空气，是因为空气来源方便，国外也有用天然气、水或惰性气体。由于用天然气不安全，且浪费燃料，惰性气体价格贵，水在冬天容易结冰，而且残留在聚乙烯燃气管道中对运行不利。故本规程推荐用压缩空气。

由于在夏天气温较高，尤其是南方地区，气温达30～40℃，此时吹扫要特别注意压缩空气的温度，尽量不要超过40℃，否则要采取保护措施，避免聚乙烯燃气管道受到损害。

6.0.4 由于压缩空气是由压缩机提供，压缩机使用的油和寒冷冬天使用的防冻剂容易随压缩空气流入聚乙烯燃气管道内，油和防冻剂会对聚乙烯管道产生不良影响，故本条规定要在压缩机出口端安装分离器和过滤器，防止有害物质进入聚乙烯燃气管道。

中华人民共和国行业标准

供热工程制图标准

Drawing standard
of heat-supply engineering

CJJ/T 78—97

主编单位：哈 尔 滨 建 筑 大 学
批准部门：中华人民共和国建设部
施行日期：1 9 9 8 年 6 月 1 日

关于发布行业标准《供热工程制图标准》的通知

建标［1997］346 号

各省、自治区、直辖市建委（建设厅），计划单列市建委，国务院有关部门：

根据建设部建标［1992］227 号文的要求，由哈尔滨建筑大学主编的《供热工程制图标准》，业经审查，现批准为推荐性行业标准，编号 CJJ/T 78-97，自 1998 年 6 月 1 日起施行。

本标准由建设部城镇建设标准技术归口单位建设部城市建设研究院归口管理，其具体解释工作由哈尔滨建筑大学负责。

本标准由建设部标准定额研究所组织出版。

中华人民共和国建设部
1997 年 12 月 24 日

目　次

1 总 则

1.0.1 为了统一供热工程制图方法，保证图面质量，提高工作效率，便于技术交流，制定本标准。

1.0.2 本标准适用于新建、扩建或改建供热工程的设计制图。

1.0.3 本标准未涉及的制图规定，应执行国家现行有关标准。

2 一般规定

2.1 图纸幅面

2.1.1 图纸的基本幅面及图框尺寸应符合表 2.1.1 的规定和图 2.1.1 的格式。图框线应采用粗实线，标题栏外框线应采用中实线。

基本幅面及图框尺寸（mm） **表 2.1.1**

幅面代号	A0	A1	A2	A3	A4
$B\times L$	841×1189	594×841	420×594	297×420	210×297
c	10			5	
a	25				

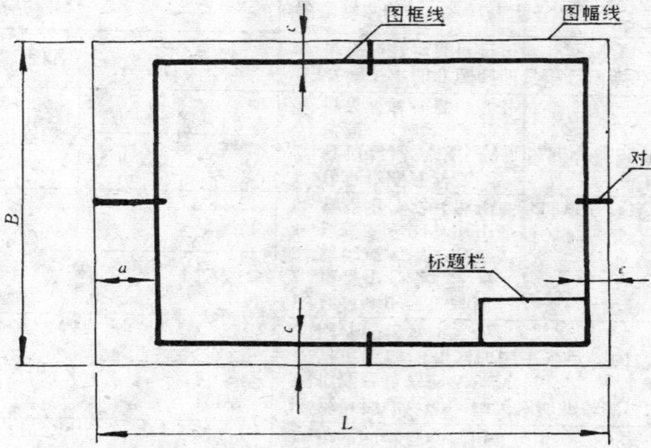

图 2.1.1 图纸幅面格式

2.1.2 图纸基本幅面的短边不宜加长，长边可加长。加长尺寸，对幅面代号 A0、A2、A4，应为 150mm 的整数倍；对幅面代号 A1、

A3，应为210mm的整数倍。如基本幅面的短边加长，则长边不加长，所采用的图纸幅面应符合现行国家标准《技术制图　图纸幅面和格式》GB/T 14689的有关规定。

2.1.3　图框四边均应具有位于各边图框线中点的对中符号；对中符号应采用粗实线绘制，其长度应从图幅线开始伸入图框线内5mm。

2.2　图　　线

2.2.1　图线的基本宽度 b 宜从2.0、1.4、1.0、0.7、0.5mm中选取，并应根据图样的类别、比例大小及复杂程度选择 b 值。线宽可分为粗、中、细三种，其线宽比宜为 $b:\frac{1}{2}b:\left(\frac{1}{3}\sim\frac{1}{4}\right)b$。

2.2.2　一套图中大多数图样上以及一张图样上同一线型宽度应保持一致。

2.2.3　常用线型及其用途应符合表2.2.3的规定。

常用线型及其用途　　**表 2.2.3**

名称	线　型	用　　途
粗实线	━━━━	1. 单线表示的管道 2. 设备平面图和剖面图中的设备轮廓线 3. 设备和零部件等的编号标志线 4. 剖切位置线
中实线	────	1. 双线表示的管道 2. 设备、管道平面图和剖面图中的设备轮廓线 3. 尺寸起止符
细实线	────	1. 可见建筑物和构筑物的轮廓线 2. 尺寸线和尺寸界线 3. 材料剖面、设备及附件等的图形符号 4. 设备、零部件及管路附件等的编号标志引出线 5. 单线表示的管道横剖面 6. 管道平面图和剖面图中的设备及管路附件的轮廓线
粗虚线	━ ━ ━ ━	1. 被遮挡的单线表示的管道 2. 设备平面图和剖面图中被遮挡设备的轮廓线

续表 2.2.3

名称	线　型	用　　途
中虚线	─ ─ ─ ─	1. 被遮挡的双线表示的管道 2. 设备、管道平面图和剖面图中被遮挡设备的轮廓线 3. 拟建的设备和管道
细虚线	- - - -	1. 被遮挡建筑物、构筑物的轮廓线 2. 拟建建筑物的轮廓线 3. 管道平面图和剖面图中被遮挡的设备及管路附件的轮廓线
细点划线	─ · ─	1. 建筑物的定位轴线 2. 设备中心线 3. 管沟或沟槽中心线 4. 双线表示的管道中心线 5. 管路附件或其他零部件的中心线或对称轴线
细折断线	─╲╱─	1. 建筑物断开界线 2. 管道与建筑物、构筑物同时被剖切时的断开界线 3. 设备及其他部件断开界线
细波浪线	～	1. 双线表示的非圆断面管道自由断开界线 2. 设备及其他部件自由断开界线
细双点划线	─ ·· ─	假想轮廓线

2.2.4　虚线、点划线、双点划线和折断线的画法应符合图2.2.4的规定。同一张图中虚线、点划线、双点划线的线段长及间隔应一致，点划线和双点划线的点应使间隔均分。虚线、点划线、双点划线应在线段上转折或交汇。图纸幅面较大时，可采用线段较长的虚线、点划线或双点划线。

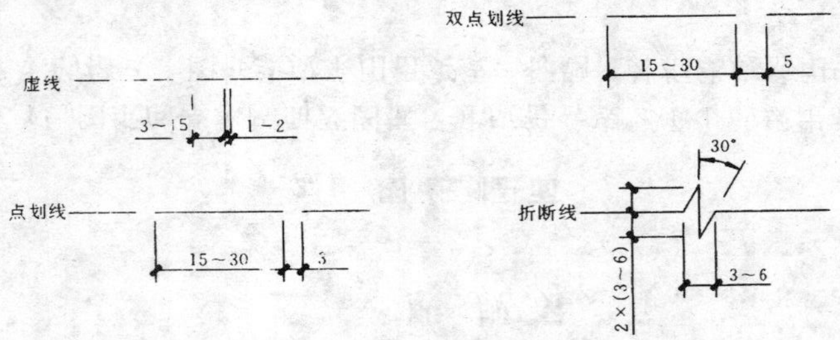

图 2.2.4　几种图线画法

注：图中数字单位为毫米

2.3 字　　体

2.3.1 图纸中的汉字应采用长仿宋体，其字高与字宽应符合表 2.3.1 的规定。汉字字高不应小于 3.5mm。

长仿宋体汉字的字高和字宽（mm）　　　　**表 2.3.1**

字高	20	14	10	7	5	3.5
字宽	14	10	7	5	3.5	2.5

2.3.2 数字与字母宜采用直体。

2.3.3 同一张图、同一套图中一种用途的汉字、数字和字母大小宜相同。

2.4 比　　例

2.4.1 比例应采用阿拉伯数字表示。一张图上仅有一种比例时，应在标题栏中标注比例；一张图上有几种比例时，应在图名的右侧或下方标注比例（图 2.4.1）。

平面图　1：100　　　　平面图 / 1：100

图 2.4.1　比例标注

管线纵剖面图　铅垂方向1：50 / 水平方向1：500

图 2.4.2　两个方向采用不同比例时的标注

2.4.2 同一图样的铅垂方向和水平方向选用不同比例时，应分别标注两个方向的比例（图 2.4.2）。

2.4.3 同一对象不同的视图、剖面图宜采用同一比例。

2.4.4 常用比例应符合表 2.4.4 的规定。

常用比例　　　　**表 2.4.4**

图名		比例
锅炉房、热力站和中继泵站图		1：20，1：25，1：30，1：50，1：100，1：200
热网管线平面图 热网管道系统图	供热规划	1：10000，1：20000，1：25000
	可行性研究	1：5000，1：10000
	初步设计	1：2000，1：5000
	施工图	1：500，1：1000
管线纵剖面图		铅垂方向 1：50，1：100 水平方向 1：500，1：1000
管线横剖面图		1：10，1：20，1：50，1：100
管线节点、检查室图		1：20，1：25，1：30，1：50
详图		1：1，1：2，1：5，1：10，1：20

续表 2.4.4

2.5　通用符号与设计分界线

2.5.1 指北针宜用细实线圆内加指针表示（图 2.5.1）。圆的直径宜为 24mm，指针尾部宽度宜为 3mm，尖端为北向，指针应涂暗。当图面较大，需采用较大指北针时，指针尾部宽度宜为圆直径的 1/8。

图 2.5.1　指北针

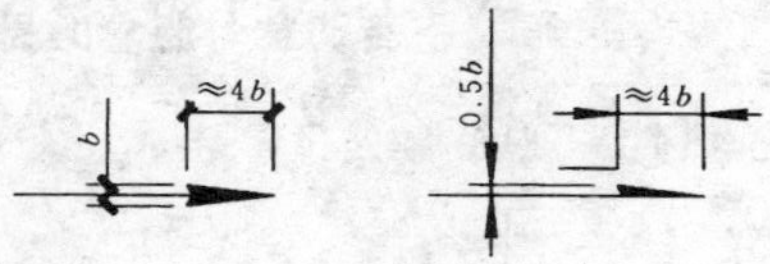

图 2.5.2　箭头画法

2.5.2 箭头画法应符合图 2.5.2 的规定。

2.5.3 管道坡度应采用单边箭头表示（图 2.5.3）。箭头指向标高降低的方向，箭头直线部分宜比数字每端长出 1～2mm。

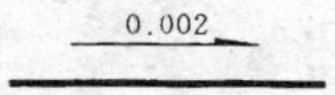

图 2.5.3　管道坡度

2.5.4 剖视符号应表示出剖切位置、剖视方向，并应标注剖视编号（图 2.5.4）。标示方法应符合下列规定：

2.5.4.1 剖切位置应采用粗实线表示，其长度宜为 4～6mm；

2.5.4.2 剖视方向可用编号（字母或阿拉伯数字）的标注位置来表示（从有编号一侧向另一侧观看），也可用箭头表示（图 2.5.4

(*a*))；

2.5.4.3 剖视编号应标注在剖切位置线起止处或表示剖视方向的箭头尾部。任何方向和角度的剖视符号，其编号均应水平标注（图 2.5.4（*b*））；

2.5.4.4 剖切位置转折处，当不与其他图线发生混淆时，可不标注编号（图 2.5.4（*c*））。

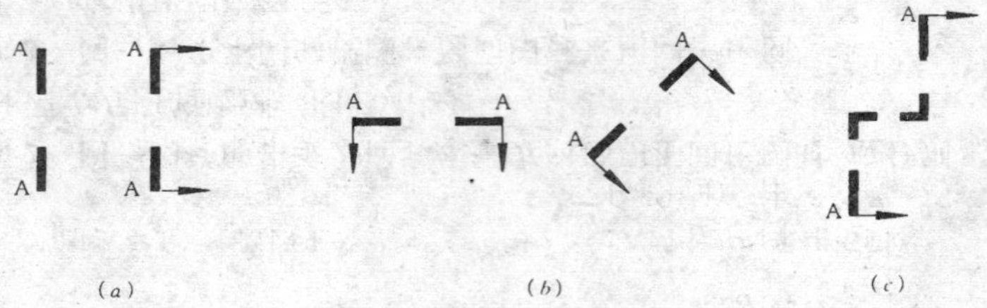

图 2.5.4 剖视符号

2.5.5 标高符号及其标注方法应符合下列规定（图 2.5.5）：

2.5.5.1 标高符号应采用细实线绘制的等腰直角三角形，高宜为 3mm。其顶角应落在被标注高度线或其延长线上，顶角可向上或向下（图 2.5.5（*a*））；

2.5.5.2 标高数值应标注在三角形底边及其延长线上，三角形底边的延长线之长 *L* 宜超出数字长度 1～2mm。标高数值应以米为单位。正标高不注"＋"；负标高应注"－"；零点标高应注写为±0.00 或±0.000（图 2.5.5（*a*））；

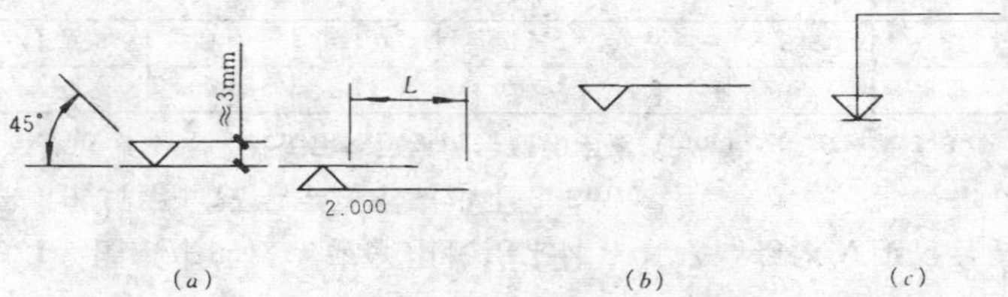

图 2.5.5 标高符号及标注方法

2.5.5.3 标注平面标高时，所采用的等腰直角三角形顶角不应落在任何线上（图 2.5.5（*b*））；

2.5.5.4 图形复杂时，可采用引出线的形式标注（图 2.5.5（*c*））。

2.5.6 圆形截面管道断开时应采用图 2.5.6 表示的折断符号。

2.5.7 设计分界线应采用图 2.5.7 的标志。

图 2.5.6 管道折断符号

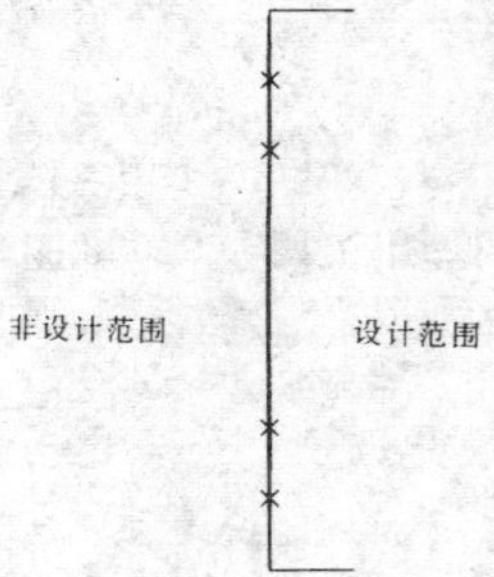

图 2.5.7 设计分界线标志

2.6 设备和零部件等的编号

2.6.1 编号标志引出线应采用细实线绘制，始端指在编号件上（图 2.6.1）。

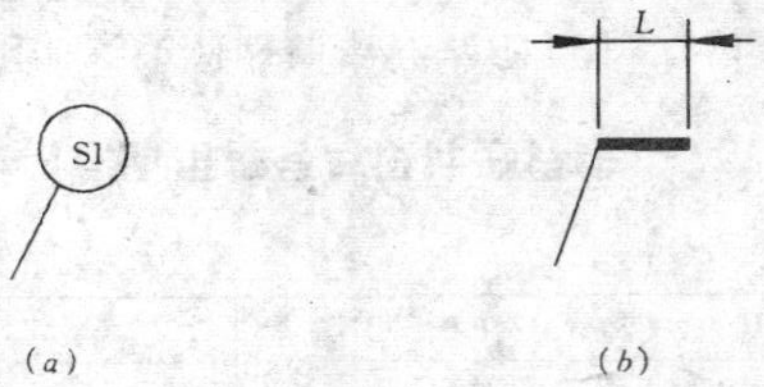

图 2.6.1 设备和零部件等的编号

2.6.2 编号标志引出线末端宜用直径 $\phi 5$～10mm 的细实线圆或长度 *L* 为 5～10mm 的粗实线作编号标志（图 2.6.1）。

2.6.3 编号应用序号或代号加序号表示（图 2.6.1）。

3 制图基本规定

3.1 图　　面

3.1.1 图面应突出重点，布置匀称。并应合理选用图纸幅面及比例。凡能用图样和图形符号表达清楚的内容不得采用文字说明。

3.1.2 图名应表达图样的内容，一张图上有几个图样时，应分别标注各自的图名。图名应标注在图样的上方正中，图名下应采用粗实线，其长宜比文字两边各长1～2mm（图3.1.2）。一张图上仅有一个图样时，应只在标题栏中标注图名。

1—1

图3.1.2　图名标注

3.1.3 一张图上布置几种图样时，宜按平面图在下，剖面图在上，管系图、流程图或详图在右的原则绘制。无剖面图时，可将管系图放在平面图上方。一张图上布置几个平面图时，宜按下层平面图在下，上层平面图在上的原则绘制。

3.1.4 各图样的说明宜放在该图样的右侧或下方。

3.1.5 下列情况可采用简化画法：

（1）两个或几个形状类似尺寸不同的图形或图样，可绘制一个图形或图样。但应在需要标注不同尺寸处，用括号或表格给出各图形或图样对应的尺寸数字；

（2）两个或几个相同的图形，可绘制其中一个图形，其余图形采用简化画法。

3.2 表　　格

3.2.1 设备和主要材料表的格式宜符合表3.2.1的规定。

设备和主要材料表　　　　表3.2.1

序号	编号	名　称	型号及规格	材质	单位	数量	质量（kg）		备注
							单件	总计	

3.2.2 设备明细表的格式宜符合表3.2.2的规定。

设备明细表　　　　表3.2.2

编　号	名　称	型号及规格	单　位	数　量	备　注

3.2.3 材料或零部件明细表的格式宜符合表3.2.3的规定。

材料或零部件明细表　　　　表3.2.3

序号	图号或标准图号及页号	名称及规格	材质	单位	数量	质量（kg）		备注
						单件	总计	

3.2.4 表3.2.2和表3.2.3单独成页时，表头应在表的上方；附属于图纸之中时，表头应在表的下方并紧贴标题栏，表宽应与标题栏宽相同。表3.2.1～3.2.3的续表均应排列表头。

3.3 管 道 规 格

3.3.1 管道规格的单位应为毫米，可省略不写。

3.3.2 管道规格应注写在管道代号之后，其注写方法应符合下列规定：

3.3.2.1 低压流体输送用焊接钢管应用公称直径表示；

3.3.2.2 输送流体用无缝钢管、螺旋缝或直缝焊接钢管，当需要注明外径和壁厚时，应在外径×壁厚数值前冠以“ϕ”表示。不需要注明时，可采用公称直径表示。

3.3.3 管道规格的标注位置应符合下列规定（图 3.3.3）：

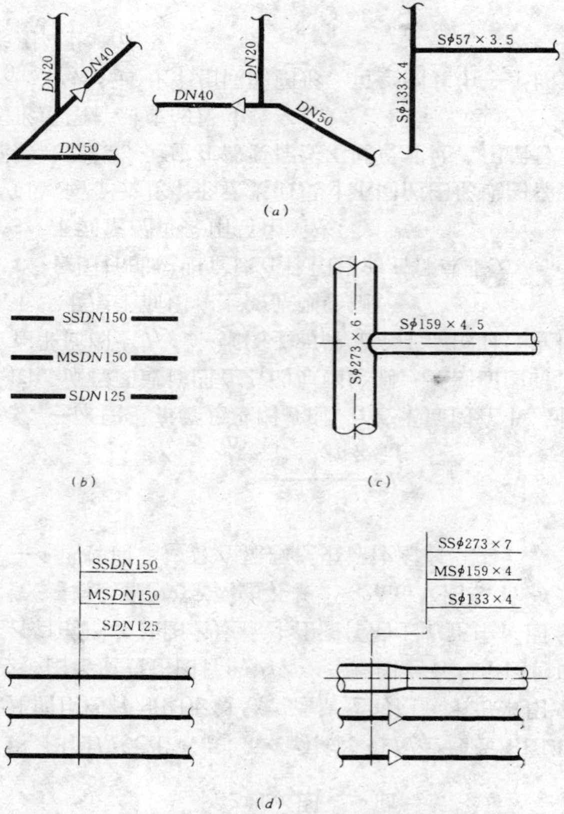

图 3.3.3 管道规格的标注

3.3.3.1 对水平管道可标注在管道上方；对垂直管道可标注在管道左侧；对斜向管道可标注在管道斜上方（图 3.3.3（*a*））；

3.3.3.2 采用单线绘制的管道，也可标注在管线断开处（图 3.3.3（*b*））；

3.3.3.3 采用双线绘制的管道，也可标注在管道轮廓线内（图 3.3.3（*c*））；

3.3.3.4 多根管道并列时，可用垂直于管道的细实线作公共引出线，从公共引出线作若干条间隔相同的横线，在横线上方标注管道规格。管道规格的标注顺序应与图面上管子排列顺序一致。当标注位置不足时，公共引出线可用折线（图 3.3.3（*d*））。

3.3.4 管道规格变化处应绘制异径管图形符号，并在该图形符号前后标注管道规格。有若干分支而不变径的管道应在起止管段处标注管道规格；管道很长时，尚应在中间一处或两处加注管道规格（图 3.3.4）。

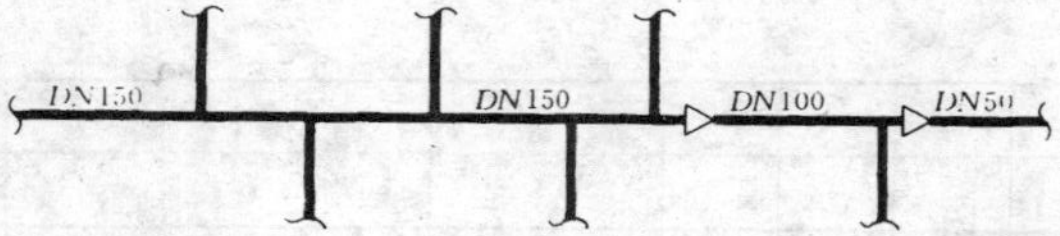

图 3.3.4 分出支管和变径时管道规格的标注

3.4 尺寸标注

3.4.1 尺寸标注应包括尺寸界线、尺寸线、尺寸起止符和尺寸数字。尺寸宜标注在图形轮廓线以外（图 3.4.1）。

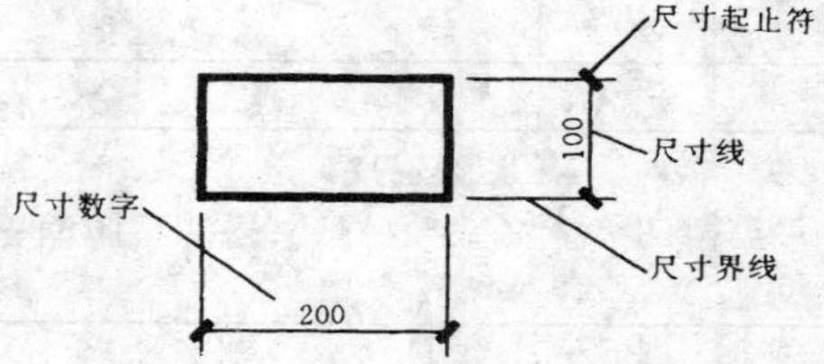

图 3.4.1 尺寸标注

3.4.2 尺寸界线宜与被标注长度垂直。尺寸界线的一端应由被标注的图形轮廓线或中心线引出，另一端宜超出尺寸线 3mm（图 3.4.2）。

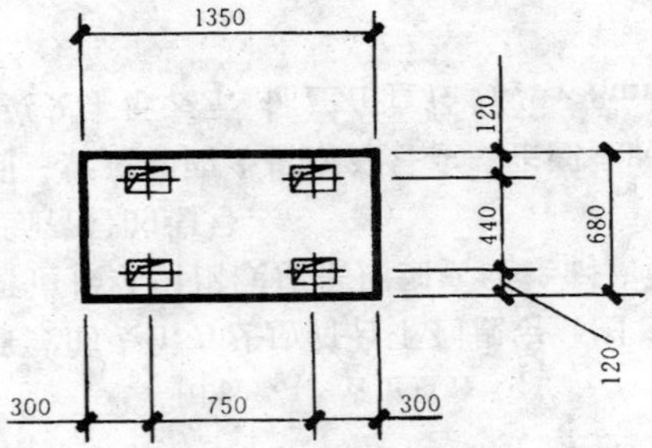

图 3.4.2　尺寸界线与尺寸线

3.4.3　尺寸线应与被标注的长度平行（半径、直径、角度及弧线的尺寸线除外）。多根互相平行的尺寸线，应从被标注图形轮廓线由近向远排列，小尺寸离轮廓线较近，大尺寸离轮廓线较远。尺寸线间距宜为 5～15mm，且宜均等。每一方向均应标注总尺寸（图 3.4.2）。

3.4.4　尺寸起止符的表示方式应符合下列规定（图 3.4.4）：

3.4.4.1　直线段的尺寸起止符可采用短斜线(图 3.4.4(*a*))或箭头。一张图样中应采用一种尺寸起止符。当采用箭头位置不足时，可采用黑圆点或短斜线代替箭头（图 3.4.4（*b*））。

3.4.4.2　半径、直径、角度和弧线的尺寸起止符应用箭头表示（图 3.4.4（*c*））。

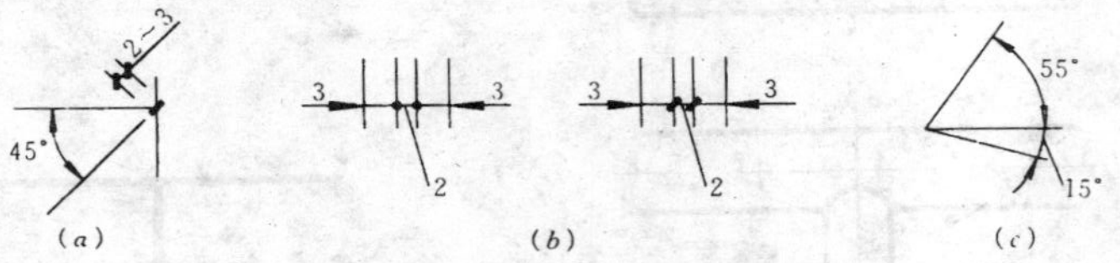

（*a*）用短斜线　（*b*）用其他方法　（*c*）用箭头

图 3.4.4　尺寸起止符

3.4.5　尺寸数字的标注应符合下列规定：

3.4.5.1　尺寸数字应以毫米为单位。室外管线标注管道长度以米为单位时，应加以说明；

3.4.5.2　尺寸数字应注写在尺寸线的上方正中。注写位置不足时，可引出标注（图 3.4.2、图 3.4.4（*b*））；

3.4.5.3　尺寸数字应连续清晰。不得被图线、文字或符号中断；

3.4.5.4　角度数字应水平方向注写（图 3.4.4（*c*））。

3.5　管 道 画 法

3.5.1　表示一段管道时（图 3.5.1（*a*）、（*b*））或省去一段管道时（图 3.5.1（*c*）、（*d*））可用折断符号。折断符号应成双对应。

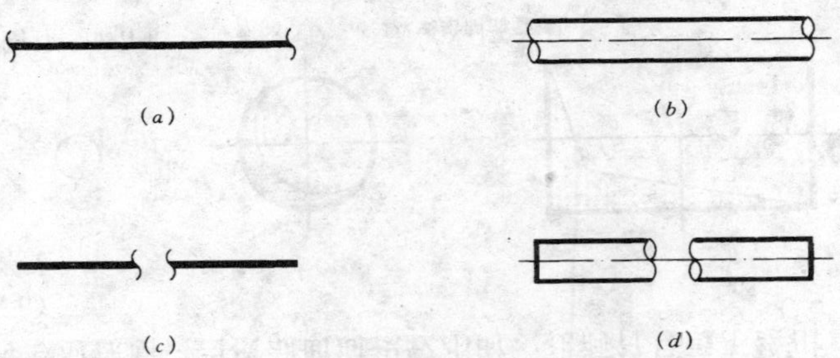

单线绘制的管道　双线绘制的管道

图 3.5.1　管段的表示和省略

3.5.2　管道交叉时，在上面或前面的管道应连通；在下面或后面的管道应断开（图 3.5.2）。

单线绘制的管道　双线绘制的管道

图 3.5.2　管道交叉

3.5.3　管道分支时，应表示出支管的方向（图 3.5.3）。

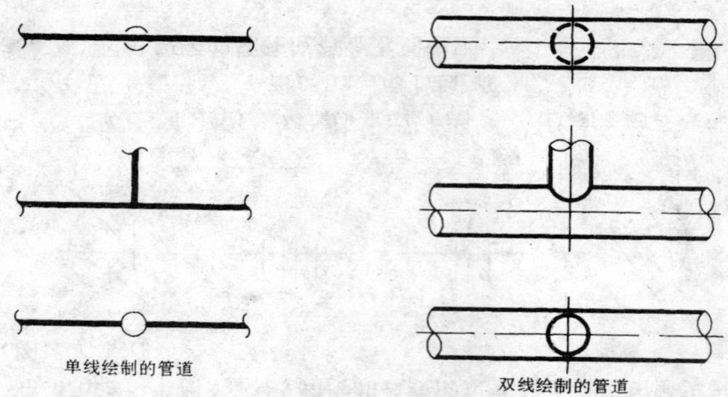

图 3.5.3　管道分支

3.5.4　管道重叠时，若需要表示位于下面或后面的管道，可将上面或前面的管道断开。管道断开时，若管道上、下、前、后关系明确，可不标注断开点编号（图 3.5.4）。

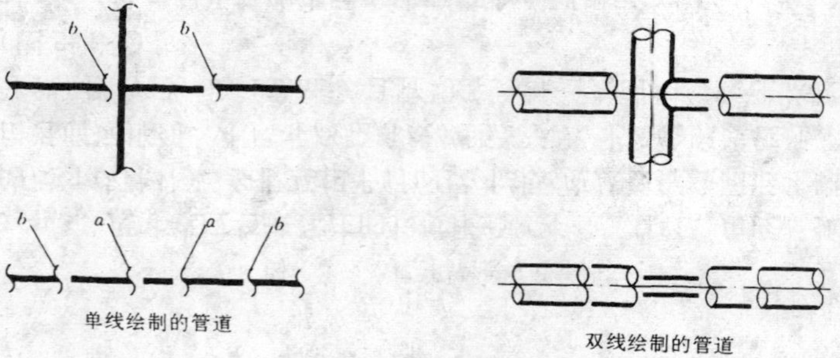

图 3.5.4　管道重叠

3.5.5　管道接续的表示方法应符合下列规定（图 3.5.5）：

3.5.5.1　管道接续引出线应采用细实线绘制。始端指在折断处，末端为折断符号的编号；

3.5.5.2　同一管道的两个折断符号在一张图中时，折断符号的编号应用小写英文字母表示。标注在直径为 $\phi5\sim8$mm 的细实线圆内（图 3.5.5（*a*））；

3.5.5.3　同一管道的两个折断符号不在一张图中时，折断符号的编号应用小写英文字母和图号表示，标注在直径为 $\phi10\sim12$mm 的细实线圆内。上半圆内应填写字母，下半圆内应填写对应折断符号所在图纸的图号（图 3.5.5（*b*））。

图 3.5.5　管道接续的表示方法

3.5.6　单线绘制的管道其横剖面应用细线小圆表示，圆直径宜为粗线宽的 3～4 倍。双线绘制的管道其横剖面应用中线表示，其孔洞符号应涂暗；当横剖面面积较小时，孔洞符号可不绘出（图 3.5.6）。

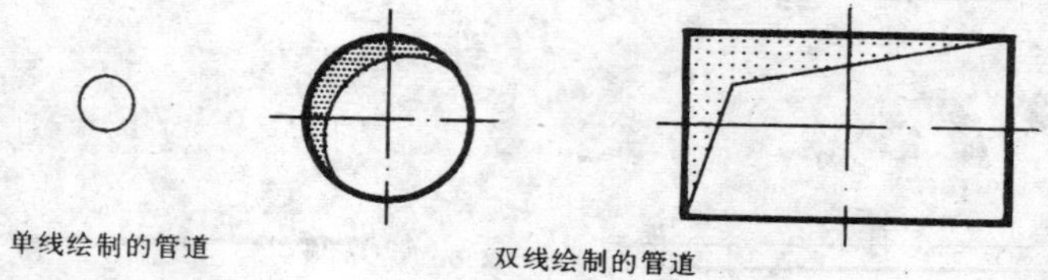

图 3.5.6　管道横剖面

3.5.7　管道转向时，90°以及非 90°的煨弯、焊接弯头和冲压弯头的绘制应符合表 3.5.7 的规定。

管道转向绘制　　表 3.5.7

名　称	单　线　绘　制	双　线　绘　制
弯头（通用）		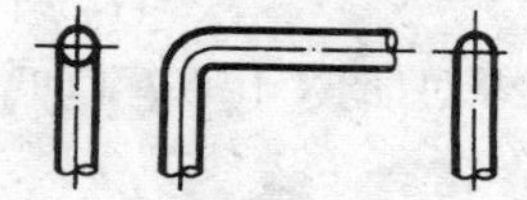

续表 3.5.7

名 称	单线绘制 / 双线绘制
煨弯	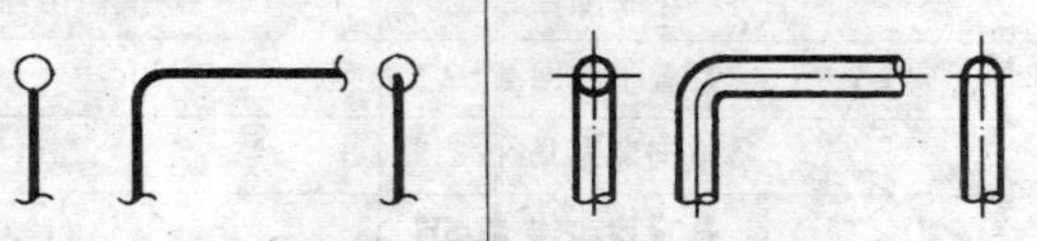
焊接弯头	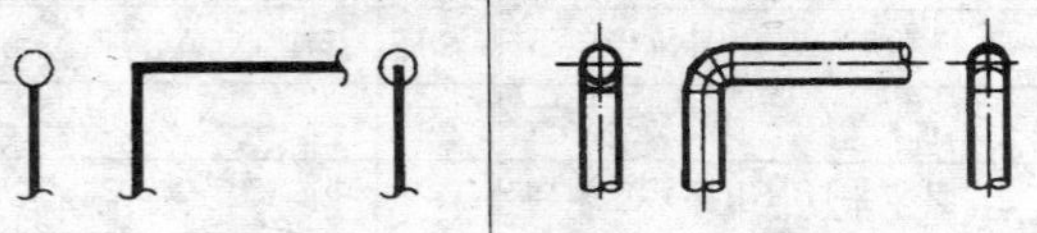
冲压弯头	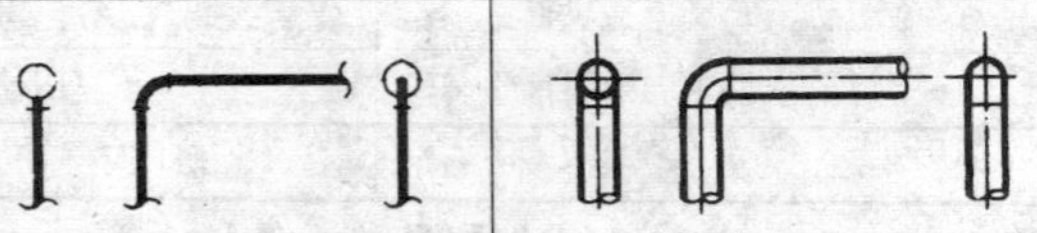
非 90° 煨弯	
非 90° 焊接弯头	
非 90° 冲压弯头	

注：仅有一种弯头类型或不必表明弯头类型时可采用弯头（通用）画法。

3.6 阀 门 画 法

3.6.1 管道图中常用阀门的画法应符合表 3.6.1 的规定。阀体长度、法兰直径、手轮直径及阀杆长度宜按比例用细实线绘制。阀杆尺寸宜取其全开位置时的尺寸，阀杆方向应符合设计要求。

管道图中常用阀门画法 **表 3.6.1**

名 称	俯视 / 仰视 / 主视 / 侧视 / 轴测投影
截止阀	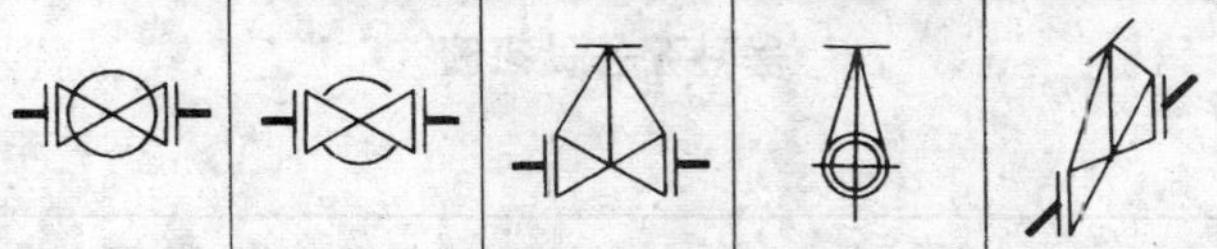
闸阀	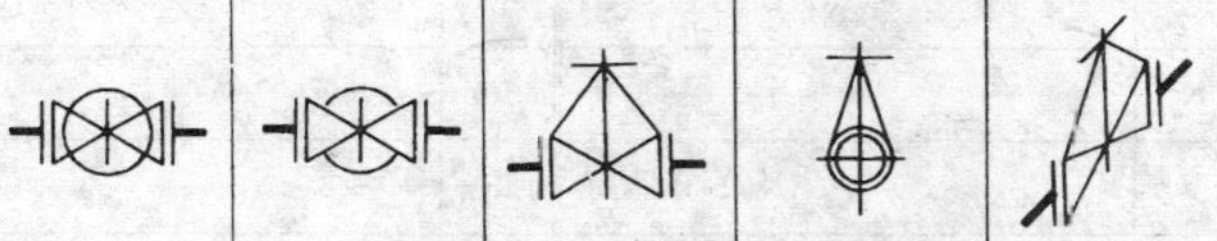
蝶阀	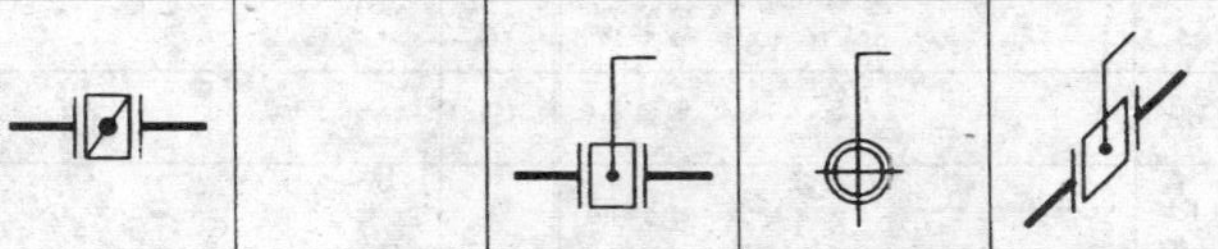
弹簧式 安全阀	

注：本表以阀门与管道法兰连接为例编制。

3.6.2 电动、气动、液动、自动阀门等宜按比例绘制简化实物外形、附属驱动装置和信号传递装置。

3.6.3 其他阀门可采用本标准第 4.3.2 条的图形符号按照第 3.6.1 条和第 3.6.2 条的原则绘制。

4　常用代号和图形符号

4.1　一般规定

4.1.1　管道、管路附件和管线设施的代号应用大写英文字母表示。

4.1.2　不同的管道应用代号及管道规格来区别。管道采用单线绘制且根数较少时，可采用不同线型加注管道规格来区别，但应列出所用线型并加以注释。

4.1.3　同一工程图样中所采用的代号和图形符号宜集中列出，并加以注释。

4.2　管道代号

4.2.1　管道代号应符合表 4.2.1 的规定。

管道代号　　**表 4.2.1**

管道名称	代号	管道名称	代号
供热管线（通用）	HP	自流凝结水管	CG
蒸汽管（通用）	S	排汽管	EX
饱和蒸汽管	S	给水管（通用）自来水管	W
过热蒸汽管	SS	生产给水管	PW
二次蒸汽管	FS	生活给水管	DW
高压蒸汽管	HS	锅炉给水管	BW
中压蒸汽管	MS	省煤器回水管	ER
低压蒸汽管	LS	连续排污管	CB
凝结水管（通用）	C	定期排污管	PB
有压凝结水管	CP	冲灰水管	SL

续表 4.2.1

管道名称	代号	管道名称	代号
采暖供水管（通用）	H	排水管	D
采暖回水管（通用）	HR	放气管	V
一级管网供水管	H1	冷却水管	CW
一级管网回水管	HR1	软化水管	SW
二级管网供水管	H2	除氧水管	DA
二级管网回水管	HR2	除盐水管	DM
空调用供水管	AS	盐液管	SA
空调用回水管	AR	酸液管	AP
生产热水供水管	P	碱液管	CA
生产热水回水管（或循环管）	PR	亚硫酸钠溶液管	SO′
生活热水供水管	DS	磷酸三钠溶液管	TP
生活热水循环管	DC	燃油管（供油管）	O
补水管	M	回油管	RO
循环管	CI	污油管	WO
膨胀管	E	燃气管	G
信号管	SI	压缩空气管	A
溢流管	OF	氮气管	N
取样管	SP		

4.3　图形符号及代号

4.3.1　管系图和流程图中，设备和器具的图形符号应符合表 4.3.1 的规定。表中未列入的设备和器具可用其简化外形作为图形符号。

设备和器具图形符号　　　　表 4.3.1

名　称	图形符号	名　称	图形符号
电动水泵		板式换热器	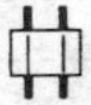
蒸汽往复泵	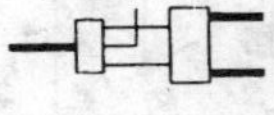	螺旋板式换热器	
调速水泵		分汽缸 分（集）水器	
真空泵		磁水器	
过滤器		热力除氧器 真空除氧器	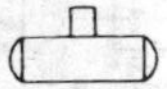
水喷射器 蒸汽喷射器	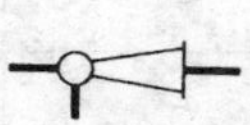	闭式水箱	
换热器（通用）	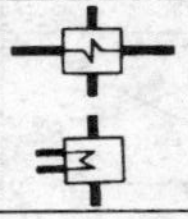	开式水箱	
套管式换热器		除污器（通用）	
管壳式换热器	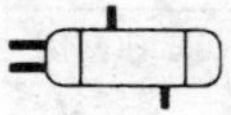	Y 型过滤器	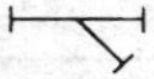

续表 4.3.1

名　称	图形符号	名　称	图形符号
过滤器		离心式风机	
水封 单级水封		消声器	
安全水封	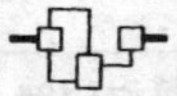	阻火器	
沉淀罐		斜板锁气器	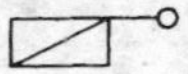
取样冷却器	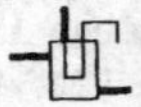	锥式锁气器	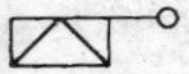
离子交换器（通用）		电动锁气器	

注：图形符号的粗实线表示管道。

4.3.2　阀门、控制元件和执行机构的图形符号应符合表 4.3.2 的规定。阀门的图形符号与控制元件或执行机构的图形符号相组合可构成下表中未列出的其他具有控制元件或执行机构的阀门的图形符号。

阀门、控制元件和执行机构的图形符号　　　　表 4.3.2

名　称	图形符号	名　称	图形符号
阀门（通用）		闸阀	
截止阀		蝶阀	

续表 4.3.2

名　　称	图 形 符 号	名　　称	图 形 符 号
节流阀		柱塞阀	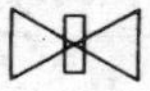
球阀		平衡阀	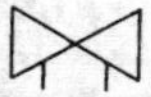
减压阀		底阀	
安全阀（通用）		浮球阀	
角阀		快速排污阀	
三通阀		疏水器	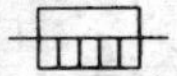
四通阀		烟风管道手动调节阀	
止回阀（通用）		烟风管道蝶阀	
升降式止回阀		烟风管道插板阀	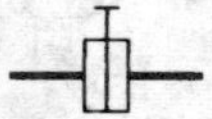
旋启式止回阀		插板式煤闸门	
调节阀（通用）		插管式煤闸门	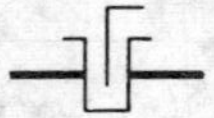
旋塞阀	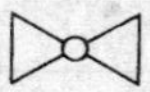	呼吸阀	
隔膜阀		自力式压力调节阀	

续表 4.3.2

名　　称	图 形 符 号	名　　称	图 形 符 号
自力式温度调节阀	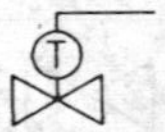	气动执行机构	
自力式压差调节阀		液动执行机构	
手动执行机构		浮球元件	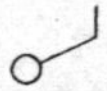
自动执行机构（通用）		重锤元件	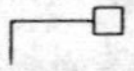
电动执行机构		弹簧元件	
电磁执行机构			

注：①阀门（通用）图形符号是用于在一张图中不需要区别阀门类型的情况；

②减压阀图形符号的小三角形为高压端；

③止回阀（通用）和升降式止回阀图形符号表示介质由空白三角形流向非空白三角形；

④旋启式止回阀图形符号表示介质由黑点流向无黑点方向；

⑤呼吸阀图形符号表示左进右出。

4.3.3 阀门与管路连接方式的图形符号应符合表 4.3.3 的规定。

阀门与管路连接方式的图形符号　　　　**表 4.3.3**

名　　称	图　形　符　号
阀门与管路连接	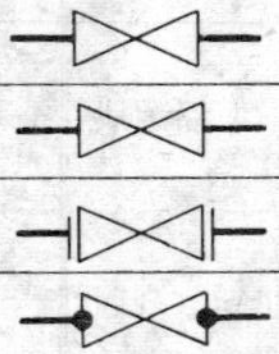
螺纹连接	
法兰连接	
焊接连接	

注：①图形符号的粗实线表示管道；

②表中第一行阀门与管路连接的图形符号是用于在一张图中不需要区别连接方式的情况。

4.3.4 补偿器的图形符号及其代号应符合表 4.3.4 的规定。

补偿器图形符号及其代号　　表 4.3.4

名称		图形符号 平面图	图形符号 纵剖面图	代号
补偿器（通用）				E
方形补偿器	表示管线上补偿器节点			UE
	表示单根管道上的补偿器			
波纹管补偿器	表示管线上补偿器节点			BE
	表示单根管道上的补偿器			
套筒补偿器				SE
球型补偿器				BC
一次性补偿器	表示管线上补偿器节点			SC
	表示单根管道上的补偿器			

注：①图形符号的粗实线表示管道；
②球型补偿器图形符号是指一个球型补偿器。

4.3.5 其他管路附件的图形符号应符合表 4.3.5 的规定。

其他管路附件图形符号　　表 4.3.5

名称	图形符号	名称	图形符号
同心异径管		法兰盘	
偏心异径管		法兰盖	
活接头		盲板	

续表 4.3.5

名称	图形符号	名称	图形符号
丝堵		烟风管道挠性接头	
管堵		放气装置	
减压孔板		放水装置、启动疏水装置	
可挠曲橡胶接头		经常疏水装置	

注：图形符号的粗实线表示管道。

4.3.6 管道支座、支吊架、管架的图形符号及其代号应符合表 4.3.6 的规定。

管道支座、支吊架、管架图形符号及其代号　　表 4.3.6

名称		图形符号 平面图	图形符号 纵剖面图	代号
支座（通用）				S
支架、支墩				T
固定支座（固定墩）	单管固定			FS（A）
	多管固定			
活动支座（通用）				MS
滑动支座				SS

续表 4.3.6

名称		图形符号 平面图	图形符号 纵剖面图	代号
滚动支座				RS
导向支座				GS
刚性吊架				RH
弹簧支吊架	弹簧支架			SH
	弹簧吊架			
固定管架	单管固定			FT
	多管同时固定			
活动管架（通用）				MT
滑动管架				ST
滚动管架				RT
导向管架				GT

注：图形符号的粗实线表示管道。

4.3.7 检测、计量仪表及元件的图形符号应符合表 4.3.7 的规定。

检测、计量仪表及元件图形符号 **表 4.3.7**

名称	图形符号	名称	图形符号
压力表（通用）		流量孔扳	
压力控制器		冷水表	
压力表座		转子流量计	
温度计（通用）		玻璃液面计	
流量计（通用）		视镜	
热量计			

注：①图形符号的粗实线表示管道；

②冷水表图形符号是指左进右出。

4.3.8 其他图形符号应符合表 4.3.8 的规定。

其他图形符号 **表 4.3.8**

名称	图形符号	名称	图形符号
保温管		漏斗	
保护套管		排水管	
伴热管		排水沟	
挠性管 软管		排至大气	

注：图形符号的粗实线表示管道。

4.3.9 敷设方式、管线设施的图形符号及其代号应符合表 4.3.9 的规定。

敷设方式、管线设施图形符号及其代号 **表 4.3.9**

名称		图形符号		代号
		平面图	纵剖面图	
架空敷设			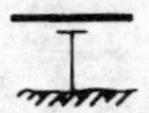	
管沟敷设				
直埋敷设				
套管敷设				C
管沟人孔		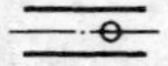	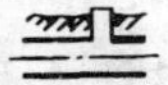	SF
管沟安装孔		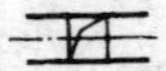		IH
管沟通风孔	进风口			IA
	排风口			EA
检查室（通用）			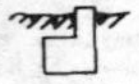	W
保护穴				D

续表 4.3.9

名称	图形符号		代号
	平面图	纵剖面图	
管沟方形补偿器穴			UD
入户井		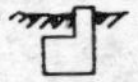	CW
操作平台	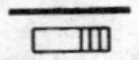	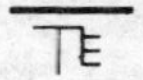	OP

注：图形符号的粗实线表示管道，图形符号中两条平行的中实线为管沟示意轮廓线。

5 锅炉房图样画法

5.1 流 程 图

5.1.1 流程图可不按比例绘制。

5.1.2 流程图应表示出设备和管道间的相对关系以及过程进行的顺序。

5.1.3 流程图应表示全部设备及流程中有关的构筑物、并标注设备编号或设备名称。设备、构筑物等可用图形符号或简化外形表示，同类型设备图形应相似。

5.1.4 图上应绘出管道和阀门等管路附件，标注管道代号及规格，并宜注明介质流向。

5.1.5 管道与设备的接口方位宜与实际情况相符。

5.1.6 绘制带控制点的流程图时，应符合自控专业的制图规定。如自控专业不单另出图时应绘出设备和管道上的就地仪表。

5.1.7 管线应采用水平方向或垂直方向的单线绘出，转折处应画成直角。管线不宜交叉，当有交叉时，应使主要管线连通，次要管线断开。管线不得穿越图形。

5.1.8 管线应采用粗实线绘制，设备应采用中实线绘制。

5.1.9 宜在流程图上注释管道代号和图形符号，并列出设备明细表。

5.2 设备、管道平面图和剖面图

5.2.1 锅炉房的平面图应分层绘制，并应在一层平面图上标注指北针。

5.2.2 有关的建筑物轮廓线及门、窗、梁、柱、平台等应按比例绘制，并应标出建筑物定位轴线、轴线间尺寸和房间名称。在剖面图中应标注梁底、屋架下弦底标高及多层建筑的楼层标高。

5.2.3 所有设备应按比例绘制并编号，编号应与设备明细表相对应。

5.2.4 应标注设备安装的定位尺寸及有关标高。宜标注设备基础上表面标高。

5.2.5 应绘出设备的操作平台，并标注各层标高。

5.2.6 应绘出各种管道，并应标注其代号及规格；应标注管道的定位尺寸和标高。

5.2.7 应绘出有关的管沟和排水沟等，宜标注沟的定位尺寸和断面尺寸等。

5.2.8 应绘出管道支吊架，并注明安装位置。支吊架宜编号。支吊架一览表应表示出支吊架型式和所支吊管道的规格。

5.2.9 非标准设备、需要详尽表达的部位和零部件应绘制详图。

5.3 鼓、引风系统管道平面图和剖面图

5.3.1 鼓、引风系统管道平面图和剖面图可单独绘制。

5.3.2 图中应按比例绘制设备简化轮廓线，并应标注定位尺寸。

5.3.3 烟、风管道及附件应按比例逐件绘制。每件管道及附件均应编号，并与材料或零部件明细表相对应。

5.3.4 图中应详细标注管道的长度、断面尺寸及支吊架的安装位置。

5.3.5 需要详尽表达的部位和零部件应绘制详图和编制材料或零部件明细表。

5.4 上煤、除渣系统平面图和剖面图

5.4.1 图中应按比例绘制输煤廊、破碎间、受煤坑等建筑轮廓线，并应标注尺寸。

5.4.2 图中应按比例绘制输煤及碎煤设备，并标注设备定位尺寸和编号。

5.4.3 水力除渣系统灰渣沟平面图中，应绘出锅炉房、沉渣池、

灰渣泵房等建筑轮廓线，并标注尺寸。应标注灰渣沟的坡度及起止点、拐弯点、变坡点、交叉点的沟底标高。

5.4.4 水力除渣系统平面图和剖面图中应绘出冲渣水管及喷嘴等附件，应标注灰渣沟的位置、长度、断面尺寸。

5.4.5 沉渣池及灰渣泵房的设备、管道平面图和剖面图的图样画法应符合本标准第5.2节中的有关规定。

5.4.6 胶带输送机安装图应绘出胶带、托辊、机架、滚筒、拉紧装置、清扫器、驱动装置等部件，并应标注各部件的安装尺寸和编号，且与零部件明细表相对应。

5.4.7 绘制多斗提升机、埋刮板输送机和其他上煤、除渣设备安装图应符合本标准第5.4.6条的规定。

5.4.8 非标准设备、需要详尽表达的部位和零部件应绘制详图。

6 热网图样画法

6.1 热网管线平面图

6.1.1 热网管线平面图应在供热区域平面图或地形图的基础上绘制。供热区域平面图或地形图应表达下列内容：

（1）反映现状地形、地貌、海拔标高、街区等有关的建筑物或建筑红线；反映有关的地下管线及构筑物。应绘出指北针。

（2）标注道路名称。对于地下管线应注明其名称（或代号）及规格，并标注其位置。

（3）对于无街区、道路等参照物的区域，应标注坐标网。采用测量坐标网时，可不绘制指北针。

6.1.2 应注明管线中心与道路、建筑红线或建筑物的定位尺寸，在管线起止点、转角点等重要控制点处宜标注坐标。非90°转角，应标注两管线中心线之间小于180°的角度值。

6.1.3 应标出管线的横剖面位置和编号。对枝状管网其剖视方向应从热源向热用户方向观看。横剖面型式相同时，可不标注横剖面位置。

6.1.4 地上敷设时，可用管线中心线代表管线，管道较少时亦可绘出管道组示意图及其中心线；管沟敷设时，可绘出管沟的中心线及其示意轮廓线；直埋敷设时，可绘出管道组示意图及其管线中心线。不需区别敷设方式和不需表示管道组时，可用管线中心线表示管线。

6.1.5 应绘制管路附件或其检查室以及管线上为检查、维修、操作所设其他设施或构筑物。地上敷设时，尚应绘出各管架；地下敷设时，应标注固定墩、固定支座等支座；标注上述各部位中心线的间隔尺寸。上述各部位宜用代号加序号进行编号。

6.1.6 供热区域平面图或地形图上的内容应采用细线绘制。当用管线中心线代表管线时，管线中心线应采用粗实线绘制。管沟敷设时，管沟轮廓线应采用中实线绘制。

6.1.7 表示管道组时，可采用同一线型加注管道代号及规格，亦可采用不同线型加注管道规格来表示各种管道。

6.1.8 宜在热网管线平面图上注释所采用的线型、代号和图形符号。

6.2 热网管道系统图

6.2.1 图中应绘出热源、热用户等有关的建筑物和构筑物，并标注其名称或编号。其方位和管道走向应与热网管线平面图相对应。

6.2.2 图中应绘出各种管道，并标注管道的代号及规格。

6.2.3 图中应绘出各种管道上的阀门、疏水装置、放水装置、放气装置、补偿器、固定管架、转角点、管道上返点、下返点和分支点，并宜标注其编号。编号应与管线平面图上的编号相对应。

6.2.4 管道应采用单线绘制。当用不同线型代表不同管道时，所采用线型应与热网管线平面图上的线型相对应。

6.2.5 将热网管道系统图的内容并入热网管线平面图时，可不另绘制热网管道系统图。

6.3 管线纵剖面图

6.3.1 管线纵剖面图应按管线的中心线展开绘制。

6.3.2 管线纵剖面图应由管线纵剖面示意图、管线平面展开图和管线敷设情况表组成。这三部分相应部位应上下对齐。

6.3.3 绘制管线纵剖面示意图应符合下列规定：

6.3.3.1 距离和高程应按比例绘制，铅垂方向和水平方向应选用不同的比例，并应绘出铅垂方向的标尺。水平方向的比例应与热网管线平面图的比例一致。

6.3.3.2 应绘出地形、管线的纵剖面。

6.3.3.3 应绘出与管线交叉的其他管线、道路、铁路、沟渠等，并标注与热力管线直接相关的标高，用距离标注其位置。

6.3.3.4 地下水位较高时应绘出地下水位线。

6.3.4 在管线平面展开图上应绘出管线、管路附件及管线设施或其他构筑物的示意图。在各转角点应表示出展开前管线的转角方向。非 90°角尚应标注小于 180°的角度值（图 6.3.4）。

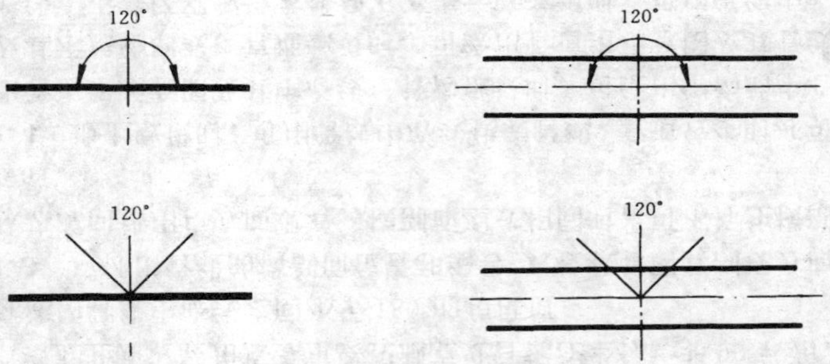

图 6.3.4 管线平面展开图上管线转角角度的标注

6.3.5 管线敷设情况表应采用表 6.3.5 的形式。表头中所列栏目可根据管线敷设方式等情况编排与取舍，亦可增加有关项目。

管线敷设情况表 表 6.3.5

桩号			
编号			
设计地面标高 (m)			
自然地面标高 (m)			
管底标高 (m)			
管架顶面标高 (m)			
管沟内底标高 (m)			
槽底标高 (m)			
距离 (m)			
里程 (m)			
坡度 / 距离 (m)			
横剖面编号			
管道代号及规格			

6.3.6 设计地面应采用细实线绘制；自然地面应采用细虚线绘制；地下水位线应采用双点划线绘制；其余图线应与热网管线平面图上采用的图线对应。

6.3.7 标高的标注应符合下列规定：

6.3.7.1 在管线始端、末端、转角点等平面控制点处应标注标高；

6.3.7.2 在管线上设置有管路附件或检查室处应标注标高；

6.3.7.3 管线与道路、铁路、涵洞及其他管线的交叉处宜标注标高。

各点的标高数值应标注在表 6.3.5 中该点竖线的左侧，标高数值书写方向应与竖线平行。一个点的前、后标高不同时，应在该点竖线左右两侧标注。

6.3.8 各管段的坡度数值至少应计算到小数点后第三位，当要求计算精度更高时可计算到小数点后第五位。

6.4 管线横剖面图

6.4.1 管线横剖面图的图名编号应与热网管线平面图上的编号一致。

6.4.2 图中应绘出管道和保温结构外轮廓；管沟敷设时应绘出管沟内轮廓，直埋敷设时应绘出开槽轮廓；管沟及架空敷设时应绘出管架的简化外形轮廓。

6.4.3 图中应标注各管道中心线的间距，标注管道中心线与沟、槽、管架的相关尺寸和沟、槽、管架的轮廓尺寸。

6.4.4 应标注管道代号、规格和支座的型号（或图号）。

6.4.5 管道轮廓线应采用粗线绘制；支座简化外形轮廓线应采用中线绘制；支架和支墩的简化外形轮廓应采用细线绘制；保温结构外轮廓线及其他图线应采用细线绘制。

6.5 管线节点、检查室图

6.5.1 节点俯视图的方位宜与热网管线平面图上该节点的方位相同。

6.5.2 图中应绘出检查室、保护穴等节点构筑物的内轮廓，并应绘出检查室的人孔，宜绘出爬梯和集水坑。管沟敷设时，应绘出与检查室相连的一部分管沟。地上敷设时，有操作平台的节点应绘出操作平台或有关构筑物的外轮廓和爬梯。

6.5.3 阀门的绘制应符合本标准第 3.6 节的有关规定。并应采用简化外形轮廓的方式绘制补偿器等管路附件。

6.5.4 图面上应标注下列内容：

(1) 管道代号及规格；

(2) 管道中心线间距、管道与构筑物轮廓的距离；

(3) 管路附件的主要外形尺寸；

(4) 管路附件之间的安装尺寸；

(5) 检查室的内轮廓尺寸、操作平台的主要外轮廓尺寸；

(6) 标高。

图面上宜标注下列内容

(1) 供热介质流向；

(2) 管道坡度。

6.5.5 图中应绘出就地仪表和检测预留件。

6.5.6 补偿器安装图应注明管道代号及规格、计算热伸长量、补偿器型号、安装尺寸及其他技术数据。有多个补偿器时可采用表格列出上述项目。

6.6 防腐保温结构图

6.6.1 图中应绘制出管道的防腐层、保温层和保护层的结构型式，并表示出相互关系，注明施工要求。

6.6.2 图中应按管道规格列出保温层的厚度表。并宜标注保护层的厚度和注明其他要求。

6.6.3 应列出所用材料的主要技术指标。

6.6.4 管道外轮廓线应采用粗实线绘制，保温结构外轮廓线应采用中实线绘制。

6.7 水压图

6.7.1 水压图应绘制坐标系。纵坐标和横坐标可采用不同的比例。纵坐标应表示高度和测压管水头；横坐标应表示管道的展开长度。纵坐标和横坐标的名称和单位应分别注明。

6.7.2 在坐标系下方应用单线绘出有关的管道平面展开简图。

6.7.3 在坐标系中应绘出沿管线的地形纵剖面，并宜绘出典型热用户系统的充水高度及与供水温度汽化压力数值对应的水柱高度。

6.7.4 应绘出静水压线及主干线的动水压线，必要时应绘制支干线的动水压线。管线各重要部位在供、回水管水压线上所对应的点应编号，并标注水头的数值，各点的编号应与管道平面展开简图相对应。

6.7.5 静水压线、动水压线应采用粗线绘制；管道应采用粗实线绘制；热用户系统的充水高度应采用中实线绘制；热用户汽化压力的水柱高度应采用中虚线绘制；地形纵剖面应采用细实线绘制。

7 热力站和中继泵站图样画法

7.1 设备、管道平面图和剖面图

7.1.1 建筑物轮廓应与建筑图一致，并应标出定位轴线、房间名称，绘出门、窗、梁、柱、平台等。

7.1.2 一层平面图上应标注指北针。

7.1.3 各种设备均应按比例绘制，并宜编号。编号应与设备明细表或设备和主要材料表相对应。

7.1.4 设备、设备基础和管道应标注定位尺寸和标高；应标注设备、管道及管路附件的安装尺寸。

7.1.5 各种管道均应标注代号及规格，并宜用箭头表示介质流向。

7.1.6 管道支吊架可在平面图或剖面图上用图形符号表示。采用吊架时，应绘制吊点位置图。当支吊架类型较多时宜编号并列表说明。

7.1.7 当一套图样中有管系图时，剖面图可简化。

7.2 管系图

7.2.1 管系图可按轴测投影法绘制。管系图应表示管道系统中介质的流向、流经的设备以及管路附件等的连接、配置状况。设备及管路附件的相对位置应符合实际，并使管道、设备不重叠。管系图的布图方位应与平面图一致。

7.2.2 管道应采用单线绘制。

7.2.3 管道应标注标高。

7.2.4 各种管道均应标注代号及规格，并宜用箭头表示介质流向。

7.2.5 设备和需要特指的管路附件应编号，并应与设备和主要材料表相对应。

7.2.6 应绘出管道放气装置和放水装置。

7.2.7 管道支吊架可在图上用图形符号表示。

7.2.8 可在管系图上绘出设备和管路上的就地仪表；绘制带控制点的管系图时，应符合自控专业的制图规定。

7.2.9 宜注释管道代号和图形符号。

7.3 流 程 图

7.3.1 流程图的绘制应符合本标准第 5.1 节的有关规定。

附录 本标准用词说明

一、为便于在执行本标准条文时区别对待，对于要求严格程度不同的用词说明如下：

1. 表示很严格，非这样做不可的：
   正面词采用“必须”；
   反面词采用“严禁”。
2. 表示严格，在正常情况下均应这样做的：
   正面词采用“应”；
   反面词采用“不应”或“不得”。
3. 表示允许稍有选择，在条件许可时，首先应这样做的：
   正面词采用“宜”或“可”；
   反面词采用“不宜”。

二、条文中指明应按其他有关标准执行的写法为：“应按……执行”或“应符合……要求（或规定）”。

附加说明

本标准主编单位、参加单位和主要起草人名单

主 编 单 位：哈尔滨建筑大学
参 加 单 位：沈阳市热力工程设计研究院
北京市煤气热力工程设计院
中国兵器工业第五设计研究院
中国环球化学工程公司
主要起草人：邹平华　廖嘉瑜　张志武　张婉庚　蔡国勇

中华人民共和国行业标准

供热工程制图标准

CJJ/T 78—97

条 文 说 明

前　　言

根据建设部建标［1992］第227号文的要求，由哈尔滨建筑大学主编，沈阳市热力工程设计研究院、北京市煤气热力工程设计院、中国兵器工业第五设计研究院、中国环球化学工程公司参编的《供热工程制图标准》（CJJ/T 78—97）经建设部1997年12月24日以建标［1997］346号文批准，业已发布。

为便于广大设计、施工、科研、学校等单位的有关人员在使用本标准时能正确理解和执行条文规定，《供热工程制图标准》编制组按正文章、节、条的顺序编制了条文说明，对该标准中一些条文进行了解释和补充说明，供国内使用者参考。在使用中如发现条文说明中有欠妥之处，请将意见函寄哈尔滨建筑大学。

本《条文说明》由建设部标准定额所组织出版。

目　　次

1 总 则

1.0.1 统一制图方法的原则是向有关国际标准靠拢、与有关国家标准协调并考虑沿用多年的制图规定。

1.0.2 常见热源有热电厂和供热锅炉房。本标准不包括热电厂及大型电厂锅炉房的制图规定。

1.0.3 各个供热工程设计都有自身的特点，本标准中规定的是供热制图的基本要求，不可能将工程中发生的情况全部包括在内。因此遇到本标准未涉及的内容时应执行国家现行有关标准。

2 一般规定

2.1 图纸幅面

2.1.1 表 2.1.1 给出的图纸基本幅面及图框尺寸符合国际标准《技术制图 图纸尺寸及格式》ISO 5457—1980（E）以及国家标准《技术制图 图纸幅面和格式》GB/T 14689—93 的规定。考虑到目前各部门、各单位图纸中采用的标题栏尺寸和格式差别较大，也很难统一，因此本标准中不予规定。

2.1.2 本条是对表 2.1.1 所给的基本幅面尺寸不能满足要求时提出的。为了便于计算机绘图及晒图机晒图，幅面的短边不宜加长。加长尺寸取整数倍是为了便于使图纸规格划一和使用时记忆。长边加长后的尺寸与国家标准《房屋建筑制图统一标准》GBJ 1—86 所给出的加长幅面尺寸基本一致，与国家标准《道路工程制图标准》GB 50162—92 的规定相同。

为了制图时选用方便，增加图纸幅面变化范围。如允许基本幅面的短边加长，但应符合国家标准《技术制图 图纸幅面和格式》GB/T 14689 的规定。即使增加这一条规定，一套图中采用的幅面形式也应尽量减少。

2.2 图 线

2.2.1 基本线宽 b 的系列是考虑手工绘图常用墨线笔的规格确定的。规定粗、中、细线的线宽比例使图面层次分明。线宽组合可根据使用的墨线笔或其他工具选取，不作硬性规定。

可根据图样的类别、比例大小及复杂程度选择 b 值。图纸幅面较大时，宜选用较大的 b 值；图线较密时，宜选用较小的 b 值。如：供热规划图、可行性研究附图等可选用较大的 b 值。

2.2.3 在确定常用线型及其用途时考虑以下因素：

1. 当单独绘制设备平面图和剖面图时，设备为主要内容，其轮廓线应用粗线。在设备、管道平面图和剖面图中，首先突出管道，应用粗线；其次突出设备，应用中线。

2. 规定单线表示的管道应用粗线，双线表示的管道应用中线。这是考虑两条距离很近的直线用粗线时，在图面上所占比重太大，不美观。

表中未给出的某些图样画法中的线型应符合本标准有关部分的规定。

2.3 字 体

2.3.1 汉字应用长仿宋体是《技术制图 字体》GB/T 14691—93 等国家标准的规定。

2.3.2 数字和字母采用直体，便于使用绘图工具。

2.3.3 例如：图名、设计说明、图形符号等所用的汉字，可视为不同用途的汉字，其大小可以不同；同一套图中各图名可视为同一用途的汉字，其大小宜相同。

2.4 比 例

2.4.2 同一图样铅垂方向和水平方向标注不同的比例与国家标准《技术制图 比例》GB/T 14690—93 的规定相同。

2.5 通用符号与设计分界线

2.5.1 指北针的指针涂暗，意指用墨笔涂黑或用彩笔涂成均匀的其他颜色。已规定指针尖端指向北向，因此不必注写汉字“北”。

2.5.2 图 2.5.2 中 b 的宽度与所在图样中图线的基本宽度 b 一致。

2.5.4 参照国家标准《机械制图》GB 4458.1—84，规定剖视编号应注写在剖切位置线起止处或表示剖视方向的箭头尾部。

2.5.5 图 2.5.5（b）所示等腰直角三角形常用于标注平面图上的

地面标高及平面图上局部的池、坑底标高。国家标准《管路系统的图形符号　管路》GB 6567·2—86 规定表示标高的等腰直角三角形的高约为 3.5～5mm，本标准按其下限取整。

2.6　设备和零部件等的编号

2.6.1　所规定的编号表示方法除适用于设备及零部件外，原则上也适用于供热制图中一切需要编号的情况。如管路附件和管线设施等的编号。

根据需要编号标志所用圆的直径可加大，粗实线可加长。

3　制图基本规定

3.1　图　　面

3.1.3　下层平面图在下，上层平面图在上的布图方式符合一般习惯。

3.1.5　简化制图方法有利于减少重复制图工作量和图纸数量。按本条规定两个或几个相同图形可绘制其中一个简化、完整的外形轮廓。在需要绘制其余图形处绘出最简单的几何图形。例如：在同一平面图上水泵和风机等通用设备并列或对称布置时，可只绘制其中一台的简化外形轮廓，其余几台绘出矩形基础的轮廓线。

3.2　表　　格

3.2.1～3.2.3　表 3.2.1～表 3.2.3 中各栏目尺寸不予规定。表 3.2.1 和 3.2.3 中"质量"一项通常称为"重量"。根据国家标准《标准化工作导则　第 1 部分　标准编写的基本规定》GB/T 1.1—1993 中关于采用法定计量单位的规定定为质量。表 3.2.1 中当编号和序号相同时，可只填写一栏。表头中所列栏目可根据实际情况取舍。

3.3　管道规格

3.3.2　低压流体输送用焊接钢管的规格用公称直径表示，例如 DN20。输送流体用无缝钢管、螺旋缝或直缝焊接钢管的规格用外径×壁厚前冠以"ϕ"表示，例如 $\phi426\times8$。这是国际标准《技术制图　卫生工程、采暖、通风及管路用图形符号》ISO 4067/1—1984（E）和《管路系统的图形符号　管路》等国家标准规定的方法。国家标准《管子和管路附件的公称通径》GB 1047—70 规定可用公称通径来表示各种管子和管路附件的规格。按照后一标准及设计工作的需要，对无缝钢管、螺旋缝或直缝焊接钢管可用公称直径来表达其规格，例如 $\phi426\times8$，$\phi426\times7$ 都可用 DN400 表示，可在材料表或设计说明中指出该公称直径所对应的外径和壁厚。“低压流体输送用焊接钢管”和“输送流体用无缝钢管”的名称分别取自国家标准 GB/T 3092—93 和 GB 8163—87。

3.3.3 单线绘制的管道在管线断开处标注其规格比较麻烦，但在管道密集时占地方小，所以也允许采用。多根管道并列时，当管道间的空隙足够标注管道规格时，可不采用引出线的标注方法。

3.4 尺 寸 标 注

3.4.2 国家标准《机械制图》规定由被标注的图形轮廓线引出尺寸界线时，尺寸界线与轮廓线相连。国家标准《房屋建筑制图统一标准》规定尺寸界线与轮廓线之间离开 2mm 以上。不论两者相连还是分开对图面效果影响不大。对此不予规定。

3.4.4 一张图样中应采用一种尺寸起止符，或用短斜线，或用箭头。这一规定与国家标准《机械制图》和国家标准《机械制图用计算机信息交换　制图规则》GB/T 14665—93 的规定相同。短斜线采用中粗线，使其比较醒目。

3.5 管 道 画 法

3.5.7 表 3.5.7 中用单线绘制表示管路背离观察者的转向画法，可见国家标准《管路系统的图形符号　管路》。

3.6 阀 门 画 法

3.6.1 常用阀门轴测投影图的画法，仅表示了阀门多种安装方位中的一种，其他安装方位的画法，可参照此画法按轴测投影法绘制，详见国家标准《管路系统的图形符号　管路、管件和阀门等图形符号的轴测图画法》GB 6567.5—86。

表 3.6.1 以阀门与管路法兰连接为例编制，对其他连接方式的阀门可参照绘制。

4 常用代号和图形符号

4.1 一 般 规 定

4.1.1 代号所采用的英文字母，来源于英文名称字头。在本条文说明中分别给出了各代号的英文名称。大部分英文名称取自中华人民共和国行业标准《供热术语标准》CJJ 55—93。

4.1.3 一套图纸中所采用的代号和图形符号可放在图纸首页总说明中，也可分别放在各相关图纸的主要图样中。

4.2 管 道 代 号

4.2.1 管道代号的英文名称见表 1。管道代号表示不同的管内介质、介质参数、管道的用途。管道代号尽可能采用一个字母，当采用一个字母造成混淆时才增加一个字母。

表中的高压蒸汽管，中压蒸汽管和低压蒸汽管系指一个系统中蒸汽压力不同的管道，没有确定的数值和界限。

管道代号的英文名称　　表 1

中文名称	代　号	英　文　名　称
供热管线	HP	Heat-supply Pipeline
蒸汽管（通用）	S	Steam Pipe
饱和蒸汽管	S	Saturated Steam Pipc
过热蒸汽管	SS	Superheated Steam Pipe
二次蒸汽管	FS	Flash Steam Pipe
高压蒸汽管	HS	High-pressure Steam Pipe
中压蒸汽管	MS	Mid-pressure Steam Pipe
低压蒸汽管	LS	Low-pressure Steam Pipe

续表 1

中文名称	代号	英文名称
凝结水管（通用）	C	Condensate Pipe
有压凝结水管	CP	Condensate Pipe (By Pressure)
自流凝结水管	CG	Condensate Pipe (By Gravity)
排汽管	EX	Exhaust Pipe
给水管（通用） 自来水管	W	Water Supply Pipe
生产给水管	PW	Process Water Supply Pipe
生活给水管	DW	Domestic Water Supply Pipe
锅炉给水管	BW	Boiler Feed-water Pipe
省煤器回水管	ER	Economizer Return Water Pipe
连续排污管	CB	Continuous Blowoff Pipe
定期排污管	PB	Periodic Blowoff Pipe
冲灰水管	SL	Sluice Water Pipe
采暖供水管（通用）	H	Hot-water Supply Pipe
采暖回水管（通用）	HR	Hot-water Return Pipe
一级管网供水管	H1	Hot-water Supply Pipe of Primary Circuit
一级管网回水管	HR1	Hot-water Return Pipe of Primary Circuit
二级管网供水管	H2	Hot-water Supply Pipe of Secondary Circuit
二级管网回水管	HR2	Hot-water Return Pipe of Secondary Circuit
空调用供水管	AS	Hot-water Supply Pipe for Air-conditioning
空调用回水管	AR	Hot-water Return Pipe for Air-conditioning
生产热水供水管	P	Process Hot-water Supply Pipe
生产热水回水管 （或循环管）	PR	Process Hot-water Return Pipe
生活热水供水管	DS	Domestic Hot-water Supply Pipe
生活热水循环管	DC	Domestic Hot-water Circulation Pipe
补水管	M	Make-up Water Pipe for Heating System

续表 1

中文名称	代号	英文名称
循环管	CI	Circulation Pipe
膨胀管	E	Water Expansion Pipe
信号管	SI	Signal Pipe
溢流管	OF	Overflow Pipe
取样管	SP	Sampling Pipe
排水管	D	Drain Pipe
放气管	V	Vent Pipe
冷却水管	CW	Cooling-water Pipe
软化水管	SW	Softened Water Pipe
除氧水管	DA	Deaerated Water Pipe
除盐水管	DM	Demineralized Water Pipe
盐液管	SA	Saline Solution Pipe
酸液管	AP	Acid Pipe
碱液管	CA	Caustic Pipe
亚硫酸钠溶液管	SO	Sodium Sulphite Solution Pipe
磷酸三钠溶液管	TP	Trisodium Phosphate Solution Pipe
燃油管（供油管）	O	Oil Pipe
回油管	RO	Return Oil Pipe
污油管	WO	Waste Oil Pipe
燃气管	G	Gas Pipe
压缩空气管	A	Compressed Air Pipe
氮气管	N	Nitrogen Pipe

4.3 图形符号及代号

4.3.1 本标准优先采用国际标准《技术制图　卫生工程、采暖、通风及管路用图形符号》、国家标准《管路系统的图形符号　管件》GB 6567.3—86 和《管路系统的图形符号　阀门和控制元件》GB 6567.4—86 等规定的图形符号。尽管其中某些图形符号比较繁琐，本标准也未作变动。国际标准中尚未规定或几个有关标准的规定有差异的图形符号，则综合了国内制图习惯，根据简单、形象、容易绘制的原则，经归纳整理制定出来。

为了减少制图工作量和有利于计算机绘图，尽量不用、少用涂黑的图形符号。

表 4.3.1 中参照国际标准《技术制图　卫生工程、采暖、通风及管路用图形符号》，对换热器（通用）规定了两个图形符号，可分别用于接管方位不同的场合。对型式多样、外形复杂的设备和器具（如锅炉、除尘器等）的图形符号未作规定。可绘制其简化外形。

4.3.2　表 4.3.2 中规定的图形符号用于热网管道系统图以及锅炉房、热力站和中继泵站的流程图、管系图等。

阀门（通用）的图形符号可代表任何型式的直通阀。它来源于国际标准《技术制图　卫生工程、采暖、通风及管路用图形符号》和国家标准《过程检测和控制流程图用图形符号和文字代号》GB 2625—81。

将阀门的图形符号与控制元件或执行机构的图形符号组合可构成表中未列出的其他阀门的图形符号。例如：角阀加上重锤元件构成重锤式安全阀；角阀加上弹簧元件构成弹簧式安全阀。

4.3.3　本条以及第 4.3.5 条中凡涉及到法兰盘时采用图 1（*a*），而不采用图 1（*b*）的画法。此规定来源于国际标准《技术制图　管线的简单表示方法　第 2 部分　等轴测投影》ISO 6412—2 1989（E），而且符合法兰连接管子端部不超出法兰盘面的实际情况。

4.3.4　同一管线平行敷设多根管道时可采用表 4.3.4 中表示管线上补偿器节点的图形符号，即将补偿器图形符号绘制在管线之外表示该处为补偿器节点。这种表示方法并不一定代表在该管线处各管道上都设有补偿器。

(*a*)　(*b*)

图 1　法兰盘画法

补偿器的英文名称见表 2。

补偿器的英文名称　**表 2**

中文名称	代　号	英　文　名　称
补偿器（通用）	E	Expansion Joint
方形补偿器	UE	U-shaped Expansion Joint
波纹管补偿器	BE	Bellows Type Expansion Joint
套筒补偿器	SE	Sleeve Expansion Joint
球型补偿器	BC	Ball Joint Compensator
一次性补偿器	SC	Start-up Compensator

球型补偿器可能成对或三个一组使用，制定球型补偿器的图形符号时考虑了组合方便，表达明确。

4.3.5　《供热术语标准》中供热管路附件的定义是："供热管路上的管件、阀门、补偿器、支架（座）和器具的总称"。在本章前几节中已分别给出了阀门、补偿器等的图形符号，所以本条给出的是除了前面已规定的其他管路附件的图形符号。

4.3.6　《供热术语标准》中管道支座的定义是："直接支承管道并承受管道作用力的管路附件"、管道支架的定义是："将管道及支座所承受的作用力传到建筑结构或地面的管道构件"。本标准中把管道支座与支架（支墩）的组合体称为"管架"。表中固定墩用于直埋敷设管道。

管道支座、支吊架和管架的英文名称见表 3。

4.3.9　敷设方式、管线设施的英文名称见表 4，其中保护穴指直埋敷设时保护某些管路附件的构筑物。

管道支座、支吊架和管架的英文名称　　表3

中文名称	代号	英文名称
支座	S	Pipe Support
支架、支墩	T	Pipeline Trestle
固定支座 （固定墩）	FS (A)	Fixing Support (Anchorage)
活动支座（通用）	MS	Movable Support
滑动支座	SS	Sliding Support
滚动支座	RS	Roller Support
导向支座	GS	Guiding Support
刚性吊架	RH	Rigid Hook
弹簧支架 弹簧吊架	SH	Spring Hanger
固定管架	FT	Fixing Trestle
活动管架（通用）	MT	Movable Trestle
滑动管架	ST	Sliding Trestle
滚动管架	RT	Roller Trestle
导向管架	GT	Guiding Trestle

需要时可在检查室或保护穴的图形符号内加上不同的管路附件的图形符号，用来区别不同的检查室或保护穴。管路附件的代号后面加上检查室的代号“W”或保护穴的代号“D”，用来表示不同的检查室或保护穴的代号。

敷设方式、管线设施的英文名称　　表4

中文名称		代号	英文名称
套管敷设		C	Casing Pipe Installation
管沟人孔		SF	Safety Exit of Pipe Duct
管沟安装孔		IH	Installation Hole of Pipe Duct
管沟通风孔	进风口	IA	Inlet of Air of Pipe Duct
	排风口	EA	Exit of Air of Pipe Duct
检查室（通用）		W	Inspection Well
保护穴		D	Den
管沟方形补偿器穴		UD	U-shaped Expansion Joint Den
入户井		CW	Consumer Heat Inlet Well
操作平台		OP	Operating Platform

5 锅炉房图样画法

本章所附图样为画法示例，不是设计示范。

5.1 流 程 图

图 2 为热力系统流程图画法示例（一）。

图 3 为热力系统流程图画法示例（二）。

5.1.1 流程图反映系统的工作原理、各组成部分的关系及各个环节进行的顺序。可根据工程规模大小及复杂程度分别绘制热力系统、冷却水系统、鼓、引风系统、上煤和除渣系统流程图。一般情况下绘制热力系统流程图。

5.1.3 有关构筑物指烟风系统的烟囱；煤、灰、渣系统的沉灰池、受煤坑等土建工程。

5.1.5 “管道与设备的接口方位宜与实际情况相符”是指设备进出口接管应在图上反映出来并要符合实际。例如图 4 为换热器与进出口管道连接示意图，图（*a*）是不正确的，图（*b*）是正确的。

（*a*）（*b*）

图 4 换热器接管示意图

5.1.7 为了使图面清晰、条理清楚，尽量减少管线交叉。

5.2 设备、管道平面图和剖面图

图 5 为设备和管道平面图画法示例。

图 6 为设备和管道剖面图画法示例。

5.2.7 在土建图上有管沟和排水沟详图时，在设备、管道平面图和剖面图上应给出其位置。沟的定位尺寸和断面尺寸可根据情况标注。

5.3 鼓、引风系统管道平面图和剖面图

图 7 为鼓风系统管道平面图画法示例。

图 8 为引风系统管道平面图画法示例。

图 9 为引风系统管道剖面图画法示例。

5.3.1 工程规模大而且复杂时，可单独绘制鼓、引风系统图样。鼓、引风系统的设备应在设备、管道平面图和剖面图中表示。所以单独绘制鼓、引风系统图时着重表现对鼓、引风系统的管道安装要求。

5.4 上煤、除渣系统平面图和剖面图

图 10 为上煤系统平面图画法示例。

图 11 为上煤系统剖面图画法示例。

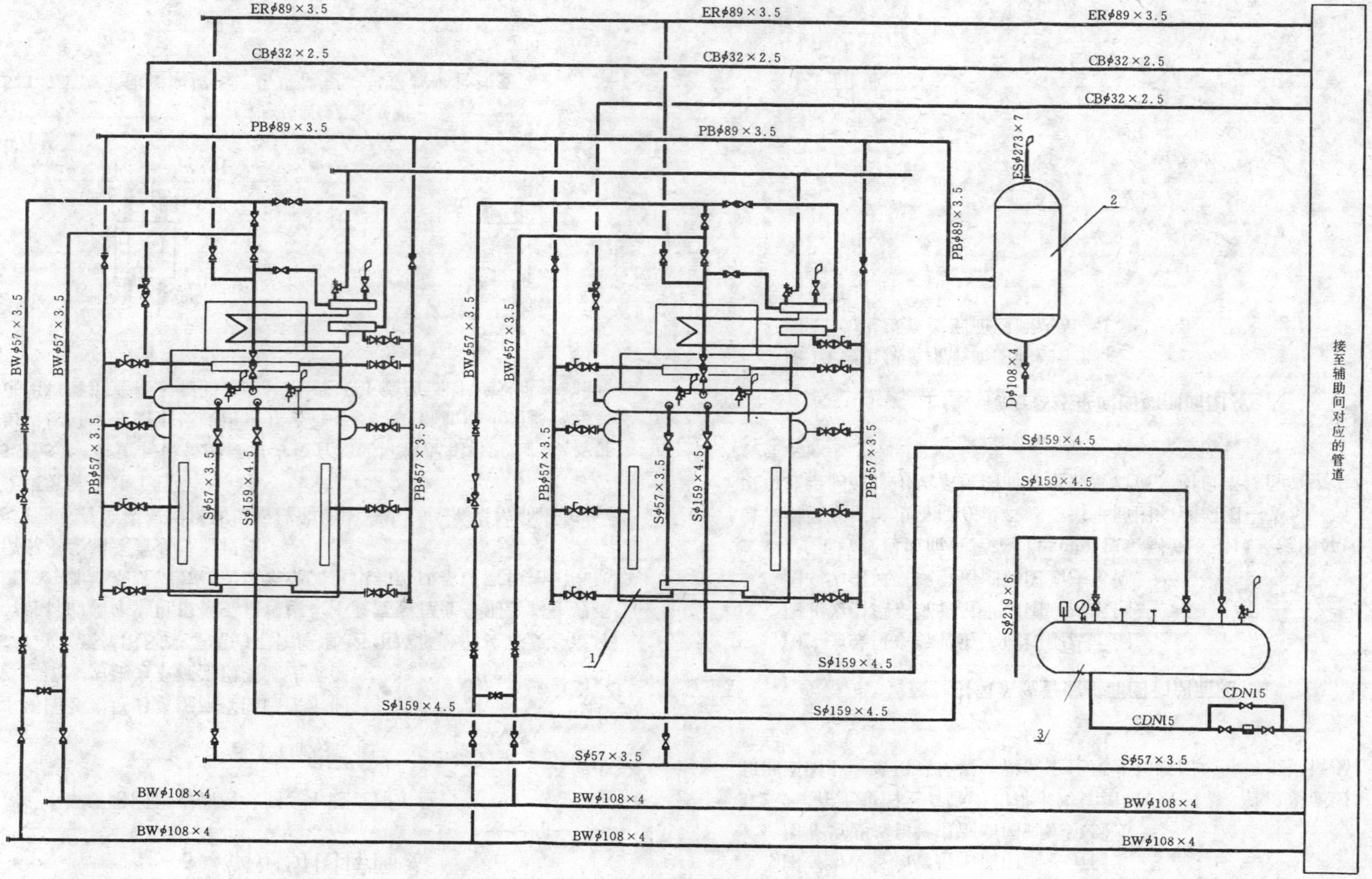

图2 热力系统流程图画法示例(一)

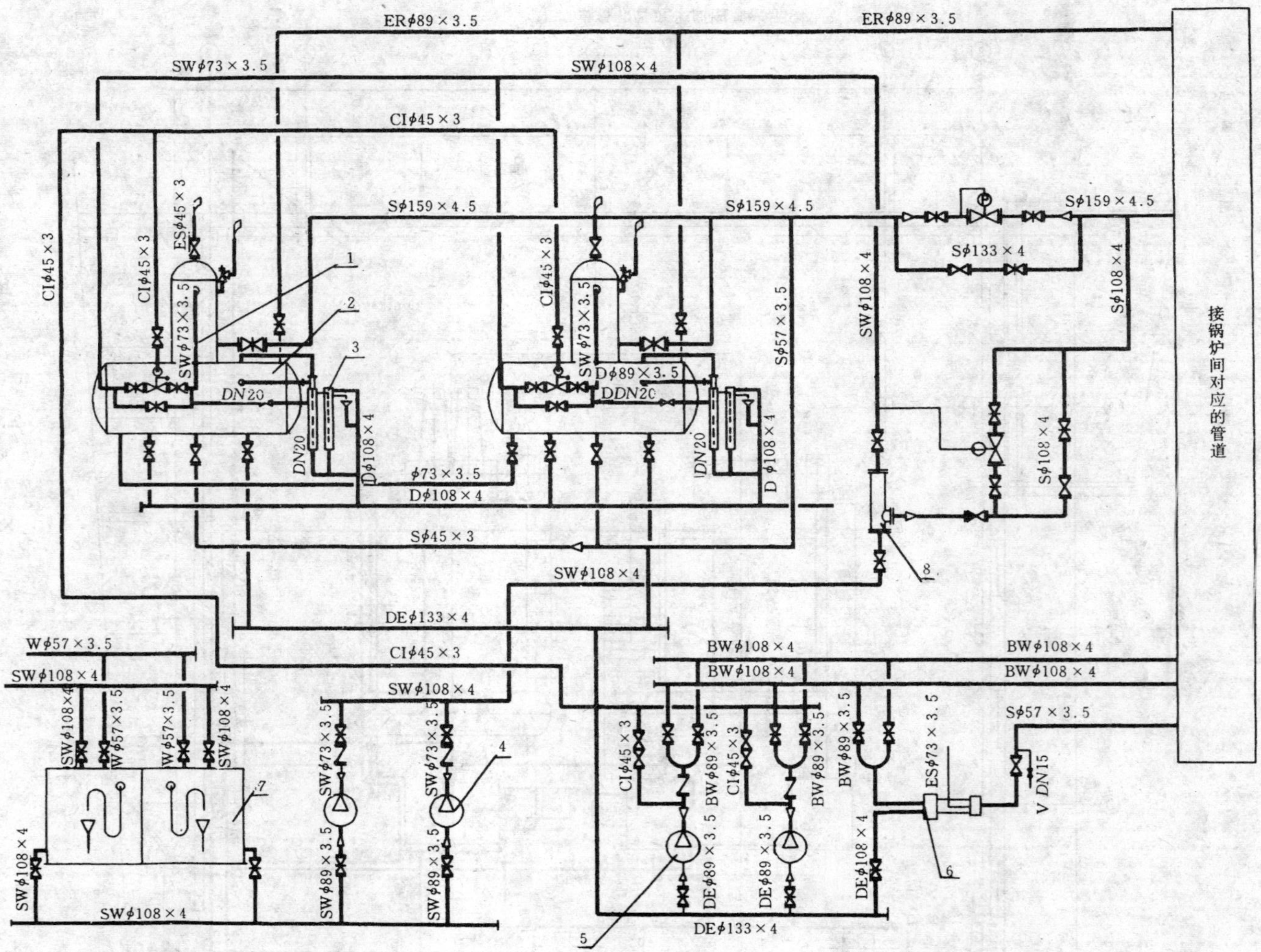

图 3　热力系统流程图画法示例(二)

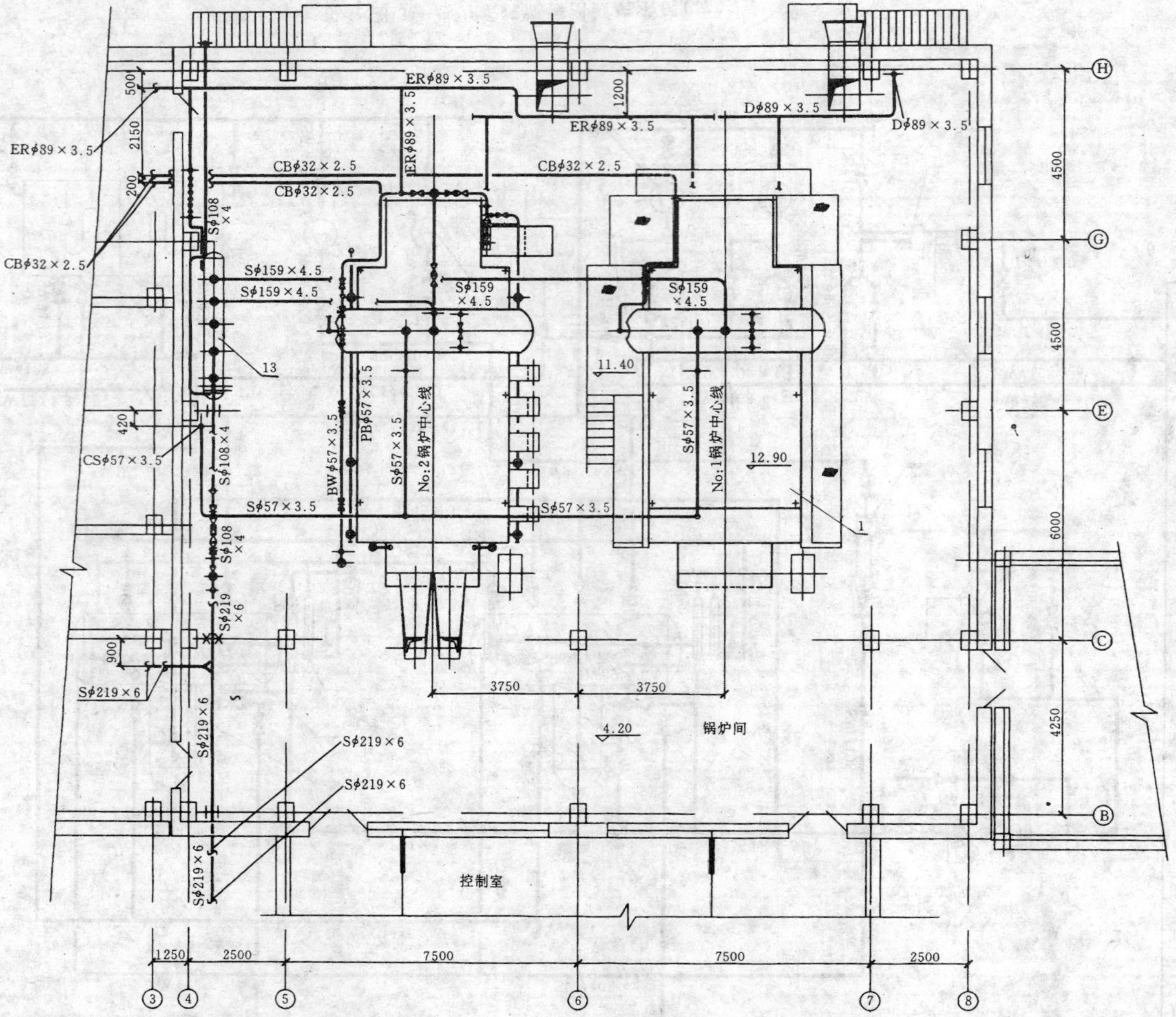

图 5 设备和管道平面图画法示例

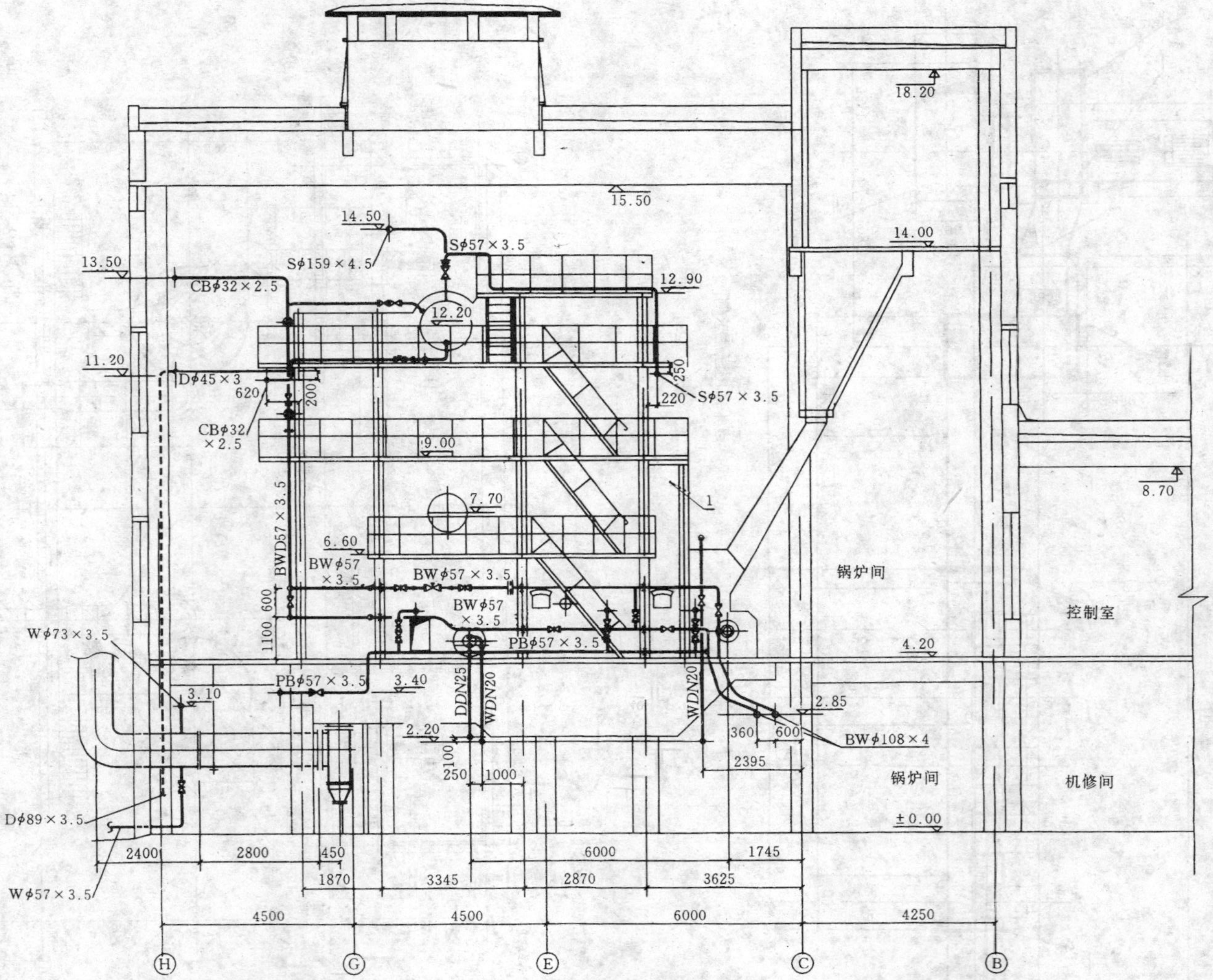

图 6　设备和管道剖面图画法示例

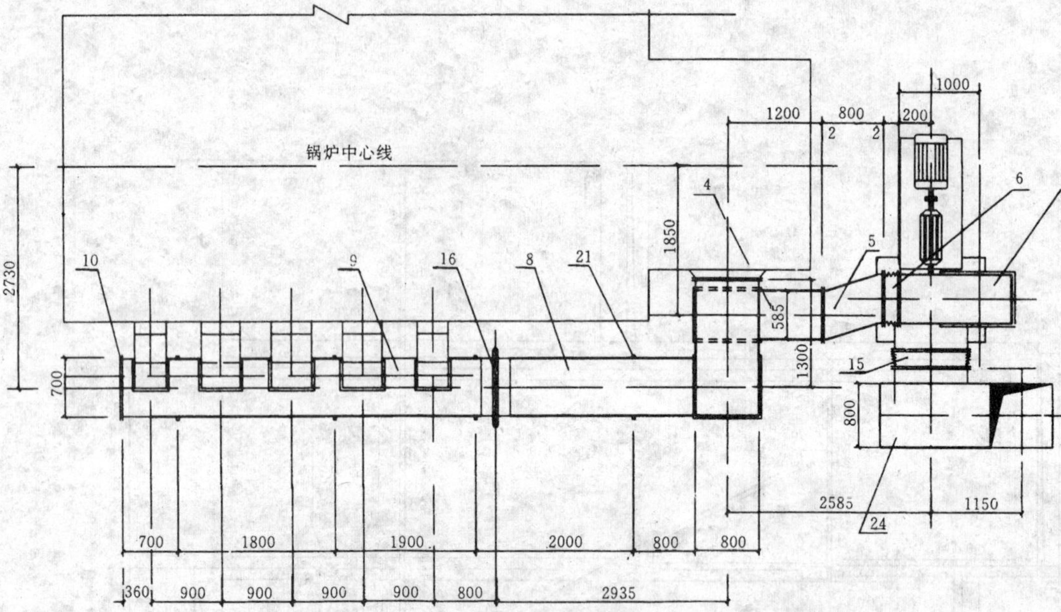

图 7　鼓风系统管道平面图画法示例

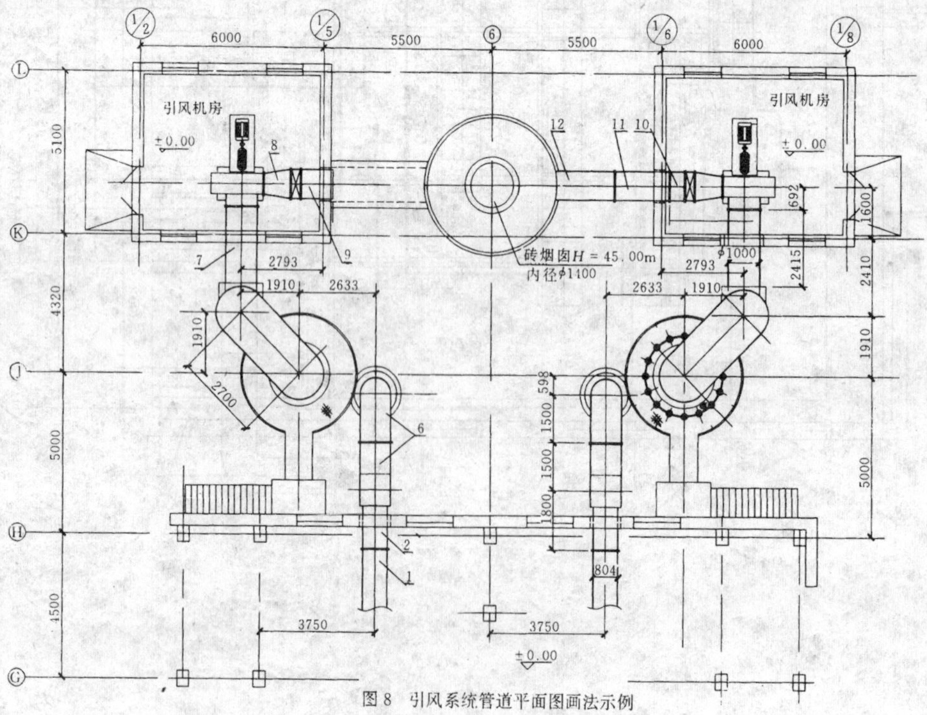

图 8　引风系统管道平面图画法示例

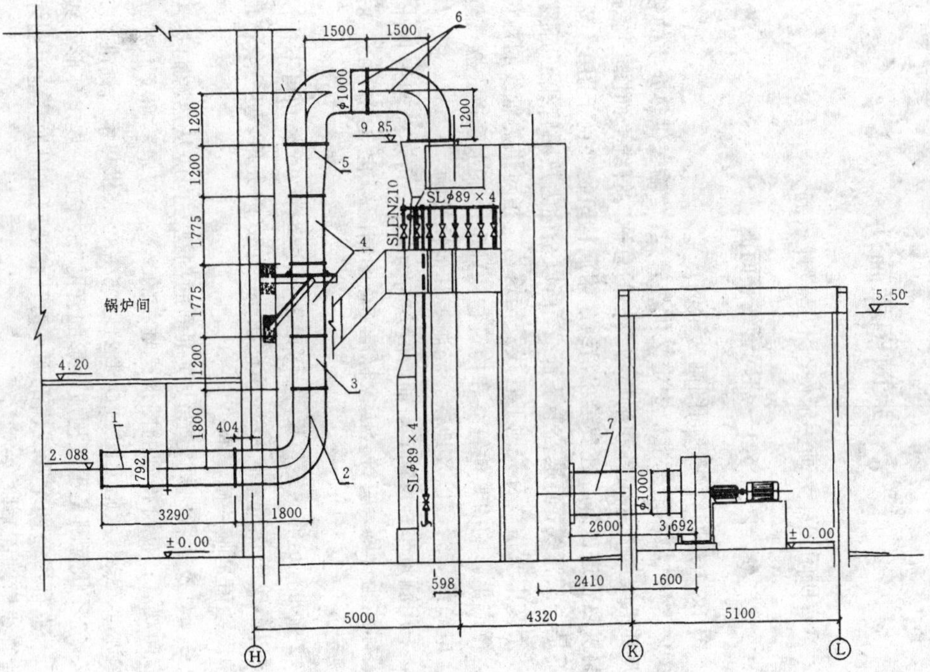

图9　引风系统管道剖面图画法示例

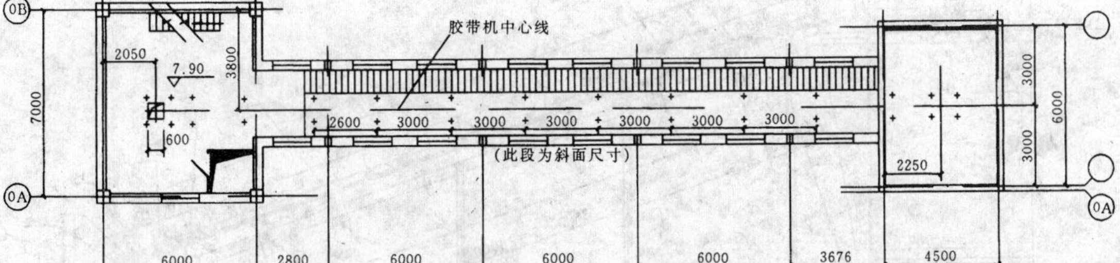

图10　上煤系统平面图画法示例

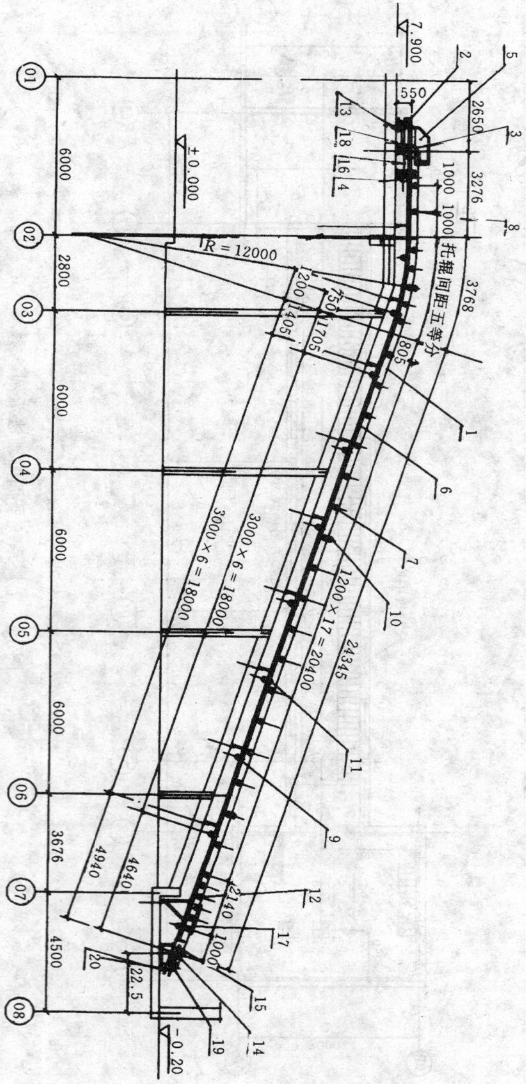

图11　上煤系统剖面图画法示例

6　热网图样画法

本章所附图样为画法示例，不是设计示范。

6.1　热网管线平面图

图 12 为热网管线平面图画法示例。

6.1.1　《供热术语标准》中定义供热管线："输送供热介质的管道及其沿线的管路附件和附属构筑物的总称"。管线平面图上除了绘制供热管道以外，还要绘出沿线的附属构筑物。由于图上绘制的不是一条管线，而是若干条管线，所以全称为热网管线平面图。

条文中所指"有关地下管线及构筑物"指对供热管线的敷设和运行产生影响的其他管线和构筑物。如上、下水管道、燃气管道、电缆线等管线以及地铁、涵洞等其他构筑物。

采用测量坐标网时，X 轴增值方向为北向，可不绘制指北针。如需标注坐标网，应符合国家标准《总图制图标准》GBJ 103—87 的规定。

6.1.2　如有足够的定位尺寸，可以不标注坐标。90°转角可不标注角度以减少工作量；非 90°转角标注小于 180°的夹角，使一个转角的角度数值是唯一确定的。

6.1.3　对枝状管网规定管线横剖面的剖视方向应从热源向热用户方向观看；使所得到的图形是唯一的。这一规定参照了原苏联国家标准《热网　施工图》ГОСТ 21.605—82。《供热术语标准》中定义："环状管网是干线构成环形的管网"。按这一规定环形干线上任一点都可有两个管线横剖面，对环状热网需附加其他说明才能使管线横剖面是唯一的。

横剖面型式相同是指管线上各管段不仅横剖面型式一致（或都是通行管沟，或都是半通行管沟，或都是不通行管沟，或都是

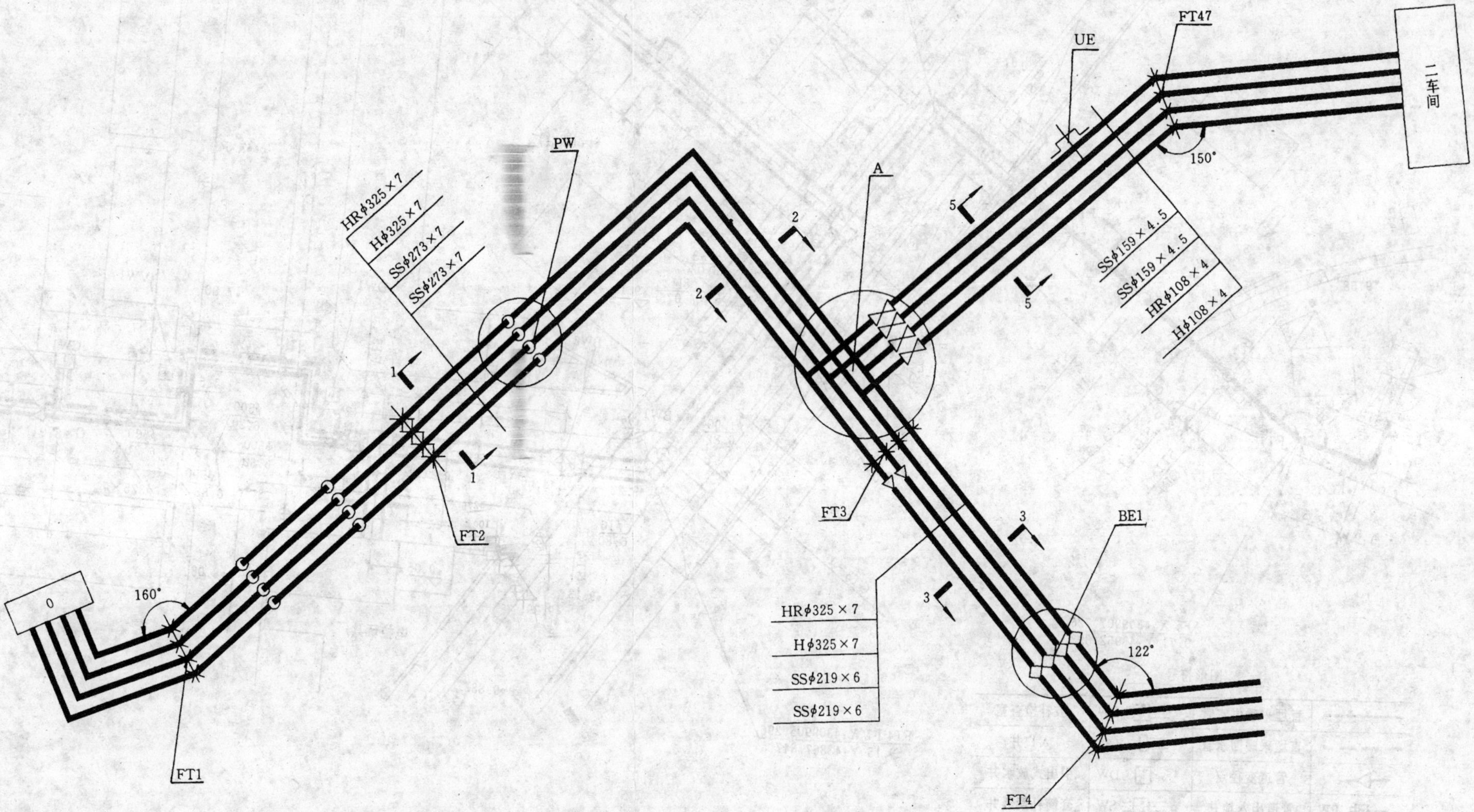

图 13　热网管道系统图画法示例

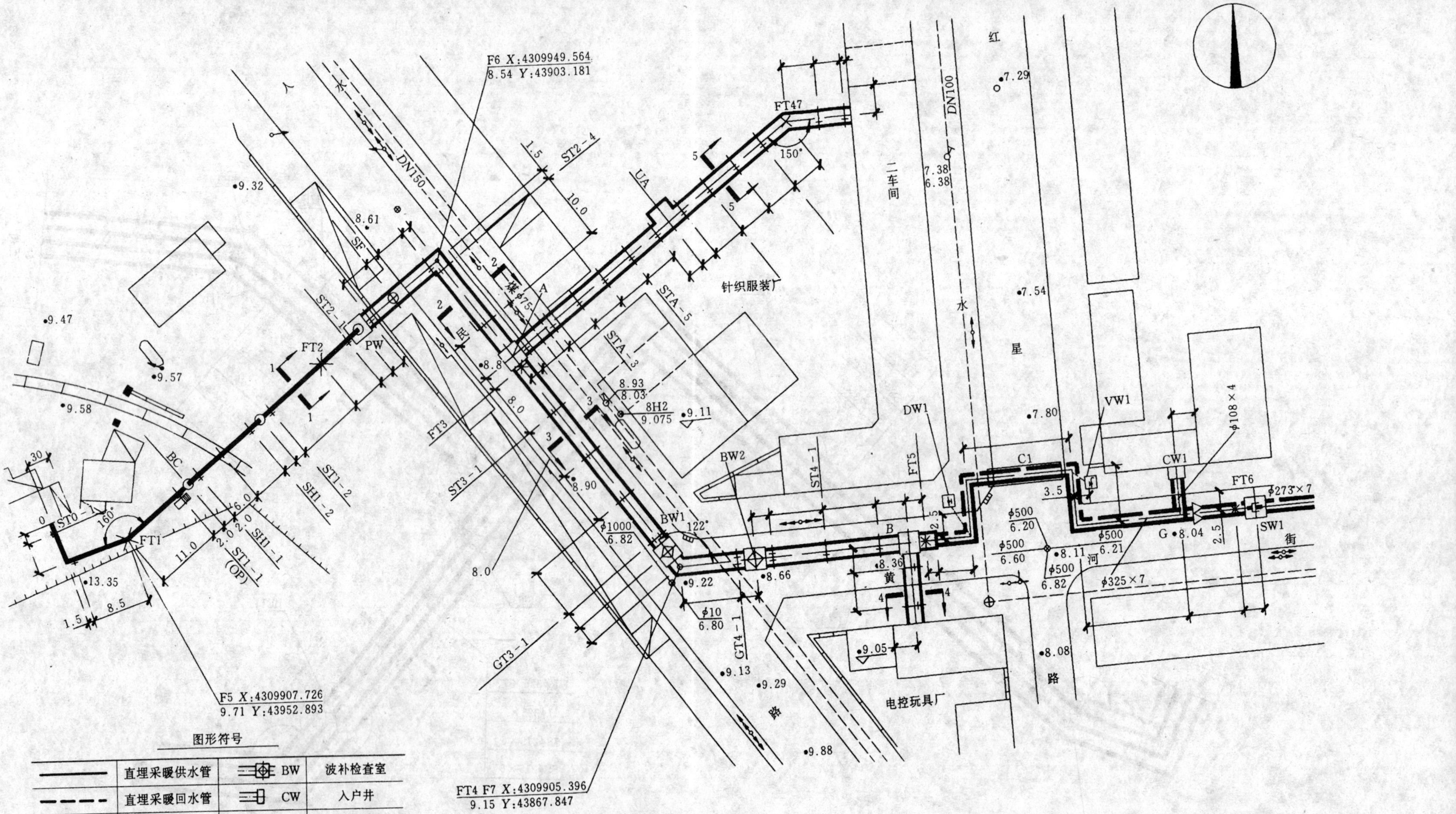

图形符号

图形符号	名称	图形符号	名称
	直埋采暖供水管	BW	波补检查室
	直埋采暖回水管	CW	入户井
	管道变径点	DW	引出式放水井
PW	管道出入地井	SW	套筒补偿器井
VW	引出式放气井		

图 12　热网管线平面图画法示例

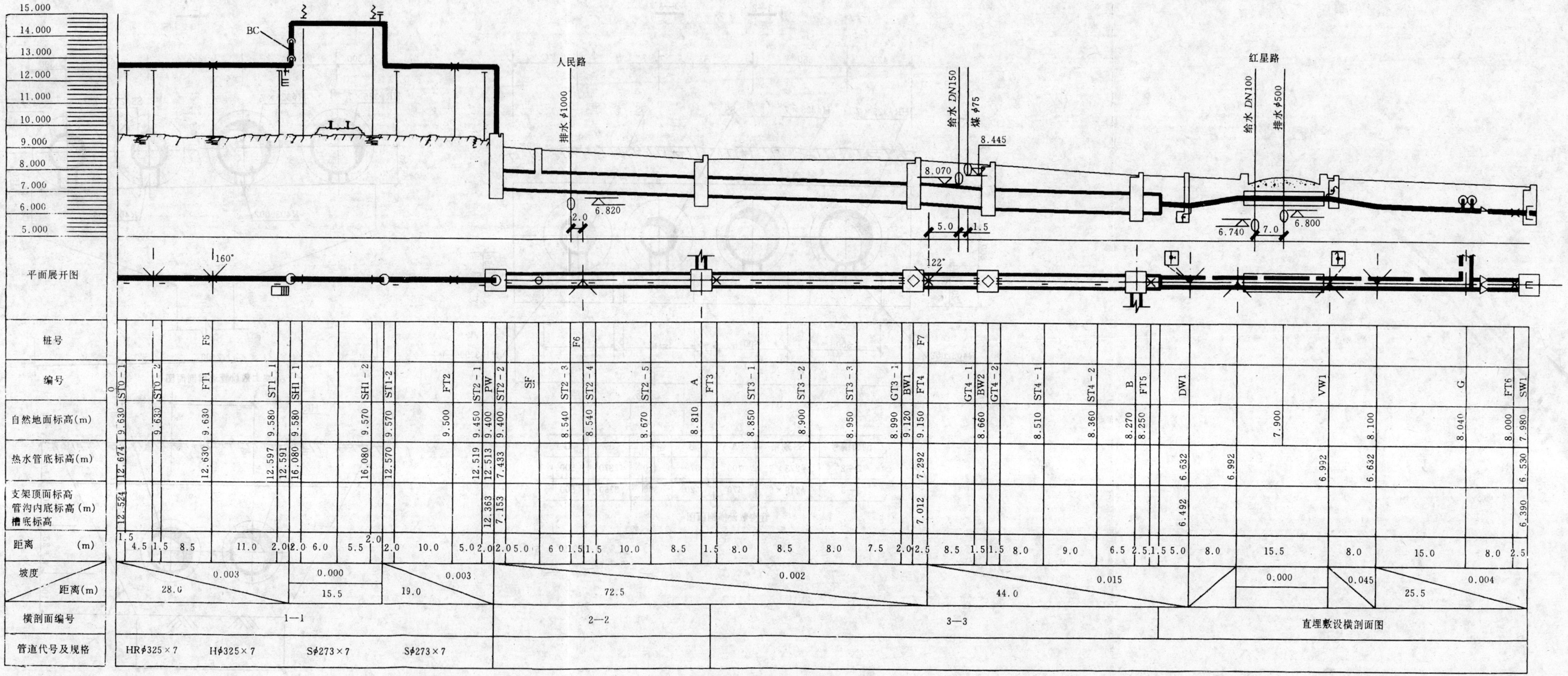

图14 管线纵剖面图画法示例

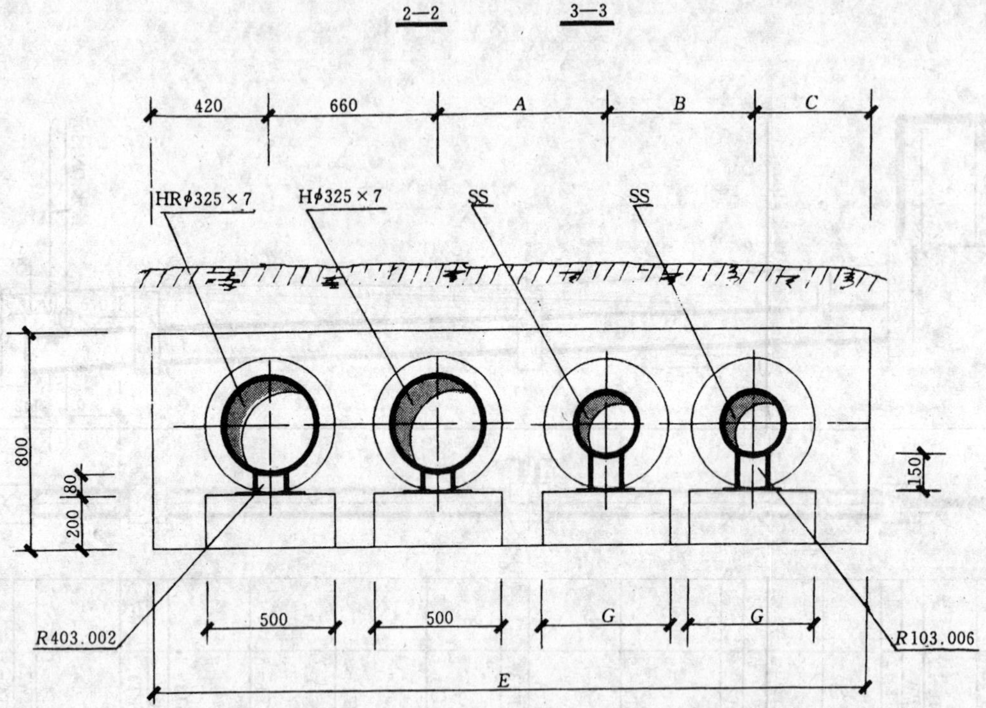

剖面编号	SS 规格	A	B	C	E	G
2—2	ϕ273×7	700	670	420	2870	500
3—3	ϕ219×6	670	620	390	2760	500

管沟敷设横剖面图

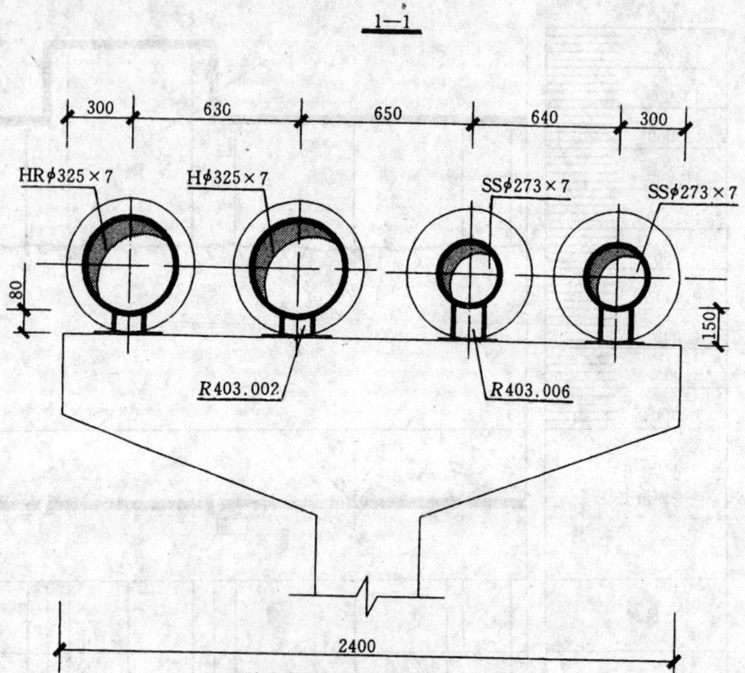

地上敷设管道横剖面图

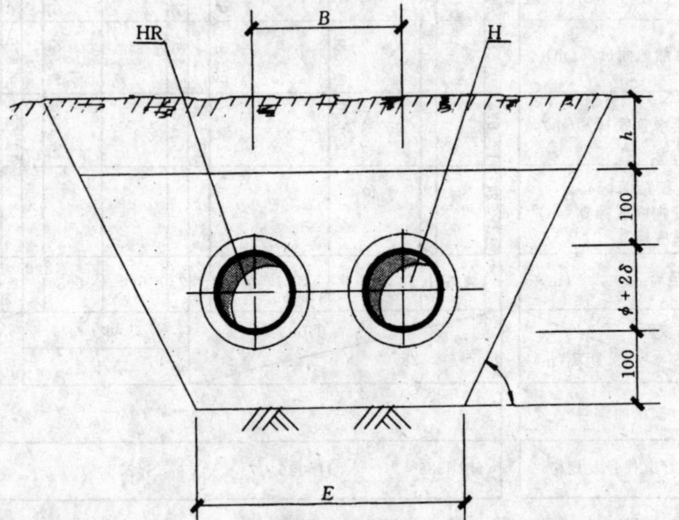

直埋敷设横剖面图

图 15　管线横剖面图画法示例

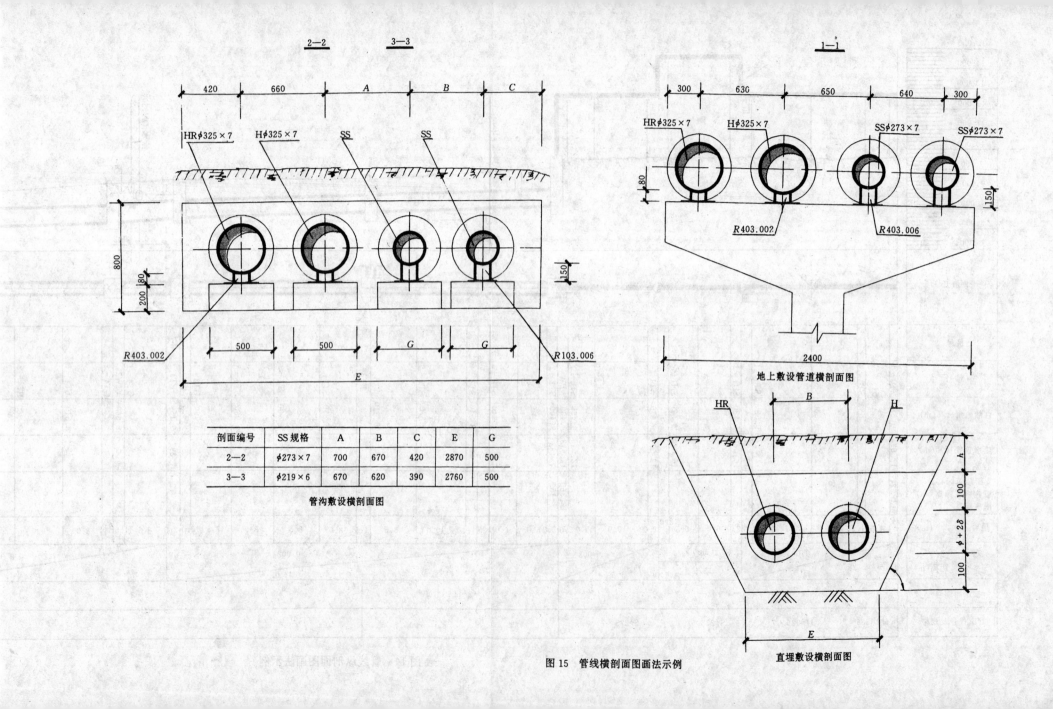

直埋敷设)，而且管道根数相同，但管道规格不同。

6.1.4 代表管沟宽度的两条轮廓线如按比例绘制在供热区域平面图上，将合并为一条线，因此用两条线表示管沟只能是示意轮廓线。图上这两条线的间距不予规定，但不能过宽。

6.1.8 一套热网图纸中管道所采用的线型、代号和图形符号较多时则需要集中列出并加以注释。宜放在最主要的反映热网全貌的热网管线平面图上。

6.2 热网管道系统图

图 13 为热网管道系统图画法示例。

6.3 管线纵剖面图

图 14 为管线纵剖面图画法示例。

6.3.2 管线纵剖面图由三部分组成。把其中的一个组成部分称为管线纵剖面示意图，三者总称为管线纵剖面图以便于区分。

6.3.3 参照原苏联国家标准《热网 施工图》，管沟敷设时在管线纵剖面示意图上不必画出管道，在管线纵剖面图下部对应地画出管线平面展开图。管线平面展开图上所标注转角点的角度数值应与热网管线平面图上一致。铅垂方向比例尺的画法不予规定。

6.3.4 所规定的两种管线转角符号可任选。90°角只要求绘出转角符号，不标注角度数值，是为了减少工作量。

6.3.5 例如：管道分层布置时，可标注最低一层管道的管底标高及各层支承结构的顶面标高。

6.4 管线横剖面图

图 15 为管线横剖面图画法示例。

6.5 管线节点、检查室图

图 16 为检查室画法示例。

6.5.1 管线上设有管路附件（阀门、补偿器、三通、弯头、除污器、疏水、放水装置、放气装置等）的部位有称“节点”、“接点”、“结点”的。其中“节点”用得较为普遍，而且比较合理，故被采用。

节点俯视图的方位与热网管线平面图上该节点的方位一致，有利于绘图和读图。

6.7 水压图

图 17 为水压图画法示例。

6.7.2 管道平面展开简图上可绘出干线、支干线。支干线管线较长时可采用折断画法。

6.7.4 一般情况下可只绘制静水压线及主干线的动水压线。如供热区域地势变化大，热用户与热网的连接方式多样化以及对某些位于支干线上的特殊用户或重要用户以及高层建筑需要给出用户入口资用压头时则还要绘制支干线的动水压线。

6.7.5 如果一个供热系统有不同的压力工况，一个工况下的静水压线和动水压线可以用粗实线表示，其他工况下的静水压线和动水压线可以用粗虚线等表示。因此本条中规定静水压线和动水压线应用粗线绘制。

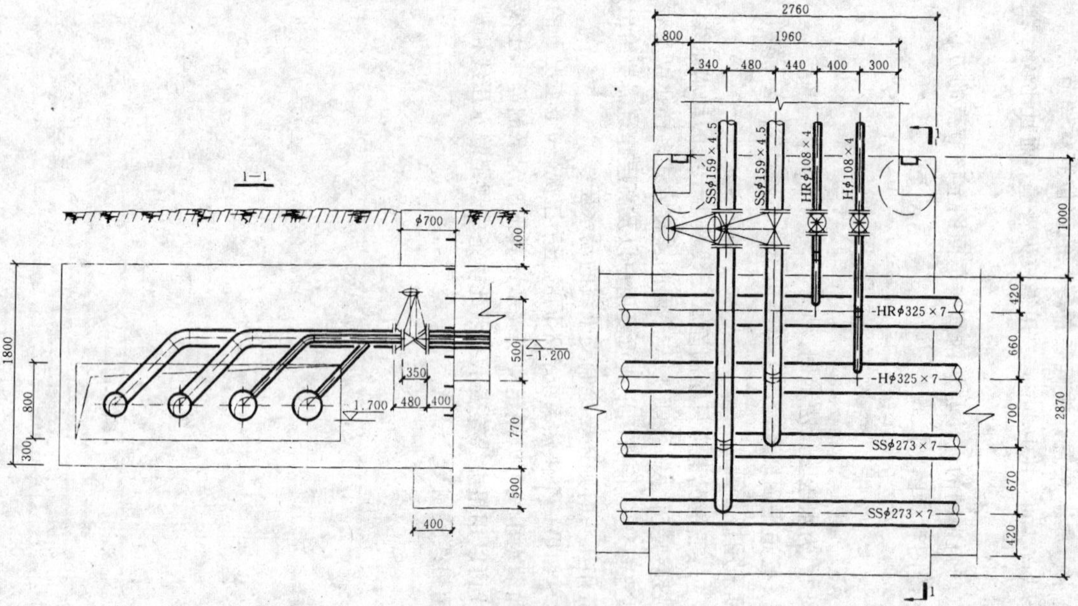

图16　检查室画法示例

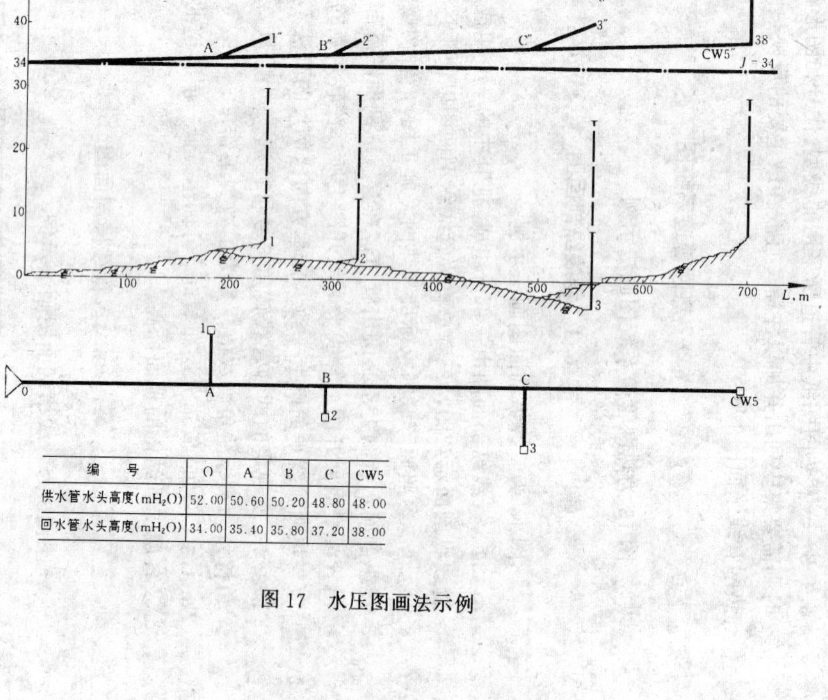

编　　号	O	A	B	C	CW5
供水管水头高度(mH_2O)	52.00	50.60	50.20	48.80	48.00
回水管水头高度(mH_2O)	34.00	35.40	35.80	37.20	38.00

图17　水压图画法示例

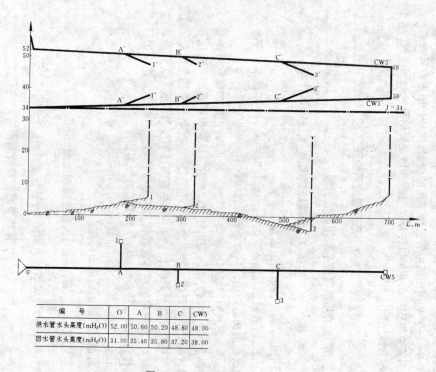

7 热力站和中继泵站图样画法

本章所附图样为画法示例，不是设计示范。

7.1 设备、管道平面图和剖面图

图 18 为平面图画法示例。

图 19 为剖面图画法示例。

7.1.3 管系图上设备有编号时，平面图上设备可不编号。

7.2 管 系 图

图 20 为管系图画法示例。

7.2.1 轴测投影法为国家标准《技术制图　投影法》GB/T 14692—93 规定的常用投影方法。正轴测投影法和斜轴测投影法均可采用。

管系图这一术语来源于国家标准《技术制图　通用术语》GB/T 13361—92。其定义为：“表示管道系统中介质的流向、流经的设备，以及管件等连接、配置状况的图样。”

7.3 流 程 图

7.3.1 流程图不反映设备和管路的空间相对位置关系。可以用流程图代替管系图，但必须在平面图和剖面图上充分反映出设备和管路之间的各方位尺寸，满足施工安装的要求。

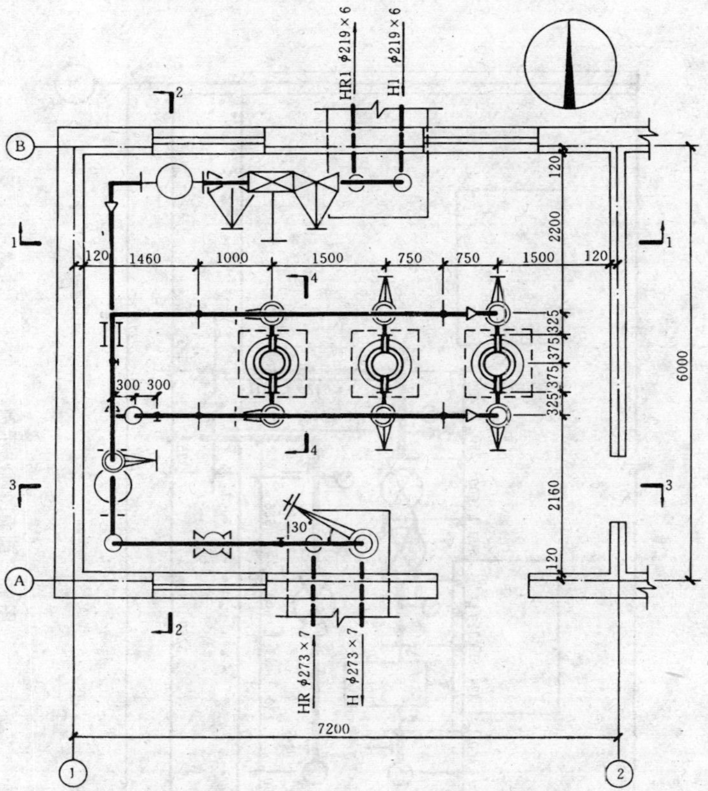

图 18　平面图画法示例

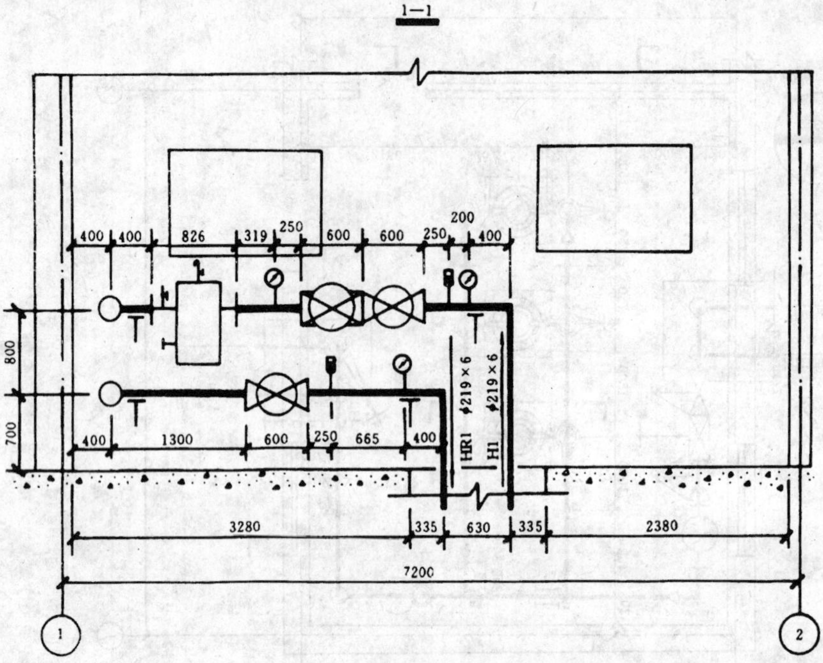

图 19　剖面图画法示例

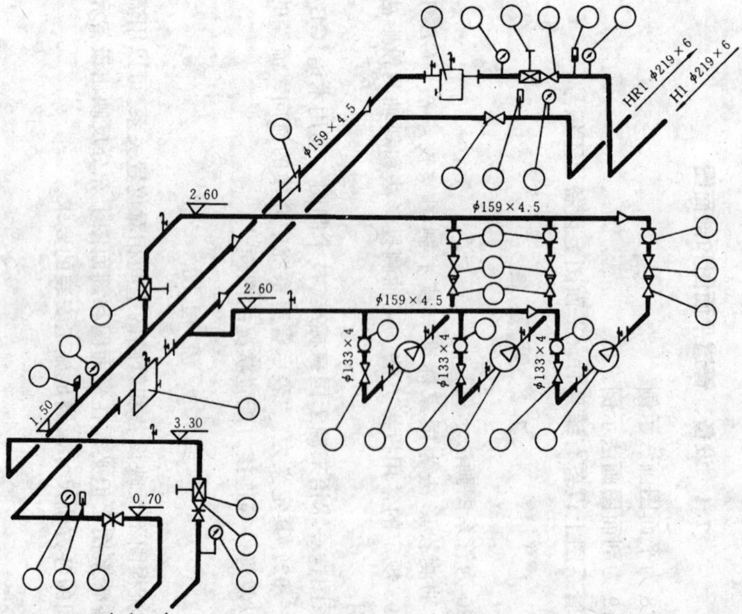

图 20　管系图画法示例

中华人民共和国行业标准

城镇直埋供热管道工程技术规程

Technical specification for directly buried heating pipeline engineering in city

CJJ/T 81—98

主编单位：唐山市热力总公司
批准部门：中华人民共和国建设部
施行日期：1999年6月1日

关于发布行业标准《城镇直埋供热管道工程技术规程》的通知

建标［1998］266号

根据建设部《关于印发1993年工程建设行业标准制订、修订项目计划（建设部部分第一批）的通知》（建标［1993］285号）要求，由唐山市热力总公司主编的《城镇直埋供热管道工程技术规程》，经审查，批准为推荐性行业标准，编号CJJ/T81—98，自1999年6月1日起施行。

本标准由建设部城镇建设标准技术归口单位建设部城市建设研究院负责管理，由唐山市热力总公司负责具体解释。

本标准由建设部标准定额研究所组织中国建筑工业出版社出版。

中华人民共和国建设部
1999年1月4日

前　言

根据建设部建标〔1993〕285号文的要求，标准编制组在广泛调查研究，认真总结实践经验，参考有关国际和国内先进标准，并多方征求意见的基础上，制定了本规程。

本规程的主要技术内容是：1. 总则；2. 术语和符号；3. 管道的布置和敷设；4. 管道受力计算与应力验算；5. 固定墩设计；6. 保温及保护壳；7. 工程测量及土建工程；8. 管道安装；9. 工程验收。

本规程由建设部城镇建设标准技术归口单位建设部城市建设研究院归口管理，授权由主编单位负责具体解释。

本标准主编单位是：唐山市热力总公司（地址：河北省唐山市煤医道21号；邮政编码：063000)。

本标准参加单位是：北京市煤气热力工程设计院、哈尔滨建筑大学、沈阳热力工程设计研究院、中建二局安装公司、鸡西热力公司、哈尔滨热力公司、中国矿业大学。

本标准主要起草人员是：刘领诚、姚约翰、张立华、尹光宇、王钢、肖锡发、郭华、陈永鹤、黄崇国、马健、张兴业、贺孟彰、李武勇、王莹君。

目　次

1 总 则

1.0.1 为统一我国城镇直埋供热管道工程的设计、施工及验收标准，促进直埋管道技术的发展和推广，制定本规程。

1.0.2 本规程适用于供热介质温度小于或等于 150℃、公称直径小于或等于 *DN*500mm 的钢制内管、保温层、保护外壳结合为一体的预制保温直埋热水管道。

1.0.3 在地震、湿陷性黄土、膨胀土等地区应遵守《室外给水排水和煤气热力工程抗震设计规范》(GB50032)、《湿陷性黄土地区建筑规范》(GBJ25)、《膨胀土地区建筑地基技术规范》(GBJ112)的规定。

1.0.4 直埋供热管道工程设计、施工和验收除应符合本规程外，尚应符合《城市热力网设计规范》（CJJ34）、《城市供热管网工程施工及验收规范》（CJJ28）等国家现行有关标准的规定。

2 术语和符号

2.1 术语

2.1.1 屈服温差 temperature difference of yielding

管道在伸缩完全受阻的工作状态下，钢管管壁开始屈服时的工作温度与安装温度之差。

2.1.2 固定点 fixpoint

管道上采用强制固定措施不能发生位移的点。

2.1.3 活动端 free end

管道上安装套筒、波纹管、弯管等能补偿热位移的部位。

2.1.4 锚固点 natural fixpoint

管道温度变化时，直埋直线管道产生热位移管段和不产生热位移管段的自然分界点。

2.1.5 驻点 stagnation point

两侧为活动端的直埋直线管段，当管道温度变化且全线管道产生朝向两端或背向两端的热位移，管段中位移为零的点。

2.1.6 锚固段 fully restrained section

在管道温度发生变化时，不产生热位移的直埋管段。

2.1.7 过渡段 partly restrained section

一端固定（指固定点或驻点或锚固点），另一端为活动端，当管道温度变化时，能产生热位移的直埋管段。

2.1.8 单长摩擦力 friction of unit lengthwise pipeline

沿管道轴线方向单位长度保温外壳与土壤的摩擦力。

2.1.9 过渡段最小长度 minimum friction length

直埋管道第一次升温到工作循环最高温度时受最大单长摩擦力作用形成的由锚固点至活动端的管段长度。

2.1.10 过渡段最大长度 maximum friction length

直埋管道经若干次温度变化，单长摩擦力减至最小时，在工作循环最高温度下形成的由锚固点至活动端的管段长度。

2.2 符号

A——钢管管壁的横截面积（m^2）；

D_c——预制保温管外壳的外径（m）；

D_i——钢管内径（m）；

D_o——钢管外径（m）；

E——钢材的弹性模量（MPa）；

F_{max}——管道的最大单长摩擦力（N/m）；

F_{min}——管道的最小单长摩擦力（N/m）；

g——重力加速度（m/s^2）；

H——管顶覆土深度（m）；

L_{max}——管道的过渡段最大长度（m）；

L_{min}——管道的过渡段最小长度（m）；

P_d——管道的计算压力（MPa）；

t_0——管道计算安装温度（℃）；

t_1——管道工作循环最高温度（℃）；

t_2——管道工作循环最低温度（℃）；

ΔT_y——管道的屈服温差（℃）；

α——钢材的线膨胀系数（m/m·℃）；

δ——钢管公称壁厚（m）；

μ——摩擦系数；

ν——钢材的泊松系数；

ρ——土壤密度（kg/m^3）；

$[\sigma]$——钢材在计算温度下的基本许用应力（MPa）；

σ_b——钢材在计算温度下的抗拉强度最小值（MPa）；

σ_t——管道内压引起的环向应力（MPa）；

σ_s——钢材在计算温度下的屈服极限最小值（MPa）。

3 管道的布置和敷设

3.1 管道布置

3.1.1 直埋供热管道的布置应符合国家现行标准《城市热力网设计规范》（CJJ34）的有关规定。管道与有关设施的相互水平或垂直净距应符合表3.1.1的规定。

表3.1.1 直埋供热管道与有关设施相互净距

名称			最小水平净距（m）	最小垂直净距（m）
给水管			1.5	0.15
排水管			1.5	0.15
燃气管道	压力≤400kPa		1.0	0.15
	压力≤800kPa		1.5	0.15
	压力＞800kPa		2.0	0.15
压缩空气或 CO_2 管			1.0	0.15
排水盲沟沟边			1.5	0.50
乙炔、氧气管			1.5	0.25
公路、铁路坡底脚			1.0	—
地铁			5.0	0.80
电气铁路接触网电杆基础			3.0	—
道路路面			—	0.70
建筑物基础	公称直径≤250mm		2.5	—
	公称直径≥300mm		3.0	—
电缆	通讯电缆管块		1.0	0.30
	电力及控制电缆	≤35kV	2.0	0.50
		≤110kV	2.0	1.00

注：热力网与电缆平行敷设时，电缆处的土壤温度与月平均土壤自然温度比较，全年任何时候对于电压10kV的电力电缆不高出10℃，对电压35～110kV的电缆不高出5℃，可减少表中所列距离。

3.1.2 直埋供热管道最小覆土深度应符合表 3.1.2 的规定，同时尚应进行稳定验算。

表 3.1.2　直埋敷设管道最小覆土深度

管　径（mm）	50～125	150～200	250～300	350～400	450～500
车行道下（m）	0.8	1.0	1.0	1.2	1.2
非车行道下（m）	0.6	0.6	0.7	0.8	0.9

3.1.3 直埋供热管道穿越河底的覆土深度应根据水流冲刷条件和管道稳定条件确定。

3.2 敷 设 方 式

3.2.1 直埋供热管道的坡度不宜小于 2‰，高处宜设放气阀，低处宜设放水阀。

3.2.2 管道应利用转角自然补偿，10°～60°的弯头不宜用做自然补偿。

3.2.3 管道平面折角小于表 3.2.3 的规定和坡度变化小于 2%时，可视为直管段。

表 3.2.3　可视为直管段的最大平面折角（°）

管道公称直径（mm）	循环工作温差（t_1-t_2）（℃）					
	50	65	85	100	120	140
50～100	4.3	3.2	2.4	2.0	1.6	1.4
125～300	3.8	2.8	2.1	1.8	1.4	1.2
350～500	3.4	2.6	1.9	1.6	1.3	1.1

3.2.4 从干管直接引出分支管时，在分支管上应设固定墩或轴向补偿器或弯管补偿器，并应符合下列规定：

1 分支点至支线上固定墩的距离不宜大于 9m。

2 分支点至轴向补偿器或弯管的距离不宜大于 20m。

3 分支点有干线轴向位移时，轴向位移量不宜大于 50mm，分支点至固定墩或弯管补偿器的最小距离应符合本规程公式（4.4.2-1）计算“L”型管段臂长的规定，分支点至轴向补偿器的距离不应小于 12m。

3.2.5 三通、弯头等应力比较集中的部位，应进行验算，验算不通过时可采取设固定墩或补偿器等保护措施。

3.2.6 当需要减少管道轴向力时，可采取设置补偿器或对管道进行预处理等措施。当对管道进行预处理时，应符合本规程附录 A 的规定。

3.2.7 当地基软硬不一致时，应对地基做过渡处理。

3.2.8 埋地固定墩处应采取可靠的防腐措施，钢管、钢架不应裸露。

3.2.9 轴向补偿器和管道轴线应一致，距补偿器 12m 范围内管段不应有变坡和转角。

3.3 管 道 附 件

3.3.1 直埋供热管道上的阀门应能承受管道的轴向荷载，宜采用钢制阀门及焊接连接。

3.3.2 直埋供热管道变径处（大小头）或壁厚变化处，应设补偿器或固定墩，固定墩应设在大管径或壁厚较大一侧。

3.3.3 直埋供热管道的补偿器、变径管等管件应采用焊接连接。

4 管道受力计算与应力验算

4.1 一般规定

4.1.1 直埋敷设预制保温管道的应力验算采用应力分类法。

4.1.2 本章适用于整体式预制保温直埋热水管道；同时，钢制内管材质应具有明显的屈服极限。

4.1.3 直埋敷设预制保温管道在进行受力计算与应力验算时，供热介质参数和安装温度应符合下列规定：

1 热水管网供、回水管道的计算压力应采用循环水泵最高出口压力加上循环水泵与管道最低点地形高差产生的静水压力。

2 管道工作循环最高温度，应采用室外采暖计算温度下的热网计算供水温度；管道工作循环最低温度，对于全年运行的管网应采用30℃，对于只在采暖期运行的管网应采用10℃。

3 计算安装温度取安装时当地的最低温度。

4.1.4 单位长度直埋敷设预制保温管的外壳与土壤之间的摩擦力，应按下式计算：

$$F = \pi \rho g \mu (H + D_c/2) \cdot D_c \qquad (4.1.4)$$

式中 F——轴线方向每米管道的摩擦力（N/m）；

H——管顶覆土深度（m）；当 $H > 1.5$m 时，H 取 1.5m。

4.1.5 保温管外壳与土壤之间的摩擦系数，应根据外壳材质和回填料的不同分别确定。对于高密度聚乙烯或玻璃钢的保温外壳与土壤间的摩擦系数，可按表4.1.5采用。

4.1.6 管道径向位移时，土壤横向压缩反力系数 C 宜根据当地土壤情况实测或按经验确定。管道水平位移时，C 值宜取 $1\times10^6 \sim 10\times10^6$ N/m³；对于粉质粘土、砂质粉土回填密实度为90%～95%时，C 值可取 $3\times10^6 \sim 4\times10^6$ N/m³。管道竖向向下位移时，C 值变化范围为 $5\times10^6 \sim 100\times10^6$ N/m³。

表 4.1.5 保温管外壳与土壤间的摩擦系数

摩擦系数 / 回填料 / 保温管外壳材质	中砂		粉质粘土或砂质粉土	
	最大摩擦系数 μ_{max}	最小摩擦系数 μ_{min}	最大摩擦系数 μ_{max}	最小摩擦系数 μ_{min}
高密度聚乙烯或玻璃钢	0.40	0.20	0.40	0.15

4.1.7 直埋供热管道钢材的基本许用应力，应根据钢材有关特性，取下列两式中的较小值：

$$[\sigma] = \sigma_b/3 \qquad (4.1.7\text{-}1)$$

$$[\sigma] = \sigma_s/1.5 \qquad (4.1.7\text{-}2)$$

常用钢材的基本许用应力 $[\sigma]$、弹性模量 E 和线膨胀系数 α 值应符合本规程附录B的规定。

4.1.8 直埋预制保温管的应力验算，应符合下列规定：

1 管道在内压、持续外载作用下的一次应力的当量应力，不应大于钢材在计算温度下的基本许用应力 $[\sigma]$。

2 管道由热胀、冷缩和其它因位移受约束而产生的二次应力及由内压、持续外载产生的一次应力的当量应力变化范围，不应大于钢材在计算温度下基本许用应力 $[\sigma]$ 的3倍。

3 管道局部应力集中部位的一次应力、二次应力和峰值应力的当量应力变化幅度不应大于钢材在计算温度下基本许用应力 $[\sigma]$ 的 3 倍。

4.2 管壁厚度的计算

4.2.1 管道的理论计算壁厚应按下式计算：

$$\delta_t = \frac{P_d D_o}{2[\sigma]\varphi + P_d} \quad (4.2.1)$$

式中 δ_t——管道理论计算壁厚（m）；

φ——基本许用应力修正系数。

4.2.2 基本许用应力修正系数（φ）的取用应符合下列规定：

1. 钢管基本许用应力修正系数应按表 4.2.2-1 取用。

表 4.2.2-1 钢管基本许用应力修正系数

焊缝形式	φ
无缝钢管	1.0
双面自动焊螺旋焊缝钢管	1.0
单面焊接的螺旋焊缝钢管	0.6

2. 纵向焊缝钢管基本许用应力修正系数应按表 4.2.2-2 取用。

表 4.2.2-2 纵缝焊接钢管基本许用应力修正系数

焊接方法	焊缝形式	φ
手工电焊或气焊	双面焊接有坡口的对接焊接	1.00
	有氩弧焊打底的单面焊接有坡口对接焊接	0.90
	无氩弧焊打底的单面焊接有坡口对接焊接	0.75
熔剂层下的自动焊	双面焊接对接焊缝	1.00
	单面焊接有坡口对接焊缝	0.85
	单面焊接无坡口对接焊缝	0.80

4.2.3 管道的取用壁厚，应按下列方法确定：

1 管道的计算壁厚按下式计算：

$$\delta_c = \delta_t + B \quad (4.2.3\text{-}1)$$

式中 B——管道壁厚附加值（m）。

2 管道壁厚附加值按下式计算：

$$B = \chi\delta_t \quad (4.2.3\text{-}2)$$

式中 χ——管道壁厚负偏差系数，按表 4.2.3 取用。

表 4.2.3 管道壁厚负偏差系数

管道壁厚偏差（%）	0	−5	−8	−9	−10	−11	−12.5	−15
χ	0.050	0.105	0.141	0.154	0.167	0.180	0.200	0.235

当焊接管道产品标准中未提供壁厚允许负偏差百分数时，壁厚附加值可采用下列数据：

理论壁厚为 5.5×10^{-3}m 及以下者，$B=0.5\times10^{-3}$m；

理论壁厚为 $6\times10^{-3}\sim7\times10^{-3}$m 者，$B=0.6\times10^{-3}$m；

理论壁厚为 $8\times10^{-3}\sim25\times10^{-3}$m 者，$B=0.8\times10^{-3}$m。

3 管道取用壁厚应采用大于或等于计算壁厚的最小公称壁厚。

4.3 直管段的轴向力和热伸长

4.3.1 管道的屈服温差应按下式计算：

$$\Delta T_y = \frac{1}{\alpha E}[n\sigma_s - (1-\nu)\sigma_t] \quad (4.3.1\text{-}1)$$

$$\sigma_t = \frac{P_d D_i}{2\delta} \quad (4.3.1\text{-}2)$$

式中 n——屈服极限增强系数，n 取 1.3；

ν——泊松系数，对钢材 ν 取 0.3。

4.3.2 直管段的过渡段长度，应按下式计算：

1 过渡段最大长度

$$L_{\max} = \frac{[\alpha E(t_1 - t_0) - \nu\sigma_t]A \cdot 10^6}{F_{\min}} \quad (4.3.2\text{-}1)$$

当 $t_1 - t_0 > \Delta T_y$ 时，取 $t_1 - t_0 = \Delta T_y$。

2 过渡段最小长度

$$L_{\min} = \frac{[\alpha E(t_1 - t_0) - \nu\sigma_t]A \cdot 10^6}{F_{\max}} \quad (4.3.2\text{-}2)$$

当 $t_1 - t_0 > \Delta T_y$ 时，取 $t_1 - t_0 = \Delta T_y$。

4.3.3 管道工作循环最高温度下，过渡段内任一截面上的最大轴向力和最小轴向力应按下列公式计算：

1 最大轴向力

$$N_{t.\max} = F_{\max} l + F_f \quad (4.3.3\text{-}1)$$

当 $l \geqslant L_{\min}$时，取 $l = L_{\min}$。

2 最小轴向力

$$N_{t.\min} = F_{\min} l + F_f \quad (4.3.3\text{-}2)$$

式中 $N_{t.\max}$——计算截面的最大轴向力（N）；

l——过渡段内计算截面距活动端的距离（m）；

F_f——活动端对管道伸缩的阻力（N）；

$N_{t.\min}$——计算截面的最小轴向力（N）。

4.3.4 管道工作循环最高温度下，锚固段内的轴向力应按下式计算：

$$N_a = [\alpha E(t_1 - t_0) - \nu\sigma_t]A \cdot 10^6 \quad (4.3.4)$$

当 $t_1 - t_0 > \Delta T_y$ 时，取 $t_1 - t_0 = \Delta T_y$。

式中 N_a——锚固段的轴向力（N）。

4.3.5 对于直管段的当量应力变化范围应进行验算，并应满足下列表达式的要求：

$$\sigma_j = (1 - \nu)\sigma_t - \alpha E(t_2 - t_1) \leqslant 3[\sigma] \quad (4.3.5\text{-}1)$$

式中 σ_j——内压、热胀应力的当量应力变化范围（MPa）。

当不能满足（4.3.5-1）式的条件时，管系中不应有锚固段存在，且设计布置的过渡段长度应满足下列表达式的要求：

$$L \leqslant \frac{[3[\sigma] - \sigma_t]A}{1.6F_{\max}} \cdot 10^6 \quad (4.3.5\text{-}2)$$

式中 L——设计布置的过渡段长度（m）。

4.3.6 两过渡段间驻点位置 Z 应按下式确定（图 4.3.6）：

$$l_1 = \left(L - \frac{F_{f1} - F_{f2}}{F_{\min}}\right)/2 \quad (4.3.6)$$

式中 L——两过渡段管线总长度（m）；

l_1（或 l_2）——驻点左侧（或右侧）过渡段长度（m）；

F_{f1}（或 F_{f2}）——左侧（或右侧）活动端对管道伸缩的阻力（N）。

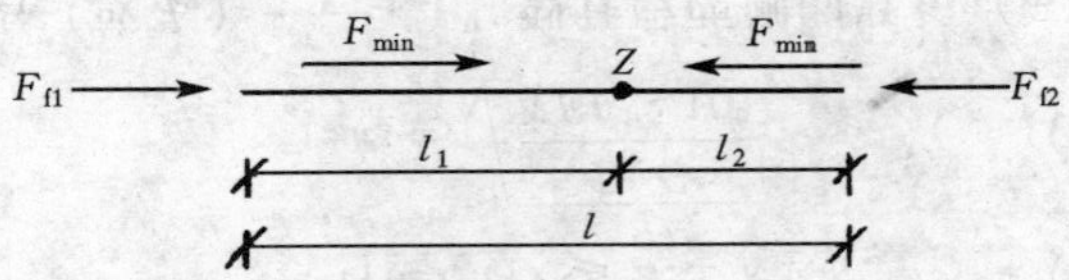

图 4.3.6 计算驻点位置简图

当 F_{f1}或 F_{f2}的数值与过渡段长度有关，采用迭代计算时，F_{f1}或 F_{f2}的误差不应大于 10%。

4.3.7 管段伸长量应根据该管段所处的应力状态按下列公式计算：

1 当 $t_1 - t_0 \leqslant \Delta T_y$ 或 $L \leqslant L_{\min}$，整个过渡段处于弹性状态工作时

$$\Delta l = \left[\alpha(t_1 - t_0) - \frac{F_{min}L}{2EA \cdot 10^6}\right]L \quad (4.3.7\text{-}1)$$

2 当 $t_1 - t_0 > \Delta T_y$ 且 $L > L_{min}$，管段中部分进入塑性状态工作时

$$\Delta l = \left[\alpha(t_1 - t_0) - \frac{F_{min}L}{2EA \cdot 10^6}\right]L - \Delta l_p \quad (4.3.7\text{-}2)$$

$$\Delta l_p = \alpha(t_1 - \Delta T_y - t_0)(L - L_{min}) \quad (4.3.7\text{-}3)$$

式中 Δl——管段的热伸长量（m）；

L——设计布置的管段长度（m）；当 $L \geqslant L_{max}$ 时，L 取 L_{max}；

Δl_p——过渡段的塑性压缩变形量（m）。

4.3.8 过渡段内任一计算点的热位移应按下列步骤计算：

1 计算整个过渡段的热伸长量；

2 以计算点到活动端的距离作为一个假设的过渡段，计算该段的热伸长量；

3 整个过渡段与假设过渡段热伸长量之差即为计算点的热位移量。

4.3.9 采用套筒、波纹管、球型等补偿器对过渡段的热伸长或分支三通位移进行补偿，当过渡段一端为固定点或锚固点时，补偿器补偿能力不应小于过渡段热伸长量（或分支三通位移）的1.1倍；当过渡段的一端为驻点时，应乘以1.2的系数，但不应大于按过渡段最大长度计算出的伸长量的1.1倍。

4.4 转角管段的应力验算

4.4.1 直埋水平弯头和纵向弯头升温弯矩及轴向力可采用弹性抗弯铰解析法或有限元法进行计算。当采用弹性抗弯铰解析法时，应符合本规程附录C的规定。

计算弯头弯矩变化范围时，管道的计算温差应采用工作循环最高温度与工作循环最低温度之差；计算转角管段的轴向力时，管道的计算温差应采用工作循环最高温度与计算安装温度之差。

4.4.2 采用弹性抗弯铰解析法进行计算时，"L"型管段的臂长应符合下列规定：

$$l_1(\text{或 } l_2) \geqslant 2.3/\kappa \quad (4.4.2\text{-}1)$$

$$\kappa = \sqrt[4]{\frac{D_c C}{4EI_p \cdot 10^6}} \quad (4.4.2\text{-}2)$$

式中 l_1（或 l_2）——"L"型管段两侧的臂长（m）；

κ——与土壤特性和管道刚度有关的参数（1/m）；

C——土壤横向压缩反力系数（N/m^3）。

4.4.3 "Z"型、"Π"型补偿管段可分割成两个"L"型管段，并可采用弹性抗弯铰解析法进行弯头弯矩及轴向力的计算。分割时应使："Z"型管段以垂直臂上的驻点将管段分为两个"L"型管段；对于两侧转角相同的"Z"型管段，驻点可取垂直臂中点。"Π"型管段自外伸臂的顶点起将两个外伸臂连同两侧的直管段分为两个"L"型管段。

4.4.4 直埋弯头在弯矩作用下的最大环向应力变化幅度应按下式计算：

$$\sigma_{bt} = \frac{\beta_b M r_{bo}}{I_b} \cdot 10^{-6} \quad (4.4.4\text{-}1)$$

$$\beta_b = 0.9(1/\lambda)^{2/3} \quad (4.4.4\text{-}2)$$

$$\lambda = R_c \delta_b / (r_{bm})^2 \quad (4.4.4\text{-}3)$$

$$r_{bm} = r_{bo} - \delta_b/2 \tag{4.4.4-4}$$

式中 σ_{bt}——弯头在弯矩作用下最大环向应力变化幅度(MPa)；

β_b——弯头平面弯曲环向应力加强系数；

M——弯头的弯矩变化范围（N·m）；

r_{bo}——弯头的外半径（m）；

I_b——弯头横截面的惯性矩（m^4）；

λ——弯头的尺寸系数；

R_c——弯头的计算曲率半径（m）；

δ_b——弯头的公称壁厚（m）；

r_{bm}——弯头横截面的平均半径（m）。

4.4.5 直埋弯头的强度验算应满足下列条件：

$$\sigma_{bt} + 0.5\sigma_{pt} \leqslant 3[\sigma] \tag{4.4.5-1}$$

$$\sigma_{pt} = \frac{P_d D_{bi}}{2\delta_b} = \frac{P_d r_{bi}}{\delta_b} \tag{4.4.5-2}$$

式中 D_{bi}——弯头内径（m）；

r_{bi}——弯头内半径（m）；

σ_{pt}——直埋弯头在内压作用下弯头顶（底）部的环向应力（MPa）。

4.5 三 通 加 固

4.5.1 直埋供热管道的焊制三通应根据内压和主管轴向荷载联合作用进行强度验算。三通各部分的一次应力和二次应力的当量应力变化范围不应大于 3［σ］；局部应力集中部位的一次应力、二次应力和峰值应力的当量应力变化幅度不应大于 3［σ］。当不能满足上述条件时应进行加固。

4.5.2 三通加固应采取下列一项或几项措施进行：

1 加大主管壁厚，提高三通总体强度（包括采用不等壁厚的铸钢或锻钢三通）；

2 在开孔区采取加固措施（包括增加支管壁厚），抑制三通开孔区的变形；

3 在开孔区周围加设传递轴向荷载的结构。

4.5.3 对三通加固方案应进行应力测定或用有限元法计算，以检验加固措施是否满足本规程第 4.5.1 条的规定。

当不进行应力测定和计算时，可按本规程附录 D 中的规定进行加固。

4.6 管道竖向稳定性验算

4.6.1 直埋直管段上的垂直荷载应符合下式要求：

$$Q \geqslant \frac{\gamma_s \cdot N_{p.max}^2}{E \cdot I_p} f_0 \tag{4.6.1}$$

式中 Q——作用在单位长度管道上的垂直分布荷载(N/m)；

γ_s——安全系数，γ_s 取 1.1；

$N_{p.max}$——管道的最大轴向力，按本规程（4.3.3-1）式和（4.3.4）式计算（N）；

f_0——初始挠度（m）；

I_p——直管横截面惯性矩（m^4）。

4.6.2 初始挠度应按下式计算：

$$f_0 = \frac{\pi}{200}\sqrt{\frac{EI_p}{N_{p.max}}} \tag{4.6.2}$$

当 $f_0 < 0.01$m 时，f_0 取 0.01m。

4.6.3 垂直荷载应按下式计算：

$$Q = G_W + G + S_F \tag{4.6.3-1}$$

$$G_W = \left[H \cdot D_c + \frac{(4-\pi)}{8}D_c^2\right]\rho g \qquad (4.6.3\text{-}2)$$

$$S_F = \rho g\left(H + \frac{D_c}{2}\right)^2 \cdot K_0 \cdot \tan\phi \qquad (4.6.3\text{-}3)$$

$$K_0 = 1 - \sin\phi \qquad (4.6.3\text{-}4)$$

式中 G_W——每米长管道上方的土层重量（N/m）；

G——每米长预制保温管自重(包括介质在内)(N/m)；

S_F——每米长管道上方土体的剪切力（N/m）；

K_0——土壤静压力系数；

ϕ——土壤的内摩擦角。

4.6.4 当竖向稳定性不满足要求时，应采取下列措施：

1 增加管道埋深或管道上方荷载；

2 降低管道轴向力。

5 固定墩设计

5.1 管道对固定墩的推力

5.1.1 管道对固定墩的作用力，应包括下列三部分：

1 管道热胀冷缩受约束产生的作用力；

2 内压产生的不平衡力；

3 活动端位移产生的作用力。

5.1.2 固定墩两侧管段作用力合成时，应按下列原则进行：

1 根据两侧管段摩擦力下降造成的轴向力变化的差异，按最不利情况进行合成；

2 两侧管段由热胀受约束引起的作用力和活动端作用力的合力相互抵消时，荷载较小方向力应乘以 0.8 的抵消系数；当两侧管段均为锚固段时，抵消系数取 0.9。两侧内压不平衡力的抵消系数取 1。

5.1.3 推力可按本规程附录 E 所列公式计算或采用计算不同摩擦力工况下两侧推力（考虑抵消系数）最大差值的方法进行。

5.2 固定墩结构

5.2.1 直埋固定墩必须进行下列稳定性验算：

1 抗滑移验算（图 5.2.1）

$$K_s = \frac{KE_p + f_1 + f_2 + f_3}{E_a + T} \geqslant 1.3 \qquad (5.2.1\text{-}1)$$

式中　K_s——抗滑移系数；

K——固定墩后背土压力折减系数，取0.4~0.7；

E_p——被动土压力（N）；

f_1、f_2、f_3——固定墩底面、侧面及顶面与土壤产生的摩擦力（N）；

E_a——主动土压力（N），当固定墩前后为粘性土时 E_a 可略去；

T——供热管道对固定墩作用力（N）。

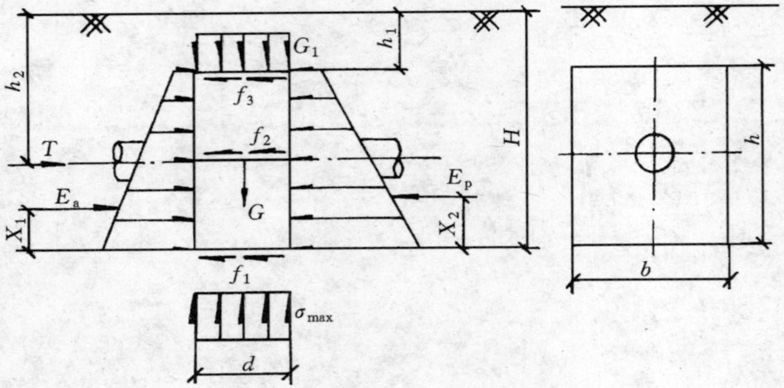

图 5.2.1　固定墩受力简图

2　抗倾覆验算（图 5.2.1）

$$K_{ov}=\frac{KE_pX_2+(G+G_1)d/2}{E_aX_1+T(H-h_2)}\geqslant 1.5 \quad (5.2.1\text{-}2)$$

$$\sigma_{max}\leqslant 1.2f \quad (5.2.1\text{-}3)$$

$$E_p=\frac{1}{2}\rho gbh(h_1+H)\mathrm{tg}^2\left(45°+\frac{\phi}{2}\right) \quad (5.2.1\text{-}4)$$

$$E_a=\frac{1}{2}\rho gbh(h_1+H)\mathrm{tg}^2\left(45°-\frac{\phi}{2}\right) \quad (5.2.1\text{-}5)$$

式中　K_{ov}——抗倾覆系数；

X_2——被动土压力 E_p 作用点至固定墩底面距离（m）；

X_1——主动土压力 E_a 作用点至固定墩底面距离（m）；

G——固定墩自重（N）；

G_1——固定墩上部覆土重（N）；

σ_{max}——固定墩底面对土壤的最大压应力（Pa）；

f——地基承载力设计值（Pa）；

b、d、h——固定墩几何尺寸（宽、厚、高）（m）；

h_1、h_2、H——固定墩顶面、管孔中心和底面至地面的距离（m）；

ϕ——回填土内摩擦角，砂土取30°。

5.2.2　回填土与固定墩的摩擦系数 μ_m 应按表 5.2.2 取用。

表 5.2.2　回填土与固定墩的摩擦系数

土壤类别		摩擦系数
粘性土	可塑性	0.25~0.30
	硬性	0.30~0.35
	坚硬性	0.35~0.45
粉土	土壤饱和度<0.5	0.30~0.40
中砂、粗砂、砾砂		0.40~0.50
碎石土		0.6

5.2.3　固定墩强度及配筋计算应符合现行国家标准《混凝土结构设计规范》（GBJ10）的规定。

5.2.4　制作固定墩所用混凝土强度等级不应低于C20，钢

筋直径不应小于 $\phi 8$，其间距不应大于 250mm。钢筋应采用双层布置，保护层不应小于 30mm。

5.2.5 供热管道穿过固定墩处，孔边应设置加强筋。

6 保温及保护壳

6.1 一般规定

6.1.1 直埋供热管道的保温结构是由保温层与保护壳组成。保护壳应连续、完整和严密。保温层应饱满，不应有空洞。保温结构应有足够的强度并与钢管粘结为一体。

6.1.2 直埋供热管道与管件的保温结构设计，应按国家现行标准《设备及管道保温技术通则》（GB4271）、《设备及保温设计导则》（GB8175）、《城市热力网设计规范》（CJJ34）和本规程的规定执行。

6.1.3 聚氨酯泡沫塑料预制保温管性能应符合国家现行标准《聚氨酯泡沫塑料预制保温管》（CJ/T3002）的规定。

6.1.4 直埋供热管道保温层除应具有良好保温性能外，还应符合表 6.1.4 的规定。

表 6.1.4 直埋供热管道保温层耐热性及强度指标

项目	指标
耐热性	不低于设计工作温度
抗压强度	≥200kPa
剪切强度（含与内管和外壳粘结）	≥120kPa

6.1.5 直埋供热管道及管件应在工厂预制，现场只进行接口施工。

6.1.6 在贮存、运输期间，预制保温管、管件的保温端面必须有良好的防水漆面，管端应有保护封帽。

6.1.7 保温层内设置报警线的保温管，报警线之间、报警线与钢管之间的绝缘电阻值应符合产品标准的规定。

6.2 保温计算

6.2.1 直埋供热管道保温层应满足工艺对供热介质温度降、保温管周围土壤温度场等的技术要求，当经济保温层厚度能满足技术要求时，取经济保温层厚度，但最小厚度应满足制造工艺要求。

6.2.2 经济保温厚度、技术保温厚度和管道热损失计算中有关参数，应符合国家现行标准《城市热力网设计规范》（CJJ34）的规定。

7 工程测量及土建工程

7.1 工程测量

7.1.1 直埋供热管道工程测量，应符合国家现行标准《城市测量规范》（CJJ8）、《城市供热管网工程施工及验收规范》（CJJ28）及本规程的规定。

7.1.2 施工时，直埋供热管道全部管线都应进行平面位置测量和高程测量，并应符合设计要求。

7.1.3 直埋供热管道工程应进行详细竣工测量，主要内容应包括：

1 平面测量：管线始末点、转角点的坐标和与永久性建筑物的相对位置（条件不允许时可只取其中一种），直埋阀门、补偿器、固定墩、变径管和交叉管线的位置。

2 高程测量：所有的变坡点、转角点和沿线每隔 50m 的管顶高程，其它交叉管线的高程。

7.2 土方工程

7.2.1 沟槽的土方开挖宽度，应根据管道外壳至槽底边的距离确定。管周围填砂时该距离不应小于 100mm；填土时，该距离应根据夯实工艺确定。

7.2.2 沟槽、检查室经工程验收合格、竣工测量后，应及时进行回填。

7.2.3 沟槽回填前应先将槽底清除干净，有积水时应先排除。

7.2.4 沟槽胸腔部位应填砂或过筛的细土，回填料种类由设计确定。填砂时，回填高度应符合设计要求；填土时，筛土颗粒不应大于20mm，回填范围为保温管顶以上150mm以下的部位。

7.2.5 回填料应分层夯实，各部位的密实度应符合国家现行标准《城市供热管网工程施工及验收规范》（CJJ28）的规定。

7.3 构 筑 物

7.3.1 直埋供热管道的检查室施工时，应保证穿越口与管道轴线一致，偏差度应满足设计要求，并按设计要求做好管道穿越口的防水、防腐。

7.3.2 固定墩混凝土浇筑前应检查与混凝土接触部位的管道及卡板防腐层，防腐层应完好，有损坏时应修补。

7.3.3 内嵌式固定墩应待固定墩两侧供热管道连接调整就位后，且在安装补偿器之前进行混凝土浇筑。

8 管 道 安 装

8.1 一 般 规 定

8.1.1 进入现场的预制保温管、管件和接口材料，都应具有产品合格证及性能检测报告，检测值应符合国家现行产品标准的规定。

8.1.2 进入现场的预制保温管和管件必须逐件进行外观检验，破损和不合格产品严禁使用。

8.1.3 预制保温管应分类整齐堆放，管端应有保护封帽。堆放场地应平整，无硬质杂物，不积水。堆高不宜超过2m，堆垛离热源不应小于2m。

8.2 管 道 安 装

8.2.1 管道安装前应检查沟槽底高程、坡度、基底处理是否符合设计要求。管道内杂物及砂土应清除干净。

8.2.2 管道运输吊装时宜用宽度大于50mm的吊带吊装，严禁用铁棍撬动外套管和用钢丝绳直接捆绑外壳。

8.2.3 等径直管段中不应采用不同厂家、不同规格、不同性能的预制保温管；当无法避免时，应征得设计部门同意。

8.2.4 预制保温管可单根吊入沟内安装，也可2根或多根组焊完后吊装。当组焊管段较长时，宜用两台或多台吊车抬管下管，吊点的位置按平衡条件选定。应用柔性宽吊带起吊，并应稳起、稳放。严禁将管道直接推入沟内。

8.2.5 安装直埋供热管道时，应排除地下水或积水。当日工程完工时应将管端用盲板封堵。

8.2.6 有报警线的预制保温管，安装前应测试报警线的通断状况和电阻值，合格后再下管对口焊接。报警线应在管道上方。

8.2.7 安装预制保温管道的报警线时，应符合产品标准的规定。在施工中，报警线必须防潮；一旦受潮，应采取预热、烘烤等方式干燥。

8.2.8 安装前应按设计给定的伸长值调整一次性补偿器。施焊时两条焊接线应吻合。

8.2.9 直埋供热管道敞口预热应分段进行，宜采取1km为一段。预热介质宜采用热水，预热温度应按设计要求确定。

8.3 接口保温

8.3.1 直埋供热管道接口保温应在管道安装完毕及强度试验合格后进行。

8.3.2 管道接口处使用的保温材料应与管道、管件的保温材料性能一致。

8.3.3 接口保温施工前，应将接口钢管表面、两侧保温端面和搭接段外壳表面的水分、油污、杂质和端面保护层去除干净。

8.3.4 管道接口使用聚氨酯发泡时，环境温度宜为20℃，不应低于10℃；管道温度不应超过50℃。

8.3.5 对*DN*200以上管道接口不宜采用手工发泡。

8.3.6 管道接口保温不宜在冬季进行。不能避免时，应保证接口处环境温度不低于10℃。严禁管道浸水、覆雪。接口周围应留有操作空间。

8.3.7 发泡原料应在环境温度为10～25℃的干燥密闭容器内贮存，并应在有效期内使用。

8.3.8 接口保温采用套袖连接时，套袖与外壳管连接应采用电阻热熔焊；也可采用热收缩套或塑料热空气焊，采用塑料热空气焊应用机械施工。

8.3.9 套袖安装完毕后，发泡前应做气密性实验，升压至20kPa，接缝处用肥皂水检验，无泄漏为合格。

8.3.10 对需要现场切割的预制保温管，管端裸管长度宜与成品管一致，附着在裸管上的残余保温材料应彻底清除干净。

8.3.11 硬质泡沫保温物质应充满整个接口环状空间，密度应大于$50kg/m^3$。

8.3.12 对采用玻璃钢外壳的管道接口，使用模具作接口保温时，接口处的保温层应和管道保温层顺直，无明显凹凸及空洞。

8.3.13 接口处，玻璃钢防护壳表面应光滑顺直，无明显凸起、凹坑、毛刺，防护壳厚度不应小于管道防护壳厚度；两侧搭接不应小于80mm。

8.4 试压、清洗及试运行

8.4.1 直埋供热管道工程试压、清洗及试运行应符合国家现行标准《城市供热管网工程施工及验收规范》（CJJ28）的规定。

9 工 程 验 收

9.0.1 直埋供热管道工程在单项、分部、分项工程验收合格后，进行总体验收。

9.0.2 直埋供热管道工程的单项、分部、分项工程质量验收除应遵守《城市供热管网工程施工及验收规范》（CJJ28）的有关规定外，还应包括下列内容：

1 管道地基处理、胸腔回填料、回填土高度和回填密实度；

2 回填前预制保温管外壳完好性；

3 预制保温管接口及报警线；

4 预制保温管与固定墩连接处防水防腐及检查室穿越口处理；

5 管道轴线偏差；

6 预拉预热伸长量、一次性补偿器预调整值及焊接线吻合程度；

7 防止管道失稳措施。

附录 A 直埋供热管道预处理

A.1 一 般 规 定

A.1.1 在满足本规程（4.3.5-1）式条件的前提下，调整管道中的轴向力可采用预拉伸、敞沟预热、设置一次性补偿器覆土后预热等预处理方法。

A.1.2 本附录中所列公式适用于预处理管段未发生屈服的情况。

A.1.3 循环中间温度 t_m 根据工艺要求确定或按下式计算：

$$t_m = 0.5 \times (t_1 + t_2) \tag{A.1.3}$$

式中 t_m——中间温度，即管段内平均应力为零（未计入内压影响）的温度（℃）。

A.1.4 预处理管段伸长量应按下式计算：

$$\Delta L = \alpha (t_m - t_i) L_{pr} \tag{A.1.4}$$

式中 ΔL——预处理管段伸长量（m）；

t_i——预处理管段初始应力为零时管道温度（℃）；

L_{pr}——预处理管段长度（m）。

A.2 管 道 预 处 理

A.2.1 敞沟预热宜选用充水预热方式，亦可采用电加热。

A.2.2 预拉伸处理和敞沟预热时，应在保证管道伸长量符合设计值并且保持不变时进行覆土夯实。

A.2.3 当大型管网采用分段预处理，在下一管段进行预拉伸或敞沟预热时，上一管段回缩的长度应一并补足。

A.2.4 覆土后预热管道分段长度应符合下式要求：

$$L_s \leqslant \frac{2AE\alpha(t_{p.max} - t_m)}{F} \times 10^6 \quad (A.2.4)$$

式中 L_s——一次性补偿器到固定点或驻点的距离，即管道分段长度（m）；

$t_{p.max}$——最高预热温度（℃），$t_{p.max}$应取小于或等于t_1；

F——预热段土壤对管道的摩擦力（N/m）。

A.2.5 覆土后预热管段外宜包裹塑料薄膜，摩擦系数应采用首次升温时的值。

A.2.6 使用一次性补偿器进行覆土后预热时，预热宜与热网试运行合并进行；预热段与相邻非预热段应用固定墩隔开。

A.2.7 使用一次性补偿器进行覆土后预热时，一次性补偿器的补偿量应在预热前调整为设计值，并应在伸长量到位后将一次性补偿器焊接成整体。

A.2.8 一个预热段设置多个一次性补偿器时，一次性补偿器应均布；管段总热伸长应符合设计值。

A.2.9 一个预热段设置多个一次性补偿器时，预热段长度应符合下式规定：

$$L \leqslant 2nL_s \quad (A.2.9)$$

式中 L_s——管道分段长度（m）；

L——预热段长度（m）；

n——设置的一次性补偿器数量。

A.3 覆土后预热应力计算

A.3.1 管段计算预热温度应按下式计算：

$$t_{dp} = t_m + \frac{L_c F}{2AE\alpha} \times 10^{-6} \quad (A.3.1)$$

式中 t_{dp}——计算预热温度（℃）；

L_c——计算的管段长度（m）。

A.3.2 覆土后预热的管段初运行时，工作循环最高温度下压应力应按下式计算：

1. 一次性补偿器处：

$$\sigma_{c1} = E\alpha(t_1 - t_{dp}) \quad (A.3.2\text{-}1)$$

2. 管段与一次性补偿器相对应的另一端：

$$\sigma_{c2} = E\alpha[t_1 - t_{dp}] + FL_c/A \quad (A.3.2\text{-}2)$$

A.3.3 覆土后预热的管段初运行时，工作循环最低温度下拉应力应按下式计算：

1 一次性补偿器处：

$$\sigma_{d1} = E\alpha(t_{dp} - t_2) \quad (A.3.3\text{-}1)$$

2 管段与一次性补偿器相对应的另一端：

$$\sigma_{d2} = E\alpha[t_{dp} - t_2] - FL_c/A \quad (A.3.3\text{-}2)$$

A.3.4 管段内应力均布后，最大压应力和最大拉应力应按下列公式计算：

1 最大压应力：

$$\sigma_{c.max} = E\alpha[t_1 - t_m] \quad (A.3.4\text{-}1)$$

2 最大拉应力：

$$\sigma_{d.max} = E\alpha[t_m - t_2] \quad (A.3.4\text{-}2)$$

式中 t_{dp}——计算管段的计算预热温度（℃）。

附录B 钢 材 性 能

B.0.1 常用钢材的基本许用应力应符合表 B.0.1 的规定。

表 B.0.1 常用钢材的基本许用应力 [σ]（MPa）

钢 号	10	20，20g	Q235
σ_b	333.5	402.2	375
σ_s	206.0	215.8	235
计算温度 20～200℃	111.1	134.1	125

B.0.2 常用钢材的弹性模量 E 和线膨胀系数 α 值应符合表 B.0.2 的规定。

表 B.0.2 常用钢材的弹性模量和线膨胀系数

钢材物理特性		弹性模量 E（10^4MPa，10^{10}N/m^2）			线膨胀系数 α（10^{-6}m/m·℃）		
钢号		10	20,20g	Q235	10	20,20g	Q235
计算温度（℃）	20	19.8	19.8	20.6			
	100	19.1	18.2	20.0	11.9	11.2	12.2
	150	18.6	18.0	19.6	12.3	11.6	12.6
	200	18.1	17.6	19.2	12.6	12.1	13.0

注 Q235 是替代 A3，A3g 的新钢号。

附录C 直埋供热管道转角管段弹性抗弯铰解析计算法

C.1 直埋水平转角管段计算

C.1.1 水平转角管段的过渡段长度应按下列公式计算：

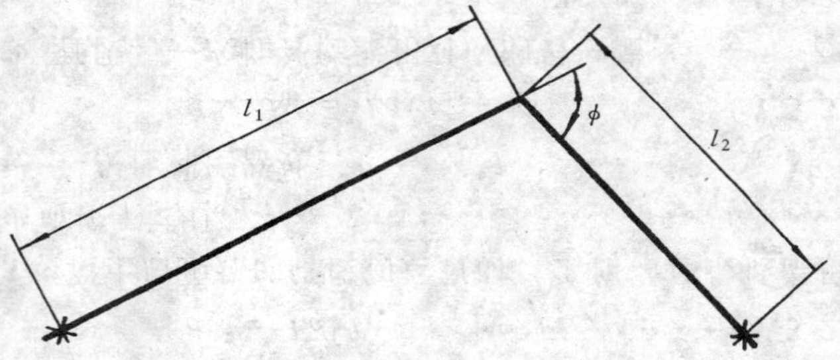

图 C.1.1 水平转角管段示意图

$$l_{t.max} = \sqrt{Z^2 + \left(\frac{2Z}{F_{min}}\right) \cdot N_a} - Z \quad (C.1.1\text{-}1)$$

$$l_t = \sqrt{Z^2 + \left(\frac{Z}{F_{min}}\right) \cdot N_b} - Z \quad (C.1.1\text{-}2)$$

$$Z = \frac{A \cdot tg^2(\phi/2)}{2\kappa^3 I_p(1 + C_M)} \quad (C.1.1\text{-}3)$$

$$\kappa = \sqrt[4]{\frac{D_c \cdot C}{4EI_p \cdot 10^6}} \quad (C.1.1\text{-}4)$$

$$C_M = \frac{1}{1 + K\kappa R_c \phi(I_p/I_b)} \tag{C.1.1-5}$$

$$\lambda = \frac{R\delta_b}{r_{bm}^{\ 2}} \tag{C.1.1-6}$$

$$N_a = [\alpha E(t_1 - t_0) - \nu\sigma_t]A \cdot 10^6 \tag{C.1.1-7}$$

当 $t_1 - t_0 > \Delta T_y$ 时，取 $(t_1 - t_0) = \Delta T_y$。

$$N_b = [\alpha E(t_1 - t_2) - \nu\sigma_t]A \cdot 10^6 \tag{C.1.1-8}$$

式中 $l_{t.max}$——水平转角管段的过渡段最大长度（m）；

l_t——水平转角管段循环工作状态下的过渡段长度（m）；

C——土壤横向压缩反力系数（N/m^3）；

K——弯头的柔性系数；

R_c——弯头的计算曲率半径（m）；

ϕ——转角管段的折角（弧度）；

I_b——弯头横截面的惯性矩（m^4）；

I_p——直管横截面的惯性矩（m^4）；

λ——弯头的尺寸系数；

δ_b——弯头壁厚（m）；

r_{bm}——弯头横截面的平均半径（m）。

C.1.2 水平转角管段弯头弯矩变化范围计算

1 水平转角管段的计算臂长 l_{c1}、l_{c2} 和平均计算臂长 l_{cm} 应按下列方法确定：

当 $l_1 \geq l_2 \geq l_t$ 时，取 $l_{c1} = l_{c2} = l_t$；

当 $l_1 \geq l_t \geq l_2$ 时，取 $l_{c1} = l_t, l_{c2} = l_2$；

当 $l_t \geq l_1 \geq l_2$ 时，取 $l_{c1} = l_1, l_{c2} = l_2$；

$$l_{cm} = \frac{l_{c1} + l_{c2}}{2} \tag{C.1.2-1}$$

式中 l_1、l_2——设计布置的转角管段两侧臂长（m）。

2 弯头的弯矩变化范围按下列公式计算：

$$M = \frac{C_M[\alpha EA(t_1 - t_2) \cdot 10^6 - F_{min} l_{cm}]\mathrm{tg}(\phi/2)}{\kappa\left(1 + C_M + \dfrac{A\mathrm{tg}^2(\phi/2)}{2\kappa^3 I_p l_{cm}}\right)} \tag{C.1.2-2}$$

式中 M——转角管段的弯矩变化范围（N·m）。

C.1.3 水平转角管段弯头的升温轴向力计算应符合下列规定：

1 水平转角管段的计算臂长 l_{c1}、l_{c2} 和平均计算臂长 l_{cm} 应按下列方法确定：

当 $l_1 \geq l_2 \geq l_{t.max}$ 时，取 $l_{c1} = l_{c2} = l_{t.max}$；

当 $l_1 \geq l_{t.max} \geq l_2$ 时，取 $l_{c1} = l_{t.max}, l_{c2} = l_2$；

当 $l_{t.max} \geq l_1 \geq l_2$ 时，取 $l_{c1} = l_1, l_{c2} = l_2$；

$$l_{cm} = \frac{l_{c1} + l_{c2}}{2} \tag{C.1.3-1}$$

式中 l_1、l_2——设计布置的转角管段两侧臂长（m）。

2 弯头的轴向力应按下列公式计算：

当计算臂长 $l_{c1} = l_{c2} = l_{cm}$ 时

$$N = \frac{(1 + C_M)[\alpha EA(t_1 - t_0) \cdot 10^6 - 1/2 F_{min} l_{cm}]}{1 + C_M + \dfrac{A\mathrm{tg}^2(\phi/2)}{2\kappa^3 I_p l_{cm}}} \tag{C.1.3-2}$$

当计算臂长 $l_{c1} \neq l_{c2}$ 时

$$N_1 = \frac{B + Q \cdot n_1}{U} \quad (C.1.3\text{-}3)$$

$$N_2 = \frac{B + Q \cdot n_2}{U} \quad (C.1.3\text{-}4)$$

$$B = (1 + C_M)\left[\alpha EA(t_1 - t_0) \cdot 10^6 - \frac{F_{min}}{2}\left(\frac{l_{c1}^2 + l_{c2}^2}{l_{c1} + l_{c2}}\right)\right] \quad (C.1.3\text{-}5)$$

$$Q = tg^4 \frac{\phi}{2}\left[\alpha EA(t_1 - t_0) \cdot 10^6 - \frac{F_{min}}{2}(l_{c1} + l_{c2})\right] \quad (C.1.3\text{-}6)$$

$$U = 1 + C_M + \frac{A tg^2(\phi/2)}{\kappa^3 I_p(l_{c1} + l_{c2})} \quad (C.1.3\text{-}7)$$

$$n_1 = \frac{l_{c1} - l_{c2}}{l_{c1} + l_{c2}} \quad (C.1.3\text{-}8)$$

$$n_2 = \frac{l_{c2} - l_{c1}}{l_{c1} + l_{c2}} \quad (C.1.3\text{-}9)$$

式中 N——弯头两侧计算臂长相等时的轴向力（N）；

N_1——弯头两侧计算臂长不等时，l_{c1}侧的轴向力（N）；

N_2——弯头两侧计算臂长不等时，l_{c2}侧的轴向力（N）。

C.2 直埋竖向转角管段计算

C.2.1 竖向转角管段分为两类，一类为弯头在下（曲率中心在上），其内力计算与水平转角管段相同，应按本规程第C.1节规定进行，土壤压缩反力系数取较大值。另一类为弯头在上（曲率中心在下），弯头两侧管道所受土壤压力近似等于顶起的土体重力，不随位移的增加而增大，计算方法应按本节规定进行。

C.2.2 竖向转角管段的过渡段长度 l_t 及变形段长度 l_{td} 应按下列公式计算：

$$l_{td} = \frac{(1 + \zeta) r_m}{4 tg^{3/2}(\phi/2) S_2}\left[\sqrt{1 + S_1 S_2 N_1} - 1\right] \quad (C.2.2\text{-}1)$$

$$S_1 = \frac{16 tg^{5/2}(\phi/2)}{(1 + \zeta)^2 P r_m} \quad (C.2.2\text{-}2)$$

$$S_2 = \sqrt{\frac{(0.5 - \zeta) F_{min}}{3P}} \quad (C.2.2\text{-}3)$$

$$\zeta = \frac{l_{td}}{3[l_{td} + KR_c \phi (I_p / I_b)]} \quad (C.2.2\text{-}4)$$

N_1 按下式计算：

$$N_1 = [\alpha E(t_1 - t_0) - \nu \sigma_t] A \cdot 10^6 \quad (C.2.2\text{-}5)$$

当 $t_1 - t_0 > \Delta T_y$ 时，取 $t_1 - t_0 = \Delta T_y$。

式中 l_{td}——竖向转角管段臂长为过渡段长度 l_t 时的变形段长度（m）；

P——土压力，取变形段管顶平均覆土重（N/m）；

r_m——管子的平均半径（m）。

用迭代法可解出 l_{td} 值（l_{td} 设定值与计算值相差 2% 以下即可停止迭代）。

过渡段长度 l_t，在变形段长度 l_{td} 确定后用下式计算：

$$l_t = \left(\frac{l_{td}^2}{r_m}\right)\sqrt{\frac{(0.5 - \zeta) P}{3 F_{min}} tg(\phi/2)} \quad (C.2.2\text{-}6)$$

C.2.3 当竖向转角管段臂长 $l < l_t$（图 C.2.2）时，变形段长度 l_d 应按下列公式计算：

$$\left(\frac{l_d}{l}\right)^4 = \frac{6r_m^2}{l^2(0.5-\zeta)\mathrm{tg}^2(\phi/2)}\left[\left(\frac{\alpha EA(t_1-t_0)\cdot 10^6 - 0.5F_{min}l}{Pl}\right)\mathrm{tg}(\phi/2) - \frac{1}{2}(1+\zeta)\left(\frac{l_d}{l}\right)\right] \quad (C.2.3\text{-}1)$$

$$\zeta = \frac{l_d}{3[l_d + KR_c\phi(I_p/I_b)]} \quad (C.2.3\text{-}2)$$

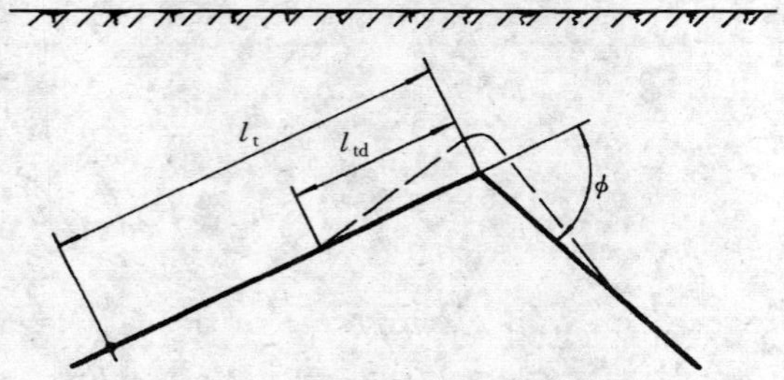

图 C.2.2 竖向转角管段示意图

l_d 值可用迭代法解出（计算精度 2%）。

C.2.4 竖向转角管段的计算变形长度 l_{cd} 应按下列方法确定：

当 $l \geqslant l_t$ 时，取 $l_{cd} = l_{td}$；

当 $l < l_t$ 时，取 $l_{cd} = l_d$。

C.2.5 竖向转角管段弯头的弯矩变化范围、轴向力和横向位移应按下列公式计算：

$$M = \frac{1}{2}\zeta P l_{cd}^{\ 2} \quad (C.2.5\text{-}1)$$

$$N = \frac{Pl_{cd}}{2\mathrm{tg}(\phi/2)}(1+\zeta) \quad (C.2.5\text{-}2)$$

$$a = \frac{Pl_{cd}^4}{72EI_p}\left[\frac{l_{cd} + 3KR_c\phi(I_p/I_b)}{l_{cd} + KR_c\phi(I_p/I_b)}\right] \quad (C.2.5\text{-}3)$$

式中 M——弯头的弯矩变化范围（N·m）；

N——弯头的升温轴向力（N）；

a——直管臂弯头端的横向位移（m）。

C.3 弯头参数

C.3.1 光滑弯头的计算曲率半径等于弯头的实际曲率半径，即：

$$R_c = R \quad (C.3.1)$$

C.3.2 焊制弯头的计算曲率半径，依焊制弯头的结构形式，应按下列方法确定（图 C.3.2）：

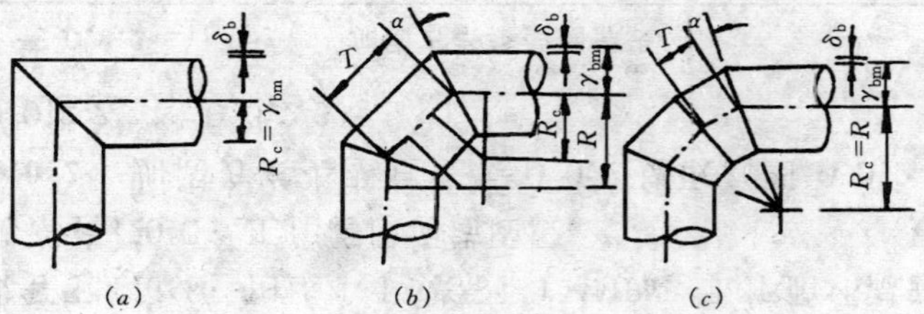

图 C.3.2 焊制弯头结构形式

（a）单斜接缝；（b）稀缝；（c）密缝

对于单斜接缝焊制弯头：

$$R_c = r_{bm} \quad (C.3.2\text{-}1)$$

对于稀缝焊制弯头，即 $T \geqslant r_{bm}(1 + \mathrm{tg}\alpha)$ 时：

$$R_c = r_{bm}(1 + \mathrm{ctg}\alpha)/2 \quad (C.3.2\text{-}2)$$

对于密缝焊制弯头，即 $T < r_{bm}(1+\mathrm{tg}\alpha)$ 时：

$$R_c = (T \times \mathrm{ctg}\alpha)/2 \tag{C.3.2-3}$$

式中 T——焊制弯头扇形节中心线长度（m）；

α——焊制弯头扇形节夹角之半。

C.3.3 光滑弯头的柔性系数应按下式计算：

$$K = 1.65/\lambda \tag{C.3.3-1}$$

式中 λ——弯头的尺寸系数。

$$\lambda = R_c\delta_b/r_{bm}^2 \tag{C.3.3-2}$$

C.3.4 焊制弯头的柔性系数应按下式计算：

$$K = 1.52/\lambda^{5/6} \tag{C.3.4}$$

附录 D 可选择的焊制三通加固方案

D.0.1 焊制三通加固方案的适用范围应为：

管径小于或等于 *DN*500；主管相对壁厚（δ/DN）大于或等于 1.6%；内压小于或等于 1.4MPa；工作循环温差小于或等于 120℃；工作管段为锚固段。

D.0.2 加固方案类型宜按表 D.0.2 选取（图 D.0.2-1、图 D.0.2-2、图 D.0.2-3）。

表 D.0.2 加固方案类型选择表

主管公称直径 \ 支管公称直径	*DN* 500	*DN* 450	*DN* 400	*DN* 350	*DN* 300	*DN* 250	*DN* 200	*DN* 150	*DN* 125	*DN* 100
*DN*500										
*DN*450									Ⅰ	
*DN*400				Ⅲ			Ⅱ			
*DN*350										
*DN*300										
*DN*250										
*DN*200										
*DN*150										Ⅱ
*DN*125										
*DN*100										

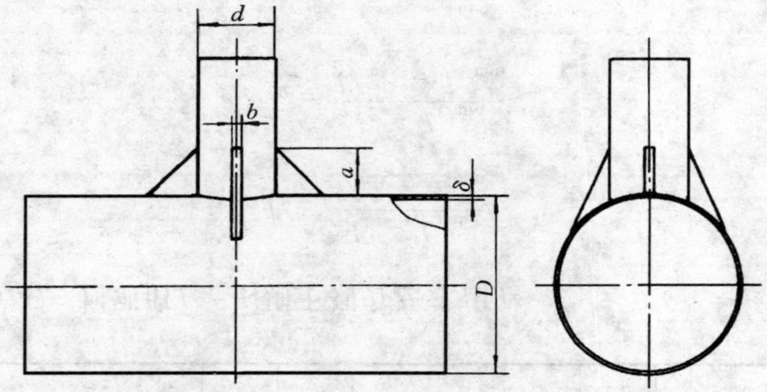

图 D.0.2-1　Ⅰ型加固方案

$a = 0.7d \quad b = 2.5\delta$

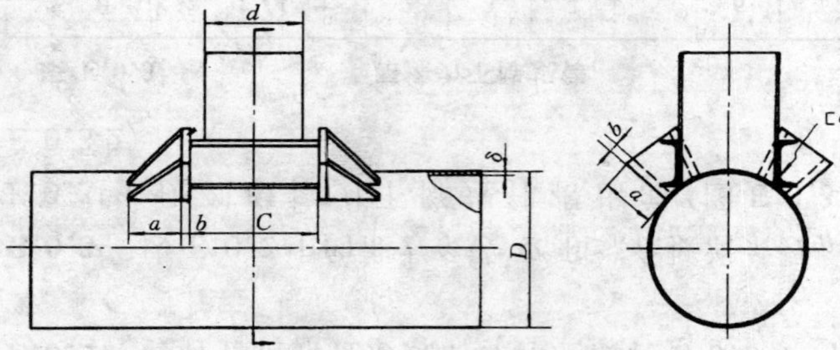

图 D.0.2-2　Ⅱ型加固方案

a 视⊏ e 尺寸而定　$b = 2.5\delta$　$c = d + 100$

⊏ e 的横截面积≈主管开孔挖去的管壁横截面积之半

$a =$ ⊏ f 高度 + 20mm　$b = 2.5\delta$　$c = d + 2$ ⊏ e 高度

⊏ e:主管 $D \geqslant 400$ 时为⊏ 8

D = 350、300 时为⊏ 6.3

$D \leqslant 250$ 时为⊏ 5

⊏ f 横截面积≈主管开孔挖去的管壁横截面积之半

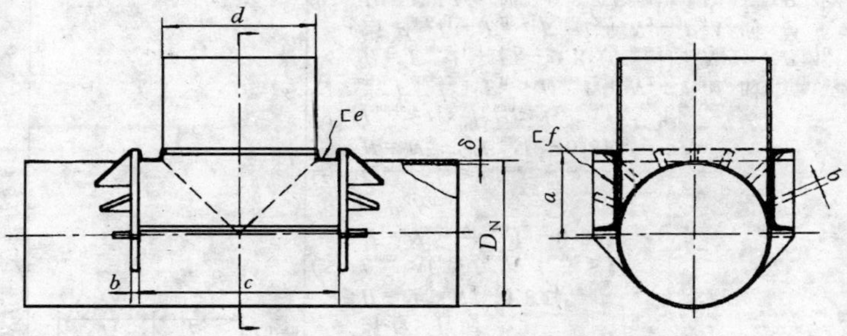

图 D.0.2-3　Ⅲ型加固方案

附录 E　直埋供热管道固定墩推力计算

E.0.1　本附录按 5.1 节规定原则，对常见的管道布置形式中的固定墩提出推力计算公式。当实际工程中出现不同的布置形式时，可参考相似形式的计算原则确定计算公式。计算公式不考虑固定墩位移的影响。

E.0.2　各种管道布置形式的计算应按表 E.0.2 所列公式计算。

E.0.3　表 E.0.2 中的推力系数 Ψ 和综合抵消系数 η 是按表 E.0.3 中所列摩擦力下降规律得出的（图 E.0.3-1 和图 E.0.3-2）。

表 E.0.3　摩擦力下降规律

升温次数	1	2	3	4	5	6	7	8
$\frac{本次摩擦力}{首次升温摩擦力}$ %	100	43	40	39	38	38	38	38

E.0.4　判别值 $\overline{l_1}$、$\overline{l_2}$ 用下列方法求出：

$$\overline{l_1}=\frac{l_1-L_{min}}{L_{max}-L_{min}};$$

$$\overline{l_2}=\frac{l_2-l_{t.min}}{l_{t.max}-l_{t.min}}$$

表 E.0.2　等径等壁厚管道各种布置形式的固定墩推力

1	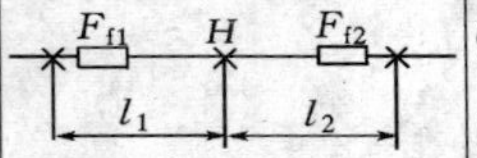	(1) $l_1\geq l_2\geq L_{max}$ $H=0.1\cdot N_a$ (2) $l_1\geq L_{max}>l_2$ $H=N_a-0.8(F_{min}l_2+F_{f2})$ (3) $L_{max}>l_1\geq l_2\geq L_{min}$ $H=\Psi\cdot N_a-0.8F_{f2}$ (4) $L_{max}>l_1\geq L_{min}\geq l_2$ $H=N_a-\eta F_{max}l_2-0.8F_{f2}$ (5) $L_{min}\geq l_1\geq l_2$ $H=F_{max}(l_1-0.8l_2)+F_{f1}-0.8F_{f2}$ $=F_{max}l_1+F_{f1}-0.8(F_{max}l_2+F_{f2})$
2	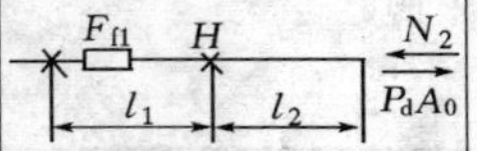	(1) $l_1\geq L_{max}$；$l_2\geq l_{t.max}$ $H=0.1\cdot N_a$ (2) $l_1\geq L_{max}$；$l_{t.max}>l_2$ $H=N_a-0.8(F_{min}l_2+N_2)+P_dA_0$ (3) $l_2\geq l_{t.max}$；$L_{max}>l_1$ $H=N_a-0.8(F_{min}l_1+F_{f1})$ (4) $L_{max}>l_1\geq L_{min}$；$l_{t.max}>l_2\geq l_{t.min}$ 当 $\overline{l_1}>\overline{l_2}$ 时 $H=\Psi'\cdot N_a-0.8N_2+P_dA_0$ 当 $\overline{l_2}>\overline{l_1}$ 时 $H=\Psi''\cdot N_a-0.8F_{f1}$ (5) $L_{max}>l_1\geq L_{min}$；$l_{t.min}\geq l_2$ $H=N_a-\eta F_{max}l_2-0.8N_2+P_dA_0$ (6) $l_{t.max}>l_2\geq l_{t.min}$；$L_{min}\geq l_1$ $H=N_a-\eta' F_{max}l_1-0.8F_{f1}$ (7) $L_{min}\geq l_1$；$l_{t.min}\geq l_2$ 当 $F_{max}l_1+F_{f1}>F_{max}l_2+N_2-P_dA_0$ 时 $H=F_{max}l_1+F_{f1}-0.8(F_{max}l_2+N_2)+P_dA_0$ 当 $F_{max}l_1+F_{f1}<F_{max}l_2+N_2-P_dA_0$ 时 $H=F_{max}l_2+N_2-0.8(F_{max}l_1+F_{f1})-P_dA_0$

续表

3	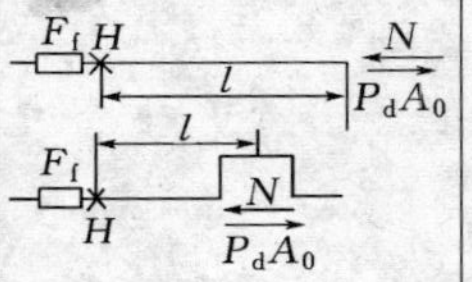	$l \geqslant l_{t.min}$ $H = N_a - 0.8F_f$ $l \leqslant l_{t.min}$ $H = F_{max}l + N - 0.8F_f - P_dA_0$
4	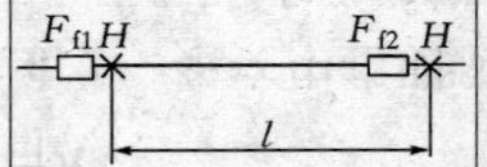	$l \geqslant L_{min}$ $H = N_a - 0.8F_{f1}$ $l < L_{min}$ $H = F_{max}l + F_{f2} - 0.8F_{f1}$
5	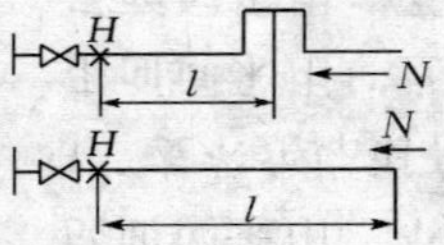	$l \geqslant L_{min}$ $H = N_a$ $l < L_{min}$ $H = F_{max}l + N$
6	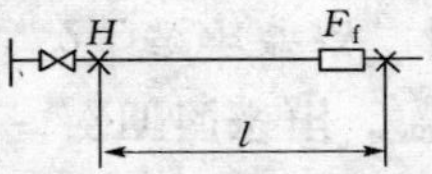	$l \geqslant L_{min}$ $H = N_a + P_dA_0$ $l \leqslant L_{min}$ $H = F_{max}l + F_f + P_dA_0$

注 1. $l_{t.max}$、$l_{t.min}$为转角管段的过渡段最大长度和过渡段最小长度。$l_{t.max}$可由式（C.1.1-1）求出；

$l_{t.min}$亦可由式（C.1.1-1）求出，但式中 F_{min}应改为 F_{max}；

2. Ψ'为按 Ψ 曲线将横坐标改为$\overline{l_1}/\overline{l_2}$查出的 Ψ 值；

3. Ψ''为按 Ψ 曲线将横坐标改为$\overline{l_2}/\overline{l_1}$查出的 Ψ 值；

4. η'为按 η 曲线将横坐标改为 $l_2/l_{t.min}$查出的 η 值；

5. A_0 为管道流通面积。

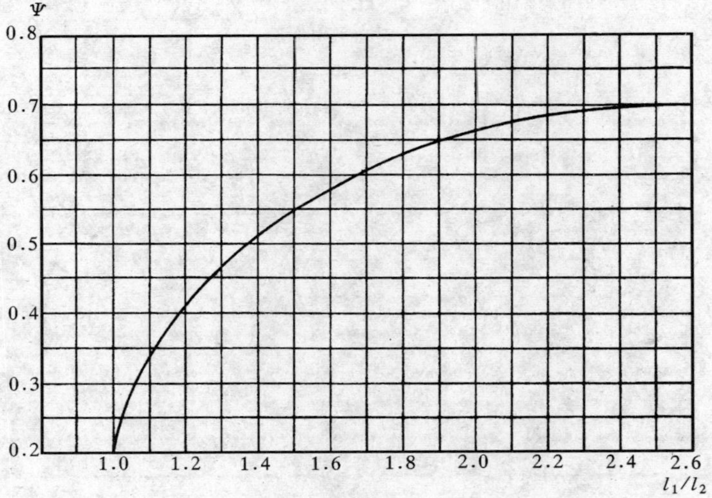

图 E.0.3-1 推力系数 Ψ 曲线（Ψ-l_1/l_2 曲线）

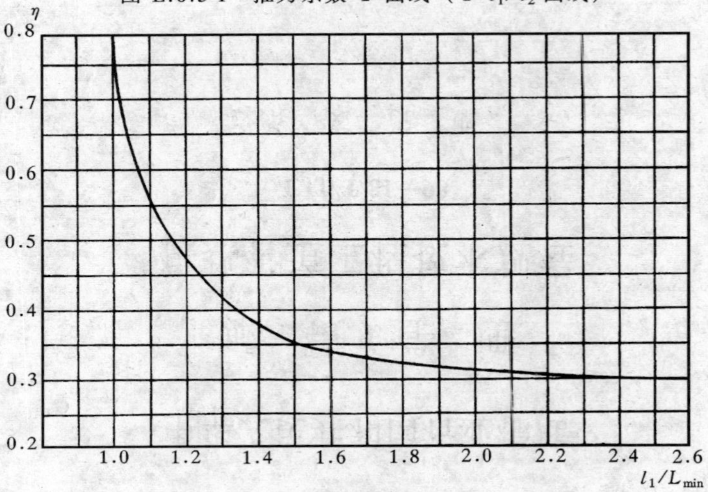

图 E.0.3-2 综合抵消系数 η 曲线（η-l_1/L_{min}）

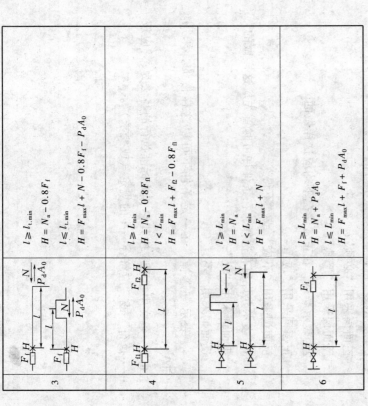

本规程用词说明

1.0.1 为便于在执行本规程条文时区别对待，对于要求严格程度不同的用词说明如下：

1 表示很严格，非这样做不可的

正面词采用“必须”；

反面词采用“严禁”。

2 表示严格，在正常情况下均应这样做的

正面词采用“应”；

反面词采用“不应”或“不得”。

3 表示允许稍有选择，在条件许可时首先应这样做的

正面词采用“宜”；

反面词采用“不宜”。

4 表示有选择，在一定条件下可以这样做的，采用“可”。

1.0.2 条文中指明应按其它有关标准执行的写法为：“应按……执行”或“应符合……的规定（或要求）”。

中华人民共和国行业标准

城 镇 直 埋
供热管道工程技术规程

CJJ/T 81—98

条 文 说 明

前　言

《城镇直埋供热管道工程技术规程》（CJJ/T81—98），经建设部1999年1月4日以建标〔1998〕266号文批准，业已发布。

为便于广大设计、施工、科研、教学等单位的有关人员在使用本标准时能正确理解和执行条文规定，《城镇直埋供热管道工程技术规程》编制组按章、节、条顺序编制了本标准的条文说明，供国内使用者参考。在使用中如发现本条文说明有不妥之处，请将意见函寄唐山市热力总公司。

目　次

1 总　　则

1.0.1 城镇供热管道直埋敷设方法同传统的地沟敷设方法相比具有占地少、施工周期短、维护量小、寿命长等诸多优点，很适合城市建设的要求，在我国已得到广泛应用。目前，国内使用的预制保温管及施工方法于 80 年代自北欧传入我国。经过十几年历程，此项技术取得了长足的发展，在设计理论上，北欧当年使用的弹性变形方法、第四强度理论至今仍然广为采用。同时应力分类法、第三强度理论也应用到国内热网工程设计中并获得成功。在管材方面，除了传统的高密度聚乙烯外壳和聚氨酯保温层仍然广泛应用外，市场上以玻璃钢为外壳的管材也得到普及。聚异氰脲酸酯以及其它材料也用到保温结构上。管材加工方法多种多样，产品质量良莠混杂，施工及检验标准千差万别，形成精益求精与粗制滥造并存的局面。鉴于国内这种状况，建设、设计、施工及产品生产部门都迫切要求有一个统一的标准来指导设计、施工验收及生产活动。为了适应上述要求，本着技术可行、先进、可靠、经济合理的原则，吸收国内外相关标准中精华和研究成果，编制了本规程。

1.0.2 本规程是针对以水为介质，钢管、保温层和外壳粘结成一个整体的预制保温管直接埋地的供热管网编制的。设计温度是涉及热网经济性和安全性的重要参数。80 年代我国设计主要参照北欧国家标准，取最高温度为 120℃。聚氨酯保温材料的使用寿命与使用温度有关。目前国内外市场上已有可长期在 140℃、短期在 150℃工作的聚氨酯保温材料，用于供热管网保温可以保证使用寿命达到 30 年。在强度计算方面，采用应力分类法 120℃已不再构成限制，北欧也已突破此温度限。因此，本规程将温度上限界定为 150℃是可行的。

除了温度界限，规程还指明适用于管径等于或小于 *DN*500。规程之所以给出此项规定是因为编制规程所依据的实验数据只有 *DN*500 以下资料。本规程在强度计算、管道热伸长计算当中对荷载作了简化处理，对小管径管道影响不大，但当管径逐渐增大以后，简化计算结果便产生较大偏差，是不安全的。因此本规程将管径界定为 *DN*500。

1.0.3 直埋供热管道和供水管道、雨污水管道、供煤气管道都属市政管道，在直埋地下方面具有共性。在地震区、湿陷性黄土地区和膨胀土地区，供热管道和供燃气、供水、排水管道在安全性上有共同要求。因此，直埋供热管道应遵守国家已经颁布的《室外给水排水和煤气热力工程抗震设计规范》（GB50032）、《湿陷性黄土地区建筑规范》（GBJ25）和《膨胀土地区建筑地基技术规范》（GBJ112）的有关规定。

1.0.4 城镇直埋供热管道属于城市热力网范畴。本规程仅规定与直埋相关的供热管道设计及施工验收技术要求。直埋供热管道既然也是热力网，理所当然地应当遵守《城市热力网设计规范》（CJJ34）和《城市供热管网工程施工及验收规范》（CJJ28）中所列各项技术要求。因此上述规范已明确列出的具有共性的要求，本规程中不重复规定，而要求遵守上述规范以及国家颁布的相关标准。

3 管道的布置和敷设

3.2 敷 设 方 式

3.2.3 为了探索和分析水平转角管段满足强度条件之最大折角的变化规律，考虑了安装温差（循环工作最高温度与安装温度之差）、循环工作温差（循环工作最高温度与循环工作最低温度之差）、管径、土壤横向约束反力系数 C 和埋深的影响。

从计算结果看：

（1）安装温差减小，折角减小。在安装温差相同时，大工作循环温差之折角的减小量小于小循环工作温差的减小量。在分析的安装温差范围（150～50℃）和循环温差范围（140～50℃）内，小管的折角差值最大到 1.4%，大管（DN500）的差值最大到 3.6%。如果取用的有效数字位数控制在一位，即计算误差可放大一些，则安装温差对转角强度的影响可以忽略不计。

（2）循环工作温差对折角的影响是显著的。随着循环温差的减小，该折角可显著增大。

（3）管径的影响也是明显的，随着管径的增大，在其它条件相同的情况下，该折角减小。

（4）土壤横向约束反力系数 C 对折角的大小有影响。以《规程》规定的取值范围 $1\times10^6 \sim 10\times10^6 N/m^3$ 为例进行计算，结果表明：随着 C 增大，折角可增大，增加的幅度，小管比大管的小。在上述所讲的循环温差范围内，大管（DN500）的允许折角随 C 的变化幅度达 83%（最小 76%）。

（5）为了保证直埋管道的竖向稳定，需要有一定的埋深。由于它的影响主要反映在单长摩擦力上，而考虑到消力拱的影响，当 $H>1.5m$ 时，按规程规定取 $H=1.5m$，故仅以 $H=1.5m$ 的情况进行了计算。从结果看，随着埋深的增加，折角增加，但幅度不大。当 $C=10\times10^6 N/m^3$，对 DN500 而言，其幅度为 0.1%～0.2%，当取一位有效数字时，则为相等。故埋深的影响忽略。

根据土壤反力随土壤位移变化的规律知道，当土壤位移较小时，变形处在弹性变形范围内，土壤反力随位移呈线性变化，土壤横向约束反力系数 C 为常数；随着位移的增大，逐渐进入塑性变形区，此时呈非线性变化，反力系数和平均值逐渐减小，均小于弹性范围内的 C 值。由于所涉及的都是特别小折角的转角管段，其位移很小，基本都处在弹性范围内，因此，C 值宜按照《规程》规定的范围 $1\times10^6 \sim 10\times10^6 N/m^3$，取上限（大值）为宜，即 $C=10^7 N/m^3$。为了简单、方便，利于操作，可按上述三段管径范围给出允许的转角管段折角（锚固转角管段强度免验视为直管的最大折角）。

3.2.7 此条与地沟要求一致，目的是防止局部不均匀沉降，使管道受力损坏 。

3.2.8 因直埋管道的固定墩埋在土内，钢管、钢架如有裸露，将会很快腐蚀损坏。因此特别强调此项。

4 管道受力计算与应力验算

4.1 一 般 规 定

4.1.1 本规程对直埋敷设热水供热管道的应力验算，采用目前国内外先进的应力验算方法—应力分类法。

众所周知，管道应力验算的失效准则，最早采用的是弹性失效准则。它是以荷载引起的应力和应变在弹性范围内，管系不发生屈服作为限定值，仅计算综合应力对管系的影响，这显然是比较保守的。后来进一步采用了极限分析，以利用弹塑性材料的性能。随着近代应力分析理论和实验技术的发展，根据由不同特征的荷载产生的应力性态和对破坏的影响不同，又进一步采用了应力分类方法，对管道上不同性态的应力分别给予不同的限定值，从而更合理地考虑了管道的受载条件，充分发挥管材的承载能力。

1. 应力分类法的主要特点是将管道上的应力分为一次应力、二次应力和峰值应力三类，并采用相应的应力验算条件。

管道由内压和持续外载产生的应力属于一次应力。它是结构为了满足静力平衡条件而产生的。当应力强度达到甚至超过屈服极限时，由于材料进入屈服或静力平衡条件得不到满足，管道将产生过大变形甚至破坏。一次应力的特点是变形为非自限性的，对应力验算应采用弹性分析或极限分析。

管道由于热胀、冷缩等变形受约束而产生的应力属于二次应力，这是为了满足结构各部份之间的变形协调而引起的应力。当部分材料超过屈服极限时，由于产生小量的塑性变形，变形协调得到满足，变形就不再继续发展。它具有变形自限的特点。对二次应力采用安定性分析。所谓安定性是指结构不发生塑性变形的连续循环，管道在有限量塑性变形之后，在留有残余应力的状态下，仍能安定在弹性状态。安定性分析允许的最大弹性应力变化范围是屈服极限的两倍。

峰值应力是指管道或附件（如三通等）上由于局部结构不连续或局部热应力效应产生的应力增量。它的特点是不引起显著的变形，是一种导致疲劳裂纹或脆性破坏的可能原因，必须根据管道整个使用期限所受的循环荷载进行疲劳分析。但对低循环次数的供热管道，对在管道上出现峰值应力的三通、弯头等局部应力集中处，可采用简化公式，计入应力加强系数进行应力验算。

应力分类法早已在美国机械工程师协会（ASME）1971年的《锅炉及受压容器规范》中应用：我国《火力发电厂汽水管道应力计算技术规定》（SDGJ6—78），也将1964年颁发的《火力发电厂汽水管道应力计算导则（修订本）》中原来所采用的弹性分析和极限分析应力验算方法改为应力分类法。70年代末期，北京市煤气热力设计所等五单位进行了“热力管道无补偿直埋敷设试验研究”，并按此应力验算方法，设计和安装了以沥青珍珠岩为保温材料的直埋敷设热水管道，一直正常运行近20年。根据国内外的理论研究、规范编制和实践经验，我国“城市热力网设计规范”（CJJ34—90）第8.0.4条也明确规定直埋敷设管道应力验算仍按《火力发电厂汽水管道应力计算技术规定》（SDGJ6—78）的方法进行验算。

2.80年代初，我国引进北欧国家生产的以高密度聚乙烯

/聚氨酯/钢管粘结为一整体的预制保温管，目前已在国内城市供热工程中广泛应用。当时北欧生产厂家样本推荐的敷设形式和设计方法，都是以弹性分析法为依据的，亦即要求管道任一断面上的应力不得超过钢材的基本许用应力 [σ]，不容许出现塑性变形。对此问题，目前可从历史发展过程及其采取的设计方式作些具体分析。北欧预制保温管直埋敷设方式始于 60 年代初期，当时应力分类法尚未广为采用，因而采用弹性分析法是合适而安全的。为了建设高温热水管网（一般不超过 120℃），又要考虑避免设计过多的固定墩和补偿器，从不改变采用其应力验算方法的基点出发，设计者从管网布置、敷设方式和施工方法方面入手，先后采用了明沟分段预热，采用一次性补偿器覆土预热方法，利用预热形成残余应力的方法，来扩大其应用范围；同时，在弯管及方形补偿器处覆盖软泡沫垫，降低弯管的应力水平，并利用驻点或 Z 形弯管布置的处理方式，减少固定墩的设置，形成较完善的直埋敷设热水管网的系统形式。但由于受到采用弹性分析法的限制，却未有充分发挥管材的承载能力。此外，如当埋深超过 1.0m 或更深时，其最大安装长度或一次性补偿器之间的距离较短，就要设置较多的一次性补偿器或固定墩的数量；特别是如采用高于 120℃的热水管网，就只能采用补偿的方式，用预热方式难以满足其规定采用弹性分析进行应力验算的要求。

北欧一些国家从 1990 年采用了一种冷安装的方法，即不采用预热方法，可应用在设计供水温度 130℃的直埋敷设热水管网上，其轴向应力已用到 300MPa。实质上已经超出采用弹性分析法的范畴了。从最新资料看，北欧国家也采用了应力分类法进行直埋管道强度验算。

3. 直埋敷设热水管网系统，采用应力分类法进行应力验算，管网中一些固定墩会承受较大轴向力。但设计人员同样可以采用设置少量补偿器和利用布置驻点等设计手段，也能达到减少固定墩数量和降低推力的目的。至于目前国内直埋敷设热水管网中的阀门、三通、预制保温管接头不严等等问题，除了产品质量原因外，许多是由于管网布置与敷设不当造成的，与采用哪一种应力验算方法无直接关系。

综上所述，为充分发挥管材承载能力，经济合理；更好地符合我国国情（国内城市集中供热系统设计供水温度最高可达到 150℃，敷设深度，特别在市区一般比国外敷设深等等）；并与现行规范《城市热力网设计规范》（CJJ34—90）相适应，本规程明确按应力分类法进行应力验算。

4.1.4 预制保温管的外壳与土壤之间的摩擦力计算是一项复杂的土力学问题。北欧国家采用 $F=\pi\rho g\mu$（$1-0.5\sin\phi$）（$H+D_c/2$）D_c（ϕ 为土壤内摩擦角，砂子取 $\phi=30°$）以简化计算。本规程也采用相同的表达形式，只是把北欧公式中 μ（$1-0.5\sin\phi$）进一步简化为 μ。μ 是根据试验结果按公式反推求得。表 4.1.5 的摩擦系数推荐值是根据哈尔滨建筑大学和北京市煤气热力工程设计院的试验数据对最小摩擦系数 μ_{min} 作适当调整后确定的。上述两单位的试验结果基本一致。在试验中发现摩擦力的数值随管道往复移动次数的增加逐渐减小，最后稳定在一个较小的数值上，摩擦系数的变化范围：对砂土为 0.40～0.15，对于粉质粘土或砂质粉土为 0.4～0.1。而且当管道静止一段时间后再推动时，摩擦力会比前一次停止时的数值有很大的回升。此现象说明土体有消力拱现象存在，推动时部分土体与保温管外壳间出现了缝隙，作用到外壳的力减小，静止一段时间后，由于土体变形的恢复，摩擦力得到了部分的回升。本次表 4.1.5 数值推荐时考虑到热网温度变化比试验时快速推动要慢得多，土体变形恢复的影响应考虑，摩擦系数 μ 下降至 0.1 和 0.15 的可能性极小，若按 0.1 和 0.15 取定则过于保守，因此在取值时作了适当调整，提高到 0.15 和 0.2。作此调整与北欧相比尚有一定裕度（北欧在砂子中取 $\mu = 0.3$，则 $\mu(1-0.5\sin\phi)=0.225$）。

由于土壤存在着消力拱的作用，和本规程适用小于或等于管径 *DN*500mm 的管道，保温结构断面较小，保温层又有较大弹性。因此，目前本规程规定，管顶覆土深度超过 1.5m 时，仍按 1.5m 计算。

4.1.5 考虑到目前国内预制保温外壳管既采用高密度聚乙烯也采用玻璃钢以及施工中既采用筛过的粘土也采用中砂回填的实际应用状况，本规程给出了在不同情况下摩擦系数 μ 推荐值表 4.1.5。粉质粘土更易形成消力拱，其最小摩擦系数 μ_{min} 值比回填中砂的低一些。

表 4.1.5 的摩擦系数值，综合了哈尔滨建筑大学和北京市煤气热力设计院的实验数据，最大摩擦系数 μ_{max} 值与外国多数资料相符，最小摩擦系数 μ_{min} 值低一些，这对选补偿器补偿量更有一些安全裕度。

4.1.6 土壤横向压缩反力系数的实测资料较少，本规程目前难以给出详细的数据。不同土壤、不同密实度、不同含水量都影响其取值。具体取值以当地土壤条件实测确定或根据当地的使用经验确定为好。为了便于使用，本规程给出大致的取值范围，并将 1978 年北京市煤气热力工程设计院的实测值（测定条件：砂质粉土和粉质粘土，回填密实度为 90%～95%）附在条文中，以供取值时参考。

应该指出，C 值取值误差在计算中影响较小。因计算中直接应用数值 κ 为 C 值开四次方得出的

$$\left(\kappa = \sqrt[4]{\frac{D_c \cdot C}{4EI}}\right)$$

4.1.7 本条沿用《城市热力网设计规范》（CJJ34）的规定。由于本规程规定管道最高工作温度 ≤150℃，在此温度下 σ_s、σ_b 与常温时的数值相同，因此基本许用应力的表示符号简化为 $[\sigma]$。

4.1.8 当量应力是指将结构内实际的多向应力按一定的强度理论，转换成一个单向应力形式，可与单向试验结果进行比较，使转换前后对结构破坏的影响能达到等效的应力量。本条一次应力的当量应力强度验算条件仍沿用《城市热力网设计规范》（CJJ34）的规定。一次加二次应力的当量应力强度验算条件，为便于设计使用，作了适当简化。其分析考虑如下：

《城市热力网设计规范》（CJJ34）规定一次加二次应力的当量应力强度验算条件为 ≤2.4 $[\sigma]$，同时又规定“无补偿直埋敷设管道锚固段的轴向温度应力应考虑由于管道少量横向位移和管壁波纹效应引起的实际应力降低现象，计算时应乘以 0.8 的土壤约束度系数。”对于直埋管道一次加二次应力的当量应力最大值出现在锚固段管道，应力验算主要对象是锚固段，该段内的计算式按《城市热力网设计规范》（CJJ34）应为：

$$(1-0.8\nu)\sigma_t - 0.8\alpha E(t_2 - t_1) \leqslant 2.4[\sigma]$$

将上述公式两侧均乘以 1.25 后，得

$$(1.25-\nu)\sigma_t - \alpha E(t_2 - t_1) \leqslant 3[\sigma]$$

此式与简化后的（4.4.5-1）式相比，简化后强度条件宽

了 0.25 σ_t，但环向应力 σ_t 在全部应力中只占不足 15%的份额，也就是说，强度条件宽了大约 4%，因此，在本规程中将强度条件由 2.4［σ］改为 3［σ］，同时取消土壤约束度系数。应该指出直埋管道常用管材的钢号为 Q235，［σ］的取值为 $\sigma_b/3$。因此 3［σ］$=\sigma_b=375$MPa，与安定分析规定的强度条件 $2\sigma_s$（=470MPa）尚有约 $0.4\sigma_s$ 的余量，有足够的安全度。

弯头、三通等管道局部应力集中部位的一次、二次应力和峰值应力采用简化的疲劳分析进行验算。疲劳分析采用当量应力变化幅度验算，其强度条件为不大于 3［σ］。当量应力变化幅度在数值上是当量应力变化范围之半，因此对三通、弯头等应力集中部位验算时，其强度条件比锚固段管道放宽了一倍。该应力水平相应的设计疲劳次数为 2000～3000 次，若安全系数取 10，则使用疲劳寿命约为 200～300 次。

4.3 直管段的轴向力和热伸长

4.3.1 屈服温差 ΔT_y 是判断管道会不会进入塑性状态工作的依据。它是按照锚固段内管道在温差和内压共同作用下，根据复杂应力状态下的屈斯卡（Tresca）屈服条件，管道在弹性状态下能够承受的最大温差值。当 $t_1-t_0\leqslant\Delta T_y$，管道处在弹性状态下工作，此时，依据虎克定律推导的计算公式全部正确、有效；当 $t_1-t_0>\Delta T_y$ 时，管道进入塑性状态工作，由于管壁屈服，造成管内轴向应力达到了极限值并产生塑性变形，以致对过渡段长度、热伸长量和管道的轴向力发生了影响，在设计计算中必须予以充分考虑。ΔT_y 的数值将作为边界条件应用于本节以后的各节计算公式中。

由于钢材标准给出的屈服极限 σ_s 是最小保证值，实际供货都高于此值，但偏差的范围和分布找不到有权威的资料。σ_s 的正偏差对于热伸长量和管道轴向推力的计算影响很大，而且是不安全的，设计中必须予以考虑。本次规程编制过程中，调研了两家钢管制造厂，该两厂历年管材焊缝拉伸试验资料中各抽取 100 个试样的实测数据，本次规程取其平均值 1.3 作为屈服极限增强系数。

4.3.2 直管段的过渡段最大长度 L_{max} 和过渡段最小长度 L_{min} 是过渡段工作状态的两项判据。它们与 4.3.1 条的 ΔT_y 组成了直埋管道计算中的三项重要边界条件。

过渡段最小长度 L_{min} 是足够长直管道在初次升温到设计供水温度时可能出现热位移的管段长度值。

过渡段最大长度 L_{max} 是管道经过无数次升温、降温伸缩循环，土壤摩擦力逐渐变小，过渡段逐渐增长，最终可能达到的长度，是过渡段长度的极限值。

公式（4.3.2-1）和（4.3.2-2）中，分子原有减去补偿器阻力一项，由于补偿器的阻力与补偿器的型号和吸收的热膨胀量有关，既不好确定又不易计算，为简化计算给予删除，过渡段长度计算结果将增加，设计趋于安全。

4.3.3 过渡段内任一截面上的轴向力用于确定设置于过渡段内的固定墩的推力。其中，活动端对管道伸缩的阻力系指弯头的轴向力、套筒的摩擦力、波纹管的弹性力和由内压产生的不平衡力。土壤对管道的摩擦力随推动次数变化，轴向力也随之变化。最大轴向力，当 $l\geqslant L_{min}$ 时，因超出 L_{min} 的管段被锚固，各点的轴向力相同，均等于锚固段起点截面的轴向力。活动端对管道伸缩的阻力在计算最大、最小轴向力时，按最大值取用，以简化计算。

4.3.4 温升低于屈服温差的锚固管道，轴向力取决于温升值；高于屈服温差的管道，因出现了塑性变形，轴向力达到最大值，即极限轴向力。

4.3.5 直埋直管段中锚固段内的应力最高，若锚固段能满足强度条件，则过渡段管道必然满足要求。因此，本条规定直管强度验算先从锚固段开始，如果（4.3.5-1）式获得满足，则平面布置设计时直管段的长度将无限制。如果（4.3.5-1）式不能满足，说明管道平面布置时不能出现锚固段，管道必须布置成全部是过渡段，且过渡段长度不得超过（4.3.5-2）式计算结果，此规定同样适用于弯头两侧直管臂形成的过渡段。

过渡段应力最大点发生在固定端处，此处为过渡段的应力验算点。公式（4.3.5-2）右侧分式上侧（$3[\sigma]-\sigma_t$）$A\times10^6$ 是管道在安定状态工作时，轴向力允许变化范围。分式下侧系数 1.6 是考虑了管道降温收缩时，在固定端处会产生反向拉力，轴向力变化范围增加的系数。若摩擦力没有下降变化，始终为 F_{max}，则该系数为 2。但根据实际试验结果，摩擦力是随管道温度循环变化的。因此，本规程规定当摩擦力平均下降到单长最大摩擦力的 80% 时，管道即进入安定状态（即取系数为 1.6）。这样规定是符合安定条件（结构经几次少量屈服后能稳定在弹性状态下工作）的。

4.3.6 本条计算方法适用于计算相邻的两个直管过渡段或直管与弯管臂之间或连接在一起的两个弯管臂之间的驻点。

驻点位置受摩擦力大小、活动端阻力变化而可能发生漂移。土壤摩擦力在管道运行过程中会发生变化，由 F_{max} 变至 F_{min}。对于两侧有相同型号补偿器的两个相邻直线过渡段（包括有相同规格弯头连接在一起的两个弯管臂），由于两侧对称，驻点在直管段的中点，摩擦力的变化理论上对驻点位置无影响。对于一个直线过渡段和一个弯管臂连接在一起的管段，由于两个过渡段的活动端阻力不同，摩擦力变化时，驻点位置会发生较大漂移。为简化计算，本条规定仅按 F_{min} 求算驻点。此规定是基于当一侧为弯管过渡段时，由内压产生的不平衡力将使驻点向直管过渡段处移动，取 F_{min} 将使弯管过渡段有较大值，这样弯头要吸收较大的热位移，在此条件下弯头强度能满足则对弯头是安全的。对于直管过渡段，按 F_{min} 计算的长度会偏小，但考虑到投产初期摩擦力为 F_{max}，虽过渡段长度较大（见（4.3.6）式的 l_1，其中 F_{min} 改为 F_{max}），但管道热伸长被土壤摩擦阻力约束留存在管壁内转化为轴向应力的百分比也较大，同时在 4.3.9 条规定，对有驻点的过渡段选择补偿器时，应增大 20% 的裕量。这样也能保证直管过渡段补偿器的安全。

4.3.8 该条指出了在过渡段中间部位设有分支，计算分支点位移的步骤。

4.3.9 补偿器补偿能力选择应适当留有余地。考虑到 4.3.1 条对 σ_s 引入了增强系数 $n=1.3$，已经提高了补偿器补偿能力，因此余地不宜过大。本规程规定一般为计算热伸长量的 10%。对有驻点的过渡段，由于两过渡段连接在一起，驻点位置很可能发生漂移而造成过渡段长度加长，对热伸长影响较大，为此规定余量提高到 20%。

4.4 转角管段的应力验算

4.4.1 埋地水平弯头和竖向弯头的弯矩及轴力目前较准确的计算方法为有限元法和弹性抗弯铰解析法。前者需通过电算程序在计算机上完成；后者既可电算，又可用于手工计算完成 。

基于采用弹塑性理论进行管道设计，埋地弯头温度变化引起峰值应力，其对管道安全的影响主要是正常的温度循环范围，对于安装温度低于循环最低温度而产生的一次性较大应力不会影响运行安全。故本条对循环温差的取值作了明确规定。

4.4.2 弹性抗弯铰解析法在公式推导过程中作了 $\kappa l \geqslant 3$ 的假定，使公式大为简化，形成了现在应用的简明近似式。为使该公式的应用范围略有扩大，在 $\kappa l \geqslant 2.3$（即大于变形段长度）时即可应用该法，而计算误差不致过大。本条用此条件对弹性抗弯铰解析法的应用范围进行了限定。不符合此项规定时，应采用有限元法计算。

4.4.3 本条为采用弹性抗弯铰法计算“Z”型和“⊓”型管段提供了可行的途径。“⊓”型两外伸臂顶点间的管段一般很短，对分割为两个“L”型管段近似计算无大影响。

4.4.4 环向应力放大系数 β_b 不考虑内压的影响，同时弯头的柔性系数亦不考虑内压的影响，可使计算简化，亦与《火力发电厂汽水管道应力计算技术规定》取得一致。其计算结果误差 < 10%，且偏安全。

4.4.5 埋地弯头的强度验算采用简化的疲劳分析。验算公式形式虽与安定分析一致，但弯头环向应力加强系数采用真实应力加强系数之半（即(4.4.4-2)式中的 $\beta_b = 0.9(1/\lambda)^{2/3}$ 为真实应力加强系数 $\beta_b = 1.8(1/\lambda)^{2/3}$ 的一半），计算出的应力为应力变化幅度，所以实质上是按疲劳分析进行弯头的强度验算。弯头的强度验算点在弯头最大弯矩截面的顶部和底部（指弯头平面水平放置），此点热胀应力最大，为环向应力；同时该点处还存在内压环向应力，其值与直管相同。因验算点的热胀应力为应力变化幅度（即应力变化范围之半），所以内压应力也采用变化范围之半，即 $0.5\sigma_{pt}$，许用应力为 $3[\sigma]$（见 4.1.8 条），故验算式为 $\sigma_{bt} + 0.5\sigma_{pt} \leqslant 3[\sigma]$。

4.5 三 通 加 固

4.5.1 埋地供热管道的焊制三通加固不同于电力、石化管道三通已有的加固方案。已有加固方案的荷载以内压为主；而埋地供热管道内压一般不大，轴向压缩的荷载很大。因此三通加固应按这一受力的特点进行。三通加固后的应力控制标准应不高于直管的应力水平，对锚固段（荷载最大的管段）来讲，其一次应力和二次应力的应力变化范围不得大于 $3[\sigma]$，即等同于直管，这是保证管道处于安定状态的必要条件。但在三通局部结构不连续处和加固件与三通本体连接的突变处可能存在局部的应力集中，这部分应力属于峰值应力，对整个结构的强度影响不大，应力水平适度放宽。此处应力（一次加二次加峰值应力）应由疲劳分析确定。

4.5.2 本条提供了大轴力荷载三通加固的原则性措施，供加固设计者参考。

4.5.3 三通加固方案是否可行应有足够的依据，或实际进行应力测定，或用有限元法进行计算。有限元法计算的关键是单元的划分，高应力区要划分的较小，以使计算出的应力分布有足够的精确度。经验证明在单元划分合理的情况下计算结果与实际应力测定十分吻合。

北京市煤气热力工程设计院在 1978 ~ 1979 年对直埋管道的三通应力分布及加固方案进行了试验测定工作。1981 年又对 15 种类型的非加固和加固三通在多种荷载方案下进行了有限元法的计算工作，提出了初步加固方案，加固效果满足第 4.5.1 条的规定。附录中列出的加固方案即为该计算提出的加固方案。

4.6 管道竖向稳定性验算

4.6.1～4.6.4 埋地管道中介质温度升高时，管道中产生轴向压力。存在轴向压力的管道有向轴向法线方向凸出使管道弯曲的倾向。由于管道周围土壤在径向和轴向对管道有约束，正常状况下埋地管道在地下保持稳定。当周围土壤的约束力较小或因周围开挖而减小，受压管道会在横向约束最弱的区域丧失稳定。管道在轴向朝失稳区域推进，并在水平方向或垂直方向推开土壤形成弯曲的凸出管段。竖向失稳可能由于设计考虑不周引起，水平失稳多为埋地供热管道投产后由于其它管线施工引起。本规程只涉及竖向失稳校核。

竖向稳定验算公式有北欧的和前苏联的两种。前苏联的公式如下：

$$N_1 = 3.97 \times \sqrt[11]{q_y{}^4 F^2 A^2 E^5 I_p{}^3}$$

式中 N_1——管道失稳临界轴向力（N）；

q_y——单位长管道周围土壤横向最大抗力（N/m）；

F——单位管长土壤与管外壳的摩擦力（N/m）；

A——管壁横截面积（m^2）；

E——管材弹性模量（MPa）；

I_p——管道横截面惯性矩（m^4）。

本规程采用了北欧公式。两种公式比较，前苏联公式中没考虑管道隆起时土体被破坏过程中土壤的剪切力。北欧公式中没考虑管道失稳时管道轴向推进受到的土壤摩擦阻力。经计算比较，用北欧公式保持管道竖向稳定需要的埋设深度比前苏联公式的结果要稍大一些。

5 固 定 墩 设 计

5.1 管道对固定墩的推力

5.1.1 管道对固定墩三种作用力的解释如下：

（1）管道热胀冷缩受约束产生的作用力，指过渡段的摩擦力或锚固段的轴向力。

（2）内压不平衡力指固定点两侧管道横截面不对称在内压作用力下产生的不平衡力，也包括波纹管补偿器端波环状计算截面上的内压作用力。内压不平衡力按设计压力值计算。

（3）活动端位移产生的作用力包括补偿器的弹性力或摩擦力，转角管段升温变形的轴向力。

5.1.2 本条明确固定墩两侧管段作用力合成的原则。

第（1）项原则基于固定点两侧管段长度不同时，摩擦力下降对各自管段轴向力的影响可能不同。例如两侧管道起初均为锚固状态，摩擦力随升温次数增加而下降，由于两侧管段长度不同，一侧先进入过渡段，造成两侧管道轴向力的差异，这时应按可能出现的最大差异计算固定墩受力。

第（2）项原则规定两侧管道作用力合成时，方向相反的力不能简单地抵消。对于热胀约束力和补偿器作用力只应抵消一部分（即抵消系数 <1），而保留一部分安全裕量。这是因为计算存在误差（如土壤摩擦力及其下降规律不可能十分准确，因土壤的情况在沿线是有差别的），同时，升、降温过程在管道上是以一定速率传播的，处于不同位置的管道

在升、降温过程中同一瞬间可能处于不同的温度状态，造成计算作用力不同时出现。因此不同方向的计算作用力不能按完全抵消考虑。

抵消系数的数值，对于地沟敷设管道，目前国内有的设计单位取 0.7，有的取 0.8。对直埋敷设管道，本规程规定在推力计算时，不考虑固定墩位移，但实际上不可能绝对不发生位移，一旦有微量的位移，其推力将有所降低，因此本规程对摩擦力或补偿器作用力抵消系数在取值上取高值（为 0.8），这样在工程上较经济，也较安全。对于处在锚固段的固定墩，理论上说抵消系数应为 1。考虑到两侧土壤状况、摩擦力的变化以及钢管的性能、制造精度不可能完全一致，本规程规定抵消系数取 0.9，留有 10% 的安全裕量。

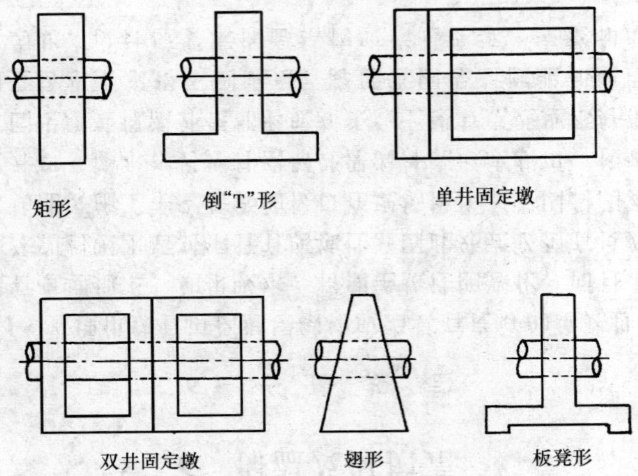

图 5.2　直埋固定墩常用形式

而对于内压不平衡力则不同，首先是计算管道横截面和压力值较准确，同时压力在管道中传递速度非常快，固定点两侧内压作用力同时发生，因此规程规定抵消系数按 1 取用。

0.8~0.9 的抵消系数是由经验确定的。随研究工作的发展和实践经验的丰富，上述抵消系数可进一步修改。

5.2　固定墩结构

固定墩常用形式一般有六种：

固定墩的强度及配筋计算应根据其不同的几何形状，采用相应的计算简图。

5.2.1　E_p、E_a 计算式（5.2.1-4）、（5.2.1-5），是在固定墩受力面为直立、光滑、回填土是无粘性填土的前提下建立的。若实际情况不同，应按实际情况设计。

固定墩后背土压力折减系数 K，对于高压缩性土取低值，低压缩性土取高值。

6 保温及保护壳

6.1 一 般 规 定

6.1.1 直埋供热管道保温层结构应当具有良好的绝热性能。保温管直埋地下，如果吸水，将使绝热性能恶化，而且聚氨酯泡沫塑料吸水后对钢管有腐蚀性。因此外壳必须有良好的防水功能。施工中管与管的接口在现场操作，常因封闭不严形成开口、渗水；另外补偿器处保温外壳形成断口，检查室内、固定墩处保温外壳都形成断头。上述节点处理不好都使保温管防水要求得不到满足，降低管网保温性能和使用寿命。为此，设计应要求保温结构应当是连续、完整和严密的。

保温层中如果存在空洞不但增加热损失，还使外壳直接暴露于较高的温度环境中。聚乙烯不耐高温，80℃时已经变软，不再传递剪切力；在高于50℃且承受应力的条件下，高密度聚乙烯外壳寿命大大降低，因此空洞对外壳安全构成威胁。

直埋供热管道保温结构除具有管道保温的功能外，还具有传递力、抵抗土壤压迫的功能。保温层和外壳都必须具有足够强度以保证保温结构形状完整。外壳、保温层、钢管相互之间粘结强度也是保证保温结构完整所必须的。

6.1.3 直埋供热管道工程使用的管材性能指标不低于相关标准规定，这是保证管网安全和寿命必需的。

《硬质聚氨酯泡沫塑料预制保温管》（CJ/T3002）中主要指标如下：

高密度聚乙烯塑料外壳	
密度	940～965kg/m^3
断裂伸长率	≥350%
耐环境应力开裂 F50	≥200h
纵向回缩率	≤3%
聚氨酯硬质泡沫塑料	
密度	60～80kg/m^3
抗压强度	≥200kPa
导热系数	≤0.027W/（m·℃）
耐热性	120℃

6.1.4 目前直埋供热管道使用的保温材料主要是聚氨酯，属于有机材料。随时间推移逐渐老化，强度和保温性能下降。这一变化过程与温度有密切关系。在高温下，老化过程很快；在较低温度下则能长期使用。市场上各种聚氨酯泡沫塑料，具有不同的耐热性。如果选择不当会使热网使用年限大大缩短。因此，本条特别强调直埋供热管道保温层的耐热性不应低于设计工作温度 。

保温管直接埋在土壤中，土壤对管壳在管道径向产生压力。*DN*500 埋深 1.5m，管道承受约 37.2kPa 的压力。管道在土壤中伸长受阻时便会朝横向发展，土壤同样也会阻止管道横向位移。土壤与管道横向相互作用使保温层受到挤压，其强度明显比土壤静压要大。再有，管道的轴向作用力使三通尤其是弯头的保温层受到更强的挤压。埋地管道保温层应能承受内外的压迫而不被挤扁，否则，局部保温性能下降，甚至使外壳受热软化。鉴于此，根据国内外的使用经验，要求保温层具有大于 200kPa 的抗压强度是必要的。

直埋供热管道的保温层需要能传递剪切力，正如前条已解释的理由。因此在轴向保温层和保护壳本身都应能承担足够的剪切力。外壳与保温层粘结的牢固程度以及保温层与内钢管粘结的牢固程度都应保证传递轴向剪切力。其剪切强度为：

$$\tau = \frac{F_{max}}{\pi D} = \frac{D_c \rho g \mu (H + D_c/2)}{D}$$

式中 F_{max}——土壤与管壳最大摩擦力（N/m）；

ρ——土壤密度，可取 1800kg/m^3；

μ——摩擦系数，此处 $\mu = 0.4$；

D_c——管外壳直径；

D——钢管外径或外壳直径。

经计算，对 *DN*20 保温管保温层与内钢管表面粘结抗剪强度必须大于 37.2kPa。对于 *DN*500 保温管外壳与保温层粘结抗剪强度要大于 13.6kPa。考虑安全性，剪切强度取 120kPa 是合适的。

目前，直埋供热管道使用的保温材料都是有机材料，在高温下要老化变质，因此直埋供热管道有一定的工作范围。热网设计温度与所选管道保温材料特性必须匹配。目前国内聚氨酯作保温材料适用于 120℃以下。国外最近的资料中聚氨酯材料可长期在 140℃下工作。

7 工程测量及土建工程

7.1 工 程 测 量

7.1.1～7.1.3 直埋供热管道工程有其特殊性。施工过程中管道平面转角、坡度变化如果偏离设计条件可能对管道工程安全造成隐患。直埋管道竣工后为隐蔽工程。因此，本节明确提出直埋供热管道工程施工测量和竣工测量的技术要求。

7.2 土 方 工 程

7.2.1～7.2.5 直埋管道的土建工程应遵守国家、行业的有关安全防火、劳动保护等方面的规定，其主要依据是《城市供热管网工程施工及验收规范》。施工突出体现了直埋管道的施工特点，如填砂、回填土夯实等。沟槽尺寸的确定是参照瑞典、芬兰的施工资料，在最经济的条件下改善土壤的摩擦阻力、散热损失、施工方法、管道的热伸长等。

8 管 道 安 装

8.1 一 般 规 定

8.1.1～8.1.2 本条规定直埋供热直管、三通、弯头、变径短管、固定短管等安装前必须进行验收检验，合格才能安装。具体做法是：预制保温钢管的各项技术参数，按有关要求检验；表面保护层不得有裂纹、破损、坑洞等缺陷。

8.1.3 本条要求预制保温管不应无规则堆放，应按规格品种分类堆放，场地应平整、不积水，防止硬物压坏保护壳。因保温层材料易受潮，管端两侧需用雨布或塑料布盖好。为防止管材堆垛过高，压坏底层管壳，堆高不宜超过2m。为防止火灾，堆垛离热源不应少于2m。

8.2 管 道 安 装

8.2.1 本条是指直埋供热管道在安装前应按设计或规范要求对建筑施工的地沟标高、坡度进行测量检查；应对管沟的固定墩和补偿器小室的建筑设施进行中间检验；为保证管道运行安全，必须对地沟底土壤耐压能力做试验。但是，考虑到各城市地质条件的差异，可以按设计或规范要求检验夯实情况。

8.2.3 本条要求预制直埋保温管道结构相同，材质一样，防止异种材料混入造成质量事故。结构相同，材质一样需做到：

钢材同一规格，机械性能和化学性能应该一样；

保温层的成分及配合比一样，密度、强度、导热系数、厚度都应一样；

保护层的材质厚度强度、韧性、可焊性（或可粘性）也应一样。

8.2.4 为了保证工程质量，加快施工进度，只要吊装机具能够满足要求，尽量多预制组装，减少沟底固定焊，减少工作坑的挖填处理。但是接口保温应做好。

8.2.5 本条强调管沟排水不及时处理，将造成沟底混浆、塌方，严重时将出现漂管或泥水倒灌管内，故需采取有效措施排水，一般做法是：

1. 地下水采取井点降水或积水坑抽水排掉；

2. 表面积水采用积水坑，再用泥浆泵或潜水泵抽掉排出；

3. 雨季施工将沿沟两侧筑挡水墙，堵住地上雨水不流入沟内，沟底设积水坑，沿坡度下侧工作坑内设积水坑，用泥浆泵或潜水泵抽到地表或抽入雨水沟里。

8.2.6 带报警线的预制保温管，报警线安装必须用仪表测试导电性能和电阻值，不合格不准用，否则安装后不起报警作用。

附录E 直埋供热管道固定墩推力计算

E.0.3 附录E中给出的 Ψ 和 η 曲线是按照粉质粘土实测摩擦力下降规律测算而绘制的。当土壤为砂土时，摩擦力下降幅度较小，用上述曲线计算出的推力值略偏大，即设计的安全裕度稍大。

中华人民共和国行业标准

汽车用燃气加气站技术规范

Technical Code for Automobile
Gas Filling Station

CJJ 84—2000

主编单位：中国市政工程华北设计研究院
批准部门：中华人民共和国建设部
施行日期：2000年7月1日

关于发布行业标准《汽车用燃气加气站技术规范》的通知

建标［2000］83号

根据建设部《关于印发一九九八年工程建设城建、建工行业标准制订、修订项目计划的通知》（建标［1998］59号）的要求，由中国市政工程华北设计研究院主编的《汽车用燃气加气站技术规范》，经审查，批准为强制性行业标准，编号CJJ84—2000，自2000年7月1日起施行。

本标准由建设部城镇燃气标准技术归口单位中国市政工程华北设计研究院负责管理，中国市政工程华北设计研究院负责具体解释，建设部标准定额研究所组织中国建筑工业出版社出版。

中华人民共和国建设部
2000年4月19日

前　言

根据建设部建标［1998］59号文的要求，标准编写组在深入调查研究，认真总结实践经验，参考国外先进标准，并广泛征求意见的基础上，制定本规范。

本规范的主要内容是：1. 总则；2. 术语；3. 燃气质量；4. 加气站分级和站址选择；5. 液化石油气加气站主体设施；6. 压缩天然气加气站主体设施；7. 加气站配套设施；8. 施工及验收等。

本规范由建设部城镇燃气标准技术归口单位中国市政工程华北设计研究院归口管理，授权由主编单位负责具体解释。

本规范主编单位：中国市政工程华北设计研究院

本规范参编单位：上海市公用局

广州市公用局深圳燃气集团有限公司

珠海市煤气集团有限公司

天津市液化气集团公司

北京市液化气公司

成都市煤气实业公司

长沙市液化石油气总公司

上海大众汽车有限公司

上海能源化工总公司

本规范主要起草人员：邓　渊　徐　良　陈光华

吴洪松　林　磊　马　丹

俞季兴　叶　勇　高兴喜

吴国奇　奚仲宽　史业腾

王　炤　马　丽　王韵茵

樊克俊　康　军　袁　虎

聂　伟

目 次

1 总 则

1.0.1 为规范汽车用燃气加气站（以下简称加气站）的建设，符合安全适用、技术先进、经济合理、确保质量的要求，制定本规范。

1.0.2 本规范适用于充装液化石油气工作压力不大于2.5MPa（表压）、环境温度－40～50℃，充装天然气工作压力不大于25.0MPa（表压）、环境温度－40～50℃的新建、扩建及与加油站合建的加气站（以下简称合建站）工程的设计、施工及验收。

本规范不适用于：燃气汽车换瓶供气、液化石油气流动加气车供气、天然气汽车低压气囊式充装供气和直接使用液态天然气充装供气。

1.0.3 加气站的设置应符合城市总体规划，合理布置。

1.0.4 加气站的设计，应采用先进成熟的技术和采取防止燃气泄漏的安全措施。

1.0.5 加气站的工程施工、安装应按设计文件施行。修改设计或材料代用应经原设计单位确认，并报审批部门备案。

1.0.6 加气站的设计、施工及验收，除执行本规范外，尚应符合国家现行有关强制性标准的规定。

2 术　　语

2.1 一 般 术 语

2.1.1 燃气汽车 fuel gas automobile

采用以液化石油气或以压缩天然气为燃料的汽车。

2.1.2 加气岛 pump island

主要安装加气机，供停靠在加气车位处的燃气汽车进行充装操作的平台。

2.1.3 加气机 LPG（CNG）pump dispenser

给燃气汽车贮气瓶充装燃气，并带有计量、计价装置的专用设备。

2.1.4 加气枪 dispenser nozzle

附属加气机，直接给燃气汽车贮气瓶充装燃气的手工操作专用工具。

2.1.5 挠性支架 flexible support

为防止燃气汽车在充装过程中，司机错误驱使汽车，拖拽软管，导致软管附带插头脱离支架，警示司机停车。

2.1.6 拉断阀 break away coupling

安装在加气机出口，一旦被拉分成两节后，在节的端头具有自密封功能的阀门。

2.1.7 快速切断阀 shut—off valve

从全开至全关阀门转动小于一圈，并能关严。

2.1.8 射线照相检验 radiographic examination

对钢材加工的设备和钢制管道的全部对接圆周焊缝和纵焊缝所作的射线检验。

2.1.9 压力试验 pressure test

以液体或气体为介质，对单体设备或系统逐步加压，达到规定的压力，以检验设备或系统的强度和严密性的试验。

2.1.10 泄漏性试验 leak test

以气体为介质，在设计压力下，采用发泡剂、显色剂、气体分子感测仪或其他专门手段等检查单体设备或系统中泄漏点的试验。

2.2 液化石油气加气站术语

2.2.1 汽车用液化石油气 automobile LPG

经过加工符合燃气汽车用能标准的液化石油气。

2.2.2 地上贮罐 aboveground storage tank

罐体直接安装在地面基座上的露天卧式液化石油气贮罐。

2.2.3 地下贮罐 underground storage tank

直接覆土（细沙）埋设在地下的卧式液化石油气贮罐。

2.2.4 半地下贮罐 partially underground storage tank

罐底埋设在地下的深度不小于罐高的一半，且全部覆土（细砂）的卧式液化石油气贮罐。

2.2.5 贮罐首级控制装置 first stage control equipment of storage tank

液化石油气贮罐的进、出口管道（含测量控制仪表）在首级接口处所设置进行控制流量或流向的装置。

首级控制装置分为内置式（在贮罐内）和外置式（在贮罐外）两种。

2.2.6 贮罐次级控制装置 second stage control equipment of

storage tank

液化石油气贮罐的进、出口管道（含测量控制仪表）在贮罐外，再次进行控制流量或流向的装置。

2.3 压缩天然气加气站术语

2.3.1 汽车用压缩天然气 automobile CNG

经过加工符合燃气汽车用能标准的压缩天然气。

2.3.2 加气母站 primary filling station

除自身具有给天然气汽车加气功能外，并可通过车载贮气瓶运输系统为子站供应压缩天然气的加气站。

2.3.3 加气子站 secondary filling station

依靠车载贮气瓶运进天然气进行加气作业的加气站。

2.3.4 瓶库贮气 cylinders manifold gas storage

贮气瓶集中汇联在一起，进行压缩天然气贮存的一种方式。

2.3.5 井管贮气 vertical piping gas storage

通过钻井，将钢管竖直埋在地下，进行压缩天然气贮存的一种方式。

2.3.6 限压阀 pressure relief valve

限制系统内燃气在某一设定压力值下运行的阀门。

3 燃气质量

3.1 汽车用液化石油气质量

3.1.1 汽车用液化石油气质量除应符合国家现行标准《汽车用液化石油气》(SY7548) 的规定外，尚应符合下列规定：

1. 烯烃含量应小于或等于 5.0（体积%）;

2. 丁二烯含量应小于或等于 0.5（体积%）;

3. 丙烷和丁烷的含量，应按地区的使用条件和季节气温的变化进行调整。

3.2 汽车用压缩天然气质量

3.2.1 引入加气站的天然气质量不得低于现行国家标准《天然气》(GB17820) 的Ⅱ类气质指标。

3.2.2 汽车用压缩天然气质量应符合现行国家标准《车用压缩天然气》的规定。

4 加气站分级和站址选择

4.1 一 般 规 定

4.1.1 液化石油气加气站、油气合建站的等级划分，应符合表 4.1.1-1 和表 4.1.1-2 的规定。在油、液化石油气合建站内，液化石油气贮罐的总容积不应大于相应级别液化石油气加气站的总容积。

表 4.1.1-1 液化石油气加气站的等级划分

级别	液化石油气贮罐（m^3）	
	总容积	单罐容积
一 级	$40 < V \leq 60$	≤30
二 级	$20 < V \leq 40$	≤30
三 级	$V \leq 20$	≤20

注：V 为总容积；本表贮罐容积系指水容量。

表 4.1.1-2 油、液化石油气合建站的等级划分

级别	汽油、柴油、液化石油气贮罐（m^3）	
	总容积	单罐容积
一 级	$100 < V \leq 180$	汽油、柴油≤50；液化石油气≤30
二 级	$50 < V \leq 100$	≤30
三 级	$V \leq 50$	≤20

注：1. V 为总容积；本表贮罐容积系指水容量；
2. 柴油贮罐容积按 0.5 折算。

4.1.2 不同级别的液化石油气加气站与加油站合建时，应分别按其等级划分规定来确定合自的级别。

4.1.3 压缩天然气加气站的等级划分，应符合表 4.1.3 的规定。

表 4.1.3 压缩天然气加气站的等级划分

级别	贮气装置总容积（m^3）	
一 级	$12 < V \leq 16$	$3000 < V_N \leq 4000$
二 级	$6 < V \leq 12$	$1500 < V_N \leq 3000$
三 级	$V \leq 6$	≤1500

注：本表贮气装置总容积：V 系指水容量；V_N 系指压力在 101.325kPa、温度在 0℃状态下的体积。

4.1.4 一、二级压缩天然气加气站不应与加油站合建，三级压缩天然气加气站可与加油站合建。合建站的汽油、柴油贮罐总容积不应大于 50m^3，单罐容积不应大于 20m^3（柴油贮罐容积按 0.5 折算）。

4.1.5 在城市建成区内不应建一级加气站和一级合建站；在城市人员稠密区设置的加气站和合建站的规模宜为三级。

4.1.6 对重要公共建筑和涉及国计民生的其他重要建、构筑物周围 100.0m 范围内不得建加气站、合建站。

4.1.7 在城市建成区内所建的液化石油气加气站和合建站，宜采用地下或半地下贮罐。在城市偏僻地区所建的液化石油气加气站和合建站的贮罐设置方式，应根据站址和周围环境条件确定。

4.1.8 在合建站内，汽油、柴油贮罐的设置除应符合现行国家标准《小型石油库及汽车加油站设计规范》（GB50156）的有关规定外，对油、液化石油气合建站还应符合本规范第 5.2.9 条～第 5.2.11 条的规定；对油、压缩天然气合建站还应符合本规范第 6.2.5 条、第 6.2.6 条的规定。

4.1.9 站址选择应符合下列规定：

1. 站址的选择和分布应符合城市规划和区域道路交通规划，符合安全防火、环境保护、方便使用的要求；

2. 城市建成区内所建的加气站和合建站，应靠近城市交通干道或车辆出入方便的次要干道上。郊区所建的加气站和合建站，宜靠近公路或设在靠近建成区的交通出入口附近；

3. 在城市建成区内进行液化石油气加气站和合建站站址选择时，液化石油气槽车的运行应符合城市易燃易爆危险物品交通运输的有关规定；

4. 天然气加气站（加气母站）和合建站，宜靠近天然气高、中压管道或储配站建设。供气参数应符合天然气压缩机性能要求。新建的加气站（加气母站）和合建站不应影响现有用气户与待发展用气户的天然气使用。

4.2 液化石油气加气站

4.2.1 加气站内液化石油气贮罐与站外建、构筑物等的防火间距，不应小于表 4.2.1 的规定。合建站内液化石油气贮罐与站外明火、散发火花地点和民用建筑保护物的防火间距，不应小于表 4.2.1 相同级别加气站防火间距再增加 20% 的规定值。

表 4.2.1　液化石油气贮罐与站外建、构筑物等的防火间距（m）

项目 \ 加气站级别		地上贮罐			地下贮罐		
		一级站	二级站	三级站	一级站	二级站	三级站
与明火、散发火花地点；民用建筑物保护类别	一类保护物	45	35	30	25	20	16
民用建筑物保护类别	二类保护物	35	25	18	18	15	12
	三类保护物	25	20	15	15	12	10

续表

项目 \ 加气站级别		地上贮罐			地下贮罐		
		一级站	二级站	三级站	一级站	二级站	三级站
生产厂房及库房类别	甲、乙类	45	45	35	22	22	18
	丙、丁（厂房）类	35	25	18	18	15	12
	丁（库房）、戊类	18	15	12	12	10	10
站外甲、乙类液体贮罐、易燃材料堆场		45	45	35	22	22	18
室外变配电站		45	45	35	22	22	18
铁路		45	45	45	22	22	22
地铁隧道	出入口 120°内角面	100	90	80	80	70	60
	出入口 120°外角面及通风口	80	60	50	60	50	40
	排气口、内墙壁	45	35	25	40	30	20
电力沟、暖气管沟、下水道		10	8	8	6	5	5
公路	高速、Ⅰ级、Ⅱ级	15	12	10	10	8	8
	Ⅲ、Ⅳ级	12	10	8	8	6	6
架空电力线		1.50 倍杆高	1.50 倍杆高（>380V） 1.00 倍杆高（≤380V）		1.50 倍杆高	1.00 倍杆高（>380V） 0.75 倍杆高（≤380V）	
架空通信线	国家Ⅰ、Ⅱ级	1.50 倍杆高			1.50 倍杆高	1.00 倍杆高	
	一般	1.50 倍杆高	1.00 倍杆高		1.00 倍杆高	0.75 倍杆高	

4.2.2 民用建筑物保护类别分级，应符合下列规定：

1. 一类保护物应包括下列建筑：

1）高层民用建筑；

2）地市级以上（含地市级）的机关办公楼、图书馆、书库、博物馆、展览馆、文物古迹等建筑；

3）建筑面积超过 $3000m^2$ 或每层建筑面积超过 $800m^2$ 的居住建筑和多层商住楼、商业楼、市场、旅馆、饭店等公共建筑；

4）建筑面积超过 $6000m^2$ 的其他建筑；

5）学校、幼儿园、老人院、医院、中小型体育馆（场）和建筑面积超过 $400m^2$ 的车站、客运站等人员密集的场所。

注：液化石油气加气站、合建站的一级保护物范围尚应包括地下建筑。

2. 二类保护物应包括下列建筑：

1）县级机关办公楼；

2）建筑面积在 800 ~ $3000m^2$ 或每层建筑面积在 300 ~ $800m^2$ 的居住建筑和多层商住楼　商业楼、市场、旅馆、饭店等公共建筑；

3）建筑面积在 3000 ~ $6000m^2$ 的其他建筑；

4）一般桥梁（含高架路）；

5）建筑面积小于 $400m^2$ 的车站、客运站和市区公交车站等人员较为密集的场所。

3. 三类保护物应为一、二类保护物以外的建筑。

4.2.3 计算液化石油气贮罐等设施与建、构筑物的防火间距起算点，应符合下列规定：

1. 加气站——站区围墙外壁

2. 贮罐——罐外壁

3. 井管——外壁

4. 卸车点——中心线

5. 加气机或加油机——边缘

6. 建筑物、生产用房——外墙壁

7. 明火及散发火花点——散发火花点

8. 道路——路肩

9. 铁路——中心线

10. 变压器——外缘

11. 电力线、通信线——边线

12. 管线——外缘

13. 管沟——沟外壁

4.2.4 加气站内液化石油气贮罐总容积大于 $60m^3$ 或单罐容积大于 $30m^3$、合建站内液化石油气贮罐总容积大于 $40m^3$ 或单罐容积大于 $30m^3$ 时，其防火间距要求应按现行国家标准《城镇燃气设计规范》（GB50028）的规定执行。

4.2.5 在加气站和合建站内，液化石油气贮罐与站外建筑面积不超过 $200m^2$ 独立的民用建筑，其防火间距可按表 4.2.1 的三类保护物减少 20%，但不应小于三级站的规定。

4.2.6 在加气站和合建站内，液化石油气贮罐与站外高层厂房的防火间距，应按表 4.2.1 的规定增加 3m。

4.2.7 在加气站和合建站内，液化石油气贮罐与站外建筑面积不超过 $300m^2$ 的丁、戊类生产厂房及库房的防火间距，可按表 4.2.1 的规定减少 20% 确定。

4.2.8 在加气站和合建站内，液化石油气贮罐与站外不超过 1000kVA 的箱式变压器和杆装变压器的防火间距，可按表 4.2.1 的室外变配电站减少 20% 确定。

4.2.9 采用小于或等于 $10m^3$ 的地上液化石油气贮罐整体装配式的加气站，其贮罐与站外建、构筑物的防火间距，可按

表 4.2.1 的地上贮罐三级站减少 20%确定。

4.2.10 半地下液化石油气贮罐与站外明火、散发火花地点和民用建筑保护物的防火间距，不应小于表 4.2.1 地下贮罐相应防火间距再增加 25%的规定值。

4.2.11 在加气站和合建站内，液化石油气卸车点、贮罐放散管管口和加气机与站外建、构筑物等的防火间距，不应小于表 4.2.11 的规定。

表 4.2.11 液化石油气卸车点、贮罐放散管管口和加气机与站外建、构筑物等的防火间距（m）

项目 \ 名称		液化石油气卸车点、贮罐放散管管口	加气机
与明火、散发火花地点		25	20
民用建筑物保护类别	一类保护物	30	20
	二类保护物	20	16
	三类保护物	15	12
生产厂房及库房类别	甲、乙类	30	20
	丙、丁(厂房)类	20	16
	丁(库房)、戊类	15	12
站外甲、乙类液体贮罐、易燃材料堆场		30	20
室外变配电站		30	20
铁路		30	25
地铁隧道	出入口 120°内角面	80	60
	出入口 120°外角面及通风口	60	40
	排气口、内墙壁	40	20
公路	高速、Ⅰ级、Ⅱ级	10	6
	Ⅲ、Ⅳ级	8	5
架空电力线		1.50 倍杆高（>380V）	1.00 倍杆高
		1.00 倍杆高（≤380V）	0.75 倍杆高

续表

项目 \ 名称		液化石油气卸车点、贮罐放散管管口	加气机
架空通信线	国家Ⅰ、Ⅱ级	1.50 倍杆高	1.00 倍杆高
	一般	1.00 倍杆高	0.75 倍杆高

4.2.12 在加气站和合建站内，液化石油气卸车点、贮罐放散管管口和加气机与站外建筑面积不超过 $200m^2$ 独立的民用建筑，其防火间距可按表 4.2.11 的三类保护物减少 20%，但不应小于 12.0m。

4.2.13 在加气站和合建站内，液化石油气卸车点、贮罐放散管管口和加气机与站外不超过 1000kVA 箱式变压器和杆装变压器的防火间距，可按表 4.2.11 的室外变配电站减少 20%确定。

4.3 压缩天然气加气站

4.3.1 加气站内压缩天然气贮气装置与站外建、构筑物等的防火间距，不应小于表 4.3.1 的规定。合建站内压缩天然气贮气装置与站外明火、散发火花地点和各类建筑保护物的防火间距，不应小于表 4.3.1 三级站防火间距再增加 20%的规定值。

表 4.3.1 压缩天然气贮气装置与站外建、构筑物等的防火间距（m）

项目 \ 加气站级别		瓶库贮气			井管贮气、地下贮瓶间		
		一级站	二级站	三级站	一级站	二级站	三级站
与明火、散发火花地点；民用建筑物保护类别	一类保护物	30	25	20	22	18	16
民用建筑物保护类别	二类保护物	25	20	16	18	15	12
	三类保护物	22	18	15	15	12	10

续表

项目 \ 加气站级别		瓶库贮气 一级站	瓶库贮气 二级站	瓶库贮气 三级站	井管贮气、地下贮瓶间 一级站	井管贮气、地下贮瓶间 二级站	井管贮气、地下贮瓶间 三级站
生产厂房及库房类别	甲、乙类	30	25	20	22	18	16
	丙、丁(厂房)类	25	20	16	18	15	12
	丁(库房)、戊类	18	15	12	12	10	10
站外甲、乙类液体贮罐、易燃材料堆场		30	25	20	22	18	16
室外变配电站		30	25	20	22	18	16
铁路		30	30	30	24	24	24
地铁隧道	出入口 120°内角面	45	40	35	40	35	30
	出入口 120°外角面及通风口	35	30	25	30	25	20
	排气口、内墙壁	22	18	16	18	16	14
公路	高速、Ⅰ级、Ⅱ级	15	12	10	10	8	8
	Ⅲ、Ⅳ级	12	10	8	8	6	6
架空电力线		1.50 倍杆高	1.50 倍杆高(>380V) 1.00 倍杆高(≤380V)	1.50 倍杆高(>380V) 1.00 倍杆高(≤380V)	1.00 倍杆高	0.75 倍杆高(>380V) 0.50 倍杆高(≤380V)	0.75 倍杆高(>380V) 0.50 倍杆高(≤380V)
架空通信线	国家Ⅰ、Ⅱ级	1.50 倍杆高	1.50 倍杆高	1.50 倍杆高	1.00 倍杆高	0.75 倍杆高	0.75 倍杆高
	一般	1.00 倍杆高	0.75 倍杆高	0.75 倍杆高	0.75 倍杆高	0.50 倍杆高	0.50 倍杆高

4.3.2 在加气站和合建站内，压缩天然气贮气装置与站外建筑面积不超过 $200m^2$ 独立的民用建筑，其防火间距可按表4.3.1 的三类保护物减少 20%，但不应小于三级站的规定。

4.3.3 在加气站和合建站内，压缩天然气贮气装置与站外高层厂房的防火间距，应按表 4.3.1 的规定增加 3m。

4.3.4 在加气站和合建站内，压缩天然气贮气装置与站外建筑面积不超过 $300m^2$ 丁、戊类生产厂房及库房的防火间距，可按表 4.3.1 的规定减少 20% 确定。

4.3.5 在加气站和合建站内，压缩天然气贮气装置与站外不超过 1000kVA 箱式变压器和杆装变压器的防火间距，可按表 4.3.1 的室外变配电站减少 20% 确定。

4.3.6 在加气站和合建站内，压缩机间与站外建、构筑物等的防火间距不应小于表 4.3.1 三级站井管贮气的规定值。对加气子站的压缩机间，其防火间距可减少 20%。

4.3.7 在加气站和合建站内，天然气放散管(进站天然气管道和贮气装置上所设置的安全阀、紧急放散)管口和加气机与站外建、构筑物等的防火间距，不应小于表 4.3.7 的规定。

表 4.3.7 天然气放散管管口、加气机与站外建、构筑物等的防火间距 (m)

项目 \ 名称		放散管管口	加气机
与明火、散发火花地点		30	18
民用建筑物保护类别	一类保护物	25	18
	二类保护物	20	14
	三类保护物	15	12
生产厂房及库房类别	甲、乙类	30	18
	丙、丁(厂房)类	20	15
	丁(库房)、戊类	15	12

续表

项目 \ 名称		放散管管口	加气机
站外甲、乙类液体贮罐、易燃材料堆场		30	18
室外变配电站		30	18
铁路		30	22
地铁隧道	出入口 120°内角面	45	35
	出入口 120°外角面及通风口	30	25
	排气口、内墙壁	18	15
公路	高速、Ⅰ级、Ⅱ级	10	6
	Ⅲ、Ⅳ级	8	5
架空电力线		1.50 倍杆高（>380V）	1.00 倍杆高（>380V）
		1.00 倍杆高（≤380V）	0.75 倍杆高（≤380V）
架空通讯线	国家Ⅰ、Ⅱ级	1.50 倍杆高	1.00 倍杆高（>380V）
	一般	1.00 倍杆高	0.75 倍杆高（≤380V）

4.3.8 在加气站和合建站内，天然气放散管（进站天然气管道和贮气装置上所设置的安全阀、紧急放散）管口和加气机与站外建筑面积不超过 $200m^2$ 独立的民用建筑，其防火间距分别不应小于 12.0m 和 10.0m。

4.3.9 在加气站和合建站内，天然气放散管（进站天然气管道和贮气装置上所设置的安全阀、紧急放散）管口和加气机与站外不超过 1000kVA 的箱式变压器和杆装变压器的防火间距，分别不应小于 24.0m 和 15.0m。

5 液化石油气加气站主体设施

5.1 设计规模

5.1.1 在加气站和合建站内，液化石油气贮罐设计容积应根据车辆充装用量、液化石油气供给条件（来源、运输条件）、站址环境等因素确定；液化石油气贮罐设计容积宜按 2～3d 的供应量计算；距供应气源较远的加气站，可适当提高贮存天数。

5.2 平面布置

5.2.1 加气站、合建站的平面宜按贮存和经营的功能分区布置。

贮存区内应设置液化石油气贮罐、汽车槽车卸车点、泵（或泵房）、压缩机（或压缩机间）和汽油、柴油等燃料贮罐；经营区应由加气区、营业室、仪表和配电间等组成。

5.2.2 液化石油气贮罐和罐区的布置应符合下列规定：

1. 地上贮罐组外围应设置高度为 1m 的非燃烧实体防护墙。贮罐之间的净距不应小于相邻较大罐的直径；

2. 地下或半地下贮罐之间应采用防渗混凝土墙隔开，贮罐之间距离不应小于 2.0m。

5.2.3 加气站、合建站内严禁设置地下和半地下建、构筑物（地下贮罐、操作井、消防水池和必要的埋地式室外消火栓、消防水泵接合器除外）。

5.2.4 经营区宜布置在站内前沿，且便于车辆出入方便的地方。

5.2.5 加气站、合建站与站外建筑物相邻的一侧，应建造高度不小于2.2m的非燃烧实体围墙；面向车辆进、出口道路的一侧宜开敞，也可建造非实体围墙、栅栏。

5.2.6 加气站、合建站内液化石油气贮罐与站内设施的防火间距不应小于表5.2.6的规定。

表 5.2.6　液化石油气贮罐与站内设施的防火间距（m）

项目 \ 加气站级别		地上贮罐			地下和半地下贮罐		
		一级站	二级站	三级站	一级站	二级站	三级站
汽、柴油贮罐	地上罐	10	8	6	—	—	—
	地下罐	—	—	—	8	6	4
	通气管管口	12	8	8	10	8	6
卸车点		12（10）	10（8）	8（6）	5	4	4
加气机（加油机）					8	6	4
烃泵房、压缩机间				6	8	6	4
燃气热水炉间		20（16）	18（14）	16（12）	12	12	10
站房		12（10）	10（8）	8	8	6	4
消防泵房、水池吸水口		40（30）	30（20）	30（20）	20	15	15
道路		5	4	3	4	3	3
防火隔墙		2	2	2	—	—	—
站区围墙		6	5	5	4	3	3

注：括号内值为液化石油气贮罐设有固定喷淋装置，且面向设施侧设有防火隔墙。

5.2.7 当地上液化石油气贮罐与站内设施之间设置防火隔墙时，贮罐与设施之间的防火间距可按绕过防火隔墙两端的距离测量值计算。

防火隔墙应具有阻止液化石油气渗透的非燃烧实体墙，顶部不得低于贮罐上设置阀件高度。

5.2.8 采用小于或等于10m^3的地上液化石油气贮罐整体装配式的加气站，其贮罐与充装泵、卸车点和加气机的防火间距可减少至1.5m，与站房的防火间距可减少至4.0m。

5.2.9 在合建站内，液化石油气贮罐与汽油、柴油贮罐之间未设置防火隔墙时，不宜将这两类贮罐分为地上、地下方式布置。经设置防火隔墙后，可按地上贮罐防火间距规定执行。

5.2.10 在合建站内，宜将柴油贮罐布置在液化石油气贮罐与汽油贮罐之间。

5.2.11 在合建站内，汽油、柴油贮罐的设置应符合下列规定：

1. 汽油、柴油贮罐的通气管管口宜布置在液化石油气贮罐和卸车点的上风侧；
2. 地下汽油、柴油贮罐的操作井口应高出周围地坪不小于0.3m。顶盖口应具有一定的防渗漏功能；
3. 应采用密封式卸油和量油位；
4. 操作井内应设置液化石油气检漏报警探头。

5.2.12 加气站、合建站内设施之间的防火间距，不应小于表5.2.12的规定。

表 5.2.12　加气站、合建站内设施之间的防火间距（m）

项目 \ 名称		液化石油气卸车点	加气机	烃泵房、压缩机间	燃气热水炉间
汽、柴油贮罐	地上罐	8	8	5	12
	地下罐	6	6	5	8
	通气管口	9	9	6	8

续表

项目 \ 名称	液化石油气卸车点	加气机	烃泵房、压缩机间	燃气热水炉间
液化石油气卸车点	—	6	4	20
加气机（加油机）	6	4.5	4	16
烃泵房、压缩机间	4	4	—	12
燃气热水炉间	20	16	12	—
站房	6	4	4	—
消防泵房、水池吸水口	10	6	—	—
道路	2	—	2	2
站区围墙	2	—	2	2

5.2.13 车辆进、出站口宜分开设置。站区内总图布置应按进站槽车正向行驶设计。

5.2.14 加气站、合建站内的停车场和道路设计应符合下列规定：

1. 单车道宽度不应小于3.5m，双车道宽度不应小于6.5m；

2. 站内行驶槽车的道路转弯半径不应小于12.0m，一般道路转弯半径不宜小于9.0m。道路坡度不应大于6%，且应坡向站外。在槽车卸车停位处，宜按平坡设计；

3. 站内场地坪和道路路面不得采用沥青路面；宜采用可行驶重载汽车的水泥路面或不产生火花的路面，其技术要求应符合现行国家标准《建筑地面工程施工及验收规范》（GB50209）的有关规定。

5.2.15 一级加气站和一级合建站宜在经营区外设置停车场，其大小视所在位置的充装汽车量和车型确定。

5.2.16 加气站、合建站站房室内地坪标高，应高出周围地坪0.2m以上。

5.3 贮罐装置

5.3.1 加气站内液化石油气贮罐的设置应符合下列规定：

1. 加气站内贮罐宜采用卧式罐。

2. 贮罐应按照现行国家标准《钢制压力容器》（GB150）、《钢制卧式容器》（JB4731）和《压力容器安全技术监察规程》的有关规定进行设计、制造。

3. 加气站内液化石油气贮罐应按充装丙烷气质设计。

4. 贮罐设计压力应为1.8MPa。

5. 贮罐内允许充装的液化石油气质量应按《城镇燃气设计规范》（GB50028—93）第6.7.9条执行。

6. 贮罐的开孔与接管的设置应符合下列规定：

1）贮罐人孔应设于罐体顶部，容积小于或等于30m^3的贮罐可设置一个人孔；

2）贮罐的出液管道端口接管位置，应按选择的充装泵要求确定，其他管道端口接管宜设置在罐顶。进液管道和液相回流管道宜接入贮罐内的气相空间。

7. 地下贮罐与半地下贮罐的罐顶应按吊装要求设置吊装环；地上贮罐应按罐顶接管要求设置管架支撑板。

5.3.2 贮罐的首级关闭控制系统应符合下列规定：

1. 在进液管、液相回流管和气相回流管上所选用的止回阀宜设置在贮罐内；

2. 在出液管上所选用的过流阀宜设置在贮罐内；所选用的紧急切断阀可设置在贮罐外；

3. 人孔和备用管口应为盲板或丝堵；

4. 放散通道应为全关阀。

5.3.3 当首级关闭系统采用贮罐外控制方式时，在止回阀、紧急切断阀前应设置阀门。

5.3.4 贮罐的管路系统和附属设备的设置应符合下列规定：

1. 阀门及附件应按系统设计压力提高一级配置，并应采用液化石油气介质专用阀门及附件。

2. 液化石油气贮罐必须设置全启封闭式弹簧安全阀。安全阀的设置应符合下列规定：

1）安全阀的开启压力应按贮罐介质最大工作压力的1.10～1.15倍，且不得大于设计压力。阀口总通过面积应符合《压力容器安全技术监察规程》的有关规定；

2）安全阀与贮罐之间必须装设相应口径的阀门；

3）安全阀应垂直安装在贮罐的最上部，且应设置在便于操作、维护的地方；

4）安全阀应装设相应口径的放散管。地上贮罐放散管管口应高出贮罐操作平台2.0m以上，且距地面不应小于5.0m。地下贮罐的放散管管口应高出地面2.5m以上。放散管管口与围墙的距离不应小于3.0m，且应设有防雨罩。

3. 贮罐应设置检修用的放散管（$\geqslant DN40$），并宜与安全阀接管共用一个开孔。

4. 紧急切断装置包括紧急切断阀、远控系统和易熔塞金属自动切断装置，其设计应符合下列规定：

1）紧急切断阀宜选用气动型，控制部分壳体和活塞密封耐压不应小于1.2MPa；

2）控制气源必须为不间断气源；紧急切断阀关闭响应时间不得大于5s；在控制间的气路管道上宜设置电磁阀，采取断电放气关闭紧急切断阀；

3）电磁阀操作按钮的设置位置应为阀前、加气区和控制间等处；

4）安装在紧急切断阀上的易熔塞金属的熔断温度范围应为70±5℃。

5. 过流阀的最小关闭流量不应小于最大工作压差时流量的1.8倍。

6. 止回阀应是高灵敏度，适应液化石油气介质使用。

7. 贮罐排污管的设置应符合下列规定：

1）从贮罐顶部引出的排污管与贮罐的气相空间宜设置旁通管及旁通阀；

2）从贮罐底部引出的排污管的根部管线与阀门，寒冷地区应加装伴热或保温装置；

3）在贮罐外的排污管上应设置两道截止阀，阀间宜设排污箱。

5.3.5 液化石油气贮罐外的第一道法兰，应采用高颈对焊法兰、金属缠绕垫片（带外环）和高强度螺栓紧固的组合，不得选用石棉橡胶垫片、平面或突面密封面法兰和低碳钢螺栓组合。金属缠绕垫片（带外环）密封面光洁度应符合国家有关技术标准或设计规定。

5.3.6 内置式首级关闭控制装置宜采用自密封螺纹连接方式。当采用法兰连接时，宜选用非通透螺纹孔，螺纹有效连接长度不得小于1.2倍的螺纹孔径。螺纹表面硬度不应低于HRC60。罐体内的紧固件宜选用不锈钢材质。

5.3.7 首级关闭控制系统与罐体端口采用圆锥管螺纹连接时，管螺纹尺寸公差和光洁度应符合现行国家标准《用螺纹密封的管螺纹》（GB7306）的规定，表面硬度不应低于HRC60，螺纹类型应与连接阀件配套，并具有自密封功能。

5.3.8 贮罐测量仪表的设置应符合下列规定：

1. 液化石油气贮罐必须设置就地指示的液位计、压力表和测量液化石油气液相或气相的温度计。应设置液位上、下限报警装置，并宜设置液位上限限位控制和压力上限报警装置。就地指示的仪表宜安装在地面上便于直接观察的地方；

2. 在一、二级站内，贮罐液位和压力的测量宜设置远传二次仪表。

5.3.9 贮罐测量仪表的选用和安装宜符合下列规定：

1. 液位计

1）应是能确保液位传感器不会被卡住的产品；

2）地上贮罐可采用板式光学反射玻璃液位计，气液两相的色差必须明显；

3）地下贮罐应采用内置式液位计。使用带远传二次仪表的液位传感器，应为本质安全型防爆产品。二次仪表应直接指示液位高度，误差不应超过±5mm。

2. 压力表和压力传感器

压力表必须安装在罐体顶部气相空间引出管上。使用的压力表应符合下列规定：

1）必须适用于液化石油气；

2）精度等级不应低于1.5级；

3）进入线性范围的最小值不应大于0.15MPa，测量范围的上限值宜为2.5～3.0MPa；表盘直径不宜小于100mm；

4）表盘上对应于介质温度40℃和50℃的饱和蒸气压处，应分别标有警戒绿线和红线；

5）使用带远传二次仪表的压力传感器，应为本质安全型防爆产品。二次仪表应直接指示压力值。

3. 温度计的测量范围应为－50～80℃，并应在－40℃和50℃处标有警戒红线。精度等级不应低于1.0级。

5.3.10 地下液化石油气贮罐可采用下列三种接管方式：

1. 在罐体上直接焊接人孔管箱，伸向地面，在人孔盖板上安装贮罐的各种接管；

2. 在罐体顶部的人孔盖板上安装贮罐的各种接管，通过操作井引出；

3. 各种管道接管和人孔接口直接焊接在罐体的顶部，穿过覆盖层引至地面。

5.3.11 采用本规范第5.3.10条第1款接管方式时，管箱顶应高出地面100mm以上。

5.3.12 采用本规范第5.3.10条第2款接管方式时，宜将各类控制阀门、仪表传感器等安装在操作井内。操作井的设置应符合下列规定：

1. 井壁应以不小于6mm的钢板制作，顶盖口应具有一定的防渗漏功能；

2. 操作井直径应满足施工安装和维修要求；

3. 操作井内应设置液化石油气检漏报警探头。宜设置自然通风吸风口和排气放散管。放散管管口处应设置风力扇排气装置或防雨罩；

4. 操作井及其接管应按罐体防腐绝缘结构同级处理；

5. 管道井与罐体间、管道穿越井壁（盖）处宜设置填料密封圈。

5.3.13 采用本规范第5.3.10条第3款接管方式时，其连接管道应符合下列规定：

1. 对未安装内置式首级关闭控制装置的阀门、法兰和丝扣接头不得埋地设置；

2. 所有埋地段管道防腐绝缘结构应按罐体防腐绝缘结

构同级处理，且应高出地面200mm以上。

5.3.14 贮罐系统的土建设计应符合下列规定：

1. 贮罐基础和支承

1）贮罐基础应为钢筋混凝土，承载力应按其充水和覆土后的重量计算，并应严格控制基础沉降；

2）卧罐的安装，应使其一端的支座可滑动，其工艺管线应布置在固定支座一端；

3）卧罐应坡向排污端，坡度应为3‰～5‰。

2. 地下和半地下贮罐

1）地下贮罐不宜布置在车行道下。

2）地下和半地下贮罐采用的罐池应符合下列规定：

（1）罐池应采用抗渗钢筋混凝土结构，回填中性细砂或采用砂包填实；罐顶的覆盖厚度（含盖板）不应小于500mm；周边填充厚度不应小于900mm；

（2）贮罐顶盖口应具有一定的防渗漏功能；

（3）池底一侧应设有排水沟，沟内布碎石，上覆盖两层无纺布，引至抽水井。抽水井内不得设置非防爆型电气设备。池底面坡度应按3‰坡向排水沟。

3）地下和半地下贮罐采用直埋时，罐顶的覆土厚度不应小于500mm，覆土层应能承受消防水的冲刷。

5.3.15 地下和半地下贮罐的防腐绝缘结构应符合下列规定：

1. 贮罐外表面应采用特加强级的防腐绝缘保护层和阴极保护措施。当贮罐采用牺牲阳极保护时，应符合国家现行标准《镁合金牺牲阳极应用技术标准》（SYJ19）的规定；

2. 贮罐在吊装前和安装结束后，都应进行防腐绝缘保护层质量的检查。用电火花检漏仪检测涂层的绝缘性，其检测要求应符合国家有关标准的规定；

3. 采用牺牲阳极等电化学防腐措施的地下和半地下贮罐，在其引出管的阀门后，应安装绝缘法兰。

5.4 泵和压缩机

5.4.1 加气站内液化石油气泵主要包括卸车泵和向燃气汽车加气的充装泵。二、三级站可统一在液化石油气槽车上设卸车泵，并宜由站内供电。电气开关与插座必须采用防爆型。当站内设置卸车泵时，应与充装泵分别设置。

5.4.2 充装泵可采用具有快速引液功能的抽吸泵；地下贮罐宜采用潜液泵。

5.4.3 充装泵的计算流量应根据所供应的加气枪数量确定。在扬程为0.7MPa时，泵的排量应符合下列规定：

1. 供应2只加气枪时，不应小于70L/min；

2. 供应4只加气枪时，不应小于110L/min；

3. 供应6只加气枪时，不应小于140L/min。

5.4.4 加气站内所设置的卸车泵宜选用低扬程大流量的烃泵。在0.2MPa扬程下的流量不应小于300L/min。

5.4.5 充装泵和卸车泵宜安装在罐区。充装泵采用抽吸泵时，应设置防晒罩棚。

5.4.6 贮罐的出液管设置在罐体底部时，充装泵的管路系统设计应符合下列规定：

1. 泵的进、出口宜安装长度不小于0.3m的耐液化石油气高压挠性管或采取其他防振措施；

2. 从罐体引至泵前的液相管道，应坡向泵的进口，且不得有窝存气体的地方；

3. 泵前阀门宜选用球阀，过滤器滤网眼的流通面积应大于管道截面积2倍以上；

4. 在泵的出口阀门前的高位旁通管路上应设置回流阀。回流阀应具有扬程调节功能，有效调节范围为0.5～1.0MPa；

5. 在泵的出口阀门后应设置止回阀；

6. 在泵的进、出口管道上应安装液体阻尼型压力表或在压力表前安装液体阻尼装置。

5.4.7 贮罐的出液管设置在罐体顶部时，抽吸泵的管路系统设计应符合本规范第5.4.6条第1款和第3～6款的规定外，尚应符合下列规定：

1. 在罐体内的吸液管管口处，应设置止回阀或符合液化石油气要求的底阀；

2. 泵前的液相管道应坡向贮罐；罐顶的水平管道总长度不宜大于3.0m。

5.4.8 潜液泵的管路系统设计应符合本规范第5.4.6条第4～6款的规定外，并应在安装潜液泵的筒体下部设置切断阀和过流阀，切断阀应在罐顶操作。

5.4.9 潜液泵宜设有自动停车保护装置。电机运行温度至45℃时，应自动切断。

5.4.10 一、二级站的卸车可选用液化石油气压缩机。压缩机活塞排气量应按《城镇燃气设计规范》(GB50023—93)公式(6.3.27)计算。

5.4.11 液化石油气压缩机进、出口管道阀门及附件的设置应符合下列规定：

1. 进、出口管道应分别设置阀门；

2. 进口管道应设置过滤器；

3. 出口管道应设置止回阀和安全阀；

4. 进口管道和贮罐的气相之间应设置旁通管及旁通阀。

5.5 槽车卸车点

5.5.1 连接槽车的液相管道上宜设置拉断阀和紧急切断阀，气相管道上宜设置拉断阀。

拉断阀在外力作用下分开后，两端必须自行密封，由此引发的液相管道上的液体泄漏量和气相管道上的气体泄漏量分别不得大于0.3L。

5.5.2 与槽车连接的软管快装接头应直接安装到全关阀所附设的接头上。全关阀与接头的距离不应大于200mm。快装接头分开后的泄漏量不得大于0.2L。

5.6 加气区

5.6.1 加气汽车停车位的地面纵向坡度应按0.3%～0.5%设计。

5.6.2 加气岛的设计应符合下列规定：

1. 高度应高出加气汽车停车位地面0.16～0.2m；

2. 宽度不应小于1.2m；

3. 同一加气岛上两台加气机之间的距离不宜小于2.0m；

4. 加气岛应设置非燃烧材料的罩棚。罩棚净高不应小于4.5m；距加气机的投影距离不宜小于2.0m。多排加气岛应设置整体型防护罩棚；

5. 加气岛上的罩棚支柱距加气岛端部不应小于0.6m；

6. 加气区应设照明灯，光照度不得小于100lx。

5.6.3 加气机设置的数量应依据加气站的规模、加气汽车数量等因素确定。加气枪的设置数量应符合表5.6.3的规定。

表 5.6.3　　加气站内加气枪的设置数量

项目 \ 加气站级别	一级站	二级站	三级站
加气枪数量（台）	6~8	4~6	2~4

汽车加气时间可按 3~5min/车次来计算。

5.6.4　加气机应具有充装和计量功能，其技术要求应符合下列规定：

1. 加气系统设计压力应为 2.4MPa。

2. 加气速度：

1）在额定工作压差下的单枪加气速度不宜小于 30L/min，双枪加气速度不宜小于 50L/min；

2）在最小工作压差为 0.2MPa 时的单枪加气速度不宜小于 15L/min，双枪加气速度不宜小于 25L/min；

3）在最大工作压差为 0.8MPa 时的单枪加气速度不应大于 60L/min。

3. 加气机计量精度不应低于 1.0 级。加气计量显示应以升为单位，最小分度值为 0.1L。

4. 加气机主机箱内的电力装置应符合现行国家标准《爆炸和火灾危险环境电力装置设计规范》（GB50058）、《爆炸性环境用电气设备》（GB3836）的有关规定。机箱下部应按爆炸危险场所 1 区设计，经采取防渗漏隔板的上部可按爆炸危险场所 2 区设计。

5. 在寒冷地区所选用的加气机，应考虑当地的环境温度要求。

5.6.5　加气机主机箱内液化石油气系统应包括过滤器、气液分离器、流量传感器、气相回流管、电磁控制阀、回流阀和气量标定接口等。

当计量系统采用体积流量传感器时，宜在气液分离器后设置液相温度传感器。

采用双枪加气和计量装置时，应在气液分离器后设置分流阀。

5.6.6　加气机主机箱内的过滤器应能阻止粒度大于 0.2mm 的固体杂质通过。过滤器滤网眼的流通面积必须大于管道截面积 5 倍以上。

5.6.7　加气机主机箱内液相支管路上所设置的回流阀，应具有压力调节功能。回流阀的控制压力应比充装泵出口回流阀的控制压力低 0.15~0.20MPa。液化石油气通过回流管引至贮罐。

5.6.8　充装泵的起动应与加气枪的操作状态进行联锁，并在泵的扬程达到 0.2MPa 时，电磁控制阀打开；加气枪放入枪座或泵起动后 2min 内不加气，泵即应停止运行，电磁控制阀关闭。

5.6.9　加气机附设的加气软管、挠性支架、拉断阀和加气枪应符合下列规定：

1. 加气软管

1）加气软管必须耐液化石油气腐蚀，应符合现行国家标准《液化石油气（LPG）橡胶软管》（GB10546）的规定，承压不应小于 9.6MPa；

2）加气软管有效服务半径不应小于 2.5m；加气软管管长不应大于 5.0m。

2. 挠性支架

1）挠性支架宜安装在靠近软管安装端的加气机顶部；

2）挠性支架应能承受在弯曲成 45°角时，使用 10000 次不发生脆裂；

3）安插在挠性软管卡环上的夹紧拉力应为150～200N。卡环在脱离支架前，拉断阀不应承受拉力。

3. 拉断阀

1）拉断阀在外力作用下分开后，两端必须自行密封，由此引发的液体泄漏量不得大于50ml；

2）当加气软管内的液化石油气工作压力为0.8～2.0MPa时，分离拉力不得大于400N。

4. 加气枪

1）加气枪与汽车受气口连接的加气嘴型式和尺寸公差应符合液化石油气汽车有关标准；

2）加气嘴应配置自密封阀，卸开连接后应立即自行关闭，由此引发的液体泄漏量不得大于5ml；

3）加气枪上的手执开关，应在人工操作扳机后方可动作；

4）每台加气机处应配备加气枪和汽车受气口的密封帽。密封帽结构应与所用的连接接口相配套，但不得顶开加气嘴的自密封阀。

5.6.10 加气机及其管路系统的设置应符合下列规定：

1. 加气机应通过地脚螺栓固定在基础上。加气机被撞时，其基础不得被掀动。

2. 每台加气机的液相管道上应设置紧急切断阀或过流阀。紧急切断阀、过流阀的设置应符合下列规定：

1）当加气机被撞时，设置的紧急切断阀应具有立即关闭的功能；

2）设置的过流阀最小关闭流量不应小于最大工作压差时流量的1.8倍；

3）紧急切断阀或过流阀宜设置在加气机侧面阀门手井内，阀后管道必须牢固固定。当加气机被撞时，该阀的管道系统不得受损坏。阀门手井地下空间不应大于$0.1m^3$；

3. 引至每台加气机的液化石油气液相和气相分支管道上应设置阀门。

5.6.11 加气机应设置防撞护栏。防撞护栏高度不应小于0.5m。

5.7 管材、管件及其他

5.7.1 加气站内液化石油气管道应选用10、20号钢或具有同等性能以上的无缝钢管，其技术性能应符合现行国家标准《输送流体用无缝钢管》（GB8163）的规定。管道阀门及附件应符合本规范第5.3.4条第1款的有关规定。

5.7.2 加气站内液化石油气管道宜采用焊接连接。管道与贮罐、容器、设备及阀门的连接，宜选用法兰型式。连接处的密封材料应符合介质使用要求。

5.7.3 当管道附件与管道采用焊接连接时，两者材质应符合焊接要求。

5.7.4 液化石油气管道系统上的胶管应采用耐液化石油气介质腐蚀的钢丝缠绕高压胶管，承压不应小于6.4MPa。

5.7.5 非焊接连接的液化石油气管道不得直接埋在地下。采用管沟敷设时应充填中性砂。

5.7.6 埋地管线应埋设在土壤冰冻线以下，且最小覆土厚度（路面至管顶）不得小于0.8m。穿越车行道时，宜加设套管。

5.7.7 管道采用高支架跨越道路时，其管（管架）底与地面的净距不应小于4.5m。

5.7.8 埋地敷设的管道应作特加强级防腐绝缘保护层。当采用阴极保护系统时，应与贮罐的阴极保护系统分开设置。受阴极保护的管道与其他设备相连处均应使用绝缘法兰。

5.7.9 液态液化石油气在管道中的最大流速，泵前不宜大于1.2m/s；泵后不应大于3.0m/s；气态液化石油气在管道中流速宜为8.0~12.0m/s。

5.8 检漏报警

5.8.1 加气站和合建站内的贮罐区、卸车点、泵和压缩机间、配电控制间、加气岛等危险场所应设置液化石油气检漏报警探头。报警装置宜集中设置，并与加气站供电系统（消防泵除外）联锁和配有不间断电源。

5.8.2 检漏报警装置的安装和使用应符合现行国家标准《爆炸性环境用电气设备》(GB3836) 的有关规定。

6 压缩天然气加气站主体设施

6.1 设计规模

6.1.1 商业性加气站宜采用贮气装置快速充装加气工艺。

6.1.2 加气站的设计规模应根据车辆充装用气量和天然气管道对该加气站的供气能力确定。

6.1.3 加气母站的设计规模应根据母站、子站合计的车辆充装用气量和天然气管道对该加气母站的供气能力确定。

6.1.4 加气子站的设计规模应根据车辆充装用气量和母站的供应条件确定。

6.2 系统组成和平面布置

6.2.1 加气站和加气母站宜由天然气引入站管道和脱硫、脱水、调压、计量、压缩、贮存、加气等主要生产工艺系统及循环冷却水、废润滑油回收、冷凝液处理、供电、供水等辅助生产工艺系统组成。

6.2.2 加气子站宜由压缩天然气的接受、贮存、加气等系统组成。在子站内可配置小型压缩机用于瓶组之间天然气的转输。

6.2.3 加气站内压缩天然气贮气装置与站内设施的防火间距，不应小于表6.2.3的规定。

表 6.2.3 压缩天然气贮气装置与站内设施的防火间距（m）

项目 \ 加气站级别		贮气瓶库			贮气井管、地下贮瓶间		
		一级站	二级站	三级站	一级站	二级站	三级站
汽、柴油贮罐	地下罐	—	—	6	—	—	4
	通气管管口	—	—	8	—	—	5

续表

项目 \ 加气站级别	贮气瓶库			贮气井管、地下贮瓶间		
	一级站	二级站	三级站	一级站	二级站	三级站
压缩机间	4	4（或防爆隔墙）		4		
调压器间	4	4（或防爆隔墙）		3		
燃气热水炉间	18	16	14	12	10	8
加气机（加油机）	8	6		6	4	
站房						
道路	5	4		5	4	
围墙	3					

6.2.4 三级加气站的站房可附设在压缩机间一侧，两者门、窗（或开敞口）的距离不得小于4.5m。一、二级加气站和合建站的站房宜独立设置。

6.2.5 在合建站内宜将柴油贮罐布置在压缩天然气贮气装置与汽油贮罐之间。

6.2.6 在合建站内，汽油、柴油贮罐的设置应符合下列规定：

1. 应采用地下直埋卧式罐；

2. 汽油、柴油贮罐的通气管管口宜布置在压缩天然气贮存装置和放散管管口的上风侧，距地面不应小于4.0m，且应比站内天然气放散管管口低1.0m以上；

3. 地下汽油、柴油贮罐的操作井顶盖口应具有一定的防渗漏功能；

4. 应采用密封式卸油和量油位；

5. 操作井内宜设置燃气检漏报警探头或排气放散短管。

6.2.7 加气站、合建站内设施之间的防火间距不应小于表6.2.7的规定。

表 6.2.7 加气站、合建站内设施之间的防火间距（m）

项目 \ 名称		调压器间 压缩机间	燃气热水炉间	加气机	放散管管口①	车载贮气瓶
汽、柴油贮罐	地下罐	6	8	6	6	4
	通气管管口	6	12	6	6	4
站房		4	—	4	6	4
车载贮气瓶		3	12	4	3	—
加气机（加油机）		6	12	4.5	6	4
燃气热水炉间		12	—	16	20	16
消防泵房、水池吸水口		8	—	6	—	—
道路		2	2	—	2	—
围墙		2	2	—	3	—
调压器间、压缩机间		4	10	6	—	3

注：① 主要系指进站天然气管道、贮气装置上所设置的安全阀、紧急放散和冷凝液释放气放散管管口。

6.2.8 车辆进、出站口宜分开设置。

6.2.9 加气站、合建站与站外建筑物相邻的一侧，应建造高度不小于2.2m的非燃烧实体围墙；面向车辆进、出口道路的一侧宜开敞，也可建造非实体围墙、栅栏。

6.2.10 加气站、合建站内的停车场和道路设计应符合下列规定：

1. 单车道宽度不应小于3.5m，双车道宽度不应小于6.5m；

2. 在加气母站、子站内行驶大型装载贮气瓶汽车的道路转弯半径不应小于12.0m，一般道路转弯半径不宜小于9.0m。道路坡度不应大于6%，且应坡向站外；

3. 合建站内场地坪和道路路面不得采用沥青路面。

6.3 天然气引入站管道和调压计量装置

6.3.1 天然气引入站管道的设计必须符合现行国家标准《城镇燃气设计规范》（GB50028—93）第 5.4 节和第 5.7 节的有关规定。在接管附近应设置支管阀门井。

6.3.2 进站天然气管道上应设置快速切断阀和全启封闭式弹簧安全阀。快速切断阀应设置在操作方便的地方。安全阀的设置应符合下列规定：

1. 安全阀的开启压力应小于站外天然气输配系统允许最高工作压力值的 0.9 倍；

2. 安全阀连接的放散管管口应高出 15.0m 范围内的建、构筑物 2.0m 以上，且距地面不应小于 5.0m；与站内封闭或半开敞建筑物门、窗的水平距离不应小于 2.5m。放散管管口应设有防雨罩；

3. 安全阀前应装设相应口径的阀门。

6.3.3 一、二级加气站的调压计量间宜单独设置。三级加气站的调压计量间可附设在压缩机间一侧。

6.3.4 调压器的选择应符合下列规定：

1. 调压器应能满足进站天然气的最大和最小压力的要求；

2. 调压器的压力差，应根据调压器前天然气引入管道的最低设计压力与调压器后天然气管道的设计压力之差值确定；

3. 调压器的计算流量，应按压缩机最大工作台数最大排气量的 1.2 倍确定。

6.3.5 调压器的工艺设计应符合下列规定：

1. 在调压器的入口处应安装过滤器；

2. 调压器的进、出口管道之间应设置旁通管道及旁通阀；

3. 在调压器及过滤器前后均应设置指示式压力表。

6.3.6 进站天然气应设置计量装置。采用的计量装置应符合下列规定：

1. 计量精度不应低于 1.0 级；

2. 计量显示应以立方米（或千克）为单位，最小分度值为 $1.0m^3$（或 1.0kg）；

3. 计量体积值时，宜附设压力、温度传感器，经校正后换算成标准状态（系指压力为 101.325kPa，温度为 0℃时的值。下同）的读数值。

6.4 天然气的脱硫、脱水

6.4.1 进站天然气硫化氢含量超过本规范第 3.2.2 条规定时，站内必须设置天然气脱硫装置。

6.4.2 加气站内脱硫宜采用高效固体脱硫剂。脱硫设备应按 2 台并联设计，其中 1 台为备用。

6.4.3 脱硫装置的工艺设计应符合下列规定：

1. 天然气通过脱硫装置时的实际流速宜取 150～200mm/s；

2. 天然气与脱硫剂的接触时间宜取 20～40s；进站天然气中硫化氢含量高时，应取高值；

3. 寒冷地区的脱硫设备，应设有保温措施。

6.4.4 进入贮存装置的天然气含水量超过本规范第 3.2.2 条规定时，站内必须设置天然气脱水装置。

6.4.5 天然气脱水装置的设置位置应根据下列条件确定：

1. 对选用的压缩机在运行中，其机体限制冷凝水的生成量，且天然气的进站压力能克服脱水系统等阻力时，应将脱水装置设置在压缩机前；

2. 对选用的压缩机在运行中，其机体不限制冷凝水的生成量，并附有可靠的导出措施时，可将脱水装置设置在压缩机后；

3. 对选用的压缩机在运行中，允许从压缩机的中段导出天然气进行脱水处理时，宜将脱水装置设置在压缩机的中段。

6.4.6 加气站内的脱水工艺宜采用固体吸附法。在压缩机前进行脱水时，宜采用活性氧化铝-分子筛或硅胶-分子筛两级脱水装置；在压缩机后或压缩机中段进行脱水时，宜采用分子筛一级脱水装置。

6.4.7 天然气脱水装置设置在压缩机后或压缩机中段时，压缩天然气进入脱水装置前，应先经过间冷、气液分离和除油过滤装置，以脱除游离的水分和油分。

6.4.8 脱水装置应按2套系统并联设计，一套系统在运行，另一套系统进行再生。交替运行周期可为6~8h。

6.4.9 脱水装置的工艺设计应符合下列规定：

1. 天然气通过压缩机前脱水装置时的实际流速宜取120~150mm/s；通过压缩机后脱水装置时的实际流速宜取20~40 mm/s；通过压缩机中段脱水装置时的实际流速宜取30~50 mm/s；

2. 天然气与脱水剂的接触时间宜取40~60s；

3. 在寒冷地区，天然气在脱水装置中的流速宜取低值，而接触时间宜取高值。

6.4.10 在压缩机前进行的脱水剂再生，宜采用进站天然气经电加热、脱水剂再生、冷却、气液分离等装置后，经增压并入进站天然气脱水系统。再生压缩机的扬程应为再生系统阻力值1.10~1.15倍。

6.4.11 在压缩机后或压缩机中段进行的脱水剂再生，宜采用脱除游离水分和油分后的压缩天然气，并应由电加热控制系统温度。再生后的天然气宜进行冷却分离出游离水后，引入压缩机的进口管道内。再生用天然气压力为0.4~0.8MPa。

6.4.12 脱水系统和冷凝水处理系统应有防止结冻措施。

6.5 天然气的压缩

6.5.1 进入压缩机的天然气质量指标应符合选用压缩机的有关规定，且不含游离水，含尘量应小于或等于5mg/m^3。微尘直径应小于10μm。

6.5.2 在压缩机前应设置缓冲罐。缓冲罐的容积宜按天然气在贮罐内的停留时间不应小于10s。缓冲罐内宜设置过滤装置，罐顶设有安全阀。安全阀的开启压力应为压缩机允许最高进口压力值的0.90~0.95倍。

6.5.3 压缩机前总管中天然气实际流速应小于或等于20m/s；压缩机后总管中天然气实际流速应小于或等于5m/s。

6.5.4 压缩机的选型应符合下列规定：

1. 加气站内压缩机的选型应结合进站天然气压力、脱水工艺和设计规模确定；

2. 压缩机宜按日开机10~12h计算。压缩机的型号宜选择一致，装机数量不宜超过3台。在加气母站内，可另设1台备用压缩机；

多台并联运行的压缩机单台排气量，应按公称容积流量的80%~85%计算；

3. 压缩机排气压力不应大于 25.0MPa；

4. 压缩机各级冷却后的排气温度不应大于 40℃；

5. 选用的压缩机应便于操作维护、安全可靠，并符合节能、高效、低振动和低噪声要求。

6.5.5 建在城市建成区内的加气站，宜选用电机传动的压缩机；建在城市边缘地区的加气站，可选用由天然气发动机传动的压缩机。

由天然气发动机传动的压缩机间或天然气发电机间，与站内设施的防火间距不应小于燃气热水炉间与站内设施的防火间距；与站房的防火间距不应小于 10.0m。

6.5.6 压缩机进、出口管道阀门及附件的设置应符合下列规定：

1. 压缩机进口管道上应设置手动和电动控制阀门；电动阀门宜与压缩机的电气开关联锁；

2. 压缩机出口管道上应设置安全阀、止回阀、手动阀门。安全阀的泄放能力不应小于压缩机的安全泄放量；

安全阀放散管管口的设置应高出建筑物 2.0m 以上，且距地面不应小于 5.0m。与封闭或半开敞建筑物门、窗的水平距离不应小于 2.5m。放散管管口宜设置防雨罩；

3. 从压缩机轴承等处泄漏的天然气经汇总后，引出室外放散，放散管管口设置要求应符合本条第 2 款的有关规定。

6.5.7 压缩机的进、出口天然气管道宜采用管沟敷设。管沟应设活动门与通风孔，并应防止室外雨水进入沟内。

6.5.8 压缩机及其附属设备的布置应符合下列规定：

1. 压缩机应采用单排布置；单台压缩机可布置在地下钢筋混凝土房内或装配在厢体内；

2. 压缩机之间的净距应大于 1.5m，与墙壁之间的净距应大于 1.5m，主要通道的宽度应大于 2.0m；

3. 机组的联轴器或传动装置应采取安全防护措施；

4. 单台压缩机排气量大于或等于 $300m^3/h$ 的压缩机间，宜设置检修用的起吊设备。

6.5.9 压缩机的控制与保护应设有自动和手动停车装置，各级排气温度大于限定值时，应报警并人工停车。在发生下列情况之一时，应报警并自动停车：

1. 各级吸、排气压力不符合规定值；

2. 冷却水（或风冷鼓风机）压力和温度不符合规定值；

3. 润滑油压力、温度和油箱液位不符合规定值；

4. 压缩机电机过载。

6.5.10 压缩机的运行管理宜采用计算机控制装置。控制室宜独立设置或设在站房内。三级加气站的控制室可附设在压缩机间的一端，控制室与压缩机间应设有能观察各台压缩机运转的隔声玻璃窗。在压缩机组前的通道墙壁上、控制室等处应设有紧急停车按钮。

6.5.11 从压缩机排出的冷凝液处理应符合下列规定：

1. 严禁直接排入下水道；

2. 采用压缩机前脱水工艺时，应在每台压缩机排出的冷凝液管路上设置压力平衡阀和止回阀。冷凝液汇入总管后，应引至室外贮罐。贮罐的设计压力应为冷凝液系统最大工作压力的 1.2 倍；

3. 采用压缩机后或压缩机中段脱水工艺时，压缩机冷凝液的处理应符合下列规定：

1）从每台压缩机排出的冷凝液管路上应设置电动控制阀和止回阀。在压缩机运行中，由电动控制阀自动周期排液；

2）各台压缩机的冷凝液汇总后，应引至室外的密闭水封塔，释放气放散管管口设置要求应符合本规范第 6.5.6 条第 2 款的有关规定；塔底的冷凝水宜经露天贮槽排入下水道。

6.5.12 从冷却器和分离器等排出的冷凝液严禁直接排入下水道，并应按照本规范第 6.5.11 条第 3 款的有关规定进行处理。

6.5.13 压缩机的卸载排气可通过缓冲罐回收，并引入进站天然气管道内。

6.5.14 在加气子站内，用于天然气贮气装置之间的压送和卸车所设置的小型压缩机，应符合下列规定：

1. 宜采用风冷式压缩机；
2. 进气压力不宜小于 0.6MPa；
3. 排气压力不应大于 25.0MPa；
4. 排气量可按最大天然气贮存量的 20%计算，并应按 2 ~ 4h 内完成转输。

在小型压缩机前应设置调压器和缓冲罐。压缩机出口管道上应设置安全阀和手动阀门。

6.6 贮 气 装 置

6.6.1 加气站使用的贮气瓶（简称站用瓶）及其配套阀件应符合国家有关标准和下列规定：

1. 站用瓶可选用钢制气瓶或具有防火功能的树脂纤维缠绕气瓶；
2. 单瓶水容积应大于或等于 60L；
3. 最大允许充装压力应为 25.0MPa。

6.6.2 加气站宜使用容积大于或等于 250L 的贮气瓶和高压容器等大型贮气装置。

6.6.3 瓶库内的贮气瓶应分组设置，分组进行充装。在一个加气站内贮气瓶组应按运行压力分为高压瓶组、中压瓶组和低压瓶组。各瓶组宜单独引管道至加气机，对加气汽车按各瓶组的压力进行分档转换充装。

对贮气瓶组的补气程序应从高压向低压逐组进行，对贮气瓶组的取气程序则相反。

6.6.4 各贮气瓶组内天然气补气起充压力和瓶组间贮气瓶数量的比值，应按压缩机最低的运行能耗确定，并宜采用表 6.6.4 的数值：

表 6.6.4 各瓶组内天然气补气起充压力和贮气瓶数量的比值

项　　目	低压瓶组	中压瓶组	高压瓶组
瓶组内天然气补气起充压力，MPa	12.0	18.0	22.0
瓶组之间贮气瓶数量的比值	2.5 ~ 3.0	1.5 ~ 2.0	1.0

6.6.5 瓶库内一组贮气瓶的总容积不宜大于 $4m^3$，且不应多于 60 瓶。

6.6.6 一、二级加气站的贮气瓶库应采用钢筋混凝土墙分隔。隔间内的贮气瓶总容积不宜大于 $8m^3$，且不应多于 120 瓶。

6.6.7 大容积贮气瓶组宜安装在地上耐钢瓶冲击的钢栅厢内。受用地条件限制时，可安装在地下钢筋混凝土房内。

6.6.8 贮气瓶库的使用环境温度宜为 -25 ~ 40℃。

6.6.9 贮气瓶组设计应符合下列规定：

1. 贮气瓶宜卧式存放。小容积贮气瓶组的宽 × 长 × 高不宜超过 2.0m × 3.5m × 1.8m。大容积贮气瓶组的操作控制阀门距地面高度不宜大于1.6m；

2. 在每组贮气瓶的进、出气总管上，宜设置人工快速切断阀和平衡控制阀（或电动控制阀）。平衡控制阀和电动控制阀应是防爆型；

3. 在贮气瓶组管汇上应设置压力表、压力报警器、全启封闭式弹簧安全阀和安全放散装置、排污阀；

4. 放散管在阀后宜扩大管径2级以上。放散管的设置应符合本规范第6.3.2条第2款的规定。当采用人工操作控制放散时，放散气可引至天然气进站管道内回收；

5. 安全阀应具有足够的泄压能力，其开启压力应为最大充装压力的1.10～1.15倍，且应小于贮气瓶环向应力最小屈服强度的75%；

6. 排污管上应采用两道控制阀门，排放口应引至安全地点；

7. 连接贮气瓶的短管应具有一定的伸缩弹性，并采用锥螺纹卡套接头。卡套接头应符合现行国家标准《卡套管接头技术条件》（GB3765）的规定。卡套接头使用的丝扣粘合剂必须适用于天然气；

8. 卧式贮气瓶应按2个支承点固定在支架上，受外力（地震等）作用时不产生摇幌。用于支承贮气瓶的扁钢宽度不应小于50mm，且应垫以3mm以上厚的胶带。严禁硬性施力固定贮气瓶；

9. 贮气瓶之间净距不应小于60mm；

10. 贮气瓶组应按独立支架设置，不得搭接在周围承重墙体、维护结构或邻近瓶组架上；

11. 贮气瓶组之间的净距不应小于1.5m，与墙壁之间的净距不应小于1.0m，主要通道的宽度不应小于1.5m；

12. 安装在钢栅厢内的大容积贮气瓶组的两侧、背面与钢栅的距离宜为0.2～0.3m，阀前操作距离宜为0.3～0.4m。瓶口不应朝向重要建、构筑物，且在距钢栅厢1.0m处宜设钢筋混凝土防爆隔墙。

6.6.10 车载贮气瓶宜分组设置。在补气和取气过程中，严禁车体移动。

6.6.11 加气站使用的贮气井管应符合下列规定：

1. 贮气井管的设计、施工，应符合国家有关标准；

2. 贮气井管设计压力应为32.0MPa，最大允许充装压力应为25.0MPa；

3. 井管应选用公称通径*DN*180(7″)、*DN*230(9″)和*DN*280(11″)规格的石油套管及其管件，其技术指标应符合现行国家标准《石油井口装置》（GB3165）的有关规定；

4. 套管埋深宜为80～150m。套管上、下底封头与套管应采用管箍连接。封头应采用优质碳素钢材，应按设计和有关规范进行热处理和接口螺纹加工。套管底封头腐蚀裕量不应小于5mm；

5. 套管之间应通过管箍连接，螺纹间的密封材料必须性能可靠，耐天然气及土壤腐蚀。套管与井底、井壁空间应用水泥浆固定；

6. 井口应高出地面300～500mm；对疏松的地表面应外敷2～4m长的导管注水泥封固；

7. 套管、连接管箍和管底封头在下井前，应采用优质、高效能的防腐材料进行特加强级防腐绝缘。防腐绝缘层的检测要求，应符合国家有关标准的规定。

6.6.12 贮气井管不宜建在碎石、砂砾类等成孔条件差的土壤和腐蚀性土壤区域。

6.6.13 贮气井管之间距离（中心线）不应小于 0.8m。

6.6.14 贮气井管露天设置时，宜设防雨罩棚。井管四周地坪应作防水处理。

6.6.15 贮气井管组应分组设置，分组进行充装。在一个加气站内贮气井管组应按运行压力分为高压贮气井管组、中压贮气井管组和低压贮气井管组。各贮气井管组应单独引管道至加气机。

6.6.16 各贮气井管组内天然气补气起充压力、井管贮气容积的比值可按本规范第 6.6.4 条执行。

6.6.17 在每组贮气井管的天然气进、出口管道上所安装的阀门应符合本规范第 6.6.9 条第 2~5 款的有关规定。

排污管应使用高压无缝钢管，并设于管顶封头中心位置，其下锥角顶端距井管底宜为 50~100mm，同时应设定位和支撑装置。排污出口管上应采用两道控制阀门，排放口应引至安全地点。

6.7 加 气 区

6.7.1 加气汽车停车位和加气岛的设计应符合本规范第 5.6.1 条和第 5.6.2 条的规定。

6.7.2 加气机设置的数量应依据加气站的规模、加气汽车数量等因素确定。加气枪的设置数量应符合表 6.7.2 的规定。

表 6.7.2 加气站内加气枪的设置数量

加气站级别 / 项目	一级站	二级站	三级站
加气枪数量（台）	6~8	4~6	2~4

汽车加气时间可按 4~6min/车次来计算。

6.7.3 加气机应具有充装和计量功能，其技术要求应符合下列规定：

1. 加气系统设计压力应为 27.5MPa；

2. 加气速度按切换充装压力确定，在工作状态下的单枪加气速度不宜小于 $0.12m^3/min$；双枪加气速度不宜小于 $0.18m^3/min$；在最大工作压差时的单枪加气速度不应大于 $0.24m^3/min$；

3. 加气机计量精度不应低于 1.0 级。加气计量显示应以立方米（或兆帕）为单位，最小分度值为 $0.1m^3$（或 0.5MPa）；

4. 以体积或压力显示的计量系统，宜附设温度传感器，经校正后换算成标准状态下的读数值；

5. 加气机主机箱内的电力装置应符合本规范第 5.6.4 条第 4 款的规定；

6. 在寒冷地区所选用的加气机，应考虑当地的环境温度要求。

6.7.4 加气机主机箱内应设置按不同进气压力接管的切换阀门，加气程序宜采用计算机控制系统。在加气机上应设置压力表、限压阀、气量标定接口等。采用双枪加气和计量装置的加气机，在天然气进口管处应设置分流阀门或三通。

6.7.5 加气机附设的加气软管、挠性支架、拉断阀和加气枪应符合下列规定：

1. 加气软管

1）加气软管必须耐天然气腐蚀，承压不应小于 80.0MPa；

2）加气软管有效服务半径不应小于 2.5m，加气软管管长不应大于 5.0m。

2. 挠性支架，应符合本规范第 5.6.9 条第 2 款的规定。

3. 拉断阀

1）拉断阀在外力作用下分开后，两端必须自行密封，由此引发的天然气泄漏量不得大于 $0.1m^3$（标准状态）；

2）当加气软管内的天然气工作压力在 20.0MPa 时，分离拉力不得大于 400N。

4. 加气枪

1）加气枪与汽车受气口连接的加气嘴型式和尺寸公差应符合压缩天然气汽车有关标准；

2）加气嘴应配置自密封阀，卸开连接后应立即自行关闭，由此引发的天然气泄漏量不得大于 $0.01m^3$（标准状态）；

3）加气枪上的手执开关，应在人工操作扳机后方可动作；

4. 在每台加气机处应配备加气枪和汽车受气口的密封帽。密封帽结构应与所用的连接接口相配套，但不得顶开加气嘴的自密封阀。

6.7.6 加气机及其管路系统的设置应符合下列规定：

1. 加气机应通过地脚螺栓固定在基础上。加气机被撞时，其基础不得被掀动；

2. 从贮气装置引至每台加气机的分支管道上应设置快速切断阀、压力表和放散阀。加气机被撞时，该阀的管道系统不得受损坏。

6.7.7 加气嘴的泄压可通过回收罐引入进站天然气管道内或放散。放散管管口应高出罩棚 2.0m 以上。

6.7.8 加气机应设置防撞护栏。防撞护栏高度不应小于 0.5m。

6.8 仪表与控制

6.8.1 加气站内设置的检测仪表与控制调节装置，应符合表 6.8.1 的规定。

表 6.8.1　加气站内检测仪表与控制调节装置

参数名称		现场显示	控制室		
			显示	记录或累计	报警、联锁
调压器间	天然气进站：压力	+	+	+	
	流量		+	+	
	调压器出口压力	+	+	+	
	过滤器出口压力	+	+	+	
压缩机间	压缩机吸气总管压力		+		
	压缩机排气总管压力	+	+		
	一级过滤器出口压力	+	+		
	二级过滤器出口压力	+	+		
	冷却水：供水压力	+	+	+	
	供水温度	+	+	+	+
	回水温度	+	+	+	+
压缩机间	润滑油：供油压力	+	+	+	
	供油温度	+	+		
	回油温度	+	+		
	供电：电压	+	+		
	电流		+		
	功率因数		+		
	功率		+		
压缩机组	压缩机各级：吸气、排气压力	+	+		+
	排气温度	+	+		+（手动）
	冷却水：供水压力	+	+		+
	供水温度	+	+		+
	回水温度	+	+		+
	润滑油：供油压力	+	+		+
	供油温度	+	+		
	回油温度	+	+		+

续表

参数名称		现场显示	控制室		
			显示	记录或累计	报警、联锁
脱水装置	出口总管压力	+	+	+	
	加热用气:压力	+	+		+
	流量			+	
	排气温度	+	+		
贮气装置	分组贮存压力	+	+		
加气机	分管供气压力	+			
	流量计	+		+(加气机)	

注：表内“+”，表示应设置。

6.8.2 加气站内压力表的精度不应低于1.5级。压力表的进口应设置控制阀门和安装液体阻尼装置。

6.8.3 加气站和合建站内的调压器间、压缩机间、变配电间、贮气装置和加气岛等危险场所应设置天然气检漏报警探头。报警装置宜集中设置，并与加气站供电系统（消防泵除外）联锁和配有不间断电源。

6.8.4 检漏报警装置的安装和使用应符合现行国家标准《爆炸性环境用电气设备》（GB3836）的有关规定。

6.9 管材、管件及其他

6.9.1 经压缩机后的压缩天然气工艺管道设计压力应为30.0MPa、设计温度可取当地月平均最低气温的最低值。压缩天然气管道应采用高压不锈钢管，其技术性能应符合现行国家标准《高压锅炉用无缝钢管》（GB5310）的规定。

6.9.2 工作压力小于或等于1.0MPa的天然气工艺管道可选用10、20号钢或具有同等性能的无缝钢管，其技术性能应符合现行国家标准《输送流体用无缝钢管》（GB8163）的规定。

6.9.3 钢管外径大于28mm的压缩天然气管道宜采用焊接连接，小于或等于28mm的压缩天然气管道及与设备、阀门的连接应采用双卡套接头。螺纹类型应与连接阀件配套。双卡套接头应符合现行国家标准《卡套管接头技术条件》（GB3765）的有关规定。

管接头的复合密封材料和垫片应符合使用介质要求。

6.9.4 当管道附件与管道采用焊接连接时，两者材质应符合焊接要求。

6.9.5 阀门及管道附件应按压缩天然气系统设计压力提高一级配置。

6.9.6 软管应采用耐油胶管，其最高允许工作压力应大于或等于4倍系统设计压力。软管总成应能承受大于或等于2倍系统设计压力。

6.9.7 压缩天然气管道宜采用管沟敷设。在管沟内，管底与沟底的净距不应小于0.2m，并应设置沟内排水装置。室内管沟敷设的天然气管道，应设活动门与通风口。室外管沟盖板应按通行重载汽车负荷设计。

管道采用高支架跨越道路时，其管（管架）底与地面的净距不应小于4.5m。

7 加气站配套设施

7.1 消防与给水排水

7.1.1 加气站和合建站内消防用水量，应按固定喷淋装置用水量和水枪用水量之和计算。

7.1.2 液化石油气加气站和合建站的消防用水量应符合下列规定：

1. 采用地上贮罐的加气站，其消防用水量计算应执行现行国家标准《城镇燃气设计规范》（GB50028—93）的有关规定；

2. 合建站内地上各类油品贮罐应设置固定喷淋装置，其消防用水量计算可按本条第1款执行；

3. 采用地下贮罐的加气站，其消防用水量为：一级站不应小于20L/s，二级站不应小于15L/s，三级站不应小于10L/s；

4. 采用地下贮罐的合建站，其消防用水量应按加气站和加油站的级别用水量较高者确定。

7.1.3 压缩天然气加气站和合建站的消防用水量应符合下列规定：

1. 设置在地下的贮瓶间、地下的压缩机房和压缩机厢内宜设置自动喷水灭火装置，其设计应符合现行国家标准《自动喷水灭火系统设计规范》（GBJ84）的有关规定；

2. 采用井管贮气和地上压缩机间的加气站可不设消防给水；

3. 合建站和采用瓶库贮气的一、二级加气站，其消防水枪用水量不应小于15L/s，三级加气站不应小于10L/s。

7.1.4 加气站和合建站的消防给水系统应结合当地水源条件，经技术经济比较后确定。利用天然水源时，应确保枯水期最低水位时消防用水的可靠性，且应设置可靠的取水设施。利用城市消防给水管道时，室外消火栓与地上液化石油气贮罐的距离宜为30～50m，与地下、半地下液化石油气贮罐和压缩天然气贮气装置的距离宜为20～45m。

三级液化石油气加气站和合建站的地下贮罐、三级压缩天然气加气站的贮气瓶库在距市政消火栓80m范围内时，可不设室外消火栓。

7.1.5 加气站内自建的消防水池容量应按火灾连续时间3h计算确定。寒冷地区的消防水池应有防冻设施。

7.1.6 加气站内固定喷淋装置的供水压力不应小于0.2MPa。水枪的供水压力不应小于0.25MPa。

7.1.7 液化石油气加气站生产区内的排水应设置水封井，水封井水封高度不应小于0.25m，并应设高度不小于0.5m的沉泥段。

站内地面雨水可散流排出站外。

7.1.8 压缩天然气加气站内，设置水冷式压缩机系统的水体应符合下列规定：

1. 压力应大于或等于0.15MPa。

2. 水温应小于35℃。

3. 水质

1）碳酸盐硬度（以CaO计）应小于200mg/L；

2）pH值应为6.5～8.5；

3）浊度应小于50mg/L；

4）含油量应小于 50mg/L；

5）有机物含量应小于 25mg/L。

7.1.9 加气站的废油水应回收集中处理。

7.1.10 压缩天然气加气站环境温度大于 40℃的贮气瓶库，应设固定喷淋冷却装置。喷淋装置的供水强度不应小于 $0.15L/s \cdot m^2$ 瓶库支架面积。

7.1.11 加气站内具有火灾和爆炸危险的建、构筑物应设置灭火器和其他简易消防器材。灭火器的选择、配置数量应符合现行国家标准《建筑灭火器配置设计规范》（GBJ140）的有关规定。

7.2 电 气 装 置

7.2.1 加气站供电负荷等级可为三级，但站内消防水泵用电负荷应为二级。各类加气站的供电电源应符合下列规定：

1. 液化石油气加气站宜采用 380/220V 外接电源；

2. 压缩天然气加气站宜采用 10kV 外接电源；对采用天然气发动机传动的压缩机加气站，可就近采用 380/220V 外接电源；

3. 设有消防水泵的加气站，可附设柴油机作备用动力。

7.2.2 加气站内电力装置设计应符合现行国家标准《爆炸和火灾危险环境电力装置设计规范》（GB50058）的有关规定。站内按爆炸和火灾危险场所第二级释放源环境设计。

7.2.3 在液化石油气加气站内，所设置的低压配电盘和仪表控制可设在站房内。配电控制间应符合下列规定：

1. 配电控制间应设置两道有门的隔墙，且两道隔墙门框净距不应小于 2.0m；

2. 配电控制间的地面标高应高出室外地面 0.6m；

3. 配电控制间内宜设置液化石油气检漏报警探头；

4. 配电控制间的门、窗与地上贮罐、槽车卸车点的距离不得小于 8.0m，与地下、半地下贮罐的距离不得小于 5.0m，与加气机的距离不得小于 6.0m，与油品贮罐通气管管口、密封式卸油口和加油机的距离不得小于 5.0m。

7.2.4 液化石油气加气站内的用电场所爆炸危险区域划分应符合表 7.2.4 的规定。

表 7.2.4 液化石油气加气站用电场所爆炸危险区域划分

释放源装置	设置地点	说　明	从释放源计算（m）			
			水平距离		垂直距离	
			1 区的界限	2 区的界限	1 区的界限	2 区的界限
地上贮罐						
罐体	室外	法兰、阀密封等泄漏	3.0	6.0	3.0	6.0
安全阀排放口	室外	瞬时事故排放	3.0	6.0	3.0	6.0
排污阀排放口	室外	操作排放	3.0	6.0	3.0	6.0
地下、半地下贮罐						
罐体	室外覆盖	覆盖层外法兰、阀密封等泄漏	罐池	3.0	罐池	3.0
安全阀排放口	室外	瞬时事故排放	3.0	6.0	3.0	6.0
排污阀排放口	室外	操作排放	3.0	6.0	3.0	6.0
操作井	室外密封	法兰、阀密封等泄漏	井内	3.0	井内	3.0
卸车点						
槽车装卸口	室外	轴填料函、法兰、阀密封等泄漏	3.0	12.0	2.0①	4.0①
快装接头	室外	卸开等泄漏	1.5	4.5	1.5	4.5
充装泵	开敞	轴填料函等泄漏	—	3.0	—	3.0
加气机	开敞	加气枪充、卸等泄漏	1.5	4.5	1.5	4.5

注：①系指离地面的距离。

7.2.5 在压缩天然气加气站内所设置的变配电间，应符合本规范第 7.2.3 第 1 款的规定。变配电间的门、窗与贮气瓶库、调压器间、压缩机间和开敞式压缩机后的冷凝液槽的距离不得小于8.0m，与贮气井管的距离不得小于5.0m，与加气机的距离不得小于6.0m，与油品贮罐通气管管口、密封式卸油口和加油机的距离不得小于5.0m。

7.2.6 低压配电盘、仪表和计算机控制装置可设置在同一房间内，当与压缩机间相邻时，可采用两道有门的墙隔开。当采用一道有门的墙隔开时，两者门、窗（或开敞口）的距离不得小于6.0m。

7.2.7 压缩天然气加气站内的用电场所爆炸危险区域划分应符合表7.2.7的规定。

7.2.8 加气站内的电力线路应采用电缆，并应直埋敷设。穿越行车道部分，电缆应穿钢管保护。

7.2.9 加气站内具有爆炸危险建、构筑物的防雷等级设计应符合现行国家标准《建筑防雷设计规范》（GB50057）的有关规定。防雷接地装置的冲击接地电阻值不应大于10Ω。

表7.2.7 压缩天然气加气站用电场所爆炸危险区域划分

释放源装置	设置地点	说明	从释放源计算（m）			
			水平距离		垂直距离	
			1区的界限	2区的界限	1区的界限	2区的界限
贮气瓶	开敞、半开敞 室内	接头、阀密封等泄漏	— 室内	4.5 4.5	— 室内	7.5 7.5
贮气井管	开敞	接头、阀密封等泄漏	—	3.0	—	3.0
脱硫塔	室外	卸脱硫剂等	—	3.0	—	3.0
调压器	开敞、半开敞 室内	法兰、阀密封等泄漏	— 室内	3.0 3.0	— 室内	4.5 4.5

续表

释放源装置	设置地点	说明	从释放源计算（m）			
			水平距离		垂直距离	
			1区的界限	2区的界限	1区的界限	2区的界限
压缩机	开敞、半开敞 室内	轴填料函、法兰、阀密封等泄漏	— 室内	4.5 4.5	— 室内	7.5 7.5
冷凝液释放气罐	室外封闭	法兰等泄漏	—	3.0	—	3.0
冷凝液排水槽	露天	释放气	槽内	3.0	槽内	3.0
放散管排放口	室外	释放气运行排放	1.5	4.5	1.5	4.5
安全阀排放口	室外	瞬时事故排放	—	3.0	—	3.0
加气机	开敞	加气枪充、卸等泄漏	1.5	4.5	1.5	1.5

7.2.10 加气站内的防静电设计应按国家现行标准《化工企业静电接地设计规程》（HGJ28）执行，并应符合下列规定：

1. 静电接地体的接地电阻值不应大于10Ω；

2. 当金属导体与电气设备保护接地有连接时，可不另设专门的静电接地装置。

7.2.11 加气站的下列设备应采取防静电措施：

1. 汽车槽车卸车装卸点应设置静电接地栓；

2. 贮罐、贮气瓶组应设置静电接地卡；

3. 加气机和加气枪应设置静电接地栓；

4. 泵和压缩机的外部金属保护罩应设置接地装置；

5. 在燃气管道的始端、终端、分支处应设置接地卡。

7.2.12 燃气管道的法兰接头、胶管两端（装卸接头与金属管道）间应采用断面不小于$6mm^2$的绞铜线跨接。

7.3 采暖通风和空气调节

7.3.1 加气站的采暖通风和空气调节设计应符合现行国家标准《采暖通风和空气调节设计规范》（GBJ19）的有关规定。

7.3.2 加气站的采暖应优先采用城市或邻近单位热源，对无外热源供应的加气站，可采用具有防爆性能的电热水器采暖。

在加气站内设置的燃气热水器应设有可靠的排烟系统和熄火保护等安全装置，并应与燃气检漏报警装置联锁，泄漏超标自动切断气源。

7.3.3 加气站内各类建筑物的采暖室内计算温度应符合下列规定：

1. 营业室和仪表控制间应为16～18℃；

2. 泵和压缩机房不应小于5℃；

3. 消防泵房应为8～12℃。

7.3.4 加气站内具有爆炸危险的封闭式建筑物应采取良好的通风设施，并应符合下列规定：

1. 当采用强制通风时，其装置通风能力，在工作期间应按每小时换气15次计算，并应与可燃气体浓度报警器联锁；非工作期间应按每小时换气5次计算；

2. 当采用自然通风时，通风口总面积不应小于300cm²/（m²地面），通风口不应少于2个，且应靠近燃气积聚的部位设置。

7.4 建、构筑物的防火、防爆

7.4.1 加气站内的建筑物应按不低于二级耐火等级设计，其防火防爆等级和采取的泄压措施，应按现行国家标准《建筑设计防火规范》（GBJ16）的有关规定执行。建筑物的门、窗应向外开；泄压面积与建筑物体积的比值（m^2/m^3）不得低于0.2。

7.4.2 液化石油气贮罐设置在室内时，其建筑物应采用钢筋混凝土柱或钢柱承重的框架或排架结构，钢柱应采用防火保护层，其耐火极限不应低于2h。

7.4.3 液化石油气贮罐的支座应采用钢筋混凝土支座，其耐火极限不应低于5h。

7.4.4 地下、半地下液化石油气贮罐罐池底和侧壁应采用钢筋混凝土等具有防渗漏功能的材料建造。

7.4.5 压缩天然气贮气瓶瓶库间宜采用开敞式或半开敞式钢筋混凝土框架结构或钢结构。开敞面应设置防冲撞钢栏杆，顶棚应隔热、防雨，并采用非燃烧轻质材料制作。

7.4.6 压缩天然气贮气瓶瓶库间与压缩机间、调压器间相邻时，应用钢筋混凝土防爆墙隔开。

7.4.7 天然气压缩机间宜为单层框架建筑，净高不宜低于4.0m，屋面宜为非燃烧材料的轻型结构。

7.4.8 在液化石油气加气站内，具有爆炸危险建筑物的室内地面应采用不会产生火花的材料，其技术要求应符合现行国家标准《建筑地面工程施工及验收规范》（GB50209）的有关规定。

7.4.9 地震烈度7度或7度以上的地区所建的加气站，应符合现行国家标准《建筑抗震设计规范》（GBJ11）、《室外给水排水和煤气热力工程抗震设计规范》（TJ32）的有关规定。

7.5 通信和绿化

7.5.1 加气站至少应设置1台直通外线电话。

7.5.2 液化石油气加气站内禁止种植树木和易造成燃气积存的植物。经营区前沿和侧边可植草坪、花坛。

贮存区围墙 10.0m 以外和经营区围墙 2.0m 以外可种植乔木。

8 施工及验收

8.1 一般规定

8.1.1 加气站的施工及验收宜按下列程序进行：

1. 场地平整和土建施工；
2. 设备和材料的检验与安装；
3. 焊接质量检验和施工过程检查；
4. 设备和系统的清洗、强度试验、吹扫、复位检查、严密性试验；
5. 涂漆和防腐处理；采暖管道的保温；
6. 设备单体和系统的试运转、调整；
7. 消防器材、劳动保护和安全设施检查；
8. 竣工验收。

8.1.2 加气站的开工应具备以下条件：

1. 设计和施工技术文件齐全，并已通过审定；
2. 施工报告和施工方案业经批准；技术交底和必要的技术培训已经完成；
3. 主要设备和材料（包括备品、备件）业经落实；
4. 在施工区域内，有碍施工的原有建、构筑物、道路、沟渠、管线、电杆、树木等经由建设单位与有关单位协商处理毕；
5. 施工用电用水满足连续施工要求；
6. 施工现场符合安全、劳动保护、环境保护和市政管理规定。

8.1.3 施工单位应通过其质检人员对施工质量进行检查。建设单位或质监部门，应通过其质检人员对施工质量进行监督与检查。

8.2 设备和材料的检查与验收

8.2.1 加气站所用的设备和材料应符合下列规定：

1. 设备和材料的规格、型号、质量应符合设计及有关产品标准的规定；

2. 重要设备和材料必须是有生产许可证的专业制造厂生产，应具有产品合格证和质量证明书，其质量不得低于国家有关标准的规定。施工单位应按要求进行检查和验收，做好记录。不合格的产品不得使用；

3. 非标设备与现场制作设备应按设计和国家有关标准进行检验；

4. 计量仪器应在计量鉴定合格有效期内；

5. 进口设备应经商检和认证部门认可；

6. 验收后的设备和材料应妥善保管，不得有任何损伤。

8.2.2 液化石油气贮罐在安装前应进行下列检查和验收：

1. 技术文件应齐全，产品铭牌应清晰，合乎要求；

2. 罐体内外表面不得有损伤，涂层应完好；

3. 接管口和鞍座应正确无误，加工误差应合乎要求；

4. 管口不得有锈蚀，管口保护物和堵盖应完好；

5. 罐体内不得有水、油和焊渣等污物。

8.2.3 压缩天然气贮气瓶（含瓶口阀）在安装前应进行下列检查和验收：

1. 技术文件应齐全，贮气瓶号应与产品质量证明书和质量监督检验证书相一致；

2. 瓶口阀接口螺纹规格、表面硬度、精度和光洁度应符合设计或有关标准的规定；

3. 瓶体表面不得有损伤，涂层应完好；

4. 管口不得有锈蚀，管口保护物和堵盖应完好；

5. 瓶体内不得有水、油和污物。

8.2.4 管道与附件在施工安装前应进行下列检查和验收：

1. 应按设计要求核对材质、规格和型号。

2. 外观检查应符合下列规定：

1）不得有裂纹、气孔、夹渣、拆皱、重皮等缺陷；

2）不得有超过壁厚负偏差的腐蚀和凹陷；

3）法兰、螺纹密封面良好，表面硬度、精度和光洁度应符合设计及有关标准的规定。

3. 高压钢管和管件必须按有关标准验收，且应符合下列规定：

1）外表面的检验

（1）公称直径大于6mm的磁性高压钢管和管件应采用磁力法检验；

（2）非磁性高压钢管和管件可采用萤光法或着色法检验。

2）高压钢管和管件在无制造厂检验合格证、强度试验报告和经外观检查发现缺陷时，应逐根进行检验和强度试验。

4. 燃气系统上使用的螺栓和螺母，其硬度值、机械性能应符合设计及有关标准规定。

8.2.5 燃气阀门在安装前应按下列要求逐个进行强度试验和严密性试验检查、验收：

1. 阀门的壳体试验压力不得小于公称压力的1.5倍，试验介质应为洁净水或煤油，且水温不应低于5℃。试验时间不得少于5min，并应以壳体填料无渗漏为合格。

严密性试验宜以公称压力进行，试验介质应为压缩空气或氮气，应以阀瓣密封面不泄漏为合格。

2. 试验合格的阀门应及时排尽内部积水，并吹干。密封面和阀杆等处应涂防锈油。强度试验不合格的产品，严禁使用。严密性试验不合格的产品，必须解体检查；解体复检仍然不合格，不得采用。

3. 解体检查的阀门，其质量应符合下列规定：

1）阀座与阀体应结合牢固；

2）阀芯与阀座应结合良好；

3）阀杆与阀芯的联接应灵活、可靠；

4）阀杆不得有弯曲和锈蚀；阀杆与填料压盖配合合适，螺纹不得有缺陷；

5）压盖与阀体应接合良好；压盖螺栓应留有调节余量；

6）垫片、填料、螺栓等应齐全，且不得有缺陷。

4. 阀门的操作机构应进行清洗检查，操作应灵活可靠，不得有卡涩现象。

8.2.6 各类专用阀门应根据使用要求进行调试，并应符合下列规定：

1. 调试介质：工作介质为液体时，应采用洁净水；
工作介质为气体时，应采用空气或氮气。

2. 调整及校验用压力表精度不应低于1级。

3. 调试合格后的测试次数不得少于3次，并填写测试记录。调试不合格的阀门不得使用。

8.2.7 各类专用阀门的调试应符合下列规定：

1. 安全阀

1）安全阀的开启压力应按设计规定进行调试；

2）安全阀进行校验和压力调整时，必须经压力容器安全监察部门审定。调整后的安全阀应加铅封；

3）安全阀经调校后，在最大工作压力下不得有泄漏。

2. 调压阀、回流阀、限压阀应进行开启压力和回座压力性能调试，定值后的动作误差范围不应超过±5%。

3. 过流阀应进行过流性能调试，定值后的动作误差范围不应超过±5%。

4. 紧急切断阀应进行开启压力和关闭指令时间性能试验。紧急切断阀的关闭响应时间不得大于5s。易熔金属应确保在70±5℃范围内熔断。

5. 止回阀应在反向介质压力下进行阀芯与阀座的密合试验，其允许泄漏量应小于或等于$\frac{DN}{25}\times 3cm^3/min$。

8.2.8 法兰密封垫片在安装前应进行下列检查和验收：

1. 耐油橡胶石棉板、橡胶、塑料等非金属垫片应质地柔韧，不得有老化变质或分层现象。表面不应有折损、皱纹等缺陷；

2. 金属垫片的加工尺寸、精度、光洁度和硬度应符合有关标准规定，表面不得有裂纹、毛刺、凹槽、径向划痕及锈斑等缺陷；

3. 包金属及缠绕式垫片的加工尺寸应符合有关标准规定，不得有径向划痕、翘曲等缺陷；

4. 已经预压或使用过的垫片，严禁再行使用。

8.2.9 加气机在安装前应进行下列检查：

1. 加气机的使用功能、运行条件、规格、主机部件、加气机附件等应符合设计和有关标准的规定。

2. 外观检查不得有锈蚀、损伤等缺陷；外接管道螺纹密封面良好，表面硬度、精度和光洁度应符合设计和有关标准的规定。

3. 应根据设计和产品说明书要求，对加气机本体、软管、拉断阀和加气枪等进行强度试验和严密性试验，并应符合下列规定：

1）强度试验压力不得小于1.25倍设计压力或按产品说明书要求，试验介质应为洁净水或氮气，试验合格后应及时排尽内部积水；

2）严密性试验压力应以最大工作压力进行，试验介质应为压缩空气或氮气；

3）拉断阀应进行拉拽分离力和泄漏量测试，加气枪应进行加气充装泄漏量测试。测试压力宜以最大工作压力进行。各项测试不得少于3次。经两次修复不合格的拉断阀不得使用。

当严密性试验和测试介质压力难以达到压缩天然气工作压力要求时，严密性试验和泄漏量测试可按下列程序进行：

(1) 先按0.5倍以上最大工作压力进行测试，其泄漏量应满足压力比值要求；

(2) 随压缩机试运转时进行，必须做好现场的安全防范措施。

4. 加气机的计量仪表必须经计量部门校验，并进行铅封。

5. 加气枪的放置与电磁控制阀、充装泵电气所进行的联锁试验，应符合设计或产品说明书规定。试验次数不得少于5次。

6. 挠性支架所进行的弯曲和拟拽开试验，应符合设计或产品说明书规定。

7. 手执开关应灵敏、可靠、密封性能良好。加气嘴与燃气汽车受气口的连接测试应符合设计或产品说明书规定。

8. 结构牢固，经得住振动和一定的撞击。

8.2.10 仪表和控制装置在安装前应进行下列检查：

1. 仪表应按设计要求核对规格、型号、精度等级、测量范围和防爆类型等各项指标；

2. 产品附件应齐全；

3. 外观检查不得有锈蚀和损伤等缺陷；

4. 应根据使用情况进行强度试验、严密性试验和功能调试；

5. 重要计量仪表必须经计量部门校验和铅封。

8.3 土 建 施 工

8.3.1 土建施工应符合设计和有关标准的规定，满足设备和管道等施工安装需要。建筑结构、支吊架、预埋件、预留孔、沟槽、垫层和土方等施工质量应按设计和相应的施工验收规范进行检查。

8.3.2 机电设备基础施工应核准方位，中心线允许偏差为±10mm；标高允许偏差为±5mm；外形尺寸允许偏差为±10mm。

8.3.3 基础表面应在设备安装前进行修整，铲除麻面，放置垫铁处应平整，预留地脚螺栓孔内的杂物应清除干净。

8.3.4 在地下水位较高的地区或雨季施工时，罐池基础土层的密度应符合设计要求，防水层应密实，无贯穿裂纹和分层等缺陷。

8.4 设备和管道安装

8.4.1 设备和管道的安装应具备下列条件：

1. 与设备和管道安装的土建工程已检验合格，满足安装要求，并已办理交接手续；

2. 设备、管道、管件和阀门等应经检验合格，且内部已清理干净，无杂物；

3. 设备和管道的组成件、支承件等已检验合格；

4. 与管道连接的设备应已调整合格，并固定完毕。

8.4.2 液化石油气贮罐的安装应符合下列规定：

1. 贮罐在吊装过程中，应使罐体上吊环受力均衡，不得磨损罐体涂层，不得碰撞罐体接管。严禁采用罐体的接管系索吊装；

2. 贮罐滑动支座垫板螺栓孔长度和安装余量应根据两支座的距离、安装气温、当地的极端最高气温和最低气温等因素确定；

3. 滑动支座的地脚螺栓上应采用双螺母，在第1个螺母拧紧后倒退1圈，然后用第2个螺母锁紧。

8.4.3 贮气井管的施工应符合国家现行标准《下套管作业规程》（SY5412）等有关规定，且应符合下列规定：

1. 钻井

1）设计井管规格为 *DN*180（7″）、*DN*230（9″）、*DN*280（11″）的石油套管时，钻井用钻头直径不宜小于 ϕ240、ϕ315、ϕ350；

2）钻井施工垂直度不应大于0.5%；相邻钻井底间距离不应小于0.5m。

2. 下套管

1）管顶和管底封头设有焊接短管时，焊后应按有关规定进行热处理。焊缝应进行射线照相检验，其质量不得低于国家现行标准《压力容器无损检测》（JB4730）规定的Ⅰ级；

2）套管和管底封头在下管前所进行的特加强级防腐层，应符合国家现行标准的有关规定。防腐层应包扎严密，螺旋缠绕口应朝下。防腐层绝缘性能应经电火花检测合格后方可下管；连接管箍在下井作业过程中所进行的防腐层处理，必须严格保证质量；

3）套管螺纹连接所采用的密封脂加聚四氟乙烯密封带，应严格施工，确保质量；

4）套管接扣时必须扶正后用液压大钳上紧，确认台阶端面到位，方可接下一根套管；

5）套管内部和管底封头应清洗干净。在下套管作业中，应采取防止泥沙、杂物落进套管内。

3. 固井

1）套管下完后应立即安装井口封头和进行固井。套管与井壁环空间宜采用压力灌注水泥砂浆，其技术要求应符合石油钻井固井有关规范要求；

2）对地表疏松层应用2～4m长导管注水泥砂浆封固。

8.4.4 压缩机、泵等机电设备安装应符合现行国家标准《压缩机、风机、泵安装工程施工及验收规范》（GB50275）等有关规定，且应符合下列规定：

1. 出厂时已装配和调整完善的压缩机、泵等机械设备，现场不应随意拆卸。确需拆卸时，应会同建设单位、生产厂家研究后进行，拆卸和安装应按设备技术文件的规定进行。

2. 压缩机和泵等机械设备就位前应作下列复查：

1）基础的尺寸、位置、标高、地脚螺栓孔等应符合设计和设备安装要求；

2）应按技术文件的规定清点零件和部件，并应无缺件、损坏和锈蚀等；管口保护物和堵盖应完好；

3）盘车应灵活，不得有阻滞和卡住现象，不得有异常声音。

3. 压缩机和泵等机械设备的安装调整，应符合设备技术文件的规定。无规定时，整体出厂的压缩机安装水平偏差不应大于 0.2/1000。

4. 潜液泵电机定子绕组应在室温水中浸渍 48h，测量的机壳绝缘电阻值不应小于 40MΩ；电缆接头应浸入水中 6h，测量的绝缘电阻值不应小于 100MΩ。

8.4.5 管道加工、焊接、安装应符合现行国家标准《工业金属管道工程施工及验收规范》（GB50235）的有关规定。卡套接头施工应符合现行国家标准《卡套式接头技术条件》（GB3765）的有关规定。

8.4.6 管道安装应编制合理的施工程序，避免安装顺序不当所产生的应力隐患。

8.4.7 管道的安装应减少各类接口。

8.4.8 液化石油气贮罐管道安装，必须在贮罐安装就位经盛满水、基础沉降稳定后进行。贮罐注水应按 1/3 递增，每期稳定不小于 12h。基础沉降量应符合 3d 内不大于 10mm，6d 内不大于 12mm 为合格。在罐区内宜设置观察贮罐沉降量的基准点。

在贮罐注水时，宜标注贮罐容积标志，分度值为 $0.01m^3$。

8.4.9 压缩天然气贮气瓶之间所采用的伸缩管连接应排列整齐。

8.4.10 管道在安装时，其内部和管端应清理干净，密封面、螺纹面不应有损伤。

8.4.11 管道在焊接前应将坡口表面及坡口边缘内外侧表面不小于 10mm 范围内的油漆、污垢、锈蚀、毛刺及镀层等清除干净，并不得有裂纹、夹层等缺陷。焊接后应立即除去渣皮、飞溅物，并将焊缝表面清理干净。

8.4.12 焊接材料、焊缝级别和接头型式应符合设计要求。焊接材料在使用前应按出厂说明书的规定烘干，并在使用过程中保持干燥。焊条药皮应无脱落和显著裂纹。焊丝在使用前应清除表面油污、锈蚀等。

8.4.13 高压钢管应在其材料特性允许范围内冷弯或热弯，弯曲半径应大于管子外径的 5 倍。弯管宜采用壁厚为正公差的管子制作。管道对接焊口的中心线距管道弯曲起点不应小于 100mm，与支、吊架边缘的距离不应小于 50mm。

8.4.14 管道与设备、阀门相互连接的法兰端面或螺纹轴心线应平行、对中；严禁借螺栓或管接头进行强力对口。

8.4.15 管道与设备、阀门等以法兰方式连接时，应防止焊渣进入设备和阀门内。阀门应在关闭状态下安装。

8.4.16 法兰密封垫的安装必须放在中心位置，严禁放偏。螺栓的紧固应对称均匀、满足密封质量而不过力。

8.4.17 经热处理后的设备，现场严禁施焊。在安装过程中，应防止火焰对着设备。

8.4.18 管道上仪表取源部件的开孔和焊接应在管道安装前进行。

8.4.19 连接压缩机和泵等机电设备的管道，其固定焊口应远离设备。

8.4.20 埋地钢管的防腐层应在安装前施工，在安装时应防止损坏。焊缝部位未经压力试验合格不得防腐。

8.4.21 当管道安装工作有间断时，应及时封闭敞开的管口。

8.4.22 管道支、吊架工作面应平整，焊接造成的支、吊架变形应予以矫正。

8.4.23 管道安装完毕后，应按设计要求逐个核对支、吊架的形式和位置。

8.5 焊缝检验

8.5.1 现场设备、管道焊缝外观质量检验应执行现行国家标准《现场设备、工业管道焊接工程施工及验收规范》(GB50236—98) 表 11.3.2 的质量等级，且应符合下列规定：

1. 液化石油气管道、设计压力大于或等于 10.0MPa 的天然气管道、Ⅱ类和Ⅲ类压力容器焊缝外观质量不得低于Ⅱ级；

2. 设计压力小于 10.0MPa 的天然气管道、Ⅰ类压力容器焊缝外观质量不得低于Ⅲ级；

3. 不要求进行无损检验的焊缝，其外观质量不得低于Ⅳ级。

8.5.2 现场设备、管道上对接焊缝的 X 射线照相检验应按国家现行标准《压力容器无损检测》(JB4730) 执行，其检验数量和质量应符合下列规定：

1. 地下液化石油气管道、设计压力大于或等于 10.0MPa 的天然气管道、Ⅲ类压力容器上对接焊缝应 100% 采用 X 射线照相检验，其质量不得低于建标 (JB4730) 规定的Ⅱ级；

2. 地上液化石油气管道、设计压力为 1.0MPa 至 10.0MPa 的天然气管道、Ⅱ类压力容器上对接焊缝采用 X 射线照相检验的数量不应小于 40%，其质量不得低于建标 (JB4730) 规定的Ⅱ级。检验的位置应由质检人员指定。

8.5.3 设计压力小于 1.0MPa 的天然气管道、Ⅰ类压力容器上对接焊缝可采用超声波检验，其质量不得低于建标 (JB4730) 规定的Ⅱ级。采用 X 射线照相复验的数量不应小于 10%，其质量不得低于建标 (JB4730) 规定的Ⅱ级。复检应选择焊接施工的可疑部位。

8.5.4 液化石油气管道、压力大于或等于 1.0MPa 的天然气管道和Ⅱ、Ⅲ类压力容器角焊缝、T 型焊缝应按建标 (JB4730) 的有关规定进行磁粉或渗透检验，其缺陷显示累积长度不得低于Ⅱ级标准。

8.5.5 焊缝经检验发现的缺陷超出设计文件和国标 (GB50236) 的有关规定时，必须进行返修或换管重新施焊。返修复检应按国标 (GB50236) 的有关规定执行。

8.5.6 经检验的焊缝应在竣工图上标明位置、编号和焊工代号，并填写存档资料。

8.6 吹扫和压力试验

8.6.1 加气站内工艺系统的吹扫和压力试验应在下列工作完成后进行：

1. 系统安装作业已完成，经外观和焊缝检验合格；

2. 基础二次灌浆达到强度要求。

8.6.2 吹扫和压力试验宜按单体设备、管路系统分段进行。

8.6.3 在制造厂内业已完成吹扫和压力试验的压缩机、烃泵、加气机等设备，并附有检验报告时，现场不宜进行再次吹扫和压力试验。在进行管路系统吹扫和压力试验时，应用盲板或采取其他措施隔开。

8.6.4 压力试验用压力表应经校验，并在检查周期内，其精度不得低于1.5级，表的满刻度值应为被测压力值的1.5~2.0倍。

8.6.5 设备强度试验压力应为1.25倍设计压力；管道强度试验压力应为1.5倍设计压力。试验介质宜采用洁净水。强度试验时，环境温度不宜低于5℃；当环境温度低于5℃时，应采取防冻措施。

8.6.6 强度试验时，设备和管道上的安全阀、调压器、液位计等仪表元件应按要求拆下或采取其他措施隔开。

8.6.7 强度试验注水时，应排尽试验设备和管道内的空气。

8.6.8 液压试验应按下列步骤进行：

1. 压力升至试验压力的50%后，应保持15min，进行检查。确认无渗漏、无异常情况后方可继续升压；

2. 压力升至试验压力的90%后，应保持15min，再次进行检查。确认无渗漏、无异常情况后方可继续升压；

3. 压力升至试验压力后，应保持30min，然后将压力降至设计压力进行检查。确认无渗漏、无异常情况后为合格。

8.6.9 严密性试验压力应为设计压力。试验介质应为干燥和洁净的压缩空气或氮气。

8.6.10 严密性试验时，设备和管道上的安全阀、调压器、液位计等仪表元件应复位。

8.6.11 严密性试验应缓慢增加压力，并应符合下列规定：

1. 压力升至0.2MPa后，应保持10min，进行检查。确认无渗漏、无异常情况后方可继续升压；

2. 压力升至试验压力的50%后，应保持10min，进行检查。确认无渗漏、无异常情况后方可继续升压；

3. 按试验压力的10%逐级升压，应每级稳压3min，直至试验压力。停压时间应根据查漏工作需要而定。以发泡剂检验不泄漏为合格。

8.6.12 严密性试验应重点检验阀门填料函、法兰或螺纹连接处、放空阀、排水阀、软管连接等。

8.6.13 在压力试验过程中发现泄漏时，不得带压处理。清除缺陷后，应重新进行试验。

8.6.14 压力试验检查合格后，卸压时应缓慢。

8.6.15 设备和管道吹洗前，应将孔板、喷嘴、滤网、安全阀、调压器、回流阀、止回阀芯、仪表等拆除，妥善保管，待吹洗结束后复位。

8.6.16 不需进行吹洗的设备应与吹洗系统隔开，确保无脏物进入。

8.6.17 吹洗的顺序应按主管、支管、疏排管依次进行。吹洗时，管道吹出的脏物不得进入设备，设备吹出的脏物不得进入管道。

8.6.18 选用洁净水冲洗时，其流速不得低于1.5m/s。水冲洗应连续进行，以排水口的水色和透明度与入水口目测相一致时为合格。

8.6.19 设备和管道最后应使用清洁空气吹扫干净。空气吹扫压力不得超过设计压力；压缩天然气系统的吹扫压力可为0.6MPa。

8.6.20 空气吹扫时，在排气口用白布或涂有白漆的靶板检查。若连续在10min内检查其上无铁锈、尘土、水分或其他脏物时为合格。停置20min后，应再次重复吹扫检查一次。

8.6.21 吹洗钢管时，应用铁锤敲打管底、焊缝、死角处，但不得损伤设备和管道。

8.6.22 在设备和管道吹扫后，应对系统的死角和重要部位进行复位检查，彻底清除污物。

8.6.23 设备和管道吹洗合格后，不得再进行影响设备和管道内清洁的其他作业。

8.6.24 吹扫和压力试验检查后，应填写试验记录。

8.7 涂　　漆

8.7.1 涂漆施工宜在15～30℃的环境温度和无风沙的气候条件进行，并应有相应的防水、防雨措施。

8.7.2 涂漆前应清除被涂表面的铁锈、焊渣、毛刺、油、水等污物。

8.7.3 加气站内的贮罐、阀门、管道等涂色标志宜符合下列规定：

1. 液化石油气贮罐：外表涂白色。沿罐体水平中心线涂一宽度不大于150mm红色环形色带，在两侧的色带上方，书写“液化石油气”，字高不小于200mm；

2. 压缩天然气贮罐：银白色；

3. 压缩机、泵、电动机、加气机、流量表等设备仪表和各种阀件的表面可保持制造厂的出厂颜色；

4. 不锈钢容器、不锈钢管道、电镀管道、表面镀锌管道可保持原材料本色或保护层本色；

5. 管道支架、平台、梯子、构架等：灰色或绿色。

8.7.4 液化石油气加气站内各类管道的涂色标志，宜符合表8.7.4的规定。

表8.7.4　管道涂色标志

管道名称	液化石油气管道		放散管	排污管	水　管	压缩空气管	氮气管
	液相	气相					
涂　色	白　色	黄　色	红　色	褐　色	绿　色	蓝　色	棕　色

8.7.5 压缩天然气加气站内各类管道的涂色标志，宜符合表8.7.5的规定。

表8.7.5　管道涂色标志

管道名称	进站天然气管道	压缩天然气管道			放散管	润滑油管	排污管	水管	压缩空气管
		高压	中压	低压					
涂色	黄色	白色红环	白色黄环	白色绿环	红色	棕色	褐色	绿色	蓝色

8.7.6 涂漆和涂层质量应符合现行国家标准《工业金属管道工程施工及验收规范》（GB50235）的有关规定。

8.7.7 在管道交叉处、干管与支管连接处，应用油漆标明介质流向箭头。

8.8 静电接地、阴极保护

8.8.1 加气站内的静电接地施工应符合现行国家标准《工业金属管道工程施工及验收规范》（GB50235）的有关规定。

8.8.2 加气站内的地下贮罐、地下燃气管道采用镁阳极保护时，其施工要求应符合国家现行标准《城镇燃气输配工程施工及验收规范》（CJJ33）的有关规定。

8.9 电气、仪表

8.9.1 加气站内的电气设备安装应符合国家有关电气设备、线路、接地等工程施工及验收规定。

8.9.2 加气站内的仪表安装应符合现行国家标准《工业自动化仪表工程施工及验收规范》（GBJ93）的有关规定。

8.10 天然气压缩机试运转

8.10.1 天然气压缩机的试运转应符合现行国家标准《压缩

机、风机、泵安装工程施工及验收规范》(GB50275) 和设备技术文件的有关规定。

8.10.2 压缩机在额定工况下试运转时，其检测性能应符合下列规定：

1. 容积流量不应低于公称容积流量的 95%；

2. 噪声声功率测定按现行国家标准《容积式压缩机噪声声功率级的测定》(GB7022) 标准进行，不得超过 104dB(A)；

3. 振动烈度测定按现行国家标准《往复活塞压缩机机械振动测量与评价》(GB7777)标准进行，不得超过 28mm/s；

4. 各级排水温度不应高于 40℃；

5. 曲轴箱内润滑油温度不得超过 70℃；润滑油消耗量应符合规定；

6. 电气、仪表、控制装置应指示正确、灵敏可靠。

8.10.3 压缩机在额定工况下进行连续试运转的最后 2h 内，应对控制装置进行各项事故状态下的自动和手动停车试验。各项试验不应少于 3 次；进行安全阀的灵敏度试验不应少于 3 次。

8.10.4 压缩机在额定工况下试运转过程中，应进行站内安全阀的最终调整，重新铅封，并填写“安全阀调整试验记录”。

8.11 烃泵试运转

8.11.1 烃泵试运转前的检查，应符合下列规定：

1. 机体上各紧固件、地脚螺栓等部位应紧固、牢靠；

2. 电器及控制仪表应调整正确；

3. 安全装置经检查合格；

4. 盘动烃泵 3～5 转，不得有阻滞卡住现象，不得有异常声音。

8.11.2 烃泵可采用无负荷点动试运转检查，应符合下列规定：

1. 电机的转向符合泵的转向要求；

2. 运转中各运动部件不得有异常响声和摩擦现象，各紧固件不得有松动；

3. 振动测定符合设备技术文件规定。

8.11.3 烃泵负荷试运转可结合试生产一并进行，负荷试运转应在 2 次以上，每次连续运行时间不应少于 1h。烃泵负荷试运转检查，应符合下列规定：

1. 泵运行稳定，不得颤动；

2. 运行参数应符合设备技术文件的规定；

3. 轴承温度不得大于 70℃；

4. 轴向密封、管道连接处不得有泄漏；

5. 电气、仪表、控制装置应指示正确、灵敏可靠。

8.11.4 在烃泵的试运转过程中，应检查各类阀件的运行状况和进行安全阀的最终调整，重新铅封，并填写“安全阀调整试验记录。”

8.12 竣 工 验 收

8.12.1 加气站的竣工验收应由主管部门会同消防、劳动安全、技术监督部门组织验收。

8.12.2 加气站的竣工验收应具备下列文件：

1. 加气站的建设文件应包括加气站的立项、建设项目批复、初步设计审查文件。

2. 设计施工图和设计变更等有关资料。

3. 购进设备、材料等产品质量证明和安装、使用说明书。

4. 施工安装资料应包括：

1）设备检验、检测报告和调试记录；

2）管道、阀门、管件的检验、检测报告和调试记录；

3）设备、管道的防腐绝缘、防静电等测试记录；

4）电器、仪表和燃气检漏装置的检验、检测报告和调试记录；

5）建、构筑物的施工和竣工记录；

6）基础沉降观察记录：隐蔽工程施工检查记录；

7）设备和管道的吹洗、压力试验记录；

8）试运转记录；

9）安全和消防设施的建设、试验资料；

10）质量事故处理记录。

5. 工程竣工图和竣工报告。

8.12.3 验收小组应根据需要进行抽检和测试部分装置的性能。

8.12.4 验收和整改不合格的加气站，严禁投入运行。

8.12.5 工程竣工经验收后，应填写验收报告。

本规范用词说明

1. 为便于在执行本规范条文时区别对待，对于要求严格程度不同的用词说明如下：

1）表示很严格，非这样做不可的：

正面词采用“必须”；

反面词采用“严禁”。

2）表示严格，在正常情况下均应这样做的：

正面词采用“应”；

反面词采用“不应”或“不得”。

3）表示允许稍有选择，在条件许可时首先应这样做的：

正面词采用“宜”；

反面词采用“不宜”。

表示有选择，在一定条件下可以这样做的，采用“可”。

2. 条文中指明应按其他有关标准执行的写法为：“应符合……的规定”或“应按……执行”。

中华人民共和国行业标准

汽车用燃气加气站技术规范

CJJ 84—2000

条文说明

前　言

《汽车用燃气加气站技术规范》GJJ 84—2000，经建设部2000年4月19日以建标［2000］83号文批准，业已发布。

为便于广大设计、施工、科研、行政管理等单位的有关人员在使用本标准时能正确理解和执行条文规定，《汽车用燃气加气站技术规范》编制组按章、节、条顺序编制了本标准的条文说明，供国内使用者参考。在使用中如发现本条文说明有不妥之处，请将意见函寄中国市政工程华北设计研究院（天津市气象台路　邮政编码：300074）。

目　次

1 总 则

1.0.1 汽车用燃气加气站（以下简称加气站）的建设，应符合安全适用、技术先进、经济合理、确保质量的要求，这是由于加气站主要建在城市建成区内，面向社会经营，必须安全适用。依靠先进的技术和设备进行有效的防治燃气泄漏。在确保建设质量的基础上，节省用地，促进燃气汽车行业在我国的发展。

1.0.2 本条规定了本规范的适用范围和不适用范围。

1. 本条提出的工作压力值是指充装泵、天然气压缩机后系统内的压力限值。

2. 本规范适用于加气站的建设范围为：

1）新建的加气站及与加油站合建的加气站，并包含公交车库（场）专用的加气站和大型企业附属的加气站；

2）现有燃气（液化石油气、天然气）贮存站、贮配站及液化石油气气化站、混气站附建的加气站；

3）在现有加油站毗邻扩建或在站内增建、改建的燃气汽车充装系统。

与汽车加油站合建的加气站，在国外较为普遍，具有便于使用、节省城市用地，有利于经营和我国燃气汽车的发展。本规范从实际需要出发，在一定范围内可以将加油与加气合建在一个站内，并编制相关的安全防范条款。

3. 本规范不适用的燃气汽车加气方式是由于：

1）换瓶供气方式较为麻烦，易因接管的疏忽而引发事故，该加气方式国外业已淘汰；

2）液化石油气流动加气车的供气安全性差，难于控制和管理；

3）天然气低压气囊式充装方式基本也已淘汰；

4）液态天然气的贮存、销售与目前的压缩天然气是互不相同的两者方式，目前尚处于开发阶段。

1.0.3 加气站属甲类防火防爆危险场所，其燃气贮存设备属三类压力容器。故要求在城市内建加气站，应纳入城市规划，合理布置，方便加气。

1.0.4 为确保加气站的安全营运，设计上应采用先进的技术和采取安全可靠的防治燃气泄漏的措施，是本规范的编制宗旨。在执行本规范中，不宜片面套用防火间距而忽视技术保证措施。

1.0.5 本条规定了从事加气站施工、安装单位的通用准则。

1.0.6 本条明确规定除执行本规范外，尚应符合国家现行有关强制性标准的规定。在执行规范时有相不一致时，各地可视建站条件裁定。本规范编制明确的条款可作为执行依据。

3 燃 气 质 量

3.1 汽车用液化石油气质量

3.1.1 本条的制定是参考国内外汽车用液化石油气质量标准，结合国内经改装后的燃气汽车运行经验提出。

1. 应严格控制汽车用液化石油气中烯烃含量，以减少在燃气汽车的一些部位内发生烯烃的聚合，形成粘稠物，影响使用。

2. 应严格控制汽车用液化石油气中丁二烯含量。丁二烯具有溶解橡胶类垫片、阀门填料，并易发生聚合，影响加气站和燃气汽车的安全使用。

对汽车用液化石油气中烯烃、丁二烯含量的控制数值是参考俄罗斯等国标准和我国运行实践确定。

3. 由于我国幅员广大，一些地区夏、冬季的气温差大，故提出汽车用液化石油气中的丙烷、丁烷组分应按地区的使用条件、供货条件进行合理调整。夏季宜增加丁烷含量，冬季则反之。

根据上海大众汽车工业公司的提议，在满足液化石油气使用压力抗爆性能的条件下，提高丁烷的含量，有利于汽车的动力性能（尤其是怠速状态）。同时提高丁烷含量，即降低了液化石油气的饱和蒸气压力，有利于加气站和燃气汽车的安全运用，并符合丙烷和丁烷的产销平衡。

部分国家汽车用液化石油气中丙烷/丁烷含量的比率见表1。

表1　汽车用液化石油气中丙烷/丁烷的比率

国家		夏季	冬季
日本	东京地区	20/80	30/70
	北海道地区	50/50	95/5
荷兰		40/60～70/30	50/50～70/30
法国		40/60～50/50	
西班牙		30/70	
丹麦		70/30	
挪威		90/10	

3.2 汽车用压缩天然气质量

3.2.1 现行国家标准《天然气》（GB 17820）的Ⅱ类气质指标，为城市燃气使用质量标准。若达不到该标准，需由各加气站内自建燃气净化装置，是不经济的。

3.2.2 汽车用压缩天然气质量应符合现行国家标准《车用压缩天然气》的规定。

天然气中硫化氢含量，直接关系到钢瓶硫化物应力腐蚀开裂的一项重要指标。随着天然气汽车的发展，大量的车用瓶、车载瓶汽车在市区内行驶，防止钢瓶的爆裂事故尤为重要。在实际运行中，为防备进站天然气中硫化氢含量发生超标，加气站应设置脱硫装置。严格控制并降低硫化氢含量，有利于燃气汽车的安全使用。

4 加气站分级和站址选择

4.1 一般规定

4.1.1 加气站内贮罐容积一般是依其业务量确定。贮罐容积不同，其危险性和对周围建、构筑物的影响程度有所区别。本条按照液化石油气加气站内的贮罐容积将加气站分为三级。

1. 一般城市加气站按日工作集中加气期计算，平均每辆车按40L/次计算，日加气车次范围和液化石油气销售量为：

	加气车次/d	液化石油气销售量 m^3/d
一级站	400~600	16~24
二级站	200~400	8~16
三级站	≤200	≤8

由于在城市郊区一般皆建有液化石油气贮存站或贮配站，供气条件较好。因此，控制市区加气站的贮存容积是必要的，也是有条件的。条文中表4.1.1所确定的液化石油气贮罐总容积基本按2d销售量，贮罐在槽车卸液前尚需留有一定余量条件下确定。

2. 单罐容积大小的确定，主要考虑进站槽车的容积和操作，即进站槽车宜在站内的1台贮罐内卸完，不宜分卸到2台贮罐内进行。

3. 在日本、澳大利亚所建的加气站和油气合建站内，普遍采用单台液化石油气贮罐，这有利于减少用地、节省投资。本条制定的单罐容积的限值，以适应在站内建设单罐的使用。

4.1.2 不同级别的液化石油气加气站与加油站合建时，应分别按其等级划分规定来确定各自的级别，执行相关的国家有关标准。

4.1.3 本条制定的压缩天然气加气站等级划分，是以贮存装置的容积进行划分的，这是因为容积的大小是影响事故危害程度的主要因素。

压缩天然气加气站按给公交车加气，平均每辆车按5瓶50L/瓶计算，日加气车次范围和天然气销售量为：

	加汽车次/d	天然气销售量 Nm^3/d
一级站	200~300	10000~15000
二级站	100~200	5000~10000
三级站	≤100	≤5000

在日本东京的一些加气站内压缩天然气贮存装置容积为1~3组的8×250L。澳大利亚悉尼最大的一座加气站内压缩天然气贮存容积为8×2000L。城市加气站需要的是数量和方便，而不是集中，依此分析，制定本条的规模分级。

4.1.4 由于压缩天然气的加气工艺系统复杂，运行压力高，事故隐患多。本条的制定，严格限制合建站的油、气贮存容积，仅允许在三级加气站内可建小型加油装置，以控制事故范围和满足经营需要。

4.1.5 加气站不宜建大，主要是受城市建设用地、安全防范距离和交通运输管理等条件的制约。根据城市交通要求，不宜因加气站前的车辆拥挤而堵塞交通。加气站必须具有一定的分散性，达到使用方便。因此，本条规定了在城市建成区内不宜建设一级加气站和一级合建站。在城市人员稠密区的建站规模控制在三级站，以降低其事故危害和减少交通堵塞。

4.1.6 本条规定的重要公共建筑物和涉及国计民生的其他重要建、构筑物主要系指省级和省级以上机关办公楼、电子计算机中心、通讯中心、文物古迹以及体育馆、影剧院、大型商场、宾馆、车站、机场大楼等。其100.0m的范围基本在加气站事故影响区外。

4.1.7 本条规定在城市建成区内建液化石油气加气站和合建站时，宜采用地下或半地下贮罐，是节约城市用地和降低事故危害性的重要举措。

由于采用地下或半地下贮罐，一般选用潜液泵，投资较大，故本条提出在城市偏僻地区所建的加气站，对贮罐的设置方式未强制要求采用地下或半地下贮罐。

4.1.8 本条规定了在油、气合建站内汽油、柴油贮罐设置的要求，是确保合建站安全运作的重要条件。

4.1.9 在进行城市加气站布点和选址时，应符合城市规划和道路交通规划，处理好方便加气和不影响交通的关系。

1. 加气站选址应有效地避开重要公共建筑和人员密集的繁华区，以减少事故危害。

2. 加气站应选择在城市交通干道和车辆出入方便的次要干道上，以方便加气。对车辆比较集中的公交车停车库（场）和大型运输企业，可设专用加气站。

3. 进、出加气站的液化石油气槽车行驶路线应符合城市易燃易爆危险物品交通运输的有关规定。在站址选择时，应避免液化石油气槽车在市区内的繁忙道路上行驶，并应考虑道路转弯半径等因素。

4. 天然气加气站、加气母站和合建站站址选择时，尚应考虑：

1）该地区天然气管网压力是否符合压缩机进气压力要求；

2）由于加气站用气量较大，布点不当会影响天然气的运行和使用，要求加气站的设置应纳入城市燃气规划。

4.2 液化石油气加气站

4.2.1 加气站内液化石油气贮罐与站外建、构筑物的防火间距是按照贮罐形式和加气站等级进行划分，并参考日本等国规范，将民用建筑物保护类别分为三类，视其重要性采用不同的防火间距。

本规范制定的液化石油气加气站所使用的技术和设备，基本与日、澳等发达国家相等，并规定了一系列防范各类事故的措施。在此基础上，制定液化石油气贮罐与站外建、构筑物的最小防火间距。

1. 国外有关规范

1）日本液化石油气安全规则（1985年）和JLPA001一般标准（1998年）规定：

（1）第一类居住区（指居民稠密区）严禁设置液化石油气贮罐，其他区域对贮罐容量的规定见表2。

表2　液化石油气贮罐设备容量限制表

所在地区	一般居住区	商业区	准工业区	工业区或其他专用区
贮罐容积（t）	3.5	7.0	35	不　限

（2）液化石油气贮罐与站外一级保护对象和二级保护对象之间的防火间距见表3。

表 3　JLPA（81）规定的 LPG 贮罐与站外保护对象的防火间距（m）

项目 \ 加气站等级 \ 贮罐形式	地上罐			地下罐		
	相当于本规范加气站级别			相当于本规范加气站级别		
	一级站	二级站	三级站	一级站	二级站	三级站
一级保护对象	18.5	14.9	10.61	13.0	10.4	7.0
二级保护对象	12.63	10.0	6.7	8.5	7.0	4.7

注：1. 一级保护对象系指居民区、学校、医院、影剧院、托幼保育院、残疾人康复中心、博物馆、车站、机场、商店等公共设施；
二级保护对象系指一级保护对象以外建筑物；
2. 地下罐按地上罐的 70% 计算。

2）韩国汽车加气站设施标准，贮藏设备的外表面与站外被保护物的距离见表 4。

表 4　韩国 LPG 贮罐与站外保护物的防火间距（m）

贮藏能力（t）	第一类被保护物		第二类被保护物		相当于本规范加气站级别
	地上罐	地下罐	地上罐	地下罐	
≤10	17	8.5	12	6	二至三级站
10～20	21	10.5	14	7	一至二级站
21～30	24	12	16	8	一级站
31～40	27	13.5	18	9	
＞40	30	15	20	10	

注：1. 第一、二类被保护物基本与日本相同；
2. 地下罐按地上罐的 50% 计算。

3）澳大利亚标准 AS1596—1989 的有关规定。

（1）地上液化石油气贮罐的布置间距要求见表 5。

表 5　澳大利亚 LPG 地上贮罐的布置间距（m）

贮存能力（m^3）	罐间的最小间距	罐与公共场所或铁路线的最小距离	罐与保护工场的最小间距
0.5	大罐直径	1.5	1.5
1	大罐直径	2	3
2	大罐直径	4（3）	6（4.5）
5	大罐直径	5（3.5）	8（5）
8	大罐直径	6（4）	10（6）
10	大罐直径	7	11
15	大罐直径	8	14
20	大罐直径	9	15
50	大罐直径	10	17
100	大罐直径	11	20

注：1. 保护工场系指住宅、礼拜堂、公共建筑物、学校、医院、商场、工厂等，以及可燃物质存放地；
2. 括号内为仅用以取出气相的单罐。

（2）液化石油气贮罐距易燃液体贮罐、贮库、充注区、充注点 6m。

（3）地下液化石油气贮罐的布置间距要求见表 6。

表 6　澳大利亚 LPG 地下贮罐的布置间距（m）

从	到	最小规定值
罐体	公共场所边界 可燃液体的地下罐	3 3
罐的连接管件（如阀门、法兰、液位计）	公共场所边界 邻近设施 被保护工场	3 6 6

2. 本规范与国外规范的比较

1）与日本规范比较：

（1）在贮罐容积上，日本规范规定在一般居住区所建贮罐容量限制在3.5t，相当于本规范 $1\times10m^3$ 整体装配式的规模；日本规范规定在商业区所建的贮罐容量限制在7.0t，介于本规范的二、三级站之间。本规范制定的防火间距，基本限制在居民稠密区、商业区内建站，视环境条件可在周边建三级站。

（2）本规范制定的一、二级保护物相当于日本规范的一级保护对象，其防火间距：地上罐是日本规范的1.5～2.4倍，地下罐是日本规范的1.4～1.8倍。

（3）本规范制定的三级保护物相当于日本规范的二级保护对象，其防火间距：地上罐是日本规范的1.5～2.0倍；地下罐是日本规范的1.4～1.8倍。

2）与韩国规范相比较，本规范表4.2.1制定的贮罐与保护物的最小防火间距，均比韩国规范大。

3）与澳大利亚规范相比较，本规范制定的贮罐与站外建、构筑物防火间距均高于"澳规"。

3. 与生产厂房和库房的防火间距，按《建筑防火设计规范》火灾危险性的分类标准制定。甲、乙类生产火灾危险性大，应适当增大防火间距；丙、丁（厂房）类基本类似民用二类建筑保护物的要求；丁类（库房）和戊类危险性小，对其防火间距小。

4. 与站外甲、乙类液体贮罐、与铁路（中心线）的防火间距基本与现行国家标准《建筑防火设计规范》、《城镇燃气设计规范》相同。

5. 与公路的防火间距，考虑加气站主要为之服务。公路易疏散和控制，一些国家定为2～3m，故本规范比《建筑防火设计规范》、《城镇燃气设计规范》的规定值有所减小。

6. 与架空电力线的防火间距，本规范依其电压等级区别对待，对小于或等于380V电压等级线路，因其事故影响小，略降。

此外，本条规定了合建站内液化石油气贮罐与站外明火、散发火花地点和民用建筑保护物的防火间距。合建站比同级别加气站的火灾危险性大，因而相应提高其防火间距。

4.2.2 本条根据民用建筑物的使用性质、重要程度和人员密集的程度，从加气站应用出发，将站外民用建筑物分为三类，以示保护。以日、韩规范所制定的一类保护对象细分为二个级制，以加大对重要的一类保护物的防火间距。

对学校、幼儿园、老人院、医院、车站、客运站等的防火间距，应包括人员密集的运动场、院子和候车场。

4.2.4 本条规定了超过本规范限定的容积规模的液化石油气加气站和合建站应按"燃规"执行，以控制事故危害。

4.2.5、**4.2.7** 对在个别零星民用建筑和小型非明火、散发火花的丁、戊类生产厂房及库房附近所建的加气站，一旦发生事故其产生的危害相对较小，本条放宽限制，便于加气站选址。

为便于使用，本条明确了零星民用建筑和小型丁、戊类生产厂房及库房的大小。

4.2.6 本条的制定是按《建筑设计防火规范》的有关规定。

4.2.8 目前城市内箱式变压器在增加，并存在杆装变压器，贮罐与其防火间距，应与室外的变配电站区别，故提出按降低20%值。

4.2.9 本条的制定，以满足一些公交停车库（场）、大型运输企业等所需设置1台$10m^3$地上液化石油气贮罐整体装配式加气站时，因其发生事故的危险程度相对降低，可按地上贮罐三级站与站外建、构筑物的防火间距减少20%，以达到投资小、使用方便的目的。

4.2.10 半地下液化石油气贮罐的危险性略高于地下贮罐，因而增加与明火、散发火花地点和民用建筑保护物的防火间距。

4.2.11 本条制定是以三级站的地下、半地下贮罐的总图布置一般可达到的防火间距要求，并根据液化石油气卸车点、贮罐放散管管口和加气机泄漏危害程度确定其防火间距。对一、二级加气站，在总图布置中应适当提高其防火间距。

4.3 压缩天然气加气站

4.3.1 压缩天然气加气站的贮气装置，由于运行压力高、贮罐多、接口多，且目前我国天然气的气质较差，发生事故的几率要高于液化石油气贮罐，但所波及的范围和可能造成的损失小。本规范表4.3.1制定的最小防火间距是在表4.2.1的基础上，根据引发事故的条件和产生的危害，经综合分析后编制。采用贮气井管、地下贮瓶间相当于液化石油气的地下贮罐，与其有关的最小防火间距相应减少。

压缩天然气加气站国外有关规范的间距要求较小，其原因：一是进站的天然气气质较好，普遍是由液化天然气经气化后的天然气管网供气，因而站内无需设置脱硫、脱水等装置，因而放散点少，隐患少。二是采用大容积贮气瓶，因而接口少，发生事故的几率甚小。

1. 美国压缩天然气加气站规范的有关防火间距要求：

1）室外设置的压缩、贮气设备、充气点距最近建筑物、火源的距离不小于3.0m，与道路的距离不小于3.0m，与铁路距离不小于15.0m；

2）贮气瓶库与地上易燃、可燃液体贮罐之间的距离不小于6.0m。

2. 新西兰压缩天然气加气站规范的有关防火间距要求：

1）充气点（即加气枪）与贮气瓶的距离不小于2.5m；

2）充气点与任何着火源的距离不小于3.0m，与距进入建筑物通道的距离不小于2.0m；

3）充气点距公共场所或人行道距离不小于4.5m；

4）压缩机、天然气贮气设施与现有汽油或液体燃料分装相邻时，两者之间距离不小于5.0m；

5）贮气装置与建筑物边界的安全间距见表7。

表7　新西兰压缩天然气加气站贮气装置与建筑物边界的安全间距

在标准温度压力下贮气装置总容积（m^3）	最小距离（m）	站内贮气装置与4hFRR混凝土或石头堵墙的最小间距（m）
≤1100（4500L）	2.5	1.0
1100～2450（4500～10000L）	4.0	1.0
2450～24500（10000～100000L）	10.0	1.0

注：1. 标准温度、压力下的容积系指15℃，大气压下的容积；
2. 括号内系指钢瓶或贮气罐的水容积；
3. FRR系指建筑构件的耐火极限。

6）贮气瓶距道路、公共场所区域、受保护工场的距离不得小于 3.0m，否则要用 4hFRR 混凝土或石头墙隔开。墙高不低于 2.0m，长度相当于钢瓶充气区加 2.0m。

7）贮气瓶库与充气点的距离不得小于 2.5m。

4.3.2～4.3.5 编制理由见第 4.2.5 条至第 4.2.7 条说明。

4.3.7 本条制定是以三级站的井管贮气、地下贮气瓶间的总图布置一般可达到的防火间距要求。天然气比空气轻，放散管口高，与站外建、构筑物的防火间距要求低于液化石油气加气站。

5 液化石油气加气站主体设施

5.1 设 计 规 模

5.1.1 本条规定了在城市建成区内所建的加气站和合建站，贮罐设计容积宜按 2～3d 的供应量计算，其理由：

1. 加气站和合建站主要建在城市建成区内，贮罐容积大，不符合城市消防安全要求；

2. 供应加气站和合建站的气源一般是设在城市边缘，运送易保证；

3. 多数加气站和合建站日送槽车仅为 1～2 次，且多安排在城市交通车辆低峰期。由于运输车次的限制，增大贮罐容积意义不大，弊多利少。

5.2 平 面 布 置

5.2.1 本条规定了对液化石油气加气站、合建站按贮存和经营的功能分区布置，以便于安全管理和经营。在贮存区内的液化石油气贮罐可与汽、柴油贮罐分块布置。液化石油气贮罐及卸车点应视周围环境，将其布置在可能造成危害最小的地方。

5.2.2 本条规定了液化石油气贮罐和罐区的设计要求。

1. 地上贮罐组四周应设置高度为 1m 的非燃烧体防护墙，以防止液化石油气发生事故外溢堤外。

贮罐之间的净距不应小于相邻较大罐的直径，系根据城镇燃气设计规范确定。

2. 地下或半地下贮罐之间应采用防渗混凝土墙隔开，以防事故时串漏。罐间距离不应小于2.0m，以便于贮罐开罐检查时，安装X射线照相设备。

5.2.3 加气站内严禁设置地下和半地下建、构筑物，以防积聚液化石油气。

5.2.4 经营区布置在站区前沿，便于经营管理。

5.2.5 本条的制定，以减小站内外的相互干扰。加气站的前沿宜采用全开敞或建造非实体围墙、栅栏，便于经营。

5.2.6 本条规定了加气站、合建站内液化石油气贮罐与站内设施的防火间距。

1. 由于在合建站内，各类油品贮存容积小，发生事故的相互影响小，应与站外甲、乙类液体贮罐的防火间距有所区别。澳大利亚加气站规范，两类贮罐之间的防火间距，地上罐为6m，地下罐为3m。本规范结合国情，适当加大。

在油气合建站内应重点防止液化石油气积聚在汽、柴油贮罐及其操作井内。为此，液化石油气贮罐与汽油、柴油贮罐通气管管口的距离适当提高。

2. 液化石油气贮罐与卸车点、加气机等的防火间距，由于采取了拉断阀等安全装置，且在卸车、加气过程中皆有操作人员，一旦发生事故能及时处理。与《城市燃气设计规范》相比，适当减少了该防火间距。

5.2.7 该条的制定是参考澳大利亚加气站规范，地上贮罐与各建、构筑物的防火间距可按绕过防火隔墙两端的距离测量值计算。

5.2.8 1台小于或等于10m^{3}地上液化石油气贮罐整体装配式加气站，适用于一些运输企业、公交车站、场的建设，目前在日本使用较多。具有投资省、占地小、使用方便。

由于采用整体装配，系统简单，事故危险性小，为便于采用，本条规定贮罐与充装泵、加气机的防火间距可减少至1.5m，与站房（可与公交车站、场内无候车室的小型站房并用）的防火间距可减少至4m。

5.2.9 在油气合建的加气站内，不宜将液化石油气贮罐与汽油、柴油贮罐分为地上、地下方式布置，以减少事故干扰。对现有的一些地上贮罐加油站，可采用设置防火隔墙后，设置地下或半地下液化石油气贮罐。

5.2.10 柴油闪点高于汽油。本条规定有利于安全。

5.2.11 为确保合建站的营运安全，本条制定了对汽油、柴油贮罐的设置规定。

1. 为防止液化石油气窜入汽油、柴油贮罐内，故提出对通气管口的布置要求；

2. 地下汽油、柴油贮罐的操作井口应高出周围地坪，不应小于0.3m，以减少液化石油气窜入操作井内；

3. 采用密封式卸油等措施，减少开盖次数，减少液化石油气窜入操作井内的几率；

4. 设置检漏报警探头，以掌握液化石油气在操作井内的积聚情况。

5.2.12 本条规定的站内设施之间的防火间距，是根据相互可能产生的干扰，并结合总图布置条件确定。

液化石油气卸车点（车载卸车泵）与站内道路的防火间距不小于2.0m的编制理由：

1. 控制该距离，杜绝了其他车辆从软管上行驶而可能产生的重大事故；

2. 澳大利亚一些加气站，卸车点是设在车行道下或在路边；

3. 有利于减小软管长度和液化石油气在软管内的存量。

执行该条，车载卸车泵不应采用柴油机为动力。

5.2.13 本条规定加气站的进、出口宜分开设置的要求。在总图布置中应按进站槽车正向行驶，在运行管理中应严禁加气汽车堵塞槽车驶离车道，以防事故发生时，需槽车迅速驶离。

5.2.14 本条规定站内停车场和道路设计。站内场地及道路路面，不得采用沥青路面，以防滴漏油品与沥青发生溶融而使路面遭损坏。宜按行驶重载车要求设计，以提高路面强度。

5.2.15 本条要求一级加气站在经营区围墙外设置停车场，以免堵塞交通。

5.2.16 本条规定加气站站房室内地坪标高，应高出周围地坪0.2m以上，防止雨水浸入和发生液化石油气积聚。

5.3 贮罐装置

5.3.1 本条规定了加气站的液化石油气贮罐设置有关规定。

1. 加气站内贮罐宜采用卧式罐。立式罐需占地小，但不适于城市使用。

2. 依据《压力容器安全技术监察规程》劳锅字［1990］8号等规定，加气站内贮罐应按充装丙烷气质设计。

3. 根据《压力容器安全技术监察规程》第27条规定，常温下盛装混合液化石油气的压力容器，应以50℃为设计温度，当其50℃饱和蒸气压力高于50℃异丁烷的饱和蒸气压力时，取50℃丙烷的饱和蒸气压力为最高工作压力。50℃丙烷的饱和蒸气压力为1.644MPa。本规范设计压力按1.8MPa设计，以提高在城市建成区内使用安全度。

4. 本款规定了贮罐的开孔与接管的设置要求。

1）目前国内一些贮罐人孔有开在底侧的，一旦发生泄漏的是液相，不易处理，故本条要求贮罐人孔应设在罐顶；

2）贮罐除出液管端口应依据泵的要求确定外，将其他管道端口设置在罐顶的显著优点是：一旦发生泄漏主要是气相，便于处理。

5. 罐顶设计吊装环及管架支撑板，便于安装。

5.3.2 本条规定了首级关闭控制系统的选用，重点是防止液相泄漏，是防止事故发生、扩大的重要措施。

1. 在进液管、液相回流管和气相回流管上所选用的止回阀，采用内置式时，一般运行可靠。一旦外部接管口发生泄漏，因内置止回阀而阻止大量液化石油气的泄漏，并可得到处理。

2. 在出液管上所选用的过流阀，设置在罐内时，一旦外部接管口发生泄漏，并采取人工瞬时过流，使过流阀关闭，处理事故。过流阀必须质量可靠，一次校验后的使用期应在三年以上，应能随贮罐开罐检查时一起进行校验。在出液管上选用紧急切断阀时，可设置在罐外，便于维修。

3. 在放散阀前设置全关阀，便于检查、修理。

5.3.3 本条规定了贮罐外设置的止回阀、紧急切断阀前应设置阀门，以便止回阀、紧急切断阀自身事故进行卸拆、检修。由于加气站的管径小，且短，在送入各加气机的分支管路上已设置阀门，故不强制要求在止回阀、紧急切断阀后设置阀门。

5.3.4 本条规定了贮罐的管路系统和附属设备的设置要求。

1. 阀门及附件

阀门及附件是系统的薄弱环节，是多发事故点，故要求应按系统设计压力提高一级配置。对采用进口优质阀门时，可按进口国家的阀门压力等级适当留有一定的安全裕量。

2. 液化石油气贮罐安全阀的开启压力为贮罐最高工作压力的 1.10～1.15 倍，且不得大于设计压力，主要根据《压力容器安全技术监察规程》的有关规定。

为便于安全阀检修和调试，在安全阀与贮罐之间必须装设阀门。

安全阀的管口安装高度要求，主要是防止放散时操作人员受到伤害。

3. 设置检修用放散管，并与安全阀接管共用一个贮罐开孔，以减少贮罐的接管口。

4. 紧急切断装置

1）紧急切断阀宜选用气动型，系统比较简单。

2）为达到紧急切断的目的，要求关闭响应时间在 5s 内完成。

3）电磁阀控制操作设置位置安排在阀前、加气区和控制间等处，便于站上人员紧急处理。

4）紧急切断阀处一旦着火，通过易熔金属自动紧急切断。

5. 为防止在加气瞬间的过流造成关闭，故要求过流阀的最小关闭流量不应小于最大工作压差时流量的 1.8 倍。

6. 止回阀是防止液化石油气逆向流动的重要阀件，要求灵敏可靠。

7. 贮罐排污管

1）在我国北方冬季所产生的液化石油气贮罐泄漏事故中，因排污管阀门及其法兰垫片冻裂，所占比例大，事故处理难度大。因此消除排污管、排污阀内积水尤为重要。本条的规定是防止排污管、排污阀内积水的一项重要措施。

2）从罐体底部引出的排污管的根部管线与阀门，无法排除积水时，在寒冷地区（按每年连续 10d 日最低气温低于 0℃）应采取防止结冻的措施。

3）要求在排污管上设置两道截止阀，便于安全操作。实践证明，一些液化石油气站在该处采用的是球阀，造成污物堵卡，故要求采用截止阀。

5.3.5 本条根据国家质量技术监督局《关于加强液化石油气站安全监察与管理的通知》质技监局国发［1999］143 号文编制。

5.3.6 由于接管空间的限制，内置式关闭控制装置宜采用自密封螺纹连接方式。采用法兰连接时，宜采用非通透螺纹孔。这些要求，在贮罐的设计与制造中应与选用的阀件相吻合。

5.3.7 采用圆锥管螺纹连接时，应与连接阀件配套，要求表面硬度不应低于 HRC60，以防止螺纹经多次拆卸后受损。

5.3.8 本条规定了液化石油气贮罐测量仪表设置要求。在液化石油气贮罐测量参数中，首要的是液位，其次是压力和温度。

1. 加气站内的贮罐必须设置就地指示的液位计、压力表和温度计，并便于观察、检查，这是由于一次仪表的可靠性高；应设置液位上、下限报警装置，并宜设置液位上限限位控制和压力上限报警装置，以提示处理和防止贮罐超装引发的事故。

2. 本条要求在一、二级站内，宜设置贮罐液位、压力参数二次仪表。由于通过压力值已反映了温度值，故未强制要求设置温度参数二次仪表。

5.3.9 本条规定了贮罐测量仪表的选用要求。

1. 液位计的选择应注意两点：

1）通过传感器指示的液位计，传感器不得被卡住，否则不能准确反映液位；

2）玻璃板液位计的使用应防止产生假液位。由于贮罐内是水和液化石油气两种介质，操作不当，很易产生假液位。

2. 压力表和压力传感器

压力表必须安装在罐体顶部气相空间引出管上。要求二次仪表应直接指示压力值，便于直观。在40℃和50℃的饱和蒸气压处，应分别标有警戒绿线和红线，提示操作注意。

3. 温度计和温度传感器

当采用地下贮罐时，直接测量液态温度有困难时，可允许测量气相温度。

5.3.10 本条规定了地下液化石油气贮罐可采用的三种接管方式。

1. 将地下贮罐的人孔管箱与罐体焊为一体，伸向地面，在贮罐的人孔盖上安装接管，其优点是：

1）在接管焊口发生泄漏等缺陷时，易进行修补或更换，不致造成贮罐报废；

2）微漏的液化石油气易在大气中扩散；

3）阀件在地面上，易于操作管理。

缺点是：

1）贮罐投资高，地面管道视感差；

2）易受地面火灾事故的影响。

2. 在罐体顶部的人孔盖上接管，通过操作井引至罐外，其优点是：

1）贮罐易加工，投资略小；

2）站区外观环境好。

缺点是：在操作井内会积聚液化石油气，且阀门操作困难。

3. 各种管道接管和人孔焊接在罐体顶部，穿过覆盖层引至地面，该接管方式仅在设置内置式首级关闭控制装置条件下使用。

5.3.11 本条规定了采用第5.3.10条第1款接管方式时，管箱顶高出地面100mm以上，以防地面水浸渍。

5.3.12 本条规定了采用第5.3.10条第2款接管方式时，要求操作井内的阀门等应安装、操作方便，应与罐体防腐绝缘同级处理，应设置填料密封和防止雨水等浸渍，以确保安全使用。

5.3.13 本条规定了采用第5.3.10条第3款接管方式时，对未安装内置式首级关闭控制装置的阀门、设备、法兰和丝扣接头不得埋地设置，这是由于这些部位是系统的薄弱环节，在土壤腐蚀条件下易产生泄漏等事故。本条并规定地下管线的防腐绝缘结构应与贮罐同级处理，以减少腐蚀。

5.3.14 本条规定了贮罐系统的土建设计要求。

1. 贮罐的基础，应严格控制沉降，不允许因基础的沉降对管道系统产生应力，形成事故隐患。

2. 地下液化石油气贮罐不宜布置在车行道下，以减少行车影响。

罐顶的覆盖厚度和周边填充厚度基本与国内现有地下罐相同处理。

5.3.15 本条规定了地下和半地下贮罐应采用特加强级的防腐绝缘保护层和阴极保护措施，以减少因腐蚀所发生的事故，也是延长贮罐使用寿命的重要措施。

5.4 泵和压缩机

5.4.1 本条提出在二、三级加气站内可不设卸车泵，具有节省投资、减少用地等优点。槽车上泵的动力，由站内供电比由槽车柴油机带动安全，且减少噪声和污染。

5.4.2 充装泵的选型，应根据贮罐形式确定。地下罐宜采用潜液泵，具有加气迅速、运行可靠的优点，但价格贵、维修困难。地上罐宜采用一般地面泵，具有价格便宜，维修方便。

5.4.3 本条规定了充装泵的设计参数选择要求。

一般加气机的单枪流量为60L/min，即汽车的净加气时间在1min左右。在汽车的整个加气运行中，用于净加气的时间重叠期少，据此确定多枪时的流量。

5.4.4 本条规定了卸车泵的选择要求，一般不宜小于300L/min，否则槽车在站内停留时间太长，影响营运。

5.4.5 在罐区内安装泵，可减少吸入管长度，保证泵的吸程要求。采用抽吸泵，设置防晒罩棚，减少液化石油气管路系统产生气蚀量，有利于泵的运行。

5.4.6 本条规定了一般地面泵的管路系统设计要求。

1. 泵的进出口宜安装长度不小于0.3m的耐液化石油气高压挠性管或采取其他防振措施，以避免因泵的振动造成管件等损坏。

2. 管路坡向泵的进口，避免产生气蚀，影响泵的正常运行。

3. 泵前阀门选择球阀，过滤器网眼的流通面积须大于管道截面积2倍以上，皆是为了减小阻力。

4. 泵的出口阀门前的旁通管上应设置回流阀，以确保输出的液化石油气压力稳定，并保护泵在出口阀门未打开时的运行安全。

5. 泵后设置止回阀，防止倒流和免受邻泵运行影响。

6. 压力表前安装阻尼装置，保护压力表受冲击小。

5.4.7 本条规定了抽吸泵的进液管路系统设计要求。

1. 在吸液管口处设置止回阀，以保持泵和泵前管道内充满液相，是保证泵快速进入正常充装的重要条件。

2. 进液管路坡向贮罐，防止管道系统产生气蚀；控制罐顶水平管道长度，有利于减少吸程阻力。

5.4.8 本条规定在安装潜液泵的筒体下部设置切断阀，便于潜液泵拆、换、维修；安装过流阀，以防止贮罐外系统发生大量泄漏时，自动关闭。

5.4.9 本条规定了安装在贮罐内的潜液泵电机最高运行温度值，以保护贮罐内的液化石油气压力在规定值内运行。

5.4.10 本条提出一、二级站可选压缩机卸车，以提高卸车速度。

5.4.11 本条规定了压缩机进、出口管道阀门及附件的设置要求，提出在压缩机的进口和贮罐的气相之间设置旁通，优于压缩机进、出口之间设置旁通，可降低压缩机的运行温度。

5.5 槽车卸车点

5.5.1 本条规定连接槽车的液相管道上宜设置拉断阀和紧急切断阀，气相管道上宜设置拉断阀，以防止槽车在未卸开接管行驶和连接软管爆裂所造成的事故。

5.5.2 本条规定软管快装接头与全关阀的距离，以减少接头分开时的泄漏量。

5.6 加 气 区

5.6.1 本条规定了加气停车位地面纵向坡应按 0.3%～0.5%设计，以防冬季地面结冰滑溜。

5.6.2 本条规定了加气岛的设计要求。

1. 高出加气停车场地面 0.16～0.2m，以限制加气汽车停车位置，若太高，可能会碰小轿车门；

2. 宽度不应小于 1.2m，便于安装加气机和防撞；

3. 加气机间的距离不宜小于 2.0m，以减少停留在同一加气岛上作业的 2 辆汽车的相互干扰；

4. 设置防护罩棚，有利于保护加气机和运营管理；

5. 罩棚支柱与加气岛端部距离不应小于 0.6m，以防止支柱受撞；

6. 要求设置照明灯的光照度不得小于 100lx。

5.6.3 本条规定根据加气站的规模等级，确定加气机的设置数量。

5.6.4 本条规定了加气机的选用要求。

1. 加气系统的设计压力是根据贮罐在最大工作温度下的液化石油气饱和蒸气压和泵的扬程确定。

2. 加气速度

根据在不同工作压差下，提出对加气枪的加气速度运行限值，以满足使用。

3. 要求加气机的计量精度不应低于 1.0 级，提高计费精度。

4. 要求加气机主机箱内电力装置，应按防爆危险场所设计。在机箱下部设有燃气部件，应按爆炸危险场所 1 区设计。在机箱的上、下部之间设有防渗漏隔板后，上部可按爆炸危险场所 2 区设计。目前澳大利亚等国加气机按此设计。

5. 加气机一般规定其使用温度范围。在我国北方严寒地区选用加气机时，应考虑该条的规定。

5.6.5～5.6.8 本条要求加气机主机箱内的液化石油气系统应达到的功能要求。

5.6.9 本条规定了加气机附设的加气软管、挠性支架、拉断阀、加气枪应达到的功能要求。

5.6.10 本条规定了加气机及其管路系统的设置要求。

1. 要求加气机安装牢固，即使一旦受撞，其基础不应撼动，以保护进、出口液化石油气管道不致破裂。

2. 在每台加气机的液相管路上应装设紧急切断阀或过流阀。加气机一旦被撞，紧急切断阀即行关闭。

设置的过流阀的最小关闭流量不应小于最大工作压差时流量的 1.8 倍，防止在往汽车贮罐内充气的瞬间，流量较大而造成过流阀关闭。

3. 要求在加气机底部的液、气相管道上安装阀门，便于管理和检修。

5.6.11 本条规定加气机设置防撞护栏，以防汽车碰撞引发事故。

5.7 管材、管件及其他

5.7.1 本条规定了加气站内所选用的液化石油气管道材料，应符合现行国家标准和有关规定。

管道阀门及附件应符合本规范第 5.3.4 条说明。

5.7.2 本条要求液化石油气管道宜采用焊接连接，以减少泄漏。管道与贮罐、设备及阀门的安装，以选用法兰连接型式为主，便于安装和拆卸。连接处的密封材料应符合使用介质要求，不得任意代替。

5.7.3 本条规定了材料间焊接时应具有的互焊性质要求。

5.7.4 本条明确规定用于液化石油气管道系统上的应是专用的耐液化石油气介质腐蚀的钢丝缠绕高压胶管，不得用一般的耐油胶管代替。

5.7.5 本条规定非焊接连接的液化石油气管道不得直接埋在地下，以减少土壤对密封填料的腐蚀。采用管沟敷设时，应充填中性砂，以防积聚液化石油气。

5.7.6 本条规定埋地管线埋入深度，穿越车行道时，宜加设套管的要求，以防管道受冻变形或压坏。

5.7.7 本条规定架空管线及其管架与地面的净距要求，是按行车道路架线的有关规定。

5.7.8 本条规定了加气站内埋地敷设的液化石油气管道应作特加强级防腐绝缘保护层，其阴极保护应与贮罐系统分开，这是考虑加气站建在市区，应比一般液化石油气站标准高。

5.7.9 本条规定了液化石油气管道流速，由于加气站所用管线少，采用较低的流速，是减少系统内静电、电荷集聚和电位增高的重要措施。

5.8 检 漏 报 警

5.8.1 本条规定加气站和合建站内应设置检漏报警装置，并要求与加气站供电系统联锁，泄漏超标自动停电，但消防泵的供电在任何情况下都应保证。

5.8.2 本条要求检漏报警装置的安装和使用应符合现行国家有关标准的规定。

6 压缩天然气加气站主体设施

6.1 设 计 规 模

6.1.1 向压缩天然气汽车贮气瓶充气有两种方式：一是配置高压贮气装置进行，用于充气的时间仅为 2～3min，称之为快速充气，主要用于对外营业加气站；另一是未利用贮气装置，其加气时间可能会达数小时，称之为慢速充气，常用于一些住户自备小型压缩机为汽车充气。

目前在我国尚处于商业性加气站建设阶段。

6.1.2～6.1.4 压缩天然气加气站的结构型式有 4 种：一般加气站、加气母站、加气子站和车载贮气瓶移动加气站。其设计规模应根据各自的车辆充装用气量、管网供气能力等条件确定。车载贮气瓶移动加气站较难控制与管理，故未纳入本规范内。

6.2 系统组成和平面布置

6.2.1 本条规定了加气站、加气母站系由主要生产工艺系统和辅助生产工艺系统组成。对采用经液化过后的天然气，其硫化氢、水分等杂质含量符合本规范第 3.2.2 条的规定时，在加气站和加气母站内可不设脱硫、脱水装置。

6.2.2 本条规定了加气子站生产工艺系统的组成。

6.2.3 本条规定了加气站内贮气装置与站内设施的最小防火间距。

本规范表 6.2.3 是在参考美国、新西兰规范（见本规范说明第 4.3.1 条）的基础上，根据我国使用的天然气质量，分析站内各部位可能会发生的事故及其对周围的影响程度，防火间距均有所加大。

6.2.4 三级加气站规模小，为节省土地，减少投资，站房（主要是值班室和仪表控制间）可附设在压缩机间一侧。压缩机间与站房连建时，必须符合建筑防火规范有关规定和采取必要的隔音、防振措施。一、二级加气站和合建站的加气、加油业务较为繁忙，宜独立设置站房。

6.2.5 由于柴油的闪点高，其贮罐布置在压缩天然气贮气装置与汽油贮罐之间相对安全。

6.2.6 为确保油、压缩天然气合建站的营运安全，本条制定了对汽油、柴油贮罐的设置规定。

1. 在合建站内，严禁采用地上式汽油、柴油贮罐，以防贮气钢瓶事故飞撞；

2. 为防止天然气窜入汽油、柴油贮罐内，故提出对通气管口的设置要求；

3. 在地下汽油、柴油贮罐的操作井内设置天然气检漏报警探头，以掌握操作井内天然气积聚情况。由于天然气轻，采用排气放散短管也可。

6.2.7 本条规定了站内设施之间最小防火间距。

表 6.2.7 是根据各部位相互可能产生的干扰，并结合总图布置条件确定。

6.2.8 车辆进、出口宜分开设置，防止车流混乱。

6.2.9 本条的规定，以减少站内外的相互干扰。一些加气站的前沿采用全开敞，也是可行的。

6.3 天然气引入站管道和调压计量装置

6.3.1 本条提出天然气引入站管道是敷设在站外，应根据《城镇燃气设计规范》的第 5.4 节和第 5.7 节执行，在接管附近设置支管阀门井，利于维修和事故切断。

6.3.2 本条规定了进站天然气管道上应设置快速切断阀和安全阀。

1. 快速切断阀的安装要求，一是应离开事故多发区；二是操作方便，快速切断气源，以防事故扩大。

2. 由于加气站内常回收部分放散气引入进站天然气管道内，若控制不当易造成站外天然气管道压力升高，危及邻近用气户。

本条规定安全阀的放散管管口应高出 15.0m 范围内的建筑物 2.0m 以上，且距地面不应小于 5.0m，以防其危害影响。一般加气站的贮气装置与周围建筑物的距离都在 10.0m 以上，因而在总图布置中易达到本规定。

6.3.3 由于压缩机的进口压力需恒定，在加气站内需设调压装置。

一、二级加气站的调压计量装置较大，宜单独设置调压计量间。在南方地区的调压计量间可采用开敞、半开敞建筑物。

6.3.4、**6.3.5** 本条是根据《城镇燃气设计规范》（GB50028—93）第 5.6.7 条和第 5.6.8 条的有关要求编制。

6.3.6 进站天然气应设置计量装置，一般采用质量流量计。

6.4 天然气的脱硫、脱水

6.4.1 本条规定进入加气站的天然气中硫化氢含量超标时，

站内必须设置脱硫装置，其目的：

1. 天然气中硫化氢含量不仅对站用设备产生腐蚀，更重要的是对车用瓶产生腐蚀，一旦在行驶中产生爆裂，对天然气汽车的推广、发展负面影响大；

2. 目前我国一些城市使用的天然气中硫化氢含量时有超标，因而在加气站设置脱硫装置进行质量把关和精脱，是有必要的；

3. 从经济效益分析，在加气站内设置脱硫装置，需增加一些投资和运行费用，但提高了加气站和汽车贮气装置的使用寿命。

6.4.2 目前高效固体脱硫剂在我国已得到应用。脱硫装置应按2台并联设计，其中1台为备用、再生。进站天然气中硫化氢含量高时可并联使用。

6.4.3 本条规定的脱硫装置工艺设计参数是按现有脱硫装置的有效应用数据确定。

6.4.4 从目前我国加气站使用的天然气气质而言，加气站内必须设置天然气脱水装置，其重要性：

1. 以减轻硫化氢、二氧化碳水溶物对系统的腐蚀；

2. 防止在充装过程中产生结冰现象。

脱水深度，应符合国家有关标准。美国的标准是按站用贮存设备最高工作压力下的天然气露点应比使用环境温度低5℃以上。一般天然气汽车贮气瓶的最高工作压力比站用贮气设备低5.0MPa左右，按此脱水指标在车用瓶上一般是不会产生凝结水的。

6.4.5 本条规定了天然气脱水装置的设置位置要求。

1. 脱水装置的设置位置应根据所选择的压缩机要求确定。一般进口压缩机在运行中限制冷凝水量，则需将脱水装置设置在压缩机前。目前国产的压缩机在运行中允许冷凝水的产生，其导出系统可靠，可将脱水装置设置在压缩机后或压缩机的二级与三级压缩之间。

2. 进站天然气通过压缩过程所形成的冷凝水排出量约占总脱水量的70%～80%，这就是说，采用压缩机后脱水或压缩机的压缩级间脱水比采用压缩机前脱水所需用的设备、脱水剂、再生能耗要低得多。但目前国产压缩机部分零件锈蚀较严重，有待提高。

6.4.6 加气站的脱水工艺应采用固体吸附法。

在压缩机前宜采用活性氧化铝-分子筛或硅胶-分子筛二级脱水装置，这是依据我国进站天然气中湿含量比较高所决定。活性氧化铝或硅胶的吸水量大，且价格便宜，用于初脱，再后使用分子筛进行精脱，方可达标。国外多数国家使用的是经气化后的液化天然气，含水量低，略经一级分子筛脱除即可。

在压缩机后或压缩机中段可采用分子筛一级脱水装置，因进站天然气中的大量水分已经压缩、冷却脱除。

6.4.7 经压缩后天然气温升40℃左右，通过冷却器后，降低露点，排出冷凝水，以减小脱水装置的负荷，因此需确保后冷却器的冷却效果。

6.4.8 本条规定脱水装置应按2套并联设计，1套在运行，另1套在进行再生。现加气站交替运行周期一般为6～8h。

6.4.9 本条规定的脱水装置工艺设计参数，是按现有脱水装置的有效应用数据确定。

6.4.10 压缩机前脱水剂的再生是采用进站的天然气，经电加热后进行脱水剂的再生，即带出脱水剂水分的再生气，通过冷却器分离出冷凝液，经压缩机增压至进站天然气压力后，并入脱水装置。再生压缩机的扬程应比系统阻力值高10%～15%，流量为进站气量的16%～22%，方可满足脱水要求。

6.4.11 压缩机后或压缩机中段的脱水剂的再生是采用经压缩、冷却后的天然气，其本身含水率低，脱水效果较好。流量约为进站气量的10%～15%。

6.4.12 防止脱水系统和冷凝水处理系统发生结冰是正常运行的基础，有些分子筛经冰冻后易产生失效，在应用时应注意。

6.5 天然气的压缩

6.5.1 本条规定了进入压缩机的天然气质量指标，应符合压缩机的有关规定，一般进入压缩机的天然气，不应含游离水，含尘量应小于或等于5mg/m^3，微尘直径应小于10μm，以减少对活塞、缸体等处的磨损。

6.5.2 在压缩机前设置缓冲罐，是保证压缩机工作平稳的重要举措。罐顶设置的安全阀开启压力，是按压缩机允许最高进口压力值的0.9～0.95倍确定，以保证压缩机系统安全运行。

6.5.3 本条规定了压缩机系统的管道流速控制值。压缩机前总管不宜太小，是保证压缩机工作平稳，减小振动的要求。

6.5.4 本条规定了压缩机的选型要求。

1. 压缩机的选型和加气站的规模、贮气设备的容积有关。压缩机一般按日开机10～12h计算，一般加气站日运行高峰期约6h，再结合贮气设备的调节，方可确保供气规模。

2. 除大型加气母站外，一般加气站可不设备用压缩机。

多台并联运行压缩机的单台排气量，应按公称容积流量80%～85%计算，这是按一般机泵设备的运行数据确定。

3. 压缩机排气压力应小于或等于25.0MPa，以防止贮气设备超压。

6.5.5 由天然气发动机带动的压缩机运行费用低，但投资高，占地大，环保条件差，不宜在城市建成区内的加气站使用。

在城市边缘地区或一些尚不具备供电条件的地区所建的加气站，由天然气发动机传动的压缩机间或天然气发电机间，与站内建、构筑物的防火间距不应小于燃气热水炉间的规定，与站房的防火间距不应小于10m，即按《建筑设计防火规范》甲类厂房与其他建筑物的距离要求确定。

6.5.6 本条规定了压缩机进、出口阀门及附件的设置要求。

1. 进口管道应设置手动阀门和电磁阀。电磁阀可与压缩机的电器开关联锁；

2. 出口管道除设置手动阀门外，设置止回阀以避免邻机运行干扰，设置安全阀以防止压缩机发生超压事故。从放散管管口所放散的天然气，应避免窜入压缩机间；

3. 从压缩机轴承等处泄漏的天然气经汇入总管后，引至室外，由于该泄漏量较小，若引入到压缩机入口等处，易引发事故，难以采用。

6.5.7 采用管沟敷设易于安装、检修，但需设活动门与通风口，并应防止室外雨水进沟。

6.5.8 本条规定了压缩机间的工艺设计要求。

规定压缩机应采用单排布置，相互净距及与墙壁之间的净距要求，以便安装、维修和通风。目前在日本部分压缩天然气加气站将单台风冷式压缩机布置在地下钢筋混凝土房内，或设置在钢结构厢内，其显著优点是：占地小，投资省，噪声小，安全可靠。随着我国液化天然气的利用，加气站工艺的简化，可借鉴采用该布置方式。

6.5.9 本条规定了压缩机的控制与保护要求。

对发生压缩机各级吸、排气压力、冷却水（或风冷鼓风机）压力和温度、润滑油压力和温度、油箱液位规定值及压缩机电机发生过载等属紧急事故范畴，要求压缩机自动停车并报警。

对压缩机各级排气温度要求，由于受气温环境的影响，发生冷却水温度达不到规定值，规范提出报警和采用人工停车，可示危险情况进行处理。

6.5.10 由于天然气加气站控制程序和机电保护要求较多，宜采用计算机控制管理。大型加气站的控制室宜独立设置或附设在站房内。计算机类的电器设备一般是非防爆型，故要求附设在压缩机间一端的控制室，应与压缩机间隔开，但应设观察窗。

6.5.11 由于进站天然气中含有 C_3、C_4 等组分，经压缩后部分液化，直接排入下水道会形成危害，故本规范要求进行处理。

1. 采用压缩机前脱水工艺时，因天然气中所含的冷凝水基本在压缩机前脱除，从压缩机系统排出的冷凝液中，将含有较高的液化石油气组分，应引至室外贮罐进行分离、回收。

2. 采用压缩机后或压缩机中段脱水工艺时，其冷凝水中将含有少量液化石油气，应引至室外的密闭水封塔，并应经过露天贮槽释放掉冷凝液中所溶解的可燃气体后，方可排放。

6.5.12 从冷却器、分离器等排出的冷凝液皆应引至室外的密闭水封塔进行处理或回收，严禁直接排入下水道造成事故。

6.5.13 压缩机停机后应卸载，方可再次启动。一般卸载排气量较大，宜通过缓冲罐等处理后引入压缩机进口管道，达到天然气的安全回收。

6.5.14 在加气子站内应设置小型压缩机，协助车载贮气瓶卸气和加气子站贮气瓶组间的输气，是十分必要的。否则依压缩天然气的充气流程：车载贮气瓶→加气子站贮气瓶→加气汽车贮气瓶，各环节若不使用压缩机，供气能力将是很低的。

本条规定了加气子站内小型压缩机的设计参数选择要求。设计缓冲罐，使压缩机的运行工况稳定。并应按压缩机的性能要求，确定设置机前调压器。压缩机后设置安全阀和手动阀门。

6.6 贮 气 装 置

6.6.1 本条规定了站用瓶及其配套的阀件应符合国家有关标准要求。

1. 贮气瓶可选用钢制气瓶或树脂纤维缠绕气瓶。树脂缠绕气瓶较为安全，是其发展方向，但造价高。

2. 单瓶水容积应大于或等于 60L。目前我国普遍采用的是 60L，但提高单瓶容积是其发展方向。

3. 最大允许充装压力：25.0MPa，是目前世界上的通用标准。

6.6.2 目前国外普遍采用的是大于或等于 250L 的贮气瓶，一些大型加气站已采用到 2000L 的高压容器，具有瓶阀少、接口少、安全性高，故编制本条。

6.6.3 本条的规定是根据天然气的性能和充装的经济性确定。贮气瓶分组数多，可提高贮气瓶的取气率，且可降低压缩费用，但转换操作复杂。故要求在一个加气站内的贮气瓶组数可按运行压力分为高、中、低三组压力。补气程序是从高压瓶组向低压瓶组逐组进行，其运行方式有两种：一是逐组补至最高工作压力。另一是逐组补至22.0MPa，然后同时补足至最高工作压力。取气程序是从低压瓶组向高压瓶组逐组进行。

6.6.4 由于低压瓶组与充气汽车贮气瓶内的天然气压差大，充装需用气量大，且速度快，则贮气瓶数量应多一些。本规范按高、中、低压瓶组所确定的贮气瓶配备数量比和不同的补气起充压力值，有利于减少压缩机的运行电耗。

6.6.5 本条规定了一组内的贮气瓶总容积不宜超过$4m^3$，且不应多于60瓶，以减少事故危害。

6.6.6 本条规定了一、二级加气站内的贮气瓶库应采用钢筋混凝土墙分隔，隔间内的贮气瓶总容积不宜大于$8m^3$，且不应多于120瓶，隔间的瓶组可分供加气机，连通互为备用。其目的是减少发生事故后的相互干扰。

6.6.7 本条的制定是根据日本、澳大利亚的实际使用情况编制。

6.6.8 贮气瓶库使用的环境温度宜为-25～40℃，否则应采取防寒、防曝晒措施。

6.6.9 本条规定了贮气瓶组的设计要求。

1. 从贮气瓶组的使用效果看，卧式存放占地小，便于操作管理。贮气瓶组装置存放尺寸，是结合最大贮气瓶数量和操作条件确定。

2. 每组贮气瓶的进、出气总管上，除设置快速切断阀外，还宜设置平衡阀（或电磁阀），以用于计算机程序控制操作。

3. 在贮气瓶组的管汇上应设置压力表、压力报警器、全启封闭式弹簧安全阀和安全放散装置、排污阀，以便于观察、控制和定期排污。

4. 放散管在阀后宜扩径二级以上，防止产生笛音。

由于事故放散气量大，要求非人工控制的放散天然气，不宜直接引入进站天然气管道，否则使其邻近天然气管道及燃具压力骤升而引发事故。事故放散管口应按本规范第6.3.2条第2款的规定设置，以减少对周围的影响。

5. 要求安全阀应具有足够的泄压能力，开启压力应按最大充装压力的1.10～1.15倍，且应小于贮气瓶环向应力最小屈服强度75%，该值是按新西兰加气站规范确定。

6. 排污管应采用两道控制阀门，排污时一开一闭操作。排污口应引到安全地点，以避免产生事故。

7. 贮气瓶之间的连接短管应具有一定的伸缩弹性，亦应有补偿防振功能。在国内外加气站都普遍采用卡套接头和丝扣粘合剂。

8. 卧式贮气瓶应按2个支承点牢固在支架上，既要求固定，但不宜硬性施力，使瓶体受压损。

9. 贮气瓶间的距离应满足安装、维修要求。

10. 各组贮气瓶应分设独立支架，以减少事故波及范围。

11. 本条规定了贮气瓶组之间的净距要求，以便于安装和维修。

12. 本条规定了安装在钢栅厢内的大容积贮气瓶组的设

置要求。主要阀门可在隔栅外操作。在瓶口方向距厢体外1.0m处设防爆隔墙，减少瓶阀接口爆裂产生的冲击气浪，提高安全度。该条是参观日本的加气站编制。

6.6.10 车载贮气瓶宜分组设置，以利于能多取气量。此外，要求在补气和取气过程中，严禁车体移动。

6.6.11 贮气井管是近年新开发的压缩天然气贮气装置，具有安全、节省用地的优点，但必须精心设计，精心施工，满足使用要求。若一旦发生天然气泄漏，该井管就得报废，造成经济损失。

1. 贮气井管应按石油钻井有关要求进行设计、施工，应执行石油钻井国家有关标准。

2. 根据《石油井口装置压力、通径和法兰连接》（GB3165）标准，石油管口最大工作压力为14.0、21.0、35.0、70.0、105.0、140.0MPa等规格。为此，本规范设计压力为32.0MPa，按国标（GB3165.1）标准，应选≥35.0MPa最大工作压力级进行装置配套。

3. 井管按石油井口装置公称通径系列中，在加气站内易于实现的规格为*DN*180、*DN*230和*DN*280三种。

4. 套管埋深是按打井工程费用等因素确定，一般在80～180m。上、下封头和连接管箍应采用优质钢，应按设计和有关规范进行热处理和接口螺纹加工。

5. 螺纹间的密封材料必须性能可靠，耐天然气及土壤的腐蚀。套管与井底、井壁空间应用水泥浆固定，在注浆过程中应避免出现蜂洞、松散。

6. 井口应高出地面300～500mm，便于接管。对疏松地表面应设置导管，防止位移和井管侧向受力。

7. 井管地下部分所进行的防腐绝缘处理，应按埋地燃气钢管特加强级要求处理。

6.6.12 井管若建在碎石、砾砂类等成孔条件差的土壤区，将难以下套管和固井，若建在腐蚀性土壤区，将降低使用寿命。

6.6.13 本条规定贮气井管之间的距离（中心线）不应小于0.8m，是按已使用的井管资料提出的。

6.6.14 本条要求贮气井管宜设防雨罩棚，以便于操作管理。

6.6.15～6.6.18 同本规范第6.6.3条、第6.6.4条和第6.6.9条的有关说明。

6.7 加 气 区

6.7.1、**6.7.2** 同本规范第5.6.1条～第5.6.3条的说明。

6.7.3 本条规定了加气机的选用要求。

1. 加气系统的设计压力是根据压缩天然气贮气设备最大允许充装压力的1.1倍确定。

2. 加气速度按加气汽车平均3只贮气瓶，净加气时间约2min计算。

3. 要求加气机的计量精度不应低于1.0级，计量显示以m^3或MPa表示。

4. 由于天然气压力或体积受温度影响而有所变化，计量系统宜附设温度传感器，经温度补偿后计量。

5. 同本规范第5.6.4条第4款的说明。

6. 同本规范第5.6.4条第5款的说明。

6.7.4 本条规定加气机主机箱内满足使用功能所应具备的部件和接管。

6.7.5 本条规定了加气机附设的加气软管、挠性支架、拉断阀、加气枪应达到的功能要求。

6.7.6 本条规定了加气机及其管路系统的设计要求。

6.7.7 加气嘴的泄压排放，大型加气站可采取回收，减少浪费和污染。小型加气站可放散。

6.7.8 同本规范第 5.6.11 条的说明。

6.8 仪表与控制

6.8.1 本条规定了加气站内设置的检测仪表与控制调节装置。一些关键参数除设置就地仪表显示外，应在控制室内设置二次仪表和自动、手动操作控制开关装置。采用计算机程序控制，可达到防止操作失误，预防事故发生。

6.8.2 本条规定了加气站内压力表的精度等级要求。

由于天然气在压缩和充装等过程中，压力的波动大，在表的进口应设置控制阀门和阻尼装置，以延长压力表的使用寿命。

6.8.3 本条规定了加气站内具有天然气泄漏的危险场所应设置检漏报警探头，采用集中监测、报警设施。

6.9 管材、管件及其他

6.9.1 本条规定了压缩机后的压缩天然气工艺管道设计压力按 30.0MPa，是压缩机、贮气设备最大工作压力的 1.2 倍。严寒地区的设计温度可按地区历年来月平均最低气温的最低值选择管材。要求所选用高压不锈钢管应符合《高压锅炉用无缝钢管》（GB5310）的规定，即等同美国标准 ASTMA—106 相应材质要求。

6.9.2 对压缩机前的天然气管道压力较低，为降低造价，可选用 10、20 号钢或具有同等性能的无缝钢管。

6.9.3 本条规定了压缩天然气管道外径大于 28mm，宜采用焊接连接；小于或等于 28mm，应采用卡套连接。这是根据各类卡套式锥螺纹管接头的使用范围，公称压力为 40.0MPa 时为 *DN*28；公称压力为 25.0MPa 时为 *DN*42 所提出的。

6.9.4 本条是两种材料进行焊接要求的一般规定。

6.9.5 同本规范第 5.3.5 条第 1 款的说明。

6.9.6 本条是对选用耐油软管的耐压规定，是安全使用的需要。

6.9.7 天然气管道采用管沟敷设便于安装、检修，但应防水、通风。车道下盖板应按重载车通行负荷设计，以防压坏。

7　加气站配套设施

7.1　消防与给水排水

7.1.2　本条规定了液化石油气加气站和合建站的消防用水量计算。

1. 采用地上贮罐的液化石油气加气站主要建在城市郊区，其消防用水量按照《城镇燃气设计规范》（GB50028—93）第6.9.1条执行。

2. 合建站内地上的各类油品贮罐火灾事故的相互影响较大，故要求设固定喷淋装置。喷淋用水量按国标（GB50028—93）第6.9.1条规定计算。

3. 采用地下贮罐的加气站，主要建在城市建成区内，邻近普遍建有城市消防给水管道和室外消火栓，供水条件较好。规定设置消防用水量，有利于防患事故的扩延和站外火灾事故的影响。

4. 采用地下贮罐的合建站，应按加油部分和加气部分的消防用水量较高者确定，即同一时间内的火灾按一次考虑。

7.1.3　本条规定了压缩天然气加气站和合建站的消防用水量。

1. 根据在日本考查，设置在地下的贮瓶间、地下的压缩机房和压缩机厢内普遍安装感温、感烟探头，设置自动灭火喷淋装置。

2. 采用井管贮气和通风条件较好的地上压缩机间，火灾危险性较小，可不设消防给水。

3. 合建站和采用贮气瓶库的加气站，为防止站内和站外的火情引发瓶库等爆燃事故，故设置消防给水设施，便于事故初起时能迅速扑救。

7.1.4　加气站和合建站的消防水源有地下水、地表水、城市消防给水管道和自建的消防水池等，应经技术经济比较后确定。

室外消火栓与贮罐的距离要求，是以考虑一旦酿成火灾，灭火人员可用以操作。

由于三级地下贮罐液化石油气加气站和合建站、三级压缩天然气加气站的事故范围较小，若地下贮罐、贮气瓶库距市政消火栓80m范围内时，可不设室外消火栓，以减小工程投资。

7.1.5　一般需建消防水池的加气站是在郊区，按《城镇燃气设计规范》规定设计消防水池容量。

7.1.6　本条是消防用水压力的一般规定。

7.1.7　本条规定加气站内的排水应通过水封井接至市政下水道。地面雨水宜散流排至站外，是考虑液化石油气泄漏，都应尽快由地面上挥发、扩散，而不允许窜入到市政管道内。

7.1.8　本条规定了水冷式压缩机使用的循环水压力、温度和水质的要求。

由于压缩机的各级运行温度高达140～150℃，对循环冷却水的水质有一定要求，以避免结垢等现象发生。

7.1.9　本条规定了加气站内的废油水，应回收集中，由市区统一安排处理。既符合环保要求，又节省用地，降低各站的投资。

7.1.10 本条规定了贮气瓶库的温度大于40℃时，应采取降温措施，以维护贮气瓶的安全运行。严禁充满压力后的贮气瓶曝晒。

7.1.11 加气站内具有火灾和爆炸危险的建、构筑物应设置小型干粉灭火器，以便在火灾初起时尽快将其扑灭。灭火器的选择、配置数量主要根据场所的危险情况确定。灭火器的设置位置应符合其使用温度范围。

7.2 电 气 装 置

7.2.1 本条规定了一般加气站的供电负荷可按三级设计，停电对加气站不会造成危害。对必须设置消防水泵的加气站，按《城市燃气设计规范》要求为二级供电负荷，可自备柴油机作为消防水泵的备用动力。

7.2.2 加气站的电力装置设计应按照国家现行标准《爆炸和火灾危险环境电力装置设计规范》（GB50058）第2.2.3条第三款"预计在正常运行下不会释放，即使释放也仅是偶尔短时释放的释放源"的规定。加气站内按爆炸和危险场所第二级释放源环境设计。

7.2.3 加气站的用地范围小，配电控制间一般是在用电场所爆炸危险区域之内或其边缘。由于配电控制间内带有非防爆的电气件和装置，故本条规定了配电控制间的设计要求。

1. 配电控制间应设置两道有门的隔墙，按照《城镇燃气设计规范》（GB50028—93）附录E，经设有两道有门的墙，且两门框净距不小于2m后，配电控制间可划为无危险场所。配电控制间设置在站房内时，第一道门可为站房门；

2. 根据国标（GB50058）第2.5.7条的规定，配电控制室的地面标高应高出室外地面0.6m。

7.2.4 本条的制定主要依据国标（GB50028）附录E，结合加气站内液化石油气设备的配置、泄漏、通风措施及发生事故时可能造成的损失情况进行"用电场所爆炸危险区域划分"。

对槽车装卸口的爆炸危险区域划分，由于本规范采取了一系列防止燃气泄漏的措施，如设置拉断阀、紧急切断阀和过流阀等，且设置了燃气检漏报警和与供电系统联锁，因而适当降低了危险区域范围，以便于使用。

7.2.5 在压缩天然气加气站内一般设有小型变压器，其变配电间可设在站房内。变配电间与站内燃气、燃油设施的距离，是按爆炸危险区域范围以外确定的。

7.2.6 低压配电盘、仪表和计算机控制装置可设置在同一房间内，与压缩机间相邻时，其防火要求是依据国标（GB50028—93）附录E和国标（GB50058）的规定制定。

7.2.7 本条的制定是按照国标（GB50058）的有关规定，结合加气站内压缩天然气设备的配置、泄漏、通风措施及发生事故时可能造成的损失情况进行"用电场所爆炸危险区域划分"。

7.2.8 加气站内的埋地电力线路应采用电缆直埋敷设，以防止由电路设置不当所引发的火灾。在穿越行车道部分穿钢管，以达到保护作用。

7.2.9 本条规定按《城镇燃气设计规范》第6.10.3条的规定。若加气站是建在周围建、构筑物的防雷保护区内时，应按设计要求。

7.2.10～7.2.12 在燃气系统因静电起因而发生的事故较多，故规定加气站应采取严格的防静电措施。

1. 槽车装卸点应设置静电接地栓（卡），在装卸作业前与槽车的接地线连接，装卸完毕静止30s后卸下，使装卸过程中产生的静电有足够的时间导出。

2. 贮罐、贮气瓶组等重要部位应设静电接地装置。

3. 燃气管线的法兰接头、胶管两端应用$6mm^2$以上的绞铜线跨接，以防电荷积聚。

7.3 采暖通风和空气调节

7.3.2 本条提出对采暖地区所建的加气站，在无外热源供应条件时，可采用具有防爆性能的电热水器等采暖供热。

燃气热水器的设计与安装应符合国家标准有关规定，应防止泄漏、燃爆事故的发生。本条规定泄漏超标应自动切断气源，预防明火引起燃爆。

7.3.3 本条是根据建筑采暖一般要求，确定加气站内需采暖建筑物的室内计算温度。

7.3.4 本条规定了加气站内具有爆炸危险的封闭式建筑物应采取的通风设施，以防发生中毒和爆炸事故。

7.4 建、构筑物的防火、防爆

7.4.1 本条规定了对加气站内具有爆炸危险性建、构筑物耐火等级和泄压设计要求。

7.4.2 个别加气站将贮罐设置在室内时，为防止发生爆炸造成建筑物倒塌，因而对建筑物的结构形式做了规定。

7.4.3 本条规定贮罐支座耐火极限不应低于5h，以避免因贮罐塌陷所引发的重大事故。

7.4.4 本条规定地下、半地下贮罐罐池底和侧壁的设计要求，以防贮罐发生泄漏对邻罐的影响。

7.4.5 在气温不低于－25℃的地区，贮气瓶库宜开敞或半开敞，以利于通风，并加大建筑物的泄压比。

7.4.6 本条规定贮气瓶库间与压缩机间、调压器间相邻时，应用防爆墙隔开，以防事故时的相互影响。

7.4.7 压缩机间采用单层框架建筑和屋面采用轻型结构，利于抗振和减小事故危害。

7.4.8 本条规定是由于液化石油气比空气重，爆炸极限值小，故要求具有泄漏危险的建筑物室内地面，应采用不会产生火花的材料。在天然气加气站不强制要求执行该条。

8 施工及验收

8.1 一般规定

8.1.1 加气站贮运可燃气体，具有易燃、易爆的特点，应对施工与验收从严要求。本条的制定，是依照我国燃气工程的建设经验制定。

8.1.2 本条规定了加气站的开工应具备的条件，防止考虑不周造成误工。

8.1.3 本条规定了施工过程的质量监督检查要求。

8.2 设备和材料的检查与验收

8.2.1 本条规定了加气站对购进的设备和材料的质量控制要求。

1. 设备、材料的规格、型号、质量应符合设计规定，以防加气站购进的设备和材料不合乎要求，造成损失。

2. 重要设备和材料应选用专业制造厂的合格产品，施工单位接收货后应按要求进行检查、验收，防止使用伪劣产品。不合格产品不得使用。

3. 非标设备与现场制作的设备应按设计和国家有关标准进行检验，以确保工程质量。

4. 计量仪器须经计检部门的鉴定，以确保计量合格。

5. 进口设备需依国家有关规定进行商检、认证，并应经设计单位认可。

6. 验收后的设备、材料应妥善保管，避免损伤、污染，甚至报废。

8.2.2 本条规定了液化石油气贮罐在安装前应进行的检查和验收。

1. 提供的技术文件中，设计图纸和强度计算书应由压力容器设计单位提供。贮罐出厂时，制造单位应提供竣工图纸、产品质量证明书和安全技术监督检验证书等有关文件。

产品铭牌上的载明项目应符合《压力容器安全技术监察规程》的有关规定。

2. 进行罐体内外表面、接管、鞍座等检查，以确认质量合乎要求方可安装。

8.2.3 本条规定了压缩天然气贮气瓶（含瓶口阀）在安装前应进行的检查和验收。

1. 在向用户提供的技术文件中，要求贮气瓶号应与产品质量证明书、质量监督检验证书相一致，不得错混，以保证每个进站的气瓶质量全部经过检验证明合格。

2. 瓶口阀检查应符合设计或有关标准规定。

3. 进行瓶体外表面、阀口等检查，以确认质量合乎要求方可安装。

8.2.4 本条规定了购进的管道及附件，在施工安装前应进行的检查，本条是按照国家有关标准制定。

8.2.5 本条规定了燃气阀门在安装前应逐个进行强度试验和严密性试验，本条是按照现行国家标准《工业金属管道工程施工及验收规范》（GB50235）的有关规定制定。

8.2.6、**8.2.7** 本条规定了各类专用阀门应根据使用要求进行调试。调整及校验用压力表精度要求高于使用表精度，以确保调整及校验的精度。调试合格后，最少连续测试3次以上，符合要求方可使用。一些专用阀门出厂时业经调试，并附有报告时，现场可视条件确定是否补检。

1. 安全阀的调试须经劳动局主管部门审定，按《压力容器安全技术监察规程》的有关规定执行。调试合格后，应进行最大工作压力下的泄漏检查。

2. 对调压阀、回流阀和限压阀进行的开启压力、回座压力性能的调试规定，是根据使用条件确定的。

3. 过流阀进行过流性能调试，可结合实际使用情况进行。

4. 对紧急切断阀所进行的开启压力和关闭指令时间调试时，并应进行随电磁阀断电打开放气时，进行紧急切断阀的关闭响应时间测试，在 5s 时间以内完成关闭，可满足事故处理要求。

5. 对止回阀在反向介质压力下的阀芯与阀座密合试验，其允许泄漏量的规定是参考国家有关标准制定。

8.2.8 本条规定了法兰间密封垫片在安装前应进行的检查、验收，是根据国家有关标准制定。并明确规定凡经预压或使用过的各类垫片已留凹痕，再行使用可能产生隐患，故规定严禁再行使用。

8.2.9 本条规定了加气机在安装前的检查要求，对出厂产品业经调试检查合格，并附有报告时，现场可视条件确定是否补检。

在压缩天然气加气站，考虑到一些施工现场难以达到严密性检测条件时，可允许随压缩机试运转时进行。

8.2.10 本条规定了仪表、控制装置在安装前应进行的检查。

8.3 土建施工

8.3.1 本条规定了土建施工应符合设计和有关标准的要求，土建施工和设备安装应相互配合，部分土建的施工，如地面、抹面、粉刷等应在安装后进行，避免返工。

8.3.2 本条规定的机电设备基础施工要求是按照现行国家标准《机械设备安装工程施工及验收通用规范》（GB50231）的有关规定，结合加气站的机电设备使用要求确定。

8.3.3 本条规定要求基础表面在设备安装前应达到的质量要求，特别是地脚螺栓孔内应清理干净，否则运行松动，二次修补麻烦。

8.3.4 本条要求在地下水位较高的地区或雨季施工时，对罐池基础施工的要求，应防止因罐池渗水等缺陷腐蚀贮罐。

8.4 设备和管道安装

8.4.1 本条规定了设备和管道安装应具备的条件。

8.4.2 本条规定了液化石油气贮罐的安装注意事项。

8.4.3 本条规定了贮气井管的施工要求：

1. 钻井施工垂直度要求，为便于套管作业；钻井底间的距离要求，为防止管井的相互干扰，影响强度。

2. 首先要求对管顶、管底封头应符合三类压力容器的有关质量规定，进行焊后热处理的对接焊缝质量和套管防腐处理应按最高标准进行检验，并要求在包扎防腐层时应将缠绕口朝下，避免在固井灌浆时，防腐层受到损坏。

3. 套管接箍的螺纹连接是确保井管质量的关键，若一处不符合要求，都有可能造成井管报废。

4. 要求在下套管作业中应防止泥沙、杂物落入井管内，否则无法清除出来。

5. 要求采用压力灌注水泥浆，严防固井不实，造成套管变位，破坏密封。

8.4.4 本条规定了压缩机、泵等机电设备的安装要求。

1. 压缩机、泵等机电设备在出厂前已完成装配调试时，现场拆卸须与制造厂商定，以防止复位质量不符合原装要求。

2. 机电设备在就位前所须进行的一些复查，是确保安装质量的重要组成部分。

8.4.5 本条规定了管道加工、焊接、安装应符合现行国家标准《工业金属管道工程施工及验收规范》（GB50235）和《卡套式接头技术条件》（GB3765）的有关规定。

8.4.6、**8.4.7** 要求管道安装时应编制施工程序，以减少接口数量和安装隐患。

8.4.8 本条要求液化石油气贮罐的管道安装须待贮罐沉降稳定后进行。在贮罐注水时，宜进行贮罐容积的标志，为今后在生产中液化石油气进液量的计算提供依据。在罐区内设置基准点，便于今后检查贮罐沉降量。

8.5 焊 缝 检 验

8.5.1 本条规定了现场设备、管道焊后的外观质量检验应符合现行国家标准《现场设备、工业管道焊接工程施工及验收规范》（GB50236）的有关规定。

8.5.2 本条规定了现场设备、管道上对接焊缝的检验数量和质量要求。

8.5.3 本条规定了设计压力小于1.0MPa天然气管道、Ⅰ类压力容器上对接焊缝的检验数量和质量要求。

8.5.4 本条的规定是根据国家现行标准《压力容器无损检测》（JB4730）的有关规定，制定角焊缝、T型焊缝进行磁粉或渗透检验的标准。

8.5.5 当检验发现焊缝缺陷超标时，一般宜换管重新施焊，方可保证质量。进行返修，应按现行国家标准《工业金属管道工程施工及验收规范》（GB50235）的规定复检。

8.6 吹扫和压力试验

8.6.1 本条规定了加气站内工艺系统的吹扫和压力试验应在焊缝检查合格、基础经二次灌浆达到强度要求后进行，以防发生试验事故。

8.6.5 为保证在吹扫和压力试验过程中不产生隐患，要求在进行强度试验前，宜先进行清洗，达标后进行强度试验。按照现行国家标准《工业金属管道工程施工及验收规范》（GB50235）的有关规定，采用洁净水进行强度试验时，管道强度试验压力应为1.5倍设计压力。

8.6.6 根据国标（GB50235）第7.5.2条第9款的规定，进行强度试验时，应将待试设备、管道上的安全阀、调压器、液位计等仪表元件拆下或隔离，以免在强度试验时受损。

8.6.8 本条规定设备和管道进行液压试验的步骤和要求。

8.6.9 按照国标（GB50235）规定，经吹扫后采用干燥、洁净的压缩空气或氮气进行严密性试验，试验压力为1.0倍设计压力。

8.6.10 进行严密性试验时，系统应复位，全部进行试验。

8.6.11 本条规定设备和管道进行严密性试验的步骤和要求。

根据国标（GB50235）第7.5.5条的规定，严密性试验和泄漏性试验相结合，并取消“泄漏量”、“泄漏率”等有关条款规定。严密性试验采用发泡剂检查。

8.6.15～8.6.21 对进行设备和管道吹洗的要求和应注意的事项。

8.6.22 在设备和管道吹扫后，系统的死角、滤网等重要部位往往还存有灰尘、杂物等，需拆开检查，然后复位进行严密性试验。

8.7 涂 漆

8.7.1、8.7.2 本2条是设备、管道涂漆的一般规定。

8.7.3～8.7.7 本5条的制定以利于统一加气站设备、管道涂色标志。重要贮存设备采用白色，以减少吸热。地上液化石油气贮罐外表涂白色，比目前所涂的银灰色可降低罐内液化石油气温度约5℃，有利于安全管理。

8.10 天然气压缩机试运转

8.10.1、8.10.2 本2条规定天然气压缩机在试运转过程中的要求，各项检测性能指标是根据现行国家标准结合使用要求确定。

8.10.3 本条要求压缩机在额定工况下试运转的最后2h，应进行各项事故状态下的自动、手动停车试验和进行安全阀的灵敏度试验。在这些试验中，应有站内操作人员参加，便于今后的运行管理。

8.11 烃泵试运转

8.11.1～8.11.4 本4条规定了烃泵在试运转过程中的要求，烃泵负荷试运转可与试生产一并进行。在烃泵的试运转过程中，应检查各类阀件的运行功能，进行安全阀的最终调整，以符合今后生产运行要求。

8.12 竣 工 验 收

8.12.1 本条规定了竣工验收小组的组成。

8.12.2 本条规定了建设单位、施工单位为竣工验收应提供的文件和施工安装记录。

中华人民共和国行业标准

城镇供热系统安全运行技术规程

Technical specification for safe operation of heating system in city

CJJ/T 88—2000

主编单位：沈阳惠天热电股份有限公司
批准部门：中华人民共和国建设部
施行日期：2000年10月1日

关于发布行业标准《城镇供热系统安全运行技术规程》的通知

建标［2000］130号

根据建设部《关于发送“1990年工程建设行业标准（建设部部分）制订、修订计划”的通知》（［90］建标字第407号）的要求，由沈阳惠天热电股份有限公司主编的《城镇供热系统安全运行技术规程》，经审查，批准为推荐性行业标准，编号CJJ/T88—2000，自2000年10月1日起施行。

本标准由建设部城镇建设标准技术归口单位建设部城市建设研究院负责管理，沈阳惠天热电股份有限公司负责具体解释，建设部标准定额研究所组织中国建筑工业出版社出版。

中华人民共和国建设部
2000年6月13日

前言

根据建设部［1990］建标字第407号文的要求，标准编制组在广泛调查研究，认真总结实践经验，参考有关国际标准，并广泛征求意见的基础上，制定了本规程。

本规程的主要技术内容是：1. 总则；2. 热源；3. 热力网；4. 泵站与热力站；5. 用热户；6. 监控与运行调度。

本规程由建设部城镇建设标准技术归口单位建设部城市建设研究院归口管理，授权由主编单位负责具体解释。

本规程主编单位是：沈阳惠天热电股份有限公司（地址：沈阳市沈河区热闹路47号　邮编：110014）。

本规程参加单位是：清华大学、北京热力公司、唐山热力总公司、建设部城市建设研究院。

本规程主要起草人是：王安荣、孙杰、宁国强、丁子祥、石兆玉、张裕、吴德君、杨时荣、李国祥。

目次

1 总 则

1.0.1 为保证供热系统安全、稳定、经济运行，提高供热质量，制定本规程。

1.0.2 本规程热源部分适用于以燃煤锅炉房为主的热源系统，其他部分适用于各种供热系统。

1.0.3 城镇供热系统的安全运行，除应符合本规程外，尚应符合国家现行有关强制性标准的规定。

2 热 源

2.1 一般规定

2.1.1 新装或移装的锅炉必须向当地主管部门登记，经检查合格获得使用登记证后方可投入运行；重新启用的锅炉必须按国家现行标准《热水锅炉安全技术监察规程》或《蒸汽锅炉安全技术监察规程》要求进行定期检验，办理换证手续后方可投入运行。

2.1.2 热源的运行、调节应严格按调度指令进行。

2.1.3 锅炉运行操作人员应经技术培训，司炉工、水质化验工等上岗人员必须具有主管部门颁发的操作证。

2.1.4 锅炉运行时，操作人员应执行有关锅炉安全运行的各项制度，做好运行值班记录和交接班记录。

2.1.5 锅炉房应设下列图表：

1. 热力系统图。
2. 供电系统图。
3. 设备布置平面图。
4. 运行参数调节曲线图表。

2.1.6 投入运行的锅炉及辅助设备应保持完好状态。

2.1.7 锅炉燃煤煤质应符合锅炉设计煤种。

2.1.8 锅炉燃煤应采用低硫煤；当采用其他煤种时，排放指标应符合现行国家标准《锅炉大气污染物排放标准》（GB13271）的规定。

2.2 锅炉及辅助设备启动前的准备

2.2.1 当受压元件经大修或改造及停运1年以上或连续运行6年以上的锅炉，运行前应进行水压试验。蒸汽锅炉水压试验标准应符合国家现行标准《蒸汽锅炉安全技术监察规程》的有关规定；热水锅炉水压试验标准应符合《热水锅炉安全技术监察规程》的有关规定。

2.2.2 新装、改装、移装及大修锅炉必须进行烘、煮炉和72h热态满负荷试运行；长期停运、季节性使用锅炉在运行前应烘炉，其辅助设备必须进行单机和不少于2h联动试运行。

2.2.3 风机、水泵、输煤机、除渣机等转动机械应符合下列规定：

1. 安全保护罩完整牢固，联轴器、地脚螺栓无松动，传动皮带完整无跑偏现象。
2. 电动机接地线牢固可靠。
3. 冷却系统通畅。
4. 各种机械传动部件运转平稳。
5. 轴承润滑油油质合格、油量适中，轴承温度应符合下列规定：

（1）滚动轴承温度不高于80℃；

（2）滑动轴承温度不高于60℃。

6. 轴承径向振幅应符合表2.2.3的规定：

2.2.4 锅炉试运前，锅炉本体、辅助设备、电器、仪表及计算机系统等应达到正常运行条件。

2.2.5 锅炉安全阀，每年至少应进行一次整定和校验；在运行期间每周应进行一次试验。

表 2.2.3　轴承径向振幅

转速（r/min）	≤375	>375 ≤600	>600 ≤750	>750 ≤1000	>1000 ≤1500	>1500 ≤3000	>3000
振幅不应超过（mm）	0.18	0.15	0.12	0.10	0.08	0.06	0.04

蒸汽锅炉安全阀的整定标准应符合表 2.2.5-1 的规定。热水锅炉安全阀的整定标准应符合表 2.2.5-2 的规定。

表 2.2.5-1　蒸汽锅炉安全阀的整定压力

额定蒸汽压力（MPa）	安全阀整定压力
≤0.8	工作压力 + 0.03MPa
	工作压力 + 0.05MPa
$0.8 < P \leqslant 5.9$	1.04 倍工作压力
	1.06 倍工作压力

注：1. 锅炉上必须有一个安全阀按表中较低的整定压力进行调整。对有过热器的锅炉，按较低的压力进行调整的安全阀，必须为过热器上的安全阀，以保证过热器上的安全阀先开启；
2. 表中的工作压力对于脉冲式安全阀系指冲量接出地点的工作压力，对于其他类型的安全阀系指安全阀装置地点的工作压力。

表 2.2.5-2　热水锅炉安全阀整定标准

安全阀的压力
1.12 倍工作压力但不小于工作压力 + 0.07MPa
1.14 倍工作压力但不小于工作压力 + 0.10MPa

注：1. 锅炉上必须有一个安全阀按表中较低的压力进行整定；
2. 表中的工作压力是指安全阀直接连接部件的工作压力。

2.2.6　压力表、温度计、水位计、超温报警器、排污阀等主要附件应符合国家现行标准《蒸汽锅炉安全技术监察规程》和《热水锅炉安全技术监察规程》的有关规定。

2.3　锅炉及辅助设备的启动

2.3.1　锅炉上水应符合下列规定：

1. 锅炉上水水质应符合现行国家标准的有关规定。

2. 锅炉上水应缓慢进行；当上水温度高于 50℃时，上水时间不宜少于 2h。

3. 热水锅炉上水应排尽系统内空气；蒸汽锅炉上水应达到最低安全水位。

2.3.2　热水锅炉的启动与升温应符合下列规定：

1. 热水锅炉的启动应按下列程序进行：

启动循环水泵，启动除渣设备，锅炉点火，启动引风机，启动送风机，启动燃烧设备。

2. 热水锅炉的升温

炉膛负压应控制在 20～30Pa；锅炉点火后应控制炉膛温升，炉温升至正常运行温度的时间宜控制在 2.0～4.0h。

2.3.3　蒸汽锅炉的启动与升压应符合下列规定：

1. 蒸汽锅炉的启动按国家现行标准《中、小型锅炉运行规程》进行。

2. 蒸汽锅炉的升压

（1）蒸汽锅炉投入运行，升至工作压力的时间宜控制在 2.5～4.0h；

（2）蒸汽锅炉在升压期间，应保证压力表、水位计处于完好状态，并严密监视蒸汽压力和水位变化，保持正常水位；

(3) 当锅炉压力升至 0.05～0.10MPa 时，冲洗、核对水位计；

(4) 当锅炉压力升至 0.15～0.20MPa 时，关闭排空气阀门；

(5) 当锅炉压力升至 0.20～0.30MPa 时，进行热拧紧，并对下联箱进行一次全面放水，促进水循环；

(6) 当锅炉压力升至工作压力的 50%时，进行母管暖管，暖管时间不少于 45min；

(7) 当锅炉压力升至工作压力的 80%时，进行全面检查，再次冲洗水位计，准备并汽或单炉送汽。

2.3.4 蒸汽锅炉并汽应符合下列规定：

1. 并汽前司炉人员应加强监视运行锅炉的汽压、汽温和水位的变化。

2. 当锅炉压力升至低于蒸汽母管压力 0.05MPa 时，应缓慢开启连接母管主汽阀门，并加强疏水过程监视；当与蒸汽母管并汽完毕后，应及时关闭疏水阀门。

2.4 锅炉及辅助设备的运行与调节

2.4.1 锅炉房的调节应根据中央调节方案，调整锅炉投入运行台数和循环水量。

2.4.2 正常运行的锅炉燃烧调节应符合下列规定：

1. 炉膛温度为 700～1300℃。

2. 炉膛负压为 20～30Pa。

3. 炉膛空气过剩系数：

(1) 室燃炉为 1.10～1.20；

(2) 层燃炉为 1.20～1.40。

4. 锅炉各部位漏风系数应符合表 2.4.2 的规定。

表 2.4.2　锅炉各部位漏风系数

燃烧室和过热器		0.10
省煤器	蛇形管	0.02（每一级）
	铸　铁	0.10
空气预热器	板　式	0.07（每一级）
	管　式	0.05（每一级）
	铸　铁	0.10（每一级）
	回转式	0.20
烟　道		0.01（每 10m）
除尘器	电　气	0.10
	其　他	0.05

5. 排烟温度 150～180℃。

2.4.3 正常运行的锅炉，应定期清灰；有吹灰装置的锅炉每 8h 应对过热器、对流管束和省煤器进行一次吹灰；锅炉吹灰时，炉膛负压应增大到 40～60Pa，吹灰压力不应小于 0.6MPa。

2.4.4 锅炉排污应符合下列规定：

1. 热水锅炉

(1) 热水锅炉排污应在工作压力上限时进行；

(2) 采用离子交换法进行水处理的锅炉，应根据水质情况决定排污次数，但每周应至少排污一次；

(3) 采用加药法进行水处理的锅炉，每 8h 应排污一次。

2. 蒸汽锅炉

(1) 蒸汽锅炉排污应在低负荷时进行；

(2) 锅炉运行时，每 8h 应排污一次；

(3) 根据水质化验结果，调整连续排污量；

（4）排污过程中，若发生严重汽水冲击，应立即停止排污。

2.4.5 蒸汽锅炉水位调节应符合下列规定：

1. 根据热负荷的变化，应对给水量进行调节，且水位应控制在正常水位 ±50mm 内。

2. 锅炉水位计每 4h 应冲洗一次；锅炉水位报警器每周应试验一次。

2.4.6 除尘器的运行调节应符合下列规定：

1. 湿式除尘器必须保证水压稳定、水流通畅、水封严密，pH 值应大于或等于 7。

2. 干式除尘器应严密，并及时排灰。

2.4.7 自动调节装置应符合下列规定：

1. 设置自动调节装置的锅炉（自动燃烧调节器、自动给水调节器等），其自动调节装置投入运行前应经系统整定，确保调节机构的完整、准确、可靠。

2. 当自动调节装置故障造成锅炉运行参数失控时，应改为手动。

3. 投入运行的自动调节装置，每班应至少检查一次。

2.5 锅炉房运行控制指标

2.5.1 新装、改装、移装锅炉必须进行热效率测试（正、反热平衡）；运行锅炉，每 2～3 年应做一次热效率测试。

2.5.2 锅炉在设计条件下运行，热效率不宜低于原设计的 95%。

2.5.3 锅炉实际运行负荷，不宜低于额定负荷的 60%。

2.5.4 锅炉的能耗指标应符合下列规定：

1. 热水锅炉

煤耗应小于或等于 50.2kg 标煤/GJ；电耗应小于或等于 7.2kWh/GJ。

2. 蒸汽锅炉

煤耗应小于或等于 133.0kg 标煤/t 汽；电耗应小于或等于98.0kWh/t 汽。

2.5.5 锅炉房能耗应计量。

2.5.6 锅炉灰渣含碳量应在12%以下。

2.5.7 直接连接的供热系统失水率应控制在总循环水量的2%以内；间接连接的供热系统失水率应控制在总循环水量的1%以内；蒸汽供热系统凝结水回收率不宜少于70%。

2.6 锅炉及辅助设备的停止运行

2.6.1 热水锅炉停炉应符合下列规定：

1. 正常停炉

（1）停止锅炉给煤；

（2）停止送风机；

（3）停止引风机；

（4）循环水泵停运应在锅炉出口温度低于 50℃时进行，根据负荷变化逐台停止循环水泵。

2. 备用停炉

（1）停炉程序应符合本规程第 2.6.1 条第 1 款中（1）～（3）项的规定；

（2）调整火床，留足火种。

3. 紧急停炉

（1）停止给煤，停止送、引风；

（2）迅速清除火床，打开全部炉门；

（3）重新启动引风机，待炉温降低后停止；

（4）当排水系统故障时，严禁停运循环水泵。

2.6.2 蒸汽锅炉停炉应符合下列规定：

1. 正常停炉

（1）应逐步降低锅炉负荷，由正常负荷降至额定负荷的20%，时间不少于45min；

（2）负荷降至额定负荷的50%时，停送二次风，解列自动调节装置，改为手动；

（3）负荷降至额定负荷的20%时，停止炉排及送、引风机的运行；

（4）停炉过程中，应保证锅炉正常水位。

2. 备用停炉

（1）停炉程序应符合第2.6.2条第1款中（1）～（3）项的规定；

（2）待备用炉压力低于系统母管压力0.02MPa时，关闭锅炉主蒸汽门；

（3）打开排气阀，保持正常水位；

（4）调整火床，留足火种，保证随时投入运行。

3. 紧急停炉

在不扩大事故的前提下，做到缓慢降低锅炉负荷，避免锅炉急剧冷却。

2.6.3 停炉后的冷却应符合下列规定：

1. 停炉后，关闭所有炉门及风机挡板，12h后开启送、引风机挡板进行自然通风；

2. 当锅炉需放水时，应在温度降至60℃以下时进行。

2.7 锅炉及辅助设备的故障处理

2.7.1 当锅炉出现事故时，应进行事故分析，并及时建立事故处理档案和制定预防事故的措施。

2.7.2 超温超压时应采取下列处理方法：

1. 紧急停炉。

2. 蒸汽锅炉与外网解列。

3. 排气补水。

2.7.3 锅炉爆管时应采取下列处理方法：

1. 紧急停炉。

2. 更换炉管。

3. 检测水质。

4. 调整燃烧。

2.7.4 蒸汽锅炉水位异常时应采取下列处理方法：

1. 轻微满水：解列给水调节器，手动减少给水，加强排污。

2. 严重满水：紧急停炉，停止给水，关闭主蒸汽阀门，开启过热器出口集箱疏水阀门，加强排污。

3. 轻微缺水：解列给水调节器，手动增加给水。

4. 严重缺水：紧急停炉，停止给水，关闭主蒸汽阀门，开启过热器出口集箱疏水阀门及汽包排气阀门。

2.7.5 蒸汽锅炉汽水共腾时应采取下列处理方法：

1. 降低锅炉负荷，保持燃烧稳定。

2. 增加连续排污量，加强补水、监视水位。

3. 开启过热器出口集箱疏水阀门及蒸汽母管疏水阀门，加强疏水。

2.7.6 锅炉房电源中断时应采取下列处理方法：

1. 投入事故照明电源。

2. 将用电设备操作机构恢复到停止位置。

3. 将自动调节装置操作机构恢复到手动位置。

4. 迅速打开全部炉门，降低炉膛温度。

5. 开启引风机挡板，保持炉膛负压。

6. 热水锅炉迅速开启紧急排放阀门并补水。

7. 蒸汽锅炉保持锅炉水位，若缺水严重，关闭主蒸汽阀门。

8. 蒸汽锅炉与外网解列并补水。

2.8 锅炉及辅助设备停止运行后的保养

2.8.1 锅炉停运后，应对其进行检查、吹灰、清垢。

2.8.2 锅炉及辅助设备停运后，应对其进行维护、保养，防止腐蚀。

2.8.3 停运的锅炉及辅助设备，每周应检查一次。

3 热 力 网

3.1 一 般 规 定

3.1.1 热力网运行管理部门应设下列图表：

1. 热力网平面图。

2. 热力网运行水压图。

3. 供热调节曲线图表。

3.1.2 热力网的运行、调节应严格按调度指令进行。

3.1.3 热力网运行管理人员应熟悉管辖范围内管道的分布情况及主要设备和附件的现场位置，掌握各种管道、设备及附件等的作用、性能、构造及操作方法。

3.1.4 热力网运行人员必须经安全技术培训，并经考核合格，方可独立上岗。

3.1.5 热力网检查井及地沟的临时照明用电电压不得超过36V；严禁使用明火照明。当人在检查井内作业时，严禁使用潜水泵。

3.1.6 热力网设备及附件保温应完好。

3.1.7 对操作人员较长时间未进入的热力网地沟、井室或发现热力网地沟、井室有异味时，应进行通风，严禁明火；必要时可进行检测，确认安全后方可进入。

3.2 热力网运行前的准备

3.2.1 热力网投入运行前，应编制运行方案。

3.2.2 热力网投入运行前应对系统进行全面检查，并应符合下列规定：

1. 阀门应灵活可靠，泄水及排空气阀门应严密，系统阀门状态应符合运行方案要求。

2. 热力网系统仪表应齐全、准确，安全装置必须可靠、有效。

3. 热力网水处理及补水设备应具备运行条件。

4. 新建、改建固定支架、卡板、滑动支架、井室爬梯应牢固可靠。

3.2.3 新建、改建热水热力网运行前应试压和冲洗。

3.2.4 蒸汽热力网运行前，应经暖管，并开启疏水阀门，排净凝结水。新投入运行的蒸汽热力网应经吹扫，吹扫所需排汽口断面不应小于被吹扫管道断面的 50%，吹扫压力应为热力网工作压力的 75%。

3.3 热力网的运行

3.3.1 热水热力网正式供热前应经冷态试运行。

3.3.2 热力网投入运行后，应对系统的下列各项进行全面检查：

1. 热力网介质无泄漏。

2. 补偿器运行状态正常。

3. 活动支架无失稳、失垮，固定支架无变形。

4. 解列阀门无漏水、漏汽。

5. 疏水器、喷射泵排水正常。

6. 法兰连接部位应热拧紧。

3.3.3 运行的热力网每周应至少检查一次；新投入的热力网或当运行参数发生较大变化及汛情时，应增加检查次数。

3.3.4 热力网运行检查时不得少于二人，一人检查、一人监护，严禁在检查井及地沟内休息；当人在检查井内作业时，应在井口设安全围栏及标志；夜间进行操作检查时，应设警示灯；在高支架检修维护时应系安全带。

3.3.5 当被检查的井室环境温度超过40℃时，应采取安全降温措施。

3.4 热力网的调节

3.4.1 根据当地气象条件和供热系统的实际情况，应制定热力网运行调节方案。

3.4.2 初调节的方法可根据热力网的实际情况选择；初调节宜在冷态运行条件下进行。

3.4.3 采暖负荷的调节可采用中央质调节、分阶段变流量质调节或中央质、量并调，必要时可采用兼顾其他热负荷的调节方法。

3.4.4 蒸汽热力网中，当蒸汽用于动力装置热负荷或供热温度不一致时，宜采用中央质调节；当蒸汽用于换热方式运行时，宜采用中央量调节或局部调节。

3.5 热水热力网的补水及定压

3.5.1 热水热力网的补水点应视具体情况设定，当系统设两处及两处以上补水点时，其每处补水量必须满足系统运行的需要，每处补水点的补水压力应符合水压图的要求。

3.5.2 热水热力网系统必须保持恒压点恒压，恒压点的压力波动范围应控制在±0.02MPa 以内。

3.5.3 热水热力网的定压可采用膨胀水箱、水泵、气体定压罐、蒸汽定压等方式。闭式补水系统应设安全泄压装置。热水热力网的定压应采用自动控制。

3.6 热力网的停止运行

3.6.1 热力网停运前，应编制停运方案。

3.6.2 热力网停运的各项操作，应严格按停运方案或调度指令进行。

3.6.3 热力网停运，应沿介质流动方向依次关闭阀门，先关闭供水、供汽阀门，后关闭回水阀门。

3.6.4 停运后的蒸汽热力网应将疏水阀门保持开启状态；再次送汽前，严禁关闭。

3.6.5 冬季停运的架空热水热力网，应将管内水放净；再次注水前，应将泄水阀门关闭。

3.6.6 事故停运热力网的架空管道、设备及附件应做防冻保护。

3.6.7 热水热力网在停运期间，应进行养护和检查。

3.6.8 停运热力网应进行湿保护，并每周检查一次。

4 泵站与热力站

4.1 一般规定

4.1.1 供热系统的泵站、热力站应设下列图表：

1. 泵站、热力站设备布置平面图。

2. 泵站、热力站系统图。

3. 热力站供热平面图。

4. 泵站、热力站供电系统图。

5. 温度调节曲线图表。

4.1.2 泵站、热力站的运行、调节应严格按调度指令进行。

4.1.3 泵站、热力站运行人员应掌握管辖范围的供热参数、热力站供热系统设备及附件的作用、性能、构造及其操作方法，并经技术培训考核合格，方可独立上岗。

4.1.4 供热系统的泵站、热力站内的管道应涂符合规定的颜色和标志，并标明供热介质流动方向。

4.1.5 泵站、热力站内的供热设备管道及附件应保温。

4.1.6 供热系统中继泵站的安全保护装置必须灵敏、可靠。

4.2 泵站与热力站运行前的准备

4.2.1 供热系统的泵站与热力站运行前的检查应符合第2.2.3条的规定：

1. 泵站、热力站内所有阀门应开关灵活、无泄漏，附件齐全可靠，换热器、除污器经清洗无堵塞。

2. 泵站、热力站电气系统安全可靠。

3. 泵站、热力站仪表齐全、准确。

4. 热力站水处理及补水设备正常。

4.2.2 水泵投入运行前，其出口阀门应处于关闭状态，并检查是否注满水；启动前必须先盘车，空负荷运行应正常。

4.3 泵站的运行与调节

4.3.1 水泵的参数控制，应根据系统调节方案及其水压图要求进行。

4.3.2 水泵吸入口压力应高于运行介质汽化压力0.05MPa。

4.4 热力站的运行与调节

4.4.1 热力站的启动应符合下列规定：

1. 直接连接供热系统

(1) 热水系统：系统充水完毕，应先开回水阀门，后开供水阀门，并开始仪表监测；

(2) 蒸汽系统：蒸汽应先送至热力站分汽缸，分汽缸压力稳定后，方可向各用汽点逐个送汽。

2. 混水系统

系统充水完毕，并网运行，启动混水装置，按系统要求调整混合比，达到正常运行参数。

3. 间接连接供热系统

(1) 水-水交换系统：系统充水完毕，调整定压参数，投入换热设备，启动二级循环水泵；

(2) 汽-水交换系统：汽-水交换设备启动前，应先将二级管网水系统充满水，启动循环水泵后，再开启蒸汽阀门进行汽-水交换。

4. 生活水系统

启动生活用水循环泵，并一级管网投入换热器，控制一级管网供水阀门，调整生活用水水温。

5. 软化水系统

开启间接取水水箱出口阀门，软化水系统充满水后，进行软水制备，启动补水泵对二级管网进行补水。

4.4.2 热力站的调节应符合下列规定：

1. 对二级供热系统，当热用户未安装温控阀时宜采用质调节；当热用户安装温控阀或当热负荷为生活热水时，宜采用量调节，生活热水温度应控制在55±5℃。

2. 在热力站进行局部调节时，对间接连接方式，被调参数应为二级系统的供水温度或供、回水平均温度，调节参数应为一级系统的介质流量；对于混水装置连接方式，被调参数应为二级系统的供水温度、供水流量，调节参数应为流量混合比。

3. 水-水交换系统不应采用一级系统向二级系统补水方式；当必须由一级系统向二级系统补水时应按调度指令进行，并严格控制补水量。

4. 蒸汽供热系统宜通过节流进行量调节；必要时，可采用减温减压装置，改变蒸汽温度，实现质调节。

4.5 泵站与热力站的停止运行及保护

4.5.1 泵站与热力站的停止运行应符合下列规定：

1. 直供系统应随一级管网同时停运。

2. 对混水系统，应在停止混水泵运行后随一级管网停运。

3. 对间供系统，应在与一级管网解列后再停止二级管网系统循环水泵。

4. 对生活水系统，应与一级管网解列后停止生活水系统水泵。

5. 对软化水系统，应停止补水泵运行，并关闭软化水系统进水阀门。

4.5.2 热力站停运后，应采用湿保护的供热系统，其保护压力宜控制在供热系统静水压力±0.02MPa。

4.5.3 泵站与热力站停运后，应对站内的设备、阀门及附件进行检查和维护。

5 用 热 户

5.1 一 般 规 定

5.1.1 用热单位应向供热单位提供下列资料：

1. 供热负荷、用热性质、用热方式及用热参数。
2. 供热平面图。
3. 供热系统图。
4. 用热户供热平面位置图。

5.1.2 供热单位应根据用热户的不同用热需求，适时进行调节，以满足用热户的不同需要。

5.1.3 用热单位应按供热单位的运行方案、调节方案、事故处理方案、停运方案及管辖范围进行管理和局部调节。

5.1.4 未经供热单位同意，用热户不得改变原运行方式、用热方式、系统布置、管道直径及散热器数量等。

5.1.5 未经供热单位同意，用热户不得私接供热管道和私自扩大供热负荷。

5.1.6 热水采暖用热户严禁从供热系统中取用热水，用热户不得擅自停热。

5.2 运行前的准备及故障处理

5.2.1 用热单位应根据供热系统安全运行的需要，在系统运行前对系统进行检修、清堵、清洗、试压，经供热单位验收合格，并提供相应技术文件后方可并网。

5.2.2 用热户发生故障应及时处理，并通知供热单位；故障处理不宜减少停热负荷，缩短停热时间；恢复供热应经供热单位同意。

6 监控与运行调度

6.1 一 般 规 定

6.1.1 对供热系统的运行参数，应进行检测、记录和控制。

6.1.2 运行参数的检测、控制，可手动，也可自动；对常规自动监控仪表，宜以电动单元组合仪表和基地式仪表为主；条件具备时，宜采用计算机自动检测控制。

6.1.3 运行参数的监控系统运行前应经调试。

6.1.4 供热系统运行期间，当用热户无特殊要求时，民用住宅室温不应低于16℃；用热户室温合格率应为97%以上。

6.1.5 供热系统运行期间，设备完好率应为98%以上。

6.1.6 供热系统运行期间的事故率应低于2‰。

6.1.7 供热系统运行期间，用热户报修处理及时率应为100%。

6.2 参 数 检 测

6.2.1 供热系统应检测的参数主要有压力、温度、流量及热量等；参数检测的重点是热源、泵站、热力站、用热户以及主干线的重要节点。

6.2.2 以热水为供热介质的供热系统，热源出口处应检测、记录下列参数：

1. 供水温度。
2. 回水温度。
3. 供水压力。
4. 回水压力。

5. 供水流量。

6. 回水流量。

7. 补水流量。

8. 有条件的宜检测、记录供热量。

6.2.3 以蒸汽为供热介质的供热系统，热源出口处应检测、记录下列参数：

1. 供汽压力。

2. 供汽温度。

3. 供汽流量。

4. 必要时，应检测、记录供热量和凝结水流量。

6.2.4 热源出口处应建立运行参数计量站，热量计精度应按国家有关标准确定。

6.2.5 供热系统中继泵站，应主要检测、记录下列参数：

1. 总进、出口压力。

2. 每台水泵进、出口压力。

3. 总流量。

4. 除污器进、出口压力。

5. 总进、出口水温。

6. 水泵电机的电流、温升。

7. 宜检测系统供热量。

6.2.6 热力站参数检测应符合下列规定：

1. 对于简单直接连接方式，应检测供、回水温度，供、回水压力，并宜检测供、回水流量，供热量。

2. 对于混水连接方式，应分别检测一、二级系统的供、回水温度，供、回水压力，供、回水流量以及混水泵的进口压力、温度和流量，并宜检测供热量。

3. 对于有采暖负荷、生活热水负荷的间接连接系统，应分别检测采暖、生活热水的一、二级系统的供、回水温度，供、回水压力和换热器的进、出口压力、温度，并宜检测供、回水流量和供热量。

4. 对于蒸汽系统，应检测供汽流量、压力、温度；当有冷凝水回收装置、汽-水换热器时，应分别检测一、二级系统的压力、温度、流量和汽-水换热器进出口压力、温度及水位，并宜检测凝结水回水流量。

6.2.7 当采用计算机监控时，在热源、调度中心及热力站应检测室外温度。

6.3 参数的调节与控制

6.3.1 供热系统实际运行流量应接近设计流量。

6.3.2 当系统出现实际运行工况与设计水温调节曲线不符时，应根据修正后的水温调节曲线进行调节；当采用计算机监控时，宜根据动态特性辨识，指导系统运行。

6.3.3 当室内供暖系统未采用热计量、未安装温控阀时，二级网系统宜采用定流量（质调）调节；当室内系统采用热计量且安装有温控阀时，二级网系统宜采用变流量（量调）调节。系统变流量时，宜采用不同特性泵组或改变水泵并联台数，或宜采用变速泵控制流量。为适应调频变速流量控制，系统宜采用双泵系统。

6.3.4 在热力站热用户入口或分支管道上应安装调节控制装置以便进行流量调节。

6.3.5 系统末端供、回水压差不应小于0.05MPa。

6.4 计算机自动监控

6.4.1 供热系统从热源、泵站、热力网、热力站至热用户宜采用在线实时计算机控制。

6.4.2 根据需要和技术条件，应选择不同级别的计算机监控系统，分别实现下列功能：

1. 检测系统参数。
2. 调配运行流量。
3. 指导运行调节。
4. 诊断系统故障。
5. 健全运行档案。

6.4.3 计算机监控宜采用分布式系统。

6.4.4 计算机运行管理人员应经专业培训、考核合格方能上岗。

6.4.5 计算机监控系统在停运期间，应实行断电保护。

6.5 最佳运行工况的选择

6.5.1 根据供热规划，应对直接连接、混水连接、间接连接等供热系统的运行方式制定阶段性运行方案。

6.5.2 对于多热源、多泵站供热系统，应根据节约能源、保护环境及室外温度变化，进行供热量、供水量平衡计算，以及关键部位供、回水压差计算，制定基本热源、尖峰热源、中继泵、混水泵等设备的最佳运行方案。

6.5.3 多种类型热负荷供热系统，应根据不同形式的连接方式，制定不同的运行调节方案。

6.5.4 地形高差变化大的供热系统，当需要建立不同静压区时，其仪表、设备必须可靠，确保安全运行。

6.5.5 大型供热系统，应进行可靠性分析，可靠度不应低于85%～90%；应制定故障及事故运行方案，当在供热系统发生故障时，应按预先制定的故障及事故运行方案进行。

6.6 供热系统的运行调度

6.6.1 供热系统（热源、热力网、热用户）必须实行统一调度管理，以保证供热系统的安全、稳定、经济、连续运行。

6.6.2 供热系统调度中心，应设供热平面图、系统图、水压图、全年热负荷延续图及流量、水温调节曲线图表；条件具备时供热系统主要运行参数宜采用电子屏幕瞬时显示。

6.6.3 供热系统的运行调度指挥人员，应具有较强的供热理论基础知识及较丰富的运行实践经验；并能够判断、处理供热系统可能出现的各种问题。

6.6.4 供热系统调度应符合下列规定：

1. 充分发挥供热系统各供热设备的能力，实行正常供热。
2. 保证系统安全、稳定运行和连续供热。
3. 保证各用热单位的供热质量符合规定标准。
4. 结合系统实际情况，合理使用和分配热量。

6.6.5 供热系统调度管理主要工作应包括下列各项：

1. 编制供热系统的运行方案、事故处理方案、负荷调整方案、停运方案。
2. 批准供热系统的运行和停止。
3. 组织供热系统的调整。
4. 指挥供热系统事故的处理，组织分析事故发生的原因，制订提高供热系统安全运行的措施。
5. 参加拟订供热计划和供热系统热负荷增减的审定工作。
6. 参加编制热量分配计划，监视用热计划执行情况，严格控制按计划指标用热。

7. 对供热系统的远景规划和发展设计提出意见并参加审核工作，参加系统的监测，通讯设备的规划及审核工作。

本规程用词说明

1. 为便于在执行本规程条文时区别对待，对于要求严格程度不同的用词说明如下：

（1）表示很严格，非这样做不可的

正面词采用“必须”；

反面词采用“严禁”。

（2）表示严格，在正常情况下均应这样做的

正面词采用“应”；

反面词采用“不应”或“不得”。

（3）表示允许稍有选择，在条件许可时首先应这样做的

正面词采用“宜”；

反面词采用“不宜”。

表示有选择，在一定条件下可以这样做的，采用“可”。

2. 条文中指明应按其他有关标准执行的写法为：“应按……执行”或“应符合……的规定（或要求）”。

中华人民共和国行业标准

城镇供热系统安全运行技术规程

CJJ/T 88—2000

条 文 说 明

前 言

《城镇供热系统安全运行技术规程》（CJJ/T 88—2000）经建设部2000年6月13日以建标［2000］130号文批准，业已发布。

为便于广大设计、施工、科研、学校等单位的有关人员在使用本标准时能正确理解和执行条文规定，《城镇供热系统安全运行技术规程》编制组按章、节、条顺序编制了本标准的条文说明，供国内使用者参考。在使用中如发现本条文说明有不妥之处，请将意见函寄沈阳惠天热电股份有限公司。

目　次

1 总 则

1.0.2 由于目前国内集中供热系统热源多以燃煤为主，故本规程以燃煤热源作为重点。对非燃煤热源（如燃油、燃气、地热、核供热等），应执行相应热源的有关规定。

1.0.3 在本规程编写前，国家已颁布《热水锅炉安全技术监察规程》（劳人锅字［1991］8号）、《蒸汽锅炉安全技术监察规程》（劳人锅字［1996］276号）、《锅炉房安全管理规则》（劳人锅字［1988］2号）、《中、小型锅炉运行规程》(79) 电生字53号、《低压锅炉水质》（GB1576）、《锅炉烟尘排放标准》（GB3841）、《城市热力网设计规范》（CJJ34）等。因此城镇供热系统的安全运行，除应符合本规程外，还应符合国家现行有关强制性标准的规定。

2 热 源

2.1 一 般 规 定

2.1.4 锅炉房安全管理八项制度：

1. 岗任责任制。
2. 锅炉房及辅机的操作制度。
3. 维修保养制度。
4. 巡回检查制度。
5. 水质管理制度。
6. 交接班制度。
7. 清洁卫生制度。
8. 安全保卫制度。

2.1.5 锅炉房要求设置4种图表，目的是便于运行管理、故障分析及处理，对运行操作、系统调节、经济运行起指导作用。

1. 热力系统图：标明设备名称、型号、介质流程、管道走向等。

2. 供电系统图：标明电源、电器设备名称、型号、位置及线路走向等。

3. 设备布置平面图：标明锅炉房锅炉本体及辅助设备的名称、型号及位置等。

4. 运行参数调节曲线图表：根据本地区室外温度变化的规律，结合本供热系统的实际情况编制。

2.1.7 锅炉燃煤在投入使用前，应做工业分析，检验燃煤是否符合锅炉设计煤种的要求；当实际燃煤与设计燃煤存在较大差异时，会恶化锅炉燃烧工况，影响锅炉热效率，降低锅炉使用寿命。

2.2 锅炉及辅助设备启动前的准备

2.2.1 锅炉在大修、改造中由于受压部件的更换，停运1年以上的锅炉、连续运行6年以上的锅炉，由于受压部件的磨损和腐蚀，必须对其进行水压试验，以校验有关部件的承压能力。

2.2.2 新装、改造、移装及大修或长期停运的锅炉，炉墙内含有大量的水分，如不经烘炉或烘炉达不到规定要求，炉墙与高温烟气接触后，水分急剧蒸发，易损坏炉墙，造成裂纹甚至倒塌。烘炉是提高炉墙强度和保温能力的有效措施。新装锅炉或受压部件经过大修、改造的锅炉，运行前必须进行煮炉。煮炉宜采用化学法；煮炉应达到金属内表无锈斑，锅筒、集箱无油垢。

2.2.4 锅炉投入运行前，水处理、除氧设备应先投入运行；同时对锅炉房电气系统进行全面检查，安全附件应经检验，锅炉辅助设备应进行试运转。上述设备，计算机系统及仪表均达到正常运行条件后，锅炉方可投入运行。

2.2.5 安全阀对控制锅炉压力，确保锅炉安全运行起重要作用。因此，应定期对安全阀进行检验和调整。调整标准是依据《热水锅炉安全技术监察规程》（劳人锅字［1991］8号）和《蒸汽锅炉安全技术监察规程》（劳人锅字［1996］276号）中的有关规定。

2.3 锅炉及辅助设备的启动

2.3.1 锅炉上水时，应将锅炉顶部集气罐上的排气阀门开启，排除空气。当锅炉上水温度高于50℃时，严格控制上水速度，避免造成锅炉内管束膨胀不均，产生热应力。

2.3.3 蒸汽锅炉炉内的压力不能升得太快，这是因为：

1. 压力升高太快，汽温上升太快，热应力急剧加大。
2. 炉水、受热面、炉墙的储热需要一定的时间。
3. 炉内燃烧稳定也需要一定的时间。
4. 保证水循环的稳定性。

2.3.4 蒸汽锅炉并汽过程中若发生汽水冲击，应立即停止并汽，减弱燃烧，加强疏水及检查，待恢复正常后重新并汽；并汽时，应严格监视锅炉及蒸汽母管的压力，防止出现水击。

2.4 锅炉及辅助设备的运行与调节

2.4.2 此规定标准是依据《评价企业合理用热技术导则》（GB/T3486）；表2.4.2-4选自《中小型锅炉运行规程》（79）电生字53号。

2.4.3 锅炉过热器、对流管束和省煤器等受热面，其表面沉积烟尘，烟尘的导热能力只有钢材的1%～2%，若不及时清除烟尘，将严重影响锅炉的热效率；吹灰通常用蒸汽或空气进行，压力不低于0.6MPa。吹灰时提高炉膛负压，目的是为了提高除尘效率和保证吹灰操作人员的安全。

2.4.4 排污应缓慢进行，防止水冲击。如管道发生严重震动，应停止排污，待排除故障后再进行排污。

2.4.5 水位报警试验时，须保持锅炉运行稳定，水位计的指示准确。

2.4.6

1. 目前使用的湿式除尘器，还有相当部分采用金属结构，若水膜水 pH 值小于 7，将导致金属设备产生腐蚀现象，影响使用寿命。

2. 实践证明，当干式除尘器漏风量达 5%时，其除尘效率将下降 50%；当漏风量达 15%时，除尘效率将下降到零；除尘器若不及时清灰，尘粒将会随除尘器中的烟气从出口飞出，严重磨损除尘器，破坏除尘器效率。

2.5 锅炉房运行控制指标

2.5.1 锅炉热效率是锅炉运行经济性的重要指标，通过锅炉热效率测试，掌握锅炉实际运行性能，为运行、维修、改造提供依据。

1. 正平衡法

(1) 热水锅炉

热效率 = {[循环水量 ×（出口水焓 - 进口水焓）]/(每小时燃料耗量 × 燃料低位热值)} × 100%

(2) 蒸汽锅炉

热效率 = {[锅炉蒸发量 ×（蒸汽焓 - 给水焓）]/(每小时燃料耗量 × 燃料低位热值)} × 100%

2. 反平衡法

热效率 = 100% - 各项热损失百分数之和

2.5.2 依据《评价企业合理用热技术导则》(GB/T3486)。

2.5.3 锅炉热负荷在总负荷的70% ~ 80%以上连续运行时，经济效益较明显。

2.5.4 依据国家二级企业验收标准。

2.5.6 同2.5.4。

2.5.7 同2.5.4。

2.6 锅炉及辅助设备的停止运行

2.6.1 热水锅炉停炉

1. 正常停炉：供热负荷减少或不需要继续供热而停止燃烧设备的运行。正常停炉应注意：

(1) 逐渐降低供热量，停止给煤、送风、减弱引风；

(2) 停止引风后，关闭烟道挡板，清除炉内未燃尽燃料，关闭炉门和灰门，防止锅炉急剧冷却；

(3) 锅炉停运后，不得立即停止循环水泵，待水温降至50℃以下时方可停泵，避免造成局部汽化；停泵时应缓慢关闭阀门，防止发生水击。

2. 备用停炉：当暂时不需供热时，将锅炉停止运行；而当需要供热时，再恢复运行。实践证明：锅炉压火频繁，易造成热胀冷缩而产生附加应力，导致金属疲劳，影响设备使用寿命。

备用停炉应注意：

(1) 压火后应关闭风机挡板和灰门，并打开炉门，若能保证燃煤不复燃，可关闭炉门。

(2) 压火后应注意锅炉压力和温度变化；压火后一般不应停止循环水泵，防止锅水汽化及管道冻结。

3. 紧急停炉：是指预见到将发生事故，为避免事故的发生，或发生事故时，为阻止事故扩大而采取的紧急措施。热水锅炉遇有下列情况之一时应紧急停炉：

(1) 因水循环不良造成锅水汽化，或因温度超过规定标准；

(2) 循环水泵或补水泵全部失效；

(3) 压力表，安全阀全部失灵；

(4) 锅炉元件损坏，或管网失水严重，危及安全运行；

(5) 燃烧设备损坏，炉墙倒塌或锅炉构架烧红严重威胁锅炉安全运行；

(6) 其他异常运行情况，超过安全运行允许范围。

紧急停炉应注意：

(1) 严禁向炉膛内浇水；

(2) 严禁停止循环水泵，因循环水泵失效而紧急停炉时应对锅炉采取降温措施。

2.6.3

1. 停炉后，关闭所有炉门及风机挡板，其目的是防止锅炉急剧冷却，引起金属脆性破坏。

2. 锅炉放水温度超过 60℃ 可能造成烫伤；锅炉放水后应及时清理水垢、泥渣，以免冷却后难以清除。

2.7 锅炉及辅助设备的故障处理

2.7.2 超温超压

1. 事故现象

锅炉运行中压力表、温度计指示值迅速上升，超过允许上限。

2. 事故原因

(1) 安全阀失灵；

(2) 炉膛温度超高；

(3) 突然停电；

(4) 热负荷突然减少；

(5) 热水锅炉局部汽化；

(6) 水系统故障；

(7) 误操作。

2.7.3 锅炉爆管

1. 事故现象

(1) 炉膛内有汽水喷射响声，产生蒸汽；

(2) 燃烧不稳定，排烟温度下降；

(3) 系统压力下降，补水量增大；

(4) 炉膛正压，向外冒烟。

2. 事故原因

(1) 腐蚀严重；

(2) 管内壁结垢；

(3) 水循环不畅；

(4) 受热不均。

2.7.4 蒸汽锅炉水位异常

1. 事故现象

锅炉水位超过正常水位上下限。

2. 事故原因

(1) 水位计失灵；

(2) 水位报警器失灵；

(3) 自动给水装置运行异常；

(4) 供热负荷突然变化；

(5) 运行人员疏忽。

2.7.5 蒸汽锅炉汽水共腾

1. 事故现象

(1) 锅炉水位急剧波动，水位计水位显示不清；

(2) 过热蒸汽温度急剧下降；

(3) 蒸汽管道内有撞击声。

2. 事故原因

(1) 炉水质量不符合标准，悬浮物或含盐量超标；

(2) 未按规定排污。

2.7.6 锅炉房电源中断

1. 热水供热系统，当锅炉房动力电突然停止，如不及时采取安全措施，将发生水击现象，造成系统设备管道及用热户散热器爆破。

2. 由于停电，锅炉炉内正常水循环被破坏，炉内水受炉膛高温加热持续升高，如处理不当，易造成锅炉汽化事故。因此当锅炉房动力电中断时，应适当开启锅炉紧急排放阀门，迅速采取紧急措施，降低锅炉炉膛温度，同时与外网解列，利用事故补水装置向炉内补水，开启排污阀门排出热水，使炉内水温迅速下降。

2.8 锅炉及辅助设备停止运行后的保养

2.8.1 锅炉停止运行后，应先将锅炉内的水垢、污物、泥渣清除，然后采取防腐措施，并定期对锅炉内部进行检查，以保证防腐措施的有效；采取湿法保养的锅炉，还应有防冻措施，锅炉停用后，应及时清理受热面和烟道中沉积的烟垢和污物。

2.8.2 锅炉停运后，必须对锅炉采取防腐措施。实践证明，由于氧腐蚀的作用，在相同时间内，停用锅炉比运行锅炉的腐蚀更严重；因此，停运锅炉应根据时间来确定采取适当的防腐措施。长期停运的锅炉，对附属设备也应进行养护。

3 热 力 网

3.1 一 般 规 定

3.1.1 热力网平面图、热力网系统图、供热调节曲线图表，是运行人员进行供热运行管理和保证供热参数的重要依据，同时也是制定热力网安全运行方案的重要依据。

3.1.5 热力网检查井、地沟内均较潮湿，并有介质泄漏的可能，当工作人员在地沟、检查井内进行作业时，若不使用36V以下安全电压，一旦用电设备发生漏电，将危及操作人员的人身安全。

3.1.6 目的是减少热损失，防止烫伤。

3.1.7 较长时间未进入及与其他管网有交叉的热力网地沟、井室易产生易燃、易爆及有毒气体，所以在未检测前，为保证安全，严禁使用明火或进入地沟、井室。检测主要项目及气体种类 CO、CO_2 及含氧量等。

3.2 热力网运行前的准备

3.2.1 应根据需投入运行热力网的具体情况及人员、设备配置情况、热力网运行水压图及供热调节曲线编制运行方案。

3.2.3 试压应符合《城市供热管网工程施工及验收规范》(CJJ28)的有关规定。热水热力网冲洗前，应由设计、施工、管理等单位制定包括技术、安全、组织等较完善的清洗方案，并在清洗前暂不安装调节阀阀芯、止回阀阀芯、温度计、压力表及容易被损坏或易被堵塞的设备，待清洗合格后再安装。

3.2.4 蒸汽热力网吹扫应由设计、施工、管理等单位制定包括技术、安全、组织等较完善的清洗方案，并在吹扫前暂不安装流量孔板、滤网、调节阀阀芯、止回阀阀芯、温度计等易被损坏或堵塞的设备，待吹扫合格后再安装，在暖管过程中应注意速度，并应注意及时排除管内凝结水，防止水击，当压力升至0.2MPa时，应对附件进行热拧紧，当压力升至工作压力的75%时，即可进行蒸汽吹扫。

3.3 热力网的运行

3.3.1 冷态试运行的目的是检验投入运行的设备管网是否运行正常及管网系统的严密性，建立基本水力工况。

3.3.3 运行经验证明，对热力网的检查，是防止热力网运行事故隐患，确保安全运行的必要手段，特别是对新投入的热力管网的检查，其作用更加明显。

3.4 热力网的调节

3.4.1 热力网的初调节和供热调节方案是指导热力网系统经济运行的依据，其调节方案的编制应根据当地气温变化规律及结合本供热系统的实际情况（如热力网负荷调整情况，非供热期设备改造、检修情况，上个供热期运行实际情况等），并对重点支、干线进行必要的水力计算，以此结果作为制定初调节、运行调节方案的依据。

3.5 热水热力网的补水及定压

3.5.2 热水热力网的恒压点波动范围过大，将导致系统局部用户超压或倒空。

3.5.3 热水热力网定压的自动控制，有利于热力网的安全、稳定、经济运行。

3.6 热力网的停止运行

3.6.1 热力网的停运，必须有组织、有计划地按程序进行。停运方案应明确停运时间、操作方法及主要设备、阀门的操作人。

3.6.4 目的是避免蒸汽管道内留存大量凝结水，造成再次送汽时的汽水冲击。

3.6.8 热水热力网在停运期间，应采用湿保护，并保证系统充满水。

4 泵站与热力站

4.1 一 般 规 定

4.1.1

2. 泵站、热力站系统图：应标明泵站、热力站设备名称、型号、介质流程、管道直径及走向等。

3. 热力站供热平面图：应标明热力站所供用热户位置、楼号、管道走向及供热面积等。

4. 泵站、热力站供电系统图：应标明电源、电器设备名称、型号、位置及线路走向等。

5. 温度调节曲线图表：该表应根据本地区的室外温度变化规律，结合本供热系统的实际情况编制。

4.2 泵站与热力站运行前的准备

4.2.2 不同型号的水泵应根据使用说明书按具体操作规程进行试车。

4.3 泵站的运行与调节

4.3.3 防止水泵发生气蚀，保证水泵安全运行。

4.4 热力站的运行与调节

4.4.1 按各自不同系统制定的具体操作规程进行，换热器应严格按使用说明书具体操作以避免单向受压或压差过大而造成损坏。

4.4.2 应根据各自系统的实际情况制定具体的调节曲线和方案。

5 用 热 户

5.1 一 般 规 定

5.1.2 随着供热事业的不断发展，用热户对用热有不同室温要求，针对用热户的不同需求和用热户温控阀、热计量的普遍使用，供热单位应适时进行调节，以满足用热户的不同用热需要。

6 监控与运行调度

6.1 一 般 规 定

6.1.4 用热户室温合格率是供热系统运行质量的重要指标之一，《城市供热企业升级考核标准》（试行）中的国家二级企业标准规定，在供热范围内，选择有代表的居民用热户进行检测，根据供热系统的不同，一般的用热户供热面积应不低于总供热面积的1%～3%，室内温度不低于16℃为合格温度。当用热户有特殊要求时，合格室温为用热户要求室温。

测温要求：

1. 测温点的布置要合理，在各供暖区域中部和末端的不同位置，选择不同栋号和房间，根据不同朝向，按上、中、下层次设立测温点，比例是：中部40%、末端60%，阴面60%，阳面40%，上层30%、中层30%、底层40%，同一单元的测温点数量不准超过3户。

2. 每天8时～11时、14时～17时为定点测温时间，每个测温点每月至少测温三次（累计计算平均温度）。

用热户室温合格率 =（检测合格户数/检测总户数）× 100%

6.1.6 指标来源与第6.1.4条相同。表示城市供热企业所辖供热设施在供热运行中的安全可靠程度；供热设施系指热源厂、热网、中继泵站和供热站等；凡城市供热设施在供热运行中发生故障，造成停运8h以内不能恢复的，即视为运行事故。

运行事故率＝（Σ事故延续小时×由事故造成中断供热的面积/供热小时×总供热面积）×100%。

6.1.7 指标来源与第6.1.4条相同。表示系统发生故障，用热户提出报修后的及时处理程度；及时标准为用热户提出报修，于24h内处理完毕的均为及时。

用热户报修处理及时率＝（用热户服务报修处理次数/用户服务报修总次数）×100%。

实践证明，制定这样的标准，有利于提高我国供热系统的热能利用率。

6.2 参数检测

6.2.1 为了适应供热系统的计量收费，在参数监测中增加了供热量的检测。

6.2.4 根据国际标准OIML—R75，热计量总体精度应达4级标准。

6.3 参数的调节与控制

6.3.1

1. 当前我国供热系统的实际运行流量绝大多数都大于设计循环流量，考虑到系统水力失调的可能性以及已有设备（循环水泵等）的现状，供热系统的实际运行流量应尽量等于或接近设计流量，称为最佳流量。

2. 低温热水供热系统，是指供水温度小于或等于95℃的热水供热系统。

3. 最佳运行流量控制在2.0～3.0kg/（m^2·h）范围内，表示供热系统的设计供、回水温差为25～20℃之间，采暖设计热负荷指标为58～70W/m^2范围内，处于新旧标准的衔接值。

4. 最佳流量控制在2.0～3.0kg/（m^2·h）内，当供热系统出现水力工况水平失调时，有利于进行系统的流量调节。

5. 最佳流量控制在2.0～3.0kg/（m^2·h）内，易于达到《民用建筑节能设计标准（采暖居住建筑部分）》水输送系数的规定指标。

6.3.3 当用热户采暖系统安装有温控阀时，由于温控阀的调节作用，供热系统的循环流量不再恒定不变。为便于节电，延长温控阀的使用寿命，二次网宜采用变流量（量调）调节。

双泵系统系指供热系统同时设置有热源循环水泵和热网循环水泵。由于热源循环水泵运行流量一般不能低于设计流量的70%，因此，变流量节电效果有限，而热网循环水泵能在较大范围内进行变流量调节，因而节电效果明显。

6.3.4 供热系统冷热不均的发生，是由于运行流量分配不均所致。而运行流量分配不均，又是因热力站、用热户入口的多余资用压头未能消耗掉所造成。合理设置调节阀，压差调节器，目的是为了消耗掉多余资用压头，以便于流量调节。

调节阀系指流量特性为线性特性和等百分比特性的阀门。调节阀的阻力愈大，其在供热系统中的工作调节特性愈接近于理想特性。为此，在满足流通量的前提下，调节阀应选择较小的口径。

6.4 计算机自动监控

6.4.1 随时根据被调参数的变化（反馈），由调节器调整调节指令的自动控制称为在线实时自动控制。

6.4.3 下位机（终端）执行现场检测、控制；上位机担负管理，发布控制指令的计算机系统称为分布式系统。

6.4.5 为防止因突然停电，造成计算机中储存数据的丢失，应设置不间断电源，实现断电保护。

6.5 最佳运行工况的选择

6.5.1 供热系统在建设期间运行，热负荷应按供热规划，逐年增加直至设计热负荷；为了经济运行，应针对不同阶段的热负荷，制定相应的运行方案。

6.5.2 对于多热源、多泵站供热系统，当热负荷变化时，可能存在多个热源、泵站组合，满足同一供热要求，在这种情况下，需要通过供热量和循环流量的平衡计算、末端压差计算以及最小运行费用计算，确定最佳热源、泵站运行组合和运行方案。

6.5.3 在同一供热系统中，同时具备供暖、空调、生活供应热负荷的称为多种类型热负荷供热系统。对于不同连接形式的系统，应分别采用以供暖负荷为主的调节方法或综合调节方法。

6.5.5 供热系统可靠度亦即可靠性指标，是衡量供热系统可靠性的重要参数。

其定义：

可靠度 =（有故障存在时系统的实际供热量/系统完好状态下应该给出的供热量）×100%

允许可靠度是供热系统有关可靠性和经济性的综合指标，我国目前尚无深入研究，根据多年经验，对于区域锅炉房供热取 85%；对于热电厂供热取90%。本规程暂按此经验值试行。

中华人民共和国行业标准

城镇燃气室内工程施工及验收规范

Code for construction and acceptance of
city indoor gas engineering

CJJ 94—2003

批准部门：中华人民共和国建设部
施行日期：2003年8月1日

中华人民共和国建设部
公　　告

第143号

建设部关于发布行业标准《城镇燃气室内工程施工及验收规范》的公告

现批准《城镇燃气室内工程施工及验收规范》为行业标准，编号为CJJ 94—2003，自2003年8月1日起实施。其中，第1.0.3、2.1.2、3.1.1、4.1.1、4.2.3、4.2.10、6.1.1条为强制性条文，必须严格执行。

本规范由建设部标准定额研究所组织中国建筑工业出版社出版发行。

中华人民共和国建设部
2003年4月21日

前　言

根据建设部建标［1991］718号文的要求，标准编制组经广泛调查研究，认真总结实践经验，参考有关国际标准和国外先进标准，并在广泛征求意见的基础上，制定了本规范。

本规范的主要技术内容是：1 总则；2 室内燃气管道安装；3 燃气计量表安装；4 燃气设备安装；5 室内燃气管道和用气设备安装的检验；6 试验与验收等。

本规范由建设部负责管理和对强制性条文的解释，由主编单位负责具体技术内容的解释。

本规范主编单位：北京市煤气热力工程设计院（地址：北京市西城区西单北大街小酱坊胡同甲40号；邮政编码：100032）。

本规范参编单位：成都市煤气总公司、上海市燃气市北销售有限公司、沈阳市煤气总公司、昆明市煤气总公司、国际铜业协会（中国）、北京市煤气工程公司

本规范主要起草人员：戚大明　罗　庆　许云翼　樊　荣　顾　卫　刘素荣　白丽萍　顾保钟　陆慧英　杨永慧　张　华

目　次

1 总 则

1.0.1 为了统一城镇燃气室内工程施工及验收标准，提高城镇燃气室内工程的施工质量，确保安全供气，制定本规范。

1.0.2 本规范适用于新建、扩建、改建的城镇居民住宅、商业建筑、燃气锅炉房（不含锅炉本体）、实验室、使用城镇燃气的工业企业（不含燃气设备）等用户室内燃气管道和燃气设备的施工及验收。

本规范不适用于：燃气发电厂、燃气制气厂、燃气储配厂、燃气调压站、燃气加气站、液化石油气储存、灌瓶、气化、混气等厂站内的燃气管道的施工及验收。

1.0.3 承担城镇燃气室内工程及与燃气工程配套的报警系统、防爆电气系统、自动控制系统的施工单位必须具有国家相关行政管理部门批准或由其认可的资质和证书。从事施工的操作人员应经过培训，并持证上岗；焊接人员应持有上岗资格证。

1.0.4 城镇燃气室内工程施工应按已审定的设计文件实施；当需要修改设计或材料代用时，应经原设计单位同意。

1.0.5 室内燃气管道所用的管材、管件、设备应符合国家现行标准的规定，并应有出厂合格证；燃具应采用符合国家现行标准并经国家主管部门认可的检测机构检测合格的产品。

1.0.6 室内燃气工程验收合格后，接通燃气应由燃气供应单位负责。

1.0.7 检验合格的燃气管道和设备超过六个月未通气使用时，应由当地燃气供应单位进行复验，复验合格后，方可通气使用。

1.0.8 城镇燃气室内工程的施工及验收除应符合本规范的规定外，尚应符合国家现行有关强制性标准的规定。

2 室内燃气管道安装

2.1 一 般 规 定

2.1.1 用户室内燃气管道的最高压力和用气设备的燃气燃烧器采用的额定压力应符合现行国家标准《城镇燃气设计规范》GB 50028 的规定。

2.1.2 室内燃气管道采用的管道、管件、管道附件、阀门及其他材料应符合设计文件的规定，并应按国家现行标准在安装前进行检验，不合格者不得使用。

2.1.3 室内燃气管道安装前应对管道、管件、管道附件及阀门等内部进行清扫，保证其内部清洁。

2.1.4 室内燃气管道安装前的土建工程，应能满足管道施工安装的要求。

2.2 燃气管道安装

2.2.1 燃气管道安装应按设计施工图进行管道的预制和安装。

2.2.2 燃气管道使用的管道、管件及管道附件当设计文件无明确规定时，管径小于或等于 *DN*50，宜采用镀锌钢管或铜管；管径大于 *DN*50 或使用压力超过 10kPa，应符合本规范 2.1.2 条的规定。铜管宜采用牌号为 TP2 的管材。

2.2.3 燃气管道的切割应符合下列规定：

1 碳素钢管、镀锌钢管宜用钢锯或机械方法切割；

2 不锈钢管应采用机械或等离子方法切割；不锈钢管采用砂轮切割或修磨时应使用专用砂轮片；铜管可采用机械或手工方法切割；

3 管道切口质量应符合下列规定：

1）切口表面应平整，无裂纹、重皮、毛刺、凸凹、缩口、熔渣、氧化物、铁屑等；

2）切口端面倾斜偏差不应大于管道外径的 1%，且不得超过 3mm；凹凸误差不得超过 1mm。

2.2.4 燃气管道的弯管制作应符合现行国家标准《工业金属管道工程施工及验收规范》GB 50235 的规定。燃气管道的弯曲半径宜大于管道外径的 3.5 倍。弯管截面最大外径与最小外径之差不得大于管道外径的 8%。铜制弯管及不锈钢弯管制作应采用专用弯管设备。

2.2.5 燃气管道的焊接应符合下列规定：

1 管道与管件的坡口：

1）管道与管件的坡口形式和尺寸应符合设计文件规定；当设计文件无明确规定时，应符合本规范附录 A 的规定；

2）管道与管件的坡口及其内外表面的清理应符合现行国家标准 GB 50235 的规定；

3）等壁厚对接焊件内壁应齐平，内壁错边量不宜超过管壁厚度的 10%；钢管且不应大于 2mm。

2 焊条、焊丝的选用：

1）焊条、焊丝的选用应符合设计文件的规定；当设计文件无规定时，应按现行国家标准《现场设备、工业管道焊接工程施工及验收规范》GB 50236—98 中 6.3.1 条，8.2.1 条的规定选用；

2）严禁使用药皮脱落或不均匀、有气孔、裂纹、生锈或受潮的焊条。

3 管道的焊接工艺：

1）应符合 GB 50236 的有关规定；

2）焊接时应先点焊，然后再全面施焊；

3）点焊必须焊透；点焊处有裂纹、气孔、夹渣缺陷时应铲除重焊，必须在点焊合格后方可全面施焊；

4）焊缝严禁强制冷却。

4 焊缝质量：

1）焊完后焊缝应立即去除渣皮、飞溅物，清理干净焊缝表面，然后进行焊缝外观检查；

2）焊缝质量应符合设计文件的要求；当设计文件无明确要求时，焊缝外观质量应符合 GB 50236—98 中表 11.3.2 中的Ⅲ级焊缝标准；

5 在主管道上开孔接支管时，开孔边缘距管道对接焊缝不应小于 100mm；当小于 100mm 时，对接焊缝应进行射线探伤；管道对接焊缝与支、吊架边缘之间的距离不应小于 50mm。

6 法兰焊接应符合现行行业标准《管路法兰 技术条件》JB/T 74—94 中附录 C 的有关规定。

7 铜管钎焊焊接应符合下列规定：

1）铜管的焊接应采用硬钎焊形式，不得采用对接焊和软钎焊形式；

2）钎焊材料宜采用低银铜磷钎料；

3）钎焊前应用细砂纸除去钎焊处铜管外壁与管件内壁表面的污物及氧化层；

4）焊接前应调整铜管插入端与管件承口处的装配间隙，使之尽可能均匀；

5）钎焊时应均匀加热被焊铜管及接头，与黄铜管件焊接时应添加钎剂，当达到加热温度时送入钎料，钎料应均匀渗入承插口的间隙内，加热温度宜控制在 645～790℃之间，钎料填满承插口间隙后应停止加热，保持静止，然后将钎焊部位清理干净；

6）铜管钎焊后必须进行外观检查，钎缝应饱满并呈圆滑的焊角，钎缝表面应无气孔及铜管件边缘被熔融等缺陷。

2.2.6 管道、设备法兰连接应符合下列规定：

1 管道与设备、阀门进行法兰连接前，应检查法兰密封面及密封垫片，不得有影响密封性能的划痕、凹陷、斑点等缺陷；

2 阀门应在关闭状态下安装；

3 法兰连接应与管道同心，法兰螺孔应对正，管道与设备、阀门的法兰端面应平行，不得用螺栓强力对口；

4 法兰垫片尺寸应与法兰密封面相符，垫片安装必须放在中心位置，严禁放偏；法兰垫片在设计文件无明确要求时，宜采用耐油石棉橡胶垫片或聚四氟乙烯垫片；使用前宜将耐油石棉橡胶垫片用机油浸透；

5 应使用同一规格螺栓，安装方向应一致，螺栓的紧固应对称均匀，螺栓紧固后宜与螺母齐平，涂上机油或黄油，以防锈蚀。

2.2.7 管道、设备螺纹连接应符合下列规定：

1 管道与设备、阀门螺纹连接应同心，不得用管接头强力对口；

2 管道螺纹接头宜采用聚四氟乙烯带做密封材料；拧紧螺纹时，不得将密封材料挤入管内；

3 钢管的螺纹应光滑端正，无斜丝、乱丝、断丝或破丝，缺口长度不得超过螺纹的 10%；

4 铜管与球阀、燃气计量表及螺纹连接附件连接时，应采用承插式螺纹管件连接；弯头、三通可采用承插式铜配件或承插式螺纹连接件。

2.2.8 燃气管道的连接方式应符合设计文件的规定。当设计文件无规定时，管径小于或等于 *DN*50 的燃气管道宜采用螺纹连接；管径大于 *DN*50 或使用压力超过 10kPa 的燃气管道宜采用焊接连接；铜管应采用硬钎焊连接。

2.2.9 燃气管道与燃具之间用软管连接时应符合设计文件的规定，并应符合下列规定：

1 软管与燃气管道接口、软管与燃气具接口均应选专用固定卡固定；

2 非金属软管不得穿墙、门和窗。

2.2.10 燃气管道穿过建筑物基础、外墙、承重墙、楼板时的钢套管或非金属套管管径不宜小于表 2.2.10 的规定；高层建筑引入管穿越建筑物基础时的套管管径应符合设计文件的规定。

表 2.2.10 燃气管道的套管直径

燃气管直径（mm）	DN15	DN20	DN25	DN32	DN40	DN50	DN65	DN80	DN100	DN150
套管直径（mm）	DN32	DN40	DN50	DN65	DN65	DN80	DN100	DN100	DN150	DN200

2.2.11 当引入管采用地下引入时，应符合下列规定：

1 穿越建筑物基础或管沟时，敷设在套管中的燃气管道应与套管同轴，套管与引入管之间、套管与建筑物基础或管沟之间的间隙应采用密封性能良好的柔性防腐、防水材料填实；

2 引入管室内竖管部分宜靠实体墙固定；

3 引入管的管材应符合设计文件的规定，当设计文件无规定时，宜采用无缝钢管；

4 湿燃气引入管应坡向室外，其坡度应大于或等于0.01。

2.2.12 当引入管采用室外地上引入时，应符合下列规定：

1 套管内的燃气管道不应有焊口及连接接头，升向地面的弯管应符合本规范2.2.4条的规定，引入管的防护罩应按设计文件的要求制作和安装；

2 地上引入管与建筑物外墙之间净距宜为100～120mm；

3 引入管保温层厚度应符合设计文件的规定，保温层表面应平整，凹凸偏差不宜超过±2mm。

2.2.13 室内明设燃气管道与墙面的净距，当管径小于DN25时，不宜小于30mm；管径在DN25～DN40时，不宜小于50mm；管径等于DN50时，不宜小于60mm；管径大于DN50时，不宜小于90mm。

2.2.14 燃气管道垂直交叉敷设时，大管应置于小管外侧；燃气管道与其他管道平行、交叉敷设时，应保持一定的间距，其间距应符合现行国家标准GB 50028的规定。

2.2.15 燃气管道的支承不得设在管件、焊口、螺纹连接口处；立管宜以管卡固定，水平管道转弯处2m以内设固定托架不应少于一处；钢管的水平管和立管的支承之间的最大间距宜按表2.2.15-1选择；铜管的水平管和立管支承的最大间距宜按表2.2.15-2选择。

表 2.2.15-1 钢管支承最大间距

管道公称直径（mm）	最大间距（m）	管道公称直径（mm）	最大间距（m）
15	2.5	100	7.0
20	3.0	125	8.0
25	3.5	150	10.0
32	4.0	200	12.0
40	4.5	250	14.5
50	5.0	300	16.5
70	6.0	350	18.5
80	6.5	400	20.5

表 2.2.15-2 铜管支承最大间距

公称外径（mm）		15	18	22	28	35	42	54
最大间距（m）	立管	1.8	1.8	2.4	2.4	3.0	3.0	3.0
	水平管	1.2	1.2	1.8	1.8	2.4	2.4	2.4
公称外径（mm）		67	85	108	133	159	219	—
最大间距（m）	立管	3.5	3.5	3.5	4.0	4.0	4.0	—
	水平管	3.0	3.0	3.0	3.5	3.5	3.5	—

当铜管采用钢质支承时，支承与铜管之间应用石棉橡胶垫或薄铜片隔离。

2.2.16 燃气管道采用的支承固定方法宜按表2.2.16选择：

表 2.2.16 燃气管道采用的支承固定方法

管径（mm）	砖砌墙壁	混凝土制墙板	石膏空心墙板	木结构墙	楼板
DN15～DN20	管卡	管卡	管卡	管卡	吊架
DN25～DN40	管卡	管卡	夹壁管卡	管卡	吊架
DN50～DN75	管卡、托架	管卡、托架	夹壁托架	管卡、托架	吊架
DN80以上	托架	托架	不得依敷	托架	吊架

2.2.17 燃气管道施工时，宜避免将管体焊缝朝向墙面，焊缝不明显的管道应事先作好标记。

2.2.18 敷设在管道竖井内的铜管或不锈钢波纹管的安装，宜在土建及其他管道施工完毕后进行，管道穿越竖井内的隔断板时应加套管，套管与管道之间应有不小于5mm的间距。

2.2.19 暗埋在墙内的铜管或不锈钢波纹管，应使用专用的开凿机开槽。管槽宽度宜为管道外径加20mm，深度应满足覆盖层厚度不小于10mm的要求。严禁在承重墙、柱、梁开凿管槽。

2.2.20 暗埋的燃气铜管或不锈钢波纹管不应与各种金属和电线相接触；当不可避让时，应用绝缘材料隔开。

2.2.21 燃气管道穿越楼板的孔洞宜从最高层向下钻孔，逐层以重锤垂直确定下层孔洞位置；因上层与下层墙壁壁厚不同而无法垂于一线时，宜作乙字弯使之靠墙避免用管件转向。

2.2.22 室内燃气管道的防腐及涂漆应符合下列规定：

1 引入管采用钢管时，应在除锈（见金属光泽）后进行防腐，防腐做法应符合国家现行标准《城镇燃气输配工程施工及验收规范》CJJ 33的规定；

2 室内明设燃气管道及其管道附件的涂漆，应在检验试压合格后进行；采用钢管焊接时，应在除锈（见金属光泽）后进行涂漆：先将全部焊缝处刷两道防锈底漆，然后再全面涂刷两道防锈底漆和两道面漆；采用镀锌钢管螺纹连接时，其与管件连接处安装后应先刷一道防锈底漆，然后再全面涂刷两道面漆。

2.2.23 暗埋的铜管或不锈钢波纹管的色标，宜采用在覆盖层的砂浆内掺入带色颜料的形式或在覆盖层外涂色标；当设计无明确规定时，色标宜采用黄色。

2.2.24 室内燃气管道的防雷、防静电措施应按设计要求施工。

3 燃气计量表安装

3.1 一 般 规 定

3.1.1 燃气计量表在安装前应具备下列条件：

1 燃气计量表应有法定计量检定机构出具的检定合格证书；

2 燃气计量表应有出厂合格证、质量保证书；标牌上应有CMC标志、出厂日期和表编号；

3 超过有效期的燃气计量表应全部进行复检；

4 燃气计量表的外表面应无明显的损伤。

3.1.2 燃气计量表应按产品说明书要求放置，倒放的燃气计量表应复检，合格后方可安装。

3.1.3 燃气计量表的安装位置应满足抄表、检修和安全使用的要求。

3.1.4 用户室外安装的燃气计量表应装在防护箱内。

3.2 家用燃气计量表安装

3.2.1 家用燃气计量表的安装应符合下列规定：

1 高位安装时，表底距地面不宜小于1.4m；

2 低位安装时，表底距地面不宜小于0.1m；

3 高位安装时，燃气计量表与燃气灶的水平净距不得小于300mm，表后与墙面净距不得小于10mm；

4 燃气计量表安装后应横平竖直，不得倾斜；

5 采用高位安装，多块表挂在同一墙面上时，表之间净距不宜小于150mm；

6 燃气计量表应使用专用的表连接件安装。

3.2.2 组合式燃气计量表箱，可平稳地放置在地面上，与墙面紧贴。

3.2.3 燃气计量表安装在橱柜内时，橱柜的形式应便于燃气计量表抄表、检修及更换，并具有自然通风的功能。

3.3 商业及工业企业燃气计量表安装

3.3.1 额定流量小于 $50m^3/h$ 的燃气计量表，采用高位安装时，表底距室内地面不宜小于1.4m，表后距墙不宜小于30mm，并应加表托固定；采用低位安装时，应平正地安装在高度不小于200mm的砖砌支墩或钢支架上，表后距墙净距不应小于50mm。

3.3.2 额定流量大于或等于 $50m^3/h$ 的燃气计量表，应平正地安装在高度不小于200mm的砖砌支墩或钢支架上，表后距墙净距不应小于150mm；叶轮表、罗茨表的安装场所、位置及标高应符合设计文件的规定，并应按产品标识的指向安装。

3.3.3 采用铅管或不锈钢波纹管连接燃气计量表时，铅管或不锈钢波纹管应弯曲成圆弧状，不得形成直角。弯曲角度时，应保持铅管的原口径。

3.3.4 采用法兰连接燃气计量表时，应符合本规范2.2.6条的规定。垫片表面应洁净，不得有裂纹、断裂等缺陷；垫片内径不得小于管道内径，垫片外径不应妨碍螺栓的安装。法兰垫片不允许使用斜垫片或双层垫片。

3.3.5 工业企业多台并联安装的燃气计量表，每块燃气计量表进出口管道上应按设计文件的要求安装阀门；燃气计量表之间的净距应能满足安装管道、组对法兰、维修和换表的需要，并不宜小于200mm。

3.3.6 燃气计量表与各种灶具和设备的水平距离应符合下列规定：

1 与金属烟囱水平净距不应小于1.0m，与砖砌烟囱水平净距不应小于0.8m；

2 与炒菜灶、大锅灶、蒸箱、烤炉等燃气灶具的灶边水平净距不应小于0.8m；

3 与沸水器及热水锅炉的水平净距不应小于1.5m；

4 当燃气计量表与各种灶具和设备的水平距离无法满足上述要求时，应加隔热板。

4 燃气设备安装

4.1 一般规定

4.1.1 燃气设备安装前应检查用气设备的产品合格证、产品安装使用说明书和质量保证书；产品外观应有产品标牌，并有出厂日期；应核对性能、规格、型号、数量是否符合设计文件的要求。不具备以上检查条件的产品不得安装。

4.1.2 家用燃具应采用低压燃气设备，商业用气设备宜采用低压燃气设备；燃烧器的额定压力应符合本规范 2.1.1 条的规定。

4.2 家用燃具和商业用气设备安装

4.2.1 家用燃具的安装应符合现行行业标准《家用燃气燃烧器具安装及验收规程》CJJ 12 的规定。

4.2.2 商业用气设备的安装场所应符合现行国家标准 GB 50028 的有关规定。

4.2.3 商业用气设备安装在地下室、半地下室或地上密闭房间内时，应严格按设计文件要求施工。

4.2.4 商业用气设备的安装应符合下列规定：

1 用气设备之间的净距应满足操作和检修的要求，燃具灶台之间的净距不宜小于 0.5m，大锅灶之间净距不宜小于 0.8m，烤炉与其他燃具、灶台之间的净距不宜小于 1.0m；

2 用气设备前宜有宽度不小于 1.5m 的通道；

3 用气设备与可燃的墙壁、地板和家具之间应按设计文件要求作耐火隔热层，其厚度不宜小于 1.50mm。

4.2.5 商业用大锅灶、中餐炒菜灶的烟道和爆破门应按设计文件的要求安装。

4.2.6 砖砌燃气灶的燃烧器应水平地安装在炉膛中央，其中心应对准锅中心；当使用平底锅时，应保证外焰中部接触锅底；当使用圆底锅时，应保证外焰接触锅底有效面积的 3/4；燃烧器支架环孔周围应保持足够的空间。

4.2.7 砖砌燃气灶的高度不宜大于 0.8m，炉膛与烟道应安装爆破门，爆破门的加工应符合设计文件的要求。

4.2.8 用气设备的烟道断面尺寸应按设计文件的要求施工。民用燃具的水平烟道不宜超过 3m，商业用气设备的水平烟道不宜超过 6m，并应有 1% 坡向燃具的坡度。

4.2.9 商业用沸水器的安装应符合下列规定：

1 安装沸水器的房间应通风良好；

2 沸水器应安装单独的烟道，并应安装防止倒风的装置；

3 沸水器前宜有不小于 1.5m 的通道，沸水器与墙净距不宜小于 0.5m，沸水器顶部距屋顶的净距不应小于 0.6m；

4 安装两台或两台以上沸水器时，沸水器之间净距不宜小于 0.5m；

5 楼层的沸水器共用同一总烟囱时，应设防止串烟装置，烟囱应高出屋顶 1m 以上。

4.2.10 商业用燃气锅炉和冷热水机组燃气供应系统的安装应符合下列规定：

1 安装前应检查燃气锅炉和冷热水机组的安装房间是否符合设计文件的要求；不符合设计文件要求，不得施工；

2 安装前应核实供应的燃气种类，并应检查燃气锅炉和冷热水机组的燃烧器系统及调压装置的性能、规格、型号是否符合设计文件以及所配气源的要求；不符合要求的设备不得安装；

3 燃气锅炉和冷热水机组的烟道施工应符合设计文件的规定。

4.3 工业企业生产用气设备安装

4.3.1 工业企业生产用气设备的安装场所应符合现行国家标准

GB 50028 的规定；工业企业用气设备安装在地下室、半地下室或密闭房间内时，应符合本规范 4.2.3 条的要求。

4.3.2 工业企业生产用气设备在连接燃气供应系统时，应按设计文件进行核查，不符合设计要求不得连接。

4.3.3 工业企业生产用气设备燃烧装置的安全设施应符合设计文件的要求，并应符合下列规定：

1 燃烧装置采用分体式机械鼓风或使用加氧、加压缩空气的燃烧器时，应按设计位置安装止回阀，并在空气管道上安装泄爆装置；

2 燃气及空气管道上应按设计要求安装最低压力和最高压力报警、切断装置；

3 封闭式炉膛及烟道应按设计文件施工，烟道泄爆装置的加工及安装位置应符合设计文件的规定。

4.3.4 下列阀门的安装应符合设计文件的规定：

1 各用气车间的进口和燃气设备前的燃气管道上设置的单独阀门；

2 每只燃烧器燃气接管上设置的单独的有启闭标记的阀门；

3 每只机械鼓风的燃烧器，在风管上设置的有启闭标记的阀门；

4 大型或互联装置的鼓风机，其出口设置的阀门；

5 放散管、取样管、测压管前设置的阀门。

5 室内燃气管道和用气设备安装的检验

5.1 一般规定

5.1.1 施工单位应按照本规范第 5.2～5.6 节的要求，对已安装的管道和设备进行检验，并记录检验结果。

5.1.2 检验可由施工单位独立进行，也可会同建设单位和监理单位共同进行。

5.1.3 施工单位应定期复查检验所使用的测量设备、器具的准确性。

5.2 室内燃气管道的检验

5.2.1 引入管严禁敷设在冻土和未经处理的积土上。

检验方法：外观检查或检查隐蔽工程记录。

5.2.2 燃气引入管和室内燃气管道与其他各类管道的最小平行、交叉净距，应符合本规范 2.2.14 条的规定，并应符合下列规定：

1 检验数量：抽查 20%；

2 检查方法：外观检查和尺量检查。

5.2.3 燃气管道的坡度、坡向必须符合设计文件的要求，并应符合下列规定：

1 检查数量：抽查管道长度的 5%，但不少于 5 段；

2 检查方法：用水准仪（水平尺）拉线和尺量检查。

5.2.4 燃气管道螺纹连接的检验应符合下列规定：

1 管螺纹加工精度应符合现行国家标准的规定，并应达到螺纹清洁、规整，断位或缺丝不大于螺纹全扣数的 10%；连接牢固；根部管螺纹外露 1～3 扣。镀锌碳素钢管和管件的镀锌层破损处和螺纹露出部分防腐良好；接口处无外露密封材料；

2　检查数量：不少于10个接口；

3　检查方法：观察。

5.2.5　燃气管道的法兰连接的检验应符合下列规定：

1　对接应平行、紧密，与管道中心线垂直、同轴；法兰垫片规格应与法兰相符；法兰及垫片材质应符合国家现行标准的规定；法兰垫片和螺栓的安装应符合本规范2.2.6条的要求；

2　检查数量：5对以下（含5对）时全部检查，超过5对时，抽查5对；

3　检验方法：观察和用直尺、卡尺检查。

5.2.6　钢管焊接的检验应符合下列规定：

1　焊接检验应符合现行国家标准GB 50236的规定；

2　检查数量：少于10个焊口时，全部检查，超过10个焊口时，抽查10个焊口；

3　检验方法：观察或用焊缝检查尺检查及查阅记录；

4　焊缝无损检验应符合现行国家标准GB 50236的规定。

5.2.7　铜管钎焊的检验应符合下列规定：

1　铜管钎焊检验应符合本规范2.2.5条的规定；钎缝应进行外观检查，钎缝表面应光滑，不得有气孔、未熔合、较大焊瘤及钎焊件边缘被熔融等缺陷；

2　检验数量：100%钎焊缝；

3　检验方法：观察；必要时应按国家现行标准《压力容器无损检测》JB4730的有关规定进行渗透探伤。

5.2.8　阀门安装后的检验应符合下列规定：

1　型号、规格，强度和严密性试验结果符合设计文件的要求；安装位置、进口方向正确，连接牢固紧密；开闭灵活，表面洁净；

2　检查数量：按不同规格、型号抽查全数的5%，但不少于10个；

3　检验方法：手检和检查出厂合格证、试验单及有关记录文件。

5.2.9　管道支（吊、托）架及管座（墩）安装后的检验应符合下列规定：

1　构造正确、安装平正牢固，排列整齐，支架与管道接触紧密；支（吊、托）架间距不应大于本规范2.2.15条的规定；

2　检查数量：各抽查8%，但不少于5个。

5.2.10　安装在墙壁和楼板内的套管的检验应符合下列规定：

1　套管规格符合本规范2.2.10条的规定；套管内无接头，管口平整，固定牢固；穿楼板的套管，顶部高出地面不少于50mm，底部与顶棚面齐平，封口光滑，穿墙套管两端与墙面平齐，套管与管道之间用柔性防水材料填实，套管与墙壁（或楼板）之间用水泥砂浆填实；

2　检查数量：各不少于10处；

3　检验方法：观察和尺量检查。

5.2.11　引入管防腐层的检验应符合下列规定：

1　材质和结构符合设计文件的要求；防腐层表面平整，无皱折、空鼓、滑移和封口不严等缺陷；

2　检查数量：抽查20%，但不少于1处；

3　检验方法：观察或切开防腐层检查。

5.2.12　管道和金属支架涂漆的检验应符合下列规定：

1　油漆种类和涂刷遍数符合设计文件的要求；附着良好，无脱皮、起泡和漏涂，漆膜厚度均匀，色泽一致，无流淌及污染现象；

2　检查数量：抽查5%，但各不少于5处；

3　检验方法：观察。

5.2.13　室内燃气管道安装后检验的允许偏差和检验方法宜符合表5.2.13的规定，检查数量应符合下列规定：

1　管道与墙面的净距，水平管的标高：检查管道的起点、终点，分支点及变向点间的直管段，不应少于5段；

2　纵横方向弯曲：按系统内直管段长度每30m抽查2段，不足30m不少于1段；有分隔墙的建筑，以隔墙为分段数，抽查5%，但不少于5段；

表 5.2.13 室内燃气管道安装后检验的允许偏差和检验方法

序号	项目			允许偏差（mm）	检验方法
1	标高			±10	用水准仪和直尺尺量检查
2	水平管道纵横方向弯曲	每1m	管径小于或等于 *DN*100	0.5	用水平尺、直尺、拉线和尺量检验
			管径大于 *DN*100	1	
		全长（25m以上）	管径小于或等于 *DN*100	不大于13	
			管径大于 *DN*100	不大于25	
3	立管垂直度	每1m		2	吊线和尺量检查
		全长（5m以上）		不大于10	
4	进户管阀门	阀门中心距地面		±15	尺量检查
5	阀门	阀门中心距地面		±15	
6	管道保温	厚度（δ）		$+0.1\delta$ -0.05δ	用钢针刺入保温层检查
		表面不整度	卷材或板材	5	用1m靠尺、楔形塞尺和观察检查
			涂抹或其他	10	

3 立管垂直度：一根立管为一段，两层及两层以上按楼层分段，各抽查5%，但均不少于10段；

4 进户管阀门：全数检查；

5 其他阀门：抽查10%，但不少于5个；

6 管道保温每20m抽查1处，但不少于5处。

5.2.14 暗埋的铜管或不锈钢波纹管的检验应符合下列规定：

1 按本规范2.2.18、2.2.19、2.2.20、2.2.23条的规定进行检验；

2 检查数量：按以上各条内容检查，居民用户100%，商业用户100%；

3 检验方法：现场跟踪观察和查阅设计文件及安装记录。

5.3 燃气计量表安装的检验

5.3.1 燃气计量表必须经过法定计量检定机构的检定，检定日期应在有效期限内。

检验方法：检查燃气计量表上的检定标志或查看检定记录。

5.3.2 燃气计量表的性能、规格、适用压力应按设计文件的要求检验。

检验方法：观察和查阅设计资料或产品说明书。

5.3.3 燃气计量表安装方法应按产品说明书或设计文件的要求检验，燃气计量表前设置的过滤器应按产品说明书检验。

检验方法：观察和查阅设计资料或产品说明书。

5.3.4 燃气计量表的安装位置应符合设计文件的要求。燃气计量表的外观应无损伤，油漆膜应完好。

检验方法：观察和查阅设计资料。

5.3.5 燃气计量表与用气设备、电气设施的最小水平净距应按设计文件的要求检验。

检验方法：观察、测量和查阅设计资料。

5.3.6 使用加氧的富氧燃烧器或使用鼓风机向燃烧器供给空气时，应检验燃气计量装置后设的止回阀是否符合设计文件的要求。

检验方法：观察和查阅设计资料。

5.3.7 燃气计量表与管道的螺纹连接和法兰连接，应按本规范5.2.4、5.2.5条的规定检验，并应符合下列规定：

1 检验数量：家用燃气计量表检验20%，商业和工业企业用燃气计量表全数检验；

2 检验方法：观察。

5.3.8 皮膜表钢支架安装后的检验应符合下列规定：

1 支架的安装应符合设计文件的要求，安装端正牢固，无倾斜；

2 检验数量：按本规范5.3.7条第1款执行；

3 检验方法：观察、手检和查阅设计资料。

5.3.9 支架涂漆检验应符合下列规定：

1 油漆种类和涂刷遍数应符合设计文件的要求，附着良好，无脱皮、起泡和漏涂，漆膜厚度均匀，色泽一致，无流淌及污染现象；

2 检验数量：不少于20%，并不少于2个；

3 检验方法：观察和查阅设计资料。

5.3.10 燃气计量表安装后的允许偏差和检验方法应符合表5.3.10的要求。

检验数量：居民用户抽查20%，但不少于5台；商业和工业企业用户抽查50%，但不少于1台。

表 5.3.10 燃气计量表安装的允许偏差和检验方法

序号	项目		允许偏差（mm）	检验方法
1	$<25m^3/h$	表底距地面	±15	吊线和尺量
		表后距墙饰面	5	
		中心线垂直度	1	
2	$\geqslant25m^3/h$	表底距地面	±15	吊线、尺量、水平尺
		中心线垂直度	表高的0.4%	吊线和尺量

5.4 家用及商业用燃具安装的检验

5.4.1 安装场所应符合现行国家标准GB 50028的有关规定。

检验方法：观察。

5.4.2 燃气的种类和压力，燃具上的燃气接口，进出水的压力和接口应符合燃具说明书的要求；与室内燃气管道和冷热水管道的连接必须正确，并应连接牢固，不易脱落。

检验方法：观察、手检和查阅资料。

5.4.3 燃具与室内燃气管道为螺纹连接时应按本规范5.2.4条的规定检验：

检查数量：抽查20%，但不少于2台。

5.4.4 燃具与管道为软管连接时，其检验应符合下列规定：

1 软管接头安装牢固，软管长度不超过2.0m，排列整齐；

2 检查数量：抽查20%，但不少于2台；

3 检验方法：观察和手检。

5.4.5 燃具与电气开关、插座等的最小水平距离应按现行国家标准GB50028的规定检验。

检验方法：观察和尺量。

5.4.6 燃气采暖器的安装检验应符合下列规定：

1 安装方式应符合设计文件或产品说明书的规定，安装牢固端正，无倾斜；

2 检查数量：大于或等于20%，但不少于2台；

3 检验方法：观察、查阅设计资料、手检和尺量。

5.4.7 容积式燃气热水器和燃气沸水器的安装检验应符合下列规定：

1 置放端正，与支架（墩）的接触均匀平稳，朝向合理，便于操作；

2 检查数量：大于或等于20%，但不少于1台；

3 检验方法：观察、手检和尺量。

5.4.8 燃气炒菜灶、蒸锅灶、烤箱、西餐灶的安装检验应符合下列规定：

1 安装方式应符合设计文件的规定；

2 检查数量：全部；

3 检验方法：观察、尺量及查阅设计资料。

5.4.9 砖砌燃气灶的安装检验应符合下列规定：

1 灶膛结构合理，燃烧器置放平稳，燃烧器与锅体的距离合理；

2 检查数量：全部；

3 检验方法：观察和尺量。

5.5 工业炉、燃气锅炉及冷热水机组供燃气系统安装的检验

5.5.1 用气设备为通用产品时，其燃气、自控、鼓风及排烟等系统的检验应符合产品说明书或设计文件的规定。

检验方法：检查设备铭牌、产品说明书和设计文件。

5.5.2 用气设备为非通用产品时，其燃气、自控、鼓风及排烟等系统的检验应符合下列规定：

1 燃烧器的供气压力，必须符合设计文件的规定；

2 用气设备应符合现行国家标准 GB 50028 的规定；

3 检验方法：检查设备铭牌、产品说明书和设计文件。

5.5.3 设置在半地下室、地下室的用气设备的检验应符合现行国家标准 GB 50028 的有关规定。

检验方法：检查设备铭牌、产品说明书和设计文件。

5.6 烟道的检验

5.6.1 烟道的设置及结构的检验必须符合用气设备的要求或符合设计文件的规定。

检验方法：观察和查阅设计文件。

5.6.2 烟道抽力应符合现行国家标准 GB 50028 的有关规定。

检验方法：压力计测量。

5.6.3 防倒风装置（风帽）应结构合理。

检验方法：观察和查阅有关资料。

5.6.4 水平烟道的长度应符合现行国家标准 GB 50028 的有关规定。

检验方法：观察、尺量和查阅设计文件。

5.6.5 水平烟道应有 0.01 坡向用气设备的坡度或符合设计文件规定的坡度。

检验方法：观察和用水平尺测量。

5.6.6 用镀锌钢板卷制的烟道的检验应符合下列规定：

1 卷缝均匀严密，烟道顺烟气流向插接，插接处没有明显的缝隙，没有明显的弯折现象；

2 检查数量：居民用户抽查 20%，但不少于 5 处，商业及工业用户为全部；

3 检验方法：观察。

5.6.7 用钢板铆制的烟道的检验应符合下列规定：

1 铆接面平整无缝隙，铆接紧密牢固，表面平整，铆钉间隔合理，排列均匀整齐；

2 检查数量：居民用户抽查 60%，但不少于 5 处，商业及工业用户为全部；

3 检验方法：观察和手检。

5.6.8 用非金属预制块砌筑的烟道的检验应符合下列规定：

1 预制块间粘合严密、牢固，表面平整，内部无堆积的粘合材料；

2 检查数量：居民用户抽查 10%，但不少于 2 处，商业及工业用户为全部；

3 检验方法：观察和手检。

5.6.9 金属烟道的支（吊）架应符合下列规定：

1 结构和设置位置合理，或符合设计文件的规定，安装端正牢固，排列整齐；

2 检查数量：居民用户抽查 20%，但不少于 5 个，商业及工业用户为全部；

3 检验方法：观察、手检或查阅设计文件。

5.6.10 碳素钢板烟道和烟道的金属支（吊）架涂漆的检验应符合下列规定：

1 油漆种类和涂刷遍数应符合设计文件的规定，附着良好，

无脱皮、起泡和漏涂，漆膜厚度均匀，色泽一致，无流淌及污染现象；

2 检验数量：居民用户抽查20%，但不少于5个，商业及工业用户为全部；

3 检验方法：观察和查阅设计文件。

6 试验与验收

6.1 一般规定

6.1.1 室内燃气管道安装完毕后，必须按本规范6.2、6.3节的要求进行强度和严密性试验。

6.1.2 试验介质宜采用空气，严禁用水。

6.1.3 室内燃气管道试验前应具备下列条件：

1 已有试验方案；

2 试验范围内的管道安装工程除涂漆、隔热层外，已按设计图纸全部完成，安装质量检验符合本规范5.1～5.6节的规定；

3 焊缝、螺纹连接接头、法兰及其他待检部位尚未做涂漆和隔热层；

4 按试验要求管道已加固；

5 待试验的燃气管道已与不应参与试验的系统、设备、仪表等隔断，泄爆装置已拆下或隔断，设备盲板部位及放空管已有明显标记或记录；

6.1.4 试验用压力表应在检验的有效期内，其量程应为被测最大压力的1.5～2倍。弹簧压力表精度应为0.4级。

6.1.5 试验应由施工单位负责实施，并通知燃气供应单位和建设单位参加。燃气工程的竣工验收，应根据工程性质由建设单位组织相关部门、燃气供应单位及相关单位按本规范要求进行联合验收。

6.1.6 试验时发现的缺陷，应在试验压力降至大气压时进行修补。修补后应进行复试。

6.1.7 民用燃具的试验与验收应符合国家现行标准《家用燃气燃烧器具安装及验收规程》CJJ 12的有关规定。

6.2 强 度 试 验

6.2.1 试验范围应符合下列规定：

1 居民用户为引入管阀门至燃气计量表进口阀门（含阀门）之间的管道；

2 工业企业和商业用户为引入管阀门至燃具接入管阀门（含阀门）之间的管道。

6.2.2 进行强度试验前燃气管道应吹扫干净，吹扫介质宜采用空气。

6.2.3 试验压力应符合下列规定：

1 设计压力小于10kPa时，试验压力为0.1MPa；

2 设计压力大于或等于10kPa时，试验压力为设计压力的1.5倍，且不得小于0.1MPa。

6.2.4 设计压力小于10kPa的燃气管道进行强度试验时可用发泡剂涂抹所有接头，不漏气为合格。设计压力大于或等于10kPa的燃气管道进行强度试验时，应稳压0.5h，用发泡剂涂抹所有接头，不漏气为合格；或稳压1h，观察压力表，无压力降为合格。

6.2.5 强度试验压力大于0.6MPa时，应在达到试验压力的1/3和2/3时各停止15min，用发泡剂检查管道所有接头无泄漏后方可继续升压至试验压力，并稳压1h，用发泡剂检查管道所有接头无泄漏，且观察压力表无压力降为合格。

6.3 严密性试验

6.3.1 严密性试验范围应为引入管阀门至燃具前阀门之间的管道。

6.3.2 严密性试验应在强度试验之后进行。

6.3.3 中压管道的试验压力为设计压力，但不得低于0.1MPa，以发泡剂检验，不漏气为合格。

6.3.4 低压管道试验压力不应小于5kPa。试验时间，居民用户试验15min，商业和工业用户试验30min，观察压力表，无压力降为合格。

6.3.5 低压管道进行严密性试验时，压力测量可采用最小刻度为1mm的U形压力计。

6.4 验 收

6.4.1 施工单位在工程竣工后，应先对燃气管道及设备进行外观检验和严密性预试，合格后通知有关部门验收。新建工程应对全部装置进行检验；扩建或改建工程可仅对扩建或改建部分进行检验。

6.4.2 工程验收应包括下列内容：

1 按本规范6.4.3条的内容提供完整的资料；

2 其他附属工程有关施工的完整资料；

3 工程质量验收会议纪要。

6.4.3 工程验收时，应具有下列文件，并按附录B表格填写：

1 设计文件及设计变更文件；

2 设备、制品、主要材料的合格证和阀门的试验记录（表B.0.1）；

3 隐蔽工程验收记录（表B.0.2）；

4 管道和用气设备的安装工序质量检验记录（表B.0.3）；

5 焊接外观检查记录和无损探伤检查记录（表B.0.4、B.0.5）；

6 管道系统压力试验记录（表B.0.6）；

7 防腐绝缘措施检查记录；

8 质量事故处理记录；

9 工程交接检验评定记录（表B.0.7）。

附录A　管道焊接常用的坡口形式和尺寸

表A　钢制管道焊接坡口形式及尺寸

坡口尺寸	厚度 T (mm)	坡口名称	坡口形式	坡口尺寸			备注
				间隙 c (mm)	钝边 p (mm)	坡口角度 α (β) (°)	
1	1~3	I形坡口	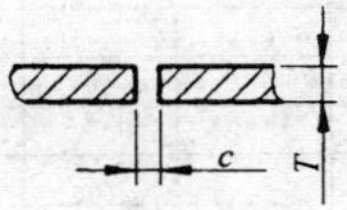	0~1.5	—	—	
2	3~9	V形坡口	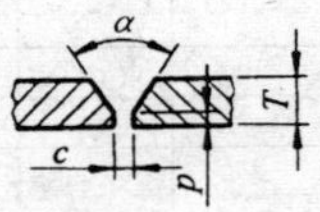	0~2	0~2	65~75	
	9~26			0~3	0~3	55~65	
3	2~30	T形接头I形坡口	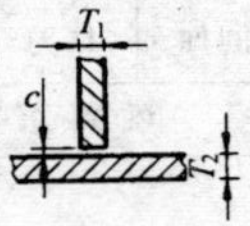	0~2	—	—	
4	管径 $\phi \leq 76$	管座坡口	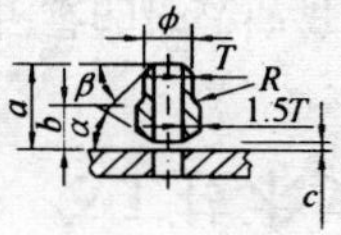 $a=100$ $b=70$ $R=5$	2~3	—	50~60 (30~35)	

续表A

坡口尺寸	厚度 T (mm)	坡口名称	坡口形式	坡口尺寸			备注
				间隙 c (mm)	钝边 p (mm)	坡口角度 α (β) (°)	
5	管径 ϕ76~133	管座坡口	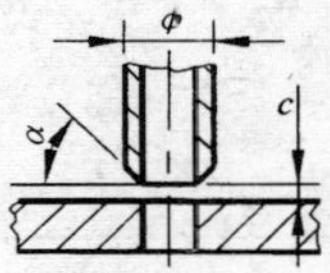	2~3	—	45~60	
6		法兰角焊接头	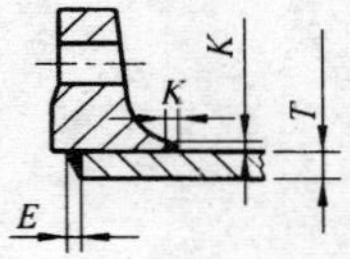	—	—	—	$K=1.4T$，且不大于颈部厚度；$E=6.4$，且不大于T
7		承插焊接法兰	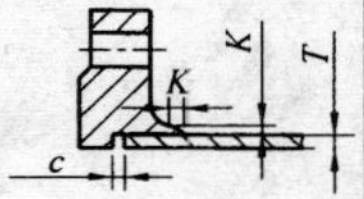	1.6	—	—	$K=1.4T$，且不大于颈部厚度

附录B 交工技术文件的内容及格式

B.0.1 阀门试验记录的格式应符合表B.0.1的规定。

表B.0.1 阀门试验记录

项目：					工号：				
型号规格	数量	强度试验			严密性试验			结果	日期
		介质	压力(MPa)	时间(min)	介质	压力(MPa)	时间(min)		
备注：									
检验员：					试验人：				

B.0.2 隐蔽工程（封闭）记录的格式应符合表B.0.2的规定。

表B.0.2 隐蔽工程（封闭）记录

项目：		工号：	
隐蔽 封闭 部位		施工图号	
隐蔽 封闭 前的检查：			
隐蔽 封闭 方法：			
简图说明：			
建设单位： 年 月 日	______单位 年 月 日	施工单位： 施工人员： 检验员： 年 月 日	

B.0.3 燃气管道和用气设备的安装工序质量检验记录的格式应符合表B.0.3的规定。

B.0.4 射线探伤检验报告的格式应符合表B.0.4的规定。

表 B.0.3 安装工序质量检验记录

单位工程名称： 部位名称： 工序名称： 位置： 施工单位：

主要工程数量																				
序号	外观检查项目	质量情况																		
1																				
2																				
3																				
4																				
5																				
序号	量测项目	允许偏差（mm）	各实测点偏差值															应量测点数	合格点数	合格率（%）
			1	2	3	4	5	6	7	8	9	10	11	12	13	14	15			
1																				
2																				
3																				
4																				
5																				
交方班组			接方班组			平均合格率（%）														
						评定等级														
工程技术负责人：			施工负责人：			质检员：								年 月 日						

表 B.0.4 射线探伤检验报告

项目：														工号：								
管线号				委托单位															试验编号			
规格及厚度				焊接方法															执行标准			
材质				增感方式															透视方法			
底片编号	缺陷																		评定等级	返修位置	焊工号	附注
	1	2	3	4	5	6	7	8	9	10	11	12	13	14	15	16	17	18				

缺陷代号：

1. 横裂纹
2. 纵裂纹
3. 弧坑裂纹
4. 未焊透
5. 未熔合
6. 条状夹渣
7. 分散夹渣
8. 夹钨
9. 气孔
10. 长形气孔
11. 过熔透
12. 凹陷
13. 溢满
14. 缩孔
15. 伪缺陷
16. 咬边
17. 错口
18. 表面沟槽

审核人：	评片：	暗房处理	拍片：
年 月 日	年 月 日	年 月 日	年 月 日

B.0.5 超声波试验报告的格式应符合表 B.0.5 的规定。

表 B.0.5 超声波试验报告

项目：				工号：	
委托单位		受检件名称		试验编号	
材　质		试　块		执行标准	
规　格		入射点		指示长度	
厚　度（mm）		折射角（°）		最大射波高（dB值）	
耦合剂		表面状态		灵敏度余量	
使用仪器					
序　号	检验部位	超标缺陷			评　级
		性　质	深　度	位　置	
附注： 年　月　日					
审核人	年　月　日		报告人	年　月　日	
证号：			证号：		

B.0.6 管道系统压力试验记录的格式应符合表 B.0.6 的规定。

表 B.0.6 管道系统压力试验记录

项目：							工号：		
编号	材质	设计参数		强度试验			严密性试验		
		压力（MPa）	介质	压力（MPa）	介质	鉴定	压力（MPa）	介质	鉴定
建设单位： 年　月　日			________单位 年　月　日				施工单位： 检验员： 试验人员： 年　月　日		

B.0.7 工程交接检验评定书的格式应符合表B.0.7的规定。

表B.0.7 工程交接检验评定书

项目：			工号：	
单项（位）工程名称：		交接日期：　　年　月　日		
工程内容：				
交接情况（符合设计的程度、主要缺陷及处理意见）：				
工程质量鉴定意见：				
建设单位签章： 代表： 年　月　日	设计单位签章： 代表： 年　月　日	管理单位签章： 代表： 年　月　日	监理公司签章： 代表： 年　月　日	施工单位签章： 代表： 年　月　日

本规范用词说明

1 为便于在执行本规范条文时区别对待，对于要求严格程度不同的用词说明如下：

1）表示很严格，非这样做不可的：

正面词采用"必须"；

反面词采用"严禁"。

2）表示严格，在正常情况下均应这样做的：

正面词采用"应"；

反面词采用"不应"或"不得"。

3）表示允许稍有选择，在条件许可时，首先应这样做的：

正面词采用"宜"；

反面词采用"不宜"；

表示有选择，在一定条件下可以这样做的，采用"可"。

2 条文中指明应按其他有关标准执行的写法为："应符合……的规定"或"应按……执行"。

中华人民共和国行业标准

城镇燃气室内工程施工及验收规范

CJJ94—2003

条 文 说 明

前 言

《城镇燃气室内工程施工及验收规范》（CJJ 94—2003）经建设部2003年4月21日以第143号公告批准、发布。

为便于各有关单位人员在执行本规范时能正确理解和执行条文规定，本规范编制组根据编制条文的顺序，按章、节、条顺序编制了本规范的条文说明，供使用者参考。在使用中，如发现本条文说明有不妥之处，请将意见函寄北京市煤气热力工程设计院。

目　次

1　总　　则

1.0.1　提出制定本规范的目的是为了统一城镇燃气室内工程施工及验收的标准，提高城镇燃气室内工程的施工质量，确保安全供气。

1.0.2　对本规范适用范围明确为“城镇燃气室内管道和设备工程”。燃气户外引入管和设置在建筑物外墙的燃气管道也属于本规范适用的范围，燃气锅炉本体及工业企业燃气设备的施工及验收不属于本规范的适用范围。

1.0.3　本条为强制性条文。1998 年 1 月 1 日起施行的中华人民共和国建设部第 62 号令，《城市燃气管理办法》规定燃气工程施工应当由持有相应资质证书的施工单位承担，禁止无证或者超越资质证书规定的经营范围承担燃气工程的施工。为了确保室内燃气工程的安全供气，报警系统、防爆电气系统和自控系统等配套工程的施工单位也应具备相应的施工资质及证书。

1.0.4　设计文件是工程施工的主要依据，施工单位和建设单位在没有征得原设计单位同意时，不得修改设计或材料代用。

1.0.5　对于标准的定型的和非标准的燃气燃具，都必须符合国家标准和地方标准。

1.0.6　燃气供应单位一般是指当地的燃气公司。

1.0.7　验收合格的燃气管道和设备必须及时组织通气，并投入运行管理。如果因特殊情况验收合格后未能及时通气，期间燃气管道和设备有可能发生变化，为确保安全供气，必须由当地燃气供应单位进行复验，合格后方可使用。

1.0.8　本规范为指导城镇燃气室内工程施工及验收的综合性规范，所提出的是基本要求，因此城镇燃气室内工程除应符合本规范的规定外，尚应符合有关的国家现行标准和规范，主要有：

1 《城镇燃气设计规范》GB 50028
2 《工业金属管道工程施工及验收规范》GB 50235
3 《现场设备、工业管道焊接工程施工及验收规范》GB 50236
4 《城镇燃气输配气工程施工及验收规范》CJJ 33
5 《家用燃气燃烧器具安装及验收规程》CJJ 12
6 《压力容器无损检测》JB 4730
7 《铜及铜合金焊接及钎焊技术规程》HGJ 223
8 《建筑设计防火规范》GBJ 16
9 《高层民用建筑设计防火规范》GB 50045

2 室内燃气管道安装

2.1 一般规定

2.1.1 GB 50028—93（1998年版）中对用户室内燃气管道的最高压力规定见表1；对用气设备燃烧器的额定压力规定见表2。

表1 用户室内燃气管道的最高压力（表压 MPa）

燃气用户	最高压力
工业用户及单独的锅炉房	0.4
公共建筑和居民用户（中压用户）	0.2
公共建筑和居民用户（低压用户）	0.005

表2 用气设备燃烧器的额定压力（表压 kPa）

燃烧器＼燃气	人工煤气	天然气		液化石油气
		矿井气、液化气混空气	天然气、油田伴生气	
低压	1.0	1.0	2.0	2.8或5.0
中压	10或30	10或30	20或50	30或100

2.1.2 本条为强制性条文。2000年颁布的国务院279号令《建设工程质量管理条例》中规定：施工单位必须按照工程设计要求、施工技术标准和合同约定，对建筑材料、建筑构配件、设备和商品混凝土进行检验，检验应当有书面记录和专人签字；未经检验或者检验不合格的不得使用。室内燃气管道在安装前应按下列国家现行标准进行检验：

1 燃气管道的管材应采用下列国家现行标准规定的管道：

1）《输送流体用无缝钢管》GB/T 8163

2）《低压流体输送用焊接钢管》GB/T 3091

3)《流体输送用不锈钢无缝钢管》GB/T 14976

4)《低压流体输送用不锈钢焊接钢管》GB/T 12271

5)《无缝铜水管和铜气管》GB/T 18033

2 燃气管道及阀门的连接管件和附件应符合下列国家现行标准规定：

1)《可锻铸铁管路连接件》GB/T 3287

2)《六角头螺栓》GB/T 5780～5784

3)《六角螺母》GB 6170～6171

4)《平面、突面板式平焊钢制管法兰》GB/T 9119

5)《凸面板式平焊钢制管法兰》JB/T 81

6)《卡套式直通接头》GB/T 3737

7)《卡套端三通接头》GB/T 3741.1

8)《卡套式焊接管接头》GB/T 3747.1

9)《铜管接头》GB/T 11618

10)《建筑用铜管管件》CJ/T 117

11)《管路法兰 技术条件》JB/T 74

3 燃气阀门应采用符合下列国家现行标准规定的阀门：

1)《钢制阀门 一般要求》GB/T 12224

2)《城镇燃气用球墨铸铁、铸钢制阀门通用技术要求》CJ/T 3056

3)《家用燃气具旋塞阀总成》CJ/T 3072

4)《家用燃气燃烧器具自动燃气阀》CJ/T 132

4 燃具和表具与燃气管道连接使用的软管可采用符合下列国家现行标准规定的软管：

1)《波纹金属软管通用技术条件》GB/T 14525

2)《液化石油气（LPG）橡胶软管》GB 10546

5 燃气用垫片应采用符合下列国家现行标准规定的产品：

1)《平面型钢制管法兰用石棉橡胶垫片》GB/T 9126.1

2)《钢制管法兰用石棉橡胶垫片 技术条件》GB/T 9129

3)《管法兰用聚四氟乙烯包覆垫片》GB/T 13404

4)《管法兰用金属包覆垫片》GB/T 15601

2.1.3 室内燃气管道安装前应对管子、管件、管道附件及阀门等进行内部清扫，保持其内部清洁，以便保证吹扫阶段工作的正常进行。

2.1.4 本条规定主要是为了防止燃气管道施工完毕后，若进行土建工程的施工有可能会破坏已敷设的燃气管道和设备。

2.2 燃气管道安装

2.2.2 现行国家标准《无缝铜水管和铜气管》GB 18033—2000中规定，牌号为TP2的铜管管材，其中的氧含量不应高于0.01%，因此，该管材的焊接质量更容易得到保证。

2.2.3 不锈钢管用砂轮切割与修磨时，应使用专用砂轮，不得使用切割碳素钢管的砂轮，以免受污染而影响不锈钢管的质量。

2.2.4 本条具体指燃气管道弯管的制作应符合现行国家标准GB 50235—97中4.2.1～4.2.6及4.2.8和4.2.9条的规定。

2.2.5 第1款2）项具体指管道与管件的坡口及其内外表面的清理应符合现行国家标准GB 50235—97中5.0.5条的规定；3）项中对焊接组对时错边量的规定，主要是为保证焊接质量，同时也考虑管材制造本身允许的壁厚误差。第2款1）项具体指应按现行国家标准GB 50236—98中6.3.1、8.2.1条的规定选用焊条、焊丝。第3款1）项具体指管道的焊接工艺应符合现行国家标准GB 50236—98中6.3节的有关规定。第7款铜管钎焊部分主要是参照上海市地方标准《住宅燃气铜管工程技术规程》SZ—22—2002，其中1）项中规定铜管焊接应采用硬钎焊形式，是因为软钎焊填充金属的熔点低于硬钎焊填充金属的熔点，在遇到火灾或灶具发生回火时，热量传递到接口处，填充金属易熔化从而使焊口强度降低或破坏；2）～6）项为钎焊焊接工艺。

2.2.6 第2款 阀门如果在开启状态下安装，则无法避免安装时产生的脏物进入阀门，从而有可能导致阀口被破坏。

2.2.7 本条第4款的规定主要是为了方便安装。

2.2.13 本条规定的距离主要是考虑安装时使用工具所需的空间。

2.2.14 本条所指的"外侧"是指远离墙壁的一侧。现行国家标准《城镇燃气设计规范》GB 50028—93（1998 年版）中的第 7.2.26 条规定：室内燃气管道和相邻管道平行敷设时，管道之间的净距应保证燃气管道和相邻管道的安装、安全维护和修理；室内燃气管道和相邻管道交叉敷设时，管道之间的净距不应小于 20mm。

2.2.15 钢管支承的最大间距是引用《城镇燃气设计规范》GB 50028—93（1998 年版）中的第 7.2.23 条的规定。铜管支承的最大间距的规定是参考《建筑给水排水及采暖工程施工质量验收规范》GB 50242—2002 中第 3.3.10 条的规定。铜管比镀锌钢管管壁薄、刚度差，因此支承间距较钢管要小。

采用钢质支承时，支承与铜管之间用石棉橡胶垫或薄铜片隔离是为了防止两种金属产生电化学腐蚀。

2.2.19 本条为引用现行上海地方规范《住宅燃气铜管工程技术规程》SZ—22—2002 中 3.2.1 条的规定。

2.2.21 如果采用管件，则至少要使用 2 个弯头，这样不仅不便于安装，而且因为接头数量的增多，漏气的可能性也会增加。

2.2.23 覆盖层掺入黄色的水泥砂浆或外涂色标是为了让住户在安装吊橱或低柜时，避开铜管管位，起警示作用。

3 燃气计量表安装

3.1 一 般 规 定

3.1.1 本条为强制性条文。为节约国家能源，保护燃气用户利益，燃气计量表必须准确。

1 燃气表实行强检是根据《中华人民共和国计量法》第九条规定提出的：

2 "CMC"是国家对"制造计量器具许可证"的认定标记。而具有出厂合格证是证明该产品为已经厂家质量检验合格的产品；

3 国家明文规定计量器具必须实行定期检查，并在有效期内使用；

4 燃气计量表有明显损伤，说明已受震动，震动会影响计量的准确性，也可能产生泄漏点。

3.1.2 不按规定方法放置的燃气计量表，会使传动机构受到影响。从而造成计量不准确。

3.1.3 燃气计量表一般每月进行一次抄表，因此必须方便出入。保证便于检修的目的是为确保安全用气。

3.1.4 本条针对户外安装的天然气计量表及南方冬季温度在 +5℃以上地区安装在户外的燃气计量表制定的，着重考虑了对燃气计量表的安全防护。

3.2 家用燃气计量表安装

3.2.1 本条充分考虑了厨房面积的大小，同时兼顾了国内各地不同的安装方法。

1 厨房面积较大，表底距室内地面不小于 1.4m，既便于安装、维修，又便于检表和抄表；

2　表底距室内地面不小于0.1m，地面的水分和污物不会对燃气计量表造成腐蚀；

3　本条等效采用《城镇燃气设计规范》GB 50028—93（1998年版）第7.3.4条的规定及北京、沈阳等地的施工验收规程制定的；

4　多块表挂在同一墙面时，表之间净距不小于0.15m，可保证顺利安装和维修；

5　采用专用连接件安装燃气计量表，是考虑便于安装、维修和统一管理，方便调整表与墙的距离，同时达到管件使用标准化的目的。

3.2.2　燃气表箱宜紧贴墙面，是综合沈阳与上海的地方规范编写的。

3.2.3　本条规定给更换燃气表留出了操作空间，自然通风是燃气计量表防潮和安全用气的必要条件。

3.3　商业及工业企业燃气计量表安装

3.3.1　流量小于$50m^3/h$的燃气计量表，一般采用铅管或专用连接件安装。燃气表较重，故高位安装应加表托固定；低位安装时，安放在支墩或支架上，可保证表的平稳，避免螺纹接头泄漏。

3.3.2　额定流量大于或等于$50m^3/h$的燃气计量表，体积和重量均较大，低位安装可降低劳动强度，提高工作效率，保证安全，故规定低位安装。表后与墙净距不小于15cm是为了安装和检修时保证松紧法兰上的螺栓（母）有所需的位置和空间。

3.3.3　铅管较软，弯曲时易瘪、易形成直角，规定弯曲成圆弧状，尽量保持铅管的原口径，可减少局部阻力，保证流量、流速不受影响。不允许使用斜垫片和双层垫片是为了保证接口的密封性。

3.3.5　工业企业多台并联的燃气计量表，规定每块燃气计量表进出口管道上安装阀门，是考虑当某一块燃气计量表需要更换或维修时，不影响其他燃气计量表的正常供气。燃气计量表之间净距规定满足安装管子、组对法兰和维修换表的需要，是因为燃气计量表规格不一，尺寸大小不等，除家用燃气计量表外，国家尚无其他燃气计量表的国家或行业标准，不小于20cm供参考。

3.3.6　燃气计量表与设备间的净距，主要考虑安全因素，本条是参照各地方标准制定。

4 燃气设备安装

4.1 一般规定

4.1.1 本条为强制性条文。对用气的设备必须进行严格的检查，不符合本条要求的产品不得安装，以保证用户使用的安全。

4.2 家用燃具和商业用气设备安装

4.2.2 现行国家标准《城镇燃气设计规范》GB 50028—93（1998年版）中7.5.1条规定：商业用气设备应安装在通风良好的专用房间内，不得安装在卧室和易燃、易爆物品的堆存处。

4.2.3 本条为强制性条文。地下室、半地下室或地上密闭房间均为通风不良场所，严格按设计文件要求施工，可达到泄漏及时报警、自动熄火、快速切断气源，避免造成社会效益、经济效益的负面影响。

4.2.4 本条规定主要从安全卫生，便于操作的角度出发。

1 综合了炊事人员一般身高、体形，房间的健康卫生标准，操作互不影响等因素做出的规定；

2 不小于1.5m宽度的通道是考虑到方便通行和紧急疏散的需要；

3 采取本措施可防止火灾事故发生。

4.2.5 如操作不当或灶前阀门泄漏发生事故时，爆破门先损坏，可避免重大事故发生。

4.2.6 燃烧器对准锅中心，可以保证火焰分布均匀。燃烧器与锅底距离大，造成传热效果差，浪费能源；燃烧器与锅底距离小，容易形成火焰外溢。燃气灶环孔周围保持足够空间，可保证二次空气畅通。

4.2.8 烟道符合设计要求，可保证烟道具有良好的抽力，保证用气设备正常燃烧，达到最大热效率。

4.2.9 本条规定基本采用辽宁省建筑标准化办公室出版的《煤气设计手册》城市住宅与公共建筑部分中相关条款，同时参照了北京、上海等地的有关技术规定，可方便操作，易于维修管理，保证正常燃烧。

4.2.10 本条为强制性条文。

1 安装商业用燃气锅炉和冷热水机组的房间属于易燃、易爆场所，其房间必须符合《建筑设计防火规范》GBJ 16和《爆炸和火灾危险场所电力装置设计规范》GB 50058有关条款的规定，因此安装前对房间按设计文件的要求进行核对是必要的，而设备基础位置及基础强度符合设计文件要求，才能保证工艺顺利安装；

2 为使燃气锅炉及冷热水机组发挥最大的热效率，并与使用的燃气气种及调压装置相匹配，按设计文件检查调压装置的进口压力与相连燃气管道压力级制、出口压力与燃烧器的额定压力是否相符是施工前的重要准备工作。

4.3 工业企业生产用气设备安装

4.3.1 主要是为了保证安全，避免由于通风不良、漏气、不完全燃烧而造成爆炸和中毒事故。现行国家标准GB 50028—93（1998年版）中7.6.7条规定：工业企业生产用气设备，不宜设置在地下室、半地下室或通风不良的场所。当特殊情况需要设置时，应有机械通风和相应的防火、防爆安全措施。

4.3.2 本条规定主要是为了保证用气设备使用的安全性和可靠性。

4.3.3 主要是保证用气设备的安全运行。

1 是为了防止万一发生燃气脱压或操作不当时，空气进入燃气管而引起爆炸事故的可能；

2 对燃气和空气而言，任一气体脱压或超压均可能造成事故给生产带来损失，故当压力低于或超过正常燃烧所需压力时要报警，便于及时发现采取措施。

3　对于封闭式的炉膛及烟道如不设置必要的泄爆装置，或即使有了泄爆装置但泄爆面积不够，一旦发生爆炸就会产生炸坏炉膛或烟道的事故。泄爆装置应安装在避开人流或经常有操作的部位，以免泄爆时伤人。

4.3.4　主要是便于今后对设备和管道的维护保养，安全操作。

5　室内燃气管道和用气设备安装的检验

5.1　一般规定

5.1.1　施工单位检验后记录检验结果以备复查。

5.1.2　通常情况下，隐蔽工程检验、破坏性检验要由施工单位会同建设单位和监理单位共同进行。其他检验可以由施工单位独立进行，事后建设单位和监理单位进行复查。

5.1.3　检验中所使用的测量设备、器具的准确性，关系到检验结果的准确性。

5.2　室内燃气管道的检验

5.2.1　严禁在冻土层直接敷设燃气管道，以避免管道本身受低温应力影响。

5.2.2　燃气管道和其他管道的适当间距可以提高管道运行的安全性，方便管道维修。

5.2.3　管道的坡度、坡向正确，可以避免管道内的液体流入计量表、调压器等设备影响设备正常工作。

5.2.5　法兰扳紧后的平行度与同轴性，关系到法兰接头的可靠性与密封性，是衡量法兰连接质量的一项重要指标。

5.2.6、5.2.7　焊缝质量的检验是控制焊接质量的一项有效措施，应严格执行。5.2.6 条第 1 款具体指焊接检验应符合现行国家标准 GB 50236—98 中 11.1、11.2、11.3 节的规定；第 4 款具体指焊缝无损检验应符合现行国家标准 GB 50236—98 中 11.3.4、11.3.5 条的规定。

5.2.8　检查与阀门有关的文件资料是为了控制阀门质量，保证安全用气。

5.2.9 管道支（吊、托）架及管座（墩）安装正确、牢固，能保证管道运行中不会移位和变形。

5.2.10 套管安装的质量与套管内管道的使用寿命有直接关系，正确安装套管可以起到减振、减少房屋沉降对管道的影响以及防止管道腐蚀等作用。

5.2.11、5.2.12 管道和金属支架的防腐层质量直接影响其使用寿命。外观质量合格是一项基本要求。

5.2.13 本条内容根据相关施工经验编写。

5.2.14 暗设的燃气管道在使用中不易检查和维护，严格检验在一定程度上可保证安全运行。

5.3 燃气计量表安装的检验

5.3.1、5.3.2 燃气计量表是用于贸易结算的计量器具，应符合《中华人民共和国计量法》的要求。

5.3.5 燃气计量表与其他设备的间距可对其计量的准确性产生影响。

5.4 家用及商业用燃具安装的检验

5.4.1 应按现行国家标准《城镇燃气设计规范》GB 50028—93（1998年版）中7.4.2、7.4.5、7.4.6、7.4.7和7.5.1条的规定进行检验。

5.4.2 引用《家用燃气燃烧器具安装及验收规程》CJJ 12—99条文。

5.4.4 软管连接是安装中的薄弱环节和事故多发点，必须进行检查。

5.4.5 现行国家标准《城镇燃气设计规范》GB 50028—93（1998年版）中7.2.26条规定室内燃气管道和电气设备之间的净距不应小于表3的规定。

表3 燃气管道和电气设备之间的净距

电气设备	与燃气管道的净距（mm）	
	平行敷设	交叉敷设
明装的绝缘电线或电缆	250	100（注）
暗装的或放在管子中的绝缘电线	50（从所作的槽或管子的边缘算起）	10
电压小于1000V的裸露电线的导电部分	1000	1000
配电盘或配电箱	300	不允许

注：当明装电线与燃气管道交叉净距小于100mm时，电线应加绝缘套管。绝缘套管两端应各伸出燃气管道100mm。

5.5 工业炉、燃气锅炉及冷热水机组供燃气系统安装的检验

5.5.2 非通用产品受到材料、制造工艺和生产厂能力等等因素限制，对产品检验要求有所提高。第2款具体指应符合现行国家标准《城镇燃气设计规范》GB 50028—93（1998年版）中7.6.1～7.6.7条的规定。

5.5.3 地下室、半地下室或地上密闭房间均为通风不良场所，所以为了防止发生爆炸，保证安全用气，对设置在半地下室、地下室的用气设备应严格要求。本条具体指应符合现行国家标准《城镇燃气设计规范》GB 50028—93(1998年版)中7.6.7条的规定。

5.6 烟道的检验

5.6.1 按设计文件要求正确安装烟道才能保证燃具的正常燃烧。

5.6.2 一定的烟道抽力能保证烟气的顺利排出室外。现行国家标准《城镇燃气设计规范》GB 50028—93（1998年版）中7.7.8条规定用气设备排烟设施的烟道抽力应符合下列规定：

1 热负荷30kW以下的居民用气设备，烟道的抽力不应小

于 3Pa;

2 热负荷为 30kW 以上的商业用气设备，烟道抽力不应小于 10Pa;

3 工业企业生产用气设备的烟道抽力应按工艺要求确定。

检验方法宜按《家用燃气燃烧器具安装及验收规程》CJJ 12—99 第 6.0.7 条执行。

5.6.4 水平烟道的长度会影响烟道的抽力，故对其做出限制，现行国家标准《城镇燃气设计规范》GB 50028—93（1998 年版）中 7.7.9 条规定：

1 居民用气设备的水平烟道长度不宜超过 3m;

2 商业用气设备的水平烟道长度不宜超过 6m;

3 工业企业生产用气设备的水平烟道长度，应根据现场情况和烟囱抽力确定。

5.6.5 保证水平烟道的坡度有利于冷凝水的排除。

6 试验与验收

6.1 一般规定

6.1.1 本条为强制性条文。要求进行强度和严密性试验是为了保证燃气管道交付后的安全使用。

6.1.2 试验介质可以采用氮气等惰性气体，用水可能会对管道和设备造成污染。

6.1.3 五项条件的提出是为了保证燃气管道压力试验的安全。

6.1.4 试验用压力表的量程和精度关系到压力试验结果的准确性。

6.1.5 1991 年建设部、劳动部和公安部联合颁布的第 10 号令《城市燃气安全管理规定》中要求城市燃气工程在竣工验收时，应组织城建、公安消防、劳动等有关部门及燃气安全方面的专家参加。

6.1.6 降至大气压进行修补是为了保证修补工作的安全和修补的质量。

6.1.7 本条具体指应符合国家现行标准 CJJ 12—99 中6.0.3～6.0.8 条的规定。

6.2 强度试验

6.2.1 引入管阀门以前的管道应和埋地管道连通进行试验。

6.2.3～6.2.5 根据我国一些省市的强度试验规定提出了本规范中强度试验的条文规定，凡城镇燃气（含天然气、人工煤气、液化石油气）均执行本规范规定。

我国一些省市的强度试验规定如下：

1 北京市的规定

1）北京市对室内人工煤气管道和设备的强度试验做了如下规定：

试验介质可采用空气或惰性气体，严禁采用氧气。

① 对于家庭住宅内煤气管道：在安装燃气计量表前，用100kPa的压力对总进气管到表前阀门的管段（包括引入管及总阀门以后的管道）进行强度试验，用肥皂水涂抹所有接头，不漏气为合格；

② 对于公共建筑的室内煤气管道：试验范围是由总进气管到用具阀门；低压管道试验压力为100kPa，中压管道试验压力为150kPa，用肥皂水涂抹所有接头，不漏气为合格；燃气计量表不做强度试验。

2）北京市对室内天然气和液化石油气管道和设备的强度试验做了如下规定：

① 试验压力：当设计压力≤5kPa时，试验压力为0.1MPa，当设计压力＞5kPa时，试验压力为设计压力的1.5倍，且不得小于0.1MPa；

② 试验方法：压力应缓慢升高，达到试验压力后，稳压1h，用肥皂水涂刷所有接头，阀门、法兰不漏气无压降为合格。

2 四川省燃气管道强度试验的规定见表4：

表4 四川省燃气管道强度试验标准

序号	燃气管道的种类	强度试验压力（MPa）
1	低压管道（小于5kPa）、分配管道	0.3
2	与分配管道（DN＜100）连接的单独建筑物引入管	0.1
3	中压（5kPa＜P≤0.3MPa）管道	0.45

3 沈阳市的规定：

沈阳市对公共建筑和工业企业室内低压燃气管道强度试验，规定见表5：

表5 沈阳市燃气管道强度试验标准

试验介质	试验压力	仪表类型	观测时间	允许压力降	备注
空气	0.02MPa	U形压力计	30min	不允许	不包括煤气表

4 上海市的规定：

上海市规定对于中压B级制的室内燃气管道和设备进行强度试验时，试验介质应为压缩空气，严禁用水；试验压力为设计压力的1.5倍，试验时间为2h，以不漏为合格。室内低压管道一般不做强度试验。

5 深圳市的规定：

试验介质为惰性气体或空气；中压管道强度试验试验压力为0.4MPa，稳压30min，无泄漏，目测无变形为合格；室内低压管道一般不做强度试验。

6.3 严密性试验

6.3.1 引入管阀门以前的管道应和埋地管道连通进行试验。

6.3.2～6.3.4 根据我国一些省市的严密性试验规定，提出了本规范严密性试验的条文规定，凡城镇燃气（含天然气、人工煤气、液化石油气）均执行本规范的规定。我国一些省市的严密性试验规定如下：

1 北京市的规定

1）北京市对室内人工煤气管道和设备的严密性试验做了如下规定：

试验介质可采用空气或惰性气体，严禁采用氧气；

① 对于家庭住宅内煤气管道：严密性试验分两步进行，在安装燃气计量表前，用7kPa的压力对总进气管到用具阀门前的管道进行严密性试验，观测10min，压力降不超过200Pa为合格；接通燃气计量表后，用3kPa的压力对总进气管到用具阀门前的管道系统进行严密性试验，观测5min，压力降不超过200Pa为合格；

② 对于公共建筑的室内煤气管道：低压管道试验压力为 7kPa，观测 10min，压力降不超过 200Pa 为合格；中压管道试验压力为 100kPa，稳压不少于 3h，观测 1h 压力降不大于 1.3kPa 为合格；燃气计量表只做严密性试验，试验压力为 3kPa。

2）北京市对室内天然气和液化石油气管道和设备的严密性试验做了如下规定：

① 对居民用户：在未接通燃气表前，用 10kPa 的压力对燃气管道进行严密性试验，观测 10min，压力降不超过 40Pa 为合格；接通燃气表后，用 3kPa 的压力从用户调压器后总进气管阀门到燃气用具阀门前的管道系统进行严密性试验，观测 5min，压力降不超过 20Pa 为合格。

② 对商业和工业企业用户：从用户调压器后总进气管阀门到计量装置前阀门的管段及从计量装置（不含）至燃烧设备接入管阀门前低压燃气管道按居民用户的规定进行；对中压管道，试验压力不应低于 0.1MPa，稳压不少于 3h，观测 1h 压力降不大于 10mmHg 为合格。

2　四川省燃气管道严密性试验的规定见表 6：

表 6　四川省燃气管道严密性试验标准

序号	燃气管道的种类	严密性试验压力（MPa）
1	低压管道（小于 5kPa），分配管道	0.1
2	与分配管道（$DN<100$）连接的单独建筑物引入管	0.01
3	中压（$5kPa<P\leqslant0.3MPa$）管道	0.3

室内低压管道只进行严密性试验；试验介质为空气，试验压力为 5kPa，试验温度为常温；试验范围：自调压箱出口起，至灶前倒齿管止或自引入管上总阀（或 T 字接头）起，至灶前倒齿管接头；压力测量采用 U 形压力计，稳压 10min，压力降不超过 40Pa 为合格。

3　沈阳市的规定：

① 民用室内燃气管道只进行严密性试验，试验压力为 5kPa，观测压力计 10min，以无压力降为合格；

② 公共建筑和工业企业室内低压燃气管道的试验标准见表 7：

表 7　沈阳市燃气管道严密性试验标准

试验介质	试验压力	仪表类型	观测时间	允许压力降	备　注
空　气	5kPa	U 形压力计	10min	不允许	包括煤气表

4　上海市的规定：

1）当燃气管道为钢管时，地下及架空管道（除地上低压管道）的严密性试验规定如下：

① 当设计压力 $P\leqslant5kPa$ 时，试验压力应为 20kPa；当设计压力 $P>5kPa$ 时，试验压力应为设计压力的 1.15 倍，但不得小于 30kPa；

② 严密性试验的时间宜为 24h，实际压力降不超过允许压力降 ΔP 为合格；

当设计压力 $P\leqslant5kPa$ 时，

$$\Delta P=6.47\frac{T(D_1L_1+D_2L_2+\cdots\cdots+D_nL_n)}{D_1^2L_1+D_2^2L_2+\cdots\cdots+D_n^2L_n}$$

当设计压力 $P>5kPa$ 时，

$$\Delta P=\frac{40T(D_1L_1+D_2L_2+\cdots\cdots+D_nL_n)}{D_1^2L_1+D_2^2L_2+\cdots\cdots+D_n^2L_n}$$

式中　ΔP——允许压力降（Pa）；

T——试验时间（h）；

D_1、D_2、D_n——各管段内径（m）；

L_1、L_2、L_n——各管段长度（m）。

试验实测的压力降，应根据在试压期间管内温度和大气压的变化按下式予以修正：

$$\Delta P' = (H_1 + B_1) - (H_2 + B_2)\frac{273 + t_1}{273 + t_2}$$

式中　$\Delta P'$——实际压力降（Pa）；

H_1、H_2——试验开始和结束时压力计读数（Pa）；

B_1、B_2——试验开始和结束时气压计读数（Pa）；

t_1、t_2——试验开始和结束时管内的温度（℃）。

2）当燃气管道为钢管时，地上低压管道的严密性试验规定如下：

① 室内民用户管道严密性试验压力为工作压力的两倍，但不小于 3kPa，要求观测 10min，无压力降为合格；

② 工业企业及公共建筑工程管道严密性试验压力为工作压力的两倍，但不小于 3kPa，管径大于或等于 100mm 时，要求观测 30min，无压降为合格，管径小于 100mm 时，要求观测 10min，无压降为合格；

③ 居民零星用户的燃气装置，可用工作压力直接检验，要求观测 3min，无压降为合格。

3）中压 B 级制的室内燃气钢管道，试验压力应为设计压力的 1.15 倍，当管内压力达到试验压力后，应先稳压 2h，再经 24h 的试验，以不漏为合格；试验的检测工具为 U 形汞柱压力计。

4）室内低压燃气铜管只做严密性试验，试验压力为工作压力的两倍，但是不应小于 6kPa，要求观测 10min，压力不下降为合格，试验介质为空气。

5　深圳市的规定：

试验介质为惰性气体或空气。

1）中压管道强度试验试验压力为 $4kg/cm^2$，稳压 30min，无泄漏，目测无变形为合格；

2）中压管道严密性试验，应在强度试验合格后将压力降至 0.1MPa，稳压 24h，平均泄漏率按下式计算：

$$A = \frac{100}{24}\left(1 - \frac{T_k P_z}{T_z P_k}\right)\%$$

$A \leqslant 0.25K$ 为合格

$$K = \frac{300}{D_g}$$

式中　A——小时平均泄漏率%；

T_k——试验开始时介质绝对温度°K；

T_z——试验终了时介质绝对温度°K；

P_k——试验开始时介质的绝对压力（kg/cm^2）；

P_z——试验终了时介质的绝对压力（kg/cm^2）；

D_g——管段的公称直径（mm）。

当液化石油气系统有不同管径时，按平均管径计，平均管径按下式计算：

$$D'_g = \left[\sum_{i=1}^{n}(D_{gi}^2 L_i) / \sum_{i=1}^{n} L_i\right]^{1/2}$$

式中　D'_g——平均管径（mm）；

D_{gi}——第 i 段异径管管径（mm）；

L_i——第 i 段异径管管长（m）。

3）室内低压管道严密性试验压力为 $500mmH_2O$，用肥皂水方法检查，无泄漏，再稳压 10min，用 U 形水柱压力计观察，压力降不大于 $4mmH_2O$ 为合格；

4）室内低压管道长度超过 10m 时，其严密性试验应按中压管道的严密性试验方法进行。

中华人民共和国行业标准

城镇燃气埋地钢质管道腐蚀控制技术规程

Technical specification for control of external corrosion on underground gas pipeline of steel in area of cities and towns

CJJ 95—2003

批准部门：中华人民共和国建设部
实施日期：2003年11月1日

中华人民共和国建设部
公　告

第167号

建设部关于发布行业标准《城镇燃气埋地钢质管道腐蚀控制技术规程》的公告

现批准《城镇燃气埋地钢质管道腐蚀控制技术规程》为行业标准，编号为CJJ 95—2003，自2003年11月1日起实施。其中，第3.0.1、3.0.2、5.3.5、6.1.6条为强制性条文，必须严格执行。

本规程由建设部标准定额研究所组织中国建筑工业出版社出版发行。

中华人民共和国建设部
2003年7月11日

前　言

根据建设部建标［1999］309 号文的要求，标准编制组在广泛调查研究，认真总结实践经验，参考有关国内标准和国外先进标准，并在广泛征求意见基础上，制定了本规程。

本规程的主要技术内容是：

1　一般规定；

2　腐蚀评价；

3　防腐层；

4　阴极保护；

5　干扰腐蚀的防护；

6　在役管道腐蚀控制工程的管理。

本规程由建设部负责管理和对强制性条文的解释，由主编单位负责具体技术内容的解释。

本规程主编单位：北京市市政管理委员会
（北京市西单北大街 80 号，100032）

本规程参编单位：北京市燃气集团有限责任公司
上海燃气浦东销售有限公司
中央制塑（天津）有限责任公司
宁波安达防腐材料有限责任公司

本规程主要起草人员：张元善　米　琪　周凌柏　吴国荣
禹国新　高陆生　徐孟锦

目　次

1 总 则

1.0.1 为使城镇燃气埋地钢质管道（以下简称管道）腐蚀控制工程达到统一标准、合理设计、规范施工、科学管理的目的，制定本规程。

1.0.2 本规程适用于城镇燃气埋地钢质管道外腐蚀控制工程的设计、施工、验收和管理。

1.0.3 管道腐蚀控制工程应做到技术可靠、经济合理、保护环境；并应不断采用新技术、新设备、新材料、新工艺，保证工程质量，提高经济效益、环境效益和社会效益。

1.0.4 管道腐蚀控制工程除应遵守本规程外，尚应符合国家现行有关强制性标准的规定。

2 术　　语

2.0.1 腐蚀　corrosion

金属与环境介质间的物理——化学相互作用，其结果使金属的性能发生变化，并常可导致金属、环境或由它们组成的作为部分技术体系的功能受到的损伤。

2.0.2 腐蚀速率　corrosion rate

单位时间内金属遭受腐蚀的质量损耗量，常以 mm/a 或 $g/m^2 \cdot h$表示。

2.0.3 腐蚀控制　corrosion control

人为改变金属的腐蚀体系要素，以降低金属的质量损耗和对环境介质的影响，保障管道的服役功能。

2.0.4 腐蚀电位　corrosion potential

金属在给定腐蚀体系中的电极电位。

2.0.5 自腐蚀电位　free corrosion potential

没有净电流从金属表面流入或流出时的电极电位。

2.0.6 防腐层　coating

涂覆在管道及其附件表面上，使其与腐蚀环境实现物理隔离的绝缘材料层。

2.0.7 漏点　holiday

防腐层上的物理不连续点。

2.0.8 电绝缘　electrical isolation

管道与相邻的其他金属物或环境物质之间，或在管道的不同管段之间呈电气隔离的状态。

2.0.9 电连续性　electrical conduct

对指定管道体系的整体电气导通性。

2.0.10 阴极保护　cathodic protection

通过降低腐蚀电位，使管道腐蚀速率显著减小而实现电化学保护的一种方法。

2.0.11 牺牲阳极　sacrificial anode or galvanic anode

与被保护管道偶接而形成电化学电池，并在其中呈低电位的阳极，通过阳极溶解释放负电流以对管道实现阴极保护的金属组元。

2.0.12 牺牲阳极阴极保护　cathodic protection with sacrificial anode

通过与作为牺牲阳极的金属组元偶接而对管道提供负电流以实现阴极保护的一种电化学保护方法。

2.0.13 强制电流阴极保护　impressed current cathodic protection

通过外部电源对管道提供负电流以实现阴极保护的一种电化学保护方法。也称为外加电流阴极保护。

2.0.14 辅助阳极　impressed current anode

在强制电流阴极保护系统中，与外部电源正极相连并在阴极保护电回路中起导电作用构成完整电流回路的电极。

2.0.15 参比电极　reference electrode

具有稳定可再现电位的电极，在测量管道电位或其他电极电位值时用于组成测量电池的电化学半电池，作为电极电位测量的参考基准。

2.0.16 极化　polarization

由于金属和电解质之间有净电流流动而导致的电极电位偏移现象，可表征电极界面上电极过程的阻力作用。

2.0.17 阴极极化电位 cathodic polarized potential

在阴极极化条件下金属/电解质界面的电位，等于自腐蚀电位与实际极化电位值的和。

2.0.18 阴极保护度 degree! of cathodic protection

通过阴极保护措施实现的金属腐蚀损伤减小程度的相对百分比，是评价阴极保护效果的基本参数之一。

2.0.19 杂散电流 stray current

从规定的正常电路中流失而在非指定回路中流动的电流。

2.0.20 杂散电流腐蚀 stray-current corrosion

由杂散电流引起的金属电解腐蚀。

2.0.21 干扰 interference

由于杂散电流作用或感应电流作用等对管道产生的有害影响。

2.0.22 排流保护 electrical drainage protection

用电学的或物理的方法把进入管道的杂散电流导出或阻止杂散电流进入管道，以防止杂散电流腐蚀的保护方法。

2.0.23 阴极保护电位 cathodic protective potential

为达到阴极保护目的，在阴极保护电流作用下使管道电位从自腐蚀电位负移至某个阴极极化的电位值。

2.0.24 IR 降 IR drop

在阴极保护电位回路中，与欧姆定律一致的电阻上的电压降。

3 一 般 规 定

3.0.1 城镇燃气埋地钢质管道必须采用防腐层进行外保护。

3.0.2 新建的高压、次高压、公称直径大于或等于 100mm 的中压管道和公称直径大于或等于 200mm 的低压管道必须采用防腐层辅以阴极保护的腐蚀控制系统。管道运行期间阴极保护不应间断。

3.0.3 仅有防腐层保护的高压、次高压和公称直径大于或等于 150mm 的中压在役管道应逐步追加阴极保护系统。

3.0.4 处于干扰腐蚀地区的管道，应采取防干扰的排流保护措施。

3.0.5 管道腐蚀控制系统的确定，应考虑下列因素：

1 土壤环境因素：

1）土壤环境的腐蚀性；

2）管道钢在土壤中的腐蚀速率；

3）管道相邻的金属构筑物状况及其与管道的相互影响；

4）对管道产生干扰的杂散电流源及其影响程度。

2 技术经济因素：

1）管道输送介质的性能及运行工况；

2）管道的预期工作寿命及维护费用；

3）管道腐蚀泄漏导致的间接费用；

4）用于管道腐蚀控制的费用。

3 环境保护因素：

1）管道腐蚀控制系统对人体健康和环境的影响；

2）管道埋设的地理位置、交通状况和人口密度；

3）腐蚀控制系统对土壤环境的影响。

3.0.6 管道腐蚀控制系统的确定可参比类似在役管道实施、运行和检测结果。

3.0.7 进行管道腐蚀控制系统设计、施工及管理的技术人员应具有防腐蚀专业技术资格，实施操作人员应经过规定的专业培训。

4 腐 蚀 评 价

4.1 环境腐蚀评价

4.1.1 土壤腐蚀性评价应符合下列规定：

1 土壤腐蚀性应采用检测管道钢在土壤中的腐蚀电流密度和平均腐蚀速率判定。土壤腐蚀性评价应符合表4.1.1-1的规定。

表 4.1.1-1 土壤腐蚀性评价

指 标	级 别				
	强	中	轻	较轻	极轻
腐蚀电流密度（$\mu A/cm^2$）	>9	6~9	3~6	0.1~3	<0.1
平均腐蚀速率［$g/(dm^2 \cdot a)$］	>7	5~7	3~5	1~3	<1

2 在一般地区，可采用土壤电阻率指标判定土壤腐蚀性。土壤腐蚀性分级应符合表 4.1.1-2 的规定。

表 4.1.1-2 土壤腐蚀性分级

指 标	级 别		
	强	中	轻
土壤电阻率（$\Omega \cdot m$）	<20	20~50	>50

3 当存在细菌腐蚀时，应采用土壤氧化还原电位指标判定土壤腐蚀性。土壤细菌腐蚀性评价应符合表 4.1.1-3 的规定。

表 4.1.1-3　土壤细菌腐蚀性评价

指　标	级　别			
	强	较强	中	轻
氧化还原电位（mV）	<100	100~200	200~400	>400

4.1.2　直流干扰腐蚀评价应符合下列规定：

1　管道受到直流干扰程度判定应采用管地电位正向偏移指标或地电位梯度指标；

2　当管道任意点的管地电位较自然电位正向偏移大于20mV或管道附近土壤的地电位梯度大于0.5mV/m时，可确认管道受到直流干扰；

3　当管道任意点的管地电位较自然电位正向偏移大于100mV或管道附近土壤的地电位梯度大于2.5mV/m时，应采取排流保护或其他防护措施。

4.2　管体腐蚀损伤评价

4.2.1　管体腐蚀损伤评价应符合国家现行标准《钢质管道管体腐蚀损伤评价方法》SY/T6151的规定，采用最大蚀坑深度指标定性判定。管体腐蚀损伤评价应符合表4.2.1的规定。

表 4.2.1　管体腐蚀损伤评价

指　标	级　别				
	穿孔	严重	重	中	轻
最大蚀坑深度（mm）	>80%壁厚	50%~80%壁厚	2mm~50%壁厚	1~2mm	<1mm

4.2.2　管道腐蚀速率应采用最大点腐蚀速率和穿孔年限两项指标进行评价，并应以两项指标中级别较严重者为准。金属腐蚀性评价指标应符合表4.2.2的规定。

表 4.2.2　金属腐蚀性评价指标

级别 项目	严重	重	中	轻
最大点蚀速率（mm/a）	>2.438	0.611~2.438	0.305~0.611	<0.305
穿孔年限（a）	1~3	3~5	5~10	>10

5 防 腐 层

5.1 一 般 规 定

5.1.1 管道防腐层应符合国家现行标准的规定，且应符合下列要求：

1 涂覆过程中不应危害人体健康及污染环境；

2 绝缘电阻不应小于 10000Ω·m^2；

3 应有足够的抗阴极剥离能力；

4 与管道应有良好的粘结性；

5 应有良好的耐水、汽渗透性；

6 应具有下列机械性能：

1）规定的抗冲击强度；

2）良好的抗弯曲性能；

3）良好的耐磨性能；

4）规定的压痕硬度。

7 应有良好的耐化学介质性能；

8 应有良好的耐环境老化性能；

9 应易于修复；

10 工作温度应为 -30～70℃。

5.1.2 选择防腐层应考虑下列因素：

1 土壤环境和地形地貌；

2 管道运行工况；

3 管道系统预期工作寿命；

4 管道施工环境和施工条件；

5 现场补口条件；

6 防腐层及其与阴极保护相配合的经济合理性。

5.1.3 防腐层的等级按结构可分为普通级和加强级。

5.1.4 挤压聚乙烯防腐层、熔结环氧粉末防腐层、聚乙烯胶带防腐层的普通级和加强级基本结构应符合表 5.1.4 的规定。

表 5.1.4 防腐层基本结构

防腐层		防腐层基本结构		国家现行标准
		普通级	加强级	
挤压聚乙烯防腐层	二层	170～250μm 胶粘剂 + 聚乙烯 厚 1.8～3.0mm	170～250μm 胶粘剂 + 聚乙烯 厚 2.5～3.7mm	SY/T0413
	三层	≥80μm 环氧 + 170～250μm 胶粘剂 + 聚乙烯 厚 1.8～3.0mm	≥80μm 环氧 + 170～250μm 胶粘剂 + 聚乙烯 厚 2.5～3.7mm	
熔结环氧粉末防腐层		300～400μm	400～500μm	SY/T0315
聚乙烯胶带防腐层		底漆 + 内带 + 外带 ≥0.7mm	底漆 + 内带搭接 50% + 外带搭接 50% ≥1.4mm	SY/T0414

5.1.5 下列情况应按本规程表 5.1.4 采用加强级或选择更安全的防腐层结构。

1 高压、次高压、中压管道和公称直径大于或等于 200mm 的低压管道；

2 穿越河流、公路、铁路的管道；

3 有杂散电流干扰及存在细菌腐蚀较强的管道；

4 需要特殊防护的管道。

5.1.6 钢套管和管道附件的防腐层不应低于管体防腐层等级和性能要求。

5.2 防腐层涂覆

5.2.1 防腐层涂覆宜在工厂进行。

5.2.2 防腐层涂覆前必须进行管道表面预处理，预处理方法和检验应符合国家现行标准《涂装前钢材表面预处理规范》SY/T0407 的规定。

5.2.3 管道预留端形成的裸露表面应涂刷防锈可焊涂料。

5.2.4 防腐层涂覆必须保证完整性、连续性及与管体的牢固粘结。

5.2.5 防腐层涂覆后质量的检验应符合国家现行标准《埋地钢质管道聚乙烯防腐层技术标准》SY/T0413、《钢质管道熔结环氧粉末外涂层技术标准》SY/T0315、《钢质管道聚乙烯胶粘带防腐层技术标准》SY/T0414 的规定。

5.3 防腐管的检验、储存、运输和施工

5.3.1 防腐管现场质量检验应符合下列规定：

1 外观：不得出现气泡、破损、裂纹、剥离缺陷；

2 厚度：采用相关测厚仪，在测量截面圆周上按上、下、左、右 4 个点测量，以最薄点为准；

3 粘结力：采用剥离法，在测量截面圆周上取 1 点进行测量；

4 连续性：采用电火花检测仪进行检漏，检漏电压按下列公式计算：

1）防腐层厚度大于 0.5mm 时：

$$U = 7900\,T^{1/2} \qquad (5.3.1\text{-}1)$$

2）防腐层厚度小于或等于 0.5mm 时：

$$U = 3300\,T^{1/2} \text{或} 5\text{V}/\mu\text{m} \qquad (5.3.1\text{-}2)$$

式中 T——防腐层平均厚度（mm）；

U——检漏电压（V）。

5.3.2 防腐管不宜长期露天存放。

5.3.3 防腐管在装卸、堆放、移动、运输和下沟过程中必须采取保护防腐层不受损伤的措施，应使用专用衬垫及吊带，严禁使用裸钢丝绳。

5.3.4 防腐管的施工应符合下列规定：

1 管沟底土方段应平整无石块，石方段应有不小于 300mm 厚的松软垫层，沟底不得出现损伤防腐层或造成电屏蔽的物体；

2 防腐管下沟前必须对防腐层进行外观检查，并使用电火花检漏仪检漏；

3 防腐管下沟时必须采取措施保护防腐层不受损伤；

4 防腐管下沟后应对防腐层外观再次进行检查，发现防腐层缺陷应及时修复；

5 防腐管下沟后的回填应符合国家现行标准《城镇燃气输配工程施工及验收规范》CJJ33 的有关规定。

5.3.5 防腐管回填后必须对防腐层完整性进行检查。

5.3.6 防腐管的修复和补口应使用与原防腐层相容的材料，且不得低于原防腐层性能，其施工、验收应符合国家现行标准有关规定。

5.3.7 防腐管施工后，应提供以下竣工资料：

1 防腐管按本规程 5.3.1 条进行的检测验收纪录；

2 防腐管现场施工补口、补伤的检测记录；

3 隐蔽工程记录。

6 阴极保护

6.1 一般规定

6.1.1 管道应设置绝缘装置，以形成相互独立、体系统一的阴极保护系统。

6.1.2 管道阴极保护可采用强制电流法或牺牲阳极法。

6.1.3 管道阴极保护应避免对相邻埋地管道或构筑物造成干扰。

6.1.4 市区或地下管道及构筑物拥挤的地区应采用牺牲阳极阴极保护。具备条件时，可采用柔性阳极阴极保护。

6.1.5 在有条件实施区域性阴极保护的场合，可采用深井阳极地床的阴极保护。

6.1.6 新建管道的阴极保护设计、施工应与管道的设计、施工同时进行，并同时投入使用。

6.1.7 在役管道追加阴极保护时，应对防腐层绝缘电阻进行定量检测。

6.1.8 对已实施阴极保护的在役管道进行接、切线作业时，应对新接入的管道实施阴极保护。

6.2 阴极保护效果判据

6.2.1 阴极保护系统的保护效果应达到下列指标之一：

1 施加阴极保护后，使用铜—饱和硫酸铜参比电极（以下简称 CSE 参比电极）测得的极化电位至少应达到 -850mV或更负。测量电位时，必须考虑 IR 降的影响。

2 采用断电法测得管道相对于 CSE 参比电极的极化电位应达到 -850mV 或更负。

3 在阴极保护极化形成或衰减时，测得被保护管道表面与接触土壤的、稳定的 CSE 参比电极之间的阴极极化电位值不应小于 100mV。

6.2.2 存在细菌腐蚀时，管道通电保护电位值应小于或等于 -950mV（相对于 CSE 参比电极）。

6.2.3 沙漠地区，管道通电保护电位值应小于或等于 -750mV（相对于 CSE 参比电极）。

6.3 电绝缘

6.3.1 阴极保护使用的电绝缘装置可包括绝缘法兰、绝缘接头和绝缘垫块等。

6.3.2 高压、次高压、中压管道宜使用整体埋地型绝缘接头。

6.3.3 下列部位应安装绝缘接头或绝缘法兰：

1 被保护管道的两端及保护与非保护管道的分界处；

2 储配站、门站、调压站（箱）的进口与出口处；

3 杂散电流干扰区的管道；

4 大型穿跨越地区的管道两端；

5 需要保护的引入管末端。

6.3.4 在爆炸危险区，绝缘装置应采用防爆火花间隙进行跨接。

6.3.5 绝缘装置应采取防止意外高电压击穿的保护措施。

6.3.6 管道与管道支撑物间应保证电绝缘。

6.3.7 管道与套管间应保证电绝缘，且端口部位必须密封，不得渗漏水。

6.3.8 在阴极保护管道中设置的管道附件应进行良好的防腐绝缘。

6.4 电连续性

6.4.1 被保护管道应具有良好的电连续性。

6.4.2 非焊接连接的管道及管道设施应设置跨接电缆或其他有效的电连接方式。

6.4.3 穿跨越管道安装绝缘装置的部位应设置跨接电缆。

6.5 阴极保护的检测

6.5.1 阴极保护系统应设置足够的测试装置，且符合下列规定：

1 测试装置可设置在地上或地下，市区可采用地下测试井方式；

2 测试装置的功能应分别满足电位测试、电流测试和组合功能测试的要求；

3 测试装置应坚固耐用、方便测试，且装置上应注明编号；

4 宜选择下列部位安装测试装置：

1）强制电流阴极保护的汇流点；

2）牺牲阳极埋设点；

3）牺牲阳极中间点；

4）穿跨越管道两端；

5）杂散电流干扰区；

6）套管安装处；

7）绝缘装置处；

8）强制电流阴极保护的末端。

6.5.2 阴极保护系统宜适量埋设检查片，且应符合下列规定：

1 应选择不同类型的地段和土壤环境埋设；

2 检查片的制作、埋设及测试方法应符合国家现行标准《埋地钢质检查片腐蚀速率测试方法》SY/T0029 的规定。

6.5.3 阴极保护的测试方法应符合国家现行标准《埋地钢质管道阴极保护参数测试方法》SY/T0023 的规定。

6.6 阴极保护系统的设计、施工及验收

6.6.1 强制电流阴极保护的设计、施工及验收应符合国家现行标准《埋地钢质管道强制电流阴极保护设计规范》SY/T0036的规定。

6.6.2 牺牲阳极阴极保护的设计、施工及验收应符合国家现行标准《埋地钢质管道牺牲阳极阴极保护设计规范》SY/T0019的规定。

6.6.3 深井阳极地床阴极保护的设计、施工及验收应符合国家现行标准《强制电流深井阳极地床技术规范》SY/T0096 的规定。

6.6.4 阴极保护绝缘装置的设计、安装及测试应符合国家现行标准《阴极保护管道的电绝缘标准》SY/T0086 的规定。

6.6.5 测试装置的安装应符合下列规定：

1 装置的测试电缆与管道连接采用铝热焊剂焊接，应做到连接牢固、电气导通，且在连接处必须进行防腐绝缘处理；

2 管道回填时，测试电缆应保持一定的松弛度；

3 装置采用地下测试井设置方式时，应在地面上注明位置标记，其接线端子和测试头均应采用铜制品并封闭在测

试盒内；

4 测试电缆应采用双电缆接头。

6.6.6 阴极保护系统竣工后，应进行下列参数的测试：

1 强制电流阴极保护系统测试参数：

1）管道沿线土壤电阻率；

2）管道自然腐蚀电位；

3）辅助阳极接地电阻；

4）辅助阳极埋设点的土壤电阻率；

5）绝缘装置的绝缘性能；

6）管道保护电位；

7）管道保护电流；

8）电源输出电流、电压。

2 牺牲阳极阴极保护系统测试参数：

1）阳极开路电位；

2）阳极闭路电位；

3）管道开路电位；

4）管道保护电压；

5）单支阳极输出电流；

6）组合阳极联合输出电流；

7）单支阳极接地电阻；

8）组合阳极接地电阻；

9）埋设点的土壤电阻率。

6.6.7 阴极保护系统竣工后，应提供下列竣工资料：

1 竣工图：

1）平面布置图；

2）阳极地床结构图；

3）测试桩接线图；

4）电缆连接和敷设图。

2 设备说明书；

3 产品合格证、检验证明；

4 隐蔽工程记录；

5 按本规程 6.6.6 条进行的各项参数的竣工验收测试数据记录。

7 干扰腐蚀的防护

7.1 直流干扰的防护

7.1.1 处于直流电力输配系统、直流电气化铁路、阴极保护系统或其他直流干扰源影响范围内的管道应测量其管地电位的正向偏移值和邻近土壤中直流电位梯度值，并应按本规程第4.1.2条的评价规定确定管道受到直流杂散电流干扰的程度。

7.1.2 对采取排流保护措施的管道的排流保护设计应符合国家现行标准《埋地钢质管道直流排流保护技术标准》SY/T0017的规定。

7.1.3 应对直流干扰的方向、强度及直流干扰源与管道位置的关系进行实测，并根据测试结果选择直接排流、极性排流、强制排流、接地排流中的一种方式实施排流保护。

7.1.4 直流干扰的防护还可采取下列措施：

1 减少直流干扰源的电流泄漏量；

2 合理设置绝缘装置；

3 提高管道防腐层级别；

4 对处于同一干扰区的其他金属管道或构筑物实施共同防护。

7.1.5 管道实施排流保护后应达到下列要求：

1 管地电位恢复到直流干扰前的正常值；

2 表7.1.5所列排流保护效果评定指标。

表 7.1.5 排流保护效果评定指标

排流类型	干扰时管地电位（V）	正电位平均值比（%）
直接向干扰源排流（直接、极性、强制排流方式）	> 10	> 95
	10 ~ 5	> 90
	< 5	> 85
间接向干扰源排流（接地排流方式）	> 10	> 90
	10 ~ 5	> 85
	< 5	> 80

7.2 交流电击腐蚀的防护

7.2.1 当管道在高压交流电力系统接地体附近埋设时，必须采取安全可靠的防护措施，管道与交流接地体的安全距离不应小于表7.2.1的规定。

表 7.2.1 管道与交流接地体的安全距离

接地形式	电力等级（kV）			
	10	35	110	220
	安全距离（m）			
临时接地点	0.5	1.0	3.0	5.0
铁塔或电杆接地	1.0	3.0	5.0	10.0
电站或变电接地体	2.5	10.0	15.0	30.0

8 在役管道腐蚀控制工程的管理

8.1 在役管道防腐层的检查和维护

8.1.1 在役管道防腐层应定期检测，且应符合下列规定：

1 检测周期：

1）高压、次高压管道三年进行1次；

2）中压管道五年进行1次；

3）低压管道八年进行1次。

4）上述管道运行十年后，检测周期分别为二年、三年、五年。

2 检测方法与内容：

1）管道防腐层绝缘电阻可采用直流法或电流密度法求出；

2）管道防腐层定性检漏可采用交流法，即选频变频法或多频管中电流法，评价应符合国家现行标准《管道防腐层检漏试验方法》SY/T0063的规定。

3）可采用开挖探坑或在检测孔处通过外观检测、粘结性检测及电火花检测评价管道防腐层状况；

4）已实施阴极保护的管道，当采用检测阴极保护的保护电流、保护电位、保护电位分布评价管道防腐层状况时，出现下列情况应检查管道防腐层：

①运行保护电流大于正常保护电流范围；

②运行保护电位超出正常保护电位范围；

③保护电位分布出现异常。

8.1.2 管道防腐层发生损伤时，必须进行更换或修补，且应符合相应国家现行有关标准的规定。进行更换或修补的防腐层应与原防腐层有良好的相容性，且不应低于原防腐层性能。

8.1.3 出现下列情况时，应先进行管道补焊、补伤，再实施防腐层的更换和修补：

1 更换或修补的防腐层所包覆的管道出现泄漏；

2 出现蚀深大于或等于50%壁厚的损伤。

8.2 阴极保护系统的运行和管理

8.2.1 阴极保护系统应定期检测，且应符合下列规定：

1 检测周期：

1）牺牲阳极阴极保护系统检测每年不少于2次；

2）外加电流阴极保护系统检测每年不少于2次；

3）电绝缘装置检测每年不少于1次；

4）阴极保护电源检测每年不少于6次，且间隔时间不超过3个月；

5）阴极保护电源输出电流、电压检测每日不少于1次。

2 检测内容应符合本规程6.6.6条要求。

8.2.2 阴极保护系统的检测数据应记录在案，并应依此画出电位分布曲线图和电流分布曲线图。

8.2.3 阴极保护失效区域应进行重点检测，出现下列故障时应及时排除；

1 管道与其他金属构筑物搭接；

2 绝缘失效；

3 阳极地床故障；

4 管道防腐层漏点；

5　套管绝缘失效。

8.2.4˙ 阴极保护系统应达到开机率90%，覆盖率100%，保护度85%。

8.2.5　阴极保护系统投入运行的第一年应进行保护度考核，此后应每三年进行1次。

本规程用词说明

1　为便于在执行本规程条文时区别对待，对于要求严格程度不同的用词说明如下：

1）表示很严格，非这样做不可的：

正面词采用"必须"；

反面词采用"严禁"。

2）表示严格，在正常情况下均应这样做的：

正面词采用"应"；

反面词采用"不应"或"不得"。

3）表示允许稍有选择，在条件许可时首先应这样做的：

正面词采用"宜"；

反面词采用"不宜"。

表示有选择，在一定条件下可以这样做的，采用"可"。

2　条文中指明应按其他有关标准执行的写法为："应按……执行"或"应符合……的规定（或要求）"。

中华人民共和国行业标准

城镇燃气埋地钢质管道腐蚀控制技术规程

CJJ 95—2003

条 文 说 明

前 言

《城镇燃气埋地钢质管道腐蚀控制技术规程》CJJ95—2003，经建设部2003年7月11日以公告第167号批准，业已发布。

为便于广大设计、施工、科研、管理等单位的有关人员在使用本标准时能正确理解和执行条文规定，《城镇燃气埋地钢质管道腐蚀控制技术规程》编制组按章、节、条顺序编制了本规程的条文说明，供使用者参考。在使用中如发现本条文说明有不妥之处，请将意见函寄北京市市政管理委员会（北京市西单北大街80号；邮政编码：100032）。

目　次

1 总　则

1.0.1 本规程是对管道腐蚀控制系统设计、施工、验收与管理的最基本要求，考虑了多年来我国发展城镇燃气埋地钢质管道（以下简称管道）所积累的经验和已形成的历史现状，参考了国内有关现行标准和国外先进标准。

1.0.2 本规程适用于城镇燃气埋入地下直接与土壤接触的钢质管道的外表面腐蚀控制。

1.0.3 本规程仅对管道腐蚀控制系统带有普遍性的内容进行了原则的规定。本规程是最低标准，不能被看作是限制应用新技术、新设备、新材料、新工艺的文件。

2 术 语

本章术语主要从电化学理论的基本概念出发，针对城镇燃气埋地钢质管道对有关术语进行了解释，以帮助理解管道腐蚀与防护的科学概念。

2.0.5 自腐蚀电位 free corrosion potential

在腐蚀行业中常称之为“自然电位”，从腐蚀学理论出发称之为“自腐蚀电位”。

2.0.16 极化 polarization

通常解释时只解释为由于金属和电解质之间有净电流流动而导致的电极电位偏移现象，即只解释什么叫极化现象，本条文中增加了“可表征电极界面上电极过程的阻力作用”。即将极化现象所揭示电极过程的本质加以强调，对理解“极化”十分重要。

2.0.22 排流保护 electrical drainage protection

强调了排流保护本质是一种电学方法或物理方法，来改变管道的腐蚀电池结构，而并非是一种电化学方法。

3 一 般 规 定

3.0.2 埋地钢质管道的腐蚀控制必须采用防腐层辅以阴极保护的联合保护方式是发达国家的普遍做法。美国腐蚀工程师协会标准 NACE RP0169 在 1969 年发布时就已有此规定，英国国家标准 BS7361，前苏联国家标准 ГОСТ9.015—74 等都有相关规定。

在本规程中仅对高压、次高压、公称直径大于或等于 100mm 的中压管道和公称直径大于或等于 200mm 低压管道做出上述规定，是因为主要考虑到目前我国燃气行业的具体情况，对全部管道都实施阴极保护有一定难度，而上述管道都是城镇燃气的主要管道，一旦发生腐蚀泄漏事故，会对城镇的正常生产、生活秩序、社会环境、交通等造成较大的直接和间接损失。

3.0.3 对仅有防腐层保护的在役管道追加阴极保护也是发达国家的通用做法，如美国、德国、前苏联等。美国在 1971 年和 1988 年由美国运输部发布的安全“法规”，即作为“法律”对埋地的未施加阴极保护的钢质气体管道与储罐都要追加阴极保护。

国内、外的实践已证明，追加阴极保护后，使管道的安全运行寿命得到有效提高，国内有关部门的经验证明，至少可使管道的寿命延长一倍。

条文中所提出的追加管道范围和时限是考虑了目前我国城镇燃气行业的经济和技术具体状况。

3.0.6 可参比类似在役管道实施、运行和检测结果是指在新管道的阴极保护控制系统的设计确立时，可参考在新管道设计范围内已有的在役管道的腐蚀与腐蚀控制运行状况。目的是为了减少阴极保护设计前的工作量与检测费用，同时，在役管道的运行状况也最能真实反映出管道的实际腐蚀与腐蚀控制效果。这在美国的 NACE RP0169 中有相关规定。

3.0.7 本条中所提“应具有防腐蚀专业技术资格”是指技术人员具有专业技术学历或规定的专业培训，并取得了有关单位的认证。这是我国管道腐蚀控制系统的设计、施工和管理逐步规范化、专业化及国际化的需要，也是提高工程技术水平的关键。

4 腐 蚀 评 价

4.1 环境腐蚀评价

4.1.1 本条文中表 4.1.1-1 摘自《钢质管道及储罐防腐蚀工程设计规范》SY/T0007 中的表 3.0.3-1。一般情况下，所提腐蚀电流密度采用原位极化法检测，平均腐蚀速率采用试片失重法检测。

表 4.1.1-2 摘自《钢质管道及储罐防腐蚀工程设计规范》SY/T0007 中的表 3.0.3-2；

表 4.1.1-3 摘自《钢质管道及储罐防腐蚀与防护调查方法标准》SY/T 0087 中的表 6.1.3。

土壤腐蚀性的评价是定性判定，其评价方法有多种，除本标准提供的方法外，国外也采用打分法进行评价，即对土壤的十多项性能分别测试后，给出分值予以判定。本条中所列是我国目前通用的易行的方法。

4.1.2 各国对直流干扰腐蚀的评价标准不尽相同，本条中所列是我国目前通用的方法。

4.2 管体腐蚀损伤评价

4.2.1 表 4.2.1 是管体腐蚀损伤定性判定的分类，应用方法见《钢质管道管体腐蚀损伤评价方法》SY/T 6151 中的相关规定。我国已有软件用于测量结果的评价。

5 防腐层

5.1 一般规定

5.1.1 防腐层的选择及其质量直接决定防腐效果，条文中所列系最基本要求。各项要求的具体指标可按不同防腐层的国家现行标准执行。为了使运行管道腐蚀点易于修复，应考虑防腐层的修补难度。此外，由于对环保的普遍重视，条文中强调了不危害人体健康，不污染环境。

由于考虑输气介质温度，对防腐层工作温度提出要求。以下述防腐层为例：

聚乙烯胶粘带的使用温度为－30～＋70℃，熔结环氧粉末的使用温度为－30～＋100℃，挤压聚乙烯的使用温度为－30～＋70℃。

5.1.2 由于我国地域广阔，气候和土壤环境复杂，各城镇燃气发展状况不一，因此条文提出的是管道防腐层选择的基本因素。

5.1.4 相关的国外标准可参考表1。

表1 管道外防腐层国外相关标准

序号	防腐层类别	国外相关标准
1	挤压聚乙烯防腐层	德国工业标准 DIN 3067-91，加拿大国家标准 CAN/CSA-Z245.21-M98
2	熔结环氧粉末防腐层	加拿大国家标准 CAN/CSA-Z245.20-M98，美国水工协会标准 AWWA C213-99
3	聚乙烯胶粘带防腐层	美国腐蚀工程师协会标准 MR 0274-95，美国国家标准学会、美国水工协会标准 ANSI/AWWAA C209-00

5.1.5 本条所列使用的管道，由于运行条件和土壤环境比较复杂，较易受到腐蚀且修复困难，故要求防腐层选择加强级。

5.2 防腐层涂覆

5.2.1 在工厂预制有利于保证防腐层涂覆质量，也有利于管道防腐效果。在确定工厂预制时，可以考虑防腐层种类、工艺要求、规格、批量、实施条件等因素。

5.2.3 考虑到在城区施工，难以采用焊口处喷砂除锈，故要求在工厂除锈后在预留端涂可焊涂料，该涂料不影响焊接质量，可对管端作临时保护，可焊涂料目前常用硅酸锌涂料或无机可焊涂料。

5.3 防腐管的检验、储存、运输和施工

5.3.2～5.3.3 防腐管露天存放易受大气腐蚀和阳光照射，对防腐层质量影响较大，因此露天存放应按有关规定控制时间。不适当的堆放和吊装对防腐层会造成损伤，要特别引起注意，严格执行本条款。

5.3.5 防腐管道在下沟回填时很容易损伤防腐层，形成腐蚀隐患。目前常采用音频信号检漏仪及时按国家现行标准检查防腐层受损情况，一旦受损，对防腐层应立即采取修补措施。

5.3.6 本条文中防腐管修复和补口的施工、验收应符合国家现行标准《埋地钢质管道聚乙烯防腐层技术标准》SY/T 0413、《钢质管道熔结环氧粉末外涂层技术标准》SY/T 0315、《钢质管道聚乙烯胶粘带防腐层技术标准》SY/T 0414 的有关规定。

6 阴极保护

6.1 一般规定

6.1.3 对管道进行阴极保护设计时，应尽量避免对相邻的金属管道或金属构筑物造成阴极保护干扰。是否造成干扰可通过实测相邻管道或构筑物的管地电位偏移或其附近土壤的电位梯度值来判断，评定标准依据本规程第4.1.2条。

6.1.6 阴极保护是管道系统的重要组成部分。由于历史的原因，目前一些在役管道没有设置阴极保护，使管管道由此而引发的问题不断，为保障新建管道安全运行，问题不应再重复出现。因此，要求阴极保护的设计、施工和管道的设计施工同时进行，并同时投入使用，是最合理的选择。

6.2 阴极保护效果判据

6.2.1 本条规定了对已实施阴极保护的管道中阴极保护的效果判据。

本条主要参考了美国 NACE RP0169—96 和《钢质管道及储罐腐蚀控制工程设计规范》SY/T0007 中的有关规定。

在第1款中规定通电保护下测得的管地电位至少为 -850mV,并应考虑测量方法中所含 IR 降的误差。

在第2款中规定采用断电法得到的电位值，即中断电流去除 IR 降后的管地极化电位值。

在第3款中的规定是用于管道防腐层很差的管道。

美国于1997年颁布的 NACE TM0497—97《埋地或水下金属管道系统阴极保护准则的标准测试方法》中对准确测得阴极保护电位值有相关规定，可供参考。

6.2.2 采用指标 -950mV 是参考了我国现行标准《埋地钢质管道强制电流阴极保护设计规范》SY/T 0036—2000 中的有关规定，这一指标在 NACE RP0169—96 的6.2.2.2③中有相同规定，说明在有硫化物、细菌、高温、酸性环境下采用 -950mV 指标是充分的。

6.2.3 NACE RP0169—96 中，第6.2.2.2③中规定当管道在混凝土中，或埋在干燥、充气的高电阻率土壤，即沙漠土中时，阴极保护的极化电位指标稍正一点也就足够了，我国一般采用 -750mV。

6.3 电绝缘

6.3.2 由于绝缘法兰密封性能相对较差，其使用的绝缘垫片及绝缘紧固件会在吸水后易造成绝缘失效，从而造成绝缘法兰失效；另外，城镇地下构筑物比较拥挤，绝缘法兰井的给位困难，因此推荐在高压、次高压、中压管道使用整体型埋地绝缘接头。这在国外使用已非常普遍，且部分发达国家已限制绝缘法兰的使用。

有关整体型埋地绝缘接头的性能参见国家现行标准《阴极保护管道的电绝缘标准》SY/T 0086。

6.3.5 绝缘装置防止意外高电压击穿是指来自雷电、感应交流电或故障下的漏电等高压电涌的破坏。常用的保护措施有设置避雷器、保护性火花间隙接地电解电池、极化电池、二极管保护等方法。

6.6 阴极保护系统的设计、施工及验收

6.6.5 第4款测试电缆采用双电缆接头，虽然增加部分施工成本，但对阴极保护系统的可靠性十分重要。因为接头的电导通性失效，常会导致整个阴极保护系统的失效。

7 干扰腐蚀的防护

7.1 直流干扰的防护

7.1.1 直流干扰之所以规定了管地电位的“正向偏移指标”是因为只在当直流干扰对管道产生了正向偏移的干扰电位后，才能使管道的该部位成为直流干扰腐蚀的阴极区，恰好是腐蚀电流流出的部位，也是管道产生电解腐蚀的阴极溶解部位，即管道上的铁元素从原子状态转变成离子状态，从金属相进入土壤电解质溶液相的部位。也就是管道的腐蚀部位。

反之，如果产生负向偏移，只要其偏移量不超过管道防腐层的阴极剥离电位，则不会对钢管造成损坏；超过阴极剥离电位，则会造成管道防腐层的阴极剥离。

7.1.5 表7.1.5摘自《埋地钢质管道直流排流保护技术标准》SY/T 0017—96中的表4.2.1。其中的正电位平均值比用η_v表示，则

$$\eta_v = \frac{V_1(+) - V_2(+)}{V_1(+)} \times 100\%$$

式中 $V_1(+)$——排流前正电位平均值（V）；

$V_2(+)$——排流后正电位平均值（V）。

$V_1(+)$、$V_2(+)$的计算方法见《埋地钢质管道直流排流保护技术标准》SY/T 0017的附录A。

7.2 交流电击腐蚀的防护

7.2.1 管道与交流接地体的安全距离系指两者之间的净距离，是一项安全指标。高压交流接地体与管道距离过近可造成管道较为严重的电击腐蚀，这在长输管道和城镇燃气管道中均有实例。

表 7.2.1 是国内现行标准中的规定，但实施时常由于地下构筑物的拥挤达不到要求。在这种情况下，可在管道与交流接地体之间设置绝缘装置，或尽量加大距离，以及加强管道在相关地带的外防腐层绝缘等级等方式，避免电击穿腐蚀的发生。

8 在役管道腐蚀控制工程的管理

8.1 在役管道防腐层的检查和维护

8.1.1 根据管道的压力级制确定防腐层的检测年限，是保证管道正常运行的需要，同时也促进管道的防腐蚀工作。

主要参考有关行业的相关技术标准和当前实际情况提出了一些常用的检测内容与方法。当用电火花检测防腐层时，必须要确定管道有无损伤或泄漏，否则首先应对管道进行补漏、补伤。

8.1.2 防腐层更换、修补是各燃气公司日常工作中经常遇到的，对选用的防腐层材料要考虑城镇道路及交通的特点，防腐层的特性以能适于立即回填为宜。另外，更换、修补时选用的防腐层与原防腐层不同时，必须考虑两种防腐层的相容性，以免防腐层搭接处出现问题。

8.2 阴极保护系统的运行和管理

8.2.1 管道阴极保护检测周期的规定是根据 2000 年 4 月起开始施行的国家经贸委第 17 号令《石油天然气管道安全监督与管理暂行规定》第六章“管道检测”中的相关规定。

8.2.4 阴极保护系统的开机率，覆盖率和保护度是考察阴极保护系统维护管理水平的三项指标，主要参考了国家现行标准，一般定义为：

1 开机率 $\geqslant 90\%$，指在一年时间内阴极保护运行时间所占的比例。

2 覆盖率为100%，是指对管道施加有效的阴极保护所覆盖的范围比例，公式为：

$$T_e = \frac{L_1 - L_0}{L_1} \times 100\%$$

式中 T_e——覆盖率（%）；

L_1——施加阴极保护管道的总长（km）；

L_0——未达到有效保护的管道的总长（km）。

3 保护度≥85%，指阴极保护的有效程度，通过采用重量法将采用已埋地的通电、不通电的阴极保护检查片来计算其腐蚀速率，公式为：

$$T_N = \frac{G_1/S_1 - G_2/S_2}{G_1/S_1} \times 100\%$$

式中 T_N——保护度（%）；

G_1——未加保护试片的失重（g）；

S_1——未加保护试片的裸露面积（cm^2）；

G_2——施加保护试片的失重（g）；

S_2——施加保护试片的裸露面积（cm^2）。